U0785750

六盘水市钟山区志

（1988-2008）

六盘水市钟山区地方志编纂委员会　编

方志出版社
Publishing House of Local Records

图书在版编目（CIP）数据

六盘水市钟山区志．1988－2008 / 六盘水市钟山区地方志编纂委员会编．—北京：方志出版社，2016.10

ISBN 978-7-5144-2157-6

Ⅰ. ①六… Ⅱ. ①六… Ⅲ. ①区（城市）—地方志—六盘水—1988—2008 Ⅳ. ①K297.34

中国版本图书馆CIP数据核字（2016）第259644号

六盘水市钟山区志（1988—2008）

编　　者：六盘水市钟山区地方志编纂委员会
责任编辑：徐　宏

出 版 人：冀祥德
出 版 者：方志出版社
地址　北京市朝阳区潘家园东里9号（国家方志馆4层）
邮编　100021
网址　http//www.fzph.org
发　　行：方志出版社发行中心
电话　（010）67110500
经　　销：各地新华书店
印　　刷：昆明点睛印务有限公司

开　　本：889×1194　1/16
印　　张：55.5
字　　数：1371千
版　　次：2016年10月第1版　　2016年10月第1次印刷
印　　数：0001～5000册

ISBN 978-7-5144-2157-6　　**定价：**680.00元

·版权所有　翻印必究·

序

当前，在以习近平同志为核心的党中央的坚强领导下，全国各族人民正在全面建成小康社会的决胜阶段奋勇向前、阔步迈进。全面建成小康社会，最艰巨最繁重的任务是在革命老区、民族地区、边疆地区、贫困地区。消除贫困、改善民生、实现共同富裕，是中国特色社会主义的本质要求，是中国共产党的重要使命。为了全面实现小康，党中央高度重视扶贫开发工作，全力推进脱贫攻坚工程，实施精准扶贫、精准脱贫。习近平总书记明确提出，全面实现小康，一个民族也不能少，不能落下一个贫困家庭，丢下一个贫困群众。扶贫开发是个系统工程，发展是第一要务，只有发展，因地制宜找准路子，才能最终实现精准扶贫、精准脱贫。“治贫”必先“治愚”，在加强经济和基础设施建设、提高教育水平等方面的同时，扶贫开发还要注重文化扶贫，特别是通过挖掘革命老区、民族地区、边疆地区、贫困地区的文化内涵、历史底蕴、地情资源，让广大干部群众了解地情、了解历史、了解本地区的优势和劣势，在思想上脱贫，尤为关键。

赓续不断地编修地方志是我国独有的优秀文化传统，绵延千年而不断。党中央、国务院高度重视地方志工作，近几年来，习近平总书记、李克强总理、刘延东副总理作出了一系列的重要指示。2015 年 8 月，国务院办公厅印发《全国地方志事业发展规划纲要（2015—2020 年）》（以下简称《规划纲要》），明确要求到 2020 年必须全面完成第二轮修志规划任务，这是全国地方志工作在全面建成小康社会进程中的硬性任务，也是全国地方志系统为全面建成小康社会的献礼。届时，将同步实现省省有省志、市市有市志、县县有县志，这不仅在中国文化发展史上是绝无仅有的，在世界文化发展史上也是罕见的。从目前来看，要实现这一目标任务，还存在不少困难和问题，特别是民族地区与贫困地区，面临着缺乏人才、资金等诸多困难。实现到2020年必须全面完成第二轮修志规划任务，一个省、一个市、一个县都不能少。自 2015 年 8 月，经中国地方志指导小组批准，中国地方志指导小组办公室启动民族地区与贫困地区志书出版资助工程（以下简称“资助工程”），对经国务院扶贫开发领导小组办公室认定的国家级贫困县（区、旗、县级市），中西部地区、少数民族边疆地区、经济欠发达地区存在出版经费困难的省市县三级综合志书进行出版资助。截至目前，已经确定资助两批 20 多部志书。2016 年 4 月，该工程成功入选国家新闻出版广电总局实施的“十三五”国家重点图书、音像、电子出版物出版规划项目。当前正处于全面推进扶贫开发工程的攻坚阶段，深入推进资助工程，是全国地方志系统配合推进精准扶贫、精准脱贫的重要工作，必须引起高度重视。

资助工程是地方志系统的政治工程。革命老区、民族地区、边疆地区、贫困地区蕴含着极为丰富的文化内容，编纂出版志书，对于继承和发扬优秀传统文化、民族文化、革命文化，加强民族团结、促进当地经济社会建设意义重大。革命老区、民族地区、边疆地区、贫困地区的志书是充分展示在中国共产党领导下这些地区经济社会建设取得的巨大成就、各族人民生活幸福安定的历史依据。特别是边疆地区的志书，是历代王朝、社会主义新中国对该地区行使主权的文化宣示，是真实记录边疆地区与祖国一脉相承、荣辱与共的重要载体。《规划纲要》明确要求到2020年全面完成第二轮修志规划任务，是党中央、国务院对各级政府和地方志工作机构的政治要求，必须不打折扣坚决完成，革命老区、民族地区、边疆地区、贫困地区也不能例外。资助工程既是全国地方志系统的文化扶贫工程，又是确保到2020年全面完成第二轮修志规划任务的推进工程，具有重要的政治意义。

资助工程是促进民族地区与贫困地区文化建设的基础工程。地方志书是全面系统地记述本行政区域自然、政治、经济、文化和社会的历史与现状的资料性文献，记述内容包罗万象，记述对象丰富多彩，是对一个地方的文化普查和历史资料的全面梳理。一个地方的经济社会建设，离不开文化支持。发展是硬道理，只有真正实现全面、协调、可持续发展，才能最终实现小康。与此同时，发展也必须是有序的而不是盲目的，必须是实事求是的而不是凭空设想的，必须是因地制宜的而不是照搬照抄的。实践证明，脱离当地的自然条件、历史基础、文化传承、人文习俗等搞所谓的建设，要么是盲人摸象、坐井观天，要么是揠苗助长、掩耳盗铃，要么是削足适履、画蛇添足，最终会落得个水土不服、无疾而终。对于民族地区与贫困地区来说，立足本地的资源、市场、人文旅游等优势，因地制宜找准发展路子，是确保科学发展的首要任务。民族地区与贫困地区，尤其是那些自古以来还没有编修过志书的地区，开展志书编纂既是对当地自然、政治、经济、文化、社会、生态等方面的发展历史、发展脉络、发展规律的全面摸底和调查，又是总结历史经验、汲取历史教训、挖掘历史智慧的全面梳理和探求。通过学习、利用地方志书，让各级领导干部、广大人民群众了解当地的历史、了解实实在在的地情，从历史中汲取营养和智慧为现实提供借鉴和服务，是确保民族地区与贫困地区发展不走弯路、不走冤枉路的有效手段。

资助工程是全国地方志事业协调发展的促进工程。第五届中国地方志指导小组成立以来，一直把走基层、探实情作为一项重要任务，截至目前，已经到30个省（自治区、直辖市）开展了调研。通过座谈、实地考察等多种形式，充分了解了当前全国地方志事业发展面临的主要困难和问题。其中，区域发展不平衡，中西部地区特别是边疆少数民族地区地方志工作与东部地区相比还存在不少差距，是制约全国地方志事业实现全面、协调、可持续发展的瓶颈所在。有的地方甚至出现了花费了大量的人力、物力，经过十余年的艰辛努力编纂出志书，因为缺乏出版经费迟迟未能出版的状况。正是基于以上了解到的情况，中国地方志指导小组及其办公室才下定决心启动资助工程。到2020年全面建成小康社会时，地方志事业区域发展不平衡问题必须得到妥善解决，这也是深入贯彻《规划纲要》的应有之义。而作为主业的修志编鉴，到2020年全面完成第二轮修志规划任务、实现综合年鉴编纂全覆盖的“两全目标”，是中西部地区特别是边疆少数民族地区地方志工作发展的重中之重。从现实意义来说，资助工程对于实现全国地方志事业全面、协调、可持续发展具有重要的促进作用。

在党中央、国务院的高度重视下，全国地方志事业发展迎来重大战略机遇。越是发展的关键时期，越要有大局观，越要从全国一盘棋的角度考虑问题。《规划纲要》作为顶层设计，确定的各项目标任务都要落到实处，而作为“两全目标”之一的到2020年全面完成第二轮修志规划任务，实现省、市、县一个都不能少的目标，是关键中的关键。希望借助资助工程的深入推进，进一步引起全国地方志系统对实现“两全目标”的重视，确保按期保质完成，用志书客观而忠实地记述中国共产党人带领全国各族人民全面建成小康社会的光荣与曲折历程，为全面建成小康社会贡献“志”礼。

是为序。

中国社会科学院院长、党组书记
中国地方志指导小组组长　王伟光

2016年10月于北京

民族地区与贫困地区志书出版
资助工程领导小组

组　　　长：王伟光　中国社会科学院院长、中国地方志指导小组组长

常务副组长：李培林　中国社会科学院副院长、中国地方志指导小组常务副组长

副　组　长：冀祥德　中国地方志指导小组办公室主任

成　　　员：刘玉宏　中国地方志指导小组办公室副主任

邱新立　中国地方志指导小组办公室副主任

民族地区与贫困地区志书出版
资助工程领导小组办公室

主　任：冀祥德　中国地方志指导小组办公室主任

副主任：邱新立　中国地方志指导小组办公室副主任

成　员：于伟平　国家方志馆馆藏部主任、方志出版社常务副社长

陈　旭　中国地方志指导小组办公室方志处处长

李　沛　方志出版社首席编辑、省志编辑部主任

徐　宏　方志出版社地方史编辑部副主任

王丹林　中国地方志指导小组办公室方志处副处长

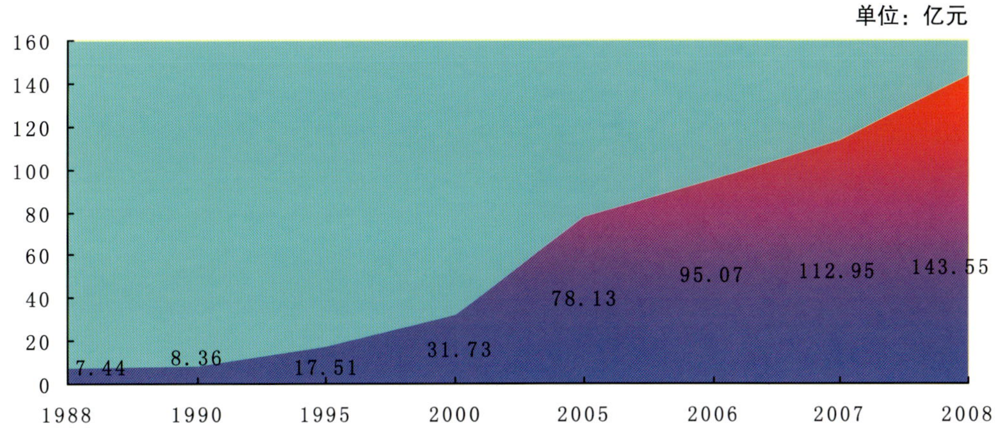

钟山区1988—2008年部分年份地区生产总值（当年价）

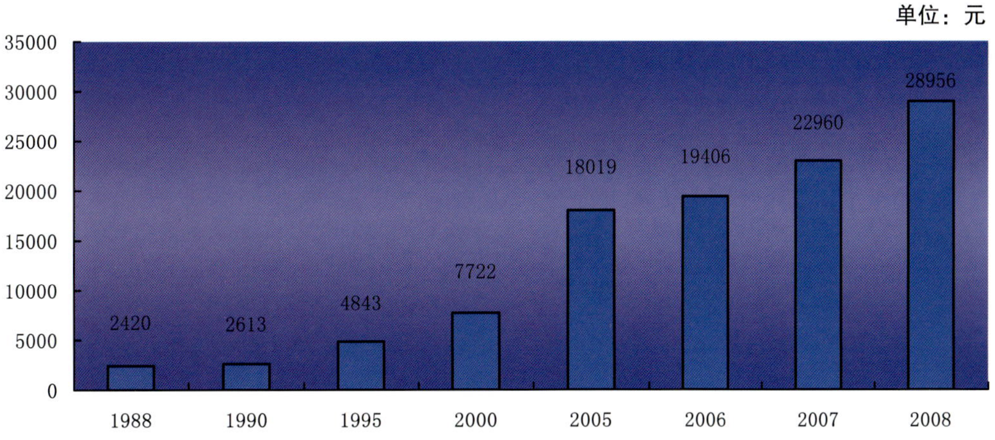

钟山区1988—2008年部分年份人均GDP示意图

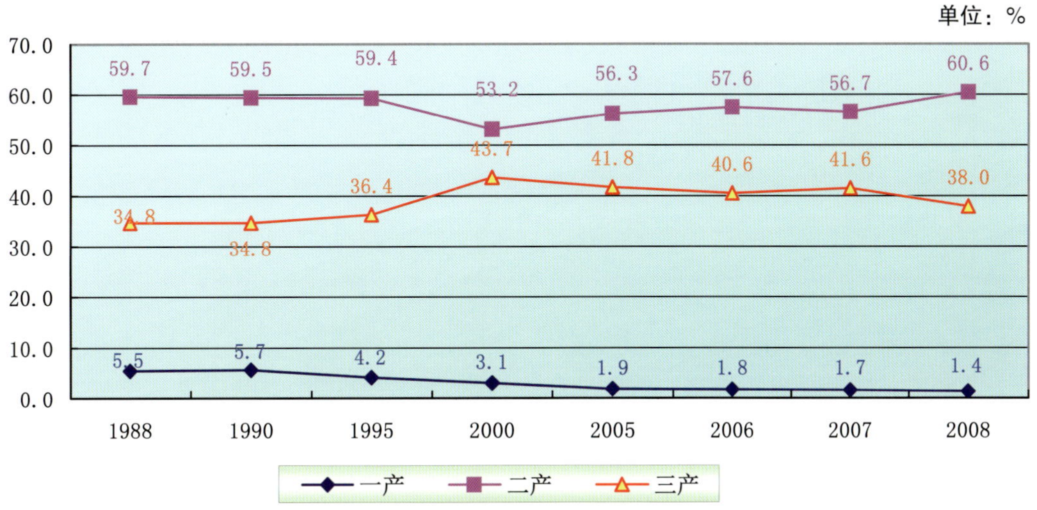

钟山区1988—2008年部分年份三次产业比重示意图

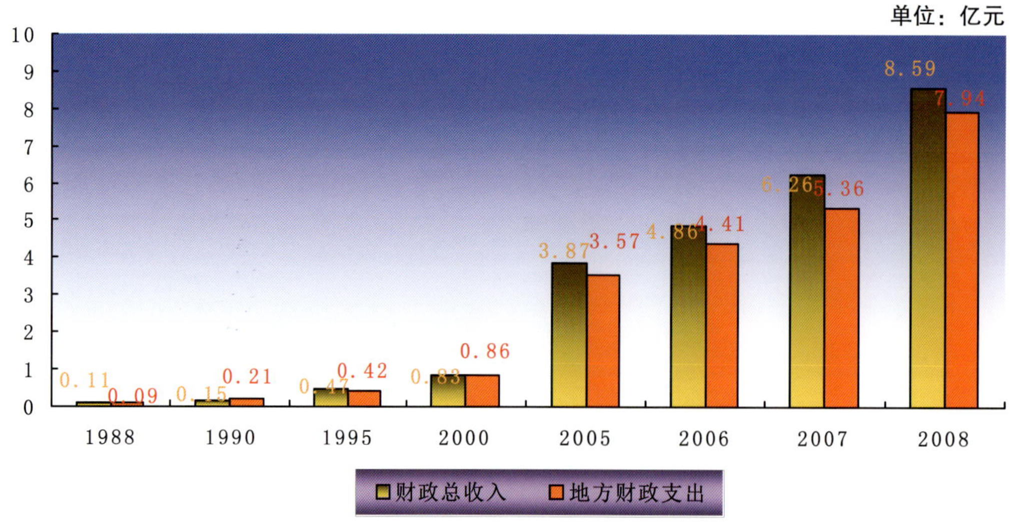

钟山区1988—2008年部分年份财政收支情况示意图

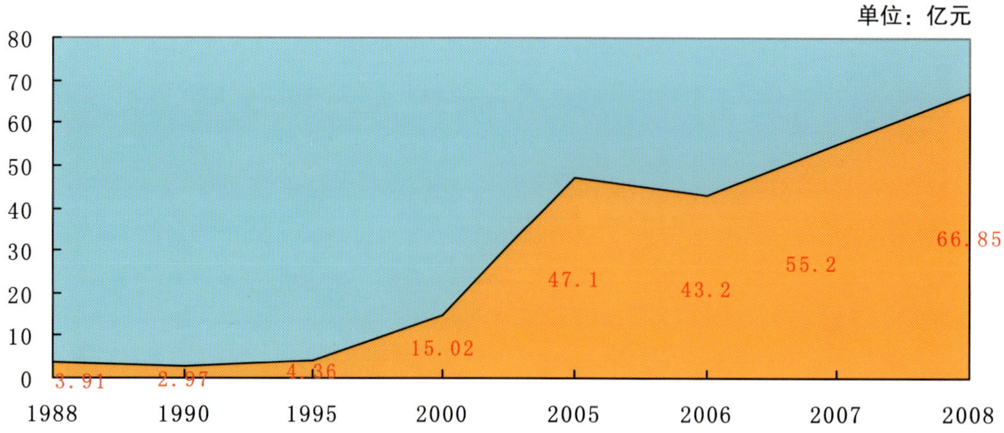

钟山区1988—2008年部分年份全社会固定资产投资示意图

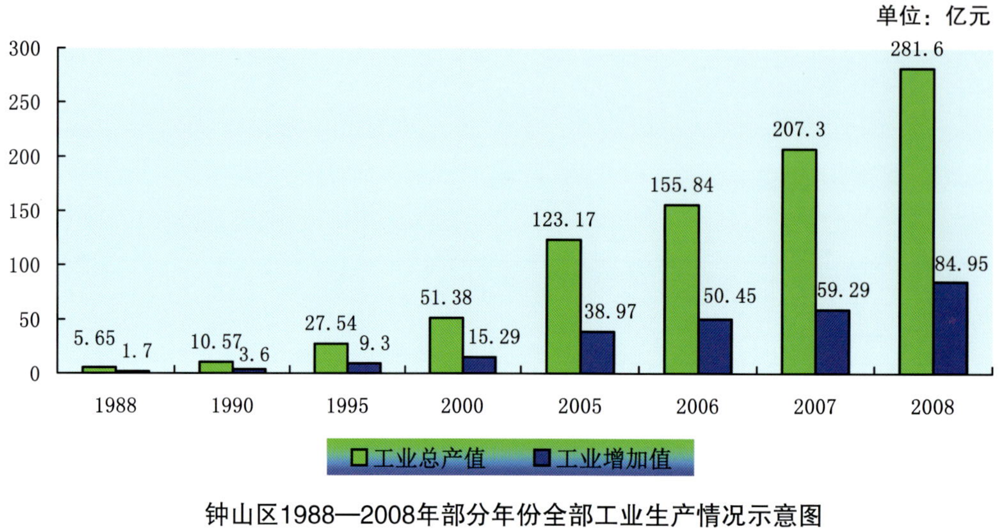

钟山区1988—2008年部分年份全部工业生产情况示意图

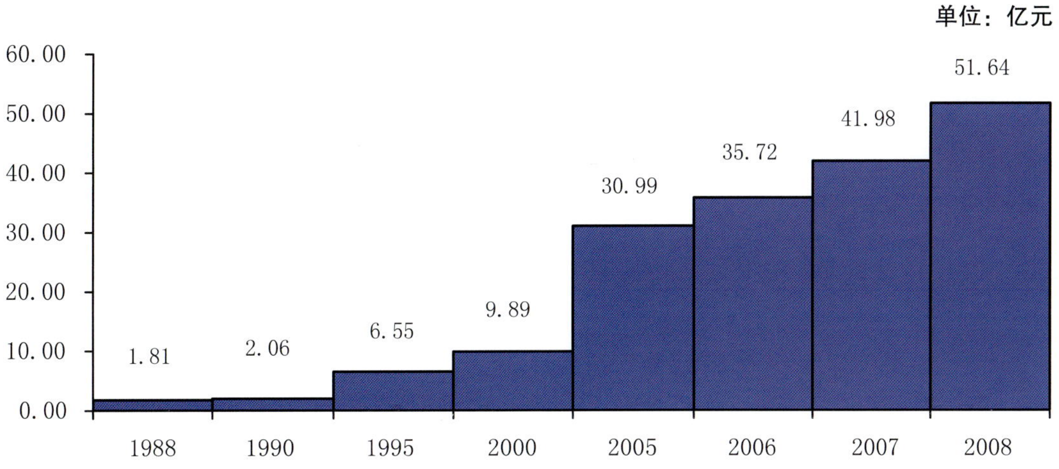

钟山区1988—2008年部分年份社会消费品零售总额示意图

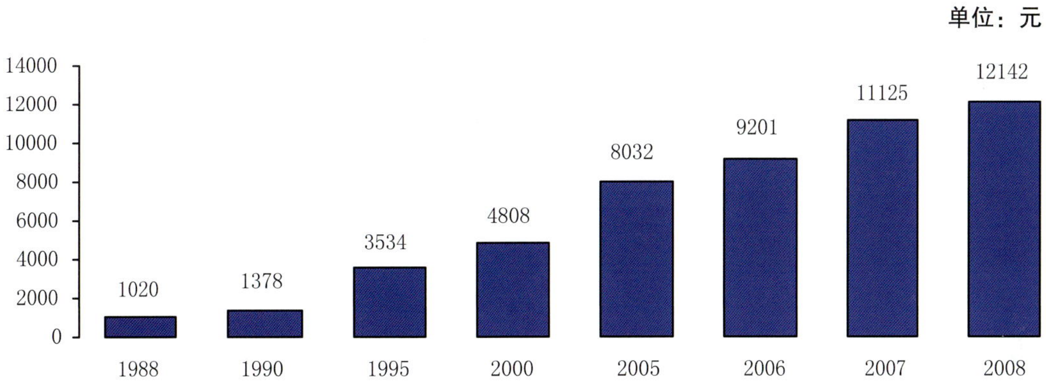

钟山区1988—2008年部分年份城镇居民人均可支配收入示意图

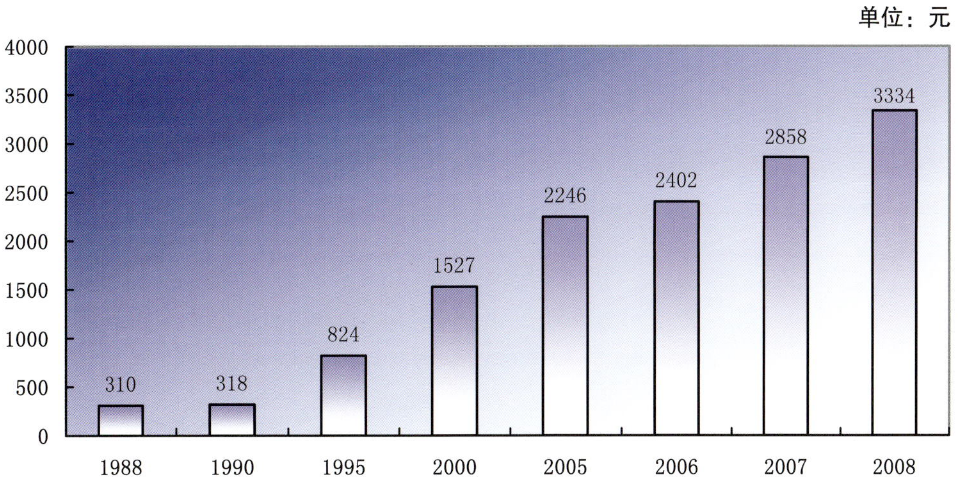

钟山区1988—2008年部分年份农民人均纯收入示意图

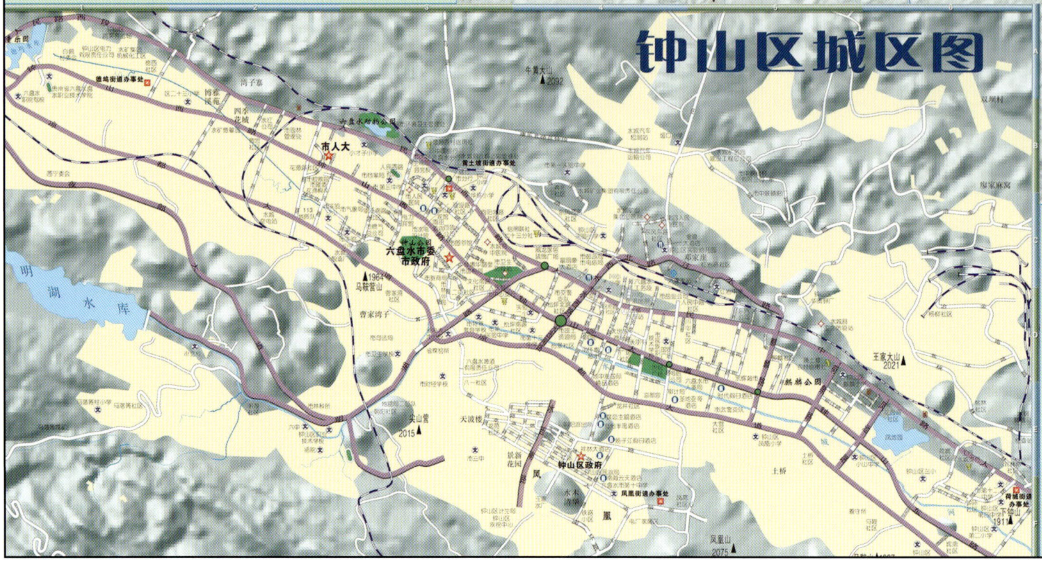

钟山

钟山区是1987年底经国务院批准，
位于东经104° 35′ ~105° 02′，北纬
46千米，东南面与水城县接壤，西与威
水城、赫章两县，距省会贵阳市254公
心。辖4镇1乡4个街道，47个农村社区
2011年末辖区人口50万人，有汉、彝、
驻凤凰街道办事处政通路。

本区地势西北高东南低，地貌以高
1500~2900.6米之间；其中，大湾海嘎
高点；最低点为月照乡独山村河边组，
充沛，冬无严寒，夏无酷暑。年平均气
均降雨量1231.8毫米，森林覆盖率34.3

境内资源丰富，有煤、铁、铝、铅
源，其中铅锌矿储量居全省之首；铁矿
优良，分布集中，易于开采，故有“十

境内有贵州水城矿业（集团）有限
水城瑞安水泥有限公司、杉树林铅锌矿

钟山区主要粮食作物有玉米、马铃
菜、魔芋等。

钟山区气候宜人，有许多自然林和
区、老鹰山石河生态旅游度假区，黄办

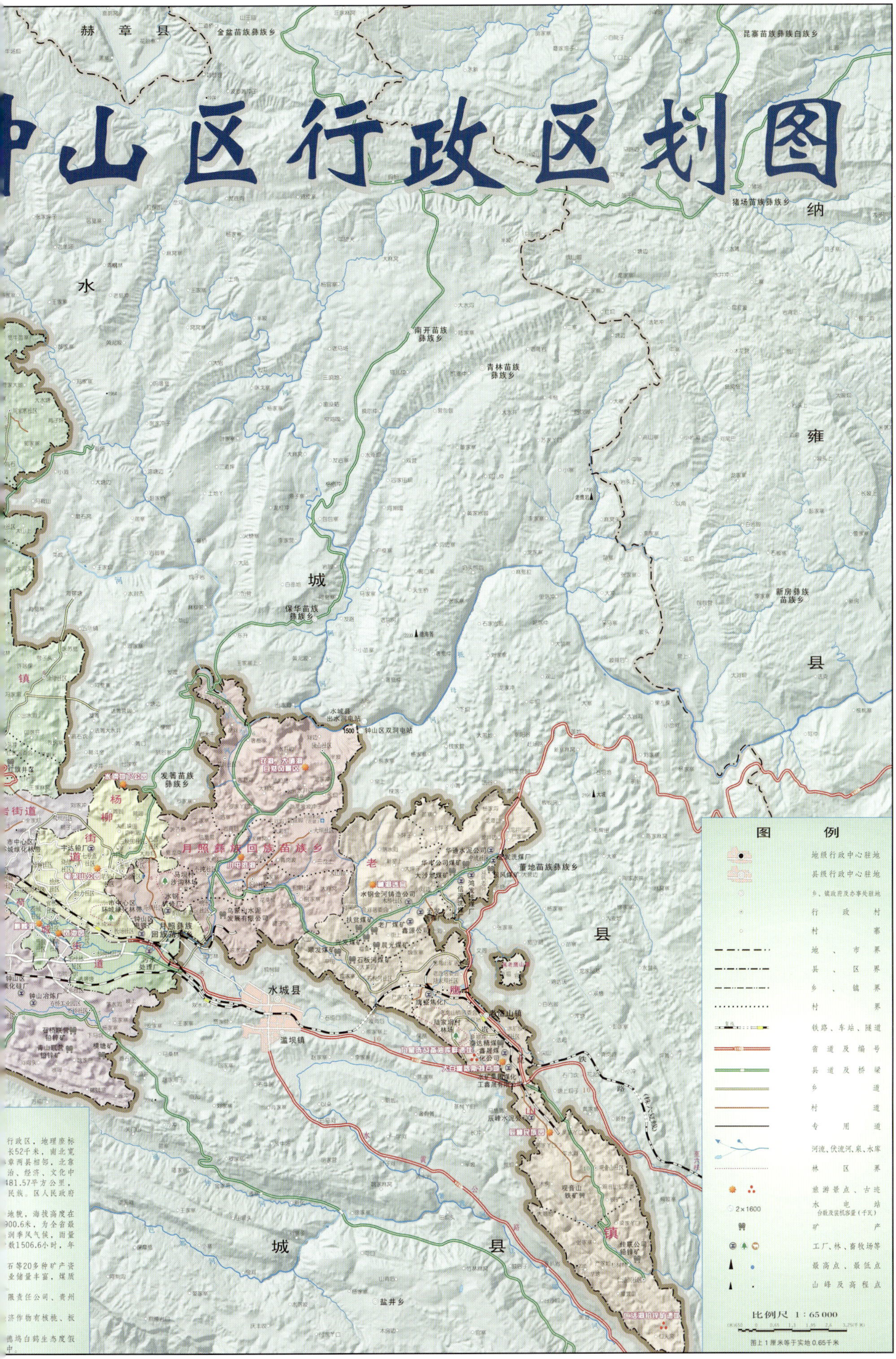

2013年钟山区行政区划图

审图号：黔S（2008）022号

人民路西段
钟山区蔬菜育苗场
童乐园
德坞水库
白鹤村委会
钟山区电力有限责任公司
水矿集团机械化工区
德西社区
德坞街道办事处
湾子寨
钟山西路
六盘水职院驾校
贵州省六盘水盘水职业技术学院
区二十三小学
博雅溪苑
四季花城
水红公司
水矿德馨园
德宏社区
市园林管理处
六盘水动物公园
市环境卫生管理处
德坞农村信用社
中国银行六盘水分行
黄土坡街道
市人大
小才子小学
花渔路社区
市检察院
市建委
花渔粮库
人民西路社区
市档案局
市第三中学
县党校
建行市分行
钟山小学
市人民医院
钟山宾馆
雨田酒店
百货公司
建设路社区
市图书馆
凉都大道
西宁委会
水城变电站
113地质队
市实验小学
市气象局
康乐南路社区
市燃气总公司
电力宾馆
市水电设计院
钟山公园
六盘水市委
市政府
水城粮造厂
1964
马鞍营山
曹家湾社区
曹家湾子
市国税局
市教育局
文化南路社区
二中社区
明湖水库
市司法局
市卫生学校
市党校
省电大市分校
市特殊教育学校
省煤检所
八一社区
市财经学校
马落箐村小学
马落箐社区
马落箐煤矿
明湖社区
市林科所
地勘局二总队
朝阳社区
尖山营
2015
天波楼
六中
钟山区职业技术学校
师院
市三中

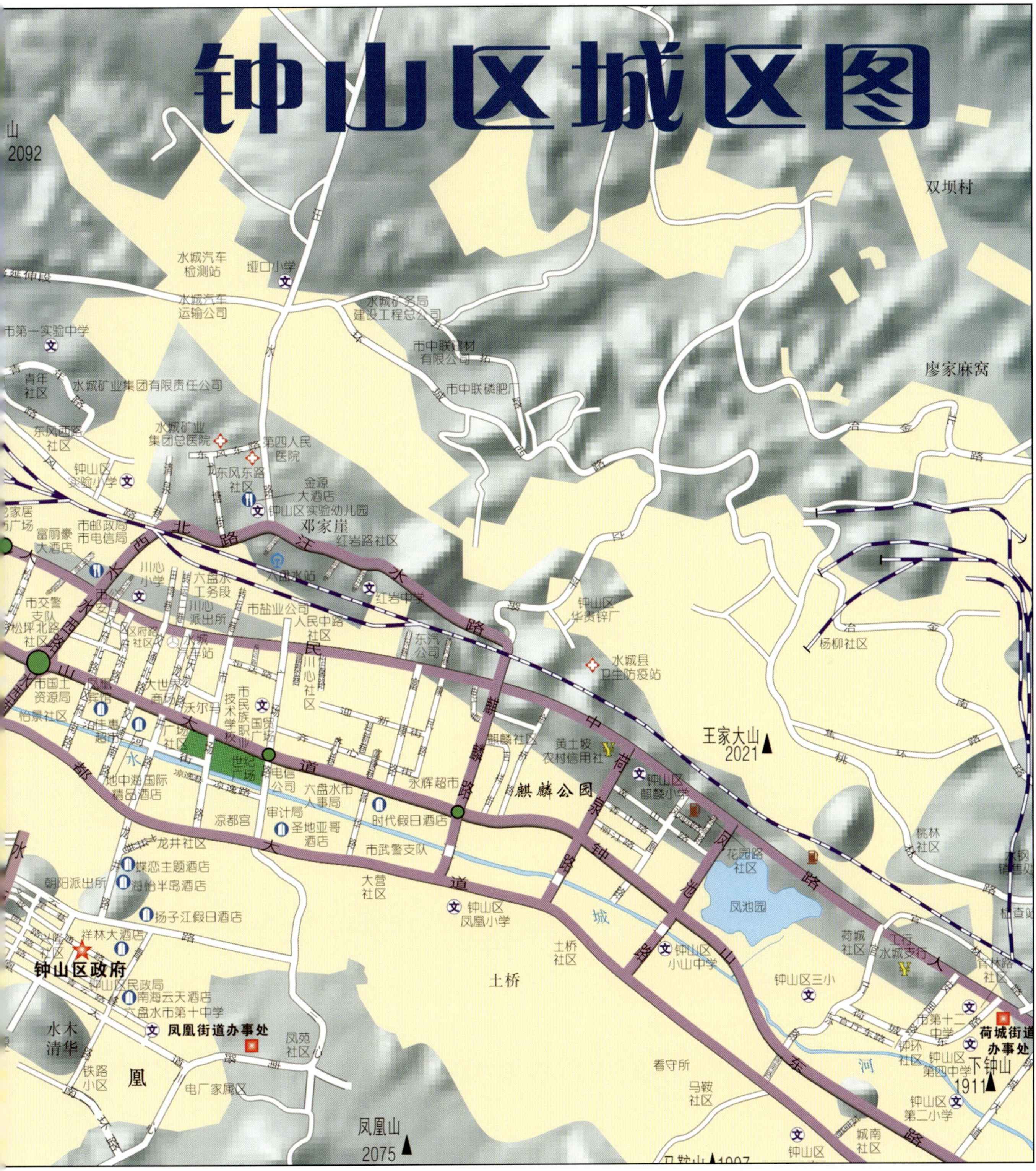

2013年钟山区城区图

钟山区旅

7 韭菜坪
大湾雄鹿林场
大湾镇
二塘镇
左家营村联户林场
汪家寨镇
1 天生湖
双嘎彝族乡
11 儿童乐园
4 凉都森林公园
9 动物园
5 白鹤公园
德坞街道
六盘水市政府
14 明湖湿地公园
图例
地级行政中心驻地
县级行政中心驻地
乡、镇政府及办事处驻地
行政村
村寨
地、市界
县、区界
乡、镇界
村界
铁路、车站、隧道
省道及编号
县道及桥梁
乡道
村道
专用道
河流、伏流河、泉、水库
林区界
旅游景点、古迹
水电站
矿产
工厂、林、畜牧场等
最高点、最低点
山峰及高程点
比例尺 1：65 000
图上1厘米等于实地0.65千米

点分布图

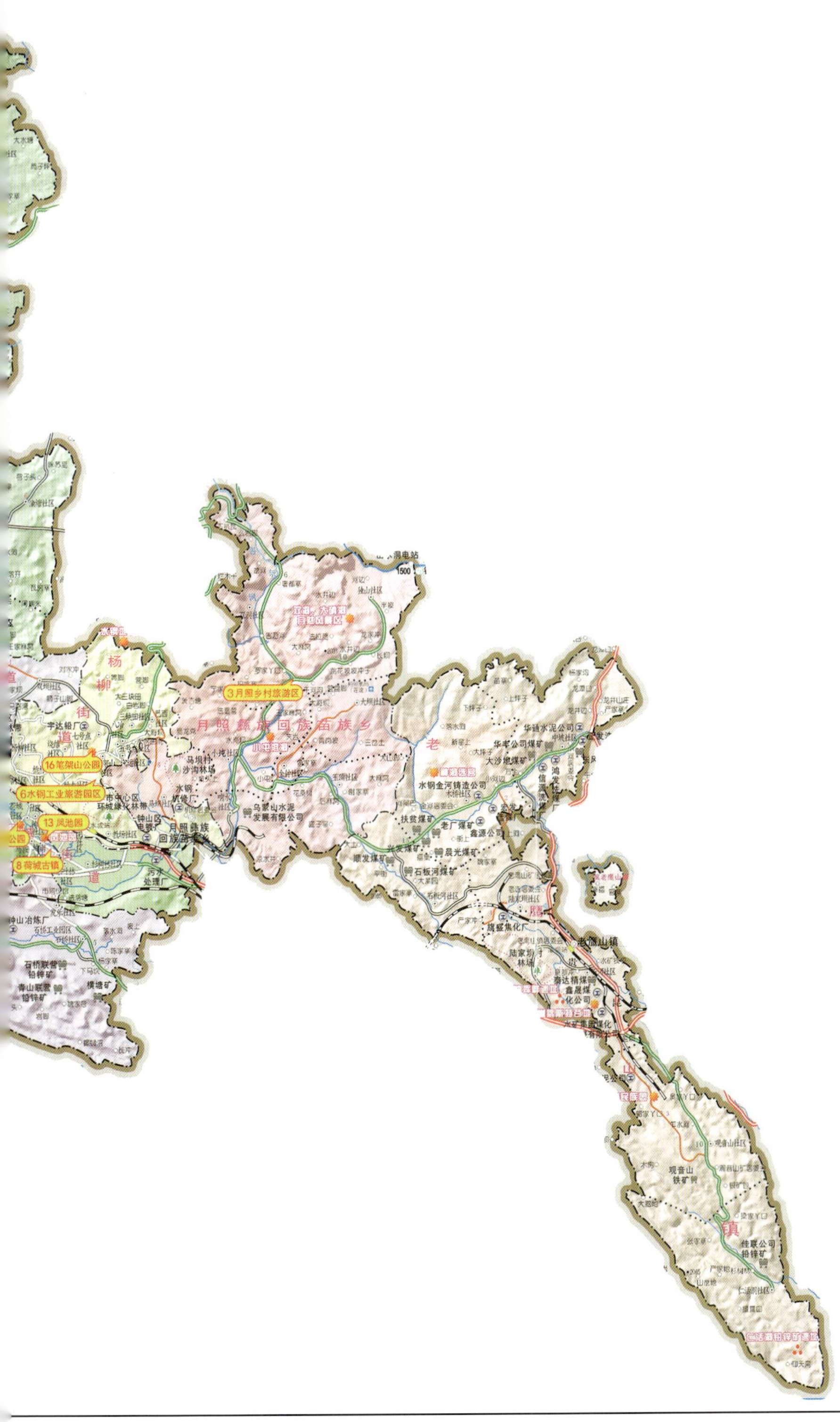

2013年钟山区旅游景点分布图

中心城区旧貌

中心城区东部片区（2010年摄）

中心城区中部片区（2010年摄）

中心城区西部片区（2011年摄）

1997年2月，贵州省委副书记、省长吴亦侠（前排右二）视察水城钢铁（集团）有限责任公司

2006年3月1日，贵州省委书记石宗源（前排左三）视察钟山区城市建设

2007年9月4日，国家安全生产监督管理总局局长李毅中（左三）到钟山区地方煤矿检查矿井安全，查看矿瓦斯监控情况

2007年5月30日，全国政协常委、农业部原部长陈耀邦（前排左三）到钟山区双龙村调研

2008年2月21日，国家煤矿安全监察局局长赵铁锤（右一）到钟山区钟山四矿检查指导工作

2009年11月17日，贵州省委副书记、省长林树森（前排右一）视察水城矿业（集团）有限责任公司鑫晟煤化工基地

2010年11月2日，贵州省委副书记、省长赵克志（右一）视察水城矿业（集团）有限责任公司鑫晟煤化工基地

2010年11月6日，国家统计局局长马建堂（后排右一）到钟山区大河镇裕民村视察“六普”入户登记工作

2009年11月26日，贵州省委常委、常务副省长王晓东（右三）在钟山区月照乡调研

2012年5月7日，省委常委、省纪委书记宋璇涛（左二）到荷城街道花园路社区视察和调研基层党风廉政建设工作

1988年9月1日，中国共产党六盘水市钟山区第一次代表大会召开。图为代表合影

1988年7月15日，钟山区第一届人民代表大会第一次会议召开

1988年7月15日，钟山区政协一届一次会议召开。图为参会人员合影

2008年3月10日，中共钟山区第五届代表大会第二次会议召开

2008年3月28日，钟山区召开基层组织建设年及组织系统“讲党性、重品行、作表率”活动动员大会

2008年5月12日，钟山区干部职工参加学习实践科学发展观活动辅导报告会学习场景

2008年9月7日，区委中心组集中学习场景

2009年3月3日，六盘水市钟山区第六届人民代表大会第三次会议召开

钟山区中心城区航拍图（2004年摄）

人民广场俯瞰图（2013年摄）

中心城区中部片区俯瞰图（2013年摄）

中心城区中西部片区俯瞰图（2013年摄）

中心城区东部片区俯瞰图（2013年摄）

钟山大道俯瞰图（2013年摄）

明湖国家湿地公园俯瞰图（2013年摄）

凉都儿童乐园俯瞰图
（2013年摄）

麒麟公园俯瞰图
（2013年摄）

钢城花园俯瞰图
（2013年摄）

凉都体育中心俯瞰图
（2013年摄）

白鹤公园俯瞰图（2013年摄）

正在建设中的凤凰山城市综合体（2013年摄）

凉都大道（2013年摄）

汪家寨镇休闲广场
（2013年摄）

德坞街道图腾广场
（2013年摄）

水城城关坝子原貌（1958年摄）

水城老城旧貌

水城城关坝子上的老城、下钟山（左）和水田（2000年摄）

水城老城航拍图（2003年摄）

荷城花园原貌（2000年摄）

已建成的荷城花园凤池湖（2008年摄）

凤凰新区开工建设（2003年摄）

正在建设中的凤凰新区（2003年摄）

凤凰新区远眺（2010年摄）

凤凰新区及中心城区中、西片区远眺（2011年摄）

20世纪90年代中期黄土坡片区

黄土坡片区新貌（2010年摄）

德坞坝子原貌（1999年摄）

正在建设中的德坞新区一角（2011年摄）

1988年钟山区筹建组办公楼（1988年摄）

1991—2003年区人民政府办公大楼（2003年摄）

2003年正在建设中的位于凤凰新区的区人民政府行政办公区（2003年摄）

2008年新建成的区人民政府行政办公区（2008年摄）

大湾镇政府办公楼（2010年摄）

汪家寨镇政府办公楼（2013年摄）

凤凰街道办事处办公楼（2013年摄）

德坞街道办事处办公楼（2013年摄）

荷城街道办事处办公楼（2012年摄）

月照乡政府办公楼（2014年摄）

双嘎乡政府办公楼（2013年摄）

首钢水城钢铁（集团）有限责任公司办公楼（2012年摄）

首钢水城钢铁（集团）有限责任公司炼钢厂（2005年摄）

2005年，水钢新炼钢厂投产

水钢二轧厂螺纹钢生产线（2003年摄）

水钢一轧厂线材生产线（2003年摄）

水钢观音山铁矿储矿仓（2003年摄）

水钢炼出第一炉钢水

开赴三线建设工地的建设大军

1966年水钢建厂之初的青杠林林场指挥部

水钢建厂初期，水钢职工住的简陋帐篷

水钢建厂初期，职工在业余时间挑粪种菜情景

水钢建厂初期，没有公路、铁路，工人手抬肩扛建设物资情景

水钢建厂之初的青杠林林场指挥部旧址纪念标志（2010年摄）

水城水泥股份有限公司圆窑生产线（2003年摄）

水城水泥股份有限公司厂区（2008年摄）

水钢观音山水泥厂（2009年摄）

水城发电厂厂区原貌（2008年摄）

野马寨发电厂（2010年摄）

双洞电站（2007年摄）

水城矿业（集团）有限责任公司办公楼
（2008年摄）

水城矿业（集团）有限责任公司煤矿综采工作面
（2008年摄）

西洋焦化厂出焦情景（2008年摄）

钟山区小煤窑原貌（2000年摄）

老鹰山镇大沙地煤矿副斜井
（2012年摄）

老鹰山镇东风煤矿监控调度室
（2010年摄）

旗盛焦化厂生产的焦炭产品
（2010年摄）

钟山区煤炭工业公司洗煤厂污水处理池（2010年摄）

月照乡恒兴洗煤厂一角（2011年摄）

月照乡长岗焦化厂生产车间
（2011年摄）

钟山一矿投入运行的瓦斯发电设备
（2010年摄）

钟山一矿办公楼
（2010年摄）

大湾镇三鑫煤矿井下职工乘坐猴车上下班情景（2010年摄）

大湾镇帮恒洗煤厂（2011年摄）

汪家寨镇铜厂坡煤矿投资建设的沼气发电装置（2012年摄）

汪家寨镇黄猫洞煤矿主井、副井井口（2012年摄）

汪家寨镇富祥洗煤厂储煤场（2012年摄）

大河镇紫旭煤矿办公楼（2012年摄）

钟山区煤炭工业公司洗煤厂（2010年摄）

观音山铁矿开采的铁矿石（2009年摄）

月照乡硅矿石（2011年摄）

杉树林铅锌矿开采的铅锌矿石（2014年摄）

杉树林铅锌矿经洗选后的铅锌矿粉（2014年摄）

铭盛锌厂生产的精锌产品（2003年摄）

土锌炉生产情景（2003年摄）

杉树林铅锌矿球磨分级情景（2003年摄）

钟山区冶炼厂生产的锌锭（1997年摄）

钟山区土法炼锌炉四平炉（2001年摄）

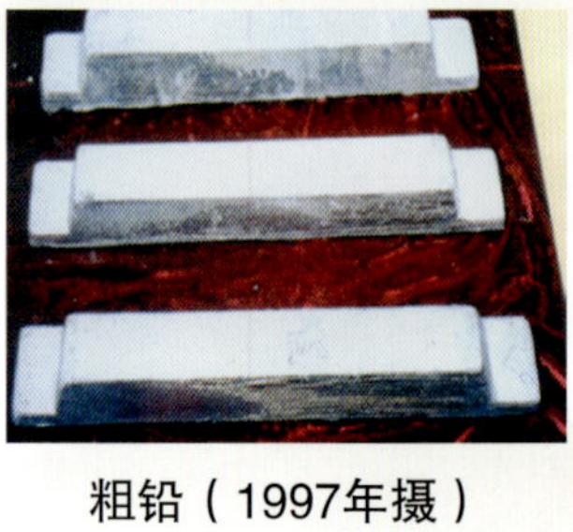
粗铅（1997年摄）

粗锌（1997年摄）

改造后的新型粗锌冶炼炉（2003年摄）

六盘水市啤酒厂（2003年摄）

观音山土法炼铁炉（2013年摄）

六盘水市啤酒厂生产的啤酒（2003年摄）

大河镇大桥蔬菜基地（2003年摄）

汪家寨镇宏裕养殖场（2010年摄）

大河镇大箐农业科技园区培育的葡萄苗（2010年摄）

汪家寨镇铜厂坡煤矿冬桃基地（2010年摄）

大湾镇金秋梨基地盛开的梨花（2010年摄）

月照乡黑山羊养殖基地的羊群（1997年摄）

德坞乡种植的“贵农10号”小麦（1989年摄）

德坞花卉基地种植的鲜花（2000年摄）

德坞镇村民饲养的商品猪（1998年摄）

大河镇大箐农业科技园区栽培的苹果（2010年摄）

老鹰山镇石河奶牛养殖场饲养的奶牛（2004年摄）

凤凰街道凤凰村果蔬基地栽培的梨（2009年摄）

大河镇大箐农业科技园区种植的葡萄（2010年摄）

明湖水库（2008年摄）

龙贵地水库（2013年摄）

德坞水库（2002年摄）

石河水库（2008年摄）

1991年老城场坝饮水工程主管道开工（1991年摄）

1991年7月3日，大湾镇遭受特大洪涝灾害情景（1991年摄）

1991年解放军架桥部队参加抗洪抢险，架扒瓦浮桥（1991年摄）

1991年参加抗洪抢险的民兵（1991年摄）

2001年荷城办事处遭受水灾情景（2001年摄）

月照乡独山村坡改梯工程（2003年摄）

大河镇大地村修建的小水窖（2006年摄）

月照乡双洞村通户硬化道路（2007年摄）

旱地浇灌蓄水池（2008年摄）

韭菜坪山上的烙铁头蛇（1997年摄）

凤凰新区的古树红豆杉（2013年摄）

凉都森林公园（2013年摄）

黄土坡街道川心村环城林带（2000年摄）

大河镇裕民村封山育林林带（2006年摄）

大河镇大桥村养鸡场（2013年摄）

大河镇大桥蔬菜基地生长的蔬菜（2013年摄）

大河镇大箐农业观光园区盛开的鲜花（2013年摄）

德坞镇农村村民居住的杈杈房（1996年摄）

德坞镇农村村民居住的茅草房（1996年摄）

老鹰山镇建于民国时期已毁损的民居（2010年摄）

月照乡玉顶村山洞中民居（2013年摄）

凤凰街道凤凰村建于民国时期的民居（2009年摄）

老鹰山镇中坡村建于20世纪70年代的民居（2008年摄）

老鹰山镇石河村晏家寨建于民国时期的民居（2008年摄）

月照乡独山村村民新建的住宅楼（2013年摄）

大河镇渡口村村民新建的住宅楼（2009年摄）

德坞街道明景小区经济适用房（2014年摄）

德坞街道乌砂寨村村民新居（2010年摄）

大河镇大桥村新貌（2011年摄）

汪家寨镇小城镇街道和民居
（2013年摄）

大湾镇白族新村
（2013年摄）

月照乡独山村村民新居
（2010年摄）

月照乡金钟村新貌
（2010年摄）

老鹰山镇采煤沉陷区移民安置点新楼（2008年摄）

大湾镇移民新村（2013年摄）

水城硝灰洞遗址（2013年摄）

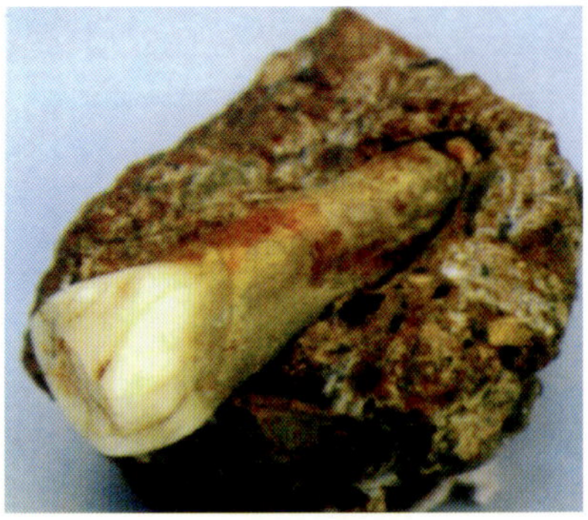
水城硝灰洞出土的早期智人牙齿化石（2007年摄）

燕子岩出土的剑齿象化石

黄土坡汉代遗址出土的青铜釜

清代始建近年修复的文昌阁（观音阁）建筑群（2013年摄）

建于民国时期水城老城陆氏居宅（2013年摄）

建于民国时期水城老城罗氏居宅（2013年摄）

建于明末的水城老城石砖砌墙民居（2013年摄）

建于民国时期水城老城街面上的二层楼悬山顶木柱房民居（2013年摄）

20世纪50年代所建砖混二层楼双栋复合结构的综合楼（2013年摄）

水城老城土木石相嵌的古城墙局部（2007年摄）

20世纪60年代书写在小河王氏民居板壁上的毛主席语录（2008年摄）

水城县原县委办公楼旧址（2010年摄）

水城邮电局旧址（2010年摄）

老鹰山镇石河村水营组村民居住的木瓦结构的房屋屋面（2010年摄）

老鹰山镇小河边王氏民居石柱础（2008年摄）

水城老城百货大楼旧址（2010年摄）

水城老城城隍庙残存的清代圆雕护阶石狮（2013年摄）

观音阁大钟（2010年摄）

观音阁护栏花板（2010年摄）

桂天相为武庙书写的匾额（2010年摄）

大河镇大地安家坟残存狮抱鼓四柱三面镶券门石雕碑（民国）（2009年摄）

桂天相墓（2010年摄）

雷礼禄墓（2009年摄）

大河镇大桥村陆氏雕楼背面（2009年摄）

老鹰山镇石河村晏家寨造纸作坊遗址（2008年摄）

大河镇大桥村观音庙（2011年摄）

人和洞铅锌矿矿洞遗址（2011年摄）

月照乡马坝村苗族四月八跳花节（2004年摄）

月照乡马坝村苗族四月八跳花节表演的芦笙舞（2004年摄）

汪家寨镇新华村彝族唢呐演奏（2008年摄）

汪家寨镇新华村彝族铃铛舞（2008年摄）

歪梳苗支系芦笙大鼓舞中的乌龙绞柱特技

月照乡马坝村周艳用新技法绘制创作的彩色蜡画
（2013年摄）

月照乡马坝村苗族女作者在绘制彩色蜡画
（2013年摄）

月照乡马坝村祝正华创作的农民画（1987年摄）

月照乡马坝村杨明学创作的农民画　（1990年摄）

苗族丧葬祭祀中的纸扎“戛房”（2013年摄）

钟山汉族丧葬祭祀活动中的纸扎吊幡
（2013年摄）

“翻旮旯”艺术团在全国第九届
少数民族传统体育运动会上现场表演
（2011年摄）

德坞街道西宁村老年民乐队演出
（2012年摄）

月照乡马坝村苗族“大歪梳”支系妇女装束（2012年摄）

汪家寨镇新华村一带彝族服饰（2012年摄）

大湾镇一带彝族服饰（2012年摄）

德坞街道乌砂寨村彝族服饰（2014年摄）

庆祝建区十六周年系列活动（2004年摄）

钟山区举办迎香港回归文艺演出（1997年摄）

水矿集团公司举办“安康杯”文艺演出活动（2008年摄）

钟山区举办五县一区篮球运动会（1995年摄）

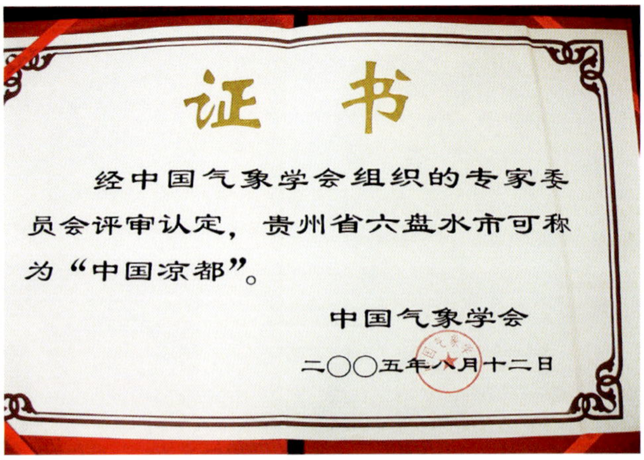

证书

经中国气象学会组织的专家委员会评审认定，贵州省六盘水市可称为“中国凉都”。

中国气象学会

二〇〇五年八月十二日

中国气象学会为六盘水市颁发的“中国凉都”证书（2005年摄）

2006年凉都·六盘水消夏文化节开幕式（2006年摄）

全国汽车拉力赛（2005年摄）

全国围棋甲级联赛第18轮在六盘水市举行，图为棋圣聂卫平九段在凤池棋院与围棋爱好者进行车轮大战情景（2004年摄）

旅游形象大使选拔赛（2006年摄）

凉都消夏文化节广场文化周文艺演出（2008年摄）

文化、卫生、科技三下乡活动（2008年摄）

亚洲沙滩排球巡回赛在钟山区凤凰新区举行（2010年摄）

中国京剧票友相聚凉都消夏艺术节文艺演出（2010年摄）

举办红歌合唱大赛（2010年摄）

钟山广场上锻炼的群众

武警钟山区中队开展军事训练（2009年摄）

韭菜坪（2013年摄）

韭菜坪石林（2009年摄）

韭菜坪上放牧的的家畜（2010年摄）

韭菜坪上韭菜花（2010年摄）

月照乡阿勒河峡谷（2009年摄）

月照乡阿勒河峡谷神雕山峰
（2013年摄）

月照乡独山猴子岩（2012年摄）

月照乡大硝洞（2011年摄）

月照乡石生树（2010年摄）

月照乡独山风光（2009年摄）

月照乡藤龙洞（2013年摄）

观音山高原风光（2009年摄）

观音山高山草甸风光（2009年摄）

下钟山（2009年摄）

上钟山（2014年摄）

梅花山冬季风光（2013年摄）

水钢笔架山（2012年摄）

凤凰山（2008年摄）

扁桶山（2008年摄）

老鹰山（2008年摄）

月照月亮山（2009年摄）

麒麟山（2010年摄）

明湖村原貌（2009年摄）

明湖湿地公园（2013年摄）

麒麟洞（2003年摄）

神洞石瀑（2003年摄）

水钢龙凤地宫（2003年摄）

天生湖（2013年摄）

大桥村古石拱桥（2006年摄）

山岔河（2006年摄）

凤池棋院（2010年摄）

贵州三线建设博物馆广场（2013年摄）

月照乡大坝清真寺（2013年摄）

红石榴山庄（2009年摄）

金钟彝家大院（2012年摄）

六盘水乌蒙山国家地质公园牌楼（2012年摄）

水城河（2010年摄）

月照乡马坝村苗族双语教学班开学典礼（2000年摄）

钟山区青少年活动中心（2008年摄）

钟山区二塘农业中学旧址（2013年摄）

六盘水市第二十一中学（2014年摄）

六盘水市第十中学（2010年摄）

六盘水市第十二中学（2013年摄）

六盘水市第十四中学（2013年摄）

六盘水市第二十二中学（2014年摄）

钟山区第七小学（2008年摄）

新世纪幼儿园（2014年摄）

钟山区第五小学（2013年摄）

大湾镇中心校（2014年摄）

汪家寨镇中心校（2014年摄）

大河镇中心校（2011年摄）

双嘎乡中心校（2006年摄）

钟山区第七届学生田径运动会（1995年摄）

钟山区中小学校庆祝建国60周年“祖国好·家乡美”诗文大赛（2009年摄）

汪家寨镇卫生院（2013年摄）

德坞街道卫生院（2014年摄）

光绪年间（1875-1908）建成的扒瓦桥

1991年重新建成的扒瓦大桥

威水公路梅花山车子弯段（1991年摄）

六盘水南编组站
（2008年摄）

渡口大桥（2007年摄）

水城汽车站（1990年摄）

大湾镇山根脚公路桥（2014年摄）

石河公路（2014年摄）

大河至羊肠坡公路（2014年摄）

月照乡垭口公路（2014年摄）

月照机场开工建设（2013年摄）

月照机场建设前的花竹林坝子原貌（2013年摄）

老鹰山镇小河边山岔路社会捐资修路功德碑（2008年摄）

大湾镇汽车客运站（2014年摄）

沃尔玛商场（2010年摄）

矿山机电市场　（2009年摄）

万马购物中心（2013年摄）

雨田酒楼（左），钟山区农村信用社（右）
（2010年摄）

电信大楼（2010年摄）

圣地亚哥大酒店（2010年摄）

海怡半岛大酒楼（2010年摄）

钟山区会展中心（2010年摄）

钟山区行政服务中心
（2010年摄）

尹自勇烈士

欧阳崇庭烈士

王学忠烈士

谭太俊烈士

刘国富烈士

赵鹏远烈士

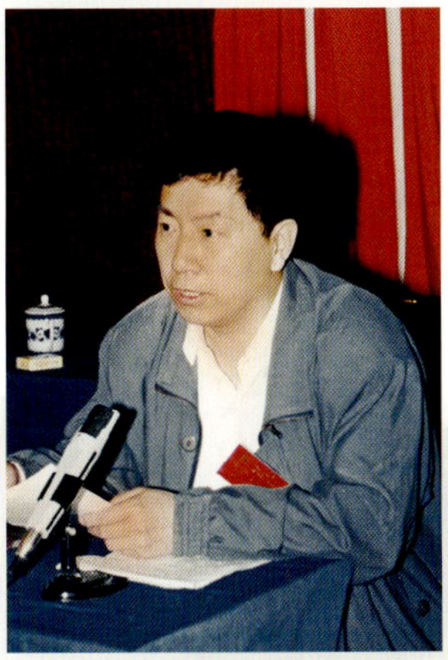
冯常来烈士

袁一平烈士

郑伦仁烈士

张双全烈士

赫威水游击大队活动遗址（2009年摄）

钟山区烈士陵园（2010年摄）

钟山区烈士陵园祭扫烈士活动（1991年摄）

仙水坡烈士陵园（2014年摄）

区委史志办主任马永超（右三立者）带领编纂人员考察古迹遗址（2009年摄）

2014年8月20日，《六盘水市钟山区志》终审会在贵州省档案馆召开

2010年12月20日，钟山区地方志编纂委员会成员合影

2013年9月10日，参加《六盘水市钟山区志》初审的评审人员合影。前排左起：王守品、雷兴胜、黄承勇、卢崇键、王文楷、陈天光、徐永安。后排左起：石前周、李勇跃、尹余庆、田锦奎、孙秀文、马永超、施昱。

2013年10月14日，参加《六盘水市钟山区志》复审会的人员合影。前排左起：汪龙舞、余祖海、王赟、梁建、付国祥、余朝林、周声浩、张群芳、朱祖雄。后排左起：张登蓝、马永超、焦兴敏、郑应洁、夏厚军、王守品、雷兴胜、宋兵、石前周

2014年8月20日，参加《六盘水市钟山区志》终审会审验人员合影。前排左起：周声浩、彭刚、归然、曾健、梁贵钢、余朝林。后排左起：东秀平、宋兵、夏厚军、伍启林、王守品、马永超、陆震。

2010年12月，六盘水市委常委、钟山区委书记、钟山区地方志编纂委员会主任牟海松（右三），区委宣传部部长、钟山区地方志编纂委员会副主任蔡永忠（左四），区政府副区长、钟山区地方志编纂委员会副主任陆秀薇（右二）与区委史志办全体人员合影

六盘水市钟山区地方志编纂委员会

（2008年9月—2010年12月）

主任委员	牟海松	高玉林	陈友模			
副主任委员	王宜治	彭　康	梁　建	郭　华	曾晓芳	蔡　斌
	黄崇文	蔡永忠	肖　一	李　明	陆秀微	方裕谦
	陶贵萍	王　伟				
委员	卢成祝	黄群力	李姿云	李明勇	赵　泽	马永超
	陈素芳	石亚雄	方金怀	张群芳	朱　莉	安　芳
	罗绍瑜	阳智明	刘伟民	龙选芝	朱桉瑛	宋文雄
	苏荣仙	胡宝刚	李华珍	彭　健	姜壁文	刘崇厚
	卢凤学	邹立宏	刘海膺	施辉贤	敖顺安	陈明智
	刘应明	吴　洪	王　劭	李毕杭	吕永禄	班丽梅
	洪　兵	张国燕	沈庆碧	孙学武	向顺革	韩　海
	乔冠忠	赵昌明	张高寒	杜廷桂	寇杜娟	张　勇
	黄友明	张　伟	孙　鹏	柏学德	敖永红	王　平
	潘继华	赵泽智	王成刚	蒋朝明	肖俊良	
办公室主任	徐永安	马永超				
办公室副主任	石前周					

六盘水市钟山区地方志编纂委员会

（2010年12月—2011年12月）

主任委员	牟海松	高玉林	陈友模

副主任委员	梁　建	郭　华	曾晓芳	蔡　斌	黄崇文	蔡永忠
	梁洪波	陶贵萍	李　明	陆秀微	王　伟	
委　　员	黄群力	李资云	卢成祝	李明勇	马永超	卢文涛
	赵　泽	徐永安	陈素芳	石亚雄	方金怀	张群芳
	朱　莉	安　芳	罗绍瑜	阳智明	刘伟民	朱桉瑛
	周　皓	苏荣仙	胡宝刚	王文仕	宋淑珍	姜壁文
	刘崇厚	卢风学	邹立宏	刘海膺	施辉贤	敖顺安
	罗爱红	陈　普	王　邵	李毕杭	邓小敏	班丽梅
	张国燕	孙学武	向顺革	韩　海	乔冠忠	覃丽蓉
	杜廷桂	刘德志	张　勇	万　涛	孙　鹏	赵庆强
	敖永红	王厚源	潘继华	唐宏伟	宋文雄	蒋朝明
	肖俊良					
办公室主任	马永超					
办公室副主任	石前周					

六盘水市钟山区地方志编纂委员会

（2011年12月－2012年5月）

主任委员	魏树旺	李　明	梁　建	陶贵萍		
副主任委员	方志江	李令波	曾晓芳	卢成祝	骆科用	黄承勇
	方裕谦	于鹏磊	张群芳	宋淑珍		
委　　员	刘伟民	赵　泽	潘继华	李明勇	钱廷刚	唐　峰
	朱桉瑛	李永红	卢文涛	马永超	徐永安	陈素芳
	石亚雄	方金怀	朱　莉	安　芳	李文标	罗绍瑜
	张国燕	苏荣仙	胡宝刚	王文仕	肖俊良	姜壁文
	刘崇厚	卢风学	邹立宏	刘海膺	施辉贤	敖顺安

罗爱红　陈　普　黎永明　沈庆碧　邓小敏　班丽梅
韩　海　乔冠忠　张　应　杜廷桂　刘德志　张　勇
万　涛　孙　鹏　赵庆强　敖永红　王厚源　唐宏伟
宋文雄　蒋朝明

办公室主任　马永超

办公室副主任　石前周

六盘水市钟山区地方志编纂委员会

（2012年5月－2013年12月）

主任委员　付国祥　李　明　梁　建　陶贵萍

副主任委员　郑建国　曾晓芳　吴仕泽　陈国强　孟国光　黄承勇
张群芳　宋淑珍　黎家良　周元智　王厚源　胡宝刚

委　　员　蔡永忠　潘继华　杨　丹　钱廷刚　唐　峰　李永红
卢文涛　马永超　刘开盛　李永林　徐永安　孟永平
陆登江　石亚雄　方金怀　韩　琳　卢文琪　费家彦
李文标　吴　迪　罗绍瑜　胡传斌　苏荣仙　刘子华
肖俊良　姜壁文　刘崇厚　杜　琼　安　芳　卢凤学
彭晓庆　刘海膺　施辉贤　陈　涛　蒋　谦　蒋承君
罗爱红　龙家杰　黎永明　洪胜华　邓小敏　班丽梅
王德平　杨芳玲　张　应　龚昌霖　刘德志　张　勇
聂宗铭　孙　鹏　赵庆强　王　邵　闵志宏　唐宏伟
李　茂　蒋朝明　陈　普

办公室主任　马永超

办公室副主任　石前周

六盘水市钟山区地方志编纂委员会

（2014年1月—2015年12月）

主任委员 张　涛　李　明　梁　建　陶贵萍

副主任委员 黄承勇　张群芳　程国强　王　赟　孟国光　唐　霞
蔡永忠　杨　丹　宋淑珍　钱廷刚　唐　锋　卢凤学
周元智

委　　员 刘子华　孟永平　刘开盛　陈　伟　李文彪　李永林
方金怀　黎永明　张道举　杨柠菡　卢文琪　费家彦
肖俊良　姜顺兴　马永超　褚永祥　李永红　陈素芳
荆艳君　洪胜华　张　平　熊礼渊　尹家顺　安　芳
姜壁文　王丽敏　蒋　谦　马令琦　陈宏量　史飞亚
张选池　李　刚　张有儒　敖顺安　周　胜　蒋承君
胡传斌　苏荣仙　刘元敏　李晓荣　周　卉　邓小敏
许瑞声　陶　甑　舒　军　陈林庆　吴　迪　闵志宏
杜　琼　李　昕　王　邵　赫　海　刘仕忠　刘崇厚
李　茂　徐永安　蒋朝明　陈星运

办公室主任 马永超

办公室副主任 石前周

六盘水市钟山区地方志编纂委员会

（2015年12月—2016年12月）

主任委员 张　涛　李　明　王　赟　陶贵萍

副主任委员 郭　锐　宋淑珍

委　　员 李　涛　赵　飞　彭　勇　李永红　石前周　王万春
邓　平　李文标　李永林　赫　海　李浩升　周　卉
王　邵　熊礼渊　胡传斌　洪胜华　陈志文　徐永安
杨　军　姜壁文　王丽敏　李　鸿　穆显明　陈宏量
杨　磊　陈星运　卢文涛　吴　迪　季　忠　苏荣仙
龚昌霖　褚永祥　肖俊良

办公室主任 石前周

办公室副主任 苟忠裕

《六盘水市钟山区志》编辑人员

主　　编　马永超

副 主 编　石前周

总　　纂　王守品　雷兴胜

编　　辑　尹余庆　孙秀文　施　昱　蒋　霞　严　成

顾　　问　王文楷　卢崇键　陈天光　彭世隆　黄定邦　秦　垦
熊光阳　张富科　张仁玉

《六盘水市钟山区志》审稿人员

钟山区地方志办公室（初审）

张群芳　王文楷　卢崇键　陈天光　田锦奎　马永超
石前周　王守品　雷兴胜　徐永安　邓小敏　施　昱

六盘水市地方志办公室（复审）

余朝林　周声浩（特邀）　夏厚军　赵福江　斯信强
汪龙舞　余祖海　朱祖雄　宋　兵

贵州省档案局（地方志办公室）（终审）

王传福　曾　健　归　然　梁贵钢　彭　钢　周声浩
伍启林　陆　震　车秀琴

序

时维冬月，序属初冬，值此“十三五”开局之年、丙申年收官之月，岁序更新之时，欣闻《六盘水市钟山区志》出版问世，值得可喜可贺，是以为序。

钟山区是1987年12月经国务院批准成立的市辖县级行政区，1988年钟山区正式成立。从此，钟山历史翻开了崭新的一页。建区之初，钟山区仅靠上级拨付的20万元“开办费”，踏上艰难的创业跋涉之路。全区在改革开放政策指引下，在省委省政府和市委市政府的坚强领导下，在各部门的鼎力支持下，把握西部大开发、建设经济强区及建设贵州西部中心城市等机遇，不畏艰难，奋力拼搏，经20余年的不懈努力，经济社会取得长足发展，人民生活水平不断提高，社会和谐稳定，取得长足进步。中国凉都·魅力钟山在磅礴乌蒙深处显现出靓丽身影。

我们在钟山工作的日日夜夜，深切地感受到勤劳智慧的钟山各族人民勤劳勇敢，拼搏努力，在钟山这块充满希望、活力四射的热土上，辛勤耕耘，谱写出一曲又一曲壮丽乐章，其业绩必将载入史册。

钟山辉煌的历史功绩，是钟山各族人民共同努力奋斗的结果。老一辈艰苦创业、新一代开拓进取，一届接着一届干，代代薪火相传，继承中创新、超越，丰功伟业与日月同辉，历史自应辑存这辉煌的一页以昭后世。

回顾和总结过去，是为了更好地建设未来。我们要认真学习习近平总书记系列重要讲话精神，把历史智慧告诉人们，激发我们的民族自豪感和自信心，坚定全体人民振兴中华、实现中国梦的信心和决心。《六盘水市钟山区志》的出版发行，为我区保存历史资料，提供施政决策依据，开展爱国爱乡教育，弘扬社会主义核心价值观，促进文化发展繁荣提供宝贵的资料，必将激励全区人民更加热爱家乡，建设美丽家园的热情。我们要认真贯彻落实李克强总理为第五次全国地方志工作会议批示：方志流传绵延千载，贵在史识，重在致用。愿意与大家一道读志、爱志、用志。

在这本区志即将问世之际，首先，我们要感谢历届区委、区人大、区政府、区政协领导班子，是他们精城团结、相互支持，为钟山区的发展奠定了坚实基础。其次，要感谢工作和战斗在全区各条战线的各级干部职工和广大人民群众，是他们辛勤工作、求真务实、开拓创新、砥砺前行，为钟山区的发展谏言献策、呕心沥血、苦干实干，推动钟山区不断向前发展。第三，要感谢那些长期以来对钟山区发展给予支持、帮助的上级领导和社会各界朋友，是他们的关心、支持和无私奉献，促进我区的和谐发展。最后，要感谢全体参与修志的专家学者和工作人员，是他们甘于清苦淡泊，严谨治学，默默耕耘，楼中灯火、案上卷书，为修成本志，为我区精神文明建设和文化发展作出无私奉献。

党的十八大召开后，我区现代化建设展现出美好的前景，面临良好机遇，也面临严峻挑战。为此，在以后工作中，我们要认真吸取正反两个方面的历史经验，以史为鉴，坚持正确路线，开拓创新，勇于追求真理，修正错误，努力把握客观规律，提高执政能力。在新的历史条件下，我们要继续弘扬“三线精神”，深化“三变”改革，以新时期六盘水精神为指引，以创新思维干、解放思想干、甩开膀子干、拎着帽子干的“四干”精神为引领，以开局就是决战、起步就是冲刺的工作状态，坚持不忘初心，继续前进，坚定不移守底线，勇于创新走新路，为率先建成全面小康社会，开启基本现代化新钟山而不懈奋斗！

中共六盘水市钟山区委书记　张　涛

六盘水市钟山区人民政府区长　王　赟

二〇一六年十月

凡　例

一、本志以马列主义、毛泽东思想、邓小平理论、“三个代表”重要思想、科学发展观和习近平总书记系列重要讲话精神为指导，坚持辩证唯物主义、历史唯物主义的立场、观点和方法，本着“求实存真、经世致用”的宗旨，实事求是、全面系统地记载钟山区的历史和现状，反映地方特色和时代特点。

二、本志上限起于1988年，下限断至2008年。某些延续性较强的内容，时限适当上溯。图照下延到2013年。2009—2012年大事载入附录。在钟山区境内涉及贵州省、六盘水市、水城县所属一些重要事项，作简要记载。

三、本志采用述、记、志、传、图、表、录七种体裁，以志为主，志文一般按篇、章、节、目四个层次记述。

四、本志采用现代规范语体文记述。标点符号用法以国家标准《标点符号用法》（GB/T15834-2011）为准，数字用法以国家标准《出版物上数字用法》（GB／T15835—2011）》为准。

五、本志计量单位采用国务院1984年2月发布的中华人民共和国法定计量单位。考虑到社会使用习惯，全书中“亩”不作统一换算。

六、本志纪年，凡述及民国以前的史实，采用历史纪年括注公元纪年的方式；民国时期的史实，采用民国纪年括注公元纪年的方式；中华人民共和国成立后的史实，采用公元纪年。本志所提到的“解放”是指1949年12月18日水城解放。

七、本志地名、机关单位名一般使用当时的名称。名称首次出现时用全称，之后用简称，如“中国共产党六盘水市钟山区委员会”简称“区委”，“六盘水市钟山区人民政府”简称“区政府”，“月照彝族回族苗族乡”简称“月照乡”，“荷城街道办事处”简称“荷办”。以此类推。

八、人物篇遵循“生不立传”原则，本籍及对钟山区有重大贡献和影响的客籍人士皆收录入志。人物传按传主卒年时序介绍。

九、本志资料源于史志文献、文书档案、图书报刊，以及区各级部门提供的资料，文内一般不注明出处。本志数据因提供单位不同，或有差异，最终以统计部门的资料为准，统计部门无法提供的，采用有关单位核定的数据。

目　录

概　述……………………………………（1）

大事记……………………………………（7）

第一篇　政　区……………………………（33）
第一章　建　置……………………………（33）
第一节　沿　革……………………………（33）
第二节　区　位……………………………（33）
第三节　政区变化…………………………（33）
第二章　镇乡街道…………………………（36）
第一节　镇　乡……………………………（36）
第二节　街　道……………………………（38）

第二篇　自然地理…………………………（40）
第一章　自然环境…………………………（40）
第一节　地　质……………………………（40）
第二节　地　貌……………………………（40）
第三节　河　流……………………………（42）
第四节　气　候……………………………（44）
第二章　自然资源…………………………（46）
第一节　土地资源…………………………（46）
第二节　矿产资源…………………………（50）
第三节　水资源……………………………（56）
第四节　生物资源…………………………（58）
第三章　自然灾害…………………………（61）
第一节　气象灾害…………………………（61）
第二节　地质灾害…………………………（61）

第三篇　政党　群众团体…………………（64）
第一章　中共钟山区地方组织……………（64）
第一节　中共钟山区委……………………（64）
第二节　纪检监察…………………………（92）
第三节　组织建设和干部管理……………（101）
第四节　宣传教育…………………………（112）
第五节　统一战线…………………………（118）
第六节　政法委工作………………………（122）
第七节　其他党务工作……………………（127）
第二章　民主党派…………………………（129）
第一节　中国民主同盟六盘水市委钟山支部……………………………（130）
第二节　中国民主促进会六盘水市委钟山总支……………………………（130）
第三节　中国民主建国会六盘水市委钟山支部……………………………（130）
第四节　九三学社钟山支社………………（131）
第三章　群众团体…………………………（131）
第一节　区总工会…………………………（131）
第二节　共青团钟山区委员会……………（132）
第三节　区妇女联合会……………………（134）
第四节　区工商业联合会（商会）…（135）
第五节　区科学技术协会…………………（136）
第六节　区红十字会………………………（137）
第七节　区残疾人联合会…………………（137）

第四篇　政权　政务　政协………………（139）
第一章　人民代表大会……………………（139）
第一节　区人民代表大会…………………（139）
第二节　区人大常委会……………………（143）
第三节　区人大常委会工作………………（145）
第四节　乡（镇）人民代表大会、街道人大工作委员会……………………（147）
第二章　区人民政府………………………（151）

第一节　职能机构……………………（153）
第二节　职能转变……………………（158）
第三节　施政要略……………………（159）
第四节　其他工作……………………（162）
第三章　人民政协……………………（165）
第一节　委员界别结构………………（165）
第二节　全体委员会议………………（166）
第三节　常委会议及主席会议………（170）
第四节　政协工作……………………（171）

第五篇　人口　民族……………………（173）
第一章　人　口……………………（173）
第一节　人口变迁……………………（173）
第二节　人口结构……………………（173）
第三节　人口密度……………………（173）
第二章　人口控制……………………（174）
第一节　奖励　帮扶…………………（175）
第二节　流动人口管理………………（178）
第三节　技术服务……………………（178）
第四节　宣传培训……………………（178）
第五节　计生协会……………………（179）
第六节　提高人口素质………………（179）
第三章　民　族……………………（181）
第一节　彝　族……………………（181）
第二节　苗　族……………………（187）
第三节　回　族……………………（191）
第四节　白　族……………………（193）
第五节　蒙古族……………………（194）
第六节　民族工作……………………（198）

第六篇　政法　武装……………………（200）
第一章　政　法……………………（200）
第一节　公　安……………………（200）
第二节　检　察……………………（207）
第三节　审　判……………………（215）
第四节　司法行政……………………（222）
第二章　武　装……………………（228）
第一节　地方驻军……………………（228）
第二节　武　警……………………（235）
第三节　消　防……………………（236）
第四节　人防战备……………………（239）

第七篇　城乡建设……………………（241）
第一章　城市规划……………………（241）
第一节　中心城区总体规划…………（241）
第二节　中心城区详细规划…………（248）
第二章　城市建设……………………（249）
第一节　道路建设……………………（250）
第二节　桥梁建设……………………（254）
第三节　供水工程建设………………（254）
第四节　排水排污和防洪治涝工程建设……………………（256）
第五节　供热工程建设………………（257）
第六节　重点建筑物选介……………（258）
第三章　城市新区建设………………（262）
第一节　荷城花园新区………………（262）
第二节　凤凰新区……………………（266）
第三节　德坞新区……………………（270）
第四节　杨柳新区……………………（271）
第四章　城市管理与拆迁安置………（272）
第一节　环境卫生……………………（272）
第二节　市政设施……………………（275）
第三节　园林绿化……………………（276）
第四节　拆迁安置……………………（277）
第五章　房地产……………………（278）
第一节　房地产开发…………………（278）
第二节　住房保障……………………（279）
第六章　乡村建设……………………（280）
第一节　乡村规划……………………（280）
第二节　小城镇建设…………………（280）
第三节　采煤沉陷区综合治理………（281）
第七章　钟山经济开发区……………（281）
第一节　开发建设……………………（281）
第二节　招商引资……………………（283）
第三节　综合管理……………………（283）
第四节　机　构……………………（288）

第八篇　经济综合管理………………（289）
第一章　经济发展综述………………（289）
第一节　国民经济发展情况…………（289）

第二节　基础设施建设……………（291）
第三节　招商引资…………………（292）
第二章　计划管理…………………（295）
第一节　计划体制…………………（295）
第二节　年度计划…………………（297）
第三章　统　计……………………（297）
第一节　普查和专项调查…………（297）
第二节　执法检查…………………（299）
第四章　国土资源管理……………（300）
第一节　国土管理…………………（300）
第二节　国土观念教育……………（304）
第三节　矿产管理…………………（304）
第五章　工商行政管理……………（305）
第一节　市场管理…………………（305）
第二节　个体经济管理……………（305）
第三节　企业登记管理……………（307）
第四节　合同管理…………………（310）
第五节　商标广告管理……………（312）
第六章　物价管理…………………（313）
第一节　价格与收费管理…………（313）
第二节　价格监督检查……………（314）
第七章　审　计……………………（316）
第一节　财政金融审计……………（316）
第二节　行政事业企业审计………（318）
第三节　固定资产投资审计………（319）
第四节　专项资金审计……………（319）
第五节　经济责任审计……………（320）
第六节　审计检查监督……………（320）
第八章　质量标准管理……………（321）
第一节　计量管理…………………（321）
第二节　质量监督…………………（323）
第三节　标准化管理………………（324）
第四节　特种设备安全监察………（325）
第五节　行政执法…………………（326）

第九篇　商业贸易………………（328）
第一章　市　场……………………（329）
第一节　集市发展…………………（329）
第二节　市场建设…………………（334）
第三节　市场监管…………………（336）
第二章　商品贸易…………………（337）
第一节　经营体制及网点…………（337）
第二节　工业品贸易………………（338）
第三节　药　品……………………（339）
第四节　糖烟酒……………………（339）
第五节　蔬菜　食品………………（340）
第三章　粮油流通…………………（342）
第一节　粮油体制改革……………（342）
第二节　粮油购销…………………（342）
第三节　储备　加工………………（343）
第四节　市场监管…………………（344）
第五节　收储公司…………………（344）
第四章　供销合作…………………（344）
第一节　经营管理…………………（344）
第二节　农贸经销…………………（346）
第三节　扶持生产…………………（349）
第四节　机构沿革…………………（349）
第五章　餐饮　服务业……………（350）
第一节　餐饮　住宿………………（350）
第二节　美容美发　娱乐业………（351）
第三节　修理业……………………（352）
第四节　拍卖　典当………………（353）

第十篇　工　业…………………（354）
第一章　地方煤炭工业……………（354）
第一节　煤炭资源调查勘探………（354）
第二节　原煤生产…………………（357）
第三节　焦炭生产…………………（361）
第四节　选煤生产…………………（364）
第五节　生产管理…………………（365）
第六节　运销管理…………………（366）
第二章　贵州水城矿业（集团）有限责任公司……………………（368）
第一节　开发建设…………………（369）
第二节　采煤企业…………………（370）
第三节　主要加工企业……………（376）
第四节　水矿整顿与改革…………（377）
第三章　地方钢铁工业……………（379）
第一节　铁矿开采…………………（379）
第二节　炼钢铁……………………（380）

第三节　地方钢铁企业选介…………（382）
第四章　首钢水城钢铁（集团）有限责任公司……………………………（383）
第一节　机　构……………………（383）
第二节　水钢整顿与改革…………（387）
第五章　电　力……………………（398）
第一节　发　电……………………（398）
第二节　输　电……………………（401）
第三节　变　电……………………（406）
第四节　配电网络…………………（407）
第五节　钟山电力公司……………（409）
第六章　有色金属　建材……………（411）
第一节　有色金属…………………（411）
第二节　建　材……………………（413）
第七章　化学工业　机械制造　轻工业……………………………………（418）
第一节　化学工业…………………（419）
第二节　机械制造…………………（420）
第三节　轻工业……………………（421）

第十一篇　农业　林业　水利…………（428）
第一章　农　业……………………（428）
第一节　联产承包责任制…………（428）
第二节　种植业……………………（431）
第三节　养殖业……………………（440）
第四节　农　机……………………（449）
第五节　农业开发…………………（452）
第六节　扶贫工作…………………（453）
第七节　新农村建设………………（454）
第八节　农业科技与教育…………（454）
第九节　乡镇企业…………………（455）
第二章　林　业……………………（461）
第一节　森林资源…………………（461）
第二节　植树造林…………………（462）
第三节　森林保护…………………（464）
第四节　林业改革…………………（465）
第三章　水利………………………（466）
第一节　水利工程…………………（466）
第二节　水土保持…………………（469）
第三节　社会化供水………………（469）
第四节　水能资源开发……………（471）
第五节　水利管理…………………（471）

第十二篇　交通　邮政　电信…………（473）
第一章　交　通……………………（473）
第一节　公路建设…………………（475）
第二节　公路养护与管理…………（479）
第三节　公路运输…………………（484）
第四节　铁路　航空………………（489）
第二章　邮政　电信………………（493）
第一节　邮　政……………………（493）
第二节　电　信……………………（494）
第三节　通信企业…………………（494）

第十三篇　安全生产　环境保护………（496）
第一章　安全生产管理……………（496）
第一节　宣传教育…………………（496）
第二节　灾害防治…………………（498）
第三节　管理制度…………………（501）
第四节　安全生产大检查…………（501）
第二章　环境保护…………………（502）
第一节　环境污染…………………（502）
第二节　环境治理…………………（508）
第三节　环境管理…………………（512）
第四节　环保宣传…………………（514）

第十四篇　财税　金融…………………（515）
第一章　财　政……………………（515）
第一节　财政体制…………………（515）
第二节　财政收入…………………（517）
第三节　财政支出…………………（520）
第四节　财政管理…………………（521）
第五节　体制改革…………………（523）
第二章　税　务……………………（525）
第一节　经济税源…………………（525）
第二节　税费种类…………………（526）
第三节　征收管理…………………（529）
第四节　税收宣传　执法监督………（531）
第三章　金　融……………………（532）
第一节　存贷款……………………（533）

第二节　钟山区农村信用合作联社…（534）
第四章　保　险……………………（539）
第一节　机　构……………………（539）
第二节　业务发展…………………（539）

第十五篇　教育　科学技术…………（540）
第一章　教　育……………………（540）
第一节　幼儿学校…………………（540）
第二节　小学学校…………………（541）
第三节　中学学校…………………（543）
第四节　民办学校…………………（548）
第五节　职业学校和特殊学校………（549）
第六节　民族教育…………………（550）
第七节　成人教育…………………（551）
第八节　高等教育…………………（552）
第九节　教　师……………………（553）
第十节　教育教学…………………（555）
第十一节　管理和经费……………（556）
第十二节　督　导…………………（557）
第二章　科学技术…………………（558）
第一节　队伍管理与职称评定………（558）
第二节　成果与推广………………（560）
第三节　科技兴区与示范建设………（560）
第四节　科学普及与知识产权培训…（561）

第十六篇　文化　体育　旅游…………（563）
第一章　文　化……………………（563）
第一节　文化机构　团体…………（563）
第二节　报刊　广播　电影　电视…（569）
第三节　文学创作…………………（571）
第四节　艺　术……………………（583）
第五节　文艺演出活动……………（592）
第六节　民族民间文化……………（594）
第七节　古遗址　文物　革命纪念建筑
……………………………………（610）
第八节　文化市场管理……………（618）
第二章　体　育……………………（620）
第一节　机构　群众组织…………（620）
第二节　体育设施…………………（621）
第三节　群众体育…………………（623）
第四节　竞技体育…………………（625）
第三章　旅　游……………………（626）
第一节　旅游资源…………………（626）
第二节　旅游规划　景区建设………（631）
第三节　旅游产业…………………（633）
第四节　特色旅游…………………（634）
第五节　旅行社……………………（635）

第十七篇　民政　人事劳动　社会保障
……………………………………（637）
第一章　民政事务…………………（637）
第一节　灾害救济…………………（637）
第二节　双拥　优抚　安置…………（638）
第三节　社会救助…………………（641）
第四节　社会福利…………………（642）
第五节　勘　界……………………（643）
第六节　基层组织建设……………（644）
第七节　社区建设…………………（645）
第八节　婚姻登记和社团登记管理…（646）
第二章　人事劳动…………………（650）
第一节　编　制……………………（650）
第二节　人　事……………………（653）
第三节　劳　动……………………（663）
第三章　社会保障…………………（664）
第一节　养老保险…………………（664）
第二节　工伤保险…………………（665）
第三节　失业保险…………………（665）
第四节　医疗保险…………………（666）

第十八篇　医药卫生…………………（668）
第一章　机　构……………………（668）
第一节　管理机构…………………（668）
第二节　预防保健机构……………（669）
第三节　医疗机构…………………（669）
第二章　医　疗……………………（684）
第一节　医政管理…………………（684）
第二节　西　医……………………（685）
第三节　中　医……………………（686）
第四节　医学教育…………………（686）
第五节　农村合作医疗……………（687）

第三章　药物　药政……………………（687）
第一节　中药……………………（687）
第二节　药品经营……………………（688）
第三节　药品工业……………………（689）
第四节　医药市场管理……………………（689）
第四章　妇幼保健……………………（690）
第一节　妇女保健……………………（690）
第二节　婴幼儿保健……………………（691）
第三节　初级卫生保健……………………（691）
第五章　卫生防疫……………………（691）
第一节　预防接种……………………（691）
第二节　疾病防治……………………（692）
第三节　监测检验……………………（694）
第四节　卫生监督……………………（695）
第六章　爱国卫生运动……………………（696）
第一节　宣传教育……………………（696）
第二节　创建卫生城市……………………（697）
第三节　农村卫生治理……………………（697）
第四节　除“四害”……………………（698）

第十九篇　宗教　民俗　方言……………………（699）
第一章　宗　教……………………（699）
第一节　宗教管理……………………（699）
第二节　教　派……………………（700）
第三节　寺庙　祭坛……………………（702）
第四节　会坛组织……………………（703）
第二章　民俗　方言……………………（704）
第一节　民　俗……………………（704）
第二节　方　言……………………（716）

第二十篇　人　物……………………（728）
第一章　人物传……………………（728）
第二章　人物简介……………………（755）

附　录……………………（761）
文件选录……………………（761）
国务院关于贵州省撤销水城特区设置六盘水市钟山区和水城县的批复……………………（761）
中共六盘水市钟山区委六盘水市钟山区人民政府关于进一步加快小康建设的决定……………………（761）
六盘水市钟山区人民政府关于加快发展非公有制经济的意见……………………（764）
2009—2012年限外辑要……………………（767）
公开推荐乡镇党委书记……………………（767）
“百企帮村”行动……………………（767）
水矿原煤产量突破千万吨……………………（767）
区人民政府机构改革……………………（767）
亚洲沙滩排球巡回赛在钟山区举行……………………（768）
六盘水月照机场获准修建……………………（768）
仙水坡烈士陵园开放……………………（768）
区文代会召开……………………（769）
凤凰山城市综合体开工建设……………………（769）
陈涛牺牲……………………（769）

修志始末……………………（770）

概　述

钟山区是贵州省六盘水市县级行政区，因境内有上、下钟山得名。六盘水市享有“中国凉都”和“江南煤海”之誉，钟山区地处市中心区，既是凉都核心组成部分，又是重要的能源原材料工业基地。

一

水城硝灰洞古文化遗址发掘表明，现今的钟山区境早在旧石器时代就有古人类活动。区境先秦前属雍州荒裔。秦至汉代中期属夜郎国，汉成帝河平年间（前28—前25）夜郎国灭亡后，属牂牁郡。此后至宋代，隶属关系随王朝更迭而多次变动。元、明两朝对西南等部分少数民族地区实行土司制度，区境先后属顺元路宣慰司、水西宣慰司所辖。清康熙五年（1666）吴三桂剿灭水西宣慰司安坤后，“改土归流”，设大定府，为大定府所辖，雍正十一年（1733）建大定府水城厅后，为水城厅所辖。中华民国2年（1913）改厅为县，直至1963年，属水城县所辖。1964年“三线建设”大开发后设六盘水地区，下辖划归的水城县和新建的水城特区等3个县和3个特区，区境分属水城县和水城特区所辖，1970年12月水城县并入水城特区。1978年六盘水撤地建市，1987年12月国务院批复撤销水城特区，设立六盘水市钟山区和水城县，1988年3月钟山区正式建立，成为六盘水市政治、经济、文化中心所在地。

钟山区东、南与水城县交叉接壤，西与毕节市威宁县、赫章县相连，北与水城县、赫章县毗邻。辖区东西长52千米，南北宽46千米，土地总面积481.57平方千米，为六盘水市总面积的4.83%。建区初，辖大湾、汪家寨、大河、老鹰山、观音山5个镇，二塘、三合、纳福、以德、教场、月照、凤凰、德坞8个乡，黄土坡、荷城2个办事处。此后历经“撤区并乡建镇”等几次机构改革，至2008年，辖大湾、汪家寨、大河、老鹰山4个镇，黄土坡、荷城、凤凰、德坞4个街道和月照彝族回族苗族乡。境内居住有36个民族，总人口47.48万人，其中汉族38.5万人，少数民族近9万人，非农业人口31.44万人，农业人口16.04万人。

建区后，中共钟山区委、区人民政府紧随国家改革开放的进程，抓住西部大开发等历史机遇，先后提出“城市兴区、工业强区、生态立区、商贸活区”“科技兴区”“城乡一体化建设”“强三产、提二产、带一产”等强区战略思路，物质文明和精神文明并重齐抓，城市建设和农村建设两轮驱动。有序实施普及教育、新区开发、提升城市品位、煤炭铅锌工业改造升级、生态修复，以及新农村建设的扶贫攻坚、粮食丰收、人畜饮水、住房改造、广播电视“村村通”、公路“村村通”等系统工程。在曲折中进取，在进取中创新。全区国民经济持续发展，综合实力日渐增强，城乡面貌变化巨大，人民生活水平明显提高，社会稳定祥和。1999年，钟山区被列入全省首批20个建设经济强县之一，第一轮考核综合排名全省第17位，第二轮跃升为第7名。以建区时的1988年与2008年比较，全区国内生产总值由7.44亿元增至143.55亿元；第一产业增加值由0.41亿元增至2.02亿元，第二产业增加值由4.4亿元增至86.98亿元，第三产业增加值由2.59亿元增至54.55亿元；区级预算财政收入由0.11亿元增至8.59亿元；城镇居民人均可支配收入由1132元增至12143元，储蓄存款由0.19亿元增至85.32亿元；农民人均纯收入由310元增至3340元。

二

区境位于贵州高原西部，素有“贵州屋脊”之称，为长江流域与珠江流域的分水岭地带。地势西北高，东南低，除市中心城区为较宽阔的水城盆地外，多为峰峦重叠、沟壑纵横、峡谷幽深的山地，具有典型的喀斯特地貌特征。主要山脉为乌蒙山支脉，由梅花山入境，从西北向东南延伸，斜穿区境。最高点韭菜坪位于西北部边境，海拔2900.6米，为贵州最高峰，自然风光旖旎，是中国十大避暑名山之一。最低点在月照乡独山村界河出境处，海拔1450米，相对高差1450.6米。境内主要河流为三岔河（乌江上游）和水城河，三岔河横贯区境西北部，水城河自西向东流经市中心城区。

区境与六盘水大多地区一样，属亚热带湿润季风气候区。气温变化小，春秋相连，气候宜人。常年平均温度12.4℃，最高温度30.2℃，最低温度-4℃。年平均降水量1218毫米，平均相对湿度81%。无霜期228～241天。夏季平均气温只有19.7℃，具有“凉爽、舒适、清新、滋润、紫外线辐射适中”的特点，为典型的夏凉地区，适宜休闲避暑。为此，2005年8月，中国气象学会向六盘水市颁发“中国凉都”证书。

依托得天独厚的气候环境，雄奇壮丽的自然风光和浓郁的民族风情，六盘水市及钟山区对旅游发展制定远景和近期总体规划并付诸实施，不断加大旅游产业的投入，从不同侧面推进旅游开发，诸如培育开发乌蒙山国家地质公园韭菜坪、水城盆地峰丛、凉都森林公园等自然景区；规划开发大硝洞、玉和洞、麒麟洞、藤龙洞等古遗址和奇洞；挖掘、弘扬、传承久远的民族民间文化；修复文昌阁等古迹和人文景点；营建盘江雅阁大酒店、假日酒店等旅游宾馆；扶持特色饮食“水城烙锅洋芋”“羊汤锅”“羊肉粉”等，着力将六盘水及钟山区打造为集休闲度假、旅游观光、亚高原体育运动为一体，具有山地特色的国际旅游目的地。

2004年起，六盘水市和钟山区一年一度举办“中国凉都消夏文化节”和“广场文化周”活动，通过新闻媒体，组团赴省外宣传展示，举办全国汽车拉力赛、全国甲A篮球邀请赛、全国围棋邀请赛等大型赛事，对凉都旅游品牌进行推介，“中国凉都”的知名度在国内乃至国际不断提升。2005年8月，六盘水以“无夏秘境”的美誉入选“中华十大消暑旅游城市”，位居第九，2008年跃升为第五位。钟山区旅游业发展潜力巨大。

三

钟山区境的城市建设发端于清代早期。雍正十年（1732），大定府在下钟山西侧建土城，环城皆水，故名水城；每遇夏季，水漫周边田野，城池如荷叶漂浮水面，故又称荷城。水城建成至今已近300年历史，在1970年前一直为水城厅、县治所，是贵州古城之一。乾隆二十四年（1759），将土城改为石城。光绪元年（1875），重修城楼。此后至民国时期，县城无多大改变，面积不足1平方千米，城内房屋仅900余栋。解放后，水城县政府将城墙拆除，在城内外及原商业区场坝兴建部分机关、学校、医院、商店等用房，县城范围稍有扩大。

1971年，水城县与水城特区合并，水城特区政府迁入老县城西6千米许的黄土坡后，开始黄土坡的城市建设。但当时出于“靠山、隐蔽、分散”及“先生产、后生活”的战备指导思想，又值“文化大革命”期间，城市建设进度缓慢。1978年撤销六盘水地区，建六盘水市，市人民政府机关从朝阳新村迁驻黄土坡，并欣逢国家改革开放起步，黄土坡片区的城市建设步伐加快。1992年建立钟山经济开发区后，开发区在黄土坡东侧田坝展开较大规模的城市建设，至2000年，城市面积较以前扩大一倍左右，约12平方千米。

2001年后，钟山区、钟山经济开发区相继在原六盘水市城区东、南、西侧高起点、高规格开发建设荷城花园新区、凤凰新区、德坞新区、杨柳新区，新区内一座座20层楼以上高楼拔地而起，一大批造型别致、环境幽雅的高档住宅小区建成投入使用，城市面积井喷式拓展。至2008年，市中心城区面积达127.2平方千米，常住人口30万人。城市新区的开发建设催生了房地产开发业并迅速发展，区境内房地产开发投资由2000年的0.48亿元增加到2008年的13.67亿元，成为钟山区新的经济增长点。

在城市扩展进程中，六盘水市及钟山区、钟山经济开发区极为重视城市功能的配套和城市品位的提升：实施城市畅通工程，改造和新建宽40米、双向6车道的钟山大道、凉都大道、钢城大道、凤凰大道、人民路等主干道，现已形成“三纵十二横”主干道、89条市区街道、21条公共汽车线路的交通网络。并修通市区过境线南环路，拟建环城高速公路。合理布局商业、银行、通信、学校、医院、文化体育等服务设施和公共设施，最大限度方便人民群众生活。在城内和城郊修建凤池园、白鹤公园、钟山公园等9个公园；修建人民广场、凤凰新区广场、德坞新区图腾广场；兴建凉都体育中心、凉都宫、青少年活动中心等规模大、多功能的文化体育活动场所；对原蜿蜒曲折的水城河取直改造，两岸绿化、铺设人行步道等，尽力满足居民休闲、娱乐、健身和开展群众性文化体育活动的需求。

如今，六盘水已成为一个具有一定规模、欣欣向荣的现代化都市。六盘水市及钟山区人民政府正继续采取多项举措，努力将六盘水建设成为贵州省西部地区中心城市。

四

钟山区境矿藏资源丰富，已探明的地下矿藏有20余种，主要有煤、铁、铅锌矿等，其中尤以煤矿储量最多，累计探明储量14000亿千克。

区境内的工业发展可追溯到明代。《大定府志》记载，明洪武年间（1368—1398）水城已有小煤窑开采和铅锌冶炼。清康、雍、乾时期，境内铅锌冶炼业盛极一时。水城厅即为兴办铅锌而建。雍正年间（1723—1735），坐落老鹰山的福集厂每年提供毕节保钱局鼓币的白铅达40万斤。乾隆年间（1736—1795），仅福集厂就日产白铅万斤，主要运往京、楚等地，供朝廷铸钱，年课税72万斤。咸丰年间（1851—1861），遭战乱多数厂矿被毁。民国期间，境内炼铁业兴起，仅观音山铁厂年产生铁近80万斤。中华人民共和国成立后，水城县先后兴办红旗煤矿，以及一批铸造、五金、纺织、服装、印刷、加工等县属国营、集体手工业企业。省属企业水城铁厂、小河煤矿、杉树林铅锌矿等在境内开办。

1964年“三线建设”开始后，一批中央、省属大型国有企业在钟山区境兴办。主要有设计能力总计年产43亿千克原煤的8个煤矿，总计年入洗原煤23亿千克的2个洗煤厂，年产生铁50亿千克、钢40亿千克、轧材30亿千克的水城钢铁厂，装机容量12.5万千瓦的水城发电厂，年产水泥5亿千克的水城水泥厂等，水城地区成为以煤炭、冶金、电力、建材四大支柱产业为主的新兴工业基地，工业经济规模出现历史性的跨越。

“三线建设”大开发是在极其艰苦的条件下进行的，数万建设者们胸怀大局，服从祖国需要，扎根偏远山区，艰苦创业。他们不仅创造了巨大的物质财富，而且铸就了艰苦奋斗、勇于创新、团结协作、无私奉献的“三线”精神，是六盘水及钟山区一笔可贵的精神财富。

在“三线建设”初期乃至以后的发展历程中，党中央、国务院一直给予高度重视和关心。党和国家领导人邓小平、胡耀邦、江泽民等先后到六盘水视察，国务院有关部委、贵州省领导多次到六盘水考察调研，解决困难，指导工作。

中共十一届三中全会后，国家鼓励非公有制经济发展，境内以煤炭开采加工为主体，铅锌冶炼、建材生产等为辅的乡镇企业、个体业户、私营企业应运而生，形成部属、省属、市属、特区属国有企业、集体企业与乡镇企业、民营企业、个体业户共存共荣的格局。区、县分设前的1987年，水城特区工业总产值为46383万元，为1977年的2.8倍。

区、县分设时，部属、省属、市属工业企业均划属钟山区境内，而水城特区所属的国有、集体工业企业基本全划归水城县，形成钟山区地方工业几乎全为乡镇企业、民营企业的特点。钟山区的财政收入主要来源于非公有制经济。以2008年计，在全区财政收入8.59亿元中，非公有制经济税收为7.47亿元，占87%。

钟山区建立后，根据“工业强区”的战略思路，先后制定《关于扶持乡镇企业发展的决定》《关于支持非公有制企业发展的意见》《招商引资优惠办法》等，大力鼓励、扶持、引导乡镇企业、民营企业、外商投资企业发展。工业方面，在重点抓好主要产业煤炭工业生产的同时，拓宽产业领域，多业并举，着力扶持冶炼、建材、化工、食品、加工、制造、建筑等产业的发展。对煤炭产业，本着“扶持、改造、联合、提高”的指导思想，整治煤炭生产经营秩序，对生产方式原始、浪费资源、污染严重的小煤窑开采、土法炼焦以及土法炼锌依法取缔，扶助骨干矿井和规模煤炭加工企业建设，强力推广壁式采煤法等先进生产工艺，完备安全生产设施和环保设施，强化管理。并努力延伸产业链，将只生产煤炭初级产品向生产煤化工产品转化。

2003年后，遵循国家产业结构调整政策，为适应城市建设发展，区委区政府制定实施经济可持续发展规划，连出新举措发展循环经济。对产能落后、不利于环保、不具备安全生产条件的企业予以取缔。设立工业小区，将不宜于建在市区的企业搬迁至工业小区等地或转产。对煤炭企业进行关闭整合，改造升级。重点规划煤化工、电力、新型建材、五金机电等新型产业集群，全区整个工业布局和产业结构更趋合理。建成一批具有一定规模、科技含量高、经济效益和社会效益明显的环保型企业，成为钟山区新兴的支柱产业之一，保证了钟山区在产业结构调整中工业经济总量保持台阶式递增。1988年与2008年相比，工业总产值由5.65亿元增至243.76亿元。主要工业品原煤由42.77亿千克增至90.68亿千克，发电量由8.94亿千瓦时增至39.46亿千瓦时，钢材由8010万千克增至29.91亿千克。

五

民国以前，水城境内无公路，通往境外主要有4条古驿道，运输全靠人背马驮。1953年3月，通往境外的第一条公路水威（水城至威宁）公路建成通车。此后至1959年，水城至安顺公路建成，连通省城贵阳。通往纳雍、盘县、赫章等邻县的公路动工兴建。1964年三线建设后，通往各工矿区的公路形成网络。1986年后，对境内5条省道全部进行补修，铺成沥青路面。自1998年始，均全线改造为山岭重丘区二级公路。1999年，动工修建水城至黄果树高等级公路，与沪昆高速公路相接，2003年竣工通车。2008年，水城至盘县高速公路、杭瑞高速水城段已动工修建，水城至六枝、水城至威宁高速公路正在筹建中。

2000年起，钟山区实施农村“村村通公路”工程，2003年实现全区行政村“村村通公路”，并修建数条旅游公路。2004年起随之实施“村村通油路”工程和公路通村民组计划，至2008年，通村公路大多已改造为水泥路或沥青路，部分村民组公路已建成通车。

境内的铁路建设始于20世纪60年代。1966年，通过区境的贵昆铁路建成通车，相应在境内修建通往各工矿企业的支线6条。1985年，贵昆铁路全线进行电气化工程改造。

“九五”计划初期，铁道部根据中共中央、国务院“加快中西部经济发展，缩小东西部差距”，“加快铁路建设”的重大决策，提出“决战西南、强攻煤运，建设高速、扩展路网”的总体部署。1998年，内江至昆明的内昆线、株洲到六盘水的株六复线、水城至盘县柏果的水柏线、六盘水枢纽及南编组站相继开工建设，统称“三线一站”，于2002年全部竣工投入运营。内昆铁路是我国第一条环保铁路。水柏铁路是贵州省第一条合资修建并由地方控股的地方铁路。六盘水南编组站为当时西南地区最大的编组站。六盘水枢纽线路全长70公里，规模宏大。“三线一站”建成后，内昆铁路连接云、贵、川三省，位于昆明、川黔铁路的中轴线上，为缓解运输压力起到重要的分流作用。水柏铁路连通内昆线、南昆线、贵昆线及珠六复线，构成全国又一条南北路网干线，缩短了西南腹地及西北地区出海的距离。内昆铁路、水柏铁路与贵昆铁路及株六复线呈“十”字形交会于六盘水火车站和南编组站，成为我国西南地区重要的交通枢纽。

目前，六盘水月照机场和连接沪昆高速铁路的六盘水至安顺城际高速铁路已批准立项，正在抓紧筹建。

六

水城未建厅前，境内教育仅为私塾。清雍正十一年（1733）建水城厅后，翌年创办“凤池书院”。光绪三十一年（1905）废科举，厅学改为新学，书院停办，改设“小学堂”3所。民国期间（1912—1949），境内先后建“国民小学”、女校6所。民国28年（1939）创办水城初级中学。中华人民共和国成立后，境内除县城有3所小学外，各乡均开办公立小学或民办小学。1958年，水城中学开始办高中班。是年，水城县在德坞建“工农中学”，境内始有中等专业学校。1964年“三线建设”后，大型工矿企业自办学校，境内中小学、中专学校大量增加。1978年改革开放及六盘水建市后，新建多所中小学和中专学校，对原有学校部分进行改造，办学条件不断改善。

1988年钟山区建立后，实施国家“基本扫除文盲和基本实现九年义务教育”的“两基”教学计划，通过国家投资、社会集资、公益捐资等渠道，修建了一批以公立学校为主、私立学校辅之的幼儿园、中小学和职业学校。至2008年，全区拥有幼儿园61所，小学94所，普通中学44所。驻境高等学校有六盘水师范学院、六盘水职业技术学院、六盘水市广播电视大学。1988年至2008年，钟山区有12420人考取大学本科，其中92人考取清华大学、北京大学。

水城地区包括钟山区文化底蕴深厚，民族民间文化丰富多彩。从事“三线建设”的外地人员入驻后，带来大量外地民间文化，与当地传统文化相融并存，境内文化更为多元化。

在清代、民国时期，境内就有多名文化名人享誉省内外，其著述、诗歌、散文、书法等作品传留至今。中华人民共和国成立后，国家对文化事业高度重视。水城县设置文化馆、文化站等专门文化机构，组建京剧团、评剧团，创办文艺学校，新修剧院，成立农村放映队，文化事业逐渐兴旺。“文化大革命”期间，很多文化活动被禁止、文化事业发展滞缓。改革开放后，六盘水市在中心城区兴建工人文化宫、图书馆、影剧院、广播差转台、电视演播厅等，不断完善文化设施。

钟山区建立后，进一步加大对文化事业的投入，在市区和工矿区，新建图书馆、俱乐部、文化活动中心、少年儿童文体馆和街道社区图书室、文化室等；在农村设文化站，建“农家书屋”、文体活动室，实施“广播电视村村通”工程等，为群众文化生活提供基础条件。逢重大节庆日，钟山区、乡镇办事处、厂矿企业分别举办文艺演出活动，或举办书法、绘画、摄影展等，丰富群众文化生活。钟山区多次举办文艺会演、文艺调演、歌舞大赛、有奖征文等大型赛事，激发群众开展文化活动的积极性。在群众文化发展的基础上，政府对民间文化社团予以充分关注和扶持，注重对文化人才的培养。

中华人民共和国成立后，境内文学艺术界人才辈出，尤其在80年代后，涌现出一批后起之秀。他们创作出大量文学艺术作品，涉及文艺论著、小说、诗词、散文、歌曲、曲艺、戏剧、书法、绘画、摄影等领域。上述作品有的在国内外报刊发表，有的参加国内外评选或大型展出，部分作品获奖，或编印出版成书。这批人员中的佼佼者，不仅参与了三部《中国现代文学史》的编写，还担任第三部《中国现代文学史》的副主编，有多名作者与其代表作品被收入《中国散文诗词大系·贵州卷》《贵州省志·文学艺术志》《贵州新文学大系》《二十世纪贵州诗歌史》等书中。

水城地区的民间文化具有明显的地域特点和民族特色。代表性的民间文学主要有与水城山川地貌、生活习俗、生产劳作、神灵崇拜等相关的传说、故事等。民间歌谣主要有汉、苗、彝族民歌、独具水城特色的各民族山歌，以及水城地区独有的孝歌和散花词等。其中山歌歌词简短质朴、自然清新、意趣深远，曲调易于上口，“大嗓”高亢悠扬，“小嗓”婉转轻柔，深受民众特别是青年男女喜爱，广为流传。民间音乐主要有唢呐谱，苗族的芦笙曲、彝族的古歌调等。民间舞蹈主要有汉族的花灯舞、苗族的芦笙舞、彝族的铃铛舞（悬合贝）、撒麻舞（木苏署）等。芦笙舞活泼灵动，铃铛舞、撒麻舞古拙奔放。铃铛舞参加贵州省民族文艺会演，获“创新奖”，2006年作为六盘水市唯一代表节目参加“中国黄果树瀑布节”开幕式表演。2007年，铃铛舞、撒麻舞以及彝族曲谷恋歌、苗族洗脚礼被收入六盘水市文化遗产代表性目录。铃铛舞、撒麻舞被列为贵州省非物质文化遗产。民间工艺主要有挑花、贴花、刺绣、编织、蜡染等。苗族、彝族、回族等少数民族的刺绣、挑花、贴花做工精美，图案古朴自然、生动形象、风格特异。少数民族的传统文化节日主要有苗族的“四月八”跳花节和彝族的“六月二十四”火把节。每年节日，苗族彝族同胞都要举行盛大活动，内容主要有祭祀、庆贺、娱乐、社交等，场面宏大，气氛浓烈，民族歌舞表演、斗牛比赛等精彩纷呈，吸引许多外地游客慕名前来参与。

近两年，钟山区正对民族民间文化作进一步的挖掘整理，境内民族民间文化必将得到更好的保护和传承，永放异彩。

20年来，钟山区取得了可喜的成就，明天将会更加美好。区委、区政府将以科学发展观为指导，在新的机遇和挑战面前，大胆探索，锐意进取，全面拓展发展空间，大力推进工业化、信息化、城镇化、农业现代化同步发展，为全面建成小康社会而努力奋斗。

大事记

1988年

2月

24日　区筹建组成立。

3月

2日　铁路水城西站更名为六盘水站。

△　六盘水市人民政府对筹建钟山区作出规定，将原水城特区的水城、大河、汪家寨、大湾、老鹰山、观音山6个镇及城关、教场、麒麟、德坞、凤凰、白腻、月照、煤厂、以德、艺奇、纳福、三合、二塘13个乡划归钟山区管辖。

18日　六盘水市人民政府决定，原水城特区直属的农业中学、第四中学、第五中学划归钟山区，其余学校和文化事业、企业单位全部划归水城县。

28日　钟山区党委成立。

4月

6日　区科学技术委员会成立。

8日　区第一届人民代表大会筹备委员会成立。

12日　中共六盘水市钟山区纪律检查委员会组建。

21日　区安全生产委员会成立。

22—23日　区第一次农村工作会议召开。

23日　区政协第一届委员会筹备组成立。

25日　区保险公司成立。

5月

6日　二塘乡安乐村农民陈仲奎与威宁县猴场镇人民政府联办的煤厂发生瓦斯爆炸事故，死亡45人、伤5人。

10日　区筹建组、区委、区纪委正式挂牌。

10—11日　中共六盘水市钟山区委扩大会议召开，选举出席六盘水市党代会代表，补选钟山区第一届人民代表大会代表。

17日　水城特区第二建筑公司转入钟山区，更名为“六盘水市钟山区建筑安装公司”。

23日　区人民武装部成立。

26日　区筹建组批准成立钟山区煤炭工业公司，公司代行行业管理行政职权。

30日　区编制委员会成立。

31日　区直属机关党委成立。

是月　六盘水市化工厂在原化肥厂基础上改建投产，主要生产油炉法炭黑，投资357万元，设计年产能力250万千克。

6月

1日　六盘水市中心城区清碧公园建成开放。

14日　区筹建组听取教场乡党委、政府关于教场乡综合改革试点情况的汇报后，决定为教场乡配备公安员、司法员、内审员，同意调整其产业结构、建设商品猪基地和季节性蔬菜基地，实行乡级财政包干。

17日　区爱国卫生运动委员会成立。

21日　《钟山信息》正式创刊。

27日　区筹建组召开全区商品猪生产基地和蔬菜生产工作会议，决定投资15万元，筹建教场乡饲料厂。

是月　六盘水市公安局钟山分局成立。

7月

1日　区乡镇企业公司成立，公司代行行业管理行政职权。

7日　区铁合金厂点火试产成功，设计能力为年产硅铁350万千克。

15日　区第一届人民代表大会第一次会议召开。

15—20日　中国人民政治协商会议贵州省六盘水市钟山区第一届委员会第一次会议召开。

8月

1日　省政协主席苗春亭到钟山区视察。

2日　区人民法院成立。

3日　区直机关选举出席区第一届党代会代表66名。

12—13日　区一届人大常委会第一次会议召开。

26日　区政协一届常务委员会一次会议召开。

△　开始向全区颁发居民身份证。

9月

1—3日　中共六盘水市钟山区第一次代表大会召开。

9日　区政协创办《钟山政协》出刊。

16日　钟山区老鹰山镇、观音山镇成立，均为区（局）级机构。

17日　区安全委员会成立。

10月

1日　首届区直机关职工运动会召开。

4日　区农村深化改革工作队入村开展工作。

11日至11月9日 钟山区开展党风检查，对全区2413名党员、178个党支部（总支）、7个基层党委的党风状况进行全面检查。

15日 区人大常委会向权力机关、执行机关、审判机关和检察机关的66名工作人员颁发任命书。

11月

1—4日 区第一次妇女代表大会召开。

12日 区首届中学生田径运动会召开。

27日 水城水泥厂生产的水泥进入香港地区和东南亚国家的市场。

29—30日 区第一届一次工会会员代表大会召开。

是年 贵州省委副书记龙志毅到钟山区视察。

1989年

1月

1日 水城铁厂并入水城钢铁公司，更名为水钢第一炼铁厂。

5日 区农村形势教育、党员教育工作队入村开展工作。

25日 区环境保护局、标准计量局、交通局和粮食局成立。

2月

25日 区公安消防中队成立。

27日 区煤炭工业局、乡镇企业局成立。

3月

9日 钟山区行政机关定点包乡扶贫。

29—31日 共青团钟山区第一次代表大会召开。

4月

14日 区粮油议购议销公司成立，隶属区粮食局。

25—27日 区工商业联合会召开首届会员代表大会，选举产生执行委员33名，常委13名。

27日 区木材工业公司成立，归区农经委管理。

5月

15—16日 全区首次政法工作会议召开。

6月

5日 区委政法委员会成立。

10日 区社会治安综合治理领导小组成立。

17日 区有色金属冶炼厂正式投产。

7月

7日　纳福乡左家营村陈某某、吕某某等人联办煤窑发生一氧化碳窒息事故，死亡4人。

8月

20日　全区开展民主评议党员工作，在评议的19个支部、240名党员中，优秀、合格档次占99%。
23—25日　钟山区通过贵州省组织的扫除文盲工作验收。

9月

12日　钟山区调整部分乡镇行政区划。
27日　大河镇、汪家寨镇筹建组成立。
△　中共钟山区荷城办事处委员会、中共钟山区大河镇委员会、中共钟山区汪家寨镇委员会成立。

10月

17日　云南省安宁县人民政府赠予水城钢铁公司黑熊一对，雄性名“柠柠”，雌性名“刚刚”。

11月

13日　区精神文明建设委员会成立。
14日　区宗教事务委员会成立。

12月

20日　区红十字会成立。
22日　区精神文明建设办公室成立。
25日　凤凰乡石桥村团支部被贵州省农经委、科委、团省委等8家单位联合命名为“火炬团支部”。
29日　贵昆线六盘水至宣威段电气化铁路开通。
是年　钟山区扒瓦桥、人和洞铅锌矿古遗址、福集厂铅锌冶炼古遗址、桂天相墓、穿心洞遗址被列为六盘水市第一批市级文物保护单位。
△　德坞乡发扬村村民胡洪香试种“贵农10号”小麦，亩产513千克，创全市小麦产量最高纪录。同时在贵州省最高峰韭菜坪海拔2400米处试种“贵农10号”小麦成功，亩产达150千克。

1990年

1月

6日　区个体劳动者协会成立。
15日　水城钢铁公司3号焦炉点火。
18日　中共钟山区委、区人民政府信访办公室成立，归口区委办公室。

2月

2日　区首届民族工作会议召开，有70余名代表参加会议。

3月

25日 水城汽车制造厂生产的首批20辆“荷城”牌农用轻型载重汽车出厂。

4月

2—9日 区政协二届委员会第一次全体会议召开。

3—10日 区第二届人民代表大会第一次会议召开。

16日 那罗联办煤矿发生透水事故，死亡3人。

26日 为加强武装工作的领导，钟山区辖区内各企业厂长（经理）、书记兼任本企业武装部第一部长、第一政委。

是月 全区知识分子状况普查工作结束。全区知识分子总数为1533人。其中，各类专业技术人才1375人，享有高级职称10人，中级职称237人。

6月

1日 钟山一矿划为地方国营煤矿。

14日 区委宣传部组织1000余人开展迎亚运宣传活动。

19日 《六盘水市钟山区大事记》开始编写。

是月 区档案馆建立。

7月

17日 贵阳至昆明电气化铁路全线开通。

是月 水城矿务局新建的中心医院落成。

8月

6日 青山铅锌矿定名为“钟山区青山铅锌矿”，性质为集体企业，由乡企局管理。

8日 区公安分局武警中队成立。

25日 水城钢铁公司、水城矿务局被列入全国500家最大工业企业名单。

是月 区五中被省教委、省体委定为全省体育重点中学。

9月

3日 区委决定区直机关各部、办、委、局、各人民团体、各事业单位、人大、政协、纪委、法院、检察院和各办事处、镇、乡的副股级干部统一由区委组织部管理，乡的党政正职由区委管理。

8—11日 区政府与市政府签订十年造林绿化责任状。

10月

1日 钟山区黄土坡小商品市场正式建成投入使用。

30日 区新建办公大楼竣工。

△ 全区基督教代表大会召开。

是月 钟山农副产品市场荣获国家工商行政管理局授予的“全国文明集贸市场”称号。

11月

24日　中共钟山区委直属机关纪律检查委员会成立。

12月

28日　区政府在以德乡召开农田水利基本建设现场会议。

29日　区政府、六盘水市中心区绿化造林指挥部联合召开市中心区绿化造林动员大会，规定每年1月3日至9日为植树日。

是年　文物管理部门在教场乡马坝村西侧约200米处发掘仡佬族古墓群，据考证，该古墓群属400余年前的明代古墓。

△　钟山区被国家列为长江中上游防护林体系一期工程建设重点县。

△　钟山区被评为全省17个计划生育先进县之一。

△　钟山区对小煤窑开采开始进行整治。全年封停小煤窑486个（次），炸毁滥挖乱采、危及大矿、公路和民房安全的煤窑85个。此后每年整治工作持续进行。直至2001年小煤窑基本被取缔。

1991年

1月

1日　区部分职工家庭开始使用煤气。

3—9日　区机关及厂矿企事业单位组织干部职工上山参加义务植树造林活动。

26日　区政府向辖区内各大中型厂矿企业颁发房屋所有权证5732份。

2月

区公安分局和区粮食局在市区和毗邻地区查处假非农业户人口60户189人，查处制造贩卖假非农业户户口迁移证、粮食供应转移证的违法人员10人。

3月

6日　区林业局技术员许强获“全国青年绿化祖国突击手”称号。

14日　区机关办公大楼正式交付使用。

28日　水城汽车检测站建成并通过省级验收。

4月

1日　中共贵州省委书记刘正威、副省长张树魁等到水城矿务局汪家寨煤矿和水城发电厂检查工作。

16日　区残疾人联合会成立。

20日　区残疾人联合会代表会议召开。

23日　团省委书记王三运视察凤凰乡石龙村团支部。

5月

《钟山文史》第一辑出版。

6月

11日　区委召开全区知识分子工作会议。授予傅继中、吴九龙、刘培义、余挂勋、魏睦成“钟山区专业技术拔尖人才”荣誉称号。

18日　区人民法院审判大楼建成。

7月

1日　区机关党委组织开展建党七十周年庆祝活动。

△　水城汽车站（新站）建成投入使用。

△　市中心区明湖路建成通车，路长2385米，路宽30米。

3日　钟山区境内连降暴雨，全区多数乡镇遭受百年未遇特大洪涝灾害，导致山洪暴发、山体滑坡，直接经济损失4166.23万元，下扒瓦大桥被冲毁，水城发电厂受重灾。

4日　省军区副司令员钟礼明少将亲临钟山区抗洪救灾第一线，直接指挥抗洪救灾工作。

28日　区直机关805名干部参加马克思主义哲学考试。

8月

14日　全区各镇、乡、办事处建立纪律检查委员会。

16日　清晨6时，钟山区二塘乡大菁村第四村民组所在地发生特大山体滑坡，在滑坡范围内的15户农户的11栋住房、15间牲畜圈均被泥土掩埋。所幸的是，该村村民陈大忠首先发现了滑坡势头，他立即到组长李发平家报险，并与李发平一道通知村民迅速撤离。当灾害袭来时，全组71人都已安全撤出，无一人伤亡。陈大忠被村民们誉为全组人的“保护神”，被六盘水市和钟山区人民政府评为1991年抗洪救灾先进个人。

18日　省军区副政委邓国永少将到钟山区二塘乡等地参加抗洪抢险工作。

23日　区党代表会议召开，选举出席市二次党代会代表。

8月底至9月15日　钟山区组织慰问团赴西藏慰问钟山区籍现役军人。

9月

3日　区城镇建设房地产综合开发公司成立。

5日　区整顿铁路治安秩序领导小组成立。

10—12日　区宗教事务委员会举办全区宗教政策培训班，有基督教和伊斯兰教的43名神职人员参加培训。

27日　区科学技术协会成立。

10月

14日　下扒瓦新建大桥通车，大桥长47米，宽9.5米，高16.6米，跨度35米。

29日　区国营贸易公司成立。

11月

19—21日　区直机关第一次党代会召开，选举产生中共钟山区直属机关委员会、中共钟山区直属机关纪律检查委员会，选举产生区直机关出席区第二次党代会代表43名。

22日　贵州省军区政委喻忠桂少将到钟山区视察以劳养武工作情况。

12月

24—28日　中共六盘水市钟山区第二次代表大会召开。

1992年

2月

25日　区私营企业协会成立。

3月

六盘水市钟山区人民武装部改称为贵州省钟山区人民武装部，机关住址迁往钟山区区府路新建的人武部大楼。

△　钟山公安分局党组扩建为党委，并设立纪律检查委员会。

4月

12日　场坝农贸市场落成。

5月

7—8日　中共中央政治局常委宋平到水城钢铁公司、水城矿务局视察，并为六盘水市题词“江南煤都”。

15日　贵阳铁路分局黄果树号旅游列车延伸至六盘水站。

6月

27日　钟山经济开发区成立。

是月　全区开展“安全生产月”活动。此后，每年持续开展。

7月

7日　山城精神病院成立。

14日　区人民医院成立。

是月　区委党校成立。

8月

15日　青山铅锌矿区发生特大塌方伤亡事故，死亡20人，失踪8人。

9月

全区开始办理“蓝印户口”。

12月

区法院司法警察大队成立。

是年　钟山区获全国城市计划生育工作先进集体称号。

1993年

1月

中共德坞镇委员会成立。

2月

16日　区医药公司成立。

3月

18—25日　区政协第三届委员会第一次全体会议召开。
19—26日　区第三届人民代表大会第一次会议召开。

4月

6日　中共钟山区纪律检查委员会、区监察局合署办公。
7日　中共中央政治局委员、国务院副总理邹家华到水城钢铁公司、水城水泥厂视察。

5月

8日　钟山区新建看守所正式接受关押任务，将在水城县看守所暂时借押的240名在押人犯全部转入钟山区看守所关押。

是月　钟山区10个镇、乡、办事处实行财政包干体制。

8月

4日　全区正式开展“解放思想、实事求是、抓住机遇、加快发展”大讨论，历时3年。着重解决部分党员、干部思想上存在的左的影响，旧的束缚，闯劲不足，怕字当头的问题，促进钟山区经济和社会发展。

11日　全区第二届村（居）民委员会换届选举工作开始。

9月

钟山公安分局巡警大队成立。

11月

15日　区委安排学习《邓小平文选》第三卷。全区掀起学习邓小平理论的高潮。

12月

全区开展丰富多彩的纪念毛泽东诞辰100周年系列活动，宣传和缅怀毛泽东丰功伟绩。

1994年

1月

钟山商业城竣工开业。

4月

8日　水城水泥股份有限公司定向发行股票8500万元。

5月

17日　区物资公司成立。

7月

2日　水城钢铁公司更名为水城钢铁（集团）公司。

8日　全国工商联党组书记李定到钟山区考察。

29日　区经济体制改革局成立。

是月　撤销区计划和经济局。

10月

11—13日　区人大常委会承办全省城市人大工作联席会议。

12月

2日　区人民政府印发《关于加强发展非公有制经济意见》，积极鼓励和支持个体工商户、私营企业发展。

10日　水城钢铁（集团）公司、水城水泥股份有限公司被列为贵州省现代企业制度试点企业。

20日　汪家寨矸石电厂项目开工，总装机容量2.4万千瓦。

28日　水城矿务局小河经济开发公司矸石水泥厂动工修建。

是年　德坞镇开办乡镇企业小区，是年引进编织袋厂、饮料厂、阀门装配厂、金属加工厂、拉丝厂等15家企业，投产9家。

1995年

3月

1日　钟山区在全区范围内开始实行购矿登记和矿产品准运制度，规范辖区内矿产品购、销、洗选、冶炼行为。

4日　区电化冶炼厂点火投产。

21日　钟山区为加强农村基层组织建设，要求区直机关单位部门实行包村，时间为3年，主要围绕中央提出的“五个好”目标和省委提出的“四个一”工作开展包村工作。

4月

28日　六盘水市公安局钟山分局林业派出所成立。

是月　区工商分局党组改设党委。

5月

3—6日　贵州省五区政协工作研讨会第十四次会议在钟山区召开。

25日　中共六盘水市钟山区第三次代表大会召开。

7月

1日　水城水泥厂新建的年产30万吨水泥生产线投产。

11日　铁道部二院专家到钟山区踏勘六盘水铁路南编组站站址。

8月

钟山区举办“五县一区”（纳雍县、大方县、黔西县、织金县、水城县、钟山区，后增加毕节市）篮球联赛暨邀请赛，区男女篮球队均获冠军。

9月

全区住房公积金制度开始实施。

12月

28日　区人民政府召开见义勇为表彰大会暨新闻发布会，对在钟山区见义勇为、临危不惧、勇斗歹徒的王永林、李登、施培忠、杨贵平4人予以表彰和奖励。

30日　钟山区分别被贵州省委和六盘水市委列为乡级人大换届选举工作试点，换届选举工作从1995年10月下旬开始至12月28日结束。

31日　《钟山通讯》创刊。

是年　钟山区非公有制经济上缴税收占区财政收入的70%。

1996年

1月

1日　全区范围内的粮食流通开始实行政策性业务和商业性经营两条线运行。

3月

20日　汪家寨镇左家营村段兴忠煤窑发生特大瓦斯爆炸事故，死亡12人。

31日　全区进行公务员过渡考试，区直各单位行政人员共600余人参加考试。

4月

1日　区人武部收归军队建制。

2日　水城矿务局老鹰山煤矿瓦斯利用一期工程竣工，首批有600户职工家庭使用瓦斯燃气。

5日　区成立查禁取缔邪教组织工作专项斗争工作队，开展查禁取缔邪教组织工作。

是月　区戒毒所成立。

△　钟山区从行政村和乡镇企业选聘一批优秀干部充实到乡、镇、办事处担任领导职务。

5月

8—17日　区政府组织38名领导干部赴广西玉林地区学习考察乡镇企业。

16日　铁道部副部长蔡庆华到钟山区视察六盘水南编组站建设情况。

是月 中心城区钟山中路建成通车，路长4000米，路幅40米。

6月

13日 区国防动员委员会成立。

8月

6日 区委督查室成立。

9月

钟山区与水城县、威宁县联合集中整治打击梅花山路段车匪路霸。

10月

1日 六盘水市第八届集邮展在区人武部会场举行。

12日 贵州省滇黔勘界工作会议在钟山区召开。

20日 贵州水柏铁路有限责任公司成立大会在钟山区召开。贵州省代省长吴亦侠、省人大常委会原副主任刘玉林为水柏铁路有限责任公司授牌。

26—27日 中共中央总书记、国家主席、中央军委主席江泽民到钟山区先后视察水城矿务局和水城钢铁（集团）公司。

11月

8日 钟山区川心小学启智班林世梅、彭泽勇、罗廷均参加在上海举行的首届亚太地区特殊奥运会，夺得3枚金牌、3枚银牌、5枚铜牌。

12月

2日 大湾镇幸福村谢显训煤窑发生特大瓦斯爆炸事故，死亡17人，受伤8人。

28日 公安机关捣毁具有黑社会性质的犯罪团伙“梅花帮”，抓获13名犯罪嫌疑人。

是年 煤炭部认定钟山区为“重点产煤县”。

1997年

1月

1日 医疗保险制度在全区开始实施。

是月 康乐购物中心投入使用。

2月

15日 区委在区直机关抽调76名国家干部下到24个贫困村开展扶贫工作。

20日 冶金部部长刘淇、贵州省省长吴亦侠、副省长莫时仁等到水钢调研。

3月

京凤凰化肥厂建成投产。

4月

1日　新的公费医疗制度在全区开始实行。

△　区地方电力有限责任公司成立。

6月

下旬　全区举行大型文艺调演，庆祝香港回归。

7月

21日　六盘水市工商局钟山分局划归钟山区管理。

9月

15日　贵州乌蒙山发展实业有限公司及贵州水泥股份有限公司成立。

10月

中心城区麒麟路建成通车，路长900米，路幅40米。

11月

19日　重庆啤酒集团六盘水啤酒有限责任公司成立。

12月

1日　贵州水柏铁路开工典礼在钟山开发区举行。中共中央政治局委员、国务院副总理邹家华宣布开工。

31日　钟山一矿发生特大瓦斯爆炸事故，死亡30人。

1998年

3月

17—23日　区政协四届一次全体会议召开。

19—25日　区四届人大一次会议召开。

4月

中心城区南环路竣工，路长8000米，路幅40米。

5月

4日　水西路水果批发市场开业。

8日　全区民族宗教工作会议召开。

6月

19日　钟山区被列入贵州省革命老区县（市、区、特区）。老鹰山镇、观音山镇、月照乡、凤凰乡、大河镇、汪家寨镇、大湾镇被列入贵州省革命老区乡（镇、办事处）。

26日 内昆铁路、株六复线开工典礼在六盘水南编组站举行。铁道部、国家开发银行，云南、贵州、四川、湖南等省领导和专家参加开工典礼。

8月

4日 杉树林铅锌矿子校移交钟山区管理。

8日 六盘水投资贸易洽谈会暨商品展销会在钟山开发区举行。

10月

4日 区委发出关于学习贯彻江泽民《在全国抗洪抢险总结表彰大会上的讲话》的通知，要求全区各级各部门、广大党员干部认真学习贯彻江泽民讲话精神，弘扬伟大的抗洪精神。

7日 全区各镇、乡、办事处建立政法委员会。

12月

中心城区防洪防涝水城河治理工程开工。

是年 大湾镇、汪家寨镇、大河镇、老鹰山镇开展小城镇建设工作。

△ 钟山区基本实现村村通路、通电。

1999年

1月

钟山区获贵州省“村民自治达标县（市、区）”称号。

2月

6日 钟山区被列为贵州省第一批建设经济强县名单。

3月

30日 全区副科级以上领导干部参加中共六盘水市委召开的“三讲”教育动员大会。

4月

1日 全区组织史资料编纂工作开始启动。在编纂领导小组的领导下，组织史资料编纂工作历时1年零3个月，于2000年出版《中国共产党贵州省六盘水市钟山区组织史资料（1987.12—1998.12）》和《贵州省六盘水市钟山区政军群系统组织史资料（1987.12—1998.12）》。

13日 铁道部部长傅志寰视察内昆铁路及六盘水市南编组站施工现场。

20日 大河镇双联煤矿发生重大瓦斯爆炸事故，死亡8人。

6月

10—11日 贵州省委副书记、省长钱运录到水城矿务局和水钢调研。

21日 汪家寨镇尹家地煤矿发生特大瓦斯爆炸责任事故，死亡13人。

26日 区境内三岔河流域遭受特大洪水袭击。

7月

13日 全区在党员、干部中深入开展马克思主义唯物论和无神论教育。

18日 区委领导与各民主党派成员及无党派代表人士建立联系制度，加强与各民主党派及无党派人士的合作与协商。

19日 区查禁取缔邪教组织专项斗争领导小组成立。

22日 区委发出认真处理邪教“法轮功”问题的通知，对全区各级党组织提出4条要求。

是月 钟山区荣获贵州省“双拥模范城”称号。

8月

3日 全区建设经济强县动员大会召开。

12日 “皮江炉”炼锌技术推广会在钟山区召开。

30日 钟山区获贵州省发展乡镇企业先进县称号。

10月

27日 区粮食收储公司成立。

11月

5日 硝灰洞遗址移交钟山区管理。

15日 区第一届镇、乡、办事处篮球运动会开赛。

18日 区委组织全区副县级以上领导干部进行“三讲”教育学习。

25—26日 区科协第一次代表大会召开。

12月

28日 市中心城区污水处理厂动工修建。

是年 钟山区被评为贵州省1999年度发展乡镇企业先进单位。

2000年

1月

1日 全区开始实行住房分配货币化改革，建立住房公积金制度。

3月

3日 钟山区实施西部大开发战略领导小组成立。

17日 全区开展“加强党的建设、整顿干部作风”活动，历时3个月。

31日 钟山区组建农村党建扶贫工作队，驻村参加农村党建扶贫工作。

是月 3月下旬至6月下旬，全区分三个阶段开展迎接西部大开发解放思想大讨论活动。

4月

3日 撤销德坞镇，设立德坞办事处。

30日 六盘水市中心城区明湖高架桥建成通车。

5月

28日　荷城花园开工建设。

是月　凤凰新区开发建设领导小组和指挥部成立，开始建设凤凰新区。

6月

6日　位于水城酿酒厂后山曹家湾站在建铁路时发生山体滑坡，致两栋厂房、一栋民房坍塌，死亡11人，伤9人。

16日　全区掀起学习贯彻“三个代表”重要思想活动。

18日　区西部开发研究促进会成立。

7月

1日　场坝粮油批发市场开工建设。

3日　中共中央政治局委员、国务院副总理吴邦国到水城矿务局汪家寨煤矿考察。

5日　中共钟山区凤凰新区工作委员会成立。

8月

市中心城区污水处理厂建成，厂区面积145亩，设计日处理污水10万立方米。

9月

27日　水城矿务局木冲沟煤矿发生特大瓦斯爆炸事故，死亡162人，重伤14人。

是月　水城矿务局原公安处改为六盘水市公安局红岩分局，转警137人，水城钢铁（集团）有限责任公司公安处改为六盘水市公安局巴西分局，转警177人。

10月

六盘水市人民广场竣工，总投资1500万元。

12月

29—30日　区工会第三次代表大会召开。

是年　启动德坞新区开发建设。

2001年

1月

11日　区人大常委会作出决议，撤销老鹰山镇和观音山镇，合并成立老鹰山镇，是年5月21日，老鹰山镇和观音山镇正式撤建。

19—20日　贵州省委书记钱运录、省总工会副主席林明达等在六盘水市委书记徐敬原、市长易胜金的陪同下，到水钢慰问困难职工。

是月　区政府报省政府批准，授予在大湾“8・30”事件中被歹徒枪杀的大湾派出所原副所长谭太俊、原副指导员刘国富“公安烈士”称号。

2月

28日　全区分批组织参加农村“三个代表”重要思想学习教育活动的领导干部进村住户，听取群众意见，帮助群众解决实际问题。

3月

8日　贵州省证券公司六盘水服务部在区境成立。
11日　水城矿务局汪家寨煤矿发生特大瓦斯事故，死亡16人，重伤1人。
25日　白鹤高架桥开工建设。
27日　全区开始实施农村税费改革。
30日　全区第五次人口普查工作结束。2000年年末，全区人口为41.33万人。
是月　撤销区三小、区小山中学，合并建立区三小。

5月

12日　六盘水市铁路货运南编组站建成通车。

7月

6日　区召开表彰大会，对陈勇、解志才、于文东、黄维仲、许晓、刘樱等6名见义勇为公民予以表彰奖励。

8月

9日　钟山区对机构改革中的干部选拔任用作出规定。内容是：现任科级领导干部，女年满50周岁、男年满53周岁的改任非领导职务，因身体健康状况不能坚持正常工作的领导干部改任非领导职务，在同一职位任职时间满9年的，必须交流，在同一班子任职超过9年的适当进行交流任职，初中（含初中）以下文化程度的领导干部，改任非领导职务，对拒不服从组织决定的干部，视情节，依照有关规定就地免职或者降职使用。

9月

19日　内（江）昆（明）铁路全线贯通。

10月

11—13日　区政协召开黔滇两省十四县（市、特区、区）政协北盘江流域治理开发协作会第十一次年会。
18—21日　中国共产党钟山区第四次代表大会召开。

11月

5日至2002年1月20日　全区各乡镇人民代表大会进行换届选举。
18日　水城矿务局改制为水城矿业（集团）有限责任公司。

12月

10日　全区党政机关开展作风教育整顿活动。

19—21日　贵州省耕地保护培训班在钟山区举办。

是月　钟山区获全国第五次人口普查先进集体称号。

2002年

1月

6—7日　西南民航局，贵州民航局和省计委到钟山区视察民用机场场址，选定月照乡花竹林坝子为机场场址。

是月　区政府办、发展计划局、经济贸易局、民族宗教事务局、民政局、财政局等29个政府组成部门成立党组。

3月

钟山区黄土坡办事处钟山村村民何利贵获第三届贵州省“十大杰出青年农民”称号。

5月

1日　贵州省省长石秀诗一行到钟山四矿等企业调研。

△　麒麟洞公园正式向游人开放。

10日　全区党政机关开始推行竞争上岗。

6月

7日　大湾镇山根脚村杨发辉开办的煤窑发生瓦斯爆炸，死亡7人，受伤6人。

27日　区面向社会公开选拔3名区长助理。

7月

22日　国家环保世纪行记者团到大湾镇进行采访。

8月

26日　区第一次人才劳务交流会在区人才劳务市场交流中心召开。

9月

24日　贵州省部分县（市、区）基层统战工作研讨会第九次年会在钟山区召开。

28日　即日起区集中1年的时间，在全区农村开展新时期农民素质教育活动。

10月

1日　荷城花园凤池公园建成开放。

11月

18日　区治安联防队员张双全为保卫群众生命财产安全英勇牺牲。12月3日，中共六盘水市委、市政府召开大会表彰张双全。

12月

25日 撤销老鹰山镇陆家坝村，设立陆家坝村和石河村。

是年 钟山区为农村独生子女户和二女绝育户办理养老保险。

△ 钟山区建立科级干部廉政档案。

△ 钟山区获贵州省村民自治模范区称号。

2003年

1月

21日 钟山区汪家寨镇、大河镇、凤凰办事处被确定为六盘水市第二轮经济强乡建设的乡、镇、办事处。

2月

24日 水城矿业（集团）有限责任公司木冲沟煤矿发生特大瓦斯爆炸事故，死亡39人，受伤18人。

3月

3—8日 区政协五届一次会议召开。

4—10日 区五届人大第一次会议召开。

25日 区安全生产监督管理局成立。

4月

24日 黄土坡办事处、荷城办事处、凤凰办事处和德坞办事处分别更名为黄土坡街道办事处、荷城街道办事处、凤凰街道办事处和德坞街道办事处。

5月

13日 全区开展学习郑培民先进事迹活动。

28日 龙井路跨南环路立交桥动工修建。

是月 钟山区荷城街道办事处钟山村团支部获贵州省“五四红旗团支部”称号。钟山区和贵阳市云岩区缔结为友好区。

6月

16日 白鹤高架桥建成通车，全长820米，总投资3800万元。

7月

29日 全区农村党员干部现代远程教育工程开始建设。

8月

4日 钟山区在中心城区新设置49个城市社区。

25日 钟山经济开发区城管大队实行城管步行巡逻制。

9月

24日　全区村（居）支书、主任补贴标准提高至月均150元，村民组组长每人每月补贴10元，村（居）委会办公费每村每年补助1000元。

△　钟山区汪家寨镇左家营村粗锌冶炼炉环境污染问题被国家环保总局列为全国最新十大环境违法典型案件。

10月

30日　区府路、向阳北路、广场、荷城花园4个社区设立警务室，开展社区警务试点工作。

11月

25日　胡文伦“全有福烙锅”美食店在江苏省华西村举办的中国首届民间民族美食节上荣获特等金奖。

12月

28日　水城至黄果树公路全线开通。

是月　六盘水市公安局巡警支队划归钟山公安分局管理，改建为巡警大队。

是年　野马寨电厂开工建设。区投资131万元，对珠江流域竹林河小流域进行综合治理。

2004年

1月

10日　全区49个社区开始实行一区一警或一区两警制。

22日　凤池园二期工程完工对外开放。凤池园由原老水城片区的水田、沼泽地改建而成，总投资1亿元，建成包括儿童乐园、桂花园、凤池棋院、生态鸟岛、百亩荷塘等十大景点。

2月

11日　钟山区汪家寨镇尹家地煤矿发生瓦斯爆炸事故，死亡25人，受伤10人，直接经济损失120万元。

3月

22日　全区开展学习《中国共产党党内监督条例（试行）》和《中国共产党纪律处分条例》活动。

4月

1日　杨柳新区开始建设。

27日　区志愿者艺术团成立。

5月

20日　全区启动“第一次全国经济普查工作”。

26日　全区启动农村医疗救助工作。

6月

30日 全区启动消防安全工作进社区。

7月

1日 贵阳至六盘水直达城际列车开通，全程3小时20分钟。

14日 全区启动高龄特困老年人基本生活保障工作。

30日 第一届“凉都·六盘水消夏文化节”在钟山区开幕。

30日至8月2日 夜郎文化论坛在钟山区举行。

30日至8月11日 “夜郎故地上的探索”文物展在荷城花园举行。

31日至8月1日 全国汽车拉力锦标赛六盘水站（锦标赛第四站）比赛在钟山区举行。

是月 钟山区行政办公区由人民中路迁至凤凰新区。六盘水市首届煤雕艺术作品展在六盘水市人民广场举行。

8月

2—3日 开展庆祝建区16周年系列活动。

3日 中国东方歌舞团在六盘水市体育馆举行演出。

20日 区计划生育局更名为钟山区人口资源和计划生育局。

23日 全区启动城管环卫与劳动和社会保障工作进社区活动。

30日 区发展计划局更名为六盘水市钟山区发展和改革局。

9月

9日 钟山区进行财政管理体制改革，在镇、乡、街道设立村（社区）级财务“托管服务中心”，对村（社区）账务实行托管，对区属单位资金实行国库集中支付。

10月

15日 区开始进行第六届村（居）民委员会换届选举工作。

19日 全区撤销28个派出所建制，组建黄土坡、红岩、朝阳、荷城、巴西、大湾、汪家寨、老鹰山8个警察署。

20—22日 中科院地化所、贵州大学、贵州师范大学和六盘水师范专科学校专家组到韭菜坪进行科学考察。

21日 全国围棋甲级联赛在荷城花园凤池棋院举行。

22日 中国凉都六盘水“移动通信杯”手机节暨登高节在韭菜坪举行。

23日 “中国石化杯”贵州亚高原马拉松公开赛在钟山区举行。

是年 全区全额免征农业税。2005年继续执行全年免征政策，2006年后取消农业税。

2005年

1月

18日 区城市建设拆迁安置办公室成立。

24日　即日起，在全区开展以实践“三个代表”重要思想为主要内容的保持共产党员先进性教育活动。

3月

玉舍供水工程正式向市中心城区供水。

4月

4日　水城钢铁（集团）有限责任公司炼铁厂2号高炉在进行炉内扒料施工中发生浮料坍塌事故，死亡7人，重伤3人。

27日　区凤安基础设施投资开发有限公司成立。

29日　贵州省国资委将其持有的水城钢铁（集团）有限责任公司股权中的85%无偿划转给首钢，首钢总公司成为水钢集团的第一大股东。

5月

30日　钟山一矿以1760万元成交价拍卖。

31日　岔河垃圾填埋场投入使用，总投资5000余万元，主要用于处理市中心城区的生活垃圾。

是月　贵州乌蒙山发展有限公司改制为贵州水城瑞安水泥股份有限公司。

7月

30日　凉都消夏文化节钟山广场文化周在六盘水市人民广场举办。

8月

6日　首届凉都佳丽广告之星模特赛总决赛在钟山区举行。

8日　中心城区钢城大道建成通车，全长931米，总投资1100万元。

8—10日　首届中国黔菜美食文化节大赛在钟山区举行。

9—10日　全国甲A篮球邀请赛在六盘水市体育馆举行。

11日　“贵州联通杯”全国少年自行车锦标赛在钟山区举行。

12日　中国气象学会向六盘水市颁发“中国凉都”证书。

9月

21日　全区开始办理第二代居民身份证，停止收制第一代居民身份证。

是月　区人民政府公共服务中心成立。

10月

17日　城市医疗救助工作开始实施。

25日　农村医疗救助工作开始实施。

11月

18日　区重点项目办公室成立。

△　区人民政府接待办公室成立。

12月

12日　区统计局获第一次全国经济普查先进集体称号。

17日　区农村信用合作联社开业。

是月　大河镇渡口村被评为全国创建文明村镇工作先进村。

2006年

1月

6日　水城钢铁（集团）有限责任公司3号制氧机空分塔在检修时发生珠光砂掩埋民工事故，死亡7人，受伤20人。

2月

10—12日　中共贵州省委书记、省人大常委会主任石宗源到水城钢铁（集团）有限责任公司检查工作。

14日　明湖路改造工程开工建设，总长3.7千米，总投资3300万元。

17日　区组建“三农”（农业、农村、农民）服务团，在农村开展服务“三农”工作。

3月

24日　区业余文工团成立，由区业余舞蹈队和凉都“凤之声”乐坊组联合组成。

是月　大河镇大桥村被确定为省级新农村建设试点示范村。

5月

29日　为推进全区新农村建设，区委制定实施意见，按照“统一规划、分步实施、典型引路、各具特色、齐抓共建、务求实效”的原则，抓好新农村建设。

是月　水城矿区列为国家98个大型煤炭基地建设规划的矿区之一。

6月

13日　矿山机电综合市场开盘营业。

7月

13日　全国第三届“移动通信杯”桥牌邀请赛在钟山区举行。

20日　凉都山水风情书画展在六盘水市体育馆展出。

21日　中国凉都六盘水消夏文化节在钟山区开幕。

10月

1日　即日起，钟山区最低工资标准由每月400元调整为550元，非全日制用工小时最低工资标准由每小时4.6元调整为6.3元。

24—27日　中国共产党六盘水市钟山区第五次代表大会召开。

11月

30日至12月5日　区政协六届一次会议召开。

12月

1—7日　区六届人大第一次会议召开。

2007年

1月

1日　农村最低生活保障工作开始实施。

15日　人民路改造征地拆迁工作动员大会召开，开始进行人民路改造建设。

31日　新型农村合作医疗工作开始实施。

3月

钟山区被列为全省一类计生县。

4月

1日　全区开始实施劳动用工备案制度，对用人单位劳动用工及劳动合同制度实施情况进行动态管理。

18日　贵州水城矿业（集团）有限责任公司煤化工企业开工建设。

5月

1日　水城钢铁（集团）有限责任公司被贵州省旅游局列为全国工业旅游示范点。

14—17日　区有关部门举办困难群体就业人员培训班，212人参加培训，培训结束，择优推荐70人到城管协勤、综治协管岗位从事公益性工作。

30日　全国政协常委、农业部原部长陈耀邦，全国政协经济委员会副主任、国家邮政局原党组书记、局长刘立清到钟山区双龙村视察调研。

6月

1日　水城钢铁（集团）有限责任公司日产钢1016.1万千克，产量突破万吨大关，创历史最高纪录。

△　六盘水市公安局钟山分局成立。撤销黄土坡、红岩、朝阳、荷城、巴西、汪家寨、大湾、老鹰山8个警署，新设钟山、川心、朝阳、荷城、巴西、煤厂、汪家寨、大湾、老鹰山、德坞10个派出所。

12日　水城钢铁（集团）有限责任公司被国务院批准为中国西部钢铁基地。

28日　区招考20名大学生安排到村和社区工作。

7月

23日　中国凉都六盘水消夏文化节广场文化周在六盘水市人民广场举行。

28日　钟山区举行魅力凉都“小新星杯”少儿英语风采大赛。

8月

1日至9月10日 钟山区举行“多彩贵州”旅游商品设计、制作能工巧匠选拔大赛。

8日 区开展中老年人“全民健身与奥运同行”健步走活动。

是月 月照彝族回族苗族乡独山村柏油路修通，路长4.86千米，宽4.5米。

11月

21日 钟山区原明湖药厂下岗职工张梅赴武汉捐献造血干细胞，挽救武汉13岁小患者生命。张梅是贵州省首例造血干细胞捐献者。

12月

16日 水城钢铁（集团）有限责任公司销售收入达到101.7亿元，成为贵州省第一家年销售收入突破100亿元的企业。

18日 全区18个宗教活动场所完成登记换证工作，其中佛教1个，伊斯兰教2个，天主教1个，基督教14个。

26日 水城钢铁（集团）有限责任公司年钢产量突破30亿千克。

是月 全区遭受雪凝灾害，灾害程度为百年一遇。

2008年

1月

22日 水城钢铁（集团）有限责任公司“钢城花园”房地产项目一期工程开工建设。

2月

21日 国家煤炭监察局局长赵铁锤到钟山区检查地方煤矿安全生产。

3月

28日 全区开展“基层组织建设年”活动。

29日 全区组织系统开始开展“讲党性、重品行、作表率”活动，历时3年。

4月

8日 水城钢铁（集团）有限责任公司最后一台型号为SY0405蒸汽机车退役。

25—27日 国家安监总局副局长梁嘉琨到钟山区检查地方煤矿安全生产。

7月

全区启动农村危房改造工程。

是月 开展区委书记大接访活动。

8月

8日 全区启动镇、乡、街道网站工程建设。

是月　区委开通党代表谏言信箱，收集党代表意见、建议。

9月

19日　钟山区启动《六盘水市钟山区志（1988—2008）》编修工作。

10月

全区石漠化综合治理工程建设启动。

12月

1日　原省属国有企业27所全日制普通中小学移交钟山区管理。

12日　水城钢铁（集团）有限责任公司更名为首钢水城钢铁（集团）有限责任公司。

第一篇　政　区

第一章　建　置

第一节　沿　革

1987年12月15日，根据国务院国函〔1987〕199号文件函复，撤销水城特区，分设六盘水市钟山区和水城县。划水城、观音山、老鹰山、大湾、汪家寨、大河6个镇和城关、校场、麒麟、凤凰、月照、白腻、德坞、煤厂、以德、艺奇、纳福、二塘、三合13个乡，设钟山区。

1988年2月24日，钟山区筹建组成立。7月，召开第一次六盘水市钟山区人民代表大会和政协六盘水市钟山区委员会，选举产生六盘水市钟山区人大常委会、六盘水市钟山区人民政府、政协六盘水市钟山区委员会领导班子，9月，召开中国共产党钟山区第一次代表大会，选举产生中共六盘水市钟山区第一届委员会和第一届纪律检查委员会，正式完成由区筹建组到区党、政等几大班子的过渡，并逐步设置、配齐区党政工作部门及群团组织等机构。

1987年12月至2004年6月，区政府驻人民中路穿心寨，2004年7月，迁驻凤凰新区兴隆社区政通路1号。

第二节　区　位

钟山区地处贵州省西部、六盘水市西北部，界于北纬26° 36′ 28″ ~26° 51′ 29″ 、东经104° 44′ 38″ ~105° 02′ 33″之间，东、南面与水城县交叉接壤，西与毕节地区威宁、赫章县相连，北与水城、赫章县毗邻。辖区东西长52千米，南北宽46千米，总面积481.57平方千米。

第三节　政区变化

1988年10月，撤销大湾区，建立大湾镇。1989年10月，撤销城关乡、麒麟乡和水城镇，设立黄土坡办事处和荷城办事处；撤销艺奇乡，建立汪家寨镇；撤销煤厂乡，建立大河镇；建立老鹰山镇，原白腻乡水营村的家俄、堰塘、大洞3个组以及幸福村的兴隆、幸福两个组划归老鹰山镇，原白腻乡的响水村划归教场乡管辖；原城关乡的白鹤村划归德坞乡管辖；原德坞乡的钟山村划归黄土坡办事处管辖；同时建立观音山镇。1989年钟山区辖大湾、汪家寨、大河、老鹰山、观音山5个镇，二塘、三合、纳福、以德、教场、月照、凤凰、德坞8个乡，黄土坡、荷城2个办事处。

1992年4月，撤销大湾镇、二塘乡、三合乡，合并建立大湾镇；撤销汪家寨镇、纳福乡，合并建立汪家寨镇；撤销大河镇、以德乡，合并建立大河镇；撤销德坞乡，建立德坞镇；撤销月照乡、教场乡，合并建立月照彝族回族苗族乡，将原教场乡的小屯、响水2个村划入月照乡管理。保留荷城办事处，将原教场乡的教场村、杉树林村划归荷城办事处管理；保留老鹰山镇、观音山镇、黄土坡办事处、凤凰乡原建制和行政区域不变。1992年，全区辖大湾、汪家寨、大河、老鹰山、观音山、德坞6个镇，凤凰乡、月照彝族回族苗族乡2个乡，黄土坡、荷城2个办事处，下设88个行政村，68个居民委员会，546个村民组。

1992年乡、镇、办事处、村（居委会）

表1-1

镇、乡、办事处名	村　名	居委会名
大湾镇	大湾、小湾、顶拉、陇嘎、黄泥、山根脚、铺田、海开、大箐、海嘎、雄鹰、腊寨、新寨、色开、幸福、安乐、联合、开化、塘坝	大湾、二塘、木冲沟、顶拉、建新
汪家寨镇	新华、吴家寨、艺奇、沙坝场、新塘、左家营、双营、那罗	红桥、电力新村、汪选、汪矿
大河镇	鱼塘、冯家湾、白岩脚、裕民、周家寨、奢俄、大地、大箐、大桥、双寨、扁担湾、小场、渡口	第一、第二、第三、第四
老鹰山镇	大树、石板河、木桥、陆家坝、幸福、中坡	小河东路第一、小河东路第二、小河西路第一、小河西路第二、幸福、育新、新建、白云、小河中路、永红、老鹰山选煤厂、康复
观音山镇	红卫山、水营、木房、杉树林、仁活洞	第一、第二、第三
月照乡	金钟、玉顶、大坝、独山、双洞、小屯、响水	—
凤凰乡	明湖、凤凰、大营、松坪、石龙、双龙、石桥	—
德坞乡	羊场、绿化、民族、发扬、西宁、白鹤	德坞
黄土坡办事处	川心、双坝、其林（5、6组）、土桥、红岩、钟山	西站、中心站、水矿器材处、向阳北路、向阳南路、建设路、文化南路、康乐北路、康乐南路、八一、明湖、汪水、川心、建安处机关、一一三地质队、矿务局机关、矿务局机厂、铁路地区、东风路、建安公司丫口、水运司、勘二队
荷城办事处	城东、城西、杨柳、三块田、菜园、新生、钟山、官厅、马鞍、其林（1、2、3、4组）、教场、杉树林、马坝	场坝（街道办）、城内（街道办）、钟环、官厅、菜园、光明、解放、荷城、水钢七号点、烧结、动力、八冶、巴西、五号点、汽运、笔架山、桃林

1994年，荷城办事处马坝村划属月照彝族回族苗族乡管理。

1998年12月，撤销凤凰乡，建立凤凰办事处。

1998年，全区辖大湾、汪家寨、大河、老鹰山、观音山、德坞6个镇，月照彝族回族苗族乡1个乡，黄土坡、荷城、凤凰3个办事处，下设67个村，61个居委会。

2000年3月，撤销德坞镇，设立德坞办事处。全区辖大湾、汪家寨、大河、老鹰山、观音山5个镇，月照彝族回族苗族乡1个乡，黄土坡、荷城、凤凰、德坞4个办事处。

2001年5月，撤销老鹰山镇和观音山镇，合并建立老鹰山镇，全区辖大湾、汪家寨、大河、老鹰山4个镇，月照彝族回族苗族乡1个乡，黄土坡、荷城、凤凰、德坞4个办事处。

2003年4月，黄土坡、荷城、凤凰、德坞4个办事处分别更名为黄土坡、荷城、凤凰、德坞街道办事处。全区辖大湾、汪家寨、大河、老鹰山4个镇，月照彝族回族苗族乡1个乡，黄土坡、荷城、凤凰、德坞4个街道办事处，下设53个村，70个居委会（社区）。

2008年12月，全区辖大湾、汪家寨、大河、老鹰山4个镇，月照彝族回族苗族乡1个乡，黄土坡、荷城、凤凰、德坞4个街道办事处，下设53个行政村、70个居民委员会（社区）。

2008年乡、镇、街道、村（居委会、社区）

表1-2

镇、乡、街道名	村 名	居委会名	社区名
大湾镇	腊寨、海嘎、幸福、小湾、大湾、海开、开化、山根脚、新寨、安乐、顶拉、大箐	木冲沟、大湾、建新、顶拉、二塘	—
汪家寨镇	新塘、沙坝场、新华、吴家寨、左家营、那罗、艺奇	电力新村、汪矿、汪选、那罗寨	—
大河镇	周家寨、裕民、大桥、渡口、鱼塘、大箐、大地	红旗、大河	—
老鹰山镇	陆家坝、木桥、中坡、观音山、仁活洞、石河、石板河	老选、白云石矿、老鹰山、老矿、水钢金河公司、小河经济开发公司、观音山矿	—
月照乡	马坝、金钟、小屯、大坝、玉顶、双洞、独山	机修	响水
黄土坡街道办事处	双坝村	—	红岩路、东风西路、青年路、人民西路、文化南路、二屯、麒麟、向阳北路、松坪北路、东风东路、康乐南路、曹家湾、区府路、川心、人民中路、花渔路、垭口、建设路、土桥
荷城街道办事处	三块田、杉树林、教场	—	城南、马鞍、官林路、茶叶林、杨柳、钟环、荷城、菜园、花园路、动力、五号点、七号点、八冶、汽运、桃林、笔架山、巴西、烧结
凤凰街道办事处	明湖、石桥、石龙、凤凰、双龙	—	明湖、怡景、龙苑、龙井、大营、广场、松坪南路、八一、凤苑、兴隆
德坞街道办事处	白鹤、西宁、马落箐、乌砂寨	—	德宏、德西

第二章　镇乡街道

第一节　镇　乡

一、大湾镇

大湾镇位于钟山区西北部，界于北纬26° 43′ 23″ ～26° 51′ 29″ ，东经104° 35′ 30″ ～104° 42′ 19″ 之间。是六盘水市钟山区在威宁县、赫章县边缘地带的一块“飞地”，因其境内的白泥河（三岔河上游）在这里转了一个大弯而得名。东北面与赫章县珠市乡毗邻，东南、西面与威宁县二塘镇、东风镇接壤。镇政府距六盘水市中心区46千米，距毕节市区180千米，距赫章县城约70千米，距威宁县城约60千米。面积93.84平方千米。全镇辖大箐、海嘎、腊寨、幸福、开化、顶拉、山根脚、小湾、大湾、安乐、新寨、安乐12个村，二塘、建新、木冲沟、大湾、顶拉5个居委会，人口51470人。居住有汉、白、彝、苗、回、布依、蒙古等民族。

今大湾镇在民国29年（1940）时隶属威宁县二塘区。1966年2月，隶属水城特区三合二塘公社。1979年2月，隶属大湾区。1982年7月，隶属水城特区大湾镇。1987年隶属水城特区大湾区。钟山区成立后，1988年10月，撤销大湾区，建立大湾镇。1992年4月，撤销三合乡和二塘乡与大湾镇合并建立大湾镇。

大湾镇境内多山，平均海拔2305.3米。位于镇境海嘎村与赫章县交界处的韭菜坪，海拔2900.6米，是贵州省最高峰。镇境冬无严寒，夏无酷暑，年平均气温12.3℃，年平均日照1541.7小时，日照率35%，年平均降雨量1186毫米。

六盘水至云南镇雄公路，六盘水至毕节（赫章）公路，内（内江）昆（昆明）铁路，水（水城）大（大湾）支线铁路从镇境通过，是六盘水通往毕节、云南的主要交通要冲。境内已探明煤储量6000亿余千克。其他矿产资源有硅、铜、铁、铅锌矿和黏土、石灰石。

二、大河镇

大河镇位于钟山区西北部，界于北纬26° 39′ 17″ ～26° 51′ 29″ 、东经104° 45′ 04″ ～104° 50′ 49″ 之间。东与水城县发箐乡连接，南与钟山区黄土坡街道、德坞街道相邻，西与水城县双戛乡、钟山区汪家寨镇连接，北与水城县木果乡毗邻。因三岔河流经境内，且为境内最大河流，因此而得名。面积69.44平方千米。辖裕民、鱼塘、渡口、大桥、大箐、大地、周家寨7个村，大河、红旗2个居委会，人口38000人。居住有汉、彝、苗、布依、回、水族等民族。

1970年，今大河镇境隶属水城特区大河区。1982年，隶属水城特区大河区大河镇。1984年4月，与汪家寨镇合并建立大河镇。1987年年初，恢复大河区。1989年，撤销煤厂乡，建立大河镇。1992年3月，以德乡与大河镇合并成立大河镇。

境内多山，平均海拔1805米，年平均气温13.5℃，年平均降水量1240毫升。有水（城）大（湾）铁路支线、水煤公路（省道）过境。境内煤炭储量为6600亿千克。大桥蔬菜基地是钟山区建成较早的蔬菜基地。全镇还相继建成西瓜基地、折耳根基地、马铃薯基地，三元仔猪杂交基地。农业基本形成一村一品的生产格局。

三、汪家寨镇

汪家寨镇位于钟山区西北部，界于北纬26° 30′ 50″ ～26° 45′ 38″ ，东经104° 48′ 45″ ～104° 53′ 13″ 之间。距市中心区22千米，东接大河镇，南邻水城县双嘎乡，西与威宁县的猴场镇相连，北抵水城县木果乡。因境内有汪姓人家居住的寨子得名。面积77.35平方千米，辖新华、吴家寨、艺奇、沙坝场、新塘、左家营、那罗7个村，振兴、育新、纳福3个居委会，人口54000人。居住有汉、彝、苗、水、布依、白族等民族。

1971年，今汪家寨镇隶属水城特区。1982年9月，建立汪家寨镇，1984年9月，隶属水城特区大河镇。1987年年初，隶属水城特区大河区。1992年4月，撤销汪家寨镇、纳福乡，建立汪家寨镇。

全镇多山，海拔平均1925米，年平均气温12.8℃，无霜期228～242天，年日照数1415～1556小时，日照率35%。

全镇已探明煤储量4670亿千克，覆盖全镇5个村。省道水煤线、汪木路贯穿镇境，贵昆铁路水（城）大（湾）支线过境，设有野马寨火车客货运站。

四、老鹰山镇

老鹰山镇位于钟山区东北部，界于北纬26° 26′ 28″ ～26° 36′ 58″ ，东经104° 57′ 41″ ～105° 02′ 33″ 之间。东部和南部与水城县滥坝镇相邻，西接钟山区月照乡，北与水城县董地乡接壤。因其所辖木桥村境内，群峰连绵，其中有三个山峰连成一体，形似雄鹰故名。全镇辖陆家坝、石板河、木桥、中坡、石河、观音山、仁和洞7个村，老选、白云石矿、老鹰山、老矿、水钢金河公司、小河经济开发公司、观音山矿等7个居民委员会。面积64.49平方千米，人口44826人。居住有汉、彝、苗、布依、白、回、蒙古、仡佬族等民族。

1953年5月至1958年7月，今老鹰山镇境隶属水城县滥坝区，1962年，隶属水城县尖山公社，1970年，隶属水城特区滥坝区，1984年，隶属水城特区滥坝镇，1988年9月，分别成立老鹰山镇和观音山镇。2001年9月，撤销老鹰山、观音山两镇合并成立老鹰山镇。

镇境地势南北较高，东西较低，海拔平均1962米，年平均气温12.2℃，年平均降雨量1240.2毫米，无霜期243天。全年日照总数1560个小时，以东南偏东风为主，占45%。

大烟公路、水纳公路、贵昆铁路和株六铁路复线过境，公路里程约200千米。矿产资源主要有煤炭、铁矿、锰矿、铜、铅锌矿、硅铁矿、镁矿、白云石矿等。已探明煤储量为1960亿千克，铁矿地质储量295.1亿千克，铅锌8.46亿千克。

五、月照彝族回族苗族乡

月照彝族回族苗族乡位于钟山区东郊，界于北纬26° 33′ 44″ ～26° 39′ 14″ ，东经104° 53′ 41″ ～104° 59′ 07″ 之间。距市中心区约3千米，东南与水城县的双水开发区和本区的老鹰山镇、荷城办事处接壤，西北与水城县发箐乡、保华乡毗邻。因乡境内双洞村与独山村交界的一山顶部，有一洞穴通透山体，称为穿洞，远望犹如一轮明月镶嵌山上，得名月照。面积44.74平方千米。全乡辖马坝、金钟、小屯、大坝、玉顶、双洞、独山7个村，机修1个居委会，响水1个社区。人口14978人，居住有汉、苗、彝、回、布依、土家族等民族。

1956年，今月照乡境隶属水城县滥坝区，1958年，隶属灯塔公社金钟管理区，1961年，建金钟公社，后改为月照公社。1988年，钟山区建区后，成立月照乡，1992年，成立月照彝族回族苗族乡。

境内北部多山，南部为缓坡地，多洞穴。海拔平均1809.5米，年平均气温12.4℃，年降雨量1251毫米，无霜期240天。

水小路（水城—小河）、水南路（水城—南开）过境。2008年12月30日，六盘水月照民用支线机场在境内大坝村与水城县董地乡接壤的花竹林动工建设。

境内矿产资源有石灰石、砂岩、硅石、煤和大理石，其中主要矿产资源有石灰石，地质储量1亿立方米，可开采储量为0.5亿立方米，砂岩、硅石储量丰富。

第二节 街 道

一、黄土坡街道

黄土坡街道位于钟山区西北部，界于北纬26° 34′ 24″ ～26° 37′ 21″ ，东经104° 48′ 13″ ～104° 53′ 27″ 之间。因境内有黄土坡而得名。东与荷城街道相邻，西与德坞街道接壤，南接凤凰街道，北邻大河镇。总面积21.77平方千米。辖建设路、东风东路、东风西路、青年路、曹家湾、二屯、垭口、川心、人民中路、人民西路、康乐南路、文化南路、红岩路、麒麟、松坪北路、区府路、向阳北路、花鱼路、土桥等19个社区，双坝1个行政村，川心、土桥、红岩、钟山4个资产管理委员会。下设245个居民组、4个村民小组，人口12万人。居住有汉、彝、苗、布依、白、回族等36个民族。

清雍正十一年（1733），今黄土坡街道境隶属水城厅永顺里。民国年间（1912—1949）隶属水城县德坞镇、德坞乡。中华人民共和国成立后，1950—1952年，隶属水城县德坞乡，1958年，隶属水城县灯塔公社，1961—1963年，隶属水城县城关区灯塔、麒麟公社，1970年，隶属水城特区城关区麒麟、德坞公社，1984年，隶属水城镇麒麟、德坞管理区，1987年初，隶属城关区麒麟乡、德坞乡。1989年9月，建立黄土坡办事处，2003年4月，更名为黄土坡街道办事处。六盘水市行政事业机关驻其境内。

二、荷城街道

荷城街道位于钟山区中心城区东郊，界于北纬26° 31′ 05″ ～26° 37′ 16″ ，东经104° 51′ 49″ ～104° 55′ 43″ 之间。因境内老城称荷城，以此得名。东与水城县双水开发区交界，西与钟山区黄土坡街道接壤，南与钟山区凤凰街道相连，北与水城县发箐乡毗邻。占地面积28.69平方千米。全办辖三块田、教场、杉树林3个行政村，花园路、官林路、城南、荷城、钟环、菜园、茶叶林、马鞍、杨柳9个地方社区居委会，桃林、笔架山、动力、巴西、烧结、五号点、七号点、八冶、汽运9个企业社区居委会，总人口91632人。居住有汉、彝、苗、布依、土家、侗族等民族。

清雍正十一年（1733），今荷城街道境隶属水城厅永顺里。民国2年（1913）9月至1950年，隶属水城县城场镇，1953年，隶属城关镇和水城县一区，1958年，隶属水城县灯塔公社和城关镇，1961年，隶属水城县城关区，1970年12月，隶属水城特区城关区，1982年7月，隶属水城特区城关区和水城镇，1984年，隶属水城特区水城镇和杨柳镇，1987年，隶属城关区。钟山区成立后，1989年10月，撤销城关区公所和水城镇，建立荷城办事处。2003年4月，更名为荷城街道办事处。

境内北部多山，东部、西部、南部均为平原坝子。海拔平均1500米。年平均气温12.9℃，年平均日照数1553小时，年降雨量1222毫米。

贵昆铁路、铁路南编组站东向引线，市区三条主干道人民路、钟山大道、凉都大道过境。首钢水钢集团公司位于境内。

三、凤凰街道

凤凰街道位于钟山区中心城区西南部，界于北纬26° 31′ 05″ ～26° 35′ 37″ ，东经104° 46′ 29″ ～104° 54′ 49″ 之间。因其境内有凤凰山而得名。东抵水城县滥坝镇，南抵水城县纸厂乡，西与水城县纸厂乡、钟山区德坞街道接壤，北抵钟山区黄土坡街道、荷城街道。面积50.45

平方千米。辖明湖、凤凰、双龙、石桥、石龙5个行政村，大营、怡景、松坪南路、八一、龙苑、凤苑、明湖、龙井、兴隆、广场10个社区，74个村（居）民小组，总人口45400人。居住有汉、彝、苗、布依、白、回族等民族。

清雍正十一年（1733），今凤凰街道境隶属水城厅永顺里。中华人民共和国成立后，1953年后，隶属水城县马鞍乡、双龙乡，1958年，隶属水城县灯塔公社，1963年，隶属水城县城关区马鞍公社、双龙公社，1970年12月，隶属水城特区城关区马鞍公社、双龙公社，1982年，隶属水城特区城关区凤凰公社，1984年，隶属水城特区水城镇凤凰管理区。1987年初，更名为凤凰乡。1998年，更名为凤凰办事处，2003年4月，更名为凤凰街道办事处。

街境海拔平均2080米，平均气温12.4℃，年日照时数1475～1595小时，年平均降雨量1172毫米。水城河由西向东流经境内7千米。矿产资源有铅锌、硫铁矿、硅石、煤等，以铅锌矿为主。已探明的铅锌矿石储量为822亿千克。

四、德坞街道

德坞街道位于钟山区西郊，界于北纬26° 33′ 18″ ～26° 38′ 20″ ，东经104° 44′ 38″ ～104° 50′ 37″ 之间。东邻黄土坡街道，南抵水城县纸厂乡，西接水城县双嘎乡，北靠大河镇，面积30.8平方千米。辖白鹤、西宁、马落箐、乌砂寨4个村和德宏、德西2个社区。下设23个村民组、10个居民小组。人口14510人。居住有汉、彝、苗、回等10余个民族。

德坞，原名抵坞，由早年一个土司命名，中华人民共和国成立前，于民国期间改名德坞。清雍正十一年（1733），今德坞街道境隶属水城厅永顺里，民国年间（1912—1949）隶属水城县德坞区、德坞乡。中华人民共和国成立后，1950—1952年，隶属德坞乡，1958—1964年，隶属德坞公社，1970年，隶属水城特区城关区，1984年，隶属水城镇德坞管理区，1987年初，更名德坞乡。1992年4月，撤销德坞乡，建立德坞镇，2000年3月，撤销德坞镇，建立德坞办事处，2003年4月，更名德坞街道办事处。

境内地貌结构复杂多样，海拔平均2112.9米，年平均气温12.3℃，年降雨量1223.6毫米，无霜期228天，日照数为1560小时。矿藏资源有煤炭、硅石、重晶石、石灰石、砂石等。

贵昆铁路、大烟公路、水盘公路、内昆铁路、水柏铁路过境。白鹤公园、德坞儿童乐园、六盘水职业技术学院驻其境内。特色餐饮业“凉都羊汤锅”一条街位于境内。

第二篇　自然地理

第一章　自然环境

第一节　地　质

区内出露地层从石岩系到第四系均有分布，其岩性主要为沉积岩和火成岩（主要为峨眉山玄武岩）两大类，前者占区内总面积的85.4%，后者占11.63%。第四系主要分布在盆地中，分布面积14.2平方千米。基岩岩性主要以碳酸盐岩占主导地位。

在地质构造上，钟山区处扬子准地台黔北台隆、六盘水—威宁北西向断陷构造变形区中部。根据构造形迹及其组合，可划分为北西向构造和法子冲涡轮构造两个体系。

威宁背斜是区内的主要地质构造。背斜轴向290°～310°，核部出露石炭系下统旧司组（C_1j）黑色泥岩、泥灰岩夹砂岩，翼部地层为石炭系下统上司组、马平组灰岩、白云岩。受断裂影响，岩层倾角在背斜北东翼缓、南西翼陡，背斜轴部地层大都倒转，并常被断裂错开。

北西向断裂中以水城压性断裂为代表，该断裂沿贵昆铁路附近贯穿全区，走向295°～305°，倾向南西，倾角60°～80°，破碎带宽约10米，在与其他断裂交汇处常见岩溶大泉出露。另外在区内北东部发育法子冲涡轮构造，其砥柱位于法子冲附近，外围由四组放射的褶皱、断裂组成，外旋作顺时针扭动。

第二节　地　貌

钟山区地处滇东高原向黔中高原过渡的梯级状斜坡地带，地形复杂，地貌类型属中高山类型，以山地、丘陵为主，盆地、谷地较少。山地面积占42.8%，丘陵面积占40.8%，山间平坝面积占16.4%。集中成片的“坝子”有水城城关坝子、大湾二塘坝子，面积均在万亩以上。

一、地势

地势西北高，东南低，由北向东南缓缓倾斜。境内地形峰峦重叠，山高坡陡。最高峰在大湾镇的韭菜坪，主峰海拔2900.6米，为全省最高峰，最低点在月照乡独山村界河出境处，海拔1450米，相对高差1450.6米。

境内山脉为乌蒙山脉分支之3条山脉。一条自梅花山向东南延伸，经德坞、凤凰街道出境，此山脉为长江水系水城河与珠江水系北盘江分水岭，一条自梅花山到水城县的双戛乡向北边延伸，经德坞、黄土坡、荷城3个街道到月照乡，成为水城河与三岔河的分水岭，另一条由韭菜坪延伸到水城木果乡盘雄分支，经汪家寨镇的纳福转向东面延伸到大河镇的以德，进入水城县的连山，成为三岔河与连山河的分水岭。

二、特征

境内地貌与地层岩性相关程度较高。灰岩、白云质灰岩，多发育成岩溶峰丛山地。白云岩多发育成溶丘丘原洼地。玄武岩浆喷溢区多为桌状山地。凝灰岩、砂岩、砂页岩、紫红色黏土岩等碎屑岩类多发育成侵蚀、剥蚀常态地貌。在碳酸盐岩类分布区，岩溶发育形成岩溶盆地、丛峰槽谷、峰林洼地和溶蚀残丘等喀斯特岩溶地貌。全境地形起伏较大，河流谷地深达300~700米以上，有孤峰、穿洞、溶洞、石芽、坡立谷、竖井、干沟、盲谷和落水洞等个体形态，构成奇特岩溶景观。岩溶地貌与常态地貌交错分布，岩溶地貌多分布在中部，北部多为泥灰岩、白云岩、紫色砂页岩中切割山地、丘陵和谷地，西部多为玄武岩、灰岩深切割高中山山地，南部多为灰岩、砂页岩深切割中山河谷，东部多为灰岩、白云质灰岩深切割平行中山、沟谷。地貌以山地为多。在山地中，分布有小型河谷坝子和岩溶坝子，成为一典型高原山区。

境内比较有名和海拔较高的山有：

上钟山　位于市中心城区黄土坡街道六盘水市体育馆后面，海拔1915.3米，旧志记录为钟山。

下钟山　位于市中心城区老城东侧，状如盔铠，森严侍立，旧志记录为将军山，海拔1915.3米，与黄土坡上钟山对峙。

凤凰山　位于市中心城区老城西南侧3千米处，海拔2071.5米。山下有若干小山，山顶有天生池。

马鞍山　位于市中心城区老城南侧，山下如屏，山巅侧两峰并峙，旧志记录为同文山。马鞍山周围有狮子山、帽盒山、兴文山、乘风山、天柱山、凌云山、三台山等山体，山峰秀美。

玉皇洞梁子　位于荷城街道杉树林社区，海拔1955.8米。

扁桶山　位于凤凰新区钟山区人民政府东侧500米处，海拔1999.8米。

文笔山　位于市中心城区老城城北2千米处。从老城望之，独耸峙超群。

笔架山　位于首钢水城钢铁（集团）有限公司笔架山公园，海拔1939米。

玉笋山　位于市中心城区老城东面2千米处，有石如柱，峭立丈余。

麒麟山　位于市中心城区老城北面，海拔2017.5米。

众笏山　在凤凰山下，群峰林立，俗呼为“十八罗汉”。

金匮山　在众笏山之西，形颇方，距离凤凰山1000米。

浮山　位于市中心城区老城西侧1500米处，俗呼“气象站包包”。从老城望之，如舟浮水面，亦称“地海浮山”。

洗马塘大坡　位于荷城街道东面，海拔2011.1米。

仙水坡　位于德坞街道东面，海拔2036.3米。

湾子大山　位于德坞街道西面，海拔2325.8米。

马落菁垭口　位于德坞街道南面，海拔2300.5米。

老鹰山　位于老鹰山镇，海拔1692.3米。

观音山　位于老鹰山镇，海拔2167.2米。

小井大山　位于月照乡，海拔2088.3米。

荒坝梁子　位于月照乡，海拔2071.4米。

华竹大山　位于月照乡，海拔2000.5米。

赵家大岩　位于大河镇大箐村，海拔2111米。

石马梁子　位于大河镇，海拔2178米。

铜厂坡梁子　位于大河镇，海拔2181米。

大黑山梁子　位于大河镇，海拔2107米。

高峰山　位于汪家寨镇，海拔2240米。

颜家营　位于汪家寨镇，海拔2330米。

何包木梁子　位于汪家寨镇，海拔2171米。

韭菜坪　位于大湾镇，海拔2900.6米。

大黑山　位于大湾镇，海拔2692米。

海凯梁子　位于大湾镇，海拔2665.9米。

望天岩　位于大湾镇，海拔2495米。

比较有名的洞穴：

硝灰洞　位于汪家寨镇原水城发电厂公路旁。

龙凤宫　位于首钢水城钢铁（集团）公司厂区。

麒麟洞　位于浮山之下。

玉和洞　位于凤凰街道玉和山上。

月照溶窗　位于月照乡双洞村和独山村交界处的山顶。

藤龙洞　位于月照乡小屯村。

大硝洞　位于月照乡独山村。

仙人洞　位于月照乡独山村。

猴子洞　位于月照乡独山村。

神洞　位于老鹰山镇木桥村。

人和洞　位于老鹰山镇仁活洞村。

石龙洞穴群落　位于凤凰街道石龙村。

第三节　河　流

一、河流概况

钟山区境内因受气候及地质地貌条件的影响，地表径流与地下伏流相间衔接，地表径流多源于天然降水，常为季节性河流，一般夏秋两季河道基流较大，冬春两季河道基流较小，汛期常有山洪暴发，且河谷深邃，落差较大。

区境处在长江流域与珠江流域的分水岭地带，以民族—绿化—双龙井—双水—观音山为分水岭，以北属长江水系乌江流域，面积459.92平方千米，占总面积的95.8%；以南属珠江水系北盘江流域，面积21.65平方千米，占总面积的4.2%。境内河道总长99.5千米，河网密度为20.8千米/百平方千米。境内乌江流域的主要河流有三岔河、响水河、小河。北盘江流域内主要河流有竹林河。

三岔河　区境第一大河。发源于威宁县草海水潜流出口处盐仓镇花渔村花渔洞。干流由威宁县流经大湾镇，在威宁猴场镇入洞，经暗河于原水城发电厂之水帘洞出洞，流经汪家寨镇、大河镇后流入水城县境内，又流经月照乡在金竹沟附近落洞进入地下，东流1千米左右出洞，再进入水城县境。流域面积257平方千米，干流河长为37.5千米（其中暗河长0.5千米），流域向阳水文站多年平均流量15.6立方米/秒。流域内人口密度为277人/平方千米，有耕地面积110.73万亩，其中田11.35万亩，人均拥有水量2362立方米，亩均水量1206立方米，地形起伏大，高差在150～1000米。流域内向阳水文站位于汪家寨镇，于1968年开始作水文观测。

响水河　原名凤池河，又名水城河。响水河是乌江上游三岔河的一级支流，流域面积186平方千米，干流河长20.5千米（在月照乡罗家寨有1千余米长的暗河），平均坡降3.17‰。响水河多年平均流量3.5立方米/秒。发源于水城盆地西北部的水城县落飞戛犀牛塘，流经德坞盆地于箐口，与窑上支流汇合，经市中心城区流向金竹林，折转向北，河床变陡，在范家寨消水洞潜入地下，伏流至双洞村陈家寨出水，注入三岔河。流域内建有小（一）型水库1座（窑上水库），小（二）型水库2座（德坞水库、龙贵地水库）。并在金竹林出水洞处建有装机容量为4000千瓦的双洞（独山）水电站。

小河　又名万全河，发源于区境观音山，流经水城县滥坝镇、钟山区老鹰山镇，从老鹰山镇小河边出境。多年平均流量为1.5立方米/秒，是观音山至小河一带的农灌水源。

竹林河　位于老鹰山镇杉树林村和仁活洞村，干流河长8.3千米，是北盘江的支流。发源于水城县滥坝镇长沟，于老鹰山镇杉树林村木房入境，由老鹰山镇仁活洞村出境汇入仲河。

二、河道特征

钟山区河流均属雨源性河流，河流不多，大河流较少，全区广泛分布着各种类型的岩溶地貌，漏斗、落水洞等，岩溶形态十分典型，洼地规模较大，地下水多排泄于河流干流或支流，成为河川径流中的基流量。

地下水以降雨渗入补给为主。水资源主要来源于天然降水，河川径流的大小随降雨的变化而变化，年际变化较大，年内降雨分布极不均衡，丰水期（5—9月）雨量占全年雨量的80%以上，枯水期仅占20%。

全区地表水资源总的趋势是由西北向东南递增，山区大于河谷地区；山脉的迎风坡大于背风坡；在同一地区随着流域高程的增加，气温降低，蒸发损失减小，在一定高程范围内径流有增加的趋势。

河流含沙量主要来自流域面上泥沙侵蚀，与暴雨强度、地形、土壤、植被、地质以及土地利用情况有关，每年雨季即是河流泥沙的产沙季节。一般来说，每年第一、二次暴雨洪水或久旱后的暴雨洪水含沙量较大。多年平均含沙量在0.5千克/立方米以上，三岔河属含沙量较大的河流。含沙量的年内变化，一般都是5—9月较大，10月至次年4月较小。月平均含沙量多数河流最大值出现在5—6月，而最小含沙量出现在1—2月。

境内地区的输沙量和输沙模数较大，输沙模数一般为500～200千克/平方千米。这是由于西部地区山高坡陡，土壤薄，极易发生水土流失，田少土多，陡坡垦荒较多，植被差，造成输沙模数较大。

三、地表径流特性

钟山区属于湿润地区，降水量较多，其中大部分形成径流，年径流系数较高，年降水量对年径流量起着决定性作用。大部分地区年径流系数变化在0.40～0.45之间。

境内年径流深分布呈自西北向东南递增趋势，大部分地区年径流深在400～600毫米，全区平均径流深为531.0毫米，属长江流域部分为537.1毫米，属珠江流域部分为455.3毫米。

年径流量在年际间变化较大，在多年变化中有丰水年和枯水年交替出现的现象，径流量在年内分配极不均匀，汛期径流量占全年径流量的比重大。

四、地下水特性

区内地下水划分为碳酸盐岩类岩溶水、基岩裂隙水和松散岩类孔隙水3大类，其中碳酸盐岩岩溶水是区内最主要的地下水类型。岩溶水赋存于碳酸盐岩的溶蚀裂隙、溶洞等地下空间中。

覆盖性岩溶裂隙水　分布于德坞、黄土坡—头塘峰林盆地中，盆地中第四系覆盖层厚0.8～30.69米。含水层为石炭系摆佐组（C_1b）和上司组（C_1s）白云岩、燧石灰岩，下伏石炭系旧司组（C_1j）

泥岩构成该含水岩组相对隔水层，含溶隙—溶洞水。有效含水层厚度约60米，盆地中岩溶发育较均匀，地下水具有统一的地下水面。

裸露型岩溶裂隙溶洞水 分布于盆地内及外围的裸露岩溶区地带，岩层含水性极不均匀，地下水常以岩溶大泉、地下河出口的形式出露地表。单个大泉及地下河枯季流量一般大于10升/秒，动态不稳定，变化系数5～281，如德坞大泉最大流量75升/秒，最小流量1.24升/秒。

在水城盆地外围的裸露型岩溶区，地下水主要赋存于石炭系和二叠系石灰岩、白云岩中。其特征为地下河的发育方向均由盆地周边山区指向盆地，地下河流程短，在境内发育的13条地下河长度均小于5千米，一般为0.6～3.6千米，流量动态变化大，不稳定系数74～781，地表、地下水交替频繁。

第四节 气 候

一、气候特征

钟山区全境地处北亚热带湿润季风气候区，因其地理位置受西藏高原南支气流影响，晴天少、阴雨多。全年平均温度12.3℃～13.1℃，多数地区年降雨量为1092.3～1251.7毫米，日照多在1415.1小时～1555.1小时之间，无霜期228～242天。冬春相连，干季较长，夏秋润湿，湿季较短，形成干湿季节分明，春干夏湿气候。市区兼具“凉爽、舒适、滋润、清新、紫外辐射适中”的气候特征。2005年8月，被中国气象学会命名为“中国凉都”。

二、日照

境内常年日照数多在1415.1～1555.1小时之间，日照率为35%。因时空分布差异较大，所以各地日照数相差也大，海拔较高的地方与海拔较低的坝子相比，相关日照数年均少200小时左右。各月平均日照数为，1月96.8小时，2月90.2小时，3月156.2小时，4月180小时，5月150.3小时，6月125.1小时，7月190.9小时，8月189.2小时，9月140.4小时，10月87.5小时，11月120.7小时，12月80.8小时。由于日照少，太阳辐射较弱，年平均在3349～3767焦耳/平方米之间，其中春季在837～1465焦耳/平方米之间，达全年的1/3以上，冬季辐射比例最小。在总辐射中，散射比例大，占总辐射的60%以上。

三、气温

全年平均温度12.3℃～13.1℃，气温总体情况为：年变化小，日变化大，地形复杂，分布不均，年平均温度12.8℃，最高月平均温度20.8℃（七月），最冷月平均温度2.5℃。多年最高温度30.2℃，最低温度-4℃，极端高温32.8℃，极端低温-12.3℃。大部分地区气温都在13℃～15℃之间，体现出冬无严寒、夏无酷暑的气候特点。由于地形的复杂性，极个别地区霜雪不至，而海拔较高地区则冬季漫长。

各月平均气温变化为，1月最冷，平均气温2.9℃，2月平均气温4.2℃，3月平均气温10.7℃，4月平均气温15.7℃，此时气温开始回暖，5月平均气温16.9℃，6月平均气温17.8℃，最热7月平均气温20.8℃，进入盛夏，8月平均气温20.5℃，9月平均气温17.6℃，10月平均气温13.5℃，气温开始明显下降，部分地区可能降到10℃左右，11月平均气温9.1℃，12月平均气温4.7℃，有冬季寒冷的感觉。

钟山区各月极端最高（最低）气温一览表

表2-1　　单位：℃

项目＼月份	1	2	3	4	5	6	7	8	9	10	11	12
最高温	23.9	27.7	28.7	30.2	31.6	31.4	32.8	29.0	28.6	27.2	25.0	22.2
最低温	-7.6	-11.2	-7.3	-4.1	3.7	4.6	10.0	6.6	4.8	-1.5	-4.2	-6.6

2008年1—2月，特大冰冻雪凝时极端最低气温达到-14.2℃，而历史记载1977年极端最低气温为-11.7℃。历年气温≤0℃的日数为44天，≤-3℃日数为12.7天。

四、降水

境内多数地区年降雨量在1092.3毫米～1251.7毫米之间，年降水量相对稳定。

境内年均降水量为1218毫米，最高年份为1551.8毫米，最低年份为884.8毫米，年降水日数215天，年平均相对湿度81%，年均出现中雨日数为25天，大雨日数为12天，暴雨日数为3天。时段最大降水量10分钟为21.8毫米，1小时为60.9毫米，6小时为154.6毫米，24小时为171.6毫米。

降水总趋势，雨量充沛，分配不均，冬春少雨，易发干旱，夏雨集中，易发洪涝，秋有绵绵细雨，阴冷潮湿，年温差小，日温差大，为副热带季风气候加高山立体气候形成的特殊、复杂气候。

受季风气候影响，降水量时空分布不均，春季（3—5月），海洋暖湿气流增强，降雨量逐渐递增，多数在250～350毫米之间，通常情况小雨、中雨居多，有时对流云团活跃，互相碰撞挤压，形成强对流天气，对流雨伴以雷电、大风，有时形成冰雹降落地面，对农作物和自然生态系统损坏严重。夏季（6—8月）盛行海洋气团，为全年多雨季节，强对流天气增多，形成短而急的对流雨，气团较稳定时，形成锋面雨，锋面雨降雨时间长，雨量大。这一时期，地形对降雨影响也较大，暖湿气流在其前进中，遇到高山阻挡被迫抬升，因高度上升、气温降低、空气冷却，达到凝结高度时便形成降雨，在盆地的迎风坡，强降雨特别严重，水城坝子处于梅花山迎风坡面，受地形雨影响大，当水城坝子强降雨时，梅花山背风坡面只有小雨甚至无雨。秋季（9—11月），境内偏北气流加强，时有绵绵细雨发生，降水量在250毫米左右。冬季（12月至次年2月），一般降水量在50～100毫米之间，是全年降水量最少的季节，有的年份常形成干冬天气。

钟山区各月平均降水量一览表

表2-2　　单位：毫米

月份	降雨量	月份	降雨量
1	17.1	7	228.2
2	22.0	8	201.0
3	20.9	9	151.0
4	66.9	10	111.6
5	133.4	11	32.4
6	237.0	12	19.7

钟山区各月单日最大降水量

表2-3 单位：毫米

月份	降雨量	月份	降雨量
1	28.5	7	180.0
2	15.3	8	171.6
3	13.0	9	80.5
4	39.5	10	74.9
5	54.6	11	32.4
6	100.3	12	14.7

第二章　自然资源

第一节　土地资源

一、国土面积

全区国土总面积722320.25亩，其中耕地200520.87亩，园地5262.83亩，林地277812.39亩，草地74430.82亩，城镇村及工矿用地95051.08亩，交通运输用地12286.41亩，水域及水利设施用地5494.09亩，其他土地51461.76亩。

2006年钟山区开展全区农用地定级估价工作。定级结果，钟山区有二等、三等、四等、五等、六等、七等土地，无一等和八、九、十等农用地。

全区耕地面积呈逐年递减趋势，居民点和工矿用地及其他用地面积则呈逐年增加趋势。

二、土壤分布

境内处低纬度高海拔，地形起伏较大，气候属亚热带气候区，受东南、西南季风及蒙古高压寒潮和西南暖流的影响，植被为中亚热带常绿阔叶林，成土母岩有碳酸盐岩、玄武岩和凝灰岩、紫色砂页岩和泥岩、砂页岩和砂岩及粉砂岩、泥岩等五大类型。各地虽然自然条件有所不同，形成土壤亦不同，但其发育及空间分布，受成土条件的严格控制，具有垂直—水平复合分布性，即在垂直地带的基础上表现出水平的分布，在水平地带的基础上表现出垂直的分布，而水平地带与垂直分布是相吻合的。

（一）水平分布性

从南北向看，区境属中亚热带常绿阔叶林黄壤地带，由于自然条件的变化引起水热条件的差异，使土壤与纬度相平行的分布规律发生偏离。由南向北的带状分布受地热和山脉的影响，带状演变为西北—东南状。从东向西看，由于东西地理位置不同，受土壤气候的影响明显，东部受东南季风影响，温差大，四季分明，相对湿度大，地热低，常受寒潮袭击，低温持续时间长，土壤以黄壤为主。西部受印度洋西南季风及西南暖流的影响，干湿季明显，相对湿度小，海拔较高处为高原黄棕壤。

（二）垂直分布性

在不同的水平地带，随着海拔抬升，自然条件由低到高变化着，土壤由山麓到山顶也发生演替，并出现土壤水平分布和垂直分布的吻合性。区内山体高大，河谷深邃，相对高差达2200余米，垂直带谱发育完备，土壤类型各具特色。如二塘乡韭菜坪海拔2900.6米，山麓二塘河谷盆地海拔1700米，相对高差1200余米。其土壤垂直带谱结构是，海拔1700～1900米为潮沙泥田、中黄泥田、马肝红泥田、硅铝质黄壤、铁质黄壤，海拔1900～2600米为铁质山地黄棕壤、螺子灰泡土、铁铝质山地黄棕壤、蚂蚁泡土、黄泡沙土，海拔2600米以上为山地灌坐草甸土。

（三）非地带性土壤分布

非地带性土壤主要受地区性母质和地形条件等因素变化的影响，改变土壤形成的主导因子，产生一系列地区性（隐域性）土壤，无论是水平分布地带或是垂直分布地带都受到干扰和破坏。如发育在碳酸盐类岩上的石灰土，发育在紫色岩系上的紫色土，以及发育在河流冲积物上的冲积土等，分布与大范围内的气候带无关，而与地形、母质条件变化相一致，形成非地带性土壤。人为的活动，出现一系列的耕作土壤，有的与自然土分布一致，有的按其熟化程度和肥力高低，表现为同心圆分布和阶梯式分布。同心圆的分布与村落的远近有关，距离村落近时，人为活动强烈，熟化程度高；距离远时，熟化程度低，故成同心圆分布。阶梯分布受地形部位的影响，随地形部位的不同，采取不同的耕作措施，熟化程度因而有异，形成梯状分布。

三、土壤类型

区境土壤以黄棕壤、山地黄壤为主，岩溶洼地及山谷地区多为棕色、黑色石灰土。各土壤类型面积中，耕地以黄棕壤和黄壤为主，为境内的基本土壤类型。沼泽土面积最小。耕地耕层浅，土层薄，土壤肥力中至中下。

主要有8个土类、24个亚类、74个土属、141个土种。

（一）黄壤土类

黄壤是境内地带性的土类，分布广，全区分布面积13.09万亩，分布在海拔1450～1900米的中山山地、高原丘陵、槽谷、盆地、河谷地带。黄壤是在亚热带湿润气候和常绿阔叶林植被条件影响下形成的。区境气候条件温凉湿润，冬无严寒，夏无酷暑，雨量充沛，云雾多，日照少，湿度大，四季分明，植被为中亚热带常绿阔叶林及部分常绿落叶混交林。目前原生植被已毁，次生植被为马尾松、杉针叶林、栎类等，有的已形成灌丛、草坡。母质复杂多样，以砂页岩风化物及第四系红色黏土为最多，此类土壤较广。黄壤具有明显的脱硅富铝化特征及黄化作用特征。在亚热带气候影响下，风化过程中的铁、铝、硅酸盐已被分解，钙、镁、钾等盐基被淋失，并有脱硅作用，铁、铝等氧化物相对在土层中积累，故脱硅富铝化明显。由于所处环境相对湿度较大，土壤水热状况稳定，土体常保持湿润状态。土体中的氧化铁因水化，呈各种深浅不同的黄色。由于亚热带气候的影响，植物生长茂盛，但因气候温凉湿润，有机质分解缓慢，利于积累，其剖面特征是A1层（腐殖质层）有机质积累较多，可达5%～15%，碳氮比值一般小于15，速效养分含量较高，呈酸性反应，pH值为4.5～6.5。B层（心土层）为棕黄色，质地较黏重。C层（母质层）为棕红色，粗骨性成分较少。土体厚度多大于60厘米。除主要形成条件外，还有成土过程不同及土壤发育的差异。区内黄壤分为黄壤、黄壤性土、灰化黄壤、黄泥土四个亚类。黄壤亚类土壤在钟山区分布面积为765亩，仅分布在教场乡境内。黄壤性土形成的生物、气候条件与黄壤亚类相同，但因处于陡坡，植被覆盖率低，发育过程弱。土体结构分A、B、C层。B层不明显，土层薄，某些形态受母质影响大，并具有母质的一些特点，开垦后水土流失严重。灰化黄壤亚类在钟山区没有分布。黄泥土亚类在钟山区分布面积为9.89万亩。黄泥土是黄壤经过旱耕熟化培肥而成的一类旱作土。土体较深，耕层一般大于10厘米，结构差，土质黏重，透水保水能力低，耕性欠佳。土壤酸性pH5.0～6.0，盐基饱和度高，有机质和速效养分含量低。

（二）山地黄棕壤土类

此土类分布在海拔1900米以上的高中山地及山原丘陵地带。钟山区分布面积为19.94万亩，分布于二塘、纳福，由于所处海拔位置较高，属亚热带高原山地气候，具有暖温带湿润季风气候特征。植被属云贵高原半湿润常绿阔叶林、高原山地常绿栎林和云南松林，发育于具有北亚热带气候特征的山地垂直带谱上部。母质多种多样，有玄武岩、凝灰岩、砂岩、砂页岩及白云岩、云灰岩等。黄棕壤是黄壤向棕壤过渡的类型，土壤特征具有弱度脱硅富铝化作用的形成特点，淋溶作用较弱，黏化现象不甚明显。剖面A1层有机质含量较高，可达9%～20%，碳氮比较高，一般大于15，B层黄棕色，含母岩碎屑，C层多为粗骨半风化母质，土体较薄，一般小于6厘米，呈酸性至强酸性反应。山地黄棕土壤分为三个亚类，即山地黄棕壤、黄棕壤性土和灰泡土。山地黄棕土壤亚类在钟山区分布面积为14.13万亩。黄棕壤性土亚类在钟山区分布最少，面积1422亩。

（三）山地灌丛草甸土类

多分布在海拔2200米以上的高山，钟山区二塘乡韭菜坪分布面积为2379亩，所处地势较高，山脊平缓，气候阴冷湿润，冬季常有积雪，春季多雨，夏季云雾缭绕，顶上风大。植被主要为灌丛及灌丛草。地面常有苔藓。生长着高山杜鹃、木姜子、山梅花、箭竹及莎草科和禾本科的植物。土质以残积物为主。苔藓吸水较多，地面潮湿，有机质分解缓慢，腐殖质累积量高达27%～40%。土层薄、层次不明显，剖面A1层多有机质，心土层B为黄棕色或浅棕色，底层C多为半风化母质碎屑，由于遭到淋溶，全部面呈酸性反应，pH值4.0～5.0。

（四）石灰土土类

石灰土是一种隐域性岩成土，发育于石灰岩出露地区，土壤中含有游离碳酸钙。钟山区分布面积为2.14万亩，分布地区属亚热带气候，岩溶地貌发育是影响成土的主要因素，特别在坡度陡、冲刷严重的环境下，土层发育经常处于幼年阶段。土层干燥，森林植被不易生存，现植被以岩生性、旱生性和附生性的喜钙植物及藤刺灌丛为主。土体中常有石灰岩新风化物的崩解碎片，含碳酸盐的地表水进入土体，延缓了土壤中盐基成分的淋失。脱硅富铝化作用不明显，大部分矿物未遭受强烈的化学风化，云母类矿脱钾不深。在形成过程中，碳酸基虽遭淋失，但母质（纯质灰岩、硅质灰岩、碳质灰岩、生物碎屑灰岩及部分云灰岩、白云岩、泥灰岩）含碳酸盐量较高，易受石灰岩地区富含碳酸钙水的补充，特别是干旱季节，随水向表层积聚，有一定数量的碳酸钙残留于土层中。有机质较多时，腐殖质化进行得强烈，在钙离子的作用下发生凝聚，形成良好的团粒结构，有机质含量较高，土壤呈中性或碱性反应，pH值6.5～7.0。质地多受母质影响，发育在灰岩和泥灰岩上的质地较轻，多为轻壤土或沙壤土。由于分布广，自然条件差异大，各处石灰土的发育形态不完全相同。在长时间地带性气候、生物条件影响下，则向当地所处的地带性土类发育。湿润黄壤地区，则为黑色石灰土，植物生长好，腐殖质含量高，色暗，结构好。但由于母质为灰岩或白云岩，易风化，土层疏松，易受侵蚀，层次不明显，土层薄，往往表层直接发育于基岩上。全区黑色石灰土面积562亩。处温凉气候条件下，心土层则发育成棕色石灰土。虽然气温低，有利于有机质的积累，但微生物活动受到制约，腐殖质化过程弱。由于石灰土长期耕种熟化，土层稍厚，土被连片，地形平缓时，当地群众称之为大土泥土，全区分布面积为1.95万亩。

（五）紫色土土类

紫色土是一种隐域性岩成土，直接从紫色岩系发育而来。区境紫色土母岩有飞仙关组紫红色砂页岩、永宁镇组第二段紫色砂质泥页岩、关岭组紫色页岩、中和上侏罗纪的紫色砂岩、紫红色泥岩及黏土岩、上和下第三系紫红色粉砂质泥岩、砾岩等。由于各个时代的母质岩来源不同，性质差异较大，发育于飞仙关组紫色砂页岩母质上的紫色土，多呈微酸性至中性反应。发育于侏罗系紫红色泥岩、砂岩母质上的紫色土，多呈酸性反应。发育于上和下第三系紫红色粉砂质泥岩母质上的紫红色土，呈中性至碱性反应。紫色土的形成首先是母质土松软、吸热性强，岩石因热胀冷缩而崩解，风化过程比较剧烈。加上地形起伏，植被稀少，土体的侵蚀堆积作用较频繁，成土时间短暂，故长期处于幼年阶段。其次是母岩中含有碳酸盐，降雨虽有淋溶，土层不断被侵蚀，经常有许多游离的碳酸钙进行补充，阻滞盐基的淋溶作用。延缓土壤的形成过程，致使相当长的时间内达不到富铝化阶段，土层中保留和继承许多母质原有的特性，盐基含量较高。另外，某些矿物的化学风化进行得弱，有的矿物很少发生化学变化，矿土壤保持与母质相近的颜色，潜在矿物养分含量高，全磷含量大于0.2%，全钾大于1%。群众乐于开垦。土层浅薄，层次分化不明显，不利于有机质积累，水土流失严重。处于坡度较陡地带的紫色土，应注意退耕还林。全区分布面积为3.58万亩，由于母质的制约，形成的条件不同，分为钙质和淋溶紫色土、酸性紫色土、紫泥土3个亚类。钙质和淋溶紫色土亚类在钟山区分布面积3.58万亩，酸性紫色土亚类在钟山区没有分布。紫泥土亚类钟山区亦缺失。紫泥土是各类紫色母岩发育的紫色土或直接由母岩经旱耕熟化形成的旱作土。土层浅薄，一般小于50厘米，耕层厚度小于20厘米，有机质含量一般在1%～3%。呈酸性至中性反应，与母岩特性相关，土体中有多量母岩碎屑，易于耕作，但保水保肥性能差，水土流失严重。

（六）水稻土土类

区境水稻土是在人为耕作、施肥、灌溉等农业措施影响下形成的，在水耕熟化与旱耕熟化交替过程中，改变原自然土壤的性质，其中，以水耕熟化过程为主。区境内水稻土分布于河流两岸、山间盆地、谷地及山岭下部，有的成片，有的零散。剖面特征是土壤表层为耕作层（A），水稻栽培时期，灌溉淹水，于耕作层上进行多次犁耙，表土层形成松软的水和泥相融的泥浆层，耕作层可分为氧化亚层和还原亚层。犁耕过程中，黏料随水下沉，于耕层之下形成紧实的犁底层（P），富紧实，有滞水作用，溶重较大，孔隙度小，具有保水作用。呈暗棕色，垂直结构发达，有铁锈斑和铁锰结核积淀。淹水期间，水向下渗，常在水层中形成一个临时的滞水层，称为潴育层（W），潴水情况受季节性的影响，土层发育分化明显。具棱柱状或棱块状结构，结构体表面有很多铁猛胶膜、锈斑，并有铁锰结核等新生体。潜育层（G）是长期受地下水影响而形成的，呈蓝灰色。水稻土按不同的考察角度可划分为不同类型。根据灌溉水分动态及由此而产生的剖面特征和诊断层特性，分为潴育、潜育、侧渗、淹育、沼泽、矿毒6个亚类。

潴育型水稻土亚类　钟山区分布面积为3720亩，荷城办事处、艺奇分布最多，德坞、以德、煤厂缺失。土壤特征：土壤肥沃，保水保肥，土层厚度大于60厘米，耕性良好，具有明显的斑纹层。

潜育型水稻土亚类　钟山区分布面积3759亩，凤凰办事处分布最多，土壤特征：土层深厚，潜在肥力较高，土性冷凉，耕层浮烂，结构不佳，G层明显。

侧渗型水稻土亚类　钟山区分布面积3506亩，凤凰办事处最多。此亚类多分布于盆地、槽谷边缘的缓冲中下部。土壤特征为潜水离铁和以侧流水漂洗形成的白土层，土质瘦薄，过黏（如白胶泥田）或含粉砂（如白鳝泥田）。

淹育型水稻土亚类　此亚类指水耕熟化期短、培肥少、地处坡旁的水田，农民所称的高旁田、梯田及部分坝子中的瘦田。钟山区分布面积为9373亩，在所属各办事处和镇、乡均有分布，大湾镇最多。土壤特征是剖面层次不甚明显，耕层浅薄，犁底层不发育，保水保肥性能差。

沼泽型水稻土亚类　钟山区分布面积为3396亩，以凤凰、荷城两个办事处最多，面积分别为1242亩和1118亩。此亚类所处地形较低洼，地下水溢于地表，或为过去的草甸湖泽经脱沼泽化过程和人工植稻发育而成。土壤特征为全剖面呈潜育状态，有沼泽化遗痕，耕层浮烂，泥脚较深。

矿毒型水稻土亚类 钟山区分布面积328亩，此亚类系受毒源（自然矿毒与工业污染）污染的稻田，形成矿毒障阻层次M，或具有污染物残留。受自然矿毒污染的有锈水田、煤锈田、滥锈田。工业污染多出现在煤矿区、铁矿区、铅锌矿区及化工、冶金、城市废水排污区。土壤特征为耕层或水面有油膜、锈膜及絮状物，或土体内有煤浆、铁砂、烟灰等污染物。此亚类严重影响水稻生长，有的甚至颗粒不收。

（七）潮土土类

潮土是隐域土，发育于近代河流冲积物母质上，并经人为垦殖、耕作熟化而成。分布在河流两岸，钟山区分布面为4763亩。土层厚度和剖面发育与河漫滩、阶地形成的时间长短及人类耕作程度密切相关。土壤特征为土层深厚，土体二元结构发育，耕层熟化程度较高，质地适中，宜种性、宜耕性、宜肥性及保肥保水性能好。

（八）沼泽土土类

区境沼泽土是在低洼长期积水嫌气还原条件下，与湿生植物作用下发育而成的土壤，一般多生长芦苇、莎草等湿生植物，有机物含量较高。剖面上部有厚层分解充分的有机质层（腐泥层）腐泥沼泽土，有半分解或分解不充分的泥炭层（草渣层）泥炭沼土。在钟山区分布面积为1858亩。主要分布在水城盆地中的凤凰、荷城、黄土坡办事处境内。

第二节　矿产资源

境内矿藏资源丰富，矿种较多，已发现的矿产品有30余种。已探明地下矿藏有煤、铁、铅、锌、铝、铀、镍、银、锗、镉、镓、铟、硫铁、石灰石、白云石、硅沙、萤石、石膏等。其中以煤炭资源尤为丰富，已探明储量14000亿千克。储量较大的其他矿种还有铁、铅、锌。铁矿石储量1240亿千克，工业储量200亿千克，居全省第二。铅锌矿累计探明储量4.5亿千克，居全省第一。上述矿种已经大规模开采的有煤、铁、铅锌、冶金辅料和建筑材料。野生动物有130余种，野生高等植物有900余种，林木覆盖率为30.4%。

一、煤矿藏

（一）煤田地质构造

水城煤田位于威宁—紫云断褶带北段。地质构造单元属威宁—水城拗陷，基底岩层变质浅，僵化程度很低。地基总厚度最大可达1万米，平均厚度7000米。矿区地貌特征是背斜成山，向斜成谷，山脉顺应构造线发展，山地和谷地平行，岩层走向排列、循走向延伸。

井田内古生代、中生代地层发育较全，以碳酸盐类岩石为主，砂页岩次之，有小型辉绿岩侵入体零星分布，峨眉山玄武岩西厚东薄，分布在龙潭组底部。

地貌系列主要有以流水作用为主导之剥蚀—侵蚀地貌系列和以岩溶作用为主导之岩溶地貌系列。矿区为强烈侵蚀切割之中山峡谷。地层物质松软，易风化。峡谷区滑坡崩塌普遍。

境内向斜含煤构造，主要有以北西向展布在威水背斜两侧。东部为近南北向的蟠龙向斜，其北段合并南北向的小河向斜。北东翼由东向西，展布大河边、土地垭、保华、神仙坡、二塘等向斜。小河边向斜为蟠龙向斜北段，后期归并为北西向。轴向北西26～40度，长8千米，宽5～6千米，近似梯形。北西翼地层较缓，倾斜角一般为10～40度，局部地段小断裂较多。其他两翼地层陡，甚至直立倒转，南西翼受走向断层切割严重破坏，含煤岩系基本缺失，而北东翼则保存完整，为倾斜至急倾斜煤层，倾角一般为25～70度，以走向断层为主。地质构造复杂程度多为中等类型，个别地段为复杂型。大河边向斜为近南北向的似菱形次一级开阔平缓褶曲，呈复式向斜形。轴北中部为北西25～50度，南部为南西35度，形成向东凸出的弧形，长16千米，宽10千米，核部三叠系中上地层，在磨石窝附近。轴面向东南倒转为一歪斜不对称向斜、北东翼煤系出露不全，多被连山河断层切割破坏，南东翼为次一级的岩脚向斜，冰河期来压扭性断裂破坏。唯有西部煤系地层出露完整，形成向西凸出的半环状，长约20千米，地层倾角由南向北变缓，一般为30～10度，孙家湾一般倾角增大至35～50度，底部有局部倒转现象。南端转折处，倾角40～60度并有倒转现象。那罗寨煤系浅部，南北两段均有次一级褶曲，轴向近南北偏东向，延长800～5200米，向北并翘起消失。整个向斜断裂比较发育，正断裂为主，落差较大的多为井田天然边界。地质构造复杂程度多为中等类型。二塘向斜呈北西向纺锤状，为不对称向斜，轴向由东向西为北西52～45度，西段渐变为北西35～20度，轴线略呈向南西凸出的弧形，长13千米，宽5千米。核部三叠系下统，永宁镇灰岩仅在轴部山顶零星残留，地层倾角北东翼8～10度，局部达30度以上，南西翼地层陡狭倾角30～55度，一般45度，两端和下部有直立倒转现象，轴面倾向南西，倾角约80度。南西翼断裂发育，以正断层为主，逆断层次之，在构造复杂中夹较复杂地段。北东翼构造复杂中夹较简单块段，地质构造复杂程度为中等类型。

（二）煤田地层

钟山区境内煤田地层，以晚二叠系上统龙潭组、长兴组为主。

龙潭组　厚136～447米，平均厚为200米左右。岩性为灰白、浅灰、灰黑色泥岩、页岩、粉砂岩、细砂岩、中粗砂岩、粗砂岩、夹砂岩、黏土岩、夹炭质页岩及煤层组成。岩相由滨海平原泻湖相开始，有泛滥平原之河床相、河漫相、三角洲相与滨海相、浅海相等互相叠层之变化。西部以陆相为主，夹薄层海相层；东部以海相为主，夹少数陆相层，含煤性上部和下部较好；中部较差。向西向北含煤性减弱，煤层层数迅速减少变薄。龙潭组含煤8～60层，一般为25层左右。煤层总厚12.3～19.7米，一般14米左右，可采煤层一般7～12层，煤层总厚3.86～11.16米，平均8.4米。中下部煤层在东部发育，向西减少至无可采煤层。

长兴组　厚67～195米，平均厚95米。岩性为浅灰、灰白、灰黑色泥岩、页岩、灰绿色粉砂岩、黏土岩、细砂岩及生物灰岩，含黄铁矿结核，有丰富的腕足、腹足等类动物化石及少量羊齿类植物化石。以产假提罗等菊石为标志的大隆层化石与长兴组化石互层，并与大羽羊齿为代表的华夏植物群混生。岩相为滨海相、浅海相夹陆相，含煤性较好。中国首次在汪家寨矿井发现大量的煤核，相继又在大河边发现，是当今世界上所发现的煤核层位最高的代表，煤核大部分产在本组顶界一号煤层中，在四号和七号煤层中亦有发现，但规模较小、数量较少。长兴组含煤7～15层，一般11层，含煤总厚9.9～13.95米，一般11.56米左右，可采煤层总厚9.4～12.5米，平均11.52米左右，可采煤层数向东部减少，向西部增多。

（三）储量与煤质

钟山区累计探明煤炭储量14000亿千克左右，煤质以炼焦煤为主，兼有肥煤、气煤、瘦煤。各煤层均呈黑至灰黑色，条痕呈褐色、光泽以半暗、全暗为主，次为油脂光泽，少数为玻璃光泽。

各井田可采煤层之类型均为陆植煤、原地生成。煤岩类型上、下煤组以暗淡型、半暗淡型为主，中煤组以亮煤型为主，次之为半亮型、暗煤型、丝炭煤型。原煤含磷量平均为0.012%，灰分平均26%，含硫平均为1.46%，发热量每千克平均为8500大卡。精煤平均灰分为9.98%，发热量每千克为8525大卡。洗煤含磷量平均为0.0078%。平均灰分为8.84%，含硫平均0.86%。原煤挥发分平均18.3%，精煤16.9%。长兴组和龙潭组煤的结焦性均较好，焦炭灰分为11.4%～27%，平均为25%，挥发分为0.48%～1.85%，平均为1.15%，全硫0.21%～1.45%，平均为0.96%。焦炭的筛分大于60毫米时，占76.9%。

结焦性，境内长兴组及龙潭组煤，以西部为最好，向东煤的结焦性逐渐有所降低，其抗碎及耐磨性也相应降低。可选性，老鹰山、大河边的气煤或肥煤，变质速度低、煤的可选性好，易选煤及中等可选煤达60%～80%。二塘除11号煤层为易选煤外，其余各煤层均为难选煤或较难选煤。

（四）煤田分布

钟山区境煤炭资源分布广、矿床展布，主要有大河边向斜、小河边向斜、二塘向斜。

大河边向斜 位于大河镇和汪家寨镇境内，煤田位于大河边向斜西翼之南部，呈单斜构造，岩层倾角23～27度，向斜呈不完整的耳状，含煤面积160平方千米，含煤地层厚240～300米，含煤30层，可采10～13层，平均可采总厚20～50米。工业储量8000.63亿千克，煤品种有焦煤和气煤。原煤灰分为15%～30%，精煤煤灰分8%～13%，原煤硫分0.2%～4.5%，精煤硫分0.2%～2.9%。可采煤的回收率为40%～60%。其井田主要有汪家寨井田、大河边井田、红旗矿井田。

小河边向斜 位于老鹰山镇境内，含煤面积近48平方千米，含煤地层厚290米。含煤33～40层，可采煤总厚27.8米。工业储量2876.74亿千克，煤品种有气煤、肥煤。原煤灰分为15%～25%，原煤硫分0.6%～0.8%，精煤灰分在10%左右，精煤硫分在0.4%左右，采煤层回收率为60%，其井田主要有小河边井田，老鹰山井田。

二塘向斜 地处大湾镇，地层倾角10～30度，构造简单，含煤面积65平方千米。含煤地层厚200米，含煤17层，可采12层左右，可采总厚为12～15米，工业储量3844.3亿千克。煤品种有焦煤、肥煤、瘦煤。原煤灰分为20%～50%，主要煤层灰分14%～36%，精煤灰分为6%～16%，原煤硫分为0.5%，采煤层回收率为67%左右。其中井田主要有那罗寨井田、木冲沟井田、大湾井田、顶拉井田。

钟山区各井田煤炭储量一览表

表2-4 单位：亿千克

井田名称	勘探程度	探明储量		1990年底保有储量	
		累计探明	工业储量	累计探明	工业储量
汪家寨井田	精查	—	—	2909.40	272.56
老鹰山井田	精查	3141.10	2960.24	1337.87	1097.37
大河边井田	精查	1510.04	1297.48	1118.25	1089.82
红旗矿井田	精查	126.53	98.39	95.31	80.27
那罗寨井田	精查	2646.66	2518.45	2643.66	2511.65
木冲沟井田	精查	965.45	815.33	871.98	692.61
大湾井田	精查	2845.23	2845.23	2845.23	2845.23
小河边井田	详查	469.80	282.02	411.11	221.38
顶拉井田	详查	617.74	617.71	527.63	516.13
合　计	—	13613.39	12598.37	12760.44	11780.09

钟山区煤种分布情况一览表

表2-5

地 点	煤种牌号及煤种	
	长兴煤组	龙潭煤组
小河边	肥煤	焦煤、肥煤
老鹰山	气煤、肥煤	肥煤、气煤
大河边	气煤	肥煤、气煤
汪家寨	焦煤、肥煤、气煤	焦煤、肥煤
那罗寨	焦煤、瘦煤	焦煤、瘦煤
二 塘	肥煤、焦煤	焦煤、肥煤

二、金属矿藏

钟山区境内金属种类繁多，黑色金属有铁和锰2种。有色金属包括重金属、轻金属、贵金属和稀有金属4种。

（一）黑色金属矿

1. 铁

钟山区境探明铁矿石储量12400亿千克，其中9400亿千克难以利用。主要产地有3处，矿点13处。矿石类型有热液型、沉积型铁矿。

热液型铁矿 分布在观音山、响水河一带。产于海相碳酸盐岩地层中，工业矿体受构造严格控制。如观音山铁矿床和水槽子、银矿山等矿点，处水杉背斜轴部的走向断层中，矿体呈脉状，品位高，质量好。菱铁矿石含全铁28.51%～39.04%，氧化后的褐铁矿含全铁45.45%～54.20%。含硫、磷、硅、铝均低，含有利元素锰较高，是易于冶炼的可溶性富铁矿石。观音山铁矿保有工业储量295.04亿千克，远景储量63.75亿千克，开采设计能力12亿千克/年，1998年9月，核定规模为年产产量3.5亿千克。1994—1998年，每年生产原矿2.5亿千克，确定为年产原矿2亿千克规模。

沉积型铁矿 钟山区境主要分布在大湾二塘。主要是沉积赤铁矿。沉积菱铁矿在上二迭统龙潭组至大隆组煤系地层中，有透镜状、结核状或板状的薄层砂质菱铁矿层，单层厚3～15厘米，地层剖面上，常形成一系列间隔出现的“排骨层”状，有数十至数百层之多。储量1.7亿千克，品位低，含铁25%～30%，杂质硅、钛含量高。

2. 锰

钟山区镜内锰矿较少。2001年6月，老鹰山中坡锰矿锰D级储量0.094亿千克。主要为软锰矿、菱锰矿、褐锰矿，以软锰矿为主。锰储量一般为7.5%～20%，最高可达38.41%。

（二）有色金属矿

主要有铅、锌、铜、镍、汞、锑，伴生矿有银、锗、镉、镓、铟等。探明储量的有铅、锌、镍、银、锗、镉、镓、铟。这些矿的性质、用途、分布情况各异。

1. 重金属

重金属有铅、锌、铜、镍、锑、汞、钴等7种，以铅、锌储量较大。

铅锌矿 钟山区境铅和锌两种元素是伴生矿，分布较广。已发现矿点中，除杉树林为中型矿床外，其余均为小型矿和矿点。矿石含锌和铅。

2. 轻金属

轻金属只有钛一种，史料无记载。现已探明的钛矿均为伴生矿，大湾二塘赤铁矿含钛，品位较高。小河煤矿煤层中含有二氧化钛3.1%～11.04%。

3. 贵金属

贵金属只有银一种，银矿产地较多，均以伴生矿形式存在于其他矿体之中。已探明区境观音山杉树林铅锌矿床中，含银7.4万千克，为中型矿床。

4. 稀有金属

稀有金属颇多，未全部探明，主要有锗、镉、镓、铟等。区境观音山杉树林铅锌矿床中，含锗4.43万千克、镉35.19万千克、镓3690千克、铟1270千克，在开采铅锌矿时回收利用。钟山区境原小河煤矿矿层顶底板及夹矸中，含镓0.003%～0.70%。高溶点稀有金属铌，在小河煤矿煤层中含0.01%～0.02%。稀土金属在小河煤矿煤层中含铈0.02%～0.1%，含镧0.02%～0.1%。

钟山区已探明金属矿藏资源储量一览表

表2-6 单位：亿千克

矿　种	矿区名称	储量级别	资源储量	报告年度	规　模
铁　矿	观音山铁矿	B+C+D	295.041	1982	中型矿床
	二塘铁矿	工业	1.700	1965	—
锰　矿	老鹰山中坡锰矿	D	0.094	2001	—
铅锌矿	银矿包铅锌矿	B+C1+C2	0.100	1962	—
	杉树林铅锌矿	C1+C2表内	2.224	1965	中型矿床
		C1+C2表外	0.016		
	杉树林—法都铅锌矿	C2表内矿石量	0.520	1984	—
		C2表内金属量	0.031		
		C2表外矿石量	0.091		
		C2表外金属量	0.0024		
	上石桥铅锌矿	B+C1+C2	0.839	1986	—
	永泰柱铅锌矿	D	0.278		—
	青山铅锌矿	工业	2.552	2006	—
	横塘大夹卷铅锌矿	C2表内	0.077	1980	—
		C2表外	0.01		
银　矿	杉树林铅锌矿	D	0.00074	1985	—

注：资料来源于贵州省有色地质勘查局二总队

三、非金属矿藏

区境非金属矿主要有石灰石、白云石、硅砂、硫铁矿、大理石、黏土矿、石膏矿、砷等；其次有萤石、冰洲石、重晶石、海泡石、水晶、方解石、砂石、铸石原料。可用于化工、冶金、建筑等行业。

（一）化工矿产

主要有硫铁矿、砷矿、重晶石矿3个品种。

1. 硫铁矿

钟山区境硫铁矿为铅锌矿床中的伴生矿，分布在区境杉树林、上石桥、横塘等地。杉树林硫铁矿储量68.1亿千克，含硫13.35%～20.81%，可于开采铅锌时回收，主要成分为二硫化铁，工业上用以生产硫酸和硫酸亚铁。

2. 砷（旧名砒）矿

分布少，主要以硫化物矿形式存在，如雄黄、雌黄、砷黄铁矿等。

3. 重晶石

发现矿点较多，分布零星，储量少，无开采价值。

（二）冶金辅助原料矿藏

主要矿种有石灰石、白云岩、萤石、硅石4种。石灰石和白云岩化学成分都属碳酸盐岩，分布较广，沉积巨厚，质纯，多为生物屑泥晶灰岩、亮晶灰岩及结晶白云岩。石灰系灰岩含氧化钙48.19%～55.64%，氧化镁0.19%～1.17%。二迭系灰岩含氧化钙49.43%～55.10%，氧化镁0.26%。三叠系灰岩含氧化钙31.45%～55.43%，氧化镁0.28%～2.17%。石灰系白云岩含氧化镁18.48%～20.83%。中三叠统白云岩含氧化镁20%～22%。

1. 石灰石

石灰石矿主要用于水泥原料和冶金熔剂。老鹰山镇小河边C1＋C2级石灰石矿储量498.55亿千克，其中C1级储量212.06亿千克，C2级储量286.49亿千克。响水河石灰石工业储量587.03亿千克，其中I级品石灰石矿349.42亿千克。通过地质勘探表明，该矿床储量较大，开采条件好，水城水泥厂为确保原材料开采而在响水河地区基地建厂。松林石灰石矿床B＋C级石灰石矿储量342.97亿千克，其中B级I级品矿石92.67亿千克，C级I级品矿石223.58亿千克，C级Ⅱ级品矿石26.72亿千克。该区域石灰石矿床的矿层厚度大、品位稳定，有害杂质含量很低，绝大部分都是I级品。

2. 白云岩

分布在老鹰山镇堰塘等处，质量良好，多数为特级品。

3. 硅（旧名矽）矿

主要分布老鹰山镇（杉树林村）、月照乡（大坝村）。矿的层位颇多，有中、下泥盆统的石英砂岩，下石炭统大塘组的石英砂岩，下二叠统梁山组的石英砂岩，上三叠统及侏罗系的含长石石英砂岩等，都可作硅铁砂原料。水城铁厂硅石矿床，探明C＋D级硅石矿储量8.64亿千克，其中C级Ⅱ级品硅石矿储量5.43亿千克，D级硅石矿储量3.21亿千克。荒坝梁子硅石矿区探明硅石矿储量219.8亿千克。

（三）建筑原材料

境内主要有用作水泥原料的石灰石，用作水泥配料的黏土、页岩、砂岩，以及石膏、砂石、石棉、大理石等矿种。

1. 石灰石

已探明储量的有2处，矿石质量多数为Ⅰ级品，已开采应用。

2. 黏土、页岩和砂岩

境内分布广，已开采利用的有响水河黏土矿，储量40亿千克。其他低洼地带的坡积、残积、洪积黏土，只用作当地砖瓦原料。

（四）特殊用途的非金属矿藏

境内有冰洲石和水晶2种，冰洲石分布零星，水晶分布极少。

钟山区已探明非金属矿藏资源储量一览表

表2-7　　　　单位：亿千克

矿　种	矿区名称	储量级别	资源储量	报告年度	规　模
石灰石矿	小河边石灰石矿	C1+C2	498.547	1960	中型矿床
	响水河石灰石矿	工　业	587.027	1966	中型矿床
	松林石灰石矿	B+C	342.970	1974	中型矿床
硅石矿	小河边铁厂硅石矿	C+D	8.640	1985	—
	月照乡荒坝梁子硅石矿	工　业	219.800	1989	大型矿床
大理石矿	月照乡大理石矿	工　业	3.410	1960	—

第三节　水资源

一、水量

（一）地表水资源量

全区多年平均大气降水量5.898亿立方米，地表径流总量2.31亿立方米，水资源总量不足，若遇偏干或干旱年份，缺水问题更为严重。

（二）地下水资源量

钟山区除西北角外，中心地带的盆地总体上为一个较完整的水文地质单元，边界条件清楚。虽然盆地中游有第四系覆盖，使得局部地带地下水出现承压的特征，总体上仍以潜水性质为主，相对而言，盆地中地下水分布相对较均匀。而处在盆地外围基岩裸露的山区受地质构造控制，碳酸盐岩与非碳酸盐岩相间出露，地下水主要反映出潜水的水动力特征。就地下水的补给、径流和排泄条件而言，大气降水是地下水的主要补给来源，在重力作用下，从盆地周边山区向盆地内径流，并以岩溶大泉及地下河的形式排泄于地表河流中，成为地表河流的基流。此外，地下水的人工开采也是地下水的重要排泄类型之一。根据对区内岩溶大泉及地下河出口的流量动态长期监测资料，地下水动态总体上具有与大气降水同步、年内调节为主的特征。

盆地中地下水的允许开采量由盆地之中天然出露的泉水枯季排泄量和可合理消耗的含水层储存量组成。

全区人均占有水资源量534立方米/人·年。在用水量中，农田灌溉用水量为0.1亿立方米，林牧渔畜用水量为0.011亿立方米，其中，境内各类土地每亩年需水量指标分别为水田1080立方米，蔬菜地1000立方米，旱地500立方米，园地800立方米，林地560立方米。工业用水量为0.93亿立方米，城镇公共用水量为0.032亿立方米，居民生活用水量为0.223亿立方米，农村生活用水量为0.0819亿立方米。在全区供水水量中，地表水为1.1亿立方米，地下水为0.2亿立方米。

二、水质

境内年度污水排放总量为266.66亿千克，其中工业废水排放量147.21亿千克，占六盘水市工业废水排放量的45.76%，达标排放量为108.07亿千克，占钟山区工业废水排放量的73.41%，生活污水排放量为119.45亿千克，占六盘水市生活污水排放量的30.26%。由于城市污水大多未经处理即排放入河流中，地表水受污染较为严重，金竹林水质监测断面结果为劣五类水，主要超标指数为高锰酸盐指数、化学需氧量、阴离子表面活性剂、五日生化需氧量、氨氮等。

（一）地表水水质

水化学类型　矿化度均值在155～353毫克/升范围内，白泥河矿化度为353毫克/升，总硬度在100～300毫克/升，区内低于100毫克/升的软水总硬度含量最高的是响水河，为253毫克/升。境内化学类型为重碳酸类水、钙组、Ⅲ型。

水质现状　全年期、汛期和非汛期水质均为劣V类水，占总河长的100%，其全年污染指标，高锰酸盐指数超标3.72倍、化学需氧量超标27.6倍、五日生化需氧量超标0.8倍、挥发酚超标0.6倍、锌超标0.4倍、铅超标2.3倍、镉超标0.2倍、化学需氧量超标38.2倍、五日生化需氧量超标1.0倍、挥发酚超标0.6倍、锌超标0.7倍、镉超标0.43倍、氨氮超标1.47倍等。非汛期主要污染指标为高锰酸盐指数超标11.7倍、五日生化需氧量超标0.6倍、挥发酚超标0.6倍、锌超标0.7倍、铁超标3.9倍、铅超标6.2倍、氨氮超标8.9倍等。

在地表水资源中，水资源质量总体水质都较差。响水河沿河穿过市中心城区，生活污水污染严重，且水城钢铁公司的工业和生活污水也排入响水河，响水河受到较大的污染。水质类别均为劣V类，高锰酸盐、总锰、氟化物、挥发酚、锌、铁、铅、镉、氨、氮等指标超标。白泥河沿河也穿过火力发电厂、煤矿和钟山区人口的密集区，也受到较大的污染，水质类别均为劣V类，主要污染物有高锰酸盐、锰、铁等。

窑上水库、德坞水库和龙贵地水库的水质均达到《地表水环境质量标准》（GB3838-2002）Ⅱ类水。

窑上水库全年、汛期、非汛期3个时段营养状态的平均值范围在35.3～50.4之间，其营养化程度汛期为富营养化，非汛期和全年为中营养化。

德坞水库全年、汛期、非汛期3个时段营养状态的平均值范围在50.7～52.4之间，其营养化程度为全年、汛期和非汛期为富营养化。

龙贵地水库全年、汛期、非汛期3个时段营养状态的平均值范围在46.6～47.6之间，其营养化程度为中营养化。

（二）地下水水质

境内广泛分布着裸露、半裸露型可溶性碳酸盐岩。地下水补给、径流、储存、排泄均在该类岩层中交替进行，并以岩溶溶隙水，岩溶管道型地下水的方式储存、运移。地下水的化学组分受含水岩组矿物成分和化学制约较为明显。天然条件下区内地下水化学类型为$HC0_3^-$–Ca^{2+}和HCO_3^-–Ca^{2+}·Mg^{2+}型水，pH值在6.9～7.6之间。伴随着人类活动对地下水影响的不断加剧，地下水环境已在不同程度上有所改变。

2002年，在水城盆地中采集32件水样进行地下水化学组分分析，其中$HC0_3^-$–Ca^{2+}型水点占70%，而CO_3^-–Ca^{2+}·Mg^{2+}型水点占25%。

水城盆地中有30种化学组分以不同的含量存在于地下水之中。2002年，地下水中氨氮（$NH4^+$）、亚硝酸根（$N0_2^-$）、锰（Mn）等7种元素含量在部分水点中已超出《生活饮用水水质标准》（GB5749—85）中Ⅱ级标准限值。与2001年相比较，34种组分中除铬（Cr^{6+}）、汞（Hg）未检出外，有4种组分持平，11种组分增加，17种组分减少，其含量减少的水点占50%。

地下水中含主要重金属元素包括铜（Cu）、铅（Pb）、锌（Zn）、镉（Cd）、汞（Hg）、铬（Cr^{+6}）、锰（Mn）、砷（As）等，其含量情况，地下水中除Cr^{6+}、Hg未检出外其他重金属元素都有检出，大部分重金属元素的检出值均低于国家限量标准值1～2个数量级。仅局部地带地下水中锰（Mn）、锌（Zn）的含量超过饮用水标准。在红旗煤矿附近的部分泉水中检出氰（CN）、酚，其含量达0.003毫克/升，已超过国家饮用水标准。区内其他地区地下水中未检测出氰（CN）、酚。

2002年，对水城盆地中具有代表性的18个水点取样分析，细菌总数含量超标点占88.8%，最大值无法计数，最小值2个/毫升。大肠菌群超标点占88.8%，最大值为1600个/升，最小值未检出。

地下水质量，水城盆地中黄土坡办事处—荷城办事处一线，包括水钢及德坞等地下水水质差，质量级别为Ⅳ类；盆地外围除大河边煤矿分布有Ⅳ类，其余地带地下水均为质量较好的Ⅱ类，观音山局部尚存Ⅰ类水。

三、水土流失情况

2000年，根据卫星遥感调查统计，钟山区水土流失面积196.59平方千米，占全区总面积的41.3%。其中轻度面积占23.4%，中度面积占33.6%，强度面积占12.6%，极度面积占30.3%。石漠化面积占全区总面积的36.92%。土壤年侵蚀总量为13.04亿千克，平均侵蚀模数为274万千克/平方千米·年。

侵蚀形态主要是水力侵蚀，其中又以面蚀为主。造成水土流失的因数主要是自然因素，由于地形破碎，山高坡陡，砂岩、泥质砂岩所占比重较大，植被稀疏，森林覆盖率较低，加上区域内暴雨频繁，且强度大，使水土流失较为严重，生态环境质量综合评价较差。水土流失造成山体滑坡，泥石流等，使大量泥沙淤积于河道，削弱河道行洪能力，造成严重的洪涝灾害。

第四节　生物资源

一、自然植被

（一）植被系统发育

植物区系由东西方向，境内西南部植被组成成分，多为喜马拉雅山森林植被区系树种，如云南松、云南油杉、滇青冈、云南樟、矮杨梅、西南山茶、云南杜鹃、马樱杜鹃等；东北部，多为华中森林植物区系树种，如杉木、西南木荷、猴樟、青冈栎、包石栎、棉槠石杨、石灰花楸等。由南北方向，除具有中亚热带区系成分外，另杂有暖温带区系成分。中亚热带区系成分，由壳斗科、樟科、木兰科、山茶科植物构成植被主要成分。其中，又以青冈栎属、石栎属、木莲属、樟属、木荷属树种占优势。次生草本植物群落，则以蕨类、禾本科草本植物为主，尤以蕨、铁芒萁、扭黄茅、芒草占优势。高寒山区，有暖温带区系成分，如槭树科之五裂槭、木兰科之西康玉兰、胡桃科之野胡桃等。

地带性植被分布境内地带性植被发育系云贵高原半湿润性常绿阔叶林。但由于垂直地带性特征明显，常绿落叶阔叶林、混交林灌木林和高山草甸兼而有之。半湿润常绿林树种以滇锥栗、滇青冈、尖叶栲、滇白栎为主，针叶树以云南松为主，林内常有大叶青冈、旱冬瓜混生，另有云南油杉等少量分布，形态结构多为硬叶有毛类型。

在碳酸盐岩地区，发育成岩溶植被（石灰岩植被）。在常绿阔叶林地段石灰岩植被，主要树种有青冈栎、细叶青冈、黄杞、朴树、女贞等，组成石灰岩常绿阔叶林，林下有十大功劳，盐肤木，山胡椒、云南旌节花、臭荚蒾等，被破坏后，多形成以火棘、悬钩子、小果蔷薇、野花椒、马桑等为主的藤刺灌丛。在土层较深厚地段，形成以白栎、槲栎为主的栎类灌丛，或化香、盐肤木灌丛，或以蕨、野古草的植被。在常绿、落叶混交林地段，主要树种有包石栎、水青冈等，还有鹅耳枥、灯台树、五裂槭等，林下灌木为箭竹、多种柃木、映山红、三颗针等。

（二）植被类型

半湿润性常绿阔叶林　为境内主要地带性植被，大致分布在海拔1450～1800米地段。天然常绿阔叶林早已被农业植被所更替，仅在村寨附近有零星残存林。其组成树种主要有壳斗科棉槠石栎、粗穗石栎、麻栎、栓乐栎、滇青冈、毛栗、板栗、峨眉栲、白栎、槲栎。樟科猴樟、云南樟、香樟、檫木、香叶树、山胡椒、木姜子、乌药。木兰科木莲、厚朴。山茶科西南木荷、西南山茶、油茶、茶、细齿柃木、厚皮香。漆树科酸枣、黄连木。杜鹃花科云南白珠树、小果南烛、马樱花、映山红。野茉莉科白花树、大花野茉莉。鼠李科枳、长叶冻绿等。在碳酸盐岩地段，另有蔷薇科火棘、榛科宝兴鹅耳枥、山茱萸科灯台树、胡桃科化香树。

常绿落叶阔叶混交林 为第二位植被类型，属垂直地带性植被。大致分布在海拔1800~2400米地段，绝大部分已被次生藻丛或草丛和农业植被更替，偶见零星残林。其组成树种主要有壳斗科光叶高山栎、灰背高山栎、栓皮栎、包石栎、高山栲、丝栗栲，木兰科西康玉兰，蔷薇科湖北花楸、细叶细圆齿火棘，山茶科西南木荷、西南山茶，槭树科纳雍槭、扇叶槭，珙桐科光叶珙桐、冬青科刺叶冬青，桦木科旱冬瓜、川滇桤木、光华桦，猕猴桃科猕猴桃，忍冬科淡红荚莲，木通科猫儿屎，杜鹃科大白杜鹃、马樱杜鹃、云南杜鹃、羊踯躅，黄杨科野扇花，竹亚科箭竹。

灌木林 多数分布在海拔2200米以上山脊、孤峰发育，由于气温低、风大、土层浅薄、水肥条件差等原因，只适宜灌木成长。树种主要有壳斗科刺叶栎，杜鹃科大白杜鹃，竹亚科箭竹等灌木。

高山草甸 分布在海拔较高地区的大湾镇韭菜坪和老鹰山镇观音山。

（三）自然植被现状

天然林 是现有森林植被主体部分。以云南松林为主，次为栎类林，其他有云南油杉、葵花松、光皮桦、滇山杨、西南木荷、旱冬瓜等小块林。乔木以云南松占绝对优势，下木有矮杨梅、毛杨梅、马樱杜鹃、映山红、小果南烛、云南自珠树、乌饭树、大花野茉莉、牛奶子等。草本地被，土壤瘠薄地段，多见蕨类石松、卷柏和禾本科牛毛草等；土壤深厚肥沃地段，可见姜科良姜，野牡丹科展毛野牡丹，蕨类中华里白等。稀疏松林下，以旱生或中生之禾本科草类为主，有刺芒、野生草、自健杆、芸香草、扭黄茅、白茅，还有蕨类芒萁等。这类林被破坏后，在土壤深厚肥沃地段，演替为灌木丛，其他地段演替为草丛。

松栎混交林 组成树种，乔木有云南松、云南油杉、棉槠石栎、白栎、槲栎、麻栎、栓皮栎、云南樟、黄连木、檫木、光皮桦等，以松栎占优势。下木有矮杨梅、毛杨梅、细齿柃、西南山茶、金丝桃、牛奶子、百两金、马桑等。草本植被有禾本科、莎草科、毛茛科、龙胆科等草类和蕨类中华里自、乌蕨等，这类林被破坏后，演替为灌木丛。

阔叶林 大致分布在碳酸盐岩地段或沟谷陡坡及村寨附近，多为保存时间较长的小块林分。半湿润阔叶林组成树种，乔木主要有滇青冈、滇石栎、灰背高山栎、元江栲、麻栎、酸枣、苦楝、黄连木、云南樟、伞花木等，以栎类占优势。下木有矮杨梅、毛杨梅、西南山茶、小果南烛、马樱杜鹃、映山红、滇榛、岩生鹅耳枥等，草本植物有禾本科、莎草科、菊科等草类和蕨类芒萁等。这类林被破坏后，演替为以细圆齿火棘、三花悬钩子、毛叶蔷薇、马桑等为主的藤刺灌丛。湿润性阔叶林组成树种，乔木主要有青冈栎、包石栎、棉槠石栎、粗穗石栎、自栎、槲栎、猴樟、枫香、刺楸、泡桐、楸树等，以栎类占优势。下木有乌饭树、小果南烛、繁花杜鹃、露珠杜鹃、云南厚皮香、野扇花、矮陀陀、箭竹等。草本植被有禾本科、莎草科、菊科、凤仙花科、荨麻科等草类及蕨类之金星蕨、大叶贯众、扇叶铁线蕨等。这类林被破坏后，在阳光充足山坡，由响叶杨更替，在潮湿地段，由旱冬瓜更替。也有因过度樵采，自栎、槲栎林演替成灌丛。

天然草丛 多为次生草丛。常见草本种类有，禾本科芸香草、画眉草、荩草、马唐、狗尾草、雀麦、鼠尾栗、牛筋草、鹅观草、野燕麦、金茅、刺芒野古草、野青茅、羊茅、狼尾草、五节芒、蔗茅、自茅、白健茅、莠竹、四脉金茅、芦芒、扭黄茅、芭茅。莎草科牛毛毡、三棱草、猪毛草、细杆鹿草、兰棱杆鹿草、扁穗莎草、红鳞扁莎。豆科百脉根、白三叶、野豌豆、云南米口袋、鸡眼草、山蚂蟥。菊科白蒿、青蒿、鼠曲草、蓟、蒲公英、鬼针草。蔷薇科地榆、草莓、西南萎陵菜。

人工造林树种 有华山松、杉、柏、杜仲、核桃、板栗、杨、漆、柳杉等。

二、野生植物

钟山区地处低纬度高海拔大斜坡地带，立体气候明显，土壤类型多样，适宜亚热带—温带各种植物生长，高等植物有900余种。

蔬属 慈姑、花椒、蕨、笋、魔芋、萱草（俗称金针、黄花）、香菌、木耳、鸡枞菌、竹荪。

果属 葡萄、梧子、杨梅、银杏（白果）、毛栗、榛、楂、青松子（华山松、葵花松种子）、刺梨、橄榄。

花属 兰、梅、栀子、金丝桃、秋棠、攀枝花、桐花、杜鹃花（映山红）、山茶花、白芨花、百合花、玉簪、蔷薇。

竹属 芦竹、苦竹、慈竹、水竹、刺竹、金竹、鸡爪竹、紫竹、斑竹、邛竹、金丝竹。

木属 松、柏、椿、梓、楸、桑、楠、枸、桐、棕、梧、杉、杨、柳、樟、楮、橡、枫、沙棠、桦、丁香木、白檀、香桂、榕、乌木（清香木）、冬青、青冈木。

药属 沙参、益母草、党参、何首乌、车前草、小茴香、薄荷、艾、蓼、紫苏、小藿香、半夏、前胡、薏苡、青葙子、火麻仁、木通、芍药、通草、苍耳、山楂、龙胆草、白芨、仙人掌、土三七、石菖蒲、黄柏、金银花、天麻、地苦胆、石斛、茯苓、土茯苓、血藤、牛膝、郁李子、瓜蒌、明镜草、葛、青皮、厚朴、五加皮、八角莲、一支箭、一枝蒿、紫花地丁、马蹄草、青蒿、蜘蛛香、水灯芯、麻黄、菊花、旱莲草、蒲公英、草乌、蓖麻子、商陆、常山、黄花根、桔梗、地骨皮、淫羊藿、复盆、苦参、红花、香附子、天门冬、折耳根（蕺菜、鱼腥草）、马齿苋、木瓜、女贞子、杏仁、桃仁、贝母、密蒙花、茵陈蒿、白药、黄精、黎芦、王不留行、扁蓄、瞿麦、秦艽、冬青子、女贞子、麦冬、天门冬、白藓皮、白薇、葶草、木瓜、襄荷、老鹳草、马鞭草、辛夷、桑寄生、丹参、地榆、天南星、鸦胆子、槐角、皂角、防己、柴胡、钩藤、牛蒡子、荜茇、乌药、骨碎补、独活、羌活、续断、百合、升麻、楮实、侧柏叶、山茱萸、白茅根、茅香、夏枯草等。

珍稀植物 国家列为重点保护的珍稀植物，境内有光叶珙桐、银杏、伞花木、杜仲、黄连、天麻、扇蕨、西康玉兰、檫木、木荷、清香木。

三、野生动物

境内生态环境多样，植物种类丰富，适宜各种动物栖息繁衍，有脊椎动物130余种。

两栖纲 贵州疣螈、蓝尾蝾螈、大蟾蜍、云南小狭口蛙、无斑雨蛙、无指盘臭蛙、泽蛙、棘腹蛙、绿臭蛙、斑腿泛树蛙。

爬行纲 蟒蛇、乌梢蛇，竹叶青、菜花烙铁头蛇以及蜥蜴。

鸟纲 雉鸡（俗称野鸡）、白腹锦鸡、竹鸡、秧鸡、山斑鸡、珠颈斑鸠、杜鹃、白腰雨燕、苍鹰、鹊鹞、赤麻鸭、罗纹鸭、白鹭、普通翠鸟、星头啄木鸟、小云雀、家燕、牛头伯劳、棕背伯劳、八哥、喜鹊、松鸦、小嘴乌鸦、画眉、大山雀、绿背山雀、麻雀、山麻雀和猫头鹰、鹧鸪。

哺乳纲 蝙蝠、毛耳飞鼠、穿山甲、灰尾兔、草兔、长吻松鼠、竹鼠、家鼠、田鼠、黄鼬（俗称黄鼠狼）、赤狐、猪獾、水獭、灵猫、果子狸（学名花面狸）、野猪、赤麂、小麂、斑羚（俗称山羊）。

鱼纲 鲤鱼、鲫鱼、细鳞鱼（昆明裂腹鱼）、猪嘴鱼（唇鱼）、白甲鱼、棒花鱼、鲦、鳝鱼、泥鳅、花鳅、胡子鲶。

第三章　自然灾害

第一节　气象灾害

春旱　钟山区境每年降水量比蒸发量少10%，且降雨量和蒸发量不同步，冬春雨季少，2—3月，西南风大，气温回升较快，蒸发量大，常出现春旱。钟山区境每年均有不同程度的灾害发生。前期常发生在3—4月，主要影响小麦、油菜等秋播作物扬花、灌浆及成熟，对播种春播作物亦有较大影响。夏旱多出现在5—6月，对适时栽插水稻影响较大。平均每10年有9年为中旱或重旱年。

倒春寒　钟山区境处于高寒地区，出现倒春寒频率数量多。年均12.3天，最多22天，最少3天。主要出现在3月中旬至4月中旬，区境中部、北部为严重区。

暴雨　主要发生在4—10月，以6—9月居多，约占全年总次数的80%以上，其中，6月最多，次为7月。钟山区境每年平均2.2次，年平均日降雨强度为3.3～4毫米，5—9月为6.2～7.4毫米，1日最大量为148.8～206.9毫米，1小时最大量为56.5～77.7毫米，10分钟最大量为22.5～49.4毫米。暴雨常伴大风，有时夹有冰雹，给人民生命财产、工农业生产及交通运输带来极大危害。

冰雹　钟山区境较严重，是省内重雹区。春雹日数约占全年总雹日数的82%，多出现3—7月，以4—5月次数多、强度大。区境年平均降雹日为2.9天，秋雹在区境时有发生，冰雹路径主要有5条，以由北到南和由西到东居多。区境尤以大河、汪家寨至德坞偏多，大河及汪家寨为区内重灾区。

秋风　夏末秋初，因昆明静止锋影响，常出现持续3天以上小于18℃阴雨低温天气，导致水稻等春播作物成熟延迟乃至减产。其强度自西向东、由北而南减弱，并随海拔高度增加而增强。钟山区境是重秋风区，尤以中部城区为甚。

秋季绵雨　出现时间主要在9月中旬、10月上旬和下旬，10月上旬最为严重，年均出现天数约12天，影响秋收和秋作物农事。

凝冻　多出现在12月至次年2月，区境严重地区主要在中部及东部，每年均有出现。凝冻时间最少年6天，最多年达40天以上。

雷害　钟山区地处高海拔区域，复杂的地形地貌形成气候潮湿、冷暖交替快的特点。春末夏初，山间盆地近地面气层强烈受热，造成不稳定的对流运动，气块抬升，与高空的冷气团碰撞，一方面水气迅速达到饱和而产生对流雨，另一方面，冷暖气团中的正、负电荷不断碰撞而产生雷暴。据统计，每年雷电活动日在50天以上，其中云雷（高空两块云之间产生的雷电）危害不大，而对流云团的撞击和地面尖端放电以地滚雷的形式在近地面产生，对电力系统的正常供电，建筑物以至人的安全带来很大威胁。

第二节　地质灾害

区境地处山地高原，新构造运动强烈，地表切割急剧，山高、谷深、坡陡，碳酸盐岩广布，岩溶发育，林木稀少，常有久雨、大雨、暴雨出现。诸类自然条件，易激发滑坡、泥石流、塌陷、崩塌及诱发性地震。个别情况下，人们改造自然、生产生活等因素，也会引起地质性灾害，危害较重。

滑坡 多发生于强烈风化的岩浆岩、碎屑岩地区。

泥石流 区境时有发生，且分布较广。区境泥石流多是滑坡滑动至谷地后转变成泥石流。

崩塌 多发生在坚硬岩石地区，分布于深切陡峭的河谷、沟谷。区境的三岔河河谷及其主要的支流河谷，就常有崩塌现象发生。产生的原因在于岩石构造裂隙、节理发育、溶蚀裂隙扩大、岩块与整体分离，受外力的作用失去平衡，崩落于河床、谷地、洼地，形成崩塌。

塌陷 塌陷多出现在碳酸盐类岩石岩溶发育的河谷、洼地、盆地及岩溶断裂地区。由于地下水长期溶蚀，地下空洞或裂隙逐渐扩大，洞顶的岩块或土层失去支撑时，发生崩坠形成塌陷。地震会引起塌陷。人类的各种活动，如抽取地下水，开采地下矿产，排泄地下水或矿坑自流涌水，修建水库、公路、铁路、隧洞等也能引起塌陷。

地震 钟山区北西向构造带连接威宁、金钟一带，境内曾出现过多次地震，均属微震，系受北部威宁地震带地震波及。个别有感地震受云南地震带和贵州中南部地震带地震波及。

1988—2008年，境内发生的主要灾害：

1991年3月25日9时，钟山区境黄土坡瞬间风力达10级。市汽车运输公司、市民族学校、市药检所等单位的围墙被刮倒。水城县政府大院、水钢笔架山公园等处合抱粗的大树被连根拔起，水钢1座钢架结构轨道房和汪家寨煤机房顶被掀翻。市电视转播台机房天线受损，电视信号中断，供电系统故障频发。是年7月2日，钟山区境遭受百年不遇的特大洪涝灾害。二塘日降雨量达476.67毫米，汪家寨水文站河水猛涨294毫米。灾情最重的有大湾镇、汪家寨镇、大河镇、月照乡，涉及19个村，135个村民组，16800户，86310人。农作物受灾面积2145亩，损坏房屋374间，冲毁汪家寨虹桥、月照扒瓦大桥。水城至大湾铁路中断4天，汪家寨煤矿井、水城发电厂被淹，部分小煤窑被淹停产，冲走焦煤1.3亿千克。

1991年8月16日，二塘乡大箐村遭受连续暴雨，造成长1000米、宽250米、几十万立方米泥石流，50户房屋被冲烂，15间房屋被泥石流淹没。万幸滑坡前，该村村民被民兵陈大忠逐户在熟睡中叫醒，迅速跑出屋外，全村无一人伤亡。

1992年8月15日，凤凰乡石桥村青山铅锌矿发生井下塌方，造成死亡22人，3人受伤的重大安全事故。

1996年，区境遭受不同程度的洪涝灾害，月照乡小屯村、双洞村，老鹰山镇陆家坝村、小河片区，观音山镇仁和洞村等受灾较为严重，受灾面积48255亩，毁坏耕地1980亩，受灾人口4973户，19545人，倒塌房屋466间，毁坏房屋516栋，毁坏渠坝8940米，输电线路3200余米，因灾死亡3人、牲畜67头，直接经济损失1988万元。

1997年，区境遭受严重雹灾和洪涝灾害，受灾面积18万亩，倒塌房屋240间，损坏房屋3840间，毁坏公路115千米，输电线路508米，受灾13200人，死亡4人、牲畜551头，直接经济损失7281万元。

1999年6月26日，区境9个镇、乡、街道遭受特大洪涝灾害的袭击。全区共受灾63个村，361个村民组，15169户，52540人，成灾人口44664人，被困村寨13个，被困人口9689人，30人无家可归，需紧急转移安置853人。农作物受灾面积29655亩，其中粮食作物26145亩，经济作物3510亩；绝收面积13590亩，其中粮食作物11430亩，经济作物2160亩；毁坏耕地面积8265亩；因灾减产粮食474.9万千克，减产蔬菜416.1万千克。倒塌房屋102间，损坏房屋568间。死亡大牲畜50头，伤病人口2人，死亡人口2人。因灾造成直接经济损失3916万元，其中农业直接经济损失2075万元。灾害还造成灾区乡镇企业基本停产。

2003年5月26日，老鹰山镇猛降暴雨，造成山洪暴发，致使全镇6个村、2个居委会、43个村民组的2097户8426人受灾，毁坏桥梁14座，河堤3.9千米，农网线路4000米，直接经济损失1386万元。

2004年6月14日，荷城街道三块田村和杨柳村遭受洪涝灾害，10个村民组的486户2065人受灾，13户村民被水淹，农作物受灾面积270亩。是年8月24至25日，区境持续暴雨，造成大湾镇、汪家寨镇、大河镇、德坞街道遭受不同程度的洪涝灾害，共有14个村58个村民组的2780户11861人受灾，损坏房屋18间，倒塌14间，毁坏桥梁3座，电杆120棵。水淹农户156户671人、煤矿20对、砖厂1个、学校1所；死亡1人，死亡牲畜64头；农作物受灾面积4875亩，直接经济损失2320万元。

2005年5月17日，汪家寨镇左家营村、吴家寨村、艺奇村等3个村15个村民组遭受风雹肆虐。冰雹直径2～3厘米，受灾700户3200人，405亩辣椒地绝收。6月3日，老鹰山镇、大湾镇、汪家寨镇、大河镇、凤凰街道、荷城街道、黄土坡街道、德坞街道等18个村（社区）不同程度地遭受风雹灾害。

2006年4月23日，区境凤凰街道双龙村遭受特大风雹，农作物绝收面积1200亩，毁坏蔬菜大棚300个，直接经济损失754万元。同时，全区均遭受不同程度的秋风淫雨侵袭。

2007年，全区遭受旱灾，夏收作物减产，春播延期，影响秋季作物收成。是年，区境遭受秋风淫雨侵袭。

2008年1月13日至2月12日，区境遭受50年难遇的雪凝灾害，全区9个乡镇、街道不同程度地遭受雪凝灾害，受灾92个村（居）、360个村（居）民组、36128户148100人，饮水困难人口60700人。农作物受灾面积5.31万亩，绝收面积1.35万亩。死亡大牲畜39头，猪1144头，羊232只，鸡8230只。倒塌房屋78户251间，损坏房屋357户1066间，紧急转移安置1000人。灾害造成直接经济损失1.3亿元。

第三篇　政党　群众团体

第一章　中共钟山区地方组织

第一节　中共钟山区委

一、区党员代表大会、全委会议

（一）党代表产生与构成

钟山区历届党员代表大会代表的名额和选举办法，由中共钟山区委决定，并报中共六盘水市委批准后组织实施。代表候选人由党组织和选举人充分酝酿讨论后向各基层选举单位推荐，各基层选举单位采用直接、差额的办法和无记名投票的方式选举产生党代表，历届党代表都具有广泛的代表性。

第一届党代表共129人，其中，各级领导干部80人，各类专业技术人员26人，各条战线先进模范人物23人，妇女24人，少数民族16人。代表中，1949年10月前入党的1人，1949年10月—1966年4月入党的17人，“文化大革命”中入党的43人，“文化大革命”后入党的68人。年龄45岁以下的81人。文化程度大专以上的34人，高中、中专40人，初中44人，小学11人。

第二届党代表共131人，其中，各级领导干部78人，离退休老领导2人，文教卫生和科学技术战线的专业技术人员13人，工人、农民和其他劳动者38人。这些代表中，1949年10月—1966年4月入党的15人，1966年5月—1976年10月入党的37人，1977年以后入党的79人。在代表总数中，妇女17人，少数民族21人。年龄在35岁以下的16人，36～45岁的59人，46～50岁的35人，51岁以上的21人。代表年龄最大的68岁，最小的22岁，平均年龄为44岁。文化程度大专以上的41人，中专、高中40人，初中33人，小学15人，文盲2人。

第三届党代表共204人，其中，各级领导干部121人，各类专业技术人员12人，各条战线先进人物71人，妇女代表29人，少数民族代表56人。年龄在45岁以下的121人，年龄最大的70岁，最小的28岁，平均年龄42岁。大专以上文化程度的62人，中专、高中文化程度的69人，初中及初中以下文化程度的73人。

第四届党代表共221人，其中，各级领导干部154人，退休老领导3人，各条战线先进人物51人，妇女代表50人，少数民族代表61人。年龄在45岁以下的148人，年龄最大的76岁，最小的26岁，平均年龄42.7岁。大专以上文化程度的135人，中专、高中文化程度的49人，初中及初中以下文化程度的37人。

第五届党代表共219人，其中，各级领导干部128人，各类专业技术人员44人，各条战线先进模范人物47人。妇女代表61人。少数民族代表62人。35岁以下的代表54人，36～45岁的120人，46岁以上的45人，年龄最大的59岁，年龄最小的26岁，平均年龄40岁。大专以上文化程度的代表197人。

（二）党员代表大会及全委（扩大）会议

第一次党员代表大会　1988年9月1—3日，在水城矿务局招待所召开。大会听取和审查区委筹备委会书记李兰忠代表中共钟山区委筹备组作题为《艰苦创业、团结奋斗，为钟山区经济振兴而努力》的工作报告、筹备组成员钟以福代表中共钟山区纪律检查委员会筹备组作的工作报告。经大会审议后，对以上报告作出相应决议。大会选举产生中共六盘水市钟山区委员会委员21人、候补委员4人，组成中共六盘水市钟山区第一届委员会。同时选举产生中共六盘水市钟山区纪律检查委员会委员13人，组成中共六盘水市钟山区第一届纪律检查委员会。

第一届委员会共召开2次全委会议，5次全委扩大会议，1次党员代表会议。

一次全委会议　1988年9月3日召开。会议选举李兰忠、雷明、王荣陞、钟以福、陈天光、金家其、官仁林、何儒明8人，组成中共六盘水市钟山区委第一届常委会。选举李兰忠为书记，雷明、王荣陞2人为副书记。同时召开的区纪委第一次全会选举钟以福、刘靖忠、陈友模、王进、杨清浦5人，组成中共六盘水市钟山区纪委第一届常务委员会，选举钟以福为纪委书记，刘靖忠、陈友模2人为副书记。

二次全委（扩大）会议　1989年3月2—3日召开。会议通报1988年工作，部署1989年工作，讨论并通过钟山区经济发展战略。

三次全委（扩大）会议　1989年8月4—5日召开。会议传达党的十三届四中全会精神、省委六届二次全会决定和市委一届八次全会决定。

四次全委（扩大）会议　1990年2月21—23日召开。会议听取并审议钟山区委常委会1989年工作情况报告和1990年工作安排，讨论并通过钟山区1990—1992年国民经济和社会发展的主要目标及考核办法。

五次全委（扩大）会议　1991年3月11—13日召开。会议传达市委一届十次全委（扩大）会议精神，审议并通过《中共六盘水市钟山区委关于钟山区国民经济和社会发展十年规划和“八五”计划的建议（草案）》。区委书记林师荫代表中共钟山区委员会作重要讲话。

六次全委（扩大）会议　1991年7月20日召开。会议讨论决定拟于1991年9月召开中共六盘水市钟山区第二次代表大会。

七次全委会议　1991年8月20—23日召开。会议讨论并通过《中共六盘水市钟山区第二次党员代表大会上的工作报告（草案）》和《中共六盘水市钟山区纪律检查委员会工作报告（草案）》。

党员代表会议　1991年8月24日召开。会议采取无记名投票方式选举产生出席中共六盘水市第二次代表大会代表5人。

第二次党员代表大会　1991年12月24—28日召开。大会听取和审查区委书记林师荫代表中共钟山区第一届委员会作题为《团结奋进，务实开拓，为实现钟山区第二步战略目标而努力奋斗》的工作报告、区纪委书记钟以福代表中共钟山区第一届纪律检查委员会所作的工作报告。经大会审议后，对以上两个报告作出相应决议。林师荫在《报告》中指出，区一届一次党代会以来，各级党组织、广大共产党员带领全区各族人民在区委领导下白手起家，团结奋斗，实事求是，扎实工作，在整顿中发展，在深化改革中前进，实现政治稳定、社会稳定和经济持续发展，各项工作取得较大成绩。《报告》在肯定成绩的同时，分析存在的问题，指出今后三年各级党组织要继续坚定不移地贯彻执行党的十三届七中、八中全会精神，继续坚定不移地贯彻执行党在社会主义初级阶段的基本路线，继续坚定不移地走建设中国特色的社会主义道路，大力加强思想政治工作，加强党的建设和“两个文明”建设，团结一致，努力开创钟山区国民经济和社会发展的新局面。全区经济工作的中心任务是为实现现代化建设的第二步战略目标打下坚实的基础，大力提高经济效益，使国民经济持续、稳定、协调发展。大会采取无记名投票方式和差额选举办法，选举产生中国共产党六盘水市钟山区委员会委员23人、候补委员2人，组成中共六盘水市钟山区委第二届委员会。同时选举产生中共六盘水市钟山区纪律检查委员会委员13人，组成中共钟山区第二届纪律检查委员会。

第二届委员会共召开3次全委会议，6次全委扩大会议。

一次全委会议　1991年12月29日召开。会议选举李兰忠、邹启尧、张选进、陈天光、陈厚帆、钟以福、徐永全7人，组成中共六盘水钟山区委第二届常务委员会，书记（空缺），李兰忠、邹启尧、徐永全3人为副书记。同时召开的中共六盘水市钟山区纪委二届一次全会，选举钟以福、陈友模、郭贵明、田季4人，组成中共六盘水市钟山区纪律检查委员会第二届常务委员会，选举钟以福为书记，陈友模、郭贵明2人为副书记。

二次全委会议　1992年2月20—22日召开。会议传达贯彻省委六届六次全会扩大会议精神，安排部署1992年工作，区委副书记徐永全在会上作题为《振奋精神，再接再厉，为全面推进钟山区党建工作而努力奋斗》的讲话。

三次全委（扩大）会议　1992年12月2—4日召开。会议传达省委六届八次全委扩大会议精神，修改区“八五”计划和十年规划。区委书记邹启尧作题为《以十四大精神为指针，努力加快钟山区经济建设步伐》的重要讲话。

四次全委（扩大）会议　1993年6月22—23日召开。会议主要贯彻实施区级机关机构改革方案。

五次全委（扩大）会议　1993年8月23—25日召开。会议传达贯彻中央有关文件精神，部署今后4个月的工作。区委书记邹启尧在会上作题为《认清形势，抓住机遇，进一步加速钟山区经济发展》讲话，区委副书记陈厚帆作题为《深化认识，真抓实干，奋战三个月，努力实现全区今年社会治安综合治理达标》讲话。

六次全委（扩大）会议　1994年2月21—23日召开。会议传达贯彻省委1994年工作要点，讨论并通过区委1994年工作要点。

七次全委（扩大）会议　1994年10月25日召开。会议传达贯彻党的十四届四中全会精神、省委七届三次全会精神和市委二届五次全会精神。

八次全委（扩大）会议　1995年4月13日召开。会议确定召开中共六盘水市钟山区第三次党员代表大会的时间，讨论并通过《关于召开中共六盘水市钟山区第三次党员代表大会的决议》，部署区乡两级党委换届选举工作。

九次全委会议　1995年5月12日召开。会议讨论并通过《中国共产党六盘水市钟山区第三次党员代表大会上的报告（草案）》、《中国共产党六盘水市钟山区纪律检查委员会的工作报告（草案）》。

第三次党员代表大会　1995年5月25—30日召开。应到代表204人。大会听取和审查区委书记邹启尧代表中共六盘水市钟山区第二届委员会作题为《团结奋进，真抓实干，为实现钟山区第二步战略目标而努力奋斗》的工作报告、区纪委书记颜昌友代表中共六盘水市钟山区第二届纪律检查委员会所作的工作报告。经大会审议后，对以上报告作出相应决议。大会选举产生中共六盘水市钟山区委员会委员29人、候补委员5人，组成中共六盘水市钟山区第三届委员会。同时选举产生中共六盘水市钟山区纪律检查委员会委员14人，组成中共六盘水市钟山区第三届纪律检查委员会。

第三届委员会共召开2次全委会议，3次全委扩大会议，1次党员代表会议。

一次全委会议　1995年5月26日召开。会议选举邹启尧、张选进、徐永全、叶大川、陈厚帆、王红岗（挂职）、陈天光、黄华明、张育灿、赵泽义、颜昌友、刘静、朱绍伦13人，组成中共六盘水市钟山区委第三届常务委员会。选举邹启尧为书记，张选进、徐永全、叶大川、陈厚帆、王红岗（挂职）5人为副书记。5月27日召开区纪委三届一次全委会议，选举颜昌友、郭贵明、杜惠、史飞亚、付国祥5人，组成中共六盘水市钟山区纪委第三届常务委员会。选举颜昌友为区纪委书记，郭贵明、杜惠2人为副书记。

二次全委（扩大）会议　1996年1月22—23日召开。会议讨论并通过《中共六盘水市钟山区委关于制定六盘水市钟山区国民经济和社会发展“九五”计划和2010年远景目标建议的决议》。

三次全委（扩大）会议　1996年12月16日召开。会议讨论决定增补黄定邦、何国均为中共六盘水市钟山区三届委员会委员。

四次全委（扩大）会议　1998年4月20日召开。会议表决出席市第三次党代会代表候选人预备人选29人。

党代表会议　1998年5月4日召开。会议选举产生出席中共六盘水市第三次党代会代表26人。

五次全委会议　1998年6月8日召开。会议推选出席贵州省第八次党代会代表候选人初步人选3人。

第四次党员代表大会　2001年10月18—21日召开。大会听取和审查区委书记张选进代表中共六盘水市钟山区第三届委员会作题为《全面贯彻落实“三个代表”重要思想，开创钟山区经济社会发展的新局面》的工作报告、区纪委副书记龙选芝代表中共六盘水市钟山区纪律检查委员会所作的工作报告。经大会审议后，分别对以上报告作出相应决议。大会选举产生中共六盘水市钟山区委员会委员30人、候补委员5人，组成中共六盘水市钟山区第四届委员会。同时选举产生中共六盘水市钟山区纪律检查委员会委员14人，组成中共六盘水市钟山区第四届纪律检查委员会。

第四届委员会共召开1次全委会议，5次全委扩大会议。

一次全委会议　2001年10月21日召开。会议选举张选进、徐光毅、张培荣、吴文祥、蒋承云、刘静、纳朝东、齐保平、付国祥、刘纯10人，组成中共六盘水市钟山区委第四届常务委员会。选举张选进为书记，徐光毅、张培荣、刘静、吴文祥、叶大川5人为副书记。同时召开中共六盘水市钟山区纪委四届一次全委会议，选举付国祥、龙选芝、潘耀洪、敖永红、谢家贵、戴安凤6人，组成中共六盘水市钟山区纪委第四届常务委员会，选举付国祥为纪委书记，龙选芝、潘耀洪2人为副书记。

二次全委（扩大）会议　2003年8月28日召开。会议传达市委四届三次全体（扩大）会议精神，传达全市基层组织建设工作会议精神，安排全区远程教育试点工作。讨论并通过钟山区《关于进一步加强党风廉政建设和反腐败工作的意见》《关于加强新阶段扶贫开发工作的意见》《关于加强城镇建设管理工作的意见》《门前“三包”管理办法》。安排部署全区今冬明春基层组织建设工作。区委书记张选进代表中共六盘水市钟山区第四届委员会作题为《忠实践行“三个代表”，全面贯彻省市委全会精神切实加快富民兴区步伐》的讲话。

三次全委（扩大）会议　2003年12月10日召开。会议传达贯彻中共十六届三中全会、省委九届四次全会、市委四届四次全会精神，区委常委会向全会作工作报告，安排部署当前各项工作。

四次全委（扩大）会议　2004年9月4日召开。会议传达市委四届五次全委扩大会议精神，听取汪家寨镇、德坞街道关于2004年工作汇报。区委书记张选进代表中共钟山区委就如何抓好2004年的工作作讲话。

五次全委（扩大）会议　2005年8月26日召开。会议贯彻落实省委九届七次全会和市委四届七次全会精神，讨论并通过《中共六盘水市钟山区委关于加强基层党组织执政能力建设工作实施意见》，总结分析1—7月工作情况和发展形势，研究部署下半年工作，确保全面完成当年的各项任务，为“十一五”的发展打下坚实的基础。区委书记肖才忠代表中共钟山区委作题为《以正确的政绩观落实科学发展观，努力实现钟山区经济社会发展历史性跨越》的讲话。

六次全委（扩大）会议　2005年11月25日召开。会议贯彻落实党的十六届五中全会、省委九届八次全会和市委四届八次全会精神，讨论并通过《钟山区国民经济和社会发展“十一五”规划纲要（草案）》，安排部署钟山区“十一五”期间国民经济和社会发展各项工作，区委书记肖才忠就做好“十一五”期间工作和抓好当前工作作讲话。

第五次党员代表大会 2006年10月24—27日召开。大会听取和审查区委书记肖才忠代表中共六盘水市钟山区第四届委员会作题为《加快发展、科学发展、确保发展，为实现钟山区新的腾飞而努力奋斗》的工作报告、区纪委书记曾晓芳代表中国共产党六盘水市钟山区纪律检查委员会作题为《推进反腐倡廉工作，构建特色惩防体系，为钟山经济社会持续快速健康发展提供有力保障》的工作报告。经大会审议后，分别对以上两个报告作出相应的决议。大会选举产生中共六盘水市钟山区委员会委员35人、候补委员7人，组成中共六盘水市钟山区第五届委员会。同时选举产生中共六盘水市钟山区纪律检查委员会委员17人，组成中共六盘水市钟山区第五届纪律检查委员会。

自第五届委员会产生至2008年，已召开2次全委会议，2次全委扩大会议，1次党员代表会议。

一次全委会议 2006年10月27日召开。会议选中共六盘水市钟山区委员会委员10人，组成中共六盘水市钟山区第五届常务委员会。选举肖才忠为区委书记，高玉林、王宜治2人为副书记。同时召开中共六盘水市钟山区纪律检查委员会第一次全体会议，选举中共六盘水市钟山区纪律检查委员会委员7人，组成中共六盘水市钟山区纪律检查委员会第五届常务委员会。选举曾晓芳为纪委书记，蒋谦、龙选芝2人为副书记。

二次全委（扩大）会议 2007年3月9日召开。会议讨论并通过区委书记牟海松代表中共六盘水市钟山区第五届委员会所作的工作报告、区纪委书记曾晓芳代表中国共产党六盘水市钟山区第五届纪律检查委员会所作的工作报告。

三次全委会议 2008年3月7日召开。会议讨论并通过中共六盘水市钟山区第五届委员会2007年工作报告和中共六盘水市钟山区第五届纪律检查委员会2007年工作报告。讨论并通过中共六盘水市钟山区委五届二次党员代表会议议程（草案）。讨论并通过中共六盘水市钟山区委五届二次党员代表会议日程（草案）、中共六盘水市钟山区第五届党员代表大会代表资格审查委员会成员名单（草案）、中共六盘水市钟山区委第五届代表大会代表补选人员名单、中共六盘水市钟山区委五届二次党员代表会议代表分团名单（草案）、中共六盘水市钟山区委五届二次党员代表会议列席人员名单（草案）。

四次全委（扩大）会议 2008年12月18日召开。区委书记牟海松代表钟山区委作2008年工作报告。会议决定饶丹梅、陈晓霞2人不再担任五届区委委员和候补委员，决定递补阳智明为五届区委委员。

党员代表会议 2008年3月9日召开。会议讨论并通过区委书记牟海松代表中共六盘水市钟山区第五届委员会所作的工作报告，纪委书记曾晓芳代表中共六盘水市钟山区第五届纪律检查委员会所作的工作报告。通过会议审议后，分别对以上报告作出相应决议。

1988—2008年中共钟山区委历任书记、副书记、常委名录

表3-1

届别	职务	姓名	性别	民族	籍贯	任职时间	附注
筹建组	书记	李兰忠	男	汉族	四川简阳	1988.3—1988.9	—
	副书记	雷明	男	汉族	安徽濉溪	1988.3—1988.9	—
	委员	李兰忠	男	汉族	四川简阳	1988.3—1988.9	—
		雷明	男	汉族	安徽濉溪	1988.3—1988.9	—

续表3-1

届　别	职　务	姓　名	性别	民族	籍　贯	任职时间	附　注
筹建组	委　员	何儒明	男	汉族	贵州遵义	1988.3—1988.9	—
		龙明海	男	彝族	贵州水城	1988.3—1988.9	—
		马槐安	男	回族	贵州安顺	1988.3—1988.9	—
		叶大川	男	汉族	浙江兰溪	1988.3—1988.9	—
		金家其	男	汉族	贵州安顺	1988.3—1988.9	—
		钟以福	男	汉族	贵州毕节	1988.3—1988.9	—
		官仁林	男	汉族	湖北孝感	1988.3—1988.9	—
		王荣陞	男	汉族	贵州大方	1988.5—1988.9	—
第一届	书　记	李兰忠	男	汉族	四川简阳	1988.9—1990.1	—
		林师荫	男	汉族	海南文昌	1990.1—1991.12	—
	副书记	雷　明	男	汉族	安徽濉溪	1988.9—1990.3	—
		王荣陞	男	汉族	贵州大方	1988.5—1990.10	—
		李兰忠	男	汉族	四川简阳	1990.1—1991.12	—
		薛为民	男	汉族	—	1990.3—1991.12	挂职
		邹启尧	男	汉族	湖北武汉	1990.10—1991.12	—
		徐永全	男	汉族	贵州遵义	1990.10—1991.12	—
	常　委	李兰忠	男	汉族	四川简阳	1988.9—1991.12	—
		李祖武	男	汉族	四川成都	1988.9—1991.12	—
		雷　明	男	汉族	安徽濉溪	1988.9—1990.3	—
		王荣陞	男	汉族	贵州大方	1988.9—1990.10	—
		钟以福	男	汉族	贵州毕节	1988.9—1988.9	—
		陈天光	男	汉族	江苏江宁	1988.9—1991.12	—
		金家其	男	汉族	贵州安顺	1988.9—1991.12	—
		官仁林	男	汉族	湖北孝感	1988.9—1990.10	—
		何儒明	男	汉族	贵州遵义	1988.9—1991.12	—
		林师荫	男	汉族	海南文昌	1990.1—1991.12	—
		薛为民	男	汉族	—	1990.3—1991.12	挂职
		邹启尧	男	汉族	湖北武汉	1990.10—1991.12	—
		徐永全	男	汉族	贵州遵义	1990.10—1991.12	—
		陈厚帆	男	汉族	重庆万州	1990.10—1991.12	—
第二届	书　记	邹启尧	男	汉族	湖北武汉	1992.7—1995.5	—
	副书记	李兰忠	男	汉族	四川简阳	1991.12—1993.7	—

续表3-1

届　别	职　务	姓　名	性别	民族	籍　贯	任职时间	附　注
第二届	副书记	邹启尧	男	汉族	湖北武汉	1991.12—1992.7	—
		徐永全	男	汉族	贵州遵义	1991.12—1995.5	—
		叶大川	男	汉族	浙江兰溪	1992.7—1995.5	—
		陈厚帆	男	汉族	重庆万州	1992.9—1995.5	—
		李玉师	男	汉族	安徽蚌埠	1993.6—1995.5	—
		张选进	男	仡佬族	贵州道真	1993.7—1995.5	—
		王红岗	男	布依族	—	1994.3—1995.5	挂职
	常　委	李兰忠	男	汉族	四川简阳	1991.12—1993.7	—
		张选进	男	仡佬族	贵州道真	1991.12—1995.5	—
		陈天光	男	汉族	江苏江宁	1991.12—1995.5	—
		陈厚帆	男	汉族	重庆万州	1991.12—1995.5	—
		钟以福	男	汉族	贵州毕节	1991.12—1995.4	—
		徐永全	男	汉族	贵州遵义	1991.12—1995.5	—
		邹启尧	男	汉族	湖北武汉	1992.7—1995.5	—
		叶大川	男	汉族	浙江兰溪	1992.7—1995.5	—
		李玉师	男	汉族	安徽蚌埠	1993.6—1995.5	—
		王红岗	男	布依族	—	1994.3—1995.5	挂职
第三届	书　记	邹启尧	男	汉族	湖北武汉	1995.5—1997.9	—
		张选进	男	仡佬族	贵州道真	1997.9—2001.10	—
	副书记	张选进	男	仡佬族	贵州道真	1995.5—1997.9	—
		徐永全	男	汉族	贵州遵义	1995.5—1998.8	—
		叶大川	男	汉族	浙江兰溪	1995.5—2001.10	—
		陈厚帆	男	汉族	重庆万州	1995.5—2001.10	—
		王红岗	男	布依族	—	1995.5—1996.3	挂职
		桑明海	男	汉族	—	1997.3—1998.3	挂职
		夏祖斌	男	汉族	—	1997.6—1998.6	挂职
		傅继中	男	汉族	广东大埔	1998.3—1999.9	—
		孙　钢	男	汉族	—	1998.3—1999.3	挂职
		吴春毕	男	汉族	—	1998.4—1999.10	挂职
		张培荣	男	汉族	山西偏关	1998.8—2001.10	—
		徐光毅	男	汉族	贵州赤水	1999.9—2001.10	—
	常　委	邹启尧	男	汉族	湖北武汉	1995.5—1997.9	—

续表3-1

届　别	职　务	姓　名	性别	民族	籍　贯	任职时间	附　注
第三届	常　委	张选进	男	仡佬族	贵州道真	1995.5—2001.10	—
		徐永全	男	汉族	贵州遵义	1995.5—1998.8	—
		叶大川	男	汉族	浙江兰溪	1995.5—2001.10	—
		陈厚帆	男	汉族	重庆万州	1995.5—2001.10	—
		王红岗	男	布依族	—	1995.5—1996.3	挂职
		陈天光	男	汉族	江苏江宁	1995.5—1996.6	—
		黄华明	男	壮族	广西平果	1995.5—1998.8	—
		张育灿	男	汉族	山　东	1995.5—1999.6	—
		赵泽义	男	汉族	贵州水城	1995.5—1997.12	—
		颜昌友	男	汉族	贵州水城	1995.5—1998.8	—
		刘　静	女	汉族	贵州水城	1995.5—2001.10	—
		朱绍伦	男	汉族	贵州水城	1995.5—2001.10	—
		傅继中	男	汉族	广东大埔	1996.11—2001.10	—
		桑明海	男	汉族	—	1997.3—1998.3	挂职
		夏祖斌	男	汉族	—	1997.6—1998.6	挂职
		纳朝东	男	汉族	云南保山	1997.12—2001.10	—
		傅继中	男	汉族	广东大埔	1998.3—1999.9	—
		孙　钢	男	汉族	—	1998.3—1999.3	挂职
		吴春毕	男	汉族	—	1998.4—1999.4	挂职
		张培荣	男	汉族	山西偏关	1998.8—2001.10	—
		徐光毅	男	汉族	贵州赤水	1999.9—2001.10	—
		蒋承云	男	汉族	贵州盘县	1999.9—2001.10	—
		齐保平	男	汉族	山东单县	2001.12—2001.10	—
第四届	书　记	张选进	男	仡佬族	贵州道真	2001.10—2005.7	—
		肖才忠	男	汉族	贵州水城	2005.10—2006.10	—
	副书记	徐光毅	男	汉族	贵州赤水	2001.10—2004.10	—
		张培荣	男	汉族	山西偏关	2001.10—2003.6	—
		叶大川	男	汉族	浙江兰溪	2001.10—2003.2	—
		刘　静	女	汉族	贵州水城	2001.10—2005.1	—
		吴文祥	男	汉族	贵州盘县	2003.6—2004.10	—
		肖才忠	男	汉族	贵州水城	2004.10—2005.10	—
		刘　纯	男	汉族	贵州盘县	2005.10—2006.8	—

续表3-1

届　别	职　务	姓　名	性别	民族	籍　贯	任职时间	附　注
第四届	常　委	张选进	男	仡佬族	贵州道真	2001.10—2006.10	—
		徐光毅	男	汉族	贵州赤水	2001.10—2004.10	—
		张培荣	男	汉族	山西偏关	2001.10—2003.6	—
		蒋承云	男	汉族	贵州盘县	2001.10—2002.5	—
		刘　静	女	汉族	贵州水城	2001.10—2003.12	—
		纳朝东	男	汉族	云南保山	2001.10—2004.10	—
		齐保平	男	汉族	山东单县	2001.10—2006.8	—
		付国祥	男	汉族	贵州威宁	2001.10—2002.5	—
		刘　纯	男	汉族	贵州盘县	2001.10—2005.5	—
		彭福生	男	汉族	湖南邵东	2001.10—2006.10	—
		龙秋芳	男	彝族	贵州盘县	2002.6—2003.6	—
		马　宏	男	汉族	山东单县	2003.6—2004.11	—
		吴文祥	男	汉族	贵州盘县	2003.6—2004.10	—
		梁　建	男	汉族	广东大埔	2003.12—2006.10	—
		肖才忠	男	汉族	贵州水城	2004.10—2006.10	—
		郭　华	女	汉族	贵州毕节	2004.11—2006.10	—
		蔡　斌	男	汉族	贵州盘县	2004.11—2006.10	—
第五届	书　记	肖才忠	男	汉族	贵州水城	2006.10—2006.11	—
		牟海松	男	汉族	贵州铜仁	2006.12—2008.12	—
	副书记	高玉林	男	汉族	辽宁法库	2006.3—2008.12	—
		王宜治	男	汉族	贵州盘县	2006.10—2008.12	—
	常　委	梁　建	男	汉族	广东大埔	2006.10—2008.12	—
		彭福生	男	汉族	湖南邵东	2006.10—2007.8	—
		郭　华	女	汉族	贵州毕节	2006.10—2008.12	—
		曾晓芳	女	汉族	贵州织金	2006.10—2008.12	—
		蔡　斌	男	汉族	贵州盘县	2006.10—2008.12	—
		蔡永忠	男	汉族	贵州水城	2006.10—2008.12	—
		黄崇文	男	汉族	贵州盘县	2006.11—2008.12	—
		彭　康	男	汉族	贵州大方	2007.4—2008.12	—

二、镇乡街道（办事处）党员代表大会

（一）镇、乡党员代表大会

1. 中共汪家寨镇委员会

1989年9月，撤销艺奇乡，筹建汪家寨镇，中共艺奇乡委员会相应撤销，成立中共钟山区汪家寨委员会筹备组，行使党委职能。1991年11月，汪家寨镇第一次中共党员代表大会召开，选举产生中共钟山区汪家寨镇第一届委员会。1992年4月实施机构改革，撤销纳福乡，并入汪家寨镇，中共纳福乡委员会相应撤销。此后至2008年，汪家寨镇共选举产生五届镇党委。

第一次党员代表大会　1991年11月，在镇政府会议室召开。实到代表45人。大会听取和审查镇委筹建组工作报告、镇筹建组纪律检查委员会所作的工作报告。经大会审议后，分别对以上报告作出相应决议。大会选举产生中共钟山区汪家寨镇委员会委员5人，组成中共钟山区汪家寨镇第一届委员会，选举刘继科为镇委书记，马培基、刘子君为副书记。同时选举中共钟山区汪家寨镇纪律检查委员会委员5人，组成第一届纪律检查委员会，选举刘子君为纪委书记。

机构改革后的第一次党员代表大会　1995年5月3—4日，在镇政府会议室召开。实到代表95人。大会听取和审查镇党委书记马培基代表镇第一届筹建委员会所作的工作报告、纪委书记苗希江代表镇第一届纪律检查筹建委员会所作的工作报告。经大会审议后，分别对以上报告作出相应决议。大会选举产生中共钟山区汪家寨镇委员会委员9人，组成机构改革后的中共钟山区汪家寨镇第一届委员会，选举马培基为镇委书记，刘子君、马宏、陈仁军为副书记。同时选举产生中共钟山区汪家寨镇纪律检查委员会委员5人，组成机构改革后的中共钟山区汪家寨镇第一届纪律检查委员会，选举苗希江为纪委书记。

第二次党员代表大会　1998年9月26—27日，在镇政府三楼会议室召开。实到代表62人。大会听取和审查镇党委书记付国祥代表镇第一届委员会所作的工作报告、纪委书记苗希江代表镇第一届纪律检查委员会所作的工作报告。经大会审议后，分别对以上报告作出相应决议。大会选举产生中共钟山区汪家寨镇委员会委员10人，组成中共钟山区汪家寨镇第二届委员会。选举付国祥为书记，刘子君、王劭、陈仁军3人为副书记。同时选举产生中共钟山区汪家寨镇纪律检查委员会委员5人，组成中共钟山区汪家寨镇第二届纪律检查委员会，选举苗希江为纪委书记。

第三次党员代表大会　2001年10月，在镇政府三楼会议室召开。大会听取和审查镇党委书记付国祥代表镇第二届委员会所作的工作报告、纪委书记苗希江代表镇第二届纪律检查委员会所作的工作报告。经大会审议后，分别对以上报告作出相应决议。大会选举产生中共钟山区汪家寨镇委员会委员10人，组成中共钟山区汪家寨镇第三届委员会，选举付国祥为镇委书记，刘子君、黄银武、陈仁军、李文军4人为副书记。同时选举产生中共钟山区汪家寨镇纪律检查委员会委员5人，组成中共钟山区汪家寨镇第三届纪律检查委员会，选举苗希江为纪委书记。

第四次党员代表大会　2003年1月，在镇政府三楼会议室召开。大会听取和审查镇党委书记卢凤学代表中共钟山区汪家寨镇第三届委员会所作的工作报告、纪委书记赵泽代表中共钟山区汪家寨镇第三届纪律检查委员会所作的工作报告。经大会审议后，分别对以上报告作出相应决议。大会选举产生中共钟山区汪家寨镇委员会委员10人，组成中共钟山区汪家寨镇第四届委员会，选举卢凤学为镇委书记，赵泽、方裕谦、苗希江3人为副书记。同时选举产生中共钟山区汪家寨镇纪律检查委员会委员5人，组成中共钟山区汪家寨镇第四届纪律检查委员会，选举赵泽为纪委书记。

第五次党员代表大会　2006年8月，在镇政府三楼会议室召开。大会听取和审查镇党委书记卢凤学代表中共钟山区汪家寨镇第四届委员会所作的工作报告、纪委书记赵泽代表中共钟山区汪家寨镇第四届纪律检查委员会所作的工作报告。经大会审议后，分别对以上报告作出相应决议。大会选举

产生中共钟山区汪家寨镇委员会委员10人，组成中共钟山区汪家寨镇第五届委员会，选举卢凤学为镇委书记，赵泽、李斌为副书记。同时选举产生中共钟山区汪家寨镇纪律检查委员会委员5人，组成中共钟山区汪家寨镇第五届纪律检查委员会，选举赵泽为纪委书记。

2. 中共大河镇委员会

1989年9月，撤销煤厂乡，建立大河镇，相应撤销中共煤厂乡委员会，成立中共大河镇委员会。1992年，撤销大河镇、以德乡，合并新建大河镇，相应撤销原中共大河镇、以德乡委员会，成立中共钟山区大河镇筹建组委员会。1995年5月，中共钟山区大河镇第一次代表会召开，选举产生中共钟山区大河镇第一届委员会。至2008年共选举产生五届镇党委。

第一次党员代表大会　1995年8月5—7日，在镇政府二楼会议室召开。应到代表87人，实到85人。大会听取和审查党委书记李斌代表中共钟山区大河镇筹建委员会所作的工作报告、纪委书记严孝继代表中共钟山区大河镇纪律检查委员会筹建组所作的工作报告。经会议审议后，分别对以上报告作出相应决议。大会选举产生中共钟山区大河镇委员会委员9人，组成中共钟山区大河镇第一届委员会，选举李斌为书记，陆继斌、徐东贵、陈贵川3人为副书记。同时选举产生中共钟山区大河镇纪律检查委员会委员5人，组成中共钟山区大河镇第一届纪律检查委员会，选举严孝继为纪委书记。

第二次党员代表大会　1998年9月18—19日，在镇政府五楼会议室召开。实到代表56人。大会听取和审查镇委书记徐东贵代表中共钟山区大河镇第一届委员会作的题为《解放思想，求真务实，夯实基础，开拓进取，把大河镇改革开放和现代化建设全面推向二十一世纪》工作报告、纪委书记严孝继代表中共钟山区大河镇第一届纪律检查委员会所作的工作报告。经大会审议后，分别对以上报告作出相应决议。会议以差额和无记名投票的方式，选举产生中共钟山区大河镇委员会委员8人，组成中共钟山区大河镇第二届委员会，选举徐东贵为镇委书记，刘应明、严孝继、陈正贤3人为副书记。同时选举产生中共钟山区大河镇纪律检查委员会委员4人，选举未产生纪委书记。

第三次党员代表大会　2001年10月2—3日，在镇政府五楼会议室召开。实到代表71人。大会听取和审查镇委书记徐东贵代表中共钟山区大河镇第二届委员会所作的工作报告、纪委书记祝启群代表中共钟山区大河镇第二届纪律委员会所作的工作报告。经大会审议后，分别对以上报告作出相应决议。会议选举产生中共钟山区大河镇委员会委员10人，组成中共钟山区大河镇第三届委员会，选举徐东贵为镇委书记，陈景祥、韩涛、陈正贤3人为副书记。同时选举产生中共钟山区大河镇纪律检查委员会委员5人，组成中共钟山区大河镇第三届纪律检查委员会，选举祝启群为纪委书记。

第四次党员代表大会　2003年1月，在镇政府二楼会议室召开。大会听取和审查镇委书记徐东贵代表中共钟山区大河镇第三届委员会所作的工作报告、镇纪委书记祝启群代表中央钟山区大河镇第三届纪律检查委员会所作的工作报告。经本次会议审议后，分别对以上报告作出相应的决议。大会选举产生中共钟山区大河镇委员会委员10人，组成中共钟山区大河镇第四届委员会，选举徐东贵为党委书记，陈景祥、韩涛、陈正贤3人为副书记。同时选举产生中共大河镇纪律检查委员会委员5人，组成中共钟山区大河镇第四届纪律检查委员会，选举祝启群为纪委书记。

第五次代表大会　2006年8月14—15日，在镇政府五楼会议室召开。实到代表51人。大会听取和审查镇委书记饶丹梅代表中共钟山区大河镇第四届委员会所作的工作报告、纪委书记严孝继代表中共钟山区大河镇第四届纪律检查委员会所作的工作报告。经大会审议后，分别对以上报告作出相应决议。大会选举产生中共钟山区大河镇委员会委员9人，组成中共钟山区大河镇第五届委员会，选举饶丹梅为党委书记，唐宏伟、李文标2人为副书记。同时选举产生中共钟山区大河镇纪律检查委员会委员5人，组成中共钟山区大河镇第五届纪律检查委员会，选举李文标为纪委书记。

3. 中共老鹰山镇委员会

1988年9月，建立钟山区老鹰山镇，成立中共钟山区老鹰山镇委员会。1989年1月，机构改革时，撤销原老鹰山镇，新建行政管辖范围更大的老鹰山镇，原中共老鹰山镇委员会相应撤销，新成立中共老鹰山镇筹建委员会，行使党委领导职能。李兴科为书记，吴大昌、王大钦2人为副书记。1991年11月，中共钟山区老鹰山镇筹建委员会召开第一次党员代表大会，选举产生中共老鹰山镇第一届委员会。2001年，撤销老鹰山镇和观音山镇，合并建立老鹰山镇。原中共观音山镇、老鹰山镇委员会相应撤销，新成立中共老鹰山镇委员会筹建组。施辉贤为党委书记，周卫东、周金体、张国民、蒋成君4人为副书记。1991年11月，中共老鹰山镇第一次党代会召开，选举产生中共老鹰山镇第一届委员会。1992年，机构改革后，至2008年共历经五次党委换届选举，分别选举出每届镇党委。

第一次党员代表大会　1991年11月16—17日，在老鹰山医院会议室召开。实到代表47人。大会听取和审查镇筹委会书记李兴科代表中共钟山区老鹰山镇筹建委员会所作的工作报告。经大会审议后，对报告作出相应决议。选举产生中共钟山区老鹰山镇委员会委员9人，组成中共钟山区老鹰山镇第一届委员会，选举李兴科为镇委书记、吴大昌、王大钦2人为副书记。同时选举产生中共钟山区老鹰山镇纪律检查委员会委员5人，组成中共钟山区老鹰山镇第一届纪律检查委员会，选举吴大昌为纪委书记。

机构改革后的第一次党员代表大会　1995年4月30日—5月1日，在镇政府会议室召开。实到代表55人。大会听取和审查镇党委书记陈胜彬代表中共钟山区老鹰山镇委员会筹建组所作的工作报告、镇纪委书记周金体代表中共钟山区老鹰山镇纪律检查委员会所作的工作报告。经大会审议后，分别对以上报告作出相应决议。大会选举产生中共钟山区老鹰山镇委员会委员9人，组成机构改革后的中共钟山区老鹰山镇第一届委员会，选举陈胜彬为镇委书记，王尔彬、吴安奎、周卫东3人为副书记。同时选举产生中共钟山区老鹰山镇纪律检查委员会委员5人，组成机构改革后的中共钟山区老鹰山镇第一届纪律检查委员会，选举周金体为纪委书记。

第二次党员代表大会　1998年9月18—19日，在镇政府会议室召开。实到代表55人。大会听取和审查镇党委书记陈胜彬代表中共钟山区老鹰山镇第一届委员会所作的工作报告、纪委书记蒋承君代表中共钟山区老鹰山镇第一届纪律检查委员会所作的工作报告。经大会审议后，分别对以上报告作出相应决议。大会选举产生中共钟山区老鹰山镇委员会委员8人，组成中共钟山区老鹰山镇第二届委员会。选举陈胜彬为镇委书记，周卫东、周金体、张国民、吴安奎4人为副书记。同时选举产生中共钟山区老鹰山镇纪律检查委员会委员5人，组成中共钟山区老鹰山镇第二届纪律检查委员会，选举蒋承君为纪委书记。

第三次党员代表大会　2001年7月在镇政府会议室召开。大会听取和审查镇筹建组党委书记施辉贤代表中共钟山区老鹰山镇委员会筹建组所作的工作报告。经大会审议后，对以上报告作出相应决议。大会选举产生中共老鹰山镇委员会委员10人，组成中共钟山区老鹰山镇第三届委员会。选举施辉贤为镇委书记，周卫东、陈林、蒋承成、曹泽祥（挂职）4人为副书记。同时选举产生中共钟山区老鹰山镇纪律检查委员会委员5人，组成中共钟山区老鹰山镇第三届纪律检查委员会，选举蒋承成为纪委书记。

第四次党员代表大会　2003年5月在镇政府会议室召开。大会听取和审查镇党委书记谌洪举代表中共钟山区老鹰山镇第三届委员会所作的工作报告、纪委书记蒋承成代表中共钟山区老鹰山镇第三届纪律检查委员会所作的工作报告。经大会审议后，分别对以上报告作出相应决议。大会选举产生中共钟山区老鹰山镇委员会委员10人，组成中共钟山区老鹰山镇第四届委员会，选举谌洪举为镇委书记，陈林、朱磊、蒋承成3人为副书记。同时选举产生中共钟山区老鹰山镇纪律检查委员会委员5

人，组成中共钟山区老鹰山镇第四届纪律检委员会，选举蒋承成为纪委书记。

第五次党员代表大会　2006年5月在镇政府会议室召开。大会听取和审查镇党委书记潘继华代表中共钟山区老鹰山镇第四届委员会所作的工作报告、纪委书记熊礼渊代表中共钟山区老鹰山镇第四届纪律检查委员会所作的工作报告。经大会审议后，分别对以上报告作出相应决议。大会选举产生中共钟山区老鹰山镇委员会委员13人，组成中共钟山区老鹰山镇第五届委员会。选举潘继华为镇委书记，蒋朝明、吕荣军、张进3人为副书记。同时选举产生中共钟山区老鹰山镇纪律检查委员会委员5人，组成中共钟山区老鹰山镇第五届纪律检查委员会，选举张进为纪委书记。

4. 中共观音山镇委员会

1989年1月，中共钟山区观音山镇委员会成立。至1995年4月，蔡云轩、刘兆仁先后为书记。刘兆仁、张怀龙、张国民、吴学贤、陈怒涛、宋文明、李毕杭、袁明德先后为副书记。1992年10月，中共钟山区观音山镇纪律检查委员会成立，谢传宇为纪委书记。1995年5月，中共钟山区观音山镇委员会召开第一次党员代表大会，选举产生第一届委员会。2001年5月，撤销老鹰山镇和观音山镇，合并建立老鹰山镇。原中共观音山镇委员会相应撤销。1995年5月，中共观音山镇召开第一次党代会，至2001年5月共历经2次党委换届选举，分别选举出每届镇党委。

第一次党员代表大会　1995年5月4—5日，在观音山镇农业综合服务楼召开。实到代表47人。大会听取和审查镇党委书记刘兆仁代表中共钟山区观音山镇党委所作的工作报告。经大会审议后，对以上报告作出相应决议。会议选举产生中共钟山区观音山镇委员会委员7人，组成中共钟山区观音山镇第一届委员会，选举刘兆仁为镇党委书记，张国民、袁明德2人为副书记。同时选举产生中共钟山区观音山镇纪律检查委员会委员5人，组成中共钟山区观音山镇第一届纪律检查委员会，选举段锡玉为纪委书记。

第二次党员代表大会　1998年9月17—18日，在观音山镇农业综合服务楼召开。实到代表43人。大会听取和审查镇党委书记黄振祥代表中共钟山区观音山镇第一届委员会所作的工作报告、镇纪委书记段锡玉代表中共钟山区观音山镇第一届纪律检查委员会所作的工作报告。经大会审议后，分别对以上报告作出相应决议。大会选举产生中共钟山区观音山镇委员会委员9人，组成中共钟山区观音山镇第二届委员会，选举黄振祥为镇党委书记，赵庆尧、马永超、蒋承成3人为副书记。同时选举产生中共钟山区观音山镇纪律检查委员会委员5人，组成中共钟山区观音山镇第二届纪律检查委员会，选举朱绍忠为纪委书记。

5. 中共大湾镇委员会

1988年10月，撤销大湾区，建立大湾镇，成立中共钟山区大湾镇（筹建）委员会。张富书为党委书记，戴顺隆、张富科为副书记。1991年11月，大湾镇召开第一次党员代表大会，选举产生大湾镇第一届委员会。1992年4月，撤销大湾镇、二塘乡、三合乡，新建大湾镇。原中共大湾镇、二塘乡、三合乡委员会相应撤销，成立中共钟山区大湾镇筹建组委员会。1995年5月，大湾镇召开第一次党员代表大会，至2008年共历经5次党委换届选举，分别选举产生每届镇党委。

第一次党员代表大会　1991年11月21—22日，在镇企业办会议室召开。实到代表96人。大会听取和审查镇党委书记戴顺隆代表中共钟山区大湾镇筹建委员会所作的工作报告，经大会审议后，对报告作出相应决议。大会选举产生中共钟山区大湾镇委员会委员4人，组成中共钟山区大湾镇第一届委员会，选举戴顺隆为镇党委书记，张富科为副书记。同时选举产生中共钟山区大湾镇纪律检查委员会委员5人，组成中共钟山区大湾镇第一届纪律检查委员会，选举王大兴为纪委书记。

机构改革后的第一次党员代表大会　1995年5月5—6日，在原三合乡三楼会议室召开。实到代表90人。大会听取和审查镇筹建委员会书记张富科代表中共钟山区大湾镇筹建委员会作的题为《解放思想，真抓实干，努力开创大湾新局面》工作报告、镇筹建组纪委书记江碧文代表中共钟山区大湾镇筹建组纪律检查委员会所作的工作报告。经大会审议后，分别对以上报告作出相应决议。大会选举产生中共钟山区大湾镇委员会委员9人，组成中共钟山区大湾镇第一届委员会，选举张富科为镇党委书记，钱锡学、马培德、谢阳礼3人为副书记。同时选举产生中共钟山区大湾镇纪律检查委员会委员5人，组成中共钟山区大湾镇第一届纪律检查委员会，选举姜碧文为纪委书记。

第二次党员代表大会 1998年9月25—26日，在原三合乡三楼会议室召开。实到代表56人。大会听取和审查镇党委书记谢阳礼代表中共钟山区大湾镇第一届委员会所作的工作报告、纪委书记李隆文代表中共钟山区大湾镇第一届纪律检查委员会所作的工作报告。经大会审议后，分别对以上报告作出相应决议。大会选举产生中共钟山区大湾镇委员会委员8人，组成中共钟山区大湾镇第二届委员会，选举谢阳礼为镇党委书记，张怀戬、李隆文、邓兴玉3人为副书记。同时选举产生中共钟山区大湾镇纪律检查委员会委员5人，组成中共钟山区大湾镇第二届纪律委员会，选举郭光政为纪委书记。

第三次党员代表大会 2002年1月，在镇政府五楼会议室召开。大会听取和审查镇党委书记张怀戬代表中共钟山区大湾镇第二届委员会所作的工作报告、纪委书记郭光政代表中共钟山区大湾镇第二届纪律检查委员会所作的工作报告。经大会审议后，分别对以上报告作出相应的决议。大会选举产生中共钟山区大湾镇委员会委员9人，组成中共钟山区大湾镇第三届委员会，选举张怀戬为镇党委书记，吴学锦、沈细红、管家林3人为副书记。同时选举产生中共钟山区大湾镇纪律检查委员会委员5人，组成中共钟山区大湾镇第三届纪律检查委员会，选举郭光政为纪委书记。

第四次党员代表大会 2003年3月，在镇政府五楼会议室召开。大会听取和审查镇党委书记张怀戬代表中共钟山区大湾镇第三届委员会所作的工作报告、纪委书记管家林代表中共钟山区大湾镇第三届纪律检查委员会所作的工作报告。经大会审议后，分别对以上报告作出相应决议。大会选举产生中共钟山区大湾镇委员会委员9人，组成中共钟山区大湾镇第四届委员会，选举张怀戬为镇党委书记，郭光政、管家林、陈涛3人为副书记，同时选举产生中共钟山区大湾镇纪律检查委员会委员5人，组成中共钟山区大湾镇第四届纪律检查委员会。选举管家林为纪委书记。

第五次党员代表大会 2006年3月，在镇政府五楼会议室召开。大会听取和审查梁建代表中共钟山区大湾镇第四届委员会所作的工作报告、镇纪委书记管家林代表中共钟山区大湾镇第四届纪律检查委员会所作的工作报告。经大会审查后，分别对以上报告作出相应决议。大会选举产生中共钟山区大湾镇委员会委员10人，组成中共钟山区大湾镇第五届委员会，选举梁建为镇党委书记，郭光政、陈涛、管家林3人为副书记。同时选举产生中共钟山区大湾镇纪律检查委员会委员5人，组成中共钟山区大湾镇第五届纪律检查委员会，选举管家林为纪委书记。

6. 中共月照乡委员会

1992年4月，根据撤区、并乡、建镇机构改革精神，将月照乡和教场乡响水村、小屯村合并建立月照彝族回族苗族乡（以下简称月照乡），原月照党委撤销，成立月照乡党委筹备组，陈贵平为乡筹备组党委书记，陈学友、唐典学、刘应明3人为副书记。1995年5月，月照彝族回族苗族乡第一次党员代表大会召开。选举产生第一届委员会，至2008年共历经5次换届选举，分别选举产生每届乡党委。

第一次党员代表大会 1995年5月6日，在原教场乡三楼会议室召开。实到代表54人。会议听取和审查乡筹委会党委书记杨洪明代表中共钟山区月照乡筹备委员会作题为《团结奋进，真抓实干，为月照乡经济发展和社会进步而努力奋斗》的工作报告、乡纪委书记刘国富代表中共钟山区月照乡纪律检查委员会所作的工作报告。经大会审议后，分别对以上报告作出相应决议。大会选举产生中共钟山区月照乡委员会委员9人，组成中共钟山区月照乡第一届委员会。选举杨洪明为乡党委书记，陈学友、唐典学、刘应明3人为副书记。同时选举产生中共钟山区月照乡纪律检查委员会委员5人，组成中共钟山区月照乡第一届纪律检委员会，选举刘国富为纪委书记。

第二次党员代表大会　1998年9月17—18日，在乡政府会议室召开。实到代表51人。大会听取和审查乡党委书记刘华伟代表中共钟山区月照乡第一届委员会作题为《抓住机遇，加快发展，为月照乡的振兴和发展而努力奋斗》的工作报告、乡纪委书记段锡玉代表中共钟山区月照乡第一届纪律委员会所作的工作报告。经大会审议后，分别对报告作出相应决议。大会选举产生中共钟山区月照乡委员会委员9人，组成中共钟山区月照乡第二届委员会，选举刘华伟为乡党委书记，柏学德、唐典学、刘国富、郑惠4人为副书记。同时选举产生中共钟山区月照乡纪律检查委员会委员5人，组成中共钟山区月照乡第二届纪律检查委员会，选举段锡玉为纪委书记。

第三次党员代表大会　2001年8月，在乡政府会议室召开。会议听取和审查乡党委书记梁健代表中共钟山区月照乡第二届委员会所作的工作报告、乡纪委书记段锡玉代表中共钟山区月照乡第二届纪律检查委员会所作的工作报告。经大会审议后，分别对报告作出相应决议。大会选举产生中共钟山区月照乡委员会委员9人，组成中共钟山区月照乡第三届委员会，选举梁建为乡党委书记，柏学德、刘国富、郑惠、段锡玉4人为副书记。同时选举产生中共钟山区月照乡纪律检查委员会委员5人，组成中共钟山区月照乡第三届委员会，选举段锡玉为纪委书记。

第四次党员代表大会　2003年1月，在乡政府会议室召开。大会听取和审查乡党委书记柏学德代表中共钟山区月照乡第三届委员会所作的工作报告、乡纪委书记段锡玉代表中共钟山区月照乡第三届纪律检查委员会所作的工作报告。经大会审议后，分别对以上报告作出相应决议。大会选举产生中共钟山区月照乡委员会委员9人，组成中共钟山区月照乡第四届委员会，选举柏学德为乡党委书记，刘国富、郑惠、段锡玉3人为副书记，同时，选举产生中共钟山区月照乡纪律检查委员会委员5人，组成中共钟山区月照乡第四届纪律检查委员会，选举段锡玉为纪委书记。

第五次党员代表大会　2006年8月15日，在乡政府会议室召开。大会听取和审查乡党委书记沈庆碧代表中共钟山区月照乡第四届委员会所作的工作报告、纪委书记段锡玉代表中共钟山区月照乡第四届纪律检查委员会所作的工作报告。经大会审议后，分别对报告作出相应决议。会议选举产生中共钟山区月照乡委员会委员10人，组成中共钟山区月照乡第五届委员会，选举沈庆碧为乡党委书记，肖俊良、吴维品2人为副书记。同时选举产生中共钟山区月照乡纪律检查委员会委员5人，组成中共钟山区月照乡第五届纪律检查委员会，选举吴维品为纪委书记。

（二）街道（办事处）党（工）委党员代表大会

1. 黄土坡街道（办事处）党（工）委

1989年10月，撤销中共麒麟乡、城关乡委员会，成立中共钟山区黄土坡办事处筹建委员会筹建办事处。2003年4月，黄土坡办事处变更为黄土坡街道办事处，中共钟山区黄土坡办事处委员会变更为中共钟山区黄土坡街道工作委员会，为中共钟山区委派出工作机构，党委换届随之终止，其街道工委领导班子成员由区委直接任免。中共钟山区黄土坡办事处党委共召开党员代表大会3次。

第一次党员代表大会　1995年5月4—5日，在办事处三楼会议室召开。应到代表69人，实到69人。大会听取和审查筹委会书记朱绍伦代表中共钟山区黄土坡办事处筹建委员会所作的工作报告、纪委书记张永华代表中共钟山区黄土坡办事处（筹建）纪律检查委员会所作的工作报告。经大会审议后，分别对以上报告作出相应的决议。大会选举产生中共钟山区黄土坡办事处委员会委员9人，组成中共钟山区黄土坡办事处第一届委员会。大会选举朱绍伦为党委书记，陈贵平、陈靖、王景志3人为副书记。同时选举产生中共钟山区黄土坡办事处纪律检查委员会委员8人，组成中共钟山区黄土坡办事处第一届纪律检查委员会，选举张永华为纪委书记。

第二次党员代表大会 1998年9月23—24日，在办事处三楼会议室召开。应到代表65人，实到65人。大会听取和审查党委书记陈靖代表中共钟山区黄土坡办事处第一届委员会所作的题为《解放思想、抓住机遇、锐意进取、奋力拼搏，切实加快黄办改革开放和现代化建设步伐》工作报告、纪委书记彭志云代表中共钟山区黄土坡办事处第一届纪律检查委员会所作的工作报告。经大会审议后，分别对以上报告作出相应决议。大会选举产生中共钟山区黄土坡办事处委员会委员9人，组成中共钟山区黄土坡办事处第二届委员会，选举陈靖为党委书记，王景熙、孙鹏、王景志、张永华、刘柱明5人为副书记。同时选举产生中共钟山区黄土坡办事处纪律检查委员会委员5人，组成中共钟山区黄土坡办事处第二届纪律检查委员会，选举彭志云为纪委书记。

第三次党员代表大会 2001年10月7日，在黄土坡办事处三楼会议室召开。大会听取和审查党委书记陈靖代表中共钟山区黄土坡办事处第二届委员会所作的工作报告、纪委书记彭志云代表中共钟山区黄土坡办事处第二届纪律检查委员会所作的工作报告。经大会审议后，分别对以上报告作出相应决议。大会选举产生中共钟山区黄土坡办事处委员会委员9人，组成中共钟山区黄土坡办事处第三届委员会。选举陈靖为党委书记，王景熙、孙鹏、刘柱明3人为副书记。同时选举产生中共钟山区黄土坡办事处纪律检查委员会委员5人，组成中共钟山区黄土坡办事处第三届纪律检查委员会，选举彭志云为纪委书记。

2003年4月至2008年12月，刘纯、孙鹏2人先后任街道党工委书记。王景熙、李文军、刘桂新、吴勇4人先后任党工委副书记。2003年6月至2008年12月，陈富刚、袁进、刘炎3人先后任纪工委书记。

2. 荷城街道（办事处）党（工）委

1989年10月，撤销水城镇，成立钟山区荷城办事处，中共水城镇委员会随之撤销，建立中共荷城办事处委员会。2003年4月，钟山区荷城办事处变更为钟山区荷城街道办事处，中共钟山区荷城办事处委员会变更为中共钟山区荷城街道工作委员会，街道工委领导班子成员由中共钟山区委直接任免，党员代表大会及党委换届选举随之终止。荷城办事处共召开党员代表大会3次。

第一次党员代表大会 1995年5月7日，在华夏纸厂召开。应到代表99人，实到99人。大会听取和审查党委书记王进代表中共钟山区荷城办事处党委作题为《团结奋进，务实开拓，为完成荷城办事处各项工作任务而努力奋斗》的工作报告、纪委书记张常代表中共钟山区荷城办事处纪律检查委员会所作的工作报告。经大会审议后，分别对以上报告作出相应决议。大会选举产生中共钟山区荷城办事处委员会委员10人，组成中共钟山区荷城办事处第一届委员会，选举王进为党委书记，罗兴友、吴雪景、汪争鸣、刘华伟4人为副书记。同时选举产生中共钟山区荷城办事处纪律检查委员会委员5人，组成中共钟山区荷城办事处第一届纪律检查委员会，选举张常为纪委书记。

第二次党员代表大会 1998年9月16—17日，在荷城办事处三楼会议室召开。应到代表52人，实到52人。大会听取和审查党委书记陈贵平代表中共钟山区荷城办事处第一届委员会作题为《全面贯彻十五大精神，团结奋进，求真务实，为完成荷城办事处各项工作而努力奋斗》的工作报告、纪委书记张常代表中共钟山区荷城办事处纪委检查委员会所作的工作报告。经大会审议后，分别对以上报告作出相应决议。大会选举产生中共钟山区荷城办事处委员会委员10人，组成中共钟山区荷城办事处第二届委员会，选举陈贵平为党委书记，孙承敏、陈敏、邓正运、胡德明4人为副书记。同时选举产生中共钟山区荷城办事处纪律检查委员会委员5人，组成中共钟山区荷城办事处第二届纪律检查委员会，选举张常为纪委书记。

第三次党员代表大会 2001年9月，在办事处三楼会议室召开。大会听取和审查党委书记陈贵平代表中共钟山区荷城办事处第二届委员会所作的工作报告、纪委书记蒋承君代表中共钟山区荷城办事处纪律检查委员会所作的工作报告，经大会审议后，分别对以上报告作出相应决议。大会选举产生中共钟山区荷城办事处委员会委员10人，组成中共钟山区荷城办事处第三届委员会。选举陈贵平为办事处党委书记，孙承敏、陈敏、邓正远、胡德明4人为副书记。同时选举产生中共钟山区荷城办事处纪律检查委员会委员5人，组成中共钟山区荷城办事处第三届纪律检查委员会，选举蒋承君为纪委书记。

2003年4月至2008年12月，陈贵平、孙世元、柏学德3人先后为街道党工委书记。陈敏、邓正远、孙鹏、蒋承君、杜琼、孙学武6人先后为党工委副书记。

3. 德坞街道（乡、镇、办事处）党（工）委

德坞街道办事处自钟山区建立至1992年3月为德坞乡，1992年4月，撤销德坞乡，设立德坞镇，2000年3月撤销德坞镇，设立德坞办事处。2003年4月，德坞办事处变更为德坞街道办事处。

钟山区、水城县分设时，德坞乡划归钟山区所辖，原中共水城特区德坞乡第四届委员会过渡为中共钟山区德坞乡委员会。1991年3月，德坞乡仍按原党代会排序召开第五次党员代表大会，选举产生中共钟山区德坞乡第五届委员会。1992年4月，随着德坞乡的撤销和德坞镇的筹建，撤销中共钟山区德坞乡委员会，成立中共钟山区德坞镇委员会筹委会，行使镇党委权力。1995年4月至2000年3月，德坞镇共召开2次党员代表大会，选举产生两届镇党委。2000年3月，撤销德坞镇，设立德坞办事处后，召开党员代表大会1次。2003年4月，德坞办事处更为德坞街道办事处后，中共德坞办事处党委变更为中共钟山区德坞街道工作委员会，街道工委领导班子成员由区委直接任免，党员代表大会及党委换届选举随之终止。

德坞乡

第四次党员代表大会 1987年4月2日，在乡政府三楼会议室召开。应到代表55人，实到代表55人。大会听取和审查乡党委书记晏天云代表中共德坞乡第三届委员会所作的工作报告。经大会审议后，对报告做出相应决议。会议选举产生中共德坞乡委员会委员5人，组成第中共德坞乡四届委员会，选举晏天云为乡党委书记，陈福全、李昌余2人为副书记。

第五次党员代表大会 1991年3月6—7日，在乡政府三楼会议室召开。实到代表47人。大会听取和审查乡党委副书记孙承敏代表中共钟山区德坞乡第四届委员会所作的工作报告、纪委书记彭志云代表中共德坞乡第四届纪律检查委员会所作的工作报告。经大会审议后，分别对以上报告作出相应决议。大会选举产生中共钟山区德坞乡委员会委员6人，组成中共钟山区德坞乡第五届委员会，选举孙承敏为乡党委书记，陆秀海、彭志云2人为副书记。同时选举产生中共钟山区德坞乡纪律检查委员会委员5人，组成中共钟山区德坞乡第五届纪律检查委员会，选举彭志云为纪委书记。

德坞镇

第一次党员代表大会 1995年5月，在镇政府三楼会议室召开。实到代表47人。大会听取和审查镇筹委会党委书记刘华伟代表中共钟山区德坞镇委员会筹委会所作的工作报告、纪委书记彭志云代表中共德坞镇纪律检查委员会所作的工作报告。经大会审议后，分别对以上报告作出相应决议。会议选举产生中共钟山区德坞镇委员会委员9人，组成中共德坞镇第一届委员会。选举陈靖为镇党委书记，孙承敏、沈庆碧、向建智3人为副书记。同时选举产生中共德坞镇纪律检查委员会委员5人，组成中共德坞镇第一届纪律检查委员会，选举彭志云为纪委书记。

第二次党员代表大会 1998年11月24日，在镇政府三楼会议室召开。实到代表47人。大会听取和审查镇党委书记石亚雄代表中共钟山区德坞镇第一届委员会所作的工作报告、纪委书记苏荣仙代表中共钟山区德坞镇第一届纪律检查委员会所作的工作报告。经大会审议后，分别对以上报告作出相应决议。大会选举产生中共钟山区德坞镇委员会委员9人，组成中共德坞镇第二届委员

会。选举石亚雄为镇党委书记，陈尚学、陈冬平、李朝建3人为副书记。同时选举产生中共钟山区德坞镇纪律检查委员会委员5人，组成中共钟山区德坞镇第二届纪律检查委员会，选举苏荣仙为纪委书记。

德坞办事处

第一次党员代表大会 2001年11月，在办事处三楼会议室召开。实到代表45人。大会听取和审查党委书记石亚雄代表中共德坞镇第二届委员会所作的工作报告、纪委书记苏荣仙代表中共德坞镇第二届纪律检查委员会所作的工作报告。经大会审议后，分别对以上报告作相应决议。大会选举产生中共钟山区德坞办事处委员会委员9人，组成中共钟山区德坞办事处第一届委员会。选举石亚雄为党委书记，陈尚学、陈冬平、李朝建3人为副书记。同时选举产生中共钟山区德坞办事处纪律检查委员会委员5人，组成中共钟山区德坞办事处第一届纪律检查委员会，选举严孝继为纪委书记。

2003年4月至2008年12月，石亚雄、王平2人先后为街道党工委书记。苏荣仙、严孝继、李朝进、陈伟、王厚源5人先后为党工委副书记。陈伟为纪工委书记。

4. 凤凰街道（乡、办事处）党（工）委

凤凰街道办事处自钟山区建立至1992年3月为凤凰乡，属股级乡。1992年7月，撤区、并乡、建镇时，凤凰乡由股级升格为科级乡。1998年12月，撤销凤凰乡，建立凤凰办事处。2003年4月，凤凰办事处变更为钟山区凤凰街道办事处。

钟山区建立前夕，凤凰乡于1987年12月召开中共水城特区凤凰乡第四次代表大会，选举产生中共水城特区凤凰乡第四届委员会。钟山区建立后，原中共水城特区凤凰乡第四届委员会自然过渡为中共钟山区凤凰乡委员会。1991年11月，凤凰乡按原党代会排序召开第五次党员代表大会，选举产生中共钟山区凤凰乡第五届委员会。1992年7月，凤凰乡升格筹建科级乡后，筹建阶段由原乡党委班子人员组成凤凰乡委员会，后凤凰乡共召开2次党员代表大会，进行2次换届选举。1998年12月，撤销凤凰乡，建立凤凰办事处后，办事处召开党员代表大会1次。2003年4月，凤凰办事处变更为钟山区凤凰街道办事处后，中共凤凰办事处党委变更为中共钟山区凤凰街道工作委员会，街道工委领导班子成员由区委直接任免，党员代表大会及党委换届选举随之终止。为股级乡时召开党员代表大会2次。

第四次党员代表大会 1987年12月，在乡政府二楼会议室召开。大会听取和审查乡党委书记龙义盛代表中共水城特区凤凰乡第三届委员会所作的工作报告，经大会审议后，对该报告作出相应决议。大会选举中共水城特区凤凰乡委员会委员7人，组成中共水城特区凤凰乡第四届委员会。选举龙义盛为乡党委书记，彭志云、陈明世2人为副书记。

第五次党员代表大会 1991年11月14—15日，在乡政府会议室召开。实到代表65人。大会听取和审查乡党委书记龙义盛代表中共钟山区凤凰乡第四届委员会作题为《发扬长征精神，团结奋进，为实现我乡第二步战略目标而努力奋斗》的工作报告，经大会审议后，作出相应决议。大会选举产生中共钟山区凤凰乡委员会委员5人，组成中共钟山区凤凰乡第五届委员会，选举龙义盛为乡党委书记，陈明世、王道连3人为副书记。

升格为科级乡后召开党员代表大会2次。

第一次党员代表大会 1995年5月4—5日，在乡政府（八家寨）会议室召开。实到代表67人。大会听取和审查乡党委书记龙义盛代表中共钟山区凤凰乡委员会所作的工作报告、纪委书记谢传宇代表中共钟山区凤凰乡纪律检查委员会所作的工作报告。经大会审议后，分别对以上报告作出相应决议。由于选举不成功，后由中共钟山区委任命朱绍伦、张黎犁、施辉贤、杨 明、李飞霜（挂职）、田应忠、罗昌太、宋文雄组建新的党委班子。朱绍伦为党委书记，张黎犁、施辉贤、李飞霜

（挂职）3人为副书记。

第二次党员代表大会 1998年9月18—19日，在钟山区国税局六楼会议室召开。应到代表54人，实到54人。大会听取和审查乡党委书记张黎犁代表中共钟山区凤凰乡第一届委员会作的题为《抓住机遇，开拓进取，把凤凰乡改革开放和现代化建设事业全面推向二十一世纪》工作报告、纪委书记杨明代表中共钟山区凤凰乡纪律检查委员会所作的工作报告。经大会审议后，分别对报告作出相应决议。会议选举产生中共钟山区凤凰乡委员会委员10人，组成中共钟山区凤凰乡第二届委员会。选举张黎犁为乡党委书记，王尔彬、施辉贤、田应忠、罗昌太、张兴义5人为副书记。同时选举中共钟山区凤凰乡纪律检查委员会委员5人，组成中共钟山区凤凰乡第二届纪律检查委员会，选举杨明为纪委书记。

凤凰办事处党员代表大会：

第一次党员代表大会 2001年9月30日至10月1日，在办事处六楼会议室召开。大会听取和审查党委书记张黎犁代表中共钟山区凤凰办事处委员会所作的工作报告、纪委书记杨明代表中共钟山区凤凰办事处纪律检查委员会所作的工作报告。经大会审议后，分别对报告作出相应决议。大会选举产生中共钟山区凤凰办事处委员会委员9人，组成中共钟山区凤凰办事处第一届委员会。选举张黎犁为党委书记，王尔彬、罗绍瑜2人为副书记。同时选举产生中共钟山区凤凰办事处纪律检查委员会委员5人，组成中共钟山区凤凰办事处第一届纪律检查委员会，选举杨明为纪委书记。

2004年4月至2008年12月，罗绍瑜、敖永红2人先后为街道党工委书记。王尔彬、蔡永忠、张进、杨明、晏祥学、方裕谦、熊礼渊、王文仕、闵志宏9人为党工委副书记。杨明、熊礼渊、闵志宏3人先后为纪工委书记。

三、工作机构

1988年4月，根据市委市复字〔1988〕10号文《关于六盘水市钟山区党政群机关机设置的批复》，区委工作部门设置办公室、组织部、宣传部、统一战线工作部。按照党章规定，设置纪律检查委员会和直属机关党工委。1989年3月，设政法委员会。是年11月，成立精神文明建设委员会办公室，为副科级事业机构，归口区委宣传部管理。1990年6月，成立机要局、信访办公室，归口区委办公室管理。是年8月，成立保密局，与保密委员会办公室合署办公，归口区委办管理。9月，成立老龄委员会办公室，归口区委组织部管理。1992年，成立党校，为区委直属的科级事业单位。1993年4月，根据省机构编制委员会《关于钟山区区级机关机构改革试点方案的批复》，撤销机要局、保密局的独立建制，工作职能并入区委办公室；撤销联合信访办公室，工作职能分别并入区委、区政府办公室；组织部含老干部管理工作，宣传部含精神文明建设指导和对外宣传工作；统战部对外挂区委台湾工作办公室和政府侨务办公室牌子；社会治安综合治理委员会办公室与政法委员会合署办公；监察局与纪律检查委员会合署办公，实行一套工作机构、两个机关名称的体制。1994年6月，恢复机要局，仍归口区委办公室管理；增设离退休干部管理局与老龄委员会办公室合署办公，归口区委组织部管理；恢复信访办公室，为区委、区政府的工作机构，列为党委序列，归口区委办公室管理。1996年8月，增设区委督查室，为副科级行政机构，归口区委办公室管理。2008年，成立区委史志办公室，为区委直属的科级事业单位。2008年12月，区委工作机构设置，有办公室、组织部、宣传部、统一战线工作部、政法委员会（综治办）、直属机关工作委员会、纪律检查委员会、机构编制委员会办公室；有事业单位区委党校、史志办、政策研究室。

区委办公室 1988年4月成立，内设秘书科、机要科、行政科、信访办公室。2002年，办公室内设秘书股、信息股、文书股、行政股。下设信访办公室、保密委员会办公室、督查室。机要局归口区委办公室管理。2006年，增设秘书二股。是年成立社区办公室，归口区委办公室管理。2008年，增设秘书三股。成立区委政策研究室，副科级建制，归口区委办公室管理。是年区社区办公室划归区民政局管理。

督查办公室 1996年8月成立，为副科级行政机构，核定编制4人，其中领导职数1人。2001年9月，将区委督查室、区政府督查室合并为区委区政府督查室，属副科级行政机构，核定单列编制6人，其中领导职数1人。2008年7月，增设综合股，核定股长职数1人。

信访局 1990年6月成立，归口区委办管理，为正科级行政机构。1993年，机构改革时撤销，其工作职能分别并入区委、区政府办公室。1994年5月，恢复成立信访办公室，为区委、区政府的工作机构，列入党委序列，归区委办管理。1998年12月，核定行政编制3人，无内设股室。2004年8月，更名为区委、区政府信访局，仍为区委、区政府的工作机构，列入党委序列，归口区委办公室管理。2006年1月，增设副科级信访督查员1人。2007年12月，设立区人民政府信访信息预测中心，为股级事业单位，挂靠区信访局，设主任（股级）1人，事业编制工作人员1人。至此，区信访局有行政编制4人，其中设局长1人、副局长2人、副科级信访督查员1人，主任科员1人。有事业编制2人，分别为信息预测中心主任（股级）1人、工作人员1人。

机要局 1988年5月，区委办公室设置机要科，核编4人。1990年6月，成立区委办机要局，为科级行政单位，定编4人，其中领导职数1人，工作人员3人。1993年4月撤销，1994年6月恢复。1996年12月，核定编制5人，其中领导职数1人，工作人员4人。2002年5月，改为副科级建制，核定编制5人，其中局长1人，副局长1人，工作人员3人。2004年6月，增设信息安全股，设股长1人。2005年5月，恢复为正科级行政机构，设局长1人，副局长1人。2007年3月，区委办公室机要局更名为区委机要局，区国家密码办公室更为区国家密码管理局，实行一个机构，两块牌子，归口区委办公室管理。

保密局 1990年8月成立，与区委保密委员会办公室合署办公，归口区委办公室管理。1993年，机构改革时，撤销保密局的独立建制，工作职能并入区委办公室。1994年6月，恢复设置保密局，核定行政编制3人，无内设股室。1998年，钟山区保密局改为钟山区国家保密局。2002年，改成立钟山区委保密委员会办公室，为副科级建制，编制2人，实有工作人员2人。

组织部 1988年4月成立，正科级机构。设办公室、组织股、干部股、干部审查股、知工办、干部教育股。2001年，干部审查股改名为干部监督股，2006年，知工办改名为人才股。2007年，增设公务员管理股。2003年，成立副科级机构区委远程办，归口组织部管理。1988年5月至2008年12月，金家其、张选进、赵泽义、纳朝东、郭华5人先后为部长。

离退休干部工作局 1994年8月成立，与老龄委合署办公，定编3人。2001年9月21日，离退休干部管理局更名为离退休干部工作局，归口区委组织部管理。2002年，钟山区党政机构改革，离退休干部工作局（含关工委办公室）定编4人。1994年6月至2008年12月，甘克仁、李顺成、吴昌海、黄振祥、齐运梅5人先后为局长，李顺成、施辉贤、黄锦芳、姜玲4人先后为副局长。

宣传部 1988年9月17日成立，1989年初，下设宣传通讯科，属副科级行政编制，设副科级领导职数1人，工作人员2人。11月，设立钟山区精神文明建设办公室，为副科级事业机构，办公室设在宣传部，定事业编制3人。1996年6月，成立钟山区精神文明建设委员会，由分管宣传的区委副书记为委员会主任。9月，成立钟山区精神文明建设委员会办公室，为副科级事业单位，隶属区委宣传部领导。1998年9月，区精神文明建设委员会更名为区精神文明建设指导委员会。2002年4月，成立六盘水市钟山区记者站，属区委宣传部内设股级事业单位，定事业编制4人，其中站长1人（股级）。2006年4月，区记者站升格为副科级机构，重新核定编制为5人，其中站长职数1人（副科级），副站长1人（正股级）。1988年9月至2008年12月，官仁林、陈厚帆、刘静、蔡永忠4人先后为部长。

统一战线工作部　1988年4月成立，下设办公室、业务股。侨务工作归统战部。1989年4月，设区委对台工作办公室和区人民政府台湾事务办公室，实行两块牌子一套人马，合称“台办”，归口区委统战部。1991年6月，区委对台工作办公室更名为区委台湾工作办公室。1993年8月，统战部核定编制为7人，其中部长1人，副部长3人，副主任科员1人，股级干部1人，工勤人员1人。2002年1月8日，定行政编制6人，工勤人员1人；其中部长1人，副部长3人（不含民宗局长兼职），台办主任1人，副主任科员1人，正副股长（主任）2人（其中1人由副主任科员兼任）。1988年5月至2008年12月，卢崇键、黄定邦、陈友模、杨丹4人先后为部长。

政法委员会　1989年6月成立。1991年6月，成立钟山区社会治安综合治理委员会办公室（区综治办），属区委、区政府的办事机构，正科级建制，与区委政法委员会合署办公。是年9月，成立钟山区整顿铁路治安秩序领导小组，下设办公室在铁路地区工委。1998年，成立钟山区维护稳定工作领导小组（区维稳领导小组），下设办公室（区维稳办）。2000年7月，确定区维稳办为常设机构，正股级建制。2001年1月，成立区委621办公室，后改为610办公室，正科级建制，挂靠区委政法委。2002年，明确区委610办是区委指导与邪教斗争工作的常设机构，与区维稳办合署办公，隶属关系不变。2003年，将区委610办更名为区委防范和处理邪教问题领导小组办公室（区委防处邪办）。2006年，调整钟山区国家安全领导小组，下设办公室在区委政法委。1988－2004年期间，区级禁毒工作机构以禁毒办的形式设在钟山公安分局，与公安局禁毒大队合署办公。2004年，设在钟山公安分局的区禁毒办被撤销。2005年1月，成立钟山区禁毒办公室（区禁毒办），副科级建制，属区级财政全额预算管理的事业单位，作为常设机构设在区委政法委。1989年4月至2008年12月，何儒明、张育灿、张培荣、齐保平、黄崇文4人先后为书记。

纪律检查委员会　1988年9月成立，下设办公室、信访室、检查室、审理室，核定行政编制12人，其中书记1人，副书记2人，工作人员9人。是年，钟山区监察局成立，下设监察科、案件审理科、信访科，核定行政编制8人，其中局长1人、副局长1人，工作人员6人。1990年1月17日，将纪委来信来访室更名为纪委控告申诉室。同时，在监察对象较多的区直部门设立监察室，在办、镇、乡设立纪检组或纪检员，分别开展纪检监察工作。1992年3月，区纪委、区监察局合署办公，下设办公室、信访室、纪检监察一室、纪检监察二室、案件审理室、执法监察综合室、党风廉政建设室（包括区委党风廉政建设领导小组办公室）。纪委设常委7人，其中书记1人，副书记3人，监察局局长1人，副局长2人（含非中共党员1人）。1997年8月，成立钟山区人民政府纠正行业不正之风办公室，与区委党风廉政建设领导小组办公室合署办公。是年10月，增设纠风办。区纪委、监察局机关定编26人，其中纪委书记1人（由区委副书记担任）、副书记3人（含监察局局长1人），纠风办公室主任由监察局局长兼任。2003年6月，执法监察综合室分设为监察综合室和执法监察室，增加主任职数1名（副科级）。2006年12月，增加行政编制5人，原纠风办所使用的5人单列编制全部核销，核定行政编制共29人。1988年9月至2008年12月，钟以福、颜昌友、张培荣、付国祥、曾晓芳5人先后为书记。

直属机关党（工）委　1988年5月，成立中共六盘水钟山区直属机关委员会，核定行政编制8人，工勤人员1人。1990年11月，内设中共六盘水市钟山区直属机关纪律检查委员会，机关党委副书记孔俊任纪委书记。1997年10月，增设区直机关党委监察室，吴昌海为主任。2006年9月，中共六盘水市钟山区直属机关委员会更名为中共六盘水市钟山区直属机关工作委员会。同时，钟山区机关纪委更名为钟山区机关纪工委。

编委办公室　1988年9月成立，办公室主任由人事局长兼任，另设专职副主任1名。1990年7月，更名为机构编制委员会办公室。1993年，确定为常设办事机构，归口人事劳动局管理。1998年5月，明确机构编制委员会办公室既是区委工作机构，又是政府的工作机构，列入党委序列，独立建制。核定编制5人，其中主任职数1人，副主任职数1人，工作员2人，机关工勤人员1人。2005年，设置区事业单位登记管理局，为区编委办公室所属的副科级行政机构。核定行政编制5人，其中局长职数1人（副科级）、副局长职数1人（正股级），工作员3人。

区委党校　1992年3月成立，为区委直管科级事业单位（参照公务员法管理），下设教务科、总务科和办公室，核定事业编制25人，其中校长1人（由区委分管党校副书记兼任）、常务副校长1人、副校长2人，教务科2人，总务科5人，办公室4人。2008年12月，全校有教职工19人，其中本科12人，大专7人，高级讲师1人、高级政工师1人、讲师4人、注册会计师1人、助理讲师3人。1992年10月至2008年12月，陈厚帆、吴文祥、王宜治3人先后为校长。

政策研究室　2008年3月成立，为区委直管的副科级事业单位（参照公务员法管理），核定事业编制3人，其中主任1人，工作人员2人。

史志办公室　2008年3月成立，为区委直管正科级事业单位（参照公务员法管理），核定编制5人，其中设主任1人，副主任1人，工作人员3人。内设综合股，核定股长职数1人。

四、重大决策

第一届区委任期内（1988年9月—1991年12月），区委着重抓党的建设工作。

在思想建设工作中，一是从抓学习入手，认真学习党的十三大和十三届四中全会以来的重要文件，学习邓小平、江泽民等中央领导同志的重要讲话，以《党章》《准则》《毛泽东选集》（第二版）《马克思主义哲学学习纲要》等为主要教材，教育广大党员提高理论水平，坚定社会主义信念。二是深入开展坚持四项基本原则的教育。三是多层次地分期分批对党员进行党性、党纪、党风的教育。1989年8月，区委下发《关于加强思想政治工作的意见》，把思想政治工作提高到重要地位，改变一个时期以来思想政治工作放松的状况。

在组织建设工作中，一是开展民主评议党员工作，1989年全区评出优秀党员353人，合格党员1871人，基本合格党员124人，不合格党员17人。二是整顿后进党支部，加强农村基层党组织建设。到1990年年底，全区88个农村党支部有82个开展“双带”活动，1506名农民党员中有1013名参加“双带”活动，帮带户数达2670户。三是加强干部队伍建设。1988年11月，区委发出《关于干部管理体制的暂行规定》，1990年4月，区委又发出《关于选拔管理专业技术拔尖人才的意见》，有计划、有步骤地选派领导干部，充实和加强领导班子。四是按照“坚持标准、保证质量、改善结构、慎重发展”方针，抓好党员发展工作。至1990年三年，全区共发展党员282人。

在作风建设工作中，一是加强自身建设，保持廉洁，过好民主生活会。二是党政领导干部建立基层联系点，经常深入基层，宣传党的路线、方针、政策，听取群众的批评和建议，为群众排忧解难。三是采取派调研组、工作组，实行部门包乡，组织干部参加义务劳动等形式，组织党政机关干部深入基层，开展调查研究，为群众办实事。四是坚持从严治党，认真查处党员违纪案件。

第二届区委任期内（1992年1月—1995年5月），区委较好地完成区第二次党代会确定的主要任务，全区经济持续稳定发展，综合经济实力明显增强，人民生活水平进一步提高，基础设施建设有所改善，安定团结的政治局面更加巩固，各项事业长足发展。

1992年，邓小平同志南方谈话后，区委连续三年在全区范围内组织解放思想的大讨论。经过讨论，用以经济建设为中心的思想统一全区上下认识，修订“八五”计划和“十年规划”，调整实现经济翻番的目标。1993年，参加全市开展的大讨论，建立“包死基数，超收分成”的各级财政承包责任制。1994年，全区参加省委部署的全省解放思想大讨论，使广大党员干部在学风上、思想观念上和民主决策上有新的突破，深化对区情的认识，强化机遇意识和发展意识，进一步明确钟山区的发展思路，制订区、镇（乡、办）、村脱贫致富奔小康的规划。

在党的思想建设工作中，认真组织广大党员、干部学习《邓小平文选》（第三卷）和党的十四大、十四届三中、四中全会精神，开展党的基本路线和基本纲领教育。在机关党员中，主要开展党性、党纪、党风和全心全意为人民服务的教育。在农村党员中，主要开展以“双带”为重点的教育。在预备党员和要求入党的积极分子中，主要开展对党的信念、基本知识的教育。在组织建设工作中，按照干部“四化”方针和德才兼备的原则，选拔一批年富力强的优秀年轻干部、妇女干部、少数民族干部和非党干部进入各级领导岗位，改善各级领导班子的结构。加强以农村党支部为核心的基层组织建设，整顿软弱涣散的农村党支部，组织“四个一”（一个好支部书记、一个好的党支部、一条好的致富路子、一套好的制度）工程的实施。至1995年，全区共发展党员393人。在作风建设工作中，区委加强自身建设，严格坚持民主集中制，过好民主生活会。在廉政建设中，区委根据党中央和中纪委关于开展反腐败斗争三项工作的部署和省、市委的要求，制定实施意见。1993年10月，区委下发《关于反腐败斗争近期要抓好几项工作的决定》。

第三届区委任期内（1995年6月—2001年10月），区委为调动基层干部的工作积极性，1996年4月，下发《关于从行政村和乡、镇企业选聘优秀干部到乡、镇、办事处担任领导职务的意见》，并选拔一批德才兼备的基层干部到乡、镇、办事处任职。为加强党的建设，1996年6月，先后下发《钟山区委研究党建工作会议制度》《关于加强城市街道党的建设工作的意见》《关于加强和改善我区中小学校党建工作的意见》《关于建立钟山区领导干部离任审计的规定》《中共六盘水市钟山区廉政建设制度》《中共六盘水市钟山区委常务委员会民主生活会制度》，并按照党的十五大精神，结合钟山区实际，就进一步加强钟山区非公有制经济发展作出若干规定。

1997年，区委决定，在全区加强农业的基础地位，积极探索扶持、保护、促进农业发展的新机制；把农业科技摆上第一生产力的位置；合理调整农村产业结构和农业内部结构，走农业产业化的发展道路，逐步实现由温饱型向效益型的转变；明确任务，强化措施，打好扶贫攻坚战；大力发展乡镇企业和第三产业，大力发展非公有制经济。1998年，区委又提出在全区打好扶贫攻坚战，实现全区农村贫困人口脱贫目标。全面推进乡镇企业“三改一加强”（改革、改组、改造、加强管理）工作，发展乡镇企业，大力发展非公有制经济和第三产业。是年6月，区委制定做好延长农村土地承包期工作的实施方案，对延长农村土地承包期的有关事项进行明确，并对开展此项工作进行安排部署。农村土地在第一轮土地家庭联产承包经营的基础上，自1994年起，延长土地承包经营的时间，耕地承包期再延长50年，非耕地资源开发的承包期再延长60年。

1999年2月，钟山区被列入全省第一批20个建设经济强县名单。6月，区委成立钟山区建设经济强县领导小组，加强对建设经济强县工作的领导。8月，召开钟山区建设经济强县动员大会，拉开全区建设经济强县（区）工作的序幕。是年12月，区委提出建设经济强镇的实施意见，选择在大湾镇、汪家寨镇、大河镇、老鹰山镇、黄土坡办事处5个镇（办）进行导向性经济强镇（办）建设，提出自2000年到2002年，第一批经济强镇（办）要实现财政收入年递增20%以上，3年后实现财政收入1000万元以上目标。

2000年3月，区委决定从3月下旬到6月下旬分三个阶段在全区开展迎接西部大开发解放思想大讨论活动。组建农村党建扶贫工作队，驻村参加农村党建扶贫工作。

2001年9月26日，区委在凤凰新区举行开发凤凰新区奠基暨凤凰大道的开工典礼，标志着凤凰新区开发建设正式拉开序幕。是年11月29日，区委提出到2003年底，将钟山区行政办公区迁移至凤凰新区。2004年7月，钟山区行政办公区由人民中路穿心寨迁至凤凰新区。

第四届区委任期内（2001年11月—2006年10月），2002年11月11日，区委发出钟山区领导干部抓好100个典型示范村工作的通知。提出：（1）各镇乡办事处和区直有关部门要高度重视，明确责任，确保抓典型示范村工作落到实处；（2）通过抓典型引路、抓示范促发展，带领群众走科技兴农、科技致富的路子，让农民得实惠；（3）抓好典型示范村的基层组织建设，配强配齐村级领导班子，充分发挥班子作用。12月13日，区委为加快城市社区建设，提出推进城市社区建设的意见：（1）提出社区建设分两个阶段实施。第一阶段为建立社区建设指导和工作机构，制定规划和实施方案，重点抓好城区街道社区整合和组织建设；第二阶段重点抓好城区街道社区建设主要内容的全面落实和巩固提高，并向有条件的镇延伸。（2）建立党委政府领导、民政部门牵头、有关部门配合、社区居民委员会主办、社会各界支持、群众广泛参与的领导体系和运行机制，完善区、街道两级社区建设指导协调机构。（3）强化街道在社区建设中的综合管理服务职能。理顺城市管理体制，办事处规范名称为街道。在街道设立党的工作委员会，为区委派出机构；设立街道办事处，为区人民政府派出机构。（4）按照有利于管理和服务、有利于社区资源开发、有利于社区自治的原则，以地缘关系、居民认同感和归属感为纽带，对现有办事处、居民委员会所辖区域进行适当调整，建立社区并冠名。（5）建立社区党支部、逐步完善党的组织体系；建立社区成员代表大会、社区居民委员会、社区议事协商委员会等社区组织体系。（6）对社区组织、服务、治安、卫生、文化、环境、社会保障等社区建设的内容予以明确，成立社区组织、社区服务、社区治安综合治理、国防工作、社区卫生计生、社区环境、社区文化、社区社会保障共8个专业指导组，指导开展社区建设工作。

2003年4月21日，区委决定黄土坡等4个办事处党委、人大、行政、纪委工作机构更名为：（1）将“中共六盘水市钟山区黄土坡、荷城、凤凰、德坞办事处委员会”更名为“中共六盘水市钟山区黄土坡、荷城、凤凰、德坞街道工作委员会”。（2）将“六盘水市钟山区黄土坡、荷城、凤凰、德坞办事处人大工作委员会”更名为“六盘水市钟山区人大常委会黄土坡、荷城、凤凰、德坞街道工作委员会”。（3）将“六盘水市钟山区人民政府黄土坡、荷城、凤凰、德坞办事处”更名为“六盘水市钟山区人民政府黄土坡、荷城、凤凰、德坞街道办事处”。（4）将“中共六盘水市钟山区黄土坡、荷城、凤凰、德坞办事处纪律检查委员会”更名为“中共六盘水市钟山区黄土坡、荷城、凤凰、德坞街道纪律检查工作委员会”。（5）将“中共六盘水市钟山区黄土坡、荷城、凤凰、德坞办事处政法委员会（综治办）”更名为“中共六盘水市钟山区黄土坡、荷城、凤凰、德坞街道政法工作委员会（综治办）”。

2004年3月5日，区委为抓好社会治安综合治理工作，决定在全区建立社会治安综合治理工作包保责任制。（1）将社会治安综合治理工作纳入区委、区人大、区政府、区政协领导班子成员包乡帮村工作内容；（2）区直各部门必须把社会治安综合治理工作与本单位业务工作同研究、同安排、同考核、同奖惩；（3）区综治委成员单位必须按期在综治委会议上报告本单位或联系的镇乡街道或村的社会治安综合治理情况，区综治委每年对各镇乡街道和区直单位的社会治安综合治理工作进行考核；（4）各级各部门党政领导干部抓社会治安综合治理的能力和实绩列为干部考核的重要内容和任免干部的重要依据，与晋职晋级和奖惩直接挂钩。10月9日，区委决定对市区警务管理体制进行改革：撤销六盘水市公安局钟山分局（钟山开发区公安分局）、红岩分局、巴西分局及所属28个派出所，设立六盘水市公安局黄土坡、朝阳、红岩、荷城、巴西、汪家寨、大湾、老鹰山等8个警察署，并对警察署职责、编制及警力配置、内设机构、管理体制等改革事项进行明确。

2005年7月19日，为迎接2005年“凉都·六盘水消夏文化节”的举办，区委决定开展为期一个月的城市环境卫生集中整治，动员和安排区直机关干部参与、联系、承包主要路段的整治工作，宣传贯彻执行城市管理法律法规及市区关于城市创卫活动的有关决定，督促实施“门前三包”工作，配合城管人员对不文明行为进行教育和处罚。此项工作后来被相对固定下来，区直机关每年都派干部职工参与、联系、承包主要路段的环境卫生集中整治工作。11月25日，召开中共六盘水市钟山区第四届委员会第六次全体（扩大）会议，大会提出“十一五”时期钟山区的奋斗目标是：实现地区生产总值125亿元，比2000年翻两番；人均生产总值达3000美元，比2000年翻两番，超过全国平均水平；固定资产投资达120亿元；财政总收入达12.2亿元，其中地方财政收入达5.77亿元；农民人均纯收入达3142元。提出要实现“十一五”宏伟目标，就必须全力以赴实施好“123456”发展工程：确定一个目标——全力打造中国凉都城市品牌，建成贵州西部中心都市，争创全国双拥模范城市、全国文明卫生城市、全国优秀旅游城市；致力改善两个环境——城乡人居环境和招商引资环境；竭力实施三项战略——城市兴区、工业强区、生态立区；努力做好四篇文章——农村脱贫、安全生产、计划生育、社会稳定；实施四轮驱动——新区建设、旧城改造、小城镇发展、新农村建设；奋力实现五个突破——城市建设、城市管理、城市经济、城市文化、城市生态；大力抓好六个建设——党风廉政、基层组织、精神文明、民主法制、公共服务、和谐社会建设。

2006年5月29日，区委出台推进社会主义新农村建设的实施意见，贯彻工业反哺农业，城市支持农村的总体方针。要求各级各部门围绕“生产发展、生活宽裕、乡风文明、村容整洁、管理民主”的总体要求，按照“统一规划、分步实施、典型引路、各具特色、齐抓共建、务求实效”的原则推进全区新农村建设。

第五届区委任期的第一年和第二年（2006年11月—2008年12月）。2007年12月27日，区委决定，在全区认真学习贯彻党的十七大精神，加快推进城乡一体化。（1）统筹加快推进城乡空间布局一体化。（2）构筑城中品牌、构筑城边市场物流、城郊工业园区、城外都市农业经济带，加快推进城乡产业发展一体化。（3）通过夯实交通、能源、水利、公共基础设施，加快推进城乡基础设施一体化。（4）完善养老、医疗、住房、救助体系，加快推进城乡社会保障一体化。（5）通过实施优教、文化、就业、平安工程，加快推进城乡公共服务一体化。（6）落实改善城乡生态环境、大力发展循环经济的措施，加快推进城乡生态环境一体化。

2008年5月9日，区委提出城市支持农村的实施意见。（1）通过完善城乡市场体系、壮大农业生产基地、发展生态旅游产业、大力发展劳务经济、开展“百企帮村”行动激活农村经济发展活力，推进城乡产业融合。（2）通过夯实农田水利基础、完善农村交通网络、发展农村清洁能源、搭建农村信息平台巩固农业基础地位，推进基础设施向农村延伸。（3）通过促进城乡教育均衡发展、提高农村医疗服务能力、完善农村社会保障体系、推动农村文化事业发展以改善民生为突破口，推进社会事业向农村覆盖。（4）通过强化政府服务职能、公共财政投入向农村倾斜、发挥金融机构支农作用、完善农技服务推广体系、加大党建扶贫工作力度、扎实抓好新农村建设加快转变政府职能，推进公共服务向农村倾斜。8月26日，区委决定在全区开展建区20周年系列活动。8月27日—9月3日，通过建区二十周年成果展、“回眸钟山20年”系列报道、建区20周年庆典大会暨文艺演出等形式举办建区20周年庆祝系列活动。为贯彻落实贵州省人民政府办公厅《关于加强全省地方志编修工作的通知》及《六盘水市第二轮地方志编修方案》文件精神。9月17日，区委决定开展六盘水市钟山区第一轮地方志编修工作。并将《六盘水市钟山区志（1988—2008）》篇目编修任务纳入各单位年终工作目标管理。

五、信访督查

（一）信访

1988年10月，钟山区组建工作步入正轨后，区委成立信访工作领导小组，由区委、区政府分管信访工作的领导和有关部门的负责人组成，代表区委和区政府协调处理重大疑难信访问题，研究、检查、指导全区信访工作。

1990年6月，成立归口区委办公室管理的信访办公室后，区委的具体信访工作由信访办公室承担。2004年8月，成立归口区委办公室管理的区委、区政府信访局后，区委、区政府的具体信访工作由信访局承担。信访部门对来信来访进行接收、接待和逐一登记，对信访案件亲自调查处理或报区委、区政府及移送有关部门处理。钟山区成立后，区委、区政府及信访部门不断建立和完善信访工作制度和信访处理机制，保障信访工作有序高效进行，尽力在政策允许范围内解决人民群众的诉求，化解矛盾，维护社会安定。

1998年7月，建立钟山区《领导干部公开挂牌接待来访群众制度》《领导干部阅批群众来信制度》《领导干部包案回访汇报制度》《重要会议和重大活动期间信访工作制度》《领导干部信访工作目标管理责任制度》《信访干部工作责任制度》。信访工作制度基本框架趋于完善。

2004年10月，建立《钟山区集中处理信访突出问题及群体性事件联席会议制度》，该制度沿袭至今，并不断完善，为全区信访工作的基本制度之一。

2005年10月，建立《钟山区人民群众给区委、区政府领导写信绿色通道制度》（简称“信访绿色通道”），“信访绿色通道”的建立，方便人民群众的信访诉求。几年来一直坚持和不断完善，成为党委、政府与人民群众的“连心桥”。

2006年4月，制发《办理群众来信工作规则（试行）》《接待群众来访工作规则（试行）》和《信访事件督查督办工作规则（试行）》等规定。对群众来信来访的办理、信访事件的督查督办、信访工作流程、工作要求、责任追究等作出更为明确、具体的规定，信访工作更为规范。

2008年5月，制发《钟山区信访联席会议制度》《钟山区信访工作责任追究暂行办法》《关于处置到区委区政府大院异常上访及群体性事件的工作预案》和《关于加强钟山区进京非正常上访人员劝返接回处理工作的意见》等4个制度。是年7—12月，根据中共中央的统一部署及省委、市委的安排，区委开展书记大接访活动，制定《信访工作例会制度》，对信访工作及时研究和部署。区委书记大接访活动期间，共接待上访群众624批次2962人次，其中区委书记、区长接访130批次799人次，其他领导接访494批次2163人次。全区9个镇乡街道共接待上访群众689批次10252人次，其中镇乡街道主要领导接访396批次6446人次，其他领导接访293批次3806人次。开展下访66人次126批次，约访52人次59批次。进行督查督办420件（次），电话督办600余件（次）。化解信访突出矛盾168起，涉及2000人次，结案150起，息访166起，稳定信访问题140余起，重点对象500余人。基本实现中央、省委、市委关于“务求实效”“事要解决”“案结事结”和“心要安定”的工作要求，在北京奥运会、残奥会和党的十七届三中全会期间，钟山区实现“零进京非正常上访”的目标。

区人大常委会对人民群众来信来访重大的疑难案件，亲自召开联席会议，研究解决办法，对一般信访案件转“一府两院”办理，并加强督促检查。1988—2008年，区人大常委会共受理人民群众来信来访16290人（件、次）。其中受理人民群众来信4534件（次），接待来访11756人（次）。

（二）督查

1996年6月之前，区委的督查工作主要由区委办公室负责，1996年8月，成立区委督查室后，督查工作主要由区委督查室负责。督查部门对区委和上级安排部署及交办的重大工作进行催办、督查，并编制《督查专报》上报，编制《督查通报》发放有关单位。

2000年，钟山区全面实施年度工作目标管理，区委督查室负责制定各项工作目标责任书和目标考核实施细则，并参与平时督查及年终考核等工作，目标责任书将各项主要工作任务量化分解到各镇、乡、街道和区直各部门，实施督查和年终考核、兑现奖惩，全面推进各项工作任务的落实。自

2002年起，区委督查室对元宵节、清明节期间市中心城区森林防火封禁工作进行督查。2003年，制定《关于开展督查工作考核办法》，将督查工作纳入各单位考核目标，明确区直各部门、各镇乡、街道办公室主任为督查横向、纵向网络联络员，建立健全督查网络，明确规定任务，形成督查工作合力。督查部门在督查中积极开展调查研究，采写的《钟山区当前社会治安形势分析及对策建议》调研报告引起中共六盘水市委对市中心城区社会治安问题重视，并进行专题研究。2004年，采写的《关于边远教师工资拖欠问题的督查报告》引起区委区政府的重视，使全区50名边远教师工资拖欠问题得到解决。2005年，开展煤矿安全生产工作督查，促进境内煤矿的规范化管理。采写的关于《请求将六盘水市中心城区公路收费站搬迁至城郊》调查报告被省委督查室采用，引起市领导的高度重视，督促大垭口收费站和明湖收费站迁出市中心城区，对招商引资、发展第三产业，加快全区经济快速发展起到促进作用。该文亦被评为全市2005年度好督查专报奖。2008年，对大湾片区“南京人”族称认定工作进行跟踪督办，督促4000余名“南京人”民族成分归属白族的族称认定工作。2000—2008年，共向上级督查部门报送《督查专报》342期，被省委督查室采用9期、市委督查室采用82期。采编《督查通报》259期。

六、机要保密

机要工作和保密工作主要由建区初成立的区委办公室机要科负责，后来由成立的区委机要局、区国家密码管理局（原为办公室）负责。

（一）机要

1988—1995年，机要工作的任务主要是以传真收发为主，办理各种密码电报和明传电报。1996年，区委成立密码工作领导小组后，区委机要局承担区委密码工作领导小组办公室的日常工作。是年，全区乡镇传真建设启动后，增加宏观管理全区乡镇传真的职能。2002年8月15日，遵照《关于省、地、县党委办公厅（室）办公自动化网络建设若干问题的通知》精神，承担区委办公室局域网建设和管理职能。2007年4月，全区镇乡计算机商用密码通信网络建成开始使用，增加管理商用密码的职能。5月，区编制委员会印发《关于中共六盘水市钟山区委办公室机要局（六盘水市钟山区国家密码管理委员会办公室更名）等事项的批复》，主要职责调整为，组织贯彻落实党和国家关于密码工作的方针、政策；与有关部门共同负责信息安全保障的相关工作；抓好党委系统信息化建设工作；承办区委密码工作领导小组、区国家密码管理委员会的日常工作。

（二）保密

1994年，贯彻国家保密局《关于印发“关系国家安全和利益的定义群”的通知》，将《通知》印发各单位，供各单位在制定密级时参阅。1996年，贯彻落实中共贵州省委保密委员会《关于地、县级干部保守党和国家秘密的规定》及《各级党政领导机关和领导干部对本地区本系统保密工作领导责任制要点》，组织检查组对区属各单位管理党和国家涉密文件的情况进行检查。1997年3月，为确保辖区内打字复印行业的国家秘密安全，区保密局制发《关于印刷、复印等行业复制国家秘密载体暂行管理办法》。9月，制发《关于搞好确定国家秘密及密级工作的通知》。11月，对《中共中央关于加强新形势下保密工作的决定》进行贯彻落实。1998年5月，为确保国家秘密安全，掌握钟山区国家秘密底数，对辖区内确定国家秘密情况进行调查、统计。8月，为使钟山区计算机信息系统保密管理有章可循，制发《计算机信息系统保密管理暂行规定》并组织实施，在“三五”保密法制宣传教育方案实施工作中，以《保密法》颁布10周年为契机，广泛深入开展保密宣传教育，区委保密委员会印制《保密法》《保密法实施办法》《保密法实施细则》等有关保密法律、法规资料上街进行宣传，发放资料4000余份。组织全区840名干部职工参加全国保密法律、法规知识竞赛。1999年1月，区国家保密局转发国家保密局《关于对外提供社会调查资料保密审查有关问题的通知》，督促各单位依照执行。转发中央保密委员会办公室、国家保密局《关于印发涉及国家秘密的通信、办公自动化和计算机信息系统审批暂行办法的通知》。8月，区委办、区政府办印发《中共钟山区委、区人民政府领导成员保密工作职责》。购买《领导干部保密读本》供全区副县级以上领导干部学习。处理泄密事件1件。2000年1月，区国家保密局转发《贵州省国家保密局关于政府上网信息保密管理暂行办法》，对该《办法》进行学习、贯彻。5月，对区涉密部门领导干部和涉密人员进行保密工作持证上岗培训。确定区委办公室打字复印部为“钟山区国家秘密载体定点复制单位”。2001年3月，为确保机构改革中国家秘密安全，区委保密委下发《关于在机构改革中加强保密管理工作的通知》。12月，印发《钟山区保密技术工作“十五”发展规划》。对辖区内私营打字复印行业进行普查和多次突击检查。2002年，对辖区内42家打字复印部、6家废品收购站、2家印刷厂等特殊行业进行保密执法检查。制定《钟山区“四五”保密法制宣传教育规划》。2003年7月，对全区副科级以上领导干部及专兼职涉密人员进行保密知识培训，对一些部门的涉密计算机进行专项检查。9月，制定《钟山区涉密人员岗前、在岗、离岗保密管理制度》。贯彻贵州省委保密委员会《关于严禁用涉密计算机上国际互联网的通知》。11月，对全区保密工作目标管理情况进行检查。2004年3月，召开全区保密委员会成员单位会议，传达全市保密工作会议精神。4月，为做好钟山区搬迁工作中涉密载体的管理工作，对涉密载体的管理、清点工作作出具体要求。7月，组织有关单位对区委办、区政府办、区检察院等16个单位的计算机网络安全保密进行专项检查。8月，配合市检查组对辖区内市房产交易处欢颜房产公司、113地质队进行测绘成果保密专项检查。9月，对辖区内12家私营打字复印部、2家废品收购站、1家印刷厂等特殊行业进行保密执法检查。根据市国家保密局《关于认真组织学习〈领导干部、涉密人员安全保密技术必备知识〉的通知》和《关于开展全省保密技术知识竞赛的通知》精神，组织全区各镇乡、街道，区直部门及驻区大中企业参加全省保密技术知识竞赛答题，共有2647人参赛。2005年5月，对全区各单位的“四五”保密普法工作进行检查和验收。6月，经市“四五”保密普法宣传教育考核组验收，钟山区被评为全省保密法制宣传教育先进单位。7月，对全区机要党政综合信息网进行安全保密检查；对全区党政军机关保密工作进行大检查。9月，对全区78个单位的计算机及其网络安全保密情况进行全面摸底调查，并对区法院、国税局、政府办等34家重点涉密单位开展计算机及其网络安全保密专项检查。10月，联合区委政法委举办“反邪教干部忠诚教育保密警示培训”专题讲座，各镇乡街道政法委书记、各社区负责人、防处邪办公室工作人员84人参加培训。2006年5月，组织全区各单位播放《筑起保密防线》保密教育光碟。制定《钟山区泄密报告制度》《钟山区泄密举报受理制度》《加强手机使用保密管理规定》《钟山区“五五”保密法制宣传教育规划》。印发《关于加强保密要害部门部位管理的通知》。为加强对涉密人员管理，建立全区涉密人员档案库。2007年3月，集中清理取缔涉密文件资料交易行为，对辖区内废旧收购点进行拉网式大检查。9月，按照上级指示精神，对钟山区保密工作体制和队伍建设情况进行全面调查。是年，区国家保密局局长王丽珠获全国先进保密工作者荣誉称号。2008年4月，编辑《钟山区县级领导干部“五五”保密法律知识学习问答》供全区副县级以上领导干部学习。6月，贯彻《中华人民共和国政府信息公开条例》，制定《钟山区上网信息保密审查制度》；转发《国家保密局、国务院信息化工作办公室〈关于加强党政机关计算机信息系统安全和保密管理的若干规定的通知〉》，供各单位学习实施。7月，根据中共贵州省委办公厅《关于在全省党委系统开展信息安全专项检查的通知》精神，对全区30家重点涉密单位就信息安全保密工作进行专项检查。9月1日，组织全区各镇乡街道、区直部门办公室主任及涉密人员共160余人参加保密法律知识培训并进行考试。9月1—15日，全区各镇乡街道、区直部门采取多种形式开展《保密法》颁布20周年宣传教育活动。

第二节 纪检监察

一、党风廉政监督

1988年来，特别是党的十三届四中全会以来，钟山区委、区政府对党风廉政建设工作十分重视，专门成立廉政领导小组和办公室。根据市委制订的“申报”“回避”“两公开一监督”的三制度精神，从群众最关心，议论最多的热点问题入手，如招工招干、转业军人安置、调动工作、征兵、农转非、农用物资的分配供应，救济粮款的发放等，制订“两公开一监督”的配套文件11个，从制度上堵塞漏洞，预防为主，教育为主，遏制腐败行为发生。在纪律检查和行政监察工作中，着重从制订规划、加强教育、强化监督、从严惩治等方面进行。1990年，对6个单位的财务开支情况进行抽查，发现存在的问题，要求限期整改，建立健全财务制度。1991年，把清理党政干部职工建私房作为推进党风廉政建设的一项重要工作来抓，从有关单位抽调50人，历时两年半完成清房工作，刹住建私房歪风。1992年，就党政机关和事业单位兴办经济实体明确提出五个允许、五个原则、五个不准，使机关单位和有关人员在经济活动中有明确的纪律准则。1994年，根据中纪委三次全会提出的党政机关领导干部廉洁自律的“新五条”规定，认真清理领导干部有无违纪用车、违纪购房和装修住房、利用职权无偿占用企业钱物等问题。区委、区政府出台区内接待标准。1995年后，按照中纪委五次全会精神，将领导干部的廉洁自律规范从县（处）级扩大到基层站（所）。1997年起，建立实施党风廉政建设责任制，每年都制定目标，落实到区属各单位和乡、镇、街道办，年终考核。1998年，贯彻中共中央《关于党政机关厉行节约、制止奢侈浪费行为的若干规定》，集中清理领导干部乘坐车辆、购房、公款安装住宅电话、公款办理驾驶执照、公车私用情况，狠刹公款吃喝玩乐风。对严格控制新建办公楼、严格控制会议的召开、严格控制用公款安装住宅电话和购买移动电话、严禁政法部门经商办企业执行情况进行清理检查。共收缴电话初装费7.5万元，处理移机住宅电话24部，收缴“大哥大”2部，查处公款购置手机20部、寻呼机253个。对清理出来的45名公款办理驾照干部作出相应处理，查处违纪用车27台，其中批评教育21台，纠正处理6台，收缴公车使用费6000元。1999年，对个人借用公款和行政事业单位违规为企业或个人担保贷款行为进行清理，共清理出职工欠款555.04万元。对党员干部执行计划生育政策进行清理，对违反计划生育的117人给予计生法规处罚，部分党员干部受到党纪政纪处分。是年，为加强干部勤政廉政管理，建立干部廉政档案。2000年，以责任追究为重点，落实党风廉政建设责任制，着重落实中央、省、市关于禁止领导干部利用职权和职务的影响，为配偶、子女谋取非法利益的规定，禁止领导干部接受公款安排的旅游活动的规定，用公款在住宅配置电脑的规定。2001年，对全区副县级以上领导干部配偶、子女从业情况进行清理登记。规范党政机关通信工具的管理使用，对公务话费报销标准作出具体规定。2002年，全面建立全区副科级以上在职领导干部廉政档案，建立通信联系制度，每季度向各镇乡（办事处）、区直各部门党政主要领导寄发一期警示教育典型案例，以案学纪，以案说法，以教促廉。2003年，对全区贯彻落实党风廉政建设责任制的7个先进集体和12名先进个人予以表彰。2004年，深入开展廉洁自律工作，规范领导干部从政行为，落实各项监督制度，对党政领导干部兼任企业领导职务、党政机关用公款为职工购买个人商业保险、党政领导干部拖欠公款或利用职权将公款借给亲友、党和国家工作人员参与或假借他人名义经商办企业和入股分红的情况进行清理，免去在企业兼任职务的领导干部12人。2005年，执行党委和纪委主要领导同下级党政主要领导谈话、任前谈话、诫勉谈话制度；施行党风廉政建设述职述廉评议制度，开展对党政领导干部拖欠公款清缴工作；对出国（境）人员进行清理统计；对全区公务用车实行统一标志管理，开展清理纠正国家机关工作人员和国有企业负责人投资入股煤矿工作。2006年，共清理出3名国家机关工作人员和国有企业负责人投资入股参与开办煤矿，对他们分别作出辞退、责令撤资退股和收缴收益金的处理决定。2007年，制定《钟山区加强农村基层党风廉政建设实施意见》，加强农村基层党风廉政建设，推进全区社会主义新农村建设。根据中共中央《关于严格禁止利用职务上的便利谋取不正当利益的若干规定》《中共贵州省委关于进一步加强领导干部作风建设的意见》、省委书记石宗源“共产党员必须站在人民的立场，必须是人民利益的忠实维护者、捍卫者”的重要讲话和批示精神，钟山区以治本、治人、治学、治会、治查、治难为目标，开展为期5个月的党政机关作风教育整顿活动，对2006年、2007年提任的48名科级干部进行党风党纪廉政教育培训。2008年，加强对各级领导干部执行廉洁自律规定的监督检查，开展清理纠正党政机关和事业单位个人“小灵通”捆绑办公电话工作。开展清理登记领导干部公款出国出境工作。重申不准党政机关及事业单位领导干部驾驶公车的规定，重申禁止领导干部、国家工作人员利用子女升学操办酒席、请客送礼的规定，严格执行领导干部不准收送现金、有价证券、支付凭证、收受企业干股的有关规定。

二、监察执法

1988年11月18日，区行政监察举报中心成立。是年，钟山区制定《行政监察暂行规定》，提出案件处理实行分级负责、归口办案，重事实、重证据，讲求工作效率，件件有着落、事事有交代4条原则。采用问卷调查的方法，在全区开展政纪调查，掌握全区大量的第一手政纪情况，为区委、区政府加强廉政建设工作发挥参谋作用，提供可靠的依据。1989年，行政监察工作以党的十三届三中全会提出的治理经济环境、整顿经济秩序、全面深化改革任务作为工作中心。会同有关单位进行财务、税收、物价三大检查。参加清理整顿公司，清理“两违”建房。配合清理干部职工借用拖欠公款；配合教委对钟山区第四中学的财务进行清理整顿。对在检查、清理、整顿、审计中发现的违反财经纪律规定，大吃大喝，挥霍浪费，以权谋私等问题进行查处。对群众反映区煤炭公司用公款购房、违规购买2台汽车的问题立案调查。1990年，围绕中共中央治理整顿、深化改革的方针，对《矿产资源法》《统计法》《土地管理法》，以及财政、物价、税收执法情况进行检查，继续清理整顿公司；继续对干部职工“三违”建私房，越权审批土地进行清理，对公款宴请和滥发钱物问题进行专项监督检查。1991年，重点对全区受洪灾后救灾物资的收发情况进行专项检查，继续清理“三违”建私房。1992年，重点对全区“撤区并乡建镇”中的财务清理工作进行专项检查，对群众关心的征兵、招生、招干、招工、毕业生分配和职工住房分配等进行监督和检查。1993年，区纪委和监察局合署办公，设立监察综合室，明确执法监察职能。1994年，重点对全区煤焦税费的收缴情况进行清理，参与征兵工作监督，对黄土坡办事处、荷城办事处三轮车收费治理工作进行监督，对重大责任事故进行监察。1995年，重点对全区“坡改梯”工程进行执法监察，对全区水土保持工程款、计生专项经费、小金库清理开展行政监察。1996年，对全区10个乡镇办、60个村的财务进行清理，对全区34个单位的预算外资金进行检查。配合有关单位取缔、关闭和停产污染企业，对区建委招标承包建房进行监察。1997年，对全区乡、村二级财务和各站所财务开展执法监察，开展减轻农民负担清理检查，配合有关单位对非农用地、统计执法、建设工程项目进行专项执法监察。1998年，监督巩固“减轻农民负担”成果。成立乡镇企业减负领导小组，对全区不同经济性质、不同行业的12家骨干企业进行专项检查，向有关部门提出整改措施和建议5条，取消不合理收费项目1个；对全区1995年以来的计生罚款和罚没物资进行执法监察；对区公安分局、区检察院、法院、工商局等单位有关财务收支两条线执行情况进行专项检查，涉及金额1209.35万元。1999年，开展粮食流通体制改革专项执法监察，公布粮食定价收购的等级、单价、质量标准，监督收购部门在粮食收购中不限收、拒收，不压价、抬价；开展地方煤矿关井压产专项检查，下达煤矿关闭取缔通知书320份，取缔非法矿井259对；开展国家和集体投资20万元以上的建设工程招投标情况的执法监督，保证全区51个工程项目均100%实行招投标，建筑面积8.3万平方米，总投资5817万元；开展个人借用公款和行政事业单位违规为企业和个人担保贷款的清理，对区直36个单位及区属企事业干部职工拖欠公款情况进行清理，共清理出职工欠款555.04万元，清还242.07万元。检查出行政事业单位违规为企业和个人担保贷款15家，担保贷款金额906.3万元，督促还贷166.57万元。参与对大河镇双连煤矿和汪家寨镇尹家地煤矿瓦斯爆炸重大事故的调查处理。2000年，开展对天保工程、渴望工程、一线天小流域水土流失治理工程、双洞小流域治理工程4个项目国债资金使用情况的执法监察；开展失业保险金、农村低保基金、养老保险金、职工医保基金等社保基金管理使用情况的执法监察；开展建筑市场执法监察，全区19个建设工程全部实行招投标，总建筑面积12万平方米，总投资达3424万元，对在建工程进行质量监督检查5次，综合检查2次；开展粮食执法监察，立案43件，其中结案40件，未结案1件，销案2件，没收大米6000千克，罚款5.7万元，督促拨付粮食企业各项补贴112.97万元。2001年，继续对国债资金使用情况进行执法监察，对全区总资金93.3万元的4个国债资金项目，即天保工程、双洞小流综合治理工程、渴望工程、陆家坝人饮工程的资金拨付使用情况进行检查，继续开展社保资金管理使用情况的执法监察，对全区总资金316.87万元的4个社保基金项目，即失业保险基金、城市农村最低生活保障金、养老保险基金、职工医保基金的收缴、管理、使用进行检查。加强有形建筑市场招投标的执法监察，对总建筑面积3.5万平方米，总投资额为3389.14万元的12个建筑工程项目的投标进行全方位的监督。参与重大安全责任事故的调查处理，按照权限划分，调查处理事故9起。对煤矿“关井压产”进行执法监察，下发停产整顿通知书300份，炸封131对非法矿井，将3名非法开采的煤井业主移送政法机关行政拘留；开展《土地管理法》执法情况的执法监察，确保“三线一站”、凤凰新区及大河等乡镇2万亩建设用地，对规定保护的基本农田、耕地层层签订保护责任书加以保护；开展环境保护的执法监察，共处理环境污染案件32起，查处环境违法案件16起，结案14起，罚款2.32万元。2002年，重点对教育、水利、农网改造、林业、交通等15个项目开展监察，对部分项目承办单位账目不规范等问题要求限期改正，加强对《招标投标法》贯彻落实情况的监督检查，及时纠正违规问题；组织建筑市场执法检查3次，查处无施工许可证擅自施工的工程1个，查处工程建设主体责任人不在现场、监理人员不到位的工程7个，查处使用劣质建筑材料行为6起，均给予相应处罚。加强安全检查，开展各类安全检查7次，对在检查中发现的问题，均做到现场纠正，限时整改，跟踪督促。炸封非法开采煤窑834处（次），移交公安机关立案抓捕非法开采者26人，行政拘留14人，追究刑事责任1人。按照市纪委监察局《关于对领导干部、国家公务员特别党的机关工作者入股参办、开办煤矿等问题进行自查申报登记和清理的通知》要求，对全区9个乡镇办，48个区直单位进行清理，收到副科级以上干部自查表377份，全区申报登记入股参办、开办煤矿的干部职工5名，其中副科级干部1名。查实相关举报案件2起。开展环境保护执法监察，查处环境违法案件14起，受理群众来信来访环境案件98件，全部督促按期办理。对拒缴排污费的26家企业和个体工商户，依法申请人民法院强制执行。督促办理生产建设项目环保“三同时”，乡镇企业执行率达到96%，国有企业100%。2003年，重点规范国有经营性土地使用权招标拍卖、挂牌出让工作。全区国有经营性土地公开招标拍卖、挂牌出让土地9宗、面积286.61亩，拍卖成交价为2744.93万元。对整顿和规范建筑市场秩序进行督促，共监督建设工程项目招标投标24个，招标率100%，涉及金额9409.9万元。开展对全区在建工程综合执法检查2次，下发停工整改通知27份。对77个私自启封的无证煤窑炸封填300次，没收销毁矿山设备设施100件，对非法开采、私控滥采的无证煤窑主和违章驾车人员14人移送公安机关进行行政拘留。在全国“非典”肆虐期间，对全区防治“非典”各项工作措施落实情况进行专项执法检查，共处理违规人员17人。对全区2001年以来的以工代赈国债资金建设项目进行抽查。开展社保资金管理使用的执法检查。开展计划生育执法监察，对全区计生执法相关部门及镇乡街道进行执法检查，收缴违规资金1.1万元，发现违纪线索1件并立案调查。转发《关于严明纪律保证粮食购销企业改革顺利进行的通知》，为稳步推进粮改工作提供纪律保证。加强对煤焦税费收缴的执法监察，追回税费7万元，开除验票人员3人。2004年，对《招标投标法》贯彻落实情况进行监督检查，对21个建筑工程项目招投标进行监督，涉及金额3773万元，面积5万平方米。开展国土资源执法监察工作，查出违法占地347起，制止违法占地267起，立案查处84起。炸封非法开采的无证煤井190次，行政拘留6人，没收销毁矿山设备设施100余件。为巩固小煤窑私挖滥采治理的成果，加强部门监督，对小煤窑私挖滥采反弹的乡镇主要领导进行诫勉谈话。对工作不力、违法违纪的问题进行查处。对国有土地使用招标拍卖挂牌出让进行监察。是年，共出让土地1宗，面积10.9万平方米，成交金额1785万元，挂牌出让土地3宗。开展国债、扶贫、社保、救灾救济、以工代赈、计生、教育附加、退耕还林等专项资金管理使用情况的执法监察，对发现的问题均进行督促整改。对1999年以来国务院和省人民政府批准征用土地的支付补偿金情况进行检查。针对欠款，责令兑付，纠正征用土地中侵害农民利益的问题。开展煤焦税费收缴工作执法监察，采取不定期检查的方式，对全区9个验票点进行抽查和暗访，督促煤炭部门加大稽查力度。开展环境执法监察，强行取缔一批非法炼锌、洗煤、炼铁、铸造厂等高污染高能耗低效能企业。2005年，加强对《中华人民共和国土地管理法》《国务院关于深化改革严格土地管理的决定》贯彻实施情况的监督检查，督促有关部门严格执行土地利用的各项规划，对经营性土地使用权招标拍卖挂牌出让制度落实情况进行监督检查。为全面推进依法行政，对全区涉及行政许可项目的部门和单位执行《行政许可法》的情况进行全面检查。按照区政府取消洗煤企业排污口，废水全闭路循环的要求，开展对全区73家洗煤厂进行环境执法监察，督促治理环境污染，治理投资共1314万元。根据钟山区人民政府《取缔大湾粗锌冶炼炉实施方案的通知》要求，区监察局、区环保局、区乡企局、大湾警署等单位与大湾镇政府组成工作组，在大湾镇共取缔粗锌冶炼厂50家，洗铅厂3家，洗煤厂2家，炸毁烟囱40根，捣毁炉子247节，捣毁工棚50间，平整场地209.76亩。对市中心城区的燃煤锅炉污染问题治理工作进行监督检查。取缔市中心城区洗配煤厂47家，化铁炉17家，养猪场1家，炼油厂1家，塑料厂2家，蜂窝煤厂4家，轮胎翻新厂3家，石灰池8座。督促相关部门开展农民工工资清欠工作，共受理拖欠农民工工资案件20件，涉及农民工81人，追回并偿付农民工工资7.12万元。2006年，开展商业贿赂专项治理工作，全区共查办商业贿赂案件11件，涉案金额91.2万元。建立专项资金通报制度、监管工作报告制度和重大违纪案件移交制度，强化对专项资金的管理。按照《国务院关于落实科学发展观加强环境保护的决定》，开展城区噪声整治专项行动，对市中心城区群众反映强烈的餐饮油烟污染、夜间噪声扰民现象进行曝光。完善《行政许可联席会议制度》《行政许可工作制度》《联系员工作制度》《廉政建设制度》《公共服务中心工作规则》《行政许可部门行政首长问责制》，规范区行政服务中心工作。按照《国务院关于预防煤矿生产安全事故的特别规定》和省、市的有关要求，着重查处行政机关、行政执法人员未履行或未正确履行监督管理职责及违规行为造成的安全责任事故，查办安全责任事故案件2件、查处7人。2007年，继续开展治理商业贿赂工作，共查处商业贿赂案件15件18人，涉案金额68.56万元。成立国有土地使用权出让情况专项清理工作领导小组，制定《钟山区开展国有土地使用权出让情况专项清理工作实施方案》，结合土地执法百日行动，开展土地违法违规案件查处。制定《钟山区关于对损害群众环境的突出环境问题进行专项检查的工作方案》，环境违法案件处理率100%。开展非法用工和使用童工专项检查行动，立案查处侵害劳动者合法权益的案件13件，为劳动者追回欠薪及押金共22.68万元。对全区具有行政许可职权的35个职能部门进行检查，确保《行政许可法》的贯彻落实。2008年，督促相关部门认真贯彻落实环境保护法律法规和政策规定，加强环境监管。加大安全生产工作监察力度，严肃查处事故背后的腐败问题。加强对全区采煤沉陷区治理情况的监督检查，化解矿群矛盾，维护矿区群众的合法权益，营造和谐矿群关系。开展茅草屋改造项目、六盘水市危险废物和医疗垃圾处置场项目、双水至老鹰山15.1千米通乡油路项目、“两基”迎国检等专项资金项目的行政效能监察。整合区行政服务中心职责，探索行政效能建设工作机制，设置行政效能投诉电话，方便群众投诉。

三、党纪政纪宣传教育

钟山区纪检监察机关新建之初，坚持边组建边工作的主导思想，在全区开展党风政风调查，同时广泛开展党纪政纪教育。1989年，为统一党员干部思想认识，区纪委下发《关于认真学习中央领导同志讲话和〈人民日报〉社论的通知》，深入基层了解情况，掌握党员干部的思想动态，教育党员干部应维护党的政治纪律，在稳定政治、经济秩序和稳定社会中发挥表率作用。在这段时间全区党员干部始终带头坚守工作岗位，自觉维护正常的生产、工作、教学和生活秩序。1990—1996年，全区党纪政纪宣传教育在抓正面典型的同时，剖析典型案例，教育广大干部职工增强廉政意识。在全区开展党建、党风、廉政检查，对受处分的党员进行跟踪教育。编写以党性、党风、党纪教育为主要内容的培训教材，开展党员轮训，组织党员开展党纪知识竞赛等活动。1997年，施行党风廉政建设目标责任制后，党纪政纪宣传教育成为重要考核目标之一。1999年，在各镇乡办和区直机关单位播放党风党纪教育专题片，播放场次15场，观看专题片的党员干部650余人。2000年，开展“三讲”教育活动，活动中立足求精、求深、求新，明确30个重点调研课题、25个一般课题，对党风廉政建设进行调研和探讨。以胡长清、成克杰等重大典型案件，在全区开展党员干部警示教育活动。10月，区纪委监察局与组织、宣传、文化广播等单位建立联席会议制度，加大对党纪政纪宣传教育力度。2001年，在全区结合开展“三个代表”重要思想学习教育活动，开展党政机关作风教育整顿活动，组织党员干部学习毛泽东、邓小平、江泽民关于领导干部廉洁自律的论述。在青年干部、入党积极分子、基层干部等培训班上增设党风廉政建设课程。是年钟山区纪委监察局获全市党风廉政建设先进集体称号。2002年，在全区开展为期1个月的示范教育和警示教育活动，利用《孔繁森》等电视片开展示范教育，利用《党风廉政建设责任制追究案例》等电教片和发生在区内的典型案件开展警示教育。2003年，以“艰苦奋斗、廉洁从政”为主题，重点开展“两个务必”教育和党纪政纪、法律法规教育。制定《钟山区党风廉政建设新闻宣传报道奖励实施办法（试行）》，以加强全区党风廉政建设新闻宣传报道工作。在全区党员干部中开展廉洁从政知识测试活动，参加测试的党员干部3630人，测试率为98%。修订《钟山区党风廉政建设宣传教育工作联席会议制度（试行）》和《钟山区党风廉政建设宣传教育工作职能机构协调会议制度（试行）》，建立《钟山区纪委监察局机关宣传教育工作例会制度（试行）》。2004年，在全区开展纪律作风教育整顿活动，强化各级各部门和广大党员干部的纪律观念。深入开展学习宣传贯彻《中国共产党党员处分条例》《中国共产党党内监督条例（试行）》，举办全区学习上述两个《条例》的知识竞赛。举办科级领导干部党风党纪廉政教育轮训班3期，受训人员210人。在区委四届四次全体（扩大）会议上，印发近年来钟山区查处的典型案件和勤政廉政先进事迹材料供参会人员学习。2005年，以学习宣传贯彻中共中央《关于建立健全教育、制度、监督并重的惩治和预防腐败体系实施纲要》和省委《贯彻意见》为重点，将学习宣传贯彻情况列入各部门各单位年度目标考核内容，列入村（社区）廉洁自律教育活动内容。组织《实施纲要》和《贯彻意见》知识竞答活动，参加人员2450人。在廉政文化进社区、进学校、进家庭、进机关、进农村、进企业工作方面进行大胆创新，将《实施纲要》纳入保持共产党员先进性教育活动中的学习贯彻主要内容。4月，钟山区被省纪委指定为信息直报点，《钟山纪检监察信息》创刊。5月，在村（社区）开展廉洁自律教育活动，受教育村（社区）干部897人。2006年，区委、人大、政府、政协和各乡镇党委、政府集中换届，区纪委联合区委组织部下发《关于严明纪律确保换届工作顺利进行的通知》，加强对《党政领导干部选拔任用条例》《党章》等相关规章的宣传教育和贯彻情况检查，在全区转发《中央纪委、中央组织部关于胡友建、王运凡、林文良在换届选举中搞非组织活动的通知》《市纪委、市委组织部关于盘县羊场乡党委4名干部干扰乡党委换届选举情况的通知》，严肃换届工作中的组织人事纪律。在全区组织开展唱响廉政歌曲歌咏活动，深入开展社会主义荣辱观教育。按照中共中央总书记胡锦涛在十六届中央纪委第六次全会上提出的“学习好、贯彻好、维护好、落实好《党章》”的要求，在全区党员干部和职工中开展学习《党章》书面答题。建立《钟山区党风廉政教育制度（试行）》，将对该制度的学习贯彻落实情况列为各单位当年的党风廉政建设责任制考核内容。按照《实施纲要》要求，大力抓好制度建设，制定《钟山区村（社区）干部述职述廉评议制度（试行）》《钟山区纪检监察机关案件剖析制度（试行）》《钟山区纪委监察局违纪案审理助辩暂行办法》《钟山区纪委监察局党纪政纪案件审理处理票决制度（试行）》《钟山区纪委常委会议事规则》《钟山区纪检监察信访举报工作流程暂行办法》等制度，并对以上制度组织宣传、学习和贯彻实施。2007年，在全区开展“算好七笔清廉账，树立八个好作风”专题教育活动，面向全区征集廉政公益广告、勤政廉政漫画140幅和手机短信414条，制作36块勤政廉政漫画展板在各镇、乡（街道）、大型厂矿、市中心城区进行巡展。2008年，将通信联系制度每季度寄发1期警示教育典型案例改为每月寄发1期，加大警示教育的频率和力度。面向全区征集有奖廉政短信，将短信在重大节日前向全区科级以上干部发送。结合“节能减排，人人有责”环保意识，设计制作1万个“廉政菜篮子”，在全区向干部职工发放，推进廉政文化进机关、进家庭、进学校活动。编制《钟山区警示教育读书（2005—2008）》1万册，发到党员干部手中进行警示教育。

四、源头治理

2003年6月2日，钟山区纪律检查委员会、监察局将执法监察综合室分设为监察综合室、执法监察室，监察综合室具体负责源头治理工作。是年，制定完善《关于开展行政审批制度改革工作的实施方案》，对行政审批事项进行全面清理，实施改革，行政审批事项大为简化。5月，开展财政体制改革“收支两条线”专项检查后，将全区预算外收入全部纳入财政专项管理，有关单位的罚没收入、行政事业性收费和预算外收入均要及时足额上缴区财政，实现“罚缴分离”和“收缴分离”。制定《钟山区本级部门预算管理试行办法》，建立会计核算中心，对7个单位实行部门预算管理试点，全区9个镇、乡、街道实行“零户统管”。深化政府采购制度，在前两年试行基础上全面推行政府集中采购和招标采购，严格控制社会集团购买力。贯彻执行《党政领导干部选拔任用工作条例》，对拟提拔干部，均做到事前征询纪检监察机关意见。深化政务“三公开”制度，印发《钟山区民主评议政务公开实施方案》《钟山区行政机关政务公开工作量化考核标准》和《钟山区乡镇（街道）政务公开工作量化考核标准》，在区物价局和德坞街道进行民主评议政务公开试点，推进全区政务公开规范化、制度化。对3个区直部门的3名党政主要领导干部进行任期经济责任审计，对1999年以来全区领导干部经济责任审计决定执行情况进行检查。2004年，共清理行政审批事项198项，其中保留92项，取消94项，有12项不属于行政许可范畴，6月29日，向社会公布清理结果。拓展经费“收支两条线”预算管理范围，对全区61个单位实行部门预算管理，8月，下发《钟山区财政国库管理制度改革试点方案》，撤销会计核算中心，解决财政资金缴纳和拨付存在中间环节多、部分资金滞留部门的时间长、资金使用效率低等问题。制定《关于加强村级财务管理指导意见》，在全市率先推行镇乡街道设立“村账托管”服务中心，对村级财务实行集中管理，强化村级财务的监督。在全区行政机关及9个镇乡街道设置固定规范的政务公开栏实行政务公开。完善规范53个村、3家国有企业的村务、厂务公开制度。2005年，制定行政执法责任追究制，行政效能投诉、行政过错责任追究制，强化行政执法责任。全年举办行政执法培训班2期，参训人员252人。深化财政体制改革，3月16日，下发《关于扩大财政国库集中支付范围的通知》，试点单位从2004年的4个单位扩大到30个单位。在全市率先推行“乡财县管乡用”试点工作，试行乡级财务由区统一代管。9月15日，下发《钟山区六部门联席会议制度》《钟山区事业单位人才资源配置和人员调配工作意见》，深化干部人事制度改革。推行政府产权交易进入市场，是年转让国有企业钟山一矿，成交价1760万元。村务、厂务、事务公开扩大到全区49个社区、私营企业及事业单位，完善民主评议政务公开工作。10月20日，下发《钟山区政府性投资基本设计项目竣工验收暂行办法》，稳步推进投资改革。2006年，重点对9个镇、乡、街道“村账托管”工作和区直单位2005年5月至2006年5月的财务收支、会计基础工作、专项资金等工作情况进行检查，督促财政体制改革深入开展。制发《关于对镇乡党政领导班子正职拟任人选和推荐人选实行全委会表决办法（试行）》《钟山区镇乡街道、区直部门领导班子及成员考核暂行办法》，加强对干部任用工作的监督，预防和治理在选人用人上的不正之风。逐步扩大政府采购规模，将办公用品、办公耗材、办公设备维修、车辆保险修理纳入政府采购。将区直部门、镇乡街道政务公开工作纳入区委、区政府的年度考核目标。8月，编制《钟山区建设项目管理有关法律法规及重要文件选编》，规范建设项目管理，追踪管理政府投资项目25个。2007年，印发钟山区人民政府《全面推进依法行政实施方案》《行政决策程序暂行规定》《重大行政决策事项专家咨询论证制度》《行政执法评议制度》《行政问责暂行办法》《重大行政决策听证暂行办法》《重大事项集体决策程序制度》《关于违反决策程序责任追究办法》《行政规范性文件制度审核及备案监督办法》《行政复议案件办理程序制度》《执法过错责任追究办法》等11个规范性文件，大力推进行政管理体制改革和创新。9月，制发镇乡街道便民服务中心运作方案，成立相应工作指导小组，规范镇、乡、街道服务中心建设。9月21日，全市“乡财县管乡用”工作现场在钟山区召开，与会代表观摩黄土坡街道、荷城街道“乡财县管乡用”工作开展情况，推进全区财政体制改革深入进行。继续探索开展基层党委班子成员公推直选工作，推行首推责任制、全委会差额票决制和失察追究制度，对7名镇乡街道正职进行全委会表决。5月15日，制定下发《钟山区关于开展党务公开工作的安排意见》，并成立相应组织机构，对全区党务公开工作进行安排部署，6月13—28日，对工作开展情况进行检查。深化民主评议政务公开工作，政务公开工作被省政务公开领导小组确定为工作联系点。对2名镇乡街道主要领导、2名区直部门主要领导进行任期经济责任审计，试行审计公告制度。建立健全领导干部经济责任评价体系，审计重点项目9个。推行效益审计，开展政府采购、重点工程、重点政府基金、专项资金等专项审计，审计各类建设项目74个，金额11587万元。2008年，推行公共服务事项全程便民代办制。推进区财政预算资金国库支付制度改革，在61个单位实行国库集中支付制度。政府采购实现采购、验收、付款的“三权分离”，全年共集中实施政府采购47次，节约资金255万元。抽调有关单位人员组成检查组，对雪凝期间抗灾救灾、雪凝灾后房屋重建、涉民惠农专项资金进行检查。深入推进干部人事制度改革，进一步规范首推责任制、全委员差额票决制和失察责任追究制度，完善党政领导干部辞职制度和任职回避、交流制度。组织招考国家公务员44人、事业单位工作人员22人、教师20人。下发《民主评议政务公开工作实施方案》，在全区全面推行政务公开的民主评议。将村务公开延伸到组务公开。密切党群干群关系，建立健全村情民意恳谈会制度、便民巡回队制度、票决制、乡村财务管理制度等多项民主管理制度。对2名镇乡街道主要领导、5名区直部门领导干部进行任期经济责任审计，完成审计项目7个。审批各类建设项目106个，涉及政府性投资资金46713万元。

五、信访举报管理

1988年，钟山区监察局内设信访科，即行政监察举报中心，设置信访室、举报箱，公布举报电话，配备信访举报受理工作人员。其职责是负责受理群众来信、来访和电话举报，负责对区委管理的领导干部的信访监察工作，初核群众信访反映的重要问题，综合反映带普遍性和倾向性的信访信息，受理非公有制经济组织和个人对党政机关及其工作人员的投诉。是年，共受理信访举报75件（次），全部办结。1989年，按照中共中央《关于在近期内办理7类群众关心的事项的决定》，1—10月，共受理群众信访举报118件（次）。1990年，受理群众信访举报132件（次），共受理信访举报84件（次），比1990年同期下降24.5%。1992年，共受理群众信访举报120件（次），立案查处12件，结案12件，其中移送审理9件，涉及9人，对未构成违纪的3人进行批评教育。1994年，以认真履行职能、查处违纪案件为工作重点，全年共受理群众信访举报178件（次），根据举报线索，筛选并信访初查50件，涉及55人，结案50件，初查结案率为100%。1995年，共收到信访举报197件（次），信访初查17件，立案13件，为国家挽回经济损失27万元。1996年，共收到信访举报219件（次），按照分级负责、归口办理的原则及时进行转办、交办、督办和催办。1997年，共收到群众信访121件（次），对署名举报和集体上访案件查办后进行回访回执，及时化解矛盾。1998年，共受理群众信访举报272件（次），及时筛选案件线索提供给承办单位和承办人查办，为国家挽回直接经济损失11.72万元。1999年，重点筛选涉及经济问题的违纪案件线索，全年共收到信访举报235件（次），其中94件涉及经济问题，及时将线索提供给承办单位和办案人员。2000年，完善领导接待制度，建立信访监督谈话制度。全年共收到群众信访举报共256件（次），均按规定进行办理。2001年，建立、健全、规范各类信访工作登记和管理。受理群众信访举报292件（次），提供案件线索38件，为国家挽回经济损失36万元。2002年，做到有信必接，有访必待，件件有着落，事事有回音。全年共受理群众信访举报209件（次），办结204件（次），办结率98.56%，为国家和集体挽回经济损失37万元。2003年，加大违纪线索查办力度，全年共收到信访举报300件（次），办结295件（次），办结率98.3%，同时对39件案件线索进行初查，为国家和集体挽回经济损失27万元。2004年，注重综合分析信访举报动态，为党风廉政建设决策提供参考依据。全年共收到信访举报321件（次），提供案件线索并初查57件。2005年，开展信访监督活动，拓宽信访举报渠道，拓展信访举报网络。全年共收到信访举报319件（次），办结312件（次），办结率达97.8%，及时提供案件线索44件。2006年，围绕改革、发展、稳定大局，采取催办、督办、直接查办和信访监察的方式对信访举报及时办理，推进基层信访举报办事公开，变群众上访为干部下访。全年共受理信访举报225件（次），办结224件（次），办结率为99.56%，提供案件线索25件。2007年，处理群众信访举报222件（次），收缴、追缴违纪资金共5.3万元。信访初查21件，及时查结12件，排查分解重要节日和党的十七大召开前的信访突出问题并进行责任分解。8月12日，区纪委机关全体干部职工到大河镇下访和开展宣传教育，发放信访宣传资料2000份，收到信访件20件，及时进行处理。针对信访工作不够适应信访新要求的情况，推进制度创新，制发《钟山区纪委监察局信访举报工作流程暂行办法》《钟山区纪委监察局领导接待群众来访制度》。2008年，接待、受理群众信访举报244件（次）732人，办结242件（次）730人。信访疏导息访31件（次）。在全区信访问题突出，热点、难点问题较多的信访背景下，加强制度化、规范化建设，制定《钟山区纪检监察信访案件综合分析制度》，每季度召开1次信访案件分析会，制定《钟山区纪委监察局处理非正常上访及突发性事件应急预案》。加强矛盾纠纷的排查化解，确保全区在重要节日及北京奥运会期间的安全稳定。是年，督查督办群众信访举报360件（次）720人。编发《信访简报》6期，提供信访信息14条。

六、纠正行业不正之风

1996年，成立区纠正行业不正之风办公室，属政府内设机构，办公室设在区监察局，与纪委党风廉政室合署办公。1997年，对21所中小学的收费情况进行检查，立案7件，受党政纪处分6人。对区境内公路设卡乱收费的行为进行治理，拆除水城县运管所设在钟山区收费站2个。1998年，首次开展民主评议行风工作，评议的范围是政府职能部门及其所属的公用事业单位和其他垄断性行业、法院、检察院。首先在政法系统、工商系统、供电系统开展，从人大、政协、民主党派、群众团体、新闻单位聘请素质高、责任心强的评议代表5人，对3个系统的政风建设进行评议。1999年，贯彻“纠建并举”的方针，落实农民合理负担一定三年不变的规定，与物价、农业等部门对涉农物资价格进行检查，发放农民负担监督卡3.6万册，切实保护农民的合法权益。取消企业不合理收费11项，督促汪家寨镇、大河镇取消煤炭运行过磅费，向25家企业发放“治理三乱联系点”示牌，实行挂牌保护，减轻企业负担。在医药卫生行业建立联席会议制度，制定实施细则，向社会公布投诉电话，大力纠正医药购销领域中的不正之风。2000年，根据市政府《关于清理整顿医药市场的通告》《关于对全市医药市场进行清理整顿的实施方案》要求，卫生等相关部门组成检查组对医药市场进行专项清理整顿。聘请9名民主评议行风代表组成行风评议组，对卫生医疗系统10个单位进行行风评议。开展减轻农民负担工作督查，精简乡镇编外人员和村组补贴的干部48人。2001年，成立区行风“整评”办公室，聘请16名行风监督员，对区国土局、城管局等53个单位进行行风治理和民主评议。此后，每年都选择部分单位进行行风评议。通过评议，督促单位对存在的问题进行整改，全区行风建设的效果日渐明显。全面开展农村税费改革工作，召开各直属学校校长、各辅导站站长会议，传达上级有关治理农村中小学乱收费的会议精神，对中小学的春秋学期收费进行检查。2002年，实行涉农价格和收费公示制度，规范涉农收费行为。深入治理中小学乱收费工作，实行收费公示制度和学生缴费登记制度，使用由物价局统一制作的公示牌，规范学校的收费行为。对中小学的经费，实行收支两条线管理制度。2003年，实行减轻农民负担一把手负责制、专项治理部门责任制和减轻农民负担工作“一票否决制”，将责任层层落实到人。推行村务公开，增强农民缴费的透明度。制定并督促施行《钟山区关于巩固治理公路“三乱”成果的实施方案》，巩固治理公路“三乱”（乱设站卡、乱罚款、乱收费）的成果。2004年，对全区义务教育阶段“一费制”政策进行检查，推行义务教育阶段“一费制”政策，规范学校收费行为，减轻学生经济负担17.69万元。加强医德医风建设，纠正医药购销中的不正之风，集中招标采购药品金额22.7万元，让利给患者2万元。整顿统一着装问题，接受整顿的单位和部门19个，涉及742人，整顿后减少统一着装人员581人，集中收回制服510套，收回制式标志2438个。2005年，组织4个检查组对学校落实“一费制”和执行“三限政策”的情况开展大检查，共检查学校27所，减免金额40.7万元。整顿和规范医疗市场，严厉打击非法医疗机构和黑诊所，查处违法案件70起。深入开展对农业生产性费用、农民建房收费和向农民工收费等专项治理，共为农民减轻经济负担152万元。全区9个乡镇街道均实行涉农税收、价格和收费公示制，53个行政村实行村级订阅报刊费用限额制。2006年，继续深入治理教育乱收费，规范“一费制”收费行为，享受“两免一补”学生6.1万人，减免金额319.28万元。深入开展医德医风教育，加大医疗市场的整治和卫生系统治理商业贿赂的力度，查处医药案件74件，没收违法所得及罚款5.5万元。加强减轻农民负担监管，实施农网改造23500户，减轻农民负担167.35万元。评选测评代表和行风监督员，加强民主测评政风行风监督，测评单位29家，设“政风行风”热线，为民解决实际问题。2007年，减轻农村学生教育费用负担，免除农村义务教育阶段学生杂费319.42万元，学生享受人数达30675人次，补助公用经费120万元，享受免费提供教科书16836人次，金额达69.5万元，对3702人次农村贫困家庭寄宿制学生给予37.02万元的生活补助。深入开展对农业生产性费用、农民建房收费和向农民工收费等专项治理3次，实行农村电网改造，为农民减轻负担205万元。组织检查治理公路“三乱”（乱设站卡、乱罚款、乱收费）6次，检查各类收费站点40个（次），纠正执法人员违规违纪行为1起。2008年，组成检查组对全区各镇、乡、街道办事处及区直有关部门雨雪冰冻灾害救灾款物拨付发放情况进行监督检查，保证所有救灾款物全部发放到灾民手中。全年查处损害农民工利益的问题76起，为农民工解决困难50件，解决拖欠农民工工资7.2万元。

七、行政效能建设

2003年，区委、区政府成立以常务副区长为组长，区政府办、监察局、人事局主要负责人为副组长的行政效能监察工作领导小组，下发《关于开展行政效能监察工作的通知》《钟山区行政效能监察实施办法》，确定区国土资源局、人事局作为行政效能监察工作的试点单位，行政效能监察试点工作正式启动。2004年，在上年试点工作的基础上，下发《钟山区2004年行政效能监察工作安排意见》，逐步扩大试点单位，细化工作程序和工作制度，强化政府机关公务员勤政廉政和依法行政的意识。2005年，按照省纪委、省监察厅和市政府的要求，区政府办下发《关于全面开展行政效能监察工作的通知》，区监察局下发《钟山区2005年效能监察工作实施意见》，对全区开展行政效能监察工作进行安排和部署。市检查组对钟山区的行政效能监察工作进行检查提出建议后，区监察局下发《关于进一步规范行政效能监察工作的通知》，督促政府工作部门在转变工作职能和创新管理方式中积极推进效能建设。2006年，对钟山区中央财政专项资金防治地方性氟中毒项目进行效能监察。完善《行政许可联席会议制度》《行政许可工作制度》《联系员工作制度》《廉政建设制度》《公共服务中心工作规则》《行政许可部门行政首长问责制》，并规范区行政服务中心的工作。2007年，开展对全区具有行政管理职能的46个单位和部门开展行政效能监察，重点对区交通局通村油路项目和区扶贫办茅草屋改造项目进行专项行政效能监察。制定《行政决策程序暂行规定》《重大行政决策事项专家咨询论证制度（试行）》《行政执法评议制度》《行政问责暂行办法》等11个规范性文件并编印在区行政执法手册中，将机关作风教育整顿活动和行政效能建设工作结合起来，制定《关于进一步加强行政效能建设工作的意见》，推进行政效能建设。贯彻《贵州省行政执法过错责任追究办法》，制定《钟山区行政执法过错责任追究办法》，明确行政执法过错责任、追究形式和追究程序。2008年，以转变工作作风、提高行政效率为重点，制定《钟山区人民政府关于进一步加强行政效能建设的实施意见》，将行政效能建设贯穿到全区全年各项工作之中，积极探索行政效能建设有效途径。深入开展专项行政效能监察，以单位自查和重点检查相结合的方式，对全区9个乡镇街道、21个部门和单位进行重点督查和调研，围绕钟山区重大项目的实施，对“十件实事”中，六盘水市危险废物和医疗垃圾处置场、双水（响水河）至老鹰山（小河支线）15.1千米通乡油路、两基迎国检专项资金、茅草屋改造项目等4个项目开展专项行政效能监察。

第三节　组织建设和干部管理

一、组织建设

（一）基层组织

1988年3月，钟山区建立时，所属各乡、镇均设有党委。共有党支部123个。区直机关设有区人武部党委、区直属机关党委、区人大党组、区人民政府党组、区政协党组，统一战线工作部党组。全区机关有党总支2个，党支部52个。

之后，随着区直各单位、部门的相继设立和基层党组织的逐步完善，全区各部门单位、党委、党组、党总支、党支部逐步增多。至1998年12月，乡、镇、办事处共设党委10个，即黄土坡办事处党委、荷城办事处党委、凤凰办事处党委、德坞办事处党委、大河镇党委、汪家寨镇党委、大湾镇党委、老鹰山镇党委、观音山镇党委、月照乡党委。区有关机关共设党委4个，即区人武部党委、直属机关党委、公安分局党委、工商分局党委。设党组20个，分别为区人大党组、区人民政府党组、区政协党组、人民法院党组、人民检察院党组、建设局党组、教育局党组、人事局党组、民政局党组、计划和经济局党组、地税局党组、农工委党组、卫生局党组、粮食局党组、经贸局党组、国土局党组、财政局党组、环保局党组、煤炭局党组、工商联党组。全区共有党总支3个，党支部258个。

2008年12月，钟山区委下设有5个乡镇党委，分别为大河镇党委、汪家寨镇党委、大湾镇党委、老鹰山镇党委、月照乡党委。设有4个街道工委，分别为黄土坡街道工委、荷城街道工委、凤凰街道工委、德坞街道工委。区有关机关设有党（工）委5个，分别为区人武部党委、机关党工委，公安分局党委，教育局党委，杉树林铅锌矿社区服务管理局党工委。设有党组30个，分别为区人大党组、区人民政府党组、区政协党组、区人民法院党组、区人民检察院党组、总工会党组、工商联党组、发改局党组、经济信息化局党组、财政局党组、统计局党组、人力资源社会保障局党组、卫生食品药品监督管理局党组、人口计生局党组、安全监管局党组、住房城乡建设局党组、城管局党组、文体广电旅游局党组、审计局党组、民政局党组、交通运输局党组、煤炭局党组、环保局党组、农业局党组、水利局党组、林业和绿化局党组、商务粮食局党组、民宗局党组、司法局党组、档案局党组。全区共有党总支8个。共有党支部289个，其中9个镇乡（办）所属党支部53个，企业党支部16个，事业单位党支部57个，行政机关党支部114个。

（二）党员发展

1988年建区之初，全区共有中共党员2426人。之后，钟山区党组织按照《中国共产党章程》规定的标准和程序，对申请加入中国共产党的积极分子本着“坚持标准、保证质量、改善结构、慎重发展”的方针做好党员发展工作。1988—1990年，共发展中共党员292人。1991—1993年，共发展中共党员393人。1994—1998年，共发展中共党员1067人。随着党的事业的进步和改革开放的深化，发展党员更加注重队伍年轻化、知识化、专业化。1999—2003年，共发展中共党员1190人。2004—2008年，共发展中共党员871人。截至2008年12月，全区党员总数6239人。其中正式党员6093人，预备党员146人。女党员1660人，少数民族党员1100人。党员年龄结构，35岁以下的1632人，36～45岁的1827人，46～54岁的1048人，55～59岁379人，60岁以上的1353人。学历结构，本科以上学历的1139人，专科学历的1628人，高中及中专学历的1365人，初中及以下学历的2107人。职业结构，在岗职工2916人，离休、退休（退职）587人，农民1662人。

钟山区各单位的党员分别由本单位党支部或几个单位联合的党支部具体管理，有多个党支部的单位成立党总支或机关党委，区直各单位的党支部、党总支、机关党委由中共钟山区直属机关工作委员会管理，其余的由区委组织部管理。党支部对本支部党员进行教育、管理、监督和服务，开展党的组织生活、收缴党费。钟山区各党支部坚持每半年召开一次民主生活会，开展批评与自我批评，相互帮助，相互提高。每年年终均组织对党员进行民主评议，经过评议对每个党员一年的表现作出鉴定。

（三）党员教育

钟山区各级党组织坚持“三会一课”制度、职工政治学习制度等经常性的政治思想教育和政治理论学习制度。并通过举办培训班、选送到各级党校培训学习等途径，让党员较系统地学习党的知识和理论，不断提高党员的政治素养。除此以外，中共钟山区委还根据上级的统一部署和全区的实际需要，在全区范围内多次开展规模较大、时间较为集中的党员教育活动。

1989年，区直机关抽调70名党员干部深入到镇、乡对党员进行为期10天的集中培训。主要开展形势教育、综合教育和党风党纪教育，深化广大党员对党的基本知识和基础理论知识的学习。

1994年4—11月，在全区开展以解放思想、振奋精神、真抓实干、加快发展为主题的解放思想大讨论活动。结合制定1995—2010年发展规划，对全区经济和社会发展的总体思路和战略重点深入研究；制定加快改革开放和发展的政策措施。

1996年11月26日至12月4日，区委组织部集中举办2期村（居）委支部书记、村（居）主任培训班，共培训160人。各镇、乡、街道充分利用业余党校，采取以会代训等灵活多样的形式，对农村党员和村组干部等进行集中培训，培训人数达1350余人。培训内容有理论知识、党章、十四届六中全会精神、扶贫工作、乡镇企业工作及部分农业实用技术等。

1997年，开展“三讲”（讲学习、讲政治、讲正气）教育活动。在“三讲”教育活动期间，区委下派52名党员干部深入农村、企业、街道、学校，与群众同吃、同住、同劳动，认真听取群众意见和呼声。与群众交流1406人次，召开座谈会127次，征求意见315条，为群众办实事75件。教育活动最后阶段，区委及各部门对剖析出的差距和问题逐条落实，全面整改，收到明显成效。

1998年，利用电教设备举办各种培训班，受教育人员6827人。

1999年，全区党员分级培训，开展“双学”（学党章、学理论）活动。

2000年，钟山区机关开展“三个代表”重要思想学习教育活动。2001年，“三个代表”重要思想教育活动扩展到农村。每个副县级以上党员领导干部联系一个乡镇（办）或几个区直部门，指导开展“三个代表”学习教育活动。区委分批组织区直各部门和镇乡办领导干部进村入户，参加农村“三个代表”重要思想学习教育活动，听取群众意见，帮助解决实际问题。

2004年，钟山区启动现代远程教育。此后，每年召开远程教育工作联席会议4次以上，加强工作调度、促进经验交流。至2008年，全区共投入资金200余万元，建成维修站1个，远程教育站点171个，其中区委1个，机关站点2个，党校C级站1个，乡级站点2个，村级接收站53个，农村中小学站点62个，城市社区站点50个，远程教育网络完全覆盖钟山区农村、城市社区、学校。全区农村活动室（站、点）有操作管理员74人、信息员63人、农村适用技术辅导员62人、党员干部理论培训辅导员61人。配备社区站点操作管理人员55人。举办操作管理人员培训班28期，培训人员达1400余人次。全区培训农村党员干部群众43500余人次。全区党员活动室、农村中小学116个远程教育站点提前完成转星调试工作。

2005年至2006年7月，钟山区开展保持共产党员先进性教育活动。全区14个党（工）委、34个党组、4个党总支、254个党支部、5116名党员分三个批次参加活动。教育活动中，施辉俊等5名优秀共产党员、区委办党支部等7个先进基层党组织受到市委表彰。尹祥华等28名优秀共产党员、花渔路社区党支部等16个先进基层党组织受到区委表彰。全区共有795人向党组织递交入党申请书，培养入党积极分子432人，发展新党员197人，预备党员转正164人，教育转化党员2人，按组织程序处理不合格党员3人。

2008年，钟山区开展基层组织建设年活动。全区共举办干部培训班10期，对科级领导干部、区党代表、村（社区）干部进行大规模培训，共培训党员干部2504人次。区委组织部开展“讲党性、重品行、作表率”活动。组织全体干部职工、部分单位的分管领导和政工人员集中学习研讨，并邀请有关专家、教授分别就科学发展观、个人修养、作风建设三个方面进行专题讲授。

（四）农村党支部整顿

1989年，针对全区农村党支部大部分任期届满，个别党支部软弱涣散等实际情况，先后改选和调整、健全党支部22个，新建党支部8个。在农村基层党组织和党员中抓“双带”（带头致富、带领群众致富）活动，推动农村的两个文明建设。

1990年，在全区88个村党组织进行调查后，对18个后进党支部进行整顿。整顿后的党支部建立健全各项制度，组织生活正常开展，积极开展“双带”活动。

1993年，结合村党支部委员会的换届选举，对农村基层党支部进行改选，将原来的88个村党支部合并为63个党支部，由镇、乡机关下派31名国家干部到村党支部任职。

1994年，经过历时一个月的调查，全面掌握全区农村基层党组织建设的现状后，调整改选农村支部46个，调整村支部书记32人。将荷城办事处的三块田村、大河镇的大桥村、老鹰山镇的木桥村、德坞镇的白鹤村、凤凰乡的石桥村5个党支部作为基层党建试点。

1995年，按照中共中央“五个好”目标要求，对老鹰山镇石板河村、月照乡响水村、凤凰乡石龙村、德坞镇羊场村、大河镇周家寨村及大湾镇幸福村、顶拉村、小湾村进行重点整顿。对村级支部领导作风软弱、班子成员年龄偏大、文化程度偏低的村，重点对党支部班子进行调整和充实。对党员活力不足，多年没有发展党员的村，重点解决积极分子入党的问题。对经济基础薄弱、经济发展思路不明确，群众想致富无门路的“空壳村”，重点解决经济发展路子的问题。对各种规章制度不健全，村级各种组织工作没有头绪的村，重点帮助建立健全各种制度，各个村级组织建立规章制度最多的有33个，最少的有22个。

1996年，确定大湾镇的海嘎村、新寨村，月照的玉顶村、独山村4个村为重点整顿村，主要是帮助寻找致富路子，完善各种规章制度。

1998年，全区67个行政村基本上解决有章办事、有钱办事的问题，摘掉14个空壳村的帽子，杜绝三类村。在黄土坡办事处川心村、老鹰山镇石板河村，大河镇裕民村开展村务公开，民主管理试点工作。

2000年，以“三级联创”为载体，全面推进党的基层组织建设。2001年，继续在农村开展“五个好”党支部创建工作。2002年，在大河镇和凤凰办事处开展“两推一选”试点工作，并采取从乡镇（办）机关下派干部到村支部任职的方式，加大村级“四位一体”干部的配备力度。

2004年，在基层党组织“三级联创”工作中，共调整充实村支部书记19人，支部委员14人，从镇、乡、街道机关下派干部29人到村挂职协助工作。下半年，开展整顿软弱涣散基层党组织工作，共排查出软弱涣散党支部30个，“三不”（无正当理由连续六个月以上不参加党的组织生活、不交纳党费、不做党所分配工作）党员16人，工作不力的党员14人，健全党支部班子13个，批评教育转化党支部9个，撤销合并党支部8个。

2005年，开展以“三级联创”典型示范村和远程教育、先进性教育活动为载体的基层组织建设，调整充实85名村班子成员，撤销2个基层党支部，新建1个基层党支部。

2006年，继续深化“三级联创”活动，全区从镇、乡、街道机关中选派17名善于带领致富，能力强、思路明的干部到经济发展相对缓慢、党支部班子领导发展能力较弱的村担任村支部书记或副书记。

2007年，在农村党员中开展“双带”活动，将党员经常性教育与建设社会主义新农村相结合。在全区抽调133名机关干部开展“万个支部结对、万个党员帮扶”活动。

2008年，对作用发挥不好、软弱涣散的部分村党支部进行整顿。

二、干部管理

1988年来，中共六盘水市钟山区委根据《中华人民共和国公务员法》《党政领导干部选拔任用工作条例》《党政领导干部选拔任用监督检查办法（试行）》《关于领导班子年轻化几个问题的通知》《关于调整不胜任现职领导干部职务的几个问题的通知》《关于试行地方党政领导干部年度工作考核制度的通知》《贵州省乡、镇、街道党政领导干部选拔任用工作办法》等相关规定，按照“稳定、完善、提高”的方针和干部“四化”（革命化、年轻化、知识化、专业化）的要求，坚持德才兼备的原则，以突出干部选拔任用制度改革为重点，全面推行人事制度改革，加强领导班子和干部队伍建设。至2008年12月，钟山区共有县级以上在职领导干部27人，其中女干部8人，少数民族干部5人，非中共党员干部5人。共有科级干部职数350个，实际配备科级干部333人，其中正科级干部112人，副科级干部221人，女干部92人，少数民族干部81人，非中共党员干部24人。35岁以下干部56人，36岁至45岁干部222人，45岁以上55人。具有研究生学历的9人，大学本科学历的182人，大学专科学历的129人，大学专科以下学历的13人。科级非领导职务干部212人，其中从领导职务改任非领导职务的125人，法院、检察院、纪委、组织部担任非领导职务的49人，直接提拔任用的38人。

（一）领导干部选拔任用与调配交流

1. 领导干部选拔任用

钟山区建立后，中共钟山区委、区人民政府领导干部由六盘水市任免。科级、副科级行政领导干部，属人大系统、检察院、法院系统的，由区人大任免。属区政府组成部门的正科级由区委提名，区人大审定任免，副科级由区委任免。其余部门的正、副科级一律由区委任免。正、副股级干部的任免，曾经历几次变化，至2008年，统一为属党群系统的，由区委组织部任免，属政府系统的，由区委组织部提名，区人事局任免。其变化主要有：

1992年，根据省发〔1991〕35号文件精神，中共六盘水市钟山区委下发《关于加强乡、镇、办事处干部管理的通知》规定，各镇、乡、办事处的正副科（局）级干部由区委管理，正副股级干部由区委组织部管理。乡、镇、办党群机关行政机构正、副股级干部由所在镇、乡、办事处党委组织考察，写出考察资料，填写干部任免呈报表，经党委研究，上报区委组织部审批。社会服务机构正、副股级干部由所在镇乡办事处党委组织考察，写出考察资料，填写干部任免呈报表，经党委研究，并征得业务主管部门同意后，上报区委组织审批。1997年，钟山区委下发《关于认真执行〈党政领导干部选拔任用工作暂行条例〉改进全区干部管理体制》的通知规定，各镇、乡、办事处，区委各部、委、办，区级国家机关各部门，各人民团体，区属事业单位的正、副科级干部由区委按有关规定任免管理。钟山一矿、区物资公司、区供销社的正、副职由区委管理，由区政府任免。其他区属企业经理、厂长由主管部门任免管理，副职由经理厂长提名，由主管部门行文任免。公、检、法、司的正副股级干部由区委组织部、区委政法委共同管理，由组织部行文任免。区人大、区政协、区纪委、区委办、宣传部、统战部、政府办的正、副股级干部由单位党组、常委或办公会议任免管理。区级国家机关其余工作部门、各人民团体、区属各事业单位的正、副股级干部，有党委、党组的，由党委党组任免管理，分别报区委组织部、人事劳动局备案。各乡、镇、办事处设置的二级机构正、副股级干部，由乡、镇、办事处党委任免管理。属条块共同管理的正副股级干部，明文规定由主管部门主管的，在征求乡、镇、办党委意见后下文任免，分别报区委组织部、人事劳动局备案。2000年后，曾将正、副股级干部的任免调整为党员干部由区委组织部任免，非党干部由区人事局任免。

1989年，提拔正副级科级干部35人，考察配备股级干部41人。1990年，为6名任职满3年以上，经考核合格的正副科级招聘干部办理转干手续。为镇、乡62名招聘干部办理临时户口粮食关系。提拔正副科级领导干部13人，正副股级干部64人。1991年，提拔副科级以上的干部41人，提拔使用正副股级干部128人，考察调配干部64人。1992年，提拔正科级干部21人，副科级干部48人，提拔正股级干部93人，副股级干部46人，明确副主任科员19人。1993年，提拔正副科级干部107人，正副股级干部65人。1994年，提拔正副科级领导干部96人，正副股级干部124人。1995年，区直机关下派22名干部到镇、乡任职。全区提拔副科级以上干部47人，其中35岁以下的19人，妇女干部13人，少数民族干部4人。1996年，提拔正科级干部7人，副科级干部36人，共43人，其中妇女干部8人，少数民族干部8人，35岁以下的年轻干部21人。1998年，提拔干部86人，其中35岁以下的44人，少数民族干部10人。1999年，提拔正科级干部9人，副科级干部32人。2000年，提拔大专以上文化程度、40岁以下的正科级干部6人。2001年，提拔正科级干部9人，副科级干部8人，17人干部均具有大专以上文化程度，其中妇女干部3人，少数民族干部3人。2002年，提拔正科级干部11人，副科级干部30人，共41人，其中妇女干部6人，少数民族干部12人，党外干部3人。2003年，提拔正副科级干部57人。2004年，提拔正副科级干部31人。2005年，提拔正科级干部16人，副科级干部29人，共45人，其中妇女干部7人，少数民族干部7人。2006年，提拔正科级干部14人，副科干部25人，共39人，其中妇女干部12人，少数民族干部9人。对40名考察对象进行重点考察，发出考察预告800余份。2007年，提拔正科级干部13人，副科级干部22人，共35人，其中妇女干部15人，少数民族干部10人，党外干部3人。2008年，提拔正科级干部13人，副科级干部25人，共38人，其中妇女干部10人，少数民族干部8人，试用期考察8人。

2. 领导干部调配交流

1991年，调整交流领导干部17人。1992年，交流正副科级干部33人，其中区直机关间交流12人，镇、乡、办事处交流7人，区直机关下派到镇、乡、办事处9人。1996年，交流干部21人，其中机关间交流15人，镇、乡、办事处之间交流6人，输送4人正科级干部到市直机关任职。1998年，全区共交流干部133人，其中镇、乡与机关之间交流47人，镇乡之间交流15人，机关各部门交流27人。1999年，交流科级干部22人。2000年，交流、轮岗科级干部32人。2001年，对全区党政机构，镇、乡、街道及事业单位和群团组织领导班子进行交流、轮岗科级干部282人。2002年，乡镇、机关共交流干部21人。2003年，共交流科级干部110人，其中区直机关交流任职的12人，镇、乡、街道之间交流任职的8人，本单位内部轮岗交流的15人，区直机关到镇、乡、街道任职的10人。从单位内部提拔到本单位任正、副职的35人。2004年调整交流干部34人，其中区直机关交流11人，镇乡之间交流3人，镇乡交流到机关任职2人，机关交流到镇乡任职8人，市直机关交流到区直机关任职1人，单位内部轮岗1人，从单位二级班子提拔任职8人。2005年，交流干部49人，其中区直机关交流26人，镇乡之间交流4人，镇乡交流到机关任职3人，机关交流到镇乡任职16人。2006年，调整交流科级干部46人，其中机关之间交流26人，镇、乡、街道办事处之间交流12人，机关与企业之间交流2人，企业之间交流2人，安排4名干部到区内外挂职锻炼。是年，钟山区被列为全省10个机构改革的试点县区之一。区委结合乡镇领导班子换届，大力采取措施，多管齐下，推进乡镇班子配备改革工作。是年，全区提拔交流调整乡镇（街道）领导干部到区直部门或区属国有企业任职14人，对不能胜任本职工作的进行改任，并且对乡镇（街道）空缺的职位不再进行配备，积极做好拟精简的56人科级干部的安置工作，为乡镇机构改革和领导班子换届工作奠定基础。2007年，调整交流科级干部70人，镇、乡、街道办事处与机关之间交流10人，机关之间交流17人，企业之间交流2人，公安分局内部交流41人，安排10人干部到区内外挂职锻炼。2008年，交流干部60人。

（二）干部任免制度改革

1. 任前公示

1999年4月，钟山区被中共六盘水市委确定为领导干部任前公示制的试点单位。区委下发《关于六盘水市钟山区实行领导干部任前公示制暂行办法》，对拟提拔的科级干部经区委常委会讨论通过后，在正式任职之前，以张贴公告的形式告知广大干部群众，接受社会的监督，并开通监督电话供有关人员反映问题。公示内容为拟提拔人员的基本情况，任现职级时间，主要简历等。公示时间为7～15天，公示期满后，对没有群众反映或有反映但不影响任职的公示对象办理任职手续；对反映确有问题，一时又无法认定的，待问题查清后再报区委常委会讨论决定是否任用；在公示期间，规定有关人员要严格遵守公示纪律，有关单位和个人反映问题要实事求是，不得诬陷、打击报复，组织部门和有关领导必须对反映人和反映的内容严格保密，否则将依照相关规定严肃处理。推行干部任前公示制对于扩大群众对干部任用的知情权，帮助党委全面准确地了解干部，减少用人失察失误，提高选人用人质量等方面发挥积极作用。根据《试点工作方案》，5月中旬，对7名拟任科级干部进行任前公示，在公示期限内，未收到对公示对象的任何反映。8月，区委常委会研究决定对试行任前公示的7名干部履行任职手续。2000年，对拟提拔的正、副科级23名领导干部分期进行任前公示。在以后年度中，对拟提拔任职人选均进行任前公示。2003年，共公示拟提拔任职干部56人，有1名干部公示未通过，不予任职。2008年12月，钟山区委对345名拟提拔的科级干部进行任前公示，在公示中群众反映有的公示对象有问题，组织部门进行认真查实，有2名公示对象因存在问题而被取消任用。

2. 试用

2002年6月，钟山区制定《六盘水市钟山区党政领导干部任职试用期办法》，规定领导干部任职试用期制的适用范围、试用期时间、试用期内的职责和应享受的待遇，要求领导干部在一年任职试用期满时写出书面述职报告，由组织部门对其试用期的表现进行全面考察，经考察后认定能胜任现职的方可办理正式任职手续。在试用期间如工作出现重大失误或犯有严重错误，以及身体健康等原因不宜担任所试用职务的，或经考察属不称职、不胜任所试用职务的，将提前结束试用期，免去试用职务，按试用前职级安排工作。2004年，对试用期满的23名副科级干部进行考察，考察结果均在合格以上，全部下发正式任职通知。对当年提拔的8名副科级干部仍实行为期一年的试用。以后每年均对新任职干部实行试用期制，对试用期满的干部进行考察，对合格者正式任职。至2008年12月，经考察，全区有2名干部因在试用期不称职被免职。

3. 票决任免

2000年10月，区委按照《党政领导干部选拔任用工作暂行条例》及有关规定，为加大干部人事制度改革的力度，更好地贯彻执行党的民主集中制原则，充分发扬干部工作中的民主作风，避免个人或少数人决定干部任免的现象发生，率先推行干部任免投票表决制。区委制定《六盘水市钟山区干部任免实行投票表决制的试行办法》，规定凡经区委任免的干部在做出决定时，一律实行区委常委无记名投票表决，表决必须有三分之二以上的常委到会方可进行，投赞成票的人数超过应到会人数的二分之一才能通过。在表决前，首先由分管干部工作的领导或组织部负责人介绍拟任免干部的有关情况，然后区委常委会出席人员和列席人员对拟任免干部的情况进行认真酝酿讨论，充分发表意见，最后由出席会议的常委进行无记名投票表决。2003年，票决任免干部240人次；发出考察预告通知340余份。2004年，投票表决任免干部101人次。在干部考察中，对被确定为重点考察对象的44人进行民主测评和个别谈话，发出干部考察预告通知44份。2006年，投票表决任免干部343人次。2007年，投票表决任免干部417人次。2008年，票决任免干部544人次。

2006年1月，区委制发《关于对镇、乡、街道党政领导班子正职拟任人选和推荐人选实行全委会表决的办法（试行）》，至2008年12月，对各乡镇（街道）的21名党政正职领导干部，采用全委会票决制方式进行票决任职或推荐。

4. 公开选拔

为深化干部人事制度改革步伐，拓宽选拔任用干部的视野，促使优秀人才脱颖而出，1999年，区委先后3次共安排14个科级岗位面向全市进行公开选拔。选拔工作全面体现“公开、平等、竞争、择优”的原则，严格按照报名、资格审查、笔试、面试、组织考察、综合评定、体检、讨论决定、公布结果的程序进行，经过公选走上领导岗位的干部9人，除1人在试用期考察不称职被免职外，其余干部表现出很强的工作积极性、事业心、责任心和执政能力。钟山区对区部分国有企业的领导班子人选亦进行公开选拔，经过报名、笔试、面试、考察、体检等程序，共选拔5名国有流通企业领导干部。

2000年，对钟山区供销社、物资公司的领导干部，科技副乡、镇长进行公开选拔，按照选拔工作程序，共选拔出9名企业领导干部和科技副乡、镇长。

2002年，在全市范围内公开选拔3名区医院领导干部。参加报名人员26人，资格审查后进入笔试19人，实际参加考试15人。按照1：3的比例确定9名人员进入面试，通过笔试、面试按照1：2比例确定6名考察对象，通过考察和评定，有1人符合任职条件到区人民医院任职副院长。

2008年，区委在大河镇公开选拔镇党委书记。

5. 竞争上岗

2001年10月，区委为进一步解决干部能上能下、公平竞争、不拘一格选用优秀人才，对干部人事制度改革进一步深化，在干部中全面推行竞争上岗、双向选择任免制度。区委制定《六盘水市钟山区机构改革期间全面推行竞争上岗、双向选择工作的实施意见》，明确竞争上岗、双向选择的原则、范围、条件、程序和方法等，在全区范围内组织实施。竞争上岗和双向选择工作的开展，促进干部人事工作的科学化、民主化、制度化和规范化，让一批年轻干部走上领导岗位，部分能力差、年龄偏大、不能履行岗位职责的干部改任非领导职务。一大批优秀人才脱颖而出，健康成长。在2002年竞争上岗，双向选择中参与竞争的干部928人，最后有475名干部通过竞争上岗走上股级、副股级二级班子领导岗位。

6. 后备干部

1995年以来，钟山区将后备干部队伍建设进一步纳入规范化管理，健全后备干部档案，着力培训、储备后备人才。

1995年，全区通过选拔，共建后备干部档案70人，其中，年轻干部档案40人，党外干部档案18人，少数民族干部档案12人，妇女干部档案14人。1998年，选拔科级后备干部130人。2002年，区委组织部下发《关于推荐科级后备干部的通知》，进一步明确推荐科级后备干部的范围、条件、资格、数量和程序、结构等，并对后备干部档案进一步完善。各单位党委（党组）推荐正科级后备干部161人，副科级后备干部186人。2007年，全区各单位党委（党组）共推荐出科级后备干部300余人，其中非党干部29人，女干部71人，少数民族干部52人，35岁以下干部90人，具有研究生学历的干部7人。2008年，制定下发《钟山区科级后备干部考察方案》和《考察工作流程》，使全区各单位对后备干部的考察推荐更为统一、规范。后备干部的选拔从党政机关扩大到区中小学校、公司、企业，并结合实际确定各单位的推荐比例，分别按领导职数的1：1和1：2比例进行选拔。是年，全区共选拔科级后备干部220人。

（三）干部考核、审查

1. 考核

1989年，对区内80名在职正副科级干部和镇、乡、办的65名党政领导干部进行年度考核工作。1990年，对区直机关103名正副科级领导干部进行工作考评。1996年，对10个乡、镇、办、区直部门300余名正副科级干部进行考核，评出优秀干部30人，合格干部270人。1998年，对全区10个镇、乡、街道和65个党政群机关、事业单位的298名科级干部进行考核。考核采取量化测评和个别谈话的方式进行。

1999年4月，区委组织部下发《钟山区党政群机关和事业单位领导干部考核实施意见》，进一步明确干部考核要坚持实事求是和客观公正的原则，实行领导与群众相结合、定性与定量相结合、定期与平时相结合的制度，是年开始对区直党政群机关及事业单位领导干部进行届中或届末考核。是年，区委组织部组成两个考核组对10个镇、乡、办事处和3个区直部门领导班子工作运转情况及班子成员德、能、勤、绩等方面的情况进行考核，考核采取民主评议、民主测评和个别谈话方式进行，共考核领导干部143人。在总结前几年考核经验的基础上，2004年10月，又制发《钟山区乡镇、街道、区直部门领导班子及成员工作运转考核办法》，对镇（乡）、街道领导干部进行年度考核，评定等次，兑现奖惩。通过多年的实践，钟山区逐步建立一套领导干部考核体系，实现干部考核主体多元化、手段科学化、信息量最大化和导向功能直接化。一是在干部考核中，通过实施组织考核、领导评价、群众评价、干部评价，形成“四位一体”的考评体系。考评主体的多元化提高实绩考评的公信度、准确度和认同度。二是创立“责任目标+民主测评”的“二合一”实绩要素和考评模式。在考核中注重考核干部的工作实绩、责任目标完成情况、群众的反映等，提高实绩的真实度和可靠性，避免实绩不实的问题。三是对领导干部的考核内容，在涵盖经济社会发展的指标的同时，也兼顾干部素质能力、德才表现的评价。四是既注重内部的评价，又兼顾社会评价，把干部工作圈、生活圈、社交圈的各种信息都反馈到考评中来，形成全方位、多角度的考评视角。五是钟山区委依据考核结果，对实绩突出的干部委以重任，提供更宽广的舞台；对工作不负责或不能胜任本职工作的干部进行改任或免去现职，使考核评价的导向功能更加直接有效。

2004年，区委组织部组成两个考察组对全区9个镇、乡、街道年度班子运转情况及110余名班子成员的德、能、勤、绩、廉各个方面情况进行考核。确定9人为优秀等次。对群众反映问题较多、在民主测评中“不称职”票较多的班子成员进行谈话、警示。

2005年，对全区9个镇、乡、街道领导班子运转情况及120余名科级干部的德、能、勤、绩、廉各方面情况进行考核。考核采取测评、个别谈话、查阅资料等方式进行。

2006年，区委组成3个考核组，采取民主测评与个别谈话的方式，对镇、乡、街道领导班子和119名班子成员工作运转情况进行考核。

2008年，全区共有30人在考核中被评为“优秀”，有3人得到提拔、9人交流到更重要岗位，对10名被评为“基本称职”或“不称职”的科级领导干部均被改任为非领导职务。

2. 审查

1990年，按上级要求，对全区124名副科级以上领导干部的表现进行严格审查。1991年，审查271人的工资晋升，对符合文件的239人审批晋升工资。1993年，聘用15名审干联系员开展干部审查工作。1995年后，将过去以审查干部的政治历史为主，转入到审查现实工作表现为主。并建立健全审干联系制度，定期召开审干联席会议，干部审查工作常年开展。

2002年后，实施领导干部任期和离任经济审计制度。

2002年，委托区审计局对3名领导干部进行任期经济责任审计。2003年，根据《六盘水市钟山区关于县级以下党政领导干部任期经济责任审计实施方案》，对区建设局、林业局和民政局的主要领导进行经济责任审计。完成33名副县级以上领导干部收入申报。2004年，对区物价局、区交通局、区文广局局长进行任期经济责任审计。2006年，对区卫生局、月照乡、老鹰山镇、大河镇领导进行任期经济责任审计。对区教育局、区发改局、区科技局、区扶贫办领导进行离任审计。2007年，委托区审计局对汪家寨镇镇长、区煤炭局局长、区计生局局长、黄土坡街道办事处主任进行任期经济审计。并完成全区副县级以上领导干部收入申报工作。

（四）人才工作、干部培训

1. 人才工作

1989年起，钟山区将人才工作纳入制度化管理，出台《钟山区选拔拔尖人才的意见》。是年，解决一部分高级知识分子烧煤问题等实际困难。1990年，对全区知识分子的烧煤困难等实际问题予以解决。组织8名高级知识分子到市医院检查身体。1991年，在全区1533名知识分子中确定5人为第一批拔尖人才，并建立拔尖人才档案，纳入区拔尖人才管理。1992年，全面建立专业技术拔尖人才档案，协调解决4名知识分子家属子女农转非。1996年，对全区知识分子进行调查分类，对高、中级知识分子逐一建档排队，推荐15名专业技术人员上报，纳入有关部门管理。1998年，健全科技副职工作，提拔3名科技副职到主要领导岗位。2001年，完成“市级优秀科技人才”的申报工作和区级优秀科技人才的登记初审工作，初步建立全区科技人才信息库和乡土人才信息库。2002年，按照《六盘水市钟山区区级优秀人才选拔管理办法》的规定，评选出区级优秀科技人才6人。2004年，健全全区知识分子和乡土人才信息库，收录1520名知识分子和127名乡土人才基本情况，组织“黔中英才”入选人员材料的搜集整理和审核工作。2006年，建立区级优秀科技人才信息库、高级职称人才信息库和研究生信息库。兑现6名区级优秀科技人才报纸杂志费。组织区级优秀科技人才、具有高级职称和具有硕士学位的高层次人才54名进行体检，招考30名大学生充实到基层。

2. 培训

1989年，钟山区推荐13名干部到六盘水市、水城县党校和省外经济管理培训班学习深造。

1990年，区委组织部与人事局联合举办组织、人事工作者培训班，与宣传部联合在市委党校举办领导干部和理论宣传干部培训班，集中学习马克思主义基本原理、哲学和党的基本知识、组织工作知识等，137人参加学习。1991年，按照市委组织部的要求，推荐14名干部报考省、市委党校。1992年，在市委党校举办为期6天的区直机关中、青年干部及业务骨干培训班，集中学习马克思主义基本原理和机关行政管理知识，培训人数61人。选派20名镇、乡、办事处党政领导干部到贵州省农业干部管理学院进行为期3个月学习，推荐72名干部到省内外院校，省、市委党校进行岗位职务培训。全年共培训妇女干部1100人次，培训少数民族干部800人次。1993年，举办各种不同类型的培训班28期，培训人员1330人次。1994年，选派3名干部到徐州市所辖的镇、乡进行为期半年的挂职学习，组织5名即将到镇、乡、办事处任职的妇女干部到徐州市委党校学习。1995年，派出4名副科级干部到徐州市委党校学习，派出3名干部到徐州的乡、镇挂职锻炼。1996年，推荐130余名干部参加中央党校、省委党校函授学习，选派16名正副科级干部分别到广西、徐州、无锡挂职锻炼和考察学习。1998年，选派16名区机关、镇、乡科级中青年干部、妇女干部、少数民族干部、非党员干部到浙江和本省进行畜牧知识学习。1999年，组织镇、乡、办事处党委书记和区经贸局负责人共14人到贵阳市白云区、乌当区等地学习考察。

2000年，对领导干部进行科技培训，71人参加。选拔4名县级干部、5名科级干部外出培训，选派3名少数民族干部到贵州省民族管理干部学院学习，推荐1名干部参加浙江大学与贵州大学联办的在职人员培训班，抽调11名干部参加市委计算机业务培训班；安排21名干部参加全市乡镇干部企业管理培训班。2001年，举办区青年干部培训班，54人参加。选派4名县级干部、17名科级干部外出培训。2002年，选派98人参加在市委党校举办的青年干部、少数民族干部、妇女干部、非党干部培训班。组织130名村级干部进行培训；组织35人参加上海市经济管理干部学院举办的领导干部培训班。2003年，举办科级党政领导和一期组工干部培训班2期，87名党政领导干部和69名组工干部参加培训；举办新任干部培训班1期，50人参训。2004年，共举办4期培训班，投入培训经费15万余元，对全区92名基层党支部书记、78名科级干部及组工干部进行封闭培训，派出56名干部外出学习或挂职锻炼。2005年，利用远程教育设备集中培训乡镇党员干部8881人次。2006年，抽调2名县级干部和1名镇长参加市委党校第五期领导干部培训班学习，安排10名副县级干部参加全市公务员通用能力培训班学习，10名乡镇党委书记、乡镇长参加全省社会主义新农村建设专题研讨班培训，选派3名女干部到省外培训。举办新任领导干部培训班1期，培训副科级干部、优秀年轻干部40人。

2007年，选派61名干部参加经贸、新农村建设、政治理论研讨、安全生产、岗位业务能力、环保等方面的培训。钟山区投入经费22万余元，举办各类培训班7期，培训各级干部281人次。2008年协助市委组织部完成干部调训61人次。举办村居干部培训班4期，培训人员200人次。举办党代表培训班2期，培训党代表225人。举办新任干部培训班1期39人次，后备干部培训班3期188人次。

（五）老干部工作

钟山区建立以后，对离退休干部，在保证其政治待遇、经济待遇的基础上，为使老干部老有所养、老有所乐、老有所为，特意安排他们参加一些重大的集体活动，邀请他们参加党委、政府、单位的有关会议，专门成立老年体协，组织离退休干部开展经常性的文体活动并举办赛事，不定期组织外出考察、参观、旅游。重大节日进行慰问。为离退休干部提供服务，并尽力解决生活中存在的实际问题。

1. 服务工作

1994年，为5名老干部解决职级、补贴、药费、住房问题，为部分老干部解决未参加工改问题。1996年8月，按有关文件精神，将离退休干部住院伙食补助费由1元/日增加到2.5元/日。1996年，为兑现离退老干部建房补助费问题，对全区500余名离退休干部进行全面调查，在摸清底数的基础上，1999年对回农村自建私房、在城市未租住公房或未购公房的离退休干部（包括农业户口遗孀）112人发给建房补助费共22.28万元。1996—1998年审批享受高龄补贴38人。1997年10月，满足1名离休干部的遗愿，为其儿媳和5名孙女办理农转非户口落户手续。1998年，为辞世的离休干部的父母、遗孀解决住院费，按在职职工报销标准的50%报销。同年，按有关文件规定，将长期生活不能自理的离休干部护理费由原来人均51元/月提高为人均100元/月，2005年，调整为厅级以上人均200元/月，其余人均150元/月，2008年，将离休干部护理费调为人均600元/月。区离退局为增强离退人员身心健康，每年配合区老体协举行老年文体活动，每次参加活动的人员少则100余人，多则上千人。每年对离休干部、副县级以上退休干部遗孀和有特殊困难者进行走访，或开展春节、中秋慰问活动，送去慰问金或慰问品。2001—2007年，每两年组织离休和副县级以上退休干部进行一次健康体检，2008年起定为一年一次。邀请离退领导干部参加区委、区政府召开的重要会议，为其订阅《人民日报》《贵州日报》《六盘水日报》《参考消息》《当代贵州》《党建文汇》《晚晴》《晚霞》等报纸杂志，以便加强对时事政治理论学习。区委、区政府每半年要向离休及副县级以上退休老干部通报一次全区经济社会发展情况，每年要召开一次迎春联欢会，区委、区政府领导到会与其共同欢度春节。2008年，将离休老干部春节慰问金由原来300元提高至500元。

区离退局多次组织离休和副县级以上退休干部到北京、天津、北戴河、云南世博会、海南、华东五市、大理、丽江，以及钟山区境内乡镇企业、南编组站、凤凰新区、麒麟洞、水钢笔架山公园，区儿童乐园、动物园、森林公园、白鹤公园及各镇乡街道参观游览，让老干部亲身体会祖国和钟山区的飞速发展和巨大变化。

对离退休干部的来信来访，均及时进行办理或答复。1995—2007年，共接待来信来访290人次。内容涉及医药费不到位、工资套改不彻底、建房补助（包括一次性建房补助）不落实、生活用水用电有困难、老干用车难、要求落实中华人民共和国成立初期参加革命工作人员待遇等问题。为14名退休干部一次性解决住房补助各3万元，确保足额发放和按票报销离休干部“两费”（离休费、医药费）等问题。落实离休干部无工作遗孀生活补助每人每月410元，每人每年医疗补助费1500元。为13人解决中华人民共和国成立初期参加工作待遇问题。

2000—2004年，在离退休干部中，先后有刘根显、龙明海、吴昌海、黄振祥等15人获市先进个人称号，区离退局、老体协获市先进集体奖。

2. 关心下一代工作

钟山区以离退休老干部为主体成员，成立关心下一代工作委员会。1995—1996年，为纪念抗日战争暨世界反法西斯战争胜利50周年和红军长征胜利60周年，区关工委配合区政协组织爱国主义宣讲团（报告团）到各乡、镇、街道及中、小学举办专题讲座，参加抗日的老干部齐昌山、刘根显等主讲，听众4500余人。1996年年初，区关工委与区未成年人保护委员会、团区委、教育局、公安分局、文广局联合下发《关于禁止未成年人出入舞厅、酒吧、卡拉OK、镭射影厅、台球室、电子游戏室的通知》，并要求严格贯彻执行。“六一”儿童节，区关工委联合区妇幼保健站、区少儿工委为场坝片区67名少年儿童免费体检，在片区发放资料2800份，赠送《少年与法》300份，并接受450名家长和群众的咨询。是年，区关工委分别在幼儿园、小学、中学建立家长学校37所，并为学校与家长启动教育咨询服务，促进学生德、智、体、美、劳全面发展。1997年，庆祝香港回归，区关工委联合区教育局举办“迎回归·爱祖国”专题演讲比赛，邀请全体老干部参加。2004年1月，区委加强对关工委工作的领导，增设名誉主任、顾问，在职区人大常委会主任张培荣、区政协主席穆彪、区委副书记王宜治为名誉主任，多名离休干部为顾问，原区人大常委会主任徐永全任主任，多名离休和副县级以上退休干部任副主任。2005—2008年，区关工委牵头，联合区委宣传部、团区委、区教育局、区文广局在全区青少年中先后开展“民族精神代代传”“爱伟大祖国·爱多彩贵州·爱美丽凉都”“知荣辱·树新风·促和谐”“举旗帜·颂改革·讲文明·迎奥运”等读书演讲教育活动，表彰选送优秀选手，2005年表彰12人，2006年表彰18人，2007年表彰14人，2008年表彰18名选手并推荐参加市级比赛，取得较好成绩。2000年起，区关工委开展“三无两有”村、“四无两有”社区创建活动（四无：无辍学、无犯罪、无不孝子女、无吸毒；两有：青年有技术、少年有文化），至2008年共创建先进村44个，创建先进社区28个，分别占全区53个村的83%和41个地方社区的58.5%。2007年10—12月，配合视觉光明工程领导小组专家对全区39所中小学学生进行视力普查。2008年，对9个乡镇街道关工委工作实行目标考核。1997—2005年，先后有刘丽、徐永全、齐昌山、张明宣等9人获市关心下一代先进个人奖。高青山、李刚获全省关心下一代先进个人奖。

第四节　宣传教育

一、思想政治和理论教育

全区思想政治工作主要围绕中央、省、市、区不同时期思想政治工作重点，确定主要工作方向，通过政治理论教育、形势政策教育、革命传统教育、省市区情教育等方式，以思想政治工作联系会、思想政治理论宣讲、政治理论学习考试、党报党刊征订及农民思想道德教育示范点等为载体分层次对县级领导、科级领导干部、一般党员干部开展有针对性的思想教育工作。

（一）各个时期思想政治工作重点

1988—1992年，开展学习、宣传、贯彻、落实党的基本路线、邓小平理论和党的十三大精神，坚持四项基本原则，反对资产阶级自由化等方面的思想政治教育工作。全国七届人大会议召开后，1988年6月，召开贯彻全国七届人大会议精神研讨会。是年10月，为深入开展党的基本路线教育，组织、分析、论证钟山区区情，开展“初级阶段理论和区情分析、发展战略”研讨会，全区48个部门推荐60篇论文参加研讨。

1993—1997年，以学习、宣传、贯彻、落实中共十四大精神为思想政治工作的主要方向。1993年7月，开展“解放思想、实事求是、抓住机遇、加快发展”大讨论。1998—2002年，以学习、宣传、贯彻、落实“三个代表”重要思想和中共十五大精神为思想政治工作的主要方向。

2003—2008年，以学习、宣传、贯彻、落实科学发展观和中共十六大精神为思想政治工作的主要方向。

（二）理论宣讲

根据各个时期思想政治工作的方向，明确宣讲的主要内容，包含党的政治理论宣讲、党的会议精神宣讲、形势政策分析等方面，由区委宣传部牵头，会同区委组织部、区委党校等有关单位组成宣讲报告团承担宣讲任务，并根据宣讲的内容确定听讲人员范围。2003年6月，开展十六大、“三个代表”重要思想宣讲。2005年7月，开展党的先进性教育活动理论宣讲。2007年5月，开展社会主义新农村建设理论宣讲。6月，开展宣传贯彻中共贵州省第十次党代会精神宣讲。11月，开展中共十七大精神宣讲。2008年12月，开展中共十七届三中全会精神宣讲。

（三）联系会议和工作研究会

自2004年起，钟山区建立思想政治工作联系会议制度，根据各个时期思想政治工作的方向和当年思想政治工作的重点，适时召开思想政治工作联系会议，参加单位主要为区委各个部门、群团各组织、政府各综合部门、各镇乡街道，学习方式包括中央思想政治工作主要精神传达、主题发言、会议交流等。2004年9月，召开钟山区思想政治工作联系会，交流青少年思想政治工作经验。2005年3月、7月、9月分别召开会议，分别就全区思想政治工作开展情况，农村思想政治工作经验，学习贯彻中共中央总书记胡锦涛在贵州考察工作结束时的讲话情况等进行交流。2007年3月，组织参加全市思想政治工作联系会议，就认真贯彻落实中共中央1号文件，为发展现代农业、扎实推进社会主义新农村建设提供强有力思想保证的做法进行交流发言。4月，召开钟山区思想政治工作联系会议，主题为认真贯彻落实中央1号文件精神，积极发展现代农业，加强农村思想建设，为扎实推进社会主义新农村建设提供精神动力和思想保障。6月，就深入贯彻落实省第十次党代会精神，全面落实科学发展观，求真务实，开拓创新，为构建“和谐钟山”，实现钟山区经济社会发展的历史性跨越提供强大的精神动力和思想保障方面的工作进行探讨。8月，组织召开思想政治工作联系会议，会议主题为以邓小平理论和“三个代表”重要思想为指导，全面落实科学发展观，围绕中心、服务大局，解放思想、实事求是、与时俱进，促进钟山区文化的全面发展。12月，组织全市暨钟山区思想政治工作联系会议，会议主题为深入贯彻落实中共十七大精神，努力开创思想政治工作新局面。2008年11月，参加全市思想政治工作联系会，会议主题为深入学习贯彻落实科学发展观，推动企业思想政治工作上新台阶。

钟山区建立后，多次组织召开思想政治工作研讨会。2008年，成立思想政治工作研究会（以下简称政研会），为钟山区组织和推动思想政治工作研究的非营利性社团法人。政研会实行会员制，会员分为团体会员和个人会员。团体会员按照不同工作性质分类，机关思想政治工作单位或部门——钟山区委各部委、区政府各部门、单位、区各人民团体、区法院、区检察院、区属各事业单位、钟山开发区管委会；乡镇思想政治工作单位或部门——各镇、乡、街道；行业思想政治工作单位或部门——钟山区各行业协会、组织、团体；企业思想政治工作单位或部门——钟山区各驻区企业；部队思想政治工作单位或部门——钟山区人武部、钟山区武警中队、钟山区消防大队；学校思想政治工作单位或部门——钟山区各公办、民办中小学、幼儿园；社区思想政治工作单位或部门——钟山区辖区内各社区。政研会组织机构为：会员代表大会——政研会的最高权力机构，每五年召开1次；理事会——会员代表大会闭会期间由其执行机构理事会管理，理事会一般每年召开1次；秘书处——负责政研会日常事务。政研会人员构成：会长（政研会法人代表）1名，由区委宣传部部长担任；副会长25名，由与思想政治工作密切相关的会员单位人员担任；理事长1名，由会长兼任；常务理事若干名，由主要会员单位负责人担任；理事若干名，由每种类别会员单位推出2~3名；秘书长1名，由区委宣传部分管思想政治工作的副部长担任；工作人员由区委宣传部工作人员兼职。

（四）农民教育

1991年，区委宣传部与区纪委、区委组织部、区农委联合组成社会主义思想教育工作队，在大河镇裕民村开展为期1个月的社会主义思想教育试点工作，着重开展社会主义制度优越性教育、农村家庭联产承包责任制的社会主义性质教育。教育的重点是党员、村组干部、团员和青年农民。之后对试点经验进行总结，在全区农村推广。2004年，确定大河镇大桥村作为2004—2006年农民思想道德教育示范点，通过在示范点建设思想道德宣传阵地、开展思想道德建设活动等方式提高示范点农民群众的思想素质，并通过示范效应在全区普遍提高农民群众的思想觉悟。

二、新闻宣传和对外宣传

（一）新闻宣传

1989年年初，为加大新闻宣传工作力度，区委宣传部设置宣传通讯科，主抓全区新闻宣传工作，对新闻宣传工作目标、职责进行明确和分工。1990年3月，宣传通讯科创办每周1期的《钟山通讯》，搭建钟山区宣传工作又一渠道和平台。1993年7月，按照区委宣传部“四定”方案的文件精神要求，“宣传通讯科”改为“宣传教育股”，属股级行政编制，设股长1人，工作人员2人，由副部长分管该股全面工作，股长负责抓日常性工作。1994年6月，《钟山通讯》改为双月刊，内容方面，改变单一的党政新闻报道模式，新增人文、经济及区内重大新闻内容等版面，扩大全区宣传内容和宣传覆盖面。是年，区广播电视新闻中心在区人大、政协会议期间制作《钟山新闻》，对“两会”作专题报道。1995年，区广播电视站自播新闻稿件和市电视台采用稿件2000余条。1996年，区广播电视新闻中心向市电视台、市有线电视台送播新闻稿件150余条，在之后的年度里，提供稿件数量逐年增多，质量不断提高。1997年5月，按照国家对电视管理的政策和相关要求，区有线电视与市无线电视联网，区广播电视站撤销。10月，市电视台、无线电视台分别在区文体广播电视局设立驻区记者站，主要为市电视台和无线电视台采集钟山区内的新闻稿件，承担钟山区的新闻宣传任务。

2002年4月，为加强和规范驻区记者站的管理，钟山区取消原所属区文化广播电视局的驻区记者站机构，重新在区委宣传部建立驻区记者站，主要负责协调报纸、广播、电视等新闻媒体的宣传报道，采集区内新闻文字稿件和影像图片等。为拓宽新闻采集面，记者站在区部分单位、乡镇聘请通讯员，形成全区通讯网络。是年12月底，宣传教育股《钟山通讯》编发工作移转到记者站，为记者站增加4个事业编制，记者站共有事业编制8个，站内队伍建设进一步得到加强。2004年，根据上级规范报刊管理、不允许县级编发内部期刊的要求，6月，《钟山通讯》编发工作停办。2005年，为使《六盘水市日报》加大对钟山区新闻宣传报道力度，邀请六盘水日报社在钟山区设专业记者站，对钟山区工作进行日常报道，同时在《六盘水日报》第二版开辟钟山区新闻宣传专栏，每周二对党政、经济、人物等进行系列专版报道。2006年4月，驻区记者站机构升格为副科级后，除组织协调全区外宣工作，报纸、广播、电视摄像宣传报道工作，新闻舆论导向工作及新闻队伍建设方面的业务工作外，同时负责与新闻出版部门的业务联系，组织实施对外宣传及重大新闻发布等活动，负责外宣品制作，指导对外文化交流的宣传等工作。

2007—2008年，钟山区记者在电视新闻采写、拍摄、制作上有突破性进展，获全市“电视新闻稿件数量第一、质量第一、策划第一”的三项好成绩。《回眸钟山20年》专题报道和《西部明珠——钟山》系列报道电视作品，参加六盘水电视台举办的“德远杯”六盘水市优秀电视作品评选活动，在全市各新闻单位（含市电视台）选送的55件作品中脱颖而出，分别获得全市电视优秀作品一等奖、二等奖。在两年时间里，钟山区在市级以上媒体发稿2341条，其中省级媒体41条；《六盘水日报》2000余条，其中，1版头条50余条，1版153条；贵州电视台10余条；六盘水电视台300余条，其中内容提要170条，头条20条。

经过多层次、多渠道的新闻宣传，及时客观地反映钟山区的重大决策，工作部署及进程，工作中的亮点和难点，经济和社会进步中的各项成就，为钟山区经济强区营造浓厚的社会舆论氛围，钟山区知名度和美誉度得到大幅度提升。

（二）对外宣传

1988—1998年，外宣工作主要紧扣不同时期的工作任务，以宣传邓小平理论、党的基本路线、贯彻落实党方针政策为宗旨，以基层舆论宣传为基调，正确引导社会舆论。将统一全区思想、坚定信心、振奋精神作为钟山区经济和社会发展的精神动力和思想保证。充分利用报纸、电视等媒体，重点结合区域实际，围绕全区物质文明和精神文明建设，侧重宣传报道钟山区建区情况、区党政换届工作、全区领导干部职工重大理论实践学习活动、社会主义计划经济转变为市场经济的发展变化、教育、征兵、文艺、社会治安等。在此期间，在《贵州日报》发稿100余条，省电视台用稿近20条，省级其他刊物用稿50余条，市报用稿1800余条，市电视台用稿1800余条，市级其他刊物用稿200余条。经过大力宣传报道，为建区后全区各项工作的有序启动和健康发展起到积极的推动作用。

1999—2006年，钟山区以主题策划为重点，以新闻上大报大台为亮点，以大型文化活动为视点，加大对外宣传工作力度，初步形成“大外宣”的格局。分别对以下几个方面进行重点宣传：关注全区学有所教、劳有所得、病有所医、老有所养、住有所居、困有所助的政策措施和实施效果；打造窗口环境、治安环境、卫生环境、服务环境、市场环境、旅游环境；树立城市兴区、工业强区、生态立区的目标；把握发展与民生、思路与战略、典型与创建、经验与成就之间的关系。在宣传形式上，立足“五个一”的外宣思路，即办好一个期刊、建好一个网站、培育一批骨干、搞好一批宣传报道、抓好一年一次大型文艺活动。在此期间，充分利用《六盘水日报·钟山周刊》，着力宣传钟山区发展环境的重大变化，招商投资的优惠政策和法规，重点报道钟山区经济建设和社会事业发展取得的成就。在新华网开设钟山网站，充分利用图片、文字、动画等形式对外宣传全区经济建设和社会发展的成果。组织全区通讯员参加市、区举办的骨干通讯员培训班，提高新闻稿件的写作水平和质量，全区通讯员先后独立在市级以上新闻媒体发表新闻稿件200余条（篇）。配合中国国际广播电台深入凤凰街道双龙村、广场社区采访城郊农业、新农村建设、劳动就业、社会治安、基层组织建设等情况。协调《贵州日报》《法制生活报》《西部时报》等媒体到大湾采访集中整治煤炭私挖滥采的情况。配合中央电视台《走遍中国》摄制组拍摄《凉都六盘水》专辑，重点推荐钟山区得天独厚的自然资源和气候资源，以及城市建设和城市发展，专辑在中央电视台中文国际频道黄金时段予以播出，并用外语分别向欧洲和北美洲播出，向外界全方位、多角度地宣传钟山、推荐钟山。配合《六盘水日报》采写国庆特稿《城市长龙舞钟山》，在《六盘水日报》头版头条刊发，综合报道钟山区围绕城市加快发展、统筹兼顾科学发展、统一思想确保发展的思路和具体做法。配合《经济日报》记者对钟山区城市建设、城市发展、城市文化等进行采访，在《经济日报》2版头条刊发题为《提升城市品位、彰显城市活力——贵州省六盘水市钟山区采访记》的报道。自2004年始，六盘水市举办一年一次的“中国凉都消夏文化节”，钟山区是消夏文化节的主阵地。利用这一契机，钟山区全力参与主办、承办、协办系列文化活动近30项，打造凉都品牌。并精心策划，举办

“钟山之夜”广场文化周、“国酒茅台”杯多彩贵州选拔大赛、建区16周年经济社会成果展等大型活动，通过丰富多彩的文化活动扩大钟山区在国内外的影响。

2007—2008年，钟山区采取以组织策划重大主题宣传和重大活动报道为重点，围绕“主题策划、媒体联动、大型文化活动”的工作思路，全区在市级以上媒体发稿3732条，其中省级报刊62条；《六盘水日报》发稿2778条，其中1版头条150条，1版221篇（条）；贵州电视台发稿25条；六盘水电视台发稿759条，其中内容提要242条，头条31条。外宣工作取得跨越式发展，钟山形象得到大幅度提升。2007年，组织新闻记者就“黄果树”杯2007多彩贵州舞蹈大赛筹备及赛况等进行集中采访，开赛期间在《六盘水新闻联播》栏目先后播出《钟山区擂响多彩贵州舞蹈大赛战鼓》《钟山区凸显民族民间舞蹈特色》《各界群众参与多彩贵州舞蹈大赛热情高涨》等6集系列报道。为迎接中共十七大的胜利召开，《六盘水日报》围绕钟山区经济发展、城市建设、拆迁安置、生态建设、文化产业发展等方面，推出《“大手笔”绘就凉都展新姿》《钟山区构建美丽和谐的“家”》《生态建设造就凉都“绿腰带”》《文化“软实力”支撑经济大发展》等主题报道，在头版头条刊载，全面反映钟山区在经济建设和社会发展中取得的成就，进一步宣传钟山、展示钟山，激发全区人民加快发展的士气。在《当代贵州》增刊开设5个专版，宣传钟山区在创新发展思路、发展平台、发展环境以及围绕城市、围绕“三农”、围绕工业、围绕民生方面的大思路、大手笔。部署开展“整脏治乱”暨严格城市管理集中宣传活动，组织人员采写《整脏治乱在钟山》7集系列报道，在《六盘水新闻联播》栏目播出，集中宣传全区开展整脏治乱的意义、举措以及取得的成效。在办好《六盘水日报·钟山周刊》的基础上，围绕新闻上大报大台、上头条要闻的目标，吸引“大报大台”新闻媒体加大对钟山区的宣传力度，协调《贵州日报》到凤凰街道采访社区低保、社会保障、关注弱势群体等方面工作开展情况。协调组织资深新闻记者对汪家寨镇产业结构调整、统筹城乡发展、工业反哺农业、城市支持农村情况进行宣传报道，得到市委主要领导的签批，高度评价钟山区在调整产业结构、转变发展思路和发展战略上的新举措。配合贵州电视台《百姓关注》栏目《贵州都市报》《劳动时报》等媒体到境内采访“蒙牛城市之间全国百城市全民健身展示活动”。配合贵州电视台《百姓关注》栏目在人民广场设置的直播间对德坞羊汤锅、凤凰街道双龙果蔬基地、大湾韭菜坪风光进行直播，向外界生动展示钟山区的自然风光、餐饮文化和现代农业。配合、协调中央电视台、贵州广播电台记者对钟山区的城市建设、城市管理、城市发展等方面进行集中采访报道。配合《凉都晚报》采访中心城区城中村改造工作，推出《走进“城中村”系列报道》。组织广场文化周“魅力钟山韵——时尚与梦想”原创音乐会、聚焦太阳石——水矿文艺晚会、钢花映凉都——水钢文艺晚会、欢歌水城情——民族风情晚会4台文艺节目，展示钟山区人民昂扬向上、积极进取的精神风貌以及多彩的民族风情。2008年，不断完善外宣协调机制，先后邀请省市主流媒体记者参加全区“五个民心工程”新闻通报会、市妇幼保健院“11·7”医疗纠纷处理新闻发布会。围绕“服务外来媒体，展示钟山形象”的要求，积极协调配合中央、省、市到钟山区采访，并作好接待和服务工作。联系《六盘水日报》、六盘水电视台跟踪采访钟山区开展的送温暖活动，第一时间宣传报道钟山区领导慰问社会各界群众情况。协调省、市级媒体对钟山区抗击雪凝灾害情况进行报道。接待《贵州日报》、贵州广播电台等媒体到钟山区双龙村和汪家寨煤矿采访灾后恢复生产和保电煤、气煤情况，贵州广播电台记者对区长高玉林作现场连线采访，通过广播向全国听众介绍钟山区抗击雪凝冰灾的情况，《贵州日报》第一时间刊发钟山区《灾害逼出新思路》的文章。陪同《光明日报》记者采访全区灾后重建情况，随后《光明日报》发表《贵州重建家园度元宵》一文。协调《六盘水日报》、六盘水电视台资深记者到大河镇渡口村、区城管局、钟山电力公司等地采访报道灾后重建及恢复生产工作情况。邀请省、市媒体到钟山区月照乡参加四月八活动采访。邀请市广播电台、电视台、报社等媒体参加全区地质灾害演练采访。接待《贵州日报》记者到月照乡进行采访。配合市委宣传部，组织省、市媒体采访团到大河镇采访该镇党风廉政三项制度工作落实情况。配合《求是》杂志，开展反映钟山区经济实力、城市面貌、人民生活、农村经济、党的建设等采访活动。

三、精神文明建设

1988年，钟山区建立后，即将精神文明建设纳入全区社会进步的统一规划，成立区精神文明建设委员会，具体负责全区的精神文明建设工作。

1996年6月，钟山区委转发区精神文明建设委员会《进一步加强钟山区精神文明建设工作的意见》，在全区范围内开展"八不"行为规范教育，制定区直各部门、镇、乡、办事处精神文明建设工作考核目标，开展"文明村""文明居委会""文明户""文明个体工商户""文明卫生示范一条街"五项创建活动，确立创建标准、命名方法、管理办法。1999年，在全区开展十星级文明户和文明村镇创建活动。十星级文明户评选活动将农村两个文明建设的内容具象化为"十颗星"，以其直观、简便、易行的特点，受到广大群众的欢迎。1999—2003年，区文明办连续五年开展以"卫生与秩序"为主题的文明城市创建活动。2001年，区文明办按照"巩固、提高、延伸、辐射"的基本思路，以"向不文明交通行为告别"为主题，多种形式开展道路安全畅通的宣传和教育。是年4月，在交警直属大队开展创建文明系统活动，以"服务人民、奉献社会"为宗旨，以群众满意为目标，提高干警职业道德水平，树立公安交警新形象。2002—2003年，开展"文明大道"的创建活动，各镇、乡、办事处尤其是市中心城区面貌发生明显变化，为全区全面开展创建文明城区工作打下良好基础。2004年3月，在第三次《公民道德建设实施纲要》宣传教育月期间，区文明办在全区广泛开展"共铸诚信六盘水"活动。同时，在全区农村开展"情系农民、富裕农村、美化农村"活动，制定钟山区生态小康文明示范新村规划建设标准和检查考评细则。5月，开展以"珍爱六盘水、争做文明人、争创文明社区、共建美好家园"为主题的钟山区创建文明城区活动，其中，6—7月为集中整治阶段，对城区的脏、乱、差状况进行大力整治。10月，为加强和改进未成年人思想道德建设工作，区文明委牵头，建立"加强和改进未成年人思想道德建设联席会议制度"，在全区组织开展多种形式的未成年人思想道德宣传教育和实践活动。2005年，在第四次《公民道德建设实施纲要》宣传教育月期间，区文明办开展以"珍爱六盘水、争做文明人、创建文明凉都"为主题的公民道德建设系列活动。2006年，围绕"共铸诚信六盘水，构建和谐社会"的主题，开展全区青少年五好小公民和"弘扬民族精神，构建和谐学校——从我做起"主题教育实践活动，"争做合格家长，培养合格人才"家庭教育宣传实践活动，"强素质，树新风，做文明凉都人"提升市民素质教育活动等群众性精神文明建设活动。为深化"卫生与秩序"主题创建活动，全区开展"整脏治乱"专项行动，加大中心城区"五脏五乱"的治理力度。"五脏五乱"即公共厕所脏、车站码头脏、饮食摊点脏、集贸市场脏、街巷院落脏；乱吐乱扔、乱贴乱画、乱排乱倒、乱搭乱建、乱停乱行。经过治理，市中心城区卫生环境大为改观。随后，编印《钟山区"整脏治乱"专项行动公民道德教育手册》，作为各镇乡、街道、社区、学校进行市民基本道德教育和"整脏治乱"专项行动等工作的规范读本和行为标准。深入开展学习型、道德型、服务型、文化型、安全型、卫生型文明社区创建活动，做到道德、治安、科教、文体、法律、卫生等部门"六进社区"，为居民群众办实事、办好事。2006年，共创建达标文明社区6个、文明村寨4个。

2007年，钟山区"公民道德宣传月"活动以"迎接奥运、讲文明，整脏治乱、树新风"为主题，开展全区性的系列活动，即青年志愿者"讲文明、树新风"道德实践活动；"三八"妇女维权周活动；家庭美德教育实践活动；"绿化钟山建设美好家园"为主题的社会公德教育实践活动；以"整脏治乱"为主题的公民道德建设宣传暨大型巡游万人签名活动及文艺会演；以"崇尚科学、反对迷信”为主题的“扫黄打非”活动；以社区建设、公民道德建设、整脏治乱为主题的知识竞赛活动；“法律援助在钟山”活动；“文明社区、文明村寨、文明街道、美德在农家”等创建活动；“十星级文明户”评选活动；整脏治乱“进机关部门、进干部培训、进街道社区、进校园课堂、进镇乡村寨”的“五进”活动等，营造“人人参与整脏治乱，美德养成从我做起”的良好氛围。6月以后，组织开展“文明新风进万家”“文明行业送微笑”“全民健身强体质”“‘整脏治乱’树新风”“志愿服务构和谐”“文明旅游提高素质”6项活动，为奥运会营造文明和谐的社会环境。

2008年3月，按照“党委统一领导、党政齐抓共管、文明委组织协调、有关部门各负其责、全社会积极参与”的原则，下发《关于2008年度钟山区创建“文明、诚信、服务、效率、满意在钟山”主题活动目标任务的通知》，要求全区各级各部门围绕区委、区政府的中心工作，紧密结合自身工作实际和特点，结合人民群众对本地、本单位便民利民惠民服务中关注的热点，针对服务群众中存在的突出问题，以解决民生问题为重点，完成3～5件让人民群众满意的工作。各级各单位按照确定的目标任务，采取有效措施，逐一组织实施。6月，开展“不满意问题征集活动”，着重围绕区内行政执法、城乡环境、公共秩序、日常礼仪、旅游接待、社会服务等领域，向社会各界、人民群众征集存在的突出问题，并将征求到的问题及意见、建议进行梳理，转交相关单位进行整改，通过整改，提高人民群众对党政机关、窗口单位、服务部门的满意度。8月，区文明办以奥运为契机，大力开展以“迎奥运、讲文明、树新风”为主题的文明志愿者服务活动。是年，持续开展整脏治乱工作，坚持“整脏以改善环境、治乱以提升文明”的思路，按照省整治办“五个延伸，四个巩固，三个提高”的要求，初步实现“三年巩固提高”的预期目标。2008年，确定创建7个文明社区、15个文明村寨、7条文明一条街，作为文明创建示范点，并在年初制定《文明社区创建工作考评办法》《文明村寨考评细则》，对创建标准、考评办法、奖惩措施等作出明细规定。各责任单位对创建工作分别组织实施，取得实质性的成效，待年度结束后接受考评验收。

在精神文明建设活动中，区委宣传部不断加强对文化事业单位的领导和对文化产业的管理，指导文化事业单位在精神文明建设中充分发挥职能作用，引导文化产业传播积极健康的精神文化产品，成为精神文明建设的一支社会力量。

第五节　统一战线

一、制度建设

为加强与民主党派、工商联、无党派代表人士、非公经济代表人士的联系，区委、区政府先后制定并建立区委常委与党外干部联系制度，区委、区政府领导与非公有制经济代表人士联系制度，统战部领导与民族宗教界代表人士联系制度，区委统战部与各民主党派、工商联联席会议制度，组织各民主党派、工商联、无党派人士考察制度，区政府及其工作部门与各民主党派、工商联对口联系制度，区委统战部领导班子成员与非公有制经济代表人士联系制度等。

区委规定各党委、党组、党总支、党支部要有1名副书记分管统战，设1名统战委员（成员）或专职干部。1994年9月，区委组织部为全区9个乡、镇、办事处配齐统战委员或统战干事。钟山区委统战部积极支持民主党派加强以思想建设为核心、以组织建设为基础、以制度建设为保障的自身建设，使民主党派工作朝着制度化方向发展。2008年，钟山区有民主党派基层组织4个，共有成员150余人。

1999年，钟山区建立区委领导与民主党派、工商联及无党派人士的联系制度，采取个别走访慰问、召开会议等形式加强联系，积极为民主党派和无党派人士代表排忧解难，解决工作、生活中的实际问题。2004年，区委对该制度进一步修改完善，规定联系的具体内容和具体要求，将联系人由原来的区委书记、副书记扩大为区委常委、党员副区长，将联系对象由原来的民主党派负责人、无党派代表人士扩大为现任副科级以上领导职务的党外干部，以及已退下来的原人大、政协班子中的党外干部和民主党派支部的原主委。每个区委常委、党员副区长联系2名党外代表人士。是年建立区领导与非公有制经济人士联系制度。每个区委常委、区政府副区长联系1名非公有制经济代表人士。联系人经常做非公有制经济代表人士的思想政治工作，宣传党委政府发展非公有制经济的政策，与非公有制经济人士广交朋友，听取意见，排忧解难，帮助解决实际问题。为了充分发挥全区各民主党派、工商联、无党派代表人士参政议政和民主监督的作用，制定《六盘水市钟山区人民政府办公室关于建立区政府及其工作部门与各民主党派、工商联对口联系制度》，明确对口联系的对象、联系内容、联系方式等。

建立和完善特约人员工作制度。钟山区各有关单位认真落实特约人员工作制度，制定工作实施方案，明确特约人员工作职责和工作范围。至2008年，钟山区各有关单位聘请的特约人员有区人民法院的人民陪审员、区人民检察院的人民监督员、区监察局的特邀监察员、区教育局的教育督导员、区政府纠风办的民主评议行风代表、区审计局的特约审计员、区城管局的城管监督员等。各单位聘用的特约人员按规定由民主党派成员、无党派代表人士担任。

二、学习和宣传

钟山区每年在全国、省、市统战部长会议召开之后，区委常委会议都对会议精神进行认真传达学习，并提出贯彻落实的具体意见，由区统战工作领导小组具体抓。1989年《中共中央关于坚持和完善中国共产党领导的多党合作和政治协商制度的意见》下发后，1990年，区委召开统战工作会议进行认真宣传贯彻。1991年3月17—18日，区委召开统战工作会议，传达学习江泽民、李鹏在全国宗教工作会议上的讲话，学习《归侨侨眷权益保护法》及全省统战部长座谈会精神。1996年，区委统战部深入乡、镇、办事处宣传时事和统一战线政策，开展红军长征胜利60周年纪念活动。是年，为加强正确的舆论导向，组织“三胞两属”和有关人士反复学习讨论“中共的几条建议”，组织区委统战部对台小组成员观看“台独”活动资料和解放军的演习资料，对返乡探亲台胞进行正面宣传，揭露李登辉及台湾民进党破坏统一、分裂祖国的行为，进行维护主权、维护领土完整的爱国主义教育。1999年7月12日，要求全区各级党组织和广大党员、干部认真组织学习《邓小平新时期统一战线理论学习纲要》和《党政干部统一战线知识读本》。2000年9月27日，区委统战部举办“中国台湾问题”讲座1期，统战部部长陈友模主讲，区直机关200余名干部职工参加听讲。2001年3月中旬到4月10日，区委统战部组织全区干部参加全国统一战线知识竞赛活动。有333人参加竞赛答题，寄送答题卡。2002年6月，配合区委组织部在市委党校对全区党外科级干部进行培训，有13名党外干部参加这次培训。为纪念江泽民总书记“七一”重要讲话发表一周年，“七一”前夕，召开非公有制经济代表人士座谈会，组织重温“七一”重要讲话精神，全体参会人员分别谈自己对党章和党的方针政策的认识。2002年9月24—25日，全省部分县（市、区）基层统战工作研讨会在钟山区召开。省、市、区有关领导参加会议。云岩区、南明区、花溪区、乌当区、白云区、镇远县、铜仁市、思南县、都匀市、荔波县、兴义市、西秀区、毕节市、赫章县、威宁县、水城县、六枝特区、盘县、钟山区等县（市、区）出席会议。通过这次会议，加强钟山区与兄弟县区的联系，交流经验，沟通感情，同时也对外宣传钟山区的统战工作和经济、社会发展的情况。2003年9月2日，区委统战部举行非公有制经济代表人士培训班，区五届政协委员、人大代表中的非公有制经济人士参加培训。2004年3月，协助区民族宗教局举办宗教法规培训班，各宗教组织的负责人、教会活动点的负责人、有宗教活动点的镇、乡、街道办事处和村的负责人参加会议。区委统战部在培训会上就宗教如何为社会主义的政治、经济、文化服务，与社会主义社会相结合问题作详细的讲述，引导宗教与社会主义社会相适应。2005年《中共中央关于进一步加强中国共产党领导的多党合作和政治协商制度建设的意见》出台后，区委统战部召开全区统战工作会议，学习《反分裂国家法》《国务院关于支持引导个体私营企业等非公有制经济发展的意见》、传达市委办公室《关于做好宗教工作，抵御外来势力渗透的意见》。至2008年，区委统战部共举办镇乡街道分管领导，村、社区工作人员及宗教教职人员参加的培训班6期，参加培训人员400余人次。2008年8月20日，为增强干部职工的侨务法律意识，区委统战部和钟山区普法依法治理领导小组联合发文开展侨务法律、法规有奖知识竞赛活动，全区各镇乡、街道办事处、区级国家机关各部门、各人民团体、区属事业单位共717人参加。

三、调查研究

1992—2008年，共组织开展调研活动9次。

1992年3—4月，对全区非公有制经济情况调查摸底，为区工商联会员代表的推荐、领导班子的配备做好人事安排工作。经考察、推荐各方面代表人士121人，其中非公有制经济代表人士88人。1994年8月，到桐梓、仁怀两县进行非公有制经济专题考察。同区政协一道起草《关于加强发展非公有制经济的若干意见》，为区政府提供决策参考。1997年8月1日，根据省、市委统战部安排的调研课题，由区委统战部牵头，区民族宗教局参加，对全区15个宗教活动点进行调研，撰写《钟山区宗教和宗教工作情况调研报告》上报市委统战部。2000年7月27日，区委统战部邀请区政府分管教育的副区长和民进钟山区支部负责人对月照乡小屯小学进行调研，民进钟山区支部为小屯小学捐资1500元，资助该校维修围墙。2001年10月，组织3个民主党派支部和区工商联的负责人赴兴义进行考察交流学习。2002年5月，区委统战部与民族宗教局在各镇、乡、办事处的配合下，对全区11个少数民族贫困村寨进行经济、社会发展方面的调研。2002年11月18—20日，区委统战部组织钟山区民主党派、工商联负责人考察贵阳市金阳新区开发建设情况及贵阳市白云区的非公有制经济、农业产业结构调整、民主党派工作等情况，考察人员受到很大启发。2003年9月19—29日，赴成都市龙泉驿区和重庆市，对两地的投资环境和农业产业结构调整情况进行考察。2004年，区委统战部牵头，对全区基督教发展状况进行专题调研。组织区民主党派、工商联负责人赴四川省宜宾市考察该市旅游业和非公有制经济情况。在区委统战部的支持协助下，民盟钟山支部、民建钟山支部、民进钟山总支和九三学社钟山支社等4个党派共完成7个调研课题。2008年，区委统战部先后完成“关于建立健全符合科学发展观要求的统一战线评价体系”和“加强统一战线工作，构建社会主义和谐”两个课题研究。为充分发挥各民主党派参政议政、民主监督的作用，区委统战部组织和引导各民主党派，充分利用自身资源优势，就钟山区社区建设、“三农”工作、卫生工作、促进城乡一体化工作等，深入基层调查研究。各民主党派、工商联和无党派代表人士积极撰写调研报告，民盟钟山支部撰写的《关于对钟山区社区建设情况的调研报告》、九三学社钟山支社撰写的《“三农”服务团在新农村建设作用的调研报告》和《关于钟山区近年来医疗纠纷情况的调查报告》、无党派代表人士撰写的《统筹兼顾，城乡共荣》调研报告，为区委区政府城乡一体化工作提供决策参考。

四、交流与服务

1988年开始，区委统战部定期或不定期召开各种情况通报会、征求意见会、座谈会，就钟山区经济社会发展中的重大问题征求和听取各民主党派、工商联和无党派代表人士的意见，包括主要干部的推荐考察以及区党代会，都邀请民主党派和无党派代表人士参加。每年区委统战部都要召开1次各民主党派、党外人士和非公有制经济代表人士的迎春茶话会，每年坚持开展春节上门慰问党外干部、各民主党派负责人、非公有制经济代表人士的活动。区四大班子领导参加慰问活动。1995年9月，配合有关部门为农户举办农村适用技术培训班3期，受训人员达380余人次。2004年，积极引导非公有制经济代表人士参与公益事业，回报社会。是年区政协会议闭幕后，区政协经济组的委员在区委统战部、区工商联等单位的倡议下，向身患先天性心脏病的4岁弃婴钟民洁捐款，共捐赠6000元。5月11日，毛威等部分非公有制经济人士为钟山区受灾地区捐款5000元。8月4日，区政协委员、区工商联执委田如燕、吴峰2人为德坞街道办事处绿化小学捐资20000元，帮助改善办学条件和救助失学儿童入学。2007年7月25—26日，由区委、区政府主办，区委统战部和区工商联承办的项目推介招商引资会在钟山区会展中心举行，本次活动共有区内外500余名客商云集钟山，签约6个项目，签约资金2亿余元。2008年，为促进非公有制经济的健康发展和非公有制经济人士的健康成长，区委统战部牵头开展非公有制经济代表人士综合评价工作，为使综合评价工作有序开展，制定《钟山区开展非公有制经济代表人士综合评价工作实施意见（试行）》。2008年，由钟山区委统战部牵头，区人事劳动社会保障局、建设局、区职校组织实施的"温暖工程李兆基基金农民工培训"项目。共培训农民工300余人，其中计算机专业100人，采矿工200余人。

五、合作共事

2001年，由统战部建立党外知识分子花名册，共掌握有大专以上学历的党外知识分子1041人，其中高级职称7人，中级职称257人。2002年年初，协助市委统战部推荐12名党外人士为市五届政协委员，考察推荐3名党外人士为市五届人大代表。由统战部牵头，与区政协党组和区委组织部联合向区委提交区五届政协换届工作方案，经区委批复后组织实施。圆满完成区政协换届的人事安排工作。

此后，严格按照《干部任用条例》规定的程序选拔任用党外干部，对优秀的党外干部，统战部定期不定期地向组织推荐，根据实际情况，结合领导班子结构需要，由组织部和统战部组织民主推荐和考察，经过有关程序后，报区委研究决定使用。

2006年来，区委决定对党外干部任免、交流前，区委组织部都以书面形式征求统战部意见，统战部也以书面形式进行回复。自1988年建区以来，各界非中共人士在历届人大、政协委员中占有很大比例。区一届人代会代表共126人，其中非中共人士代表18人，常委会领导班子成员中安排1名非中共人士任副主任。区二届人代会代表190人，其中非中共人士代表57人，常委会领导班子成员中安排1名非中共人士任副主任。区三届人代会代表共206人，其中非中共人士代表68人，人大常委会领导班子中安排1名非中共人士任副主任。区四届人代会代表201人，其中非中共人士代表56人，人大常委会领导班子中安排1名非中共人士任副主任。区五届人代会代表200人，其中非中共人士代表67人，人大常委会领导班子中安排1名非中共人士任副主任。区六届人代会代表201人，其中非中共人士代表69人，人大常委会领导班子中安排1名非中共人士任副主任。

在区一至五届政协委员和常委中非中共人士所占比例均在60%以上。其中区六届政协191名委员和35名常委中，非中共人士分别为116人和23人。

至2008年，全区任用非中共领导干部状况是，副县级5人，正科级5人，副科级28人。25个政府工作部门有7个配备非中共领导干部。7个群团组织有3个配备非中共领导干部。各企事业单位有15个配备非中共领导干部。在区人大和区政协各委室中分别有2个委室配备非中共负责人。在钟山区4个民主党派中，有两个党派负责人分别担任区人大常委会副主任和区政协副主席职务。2006—2008年，共提拔非中共领导干部12人，其中正科级3人，副科级9人。区委组织部和区委统战部的人才库名单中，还有后备干部83人，其中副县级后备干部6人，正科级后备干部20人，副科级后备干部47人，其他10人。

第六节　政法委工作

1989年，中共六盘水市钟山区政法委员会成立。主要职责是领导和管理全区政法工作，根据党的路线、方针、政策和区委的部署，统一政法各部门的思想和行动，指导和协调政法各部门相互之间的分工与合作。研究制定全区政法工作的措施，对一定时期内的政法工作作出全面部署，并督促贯彻落实。支持和监督政法各部门依法行使职权，相互制约，密切配合。负责协调各政法部门加强全区政法系统干部队伍建设，协助区委及其组织部门考察、管理政法部门的领导干部。

1991年，钟山区社会治安综合治理委员会及办公室成立，主要负责领导和协调全区社会治安综合治理工作。是年成立钟山区整顿铁路治安秩序领导小组，下设办公室在六盘水铁路地区工委，负责组织、协调、指导铁路护路联防工作。1998年，钟山区维护稳定工作领导小组（简称“维稳办”）成立，下设办公室。2000年7月，确定为常设机构。2001年，区委621办公室成立，后改为610办公室，2002年，明确为区委指导与邪教斗争工作的常设机构，与区维稳办合署办公。2003年，更名为区委防范和处理邪教问题领导小组办公室，工作职责扩大到防范和处理包括“法轮功”在内的所有邪教问题。2005年，钟山区国家安全领导小组成立，下设办公室在区政府办。2006年，调整钟山区国家安全领导小组，下设办公室在区政法委。

1988—2004年期间，区禁毒办设在钟山区公安分局，与区公安分局禁毒大队合署办公。2004年撤销。2005年，钟山区禁毒办公室成立。主要职责是组织、协调、指导全区禁毒工作，完成省、市禁毒部门下达的各项禁毒目标任务。

一、社会治安综合治理

（一）工作规划

钟山区对全区社会治安综合治理工作每五年制定一个规划，至2008年，共制定“五年规划”4个。

第一个五年（1991—1995）规划。主要是坚持“打防并举、标本兼治、重在治本”，实行专门工作与群众路线相结合，落实谁主管、谁负责和“条块结合、以块为主、属地管理”原则，将社会治安综合治理所包含的“打击、教育、管理、建设、改造”工作纳入系统工程，组织协调各方面力量，形成综合合力，从根本上保障社会稳定，维护社会治安秩序，有效地预防和减少违法犯罪。建立综治工作议事制度、评比检查制度、监管考核制度、信息管理制度，一级抓一级、一级包一级、一抓到底、层层落实，将综合治理工作与其他工作同研究、同部署、同要求、同落实、同检查、同考核评比。把治安责任制同经济责任制、领导责任制结合起来，实行综合治理一票否决权，并对辖区的乡镇、办事处及机关单位进行检查考核。1994年钟山区被评为全省首批社会治安综合治理工作红旗县区。

第二个五年（1996—2000）规划。以维护治安和治安秩序的持续稳定为目的，以推进综合治理领导责任制为龙头，以加强基层基础工作为重点，探索在发展社会主义市场经济条件下搞好社会治安综合治理的新方法、新经验。全面落实社会治安综合治理的各项措施，形成比较完善的社会治安综合治理领导体制，增强综合治理的舆论氛围和人民群众的法律意识、治安参与意识，使社会防范机制健全、巩固并充分发挥作用。政法机关的战斗力明显增强，刑事破案率和犯罪分子的抓获率逐步提高，各种犯罪活动得到及时有力的打击，刑事发案保持平稳，重特大案件明显下降，社会丑恶现象明显减少。化解各种矛盾纠纷，对发生的矛盾及时妥善处理，群众性突发事件逐步减少。突出的治安问题得到及时有效的治理，综合治理效应明显。全区的综合治理工作和治安秩序跨入全省、全市先进行列，全区政治稳定、治安良好、经济发展、民族团结、社会进步、人民群众安居乐业。坚持以防为主、打防并举、标本兼治、重在治本的工作方针。实行“领导责任制和谁主管、谁负责、属地管理、专门机关与群众路线相结合、一切为人民、一切依靠人民、突出重点、解决难点、讲求实效、分类指导、全面推进”的原则，坚决行使一票否决权，组织协调各方面的力量，形成合力，有效地预防违法犯罪，从根本上落实社会治安综合治理工作。1998年钟山区被评为全省社会治安综合治理平安工程模范县区。

第三个五年（2001—2005）规划。围绕实施西部大开发，建设经济强区的工作大局，坚持“两手抓、两手都要硬”的方针，正确处理改革、发展、稳定的关系，“打防并举、标本兼治”，进一步落实社会治安综合治理各项措施。切实加强基层基础工作，加强社区建设工作力度，广泛、深入、扎实开展基层“创平安”活动，全力维护社会政治稳定。坚持“以维护稳定为目的，人民满意为标准，严打为重点，强基固本为基础，法制教育为手段，创安活动为载体”的工作路子，提高全区社会治安综合治理工作水平，增强工作实效。全区社会秩序良好、政治稳定、经济发展、民族团结、社会进步、人民群众安居乐业。

第四个五年（2006—2010）规划。全面落实科学发展观，按照建设社会主义和谐社会的要求，组织动员社会各方面力量，以构建社会主义和谐社会为目标，建立健全社会治安综合治理长效机制，加强基层基础工作，广泛开展以创建“平安六盘水”工程为载体的平安建设，全面落实社会治安综合治理措施，使全区政治更加稳定、社会更加安定、秩序更加良好，平安创建达到新的水平，着力实现“五个特别增强、五个明显提高、五个稳中有降、五个防止发生、五个逐步上升”的目标。

在实施“规划”的进程中，钟山区持续不断地开展综治宣传，采取印发宣传资料、走村串寨、悬挂横幅、制作展板、上街设点宣传咨询服务、广播、电视、文艺表演、在中小学校上法制课等形式，宣传党和国家方针政策、各项法律法规、综合治理规划内容和措施，使社会治安综合治理工作家喻户晓，人民群众参加社会治安综合治理工作的积极性不断提高。

（二）创建平安钟山

自2005年始，在全区开展创建“平安钟山”工作。2005年，创建市级平安乡镇1个（即钟山区月照乡），市级平安社区6个（即荷城街道办事处花园路社区、菜园路社区，黄土坡街道办事处区府路社区，凤凰街道办事处广场社区、龙苑社区，德坞街道办事处德西社区）。2006年，创建市级平安社区9个（即黄土坡街道办事处花渔路社区、松坪北路社区、东风西路社区、向阳北路社区，凤凰街道办事处凤苑社区、松坪南路社区，荷城街道办事处城南社区、烧结社区、动力社区）。2007年，创建市级平安乡镇1个（即汪家寨镇）。市级平安社区7个（即黄土坡街道办事处东风东路社区、人民西路社区，荷城街道办事处钟环社区、汽运社区、八冶社区，凤凰街道办事处龙井社区、怡景社区）。2008年，创建市级平安乡镇办3个（即老鹰山镇、大河镇、德坞街道）。市级平安社区13个（即黄土坡街道办事处康乐南路社区、二屯社区、青年路社区、川心社区、垭口社区，荷城街道办事处桃林社区、笔架山社区、官林社区、马鞍社区、五号点社区，凤凰街道办事处兴隆社区、八一社区，德坞街道办事处德宏社区）。是年荷城街道花园社区荣获全国平安家庭示范社区，黄土坡街道松坪北路社区李应恩家庭荣获全国平安家庭先进示范户。至2008年年底，钟山区平安乡镇创建率达56%，平安社区创建率达70%。

（三）基层基础建设

钟山区建立后，各镇、乡、街道办事处和部门、单位、企业相继建立综治机构或组织。至2008年年末，辖区内综治领导机构有综治委226个1461人，综治领导小组534个2758人，其中，镇、乡、街道办事处综治委9个129人，镇、乡、街道综治办9个50人。有保卫处、科、股186个1285人，治保委员会183个1626人，治保小组790个5268人，流管办8个47人，调解委员会209个989人，调解小组670个3123人，帮教小组784个3370人，普法领导小组168个335人，普法办69个318人，治安联防队46支447人，护村护寨队168支1021人，护厂护矿队62支795人，护校队114支1422人，村级治安室70个221人。在城市1875栋楼群院落和重要部位，95%落实看护巡查，242个公共复杂场所、265个机关单位、583个企事业单位、156所学校、116个金融及重点要害部位100%落实看护巡查。在农村，配备专职治安员，5个乡镇在治安情况复杂及较大的村寨设立报警点。在城区以交巡警为主带领联防队员执勤，控制街面治安，以社区为主设立50个社区警务室，在主要交通路口设立8个移动警务平台。派出所推行24小时值班备勤、民警带班巡逻，片警包片抓管理、抓建设、抓教育、抓防范的勤务制度。2008年，实行四级防范工作。第一级由区公安分局交巡警大队负责在城区各主干道和重点部位巡逻。第二级由各镇（乡、街道）、派出所、综治办负责组织治安巡逻队、民兵应急分队在辖区内的街道、重点路段进行巡逻防控，针对一些案件多发地段进行蹲点守候。第三级由社区、村（居）负责组织义务巡逻队、低保巡逻队员在辖区小街小巷进行巡逻。第四级由机关企事业单位组织内保力量负责本单位值班巡逻守护、开展自防自治。区政府投入600万元建立电视监控系统，对全区金融系统、要害部门、重要路段实行全方位监控。同时设立融合报警和服务于一体的110指挥中心。投入200余万元购买20辆巡逻车开展中心城区巡逻，在对城区重要路段进行巡逻监控的同时，实现对社会治安和交通管理的双重控制。一些重点单位内部安装自防监控系统。水城钢铁（集团）有限公司自筹资金700余万元安装监控系统，对内部的重点部门、二级单位等进行监控。

（四）专项治理

1994—2008年，在农村开展专项治理，主要打击以下几类犯罪行为：抢劫、杀人、强奸、偷牛盗马及其他重大盗窃、拐卖妇女儿童、车匪路霸、流氓犯罪，吸、种、贩毒，破坏“三电”设施的严重犯罪分子；称霸一方、横行乡里的地痞流氓犯罪团伙；非法教会组织和反动会道门活动；策划、指挥群众性械斗的为首分子；煽动闹事、阻挠执行公务、打击报复、围攻殴打基层干部和执法人员的首犯、主犯；蛊惑人心、坑害群众、骗财害命的封建迷信活动等。在城区开展专项治理，主要打击盗窃、抢劫、抢夺、杀人、伤害等犯罪行为。在学校开展专项治理和守法宣传教育活动，整治校园周边治安秩序。聘任118名政法干警为法制副校长或法制辅导员。在重点大中学校设立驻校警务工作站，派民警进驻，开展工作。在有条件的学校设立治安执勤室，聘用治安协管员，由学校保卫部门和领导负责学校内部的治安。在学校门前交通拥挤的地方设警戒线和单行线，上学和放学期间，由民警带治安联防队员巡逻保卫。2008年，开展两次学校及周边治安秩序整治专项行动，对学校周边的饮食摊点、娱乐场所、车辆乱停乱放、乱搭乱建等治安问题进行清理整治，取缔网吧124家，清理饮食餐点80户，外摊48户，销毁老虎机112台，查处发生在校园的各类刑事案件17起、治安案件13起，收缴各类管制刀具6把。在企业周边开展专项治理，打击偷盗企业生产物资行为，严厉打击盗窃、哄抢企业物资等严重危害企业生产安全的违法犯罪行为。2008年，水钢片区在整治过程中收缴废钢、焦煤、电缆等各类被盗抢物资96吨，价值9万余元，抓获偷盗人员101人次，打掉盗窃水钢物资团伙1个，查获运赃车辆12辆，送工读学校接受教育4人，刑事拘留5人，行政拘留13人。查处治安案件10起，清查废旧金属收购站（点）26家，取缔非法废旧金属收购点8家，清查流动人口308户1856人，企业周边治安整治效果明显。

（五）严打斗争

1990—2008年，钟山区根据形势需要，适时集中开展严厉打击严重刑事犯罪活动的专项行动。严打内容主要包括打击严重暴力犯罪、多发性侵财犯罪、黑恶势力，治爆缉枪，打击社会丑恶现象，整治企业及学校周边治安环境等。在严厉打击严重刑事犯罪活动的专项行动中，铲除310个流氓恶势力犯罪团伙，打掉以德坞白鹤村村民周某某为首的德坞帮恶势力犯罪团伙，以金某某为首的恶势力犯罪集团，以张某某为首的恶势力犯罪团伙和带黑社会性质的“云帮”犯罪集团等。2008年，共立“两抢一盗”案件6993起，破案1642起。成功打掉“两抢一盗”犯罪团伙63个，涉案224人，破案406起。

（六）铁路护路

全区铁路沿线途经大湾、汪家寨、大河、老鹰山、德坞、黄土坡、荷城、凤凰8个镇、街道的40个社区、村，护路里程72.08千米。其中水大支线23.25千米，南环线14.9千米，沪昆线21.2千米，内昆线3.88千米，株六复线5.5千米，水红线3.35千米。沿线有火车站9个，隧道26个，桥梁44座，涵洞88个。设有护路岗点5个，保安26人，监护道口1个，监护人员4人。1989年，铁路护路工作由政府领导，铁路沿线镇、办事处组织村民联防。1990—1998年，由政府领导，军事机关（武装部）组织护路民兵联防。1998年8月始，铁路护路工作归口到区社会治安综合治理委员会统一领导，将过去的过境线由民兵守护、车站货场由治安联防队员守护的模式转换成线路重点区段由公安部门组织保安守护，车站货场由铁路公安组织守护，一般路段由铁路沿线综治办、护路办发动村民守护的模式。钟山区组织民兵对辖区内铁路实行包干负责，全力以赴，严防死守，对辖区内铁路实施24小时不间断巡逻守护，并适实组织开展专项行动，确保辖区内铁路安全畅通。2002－2007年连续6年，钟山区铁路护路联防工作被省铁路护路联防领导小组评为先进集体。

（七）见义勇为

1999—2008年，全区涌现出见义勇为先进个人99人。1999年，杨云在与歹徒搏斗中牺牲。2002年，张双全在与歹徒搏斗中牺牲。公安干警谢启明在制止歹徒犯罪过程中，多处受伤，右眼残疾。2005年，市中心城区韭菜坡林地发生火灾，火势凶猛，危及炸药库。护林员郭永福纵身投入火海中，为救护林地英勇献身。

二、维护社会稳定

（一）矛盾纠纷排查调处

钟山区对辖区内各类矛盾纠纷，按照“属地管理原则”和“谁主管、谁负责原则”，采取定调处单位、定调处时限、定调处领导和包完成调处任务的“三定一包”办法，下发矛盾纠纷及隐患调处《督办通知书》，责任落实到单位、到人，限期整改。2003—2008年，共调处矛盾纠纷及群体性、突发性事件1500余起，调处成功1440起，调处成功率达96%。如：2004年，针对工农矛盾纠纷以及征地、拆迁、安置、赔偿过程中各类矛盾纠纷，全区排查出各类矛盾纠纷及安全隐患295起，调处成功287起，全年未发生赴省进京上访事件。2008年，在重大节假日及奥运会、残奥会期间，区领导积极下访，采取召开座谈会、协调会、约谈会等方式，与上访群众面对面、零距离接触，初步解决一批中央、省、市交办的涉法涉诉的疑难问题，全区共处置各类突发性及群体性事件182起，涉及1800余人。

（二）群体性事件处置

自2001年开始，全区因城市建设征地拆迁、两违拆迁、医患事件、劳动合同纠纷、污染赔偿、交通事故处理、地质灾害赔偿等问题，共发生群体性上访近50起。钟山区及时认真做好上访群众的工作，将上访群众劝说返回。认真解决群众合理诉求，避免群体性突发性事件进一步发生。

（三）反邪教专项斗争

1999—2005年，钟山区侦破邪教“法轮功”散发反动宣传品案件多起，抓获“法轮功”邪教组织违法人员100余人，其中劳改7人，劳教10余人次，行政拘留100余人。端掉邪教“法轮功”窝点20余个。全区开展反邪教警示教育，组织宣传揭批工作。张贴标语5000余条，发放宣传资料10万余份，组织群众观看挂图、光碟、闭路电视20余万人次。共发放《告村（居）民一封反对邪教、崇尚科学公开信》15万份，发放其他有关资料40余万份，举办培训讲座21次，投入专项工作经费17万元，培训干部700余人。辖区各学校开展每个班上一次反邪教警示教育课，开一次反对邪教、崇尚科学主题班会，出一期反对邪教黑板报，小学四年级以上学生写一篇反对邪教心得体会，并将心得体会向父母当面宣读签字后交学校存档。全区所有镇乡、街道都分别开展设点集中宣传和揭批活动。各社区、村（居）、企业、学校均设置1～2块永久性反邪教警示教育牌。

钟山区组织原“法轮功”骨干已转化人员巡回演讲，现身说法。组织邪教“法轮功”重点人员上法制教育培训课，“法轮功”重点人员通过学习和教育全部得到转化。1999—2008年，全区完全转化“法轮功”人员255人，未转化的6人。

三、禁毒工作

（一）概况

钟山区因邻近云南，地处滇黔咽喉要道六盘水市中心区，属中国西南地区过境毒品流通的主要通道和集散地。禁毒形势非常严峻，被省禁毒委列为全省17个毒品问题重点整治县（区）之一，实行挂牌整治。历届区委、区政府高度重视禁毒工作，尤其是2005—2008年实施毒情重点整治期间，钟山区投入大量的人力、物力、财力，累计投入禁毒工作经费394万余元。2005—2008年收戒吸毒人员2977人，报批复吸劳教922人。因毒品问题引发的侵财性刑事案件比例由2005年的16%下降到2007年的6.7%。破获毒品案件717起，其中特大15起，重大55起，一般647起，抓获毒品犯罪嫌疑人764人，缴获毒品折合海洛因6999.16克。累计铲除罂粟（幼苗）5039株。批捕毒品案件360件432人，起诉毒品案件354件427人，审结毒品案件363件435人。在吸毒人员动态管控网上录入吸毒人员1758人，其中在控人数1135人，社会面上吸毒人员管控率达80%以上，管控面逐年扩大。帮教吸毒人员713人，帮教率90%。创建无毒乡镇4个，无毒社区先进乡镇1个（大湾镇），无毒社区（村、居）77个，无毒单位524个，无毒学校180所。无毒社区覆盖率63%，禁毒人民战争和毒品问题重点整治工作分别于2008年3月、9月顺利通过省、市禁毒部门的检查验收。

（二）措施

钟山区将禁毒工作列入区委、区政府及镇乡、街道党政工作重要议事日程，与经济发展、计划生育、安全生产等工作同安排、同部署、同检查、同考核、同奖惩，切实做到“五到位”（组织、调度、整治、制度、投入）和“五落实”（责任、措施、督查、机构、保障），并严格实行禁毒工作一票否决制。2005年，钟山区制定“一年打基础，二年见成效，三年摘帽子（即摘掉‘毒品问题重点整治县’的帽子）”的总体目标和“四禁并举、预防为本、严格执法、综合治理”的工作方针，以“遏制毒品来源，遏制毒品危害、遏制新增吸毒人员、降低复吸率”为重点，于当年2月开始“禁毒人民战争”行动。2006年，提出全区禁毒工作紧紧围绕“一个目标、两个落实、三个结合、四个到位、五大战役”的工作主导思想开展。11月由区政府承办的全市毒品问题重点整治工作会议暨钟山区荷城街道现场会召开，组织与会人员参观学习荷城街道禁毒办、教场村、烧结社区毒品问题重点整治工作经验和钟山区第四中学开展毒品预防教育取得的成果，首次对外推广钟山区禁毒工作取得的成功经验。2008年，钟山区提出“一打、二防、三管、四控、五帮、六建”（打得准、防得住、管得了、控得好、帮得实、建得牢）的禁毒工作思路。

（三）宣传

在2005—2008年的禁毒宣传中，全区各级各部门充分利用各种手段，整合各种资源，广泛发动全民参与，以“四五”“五五”普法宣传为依托，以综治平安宣传为载体，以“6·26”“9·29”“12·28”等重要纪念日为重点，将禁毒集中宣传与经常性宣传相结合，深入开展禁毒宣传教育进农村、进社区、进家庭、进单位、进学校、进场所的“六进”活动，形成“全民抵制毒品，参与禁毒斗争”的良好社会氛围。先后举办禁毒宣传演讲比赛活动，禁毒文艺会演，禁毒万人游行签名活动和万人参观活动，远离毒品宣传周活动，禁毒宣传万人长跑活动，宣传毒品危害。

（四）禁吸戒毒

2005年开展毒情排查、收戒劳教和对吸毒人员的社会帮教工作。是年起，严格按照“三个一律”的要求依法收戒吸毒人员，做到发现一个强制收戒一个。辖区设两个美沙酮维持治疗门诊，即市疾控中心门诊和山城精神病院门诊。至2008年，入治病人599人，在治180余人。2006年，组织开展以清理流动人口、清理两违建筑、清理吸毒人员为主要内容的“三清”工作，共清理出吸毒人员56人。从中心城区腾出50个环卫工作岗位，安排戒断毒瘾且有劳动能力的吸毒人员就业，对戒断毒瘾但丧失劳动能力的吸毒人员，优先办理低保。至2008年，各镇、乡、街道办事处共安置吸毒人员就业140人，对30余名吸毒人员实施低保救助。老鹰山镇采取“帮工作、帮生活”的有效方法，安排12名戒断毒瘾的吸毒人员到企业就业。2008年，启动社区戒毒（康复）工作，将禁吸戒毒工作纳入法制化轨道。在对吸毒人员的社会帮教中，各镇、乡、街道办事处认真落实家庭、单位、社区民警、社区（村、居）干部“四位一体”的帮教措施，采取“手拉手”“一帮一”“多帮一”等结对帮扶方式，从帮思想、帮生活、帮就业“三帮”入手，加强对吸毒人员的教育、矫治和管理。

（五）打击毒品犯罪

2005—2008年，组织开展“天网行动”“百日剿毒行动”“猎狐行动”“秋季扫毒风暴”“禁毒百日会战”等一系列专项行动，打掉一批零包贩毒、吸毒窝点，破获一批大案要案，在一定程度上摧毁地下毒品分销网络，特别是市中心城区曾一度猖獗的毒品交易得到较好遏制。2005年，在两水线玉舍公路收费站成功堵截和查获一起特大人体藏毒运输毒品案件，当场抓获8名犯罪嫌疑人，缴获毒品海洛因16包。2006年，在两水公路马落箐段开展公开查缉毒品工作时，当场缴获毒品海洛因201.5克。组织开展以满员收戒社会面上吸毒人员和打击零包贩毒为重点的秋季扫毒风暴专项行动，破获毒品案件58起，缴获毒品海洛因253.11克，首次缴获新型毒品K粉1.5克，强制收戒吸毒人员272名，报送复吸劳教180人。2007年，破获1起特大人体藏毒运输毒品案，抓获犯罪嫌疑人1人，缴获毒品海洛因113克。在荷城街道召开钟山区禁毒人民战争公开处理大会，对12名毒品犯罪嫌疑人进行公开逮捕，对10名毒品犯罪分子进行公开宣判。在7—11月组织开展的禁毒人民战争“百日会战”专项行动中，共破获毒品案件149起，缴获毒品海洛因362.4克，收戒吸毒人员346人，报批复吸劳教45人。2008年，组织公安、工商、安监、卫生等部门集中开展易制毒化学品、精麻药品专项清理整治行动，共清理、核查涉及易制毒化学品、精麻药品企业（单位）47家，未发现有易制毒化学品、精麻药品流入非法渠道的行为。召开打击毒品犯罪暨“两抢一盗”犯罪公捕公判大会，对11名贩毒嫌疑人公开宣布逮捕，对8名毒品犯罪分子公开进行宣判，有效震慑毒品犯罪。

第七节　其他党务工作

一、党校工作

（一）干部培训

中青年干部培训　1994—2008年，区党校共举办中青年干部培训13期。1994年1月4—22日，区党校举办全区区直机关、乡、镇、办事处正科级领导干部集中学习培训班3期，参训人员228人次。培训学习内容为《邓小平文选》第三卷。2007年12月10—12日，举办钟山区正科级干部学习党的十七大精神培训班2期，参训人员90人次。2008年4月28—29日，举办钟山区党代表培训2期，重点培训党代表议事规则，参训人员145人次。是年5月5—14日，举办钟山区副科级领导干部学习党的十七大精神培训班2期，参训人员80人次。10月10—23日，举办钟山区基层公务员培训班1期，参训人员101人次。培训主要内容有钟山区社会发展形势分析、生态文明建设、行政许可法、公务礼仪、心理适应能力、公务员法律法规等。12月3—13日，举办钟山区后备干部培训班3期，参训人员206人次。

村（居）社区干部培训 1994—2008年，区委党校共举办各类村（居）社区干部短期培训17期，培训各级各类学员1469人次。主要培训学习的内容有马克思列宁主义、毛泽东思想、邓小平理论、“三个代表”重要思想、科学发展观、党史党建、市场经济理论、法律法规知识、党和国家大政方针、党风廉政等。此外，区纪委、区计生局、区人事劳动社会保障局、区财政局、区司法局等单位也充分利用党校的教学场地和师资力量、远程教育的丰富教学课题资源等开展培训。其中，2007年9月4—14日，举办村（居）社区干部换届选举培训班1期，参训人员120人次。2008年3月28—29日，举办村（居）社区干部培训班1期，参训人员120人次。是年6月25日—7月9日，举办钟山区村（居）社区干部培训班4期，参训人员180人次。

函授学历教育 1994—2008年，共举办大学本科24个班次，毕业学员1434人次。专科28个班次，毕业学员1562人次。1994—1999年，开展自考辅导培训班12期，辅导法律、经济管理2个专业，培训学员600人次。中共贵州省委党校函授部钟山站站长由区委分管教育的副书记兼任，常务副校长担任副站长主持函授教育培训工作，专业及课程设置有经济管理、行政文秘和法律3个专业。

进修培训与社会实践 1999—2000年，教师培训4人。到省委党校参加春秋进修2期。2006年3月，学校制定教师培训方案，每年开展校内培训活动。培训目标是提高教师现代教育理论水平，更新教育观念，拓展知识面，加强整合教育信息能力和创新精神。培训对象为全体专兼职教师，培训时间为春秋两季各1期，培训的主要内容是当前中国经济发展态势及经济学理论知识、科学发展观理论等。

2007年11月，派2名教师去湖南参加全国十七大精神的主要内容学习，回来对会议精神进行宣讲。

1993年9月，指派1名教员参加区委组织部、宣传部联合组织的“双带”调查活动。2000年11月1日，全国第五次人口普查，单位指派301名教员参加此项工作。2005年暑期，深入大河镇大桥村进行调查，形成调研文章《“小江南”大桥村的中兴之路》。2006—2008年，暑假调研主要以社区工作为主，为开展社区干部培训做准备。共撰写调研报告37篇，其中《如何推动社区教育的发展》《社区老年服务工作存在的问题及措施》2篇调研文章发表在2008年第3期《六盘水市委党校学报》。

论文 1992—2008年，共撰写理论研讨文章29篇，其中8篇发表在《贵州省委党校学报》，4篇发表在《六盘水师范等专业学校学报》，1篇发表在《当代贵州》，2篇发表在《贵州干部教育》，4篇发表在《六盘水市委党校学报》，8篇发表在《六盘水日报》，1篇发表在《钟山教育》，《继续释放思想引导，加速振兴贵州》一文被收编在贵州理论研讨文集《继续释放思想，深化改革开放》一书中。

（二）远程教育

钟山区委党校建立的远程教育站有中央党校和清华大学2个远程教育站。2003年5月，建设中央党校农村党员干部现代远程教育钟山教学站，2004年6月投入使用。党校充分利用中央党校远程教育开设的县级党校主体班课程和研究生课程（如当前形势与任务，当前热点、难点、焦点，分析时事政治和国家的大政方针等内容），将这些课程内容引入村（社区）干部教育培训，丰富了教学内容，缓解了区委党校师资不足的窘境。2008年5月，建成清华大学新农村建设现代远程教育钟山教学站。2009年年初完成安装调试，投入使用。到2008年年底，区委党校利用远程教育设备培训各类人员2000余人次。

二、区直机关党建工作

（一）党代表大会

第一次党代表大会　1990年11月，召开中国共产党六盘水市钟山区直属机关第一次代表大会，选举产生中共六盘水市钟山区直属机关第一届委员会。选举陈正光为书记，孔俊为副书记。同时，选举产生区直机关纪律检查委员会，选举孔俊为纪委书记，康朝国为纪委副书记。

第二次党代表大会　2001年召开第二次党员代表大会，选举产生中共六盘水市钟山区直属机关第二届委员会。选举张珍会为书记，马永超、王洪斌2人为副书记。选举5人组成区直机关第二届纪律检查委员会，选举王洪斌为纪委书记。

（二）机关党建

组织建设　1988年5月，区直属机关党委辖有党总支2个、支部45个，有党员477人，审批吸收为预备党员6人，审批转正中共正式党员7人。1991年11月，有党总支2个，党支部61个，党员657人，吸收为预备党员24人，转为中共党员31人，培训入党积极分子86人。1996年，机关党委有党总支3个，党支部73个，党员774人，发展新党员44人，转正预备党员33人，培训入党积极分子114人。1998年，机关党委有党总支3个，党支部81个，发展党员60人，转正预备党员79人，培训入党积极分子95人。2001年10月，机关党委有党总支5个，党支部83个，党员1175人。发展新党员45人，转正预备党员77人，培训入党积极分子70人。2007年1月，中共六盘水市钟山区直属机关委员会更名为中共六盘水市钟山区直属机关工作委员会。有党总支8个，党支部92个，党员1405人，发展新党员39人，转正预备党员50人，培训入党积极分子50人。2008年，区直机关工委有党总支8个，党支部91个，党员1441人，发展新党员26人，转正预备党员52人，培训入党积极分子40人。

“五个好”党支部创建　根据中共六盘水市钟山区委《关于在全区创建机关“五个好”党支部的安排意见》文件精神，区直机关党（工）委每2年评选表彰一批机关“五个好”党支部，2002年年底表彰“五好党支部”24个。2004年年底表彰“五好党支部”18个。2006年年底表彰“五好党支部”8个。

开展庆“七一”活动　1988年以来，每年7月1日建党节，为丰富党员的组织生活，增强党组织的凝聚力，积极组织机关各党总支、支部开展形式多样、丰富多彩的庆祝党的生日的庆祝活动，主要开展歌咏比赛、知识竞赛、送图书下乡等活动。

第二章　民主党派

1989—2008年，钟山区先后成立中国民主同盟六盘水市委钟山支部、中国民主促进会六盘水市委钟山总支、中国民主建国会六盘水市委钟山支部和九三学社钟山支社四个民主党派。在社会实践中，各民主党派充分发挥自身优势，积极开展智力支边，送医、送药、送科技、送文化下乡、乡村教师培训、民办教师培训等活动。积极发挥参政议政、民主监督作用，就政府工作报告、国民经济和社会发展计划、财政预算、有关重大措施和关系国计民生的重大建设项目等建言献策。民主党派中的人大代表、政协委员共提出建议、意见和提案300余件。为钟山区的建设和发展做出积极贡献。

第一节　中国民主同盟六盘水市委钟山支部

1989年，中国民主同盟六盘水市委钟山小组成立，张仁玉为组长，盟员6人。1991年12月，中国民主同盟六盘水市委钟山支部（以下简称民盟钟山支部）成立，首次盟员大会选举产生民盟钟山支部一届委员会，张仁玉为主任委员，盟员7人。1993年9月，第二次盟员大会选举产生第二届委员会，高连崇为主委，盟员8人。1997年9月，第三次盟员大会选举产生三届委员会，高连崇为主委，盟员12人。2000年10月，第四次盟员大会选举产生四届委员会，张仁玉为主委。2001年8月，张仁玉辞去主委职务，陈素芳继任主委。2003年8月，第五次盟员大会选举产生五届委员会，陈素芳为主委，盟员25人。2008年5月，第六次盟员大会选举产生六届委员会，陈素芳为主委，盟员38人。

民盟钟山支部成立后，支部盟员中的人大代表、政协委员认真履行参政议政、民主监督职责，在调查研究的基础上，先后提交议案、提案50余件，绝大多数被市、区两级人大、政协立案，并为党委、政府和有关工作部门所采纳。支部每年组织开展主题调研、党派联谊、座谈总结、社会服务、文化下乡等活动1～2次，并撰写有关农村合作医疗、民办教育发展、教育资源整合、城市基础设施建设、农村富余劳动力情况、学校体制改革、乡村旅游发展、残疾人事业、社会建设专题报告10余篇。2002年，为老鹰山镇陆家坝小学资助课桌30套。2008年5月，四川汶川大地震，支部盟员捐款、缴纳“特殊盟费”1.32万元送往灾区。部分民盟成员受邀担任政法机关监察员，参加相关活动。

第二节　中国民主促进会六盘水市委钟山总支

1997年3月，中国民主促进会六盘水市委钟山小组成立，游建刚为组长，有会员14人。1998年，中国民主促进会六盘水市委钟山支部成立，是日举行支部会员大会，选举产生一届委员会，游建刚为主委，会员19人。2002年10月11日，中国民主促进会六盘水市委钟山支部更名为中国民主促进会六盘水市委总支（以下简称民进钟山总支），是日召开总支首次会员大会选举产生一届委员会，宋淑珍为总支主委，会员28人。同时，选举成立综合、荷城2个支部。2005年10月，民进钟山总支第二次会员大会选举产生二届委员会，宋淑珍为总支主委，会员33人。2008年，会员发展为47人。

2000年8月，支部参加月照乡小屯小学开学典礼，送去价值500元的办公用品和学生学习用品，并将月照乡定为支教帮扶乡。2001年7月，民进钟山支部将小屯小学、以龙中学、新世纪学校定为支教点，长期帮扶，先后到月照、大湾、汪家寨等乡、镇举办假期教师培训班。9月，民进钟山支部捐资为小屯小学修筑围墙，赠送1000余元的科普读物，并与师生联欢。2004年10月，民进钟山总支被民进中央评为全国先进基层支部。2007年5月，到小屯小学为全体师生义务体检，送价值3000余元的药品。1997—2008年，市、区两级人大代表和政协委员中的民进会员深入实际进行调查研究，先后提出议案、提案和课题报告100余条（篇），如《老鹰山中学校址长期未解决引起学校和农民矛盾》《关注学生交通安全，防止悲剧发生》《加大对民办学校的支持力度》《大湾镇安乐小学学生无教室上课》《中学生上网吧损害身心健康严重影响学习》等提案、议案，引起区委、区政府重视，并及时加以解决。

第三节　中国民主建国会六盘水市委钟山支部

2000年10月10日，中国民主建国会六盘水市委钟山支部（以下简称民建钟山支部）成立。同日举行首次会员大会，选举产生一届委员会，张声鸣为主委，会员20人。2003年8月，民建钟山支部第二次会员大会选举产生二届委员会，邓昭华为主委，会员31人。2006年3月，民建钟山支部第三次会员大会选举产生三届委员会，邓兴明为主委，会员41人。

2002—2008年，民建钟山支部会员中的人大代表和政协委员，在市、区两级人大、政协会议期间，共提出议案、提案20余件，内容涉及城市建设、医疗卫生、安全生产、企业发展、人民生活等方面。此外，支部多次组织会员深入实际，开展多课题的调查研究，先后拟写《关于市中心城区汽车配件行业情况的调查报告》《关于钟山区基层卫生建设的调查报告》《关于钟山区社区建设情况的调查报告》等具有建设性的材料。2001年，钟英祥、刘丽、代方奎以政协委员名义分别为德坞马落箐小学捐资700元，刘丽承担德坞绿化小学23名家贫儿童1～6年级的学费，钟英祥承担马落箐4名在读大学生至其毕业的书本费和学杂费，多次出资扶持残疾人就业，资助商会困难会员摆脱困境，征订《贵州统一战线》分赠商会和民建会员，宣传党的统战政策。2002年，钟英祥、刘丽、代方奎3人又捐资3600元，加上支部捐资900元，为月照小屯小学资助课桌30套。2006年，为大湾小学送去价值1000余元的教育教学体育用品，2008年，民建钟山支部会员为汶川地震灾区捐助2.24万元。

第四节　九三学社钟山支社

2002年11月，九三学社钟山支社成立，同时召开第一次社员大会，选举产生一届支委会，杨溢为主委，社员19人。2007年8月，九三学社钟山支社召开第二次社员大会，选举产生二届支委会，杨溢为主委，社员27人。

2002—2008年，社员先后提出议案、提案、意见、建议28件，撰写调研报告10篇，发表论文26篇，培训科普人员5000余人，发放科技资料10000余册，组织医务人员为群众会诊600余人次，经常参与司法部门的法制宣传和普法活动，并为贫困当事人提供义务法律援助。

第三章　群众团体

第一节　区总工会

1988年，钟山区总工会成立。区直机关、事业单位、乡、镇、办事处建立基层工会组织45个，会员1875人。1996—2000年，在区属企业建立基层工会组织3个。2001—2003年，在农村行政村建立基层工会组织1个。2004—2008年，在社区建立基层工会组织25个。至2008年，全区共有基层工会445个，其中，机关、行政事业单位工会68个，企业工会284个，社区工会40个，村级工会53个。全区共有工会会员29239人，其中农民工工会会员8557人。

一、会员代表大会

1988—2008年，区总工会共举行4次代表大会，分别选举产生每届工会委员会。

1988年11月29—30日，区总工会第一次代表大会召开，选举产生区总工会第一届委员会，委员11人，常委5人，选举张报祥为主席，陈寿林为副主席，熊光忠为经费审查委员会主任。1989年3月

26日，区总工会一届四次全会召开，补选张正琼为副主席。1992年10月13日，区总工会一届九次全会召开，决定刘靖忠为区总工会负责人，主持工作。1993年4月29日，区总工会一届十一次全会召开，选举刘靖忠为主席。

1995年12月14—15日，区总工会第二次会员代表大会召开，选举产生区总工会第二届委员会委员15人，常委7人，选举刘靖忠为主席，车秀平、黄锦芳为副主席。选举产生经费审查委员会委员5人，选举车秀平为主任，李诗花为副主任。1997年12月29日，区总工会二届三次全会召开，选举班丽梅为副主席。1998年8月25日，区总工会二届四次全会召开，补选周书权为主席，陈大权为副主席。是年11月18日，区总工会二届三次常委会补选班丽梅为经费审查委员会主任。

2000年12月28—30日，区总工会第三次代表大会召开，选举产生区总工会第三届委员会委员21人，常委8人，选举周书权为主席，班丽梅为副主席。选举产生经费审查委员会委员5人，选举班丽梅为主任，邓贵萍、徐贤燕为副主任。2002年1月16日，区总工会三届二次会议，增选卢文琪为区总工会副主席和经费审查委员会主任。2003年5月16日，区总工会三届六次全会选举张群芳为副主席。

2005年11月7—8日，钟山区总工会第四次代表大会召开，选举产生区总工会第四届委员会委员21人，常委8人，选举周书权为主席，张群芳、卢文琪为副主席。选举产生经费审查委员会委员5人，选举卢文琪为主任。2006年7月12日，区总工会四届三次会议，补选张道举为工会副主席和经费审查委员会主任。2008年4月11日，区总工会举行四届六次全会，选举王伟为区总工会主席。

二、主要活动

1988—2008年，区总工会下发《关于建立基层工会组织的几点意见》《关于加强工会组织建设工作的意见》《关于加快组建新经济组织工会的通知》等文件，在全区建设有理想、有道德、有文化、有纪律的“四有”职工队伍。深入开展职工“普法”教育活动。开展职工维权活动，维护职工权益。参与工商、物价等部门监督检查工作，稳定市场物价，维护职工群众消费利益。走访慰问困难职工，为职工办好事、实事，扩大基层工会组织建设。共走访慰问困难职工4117户，发放慰问金60余万元，捐款150余万元。

第二节　共青团钟山区委员会

1988年6月，共青团钟山区委员会成立。2008年，全区共有基层团委17个，团总支10个，团支部192个，专职团干部19人，兼职团干部125人，团员9307人。

一、团代表大会

1989年3月29—31日，共青团钟山区第一次代表大会召开。选举共青团钟山区第一届委员会委员21人，常委7人。1992年4月14—16日，第二次代表大会召开。选举委员17人，常委5人，书记1人。1995年11月29日—12月1日，第三次代表大会召开，选举委员19人，常委5人，书记1人，副书记1人。1999年5月26—28日，第四次代表大会召开，选举委员19人，常委5人，书记1人，副书记2人。2003年3月18—20日，第五次代表大会召开，选举委员21人，常委7人，书记1人，副书记1人。2007年6月19—21日，第六次代表大会召开，选举委员23人，常委9人，书记1人，副书记1人。

二、主要工作

1988—2008年，团区委充分发挥“服务大局、服务社会、服务青年”三项职能作用，加大“思想、组织、阵地”三项建设，不断深化“春晖行动、志愿者行动、希望工程”三项品牌工程。坚持“创新兴团、服务立团，开放活团、党建带团”的原则，努力拓宽服务平台，创新服务形式，丰富服务内容，不断推动共青团工作向前发展。

服务党政大局 1989—2008年，团区委在青少年中广泛开展城市农村小朋友“手拉手”互助、少先队雏鹰遵章达标、扶贫济困希望工程、窗口行业青年文明号和五四红旗团委创建等活动。与区文广局联合行动，收缴淫秽光碟200余张、黄色书刊40余册，没收赌博游戏机、电路板31块（台），销毁赌博游戏机13台。与区公安分局禁毒科配合，收戒未成年吸毒人员3人。组织召开揭批邪教“法轮功”活动。在广大团员青年中深入开展学习实践“三个代表”重要思想活动。组织开展青年文明社区试点和青年文明号创建工作，以点带面促进行风乡风文明、村容整洁。组织团员青年、少先队员参与保护母亲河和整脏治乱行动。开展同饮一江水，同护母亲河、绿箱子活动计划、绿色理念进校园等宣传活动。组织机关青年、青年志愿者、红领巾志愿者开展义务植树、宣传整脏治乱知识、清扫大街小巷环境卫生、规范市民行走秩序等活动。组建凉都千名环境小卫士服务队，1000名少先队员参与，向社会发出“珍爱生灵、节约资源、植绿护绿、抵制污染”倡议书1万余份。

服务社会活动 2003—2008年，开展和丰富团员青年、社区群众文化生活，组织开展各种文体活动30余次，参加人数达1.25万余人次，覆盖城市、农村、社区、部队的团员青年和群众。推进校园文化、广场文化、社区文化、部队文化建设。成立青年文明监督岗、修复青年文明一条街标牌，着力深化和推进文明创建工作。按照“生产发展、生活宽裕、乡风文明、村容整洁、管理民主”的要求，开展团员青年服务社会主义新农村实践活动，组织带领青年踊跃投身社会主义新农村建设，创建并巩固德坞西宁村等9个青年文明村寨，农村环境卫生得到大力改善。钟山区被评为全国乡村青年文化先进县，团区委被评为全省精神文明建设工作先进单位。

服务青年工作 2003—2008年，建立青年就业服务中心1个、青年就业服务站23个，在华夏电脑技能培训学校建立钟山区青少年活动中心基地、在六盘水千惠美容服务有限公司建立青年就业创业培训基地。实施青年就业培训工程，开展就业技能培训4次，共有273人参加培训，共建立青年就业档案532人。开展就业信息发布15次，涉及岗位33个，帮助550余名青年实现就业（含劳务输出）。联合中国移动通信六盘水分公司实施励业工程——六盘水移动营业厅钟山区青年就业计划，共招聘营业人员15人。开展百村千名青年致富行动，举办农业实用技术培训，培训农村青年1382人。

思想教育工作 2008年，在团员青年、中小学生中开展“知荣辱、树新风、促和谐”读书演讲比赛，增强践行“八荣八耻”意识。联合区纪委开展“小手拉大手，廉政文化一起走”钟山区廉政短信征集活动，征集到廉政短信410条。以“多彩贵州我热爱”“感恩好少年”“法律伴我成长”和“十个一”等活动为载体，在少先队员中广泛开展春晖感恩书信大赛、故事少年、法制讲座、“给父母写封感谢信”活动，激发、感化、矫正和规范广大青少年的思想和生活行为，有效推进预防未成年人违法犯罪工作。

春晖行动 2006—2008年，聘请64名西部志愿者、农村支教志愿者，11名钟山籍大学生、19名即将退伍返乡的武警战士为春晖使者，推动春晖行动。开展钟山信合温暖百名贫困母亲行动，协调春晖资金3万元用于扶持、支助、慰问农村贫困母亲。2008年，举办感恩故土暨钟山区迎奥运魅力凉都小新星杯少儿英语风采大赛和纪念五四大型广场活动，春晖使者捐助活动经费6万元，募集春晖助学金0.5万元。

志愿者行动 2003—2008年，全区共成立青年志愿者服务总站15个，服务站28个，组建非公有制志愿者队伍6支，开展各类大小志愿者宣传活动230余次，发放宣传资料6000余份。组织计生、卫生、法律、文艺等志愿者开展送医疗、送卫生、送文艺、送法律活动，丰富村委会、居委会、社区团员青年和群众的业余文化生活，提高法治意识。组织青年志愿者连续5届参与凉都消夏文化节、韭菜坪登高等大型赛会服务。

第三节　区妇女联合会

1988年，区妇女联合会成立。是年起，在各镇、乡、街道办事处设立妇联办事机构。在村、社区、部分机关单位和企业建立妇代会等基层妇女组织。1994年，“妇联主任”改称“妇联主席”。2006年，镇、乡、街道机构改革，镇、乡、街道妇联办事机构撤销，妇联工作由党政办公室1名人员兼职。

一、妇女代表大会

1988—2008年，区妇联共召开4次妇女代表大会。1988年11月1—3日，第一次妇女代表大会召开，出席代表82人，选举执行委员15人，常务委员5人，选举龙忠秀为主任、姜永凤为副主任。1993年8月3—7日，第二次妇女代表大会召开，出席代表92人，选举执行委员19人，常务委员7人，选举张珍会为主任、杨丹为副主任。1999年8月29—31日，第三次妇女代表大会召开，出席代表94人，选举执委19人，常务委员8人，选举吕永禄为主任、徐梅为副主任。2005年7月21—22日，第四次妇女代表大会召开，出席代表111人，选举执委19人，常务委员9人，选举安芳为主席、王朝琨为副主席。

二、主要工作

1988—2008年，区妇联在妇女群众中广泛开展“双学双比”“巾帼建功”“五好文明家庭”创建活动和维权、宣传等工作，加强对广大妇女的思想政治教育，提高其思想文化素质，维护和保障妇女儿童的合法权益，充分发挥妇联组织在全区各项工作中的促进作用，推动全区妇女工作不断发展与进步。

双学双比活动　1989年，钟山区成立“双学双比”竞赛活动协调领导小组（以下简称“双协小组”），办公室设在区妇联。各镇、乡、街道办事处也相应成立领导小组及其办公室。采取以点带面、建立联系点、办示范点等方式发动农村妇女群众学文化、学科学、比成绩、比贡献竞赛活动。1989—1998年，各级“双协小组”在历次竞赛活动中共投入经费及提供实物支持88.9万元。各成员单位采取自办、联办的形式，在全区农村举办文化科技知识培训班1762期，培训妇女71640人次，433名妇女获得绿色证书。涌现科技女能手218人，先进集体90个，先进协调单位57个，优秀联络员50人。1999年后，区“双学双比”竞赛活动协调领导小组办公室组织动员广大农村妇女学习实用新技术，参与发展现代农业。至2008年，各成员单位举办绿色证书培训班83期，培训妇女2054人次。涌现出科技女能手31人、先进集体5个、先进协调单位16个、先进工作者10人。

巾帼建功活动　1992年，钟山区成立“巾帼建功”活动协调领导小组，办公室设在区妇联，各镇乡街道相应成立领导小组和办公室。以“巾帼文明岗”为载体，在以女职工为主的窗口服务部门开展一系列岗位竞赛、岗位练兵等特色活动。1993—2008年，先后在区直机关单位开展“五学”（学政治、学文化、学技术、学科学、学管理）活动，争当城市美容师活动，手拉手脱贫奔小康和幸福工程活动，331名女能手与464名贫困妇女结对帮扶，100名贫困母亲得到救助。共有11个窗口服务部门被授予区级“巾帼文明岗”称号，5个单位被授予市级“巾帼文明岗”称号。

五好文明家庭活动　1994—2008年，共评选出区级五好文明家庭232户，学习型家庭8户，文明楼栋8栋。其中施辉贤、李应恩家庭分别获得全国五好文明家庭和全国平安家庭荣誉称号，杨洪书等家庭获省级五好文明家庭荣誉称号。

维权工作　1988—1999年，区妇联配合相关部门开展打拐专项斗争，处理拐卖妇女儿童案件308

起，成功解救妇女儿童200余人。1995年，为庆祝第四次世界妇女大会的召开，区妇联举办以《妇女权益保障法》和抗日战争知识为主要内容的妇女知识竞赛活动。2000年后，区妇联深入贯彻“两法”（即《中华人民共和国妇女权益保障法》《中华人民共和国未成年人保护法》），“两纲”（即《中国妇女发展纲要（2001—2010年）》《中国儿童发展纲要（2001—2010年）》），构建和完善维权体系。2003年，与钟山公安分局联合成立反家暴报警服务中心和家庭暴力伤情鉴定中心。至2008年，共接待来信来访案件2287次，处结率达90%以上。

第四节　区工商业联合会（商会）

1989年，钟山区工商业联合会成立，至2008年，全区9个镇、乡、办事处均分别建有基层分会。有行业商会5个，分别是汽车配件行业协会、水产行业商会、职业医师协会、康乐商贸城商会、汪家寨镇煤业协会，有会员1603人，其中企业会员100余人，团体会员6人，个人会员1400余人。

一、会员代表大会

1989年4月—2008年12月，召开会员代表大会5次。

1989年4月25—28日，钟山区工商业联合会第一届会员代表大会召开，选举第一届执行委员会，执委33人，常委13人，选举邹习鼎为主任委员，张声鸣、杜家祥为副主任委员，杜家祥为秘书长（兼）。1992年6月，第二届会员代表大会召开，选举执委38人，常委18人，选举邹习鼎为名誉主任委员，张声鸣为主任委员，戴顺隆、洪志亮、范建军、龚明祥、卢延福为副主任委员，洪志亮为秘书长（兼）。1993年，召开二届三次执委会，选举邓昭华为副主任委员。1997年，召开二届三次常委会，选举谷海居为副会长。1997年4月，钟山区工商业联合会（商会）第三届会员代表大会召开，选举产生执委43人，常委12人，选举谷海居为会长，沈庆碧、邓昭华、范建军、钟英祥、龚明祥为副会长，李勇跃为秘书长。1999年10月，召开三届六次常委会和三届四次执委会，选举车秀平、李勇跃、胡良群为副会长。2001年8月，第四届会员代表大会召开，选举执委66人，常委7人，选举谷海居为会长，沈庆碧、车秀平、潘柯、李胜六、钟英祥、李仕贵、杨忠为副会长，秘书长为车秀平（兼）。2003年5月，召开四届四次执委会，选举潘柯为会长，陈鹤烈、王锡惠为副会长。2006年8月，第五届会员代表大会召开，选举执委52人，常委10人，选举潘柯为会长，陈鹤烈、王锡惠、米仁宾、石光荣、毛威、李智、王记芳、程世英、赵翀为副会长。2008年3月，召开五届三次执委会，增选执委5人，其中常委1人，选举甘红霞为副会长、秘书长。

二、主要活动

1988—2008年，区工商联合会充分发挥统战性、经济性、民间性的优势，遵循“团结、教育、引导、服务”的方针做好非公有制经济人士工作，教育和引导非公有制经济人士“爱国、敬业、诚信、守法、贡献”，协助区委、区政府大力扶持非公有制经济发展，全区非公有制经济总量不断增大。

扶持引导非公经济发展　1988—2008年，钟山区相继制发《关于鼓励支持和引导个体私营等非公有制经济发展的实施意见》《关于加快发展非公有制经济的实施意见》等文件。区工商联对上述文件进行广泛宣传和具体落实，对非公经济的扶持、服务力度不断加强。在扶持服务过程中，区工商联积极探索推动全区非公有制经济发展的路子，重点支持对推动区域经济发展和农民增收有显著效应的企业，发挥区境能源和自然资源优势，支持非公有制经济资本发展技术含量高、投资规模大、符合环保要求的能源、原材料、化工工业和循环工业。鼓励、支持民营企业投身新农村建设，充分发挥民营企业在资金、技术、管理方面的优势，兴办农业产业化企业。为推动企业之间的经济协作，规范民间融资，区工商联大力协助建立健全政府、银行、企业合作协调机制，支持城市商业银行吸收非公有制企业入股，支持农村信用联社吸收农民、个体工商户和中小企业资金入股，加大对非公有制企业信贷支持力度。区工商联创办“助力担保公司”，为一些小规模创业的中小企业提供帮助。2004年，钟山区提出“依托城市壮大三产、巩固煤电提升二产、统筹城乡促进一产”的发展思路和“城市兴区、工业强区、生态立区、商贸活区”的发展战略。2006年，组织部分优秀非公有制经济代表人士赴美国、西欧旅行考察，开阔视野，借鉴经验。2007年，区工商联举办钟山区首届建设项目推介及招商会，推介项目70余个，引来客商500余人，签约项目6个，引进资金2.6亿元。2008年，钟山区举办全国矿山机电产品展销会，吸引全国各地87家厂商参加展销，成交额320万元。

开展光彩事业、公益事业活动　1988—2008年，区工商联倡导非公有制经济人士热心光彩事业、公益事业，奉献爱心，回报社会，每年组织一定规模的光彩事业、公益事业活动，以增强影响力和感召力。仅2008年，区工商联组织的光彩事业、公益事业活动8次，捐款130余万元。

参政议政　1988—2008年，全区有100余名非公有制经济代表人士先后担任市、区两级人大代表、政协委员或常委。共提议案、提案100余件，组织多次调研活动，撰写调研报告23篇。

第五节　区科学技术协会

1991年，区科学技术协会成立，与区科学技术委员会合署办公。1993年6月单独建立。

一、会员代表大会

1999年11月25日，区科学技术协会第一次代表大会召开。选举委员19人，常委9人，选举洪兵为主席，王锡惠、孙世元、阳智明、刘鸣放为副主席。

1991—2008年，区科协的团体协会发展至10个，即区农学会、林学会、畜牧学会、医学会、煤炭学会、环境科学协会、青少年辅导员协会、安监协会、医师协会、书法美术协会，有会员1500人。各乡、镇、办事处相应建立基层科普组织和农村各类专业技术研究会。至2008年，共建立乡、镇、办事处科普协会6个，建立村各类专业技术研究会28个，共有会员2000人。

二、主要活动

学术交流　1991年以来，区科协组织各成员学会、协会，围绕区委、区政府“科技兴区”的战略思想，结合各自行业的实际，分别深入基层、农村、企业，对科技进步、人才培养、科技向现实生产力转化、科技促进钟山区经济社会发展等进行调研，撰写调研报告、考察报告和学术文章。每年至少召开1次科技工作会议、科技工作者座谈会，进行学术交流，并聘请专家举办科技讲座。各行业学会、协会亦根据自身情况适时召开学术研讨会、交流会，将学术成果转化为生产力。1995—2008年，区科协所属学会召开学术交流会30余次，举办科技讲座40余次，参加活动的科技人员共1500余人次。

青少年科普活动　区科协每年开展科技辅导员教师培训1次，先后共培养青少年辅导员骨干100余名。指导中小学生开展科技小发明、小创作、科幻画制作等科普活动。举办各种青少年科技知识讲座、知识竞赛，每年组织科技教师参加一次全国科技创新大赛观摩活动和市科协举办的科技创新大赛活动，多次组织学生参加全国和全省性的青少年科技竞赛，共创作作品300余件，其中获全国三等奖3件次，获省级特等奖2件次、一等奖1件次，获市级一等奖4件次、二等奖6件次、三等奖18件次。组织6000余名学生参加两届“智力七巧板”竞赛，锻炼广大青少年学生的观察力、思考力、想象力。组织学生开展科技小论文竞赛，共撰写科技小论文100余篇。先后建立一批科技活动小组，开展课外科技活动。至2008年，全区有21所中小学校共组织5万余名学生参加青少年科技课外活动。

农村科普活动 区科协在农村开展形式多样的科普宣传，科技培训和技术推广等科技服务，逐步培养一批农村科技示范户和科技带头人。先后放映科普电影40余场，放映科普录像33场次，开展科技宣传50余次，举办农村科普展览20次，展出科技图片200余幅，编发科普期刊20余期，发送各种科技资料、书刊2万册。共培训农村干部群众短期培训3000余人次，57名学员获得农民技术员职称，84户农户成为农村科技示范户。至2008年，全区有科技带头人或科技示范户228人，有农村科普示范基地4个。

第六节 区红十字会

1989年，区红十字会成立，挂靠区卫生局。2002年从区卫生局分离出来独立建制。2003年，全区9个乡、镇、街道办事处基层红十字会相应成立。至2008年，全区共有会员团体13个、会员176人。

救灾慰问、募捐和灾后援建 1988—2008年，每年组织慰问活动，慰问困难户1000余户4000余人，发放慰问大米9.3万千克。发放慰问经费4万元，发放衣物、棉被3136件（床），共接受社会捐款50万元。

无偿献血及造血干细胞捐献 2003—2008年，组织区直机关干部职工举行无偿献血活动，110人无偿献血，采血26000毫升。全区共有造血干细胞捐献志愿者500余人。下岗职工张梅与武汉市13岁白血病患者张磊配型相符，张梅捐献造血干细胞为张磊实行造血干细胞移植术，成功挽救张磊的生命。2008年12月，中国红十字会总会、卫生部、中国人民解放军总后勤部授予张梅无偿捐献造血干细胞奉献奖。

遗体器官捐献 2007年，农民工陈家祥、癌患者李萍分别申请捐献遗体器官，区红十字会及时为其办理相关手续，帮助实现患者的意愿。2008年，李萍的捐献器官使4名患者重见光明。

志愿者和群众性救护培训 区红十字会组织开展一系列志愿者服务和群众性现场卫生救护培训工作。2002—2008年，全区共举办培训班、讲座18场（次），受培训人员达24506人（次）。其中2008年，下岗职工张梅被中国红十字会总会评为抗震救灾优秀志愿者，区红十字会工作人员余俊东被中国红十字会总会评为红十字会员之星，区红十字会志愿者、六盘水视觉新野文化传播公司总经理黄柄然被中国红十字会总会评为红十字志愿者之星。孔德英、龙凯、刘青林、张震坤等4名志愿者被省红十字会评为抗震救灾优秀志愿者。

第七节 区残疾人联合会

一、历届残代会

1991年4月19日，钟山区第一次残疾人代表大会召开，选举区残疾人联合会第一届主席团和执行理事会，选举傅继中为主席团主席、李毓希为副主席、王红雷为执行理事会理事长。1994年11月16日，第二次残疾人代表大会召开，选举主席团和执行理事会，选举杨定光为主席团主席，唐成旺、王红雷为副主席，王红雷为执行理事会理事长。2003年4月28日，第三次残疾人代表大会召开，选举邓昭华为主席团主席，王红雷、吴勇、方金怀为副主席，王红雷为执行理事会理事长。2007年11月，第四次残疾人代表大会召开，选举陆秀薇为主席团主席，王红雷、赵泽、徐永安为副主席，王红雷为执行理事会理事长。

二、主要工作

残疾人康复 1994—2008年，全区共有1764名残疾人得到不同程度的康复，完成白内障手术

1068例，为患者直接节约医药费、手术费、住院费、交通费等费用333万元。接受手术的病人，年龄最大的85岁、最小的6岁。此后，白内障无障碍区的创建工作逐年推进。为肢体残疾患者实施矫治手术67例（名），对110名听力语言残疾人进行训练，对61名智力、肢体残疾者进行系统康复训练，为120名下肢残疾人装配假肢，减免12万元。为20名低视力患者配用助视器，向残疾人赠送轮椅61张，价值7万元，赠送残疾人用品用具308件，价值5万余元。

残疾人教育　钟山区将残疾儿童义务教育纳入全区普九教育规划，广泛动员和帮助残疾儿童入学，除按照九年义务教育随班就读外，基本上解决残疾少年儿童的特殊就学问题，至2008年，全区适龄残疾儿童入学就读1015人，入学率达到79%。残疾人被大学、中专等学校录取人数逐年增加，2007年，被大专、中专院校录取10人。同时采用乡镇远程教育和农技培训等形式为农村残疾人开展技术培训20期1733人次，在城市开展初级、中级、高级盲人按摩、缝纫技术和盲人定向行走训练等培训，提高残疾人参与社会活动的能力。为确保全区残疾儿童、少年尽可能地受到教育和康复治疗，广泛动员社会力量进行扶残助残人道主义捐助，2001年，完成“长江新里程计划”和中央文明办安排的“三残”儿童入学调查摸底工作，对符合资助条件的33名残疾儿童，中央文明办资助27人，每年资助150元，资助时间为3年。通过“长江新里程计划”，李嘉诚资助6名残疾儿童，每年每人资助1000元，资助时间为5年。争取国家专项彩票公益金扶助11名聋哑儿童就读市特殊学校，26名残疾儿童随班就读；开展残疾人文体娱乐活动，丰富残疾人文化生活，树立残疾人的自信，展示残疾人精神风貌。2001年6月，成功举办首届钟山区残疾人卡拉OK大赛。2006年，选拔10名残疾人运动员参加贵州省第三届残疾人运动会，王家文获得运动会首枚金牌和双料冠军，另有6名运动员获得4枚金牌1枚铜牌。钟山区在区会展中心隆重召开残疾人运动员总结表彰大会，对王家文等6名残疾人运动员给予表彰。

残疾人劳动就业　2004—2008年，共安置就业的残疾人372人。2005年，集中安排32名残疾人到福建省浦田包装厂和浙江省义乌东阳百美饰品厂就业，就地安排盲人残疾人就业50人。2007年推荐7名肢体残疾人到时代假日酒店就业，推荐80名残疾人到区福利企业就业，安置25名肢体残疾人到9个镇、乡、街道办事处所属的25个村（居）委会就业，扶持引导个体残疾人工商户就业150余户。同时，按比例确定指标分配给单位和工矿企业，对残疾人就业进行分散安置，对未安置残疾人就业的单位征收残疾人就业保障金。2006—2008年，共征收残疾人保障金700万元。在农村，则扶持部分残疾人发展种植、养殖业。2001—2008年，钟山区对贫困残疾人采取城镇残疾人社保、农村残疾人“五保”供养、特困户生活救助等社会救助方式，为贫困残疾人提供基本生活保障，其中实施城镇残疾人低保2700户。在每年元旦、春节、“助残日”期间，均对特困残疾人户进行走访慰问，共走访慰问特困户456人次，发放慰问金13.5万元，慰问三轮车营运残疾人员40人，发放慰问金2万元。

残疾人权益维护　2002年10月18日，区残疾人法律援助中心成立，为残疾人特别是贫困残疾人提供法律服务。至2008年12月，共为15名残疾人提供法律援助和服务，减免案件诉讼受理费用1万余元。

第四篇　政权　政务　政协

第一章　人民代表大会

第一节　区人民代表大会

1988—2008年，共召开六届区人民代表大会，选举区人大常委会，其中第一届任期2年，第二届任期3年，第三、四届任期5年，第五届任期4年，第六届任期5年。

一、区人大代表选举

钟山区各届人民代表候选人按照结构、比例要求，实行区委和人民团体推荐与选民联名推荐相结合，依法提出候选人，由各选区提交选民反复酝酿、协商、讨论，最后根据多数选民意见，按照候选人数多于应选代表名额三分之一到二分之一，确定正式代表候选人。区人大代表以选民无记名投票方式进行差额选举，按照得票数过半，票数最多者当选，由区选举委员会审查认定有效后，张榜公布并颁发当选证书，正式成为钟山区人民代表大会代表。市人大代表由区人民代表大会选举产生。1988年3月钟山区成立后，其行政区域内98名原水城特区第四届人民代表大会代表的代表资格继续有效。1988年4月，钟山区在原未选足3名代表的选区内，补选出28名人民代表，共126名代表参加区第一届人民代表大会。此后至2008年，举行区人大代表选举5次、市人民代表选举4次。

区第一届人民代表大会代表126人。其中工人1人，农民6人，领导干部108人，军人2人，妇女13人，非中共党员18人，少数民族13人（未含待定民族）。年龄结构35岁以下21人，36～50岁72人，51岁以上33人。文化程度大专以上44人，高中以上34人，初中及以下48人。

1990年4月前，选举区第二届人民大会代表190人。其中妇女39人，非中共党员57人，少数民族33人（未含待定民族）。工人13人，农民41人，领导干部115人，知识分子59人。年龄结构35岁以下36人，36～50岁115人，50岁以上39人。文化程度大专以上49人，高中（含中专）以上39人，初中及以下102人。

1993年3月前，选举区第三届人民代表大会代表209人。其中妇女47人，非中共人士68人，少数民族48人（未含待定民族）。工人17人，农民59人，领导干部74人，军人3人，知识分子45人，其他劳动者11人。年龄结构35岁以下36人，36～55岁153人，56～65岁20人。文化程度大专以上67人，中专36人，高、初中74人，小学以下32人。

1998年3月前，选举区第四届人民代表大会代表201人。其中妇女51人，中共党员145人，非中共党员56人，少数民族37人（未含待定民族）。工人15人，农民44人，知识分子71人，居民10人，其他劳动者2人，军人2人，干部57人。年龄结构35岁以下39人，36～50岁106人，51～60岁49人，60岁以上7人。文化程度大专以上71人，中专及高中56人，初中及以下74人。

2003年3月前，选举区第五届人民代表大会代表200人。其中妇女61人，非中共党员67人，少数民族48人。年龄结构35岁以下46人，36～55岁142人，56岁以上12人。文化程度大学本科以上47人，大专及高职54人，中专及高中48人，初中及以下51人。

2006年11月前，选举区第六届人民代表大会代表201人。其中妇女代表64人，非中共党员69人，少数民族52人。年龄结构35岁以下38人，36～55岁155人，56岁以上8人。文化程度大学本科以上74人，大专及高职42人，中专及高中45人，初中及以下40人。

1992—2006年，区人代会4次选举出席六盘水市人代会代表共266人，其中1992年选出58人，1997年选出63人，2002年选出72人，2006年选出73人。

二、区人民代表大会会议

（一）第一届人民代表大会

第一次会议 1988年7月15—20日，在市工人文化宫召开。应出席代表126人，实到119人，列席102人，特邀11人。听取和审议区筹建组工作报告和计划、财政工作报告，分别对以上报告作出相应决议。选举龙明海为区人大常委会主任，王永琼、陈炳权、高青山、唐天富4人为副主任，选举区人大常委会委员14人。选举雷鸣为区长，李祖武、陈天光、姜其中、傅继忠、惠德赋5人为副区长，选举戴松厚为区人民法院院长，饶光德为区人民检察院检察长。

第二次会议 1989年5月16—20日，在水城县招待所三楼会议室召开。应到代表125人，实到99人，列席109人，特邀6人。会议听取和审议区人民政府所作的工作报告，听取和审议计划、财政、人大常委会、法院、检察院工作报告，分别对以上报告作出相应决议。

（二）第二届人民代表大会

第一次会议 1990年4月3—9日，在水城矿务局机关一楼会议室召开。应到代表190人，实到代表186人，列席代表145人。听取和审议区人民政府工作报告，听取和审议计划、财政、人大常委会、法院、检察院工作报告，分别对以上报告作出相应决定和决议。选举龙明海为区人大常委会主任，王永琼、陈炳权、彭世隆、唐天富4人为副主任，选举区人大常委会委员14人。选举李兰忠为区长，陈天光、惠德赋、傅继忠、杨定光4人为副区长，选举戴松厚为区人民法院院长。选举产生区人民法院检察院检察长1人，其选举结果报经市人民检察院检察长提请市人大常委会讨论未通过。

第二次会议 1991年3月16—22日，在市总工会会议室召开。应到代表189人，实到157人，列席162人。听取和审议区人民政府工作报告，听取和审议计划、财政、人大常委会、法院、检察院工作报告，分别对以上报告作出相应决议。补选李学朋为区人民检察院检察长。

第三次会议 1992年3月23—28日，在市工人文化宫召开。应到代表189人，实到171人，列席175人。听取和审议区人民政府工作报告，听取和审议计划、财政、人大常委会、法院、检察院工作报告，分别对以上报告作出相应决议。选举市三届人大代表58人。

（三）第三届人民代表大会

第一次会议 1993年3月19—26日，在区人民武装部会场召开。应到代表209人，实到205人，列席191人。听取和审议区人民政府工作报告，听取和审议计划、财政、人大常委会、法院、检察院工作报告，分别对以上报告作出相应决议。选举王永琼为区人大常委会主任，彭世隆、穆彪、龙忠秀3人为副主任，选举区人大常委会委员12人。选举陈天光、傅继忠、杨定光、惠德赋、刘丽5人为副区长。选举郝克为区人民法院院长，李学朋为区人民检察院检察长。

第二次会议 1994年3月25—31日，在区人民武装部召开。应到代表208人，实到195人，列席197人。听取和审议区人民政府工作报告，听取和审议计划、财政、人大常委会、法院、检察院工作报告，分别对以上报告作出相应决议。补选张声鸣为区人大常委会副主任、龚明祥、罗德喜为常委会委员。补选张选进为区人民政府区长。

第三次会议　1995年3月24—28日，在区人民武装部召开。应到代表206人，实到193人，列席206人。听取和审议区人民政府工作报告，听取和审议计划、财政、人大常委会、法院、检察院工作报告，分别对以上报告作出相应决议。补选赵泽义、陈友模为区人大常委会委员。

第四次会议　1996年3月26—30日，在区人民武装部召开。应到代表203人，实到190人，列席87人。听取和审议区人民政府报告，听取和审议计划、财政、人大常委会、法院、检察院工作报告，分别对以上报告作出相应决议。

第五次会议　1997年3月24—30日，在区人民武装部召开。应到代表201人，实到184人，列席94人。听取和审议区人民政府工作报告，听取和审议计划、财政、人大常委会、法院、检察院工作报告，分别对以上报告作出相应决议。选举市四届人大代表63人。

（四）第四届人民代表大会

第一次会议　1998年3月18—25日，在区人民武装部召开。应到代表201人，实到201人，列席72人。听取和审议区人民政府工作报告，听取和审议计划、财政、人大常委会、法院、检察院工作报告，分别对以上报告作出相应决议。选举徐永全为区人大常委会主任，惠德赋、龙忠秀、张声鸣、周书权、马培基、王伟6人为副主任，选举产生区人大常委会委员14人。选举傅继忠为区长，朱绍伦、刘丽、王建光、马宏、陆继斌5人为副区长。选举郝克为区人民法院院长，李学朋为区人民检察院检察长。补选市四届人大代表8人。

第二次会议　1999年3月22—26日，在区人民武装部召开。应到代表199人，实到189人，列席96人。听取和审议区人民政府工作报告，听取和审议计划、财政、人大常委会、法院、检察院工作报告，分别对以上报告作出相应决议。

第三次会议　2000年3月15—19日，在区人民武装部召开。应到代表199人，实到191人，列席93人。听取审议区人民政府工作报告，听取和审议计划、财政、人大常委会、法院、检察院工作报告，分别对以上报告作出相应决议。补选纳朝东为区人大常委会委员，补选徐光毅为区长。

第四次会议　2001年3月6—10日，在区人民武装部召开。应到代表195人，实到186人。听取和审议区人民政府报告，听取和审议计划、财政、人大常委会、法院、检察院工作报告，分别以上报告作出相应决议。

第五次会议　2002年3月12日，在区人民武装部召开。应到代表194人，实到173人，列席78人。听取和审议区人民政府工作报告，听取和审议计划、财政、人大常委会、法院、检察院工作报告，分别对以上报告作出相应决议。选举市五届人大代表72人。

（五）第五届人民代表大会

第一次会议　2003年3月4—10日，在区政府会议室召开。应到代表200人，实到200人，列席84人。听取和审议区人民政府工作报告，听取和审议计划、财政、人大常委会、法院、检察院工作报告，分别对以上报告作出相应决议。选举张培荣为区人大常委会主任，马培基、周书权、王伟、詹琴、陈尚学、杨溢6人为副主任，选举区人大常委会委员14人。选举徐光毅为区长，龙秋芳、马宏、陆继斌、邓昭华、王尔彬5人为副区长，选举吴玉生为区人民法院院长，黄群力为区人民检察院检察长。

第二次会议　2004年3月9—13日，在区人民政府会展中心召开。应到代表200人，实到190人，列席97人。听取和审议区人民政府工作报告，听取和审议计划、财政、人大常委会、法院、检察院工作报告，分别对以上报告作出相应的决议。

第三次会议　2005年3月15日，在区人民政府会展中心召开。应到代表195人，实到181人，列席108人。听取和审议区人民政府工作报告，听取和审议计划、财政、人大常委会、法院、检察院工作报告，分别对以上报告作出相应决议。补选肖才忠为区长。

第四次会议 2006年3月21日，在区政府会展中心召开。应出席代表180人，实到166人，列席130人。听取和审议区人民政府工作报告，听取和审议计划、财政、人大常委会、法院、检察院工作报告，分别对以上报告作出相应决议。

（六）第六届人民代表大会

第一次会议 2006年12月1—6日，在区政府会展中心召开。应出席代表201人，实到201人，列席105人。听取和审议区人民政府工作报告，听取和审议计划、财政、人大常委会、法院、检察院工作报告，分别对以上报告作出相应决议。选举牟海松为区人大常委会主任，陶贵萍、詹琼、陈尚学、杨溢、谌洪举5人为副主任，选举区人大常委会委员17人。选举高玉林为区长，梁建、蔡斌、肖一、李明、陆秀薇、方裕谦6人为副区长。选举李姿云为区人民法院院长，黄群为区人民检察院检察长。选举市六届人大代表73人。

第二次会议 2008年3月11—14日，在区政府会展中心召开。应到代表200人，实到190人，列席97人。听取和审议区人民政府工作报告，听取和审议计划、财政、人大常委会、法院、检察院工作报告，分别对以上报告作出相应决议。

第一至第六届钟山区人大常委会主任、副主任名录

表4-1

届次	职 务	姓 名	性别	民族	党派	籍 贯	任职时间
一	主 任	龙明海	男	彝族	中共	贵州水城	1988.7—1990.4
	副主任	王永琼	女	汉族	中共	贵州水城	1988.7—1990.4
		陈柄权	男	汉族	非党	—	1988.7—1990.4
		高青山	男	汉族	中共	贵州金沙	1988.7—1990.4
		唐天富	男	汉族	中共	贵州金沙	1988.7—1990.4
二	主 任	龙明海	男	彝族	中共	贵州水城	1990.4—1993.3
	副主任	王永琼	女	汉族	中共	贵州水城	1990.4—1993.3
		唐天富	男	汉族	中共	贵州金沙	1990.4—1993.3
		彭世隆	男	汉族	中共	贵州大方	1990.4—1993.3
		陈柄权	男	汉族	非党	—	1990.4—1993.3
三	主 任	王永琼	女	汉族	中共	贵州水城	1993.3—1997.5
	代理主任	彭世隆	男	汉族	中共	贵州大方	1997.6—1998.3
	副主任	彭世隆	男	汉族	中共	贵州大方	1993.3—1998.3
		穆 彪	男	汉族	中共	重庆巴南	1993.3—1998.3
		龙忠秀	女	彝族	中共	贵州水城	1993.3—1998.3
		张声鸣	男	汉族	民建	贵州水城	1994.3—1998.3
四	主 任	徐永全	男	汉族	中共	贵州遵义	1998.3—2003.3
	副主任	惠德赋	男	汉族	中共	贵州水城	1998.3—2003.3
		龙忠秀	女	彝族	中共	贵州水城	1998.3—2003.3

续表4-1

届次	职　务	姓　名	性别	民族	党派	籍　贯	任职时间
四	副主任	张声鸣	男	汉族	民建	贵州水城	1998.3—2003.3
		周书权	男	汉族	中共	贵州水城	1998.3—2003.3
		马培基	男	汉族	中共	贵州水城	1998.3—2003.3
		王　伟	女	汉族	中共	山东莒南	1998.3—2003.3
五	主　任	张培荣	男	汉族	中共	山西偏关	2003.3—2006.12
	副主任	马培基	男	回族	中共	贵州水城	2003.3—2006.12
		周书权	男	汉族	中共	贵州水城	2003.3—2006.12
		王　伟	女	汉族	中共	山东莒南	2003.3—2006.12
		詹　琴	女	汉族	中共	贵州水城	2003.3—2006.12
		陈尚学	男	彝族	中共	贵州水城	2003.3—2006.12
		杨　溢	男	汉族	九三	贵州黔西	2003.3—2006.12
六	主　任	牟海松	男	汉族	中共	贵州铜仁	2006.12—
	副主任	陶贵萍	女	汉族	中共	贵州盘县	2006.12—
		詹　琴	女	汉族	中共	贵州水城	2006.12—
		陈尚学	男	彝族	中共	贵州水城	2006.12—
		杨　溢	男	汉族	九三	贵州黔西	2006.12—
		谌洪举	男	汉族	中共	贵州织金	2006.12—

第二节　区人大常委会

区人大常委会是区人民代表大会的常设机关，由区人民代表大会在代表中选举主任、副主任若干人和委员若干人组成。1988—2008年，第一届至第六届区人大常委会期间，第一、二、四、五届选举常委14人，第三届选举常委12人，第六届选举常委17人。先后选举主任5人，选举副主任17人。

一、会议

区人大常委会议一般2个月召开1次，特殊情况可以临时决定召开。每次会议由区人大常务委员会主任主持。会议主要听取和审议区人民政府、法院、检察院及政府工作部门工作报告，对区内重大问题作出决议、决定，制定具有行政法规性质的规定、意见、办法，决定“一府两院”（区人民政府、区人民法院、区人民检察院）办事机构人事任免，作出审议意见书，交“一府两院”办理，监督“一府两院”的工作。

至2008年，第一至六届区人大常委会共召开会议157次。其中第一届15次、第二届25次、第三届40次、第四届35次、第五届27次、第六届15次。

1988—1989年，会议听取区人民政府国民经济和社会发展计划、财政收支和财政预算执行情况、普法教育情况、区人民法院、检察院工作情况、治理经济环境整顿经济秩序、贯彻实施《义务教育法》和《扫除文盲工作条例》、宣传贯彻实施《贵州省计划生育试行条例》、清理违法占地、治安工作、民政工作、文化广播电视工作、推广“贵农10号”小麦工作情况的报告。

1990—1992年，会议听取和审议区人民政府关于煤炭生产、乡镇企业工作、卫生工作、劳动工作、人事工作、税务工作、教育工作、计划生育工作、民政工作、中心城区绿化规划工作、体育工作，环境保护工作、土地管理工作、物价工作、统计工作、城乡建设工作、工商行政管理工作和代表所提议案、建议、批评、意见办理工作情况的报告。

1993—1997年，会议听取和审议区人民政府关于"二五"普法、社会治安综合治理、整顿青山矿和铁合金厂恢复生产、减轻农民负担、初级卫生保健规划、村（居）民委员会换届、科技推广、土地及矿产资源管理、武装工作、乡镇企业发展、依托大企业发展地方经济、煤炭生产、计划生育工作、环保执法、粮食生产、公安执法、民族宗教、民政工作、文化市场管理、场坝及川心片区社会治安集中整治、"二五"普法、城郊型农业规划、职业技术教育工作情况的报告。对区人口计划生育局局长孙秀文、区技术监督局局长徐佳伦、区人民检察院检察长李学朋、区教育局局长何国均、区科技局局长梁健进行述职评议。

1998—2002年，会议审议通过区四届人大常委会人事任免办法，听取和审议区人民政府关于依法治区、依法办矿、整顿生产经营秩序、《乡镇企业法》实施和乡镇企业工作、初级卫生保健、计划生育、公安机关刑事案件办理、非公有制经济发展、社会治安综合治理、执行《农业法》和《农业技术法》、煤炭关井压产、《统计法》贯彻执行、"三五"普法依法治理工作、农村合作医疗、小城镇发展、监察工作、社会养老保险、防洪防旱工作情况的报告。审议并通过六盘水市钟山区人民政府《关于提请撤销钟山区老鹰山镇和观音山镇合并设立钟山区老鹰山镇的报告》。

2003—2006年，会议听取和审议区人民政府关于贯彻实施《中华人民共和国体育法》和体育工作、贯彻执行《中华人民共和国森林法》和退耕还林工作、《中华人民共和国价格法》和物价管理工作、旅游事业工作、信访工作、贯彻执行《森林法》及林政执法、贯彻执行国务院《生猪屠宰管理条例》及生猪屠宰管理、贯彻执行《中华人民共和国行政监察法》、贯彻执行《中华人民共和国人口与计划生育法》和《贵州省人口与计划生育条例》、城市基础设施建设、新农村建设规划等工作情况的报告。

2007—2008年，会议听取和审议区人民政府关于落实《六盘水市钟山区人大常委会关于加强法制宣传教育的决议》、市中心城区环境整治、养老失业医疗工伤等社会保险、禁毒工作、煤矿安全及煤炭生产、新型农村合作医疗等工作情况的报告。

二、工作制度

区人大常委会根据《地方组织法》有关规定和工作实践，先后制定常委会和机关工作制度50余项。主要有《钟山区人民代表大会常务委员会议事规则》《钟山区人民代表大会常务委员会主任会议议事规则》《钟山区人民代表大会常务委员会人事任免办法》《钟山区人民代表大会常务委员会关于对拟任命的国家机关工作人员进行法律知识考试的规定》《钟山区人民代表大会常务委员会联系代表和选民制度》《钟山区人民代表大会常务委员会、钟山区人民政府、钟山区人民法院、钟山区人民检察院工作联系制度》《钟山区人民代表大会常务委员会关于区人大常委会任命的区人民政府、区人民法院、区人民检察院组成人员报送目标责任书和述职报告的决定》《钟山区人民代表大会常务委员会关于审议决定重大事项的决定》《钟山区人民代表大会常务委员会关于加强区级预算审查监督的暂行办法》《钟山区人民代表大会常务委员会受理人民群众来信来访办法》等。

三、工作机构

区一届人大常委会下设办公室和5个工作委员会，即财经工作委员会、教科文卫工作委员会、法律工作委员会、民族事务工作委员会、代表工作委员会（含代表资格审查委员会）。1990年，区二届人大会常委会在办公室增设信访科，后与法律工作委员会合署办公。同时增设区人大代表资格审查委员会为区人大常设机构。1997年，区三届人大常委会增设信访办公室。

区四届人大常委会下设办公室、信访办和内务司法工作委员会、财政经济工作委员会、教育科学文化卫生工作委员会，民族宗教侨务与农村经济工作委员会，选举任免联络工作委员会，环境与资源保护工作委员会。区第五、六届人大常委会下设工作机构与第四届相同。

在区人民代表大会举行会议期间，区人大常委会成立议案审查委员会、财政审查委员会两个临时机构履行相关职能，闭会期间机构及其职能自然终止。

1988年11月，在黄土坡办事处、荷城办事处分别设立区人大常委会工作联络组，后均改为区人大常委会工作委员会。1989年9月，在黄土坡办事处、荷城办事处分别设立区人大常委会工作联络组，后联络组改为工作委员会。后来建立的德坞办事处、凤凰办事处亦分别设立区人大常委会工作委员会。

第三节　区人大常委会工作

一、依法监督

（一）工作监督

1988—2008年，区一届至六届人民代表大会每次会议均听取和审议区人民政府工作报告、财政预算执行情况报告、国民经济计划执行情况报告，区人民法院、人民检察院工作报告，对“一府两院”工作实施监督。区一届至六届人大常委会共举行157次会议，其中大部分会议为听取区人民政府及其职能部门、人民法院、人民检察院的工作汇报，通过审议后对同意实施的形成决议，对工作中的差距和问题提出整改意见，交“一府两院”办理，并对整改情况进行监督。

（二）执法检查

1988—2008年，区人大常委会对50余部国家法律、法规在全区贯彻实施情况开展执法检查40余次。1988—1990年，第一届区人大常委会组织开展执法检查2次。对刑法、刑事诉讼法、治安管理处罚条例等法律法规的执行情况进行检查，对检查出存在的问题向公、检、法机关提出建议和意见。检查中对一些执法错误的具体案件、事件作出纠正。1991—1993年，第二届区人大常委会开展执法检查4次。对《义务教育法》《扫除文盲工作条例》《贵州省计划生育试行条例》《土地管理法》《环境保护法》《乡镇企业法》贯彻执行情况进行检查。1993—1998年，第三届区人大常委会开展执法检查4次。对《农业法》《环保法》《矿产资源法》《教师法》《审计法》《食品卫生法》《妇女权益保障法》《未成年人保护条例》等20余部法律法规的贯彻执行情况进行执法检查。1998—2003年，第四届区人大常委会开展执法检查5次。对《劳动法》《森林法》《乡镇企业法》《环境保护法》《食品卫生法》《档案法》《村民委员会组织法》《贵州省人口计划生育条例》等法律法规执行情况进行检查。2003—2006年，第五届区人大常委会开展执法检查6次。对全区贯彻执行《义务教育法》《档案法》《科普法》《专利法》《红十字法》《水污染防治法》《职业病防治法》《职业教育法》《农业法》《土地管理条例》《科学技术管理资金投入管理条例》等法律法规的执法情况进行检查。2006—2008年第六届区人大常委会开展执法检查2次。

（三）视察调研

1988—2008年，区人大常委会组织省、市、区人大代表进行视察60余次。视察内容主要包括“一府两院”对宪法、法律、法规和人大决议、决定执行情况；人民群众普遍关注的热点、难点问题；各个时期的中心工作，区人大常委会需要审议的有关议题等。每次视察、调研后，均对反映的问题有针对性地向区人民政府提出议案、建议和意见，大多数问题都能得到解决和办理。

（四）述职评议

自1993年起，区人大常委会对其决定任职的“一府两院”工作部门主要负责人先后实施述职评议和述职述廉评议制度，以对领导干部的履职情况和党风廉政情况进行监督。至2008年，共进行述职评议57人，述职述廉评议6人。

1993—2008年，区人大常委会先后作出《关于对人大及常委会选举、任命的“一府两院”的国家机关工作人员进行述职评议的决定》《关于区人大常委会任命的区人民政府、区人民法院、区人民检察院组成人员报送目标责任书、述职报告的决定》《关于“一府两院”工作人员述职述廉的决定》《钟山区人民代表大会常务委员会评议工作办法》等规章。区人大常委会对任命的“一府两院”组成人员年初均签订目标责任书，年终报送书面述职报告，由区人大常委会确定述职及述职述廉评议对象。述职评议前，区人大常委会召开主任会议，研究制定评议实施方案，成立调查组，采取到被评议人所在部门召开动员会，个别征求意见，深入乡、镇、街道及相关职能部门开展调查工作，走访上级业务主管部门和区人民政府分管领导等方式，全面掌握述职人员情况。在召开述职述廉及评议会议时，邀请区委、纪委、组织部门负责人、“一府两院”经区人大常委会任命人员列席。评议对象述职述廉后开展评议。评议时根据调查了解的情况，在肯定成绩的同时，实事求是地指出存在的差距与问题，并提出整改建议意见，限期整改并及时跟踪调查和督促。如：1996年6月28日，区三届人大常委会第二十六次会议，对区交通局局长刘某某进行述职评议，提出整改意见，要求其积极整改。经过一年半时间，刘既不按区人大常委会的要求完善述职报告，对存在问题又不进行整改，被停职检查。在停职检查期间，不但不认真检查自己的缺点错误，反而编造谎言，企图对自己的严重错误予以掩盖。1997年12月，区三届人大常委会第三十八次常委会议，决定撤销刘某某区交通局局长职务。

二、依法决定和任免

（一）依法决定

区人大常委会对本行政区域内政治社会经济工作中的重大事项有权做出决议，1988—2008年六届十五次会议止，共作出有关决定167个。其中一届17个，二届17个，三届16个，四届56个，五届39个，六届22个。

（二）依法任免

钟山区人大常委会在区人民代表大会闭会期间，依法任免国家机关工作人员，决定区人民政府副区长个别任免，在区长、区人民检察院检察长、区人民法院院长因故不能担任职务时，决定代理人选，决定区人大常委会各委室主任、副主任的任免，决定区人民政府组成单位负责人的任免，任免区人民法院副院长和法庭庭长、副庭长、审判委员会委员、审判员，任免区人民检察院副检察长、检察委员会委员、检察员，决定区长、副区长和区人民法院院长、区人民检察院检察长及区人大常委会组成人员提出的辞职请求。1988—2008年，钟山区人大常委会依法任免国家机关工作人员1031人，其中决定任命821人，任命212人、免职231人，撤销职务5人，接受辞去职务20人，罢免市代表6人，决定代理职务2人。

三、议案、建议

1988—2008年，区人民代表大会共召开23次会议，共收到代表提出的议案、建议、批评和意见1462件，转交“一府两院”办理1455件，办结率99.6%。其中决定列为议案办理的14件，列为重点督办建议的11件。以上议案和建议涉及全区工业、农业、财贸、城建、环保、交通、教育、科学、文化、卫生、民族、民政、计划生育、安全生产、社会治安综合治理等各个方面的工作。对代表提出的议案，建议、批评和意见，区人大常委会都及时提交区人民政府或有关部门办理，坚持跟踪督办和重点督办，全部按时办理或答复代表。

1988年7月，区人大一届一次会议，代表提出议案，建议、批评和意见129件，其中列为议案3件，作为建议、批评和意见126件。代表提出的“老城、场坝片区居民用水难问题”作为重点督办议案。区政府多次深入到老城、场坝调查，落实水厂改水工程，拨款70万元对老城、场坝居民饮水工程进行改造。老城、场坝片区人民群众吃水难问题逐步得到解决。1990年3月，区人大二届一次会议，代表提出治理整顿铁合金厂议案，区政府加强领导，克服重重困难，调整该厂领导班子，建立健全各种规章制度，制定一系列优惠政策，推动该厂的治理和整顿，是年12月初恢复正常生产。1995年3月，区三届人大三次会议，代表提出关于成立戒毒所，对吸毒者进行戒毒治疗议案，转交政府办理后，政府积极筹措资金，从各方面为创办戒毒所提供条件，是年4月17日建成钟山区戒毒所。2002年3月，区四届人大五次会议，代表提出《关于解决“八八”商贸城社会治安脏乱差的问题》建议，区政府高度重视，组织有建设、人事等部门参与的工作组进驻商贸城开展工作，彻底扭转长期以来“八八”商贸城物业管理混乱的局面。2004年3月，区五届人大二次会议，代表提出关于要求解决老鹰山镇石板河小学危房、请求重修大河大桥建议，区人大常委会列为重点建议进行督办，区政府认真办理，重修老鹰山镇石板河小学教学楼和大河大桥。2005年3月，区五届人大三次会议，代表提出解决居委会成员同工同酬建议，区政府下发关于钟山区城市社区干部职数设置及办公经费、干部工作津贴补助方案，将社区（居委会）主任、副主任、委员每月津贴分别提高到500元、450元、400元。

第四节　乡（镇）人民代表大会、街道人大工作委员会

一、乡镇人大代表选举

钟山区成立后，全区共进行5次乡镇人大换届选举。按照“党委领导、人大主办、各方配合、精心指导”的原则，区人大常委会加强对乡镇人大换届选举工作的指导，由常设乡镇人大直接负责人民代表选举工作，人民代表实行选民直接选举，以差额无记名投票的方式产生。1989—1990年，全区应选乡、镇人大代表489人，选举产生487人。1992—1993年，全区应选乡、镇人大代表373人，选举产生369人。1995—1996年，全区应选乡、镇人大代表433人，选举产生428人。1998—1999年，全区应选乡、镇人大代表383人，选举产生380人。2002—2006年，选举产生乡、镇人大代表302人。

二、乡镇人民代表大会会议

（一）乡人民代表大会会议

凤凰乡　1992年3月前，凤凰乡为股级乡。1992年4月，撤区、并乡、建镇后，凤凰乡升格为科级乡。1998年12月，撤销凤凰乡，建立凤凰办事处。1992年2月23—24日，召开二届一次人民代表大会，听取和审议乡人民政府工作报告。选举龙义盛为人大主席团主席。选举陈明世为乡长，王玉才、安启明2人为副乡长。凤凰乡列为科级乡后，重新设立乡人民代表大会。1993年3月3—6日，召开一届一次人民代表大会，听取和审议筹委会工作报告和乡人大主席团筹备组工作报告。选举龙义盛为乡人大主席团主席、王道连为副主席。选举李恒义为乡长，罗昌太、彭永林、赵桂林3人为副乡长。1995年12月25—27日，召开二届一次人民代表大会，听取和审议乡人民政府工作报告和乡人大主席团工作报告。选举朱绍伦为乡人大主席团主席、陈宗玉为副主席。选举张黎犁为乡长，彭永林、杨桂林、赵桂林（挂职）3人为副乡长。1996年5月，二届二次会议同意赵桂林辞去科技副乡长职务，补选赵春利为科技副乡长。1997年2月，二届三次人民代表会议补选安启明、湛洪星（挂职）为乡人民政府副乡长。1998年3月，二届四次会议补选齐运梅为副乡长。

德坞乡 1990年3月6—7日，德坞乡召开五届一次人民代表大会，听取和审议乡人民政府工作报告和乡人大主席团工作报告。选举耿继德为乡人大主席团主席、熊绍华为副主席。选举孙承敏为乡长，陆秀海、孙庆芬、晏天云3人为副乡长。

二塘乡 1990年3月17—19日，二塘乡召开五届一次人民代表大会，听取和审议乡人民政府工作报告和乡人大主席团工作报告。选举谢阳礼为乡人大主席团主席、吕顺祥为副主席。选举张有儒为乡长，李吉文、王鹤毅2人为副乡长。

三合乡 1990年3月10—12日，三合乡召开五届一次人民代表大会，听取和审议乡人民政府工作报告和乡人大主席团工作报告。选举钱锡学为乡人大主席团主席、李广轩为副主席。选举晏华学为乡长，黄兴国、李祥举2人为副乡长。

纳福乡 1990年12月，纳福乡召开三届一次人民代表大会，选举王正达为乡人大主席团主席，并选举王正达为乡长，左权品、刘远明（挂职）2人为副乡长。

以德乡 1990年3月，以德乡召开五届一次人民代表大会，选举李隆启为乡人大主席团主席、殷兴高为副主席，选举刘华伟为乡长，郭刚、刘开林、李华昆3人为副乡长。

月照乡 1989年5月9—11日，月照乡召开四届三次人民代表会议，补选胡成举为副乡长。1990年3月15—17日召开五届一次人民代表大会，听取和审议乡人民政府工作报告。选举曹端伦为乡人民代表大会主席团主席。选举胡成举为乡长，刘明举为副乡长。1992年2月17—18日，召开五届三次人民代表会议，补选刘崇厚为副乡长。1992年4月，建立月照彝族回族苗族乡后，重新设立乡人民代表大会。1993年3月10—12日，召开一届一次人民代表大会，听取和审议乡人民政府筹备组工作报告和乡人大筹备组工作报告。选举杨洪明为乡人大主席团主席、陈国久为副主席。选举陈学友为乡长，胡成举、刘明举2人为副乡长。1995年12月19—21日，召开二届一次人民代表大会，听取和审议乡人民政府工作报告和乡人大主席团工作报告。选举陈学友为乡人大主席团主席、陈国久为副主席。选举刘应明为乡长，胡成举、刘明举、赵庆瑞3人为副乡长。1996年9月18日，召开二届二次人民代表会议，选举孟晓冬为副乡长。1999年1月20—22日，召开三届一次人民代表大会，听取和审议乡人民政府工作报告和乡人大主席团工作报告。选举唐典学为乡人大主席团主席、吴远龙为副主席。选举柏学德为乡长，胡成举、李汝莉、朱明举3人为副乡长。2002年1月13—15日，召开四届一次人民代表大会，听取和审议乡人民政府工作报告和乡人大主席团工作报告。选举唐典学为乡人大主席团主席。选举柏学德为乡长，莫军、赵克芬、李跃辉、胡成举4人为副乡长。2006年11月17—18日，召开五届一次人民代表大会，听取和审议乡人民政府工作报告和乡人大主席团工作报告。选举沈庆碧为乡人大主席团主席、张德洪为副主席。选举肖俊良为乡长，赵克芬、舒彩和、张兴超3人为副乡长。

教场乡 1990年3月16—18日，召开五届一次人民代表大会，听取和审议乡人民政府工作报告。选举张珍凤为乡人大主席团主席。选举赵音琼为乡长，赵庆瑞、陈国久2人为副乡长。

（二）镇人民代表大会会议

德坞镇 1993年3月8—9日，召开一届一次人民代表大会，听取和审议镇人民政府筹备委员会工作报告和镇人大筹备组工作报告。选举耿继德为镇人大主席团主席。选举刘华伟为镇长，陆秀海、黄锦芳、丁晓宁3人为副镇长。1995年12月26—28日，召开二届一次人民代表大会，听取和审议镇人民政府工作报告和镇人大主席团工作报告。选举陆秀海为镇人大主席团主席。选举孙承敏为镇长，高庭峰、宋以琴、刘开林、丁晓宁4人为副镇长。1999年1月，召开三届一次人民代表大会，听取和审议镇人民政府工作报告和镇人大主席团工作报告。选举陆秀海为镇人大主席团主席。选举陈尚学为镇长，高庭峰、刘开林、宋以琴3人为副镇长。

大湾镇 1990年3月16—18日，召开一届一次人民代表大会，听取和审议筹建组工作报告。选举戴顺隆为镇人大主席团主席、李崇斌为副主席。选举张富科为镇长，马培德、吕永禄2人为副镇长。1992年4月，撤销二塘乡、三合乡，与大湾镇合并重新建立大湾镇，重新设立镇人民代表大会。1993年3月8—10日，召开一届一次人民代表大会，听取和审议镇人民政府筹建委员会工作报告和镇人大主席团筹建组工作报告。选举张富科为镇人大主席团主席、罗珍凤为副主席。选举马培德、邹立宏2人为副镇长。1994年3月4—10日，镇一届二次人民代表会议召开，补选马培德为镇长、张有儒为副镇长。1995年12月19—20日，召开二届一次人民代表大会，听取和审议镇人民政府工作报告和镇人大主席团工作报告。选举钱锡学为镇人大主席团主席。选举谢阳礼为镇长，张有儒、赵忠福、杨万英、张玉平、何枢5人为副镇长。1999年1月19—21日，召开三届一次人民代表大会，听取和审议镇人民政府工作报告和镇人大主席团工作报告。选举李隆文为镇人大主席团主席。选举张怀戬为镇长，张有儒、赵忠福、蒙英、陈伟4人为副镇长。2002年1月11—12日，召开四届一次人民代表大会，听取和审议镇人民政府工作报告和镇人大主席团工作报告。选举张有儒为镇人大主席团主席。选举蒙英、赵德文、徐大庆3人为副镇长。2006年11月17—18日，召开五届一次人民代表大会，听取和审议镇人民政府工作报告和镇人大主席团工作报告。选举梁健为镇人大主席团主席、甘红霞为副主席。选举郭光政为镇长，蒙英、彭勇、赵德文、李晓荣4人为副镇长。

汪家寨镇 1990年3月20—22日，召开一届一次人民代表大会，听取和审议镇人民政府筹建组工作报告和镇人大主席团筹建组工作报告。选举王进为镇人大主席团主席、王志权为副主席。选举马培基为镇长，刘子君、黄银武、李隆启3人为副镇长。1992年4月，撤销纳福乡、汪家寨镇，合并建立汪家寨镇。1993年3月4—6日，召开一届一次人民代表大会，听取和审议镇人民政府筹建委员会工作报告和镇人大主席团筹建组工作报告。选举马培基为镇人大主席团主席、吕吉文为副主席。选举刘子君为镇长，王志权、黄银武2人为副镇长。1995年12月19—21日，召开二届一次人民代表大会，听取和审议镇人民政府工作报告和镇人大主席团工作报告。选举吕吉文为镇人大主席团主席。选举刘子君为镇长，黄银武、饶丹梅、王志权3人为副镇长。1999年1月，召开三届一次人民代表大会，听取和审议镇人民政府工作报告和镇人大主席团工作报告。选举刘子君为镇人大主席团主席。选举黄银武为镇长，卢凤学、王刚义、吴乾伟、王志权4人为副镇长。2002年1月，召开四届一次人民代表大会，听取和审议镇人民政府工作报告和镇人大主席团工作报告。选举陈仁军为镇人大主席团主席。选举方裕谦、尹巍为副镇长。2006年11月，召开五届一次人民代表大会，听取和审议镇人民政府工作报告和镇人大主席团工作报告。选举卢凤学为镇人大主席团主席、王刚义为副主席。选举赵泽为镇长，费家彦、李茂、张平3人为副镇长。

大河镇 1990年3月21—23日，召开一届一次人民代表大会，听取和审议镇筹建组工作报告，选举周书权为镇人大主席团主席、张义黔为副主席。选举陆继斌为镇长，周卫东为副镇长。1992年4月，撤销以德乡，与大河镇合并建立大河镇，成立大河镇人大筹备组，李兴科为组长、张义黔为副组长。1993年3月9—12日，召开一届一次人民代表大会，听取和审议镇人民政府筹备委员会工作报告和镇人大筹备组工作报告。选举李兴科为人大主席团主席、张义黔为副主席。选举陆继斌为镇长，周卫东、李隆启2人为副镇长。1994年8月31日，召开一届二次人民代表会议，选举黄清洋为副镇长。1995年12月25—29日，召开二届一次人民代表大会，听取和审议镇人民政府工作报告和镇人大主席团工作报告。选举张义黔为镇人大主席团主席。选举陆继斌为镇长，周卫东、顾勇、肖俊良、黄清洋4人为副镇长。1996年9月20日，召开二届二次人民代表会议，选举饶富学为副镇长。1999年1月16—18日，召开三届一次人民代表大会，听取和审议镇人民政府工作报告和镇人大主席团工作报告。选举张义黔为镇人大主席团主席。选举刘应明为镇长，顾勇、梁春艳、苏厚辉、阳矿文4人为副镇长。2001年2月13日，召开三届三次人民代表大会，选举徐清为副镇长。2002年1月13—14

日，召开四届一次人民代表大会，听取和审议镇人民政府工作报告和镇人大主席团工作报告。选举张义黔为镇人大主席团主席。选举陈锦祥为镇长，唐宏伟、阳矿文、王世平、朱安英4人为副镇长。2006年11月16—17日，召开五届一次人民代表大会，听取和审议镇人民政府工作报告和镇人大主席团工作报告。选举饶丹梅为镇人大主席团主席、易光勇为副主席。选举唐宏伟为镇长，何华忠、阳矿文、王世平、张剑平、孙昌胜5人为副镇长。

老鹰山镇 1990年3月12—14日，召开一届一次人民代表大会，听取和审议镇筹备工作报告。选举李兴科为镇人大主席团主席、徐仁智为副主席。选举王大钦为镇长，罗昌太、陈胜彬、沈志学3人为副镇长。1992年11月，召开一届二次人民代表会议，补选李先辉为副镇长。1993年3月6—8日，召开二届一次人民代表大会，听取和审议镇人民政府工作报告和镇人大主席团工作报告。选举朱绍伦为镇人民代表大会主席团主席、晏祥学为副主席。选举陈胜彬为镇长，柏学德、徐仁智、李先辉3人为副镇长。1995年12月25—27日，召开三届一次人民代表大会，听取和审议镇人民政府工作报告和镇人大主席团工作报告。选举陈胜彬为镇人大主席团主席、马胜贤为副主席。选举王尔彬为镇长，柏学德、晏祥学、张群芳3人为副镇长。1999年1月，召开四届一次人民代表大会，听取和审议镇人民政府工作报告和镇人大主席团工作报告。选举周金体为镇人大主席团主席。选举周卫东为镇长，周胜、陈素芳、吴坦3人为副镇长。2001年，撤销老鹰山镇和观音山镇，建立老鹰山镇。2001年9月，召开五届一次人民代表大会，听取和审议筹建组工作报告。选举陈林为镇人大主席团主席。选举周卫东为镇长，陈勇、龙家杰、陈敏3人为副镇长。2006年6月，召开六届一次人民代表大会，听取和审议镇人民政府工作报告和镇人大主席团工作报告。选举潘继华为镇人大主席团主席。选举蒋朝明为镇长，吕荣军、吴洪云、何斌、谢红政4人为副镇长。

观音山镇 1990年3月12—14日，召开一届一次人民代表大会，听取和审议镇人民政府筹建组工作报告和镇人大主席团筹建组工作报告。选举蔡云轩为人大主席团主席。选举吴学贤为镇长，张国民为副镇长。1993年3月9—11日，召开二届一次人民代表大会，听取和审议镇人民政府工作报告和镇人大主席团工作报告。选举刘兆仁为人大主席团主席、张国民为副主席。选举吴学贤为镇长，阳智明、郑惠2人为副镇长。1995年12月26—28日，召开三届一次人民代表大会，听取和审议镇人民政府工作报告和人大主席团工作报告。选举黄振祥为人大主席团主席。选举张国民为镇长，赵庆尧、范存碧、李文标3人为副镇长。1999年，召开四届一次人民代表大会，听取镇人民政府工作报告和镇人大主席团工作报告，选举晏祥学为镇人大主席团主席。选举赵庆尧为镇长，赵庆强、李文标、陈敏3人为副镇长。

三、街道人大工作委员会

黄土坡街道 1989年9月，撤销麒麟乡、城关乡、钟山街道办事处、西站街道办事处，成立钟山区黄土坡办事处。钟山区人大常委会在黄土坡办事处设立工作联络组，后改为工作委员会。2003年4月，钟山区黄土坡办事处更名为钟山区黄土坡街道办事处，钟山区人大常委会黄土坡办事处人大工作委员会相应变更为钟山区人大常委会黄土坡街道工作委员会。王景熙、刘怀昌、陈学友3人先后为主任，刘怀昌、赵银远2人先后为副主任。

荷城街道 1989年9月，撤销水城镇，建立钟山区荷城办事处，钟山区人大常委会在荷城办事处设立工作联络组，后改为工作委员会。2003年4月，荷城办事处更名为钟山区荷城街道办事处，钟山区人大常委会荷城办事处人大工作委员会相应变更为钟山区人大常委会荷城街道工作委员会。赵庆云、尹志芬、赵庆尧、柏学德4人先后为主任，朱绍伦、尹志芬、赵庆尧3人先后为副主任。

凤凰街道 1998年12月，撤销凤凰乡，建立钟山区凤凰办事处，钟山区人大常委会在凤凰办事处设立工作委员会。2003年4月，凤凰办事处更名为钟山区凤凰街道办事处，钟山区人大常委会凤凰办事处人大工作委员会相应变更为钟山区人大常委会凤凰街道人大工作委员会。罗昌太、罗绍瑜、敖永红3人先后为主任，陈宗玉、金红星2人先后为副主任。

德坞街道　2000年3月，撤销德坞镇，建立钟山区德坞办事处，钟山区人大常委会在德坞办事处设立工作委员会。2003年4月，德坞办事处更名为钟山区德坞街道办事处，钟山区人大常委会德坞办事处人大工作委员会相应变更为钟山区人大常委会德坞街道工作委员会。陆秀海、陈冬平、王平3人先后为主任，吴晓峰为副主任。

第二章　区人民政府

1988—2008年，钟山区政府历经六届。第一届（1988年7月至1990年4月）政府任期2年。第二届（1990年4月至1993年3月）政府任期3年。第三届至第四届（1993年3月至2003年3月）政府每届任期5年。第五届（2003年3月至2006年12月）政府任期4年。第六届（2006年12月至2012年3月）政府任期5年。1988—2008年，设区长、副区长。区人民代表大会6次选举区长8人，由区人民代表大会选举或由区人大常委会任命的副区长26人。

第一至第六届钟山区区长、副区长名录

表4-2

届别	职　务	姓　名	性别	民族	文化程度	籍　贯	任职时间	附　注
一届	区　长	雷　明	男	汉族	大专	安徽濉溪	1988.7—1990.4	—
	副区长	陈天光	男	汉族	本科	江苏江宁	1990.4—1993.3	—
		惠德赋	男	汉族	大专	贵州水城	1990.4—1993.3	—
		李祖武	男	汉族	中专	四川成都	1988.7—1990.4	—
		傅继中	男	汉族	本科	广东大埔	1990.4—1993.3	—
		姜其忠	男	汉族	中专	贵州印江	1988.7—1990.4	—
二届	区　长	李兰忠	男	汉族	本科	四川简阳	1990.4—1993.3	—
	副区长	陈天光	男	汉族	本科	江苏江宁	1990.4—1993.3	—
		惠德赋	男	汉族	大专	贵州水城	1990.4—1993.3	—
		杨定光	男	汉族	本科	贵州水城	1990.4—1993.3	—
		张仁玉	男	汉族	本科	贵州黔西	1991.4—1993.3	—
		李玉师	男	汉族	本科	安徽蚌埠	1992.7—1993.6	—
三届	区　长	张选进	男	仡佬族	大专	贵州道真	1994.3—1998.3	—
	代理区长	张选进	男	仡佬族	大专	贵州道真	1993.6—1994.3	—

续表4–2

届别	职　务	姓　名	性别	民族	文化程度	籍　贯	任职时间	附　注
三届	副区长	陈天光	男	汉族	本科	江苏江宁	1993.3—1996.8	—
		惠德赋	男	汉族	大专	贵州水城	1993.3—1998.3	—
		傅继中	男	汉族	本科	广东大埔	1993.3—1996.10	—
		杨定光	男	汉族	本科	贵州水城	1993.3—1997.12	—
		刘　丽	女	汉族	本科	山东成武	1993.3—1998.3	—
		马昌和	男	回族	—	—	1995.1—1997.4	挂职
		王永明	男	汉族	—	—	1996.4—1998.3	挂职
		王建光	男	汉族	本科	江西铅山	1996.6—1998.3	—
四届	区　长	博继中	男	汉族	本科	广东大埔	1998.3—1999.9	—
	代理区长	徐光毅	男	汉族	大专	贵州赤水	1999.9—2000.3	—
	区　长	徐光毅	男	汉族	大专	贵州赤水	2000.3—2003.6	—
	副区长	朱绍伦	男	汉族	本科	贵州水城	1998.3—1999.9	—
		刘　丽	女	汉族	本科	山东成武	1998.3—2003.2	—
		王建光	男	汉族	本科	江西铅山	1998.3—2002.6	—
		马　宏	男	汉族	本科	山东单县	1998.3—2003.6	—
		陆继斌	男	彝族	大专	贵州水城	1998.3—2003.6	—
		邓昭华	男	仡佬族	本科	贵州水城	1998.12—2003.6	—
		龙秋芳	男	彝族	本科	贵州盘县	2002.6—2003.6	—
五届	区　长	徐光毅	男	汉族	大专	贵州赤水	2003.6—2004.9	—
		肖才忠	男	汉族	本科	贵州水城	2004.10—2006.5	—
	副区长	马　宏	男	汉族	本科	山东单县	2003.6—2004.11	—
		邓昭华	男	仡佬族	本科	贵州水城	2003.6—2005.11	—
		王尔彬	男	汉族	本科	四川资阳	2003.3—2006.8	—
		孟秀琴	女	汉族	研究生	江苏徐州	2003.6—2005.1	—
		冉　霞	女	苗族	研究生	重　　庆	2005.1—2006.12	—
		陆继斌	男	彝族	大专	贵州水城	2003.6—2006.11	—
		徐东贵	男	汉族	本科	山东临沂	2004.1—2006.7	—
		陈景祥	男	汉族	本科	贵州盘县	2005.5—2006.11	—
六届	区　长	高玉林	男	汉族	本科	辽宁法库	2006.12—	—
	副区长	梁　建	男	汉族	本科	广东大埔	2006.12—	—
		蔡　斌	男	汉族	研究生	贵州盘县	2004.11—	—

续表4-2

届别	职　务	姓　名	性别	民族	文化程度	籍　贯	任职时间	附　注
六届	副区长	肖　一	男	汉族	本科	重庆荣昌	2005.8—	—
		李　明	男	汉族	本科	贵州水城	2005.9—	—
		陆秀薇	女	汉族	本科	贵州水城	2006.12—	—
		方裕谦	男	汉族	研究生	贵州清镇	2006.12—	—

第一节　职能机构

1988年，区人民政府设职能机构43个，经1989年、1992年、1994年、2001年多次机构改革后，至2008年政府工作部门27个，议事协调机构1个，直属事业单位4个，上级垂直管理部门7个。

2008年钟山区政府职能机构一览表

表4-3

政府工作部门	政府办、发改局、经贸局、财政局、人劳局、卫生局、计生局、统计局、建设局、城管局、文广局、教育局、审计局、民政局、交通局、煤炭局、环保局、农业局、水利局、林业局、乡企局、物价局、粮食局、民宗局、科技局、司法局、监察局
议事协调机构	农业办公室
直属事业单位	档案局、安监局、旅游局、供销社
上级垂直管理部门	国税局、地税局、工商分局、国土资源分局、房产分局、质监分局、公安分局
办事机构	国教办、人防办、法制办、重点项目办、接待(外事)办、政务服务中心、后勤服务中心、应急办、拆迁办
派出机构	黄土坡街道办事处、荷城街道办事处、凤凰街道办事处、德坞街道办事处
镇乡人民政府	大河镇人民政府、汪家寨镇人民政府、大湾镇人民政府、老鹰山镇人民政府、月照乡人民政府

一、政府工作部门

政府办（钟山区人民政府办公室）　1988年成立，至1998年，内设秘书一股、秘书二股、综合股、文书股、行政股、法制股，下设事业单位机关事务所。至2008年，内设秘书一股、秘书二股、综合股、文书股、行政股。挂靠（归口）机构11个，即法制办公室、国防教育办公室、人民防空办公室、接待（外事）办公室、应急办公室、重点项目办公室、政务服务中心、信息中心、后勤服务中心、拆迁办公室、凉都森林管理处。

发改局（钟山区发展和改革局、挂招商引资局牌子）　1988年，成立钟山区计划委员会，1993年，与钟山区经济委员会合并成立钟山区计划与经济局，1994年，分设为计划局和经济贸易局。其中，1994年建立钟山区对外经济协作办公室，隶属区经贸局，负责内引外联、招商引资、对外经济技术协作等工作。1996年，成立钟山区招商引资局，和区经济贸易局合署办公。2001年，钟山区计划局变更为钟山区发展计划局。2002年，区招商引资局从区经贸局划出，与区发改局合署办公。2004年，区发展计划局变更为钟山区发展改革局。2008年，内设办公室、国民经济综合股、建设项目管理股、农村经济发展股。

经贸局（钟山区经济贸易局） 1988年，成立钟山区经济委员会，1993年，与计划委员会合并成立钟山区计划与经济局，1994年，计划与经济局分设为计划局和经济贸易局。1998年，内设办公室、工业管理股、经济贸易股、对外经济协作办公室，下设经济技术开发中心，下辖经济开发公司、物资公司、对外经济贸易公司、商贸公司、五交化批发站。2008年，内设办公室、经济运行股、经贸股、技术改造股。

财政局（钟山区财政局） 1988年成立，内设人事秘书股、预算股、行财股、农财股、企财股。1989年增设综合股、农税股、三大检查办公室。1991年，增设国有资产管理股。1995年，增设会计管理所。1996年，设立预算外资金管理局，为区财政局下属副科级二级局，内设征收股、稽查股、计财股。2000年，成立会计核算中心。2001年，撤销会计核算中心，成立会计管理局。2002年，撤销会计管理局，预算外资金管理局，设立会计管理中心。内设机构调整为办公室、综合股、预算股、国资企财股、国库股、农财农税股、财政监督股、政府采购办公室。同时撤销会计管理所、信用资金管理所、财政税收财务三大检查办公室等机构。2004年，撤销区会计管理中心，成立区财政国库支付中心。2005年，单独设置区事业单位登记管理局，为区编委办公室所属的副科级行政机构。核定行政编制5名，其中局长职数1名（副科级）、副局长职数1名（正股级），工作员3名。主要工作职责是，贯彻执行国家关于事业单位登记管理的法律、法规，承担全区事业单位法人资格审查、登记（备案）、公告、年检等工作。

人劳局（钟山区人事劳动和社会保障局） 1988年，区人事局成立，内设秘书科、干部科、工资福利科、编制办公室。是年，区劳动局成立。内设计划调配科、仲裁办公室、工资福利科、劳动保险科、安全监察站。1993年，撤销区人事局和劳动局，合并成立钟山区人事劳动局，内设办公室、计划调配股、工资福利科、安全与仲裁股。1995年，增设社会保险事业管理局。2001年，撤销区人事劳动局、社会保障局，建立区人事劳动和社会保障局，内设办公室、干部股、工资股、技干股、劳动监察办公室、仲裁办公室、人才交流中心、劳动就业管理办公室、劳动保障监察大队，下辖养老中心、失业中心、医疗中心。2004年，劳动就业管理办公室更名为劳动培训就业管理中心。2005年，建立社会工伤保险中心。

卫生局（钟山区卫生局） 1988年成立，内设人秘科、业务科。2008，内设办公室、业务科、财务科。下辖区疾病预防控制中心、卫生监督所、新型农村合作医疗办公室、爱卫办公室。1990年，区妇幼保健站成立。2003年，与区计生宣传技术指导站合并建立区计划生育妇幼保健中心。1992年，区防疫站成立。2000年，撤销防疫站，建立区疾病预防控制中心。2001年，区卫生监督所成立。2008年，区食品药品监督管理局成立。内设办公室、药品股、食品安全股。

计生局（钟山区人口和计划生育局） 1988年，区计划生育委员会成立。1993年，更名为计生局。至1998年12月，内设办公室、宣传法规信访股、统计财务股。下辖区计生指导站、计生协会。2004年，更名为人口和计划生育局。2008年，内设办公室、规划统计股、宣传科技股、政策法规信访股。

建设局（钟山区建设局） 1988年，区城乡建设委员会成立。1993年，与区环境保护局、房改办合并组建区建设局。1994年，区环境保护局从区建设局分出，1996年，撤销房改办，成立区房产事业局，承担住房制度改革工作职能。1998年，区建设局内设办公室、公用事业管理股、城市规划股。下辖建管站、质监站、村镇建设管理站、城管中队、环管站、建筑设计室。2008年，内设办公室、建设规划管理股、城市建设公用事业管理股。

城管局（钟山区城市管理局） 1988年，区环境卫生管理站成立。1990年，区城市管理监察中队成立，隶属于钟山区建设局。1998年，区环境卫生管理站城管分队成立。2001年，钟山经济开发区城市管理局成立。2002年，区城管监察中队变更为区城市管理监察大队。2003年，区城市管理局成立。2005年，与钟山开发区城管局整合重组为钟山经济开发区城市管理局，受区政府和钟山开发区管委会双重领导。2006年，区城管局与钟山经济开发区城管局合署办公，实行两块牌子，一套人马，两局班子实行交叉任职。2006年，区规划执法大队成立，隶属于区城管局。2008年，区河道管理处成立，隶属于钟山区城管局。

文广局（钟山区文体广播电视局） 1988年，区文化广播电视局成立。内设办公室、群文股、广电股。下辖文管站。1991年，增设文化稽查队和文化馆（挂牌）。1993年，区文广局与区体育运动委员会合并，建立区文体广播电视局。1994年，体育局分出另设，区文广局恢复为区文化广播电视局。2002年，与区体育局合并为区文体广播电视局。2004年，加挂钟山区新闻出版局（版权局）牌子。至2008年，内设办公室、业务股。

教育局（钟山区教育局） 1988年，区教育委员会成立，1993年，与区科学技术委员会合并组建区教育科技局。1994年，撤销区教育科技局，分设为区教育局和区科学技术局。1998年，区教育局内设办公室、人事股、财务股、教育股。2008年，内设办公室、人事股、计财股、基础教育股、离退休干部股。下设纪检监察室、教育督导办公室。

审计局（钟山区审计局） 1988年成立。内设综合科、行政事业企业审计科、财政金融基建审计科。1993年，内设办公室、行政事业审计股、财金基建审计股。1998年，内设办公室、行政事业审计股、财务金融基建审计股。2002年，内设办公室、行政事业企业审计股、财政金融审计股、固定资产投资审计股。2008年，内设办公室、行政事业企业审计股、财政金融审计股、固定资产投资审计股、干部任期经济责任审计股。

民政局（钟山区民政局） 1988年成立。内设社会救济股、民政事务股、优抚安置股。1998年，内设办公室、社会救济股、优抚安置股、基层政权建设股、婚姻登记股。2008年，内设办公室、优抚安置股、救灾救救股、基层建设和社区建设股、社区福利和社会事务股、民间组织管理股（局）（老龄办）。

交通局（钟山区交通局） 1988年，区公路运输管理所成立。1989年，区交通局成立。1998年，内设办公室、业务股。下辖区公路运输管理所、公路路政管理中队、公路养护工区。2008年，内设办公室、业务股。下辖区运管所、公路管理所、地方海事处。

煤炭局（钟山区煤炭局） 1988年，区煤炭工业公司成立。内设办公室、财务科、业务科、安全生产科。1989年撤销，建立区煤炭工业局。1998年，内设办公室、生产安全股，下辖区煤炭工业公司、矿山机电设备公司、资原开发公司、钟山一矿。2008年，内设办公室、生产安全股、财务股。

环保局（钟山区环境保护局） 1989年成立。1993年与区城乡建设委员会合并组建区建设局。1994年，区环境保护局从区建设局分出。2008年，内设办公室，下辖环境监理站、环境监测站。

农业局（钟山区农业局） 1990年成立。1993年，区农业技术开发服务中心成立，与区农业局并存。1998年，内设办公室。下辖植保植检站、农村经济管理站、农业技术推广站、种子管理站、经济作物推广站、土肥站。2001年，新组建农业局。撤销农业技术开发服务中心、畜牧蔬菜水产技术开发服务中心（畜牧蔬菜水产局）、农业机械技术开发服务中心（农业机械局）、农业区划办公室，其行政职能并入农业局；组建农业机械服务中心，为正科级事业单位，隶属区农业局。2008年，内设综合股、业务股。1988年，区农业区划办公室成立。1993年，更名为国土资源规划中心，隶属国土资源管理局。1995年撤销，恢复设置区农业区划办公室。2001年，并入农业局。1990年，区畜牧局成立。1993年，更名为畜牧技术开发中心。1994年，与畜牧蔬菜水产局并存。1998年，内设办公室。下辖品改站、草地饲料站、兽医防治检疫站、蔬菜站、水产站、畜禽良种繁育场。2001年，并入农业局。1991年，区扶贫开发办公室成立。2001年，归口区农业办公室管理。1992年，中央农业广播电视学校钟山区分校成立。2002年，更名为贵州省农业广播电视学校六盘水市钟山区分校。

水利局（钟山区水利局）　1990年成立，内设办公室。下辖水利水电站、水资源管理站、水土保持监督站、防汛办。1993年，变更为区水利电力技术开发服务中心，隶属区农业局。2001年，重新组建区水利局。内设办公室，下辖水利水电站、水资源管理站、水土保持监督站、防汛办和10个镇、乡、办事处水利水保站。2008年，未设内设机构。下辖水利水电站、水资源管理站、水土保持监督站、防汛办和9个镇、乡、办事处水利水保站。

乡企局（钟山区乡镇企业局）　1989年成立。1998年，内设办公室、计财股、安全环保股。下辖乡镇企业技术推广站、乡镇企业管理站、乡镇企业总公司、乡镇企业公司。2008年，内设办公室、业务股。

物价局（钟山区物价局）　1988成立，下辖物价检查所。1993年撤销，与区工商行政管理局、技术监督局合并为区工商行政管理局，内设价格管理科、物价检查所。1994年，增设区物价检查所。1996年，重新成立。2008年，内设办公室、价格管理股、价格监督检查股（物价检查所）。

民宗局（钟山区民族宗教事务局）　1988年，区民族事务委员会成立。1993年与区委统战部宗教办合并成立区民族与宗教事务局。1998年，内设办公室、业务股。2001年，更名为区民族宗教事务局。2003年，增设区民族古籍整理办公室。2005年，增设区宗教场所管理中心。2007年，增设区民族宗教事务局办公室。2008年，内设办公室。

科技局（钟山区科学技术局）　1988年，区科学技术委员会成立。1991年，区科学技术协会成立，与区科学技术委员会合署办公。1992年，区科委内设业务科、情报室。1993年，区教育委员会合并建立区教育与科技局。1994年分出成立。

粮食局（钟山区粮食局）　1989年成立。1993年撤销建立区粮食总公司，其职能并入区计划与经济局。1994年重新成立。1998年，未内设股室。下辖区粮食储备中心、粮油结算中心、收储公司、粮贸公司、储备库和荷城、老鹰山、大湾、汪家寨粮管所。2008年，内设办公室、财务计划股、业务股。

司法局（钟山区司法局）　1988年成立，内设办公室、政工股、法制宣传教育股、律师公证管理股、基层工作股、法律援助工作股。1998年，内设办公室、法制宣传股、人民调解股、公证处。下辖镇、乡、街道办事处司法所。2008年，内设政工科、依法治理办公室（法制宣传股）、基层工作股、律师公证工作股、法律援助工作管理股（法律援助中心）、办公室（计财装备股）。

监察局（钟山区监察局）　1988年成立，下设监察科、案件审理科、信访科3个职能科室。1992年，与区纪委合署办公。

二、议事协调机构

农办（钟山区农业办公室）　1988年，区农村经济委员会成立。1994年，更名为区农村工作委员会。2001年，更名为区农业办公室。2002年，内设办公室、科教信息股、农业工程股。下辖扶贫开发办公室、中央农村广播电视学校。

三、政府直属事业单位

安监局（钟山区安全生产监督管理局）　1988年，区安全生产委员会成立，办公室设在区劳动局。内设安全生产监察站。1993年，区安全生产委员会办公室改设在区人事劳动局，内设安全生产监察站。2000年，改设在区经济贸易局，内设区安全生产监察站。2003年，区安全生产监督管理局成立。内设办公室、政策法规股、安全生产监督管理股。下辖老鹰山镇、汪家寨镇、大湾镇安全生产监督管理站。2005年，重新组建大湾镇、汪家寨镇、大河镇、老鹰山镇、德坞镇安全生产监督管理站。2008年，内设办公室、政策法规股、安全生产监督管理股。

档案局（钟山区档案局） 1990年，区档案馆成立，隶属区人民政府办公室。1994年，区档案局成立，区档案馆归口区档案局管理。1998年，内设办公室、业务股、档案管理股。2008年，内设办公室、业务股、档案管理股。下辖区现行文件阅览中心。

旅游局（钟山区旅游局） 2002年，区旅游事业局成立。

供销社（钟山区供销社） 1988年成立，内设办公室、财务股、统计股、业务股、人秘股和转运股。1996年，内设办公室、综合股、计财股、业务股。

四、上级垂直管理部门

税务局（钟山区税务局） 1988年成立。内设人秘股、计会股、监察股、征收管理股、征收股、稽查队。1989年，撤销人秘股，改设秘书股、人事股，增设发票管理所。下辖川心税务所、钟山税务所、水钢税务所、大湾税务所、汪家寨税务所、老鹰山税务所、观音山税务所。1994年，分设为钟山区国家税务局和钟山区地方税务局。后分别更名为六盘水市国家税务局钟山分局和六盘水市地方税务局钟山分局。

工商分局（六盘水市工商局钟山分局） 1988年，区工商行政管理局成立，内设办公室、人事教育科、财务科、市场科、个体科、企业科、合同商标广告科。下辖城关工商所、场坝工商所、水钢工商所、水西工商所、钟山工商所、大湾工商所、老鹰山工商所、观音山工商所、裕民工商所、汪家寨工商所。1993年撤销，与区物价局和技术监督局合并设立钟山区工商行政管理局。设有股室9个、直属机构7个、工商所11个、挂靠单位1个。1994年，区工商行政管理局改为六盘水市工商行政管理局钟山分局。1997年，更名为六盘水市钟山区工商行政管理局。1999年，更名为六盘水市工商行政管理局钟山分局。

国土分局（六盘水市国土局钟山国土分局） 1988年，区土地管理局成立。无内设机构。1993年，与矿产资源管理办公室、农业区划办公室合并建立钟山区国土资源管理局。内设办公室、土地管理股、法规股、地籍股、土地事务所、矿产监察股。1994年，矿产资源管理职能划出，成立钟山区国土资源管理局。内设办公室、地籍科、法规监察科。在各乡、镇、办事处分别设置土地管理所。1996年，区矿产资源管理局内设矿管站，下辖凤凰乡、汪家寨镇、大河镇、老鹰山镇4个矿管站。1997年，区矿产资源管理局更名为钟山区地质矿产局。2002年，区国土资源管理局与地质矿产局合并为区国土资源管理局。内设办公室、用地管理股、地籍管理股、地质矿产资源环境管理股、政策法规股。下辖区国土资源执法监察大队、土地开发整理收购储备中心、土地勘测所、土地事务所、矿管站。2004年，更名为六盘水市国土资源局钟山分局。

房产分局（六盘水市房产局钟山分局） 1990年，区房屋所有权登记发证办公室成立。1994年，区房地产交易所成立。1996年，区房产管理局成立。1998年，内设办公室、房产管理股、技术业务管理股。下辖房产管理所。2003年，更名为六盘水市房产管理局钟山分局。

质监分局（六盘水市质监局钟山质监分局） 1989年，区标准计量局成立。1992年更名为区技术监督管理局。1993年撤销，其行政职能划入区工商行政管理局。1994年，从区工商行政管理局划出成立。2000年，更名为六盘水市质量技术监督局钟山分局。

公安分局（六盘水市公安局钟山分局） 1988年，六盘水市公安局钟山区分局成立。内设办公室、政治处、纪检组、政保科、内保科、治安科、刑侦科、预审科、消防科、治安队、交警队、看守所、行政拘留所、收容审查站，下辖钟山、川心、荷城、场坝、巴西、观音山、老鹰山、小河、金竹林、煤厂、汪家寨、纳福、大湾13个派出所。

2000年，六盘水市公安局钟山区分局更名为六盘水市公安局钟山分局，为六盘水市公安局的派出机构。内设办公室、政治处、纪委、警务督察队、行政科、禁毒科、出入境管理科、户政科、国保大队、经侦大队、治安大队、刑侦大队12个机构，下辖钟山、川心、荷城、场坝、巴西、观音山、老鹰山、小河、金竹林、煤厂、汪家寨、纳福、大湾、开化、德坞、东风16个派出所。水城矿务局公安处改为六盘水市公安局红岩分局。下辖双营、大兴、红岭、红旗、山鹰、城西、红岩、红卫8个派出所。水城钢铁公司公安处改为六盘水市公安局巴西分局。下辖堰塘、工农路、笔架山3个派出所。

2004年，撤销原市中心城区的钟山、红岩、巴西3个分局和钟山、川心、场坝、荷城、朝阳、德坞、巴西、金竹林、老鹰山、小河、观音山、煤厂、汪家寨、纳福、大湾、开化、东风、堰塘、工农路、笔架山、双营、大兴、红岭、红旗、山鹰、城西、红岩、红卫28个派出所建制，组建黄土坡、红岩、朝阳、荷城、巴西、大湾、汪家寨、老鹰山8个警察署。2007年，更名为六盘水市公安局钟山分局。

第二节　职能转变

一、政务公开

2000年，区政务公开领导小组成立。按照公开、透明、诚信、便民、服务原则，在全区推行政务公开工作。2001年后，全区围绕加强民主政治建设和依法行政，以公正、便民、廉政、勤政为基本要求，加强监督检查力度，规范公开程序，提高公开质量，推动政务公开逐步走向规范化、常规化。除法律法规规定必须保密的事项外，将所行使的管理经济社会事务的职能、向社会公开，并接受群众监督。

2004年8月，成立区政务服务中心，统一、集中办理行政许可事项，区民政局、卫监所、计生局、发改局、农业局、林业局、水利局、安监局、建设局、环保局、卫生局、文广局、经贸局等13个单位进驻中心服务大厅实行窗口服务，设综合服务窗口1个，负责为群众提供向具有行政审批职能但未进驻中心的单位咨询的业务。在区工商分局、国税分局、地税分局、区城管局、运管所、公安分局、人事劳动和社会保障局、钟山消防大队8个单位设立分中心。

2005年5月，成立区人民政府信息中心，负责全区网络电子政务工程建设及电视电话会议系统管理、运行和维护工作，指导帮助全区办公自动化的建设。为政务网站开展网上政务公开提供服务，接受公民、法人或其他组织的电子政务咨询投诉。

二、行政许可

2001—2002年，钟山区组织清理规范性文件和行政审批项目，公布第一批规范性文件清理结果。共清理中华人民共和国成立以来地方性法规、政府规章和其他政策措施41件，其中涉及贸易3件，继续执行的30件中，修改4件，决定废止7件。2003年，成立钟山区行政许可清理工作领导小组，制定下发《钟山区行政审批制席改革工作实施方案》。2004年，制定下发《钟山区人民政府关于贯彻实施行政许可法深化行政审批制度改革意见》，依法对行政许可事项和行政许可实施机关进行全面清理。全区行政许可事项100项，其中保留许可事项89项，取消8项，按国务院和贵州省政府要求清理办理3项。

三、行政执法监督

1989年，钟山区人民政府办公室法制股成立。2002年，更名为法制办。2004年，更名为钟山区人民政府法制办公室。负责全区法制和行政复议工作。具体负责规范性文件及重大具体行政行为的备案、审查工作。至2008年，审查全区规范性文件63件，严格审查执法人员执法资格，组织发放各类宣传资料15万余份，接受群众法律咨询2500余人次，悬挂标语横幅160余幅，对全区各行政执法机关执法人员进行《行政复议法》《行政诉讼法》《行政处罚法》《国家赔偿法》等知识培训56次，深入各部门培训相关法律法规83次。受理行政复议53件，代理行政应诉案件15件。

第三节　施政要略

深化城乡经济体制改革　1988年，区人民政府不断深化城乡经济体制改革，以改革总揽全局，推动建区筹备工作和其他经济工作。县区分设后，钟山区积极与市县理顺各种关系，如行政建制、地界划分、核定划分收支基数、人事调动等工作，按“精简、效能、统一”的原则，设置政府各职能机构27个，加上后来市政府批的6个，共33个部门；不设区公所一级派驻机构，减少机构和管理层次，提高工作效率。加快农村改革，重点完善家庭经营承包责任制。首先在教场乡试点，然后逐步推开。到1989年1月中旬，完成以德、二塘、三合、月照、德坞、凤凰6个乡的农村深化改革工作，占全区乡总数的54%。经过深化农村改革，使农户增强土地公有观念，强化土地管理的各项规章制度，制定乡、村经济发展轮廓设想，调动农民生产积极性，促进农村经济发展。

农业生产　1990年，为完成全年农业生产任务，区人民政府决定，区机关各部门密切配合，包乡扶贫，提供生产资料，传播农业技术，齐抓共管，调动农民生产的积极性，形成各级党政重视农业，各行各业支持农业的局面。同时，大力推广农业适用技术，开展科学实验，引进良种良法，继续实施“温饱工程”和“菜篮子工程”。在全区大力推广贵农10号小麦种植，提高夏粮产量在全年粮食产量中的比重，实施“温饱工程”13675亩，增加高产示范工程4794.5亩，粮食获得丰收，受到省、市表彰，钟山区被评为全省粮食生产先进县（区）。在实施“菜篮子工程”中，以抓基地建设为突破口，在人力、物力、资金、技术上向基地倾斜，组织科技人员分赴半细毛羊、商品猪、商品果树、新增蔬菜基地及配套工程基地，引进良种，传授技术，指导生产，加强基地建设，提高工程产量。在实施“温饱工程”和“菜篮子工程”过程中，区和各办、镇、乡分别成立工程指挥部和承包领导小组，全区15个办事处、镇、乡77个村的16555户、82538人投入生产实践。推行农技人员和乡村干部双向承包责任制，全区领导干部115人，技术干部23人，农民技术员50人参加承包，加强两项工程的实施。农业、科技等部门组织各种培训177期，培训人员13000人次。同时，积极组织种子、农药、化肥、农膜、农用器具、农用柴油等物资供应，搞好产前、产中、产后的服务工作，基本保证农业生产的需要。重视绿化造林工作，制定十年绿化钟山的规划，并与各办、镇、乡签订责任状，将全区10万亩的宜林面积按10年规划层层落实，促进全区生态建设。大力实施山、水、田、土、林、路综合治理，狠抓农田水利基本建设。

工业生产　1988—1989年，为充分发挥钟山区煤炭资源优势，保护和合理开发资源，区人民政府在调查研究基础上，结合省、市精神，制定钟山区煤炭生产管理暂行办法，建立煤炭生产、供应、销售、运输、安全统一的管理制度；建立公安检查站，明确各级政府和有关部门的责、权、利，促进安全工作，增加地方财政税费的收取。与大企业、矿产主管部门实地踏勘，开展矿产资源划界工作，确立以建设骨干矿井为主，发展全区煤炭生产的方针。采取引资、集资和维简费、经济补贴返还增加骨干煤井投入，建成年产6万吨原煤的安乐煤矿，一批骨干煤井的安全条件得到进一步完善，使其恢复和扩大生产，增强地方煤炭工业发展后劲。1990—1992年，区人民政府大力加强煤炭工业建设，采取有力措施把煤炭工业发展为全区支柱产业。对乡镇煤矿（窑）进行治理，加强管理，使之健康发展。3年中，对全区不符合安全生产操作规程的煤矿（窑）进行清理，查封并责令其限期改善。加速新建和改造骨干矿井，增强原煤生产能力。3年中，投资1360万元，将年产3万吨的安乐煤矿进行技术改造建成年产15万吨的钟山一矿，投资240万元，新建年产6万吨的钟山四矿，投资62万元，筹建年产3万吨的钟山六矿。大力发展煤炭系列加工工业，使原煤就地增值。与港商合作投资500万元，新建原煤年入洗能力15万吨、年生产改良焦能力5万吨的虹桥炼焦厂，与美商合作投资450万元，新建年入洗能力21万吨的钟宝洗煤厂，投资1960万元，新建一批乡镇洗选厂和炼焦厂。

改善投资环境　1990—1992年，区人民政府为加快经济发展速度，采取有力措施，切实改善投资环境，积极引进项目，促进经济联合，加快经济建设步伐。一是加强交通管理，改善交通状况，提高客货运输能力；二是编印钟山区区情简介，加强对外宣传；三是出台钟山区鼓励投资的优惠政策；四是推出一批新项目，加强外引内联；五是建立乡镇企业发展基金，每年拨款25万元以上作为新项目的前期费用；六是成立新项目审批机构，简化审批手续，提供优质服务。3年中，全区洽谈引进独资、合资、合作、联营等大、中型项目20余个，总投资近9000万元，其中外来资金近7000万元。新项目的迅速发展大大增强钟山区经济活力。

乡镇企业（非公有制经济）　1992年，全区乡镇企业在1989年的基础上，企业户数由3783家发展到5448家，职工人数由14871人增加到19460人，总产值由7227万元增加到14328万元，形成固定资产5013万元。1990—1992年，共向国家提供税金1981万元。1992年9月，乡镇企业总产值在贵州全省87个县（区）中排名第12名，农业人口平均产值排名第7名。乡镇企业也有较快的发展，成为钟山区经济的支柱产业。乡镇企业（非公有制经济）提供的税收约占全区财政收入的70%。为改善生产经营环境，加快发展非公有制经济，区人民政府采取一系列措施，保障非公有制经济的健康、快速发展。一是继续贯彻落实党和国家关于非公有制经济发展的一系列方针政策，为非公有制经济的发展创造一个宽松的政策环境和生产经营环境。二是把非公有制经济的发展纳入宏观调控的日程，落实工作责任目标，建立与重点非公有制企业联系制度，协调解决生产经营中的困难和问题。三是引导非公有制经济向小城镇、向第一和第三产业拓展，扶持以本地资源和农副产品为原料的加工企业，鼓励私营企业收购、兼并、托管、租赁、承包、参股国有企业和乡镇企业，鼓励兴办以吸纳下岗职工为主的新型劳动密集型企业。

西部大开发实施以后，钟山区抓住铁路“三线一站”和各项基础设施在本区集中建设的大好机遇，加快发展第三产业。一是重点发展批发零售、餐饮、交通运输、文化娱乐、旅游等行业，二是引导加快发展社区服务、房地产、体育、非义务教育、医疗保健、社会中介、信息咨询等新兴行业，三是在中心城区新建一批专业批发零售市场和包括货场在内的仓储市场、停车场等，同时建设一批小城镇市场，为第三产业的发展创造条件。

2000年，为进一步为非公有制经济发展创造宽松环境，钟山区又制定一些特殊优惠政策，鼓励发展非公有制经济。一是加快制定有关政策措施，结合机构改革，鼓励机关职工和事业单位干部领办或创办个体私营企业，引导国有企业下岗分流人员到个体私营企业中就业，逐步改善个体私营企业人才结构，提高非公有制经济从业人员素质。二是继续坚持“五鼓励”：鼓励非公有制经济的投资人租赁、承包、兼并和购买国有企业和集体企业；鼓励租赁、承包、购买土地使用权，成片开发农业资源；鼓励投资兴建水、电、交通等基础设施；鼓励兴办经济小区、从事区域性开发；鼓励从事招商引资，兑现奖励政策。三是建立中小型企业信用担保和再担保体系，重点解决贷款难、融资难、担保难的问题。四是成立“非公有制经济投诉中心”，坚决制止“三乱”，规范对非公有制经济的管理与协调，监督政府各部门的执法、执纪行为。2004年后，继续加大支持力度，放手发展非公有制经济，坚持“放手发展，积极支持，合理引导，规范经营”的指导思想，实行市场准入平等、税费平等、融资平等，为非公有制经济发展创造公平竞争的发展环境，鼓励和引导非公有制经济健康发展。努力实现“七个转变”：即从传统观念向与时俱进的创新观念转变；从家族式经营向现代企业制度转变；从粗放、分散的低水平重复生产向规模化、集约化、专业化生产转变；从劳动密集型产业向技术密集型和劳动密集型产业相结合转变；从经营不够规范向遵守市场秩序的规范经营转变；从产品经营向品牌经营，进而向资本运营转变；政府由侧重监管向主动服务、积极引导转变。突出做好“四项工作”，一是抓骨干企业，扶持具备条件的非公有制企业做强做大，鼓励规模大、辐射带动能力强的非公有制骨干企业通过资本纽带实行联合，使企业发展从量的扩张向质的提高转变，二是抓特色经济，突出区域优势，发展非公有制企业群体，逐步创造条件促进中小非公有制企业上规模、上档次、上水平，三是抓改制改组，促进非公有制企业建立现代企业制度，鼓励他们参与国有和集体企业的改制、改组和改造，参与国有经济的战略性调整，四是抓技术创新，引导非公有制企业在提高经济效益的基础上，增加积累和科技投入，加强与有实力的科研单位和高等院校的合作，加快科技进步，尽快改变装备比较差、工艺比较落后、产品档次比较低的现状。

产业结构调整　国民经济第九个五年计划期间，钟山区根据国家加大环境保护和生态建设工作力度的相关政策和措施，以及铁路“三线一站”建设、国家启动西部大开发战略，钟山区紧紧抓住被确定为全省首批20个建设经济强县（区）的历史机遇，以项目为载体，积极调整产业结构。工业上，以“巩固煤炭、改造铅锌”为重点，在坚决贯彻执行国家“关、停、压”的同时，努力理顺煤炭营销管理，积极扶持骨干矿井建设和技术改造，引进和推广先进的铅锌冶炼炉型和工艺。农业上，围绕压劣扩优，农民增收，编制《钟山区2000—2005年农业结构调整规划纲要》《钟山区实施西部大开发战略农业总体规划草案》，从种植、养殖、农产品加工、生态建设、农业观光等方面确定十大发展项目。5年来，先后投资建设老鹰山农贸市场、汪家寨农贸市场等一批大棚农贸集市，到2000年年底，全区个体、私营业主已发展到8113户。充分利用建设经济强县（区）的各项优惠政策，先后推出3批69个“建强”项目，协议资金6.04亿元，建设经济强县（区）工作稳步推进。2004年，继续加快结构调整步伐，加大煤炭骨干矿井技改力度，大力推进煤矿质量标准化建设，在钟山一矿等重点矿井推行煤矿生产新技术，强化瓦斯抽放管理，发展煤炭深加工，延长产业链。加大煤焦税费征收管理力度，征收煤焦税费5389万元，净增1000万元。加强建材、冶金等非煤产业的引导、扶持和服务，促进其做大做强。加快月照工业园区规划和建设，编制完成园区总体规划并通过初审，引进5个工业项目进驻园区。严格执行国家产业政策和环保“三同时”制度，取缔违法粗锌冶炼厂66家，取缔“十五小”和“新五小”企业59家。认真落实扶持非公有制经济发展的优惠政策，积极为非公有制经济搞好协调服务，保持非公有制经济健康发展。启动第二轮经济强区建设，编制完成《钟山区2004—2010年建设经济强区规划》。编制经济普查方案，按期完成普查工作。

凤凰新区开发建设　2001年，区人民政府决定对凤凰新区进行开发建设。按照统一征用、统一规划、统一开发、统一管理、统一出让“五统一”原则，实行以地换路，以路引资的开发方式，切实搞好融资工作，引进企业投资，鼓励机关职工、私营业主、个体工商户、农民等到新区购买土地建房。吸纳社会闲散资金参与新区基础设施建设，滚动式进行开发。进一步加大宣传力度，扩大新区知名度。搞好拆迁工作，认真、妥善安置被拆迁农户的生产和生活。启动并完成大营小区、松坪小区和凤凰大道、水西路、川心南路、碧云路、龙井路等道路网络建设。实施行政办公区建设，加快房地产业建设，规范物业管理。积极与电力、电信、供水、燃气等部门联系，吸收这些部门资金投入，加快供水、供电、供气、通信、排污、垃圾处理、绿化等市政和公用设施建设，不断完善新兴城区城市功能，充分发挥城市龙头带动作用，拉动区域经济增长，真正将新区建设成为钟山区政治、经济、文化中心。2004年，完成行政办公区的搬迁。

创建文明卫生城市 2004年开始，六盘水市委、市政府为理顺城市管理体制，将钟山开发区交由钟山区托管，“三角区”（七十三片区）划归钟山区管理，德坞新区纳入钟山开发区开发范围，市中心城区城市管理体制基本理顺。区人民政府按照“拉大框架、提升品位、特色鲜明、环境优美、协调发展”的建管原则，坚持“新区开发、旧城改造、小城镇发展、新农村建设”四轮驱动战略，加快城市新区和城市基础设施建设，不断完善城市功能。加快城市路网建设，配合做好绕城环线、毕水兴高速公路、乌蒙大道等道路建设，完善城市道路，构筑“上下对接、纵横交织”的路网体系，促进城市东西延伸和南北拓展。采取市场化运作、开发式安置等综合措施，加快旧城改造，推进城中村改造。城市管理坚持加强综合执法，扎实开展“整脏治乱”，开展“两违”治理，抓好环卫保洁，规范垃圾管理；坚持加强市政、园林、绿化等公共设施建设和管理，提高市容环境质量。以“一条河（水城河）、四周山（城区周边山体）、五大园（凤池园、凉都森林公园、儿童乐园、动物园、白鹤公园）”为重点，加强生态建设，开展水城河治理工程，积极保护城区周边山体，认真实施好环城绿化带工程，加大凉都森林公园、儿童乐园、动物园、白鹤公园“四大园”开发建设力度。大力实施退耕还林、封山育林、荒山造林工程，森林覆盖率逐步提高。深入开展全国文明卫生城市创建活动，树立凉都新形象，城市环境卫生面貌大为改观，被省政府评为“黄果树杯竞赛活动”城市组第三名。

第四节　其他工作

一、档案

（一）收藏、接收

收藏 钟山区档案馆档案全部为中华人民共和国成立后的档案，馆藏档案全宗68个，分为建区前档案和建区后档案。建区前的档案共有521卷，绝大部分为文书档案，其中科技档案共15卷。馆藏档案为灯塔公社（现荷城街道办事处）土地改革时期部分档案、“大跃进”时期工农业生产状况及部分地契、房契、党员花名册等档案，德坞公社（现德坞街道办事处）土地档案，艺奇乡（现汪家寨镇）、白腻公社（现老鹰山镇）反映当时社会生活及历史发展状况的档案资料。钟山区成立后，档案是区档案馆馆藏档案的主体部分，共有23139卷（件），包括文书档案、科技档案、专业档案、声像档案和印章档案。这些大部分是钟山区党政机关、乡镇及其他机构在各项工作中形成的档案，记录钟山区建区以来政治、经济、教育、文化、基础建设等方面内容。专业档案共有18542卷（盒、件），内容包括诉讼、会计、第二轮土地延期承包、清理违法占地违章建筑、计划生育、涉毒、税费改革、市中心城区拆迁等。声像档案共有馆藏照片1700张，大多为全区各级党政机关、企事业等单位在各种活动中形成的具有保存价值的照片。馆藏资料共有460册，主要有《马克思恩格斯选集》《毛泽东选集》《江泽民文选》《中国共产党贵州省六盘水市组织史资料》《中国共产党贵州省六盘水市钟山区组织史资料》《钟山文史》《钟山十年》《钟山政协二十年》以及反映钟山区人大、政协会议的“两会”会刊等。

接收 1998年，区档案馆开始接收机构改革单位和其他单位保存期满10年的永久卷、长期卷档案。此后，每年制定接收计划、接收名册，下发接收档案进馆的文件，按计划接收全区各行政机关、企事业单位、镇乡（办事处）及其他机构形成的到期档案。至2008年，共接收档案23645卷（盒、件）。此外，区档案馆每年对有保存价值的档案资料进行征集，共征集到各种图书、文献资料460册，照片1700张。各单位文字资料800件，内容涉及政治、经济、文化、工农业、安全监察等。区档案馆还抢救、整理出原城关镇档案386卷，重新整理“两违”档案2013卷。

（二）管理与利用

1. 管理

重点建设项目档案管理　2004—2008年，区档案局加强全区重点建设项目档案登记管理。先后对区龙井路立交桥、野马寨电厂、钟山区疾病控制中心业务办公楼、钟山区法院审判庭、区会展中心、凤凰新区八一路改建工程、区政府办公楼二号楼、钟山区第五中学教学综合楼、老鹰山中学“农村寄宿制学校建设工程”、钟山区一中、钟山区实验二小工程项目、老鹰山煤电一体化项目、大湾镇顶拉煤矿三采技改工程资料进行登记，同时，指导凤凰新区水西南路延伸段、龙井路、青锋路、凤凰大道道路工程资料的立卷归档工作。对钟山区大湾镇、大河镇、汪家寨镇的“农村寄宿制学校”工程项目档案资料进行验收。监督指导钟山区一中、钟山区实验二小工程资料的立卷归档工作。

乡镇办档案管理　2008年，钟山区9个乡镇办全部建立档案室，安装有防盗、防虫、防水等设施。档案室达到贵州省乡镇档案工作目标管理一级标准的有2个，二级6个，三级1个。1998年，区档案局对各镇、乡、办事处的第二轮土地延期承包档案工作进行检查、指导、验收，接收各镇、办事处、乡土地延期承包档案889卷。至2008年，全区乡镇档案共3000卷，涉及文书档案、照片档案、会计档案、实物档案等。

农业农村档案管理　1999年，启动村级建档工作，全区67个行政村明确兼职档案工作人员，有80%的人员参加过档案业务培训。区档案局重点对村（居）委会选举档案工作、村务公开档案工作、民主决策、民主管理工作进行业务指导。至2008年，全区53个行政村（居）有48个建档，村级建档率达90%。2001—2008年，重点收集退耕还林还草、农村税费改革、林权制度改革、新型农村合作医疗等资料归档。

社区档案管理　自2005年起，开展社区建档工作。至2008年年末，全区50个社区，已建档41个，建档率达80%。

企业档案管理　自2005年起，开展非公有制企业建档工作，在六盘水市东泰矿业有限公司、六盘水市中心区机械化屠宰厂等建立文书档案、会计档案、照片档案、基建档案、生产技术档案、实物档案、设备档案等7个门类的档案163卷（册）。2007年，对国有企业改制的档案进行管理，将原钟山一矿和粮食系统所属8个企业改制后的档案资料进行立卷归档。

2. 利用

1998—2008年，区档案馆每年对年满30年的馆藏档案进行鉴定、划控、开放，共鉴定馆藏档案428卷［其中灯塔公社、城关镇（现荷城街道办事处）档案386卷，德坞镇21卷，白腻乡10卷，艺奇乡11卷］，划控档案1卷。除划控档案外，所有的鉴定到期档案编制目录全部对社会开放，发布开放公告，向社会和人民群众提供查询利用。1998年，区档案馆开始接收全区各单位满10年的到期档案后，随之开始向社会提供查询利用档案资料服务。档案馆和区现行文件阅览中心共接待查询利用者1200人次，提供档案和现行文件资料8200卷次，函电代查代抄20人次。向社会提供了大量有关钟山区内土地纠纷、工资改革、经济建设、民事、刑事案件、编史修志、征地拆迁等的档案信息资源。1999—2008年，区档案馆利用馆藏档案编制《钟山区档案馆指南》《土地征用史料汇编》《机构设置史料汇编》《档案利用效果汇编》等档案史料。区政协利用档案资料编写《钟山文史》《钟山十年》《钟山政协二十年》。区委组织部利用档案编写《中国共产党贵州省六盘水市钟山区组织史资料汇编》。2008年，钟山区开始编纂《钟山区志》，全区各相关单位到区档案馆查询利用档案，编写《钟山区志》资料长篇，区档案馆共为58个单位提供5100卷次原始档案资料的查询服务。1999年，钟山区青少年爱国主义教育基地在区档案馆建立，基地保存有展板132块。共接待参观学习人员10000余人次。

（三）宣传培训和执法检查

宣传　区档案局通过召开座谈会、上街设点开展宣传咨询服务、宣传车巡回宣传、挂横幅布标、张贴宣传标语、办黑板报、橱窗宣传等方式，大力宣传档案法律法规知识。1996—2008年，主要开展开展《中华人民共和国档案法》宣传日活动。接待群众咨询1000余人次，散发宣传资料1600余份。

培训　1993年，首次培训档案工作人员61人。1993—2008年，共对全区各镇、乡、办事处，区直工作部门，企事业单位档案工作人员350余人进行档案业务培训。

执法检查　1994—2008年，区档案局配合区人大常委执法检查组对全区乡、镇、办事处和机关工作部门《中华人民共和国档案法》执法情况进行执法检查，重点检查档案工作管理体制建立、档案经费落实情况和人员到位、档案立卷归档和移交、档案安全保管等方面情况，不断促进钟山区档案管理工作步入标准化、规范化、科学化。

二、地方志

2008年前，钟山区没有专门的党史和地方志机构。由区委政策研究室、区委组织部和区政府办公室分别负责党史资料和年鉴资料收集整理上报工作。

1999年4月，中共六盘水市钟山区委组织部、六盘水市钟山区档案局（馆）共同征集编纂完成《贵州省六盘水市钟山区组织史资料（1987年12月—1998年12月）》《贵州省六盘水市钟山区政军统群系统组织史资料（1987年12月—1998年12月）》，均为内部资料，未公开发行。

2007年，由区委政策研究室编写《中国共产党六盘水市钟山区历史大事记》资料，至2008年年末完稿。2008年7月，在钟山区建区二十周年之际，由六盘水市钟山区人大常委会编纂《钟山区人大二十年（1988—2008）》一书，政协六盘水市钟山区委员会编纂《钟山区政协二十年（1988—2008）》一书，均为内部资料，内部各印刷1000册。

2008年9月，《六盘水市钟山区志》编纂委员会成立。聘请区委、区人大、区政府、区政协和区有关部门离任领导23人指导各单位修志工作。2008年9月17日，钟山区地方志编纂工作动员大会召开，全区相关部门160人参会。省地方志协会顾问李祖炎到会对修志人员进行培训。2008年，全区共有76个单位承担区志长编资料的编写。由此，钟山区正式启动编修《钟山区志》工作。

三、建设经济强区

1999年，钟山区被列入全省首批20个建设经济强县之一。1999—2002年，开展第一轮建设经济强区工作，2004—2007年，开展第二轮建设经济强区工作，2008年，启动第三轮建设经济强区工作。1999年，钟山区成立建设经济强县领导小组。张选进为组长，傅继中、徐永全、穆彪、陈厚帆、朱绍伦等为副组长，成员11人。下设办公室和农业组、工建交组、财税组、社会事业组、基层经济建设组等6个专业组。2005年，成立市钟山区重点项目办公室（钟山区建设经济强区办公室），隶属于区人民政府办公室。负责建设经济强区工作。此后，根据工作需要和人事变动相应调整区建设经济强县领导小组。

2003年，钟山区位列贵州省20个经济强县（市、区）建强工作综合评价第17名。是年，钟山区获贵州省经济强县（市、区）称号。

2008年，钟山区跃居全省23个经济强县第7位，贵州省10个市辖区的第6位。是年，钟山区启动第三轮建设经济强区工作。

第三章　人民政协

1988—2008年，中国人民政治协商会议六盘水市钟山区委员会共历经6届。其中第一届任期2年，第二届任期3年，第三、四届任期5年，第五届任期4年，第六届任期5年。

第一节　委员界别结构

一、委员界别

政协钟山区委员会的委员，由中国共产党、民主党派、无党派爱国人士、共青团钟山区委员会、钟山区总工会、钟山区妇女联合会、农林界、工商界、科技界、教育界、文体界、医疗卫生界、宗教界、少数民族、华侨、台属等社会各界别组成。第一届由17个界别组成，第二届由15个界别组成，第三、四、五、六届均由17个界别组成。

二、委员结构

钟山区第一届政协委员共83人，其中中共党员4人，民主党派代表2人，无党派爱国人士3人，共青团代表1人，妇联代表1人，农民代表5人，供销社代表1人，工商经济界代表5人，文化、体育界2人，科技界代表10人，教育界代表5人，医药卫生界代表3人，少数民族代表6人，宗教界代表1人，侨台属代表2人，特别邀请人士32人。

第二届政协委员共115人，其中中共党员41人，非中共人士74人，妇女委员23人，少数民族委员20人。文化结构，具有大专以上学历32人，中专和高中学历42人，初中学历32人，小学学历9人。最大年龄78岁，最小年龄24岁，平均年龄45.6岁。

第三届政协委员共123人，其中中共党员46人，非中共人士77人。少数民族委员21人，妇女委员23人。文化结构，具有大专以上学历42人，中专（含高中）学历49人，初中及以下学历32人。最大年龄79岁，最小年龄21岁，平均年龄44.5岁。

第四届政协委员共136人，其中中共党员54人，民主党派和无党派人士82人，少数民族代表35人，妇女代表29人，文化结构，大专以上66人，中专（高中）47人，初中及以下23人，具有高中级技术职称32人。最大年龄84岁，最小23岁，平均年龄为42.1岁。

第五届政协委员共148人，其中中共党员10人，无党派人士5人，共青团代表1人，工会代表1人，妇联代表1人，科技协会代表1人，工商联代表10人，科技界代表17人，文化艺术界代表1人，体育界代表1人，农业界代表13人，经济界代表20人，少数民族代表9人，宗教界代表3人，医药卫生界代表6人，教育界代表9人，特别邀请人士40人。

第六届政协委员共195人，预留名额4人，实有委员191人。其中中共党员75人，民主党派和无党派人士116人，少数民族代表49人，妇女委员65人，非公经济代表人士20人，文化结构，大专以上127人，具有高中级技术职称69人。最大年龄66岁，最小22岁，平均年龄为40.4岁。

第二节 全体委员会议

1988—2008年，区政协第一届至第六届期间，第一届选举常委11人、第二届17人、第三届20人、第四届19人、第五届22人、第六届28人。先后选举主席6人，选举副主席17人，选举秘书长5人。

一、第一届全委会议

一次全会 1988年7月15—20日，在市工人文化宫召开。出席83人，列席16人。听取和审议筹备组工作报告和提案工作报告。全体委员列席区一届一次人民代表大会，听取和讨论区政府工作报告，听取会期提案审查情况报告。会议完成各项议程后，对以上报告作出相应决议。选举马槐安为主席，邹习鼎、卢崇健、皇甫庆钧、汪鸣嘷4人为副主席，杨炜为秘书长，选举常务委员11人。

二次全会 1989年5月15—20日，在水城县招待所三楼会议室召开。出席会议委员86人，列席31人。听取和审议常务委员会工作报告和提案工作报告，听取和讨论区政府工作报告，听取会期提案审查情况报告。会议完成各项议程后，对以上报告作出决议。学习政协钟山区第一届委员会常务委员会工作规则、主席会议议事规则及各专门委员会工作简则。

二、第二届全委会议

一次会议 1990年4月2—9日召开。出席94人，列席21人。听取和审议常委会工作报告和提案工作报告，听取和讨论“一府两院”工作报告。会议完成各项议程后，对以上报告作出相应决议。选举马槐安为主席，邹习鼎、卢崇键、皇甫庆钧、汪鸣嘷4人为副主席，杨炜为秘书长，选举常务委员17人。

二次全会 1991年3月15—22日，在市总工会会议室召开。出席113人，列席35人。听取和审议常委会工作报告和提案工作报告。听取并讨论区“一府两院”工作报告、区国民经济、社会发展十年规划和“八五”计划（草案）报告及其他报告。听取会期提案审查情况报告。

三次会议 1992年3月23—28日，在市工人文化宫召开。出席116人，列席45人。听取和审议常委会工作报告和提案工作报告。全体委员列席二届一次人民代表会议，听取和讨论“一府两院”工作报告。听取会期提案审查情况报告。会议完成各项议程后，分别对以上报告作出相应决议。补选张明宣为副主席，补选张珍会、李秀玲为常务委员。

三、第三届全委会议

一次全会 1993年3月18—25日，在区人民武装部会场召开。出席123人，列席34人。听取和审议常委会所作的工作报告和提案工作报告。全体委员列席三届一次人民代表大会，听取和讨论“一府两院”工作报告及相关报告。听取会期提案审查情况报告。会议完成各项议程后，分别对以上报告作出相应决议。选举卢崇键为主席，张明宣、黄定邦、秦垦3人为副主席，杨炜为秘书长，选举常务委员20人。

二次全会 1994年3月24—29日，在区人民武装部会场召开。出席129人，列席32人。听取和审议常委会工作报告和提案工作报告。全体委员列席三届二次人民代表会议，听取和讨论钟山区“一府两院”工作报告、钟山区1993年国民经济和社会发展计划执行情况及1994年国民经济、社会发展计划（草案）的报告，钟山区1993年财政预算执行情况和1994年财政预算（草案）报告。听取会期提案审查情况报告。会议完成各项议程后，分别对以上报告作出相应决议。补选高连崇为副主席、范愈慈为常务委员。

三次全会 1995年3月23—27日，在区人民武装部会场召开。出席142人，列席37人。听取和审议常委会工作报告和提案工作报告。全体委员列席三届三次人民代表会议，听取和讨论钟山区“一府两院”工作报告、钟山区1994年国民经济和社会发展执行情况与1995年国民经济和社会发展计划的报告、钟山区1994年财政预算执行情况与1995年财政预算的报告。听取会期提案审查情况报告。会议完成各项议程后，分别对以上报告作出相应决议。

四次全会 1996年3月25—29日，在区人民武装部会场召开。出席141人，列席34人。听取和审议常委会工作报告和提案工作报告，听取区政府领导作关于禁毒建议案办理情况的报告。全体委员列席三届四次人民代表会议，听取和讨论钟山区“一府两院”工作报告和计划、财政报告。听取会期提案审查情况报告。会议完成各项议程后，分别就有关事项作出相应决议。补选邓昭华、钟英祥为常务委员。

五次全会 1997年3月23—28日，在区人民武装部会场召开。出席139人，列席43人。听取和审议常委会工作报告和提案工作报告。全体委员列席三届五次人民代表会议，听取和讨论钟山区“一府两院”工作报告和计划、财政报告。听取会期提案审查情况报告。补选董仁义为秘书长。会议完成各项议程后，分别对以上报告作出相应决议。

四、第四届全委会议

一次全会 1998年3月17—23日，在区政府会场召开。出席136人，列席48人。听取和审议常委会工作报告和提案工作报告。全体委员列席四届一次人民代表大会，听取并讨论“一府两院”工作报告及相关报告，听取会议期间提案审查情况报告，会议完成各项议程后，分别对以上报告作出相应决议。选举穆彪为主席，陈友模、秦垦、张仁玉、张富科、董仁义、谷海居6人为副主席，陈松为秘书长，选举常务委员19人。

二次全会 1999年3月21—25日，在区政府会场召开。出席139人，列席33人。听取和审议常委会工作报告和提案工作报告。全体委员列席区四届二次人民代表会议，听取并讨论“一府两院”工作报告、计划、财政报告。听取会期提案审查情况报告。会议完成各项议程后，分别对以上报告作出相应决议。

三次全会 2000年3月13—18日，在区政府会场召开。出席141人，列席33人。听取和审议常委会工作报告和提案工作报告。全体委员列席四届三次人民代表会议，听取并讨论“一府两院”工作报告、计划、财政报告。听取会期提案审查情况报告。会议完成各项议程后，分别对以报告作出相应决议。

四次全会 2001年3月5—9日，在区政府会场召开。出席137人，列席36人。听取和审议常委会工作报告和提案工作报告。全体委员列席四届四次人民代表会议，听取并讨论“一府两院”工作报告、计划、财政报告。听取会期提案审查情况报告。会议完成各项议程后，分别对以上报告作出相应决议。

五次全会 2002年3月11—16日，在区政府会场召开。出席133人，列席38人。听取和审议常委会工作报告和提案工作报告。全体委员列席四届五次人民代表会议，听取并讨论“一府两院”工作报告、计划、财政报告。听取会期提案审查情况报告。会议完成各项议程后，分别对以上报告作出相应决议。

五、第五届全委会议

一次全会 2003年3月3—8日，在区政府会场召开。出席148人，列席35人。听取和审议常委会工作报告和提案工作报告。全体委员列席区五届一次人民代表大会，听取和讨论区“一府两院”工作报告、计划、财政报告及其他相关报告，听取会期提案审查情况报告，会议完成各项议程后，分别对以上报告作出相应决议。选举穆彪为主席，陈友模、董仁义、谷海居、潘柯4人为副主席，马永超为秘书长，选举常务委员22人。

二次全会 2004年3月7—12日，在区政府会场召开。出席148人，列席30人。听取和审议常委会工作报告和提案工作报告。全体委员列席区五届二次人民代表会议，听取和讨论区“一府两院”工作报告、计划、财政报告及其他相关报告，听取会期提案审查情况报告。会议完成各项议程后，分别对以上报告作出相应决议。

三次全会 2005年3月7—12日，在区政府会场召开。出席154人，列席30人。听取和审议常委会工作报告和提案工作报告。全体委员列席区五届三次人民代表会议，听取和讨论区“一府两院”工作报告、计划、财政报告。听取会期提案审查情况报告。会议完成各项议程后，分别对以上报告作出相应决议。

四次全会 2006年3月13—19日，在区政府会场召开。出席158人，列席35人。听取和审议常委会工作报告和提案工作报告。全体委员列席五届四次人民代表会议，听取和讨论区“一府两院”工作报告、计划、财政报告及其他相关报告。听取会期提案审查情况报告。会议完成各项议程后，分别对以上报告作出相应决议。

六、第六届全委会议

一次全会 2006年11月29日至12月5日，在区政府会场召开。出席191人，列席31人。听取和审议常委会工作报告和提案工作报告。全体委员列席五届一次人民代表会议，听取和讨论区“一府两院”工作报告、计划、财政报告及其他相关报告。选举陈友模为主席，王伟、谷海居、潘柯、宋淑珍、杨丹6人为副主席，潘耀红为秘书长，选举常务委员28人。

二次全会 2008年3月10—14日，在区政府会场召开。出席191人，列席28人。听取和审议常委会工作报告和提案工作报告。全体委员列席五届二次人民代表会议，听取和讨论区“一府两院”工作报告、计划、财政报告及其他相关报告。听取会期提案审查情况报告。会议完成各项议程后，分别对以上报告作出相应决议。

第一至第六届钟山区政协主席、副主席、秘书长名录

表4-4

届次	职务	姓名	性别	民族	籍贯	任职时期
一	主席	马槐安	男	回族	贵州安顺	1988.7—1990.4
	副主席	邹习鼎	男	仡佬族	贵州务川	1988.7—1990.4
		卢崇键	男	汉族	湖北当阳	1988.7—1990.4
		皇甫庆钧	男	汉族	贵州贵阳	1988.7—1990.4
		汪鸣皋	男	汉族	安徽歙县	1988.7—1990.4
	秘书长	杨炜	男	—	—	1988.7—1990.4
二	主席	马槐安	男	回族	贵州安顺	1990.4—1993.3
	副主席	邹习鼎	男	仡佬族	贵州务川	1990.4—1993.3
		卢崇键	男	汉族	湖北当阳	1990.4—1993.3
		皇甫庆钧	男	汉族	贵州贵阳	1990.4—1993.3
		汪鸣皋	男	汉族	安徽歙县	1990.4—1993.3
		张明宣	男	汉族	贵州水城	1992.3—1993.3
	秘书长	杨炜	男	—	—	1992.3—1993.3

续表4-4

届 次	职 务	姓 名	性别	民族	籍贯	任职时期
三	主 席	卢崇键	男	汉族	湖北当阳	1993.3—1998.3
	副主席	张明宣	男	汉族	贵州水城	1993.3—1998.3
		黄定邦	男	汉族	贵州毕节	1993.3—1998.3
		秦 垦	男	汉族	江 苏	1993.3—1998.3
		高连崇	男	回族	贵州毕节	1994.3—1998.3
	秘书长	杨 炜	男	—	—	1994.3—1997.3
		董仁义	男	汉族	贵州盘县	1997.3—1998.3
四	主 席	穆 彪	男	汉族	重庆巴南	1998.3—2003.3
	副主席	陈友模	男	彝族	贵州水城	1998.3—2003.3
		秦 垦	男	汉族	江 苏	1998.3—2003.3
		张仁玉	男	汉族	贵州黔西	1998.3—2003.3
		张富科	男	白族	贵州水城	1998.3—2003.3
		董仁义	男	汉族	贵州盘县	1998.3—2003.3
		谷海居	男	汉族	贵州毕节	1998.3—2003.3
	秘书长	陈 松	男	汉族	贵州水城	1998.3—2003.3
五	主 席	穆 彪	男	汉族	重庆巴南	2003.3—2006.12
	副主席	陈友模	男	彝族	贵州水城	2003.3—2006.12
		董仁义	男	汉族	贵州盘县	2003.3—2005.2
		谷海居	男	汉族	贵州毕节	2003.3—2006.12
		潘 柯	男	汉族	贵州毕节	2003.3—2006.12
	秘书长	马永超	男	汉族	贵州水城	2003.3—2006.12
六	主 席	陈友模	男	彝族	贵州水城	2006.12—2008.12
	副主席	王 伟	女	汉族	山东莒南	2006.12—2008.12
		谷海居	男	汉族	贵州毕节	2006.12—2008.12
		潘 柯	男	汉族	贵州毕节	2006.12—2008.12
		宋淑珍	女	汉族	山东青岛	2006.12—2008.12
		杨 丹	女	汉族	贵州水城	2006.12—2008.12
	秘书长	潘耀红	男	汉族	山东金乡	2006.12—2008.12

第三节　常委会议及主席会议

一、常委会议

1988—2008年，区政协一至六届常委会共举行106次会议，其中第一届举行11次，第二届举行14次，第三届举行28次，第四届举行24次，第五届举行19次，第六届至2008年11月举行10次。

第一届常委会　1988年8月—1990年3月，共举行11次常委会议。会议主要研究政协主席、副主席及常委分工，贯彻中央、省、市政协会议精神，讨论协商区委、区政府年度工作要点和政协工作安排意见，听取区政府工作通报，协商决定全委会召开时间、议程，决定区政协机关机构设置及人事任免等事项，学习《政协章程》和《政协全国委员会常务委员会工作通则》。

第二届常委会　1990年6月—1993年1月，共举行14次常委会议。会议传达中共中央统战会议精神，听取区委、区政府工作通报，讨论协商区委、区政府年度工作要点和政协工作安排意见，听取并讨论区人民政府工作报告，讨论通过区政协换届选举方案，协商决定全委会召开时间、议程，决定区政协机关机构设置及人事任免等事项，学习《中共中央十三届七中全会公报》《中共中央关于加强农业和农村工作决定》和邓小平南方谈话精神。

第三届常委会　1993年4月—1998年3月，共举行28次会议。会议主要组织学习《政协章程》，讨论通过区政协工作机构设置方案，协商决定全委会召开时间、议程，决定区政协机关机构设置及人事任免等事项，听取区人民政府关于区职业技术教育、财政税收、社会治安、农业经济、学校布点、城市绿化、环境保护、林业、城建和管理、对台侨务、宗教、职工集资建房、失业和就业、国民经济和社会发展计划、计划生育、房改、乡镇企业、严打、禁毒等工作情况通报，协商讨论区人民政府工作报告及检察院、法院、计划、财政等工作报告，分别提出意见和建议。

第四届常委会　1998年4月—2003年2月，共举行24次会议。讨论通过区政协工作机构设置方案，协商决定全委会召开时间、议程，决定区政协机关机构设置及人事任免等事项。听取区“一府两院”关于国民经济和社会发展计划、财政税收、社会治安综合治理、打击犯罪、义教工程、建设经济强区规划、医药卫生、招商引资、会计委派制、凤凰新区开发建设、社会力量办学、“四五”普法规划、产业结构调整、生态建设、水城电厂技改等工作情况通报。协商讨论区人民政府工作报告及检察院、法院、计划、财政等工作报告，分别提出意见和建议。

第五届常委会　2003年5月—2006年11月，共举行24次会议。讨论通过区政协工作机构设置方案，协商决定全委会召开时间、议程，决定区政协机关机构设置及人事任免等事项。学习《政协章程》《政治协商、民主监督、参政议政的规定》，听取就业和再就业、“两基”巩固提高和“普实”、旅游业发展、审计、文化体育、经济普查、“十一五”纲要等情况汇报。讨论通过《钟山区政协全体会议工作规则》《钟山区政协常委会议工作规则》《钟山区政协主席会议工作规则》《钟山区政协秘书长会议工作规则》《钟山区政协专门委员会工作规则》《钟山区政协提案工作规则》《钟山区政协委员反映社情民意工作条例》《钟山区政协委员视察工作条例》。

第六届常委会　2007年2月—2008年12月，共举行20次会议。会议主要学习《钟山区政协常委会议工作规则》，讨论通过区政协工作机构设置方案，协商决定全委会召开时间、议程，决定区政协机关机构设置及人事任免等事项。听取区人民政府关于非公有制经济发展情况、新农村建设、新型农村合作医疗、《钟山文史》第六辑资料收集情况、老鹰山煤化工建设、石桥高科技园建设、通村油路建设等工作情况通报。协商讨论区人民政府工作报告及检察院、法院、计划、财政等工作报告，分别提出意见和建议。

二、主席会议

区政协主席会议由主席、副主席、秘书长组成，负责处理常务委员会的重要日常工作。主席会议由主席或由主席委托的副主席主持。区政协副秘书长、各专门委员会主任、副主任及其他有关人员列席，协商讨论重大问题时，可邀请有关部门负责人到会介绍情况、听取意见。政协主席会议一般每月召开1次，必要时可临时召开。主席会议主要是学习《中华人民共和国宪法》《中国人民政治协商会议章程》，政协理论和其他经济、科技、法律、管理知识等，对中共钟山区委、区人民政府的重大决策部署以及社会生活中的重大问题进行协商讨论，提出建议、意见或议案。区政协一至六届共召开主席会议218次，其中第一届14次，第二届23次，第三届55次，第四届60次，第五届42次，第六届截至2008年12月，共召开24次。

三、工作机构

第一届委员会　内设办公室1个、下设专门委员会4个、工作组8个。即办公室、工作组委员会、提案委员会、学习委员会、文史资料委员会、经济工作组、文教体工作组、民族宗教工作组、祖国统一工作组、科技工作组、群众团体工作组、医卫工作组、法制工作组。

第二、三届委员会　内设办公室1个、下设专门委员会4个、工作组9个。即办公室、提案委员会、学习委员会、文史资料委员会、工作组委员会、经济工作组、文教体工作组、民族宗教工作组、科学技术工作组、医卫工作组、法制工作组、祖国统一联谊工作组、群众团体工作组、计划生育专题组。

第四届委员会　内设办公室1个、下设专门委员会4个。即办公室、提案委员会、学习与文史委员会、经济科技与社会工作委员会。2002年5月，撤销经济科技与社会工作委员会，设置经济科技委员会和社会发展委员会。

第五、六届委员会　内设办公室1个、下设专门委员会4个。即办公室、提案委员会、经济科技委员会、社会发展委员会、学习与文史委员会。

第四节　政协工作

一、委员提案

1988年7月至2008年3月，政协区第一届至第六届三次全会共提出提案1500件，其中立案1479件，参加提出提案的委员2900人次。政协委员提出的提案全部得到区委、区政府及其工作部门的办理与答复。其中部分提案直接为区委、区政府提供重要决策依据。如：关于毒品问题，场坝、老城群众的饮水、用电问题，加强对人民广场南留绿地建设和管理工作，将原城关区医院改建为钟山区人民医院，发展钟山区煤炭工业，修建五中综合楼，尽快改善水小公路及沿线企业交通现状，合理控制水位、确保全市生产、生活用水，围绕西部大开发战略尽快加强专题调研等提案。

二、视察调研

视察　1988年7月至2008年12月，政协区第一届至第六届委员会共组织政协委员视察49次，撰写视察报告41篇。报告内容涉及全区工农业、非公有制经济、文教卫生、社会治安、小城镇建设、环境保护、招商引资、机械化屠宰场建设、社会劳动保障等方面。其中《关于城内、场坝照明用电存在问题的情况反映和建议》《关于农村小学教育的视察报告》《钟山区城郊型农业发展情况的视察报告》《钟山区机构改革后机关职能转变情况的视察报告》《县级经济的增长点和突破口》《钟山区乡镇企业现状及发展思考》《关于加快钟山区非公有制经济发展的建议》《关于我区小区建设的调研报告》等建议得到钟山区委、区政府采纳。

调研 1988年7月至2008年12月，政协区第一届至第六届委员会共组织政协委员调研67次，撰写调研报告74篇。其内容主要有《关于城内场坝照明用电存在问题的情况反映和建议》《钟山区私营企业现状调查报告》《关于场坝、老城饮水问题的调查报告》《关于月照民族乡经济情况调查报告》《关于发展乡镇企业的调研报告》《关于非公有制经济发展调研报告》《钟山区农村富余劳动力资源开发情况调研报告》。

三、文史资料编辑

1988年至2008年，区政协征集史料20万字，反映钟山区经济、文化和社会发展历程的工作资料50万字，先后整理、编辑出版六辑《钟山文史》和《钟山区政协二十年》资料，记载钟山区发展变化历程。

四、智力支边

1989年3月，钟山区智力支边联系小组和办公室正式成立。1992年，对月照彝族苗族乡和汪家寨镇新华村的经济发展情况进行调查，对存在的问题提出解决的办法和建议。建立智力支边联系点，组织农技人员开展旱稻、杂交玉米、果树、经济林木和防护林种植适用技术培训。1994年，组织社会各界发起献爱心募捐助学活动，帮助边远贫困山村儿童解决就读问题，参加募捐单位10余家，个人200人，共捐款2万元，确定重点扶持对象11人。1995年，在月照乡和德坞镇的5个村联合举办种、养技术培训班3期，共有参训人员200余人次。1996年，为月照乡大坝村、玉顶村投入农电资金4.8万元解决生产、生活用电问题；协调资金5万元为凤凰乡石龙村解决人畜饮水工程，2001年，在月照乡举办教师暑期培训班1期，受训教师70余人。为当地村民赠送种、养殖方面的科普书籍300余册。2003年，在月照乡举办农民实用技术培训班1期，参训人员43人。2006年，与民进市委钟山支部在汪家寨镇举办暑期教师教育教学研讨会，参加教师50余人。2007年，联系区农村信用联社向大河镇大桥村发放农业发展小额贷款210万元，解决183户农户发展农业的资金问题。引进和捐助资金50万元为德坞新建绿化民族小学，捐资8万元为石龙小学扩建教学楼。

五、交流联谊

迎春茶话会议 区政协迎春茶话会一般每年年初举行1次，由区政协主席主持，各民主党派、无党派人士、工商联等负责人及委员代表各界作主题发言，区委区政府领导、区政协常委和部分委员、各民主党派和区工商联、人民团体负责人、无党派人士、侨属等出席会议。

北盘江流域治理开发协作会议 至2008年，区政协组织人员参加黔滇两省16县（市、特区、区）政协北盘江流域治理开发协作会5次，撰写发言提纲在会上进行专题发言。2001年10月钟山区政协主办第一轮第十一次年会，黔滇两省16县（市、特区、区）政协代表参加会议。

第五篇　人口　民族

第一章　人　口

第一节　人口变迁

1988年，全区总人口315571人，迁入16930人，迁出12112人，出生3195人，死亡1044人，人口自然增加2151人，人口自然增长率6.82‰。2000年，全区总人口404517人，迁入12388人，迁出9055人，出生4450人，死亡1665人，人口自然增加2785人，人口自然增长率6.88‰。2008年，全区总人口474836人，迁入12263人，迁出9229人，出生3380人，死亡1379人，人口自然增加2001人，人口自然增长率4.21‰。

第二节　人口结构

一、性别结构

1988年，全区总人口315571人，其中男171422人，女144149人。1990年，全区总人口350287人，其中男性189750人，女性160537人。2000年全区总人口453152人，其中男性238964人，女性214188人。2008年，全区总人口474836人，其中男性247619人，女性227217人。

二、年龄结构

1990年全区总人口350287人，其中0～4岁30693人，5～9岁26830人，10～14岁41334人，15～19岁49082人，20～24岁42750人，25～29岁32216人，30～34岁22410人，35～39岁22254人，40～59岁69494人，60岁以上13224人。2000年全区总人口453152人，其中0～5岁48766人，6～14岁65304人，15～64岁325163人，65岁以上13919人。

三、文化结构

1990年6岁以上人口314194人，其中小学文化程度130561人，初中文化程度88018人，高中、中专文化程度37162人，大学专科、本科文化程度7636人，未上过学的50817人。2000年6岁以上人口270642人，其中小学文化程度14081人，初中文化程度122152人，高中、中专文化程度64933人，大学专科、本科文化程度23882人，未上过学的45594人。

第三节　人口密度

一、人口密度

1988年，全区人口315571人，总面积481.57平方千米。平均每平方千米655人。2008年，全区人口474836人，平均每平方千米986人。2008年，镇、乡、街道人口密度最大的是黄土坡街道，每平方千米5512人，人口密度最小的是月照苗族彝族回族乡，每平方千米335人。

2008年钟山区乡、镇、街道人口密度一览表

表5-1

镇、乡、街道	人口（人）	面积（平方千米）	人口密度（人/平方千米）
大湾镇	51470	93.84	548
汪家寨镇	54000	77.35	698
大河镇	38000	69.44	547
老鹰山镇	44826	64.49	695
德坞街道	14530	30.80	472
凤凰街道	45400	50.45	900
黄土坡街道	120000	21.77	5512
荷城街道	91632	28.69	3194
月照苗族彝族回族乡	14978	44.74	335

二、百岁老人（虚岁）

2008年，钟山区境内百岁老人有3人。分别是管杨氏，女，1907年5月生，老鹰山镇中坡村人。殷桥妹，女，1909年3月生，大湾镇开化村人。肖昌武，男，1909年3月生，老鹰山镇中坡村人。

第二章　人口控制

1988年8月，钟山区贯彻执行《贵州省计划生育试行条例》，提出实施意见。晚婚年龄，提倡女23周岁，男25周岁，女年满23周岁怀孕并按政策生育第一个子女的为晚育。在生育政策上相应作出规定，继续提倡一对夫妻只生育一个孩子，凡登记结婚后生育第一个孩子的，凭乡村证明，在区计生办办理一胎生育证；凡符合生育二胎的（少数民族符合再生育一个孩子条件的）夫妻要求生育的，在间隔4年以后，由本人申请，区、镇、乡审查，报区计划生育委员会批准，发给准生证，可生第二胎；夫妻双方是农民，第一个孩子是女孩，间隔4年以后，经本人申请，镇、乡证明，报区计划生育委员会批准，发给准生证，可生育第二胎。各级医疗卫生部门凭一胎生育证和准生证接生。

2002年9月，《中华人民共和国人口与计划生育法》和《贵州省人口与计划生育条例》颁布实施后，对生育二孩的条件作出规定。夫妻双方或一方是国家工作人员、企事业单位职工、城镇居民，符合下列规定的允许生育第二个孩子：（1）第一个孩子为非遗传性残疾，不能成长为正常劳动力的；（2）夫妻双方均为独生子女的；（3）夫妻结婚5年以上，因患不孕症，已收养一个孩子，经治愈要求生育的；（4）一方或双方是再婚的夫妻，一方生育过一个孩子，另一方未生育过孩子的。夫妻双方是农民，符合下列情况之一的，允许生育第二个孩子：（1）第一个孩子是女孩；（2）夫妻

一方是少数民族；（3）男到独生女无儿户家结婚落户。夫妻双方均是农民、少数民族的，已生育两个子女，其中一个为非遗传性残疾，可再安排生育一个子女。

1988—2008年，钟山区投入计划生育事业经费33195万元。其中主要投入的经费有：房屋设备2960.11万元，钟山区本级奖励、辖区厂矿企业和乡镇街道用于计生奖励经费3124万元，区属计生系统、区辖各企事业单位开展计划生育工作经费12000万元，对农村计生户奖励补助14281.27万元。

1988—2008年，全区生育率由1990年的2.19%降至2008年的2.03%。1988—2008年，全区少生242684人，其中农业人口少生103774人。人口出生率和死亡率明显下降，计划生育率大幅度上升，多胎出生现象得到控制，早婚早育现象基本消失。全区人口增长呈现“低出生、低死亡、低自增”趋势，人口总体素质有所提高，为稳定低生育水平奠定坚实基础。

2005年，钟山区被评为省计划生育优质服务县，2008年，被评为国家计划生育创优质服务县。

第一节　奖励　帮扶

一、奖励

1988年，《贵州省计划生育试行条例》规定，国家工作人员、企事业单位职工晚婚晚育并取得独生子女证的，可以延长婚假、产假，接受节育手术的，按规定享受休假，休假期间工资照发，不影响全勤评奖和提职提薪。1988年，女职工晚育产假80天延长到120天，晚育并领取独生子女证的，仍执行产假半年的规定。2002年9月29日，执行《贵州省计划生育条例》规定，国家机关工作人员、企事业单位职工晚婚的，除享受国家规定的婚假外，增加婚假10天，晚育的，除享受国家规定的产假外，女方增加产假30天，男方享受护理假7天。在产假期间办理独生子女父母光荣证的，增加产假90天，接受节育手术的，按规定享受休假，在此期间的工资照发，福利待遇不变，不影响考勤、考核。

1998年8月1日，独生子女父母奖励费由原100元增至300元，独生子女费由原4元增到8元，发到子女满14周岁为止。2002年9月，执行《贵州省计划生育条例》规定，领取独生子女证的家庭，发给独生子女父母100～500元奖励费，并自领取“光荣证”之日起领取独生子女费5元至子女满14周岁。1978年6月以来领取独生子女证的国家机关、事业单位工作人员，在独生子女升学、劳动就业、农村宅基地安排方面享受优先照顾，农村独生子女、二女结扎户考生高考加10分，酌情补助独生子女入学入托医疗费，符合生育二孩条件，但主动放弃二孩生育、领取独生子女证的家庭，除上述优惠外，一次性补助500元以上作为奖励。

2004年，执行《中共六盘水市委、市人民政府关于进一步加强人口和计划生育工作的意见》和《市人民政府办公室关于印发市财政局市人口计生局进一步建立和完善农村计划生育利益导向机制实施意见的通知》规定，以建立农村计划生育奖励扶助制度为基础，加大对农村计划生育户进行重奖和对计生贫困户的帮扶力度。农村独女户家庭和无孩户家庭的夫妻年满60周岁后，每人每年可领取奖励扶助金1200元，独子户和二女孩结扎户家庭的夫妻年满60周岁后，每人每年可领取奖励扶助金600元，主动放弃二孩生育指标办理独生子女证的家庭，是独女的，给予一次性奖励3000元，是独子的，给予一次性奖励2000元，二女孩结扎户和主动办理独生子女证的家庭，给予一次性奖励500元。

是年，钟山区制定开展关爱女孩行动方案。农村符合政策生育的独女户和二女户（简称“两户”）的女孩被清华大学、北京大学录取的奖励8000元，被一本院校录取的奖励6000元，被一般本科录取的奖励5000元，被专科院校录取的奖励1000元，“两户”参加高考、中考的，总分可照顾10

1988—2008年钟山区人口数量控制情况一览表

表5-2

年度	年末总人口（人）	出生（人）	出生率（‰）	死亡数（人）	死亡率（‰）	自增数（人）	自增率（‰）	计生数（人）	计生率（%）	多胎数（人）	多胎率（%）	晚婚率（%）	早婚率（%）	独生子女办证率（%）
1988	315571	3195	10.01	1044	3.30	2151	6.82	2361	73.9	458	14.3	30.4	36.3	64.6
1989	324406	3573	11.01	1245	3.84	2328	7.18	2520	70.5	464	13.0	68.7	9.1	45.9
1990	351618	4456	12.67	1529	4.35	2927	8.32	3366	75.5	610	13.7	24.1	8.3	60.4
1991	353861	3772	10.66	1327	3.75	2445	6.91	3043	80.7	257	6.8	77.6	4.4	52.5
1992	357195	3463	9.69	1411	3.95	2052	5.74	2926	84.5	263	7.6	56.6	9.3	61.2
1993	363374	3413	9.39	1234	3.40	2179	6.00	3003	88.0	147	4.3	74.0	2.5	49.2
1994	364372	5044	13.84	1346	3.69	3698	10.15	4166	82.6	188	3.7	77.7	0.5	46.3
1995	384347	5218	13.58	1361	3.54	3857	10.04	4789	91.8	146	2.8	79.0	0.5	42.8
1996	390825	4523	11.57	1335	3.42	3188	8.16	4175	92.3	89	2.0	74.0	0.3	0.2
1997	395224	4519	11.43	1238	3.13	3281	8.30	4223	93.4	74	1.6	88.5	0.5	42.0
1998	398437	4623	11.60	1276	3.20	3347	8.40	4119	89.1	61	1.3	54.8	0.2	42.6
1999	395103	4530	11.47	1235	3.13	3295	8.34	4095	90.4	115	2.5	84.2	0.4	40.9
2000	404517	4450	11.00	1665	4.12	2785	6.88	4216	94.7	52	1.2	91.3	0	45.5
2001	412048	4358	10.58	1365	3.31	2993	7.26	4161	95.5	28	0.6	91.3	0.6	41.3
2002	400059	4813	12.03	1391	3.48	3422	8.55	4675	97.1	43	0.9	83.9	0.05	57.2
2003	411464	5015	12.19	1445	3.51	3570	8.68	4839	96.5	43	0.86	83.6	0.05	55.9
2004	418569	4331	10.35	1331	3.18	3000	7.17	4241	97.9	43	1.0	74.1	0	40.1
2005	416699	4337	10.41	1293	3.10	3044	7.31	4275	98.6	8	0.2	61.1	0	28.6
2006	442703	4543	10.26	1364	3.08	3179	7.18	4320	95.1	47	1.0	58.9	0.3	22.1
2007	468174	3150	6.73	1317	2.81	1833	3.92	2950	93.7	33	1.0	—	—	10.8
2008	474836	3388	7.14	1379	2.90	2009	4.23	3238	95.6	9	2.7	—	—	10.2
合计	—	88714	—	28131	—	60583	—	79701	—	3178	—	—	—	—

分，“两户”读初中、高中的，每人每年补助500元生活费，每年由区人口与计生领导小组组织一次“少生快富”示范户“自强女孩”评选活动，评选30户，每户奖励500元。“两户”优先实施危房改造项目，每户补助7000元。对符合政策生育的农村二女绝育户给予一次性奖励1000元。符合生二孩政策的独生男孩家庭，主动放弃生育指标，且已办理独生子女父母光荣证并落实长效避孕节育措施的一次性奖励2000元，独生女孩家庭一次性奖励4000元。对“两户”子女伤残三级以下，持残疾证一次性补助1000～3000元。经区级以上鉴定小组鉴定为三级以下残疾的农村计生节育并发症家庭，视情况一次性救助500～1000元。“两户”遭受自然灾害造成重大经济损失的视情况一次性救助500～2000元。独生子女意外死亡或伤残（三级以下）的，从妻子年满49周岁当年起，按每人每年不低于1200元的标准向夫妻双方发放救助金直至死亡为止。符合贵州省计生特殊困难家庭求助条件的家庭，因计划生育手术产生并发症，经区级以上计划生育技术鉴定为三级以上残疾的，从其妻满49周岁当年起，每人每年不低于1200元的标准向夫妻双方发放救助金。“两户”家庭成员参加新农村合作医疗的，其个人应交参合金，由区从利益导向基金中列支，放弃生育二孩指标并办理独生子女父母光荣证的家庭成员和二女结扎户家庭成员，住院报销比例提高15%。“两户”和从外地移居钟山区居住半年以上的农业人口可享受法律援助。每年无偿供应“两户”家庭民用煤1000千克（或发放现金）。对符合政策生育并办理独生子女父母光荣证的农村或城镇家庭一次性奖励300元，从领独生子女证当月到14周岁，每户每月领取10元的奖励。

2008年开始，将计划生育利益导向纳入对乡镇（街道）的年度目标考核内容，实行责任追究。是年，全区20户农村计划生育家庭获奖励扶助金16800元。

1993年，在全区农村推行两女结扎夫妇和农村独女户计划生育保险。至2003年12月，为计生户投保资金共286300元，其中独女户31户，共46500元；独子户84户，共100800元；二女结扎户278户，共139000元。放弃二孩生育户每户投保1000元。2006年，全区有4603人领取了独生子女证，均可领取独生子女费。

二、帮扶

1996年5月，钟山区对全区一孩户、二孩户，特别是独生子女户、二女结扎户人均收入基本情况进行普查。对普查出来的极贫户1053户，贫困户1468户列为帮扶重点。帮扶工作由政府牵头齐抓共管，定单位定人定户定对象进行帮扶。区成立领导小组，纳入一把手工程并增加涉农部门为领导小组成员单位，进行督查年终考核。林业、农业、科技、粮食、供销、水利、电力、乡企、工商、民政、社保、教育、财政、卫生、民委、妇联、宣传、司法、交通等23个部门相应提出倾斜优惠政策，扶贫资金向贫困村及计生贫困户倾斜，直接落实帮扶到户。自1996年起，计划生育帮扶工作一直未间断。1996—2008年，全区重点帮扶计划生育户共2522户，帮扶资金250万余元，全部帮扶脱贫。

三、打假措施

1988年11月，钟山区开展计划生育假手术清理工作，共查出假结扎证190张。其中，二塘乡清出计划生育假结扎证明30张，煤厂、以德乡查出85张，纳福乡查出45张，三合乡查出30张。1989年，全区共查出假结扎证2700张，假公章13枚，假证件26种。对查出的20余个贩证人员分别予以警示教育、依法拘留、收审处理。对1名制造、贩卖假结扎证案犯判处有期刑6年。1990年，清理假结扎证600余张，破获非法取环案3起。1994年，清理假手术证1张（未作结扎），给予开假结扎证者留党察看一年处分。此后，区内无假手术证出现。

四、考核

1988年3月24日，钟山区召开计划生育工作会议，提出年度计划生育工作目标。此后，区委区政府每年与乡镇（街道办）、驻区厂矿企事业单位、区直机关签订计生目标管理责任书。制定年度目标管理奖惩考核办法，年末对乡镇（街道办）计划生育工作进行考核。区计生局与乡镇（街道办）、厂矿企事业单位计生部门、计生服务机构签订目标责任，实行管理、指导、年度目标考核，与分管区长签订年度目标管理责任书，组织开展工作，接受区政府年度考核，兑现奖惩。是年区委区政府接受市考核评比，名列全市第二。1989—1992年，考核均获全市第一。

自1992年起，每年由区委区政府主要负责人与市委市政府签订计生年度目标管理责任书，组织开展工作。年终接受市委市政府考核。1992—1999年，连续8年考核获全市第一。1998年起，区计生局负责人每年与市计生委主任签订年度目标管理责任书，此后，计生工作实行党政线、计生线双向考核、兑现。接受省、市计生部门抽查考核。1998—2008年，钟山区接受市计生考核，获完成任务奖2次，获一等奖4次，二等奖1次。

第二节　流动人口管理

1988年，钟山区有流动人口81770人，超计划外生育夫妇1543人，占流动人口的1.89%，政策外怀孕1033人，占流动人口的1.26%，育龄妇女持证率低，是年，对流动人口落实节育措施2548例。2008年，全区共有流动人口79086人，其中流入人口71220人，已婚育龄妇女18291人，育龄妇女持证率90.44%，流出人口7866人，已婚育龄妇女2091人，育龄妇女办证率95.29%。

对流动人口的服务和管理，主要采取在村居社区设立计划生育宣传栏加大宣传，在人口相对集中地开展计生服务，免费为流动人口群众发放避孕药具，免费为流出人口办理流动人口婚育证明。对流动人口计生困难户、独生子女户和二女结扎户提供救助。与相邻地区签订两地流动人口协作管理协议书，2006年，钟山区与市内3个县区和相邻地区的18个县（市、区）签订两地流动人口协作管理协议书。

第三节　技术服务

1988年3月，钟山区成立区计生指导站，承担主要节育手术任务。1988～2008年，钟山区计划生育服务工作历经手术服务、孕环情检查、妇女病普查普治服务3个阶段。服务对象由已婚妇女扩大至整个育龄人群，服务领域由单一的手术服务发展到生殖健康保健优生优育。1988年起，全区计生服务主要以落实手术为主，要求已婚育龄妇女落实长效避孕节育措施，在此基础上开展孕环情检和妇科病普查普治。

第四节　宣传培训

一、宣传

自1988年起，钟山区将计划生育宣传工作列为计生工作首要任务来抓，利用广播、电视、报纸进行广泛宣传。主要宣传党的计划生育方针政策、法律法规。1988年，全区出专栏50余期，开展计划生育知识竞赛1次，收到竞赛稿件5000余份，发放计生各种简报100期。1990年年初，区委办公室印发《关于加强计划生育宣传工作的意见》的通知，对全区计划生育宣传工作进行安排部署。为纪念中共中央“公开信”发表十周年，水钢计生协会出版计划生育论文集1部，共登载论文37篇。1996年，全区征订《贵州人口报》174份，分发至乡、镇和村（居）委会，组织干部群众学习。此后，增订《人口与计划生育》杂志、《中国计生学》杂志、《人生》杂志、《人口与家庭》杂志、《贵州人口墙报》《计划生育政策法规选编》、计生宣传挂历等作为计划生育学习、宣传资料。1996—2005年，全区印发《计划生育政策法规选编》5万余册。2005年，全区印发《计划生育政策法规选编》2万册，印制计生宣传挂历4000份，征订《人口与家庭》杂志1451份、张贴《贵州人口墙报》562份，在全区进行宣传和学习。

2000—2003年，在全区9个镇、办（乡）主要交通干道制作永久性标语牌136块，建造国策宣传磁砖墙100余面。计划生育宣传标语内容有“破千年封建陋习，树一代婚育新风”“少生快富、关爱女孩”“生男生女一个样，女儿也是传后人”“好女儿一个顶十个”等内容。2007年，全区共开展计划生育宣传活动8次，发放宣传资料14500份，订购计生宣传围裙25500条，宣传折页330000本，发放《致流动人口一封信》450000张。是年12月，在市人民广场召开创建全国计划生育优质服务先进单位启动大会。计划生育宣传工作再次掀起高潮。

二、培训

1991年5月，钟山区开办人口学校21所，每季度开办人口培训1次，每次2～3天。教学对象是年满20周岁的男女未婚青年，要求办理结婚证人员，无孩夫妇、一孩夫妇、二孩夫妇及其他部分男女公民，经培训合格发给合格证，相关人员持合格证办结婚证和一孩、二孩准生证。1995—1998年，乡镇、村人口学校每年举办4期，受教育面逐年扩大。自2000年始，全区每村（居）均建人口学校1所，每年组织培训2期，每期100～300人。2001年，人口学校改为每月上课2小时以上，区委党校、区属中小学每学期安排上课6小时以上。学习培训的内容是国情和可持续发展、计生政策法规、优生优育、青春期知识、避孕节育知识等。2008年，全区人口学校做到教室、设备、教材、教师、课时五落实。

第五节　计生协会

1991年11月25日，钟山区计生协会、优生优育协会成立。同时，镇、乡、街道和村（居）委会相继建立计生协会。是年，计生协会协同相关部门组织开展宣传教育，举办人口学校，宣讲国情、人口意识、生育决策、优生优育知识，讲解办准生证程序等。1994年，计生协会参与开展合格村示范建设，1997年，全区有村、居委会126个，创合格村60个，基本合格村（居）38个，1999年，协会推行分级管理、层层负责制。

2000年10月，推行计划生育中心户长制，实行村居民联户民主管理。2001年，计划生育工作在全区以村管理为主。2005年，各村成立村（居）民自治领导小组，推行村（居）民自治。是年实现村（居）民自治的村有103个。2006年，全区120个村（居）委会均推行村（居）民自治，达标57个，达标率47.5%，2007年，钟山区有区计生协会1个，镇、乡、街道计生协会9个，村（居委会）计生协会121个，在村（居）计生协会中建会员小组1660个，有会员40000人。是年，实现村（居）民自治达标61个，达标率为50.4%。

第六节　提高人口素质

一、出生缺陷干预与优生

1993年2月，钟山区把提高人口素质列入议事日程，主要针对婴幼儿死亡率、婴幼儿残疾率、体智合格率、新法接生率等问题制定相应措施。2000年10月16日，钟山区印发《关于在计划生育工作中开展生殖健康保健及出生缺陷干预工程的通知》，要求区指导站在开展落实避孕节育措施的同时，为群众提供生殖生理、避孕节育、优生优育（包括优生遗传）、妇幼保健等科学知识服务，在切实抓好宣传活动的同时，积极开展青春期、新婚期、孕产期、育儿期、中老年期“五期保健”工作，办理准生证时需持指导站优生遗传检验报告单，将出生缺陷干预纳入计生技术服务计划。

2003年9月，省、市、区三级联合组织对钟山区出生缺陷基线调查，全区9个镇、乡、街道的农村已婚育龄妇女65557人，计划怀孕数4985人，实际生育数5015人，畸形数48人，出生缺陷率为9.57‰。是年10月至2004年5月31日，全区出生1997人，各种畸形15人，畸形发生率7.51%，不明原因死亡死胎46例。2003—2008年，监测计划怀孕妇女2万余人，监测5岁以下儿童2.4万余人，发放叶酸及复合营养素1.5万人份，技术干预1万余人次。

2008年，钟山区对有不明原因流产死亡史、畸胎史的待孕妇女免费进行TDRCH监测171例。免费对待孕妇女进行ABO、RH血型复查各301例，查出畸形儿终止妊娠3例。

二、妇女病普查

1988—2008年，区妇保站多次进行妇女病工作普查普治。1992年，钟山区妇保站检查妇女7792人，查出患病2915人，其中宫颈糜烂2人，尿失禁10人（治疗10人）。农村妇女检查3933人，查出患病259人，患病率6.59‰。其中患阴道滴虫17人，霉菌性阴道炎38人，子宫肌瘤3人。2005年，全区已婚育龄妇女85544人，体检80069人，普查率93.60%。查出患妇科病48842人，患病率61%，针对病菌治疗42737人，普治率87.50%。查出病种中以各种阴道炎居多，宫颈糜烂、宫颈肥大、息肉、卵巢囊肿、子宫肌瘤次之，尚有宫腔积液、盆腔炎等。2007年，全区妇女病应参加普查29937人，已查27205人（流动人口90人），普查率90.87%。查出子宫肌瘤103例，卵巢囊肿100例，孕25周无脑儿1例。化验21897人，白带常规检查21897例，查出滴虫性阴道炎575例，念珠菌性阴道炎900例，细菌性阴道炎853例，其他阴道炎804例。宫颈刮片274例，ABO溶血血型检测56例，优育检测12例。

三、出生性别比失衡治理

2005年，钟山区被列为贵州省7个“出生性别比失衡”综合治理示范县（市）之一。是年9月，钟山区印发《关于开展出生性别比失衡治理试点工作的实施方案》的通知，自2005年起，开展为期3年出生人口性别比专项治理工作，重点对持有医疗机构执业许可证或利用其他医疗手段进行胎儿性别鉴定的行为，以及利用药品技术措施进行终止妊娠的部门进行排查监控。

2006年，钟山区对各类医院、诊所进行清理整顿，全区共有B超63台，经市计生部门批准，8家医院、诊所可以开展计划生育技术服务。清理医疗保健机构、诊所、医院、药品批零机构174家。对21家存在问题的医院、诊所要求整改，对8家机构因违法违纪进行处罚，对影响大的3家诊所、医院进行重罚。对非法参与个体医院开展计划生育技术服务的1名职工由纪检部门给予留党察看1年处分。2006年，出生人口性别比为122：81，同比下降5.57个百分点。

2008年，钟山区对全区范围80余家计生服务机构、医疗保健机构、医院、个体诊所的B超机使用情况，人流、药流、引产登记及相关病历档案，终止妊娠药品销售市场进行治理，没收上环、人流手术工具60余具，宫内节育器100余支，行政处罚11.6万元，有效打击选择性别比的人工终止妊娠和弃婴行为。是年出生性别比为131：76。

第三章　民　族

今钟山区境内最早居住的居民是仡佬族。东汉时期，彝族进入今区境，成为境内主体民族之一。唐末宋初，苗族迁入。明初，因朝廷“调北征南”，大批汉族人入居。之后，特别是水城建厅后、解放初期、“三线”建设时期、六盘水建市和改革开放以来，全国各地汉族和少数民族陆续迁入，境内民族种类不断增多。2008年，区境共有36个民族。是年年末全区常住人口47.03万人，其中汉族39.5万人，占总人口的83.99%，少数民族7.53万人，占总人口的16.01%。彝族、苗族、白族、布依族、回族是人口较多的少数民族，其中，彝族人口30839人，苗族人口15741人，白族人口5387人，布依族人口4918人，回族人口3205人，土家族2257人，侗族2127人，蒙古族1160人，水族1112人，仡佬族1103人。其他少数民族的人口较少，大部分不足100人。人口较多的少数民族，与其他民族形成大杂居、小聚居的分布格局，人口较少的少数民族居住分散。全区有1个民族乡、20个民族村（社区、居委会）。

第一节　彝　族

一、族源

区境内彝族主要为布、默两系后代。迁入境内的彝族以默部落为主体，并且以部落聚居为主要特点。“阿隆部”（“沙”姓）住今大河一带；“扒瓦部”（“安”姓）住今阿勒河、下扒瓦一带；“笃底苏部”（“陇”姓）住今水城坝子一带。宋、元以后，默部落安氏正式受封为水西土司，境内及周边成为默部落的统治地，其他部落受其辖制，这一时期是默部落彝族最兴盛时期。

清康熙三年（1664）吴三桂讨伐水西宣慰使安坤，水城是主战场之一，境内彝族惨遭杀戮，大批彝民逃往云南及四川凉山等地。留居者或隐散于其他民族之间，或逃匿深山野箐。从此，彝族原部落解体，逐渐形成大分散、小聚居的居住格局。现今，彝族是钟山区人口最多的少数民族，主要集中在汪家寨镇新华村、那罗村，大湾镇大箐村、海嘎村，大河镇鱼塘村，德坞街道办事处乌砂寨村、马落箐村，凤凰街道石桥村，月照乡金钟村、独山村，老鹰山镇陆家坝村等地。

原彝族村寨遍及钟山区境内，现今区境的许多地名都是从彝语地名演变而来，后由于多种历史原因，大多数迁居到气候凉爽、雨量充沛的高山或半高山从事农耕及畜牧，只有少部分居住在河谷坝区。彝族聚居区地广人稀，草地和林木资源丰富，发展种植、养殖业的条件比较优越。农作物以玉米、荞类、马铃薯、燕麦、豆类、火麻为主。

二、人口与分布

1990年，据第四次人口普查资料，全区有彝族人口数量16394人，其中，男8732人，女7662人。全区所有镇、乡、办事处均有分布。人数分布较多的有黄土坡办事处、荷城办事处、汪家寨镇、老鹰山镇、大湾镇、凤凰乡、二塘乡。2008年，全区彝族人口数量增加至30839人。

三、风俗习惯

（一）生活风俗

居住 彝族喜居山坳或半山坡，自古讲究地基和门向的选择。房屋朝向依地形而定，若朝向不适合主人的“八字”（命相），则采取“改路”纠正。最早的房屋为土墙木杈草房，或用圆木串联作壁，或用竹编篱敷泥作壁。后发明串联木柱、四排立架、盖草或瓦、以木板作壁避寒的五柱房、七柱房、九柱房等。土目等富豪人家修建有庄园、三合院、四合院、石碉等。

服饰 彝族服饰种类繁多，五彩缤纷，具有深厚的历史文化背景，反映彝族历史的渊源，是彝族文化的“活化石”。由于历史上彝族人民居住的地域辽阔，自然环境不同，加之经过不断的演变等因素，各地区的彝族服饰均有一定差异。钟山区地处乌蒙山腹地，因而这里的彝族服饰通常称为乌蒙型服饰。

男装：主要是头缠青布帕或折以英雄结高耸，上装为坎肩长衫或绣花马夹，系白腰带，裤似裙（宽一尺二寸以上），镶花边，披羊毛毡，穿布鞋或草鞋。

女装：头缠剪式青布帕或青丝帕，抑或方形绣帕盖顶，穿右衽绣花长衫，着绣花长裤，束白腰带，系镶边围腰，脚穿圆口布鞋或布袜套鹰头形绣花鞋，戴耳环、手镯、戒指等。其中绣花镶边长衫也叫抠圆衣服，最具乌蒙地区彝族服饰代表性。该衣服长至脚背，底布可自由选择颜色，自衣领至下摆均镶彝族挑花彩绣；背部、胸部花纹如山脉逶迤，前下摆、后下摆各有三朵花，有似白云的，彝语叫“带那伟”，有似月亮的，彝语叫“洛博伟”，有似羊角的，彝语叫“禾去伟”；衣服周边镶一圈美丽的花边，有似铁链的，彝语叫“喉渣梗”，有似杜鹃花的，彝语叫“索玛伟”，穿起来显得高贵、大方。

彝族传统手工业产品包括以下几类：

披毡（彝语：“许阿”）：用绵羊毛擀制而成，是遮风挡雨及防寒的主要用具。宋代已进入今广西一带市场，元代曾被当作贡品，至今仍为高寒山区彝族人民的必备之物。

马鞍（彝语：“母握”）：用木板制成，置于马背作驮运货物用具。

骑鞍（彝语：“崽握”）：用木板制成，置于马背骑马时用。踩脚用的附件叫马蹬，用铁或铜制成。

麻布（彝语：“毛鄱”）：将成熟火麻去叶，晒干至黄，浸泡剥其皮，绩麻成线，纺成麻纱，后用柴灰泡、洗，便成为洁白的麻线，再将麻线用土织布机织成白色麻布。

饮食 区境彝族饮食内容丰富，方式独特。山区的彝族多以苞谷、马铃薯、荞麦为主食，河谷地区以苞谷、大米为主。

燕麦炒面：将燕麦炒熟后磨成粉（名为“炒面”），拌蜂蜜或白糖食用，也可用生料晒干后磨成面做燕麦粑，或蒸或用文火烤食，尤其用火烤熟后，香脆可口，是馈赠亲友的佳品。

坨坨肉：是彝族人民别具特色的食肉方式，将肉煮熟后切成方形条状即可，是宴请宾客的美味佳肴，上这道菜也是待客的最高礼节。

咂酒：醇香味浓，酒精度低，饮酒方式独特，别具风格。其酿制方法是用苞谷或糯米蒸熟，加入适量的酒药后，置于一瓮坛密封，经一月左右发酵后，即可冲进冷开水，再用稀泥、稀煤面等密封。饮用时，将坛口密封处钻一个或数个孔，插入钻通的竹竿咂吸，故而得名。

转转酒：“转转酒”是彝族比较独特的饮酒方式，在公共场合，喜庆节日或逢亲遇友，宾主相聚，三人一群，五人一伙，围成一个圈或排成一长队，人数多少不限，用碗或瓶盛酒依次传饮，故俗称“转转酒”。

八卦鸡：彝族有以鸡卜卦预测吉凶祸福的习俗，凡谋事、娶婚、疾病、远行、作战等，都要制作八卦鸡，食用后，用鸡骨卜卦。其制作方法为将雄鸡杀后洗净，头、翅、腿卦从关节处切断，其余砍成块，佐之以生姜、花椒、大蒜、干辣椒，放入清水，炖熟即可，味正汤鲜。

（二）婚姻风俗

中华人民共和国成立前，彝族实行一夫一妻族内等级婚，即同民族同等级婚配。“耨溢”（同宗）相同，虽汉姓不同也仍为家族，不能通婚；“耨溢”不同，虽汉姓相同仍不为同宗家族，可以通婚。姑表优先婚，特别是姑妈的女儿由舅舅家优先迎娶。姨妈子女俗称“姨妈姊妹”，不称“姨表”，不能婚配。中华人民共和国成立后渐与其他民族通婚。彝族婚姻一般经过四个程序：即请介绍人（彝语称“扶菊”）提亲（彝语称“妻纠”）、定亲（彝语称“阿曲祖”）、送彩礼（彝语称“肘和”）、嫁娶（彝语称“阿卖妻”“妻客”）。彝族的婚礼习俗纷繁复杂，趣味无穷，歌舞贯穿始终。歌词内容或训世或叙述天文、地理、历史，或倾诉父母养育之恩、离别之情等，是彝族传统道德观念在现实生活中的折射。

提亲：男女青年在公共场合或经介绍人介绍相识后，为了更进一步相互了解，常以相约到野外对歌（彝语称“曲谷”）或单独幽会谈心等方式向对方吐露爱慕之情。彼此对婚事无异议后，男方的父母要请介绍人到女方家试探。介绍人（“扶菊”或“福纠”）经过几次试探觉得婚姻有望，便正式告知男方及其父母，并领男方带一瓶酒、一升燕麦炒面到女方家提亲（彝语称“雪蜜直计度摆”），即意味着已基本同意婚事。当介绍人提出完婚要求后，若无异议，女方家即邀请至亲长辈到场打开礼酒对祖宗牌位进行奠献，以示允诺这门亲事，到场者共饮礼酒，此过程彝语称“咪和苏色递”。同时，男女双方互赠礼品（钱、物均可）。至此，才算完成初定婚姻事宜。

定亲：男方家择一吉日良辰，介绍人领着男方及其父亲、伯伯或叔叔（富裕人家还备一匹马给随行定亲长者代步），带一升燕麦炒面、两瓶酒和两段布（给女方及母亲）到女方家正式确定婚姻关系（彝语称“阿曲祖”），即吃定亲酒。是时，女方家宰一只公鸡和一只仔鸡（象征阴阳相配）宴客，并邀请族中长辈陪席。席间，由主人将雌雄鸡头、翅、卦，分给宾主，食后，将鸡卦骨（彝语称“按补”）进行占卜，分析和判断婚姻吉凶，然后将四支鸡卦骨雌雄搭配成对，用五色彩线捆扎，男女双方各持一对作为订婚凭证。

送彩礼：男女双方到已婚年龄，通过介绍人撮合，两家经过反复协商同意后，由男方择定送彩礼吉日。届时，介绍人带领男方及至亲叔伯（人数只能是双数）携带商定的钱物、婚嫁吉日帖至女方家，次日，女方家杀鸡宰羊招待，并请至亲作陪，尤其要请一位熟知礼仪的男士将主人家的酒给客人斟上。酒过三巡后，送礼人拿出彩礼（即聘金及布匹），若女方的爷爷、奶奶、父母健在，布匹要送五段，女方的爷爷、奶奶、父亲、母亲各一段，一段为女儿做嫁妆用。男方的同辈将带来的酒回敬女方家。

接亲：举行嫁仪的晚上，男方家根据女方家的陪嫁妆奁的多少，组织相应人数的队伍前去迎娶（迎亲队伍人数不限，但只能是单数）。当接亲队伍走近女方家时，即安排一名精明能干、给新娘牵马的（一般是新郎的弟弟，彝语译音称“阿玉各”）男士带一瓶酒、一升燕麦炒面、半边猪头，趁天黑主人家不易察觉之机，把礼品悄悄送进女方家堂屋，挂在神龛上，叩三次头后随即回到接亲队伍中。女方家用常青树在院子宽敞平坦处搭建一个简易棚子，作为主持嫁仪和接待宾客处（彝语称“绰嘎”），并请德高望重的族长（彝语译音为“绰嘎耄”）主持嫁仪，下设“甫吐”（即管事），直接部署和指挥一切活动。接亲队伍来到“绰嘎”，派一名代表向“绰嘎耄”敬献两瓶酒后，“绰嘎耄”便安排管事把接亲队伍人员领到指定的处所休息，待主人家把所有的客人安排用完晚宴后，才请接亲队伍入宴。迎亲队伍来到离女方家设的“绰嘎”不远处，女方家的姑娘们会拉住对歌盘问，内容有“初楚候”“富起赶”“妈都怒”“绰阁仆”“阔扎透”“陆外”“洛透打”“陆阁仆”“可则约则述”（均为彝语译音）等，接亲人员答对后，才能通过女方家用树枝搭建的“金、银、铜”三道简易篱门。迎亲队走出围篱门口，姑娘们又拦住盘问（彝语称“绰阁仆”，意为“开篱笆门”），对答正确方可闯过以上“三关”，若有“卡壳”，则会被泼水、起哄、取笑等。闯过以上三关，还要“绰嘎仆”（开主持指挥婚嫁收礼的“司礼台门”），接着举行“肘透”（彝语译音），即将带来给女方家的礼物清点并交给司礼台。司礼台分两处：“阿补谷”（“阿补”为彝语译音，语意为“爷爷”）在左，“阿打谷”（“阿打”为彝语译音，语意为奶奶）在右，首先在“阿补谷”处“肘直透”（向女方家族族长“绰嘎耄”敬酒），接着敬烟，又敬三巡酒。随后，在“阿打谷”处“肘透”（语意为交礼），敬烟，敬酒三巡，并向女方送交男方带来的一坛敬礼酒，唱酒礼歌，跳酒礼舞（彝语译音“阿卖恳直”），另向女方赠送两瓶酒（彝语称“女脚”“和脚”）和衣物、饰品、盖头帕及布匹（给女方及其母亲，彝语称“冒够讷”），同时“陆外”（唱娶亲歌）。接着“洛透打”（上石阶梯）、“陆阁仆”（开城门），接亲人员走到女方家设宴的屋门外时唱酒礼歌，对歌盘问后方能入席，入席后姑娘们又围上来对歌（彝语译音称“可则约则述”，意为盘问碗、筷等餐具的根源等），其间穿插打亲、抢筷子等逗趣场面。

嫁仪：晚餐后开始唱嫁仪歌（彝语译音“阿卖恳”），跳嫁仪舞。首先是“克武克左”（彝语译音，意为祭天、地、日、月及祖先），即陈设供奉祖先祭品和祭奠祖先的活动。在堂屋中央偏上处设供品，供桌上放置一升苞谷，点上一盏灯，升口四角插四根筷子作撑竿，顶端上套红辣椒，再罩猪的蒙肚油，以示对天、地、日、月和祖先的奠献。同时，桌上摆三杯白酒，新娘的几位姑妈或姐姐排坐在供桌的上方，几位嫂嫂立于下方，陪伴的姑娘们和新娘一起坐于左边，姑妈队的领头者把舞帕搭于左肩即开始唱祭奠歌，嫂嫂们随声附和，类似二重唱。从堂屋一直唱到“绰嘎”，其间还有“许姑”（彝语译音，语意为“赠披毡”）的过程。歌词的内容繁多，有叙述与父母难舍难分、父母养育之恩、祝福女儿幸福吉祥的，也有历史、劳动生产、民间传说的叙事歌和问答歌等。歌随舞势，时起时伏，唱一阵歌，饮一阵酒，跳一阵舞，通宵达旦。第二天（姑娘出阁日），接亲的人员中要派一名年轻男士拿上陪嫁礼物中的一只箱子或一个包裹，内装一双鞋或一条新裤，于天刚亮、路无行人时就动身开路，谓之“抢新路”。据传，“抢路”人走得早，新婚夫妇能幸福吉祥，白头偕老，若在路上遇到别家的接亲队，要互换一样可带的物品以示吉利。

发亲：姑娘盖“吾薄”（彝语译音，汉意为盖头帕），由兄（无兄者由弟）背到门外上马。之前，新娘骑的马要由别人试骑跑三趟，马不再排泄粪便才吉利。上马时，接亲队中的一人脚踏一只马镫，姑娘踏另一只马镫而上，姑娘骑的马由新郎的弟弟牵着前行，女方的弟弟及其余人员紧随其后，接亲队伍行至中途要让新娘下马休息，送亲人员，接亲人员各聚一组畅饮女方家赠送的酒（彝语译音为“母椤直”，意为“放马酒”）后继续赶路。

迎亲：男方家早已在寨外对着大门路口处用剥了皮的五倍子树枝搭起“迎亲门”。新娘到达时，“布耄”（彝语译音，意为“经师”）先念“退喜神”经，然后杀一只未孵过鸡崽的草鸡抛越“迎亲门”，意即“驱鬼除邪”（彝语译音称“够补漏”）。进亲时，新娘头盖“吾薄”，马停门前，揭掉盖头帕，把新娘抱下马后，立即将新娘骑的马鞍取下反扣在男方家大门槛上，由两位姑娘扶新娘跨越过马鞍，再踏碎一个反扣在门槛内侧、顶置一枚鸡蛋、盖上一个木勺的碗，意为“驱除邪恶”、避“是非口嘴”，然后把新娘扶进堂屋，在神龛前鞠躬行礼后扶入洞房，此过程彝语叫“妻恒伍”。进入洞房后，婆婆要特意为新娘煮一碗稀饭邀妯娌一道给新娘送去，以示关心，新娘至少要吃一口，表示吃到婆家的饭了，这一程序彝语叫“阿呢赤礼和”。新媳妇要给女性长辈敬烟，赠送从娘家带来的鞋，送给看热闹的小孩子鸡蛋、果品等，待各项礼仪完毕后，同辈男女青年到洞房抓稀饭互相抹脸嬉戏，以示祝贺。新娘进洞房后，男方家要请送亲人员（常为三代人）在堂屋中壁前左右就座，男方家至亲人对应三代人坐于右边，由新郎依宾主长幼为序敬烟三巡。送亲队伍中的新娘的哥或弟也照例回敬送亲的“阿雨补”，送亲人员要在男方家住三天，此间，新郎不能与新娘同宿。第二天午饭后，举行联谊活动，以示新媳妇到家，喜庆丰收，彝语称此活动为“谷购”。新郎新娘双双向送亲者及远道而来的客人敬酒，敬酒时三步前进，三步后退，并请喝彝家有独特风味的“咂酒”。新娘绕坛转三圈敬咂酒，请送亲者和男方家青年男女同饮，饮酒用的吸管（俗称“咂竿”）用四根小竹竿制成弓形插入坛口至底，其中两根通气，两根不通气（主要用于取乐），如果饮酒者遇上不通气竿，吸不着酒，就惊讶地抬起头，酒令官就挥动着小竹棍敲咂竿并风趣地说：“吃酒就吃酒，不要抬头鼓眼东瞅西瞅”，这时会惹得大家哄堂大笑。同时按宾主依次唱酒歌。晚上是“阿玉直猜”（向送亲者敬酒）活动，男方家至亲分别带上烟、酒边走边唱酒歌，到送亲者住处敬酒以示谢意。第三天，领队送亲的总头“阿雨补”（舅爷）以及新娘的叔伯催促队伍，打点行装到男方家的“绰嘎”前，男方家即拿出一瓶水、一瓶酒、半边猪头交给送亲的领队总头，由总头从送亲人员中挑选一名骑手和一名跑步能手，选择附近平坦处，手提着半边猪头和一瓶酒快速奔跑，骑手带着一瓶水骑马紧追其后，如此往返三次后把水倒了并返回“绰嘎”，送亲人员开酒共饮。接着男方家安排饯行席（宾主均由三代人相陪），席间，男方要对送亲人与介绍人表示酬谢（赠送钱、半边猪头、酒等）。饭后，送亲队伍集中在男方家堂屋排坐于左边，新郎的父母、叔伯、婶娘排坐于右边，共饮临别酒道别，双方互相客套寒暄后，管事即安排几位青年男士，一人牵一匹送亲人骑来的马，侍候启程。新郎扶“阿雨补”上马后，其余人员相继上马，新郎上前各敬一杯饯行酒，“阿雨补”喝酒后将男方家赠给的钱（名曰“红封”或“红包”）放在杯中回赠给新郎。之后，“阿雨过”（新娘的弟弟或哥哥）回转马头道声“再见”，便随队伍启程返家，至此，整个婚嫁礼仪结束。

（三）丧葬风俗

清代前，彝人大多实行火葬，贫者以麻布裹遗体，盖上披毡或羊皮，富者以锦缎裹遗体，盖虎皮，在野外焚葬场用木柴架叠成方形柴垛，男九层，女七层，移遗体侧卧其上，男面左向南，女面右向北，舅、甥、家族、孝子各找一福禄双全的人举火，从四角引燃柴垛。骨灰冷却后用陶罐或红绫袋收敛，安放悬岩洞，或择地以土块或石块垒成三、六、九层圆形坟，坟向朝天，称“向天坟”或“朝天坟”。清雍正时，朝廷禁止焚尸，遂改土葬，但彝族聚居区土葬时仍保留火葬的遗俗，掘好墓穴，在墓穴中央用喜鹊窝树枝按男九层，女七层架迭，男墓从东侧，女墓从西侧引火，将树枝烧尽，余灰铺撒均匀，移棺入内填土。墓地必须请布耄（彝语译音，即“经师”）或族中懂风水者选择，有的大家族的坟山地，外族不能入葬，本家族受刀、枪杀致死等非正常死亡者也不能入葬。死后三日内每晚必须给亡灵献水，第一夜送至坟前，第二夜送至半路，第三日白天到坟地添土圆坟，傍晚送水至房侧岔路口。三年之内，每年“打偷”（过年）之夜都要到坟前亮灯。人死后要进行斋祭，请布耄念经指路（指引亡灵顺利返回祖先发祥地与先祖同聚），其灵牌才能列入祖灵牌位。彝族的祖灵牌位陈列在特意修建的祠堂（彝语译音称“埤恒”）斋祭，分大斋和小斋。大斋，彝语叫“洁嘎”，少则三日，多至九日，程序繁多，有的死后立即斋祭，有的积数代后集中举行斋祭。斋祭时每个亡灵各建一亭阁式灵房，彝语叫“恳恒”或“伍酬”，其结构一般为三层，底房停放灵柩或从亡人坟上扯来茅草并扎成人形（俗称茅人）设灵位；二层以上用白纸糊壁，剪贴各色花卉图案，并扎纸花插于每层灵房飞翘的房角及檐顶，顶端插九枝，中层每角插六枝，底层每角插三枝，似弯弓形向四方垂吊，形如彩楼。境内《指路经》所指的线路大多为西梁山（威宁）—北拦江—洛尼博—云南东川—女武博（云南点苍山）。“指路”文化反映了境内彝族的迁徙路线，同时也体现了彝族人民对生命的珍视和对灵魂的膜拜。境内彝族送葬时不丢“买路钱”（祭奠亡灵用的纸钱），因为祖先们认为，他们是这里最早的土地业主。

（四）娱乐风俗

端午节：彝语称“物以”（农历五月初五），为八卦历法阳降阴开之日。是日清晨，家家户户把牲口放到野外，男、女、老少都饮雄黄酒、吃大蒜，以独蒜果为核编织香包给小孩佩带，防蚊虫叮咬，用大蒜捣料调水泼洒在住房周围祛邪。青年男女游山玩水，意为“游百病”（预示健康吉祥），或采野菜、采草药，或集会对歌、赛马等。

火把节：以祭神祭田地、祈求丰收、送祟除邪为主要内容。过去一般在农历六月二十四日前几天举行，后演变为彝族较隆重的传统节日，现于农历六月二十四日定时举行。白天，男女老少着艳服盛装欢聚、娱乐，赛马、斗牛、斗羊、荡秋千、摔跤等。入夜，各村寨燃举火把，游走于田间地角，山寨前后，火光犹如游动的巨龙，划破夜空。最后集中到择定的场地，绕场数周后，将火炬集中堆放并点燃事先准备的柴堆，人们环绕篝火，尽情歌舞。

彝族年：彝语称“娃烘打偷”，年节在农历十月初一，是根据彝族十月太阳历确定的，彝族太阳历将一年分为十个月，每月三十六天。年节时，门前插松枝，屋内铺黄松叶，堂屋神龛——祖灵台上摆放酒、肉、饭等供奉祖先。年轻人或游山玩水，或荡秋千、赛马、摔跤、打鸡毛毽、翻毛蛋、拉顺风耳对歌等，庆祝一年的丰收，祈福新的一年。

音乐：彝族民间音乐种类多，题材广，曲目丰富，大致可分为民歌、器乐曲两大类。

民歌：包括情歌（彝语“曲谷”）、山歌、出嫁歌（彝语“阿卖恳”）、娶亲歌（彝语“陆外”）、丧歌（彝语“恳合”）、叙事歌、儿歌、劳动歌、敬酒歌等。

唢呐曲：结构为三段一首，称“三叠式”，原始的唢呐有7个音符，后发展为8个音符。

月琴曲：月琴是彝族的传统乐器，民国年间，民间弹奏者较普遍，之后，继承者较少。月琴的演奏不受时间场合限制，一般以节庆、农闲、夜间弹奏为多，艺高者可反背着弹，头顶着弹，曲调曲目较丰富。

口弦曲：大多属简单的月琴调。口弦由三片铜片制成，弹奏时左手执弦于唇间，右手指拨弹，其声音通过口腔的开合控制，曲调优美。

舞蹈：区内的彝族民间传统舞蹈主要有撒麻舞、铃铛舞和酒礼舞。撒麻舞（彝语“木苏署”，也作“蒙书书”），展示彝族人民从种麻到织布的全过程。舞蹈将劳动动作融为一体，具有优美朴实、浓郁的生活气息和民族特色。汪家寨镇新华村的彝族撒麻舞已被贵州省人民政府列为非物质文化遗产。铃铛舞（彝语“恳合呗”）：因其脚上的动作较多，汉人名之为跳脚，又由于其道具主要是铃铛，也叫铃铛舞。原为悼念死者灵魂的一种特有歌舞形式。舞中保留有祖先们翻越崇山峻岭，征战沙场时的武士动作。每当彝族武士在战场上牺牲，族人们都会将他妥善安葬，并为其歌唱、舞蹈。汪家寨镇新华村的彝族铃铛舞已被贵州省人民政府列为非物质文化遗产名录。酒礼舞（彝语“阿卖肯”），是彝家人在举行婚礼时唱酒礼歌跳的舞蹈，舞队中男女各半，舞者手持一块手帕或头巾，边歌边舞，动作随歌词的变化而变化，舞姿柔美，欢腾活跃，感情真挚朴素。

传统体育：钟山区彝族的传统体育集健身、竞技、娱乐为一体，充分反映彝民族热情、奔放、武勇的性格。主要有荡秋千、打陀螺、赛马、打鸡毛毽、磨磨秋、摔跤等。

（五）崇拜与禁忌

彝族最原始的崇拜物为自然景物，即哎（影）、哺（形）、啥（气）、额（浊）。认为哎哺变啥额，啥哎生万物，风、云、雷、电、山、水及一切自然界的动植物均由啥额不断演变形成，万物有灵，形成多种崇拜。进入宗族社会，以祖先崇拜为主，各大宗族有共同的祖灵筒，内置谱牒，放置于悬岩洞穴，每隔一年进行一次祭祀活动，彝语叫“韦捞”或“发递”，大宗族下分小家支，各家支分建祠堂于菩萨林内，用木牌写上亡祖名供奉，每十二年更新一次，彝语称“埤来”。以龙虎为共同的崇拜物。

彝族禁忌繁多，常见的有：忌在村寨附近唱情歌；男女老少在一起，不能说怀孕，常说身子笨重等；正月初一早晨不叫“起床”，犯之则当年的跳蚤多，忌正月初一、初二扫地；若舅舅健在，则忌正月理发，犯之则伤舅舅；忌妇女进祠堂；忌狗哭、母鸡叫、公鸡生蛋；忌未嫁进门尚未满月的新娘串别人家门；忌农历正月十九、二十、二十一走亲访友；忌女人打男人耳光，摸男人的头、脸；忌跨越火塘或锅桩石；忌解小便淋火；忌坐门槛；忌妇女越过有男性坐着的楼顶；忌儿媳或弟媳与公公、大伯子同桌吃饭；忌产妇不满月入堂屋；忌孕妇入祭场、触死尸、寿衣、祭品、嫁妆、喜床等；忌叫正在砍树、打蛇人的名字。

四、彝学研究

2000年5月12日，钟山区彝学研究会成立。龙明海为会长，有副会长11人，文兴睦兼秘书长，常务理事38人，理事81人。2004年11月11日换届，龙忠秀为会长，有副会长21人，文全友兼秘书长，常务理事56人。2008年10月29日换届，龙忠秀为会长，设副会长13人，文全友兼秘书长，常务理事79人。学会制定有《六盘水市钟山区彝学会章程》，各项规章制度健全，学会为促进钟山区彝族地区的经济社会发展和各民族团结进步做了大量工作，成效明显。

区彝学研究会成立后，汇集一批热心于彝学研究的各界人士，深入彝族民众中，采访原生态的民间习俗和艺术，整理典籍，搜集民间故事、传说等，撰写许多反映彝族人民生产生活习俗和传统文化的作品。2008年，选择部分作品编辑出版《钟山彝学》1册，对进一步了解钟山区彝族的历史，发掘和弘扬彝族传统文化起到积极的作用。

第二节　苗　族

一、族源

境内苗族来自湖南“溪蛮”“武陵蛮”及“长沙蛮”。其中一部于东汉后迁居四川，唐末宋初，住南川之一路共12支系沿乌江迁入水西，张、杨、李姓苗族祖辈相继进入境内，分别定居世乐坝子（今月照乡马坝村）、发那戛（独山村）。另一部分在元末战争时由湖南宝庆府（今湖南邵阳地区）移避贵州，有的定居区境。再一部分系明初由湖南征调至贵州的苗兵后裔，以及明正德年间（1506—1621）被明军围攻追赶至贵州雷山，后进入区境的苗民后裔。

钟山区范围内世居的苗族有“歪梳苗”“小花苗”“大花苗”三种。

“歪梳苗”：妇女用头发、马尾、麻线等搓细绳数百与头发作右垂髻，右耳上方歪插月牙形彩梳，故有“歪梳苗”之称。歪梳苗自称“蒙”“蒙洒”，即“汉苗”。

“小花苗”：上装着绣花坎肩，故称“小花背”“小花苗”，歪梳苗称“小花苗”为“蒙撇”。

“大花苗”：上装为麻布长衫，披一件用羊毛织成的披肩，其上布满几何图形，背后的一块为回纹背牌。披肩较小花苗上装绣花坎肩大，故称“大花背”“大花苗”。该支系自称“阿卯”。

钟山区苗族主要聚居在月照乡马坝村、独山村、响水村，大河镇周家寨村，德坞街道办事处马落箐村、西宁村，老鹰山镇杉树林村、木房村，大湾镇腊寨村，汪家寨镇新华村、左家营村。

钟山区境内苗族多居边远山区，多旱地少田，土地贫瘠，主要以种植玉米、洋芋、荞、麦、豆类、火麻为主。

中华人民共和国成立前，苗族居住的山区经济落后，生活贫苦，大多住草房、窝棚或叉叉房，有的住岩洞，不少人盖秧被、麻渣被。饮食以玉米、马铃薯、荞、麦为主，常伴食野菜。大部分人终年穿草鞋或赤脚。

境内苗族长期经营传统自然农业经济，中华人民共和国成立前，长期过着自给自足的生活，对外几乎无经济交流，生活贫困，文化闭塞。钟山区苗族聚居集中的马坝村和周家寨村都有用羊犁地的历史，羊犁至今仍有保存。苗族熟练掌握种麻、纺布、制衣、挑花、刺绣以及蜡染等手工技艺，但通常只是满足自身需要。乾隆三十九年（1774），水城郊区苗族在头塘（原校场乡）兴办有二三千人的铅锌厂，开采近十年，工人最多时达四五千人。光绪年间（1875—1908），水城已有一些苗族开采煤矿。

中华人民共和国成立后，国家民族政策给予巨大扶持，促进苗族地区的发展，苗族地区贫穷落后的状况得到改善，钟山区苗族在政治、经济、文化和生产生活等方面取得明显进步。

二、人口与分布

1990年，据第四次人口普查资料，全区有苗族人口数量7381人，其中，男4107人，女3274人。全区除三合乡外，其余镇、乡、办事处均有分布。人数分布较多的有荷城办事处、教场乡、以德乡、汪家寨镇。

2008年，全区苗族人口数量增加至15714人。

月照彝族回族苗族乡马坝村为钟山区苗族的最大聚居区，民风淳朴、人民相对富庶，全部都是歪梳苗支系。全村现有村民353户1363人，苗族同胞占全村总人口98%。大河镇周家寨村是全区小花苗支系的最大聚居区，全村有少数民族村民211户864人，占全村总人口的35.8%。

三、风俗习惯

（一）生活风俗

服饰　钟山区境内的苗族服饰主要有歪梳苗服饰、小花苗服饰、大花苗服饰三种。

歪梳苗服饰：歪梳苗内部划分为道别苗、青河苗、红河苗等，服饰有较大的差别。马坝歪梳苗属于道别苗，其服饰特点：女上装右开襟，花栏杆大斜领，上截单色，无花纹，下截和袖筒配有精美的刺绣，挑花和蜡染蝴蝶纹样；下装着裙，左右裙褶如切；颈挂一面刺绣围牌于小腹至小腿处，腰间作带后系；打白绑腿。服饰素洁偏浅蓝色。男装与汉装同，面料多用靛染麻布。

小花苗服饰：男性穿长衫，束腰带。女性衣服花纹有鸡爪形、羊奶果形、火镰形、稻田、城郭图案，周边以布条镶嵌成瓦屋檐图案，有蜡染、刺绣、黑毛线挑织三种类型。下装穿百褶短裙，未婚女为两幅横连百褶短裙，已婚妇女穿三幅百褶长裙，裙色浓艳。头饰，男性中老年梳辫绾头，或以青、蓝、白布缠头，青年散发垂肩，或红头绳辫发交叉绕头。未婚女两股发辫后垂，或在前额交叉别木梳，发辫长者绕至脑后用木梳别稳，有的用大束红色或黑色毛线与发混合缠头如盘状，于脑门上方用毛线捆扎。已婚妇女以发绾鬏于额顶，或用黑毛线与发混扭缠头如螺旋状。两耳带环，左腕带镯。

大花苗服饰：衣服花纹有蕨叶、稻麦秸、葡萄、蛙、蝴蝶以及畦田等图案。后领口正中下方缀一城郭图，下系九股缨须，象征九黎。男女装花纹相同，款式有别。男装大襟长衫或对襟短服，腰束布带，下装穿长裤。头式，老年包帕或带羊毛毡帽，青壮年女装为对襟短衣，下装穿百褶长裙，包括漂白布花裙、麻布花裙、麻布花格裙、麻布靛染花格裙、麻布靛染裙、白麻布裙等类型，以漂白花裙为盛装。脚裹腿布，腿布为青、白、红三色纱织成的布条。头饰，未婚女用细麻、毛线染黑与发混扭盘于头两侧，缠花线或别梳子作装饰；已婚女子以细篾丝编圆锥形，缠黑毛线竖于头顶，缠发固定，两侧别两根刺猬硬刺，状如犀牛角。

佩饰：苗族佩饰主要为银饰，银饰种类繁多，从头到脚，可多处作饰。苗族认为银饰不仅可以辟邪，还能去体毒防止瘟疫。真正的苗银略带黑色，说明存放的时间长，也就更具价值。苗族人酷爱银饰，一生的财富除了耕牛就几乎只是一些银饰。区境苗族属于西部方言区苗族，银饰相对少于中部方言区的黔东南苗族。

蜡染：一般是先用溶蜡在布上绘好精美的图案，然后染色。用沸水除去蜡后再用清水漂洗晾干，被蜡覆盖的地方就漏出底色花纹，晕染自然。苗族蜡染图案带有史书性质，有很高欣赏价值和珍藏价值。

苗绣：苗绣种类繁多，工艺精美。苗族刺绣的纹样，不仅记录节日、图腾和英雄人物，还记载苗族迁徙的历史。苗族刺绣的用色，主要用红配绿、紫配绿、紫配黑，色彩搭配在苗绣中被大胆使用，达到夸张的效果。艺术大师刘海粟对苗绣这样评价："镂云裁月，苗女巧夺天工，苏绣、湘绣比之，难以免俗"。

剪纸：苗族剪纸主要是作为苗族刺绣的底样。图案主要来自苗家历史和生活，所以人们称苗族是一个把历史书写在服饰上的民族。构图具有古朴、粗犷和浓郁的乡土气息，线条流畅，朴实净秀，依据剪纸图案作的刺绣，是苗族服饰的重要组成部分。

婚姻：苗族实行一夫一妻制。歪梳苗同宗不可结婚，同姓但不同宗者可以结婚，偶尔也有近亲结婚的"亲上加亲"现象。苗族的婚姻十分开明，虽有包办婚姻现象，但大多数都是自由恋爱。苗族的婚俗仪式规矩多，也十分讲究，随着社会发展，现规矩多已简化。订婚要三次才成功，过钱（送彩礼）多才"吃鸡酒"。结婚时，第一天为女方家酒，第二天为男方家酒，第二天凌晨择一吉时，娘家人送新娘到新郎家，送亲队伍由男女各两位老人带领一群未婚的少男少女组成，一般为偶数，少则几人，多则几十人至上百人不等。在离开娘家时，新娘向娘家人哭诉种种依依不舍之情，嫂子和母亲则安慰她，叫她到新郎家要好好孝敬公婆，体贴丈夫，照顾好儿女，勤俭持家。歪梳苗一般只穿一两套衣裙，不加穿嫁衣。在新郎家半里外换装，入洞房前不走村串寨，直接进中堂，绕一圈后入洞房，不散发，新娘到深夜进餐。第三天，娘家人离去，新娘送至三岔路口，大哭，娘家人又是劝阻一番。一个月后新娘返娘家"回门"。

丧葬：苗族沿用棺葬。丧葬仪式具有祖宗崇拜的宗教性质。苗族认为人死有三魂，一魂在坟墓，一魂回到祖地，一魂守候家人。因此，苗族人为死者举行的灵魂回到祖先居住地与自己亲人团聚的仪式，是丧葬仪式中最神秘、最具民族文化特点的仪式。

苗族丧葬仪式自始至终由祭师指导完成。在整个仪式中，芦笙和神鼓鸣奏贯穿全过程。治丧活动一般人家为"吊大鼓"，有条件者"打嘎"，即杀牛祭祖。丧事过程主要有：

老人寿终时的沐浴、修面、穿戴、入殓；组建管事、筹办丧事、通知亲戚；祭祀出孝、舅家盘问、诉姑妈话；打牛、指路；埋葬、解簸箕等。

丧葬祭祀词，特别是指路词道出了苗族迁徙的路线，述说苗家的历史故事，具有较高的研究价值。"诉姑妈话"揭示了舅权制度对苗族的影响。

禁忌与宗教信仰　区境苗族忌女儿在娘家分娩或到别人家分娩，如有特殊情况，亦只能在旁室小屋生育；忌坐月子产妇入别人房；忌怀孕或刚小产妇女入坐月子产妇房；忌蛇进屋；忌狗爬房；忌订婚、结婚时打雷；忌于别人家屋中或在外去世；部分苗族家族中忌公婆在世时媳妇爬楼；忌老辈和兄长接触已婚兄弟和晚辈床铺；忌老辈和兄长与兄弟晚辈媳妇开玩笑；忌随意丢弃、踩踏或焚毁用过的草药残渣；忌与不"干净人"家联姻；忌背幼儿与"不干净"人搭话；忌随便用别人针线；有人去世的人家忌七日内洗衣服；忌从长辈座位前面走过；忌产"双猪独狗"等。

区境苗族的原始宗教，主要是祖先崇拜和对某些"自然神物"的敬奉，如祭山、祭树、祭石等。马坝苗族的图腾为"蝴蝶妈妈"，其妇女服饰的"蝴蝶"图案随处可见。清光绪三十三年

（1907），安顺内地会传教人士党居仁（英国人）、杨庆安（苗族，贵州省安顺人）传入基督教，先在滥坝猴儿关，后又在今钟山区月照乡马坝村建立教堂，教徒数百。自此，由外传入的基督教就成了当地歪梳苗群体性的宗教信仰。

（二）娱乐风俗

节日：区境内苗族的节日除与汉族相同外，另有正月初五至十五的“坐坡节”，未婚青年坐坡聚谈、唱情歌；正月、八月、十一月“坐花房”，姑娘到花房绣花、画腊、贴花；二月十五日“跳花节”，是苗族一年中最隆重的节日，设有花坡和花场，选一棵枝叶繁茂、长势好的常绿树栽在花场中央，称为“栽花树”，男女老幼着盛装，到花坡庆祝节日。节日活动内容主要有：青年男女相互展示服饰比工艺；互请吃饭，以饭香肉肥比勤劳；吹芦笙跳芦笙舞比艺术；芦笙手绕花树“跳花”；开展社交活动，围坐篝火谈天，青年男女谈情说爱，抢“花背”、讨信物。另外，还有四月八、六月六、串月等节日。

拦门酒：拦门酒是苗家人一种古老而又隆重的迎宾礼节，一般由二至四位漂亮的苗家姑娘手持自酿的苞谷酒，在大门口唱着迎宾歌迎接尊贵的客人。客人酒喝得越多，苗家人越高兴。喝完拦门酒，拦门人会礼貌地让开一条道路，恭迎客人进屋。

洗脚礼：为客人洗脚，是歪梳苗对最尊贵客人的特殊礼仪，体现了苗家对客人的重视程度和热情。能够得到主人家的洗脚礼招待的人，一般为老人，也有年轻的远路客人，如送亲的新娘兄弟等。

芦笙舞：芦笙舞是苗族文化生活的重要组成部分。苗寨里的各家各户，都是跳芦笙的场地。芦笙曲种类很多，内容和形式也丰富多样，有专用的，也有随时可演奏的，多取材于民间歌谣。吹奏芦笙多与舞蹈相结合，苗族《芦笙舞》有着悠久的历史，是苗族人民流传最广的一种舞蹈。芦笙舞曲可分为礼乐曲、叙事曲、进行曲、歌体曲与舞曲等。芦笙演奏与芦笙舞的形式可分为吹笙伴舞、吹笙领舞与吹笙自舞，前两者吹笙可以是六、八、十二或更多人。吹笙伴舞即吹笙者不舞或在场中小舞，周围男女群众层层环绕舞蹈；吹笙领舞即吹笙者在前边吹边舞，男女群体结队绕圈踏声舞蹈，场面蔚为壮观。吹笙自舞指小集体、双个或单个吹笙者用小芦笙表演，亦吹亦舞，舞蹈动作难度大，要求舞者配合默契。芦笙舞蹈动作可概括为走、移、跨、转、立、踢、别、勾、翻等。动作或庄重肃穆、雍容典雅，或节奏紧凑、紧张激烈，或轻松明快、活跃敏捷，因场合和曲调不同而异。芦笙曲与芦笙舞体现出苗族人民的各种生活与文化形态。

巫舞：巫舞是原始图腾舞蹈的遗迹，被称为古文化的“活化石”。在人类社会发展的图腾崇拜和整个原始宗教神灵崇拜时期，巫和舞蹈是先民们敬神、通神、娱神的手段，是人与神沟通的桥梁。苗族巫舞对后世苗族舞蹈的发展有着重要的影响。巫舞在苗族舞蹈的发展史上，曾经长期占据苗族舞蹈界的统治地位，至今，在一些祭祀活动中还保留着巫舞的形式。钟山区众多的苗族舞蹈中仍旧保留着巫舞的痕迹，舞蹈步伐也与祭祀活动中步伐（跳脚）基本一致。

四、苗族医药

苗药在民间疗效比较明显，有中草药和中成药。苗药是祖国医药宝库里的一朵奇葩，已广泛被民众所运用。

苗族医药文化的发展与整个苗族历史发展紧密相连。在同恶劣环境作斗争的过程中，先辈们为了生存，不断地同各种各样疾病作斗争，逐步积累一定的医药知识。最初，苗族的先民简单地知道用石头粉末、蜘蛛网等一些动植物和矿物成分作为小创口的止血药品；吸出毒血，烙制伤口治疗毒蛇咬伤；涂抹红泥土治疗皮肤病；涂抹动物油防止烧伤伤口发炎溃烂等。后来，运用单方“狼鸡”的根（也叫“金毛毛”）作为大创口的止血消炎防腐生肉药品；“兰步镇”治疗伤寒；“马前子”

（也叫“扯逗药”）接骨；“大血藤”治疗风湿劳伤；鹅气管治疗咽喉肿痛；皂角医治火牙、虫牙引起的牙神经痛；“川芎”医治胸闷、内脏移位、腰骨挫伤；“老洼蒜”外敷医治坐股脓疮；弩药（苗语称“旮依”）作为麻醉和消炎药品等。后来，发展为各种各样的配方、秘方和偏方，自成体系地形成了苗族独特的医药文化。

第三节 回 族

一、族源

回族是回回民族的简称。钟山区的回民，多于清雍正年间（1723—1735）因经商从陕西经昭通过威宁而到此落户安家。同治年间（1862—1874），因逃荒或躲避抓兵派款，又有一批回民从云南东川和贵州威宁一带迁来，主要分布在月照乡等地。以后，有的回民因经商、做官、务工等陆续到境内城镇、工矿落户，居住较分散。现境内回民有马、张、刘、李、柏、董等姓，其中马姓最多。

回族东迁之初杂用阿拉伯语、波斯语和汉语。有文字，使用情况同口语。在长期与汉族杂居大环境中，逐渐在日常生活中改用汉文，只是在宗教生活和民族内部交往时保留少量阿拉伯语、波斯语词汇。

二、人口与分布

1990年，据第四次人口普查资料，全区有回族人口数量2039人，其中，男1120人，女919人。全区除三合乡外，其余镇、乡、办事处均有分布。人数分布较多的有黄土坡办事处、荷城办事处、月照乡、汪家寨镇。

2008年，全区回族人口数量增至3205人。

三、风俗习惯

（一）生活风俗

饮食：回族饮食有许多讲究。家畜只食牛、羊，家禽只食鸡、鸭、鹅，水中动物只食鱼。带爪食肉类动物、带鹰钩嘴猛禽一律不食。马、驴、骡因为平蹄，为异形，也不食。可食牲畜须经阿訇或寺辅下刀（不称“杀”）割断血管、食道、气管，放尽血液，才能食用。病死、冻死、压砸而死等自死物，一律不吃。

回民善制脆牛肉，用盐和花椒腌后晾干，称“牛干巴”，味美。“油香”为回民喜食食品，各种礼仪场合不可少。主要用麦面或当地所产荞面、玉米面、糯米面加白糖，搓成圆饼，用菜油炸熟而成。

婚姻：回族实行一夫一妻制。一般在本民族内通婚。过去习惯，同姓不开亲。民国以前，婚姻多由父母包办，幼时就由父母做主定亲。中华人民共和国成立后，才开始有自由恋爱婚姻。

回民婚姻礼仪较简单，大致有：

说亲：男方请媒人带茶叶、糕点、糖果到女方家提亲，如父母均同意，就收下礼物，如不同意，原物退回。

定亲：也称喝糖茶。说亲同意后，男方请媒人带一套衣服及相关穿戴和茶、糖到女方家定亲，女方请家族成员喝糖茶，让族人知道女儿已定亲。

谢亲：男方给女方家送谢亲钱，作购置家具和嫁妆用。有的不要谢亲钱，女方父母量力给嫁妆，家具由男方购置。

接亲：仪式一般要阿訇主持，婚期常由阿訇择定，中华人民共和国成立后，有的婚期选在国家节日期间。喜期前两天为过礼期，礼物视经济情况而定。媒人带领接亲队伍到女方家接亲，除带穿戴用品外，带一把雨伞。结婚不奏乐，过去新娘坐轿或骑马，现多为坐车或步行。

到新郎家，新郎由陪郎陪伴，新娘由送亲婆陪伴，一起入洞房。进洞房后，新婚夫妇要抢坐新床。

次晨洗漱完毕，新娘用娘家带来的炒面、糖水待客。然后请新娘亲属到堂屋就座，由送亲婆领着新婚夫妇向长辈敬茶，逐一行礼，礼毕，新婚夫妇方可走出房门。

婚礼后第三天“回门”。送亲人员和新郎新娘一起回娘家，当天返回。娘家做回门粑粑，给新婚夫妇带回婆家。

丧葬：回族葬俗尚俭朴，普遍实行土葬。其特点：一是不用棺材，不烧香化纸，不择日子，不请阴阳先生看坟地；二是速葬，认为早入土早得安，人死至安葬不超过三天；三是薄葬，不论贫富贵贱，均以“开凡”（尸衣）葬之，不允许用贵重物品陪葬。

人死后，遗体停放停尸床上，请懂教规并会沐浴身体者净身（洗尸体）。一人提壶，两人洗。净身后为死者着白布三件：第一件称“抛拉罕”，作第一层套尸。长度依身高而定；第二件称“小卧单”，亦称小验布，着第一层外面；第三件称大卧单，亦称大殆布，用两幅白布缝合起来包裹尸体。男做“缠头白帽”，女做“勤奶布”缠住胸部。从净身到装殓全过程，孝男孝女均跪在门前默哀。禁其他民族参与送葬。发孝帕或孝帽。葬前，从清真寺抬来公用“经匣”（装运尸体的公用物品），把装殓好的遗体放入匣内，置于屋外院坝。请阿訇及随行人员行“转香”和“赞拜”。由阿訇率众诵经悼念。仪式结束，将“经匣”抬往坟地，揭开匣盖，移出遗体安葬于预先挖好的墓穴。将蒙脸布揭开露出面孔，阿訇率众在墓侧念经。墓穴掘法：先挖长宽各一米、深两米方坑，在坑内向侧面挖长两米，高宽各一米，上圆下平。安葬时，将死者头部略向西偏转平放于穴内，最后用土封好洞口，面上，正对遗体垒一长方鱼背形墓堆，即为坟。“经匣”用毕送回清真寺备用。

葬后七天要做七，每天早晨孝子随阿訇到坟场念经祈祷。以后每七天都要举行祭祀，直到七七四十九天，其间还要做“四十天”。满一年要做周年，第二年还要做“二周年”、第三年做“三周年”。三年后，不定期祭祀。以上纪念日，除“做七”只做“油香”外，其他祭日，均要宰牲念经。

宗教信仰：回族人信仰伊斯兰教，且全民信教。《古兰经》是其经典，规定伊斯兰教有六大信条、五大功修，根据其信仰和教义，回民不准信仰多神，禁巫术、淫乱、偷盗、说谎、赌博、诬陷。

清真寺、礼拜寺作为伊斯兰教聚会礼拜的地方，都设有礼拜堂，按规定回民的节日活动及回民的丧葬祭祀、起房盖屋、接亲嫁女等都离不开清真寺，离不开阿訇的主持。

（二）娱乐风俗

回族传统节日，均与宗教活动相关。主要节日有开斋节、古尔邦节、圣纪节，还有耳署劳节、姑太节和登宵夜、邦拉特夜、阿舒位夜三个纪念日。其中只有“圣纪节”时间固定，其他节日时间不固定。开斋节、古尔邦节、耳署劳节，以农历计，规定按三年一轮，提前一月过节。

开斋节：阿拉伯语称“尔迪菲图尔”，本是回族穆斯林庆祝斋功胜利完成的日子。境内回民开斋节，定在斋月结束之初三。

回民过斋月称接斋，即接祖先。从所轮月份初见新月（初二）这天开始，至次月新月初见拜送祖先为止（初三），这整整一个月谓之斋月。接斋后，阿訇、乡老及有条件者，均要“把斋”，参与“把斋”者，每天东方见晓丑时就餐，夜幕来临天黑星亮才能进食。

斋月二十八日称“亡人节”，意在超度接回的祖先。清真寺宰牛或羊，回民纷纷送鸡到寺，以表心愿。此日举行隆重的斋祭仪式，因而称开斋节或二十八大节。

古尔邦节：阿拉伯语称“尔德·古尔邦”，或称“尔德·阿祖哈”，意为宰牲献祭。伊斯兰教历12月8日至12日，有经济能力的穆斯林要去麦加“克尔白”朝觐，学习易卜拉欣圣人为真主命而献子的献身精神。

圣纪节：定于伊斯兰教历3月12日。相传，系伊斯兰教主穆罕默德诞辰，此日举行隆重纪念活动，诵读《古兰经》，讲述穆罕默德的生平事迹，宣扬穆罕默德的高尚品德。

有的地方圣纪节定于每年农历冬月初八日，系穆罕默德逝世日。

姑太节：定于伊斯兰教历六月十五日，主要由妇女过此节，除阿訇、乡老外，其余男子不参加，内容与古尔邦节大致相同。

回民对其他民族参加自己的节日活动，予以优先招待，但不让进经堂，因进经堂者事先要沐身。

第四节　白　族

一、族源

白族自称“僰子”“民家”“白尼”“白子”，汉语意为“白人”，汉族称“民家”，彝语称其为“卢举”“卓卢举”或“沙卢基”，其他民族称其白族。1956年，国家根据本民族意愿，正式定名为白族。

钟山区白族一部分由云南大理迁入定居。史志载称“僰人”或“白子”，有张、赵、钱、沙、谢等姓。南诏至大理国时期，由云南进入乌撒部的草海附近落籍，逐步向四方迁居而进入水城境。他们长期与彝族通婚，习俗礼仪和语言与彝族相同，解放初期报称彝族，1982年通过调查识别为白族。

二、人口与分布

1990年，据第四次人口普查资料，全区有白族人口数量640人，其中，男325人，女315人。全区除三合乡、月照乡、以德乡、二塘乡外，其余镇、乡、办事处均有分布。人数分布较多的有黄土坡办事处、荷城办事处。

1997年，中共钟山区委、区人民政府根据大湾镇南京人的意愿成立南京人族属识别领导小组，组织20余名南京人代表到云南大理考察认亲。考察显示，南京人的生活习俗与云南大理的白族非常相近，大湾镇南京人均认同其为白族。之后钟山区政府向市政府、省民委、省政府呈送关于南京人认同为白族的报告，2008年，贵州省民族事务委员会批复同意大湾镇南京人为白族。是年年末，办理“南京人”为白族手续的已有4000余人。

2008年，全区白族人口数量增加至5387人。

三、风俗习惯

境内白族传统装扮：妇女梳三把头，挽发呈角状，直立头顶。前后以鸡冠形。戴青色丝帕，挂白铜色耳环。衣裤青色，口大腰窄，长及脚背，衣领及袖口配彩花缎，不缠足。男子长衣拖脚，衣宽大而袖窄，多为青蓝色，头顶留辫。后来，装扮逐步改变，大多与汉族装扮相同。

婚配系一夫一妻制，婚俗多似汉俗。

白族文化、习俗，既有白族传统特色，又吸纳了汉族文化习俗成分。

宗教信仰：清乾隆时，“僰人……俗朔望日不乞火，性淳而仿佛，常持素珠诵梵咒”。至今白族信佛较多。白族聚居村寨，供奉“本境土地”“山神土地”“祖庙”等。白族也同汉族一样供奉天地，祈求年丰，避免瘟疫，清除火灾。也请道士打平安清醮，请戏班子唱戏，并崇信彝文经师毕摩。每年二三月，请毕摩念经扫寨，驱赶瘟神邪魔。

第五节 蒙古族

一、族源

蒙古族是我国历史悠久、勤劳勇敢的少数民族。主要聚居在内蒙古自治区和新疆、青海、甘肃、黑龙江、吉林、辽宁等省区，散居于宁夏、河北、四川、北京、云南、贵州等省、直辖市、自治区。

作为贵州少数民族之一的蒙古族，有一个比较特别的现象是：以余姓为主的蒙古族占绝大多数。钟山区境内的蒙古族基本上是明清之际由四川迁入落籍。

根据贵州省大方县余姓保存下来的嘉靖三年（1524）撰修的《余氏族谱》谱序载明：

我余氏祖姓奇渥温，胡人也。入华夏而起朔漠，初号蒙古，铁木真出焉。……不料红巾扰乱天下，又被奸臣诽谤，元顺帝听信奸臣之言，有诛吾九族之意，统家窃负而逃，来至四川，改铁为余，余字万代不改，一行来至泸州（泸阳）凤锦桥，人多影大，难以一路，乃联诗盟誓遗嘱作证，四散各处。

诗曰：

本是元朝宰相家，红巾构祸入西涯；
泸阳岸上分携手，凤锦桥边插柳桠；
否泰是天皆是命，悲伤思我又思他；
余字源无三两姓，一家分作万千家；
十人誓愿归何处，如梦云游浪卷沙；
后来贫富须相认，千朵桃花共树发。

以《余氏家谱》为族谱的余姓群众，他们的共同点是，族谱的记载与他们的心理认同相吻合，在姓氏渊源上为了藏匿原来真姓，是由原来的“铁”去“失”改“金”然后去掉“金”下面的一横改为余姓，确信自己是胡人。余姓家族对自己的子女和后人，从小就将族谱中联诗盟誓的诗词教他们背诵，以期世代牢记。

二、人口分布

1990年，根据全国第四次人口普查，钟山区有蒙古族人口213人，其中，黄土坡办事处有67人，荷城办事处有66人，观音山镇14人，老鹰山镇46人，大河镇7人，汪家寨镇9人，大湾镇4人。

2008年，钟山区蒙古族人口增至1160人。

三、风俗习惯

（一）礼仪风俗

蒙古民族对来客，不论是熟人还是陌生人，一见面总是热情问候“他赛音百努”（安好），随后主人把右手放在胸前，微微躬身，请客人进蒙古包，全家老少围着客人坐下，问长问短。

平常待客，在喝奶茶之后，慷慨大方的主人总是把黄油、奶皮、奶酒、油炸果子和炒米、奶茶、奶酪以及独具草原风味的“手扒肉”一一摆在客人面前，请客人痛饮饱餐。主人若对客人表示特别敬意，常把奶壶、酒壶托在哈达上端出来，有时还唱一些表示欢迎和友好的歌曲来劝酒，客人接杯畅饮，主人就格外高兴。遇到宴会请特别尊贵的客人或祭典，常摆整羊席。蒙古族叫它“乌查”，也有叫“秀斯”“布乎利”的。当客人告别时，主人常常举家相送，指明去路，并一再说“白乙日太”“白乙日太乌查热亚”（希望我们愉快地再见），“阿木日赛音雅巴”（祝您一路平安）。

献哈达：哈达是藏语音译。常在迎送、馈赠、敬神、拜年以及喜庆时使用，以表示敬意。这种礼节由来已久。据《马可·波罗游记》中所写，蒙古族“过年过节时都互相用金银玉石做的礼品同白色绸布一起捧献”。

递鼻烟壶：是蒙古民族古老的习俗，在蒙古包里做客，殷勤好客的主人常常要拿出一个精致的、瓷瓶样的小壶，敬给客人嗅，这就是装着鼻烟的鼻烟壶。递鼻烟壶也有一定的规矩。如果是同辈相见，要用右手递壶，互相交换，或双手略举，鞠躬互换，然后各自倒出一点鼻烟，用手指抹在鼻孔上，品闻烟味，品完再互换。如果是长辈和晚辈相见，要微欠身，用右手递壶，晚辈跪足，用两手接过，各举起闻嗅，然后再互换。

在蒙古民族的习惯中，骑马、坐车到牧民家做客，接近蒙古包时，应轻骑慢行，以免惊动畜群，在进蒙古包前，马鞭和马棒要放在门外，如带入包内，则被视为对主人不尊敬。出蒙古包后，不要立即上车、上马，要走一段路，等主人回去了，再上车上马。在包里做客，主人躬身端奶茶，客人应欠身双手去接。包内西北角为供佛的地方，睡觉时脚不能伸向西北角。不宜用烟袋或手指人头。锅灶不许用脚踩碰，不能在火上热脚，否则被视为侮辱灶神。蒙古包内若有人生病，便在蒙古包门的左侧缚一条绳子，把绳头埋在地下，表示主人不能待客，来访者就不应进门。

（二）岁时风俗

蒙古民族最重要的节日就是过年，一般进入腊月十五，人们就着手准备过年。腊月二十三过小年，这一天，全家人或亲友聚在一起饮食娱乐送火神。

从腊月三十到正月初五，是过大年最欢乐的几天。大年三十夜幕降临后，人们便聚集在最年长者家中，开始除夕“乃日”（宴会），全家人“守岁”。除夕宴会上应备办“三锅”：一锅是奶茶锅；二锅是羊背锅；三锅是肉汤饭食锅。宴会中最少唱三首歌。

初一，开始拜年，首先要祭天。家里留一两位老年人或妇女，其余人身着节日盛装，手提银壶奶茶，端着奶食品，来到用雪堆成的敖包上，将供品撒进点燃的火堆里，然后叩头祈求风调雨顺、人畜平安。接着是家庭内部拜年，晚辈向长辈问安叩拜，老人手捧哈达，壮年人用小幅绸子、青年人则用色泽鲜艳的长条绸子叩拜，长辈赐给子孙食物和钱。

家庭内部拜年结束后，人们首先到最年长者家中，进门时依年龄大小先后进入，拜完年后至少献两首颂词、三支歌，对出色的歌手，户主捧起放有哈达的奶食盘诵祝词，歌手待诵词后将哈达揣进怀里，接过奶食盘让其他歌手品尝。

（三）生活风俗

1. 服饰：

靴子：蒙古靴子分马靴和蒙古靴两种，马靴分棉靴和单马靴。用牛皮制成黑色，个别为紫色，挺拔、秀气，年轻人多爱穿马靴。蒙古靴（香牛皮靴）有尖稍向上翘的，靴帮通常有图案，压花纹，里面有的衬皮，有的衬毡，靴身宽大，靴可套棉袜毡袜。

袍子：蒙古族男女老幼都喜爱穿长袍。这种袍子，宽大袖长。下端左右一般不分岔，领子较高，纽扣在右侧。袍子的领口、袖口、边沿，常用漂亮的花边点缀，袍子的颜色，因地因人因季而异。

腰带：是穿蒙古袍子时所必备的，有的是布料，有的是绸缎，长有五米，颜色和袍子相协调。

首饰：平素牧区妇女一般不戴帽，多用红、绿等颜色的长绸子把头缠上，男子夏季多戴鸭舌帽，冬季多戴羊皮、狐皮帽，式样是尖顶大耳或草原式斗笠帽。蒙古族妇女的首饰和装饰品种类很多，材料也因佩戴者贫富而有所不同。比较讲究的，多用玛瑙、珍珠、宝石、金银等制成。

2. 饮食：

蒙古族的饮食大致分三大类，即肉食、奶食、粮食。一日三餐，两稀一干，早晨中午一般喝奶茶泡炒米、奶食、手扒肉，晚上余羊肉下面条、吃包子。

肉食：牛、羊肉是蒙古族最平常、也是最喜爱的食品。尤其愿吃羊肉的“手扒肉”，羊肉的吃法多种多样。常见亦享有盛名的手扒肉，全羊肉（也叫羊背子）。

饮料主要有三种：奶茶又叫蒙古茶，是蒙古族人最喜好的饮料，一日三餐都要喝奶茶；酸奶（即发酵后的马奶，“其格”）以及发酵后的牛、羊奶（“塔日嘎”）能散热止渴，且富有营养；奶酒，又叫蒙古酒。把发酵的奶放入锅中慢火熬煮、蒸馏后即酿成透明醇香的奶酒。

奶食：蒙语叫“查干伊德”（意为“纯洁吉祥”）。奶食品主要有六种：白油、黄油、奶皮子、奶豆腐、奶酪、奶果子。

其格：“其格”酸马奶（通称马奶酒）是蒙古民族人民在各种聚会、盛宴中的珍贵饮料。在那达慕大会上，大家总是痛饮其格，以庆贺畜牧生产的大丰收和吉祥如意。据《马可·波罗游记》记载，忽必烈在皇家宴会上曾把其格、驼奶等饮料盛在金碗里款待客人。

蒙古酒：蒙古酒是蒙古族人的主要饮料之一，蒙古酒是从牛奶中提炼而成，故称“牛奶酒”。蒙古酒绵厚醇香，无色透明，少饮延年健体、活血补气，男女老幼皆可饮之。蒙古族人制作“牛奶酒”历史悠久，时过700余年，生产蒙古酒的原始工艺流传至今仍未改变。

3. 居住

蒙古包是一种天幕式的住所，呈圆形尖顶。通常用羊毛毡子一层或二层覆盖。蒙古包是满族对蒙古族牧民住房的称呼。“包”，满语是“家”“屋”的意思。古时称作“穹庐”“毡包”。

蒙古包分两种。一种是牧区夏季用的，为移转式的，一种是冬营地为半固定式的。蒙古语称移转包为“乌尔郭格尔”。

蒙古包在大雪中阻力小，不积雪，下雨时包顶不存水。包的门方长而小，且连地面，寒气不易侵入。蒙古包是用数根长度相等的细木棍和牛皮绳连接而成，用时拉开便成圆形的蒙古包墙，搬迁时折叠，又能当勒勒车的车板。包的顶端有个口就是天窗，可通烟通气，又可采光。

4. 生产风俗

马，是牧民不可缺少的交通工具，凡是放牧、探亲访友、出外办事都需乘马。马的体质不但结实强健，而且极耐粗放饲养，以忍苦耐劳著称。日行可达一百至一百五十公里。草原牧民无论男女老幼都能骑马。

勒勒车，也叫“大样车”，这种车的轮子较高，直径最长的有一米四或一米五。轴轮多是用桦木、榆木、硬杂木制成，车辕较长，除车身外一般相当于半身的长度。它可以拉水、搬运蒙古包、运燃料，用于婚丧嫁娶，适合在草原、沙漠上通行。

库房车，车体上放置一木制长方形有盖有门的柜，柜外用铁皮包封，或围生牛皮，可防风、防水、防潮。柜内可储藏粮食、肉食等生活用品。

拉水车，车上固定一大木桶或铁制桶，用来拉饮用水，平时蓄水用。

骆驼，是沙漠地区的主要交通工具，特别是在冬季，牧民放牧愿骑骆驼，骑乘较暖，忍苦耐劳，几天不喂草、不饮水也能过得去。冬季行路、搬运主要依靠骆驼，在沙漠中，常常可见到成群结队的骆驼在广袤无边的沙漠中鱼贯而行，因此骆驼被人称为“沙漠之舟”。

5. 祭祀风俗

（1）敖包：最初是道路和境界的标志，起指路、辨别方向和行政区划的作用。祭敖包的时间，多在水草丰美、牛羊肥壮的六、七、八月间。祭祀时，敖包插上树枝，树枝上挂五颜六色的布条或纸旗，旗上写经文，祭礼仪上大致有血祭、酒祭、火祭、玉祭等。

（2）血祭：就是把自己喂养的牛、马、羊宰杀了，供奉在敖包之前。这种祭法由来已久，现在各地还有。相传游牧时代，蒙古族牧民把供自己使用的牛、马、羊等牲畜，看成是天地所赐，因此，祀天、地诸神时，就要宰杀牲畜来报答。

（3）酒祭：就是把鲜奶、奶油一滴一滴洒在敖包前，祈求平安幸福。这种祭神的风俗很早就有，蒙古秘史中称作“酒注礼”，至今有的地方还有这种风俗。据说它的喻义是，神不仅要吃肉，也要饮酒喝奶。

（4）火祭：就是在敖包前烧一大堆干树枝或牛、马、羊粪。祭祀时，各户走近火边，念着自家的姓氏，供上祭品，把“布呼勒玛哈”整羊肉投到火里烧，烧得越旺越好。蒙古民族认为火最洁净，用火可以驱逐一切邪恶。

（5）玉祭：在古代玉是昂贵的，它常常是祭神的供品，过去蒙古民族祭敖包时，也有这种礼祭，现在已经没有人用玉祭敖包了。

6. 娱乐风俗

（1）赛马：是草原上最激动人心的传统体育娱乐活动，赛程通常是25～35千米。赛手不穿靴袜，只穿华丽的彩衣，头上束着红、绿绸飘带，显得既轻便又英武。当骏马疾驰的时候，赛马人骑在马上如腾空一般，表现出娴熟的骑艺。

（2）摔跤：蒙古式的摔跤是轮着摔，一上来就互相抓握，膝盖以上任何部位着地都为失败。摔跤人数是八、十六、三十二、六十四等双数，总数不能出现奇数。摔跤手的服饰比较讲究，下身穿肥大的白裤子（班斯拉），外面再套一条绣有各种动物和花卉图案的套裤，上衣是牛皮制作，上边钉满银钉或铜钉（卓都格），背后中间有圆形银镜或“吉祥”之类的字，腰间系有红、蓝、黄三色绸子做的围裙，脚蹬蒙古靴或马靴。优胜者脖子上常套着五颜六色的布条项圈“姜嘎”。

（3）射箭：蒙古民族最早用于军事训练，后为一种娱乐活动，分静射和骑射两种。

（4）马头琴：是蒙古民族特有的也是最喜爱的民族乐器，流传至今已有1300多年的历史。草原牧民爱马头琴，对马头琴有特殊的感情。马头琴的琴声优美动听，有人形容：“对于草原的描述，一首马头琴的旋律，远比画家的色彩和诗人的语言，更加传神”。

（5）音乐、舞蹈：蒙古民族一向以能歌善舞著称。每当宴会或庆祝节日，歌声此起彼伏。吟唱古老的民歌、民间传说的故事，歌唱富饶美丽的草原和对未来美好生活的憧憬。蒙古歌曲，尾声悠长而高亢，音调多激昂，歌的韵在句首不在句尾。一般宴会、节日、婚礼用的和奏乐器是两股胡琴，四股胡琴、萧等。

（6）“好来宝”：是蒙古民间独特的曲艺形式，是一种说唱艺术。它有固定的曲调和唱词。一般是两人拉着四胡对唱或一人自问自答。说唱演员不但能拉会唱，而且有触景生情的灵感，有随编随唱的本领，民族风格、地方特色较浓。如今在锡林浩特市舞台上演出的新式“好来宝”，人数不等，自编、自拉、自演，曲调动听，形式多样且好看。

（7）蒙古象棋：类似国际象棋，由棋盘和棋子组成，棋盘有深浅两色间隔排列的64个小方块，棋子共32枚，双方各16枚，有诺颜（王爷）、哈屯（王后）各一枚，哈萨嘎（车）、骆驼、马各2枚，厚乌（儿子）各8枚。对弈时白子先走，之后双方轮流走一子，双方任何一个“厚乌”到达对方最末一格时，都可变成己方被吃掉的任何一个棋子。玩蒙古象棋，不能吃掉对方的“乌努钦厚乌”（孤儿）。“王”被对方将死，就算输棋，双方均剩“王”或双方只剩同色格的单骆驼算和棋。

（8）“沙嘎”：指羊踝骨。沙嘎有多种玩法。沙嘎的宽凸面叫“好尼”（绵羊），宽凹面叫“牙玛”（山羊），窄凸面叫“毛日”（马），窄凹面则“乌和日”或“特模”（牛或骆驼）。沙嘎正立的叫“翁高”，倒立的叫“通高”。

（9）“那达慕”大会：蒙古族历史悠久的传统节日，每年七八月间举行。“那达慕”在蒙古语中是娱乐、游戏的意思，它源于摔跤、射箭、赛马三项竞技，现已成为草原上庆祝丰收、物资交流和举行民间体育活动的隆重集会。

今钟山区境内的蒙古族因长期与当地各民族相互融合，风俗习惯与汉族习俗基本相同。

第六节 民族工作

1988年，钟山区建立以来，钟山区设置民族工作机构，把促进民族地区经济社会发展，改善民族地区群众的生产生活条件，大力培养少数民族干部作为强区战略之一，投入大量人力、物力和财力，民族地区社会进步，秩序稳定，经济日趋繁荣，生活日趋富裕，呈现出欣欣向荣的景象。

一、贯彻落实民族政策

2001年，贯彻落实中央民族工作会议精神，钟山区委区政府制发《中共六盘水市钟山区委、六盘水市钟山区人民政府关于进一步加强新形势下民族工作的决定》，在全区范围内组织实施。2003年召开全区民族团结进步表彰大会。2006年，制发《中共六盘水市钟山区委、六盘水市钟山区人民政府关于进一步加强民族工作促进少数民族地区经济社会发展的实施意见》，实行责任制，将实施内容分项目分别落实到各镇、乡、办事处，逐一考核。

二、民族传统文化保护

自2004年起，每年均在月照乡马坝村沙沟林场举办苗族“四月八”庆祝活动。2005年，举办钟山区少数民族文艺会演。2006年，六盘水民艺苑商贸有限公司在月照乡马坝建成民族旅游商品研发基地。2007年，六盘水民艺苑商贸有限公司被定为国家民族用品定点生产企业，汪家寨镇新华村的《肯合呗》（彝族铃铛舞）被列为省级非物质文化遗产名录，月照乡马坝村和汪家寨镇新华村被命名为钟山区民族歌舞之村。是年，六盘水民艺苑商贸有限公司在荷城花园建成民族旅游商品一条街。2008年，承办全市彝学研讨会和彝族年文艺演出活动。汪家寨镇新华小学和月照乡马坝小学被确定为钟山区民族文化进校园示范学校。德坞街道办中心校被定为钟山区民族传统体育训练基地。建区以来，区境内少数民族的优秀传统文化得到不断挖掘、保护、传承和弘扬。

三、民族干部培养和任用

2006年以来，共选送100名少数民族干部外出学习培训，提拔任用副科级以上少数民族干部27人。到2008年年底，全区有各级各类少数民族干部941人，其中正县级干部1人，副县级干部3人，正科级干部39人，副科级干部83人。

四、民族经济文化建设

钟山区对民族经济文化建设，除在政策、科技、人才、物资等方面进行扶持外，还在资金方面加大投入扶助力度。

钟山区成立以来，各级政府共投入民族经费50余万元，修建少数民族聚居村寨公路100余千米，为近千户2000余名少数民族群众解决交通运输困难问题；投入近50万元民族经费帮助月照乡金钟村、凤凰街道办事处石桥村、汪家寨镇新华村等修建水池17个，铺设饮水管20千米，共解决960户4800人的饮水困难。投入10万元民族经费扶持大湾镇海嘎村、德坞街道乌砂寨村建养殖场2处，共修圈舍640平方米，养黑山羊120只、养鸡2000只；扶持大河镇周家寨村种植折耳根30余亩，50余种植户年创利润近20万元。共投入民族建房补助经费近70万元，建民族新村6处，为83户少数民族建房6230平方米，为285户分散居住边远地区的少数民族建房17775平方米，总共解决1840人的住房困难问题。共投入民族教育经费50余万元，为大湾镇海嘎小学、月照乡大坝小学、双洞小学维修教室12间480平方米。为大湾镇腊寨小学、海嘎小学、大箐小学、月照乡独山小学维修围墙420米，解决2000余名学生缺少教室等困难。整修操场6处，近3000平方米，跑道260米。修建大坝民族文化活动室300余平方米。建成德坞中心校少数民族传统体育基地。补助双语教学，购置课桌300余套。开展民族文化进校园活动等，着力加快民族地区教育步伐。钟山区政府投入10万元经费，为大湾镇海嘎村、大箐村、腊寨村等架电线杆、输电线，购买变压器等，解决200余户少数民族群众的用电问题。

五、民族识别

20世纪50年代初，国家开始在全国范围内对没有统一族称的人们共同体进行识别，但区境的穿青人、蔡家人、龙家人、南京人等的族称一直没有定论。直至2008年，通过考察和南京人的志愿认同，认定南京人为白族。对其余的人们共同体，根据2008年贵州省民族事务委员会下发的《关于未定族称人们共同体公民办理居民身份证户口簿填写民族称谓的通知》规定，即“未设置代码的少数未定族称人们共同体采取自愿认同的途径解决族称问题”，对区境内未定族称人们共同体的族属问题予以解决，2008年有关手续正在办理。

第六篇　政法　武装

第一章　政　法

第一节　公　安

一、安全保卫

（一）国内安全保卫

1988年6月，钟山区公安分局政保科成立，1998年，更名为国内安全保卫大队。钟山公安分局国内安全保卫部门依据职责开展社会稳定信息、敌情破坏信息、突发事件信息等情报信息的收集报送工作。在工作中加强秘密力量构建和重点阵地建设，打击危害国家安全违法犯罪活动，维护社会稳定。1991年1月31日，公安机关取缔“生命会”邪教组织，抓获违法人员13人，取缔活动窝点21个。1993—1996年，先后破获“归根道”会道门复辟案件，“中国人民党”反革命集团案，查禁取缔“门徒会”“全范围教会”“圣灵重建教会”“东方佛门”“被立王”“灵恩派”等邪教组织。1999—2007年，重点开展查禁取缔“法轮功”非法邪教组织行动。2007年6月，恢复成立钟山公安分局，钟山区公安分局国内安全保卫大队相继成立。主要围绕反邪教、对敌斗争、社会维稳、情报信息、网络安全、安全保卫等方面开展工作。

（二）出入境管理

钟山区成立之初，出入境管理工作由钟山区公安分局政保科负责。1998年1月，钟山区公安分局出入境管理科成立，负责辖区内中国公民出境管理调查审批和境外人员入境管理以及涉外案件办理查处。2004年年初，钟山区公安分局出入境管理科的机构、人员、审批业务等成建制收归六盘水公安局出入境管理处。至2008年年底，钟山区辖区共办理审批出国（境）人员3258人次，接待办理入境人员2429人次，受理查处涉外案件67起。

（三）重大会议活动和节假日安全保卫

钟山区公安机关对在境内召开的历次市、区的党代会、人代会、政协会等重大会议，在会议前夕做好社会治安清查整治工作，在会议活动期间做好代表驻地和会址、活动场所的安全保卫工作。做好道路交通安全管理，维护交通安全秩序，保证会议和活动顺利进行。1996年8月10—12日，在境内召开的国际苗协研讨会暨贵州省苗协会六盘水分会成立大会，1997年8月22—23日，冶金部在水钢召开的学邯钢现场经验交流会，1998年6月26日，在六盘水市编组站举行的内昆铁路株六复线开工仪式，1998年12月，庆祝六盘水市建市20周年、钟山区建区10周年系列庆典活动，2004—2008年，在境内举办的中国凉都六盘水消夏文化节系列活动，六盘水建市30周年、钟山区建区20周年系列庆典等重大活动，公安机关均及时作出安排部署，组织力量维持秩序，未发生骚乱和踩塌伤人事故。

每年的元旦、春节、五一、国庆节等法定节假日，公安机关对节前消防安全、道路交通安全、易燃易爆物品安全、社会治安、流动人口等进行治安清查。组织民警加强24小时的值班备勤，及时接警，防范和处置群体性事件和安全事故。

（四）警卫工作

继1989年5月14日钱正英、1992年5月7日宋平到钟山区视察后，先后到钟山区境视察的有谷牧、邹家华、孙孚凌、江泽民、吴邦国等国家领导人，此外常有省、部级的领导到钟山辖区视察调研工作，外国专家考察参观团、商贸洽谈代表团、中外旅游客人等到钟山区考察观光，钟山区公安分局承担警卫工作，重点加强社会面的控制和交通管理，确保安全。

二、治安管理

（一）公共场所管理

1990年，公安机关共查处赌博案件98起343人，销毁赌具300余件（台），查处卖淫嫖娼案件32起，涉案40人。1991—2007年，公安机关共查处赌博案件2434起8561人，销毁各类电玩赌具7000余（台）件，对违法经营的娱乐场所业主和参赌人员分别进行处罚。2008年，销毁各类赌具1072台（件），摧毁赌博窝点26个，收缴赌资40余万元。

（二）特种行业管理

建区之初，全区旅店、刻字、废旧金属收购等特种行业经营单位数量较少。2001年，增加到451家。公安机关本着取缔非法、保护合法的原则，依法对辖区内的特种行业进行检查、监督和指导，在管理中注重预防、发现、控制，查处违法犯罪活动和治安灾害事故，依法从严管理，依法从重打击，使之步入健康发展的轨道。2001—2008年，公安机关对3044家旅店进行清理整顿，取缔黑旅店375家。至2008年，公安机关共审批印章申请107份，查处私刻公章案件19起23人，查处各类制假、使用假证件案件17起42人。

（三）危险物品管理

公安机关对枪支弹药的管理实行严格审批制度，防止枪支配发范围扩大。至2008年，共审核1万余人的配枪资格，审查配枪单位195个（次），共发放枪支7000余人次。按照《中华人民共和国民用爆炸物品管理条例》，对全区范围内民爆物品的购买、运输、储存、使用等环节进行严格管理，防止对社会造成危害。2001年，公安机关对全区保管、使用、生产、经营爆炸物品的单位、企业进行全面清理登记，全区共登记涉爆单位475个，其中炸药库14个，爆管站6个，烟花厂1个，烟花储存仓库3个，“三小”企业使用点125个，烟花爆竹零售点326个。2008年经整合后，全区共有涉爆单位96个，其中炸药库43个，烟花厂1个，全年审批购买炸药250万千克，雷管300余万发。1998年6月7日，德坞炸药库由于管理不严格，致使爆炸物品流失，公安机关对承包人进行抓捕，并判处其有期徒刑4年。

根据《烟花爆竹管理条例》，公安机关配合区供销社、区安全生产监督管理局等部门实施对烟花爆竹的管理。1988年，收缴销毁非法烟花爆竹制品185件。至2008年，共收缴非法生产经营的烟花爆竹制品4500余件。1993年，大营村烟花爆竹厂发生爆炸，死亡3人，毁坏房屋2栋260平方米，直接经济损失6万余元，公安机关及有关部门及时对事故进行处理。对剧毒、麻醉、放射性物品亦纳入管理，按照“谁主管谁负责”的原则，加强对剧毒物品在生产、销售、运输、储存、使用过程中的安全管理。严格使用审批手续，定期或不定期地进行安全检查，发现问题及时整改。

（四）公共秩序管理

1989年5月，区公安分局组建治安巡警队，在交通要道、人员集中、情况复杂地段设置治安岗亭和执勤点，并采取车巡、步巡等方式，实行24小时昼夜轮流值班，维护社会治安秩序，防范和处置各种突发事件，控制面上的治安稳定。2002年，钟山公安分局把市中心城区的明湖路、钟山大道、人民路、凉都大道等主要交通道路划分成几条巡防线路，将任务明确给分局机关各队室，划定控制发案数，重点加强每日晚19时到24时的治安巡逻。2008年，抽调68名民警组建交巡警大队，把市中心城区划分为22个巡防区，统一由交巡警大队负责治安巡逻、接处警及交通管理。建立基层治安防范组织。在城镇和机关企事业单位成立街道治保会、农村治保会、单位治保会。2001年，全区共有治保组织314个、1760人。2008年，有治保组织281个、1349人。建立治安联防组织，分片区在社区、单位或组织之间，采取联合方式组成维护社会治安秩序的组织。2008年，全区共有治安联防组织140个、702人。对违法青少年进行帮教。公安机关组成以派出所为中心，居委会、街道办事处、单位、学校、治保会、家庭联为一体的帮教力量，以辖区或片区为单位共组成144个帮教小组，对违法青少年进行教育。至2008年共教育转好400余人。2006年，钟山区组建钟山区新兴工读学校，将未到刑事责任年龄的违法青少年送到新兴工读学校，开展违法青少年的帮教工作。2006—2008年，受教育学生403人。

（五）110报警服务及110社会联动

1996年10月31日，开通110报警服务台，由防暴巡警支队承担市中心城区110的接、处警任务，实行全天候24小时接受群众报警救助。1998年5月1日，110报警服务实行社会联动，由公安、民政、工商、交通、医院、供电、供水、供气、城管、电信等部门开展110社会服务联合服务行动，解决和满足市民的各类求助，各联动部门向社会公布联动电话，挂牌服务，实行政务、警务公开。1999年1月13日晚21时，有4名犯罪嫌疑人在威宁持刀抢劫现金1.6万元，杀死1人、杀伤1人后，往钟山区中心区方向逃窜，公安机关110值班民警接到任务后，迅速赶到德坞设卡，次日凌晨3时许将4名犯罪嫌疑人全部抓获。

2000年3月10日，110值班民警接到报警，市中心区康乐路一住户有2人被杀，民警火速赶到现场，将犯罪嫌疑人陈文江抓获，经突审，陈交代其预谋制造特大爆炸案件的犯罪图谋。后经有关警种的有效处置，安全地拆除48千克的炸药装置，避免一场灾难的发生。2008年，钟山分局指挥中心建成投入使用。指挥中心利用有线、无线、通信技术、计算机网络技术、视频处理技术等接受群众报警求助，对警务进行统一指挥调度，实行110、122、119“三台合一”24小时报警服务。

三、户政管理

（一）户籍及常住人口管理

1992年以前，非农业人口户籍由公安局、派出所管理。农业人口户籍由乡（公社）、镇、街道办事处管理。1993年起，公安派出所接管农村户籍工作。户籍管理部门分别对人口的出生入籍、死亡销户、迁出迁入、农转非等按规定办理户口手续。1990年3月，钟山公安分局成立户政管理科，2003年，撤销户政管理科，户政管理工作由治安大队负责，主要是指导派出所的户政管理工作。

钟山区建立后，公安机关对常住人口的管理，主要采取责任区民警、社区民警、村寨民警分段、分片管理的方式。做到“四知”（知身份、知现实表现、知交往人员、知经济状况）。为解决占地农户安置问题，公安机关办理数批征用土地“农转非”户口和内迁职工家属户口，至2008年年底共办理农转非户口12567户、43986人。1992年，为323位在市中心城区投资、购商品房、缴纳城市建设增容费的居民办理“蓝印户口”。1994年12月，停止办理“蓝印户口”。1995—1997年，在钟山区的大湾、大河、汪家寨、德坞、老鹰山、观音山镇试行小城镇户口管理，全区共办理小城镇户口2436户、4872人。2000年后，放宽进城入户条件，取消指标控制，简化户口审批程序，为城乡通婚、随父母入城落户、在城市（镇）自建房屋的居民，解决城镇户口。2000—2007年，共落户2263户、4567人。

1988年7月，公安机关开始办理管辖范围内的居民身份证和边境通行证。1989年9月，在全区范围内实施居民身份证查验制度。1990年3月，利用居民身份证实行手工管理人口信息，颁证工作转入日常管理，各派出所配备专职人员，建立照相、制卡、申领、换证、撤销、资料保管以及查验使用等一系列配套管理的工作程序，使户口管理与居民身份证管理融为一体。1992年5月，开始实施临时身份证办理工作。1999年10月后，实行公民身份证号码制度。2005年，全区开始换发第二代居民身份证颁证工作。

（二）暂住人口和流动人口管理

1994年，公安机关对市中心区川心派出所辖区内暂住人口进行调查分析，13平方千米范围有常住人口41584人，非农业人口占88.4%，日人口流量为1.6万～1.8万人，年暂住人口约6000人，其中长期居住约2700人。1998年，公安机关对外出流动人员实行登记证卡制度，凡是外出务工、经商的人员，必须到居（村）民委员会开具证明，然后到乡（镇）流动人口管理办公室登记和领取有关证卡。是年共建立1537人外出人员档案。

对外来流动人口管理，规定旅店、宾馆严格执行凭身份证住宿登记制度，公安机关定期不定期检查监督。对出租屋、施工工地、路边店等流动人口落脚点进行治安管理。会同劳动、工商部门查验外出就业登记卡、外来人员就业证，对流动人员中3年内有犯罪记录和有违法犯罪嫌疑的人员进行重点控制。建立健全社会治安防范网络，依法严厉打击流窜犯罪活动。协助民政部门开展收容遣送工作。

对暂住人口管理，办理暂住户口登记，签发暂住证。建立健全暂住人口管理机构和制度，居委会、用人单位设立暂住人口登记站或设专人管理。房屋租赁户和暂住人员同时向当地派出所签订治安承包合同。严格进出登记、注销工作，做到人来登记，人走注销。此后公安机关多次开展对流动人口和暂住人口的清理整顿工作。

2008年，公安机关共查验流动人口2162人，共办理查验暂住人口暂住证55314个。2008年，全区流动人口常量3.3万人左右，暂住人口5.74万人。

（三）人口联网管理

1993年，人口信息开始进行计算机管理，是年钟山派出所的街、路、巷、服务处所、派出所代码等全部整理备份输入计算机。1994年，城区5个派出所完成计算机信息系统建设。2000年，全区15个派出所人口信息系统全部建成，将15万余人口资料信息录入计算机储存。自2007年起，公安机关加大信息化硬件的投入和升级，人口信息化使用率和服务公安工作的利用率迅速提高，全局民警运用信息化手段开展工作的意识增强，人口信息采集系统全面运行，第二代居民身份证信息采集系统广泛运用，实现人口数据资源共享。民用爆炸物品、枪支、网吧、旅馆等治安管理信息平台也相继开通运行，全区20个以上床位的349家旅馆全部安装建成旅馆业信息系统。所有办案单位实现接警、处警、受案、办理、结案流程的信息化管理，网上追逃、网上办案、网上查询实现办公一体化。

四、打击违法犯罪

（一）刑侦工作

1988—2008年，钟山区公安机关共立刑事案件38970起，破案20556起。共向检察机关移送起诉各类刑事案件1.07万起，涉案1.73万人，有效打击和震慑各类违法犯罪，保护人民群众生命财产安全。1988年，区境刑事发案数661起，2000年，刑事发案数2070起。之后刑事案件发案数呈逐年上升趋势。2004年，发案4121起，2008年，发案7788起。1996年8月7日，水城军分区发生武器库被盗的特大恶性案件，案发后59个小时破获全案，及时缴获被盗的冲锋枪、驳壳枪等长短枪13支及迫击炮引信等，避免系列恶性案件的发生，罪犯余世荣被处决。

1999年8月30日，威宁县二塘镇村民唐仁荣、唐仁光等因计划生育纠纷冲击钟山区大湾镇政府，并抢夺前来维持秩序的派出所民警的微型冲锋枪，开枪打死派出所2名民警、4名政府工作人员和群众。案件发生2个多月后，公安机关破获全案，抓获李文贤、唐仁义、唐仁德、唐春元等20余名故意杀人、抢夺枪支弹药、聚众冲击政府机关的犯罪嫌疑人。

钟山区公安机关采取多种举措对各类违法犯罪活动进行严厉打击。适时开展严打集中统一行动、批捕在逃犯、整治铁路沿线犯罪、打击拐卖妇女儿童犯罪、打击车匪路霸、打黑除恶、打击盗窃破坏通信、输电线路犯罪、反盗窃和打击“两抢”等专项行动，重点打击严重抢劫、杀人、重大盗窃、流氓团伙犯罪、哄抢铁路物资、车匪路霸等危害人民生命财产安全的犯罪活动等。1988—1994年，公安机关打掉抢劫、盗窃、流氓、强奸、诈骗和车匪路霸团伙共952个，抓获作案人员7281人。

1999年后，公安机关加大对黑恶势力和有组织犯罪的打击力度，多次开展打黑除恶专项整治行动。2000年，以钟山分局刑事侦查大队为主的专案组进驻月照乡，是年10月，摧毁以金某某为首的黑恶势力团伙，此后在全区进行摸排打击，摧毁以大湾镇陈某某为首的黑恶势力团伙，水城水泥厂以张某某为首的黑恶势力团伙。2000－2001年，共抓获黑恶势力团伙组织成员和骨干58人，破获敲诈勒索、抢劫、强奸、侮辱妇女、盗窃等各类案件300余起。

2008年，公安机关共破获刑事案件2171起，打掉涉嫌放火、爆炸、杀人、伤害、寻衅滋事、敲诈勒索、制造和改造枪支、破坏公用通信设施、非法买卖、故意毁坏财物等黑恶势力团伙7个，涉案151起，抓获成员79人。破获“两抢一盗”案件1642起，打掉“两抢一盗”犯罪团伙60个，抓获嫌疑人287人、网上逃犯63人。

（二）经侦工作

2000年，钟山区凤凰农村合作基金会因不能兑现储户存款引起635名储户到市、区多次群体性上访，给市中心城区带来不安定因素。钟山区为此成立由相关单位参加的凤凰基金会清算工作组，清算工作后期由分局经侦大队牵头，成立凤凰基金会刑事案件侦查专案组开展工作，将浮出水面的涉案线索逐一梳理，终将此特大经济案件侦查终结，涉案金额1700余万元。

（三）便衣警察工作

随着钟山区中心城区城市规模的迅速扩大和人口剧增，社会治安秩序日趋复杂，街面抢劫、抢夺、盗窃、扒窃等违法犯罪问题日趋突出，人民群众反响十分强烈。为及时有效打击各类违法犯罪活动，为人民群众增强安全感，2008年2月1日，钟山公安分局成立便衣警察大队，从分局各部门抽调20名民警，向社会招聘26名协勤人员。便衣警察以各种角色出现在市中心城区普通市民身边，隐蔽地开展工作，及时发现和抓获现行犯罪，经常在易发案路段、时段和商贸集中区等场所，不分昼夜、连续作战、蹲点守候、跟踪抓获，对“两抢一盗”现行犯罪活动迅速出击，暗中保护人民群众的生命财产安全。2008年，共抓获各类违法犯罪嫌疑人610人，打掉各类犯罪团伙70余个。

（四）森林警察工作

1995年，钟山区公安分局林业派出所成立。2000年，成立钟山公安分局森林警察大队，2008年实有民警8人。钟山区成立林业公安机构后，全区共立破坏森林资源刑事案件3起，破案3起，抓获5名犯罪嫌疑人，并追究刑事责任，立治安案件14起，查处21人，立林业行政案件80起、处理80起、100人。

1988—2008年钟山区刑事案件立案、破案情况一览表

表6-1

年份	立案（起）	破案（起）
1988	661	453
1989	704	454
1990	1309	745
1991	1505	954
1992	914	610
1993	1133	889
1994	1111	938
1995	1022	888
1996	861	838
1997	1017	656
1998	1089	942
1999	1015	887
2000	2070	1103
2001	3285	1025
2002	3077	1114
2003	3109	936
2004	4121	1512
2005	3518	1628
2006	3174	2228
2007	4275	1756
2008	7788	2171

五、道路交通管理

1988年，钟山区公安分局交通警察大队成立。2000年，更名为六盘水市交警支队直属大队。2005年，由市交警直属大队、巡警大队、红岩分局交警中队合并组成交警支队交巡警大队。2007年，更名为交警支队钟山交巡警大队。

（一）车辆管理

1995年，禁止人力三轮车、马车在市中心城区道路通行，对残疾人专用车、二轮摩托车、营运三轮摩托车，市政府统一行文对其行驶区域进行限制，禁止在市中心城区主要道路上行驶。是年4月起，对12座以上客运车辆，根据实际情况定人发放客运车辆准驾证，准驾人员可定一车一人或一车数人。对出租车和12座以下的车亦参照执行，统一发放客运车辆准驾证，每车最多允许3名准驾人员。1995年，全区有客运车辆1000余辆，共办理准驾证3000余个。

（二）交通秩序管理

1997年，钟山区确定把钟山中路的向阳路口至康乐路口作为钟山区创建文明路路段重点管理，

要求机动车驾驶员做到“八不”（不闯红灯，不违章调头，不闯单、禁行线，不酒后驾车，不违章超车，不超速行驶，不违章超载，不乱停乱放车辆），非机动车做到“四不”（不闯红灯，不越线停车，不抢行猛拐，不违章占用机动车道），行人做到“二不”（不乱横穿马路，不翻越交通隔离设施）。2000年，明湖路高架桥建成通车，南环路建成通车，交警部门对过往的大型车辆实行分流，减轻车辆对人民路和钟山大道的交通压力及环境污染。2005年3月起，对行人交通违法进行处罚，处罚范围从黄土坡延伸至整个钟山大道。2006年6月后，有针对性地对市中心城区无牌无证车辆，行人横穿公路和不按规定走人行横道或斑马线，以及人力车、板车、三轮车等非机动车乱停乱放，不按规定路线行驶等交通违法行为加大整治查处力度，将市中心城区主次干道、主要出入口、车站、交叉道口等列为整治重点，加强行人、公交车及各类营运车辆交通秩序的管理，基本做到车、人各行其道，无闯红灯和违法行车、无不按标志和标线行走、无攀越道路安全护栏杆等现象。2008年，重点对校车进行安全检查，禁止不合格和未消除安全隐患的车辆上路。

（三）交通安全宣传

钟山交警大队将交通安全宣传作为提高社会交通安全意识的重要途径，利用电视、广播、报纸、标语、展板、网络及上街摆摊设点，设置宣传车、发放宣传资料等形式，面上宣传与深入乡村、企业、学校、居民小区等重点宣传相结合，坚持开展交通安全宣传。1991—2008年，主要开展《道路交通事故处理办法》、交通安全周、交通安全月宣传活动。开展交通安全“五进”（进社区、进农村、进学校、进单位、进家庭）宣传活动。举行“千名交通民警与万名驾驶人恳谈”万人签名仪式。开展以“弘扬奥运精神，交通安全记心中”为主题的一系列交通安全百日行动。

（四）交通事故处理

2002年，钟山交警支队设事故科，负责市中心城区轻微事故、一般事故以及钟山其他辖区重特大交通事故处理。2005年，交巡警大队设立交通治安管理科，负责市中心城区一般程序的交通事故处理。2006年，交通治安管理科更名为事故处理中队，负责市中心城区简易程序、一般程序的交通事故以及钟山其他辖区范围内的重特大道路交通事故处理。1988—2008年，钟山区共发生道路交通事故5874起，死亡人数212人，受伤人数1602人，交通事故造成经济损失411.22万元。

1988—2008年钟山区道路交通事故情况一览表

表6-2

年份	肇事次数（人）	死亡人数（人）	受伤人数（人）	经济损失（万元）
1988	229	3	63	7.96
1989	296	10	74	9.86
1990	257	5	71	9.25
1991	221	4	64	8.87
1992	198	2	58	8.94
1993	339	18	95	11.35
1994	238	17	65	10.65
1995	164	7	47	7.36
1996	184	7	49	8.98
1997	181	16	56	9.97

续表6-2

年份	肇事次数（人）	死亡人数（人）	受伤人数（人）	经济损失（万元）
1998	180	9	63	9.87
1999	406	5	125	16.58
2000	368	5	85	16.25
2001	462	10	141	42.53
2002	392	6	96	22.45
2003	400	11	123	35.20
2004	229	21	65	23.70
2005	428	15	149	97.76
2006	240	15	46	19.41
2007	254	17	47	19.58
2008	208	9	20	14.71

第二节　检　察

1988年，区人民检察院成立，先后设立刑事检察科、经济检察科、法纪检察科、控告申诉检察科、监所检察科、政工科和办公室等机构。1989年，刑事检察科分设为刑事检察一科、刑事检察二科，分别承担审查批捕和审查起诉工作。1991年，经济检察科更名为贪污贿赂检察科，下设国家工作人员犯罪案件举报中心，增设民事行政检察科、法律政策研究室，设立钟山区人民检察院纪检组（室）。是年10月，贪污贿赂检察科更名为贪污贿赂侦查工作局。1996年，增设行政装备科，在政工科内设法警室。

1997年，区人民检察院内设机构为政工科、纪检监察室、办公室、审查批捕科、审查起诉科、法纪检察科、监所检察科、控告申诉检察科、民事行政检察科、检察技术科、行政装备科、反贪污贿赂工作局等12个职能机构。2002年，内设机构调整为办公室、政工科、纪检组、批捕科、起诉科、反贪污贿赂局、反渎职侵权检察科、监所检察科、民事行政检察科、控告申诉检察科、计划财务装备科等11个职能机构。2005年，渎职侵权检察科更名为反渎职侵权局。2008年年底，全院共有内设机构11个，干警72人。

钟山区人民检察院建立后，即成立检察委员会，对重大疑难案件集体讨论决定。1988年，在钟山区税务局派驻税务检察室。1990年，在钟山区安全生产委员会派驻安全生产检察室。1991年，在钟山区煤炭工业局派驻煤焦税费检察室。1993年，在钟山区汪家寨镇、大河镇、大湾镇、老鹰山镇派驻煤焦税费检察组。同时在钟山区工商管理局派驻工商行政检察室。1995年上半年，派驻的检察室（组）全部撤销。

一、刑事检察

（一）侦查监督

1988—2008年，检察机关受理公安机关提请批准逮捕的犯罪嫌疑人共14940人，批准逮捕12443人。1988年，受理公安机关提请批准逮捕的犯罪嫌疑人241人，经审查，批捕189人，增捕9人。1989年，共受理公安机关及自侦部门移送审查逮捕的各类刑事犯罪嫌疑人749人，经审查，依法批准逮捕

605人，对事实不清、证据不足、不构成犯罪的嫌疑人，依法不批准逮捕45人，退回补充侦查63人，对事实清楚、证据确凿的犯罪嫌疑人依法增捕15人，决定逮捕贪污、贿赂等职务犯罪嫌疑人8人。在审查黄少益等人故意伤害、抢劫一案中，发现犯罪嫌疑人李某某既是主犯、又参与抢劫的犯罪事实，公安机关却未报捕，而报捕没有涉嫌犯罪的张某某，遂依法增捕李某某，对张某某依法作出不予逮捕的决定。1991年，批准逮捕拐卖妇女儿童案犯28人。是年，按照“提前介入”制度的规定，共提前介入公安机关侦查活动13件（次）。1999年，批捕团伙犯罪案件63件、288人。是年，在开展的“打击毒品犯罪活动专项斗争”中，及时批捕涉毒案件21件、22人。

在严厉打击刑事犯罪活动中，坚持开展立案监督工作。其中，2003年，向公安机关发出《说明不立案通知书》6份，引导公安机关侦查取证15件43人。针对办理案件中发现的各种违法问题，发出《纠正违法通知书》57份，检察工作《便函》91份。2007年，依法向公安机关发出《纠正违法通知书》99份，检察工作《便函》32份，《检察建议》20份，《提供法庭审判所需证据材料意见书》21份，《不予批准逮捕案件补充侦查提纲》12份。此外，提前介入并引导公安机关侦查取证30件，对部分不捕案件进行回访。2008年，共受理提请批捕的各类刑事案件665件、1109人，经审查，批准逮捕612件、1007人，不捕45件、84人，公安机关撤回8件、18人。

1988—2008年钟山区侦查监督工作情况一览表

表6-3

年份	受案人数（人）	与上年度相比（±%）	审查处理情况					附　注
			批捕（人）	不捕（人）	退回（件）	撤回（件）	增捕（人）	
1988	241	—	189	18	34	—	—	总数占原特区院同年的62%
1989	508	110.80	416	27	29	—	15	逮捕职务犯罪嫌疑人8人
1990	510	0.39	445	37	25	—	3	—
1991	375	-26.47	307	19	24	—	25	—
1992	317	-15.47	251	21	20	1	3	逮捕职务犯罪嫌疑人18人
1993	366	15.46	307	12	18	3	4	逮捕职务犯罪嫌疑人18人
1994	449	22.68	337	14	54	1	9	逮捕职务犯罪嫌疑人17人
1995	602	34.08	501	52	41	—	8	
1996	721	19.77	589	22	85	13	6	逮捕职务犯罪嫌疑人6人
1997	451	-37.45	391	49	1	10	—	逮捕职务犯罪嫌疑人20人
1998	586	29.93	487	49	—	49	1	—
1999	674	15.02	557	44	—	73	—	—
2000	915	35.76	675	71	—	169	—	—
2001	1161	26.89	899	61	—	201	—	—
2002	1068	-8.01	868	47	—	153	—	—
2003	1020	-4.49	817	63	—	140	—	—
2004	882	-13.53	776	23	—	83	—	—

续表6-3

年份	受案人数（人）	与上年度相比（±%）	审查处理情况					附　注
			批捕（人）	不捕（人）	退回（件）	撤回（件）	增捕（人）	
2005	1014	14.97	881	55	—	78	—	—
2006	1050	3.55	926	91	—	33	—	—
2007	921	-12.29	817	85	—	19	—	—
2008	1109	20.41	1007	84	—	18	—	—

（二）审判监督

1988—2008年，检察机关共受理起诉案件人数19735人，公诉5667人。

1988年建院初期，“捕、诉”尚未分设，由刑事检察科同时行使国家逮捕权和公诉权。区人民法院机构尚未健全，遂向水城县法院提起公诉各类刑事案件12件23人，及时打击犯罪分子的嚣张气焰，依法提起抗诉1件1人。1989年，刑事检察部门实行“捕、诉分离”，刑事检察科分设为“批捕科”和“起诉科”，审判监督工作进一步强化。在办理杨某某等3人抢劫、盗窃一案中，审查发现公安机关遗漏其中7名犯罪嫌疑人，遂依法增捕增诉，使这一犯罪团伙的犯罪嫌疑人无一漏网，全部被追究刑事责任。

1990年，集中开展从重从快严厉打击严重刑事犯罪行动，检察机关及时、准确地公诉一批1983年以来严打中批捕在逃和现行的犯罪嫌疑人，有罪判决达100%。1993年，在审查移送审查起诉的犯罪嫌疑人杨某某故意伤害、流氓一案时，发现案中存在诸多疑点，于是，多次前往发案地补充侦查，获取大量证据，证明杨某某在主观上具有杀人的故意，在客观上产生剥夺他人生命的行为和结果。因此，依法改变移送机关对该案的错误定性，按照审级管辖，以故意杀人罪移送上级人民检察院向同级法院提起公诉，被告人杨念中被依法判处死刑，剥夺政治权利终身。

在“反盗窃、打团伙”“集中打击”等“严打”专项斗争中，1994—2002年，快速办理“七类”严重刑事犯罪案件874件1454人，打击一批团伙犯罪案件。其中1994年40件154人，1997年办理毒品犯罪案件24件40人。

1999年，钟山区人民检察院被指定为全省、全市实行主诉检察官办案制度的试点单位。6月21日，钟山区人民检察院制订《实施主诉检察官办案制度暂行办法》，遴选出2名主诉检察官，以主诉检察官为核心，组成2个办案组开展主诉业务工作。至此，公诉部门开始实行主诉检察官办案和非主诉检察官办案“双轨”办案制。

2000年，2个“主诉检察官办案组”共受理案件342件547人，占受案总数的56.1%。2002年，主诉检察官办案组共受理各类案件320件430人，占受案总人数的48.3%。

1999—2001年，检察机关加强侦查监督，适时介入侦查预审，依法追诉犯罪事实80起。在审查宋某某抢劫一案时，发现宋曾伙同他人在广东入户抢劫财物6.8万元的重大犯罪事实，遂依法追诉，使宋受到应有的惩罚；对带黑社会性质的“南开帮”金某某等29人抢劫、强奸、伤害案，适时派员提前介入公安机关侦查预审，严把事实关、证据关和法律关，为“快审快结”和法院开庭审理创造有利条件，使这个猖獗一时的犯罪团伙受到法律的制裁，有力地维护一方平安。

2003年，钟山区人民检察院被列为全省公诉案件审查报告综合化试点单位，共办理适用简易程序案件280件。参加全省开展的打击偷牛盗马专项整治行动，公诉偷牛盗马案件3件4人，发生在边远乡村的盗窃、“双抢”案件140件163人。

2005年，钟山区人民检察院进行人民监督员制度试点工作，推进主诉检察官办案责任制、引导侦查取证和被告人认罪案件简化审三项公诉业务改革。

2006年，检察机关对未成年人犯罪的轻微刑事案件，执行“教育、感化、挽救”和“教育为主、惩罚为辅”的方针，公诉未成年人犯罪案件109件220人。是年，对量刑畸重的判决依法提起抗诉1件1人，二审将实体刑改判为缓刑，为建院以来首例抗诉量刑畸重的案件。“从重从快”公诉杀人、抢劫、强奸、绑架、爆炸、重伤害等暴力性犯罪案件209件324人，公诉团伙犯罪案件156件444人，报送市检察院审查起诉重大案件29件43人，其中故意杀人案18件19人，追诉犯罪事实14起。2007年公诉此类案件197件353人。

2007年，区检察院、区法院和辖区内的8个警署联合制订《快速办理轻微刑事案件工作机制》，规定凡符合该工作机制的各类轻微刑事案件，检察院在受理后5日内作出是否批准逮捕的决定。公安机关在接到案件后12日内侦查终结移送人民检察院公诉部门，公诉部门在10日内审查完毕，作出起诉或不诉的决定。对提起公诉的案件，审判机关按照《人民法院办案流程规定》审结。2008年，共受理各类刑事案件866件1573人，增捕增诉遗漏的犯罪嫌疑人3人，审查后向同级法院起诉627件986人，移送市检察院审查起诉26件72人，退回补充侦查208件500人，公安撤回2件8人，不诉2件4人，移送水城县检察院起诉1件3人。全年共追诉犯罪事实27起，对确有错误的刑事判决依法提起抗诉2件2人，适用“快速办案机制”办理案件35件35人，建议法院适用简易审127件，普通程序简化审363件。

1988—2008年钟山区受理起诉案件情况一览表

表6-4

年份	人数（人）	与上年度相（±%）	审结处理情况（件）							
			报送	公诉	不诉	退侦	撤回	增诉	抗诉	其他
1988	263	—	36	161	—	52	—	—	—	14
1989	583	121.67	70	379	—	49	55	13	—	30
1990	563	-3.43	74	308	1	123	—	15	—	57
1991	513	-8.88	50	318	—	118	—	17	1	27
1992	491	-4.29	45	330	1	34	—	11	3	82
1993	390	-20.57	52	185	17	127	—	15	—	26
1994	495	26.92	30	289	—	140	—	4	1	35
1995	604	22.02	62	313	—	194	—	36	1	35
1996	952	57.62	195	504	1	—	—	6	2	60
1997	616	-35.29	14	405	—	191	—	5	3	6
1998	700	13.64	54	490	5	147	4	5	—	—
1999	879	25.57	88	588	—	200	—	11	3	—
2000	1003	14.11	68	657	—	275	3	3	4	—
2001	1530	52.54	160	988	4	373	2	3	3	—

续表6-4

年份	人数（人）	与上年度相（±%）	审结处理情况（件）							
			报送	公诉	不诉	退侦	撤回	增诉	抗诉	其他
2002	1419	–7.25	72	1001	6	335	5	3	—	—
2003	1235	–12.97	82	899	—	251	3	2	5	—
2004	1305	5.67	39	898	3	353	12	5	13	—
2005	1380	5.75	77	926	—	368	9	—	2	—
2006	1391	0.80	43	1021	1	72	4	—	3	—
2007	1355	–2.59	42	937	2	368	5	—	—	1
2008	1573	16.09	72	986	4	500	8	3	2	3

说明：“报送”是指按照法律规定可能判处15年以上有期徒刑、无期徒刑或死刑，依管辖权报送上级检察院审查起诉

二、查办职务犯罪

（一）查办贪污贿赂及其他经济犯罪

1988—2008年，检察机关受理职务犯罪线索1295件，共立案侦查493件，其中贪污、贿赂案件430件。1988年，共受理案件线索25件，立案7件13人，其中贪污案4件9人，偷税案1件1人，诈骗案2件3人。所立案件中，重大案件5件11人，特别重大案件1件1人，提起公诉5件6人，免予起诉2件6人，因属地原则撤销案件1件1人，移送有管辖权的检察院处理，为国家挽回直接和间接经济损失43万余元。1989年，区检察院以一手抓打击刑事犯罪，一手抓打击经济犯罪的“两打”为重心，深入开展“整顿经济秩序”活动，保护改革开放政策的顺利实施。在协助农业银行“清理有问题资金”的工作中，发现大湾镇三合信用社主任王某某采取“拆东墙补西墙”的违法手段，挪用公款100余万元为他人进行营利性活动，遂依法对其立案侦查，立案后犯罪嫌疑人积极主动退回全部赃款，有悔罪的愿望和表现，因此，检察机关未对犯罪嫌疑人采取强制措施，案件侦查终结后依法对其作出免予起诉的决定。这一宽严有度的做法，促使另2名贪污和挪用公款的犯罪嫌疑人投案自首，追回赃款50余万元。之后，办理农行系统的贪污、挪用公款案件5件，追回赃款60余万元，协助农行系统追回逾期不良贷款100余万元，协助税务部门追回偷、欠税款近50万元。组织市商委、供销社、蔬菜公司、交通局、公路养护段等部门开办廉政法制学习班。通过宣传教育，共有71名有违法犯罪的嫌疑人员交代问题，检察机关协助这些部门追回案外流失资金134万余元。

1990年，检察机关采取多种形式开办“法制宣传教育学习班”。12月13日，配合钟山区商委对有经济问题的32人进行法制教育，促使7人将拖欠的公款16991.82元清还，3人查清账上久拖不决的有问题资金7086.52元，从中发现经济犯罪案件线索5件。是年，区税务检察室在协助区税务局开展纳税检查中，立案查处偷税案6件，追缴偷漏税款11万余元。1991年，配合青山铅锌矿的清理整顿工作，查缴偷逃税款和没收非法采矿收入170余万元。

2001年，贯彻最高人民检察院《全国集中追捕在逃贪污贿赂等职务犯罪嫌疑人专项行动通知》，针对几年来在逃犯罪嫌疑人多，造成积案多的实际，精心组织，春节期间多点布控，抓获在逃犯罪嫌疑人3人。与公安机关联合在水钢召开职务犯罪公捕大会，向职务犯罪嫌疑人展开强大的法律政策攻势，慑于法治声威，5名犯罪嫌疑人主动投案自首。是年查办重大案件6件11人。查办“三

机关一部门”职务犯罪案件7件7人。2004年，查办科局级领导干部11人，正副处级干部各1人，占立案总人数的36.66%，2005年，查办科局级干部8人，占立案总人数的36.36%。2006年，查办副科级以上领导干部8人，占立案总人数的34.78%。

2008年，共受理贪污贿赂等职务犯罪案件线索20件28人，立案侦查10件18人，被立案的嫌疑人中，科级干部3人，处级干部1人，为国家挽回经济损失68万余元。

（二）查办渎职侵权及其他职务犯罪

建院之初，重点对辖区内煤炭生产、矿山安全等渎职侵权行为进行法纪检察。

1989年，钟山区农业银行艺奇信用社原主任穆某某违反金融管理规定，将银行资金200余万元贷给无申请贷款书、无财产抵押、无担保人的贷款人，造成国家137万余元农业贷款不能收回，检察机关予以查办。农业银行借查办此案声威，在内部开展整顿，是年共收回不良贷款600余万元。

1997年，随着修订后的《刑事诉讼法》《刑法》的实施，对案件管辖作出重大调整，“重大责任事故”等罪案划归公安机关管辖，对部分渎职侵权罪的具体界定重新作出司法解释。

1997—2002年共受理侵权、渎职等职务犯罪线索39件，依法立案侦查6件7人，其中徇私舞弊3件3人，其他案件3件4人。不立案转有关部门处理33件。

2008年，共受理渎职侵权案件线索3件3人，其中玩忽职守案件线索1件1人，徇私枉法案件线索1件1人，非法拘禁案件线索1件1人。

三、预防职务犯罪

1999年前，预防职务犯罪工作基本上仅在办理个案的过程中顺势开展预防职务犯罪教育，仅限于局部而非社会化，亦未形成完整的预防体系。2000年，区检察院先后8次深入驻区30余个国有大中型企业和单位，以多种形式开展法制宣传，进行全面调查研究，制订《钟山区人民检察院为国企改革服务措施》，率先与重啤集团六盘水啤酒厂共同成立预防职务犯罪领导小组。以一定的组织形式开展职务犯罪预防工作，为预防职务犯罪工作社会化、法制化、规范化建设积累一定经验，作出有益探索。

2002年，钟山区成立预防职务犯罪领导小组，下设办公室，统一领导全区的预防职务犯罪工作，办公室设在区检察院。钟山区人民检察院按照“领导小组”的部署，先后与区属国家机关各部门、区属企事业单位、各镇、办、乡签订《预防职务犯罪协议》。在上述单位聘请67名兼职联络员作为开展预防职务犯罪工作的首批骨干力量，预防职务犯罪“社会化工程”在全区正式启动。2003年，在办理职务犯罪案件过程中，改变以往就案办案的工作方法，采用“查处一案，教育一片”的做法，结合办案认真分析发案单位在管理制度等方面存在的问题，书面提出《检察建议》，及时帮助其堵漏建制，共同研究防范措施与对策，建立职务犯罪预防机制。检察机关对《检察建议》落实情况进行回访督促。是年，共向发案单位提出《检察建议》4次，上法制课4次，受教人数600余人次。是年起，在重大工程建设和政府投资招标等项目建设中开展专项预防。2003年，与水城钢铁（集团）公司共同成立“高炉、铁前片区技改工程预防职务犯罪领导小组”，并制定实施方案。根据方案要求，钟山区人民检察院先后派员到贵阳、水钢等地现场监督招投标工作，与水城钢铁（集团）公司钢铁事业发展有限公司“欣兴花园”就建设资金安全、工程质量、干部廉洁等问题，共同签订《预防职务犯罪承诺书》。2004年，区检察院与区纪检、监察等部门密切配合，对凤凰新区建设项目进行专项预防。是年，区委、区政府首次将预防职务犯罪工作列为培训的重要内容。6月，举办钟山区科级干部党风廉政教育培训，由钟山区人民检察院派员主讲预防职务犯罪专题，全区200余名科级干部参加培训。为进一步完善钟山区的预防职务犯罪网络，是年11月，钟山区委召开全区预防职务犯罪工作会议，并对聘任的22名预防职务犯罪工作联络员进行专门培训。

2005年，钟山区检察、纪委、监察、人事、财政、司法、审计、公安、工商、税务等部门联合形成预防职务犯罪网络，形成反腐合力，全区预防职务犯罪工作体系初步建成。是年，钟山区人民检察院先后介入凤凰新区和各乡镇通村公路、钟山区工商局老鹰山工商所办公楼、钟山区场坝小学"逸夫教学楼"等工程的招标工作。11月，区委举办全区各单位、部门主要负责人和纪检书记、财政所长党风廉政培训，预防职务犯罪为此次培训的主要内容，全年开展法制宣传活动8次，发放资料4000余份。2006年，检察机关为进一步加大预防职务犯罪工作的力度，深入到机关、系统、行业、学校开展警示教育，以案释法，针对管人、管钱、管物的"三管"人员，举办法制宣传和警示教育讲座9场（次），发放宣传资料2000份，受教育1000余人。2007年，区检察院先后和区国税局、区地税局、钟山开发区国税局和地税局建立"共同预防职务犯罪机制"。与区纪委、监察、法院、公安联合制定《违法违纪案件移送办法》。与区法院联合制定《办理民事行政案件协作规定》。全年共举办法制宣传和警示教育讲座11场（次），受教育人数2000余人次。2008年，健全信息共享平台和联勤机制，定期与有关单位和部门座谈。为国土、税务、地电公司、质监等单位开展法制讲座6场次，向发案单位发出《检察建议》3份，发案单位针对《检察建议》提出的问题认真进行整改。

四、其他法律监督

（一）民事、行政检察

1991年，钟山区人民检察院设立民事行政检察科，配备2名检察干部。主要业务是：办理钟山区辖区内的一二审民事、行政申诉案件，办理当事人不服人民法院已生效裁判来院申诉的案件。1991年5月至1997年12月，共受理一、二审申诉案件20件，立案审查2件，建议市检察院提请省院抗诉2件。1998年起，钟山区人民检察院采取设摊摆点、上街设点开展宣传咨询服务，以发放宣传资料、制作匾牌、以案释法等方式，深入厂矿企业、街道办事处、居民聚集区宣传民事行政检察工作，不断扩展民事行政检察工作的宣传面，民事行政检察案件数量逐年增加。1999—2008年，共受理案件167件，立案审查64件，提请市院抗诉13件，建议提请省院抗诉33件，发出再审《检察建议》5件。

区检察院在办理公益诉讼案件、国有资产流失和公共利益受损案件等方面进行积极探索，采取"督促起诉""支持起诉""提起公诉"等方式进行检察监督。2004年11月，朱某某涉嫌贷款诈骗一案，经审查认为不构成犯罪而决定不批捕，但工商银行的损失尚未挽回，国有资产可能流失。不批捕决定作出后，出现法律程序上的空白，报案单位不知如何处理，检察机关采取"支持起诉"的方式，主动帮助工商银行六盘水分行理顺法律程序上的各种关系，协助工商银行搜集有关证据材料，建议并指导该行依法向人民法院提起民事诉讼，并向该行发出《支持起诉决定书》。这是区检察院在保护国有资产安全、防止国有资产流失方面办理的首例公益诉讼案件。

（二）控告申诉检察

1988年9月，区人民检察院设控告申诉检察科。1991年，国家工作人员犯罪案件举报中心（以下简称"举报中心"）划归控告申诉检察科管理。

1988—1996年年底，共受理来信、来访2862件次。按当时的案件管辖规定和上级要求及时进行处理，直接立案侦查一批重婚案件，重婚纳妾者受到法律应有的制裁。1997—1999年，共受理来信来访411件次，其中控告类220件，举报线索143件，申诉类18件，依照案件管辖规定全部进行分流处理。

2000—2008年，共受理来信来访1337件次，其中控告类510件，举报线索740件，申诉87件；立案复查刑事申诉6件，初查举报线索4件，其余按照管辖全部进行分流处理。

1997年起，区人民检察院进一步加强控申接待工作，规范《检察长接待日制度》《检察长批办、转办、交办、督办制度》，检察长应坚持每月2天的固定接待日制度。1997—1999年，检察长共接待来访33人次，批阅来信200件（次），参与办理控申案件5件。1998年7月21日，在钟山区人民检察院设立的法制宣传接待点上，老鹰山镇小河学校教师朱某某向院领导投诉称：1997年12月30日，刘某某、王某2名无业人员窜到校园内调戏女学生，朱上前制止，刘、王二人不但不听，反而将朱打伤，尔后刘、王二人逃离现场，逍遥法外。院领导随后安排控申科和刑一庭到案发地调查了解情况，依法启动立案监督程序，在检察院的有力监督下，公安机关及时对该案进行立案侦查，1998年，教师节期间，公安机关侦破此案，钟山区人民检察院依法及时批捕起诉刘、王二人，使其受到法律的惩罚。2006年3月，控告申诉检察科被中华全国妇女联合会授予“全国三八红旗集体”。

（三）监所检察

1988年，区人民检察院设监所检察科，开展监所检察业务工作。是年，最高人民法院、最高人民检察院联合发出《关于贪污、受贿、投机倒把等犯罪分子必须在限期内自首坦白的通告》，区人民检察院对在押人员进行法制宣传5次，受教人员1000余人（次），受理检举揭发经济案件线索15件。1988—1989年，针对看守所超期羁押严重的情况，依法向有关部门提出口头、书面纠正意见20余次，纠正8次。实地考察监外执行、缓刑、假释、拘役、管制“五种人”51人，首次办理被监管人员重新犯罪（脱逃罪）案件1件1人，并以此作为反面教材，教育在押人员认罪服法，认真改造。

1993年，区人民检察院监所检察科改变原轮流派员到看守所巡察的做法，将办公室直接设在看守所，全科工作人员均到看守所上班，实行全天驻所检察。坚持配合看守干警一日3次巡视内监区，发现违法违规问题，及时进行处置，不留安全隐患。严厉打击牢头狱霸，重点整治监管秩序。1996年，立案侦破在押人犯赵某某脱逃案并依法提起公诉，赵某某被追加刑期2年。为强化法治教育效果，将赵的审判法庭设在内监区，把各监室关押的人犯1000余人全部集中旁听，面对面在看守所内监区对在押人员进行法制宣传教育。

1990—1993年，针对超期羁押、一人提审等长期困扰监所检察的违法问题，依法向有关办案部门发出《纠正违法通知书》736次，其中发出书面《检察建议》11份，纠正357次。打击牢头狱霸30人，考查监外执行罪犯“五种人”203人。配合看守所进行安全大检查80余次，对部分人犯谈话教育1697人次，人犯检举各类案件线索100余件。1998年，根据最高人民检察院《关于重新明确监所检察部门办案范围的通知》，钟山区人民检察院监所检察部门开展对服刑期间犯罪案件的批捕、起诉工作，共办理9件13人。1998—2003年，复查保外就医罪犯23人，查出不符合保外就医条件的10人，依法督促看守所收监投放劳改农场；纠正违法关押3人，违法减刑1人。向办案单位和部门发出《纠正超期羁押通知书》《检察建议》31份，纠正违法超期关押1231人。在押人员举报各类案件线索50余件，其中2人获得立功减刑奖励。2004年，区检察院与公安、法院联系，实施《收案换押制度》《超期羁押预报制度》，有效预防超期羁押，取得自建所以来首次全年“零超期”的明显成效。2005年，组织实施最高人民检察院《关于加强派驻监管场所检察室规范化建设的意见》，通过省检察院考核验收，区人民检察院监所检察部门晋升为贵州省检察机关“三级规范化”检察室。

2005—2006年，监所检察部门重点开展“减刑、假释、保外就医、暂予监外执行专项检查”活动，对在辖区内执行管制的1人、缓刑65人、假释8人、暂予监外执行3人、保外就医7人进行检查，发现4名罪犯不符合留所服刑条件，建议将其移交劳改农场改造。2007年，深入辖区内9个派出所及有关部门、社区对监外执行罪犯脱管、漏管情况进行检察，共核查400人，向有关部门提出口头建议10次，并向上级呈报《专项行动报告》。2008年，对即将到达诉讼羁押期的案件53件88人进行催办，确保全年“零超期”。

第三节 审 判

一、机构

1988年，区人民法院成立。内设刑事审判庭、民事审判庭、经济审判庭、行政审判庭、执行庭、告诉申诉庭、办公室、政工科。1991年，增设研究室。1992年，成立司法警察大队。1994年，设立纪检监察组。1996年告诉申诉庭分设为立案庭和审判监督庭。1999年设立书记官室，对书记员单列管理。1999年，设监察室。2000年，设立执行工作局。2002年，民事审判庭更名为民事审判第一庭，经济审判庭更名为民事审判第二庭，法警队更名为法警大队。2008年，设立工矿和环境保护审判庭。内设办公室、政工科、监察室、立案庭、刑事审判庭、民事审判第一庭、民事审判第二庭、行政审判庭、审判监督庭、工矿和环境保护审判庭、执行工作局、研究室、书记官室、法警大队。

1988年，辖黄土坡、城关、青杠林、大湾人民法庭。1990年，增设观音山、老鹰山、大河边、汪家寨人民法庭。1999年，撤销黄土坡人民法庭，将城关法庭更名为钟山人民法庭，青杠林法庭更名为荷城人民法庭，大河边法庭更名为大河人民法庭。2000年，又撤销钟山、荷城2个人民法庭。2002年将汪家寨人民法庭和大河人民法庭合并为大河人民法庭，原汪家寨人民法庭改设诉讼接待站，观音山人民法庭和老鹰山人民法庭合并为老鹰山人民法庭。2008年，全区共有固定人民法庭3个。

2004年，区人民法院在市交警支队直属大队成立交通事故合议庭。在大湾、老鹰山人民法庭分别成立木矿、大湾、观音山和小河片区4个诉讼接待站，加上之前的汪家寨、纳福片区诉讼接待站，共6个诉讼接待站。2008年，诉讼接待站共有6个，在诉讼接待站建立相应的巡回审判点。

钟山区人民法院建立始，即成立审判委员会。至2008年，区人民法院审判委员会共经历6届，其任务主要是讨论重大、疑难案件，检查执法情况，总结审判经验等。院长对已经发生法律效力的判决和裁定，如果发现认定事实或适用法律上确有错误，亦须提交审判委员会实行民主集中制，作出决定，合议庭和独任审判员应当执行。

二、刑事审判

1988—2008年，区人民法院共受理刑事案件8791件14016人，审结一审案件8774件13995人，作出一审判决11827人。1988年，区人民法院共受理各类刑事公诉案件84件155人，审结一审案件84件155人，作出一审判决123人。1989年，依法惩办一批危害社会治安和破坏经济的犯罪分子，全年共受理刑事案件192件343人，审结一审案件191件342人，作出一审判决310人。1990年，贯彻对严重危害社会治安的犯罪分子依法从重从快予以惩处的方针，全年共受理各类刑事案件228件394人。1992年，贯彻严打方针，对严重危害社会治安，杀人、抢劫、强奸、伤害、拐卖妇女儿童、贩毒、卖淫嫖娼、重大盗窃等犯罪分子进行严惩。同时，严厉打击破坏改革开放，危害经济建设，扰乱社会秩序，影响社会稳定的各种犯罪分子。全年共受理各类刑事案件198件351人，审结一审案件198件351人，作出一审判决314人。1997年，严格执行修改后的《刑法》和《刑事诉讼法》，坚持严打方针，持续不断地开展严厉打击严重危害社会治安和严重破坏经济的犯罪。全年共受理各类刑事案件268件415人，审结一审案件266件412人，作出一审判决178人。

2002年，以打击集团犯罪、伤害、贩卖运输毒品等重大刑事犯罪为重点，全年共受理各类刑事案件693件1077人，审结一审案件693件752人，作出一审判决752人。2008年，共受理各类刑事案件661件1119人，审结一审案件661件1118人，作出一审判决1042人。

1988—2008年钟山区刑事审判情况一览表

表6-5　　　　单位：件、人

年份	受理案件		审结案件		一审判决人数
	件数	人数	件数	人数	
1988	84	155	84	155	123
1989	192	343	191	342	310
1990	228	394	228	394	316
1991	212	372	212	372	267
1992	198	351	198	351	314
1993	154	254	154	254	185
1994	214	371	213	370	296
1995	228	400	224	395	308
1996	408	683	406	681	533
1997	268	415	266	412	178
1998	373	618	370	614	520
1999	439	661	437	659	621
2000	449	773	449	773	408
2001	705	1118	704	1117	1026
2002	693	1077	693	1077	752
2003	640	936	640	936	897
2004	649	979	649	979	928
2005	600	873	600	873	840
2006	746	1079	745	1078	1024
2007	650	1045	650	1045	939
2008	661	1119	661	1118	1042

三、民事审判

1988—2008年，区人民法院共受理各类民事案件30894件，审结30014件，结案率97.15%。1988年，受理各类民事案件44件，审结37件，结案率84.09%。其中离婚案23件，债务纠纷9件，赔偿案6件。在所结案件中，调解18件，撤诉的9件。1991年，受理各类民事案件926件，审结889件，结案率为96%，其中婚姻纠纷案件744件。鉴于婚姻纠纷案件所占比重大，情况复杂，社会影响大的特点，为办好这类案件，区人民法院在做好调查取证工作的同时，同有关单位和组织联系，邀请有关人员当陪审员，以利于做好说服教育工作，严禁随意下判。是年所审结的741件婚姻案件中，调解结案594件，经做工作后自动撤诉105件，判决离婚和不准离婚42件，办案质量比往年有所提高。

1994年，受理审结名誉权纠纷案5件，1995年，共审结民间债务纠纷案件158件，合伙人内部财产纠纷及劳动争议案件18件，房地产纠纷35件，名誉权纠纷2件。

2007年，加强诉讼调解工作，将“能调则调，当判则判，调判结合，案结事了”作为调解工作的原则，将“案结事了、胜败皆服、辨法析理、定纷止争”作为调解工作的目标。通过邀请水钢（集团）公司、水矿（集团）公司、六盘水城市信用合作社等10余个单位到区法院座谈，广泛征求对民事审判工作的意见和建议，并深入了解他们在生产、经营活动中存在的问题，找出发展中存在的问题，研讨对策，谋求发展，为经济建设营造一个良好的法制环境。全年受理各类民商事纠纷案件2041件，审结1959件，结案率为95.98%。

2008年4月，在区人民法院立案庭成立案件速裁组，制定《民事案件速裁工作规则（试行）》和《加强人民调解工作的指导意见》等相关制度，速裁组在遵循自愿、合法、高效、便民的原则下，征求当事人意见后，对受理的案件迅速依法调解或裁判。民商事调解工作取得明显成效，有效地化解矛盾纠纷，缩短办案周期，减轻当事人负担。是年受理各类民商事案件2719件，审结2685件，结案率为98.75%。其中婚姻、家庭纠纷案件728件，合同纠纷案件1635件。

1988—2008年钟山区民事审判案件情况一览表

表6-6　　　　单位：件、%

年份	受理案件	审结案件	结案率
1988	44	37	84.09
1989	681	656	96.33
1990	906	891	98.34
1991	926	889	96.00
1992	1059	1047	98.87
1993	988	910	92.11
1994	1065	925	86.85
1995	1210	1170	96.69
1996	1510	1472	97.48
1997	1422	1395	98.10
1998	1642	1618	98.54
1999	1718	1686	98.14
2000	2061	2024	98.20
2001	1971	1939	98.38
2002	1730	1668	96.42
2003	2151	2106	97.91
2001	2164	2138	98.80
2005	1443	1405	97.37
2006	1443	1394	96.60
2007	2041	1959	95.98
2008	2719	2685	98.75
合计	30894	30014	97.15

四、经济审判

1988—2000年，共受理经济案件3176件，审结2915件，结案率91.78%。2001年后，为适应市场经济体制的需要，并与国际法律制度相接轨，根据最高人民法院制定的《人民法院五年改革纲要》，将经济审判统一改为商事审判。1988年，共受理各类经济纠纷案件37件，诉讼标的为89.99万元，审结30件，结案率为81%。其中购销合同纠纷21件，占受理案件数的56.8%，联营合同纠纷5件，占13.5%。

1992年，区人民法院为保证国有大中型企业正常经营秩序，保障社会主义市场经济的顺利运行，以信函的形式与各银行、有关企业联系，征求他们对区法院经济审判工作的意见，有针对性地为企业提供法律服务，尽力为企业挽回损失，全年共受理经济纠纷案90件，审结率为100%。1993年，受理经济纠纷案件227件，审结218件，审结率96%，共审结标的金额518.9万元。其中经济合同纠纷案件121件，占受理案件数的53.3%。1994年，区人民法院注重与发展市场经济有关案件的审理质量，保护正当竞争和公平交易，规范市场经济行为，促进市场体系的发育和完善，全年受理经济纠纷案件228件，审结196件，结案率85.96%，结案标的600余万元。共审结购销合同纠纷案件83件，占结案数的42.3%。同时审理金融企业起诉的贷款合同纠纷案件，为金融部门盘活积淀资金、维护金融秩序、加强宏观调控提供法律服务，全年共审理贷款合同纠纷案件49件，占经济案件结案数的25%，为银行追回贷款60余万元。

1997年，加强对深化国有企业改革改制等案件的审理，为建立现代企业制度服务，依法及时审结企业承包、联营、租赁、破产等案件18件。审理涉及金融体制改革的信贷案件，维护正常的金融秩序，共受理借款合同纠纷案件105件，审结96件，解决争议金额786.78万余元。全年共受理各类经济纠纷案件461件，审结448件，结案率为97.18%，解决诉讼争议金额2340万余元。

五、行政审判

1989—2008年，区人民法院共受理行政案件619件，审结587件，结案率94.8%。

1989年，区人民法院共受理行政案件16件，审结6件，结案率37.5%。其中不服治安行政处罚的4件，不服物价行政处罚的1件，不服税务行政处罚的1件，不服土地和城市规划管理行政处罚的10件。

1995年，贯彻执行全省行政审判工作会议精神和省高级人民法院《关于加强行政审判工作若干问题的意见》《关于非诉行政执行案件执行工作的意见》。区人民法院采取多种形式宣传《行政诉讼法》，改善行政执行的外部环境，切实加强收案和审理工作。全年共受理行政诉讼案件17件，审结16件，执行非诉行政执行案件6件。

1998年，区人民法院加强与行政机关的联系，改善执法环境，制作《行政非诉执行案件申请须知》，送发有关行政机关，指导行政机关依法申请执行其生效的行政决定，向市、区两级行政执法机关发出《行政审判工作征求意见函》110余份，就区法院行政审判工作中存在的问题及今后改进工作的方向征求意见。是年受理行政案件28件，审结28件，结案率100%。

2008年，受理行政案件52件，结案率100%，其中判决维持23件，判决撤销7件。审查非诉执行案件17件，审查中执行6件，送执行局强制执行11件。

1988—2008年钟山区行政审判案件情况一览表

表6-7　　单位：件、%

年份	受理案件	审结案件	结案率
1988	16	6	37.5
1989	16	6	37.5

续表6-7

年份	受理案件	审结案件	结案率
1990	64	64	100.0
1991	18	18	100.0
1992	6	5	83.3
1993	23	22	95.7
1994	14	11	78.6
1995	17	16	94.1
1996	15	14	93.3
1997	15	15	100.0
1998	28	28	100.0
1999	31	30	96.8
2000	29	29	100.0
2001	19	19	100.0
2002	14	14	100.0
2003	27	27	100.0
2004	62	62	100.0
2005	49	48	98.0
2006	48	45	93.8
2007	56	56	100.0
2008	52	52	100.0
合计	619	587	94.8

六、案件执行

1988—2008年，区人民法院共受理执行案件11107件，执结10072件，执结率90.68%。

1988年，受理执行案件8件，执结6件，执结率75%。

自1997年5月起，区人民法院禁止使用空白裁定书，执行款由内勤统一收取，统一支付并审核实际执行费用的支付情况，制作和规范《执行报告》《房屋估价委托书》《车辆估价委托书》《车辆报停通知书》《不得办理房屋或车辆过户手续通知书》《限期履行通知书》等11种文书样式，建立中止、委托、受托、协助执行案件的登记管理制度，制发《关于执行工作和措施及纪律的规定》《关于委托执行工作规范化的若干意见》，这些措施对区法院完成执行工作各项目标起到了保障作用。是年共受理执行案件356件，执结342件，执结率96.07%，执行标的金额1012.26万余元。1999年，开展“执行年”活动，召开债权人、债务人和执行兑现大会，并对拒不执行义务的债务人进行曝光，或采取拘留罚款等措施，为“执行年”活动营造执行氛围，扩大执行声势。全年受理执行案件605件，执结582件，执结率96.2%，执行标的金额2444万余元。

2001年，执行工作局成立，区人民法院制定执法监督卡，随案发送给当事人，将执行人员的活动置于当事人及社会的广泛监督之下。全年共受理执行案件665件，执结649件，执结率97.59%，执结标的2014.78万元。2006年，受理执行案件488件，执结462件，执结标的金额2630万元，结案率94.67%。是年区人民法院开展清理执行积案工作，对2000年以来终止执行的案件清理完毕，归档153件，结案标的金额1000万余元。2008年，区人民法院加强执行管理，建立和完善分权制衡机制，实行执行权与实施权相分立，对需要进行评估、拍卖的执行案件交由外委办依法办理，规范执行行为。建立执行款物审批支付制度，执行款物账钱分离，专人管理兑付，预防挪用执行款物的发生，保证执行款物及时兑现给申请执行人。是年受理执行案件948件，执结873件，结案率92.09%，执结标的金额11979万元。

1988—2008年钟山区案件执行情况一览表

表6-8

年份	受理案件（件）	执结案件（件）	执结率（%）
1988	8	6	75.00
1989	56	52	92.86
1990	107	88	82.24
1991	1959	1757	89.69
1992	271	227	83.76
1993	227	116	51.10
1994	303	222	73.27
1995	305	283	92.79
1996	318	260	81.76
1997	356	342	96.07
1998	526	506	96.20
1999	605	582	96.20
2000	820	722	88.05
2001	665	649	97.59
2002	555	510	91.89
2003	763	735	96.33
2004	706	655	92.78
2005	559	519	92.84
2006	488	462	94.67
2007	562	506	90.04
2008	948	873	92.09
合计	11107	10072	90.68

七、审判监督

1997年，区人民法院审判监督庭成立。至2004年的主要工作是对全院各类案件申诉复查、重审案件、再审案件的审理和案件质量检查等。2005—2008年的主要工作是全院各类案件流程管理、案件质量及发改案件的评查、再审案件的审理、行政案件的审理、档案管理、司法统计等。

区人民法院在加大审判监督力度的同时，加强对生效案件卷宗的检查，案件排期情况的监督，再审和重审案件的审理，申诉材料的答复。抓好对卷宗的全面检查，纠正案件错漏，追究违法办案责任，加强案件审限管理，指正再审案件中的错误，并总结审判经验。严格落实案件质量评查制度，以评查督促提高案件质量。审判监督庭对全院审结案件的卷宗进行逐件评查，发现并纠正案件裁判过程中的一些不规范做法。对不合格的卷宗，一律退回案件承办人，限期整改归档，并编发《案件评查通报》，供办案人员总结审判经验，学习借鉴。做好全院司法统计工作，将受理、结案信息输入计算机，准确向上级法院及区委政法委报送统计数据，为领导科学决策和管理提供数据来源。

除审判监督部门的监督外，区法院及各职能部门相应建立一系列规章制度，形成制约机制，规范执法行为。其制度主要有《刑事、民商事、行政、执行案件流程管理时限若干规定》《人民法院立案工作暂行规定》《案件质量评查规定》《重审、再审案件听证制度》《减、免、缓交诉讼费用制度》《个人收案情况公告制度》《执行案件公开听证制度》《执行案件未结原因告知书》《钟山区人民法院干警及工作人员工作纪律若干规定》《审判廉政责任制》。

八、法制宣传教育

1990—2008年，区人民法院单独或配合市中级人民法院、区公安机关召开公判大会492次，宣判案件297件577人，并组织旁听人员旁听，到发案地宣传法制和到学校开庭审理案件等方式，以案讲法，震慑犯罪，教育群众，扩大办案的社会效果。1993年，区人民法院选择典型案例到发案地召开宣判大会8次，公开宣判案件45件78人，旁听群众6万余人。特别是“6·26”禁毒日宣判大会和针对水钢盗窃犯罪猖獗而召开的反盗窃斗争宣判大会，有力地打击犯罪分子的嚣张气焰。配合市中院在市工人文化宫召开打击车匪路霸专项斗争宣判大会，公开宣判案件6件，对盗窃犯陈国银处以极刑，1万余名群众冒雨参加，旁听宣判大会。

2003年，区人民法院通过审判大量的刑事案件，加大刑事法律宣传力度，组织旁听人员参加旁听，就案讲法。到发案地宣传法制和到学校开庭，审理案件宣传法律，教育学生、群众。2007年，在六盘水市第三中学公开开庭审理被告人邓某某、李某某、杨某某抢劫一案，学校组织6000余名学生参加旁听，通过真实的庭审过程，使学生受到一场深刻的法制教育。2008年，在钟山区新兴学校、六盘水市师范专科学校、钟山三小、大河中学、大湾镇等地公开开庭审理刑事犯罪案件5件，举办法制宣传讲座6期，在场旁听的师生及广大群众达2万余人，达到审理一案、教育一片的法律效果和社会效果。

九、审判改革

书记员管理改革　区人民法院原采用的是传统的书记员管理模式，为适应新形势下审判工作的需要，1997年，向社会聘用3名书记员到北京学习亚伟速录机后，对全院10余名书记员进行亚伟速录输入的强化培训，成为内勤书记员，专门负责庭审记录，其余的书记员作为外勤书记员，负责法院的文书送达工作。成立书记官室对书记员统一管理，统一安排全院的排期开庭。至2008年年底内勤书记员11人，能满足全院的庭审记录、文书制作、复印等工作。

人民陪审员改革　原人民陪审员未经选举产生，均为聘请。2005年后，实行人民陪审员选任制度，并对人民陪审员进行培训和考核，是年，区人民法院人民陪审员选任、管理、考核委员会成立，报经区人大常委会任命人民陪审员15人。

审判方式改革 1990年，区人民法院在黄土坡法庭和老鹰山法庭进行“强调当事人举证责任”的试点工作，后在全院进行推广，是年6月1日起，行政审判也开展试点工作。1997年，刑事审判推行控辩式庭审方式，树立程序法、实体法并重的观念。改革的主要内容是以公开审判为重心，强化庭审功能、强化当事人举证责任、强化合议庭和独任审判员的职责。对公诉案件的立案审查由原来的实体性审查变为程序性审查，庭审方式由原来的“纠问式”向“控辩式”转变，明确主审人、合议庭成员、审判委员会之间的职责划分。民事、经济、行政审判方式改革主要是加强案件的审判监督，从程序上确定司法公正。确立立审分开、审执分开、审监分开的制度，将告诉申诉审判庭分设为立案庭和审判监督庭，前者专司审查立案工作，后者负责审判监督。1998年，以建立公开、公正、高效、廉洁的民事审判机制，确保依法独立公正地行使审判权，确保司法公正为目标，全面推行以“强化当事人举证责任，充分发挥庭审功能，落实合议庭和独任审判员职责”为内容的审判方式改革。1999年，试行“当日立案、排期开庭、接受监督、公正裁判”的审判方式改革，推行审判流程管理，实行排期开庭，将案件审理流程不同阶段的时间张贴于案件公示栏，并将审务公开，便于群众诉讼，接受社会监督。

2000年，推行当庭质证、当庭认证、当庭宣判、当庭制作判决的刑事审判方式改革。2002年，针对刑事审判工作实际，在审判刑事案件过程中，简化普通程序案件的庭审程序的部分环节，使庭审更具有针对性。2004年，建立超期羁押预警机制，落实临限催办通知、审限警示等制度，确保被告人的合法权利。制定《钟山区人民法院关于财产刑执行工作若干规定（试行）》，明确财产刑的执行程序。2008年，在立案庭成立案件速裁组。在遵循自愿、合法、高效、便民的原则下，征求当事人意见后，对受理的案件迅速依法调解或裁判。

第四节 司法行政

一、法制宣传教育

第一个五年普及法律常识教育 全国法制宣传教育第一个五年规划，自1986年开始实施到1990年结束。1988年，钟山区成立后，制定第一个普及法律常识五年规划中的后3年规划，普法对象主要是9～60周岁的公民，重点是干部及青少年。主要内容是《宪法》《刑法》《刑事诉讼法》《民法通则》《民事诉讼法》《婚姻法》《兵役法》《民族区域自治法》《继承法》《经济合同法》《森林法》和《治安管理处罚条例》等法律法规，简称“11法1条例”。普法教育以上法制课为主，自学与其他形式为辅。机关干部采取每月集中2～3天或分期分批学习的方法，中小学校按照教育部门的教学计划安排，设置法制课，厂矿、企事业单位由班组组织或分期分批集中学习，村（居）委会采取开办夜校，建立宣传橱窗，举办法制讲座和报告会等形式进行。是年印发法律知识宣传资料1万份。

1989年，订购《干部普及法律常识读本》《农民普及法律常识读本》、“11法1条例”2万册，其他法律常识读本0.2万册，发到机关、厂矿、企事业单位和区、乡、镇以及村（居）委会。做到每个机关干部、法制宣传员人手1册，企事业单位每个班组1～2册，村（居）民小组2册。是年购买法制宣传车，到各乡、镇、村（居）、集市进行巡回宣传30余场次。同时配合全市组织的打击严重刑事犯罪活动，对“从重从快”严打方针及宽严结合政策等有关法律法规进行宣传。年底组织区党政机关、企事业单位干部职工2760人参加普法统一考试，及格率100%。1990年，经市普法领导小组检查考核，钟山区“一五”普及法律常识宣传教育均为合格。

第二个五年普及法律常识教育 法制宣传教育第二个五年规划，自1991年开始实施到1995年结束。1991年，钟山区委、区政府批转区委宣传部、区司法局起草的《关于在全区公民中开展法制宣传教育的第二个五年规划》（以下简称“二五”普法规划）。“二五”普法期间，县级以上领导干部主要学习《邓小平同志论民主法制建设》《劳动法》《合同法》《公司法》《全民所有制工业企业转换经营机制条例》《仲裁法》《国家赔偿法》《国有资产监督管理条例》《国家公务员暂行条例》《贵州省实施〈中华人民共和国义务教育法〉办法》《农业法》。区科级及一般干部（含企事业单位和学校教师）主要学习《邓小平同志论民主法制建设》《劳动法》《公司法》《国家赔偿法》《国家公务员暂行条例》《贵州省实施〈中华人民共和国义务教育法〉办法》《环境保护法》。行政执法部门主要学习《邓小平同志论民主法制建设》《行政诉讼法》《国家赔偿法》《仲裁法》《劳动法》《公司法》《反不正当竞争法》《治安管理处罚条例》《全民所有制工业企业转换经营机制条例》《环境保护法》《农业法》。政法系统主要学习《邓小平同志论民主法制建设》《刑法》《刑事诉讼法》《民事诉讼法》《行政诉讼法》《仲裁法》《国家赔偿法》《劳动法》《经济合同法》《治安管理处罚条例》。普通职工主要学习《劳动法》《国家赔偿法》《贵州省实施〈中华人民共和国义务教育法〉办法》《消费者权益保护法》《反不正当竞争法》《产品质量法》《企业法》《矿山安全法》《环境保护法》《全民所有制工业企业转换经营机制条例》《婚姻登记管理条例》。学生主要学习《未成年人保护法》《义务教育法》《教师法》《治安管理处罚条例》。城镇居民及个体工商户主要学习《劳动法》《公司法》《反不正当竞争法》《消费者权益保护法》《城市规划法》《婚姻登记管理条例》《产品质量法》《环境保护法》《贵州省实施〈中华人民共和国义务教育法〉办法》《国家赔偿法》，以及国家税收和工商管理方面的法律、法规。农民主要学习《农业法》《农业技术推广法》《水土保持法》《矿山安全法》《环境保护法》《婚姻登记管理条例》《贵州省计划生育条例》《贵州省实施〈中华人民共和国义务教育法〉办法》《国家赔偿法》。

“二五”期间，区普法办以《宪法》为主，针对不同行业、不同系统、不同对象，分门别类组织学习宣传辅导，共举办专题法制讲座78次，培训机关、镇乡干部职工8000余人次，领导干部900人次。各单位（含镇、乡）征订普法书籍3万册，普法办发放专业学习资料0.5万册，宣传资料4万份。利用宣传车下乡宣传52次，编印宣传资料期刊36期，制作法制宣传展板15块，宣传法律、法规和条例50余部。1995年，经六盘水市检查考核后，钟山区“二五”普法及法制宣传教育合格。

第三个五年普及法律常识教育　法制宣传教育第三个五年规划，自1996年开始实施到2000年结束。1996年，区人大常委会第22次会议通过《关于在全区公民中开展法制宣传教育的第三个五年规划》。区人民政府制定“三五”普法规划实施意见。

“三五”普法期间，以学习《宪法》为主，各级领导干部着重学习《邓小平同志论民主法制建设》《邓小平同志论民主法制建设讲话》，重点了解和掌握《宪法》《国家赔偿法》《行政处罚法》《行政诉讼法》《国家公务员暂行条例》以及与本职工作密切相关的其他法律法规，在学法、用法和守法中发挥表率作用。司法人员侧重熟练掌握和运用《宪法》《民法通则》《行政诉讼法》《行政处罚法》《民事诉讼法》《行政诉讼法》《国家赔偿法》《治安管理处罚条例》等法律法规。行政执法人员着重熟练掌握和运用《行政诉讼法》《行政处罚法》《国家赔偿法》，在此基础上，学习、掌握和运用与本职工作相关的专业法律法规。企业经营管理人员着重学习掌握《劳动法》《公司法》《企业法》《经济合同法》《矿产资源法》《矿山安全法》《全民所有制工业企业转换经营机制条例》等与市场经济密切相关的法律法规。教育系统着重抓好各中、小学青少年的法制宣传教育，把法制教育列为学生的必修课，主要学习《教育法》《教师法》《义务教育法》《未成年人保护法》等法律法规及国家教委统编的教材，做到教学有大纲，学习有教材，任课有教师，课时有保证。镇、乡、街道办事处和村（居）委等基层组织着重抓好社会青少年的法律常识教育，重点学习《未成年人保护法》《治安管理处罚条例》《全国人大常委会关于禁毒的决定》及《国务院强制戒毒办法》等法律法规。农民着重学习《农业法》《农业技术推广法》《矿产资源法》《环境保护法》《村民委员会组织法（试行）》《人民调解委员会组织条例》和《贵州省计划生育条例》等法律法规。城市居民着重学习《城市规划法》《环境保护法》《水污染条例》《民法通则》《城市居民委员会组织法》《人民调解委员会组织条例》等法律法规。个体工商户着重学习《劳动法》和工商、税务管理等相关法律、法规。外来流动人口着重学习《刑法》《治安管理处罚条例》等法律法规。

“三五”普法期间，钟山区开展依法治区活动。根据省、市普法依法治理领导小组的安排，区法制宣传教育领导小组下发文件，就学习《社会主义法制建设基本知识》《中华人民共和国宪法》《中华人民共和国刑法》《中华人民共和国国家安全法》《中华人民共和国国家赔偿法》《中华人民共和国行政处罚法》《中华人民共和国刑事诉讼法》《中华人民共和国行政诉讼法》《国家公务员暂行条例》《行政复议条例》等“一书、七法、两条例”作出安排部署。并对区直各工作部门、人民团体、企事业单位、镇、乡、街道办事处的工作人员进行统一考试，考试合格率为100%，副县级以上领导干部撰写学习《社会主义法制建设基本知识》的心得体会。

在普法过程中，钟山区认真贯彻抓基层，打基础的工作方针，抓好农村基层的依法治理工作。建立和完善村民选举制度，村规民约制度，维护基层社会稳定，促进基层经济发展和社会进步。开展依法治厂、依法管理企业工作，在深化企业改革，建立现代企业制度过程中，帮助企业运用法律手段搞活经济，促进企业的经营活动走上法制化轨道，增强市场竞争能力。在基层依法治理的基础上，全面开展各行业、各系统的依法治理工作。2000年，经上级部门检查考核，钟山区普法依法治理工作合格。

第四个五年普法依法治理　法制宣传教育第四个五年规划自2001年开始实施到2005年结束。2001年，中共钟山区委批转《区委宣传部、区司法局关于在全区公民中开展法制宣传教育的第四个五年规划》。全区征订《干部法律知识读本》《公务员依法行政读本》《世贸组织基础知识问答》《法律法规选编（一）》7000余册。编发宣传资料期刊60期，开展法律咨询服务70次，发放宣传资料2.5万份，组织法律知识授课32次，开展法律进万家活动和21个示范点“九法一条例”学习培训，2500余人次参加培训学习。2005年，经省、市验收考核，钟山区普法依法治理工作合格。

第五个五年普法依法治理　“五五”普法依法治理规划从2006年开始实施，2008年，为第3年。2006年，中共钟山区委宣传部、区司法局制定《关于开展“五五”普法和依法治区工作规划》。全区征订《“五五”普法干部读本》《“五五”普法青少年读本》《“五五”普法公民读本》《“五五”普法企业管理人员读本》7000册，编印宣传资料1万份，开展法律咨询活动4次，上法制课9次。2007年，编印全民普法手册2万册，举办法律咨询服务、法制宣传活动5次，印发《宪法》《法律援助指南》等宣传资料3万份。组织普法宣讲组深入全区各乡、镇、街道办事处开展法制讲座、咨询服务、宣传活动27场次，受教育人数2万余人次。2008年，组织开展法律进学校活动，组织全区学校五年级以上5000余名青少年学生参加“法律与我同行”法律知识竞赛和法律知识考试，组织全区200余名学校校长、副校长（含民办学校、幼儿园）进行为期3天的法律法规培训。区委、人大、政府、政协领导带队，对全区各乡、镇、街道办事处、区政法部门及部分行政机关单位进行“五五”普法中期督导检查。

二、律师事务、公证

（一）律师事务

1988年，区司法局设法律顾问处。1988—1990年，法律顾问处共办理各类案件131件，其中刑事辩护25件，民事代理6件，经济纠纷代理43件，行政诉讼代理49件。为8家企业单位担任常年法律顾问，为单位和当事人挽回经济损失53万余元，代写法律文书99份，解答法律咨询280余人次。

1991年，区法律顾问处更名为六盘水市钟山区律师事务所。1991—1997年，共办理各类案件998件，其中刑事辩护196件，民事代理380件，经济诉讼代理292件，行政诉讼代理33件，非诉讼代理33件，指定代理26件。为50个单位担任常年法律顾问，代写法律文书1795份，解答法律咨询1300余人次，为单位和当事人挽回经济损失150余万元。1998年，更名为金鸟律师事务所。1998—2008年，共办理各类案件862件，其中刑事辩护199件，民事诉讼代理443件，经济诉讼代理134件，行政诉讼代理15件，非诉讼代理35件。指定辩护（法律援助）36件。为70家企业、单位担任常年法律顾问，代写法律文书1230份，解答法律咨询123人次。

（二）公证

1988年，钟山区公证处成立。1988—2008年，共办理各类公证5372件。1988年，公证处共办理各类公证754件，其中产权证明1件，房屋买卖公证3件，贷款公证20件，劳务合同公证724件，工商服务业承包公证2件，其他公证4件。2008年，共办理各类公证196件，其中继承权公证36件，遗嘱公证5件，委托书公证45件，赠予书公证39件，声明书公证20件，现场监督公证4件，证据保全公证11件，夫妻财产协议公证3件，其他民事协议公证29件，贷款公证1件，产权公证2件，亲属关系公证1件。

三、人民调解与法律服务

（一）人民调解

1988年，区司法局在各乡、镇、街道办事处共建立村级人民调解委员会68个，调解小组435个，有调解员639人，后随着行政区划的变化而相应调整。2008年，有人民调解委员会132个，其中村调委会53个，居民调委会19个，社区调委会50个，乡镇街道调委会9个，工农联调组织1个。

1988—2008年，全区调解民间纠纷20587件，调解成功19575件，调解成功率95.08%。1988年，全区共发生各类民间纠纷1381件，调解1353件，调解成功1253件，调解率98%，调解成功率92.6%。2004年，全区共调解各类纠纷608件，调解成功589件，调解成功率97%。是年成立钟山区工农联合调解组织，由区辖9个乡、镇、街道办事处，以及水城钢铁集团公司、水城矿业集团公司、水城发电厂等单位分管调解的领导组成，制定工农联合调解工作实施办法，对发生在辖区内的工农纠纷协调处理。2008年，全区共调解纠纷293件，调解成功286件，调解成功率97.6%。

1988—2008年钟山区调解纠纷情况一览表

表6-9　　单位：件、%

年份	调解纠纷数	调解成功数	调解成功率
1988	1353	1253	92.61
1989	1373	1275	92.86
1990	1873	1742	93.01
1991	1742	1655	95.01
1992	1689	1621	95.97
1993	1932	1836	95.03
1994	918	910	99.13
1995	810	786	97.04

续表6-9

年份	调解纠纷数	调解成功数	调解成功率
1996	840	798	95.00
1997	914	868	94.97
1998	891	847	95.06
1999	906	860	94.92
2000	764	726	95.03
2001	826	785	95.04
2002	710	682	96.06
2003	686	665	96.94
2004	608	589	96.88
2005	593	564	95.11
2006	396	380	95.96
2007	470	447	95.11
2008	293	286	97.61
合计	20587	19575	95.08

（二）法律服务

1988年，钟山区建立大湾、老鹰山、黄土坡、荷城、大河、汪家寨、水城镇等8个法律服务所。1989年，大湾和老鹰山2个法律服务所全年共受理各类重大疑难纠纷案件36件，调解处理27件，调解成功率75%。代写各类法律文书57件。大湾法律服务所全年共为信用社追回0.5万元以下贷款14件，见证用工合同12件。协助办理公证1件，代理诉讼3件，给国家集体和个人挽回经济损失1万余元。

1990—2008年，全区法律服务所共代理民事诉讼1221件，受聘为95家单位担任常年法律顾问，代写法律文书3199份。1990年，全区法律服务所为2家单位担任常年法律顾问，解决法律事务18件，协助公证1件，办理见证2件，代写法律文书95份，开展法制宣传115次，解答法律咨询198人次，办理民事代理案件5件，其中非诉讼代理4件，为国家和个人挽回经济损失2.5万余元。2004年，区司法局开展法律服务进社区活动，在4个试点社区挂牌为群众提供法律服务，将涉法上访案件引入司法程序，是年涉法上访案件11件，上访群众1000余人，法律援助中心将重大案件引入司法程序办理。为探索涉法上访走出一条法律服务帮助解决的路子，对经济较为困难的，指定法律工作者提供法律援助，受到群众好评。2005年，法律工作者和律师发展到50余人，全年共办理各类案件542件，法律咨询3500余人次。2008年，法律服务所共代理诉讼案件162件，非诉讼案件30件，调解6件，代写文书210件，解答法律咨询260人，为4家单位担任常年法律顾问，为当事人挽回经济损失50余万元。

1990—2008年钟山区法律服务情况一览表

表6-10

年份	代理诉讼案件（件）	代写文书（份）	受聘担任法律顾问单位（个）
1990	5	95	2
1991	16	73	3
1992	11	60	4
1993	16	62	2
1994	18	231	1
1995	4	55	0
1996	22	212	0
1997	121	32	2
1998	33	240	26
1999	12	312	26
2000	21	342	6
2001	174	195	5
2002	58	200	2
2003	149	129	2
2004	11	202	2
2005	120	170	2
2006	108	179	2
2007	160	200	4
2008	162	210	4

四、法律援助

2000年，区法律援助中心成立。2001年，承办刑事法律援助案件38件。2002年，承办案件184件，其中刑事辩护56件，民事代理128件。是年承办大河镇裕民村73户农户劳动报酬一案，为当事人挽回16万余元的经济损失。

2003年，办理各类援助案件163件，其中刑事辩护81件，民事代理82件。其中水钢（集团）金河公司82名职工劳动用工纠纷，多年上访未果，法律援助中心将案件引入司法程序，并指派专人办理此案，多方收集证据，最终通过劳动仲裁和判决，纠纷得到解决。

2004年，区司法局在区妇联、团委、残联、信访办、工会成立法律援助工作站。是年承办法律援助案件98件，其中刑事辩护89件，民事代理9件。2005年，承办各类法律援助案件127件，其中刑事辩护123件，民事代理4件；咨询29人次。

2006年，区法律援助中心开通法律服务专线“8693148”电话，与区人口计划生育局联合对农村二女结扎户、独生子女户、符合生育二孩而只生育一孩的农户发放法律援助卡。在钟山区9个乡、镇、街道办事处成立法律援助工作站。是年承办法律援助案件157件，其中刑事辩护140件，民事代理17件；咨询52人次。

2006—2008年，接待群众来访1325人次，法律服务专线为群众解答咨询432次。2008年，承办法律援助案件130件，其中刑事辩护121件，民事代理9件；咨询98人次，代写法律文书50份。

第二章　武　装

第一节　地方驻军

一、军事机构、驻军

（一）水城军分区

1971年成立，辖六枝、盘县、水城3个特区人民武装部。1977年，改称中国人民解放军水城军分区。1986年，六枝、盘县、水城特区人民武装部相继移交当地特区政府，接受以地方党委政府为主、军队为辅的双重领导。1988年，随着水城特区分设为水城县和钟山区，分别建立水城县和钟山区武装部。1996年，六枝、盘县、水城、钟山4个人民武装部收归军队建制，隶属水城军分区，行使团级单位职权。

（二）六盘水市公安消防大队、支队

1974年成立。下设直属中队、六枝特区消防中队、盘县特区消防中队。1979—1983年，六枝特区、盘县特区、水城特区相继成立消防科。1983年，消防科纳入中国人民武装警察部队序列。1986年，六盘水市公安消防支队消防大队从武警划出，更为消防支队（副团级）。1990年，钟山区消防中队成立。

（三）六盘水市武警支队

1982年成立。由水城军分区移交的独立营二连，六盘水市公安局领导的六枝、盘县、水城3个特区中队，直属民警中队、直属消防中队、消防大队和六枝、盘县2个特区消防中队合编组成。部队隶属贵州省武警总队，接受贵州省武警总队和六盘水市公安局双重领导，主要担负辖区内监狱、看守所的看守、守护任务及辖区内的反恐处突任务。1992年，武警六盘水市支队直属三中队改建为钟山区中队。

（四）钟山区人民武装部

1988年成立。接受钟山区党委政府、水城军分区双重领导，下设办公室、军事科、政工科。1992年，改称为贵州省钟山区人民武装部。1996年，改称中国人民解放军贵州省钟山区人民武装部，行使团级单位职权，下设军事科、政工科、后勤科。

二、兵役

1988年钟山区成立后，以《中华人民共和国兵役法》为依据，结合钟山区实际，先后制定《钟山区人民政府征兵工作责任制及其奖惩实施办法》《钟山区征兵工作暂行规定》《关于在征兵工作中进一步加强党风廉政建设和反腐败工作的意见》《征兵工作纪律》《关于贯彻落实〈贵州省民兵预备役部队基层建设细则〉的实施意见》等一系列文件，开展兵役工作。

（一）兵役工作组织机构

征兵领导小组　1989年，钟山区成立第一届征兵工作领导小组，雷明为组长，姜奇忠、张选进、黄华明为副组长，成员21人，分别为区有关部、委、办、局负责人。此后征兵工作领导小组根

据相关政策要求、人事变动情况，每年进行局部或大部调整，始终保持征兵工作领导小组的相对稳定，保证钟山区征兵任务完成。

征兵办公室 1989年，钟山区征兵办公室成立，办公室为常设机构，设在区人武部。张选进为主任，陈祖石、胡发兴为副主任。办公室下设秘书组、宣传组、政审组、体检组、优抚组、后勤组6个职能工作组，成员12人，具体负责征兵业务工作。此后根据相关政策要求、人事变动情况，进行局部调整，保持办公室人员队伍相对稳定及征兵业务正常开展。

（二）兵员征集

应征公民登记 根据《征兵工作条例》，每年9月30日前，组织乡、镇、街道、企业、厂矿对当年12月31日前年满18周岁的男性公民进行兵役登记。1988年适龄青年兵役登记人数1677人，确定预征对象700人。1989年首次执行春季征兵任务，经体格检查、政治审查，在700名预征对象中挑选青年输入部队。此后应征公民登记工作逐年完善，至2008年，钟山区历年应征公民登记人数累计4.69万人。

义务兵征集 按照《中华人民共和国兵役法》每年组织开展征兵工作，一般历经征兵准备、宣传教育、政审体检、定兵、新兵集结起运、总结6个阶段。征兵工作中重点把好政治审查、体检、文化素质、定兵审批“四关”。1990年后区征兵领导小组制定不准弄虚作假、不准突破征集比例、不准降低征集标准、不准征人情兵、不准请客送礼、不准以权谋私“六不准”规定，保证兵员质量，严肃征兵纪律，坚持廉洁征兵。2003年，制定《关于在征兵工作中进一步加强党风廉政建设和反腐败工作的意见》《征兵工作纪律》，保证兵员征集质量，推进征兵反腐倡廉。1992—2008年，钟山区保持连续17年无责任退兵记录。

士兵预备役 1989年，钟山区开始预备役登记工作，一般分三个阶段进行，第一阶段是在士兵退伍报到阶段即当年12月至次年1月底，对退伍士兵进行第一类预备役登记，主要工作是对退伍士兵个人情况进行表格登记、建立退伍军人登记卡片、在士兵退伍证上加盖服预备役章、录入退伍军人信息库。第二阶段是结合民兵整组进行，即每年2—5月初，主要工作是对基干民兵进行整组，做好基干民兵出入、转队工作，同时对第一类预备役士兵和第二类预备役士兵进行结构调整和登记。第三阶段是对预备役军官进行登记、调整，即每年8—10月，对军队转业干部进行登记、调整。主要工作是采集转业军官个人信息、在转业证上加盖服预备役章、对超过年龄的预备役军官进行调整、相关资料规范存档。

三、民兵工作

（一）民兵组织

1988年，钟山区贯彻民兵预备役工作“十六字”方针，以干部、专业技术兵和城市民兵为重点，制定《钟山区1988年至1990年基干民兵组训规划》，按照《中共中央、国务院、中央军委批转总参谋部、总政治部〈关于当前和今后一个时期民兵预备役工作的意见〉的通知》开展民兵编组。1989年全区民兵编成3个民兵营、40个民兵连，115个民兵排，339个民兵班，分布于2个办事处、5个镇、8个乡及12个大中型厂矿企业。同时以大中型厂矿企业为依托，组建高机、防化、工兵、通信等4种专业技术分队。此后每年进行整组时，均按照新训民兵数量和退伍军人（限18～28岁）数量编入基干民兵，其余18～35岁政治合格、身体健康的公民编入普通民兵。1995年，区人民武装部对全区20个单位的民兵组织进行整顿，组建47个民兵连、138个排、382个班。另建有民兵应急营1个（应急连3个，应急排12个），民兵应急人员360人。全区排以上民兵干部1801人，其中基干民兵排以上干部310人。1999年，区人民武装部新建民兵对口专业技术分队12个。2002年后，区人民武装部根据上级军事部门关于基干民兵编组要实现向经济效益好的企事业单位、行业系统转移，向适龄青年多、经济效益好的乡镇企业、新兴企业转移，向科技含量高的单位转移，向交通干线和重点目标转移，向经济基础好的大村镇转移的“五个转移”要求，对全区基干民兵组织进行调整和整顿。2008年，在区人武部下辖的62个基层武装部中，有2280个连（营），其中2个基干营，47个连，148个排，450个班，分布在23个直属单位。全区有7个专业兵种，其中高机连4个，107火炮连2个，其余为步兵分队。全区建有民兵应急分队2个，分布在水钢、水城水泥厂、荷城办事处3个单位。

（二）民兵作用发挥

1. 带头致富

2001年4月16日，区人民武装部组织民兵2000余人次，种植树苗5万余株，还林还草1000余亩。

2001年4月22日至5月16日，区人民武装部先后组织民兵修建乡村公路20余千米，引水工程8个。组织民兵支援“3·13”工程建设，挖缆沟20余千米，铺设光缆17千米。

2002年4月6日，区人民武装部组织民兵60余人种植印度木豆树5亩。

2002年5月16日，区人民武装部组织大河镇民兵40人与村民一起修建小型赶集街道1个，解决大地村小商品流通问题。

2002年6月，区人民武装部组织民兵40余人为大地村未通电的2个村组架上电杆、电线，村民生活照明得到解决。

2003年1月15日，区人民武装部政委彭福生带领干部职工及民兵40余人，到月照乡双洞村参加植树活动，退耕还林150亩。

2003年1月18日，全市民兵预备役专业队造林誓师大会在钟山区德坞街道召开，区人民武装部组织民兵100人参加。

2003年3月18日，区人民武装部组织民兵100余人修建高160厘米，宽100厘米，厚5厘米，底座高30厘米的“民兵退耕还林示范点”水泥碑8座。

2004年3月，区人民武装部组织民兵100余人次帮助大箐村种植辣椒400余亩，折耳根500余亩，圈养肉牛200余头。

2005年3月，区人民武装部确立“以增强扶贫造血功能和发展后劲为突破口，以养殖业为重点，走种养殖业相结合”的项目扶贫发展思路，组建党建扶贫工作队，派出政工科长马战营长期驻大箐村帮扶。区人民武装部还为大箐村协调资金120余万元，建成年产肉鸡50余万只的养殖基地和脱毒马铃薯种子培育基地，修建大箐村养牛场。8月12日，区人武部组织民兵100余人为大箐村修建进村公路。

2. 维护稳定

20世纪80年代末至90年代末，民兵参加的维护社会稳定活动，主要围绕配合公安部门维护社会治安、开展铁路护路联防进行。

1989年，区人民武装部组织民兵配合公安部门维护社会治安，动用民兵14400人次，协助公安部门破获案件210起，抓获各类犯罪嫌疑人618人，为国家和人民群众挽回经济损失68万余元；1989年春夏之交，组织民兵170人参加铁路护路联防，执行市政府、水城军分区赋予的“7·11”铁路军运安全保卫工作，查获、收缴被盗抢大米、玉米等各类物资1500余件，价值10000余元，及时发现并处置3处铁路险情，保证33列军列安全通行。组织4个民兵应急分队及乡镇办企业民兵开展护厂、护矿、护村、护路等活动，出动民兵2000余人次。

1990年，区人民武装部组织民兵配合公安部门开展“严打”斗争，共出动民兵18510人次，协助公安部门破案350起，抓获各类犯罪嫌疑人854人，收缴赃款赃物折合人民币54.5万元，为国家和人民群众挽回经济损失71万元。

1994年，护路民兵积极配合公安部门打击车匪路霸，抓获犯罪嫌疑人28人，缴获价值8000余元被盗物资，护路民兵杨显军、陈昌祥、杨延富、王家贵有效拦停列车2次，避免2起重大铁路交通事故发生，挽救国家上千万元财产损失，4名民兵分别被水城军分区记二、三等功。

1995年，区人民武装部组织民兵协助公安部门维护社会治安，动用民兵20420人，破获盗窃团伙4个，抓获犯罪嫌疑人152人，收缴钢筋、生铁、工字钢、小铁轨、废铁等物资价值26.13万元，抓赌21次，收缴赌资3200余元。在铁路护路工作中，抓获犯罪嫌疑人6人，收缴被盗钢筋1500千克，锌块90千克，闸瓦1块，猪油15桶3000千克，总价值5.5万余元。

1996年，区人民武装部组织民兵3600人次参加维护社会治安、配合公安部门开展严打斗争，抓获犯罪嫌疑人4人，收缴赃款及锌块、家用电器、日用品等赃物一批，总金额达4万余元。

1998年，区人民武装部组织民兵巡逻小分队护村护寨，截获被盗耕牛4头、马1匹、猪8头、羊6只，抓获犯罪嫌疑人5人。

1999—2000年，农历正月十五、清明节期间，先后组织民兵180人参加护林防火，组织民兵600人维护铁路运输秩序。

2000年，区人民武装部组织民兵200余人次参加“6·26”山体滑坡抢险，组织15名民兵参加木冲沟特大瓦斯爆炸事故现场执勤。

2001年，区人民武装部组织民兵1000余人次参加严打行动，组织民兵500人参加护村护寨，追回耕牛2头，价值3000余元；

2003年1月24日凌晨5时，水钢巡逻执勤民兵在水钢单身楼附近发现2名可疑人员，在对2人进行跟踪的过程中，突遭数十名不明身份的歹徒围攻，民兵于文东不顾个人安危，勇斗歹徒，受伤昏迷。被六盘水市政府表彰为“见义勇为先进个人”。

2004年8月，全国汽车拉力赛首次在六盘水市举行，区人民武装部组织干部、职工和民兵200余人，负责赛场沿途安全警戒。

2005年7月，区人民武装部组织民兵6000余人次参加第二届凉都消夏文化节广场文化周及全国汽车拉力赛执勤保卫工作。8月，组织民兵5000余人次参加历时15天的钟山区规范煤炭价格调节基金征收秩序专项整治活动。

是年，全区共组织民兵15000余人次执行抗洪抢险、护林防火任务，挽回经济损失160余万元；组织民兵1000余人次参加了城市建设征地拆迁执勤活动。月照乡武装部组织民兵500余人次为该乡马坝村修建10千米通村公路，组织民兵100人次承担本乡4月8日苗族传统节日——跳花节的执勤保卫工作。汪家寨镇武装部组织民兵500余人次参加野马寨电厂基础设施建设和治安保卫工作。

2006年8月，区人民武装部组织民兵3200余人次参加六盘水市打击非法传销专项整治行动，发放宣传资料2000余份，张贴宣传标语500余幅，捣毁传销窝点757个，遣散传销人员3292人，查获存折（银行卡）503张，收缴传销物品700余件（部），查扣用于传销活动的别克轿车1辆。受到国家工商总局直销管理局、省工商管理局和市领导的高度肯定。全省在六盘水市召开打击非法传销现场会时，区人民武装部在大会上介绍经验。

2007年6月，区人民武装部组织干部、职工和民兵应急分队100余人，投入到打击活动中。8月20日，区人民武装部组织民兵200余人参与打击“两抢一盗”专项整治活动，配合公安部门抓获犯罪嫌疑人6人。11月6日，组织民兵60人参加全区“整脏治乱”活动。全年共组织民兵12000人先后20余次参加城市征地拆迁执勤，为促进经济社会发展、推动城市建设做出积极贡献。

2008年3月15日至6月30日，钟山区人民武装部组织民兵20人参加城区打击黑出租车专项整治活动，累计出勤2100余人次，查扣非法营运车辆52辆，协助城管部门处理不按规定使用计费器的出租车222台次。4月2至6月15日，钟山区人民武装部组织民兵240人参加全市打击“两抢一盗”专项整治活动，累计出勤12000余人次，制止各类案件32起，配合公安部门处理围攻闹事事件12件，抓获犯罪嫌疑人58人。8月28日，钟山区人民武装部组织民兵120人执行钟山区“辉煌钟山”纪念改革开放30周年暨建区20周年文艺演出治安执勤任务。9月22日，钟山区人民武装部组织民兵250人参加六盘水市建市30周年“共创辉煌”文艺晚会安全保卫工作。

3. 抢险救灾

自1988年以来，钟山区人民武装部积极响应军委和两级军区的号召，充分发挥民兵在急、难、险、重任务中的突击队作用，积极在保一方平安，兴一方经济中练兵、用兵、强兵。先后组织民兵10万余人次，参加洪涝、山体滑坡等抢险救灾30次，搭设帐篷150余顶，抢救遭受洪水灾害袭击群众200户，解救被洪水围困群众98人，构筑防洪堤1000余米，清理疏通堵塞桥洞2处。抢救被冰雹、泥石流砸伤的群众108人。

2000年6月6日16时30分，因连降暴雨，贵州省六盘水市市中心3千米处的内昆铁路引入线曹家湾火车站发生特大山体滑坡事件，滑坡山体垂直断面约60米，堆积体顺路基方向138米，垂直冲击方向约150米，塌方量5万余立方米，造成站场路基全部被埋、市蜡染厂多名职工和民工被困。18时20分，接到上级通报后，区人民武装部迅速抽调水城钢铁集团有限责任公司民兵应急分队投入抢险救灾。19时，民兵应急分队先头抢险分队35人赶到受灾现场投入抢险救灾。至6月8日18时抢险基本结束时，区人武部共出动干部、职工和民兵300余人次，车辆4辆，救出被泥石流掩埋受伤群众9人，挖出遇害群众尸体11具，抢救出现金、财物价值30余万元。

2000年9月27日20时38分，水城矿务局发生特大瓦斯爆炸事故。事故发生后，省委、省政府领导立即赶赴现场组织抢救，中央领导同志对事故的抢救工作十分关心，多次了解抢救工作的进展情况，并就全力以赴抢险救人、千方百计救治伤员、维护社会治安等问题作重要指示，国务院副秘书长石秀诗、国家经贸委主任盛华仁、全国总工会书记处书记等中央部委负责人和有关专家也赶赴事故现场进行指导。区人民武装部在接到灾情报告后，迅速派出工作组赶赴现场查看灾情，调集民兵应急分队队员201人、医疗专业分队20余人、运输车辆65辆参加抢险，经过20个昼夜的抢险，共抢救出在井下被困的矿工240人，其中80人获救、160人丧生。

2001年5月25日19时至26日5时，六盘水市连降暴雨，降雨量超过110毫米。位于市区东部的老鹰山镇的中坡村和木桥村遭受特大洪灾，受灾群众200余户1000余人。25日夜22时，人武部接到报告后，立即召开紧急会议，研究抢险方案，迅速成立以部长徐祥为组长的救灾领导小组和抢险救灾一线指挥部，并派出副部长陈林、军事科副科长盛向阳带老鹰山装卸连、基干民兵110人和水钢民兵通信排30人共140人于23时赶赴一线进行抢险。由于天黑加之雨大，指挥部紧急调派电筒30余支，并根据受灾情况将民兵分为5个分队（4支救援队每支30人，分4个方向实施全方位救援、1支20人的预备队在指挥部待命并配合地方有关部门安置受灾群众），经过近7小时的奋战，救出被洪水围困的群众60人，挽回经济损失30余万元。

2001年6月16日19时至17日5时，六盘水市连降暴雨，降雨量超过100毫米。17日5时许，钟山区荷城街道办事处钟山村小山中学附近的响水河河堤决堤，钟山村房屋被淹1200余间，受灾群众1700余户7000余人。面粉厂厂房遭受破坏，市区人民中路积水1米余深，交通中断，受灾面积达3000余亩，造成经济损失200余万元。区人民武装部获悉后，立即组织召开紧急会议，研究抢险方案，紧急调集干部、职工以及民兵应急分队260人赶赴受灾现场。历时1天，构筑防洪堤200余米，清理疏通一处堵塞桥洞。大湾镇武装部组织民兵225人，解救雷打山受灾群众60余户，搭建帐篷40顶，修筑防洪堤500余米。

2003年5月26日晚10时至27日凌晨6时，钟山区部分地区普降暴雨，降水量高达335毫米。暴雨导致河水猛涨，山洪暴发，房屋、树木不同程度损坏，农作物大面积减产绝收，学校、公路、桥涵、沟渠、输电设备、通信设备、工矿企业等基础设施和公共设施相应受损。灾情发生后，区人民武装部组织干部职工、民兵应急分队100人赶赴菏城街道办事处受灾现场，转移被洪水围困群众16人，抢运物资20余吨，清理疏通一处堵塞孔洞。老鹰山镇武装部组织民兵200余人在中坡村抗洪抢险，救出受灾群众48人，清理垃圾近10万千克。6月5日，区人民武装部组织干部职工和民兵应急分队100余人，在部长韩建波、政委彭福生的带领下，赶赴钟山区小河地区开展清污劳动，帮助受灾群众恢复生产，重建家园。历时4个多小时，清除泥石流、垃圾4万余千克。

2004年2月24日，水城矿业（集团）公司木冲沟煤矿发生特大瓦斯爆炸事故，造成38名矿工遇难、1人下落不明、18人受伤。区人民武装部部长韩建波、政委彭福生立即赶赴事故现场了解情况，配合地方政府做好抢险和善后处理工作，到医院看望正在接受救治的伤员。8月25日凌晨5时30分，由于天降大雨，钟山区境内盘龙江洪水暴涨，大湾镇大湾村、小湾村、新寨、山根脚村、木冲沟矿等地遭受洪水袭击，1名小孩被洪水卷走，100余户住户的生命财产安全受到严重威胁。区人民武装部接到灾情报告后，紧急启动救灾预案，火速集结干部、职工和水矿民兵应急分队100余人赶赴灾区，投入抗洪抢险。历时2个多小时，成功疏散三合小学师生20余人，解救受困群众500余人。区人民武装部还协调水矿集团公司筹措2万元资金、棉被150套、运动服100套、方便面100箱和矿泉水50箱，及时送到灾区群众手中。

2008年1月中旬至2月中旬，六盘水市发生50年难遇的雪凝灾害，“电、气、水”等事关民生的基础设施遭受严重损害。水钢人民武装部组织民兵4644人次，组织车辆160余辆次，向居民运送生活用水880吨。为确保交通顺畅，区城管局武装部组织民兵工兵分队撒盐、除冰20余千米。

4. 扑灭火灾

2000年，区人武部组织民兵扑灭山火40次，面积近千亩，挽回经济损失上千万元。

2001年，清明节期间，区人武部组织凤凰、荷城街道办事处民兵应急分队队员35人，对军分区至凤凰山，麒麟大山至水钢招待所等地段的上山路口进行为期5天的全天候看守，共收缴火种50余件，扑灭零星火点10余处。

2002年1月14日16时30分，六盘水市市区后山发生森林火灾。区人民武装部迅速组织干部、职工以及民兵应急分队80余人赶赴火灾现场扑救，在消防、武警官兵和群众的配合下，历时3小时扑灭大火。

2002年2月26日，在六盘水市市中心区附近，发生多起山林火灾，大火共烧毁山林1000余亩。区人民武装部组织干部、职工、民兵200人及时进行扑救，至27日凌晨1时许，扑灭山火，挽回经济损失近百万元。

2003年1月19日、2月13日，月照乡、荷城办事处、凤凰办事处、水钢等地先后发生8起森林火灾，区人民武装部先后组织民兵共5000余人次，扑灭山火近千亩，为地方挽回经济损失近百万元。

2004年1—2月，由于气候干燥，群众燃放烟花爆竹、烧地埂等原因，钟山区共发生10余起森林火灾，烧毁山林5000余亩。区人民武装部积极组织民兵800余人次投入救灾，挽回经济损失上百万元。

2005年大年三十21时20分，在钟山区凤凰街道与德坞街道水库旁边的山上发生森林火灾，大火烧毁山林2000余亩。区人武部组织干部、职工及民兵预备役人员400人赶赴现场灭火，次日凌晨5时许扑灭火灾，挽回经济损失近百万元。

四、双拥共建

1988年，钟山区成立双拥工作领导小组。钟山区驻军单位分别成立拥政爱民领导小组，全面负责拥政爱民工作。1999年7月和2003年12月，钟山区2次被省委、省政府、省军区命名为“双拥模范城”。2004年1月，钟山区双拥办被民政部、解放军总政治部评为“爱国拥军模范单位”。区军（警）民结双拥共建对子76个，70%以上获县级以上单位表彰。

（一）拥军优属

地方关心支持部队建设 钟山区历届党委政府十分重视拥军优属工作。1989—2008年，先后制发《关于对现役军人、立功人员家属实行优待奖励的暂行规定》《关于对义务兵兑现优待金的决定》《拥军优属若干规定》《军人抚恤优待办法》《关于明确全区优抚对象抚恤补助自然增长标准的通知》《钟山区优抚对象医疗保障暂行办法》《双拥工作领导小组成员单位工作职责》《关于筹集和兑现义务兵家属优待金的实施意见》《城镇退役士兵安置暂行办法》《钟山区优抚对象“三优”服务标准》《关于对革命烈士、现役军人子女入学入园减免费的通知》《议军会议制度》《双拥工作军地联席会议制度》《军事日制度》《双拥工作检查评比制度》《走访慰问制度》《钟山区城镇退役士兵安置暂行办法》《钟山区拥军优属暂行规定》《钟山区党政领导联系双拥工作制度》等一系列拥军优属政策、规定及措施，不断加大拥军优属工作力度，改善拥军优属工作环境，营造拥军优属氛围。

慰问活动 1990—2008年，中共钟山区委、区人大、区政府、区政协每年组织慰问团，在八一建军节、春节期间，走访慰问驻区部队，举办双拥文艺会演，为驻区部队送去慰问金及慰问品，为驻军部队建图书室3个。1991年，钟山区组成慰问团，前往西藏军区慰问钟山籍战士，鼓励战士扎根边疆建功立业。

（二）拥政爱民

拥政爱民活动 2000—2008年，区人武部为钟山区大河镇大地村、大箐村和月照乡金钟村制定《三年发展规划》《小康村实施规划》。筹资200余万元帮助大箐村种植辣椒400余亩，折耳根500余亩，修建大箐村养牛场，圈养肉牛200头，修建沼气池12个，修建小学等。

军民共建精神文明 1988—2008年，每逢重大节日，区人民武装部和地方共建单位进行相互走访和座谈，共商共建规划，制定共建制度，开展各种共建活动，增强部队和地方“军爱民、民拥军、心连心”的意识，推动全区“三个文明”建设。在共建活动中，区人民武装部成立共建机构，制定共建规划和制度职责，联系10家共建单位，签订共建协议，以军民携手建设和谐钟山为主题开展活动。

五、全民国防教育

干部教育 1989—2008年，领导干部国防教育内容主要是：以《宪法》《兵役法》为基本教材，开展国防建设的地位、作用教育，爱国主义、革命英雄主义教育，公民的权利义务教育，革命斗争史和革命传统教育。让干部懂得和平时期国防建设的重要性和必要性，明确“国无防不立，民无兵不安”“忘战必危”等道理。学习《国防知识教材》《民兵政治教育课本》内容。每年的8月1日，组织区四大班子领导参加国防日活动，组织全区干部参加国防知识答卷活动。开展“四爱”（爱国奉献教育、革命人生观教育、尊干爱兵教育、艰苦奋斗教育）学习教育。邀请水城军分区领导和区武装部领导为全区干部上国防教育课，编印《国防教育法规手册》供干部学习。

群众教育 1988—2008年，钟山区采取国防教育与重要节日、军事日、国防教育宣传月活动相结合，与征兵工作相结合，与学生学校教育相结合，与拥军优属工作相结合，与“民兵之家”教育主阵地、民兵军事训练相结合，与民兵刊授教育相结合的办法，促进国防教育活动在广大人民群众中深入开展。全区共举办各类国防知识讲座316次，开展专项政治教育活动287次，组织文体活动169次，征订《中国民兵》《西南民兵》《国防》《国防教育》等杂志和《国防知识教材》《民兵政治教育课本》等教材26877份（本），举办宣传栏886期，张贴标语1.86万余条，发放各类宣传资料9.6万余份，开展知识竞赛活动26次，开展国防卡拉OK演唱比赛、国防教育电视讲座、文艺晚会16次，举办军事日比武竞赛活动9次。在城市主要交通路口、公路沿线设立大型国防教育宣传牌66个，广播宣传国防教育资料1770余次，播放国防教育影片（影碟）230余次，张贴标语横幅4000余条（幅），出刊板报、墙报480期。

学生教育　1988—2008年，钟山区成立学校国防教育领导小组，办公室设在教育局。各学校逐步把国防教育列入教学计划，加强青少年国防历史、国防常识、国防精神、国防使命教育。学校利用新生入学时机，组织开展学生军训活动。区人民武装部利用暑假期间，与区国教办、教育系统联合创办少年军校，组织少年儿童开展军事训练、军事游戏活动。在中小学配备国防教育专干、国防教育兼职辅导员。在学校开展以《国防法》《兵役法》《反国家分裂法》为主要内容的国防教育。

第二节　武　警

1992年，钟山区武警中队成立，隶属钟山区政府和武警六盘水市支队双重领导。2000年，区武警中队隶属武警六盘水支队及六盘水市公安局的双重领导。主要担负六盘水市第二看守所外围武装警戒任务，并执行看守、警卫、处置突发事件等任务。

一、部队建设

政治思想工作　中队紧紧围绕“永做党和人民的忠诚卫士”这个主线，确保部队思想上纯洁、政治上坚定。中队党支部按照教育规划，结合中队实际制定切实可行的中队教育计划，坚持做到把大道理讲透、小道理讲实，全中队官兵广泛开展立足本职岗位建功立业的职能使命教育，使中队官兵明白当兵的意义，增强教育的有效性。中队制订《理论学习十项措施》，干部、战士每月每人坚持写心得体会2篇、日记30篇、影视评6篇，并在每月底组织展评，深化、巩固教育效果，增强官兵认识问题、解决问题的能力。教育形式多样，中队已初步形成“部队、家庭、社会”三位一体的教育格局，并且鼓励和引导战士以教育者和被教育者的双重身份参与教育，让战士人人上台试讲，道出自己的“心里话”，在官兵中引起强烈的共鸣。中队还广泛开展政治教育“九小”活动，即中队新闻小广播、警营生活小周报、时事新闻要点小点评、周末文化小活动、亲友来队小报告、爱岗敬业小竞赛、“三互”活动小评比、心理法律小咨询、凝聚兵情小日记。并抓好“三互”与“双四一”等有效载体在经常性思想工作中的充分运用，确保中队官兵的思想稳定。干部、党员、士官经常深入群众，倾听呼声，关心疾苦，中队专门设立“连心箱”和“回音壁”。

执勤训练　中队坚持按纲施训，上下齐抓共管，形成抓训练的合力，官兵的战备意识强，处突能力有所提高。根据季节和任务的转换，及时制订《处置突发事件方案》，并对所属人员进行合理编组，适时进行武装拉练和方案演练，提高官兵的“处突”能力。抓训练，确保各项任务的圆满完成。军事训练上，中队建立训练会议制度、部署训练制度、训练检查制度、领导参训制度、考核奖惩制度等，调动官兵的训练热情。每一个课目所训之前，都组织干部或士官担任教员进行现场教学，使受训者听懂看清。

部队管理　从解决重点问题入手，坚持依法从严治警，用条令条例规范中队的各项工作。坚持每月分析一次形势、听取一次汇报、每周进行一次讲评，确保工作上下衔接，全时控制不间断、全员控制不留死角。2001年、2007年区武警中队被贵州省公安厅和武警贵州总队评为“共建、共管、共保安全”先进单位称号。

二、拥政爱民

中队多年来结合自身特点和实际，把拥政爱民当作新时期加强部队全面建设的一项重要任务来抓，组织官兵开展拥政爱民和警民共建活动，参加驻地抢险救灾、扶贫济困、植树造林、城市环境整治和维护社会治安等工作。1995年中队被贵州省评为国防教育先进单位。1997年被评为六盘水市双拥先进单位。2001年被省委、省政府评为1998—2001年度警民共建精神文明先进单位。

抢险救灾　1999年，参加响水发电厂洪涝抢险。2000年，参加钟山区曹家湾山体滑坡抢险。2001年，参加荷城办事处抗洪抢险。2003年和2004年，参加春节期间明湖水库和火车站附近的山火扑救，抢救群众脱险20余人。2004年6月，参加水城县淤泥乡山体滑坡抢险。1992—2008年，中队先后参加抢险救灾，处置突发事件等重大活动18次，出动兵力300余人次，保护人民和国家财产安全1000余万元，有20人次荣立三等功。

公益活动　中队积极参与治理城市脏乱差、植树造林、义务献血、看病理发、法律常识宣传等公益性活动，造福于驻地人民群众，市级媒体多次进行相关报道。至2008年，官兵献血累计55000毫升，各类捐款6万余元，出动官兵900余人次帮助驻地清理街道、打扫卫生近20000平方米。多次到火车站为候车群众端茶倒水，为候车群众发放各类法律常识、卫生常识宣传单1500余份。每年春节，中队组织官兵到驻地儿童福利院看望孤儿，为他们送去压岁钱、玩具，并为他们整理卫生。同时，经常邀请福利院孤儿来到中队与官兵们一同庆祝“八一”，贵州电视台的新闻联播予以宣传报道。中队共组织官兵看望慰问驻地老党员70余次，送去各类物品、慰问金1万元。

警民共建　中队与地方10余家单位建立共建关系，重点开展国防教育、军事活动日、文艺体育等多项活动。先后邀请市讲师团、市委党校教师及驻地心理专家，到部队给官兵进行形势教育以及心理健康辅导，着力提高中队官兵的素质能力。其中，在与新世纪电脑培训学校开展共建活动中，学校为中队108名官兵进行电脑培训，并颁发结业证书，中队干部为学校上法纪课10余次，教育学生700余人。多次组织共建单位部分代表共700余人参观中队的学习、执勤、训练、生活等设施，进行现场国防教育。此外，中队还长期担任附近学校的军训任务，共军训学生2万人。

三、执勤

中队除执行六盘水市第二看守所的外围警戒外，经常参与地方社会治安维护和安全保卫工作，与驻地政府和公安部门一道，狠狠打击违法犯罪分子，为维护驻地社会稳定和促进经济发展发挥“拳头”和“尖刀”作用。在完成执勤处突各项任务的同时，担负六盘水市及钟山区各类大型活动的现场警卫及安保任务。在六盘水市开展的武装查缉任务中，共处理群众斗殴事件10起，缴获管制刀具103把，治理违规车辆230辆次。执行各类押解勤务82起，押解犯人3215人，完成钟山区每年的高考试卷押运勤务。1996年、1997年，中队2次奉命参加警卫中央首长任务，确保首长在视察期间的绝对安全。

第三节　消　防

1988年，区公安分局消防科成立，1990年，区消防中队成立，1999年合并，成立区公安消防大队，隶属六盘水市公安消防支队，下辖2个执勤中队和1个特勤中队，共有官兵30人。主要负责市中心城区以及9个乡镇（办事处）的防火、灭火和突发事故抢险救援任务，同时指导水钢专职消防大队的训练和各项建设工作。2006年，六盘水市公安消防支队直属中队改为钟山区公安消防大队一中队，原钟山消防大队所属中队合并改为二中队。2008年，钟山区公安消防大队下辖3个中队，官兵共100人。

一、装备建设

1999年，大队营院建成投入使用，购入1辆东风中型水罐消防车和1辆东风中型泡沫、水罐联用消防车加强消防执勤力量。2002年，先后购买一批破拆工具，配齐消防基本个人防护装备。2004年，区政府投入60万元购买1辆斯太尔王重型泡沫、水罐联用消防车。2005年，区政府为大队配备1辆抢险救援车，是年，六盘水市公安消防支队投资360万元购买德国进口40米奔驰登高平台消防车，参加大队执勤。2007年，投入260万元为一、二中队购买1辆多功能抢险救援车、1辆16米高喷车和1辆斯太尔王重型水罐消防车。2008年，一、二中队配备冲锋舟和一批水上救援设备，抽调一批精干人员组成洪涝灾害救援突击队。至2008年，大队共有各类消防车辆26辆，其中5辆防火监督车、6辆大吨位水罐消防车、3辆特勤车、1辆五十铃高喷车、1辆东风曲臂登高车、1辆万达特勤车、2辆东风消防水罐车、1辆奔驰登高云梯车、1辆22米登高救援车、1辆A类泡沫消防车、1辆排烟车、1辆通信指挥车、1辆小霸王小型水罐消防车、1辆全勤指挥车。一、二中队分别配备有战斗服、抢险救援服、破拆组合工具、救生气垫、抗洪抢险装备等40余类个人防护装备和特勤器材装备，配备有水带、水枪、手抬机动泵等50余类常规器材装备。设有战备物资储备库、常用器材物资库，储存有泡沫、移动水炮等灭火装备。

二、消防宣传

为增强人民群众消防安全意识，提高全社会防控火灾的能力，消防部门结合各个阶段消防工作实际，协调相关部门，采取多种形式，利用电视、广播、报纸、楼宇电视等媒体，有组织、有计划向社会和广大群众宣传消防相关法律、法规和常识，在全社会营造一个学习、宣传和主动预防的浓厚氛围，促使全社会重视消防安全工作，贯彻“预防为主、防消结合”的原则，落实消防安全责任制。区消防大队先后对部分单位和乡镇、街道、村居委会、派出所相关人员进行消防安全培训，指导成立义务消防队2870个，队员达3.97万人。

区公安消防部门与区城管、广告公司等单位和部门协调配合，在钟山凤凰新区、火车站附近和钟山开发区、荷城花园等繁华地段设置大幅消防安全公益宣传广告牌，在10余条街道沿街灯杆上设置小幅消防安全公益宣传广告牌，在人民广场设置灯箱式消防公益广告牌40块，在广场大屏幕播放火灾案例，在185家公共人员密集的公共场所设置消防逃生标志，在所有设有楼宇电视的场所滚动播放消防宣传教育片。各行业主管部门、各单位和各类场所结合本部门实际，进行消防宣传教育，形成消防安全工作人人关注、人人参与的良好氛围。

三、消防监督

在政府的统一领导下，区消防部门与各行业主管部门、各单位联合开展常规性的火灾隐患排查整治工作，督促各单位、各场所落实火灾预防措施，整改火灾隐患。根据各个阶段安全工作形势和需要，有针对性地开展消防安全专项治理，适时对火灾隐患进行集中查处和整治。重点加强春节、元旦、“两会”、抗雪救灾、抗震救灾、清明节、五一节、端午节、中秋节和国庆节期间辖区内各类场所的消防安全大检查，着重对一些人员密集场所和大型活动举办场所做好消防安全保卫工作，严防火灾事故的发生，完成各个节假日和特殊时期的消防安全保卫任务。

四、火灾扑救

1991—2008年，全区共发生火灾432起，死亡38人，受伤50人，经济损失500余万元。公安消防部队根据《中华人民共和国消防法》《公安消防部队执勤条令》《公安消防部队战斗条令》开展执勤、灭火工作。在历次火灾扑救中，根据现有消防装备，以“迅速扑灭火灾，积极抢救人命，保护和疏散物资”为主要任务，坚持“救人第一，迅速、准确集中兵力打歼灭战”的指导思想，机动灵活地使用“先控制、后消灭”的战术原则，采取“堵截包围、内外夹攻、上下合击、重点突破、逐片消灭”等方法，夺取灭火战斗的主动权。

1991年1月11日21时40分，六盘水市钟山宾馆百货批发部发生火灾，接到报警后一中队迅速出动5辆消防车、27名指战员赶往现场。到火场后迅速组织人员进行火情侦察，根据火场情况布置力量，铺设2条水带干线，出水枪2支，采用“堵截包围和先控制后消灭”的战术原则，22时13分将火扑灭，保护价值15万元的物资安全。3月25日1时30分，钟山区川心村民刘克强私存汽油引起火灾，一中队迅速出动进行扑救，1时50分将火扑灭，保护市铁中、车务段和价值60万元的物资。1994年4月15日13时10分，水城县土特产公司副食仓库发生火灾。13时50分，一中队接到报警，立即出动2辆消防车，21名官兵迅速赶到火场，开展灭火救援。因火势太大，无法控制，六盘水市消防支队第二次出动1辆消防车、14名战斗员，水钢消防队、市环卫处赶到火场增援。经过3小时40分钟的扑救，扑灭火灾，避免造成更大的损失。

1996年5月3日20时8分，人民中路67号周训国家发生火灾，支队领导亲临火场现场指挥灭火，一中队出动消防车4辆、官兵20人，水城钢铁公司、水城矿务局消防队出动消防车2辆、干警16人，经过2个多小时的联合奋战，将火扑灭。1997年4月15日13时50分，水城县土产公司仓库发生火灾，一中队出动消防车3辆、官兵38人，水钢专职消防队出动3辆消防车、干警18人，经过4个多小时的扑救，将大火扑灭。在扑救过程中，消防官兵从火场中将6个烧得发烫的氢气、乙炔钢瓶转移，避免发生因爆炸导致特大伤亡和重大损失的恶性火灾事故，保护了价值280万元的物资。1998年1月5日15时45分，钟山区五中家属楼发生火灾，一中队出动消防车2辆、官兵16人，经过25分钟的扑救，将火扑灭，抢救物资价值100余万元。2月11日22时17分，花鱼洞路口川兔酒楼后6楼坑道起火，一中队出动消防车2辆、官兵14人，仅用5分钟就将火扑灭，挽回经济损失100余万元。3月17日6时22分，人民中路火车站货场发生火灾，一中队出动消防车2辆、官兵18人，经过1个多小时的奋力扑救，将大火扑灭，保护了价值200余万元的物资。

2002年5月13日晚20时13分，人民西路机厂右侧一仓库发生火灾，一中队、钟山中队共出动4辆消防车、42名官兵赶往现场扑救，大火将库房全部烧透。消防官兵经过2个多小时的苦战将大火扑灭。2003年2月3日下午14时3分，人民东路老城片区和平路一住户因烤腊肉无人看管引发火灾。钟山中队出动2辆消防车、18名官兵前往扑救。经过1个多小时的战斗，将火势控制在燃烧屋的范围内，避免向周边蔓延造成更大损失。2003年3月18日晚23时14分，麒麟路西南家居城对面一汽车修理门面起火。钟山中队出动2辆消防车、官兵20人，用30分钟将火扑灭。在扑救过程中从火场中转移出2个乙炔钢瓶，避免因爆炸而造成更严重的人员伤亡和财产损失。2005年9月10日13时50分，水城县木果乡一私营加油站因加油车违规操作引发火灾。汽油爆炸将加油机全部炸毁。市消防支队一中队、钟山中队、水城中队、水钢专职队出动消防车9辆、指战员60人，经过4个多小时的冷却灭火，保护1个汽油罐和2个柴油罐的安全，避免油罐爆炸带来的恶劣后果。

2006年8月17日晚21时44分，六盘水机务段民房发生重大火灾，钟山消防一中队接到报警后，先后调出3辆消防水罐车、1辆高喷车、2辆抢险救援车、26名指战员参战，后二中队2辆消防车、18名指战员前往增援。官兵奋战4个小时，8月18日凌晨1时39分将大火扑灭。2007年1月21日，麒麟路搬迁街一锆粉厂发生火灾。钟山消防二中队出动2辆消防车、16名官兵赶赴现场救援，经过2个小时奋战将火灾扑灭，疏散群众30人。锆粉桶爆炸造成2名消防官兵负伤。

1997—2008年，钟山区消防大队或中队因工作业绩突出，连年受到贵州省消防总队表彰（除1999年、2000年外），获各种荣誉称号12个。2006年，钟山消防二中队被国家消防局授予“全国公安消防总队执勤岗位练兵先进中队”。向顺革、李小彬、孟玻获二等功臣，朱登获二等功臣、贵州省消防卫士，潘图英、陈世军获贵州省十大优秀士官。

1991—2008年钟山区火灾情况一览表

表6-11

年份	火灾起数（起）	死亡（人）	受伤（人）	财产损失（万元）
1991	15	3	3	13.98
1992	17	1	5	27.44
1993	12	0	3	19.24
1994	17	6	4	20.86
1995	14	1	7	18.28
1996	19	2	12	7.85
1997	26	3	1	127.88
1998	35	0	0	34.25
1999	39	2	2	23.55
2000	40	3	3	16.95
2001	35	1	2	41.56
2002	26	5	3	16.76
2003	32	2	2	16.28
2004	21	4	0	18.54
2005	38	1	2	19.66
2006	24	3	1	22.95
2007	8	0	0	6.81
2008	14	0	0	6.81
合计	432	37	50	459.65

第四节　人防战备

1994年，区人民防空战备办公室成立，在钟山区国防动员委员会的领导下开展工作。1996年在区人防办设立区交通战备办公室，实行一个机构两块牌子合署办公，主要职责是贯彻执行国家有关人民防空、交通战备、军供支前的方针、政策和法规。组织实施辖区内人防工程、通信警报的建设和维护管理。组织制定本地防空预案，人口疏散计划，战时人民防空医疗救护、物资和水电供应，以及其他各项保障方案。负责对全民进行“三防”，即防原子武器、防化学武器、防生物武器知识教育。编制本地交通战备应急保障计划，管好用好人防战备经费，指导协调辖区内铁路、交通、邮电等部门的战备工作，配合军事部门做好铁路、公路等重点目标的安全保护工作，指导军供支前的各项业务工作。

一、防空指挥和工程建设

1997年，钟山区在中心区范围内按照地理位置、人口比例先后组织安装警报器7台。1998年，组织试鸣。2005年，安排1辆机动警报车，与区人民武装部、六盘水市气象局共同开展六盘水市民兵高炮营防空作战综合演练活动。2002年，协助市人民防空战备办公室拟制《市中心城区城市防空袭预案》，组织工作人员63次深入厂矿，镇（乡、街道）调查了解重点目标，实地考察、选择条件好的疏散地域，向上级部门提供钟山区重点防护目标，疏散地域，为市人防战备办制定《市中心城区城市防空袭预案》提供参考依据。全区组建有民兵高炮、通信、防化、医疗救护、消防、运输、治安、抢险抢修8种专业队，在册人员1132人。统一按照国家人防委制定的《人民防空专业队伍训练大纲》《民兵军事训练大纲》适时组织训练，其中2007年8月各专业队伍进行专业训练10次，参训总人数达1022人。

二、人防战备教育

1996年，钟山区制定《人防交通战备宣传教育第三个五年规划》，是年，钟山区人防战备办公室组织全区范围内的党政机关、企事业单位相关人员开展人防战备知识竞赛活动，参赛单位共63个，总人数527人，评选优胜单位、组织奖单位13个。在第三个五年规划期间，共发放相关资料2.79万余份，办宣传栏24期。联系钟山区第四中学、第五中学、小山中学、育英中学开展人防战备法规知识进学校活动，举办教育讲座18次，受教育学生1.65万余人。此后，钟山区仍持续将人防战备宣传教育纳入法制宣传教育五年规划，每年在全区范围内开展多种形式的宣传教育，社会人防战备意识不断提高，人防战备法规知识逐渐普及。

第七篇　城乡建设

第一章　城市规划

第一节　中心城区总体规划

1980—2008年，六盘水市先后编制3轮城市总体规划。

1980年3月，六盘水市政府议定，将原黄土坡更名钟山，为六盘水市中心区。《1987年城市总体规划》将市中心区范围界定为东到水泥厂，西含德坞坝子，南起柏杨坡、松树坪和窑上水库，北迄青杠林、三块田和大垭口，规划区范围总面积70平方千米。

《1998年城市总体规划》将中心城区外围山体纳入城区，改善中心城景观，规划区范围总面积扩大至127.7平方千米。

《六盘水市城市总体规划（2006—2020年）》将市中心城区范围界定为钟山区黄土坡街道办事处，荷城街道办事处，凤凰街道办事处，德坞街道办事处，月照乡，老鹰山镇，水城县滥坝镇、董地乡及双戛乡部分地区。规划区范围总面积293平方千米。

一、城市性质

《1987年城市总体规划》确定市中心区城市性质是六盘水市政治、经济、文化和科学技术的中心，是以钢铁、建材为骨干工业，为全市工矿区服务的中心。

《1998年城市总体规划》将市中心区改称中心城区，并将其城市性质修订为六盘水市政治、经济、文化、科教、信息中心，攀西—六盘水地区原材料生产基地，西南地区重要的铁路枢纽之一，六盘水市公路交通枢纽，贵州省西部地区中心城市。

《六盘水市城市总体规划（2006—2020年）》确定中心城区性质为六盘水市的政治、经济、文化、科教、信息中心，全国重要的消夏避暑城市。

二、城市规模

（一）人口规模

《1987年城市总体规划》规划市中心区人口发展规模，近期（1990年）总人口14.14万人，其中非农业人口11.68万人，远期（2000年）总人口23.77万人，其中非农业人口21.16万人。论证和补充上报时，根据有关专家意见修改为远期达到45万人口。至总体规划第二轮修编时，《1987年城市总规》对中心区人口规模的预测基本符合人口增长趋势。

《1998年城市总体规划》规划中心城区人口发展规模，2005年25万人左右，2010年30万人左右，2020年45万人左右。并留有向50万人口城市规模发展的余地。

《六盘水市城市总体规划（2006—2020年）》规划中心城区人口发展规模，近期（2010年）50万人左右，远期（2020年）80万人左右。

（二）用地规模

《1987年城市总体规划》编制时，市中心区城区总面积9.2平方千米，城镇人口人均用地111平方米，规划拟增至人均130平方米，远期城市总用地将扩大为27.5平方千米。

《1998年城市总体规划》规划中心城区近期（2005年）城市建设用地19.6平方千米，人均建设用地78.4平方米，远期（2020年）城市建设用地39.62平方千米，人均建设用地88.5平方米。城市建设用地总量为48平方千米。

《六盘水市城市总体规划（2006—2020年）》，规划中心城区近期（2006—2010年）人均建设用地90平方米，城市建设用地45平方千米，远期（2011—2020年）人均建设用地95平方米，城市建设用地76平方千米。

三、用地布局及功能分区

《1987年城市总体规划》根据当时已形成的居民点把市中心区生活居住区分为4个片区，钟山片区（钟山至朝阳新村一带）、西站片区（沿威水路的西站、川心、水城矿务局一带）、老城片区（水城特区城关镇至八家寨一带）、水钢片区（水城钢铁厂一带）。行政区在钟山片区，科研教育区在朝阳新村至窑上，商业服务区在钟山、川心和场坝，绿化风景游览区在窑上水库、德坞水库等处，仓储区在六盘水站、水城站附近水城坝子川心南边缘，危险品仓库在马嘎站，重工业区在铁路以北，水城水泥厂—塔山脚—水城钢铁厂—大垭口，轻工业区在铁路以南，松树坪和德坞，煤化工区在柏杨坡。

《1998年城市总体规划》确定中心城区用地采用相对集中紧凑的布局方式，尽可能保留现有部分耕地，作为建设用地组团的自然分隔带，城区建筑以多层为主，将外围山体纳入城区，改善中心城景观。规划区范围扩大至127.7平方千米。近期以开发现状城区周围用地为主，最大限度地利用现有基础设施，中期逐步向外延伸。城市用地发展方向为近期向南、向东，中期向西，远期再向东。

中心城区用地布局结构为带形组团式布局，形成“一个中心区四个组团”的用地格局。中心区由黄土坡片区、川心片区、荷城片区、杨柳片区、松树坪片区和朝阳片区组成，4个相对独立的组团为石龙组团、德坞组团、双水组团及水（钢）月（照）组团。

在川心片区建设市级商业金融服务中心，在松树坪片区建设铁路生活区，并安排水城矿务局退休职工居住生活用地，在杨柳片区安排水城钢铁公司居住生活用地，朝阳片区仍为科研教育用地，双水组团为水城县政府行政生活用地，水城钢铁公司二期扩建项目、煤化工项目及其他对环境有污染的项目安排在水月组团，石龙组团为铁路仓储和居住用地，德坞组团为高新技术项目和居住生活用地。中心城区南部建设六盘水铁路编组站，现六盘水站货运功能转移到编组站，原六盘水客货站改为六盘水客运站。将区境规划为川心片区、黄土坡片区、松树坪片区、朝阳片区、杨柳片区、德坞组团、石龙组团、水月组团8个功能区。

《六盘水市城市总体规划（2006—2020年）》将中心城区规划为“一城七片区，组团式布局”。“一城”即中心城区，“七片”，将中心城区分为7个片区：即钟山片区、石龙片区、柏杨坡片区、德坞片区、水月片区、双水片区和老鹰山片区。其中，钟山区境内功能分区包括钟山片区、德坞片区、石龙片区、水月片区、柏杨坡片区、老鹰山片区。

钟山片区　总用地面积约为29平方千米。分为黄土坡组团、荷城组团、松树坪组团、杨柳组团，是市级行政办公中心，商业、文化教育、娱乐中心和公路铁路客运交通枢纽。该片区发展比较完善，未来发展重点是加强和提升城市中心品质，完善各项基础设施和公共设施建设，保护好城市中的山体，加强对水城河的治理，改善城市人居环境。至2020年，规划城市建设用地27平方千米，人口35万人。

德坞片区 该片区森林资源丰富，为城市生态环境重点保护片区，规划以生活居住、职业教育和旅游休闲功能为主，用地总面积约为56平方千米。在《1998年城市总体规划》中的德坞组团基础上向西北方向扩展，分为德坞和天生湖2个组团。至2020年该片区规划城市建设用地3平方千米，人口4万人。

石龙片区 该片区注重对水资源的保护，是市级铁路货运交通枢纽，以教育科研、物流、发展高新技术产业为主，配套部分居住生活功能。总用地面积约为39平方千米。分为石龙和朝阳2个组团。至2020年规划城市建设用地5平方千米，人口3万人。

水月片区 用地总面积约为31平方千米。分为水钢组团和月照组团。规划保留水钢及其发展用地，将水泥厂的工业用地置换为生活居住用地。该片区为中心城区主要的工业区，应用新技术改造升级传统产业，保护好城市生态环境。规划以工业、生活居住功能为主。至2020年规划城市建设用地10平方千米，人口12万人。

柏杨坡片区 用地总面积约为45平方千米，分为石桥和红山2个组团。该片区是城市未来的主要发展方向，重点建设城市良好的人居环境，吸引和集聚人口与产业。规划以居住、研发、轻工、高新技术产业、物流、机械制造功能为主。至2020年规划城市建设用地面积7平方千米，人口10万人。

老鹰山片区 用地总面积约为56平方千米，是城市未来的重点拓展区域之一。是六盘水市重要的煤化工基地，该片区注重生态环境的保护及水资源的保护和利用，主要功能为工业和仓储，配套生活居住及商业服务功能。至2020年规划城市建设用地面积17平方千米，人口7万人。

《六盘水市城市总体规划（2006—2020年）》注重城市风貌设计。强化“一城七片，多中心组团式”的自然山地城市生态格局和形态，创造山、水、城、人和谐共生的生活环境，保持山中有城，城中存山、山水相映、环境优美的高原山地型城市风貌，创造独具特色的山地都市景观。

四、对外交通及道路系统

《1987年城市总体规划》中，铁路有电气化改造项目和水西站站房、站场改造等项目，公路有城内道路改造拓宽、新建南环路、汽车站迁至川心（火车站附近）等项目。

《1998年城市总体规划》抓住国家加大对西部基础设施投资力度的机遇，把六盘水铁路枢纽、水柏铁路、株六铁路、内昆铁路统统纳入规划。六盘水枢纽由六盘水、水城、滥坝等10个车站和在建的六盘水南编组站组成，为单向三级三场混合式编组站。枢纽衔接贵昆铁路，引入在建的水柏铁路、内昆铁路和株六铁路。枢纽编组站能力近期（2005年）为516.2亿千克/年，远期（2020年）为672.7亿千克/年。六盘水站由客货混运改为客运站，同时扩大客站规模，站房设南北出入口2个，以南出入口为主。

中心城区对外公路由大水、百水、镇水和贵烟4条高等级公路组成，由中心城区向四周放射并与周边321、320、324、326国道连接。

中心城区道路交通规划，《1987年城市总体规划》确定以钟山大街为主轴，人民路为北环，过境路为南环，加上联系南北的明湖路、水西路等10条横向道路，构成城市交通道路网络。

《1998年城市总体规划》沿袭这一路网布局形式。将道路等级分为快速路、主干路、次干路和支路4级。把人民路和钟山路定为生活性主干道，明湖路、麒麟路和水东路、川心路定为交通性主干道，南环路定为快速路，规定两侧不设大型公共建筑物。同时规划主干路与主干路、主干路与次干路交叉口的进出口路段拓宽。在水西南路、川心路与南环路交叉口，明湖路与钟山路的交叉口建立交桥，中心城的双水和德坞为城市道路与过境出入口，分别预留立交桥用地。干路与铁路交叉口一般采用道路下穿分离形式。同时拟在钟山路与川心路交叉口西南侧布置一处市级中心广场，在德坞、双水、松树坪和荷城片区各布置一处区级广场，在六盘水站前设置交通集散广场。同时，对公交线路、城市步行系统、公共停车场也作出规划。

《六盘水市城市总体规划（2006—2020年）》确定城市公共交通规划为：建立以地面快速公交和普通公交为主体，其他公交方式为辅助，多种方式并存且有效衔接的公共客运交通系统，远期考虑辅以大运量轨道公共交通的补充形式。建立综合公交信息系统，提高公共交通智能化水平。逐步提高公交出行比例，改善居民出行结构，公交出行分担率近期达到35%，远期达到45%～50%。

公共交通走廊规划 规划钟山路为中心城区的公共交通走廊，建立城市公共交通专用道，联系中心城区的钟山片区和石龙片区、柏杨坡片区、德坞片区、水月片区、双水片区和老鹰山片区。近期在公交走廊中可以采用画线式公交专用道、有红绿灯的路口采用公交车优先的交通控制方式强化公共交通在交通系统中的地位，中期可以建设独立的公交专用道网络，未来客流增长和城市经济发展后改造为轨道交通线路。

公交站场规划 按照远期规划人口预测未来的公交车辆拥有量，依据规范预测公交站场需求，结合公交专用道规划确定未来公交场站用地需求，对公交场站用地进行规划控制。结合中心城区带状组团式的布局结构，规划公交站场7处，实现公交车辆的有序停放与管理。规划公交站场面积共约10万平方米，在城市中心区、居住区按每万人1000平方米规划公交首末站。规划公交首末站用地面积共约8万平方米。

轨道交通规划 由于中心城区呈带状城市形态，城市的交通集中在东西向，规划远期考虑大运量轨道交通为东西向主要公共交通形式。城市铁路作为大运量的轨道交通方式之一，在国内外很多城市得到较好的运用。规划建议远期改造现有铁路环线为城市铁路，解决城市环线的交通问题。

五、园林绿化

《1987年城市总体规划》拟在窑上水库建明湖公园，在市中心城区建钟山公园，在德坞建动物园，作为市中心区的中心公园。同时在水钢笔架山、水泥厂尖山、水城西站东侧小山、草盖瓦气象台山建居住区小游园。至2000年公共绿化地3810亩，人均12平方米。至总体规划第二轮修编时，中心城区仅有绿地面积245.1亩，其中公共绿地232.2亩，人均公共绿地0.74平方米。市级公园有清碧公园、钟山公园，占地面积共205.95亩。

《1998年城市总体规划》提出园林绿化规划原则是充分利用自然河湖水系、自然山体进行绿化，开辟城市公共绿地和生产防护绿地，提高绿地标准，使城市绿地与周围特有自然环境相呼应，形成点、线、面相结合的绿地开敞空间系统。保持山城特色，创造良好的生态环境。规划期内人均绿地面积10.12平方米，人均公共绿地面积7.83平方米。为此，在进一步完善清碧公园和钟山公园基础设施的同时，在凤凰山北侧和麒麟路东侧建造市级凤凰山公园和麒麟公园，分别占地705亩和120亩。在凤凰山西面建设烈士陵园，用地375亩。规划在德坞、水月和双水组团和川心、松树坪、荷城、朝阳片区建设区级公园和街头绿地，沿响水河两岸规划10～20米宽绿化带，在牛王山北坡规划一处大型苗圃基地。重点对人民路、钟山路、南环路、水西南路、川心路、麒麟路和水东路及站前广场进行道路绿化，其道路绿化率不小于30%。规划川心路为园林式景观道路，其道路绿化率不小于40%。结合水城河改造，在钟山公园和观音阁附近各规划一处水面，面积分别为60亩和150亩。并在中心城区东部高压线走廊和高架铁路通过的德坞与黄土坡之间布置800～1000米宽的防护绿地，在工业区与生活区之间布置50～200米宽的防护绿地，沿过境公路、铁路和高压线走廊两侧布置20米以上的防护林带。

《六盘水市城市总体规划（2006—2020年）》提出，以建设“响水（响水河）三岔（三岔河）皆通江，十里青山半入城”的环境为目标，建成山、水、城为一体的多功能、多层次、多类型、多效益的绿地系统，使中心城区成为景致优美、环境宜人、和谐有序的现代城市。规划近期（2010

年）绿地率30%，绿化覆盖率35%，人均公园绿地7.5平方米。远期（2020年）绿地率35%，绿化覆盖率达到40%，人均公园绿地10.5平方米。

六、工程规划

（一）给水排水

《1987年城市总规》考虑到水城盆地地下水及窑上水库的水不能满足市中心区需要，规划开发玉舍纸厂格目底水源，筑库蓄水，库容2053万立方米，每日可供水5万立方米。《1998年城市总规》测算中心城用水量，生活及工业用水近期为24.38万立方米/日，其中生活用水5万立方米/日，中期为28.98万立方米/日，其中生活用水7.5万立方米/日；远期为39.27万立方米/日，其中生活用水15.75万立方米/日。规划建设德坞水库，规模为3500立方米/日，为德坞片区供水。近期六盘水市凤凰山水厂供水规模为10万立方米/日，水源为玉舍水库，主要为中心城区供水。各大工业企业用水由自备供水系统供给。对中小企业自备供水拟限制开采地下水源，逐步改由城市管网供给。到2020年前，中心城区用水缺口较大，拟着手新水源前期可行性研究工作。市中心区污水拟采用完全分流制排水系统，分两段集中处理，在土桥建一污水处理厂，处理西段污水；在良种场东建一污水处理厂，处理东段污水，处理后的污水排入水城河。

《1998年城市总规》按污水量为给水量的80%测算中心城区污水排放量，近期为19.50万立方米/日，其中生活污水4.6万立方米/日；中期为23.18万立方米/日，其中生活污水6.9万立方米/日；远期为31.42万立方米/日，其中生活污水14.49万立方米/日。拟在荷城工业区东侧九洞桥建一污水处理厂，设计规模17万立方米/日，采用二级处理。处理后达标排入水城河，或用于工业用水及农田灌溉。水钢和水城水泥厂的污水自行在厂内处理，达到国家排放标准后排入自然水体。污水管道沿规划道路敷设，截流干管设在水城河两岸，黄土坡、德坞片区的污水分别经排水暗渠和排水隧洞排入截流干管，暗渠、隧洞与截流干管相接处均设置溢流井。大型工业污水不排入城市下水道。中心城区原合流管道改为雨水管道，德坞片区雨水通过黑马洞和花渔洞排洪隧洞泄入水城河。雨水管道沿规划道路铺设，使雨水就近排入自然水体。《六盘水市城市总体规划（2006—2020年）》规划污水处理率近期不低于60%，远期100%。

（二）电力电信

《1987年城市总体规划》规划在塔山建火电厂一座（未建）。并规划近期（1990年）形成220千伏的统一电网，远期达到500千伏电压等级，逐步并入云、贵、川、桂等省联合电力网系统。

《1998年城市总体规划》依照供电部门规划，预测2020年中心城区最高负荷将达70万千瓦时。而1997年年底市域盘县电厂、水城电厂、响水电站、出水洞电站加上水城矿务局和水钢自备电厂装机容量共91.5万千瓦。根据省电力局专业规划，将扩建水城电厂、盘县电厂，新建格目底电厂、盘南电厂、金佳电厂，计划装机容量共420万千瓦。规划至2020年，中心城区电压等级分为220千伏和110千伏高压输电网、10千伏高压配电网和220/380伏低压配电网。现状35千伏专业用户变电站可考虑保留，但不发展。

规划中心城区范围内新建220千伏变电站2座，并扩建水城变电站，至2020年共有3座220千伏变电站向中心城供电，主变容量114万千伏安，容载比1.8。此外由水城电厂直接拨出110千伏线路向城市供电，设置110千伏变电站10座，其中新建7座，扩建3座，容载比1.85。

220千伏和110千伏线路主要为架空线，在德坞与黄土坡之间，杨柳与双水之间设置220千伏高压走廊，特殊地带用电缆线路。10千伏配电网主要采用地下电缆，在景观要求不高的地区可采用架空线。

根据《六盘水市城市总体规划（2006—2020年）》，至2020年中心城区总负荷为1009.6兆瓦，总用电量51.3亿千瓦时，人均每年生活用电量960千瓦时/人·年。

《1987年城市总体规划》计划1990年电话普及率由规划编制时的0.69部/百人上升为1.4部/百人。利用筑昆长途通信小同轴电缆，长途电话终局容量180路，电报电路24路，实现水城—贵阳的邮传、传真、电讯以及长途自动拨号。2000年微波通过梅花山站下60路，增加水城—贵阳长途电话，实现中心区长途与全国各大城市自动拨号。

《1998年城市总体规划》根据六盘水本地电话网初具规模的现状，规划中心城区电话普及率近期（2005年）达40部/百人，中期（2010年）达60部/百人，远期（2020年）达80部/百人。为此，交换机容量用户线近期为10万线，中期为18万线，远期为36万线；按实际用户线占交换机容量的80%计算，交换机容量近期为14万门，中期为25万门，远期为40万门。为实施以上规划，拟在中心城设市话母局8个，其中扩建2个，新建6个。保留已有汇接局，在市话五局（川心片区）设置一个汇接局。近期长途交换局扩容改造，远期在川心片区再增加一处长途交换局。长途传输利用邮电部一级“南贵昆”光缆，同时更换传输设备。规划设置邮件处理中心1座，邮政支局6处。详细规划阶段在中心城区设置邮电所若干处。《六盘水市城市总体规划（2006—2020年）》规划，至2020年中心城区达80部/100人，并规划建设若干信息工程。

（三）供气供热

《1987年城市总体规划》近期用水钢焦化厂煤气为钟山片区、水钢、矿务局、铁路西站一带6万人供气。待水钢三号焦炉建成后，供气范围拓展到老城、场坝、川心、军分区、朝阳新村一带。

《1998年城市总体规划》规划远期民用气化率达到95%～100%，居民用气指标2930兆焦/人·年。为此，近期在现有焦化厂设施基础上采用高炉煤气替换增加4.8万立方米/日供气量，焦化厂内建3万立方米湿式储气柜一座，增加用气人口5.2万人。建液化石油气储配站，规模2000立方米，增加用气人口7000人，使近期用气人口达14万人，民用气化率达56%。远期在水钢焦化厂新建一座50孔5.5米大容积焦炉1座，日产气56.27万立方米，供应中心城21.6万立方米/日，增加用气人口31.4万人。建设10万立方米、5万立方米干式煤气柜各1座。液化石油气储配站规模扩至5000立方米，增加用气人口1.2万人。总用气人口达45万人，民用气化率达100%。

《1987年城市总体规划》无供热工程内容。《1998年城市总体规划》确定采暖热指标为，住宅建筑48瓦/平方米，公共建筑48瓦/平方米，工业建筑55瓦/平方米。远期除工业建筑采暖热负荷外总采暖热负荷为760.8兆瓦，其中住宅建筑648兆瓦，公共建筑112.8兆瓦。规划市中心城区建集中锅炉房9处，零星建筑及个别低层建筑采用电热取暖。建议东北工业区建热电厂作热源，其他工业区另建集中锅炉房。市区内供热锅炉单台容量不小于7兆瓦。

《六盘水市城市总体规划（2006—2020年）》对中心城区燃气工程进行再规划。

（四）环保环卫

《1987年城市总体规划》提出“处理好‘三废’治理和环境保护”的要求。规划在水钢增建一个污水处理厂，利用水钢焦炉煤气改变民用燃料结构，远期考虑集中供热，以减少废气、烟尘、废渣，对水体采取统一规划管理，合理开发用水资源，保护窑上水源，开发格目底水源，老厂搬迁、新厂选址在规划时须注意对城市环境的保护。

《1998年城市总体规划》提出的规划目标是，近中期减缓环境污染的发展趋势，中心城环境质量基本稳定，远期控制住环境污染的发展，达到各类功能区环境质量标准。中心城区水域划分为二、三、四类水体。二类水体主要存在于集中式生活饮用水水源地一级保护区。规划将窑上水库、德坞水库划为二类水体。三类水体主要存在于集中式生活饮用水水源地二级保护区。规划将窑上水库、德坞水库出水口至水钢污水排出口段划为三类水体。四类水体主要适用一般工业用水区及人体外直接接触的娱乐用水区。规划将水钢排出口至范家寨段划为四类水体。

中心城大气环境划分为二类区或三类区。二类区为城市规划中确定的居住区，商业、交通、居民混合区，文化区和农村等。规划建成区内除水钢、水城水泥厂及准备建设的电解铝厂以外，均为二类区。三类区为大气污染程度比较严重的城镇和工业区，城市交通枢纽干线等。规划建成区内的水钢、水城水泥厂及规划的3个工业区为三类区。

声学环境，拟在中心城范围内划分出声学环境功能区，对各功能区按相应的类别标准进行控制。

《1987年城市总体规划》对环境卫生的规划，近期解决垃圾粪便清理车辆装备，日产日清，增设垃圾桶，增建垃圾池，实现装卸机械化，新增、改建水冲式厕所。远期实现运输车辆化，清扫机械化，垃圾粪便无害化。

《1998年城市总体规划》提出生活垃圾实行袋装收集，远期为袋装分类收集，生活垃圾清运机械化、半机械化程度达100%，生活垃圾无害化处理率达100%，道路清扫机械化程度达40%。

为此，拟新建16座垃圾中转站，在新区按每0.7～1平方千米建一座的密度设置，每座面积不少于100平方米。生活垃圾以卫生填埋为主，逐步发展为焚烧处理为主并综合利用。近期在川心村九组与双坝村二组交界处建一座21.9亩的垃圾填埋场，远期在此继续扩建。工业及建筑垃圾由环管部门统一管理，有偿清运。

公共厕所按城市人口每2900人设置一座，主要繁华街道公厕间距300～500米，一般街道间距800～1000米。旧城改造地段和新建区，每平方千米不少于3座。近期在建成区增建公厕8座。

《六盘水市城市总体规划（2006—2020年）》对中心城区环境保护工程进行再规划。

（五）防洪防震

《1998年城市总体规划》提出，中心城防洪标准近期按50年一遇标准设防，中远期按百年一遇标准设防。

防洪工程有窑上支流河道整治工程，德坞支流河道整治工程、黑马洞旁的排洪暗渠工程、干流河道治理工程。对整治河段的人行桥一律拆除，公路桥按河道宽度改造。下游引水坝拆到设计可控深度，废坝全部拆除，挤占河道的悬臂建筑物按河道整治堤防线拆除后退，对水城河全段实施综合防洪治涝治理。

中心城区属地震基本烈度6度的设防区，所有新建工程必须按此标准作抗震设防。就地疏散主要选择房屋之间的空地、街心花园、路边绿地、中小学操场等。疏散救援通道为城市交通主干道和次干道。重点保护次生灾类源点，防止地震可能诱发的火灾、爆炸、有毒有害物质泄漏和病菌散溢。

《六盘水市城市总体规划（2006—2020年）》对中心城区城市防灾进行再规划。

（六）消防人防

《1998年城市总体规划》除保留当时已有的2座消防站外，规划新建4座消防站。每座预留用地6～9亩。位置定在德坞组团、松树坪片区、石龙组团。每个消防站责任区面积为4～7平方千米。建设市政与消防合用的给水系统，市政给水设施满足消防给水的技术要求。公共消火栓沿道路两旁设置，靠近交叉路口，其保护半径为150米，两栓间距不大于120米。

人防工程，战时人员按疏散与留城隐蔽3：2的比例控制。人员掩蔽以就地掩蔽为主。掩蔽工程人均使用面积1平方米，人防专业人员使用面积3平方米。工程布局应保证在空袭警报发出10分钟内人员全部进入。市农业局、市物资集团总公司、市邮电局门前过街通道、火车站广场、南环路与水盘路交接处设置人防工事。城市交通主干道、次干道为疏散通道，街心花园、路边绿地、中小学操场、公园和广场为集散地。重要建筑物及高层建筑应按照《人民防空法》的规定，建造平战结合的地下人防工事，新建的居住区结合公共建筑和绿地设置人防工程设施。

《六盘水市城市总体规划（2006—2020年）》对中心城区城市消防和防空进行再规划。

（七）郊区规划

《1987年城市总体规划》确定六盘水市城市性质是“城乡结合的城市”，没有把郊区列入规划。

《1998年城市总体规划》认为郊区小城镇建设是中心城区整体建设的有机组成部分，提出应积极促进小城镇发展，将小城镇发展与邻近工矿区的建设统一起来，科学合理地编制小城镇总体规划。适当调整建制，强调社会化管理，从企业办社会转向城镇综合管理，建立适应市场经济条件的社会主导型管理模式。

郊区城镇要重视生态建设，强化环境保护和综合治理，彻底清理整顿小土焦、小煤窑、小建材、小化工、小冶炼，复垦采矿毁坏的土地，加大小流域治理力度，以坡改梯为重点，以中低产田改良为中心，控制水土流失，实施长江中上游防护林体系工程，实现自然生态环境的良性循环。

在中心城区城市规划区范围内，除城镇、矿区、中心城区的居住、工业和交通基础设施建设用地外，其他用地原则上都作为中心城绿色空间加以控制。绿色空间由耕地、园地、林地、牧草地和水域组成，禁止未经批准的非农建设活动。

在水库集雨区范围内建立水库保护区，保护植被，严禁非水库建设活动。窑上水库、玉舍水库、德坞水库、龙贵地水库保护区范围分别为17.03平方千米、90平方千米、6平方千米、2.35平方千米。

中心城区专业蔬菜基地建在德坞镇、大河镇。季节性菜地主要建在水城县的发耳、蟠龙、化乐、米箩。以上菜地拟逐步建成常年专业蔬菜基地。远期中心城区蔬菜自给率保持在60%左右。商品猪生产基地建在德坞、老鹰山、凤凰、汪家寨、大河、大湾等乡镇。商品禽蛋生产基地主要建在大湾、汪家寨、黄土坡、荷城等乡、镇、办事处。果品生产基地主要建在大湾、大河、汪家寨、德坞、月照等乡镇。

第二节 中心城区详细规划

1985年，市中心城区详细规划分为“一路七片区”8个部分。具体名称为北环路（当时称振兴路，后定名人民路），川心Ⅰ、Ⅱ、Ⅲ片区，荷泉片区，杨柳片区，西站片区，朝阳教育区。

威水路改扩建工程，是市中心城区早期实施城市规划的较大工程，长9.4千米。1984年动工改扩建，定名为振兴路，因与南环路相对称北环路。1985年，贵州省化工设计院咨询服务公司承担该路两侧各50米的详细规划项目，总面积约1290亩，名称为《北环路详细规划》。

川心Ⅰ、Ⅱ、Ⅲ片区，西起明湖路，东抵麒麟路（即气象站山），北起人民路，南到松树坪山脚，总面积3928.05亩。该地段被横向的水西南路，川心路切割为3块，故为川心Ⅰ、Ⅱ、Ⅲ3个片区。3个片区详细规划由贵州省城乡规划设计研究院设计。在人民路与水城河之间规划有生活性主干道，即黄土坡钟山大街延伸段——规划中的钟山中路。市中心区大部分重要公共设施皆规划在钟山中路两侧。该路段是市中心区近期实施建设的重要地段。

在这3个片区里分别有横向的次干道明湖路、水西南路、川心路、麒麟路，规划路宽基本达到30～40米。

荷泉片区西起气象站山东侧的荷泉路，东到老城，北起人民路，南到水城河，规划面积3045亩。详细规划由贵州省化工设计院设计。该片区东起老城至官厅间，规划有农贸中心，西接麒麟公园，规划为文化娱乐中心。该片区规划的钟山大街从老城南侧向东延伸，宽40米。东起官厅路，横向到一中，宽30米。西起荷泉路，横向到土桥接南环路，宽25米。

杨柳片区西起老城官厅路，东到水东路（水城站横向到供电局），北起人民路，南到供电局、一中（包含下钟山在内），规划面积2025亩，详细规划由武汉城建学院设计。由下钟山到老城区间规划有全市性的体育运动中心。规划改造水城河。钟山大街经下钟山南侧向东继续延伸，接水东路，宽40米，为水钢远期发展生活居住用地和部分工业用地，工业用地在水东路以东。水东路宽30米。

西站片区位于现六盘水站西北侧，东起汪水路，西迄铁路医院，南起六盘水站房，北到肖家松林，规划面积600亩，详细规划由贵州省规划设计研究院设计。包括六盘水站房、站前广场、停车场、广场东侧食品厂搬迁后的园林小山、人行天桥、步行街及西站片区的公共商业和文化服务设施等。

朝阳教育区位于朝阳新村到市党校及明湖公园之间，面积1886.1亩，详细规划由湖北省规划设计研究院设计。规划建设师专、农校、卫校、党校、财校，远期规划开办一所工业大学。

2000年年初，钟山区凤凰新区指挥部委托中国城市规划设计研究院海南分院编制六盘水市凤凰片区修建性详细规划。凤凰片区用地范围，东以水东路为界，南至南三环路及六盘水铁路编组南站，西至朝阳片区及老城边缘，北以南环路为界，规划用地面积为8599.2亩，其中凤凰山公园用地面积为2339.55亩，凤凰科技工业园用地面积为489.6亩。钟山区政府决定将钟山区政府行政办公中心迁至本区内，扩展建设新城区，带动凤凰片区的发展建设。

规划凤凰大道、碧云路、水西路、八一路、南三环路、南环路等城市干道均通过凤凰片区，将六盘水市编组南站与中心城区及其他片区联系起来。规划人口规模4万～5万人，用地规模5.7平方千米。

2001年，钟山区委托中国城市规划设计研究院海南分院编制德坞组团（新区）详细规划。规划用地功能性质为以居住、商业服务、商务会展、一类工业为主的多功能综合性新城区，规划用地面积约2.83平方千米。

2003年，《市中心城区老城修建性详细规划》通过评审。老城规划区域东邻水钢生活区，南傍水城河，西靠人工湖，北接荷城花园，规划总面积286.5亩。由于种种原因，老城改造修建一直未能进行。

第二章 城市建设

中华人民共和国成立前，水城县城处于自然发展状态，面积仅0.75平方千米，房屋建筑多数为木结构一层式尖顶民房，官房为木瓦结构。解放初期人口约5000余人。中华人民共和国成立后，自20世纪60年代以来，随着煤炭、钢铁、电力、建材等工业迅猛发展，城区逐步向老城、场坝周围扩展。1971年4月，原水城县机关从老城迁至新址黄土坡，城区按六盘水地区第一轮总体规划实施建设，街道整齐规范，高层建筑林立，建筑材料为新型的钢材水泥等。水、电、路、通信等各项配套设施亦同步按总体规划实施建设，市中心城区总面积增加到25万平方千米。1986年10月，人民路（场坝至原94工程处大门）修通，贯穿城区东西，全长9.28千米，宽24米，为当时东西主干街道，与其他街道形成网络。黄土坡片区形成13路12巷。

1988年钟山区成立。进入20世纪90年代后，钟山经济开发区设立，城市建设步伐加快，市中心城区逐步向钟山开发区扩展，并逐渐与老城、水城矿务局机关和水钢连成一片。尤其是随着荷城花园新区、凤凰新区、德坞新区、杨柳新区的相继开发建设，城市规模迅速扩大。经过30年来的建设，至2008年，市中心城区道路网建成，市政设施不断完善，公用事业快速发展，中心城市规模达到127.7平方千米。

第一节　道路建设

人民路　原是威水公路过境段，扩建时改称振兴路，后定名人民路。六盘水市建市前后为纵贯市中心区唯一的干道，有效路面7米，人车混行，堵塞严重，事故频发。1983年，市人民政府决定把扩建威水路作为政府的第一件大事。是年11月，贵州省计划委员会批准工程立项，批复意见为“以过境公路为主，部分为城市道路”。后经论证，确定为“以城市道路为主，兼作过境公路”。扩建工程由六盘水市自行设计、自行施工。按设计，该路东起杨柳镇茶叶林，西至德坞镇清水塘，全长9200米，道路红线40米，实际施工路面宽24米，其中车行道15米，两侧人行道各宽4.5米。有关参数采用国家城市道路设计标准，设计时速40～50千米，年平均昼夜通车量5000～25000车次。除严家湾一段（580米）因地基为软土层，建成柔性路面（1997年以后地基稳定，改建为混凝土路面），其余均为24厘米钢筋混凝土路面。

1984年5月，该扩建工程破土动工，1986年10月1日建成通车。征地面积300.66亩，拆迁居民149户，开挖回填土石方、高炉炉渣44.69万立方米，修建地下涵洞22道547米，下水道9200米，通讯沟3500米，路灯沟7000米，混凝土和沥青路面13.85万平方米，铺垫人行道花板7.36万平方米。工程总概算2157.4万元，实际完成1831.5万元，平均每千米造价199万元。

2005年4月，对人民路中段进行改造，2006年5月完工，总里程长5.8千米，拓宽车行道，由4车道改为6车道，路宽38米，增设绿化带、照明路灯、管线入地，路面由混凝土改为沥青路面，总投资1450万元。

人民路东延伸段　2007年开工建设，2010年竣工，属城市Ⅱ级主干道。由市政府和开发区财政投资建设，六盘水市规划设计院和中铁二院设计，总里程3.27千米，宽36米，总投资1.3亿元。

钟山路　是纵贯六盘水市中心区的第二条主干道。1978年，水城特区组织民工修建市煤炭工业局至市农牧局段，全长1053米，称钟山路。1980年，六盘水市城市建设局组织施工，建成市农牧局至市建筑安装公司段，全长605米。1996年，对市煤炭工业局至市农牧局段路面进行翻修，总投资150万元。两段相连全长2108米，路宽40米，两边人行道各8米，混凝土路面，仍称钟山路，后称钟山大道。1987年，市人民政府对市中心区街道命名时，考虑到钟山路以后要向东延伸，将黄土坡这段改称钟山西路。1992年，钟山经济开发区成立，是年11月动工修建钟山中路，1996年5月竣工，路长4千米，路幅40米，其中机动车道15米，两边分隔绿化带各1米，非机动车道各4米，人行道各7.5米。2000年7月，开工建设钟山西路西延至德坞与威水路交叉口二期工程，全长4.12千米。2001年10月开工建设钟山东路东延至3＋096处，长5.8千米。2003年6月，又开工建设钟山东路东延至双水工程，2004年，钟山路改造全部完工。至此，钟山路东起双水水城县人大，西止梅花山收费站，全长20.4千米，路宽40米，成为六盘水市中心城区纵贯东西的一条城市主干道。

南环路　南环路是六盘水市中心城区东西向纵贯全城的第三条主要干道，是贵州省规划的“两横两纵四连线”中“四连线”之一，黄果树至水城公路的重要组成部分，是六盘水市第一条全程均按一、二级高等级公路标准设计和施工的快速公路，全长21.3千米，东起双水开发区，西至德坞梅花山脚下，工程总投资近1亿元。共分三期实施，第一期工程（中段）于1994年8月30日破土动工，1997年6月，通过省交通建设工程质量监督站验收，被评为优良工程，由水泥厂路口至明湖路全长10.2千米。第二期工程（东段），1997年12月动工，1999年1月正式通车，由水泥厂路口至双水开发区黄家桥全长4.3千米。第三期工程（西段）1999年2月开工，2000年5月28日竣工。由明湖路口至德坞梅花山脚下西宁全长6.8千米，至此，南环路全线通车。2004年9月，对南环路中段实施改造，2005年9月，工程基本完工，改造后成为城市主干道，是年，南环路更名凉都大道。同时开工建设凉都大道东、西延伸段，2007年年底完工。东延伸段东起双水新区水黄路与龙泉路交叉口，西至市一中与原南环路接口，全长9.323千米。西延伸段东起原南环路与明湖路交叉口，西穿德坞与西宁路、钟山路交叉，全长5.2千米，工程直接投资约8000万元，至此，凉都大道全长达21.3千米。

明湖路　原为两水公路过境段，1989年，市建委牵头组成扩建工程指挥部，协调征地、搬迁及施工，由遵义水电设计院设计，市政工程公司施工，1991年7月1日竣工通车。北起人民路七十三路口，南至市委党校，全长3.8千米，路幅30米。一期工程由七十三路口至市师专桥头，全长2385米，总投资1697万元，建成混凝土路面2.51千米，路宽30米。

麒麟路　1996年2月动工，1997年10月竣工。为市中心第二条南北向主干道，全长900米，路幅40米。

公园路　1998年4月动工，是年12月29日建成通车，混凝土路面，路幅20米。1999年5月，供水、供气、电信、照明、绿化等设施全部建成，7月竣工验收，总投资1500万元。

黄土坡片区道路网

人民西路　由明湖路相交处（七十三路口）向西至九十四处，称人民西路。东连川心片区，西连德坞片区，是黄土坡片区北部的主干道。

钟山西路　距人民路南400米左右，与人民路相平行。由市煤炭工业局向西延伸至市建设集团总公司，称钟山西路。市煤炭工业局向东延伸进入钟山经济开发区为钟山路、钟山东路。钟山西路是黄土坡片区的城市中心大道。

文化路　分南北两段，由钟山农贸市场北口往南经市供销社、肉品市场所向东至市政府后门口一段称文化南路，市公安局往北至建设路一段称文化北路，再往北至人民西路为文化北路步行街，路幅16米。

康乐路　分南北两段，由市农牧局往南至冷冻厂一段称康乐南路，康乐购物中心往北经三中与人民西路相交一段称康乐北路，路幅16米。

民族路　由六盘水供电局大楼往北与建设路交叉，再往北与人民西路交会，路幅30米。

向阳路　分南北两段，南与明湖路相交一段称向阳南路，由市物资局大楼经二中往北与建设路交叉，再往北与人民西路相交一段称向阳北路，路幅20米。

建设路　分东西两段，由水城县二中往西至市经济开发总公司一段为建设东路，中国银行往西至市三中大门一段为建设西路，路幅16米。

明湖路　由七十三路口往南至师专桥的一条干道，路幅30米。

公园路　由明湖路军分区桥头往西至花渔洞的一条路，路幅20米。

市府路　由市供销社门口往东与向阳南路交会的一条路，路幅12米。

花渔洞　由市气象局门口往南经市财政局通往花渔洞居住小区的一条路，路幅16米。

八一路　由水城军分区往北与明湖路相交的一条路。

建兴路　由钟山西路供电局宿舍往南至市实验小学的一条路，路幅15米。

利民巷　由钟山西路消防大楼西侧进药材公司住宅区一段小路。

城建巷　由钟山西路市建委东侧进新建住宅区的路。

康南一巷、二巷、三巷　由康乐南路西侧农牧局至肉联厂之间由北至南的三条小巷。

建兴巷　连通建设西路与人民西路之间的一条小路。

文明巷　由建设路进住宅小区（一屯）再向东至文化北路的一条小路。

三台巷　由文化南路拐角处至公安局宿舍、人防办，最后与公园路连通的一条小路。

南明巷　由向阳南路“壶中天”饭店南侧向东直至明湖路的一条小路。

幸福巷　由向阳南路外贸局北侧经机关托儿所、二屯住宅区，直至向阳南路市林业局后段路。

保健巷　由人民西路县被服厂西侧向南通过县保健站，直至钟山西路与明湖路交叉路口附近的一条小路。

水城矿务局机关及铁路片区道路网

水西路　由人民中路市邮电局路口向北过铁路地道桥至水城西站一段路，路幅30米。

东风路　由六盘水火车站北侧向西延伸至铁路机务段住宅区与水西路铁路桥洞连接一段称东风路，路幅16米。

开拓路　由向阳北路横穿人民西路与矿务局连接的一条路，即过矿务局机修厂东侧经矿务局招待所、矿务局办公大楼南门直至东风路的一条路。

青年路　西接开拓路，向东到矿务局家属住宅区再向南经矿务局办公大楼西侧与开拓路相接的一条路。

燕子巷　矿务局机修厂与开拓路之间的一条小路（在铁路北侧）。

风华巷、同心一巷、同心二巷、长青巷　矿务局住宅区内部的小路。

友谊巷　开拓路至铁路医院的一段小路。

清泉巷　围绕铁路地区工委一条路，成半圆形连接东风路和水西路。

百步巷、青春巷、平安巷　均为铁路家属住宅区内小路。

水城钢铁（集团）公司片区道路网

宝山路　由水钢汽运公司起经焦化山、坦克山到建安处直至水城到汪家寨的公路之间的一条环厂公路。

冶金路　由巴西经水钢房产处五号点到二号高炉再到指挥部一条环形公路。

桃林路　由水钢检查站经八千方水池、杨柳镇化工厂到水钢焦化厂之间的一条公路。

幸福路　由水钢检查站经电修厂、教育处至工农路之间的一条公路。

文明路　由水钢房产处经石灰矿到五号点止的一条公路。

巴西路　由人民东路场坝路口至水钢医院的一条公路。分为北、中、南三段，水钢医院至巴西段称巴西北路，巴西至场坝铁路涵洞段称巴西中路，场坝铁路桥洞至人民东路场坝路口段称巴西南路。

文教巷　由水钢小车库起经新俱乐部到内环北路的一条小路（位于笔架山公园东侧）。

龙凤巷　由内环路通水钢地下公园的一条小路。

安乐巷　在文教巷、龙凤巷之间，由内环路向西再向北通向家属区的一条小路。

安全巷　由巴西北路水钢医院西侧向南通向水钢运输公司家属住宅区的一条小路。

老城、场坝片区道路网

水城老城（城关镇）清代为厅城，民国至解放初为县城。1978年，六盘水建市后，老城与城外场坝被囊括进市中心区，称老城、场坝片区。其街道历史较久，清代有东华街、中大街、凤翔街（俗称书院街）、照磨街（俗称下堂街）、南熏街、西城街、龙洞街、奎光街、桂芳街、玉带街、马腾街（俗称马弁街）、转西街、回龙街、忠恕街（俗称七字街）、忠烈街、崇文街、洗马街、长兴街（俗称长寨街）、井水街19条石板路面街道，路幅4～5米。民国28年（1939）县政府改修街道后，得新命名8条街，城内6条为政治街、教育街（原凤翔街）、文化街（原马腾街）、军事街、建设街、三民街（原龙洞街）。城外场坝2条街为中山街、中正街。1952年，县人民政府改政治街为一街、教育街为二街、三民街为三街、军事街为四街、建设街为五街、文化街为六街、中正街为威水路，含七街、八街，中山街为钟山路，含九街、十街。1971年，各街路面改为水泥路面，全长4.75千米。之后，老城街道未作改造。自20世纪80年代开始，老城、场坝片区又逐步形成城南路、新生南路、钟环路、官林路、唐人街、钢城大道以及水钢附企城中的大街小巷。

钟山经济开发区道路网

1992年7月，钟山经济开发区成立，随即在黄土坡以东田坝开始路网规划及道路建设，新建道路与中心区原有道路连成一片。1998年4月，六盘水市人民政府批准对钟山开发区道路的命名，道路共22条。

钟山中路　由明湖路市煤炭工业局南侧往东至荷泉路交叉口相接，全长4千米，路幅40米。

松坪北路　由钟山中路钟山区交警大队东侧至人民路矿务局车队东侧，全长350米，路幅16米。

水西南路　由人民路市交警支队大楼东侧往南与钟山中路相接，路长360米，路幅40米。

区府北路　由钟山路钟山区煤业大楼往北与人民路相接，路长360米，路幅14米。

区府南路　与区府北路相对，由钟山中路往南与南环路相接，路长300米，路幅14米（待建）。

交通北路　由钟山中路中心变电站往北至人民路新客车站，路长350米，路幅12米。

交通南路　与交通北路相对，由钟山中路新华大酒店东侧往南与南环路相接。

天龙路　由钟山中路天龙大厦西侧往北在凤凰旅社东侧与人民路相接，路长300米，路幅10米。

市场路　由钟山中路开发区批发市场西侧至人民路市粮油批发市场东侧相接，路长400米，路幅12米。

麒麟路　由人民路迪维娜宾馆西侧附近往南穿过钟山中路，再往南与南环路连接，路长900米，路幅40米。以后将延伸至六盘水南编组站。

南环路　由水城水泥厂铁路桥往西经八一路与明湖路交会，路长9.7千米，规划路幅40米。

川心路　由人民路市公路养护总段附近往南穿过钟山中路，再往南接南环路，路长800米，路幅30米，至2000年年底建成，北路与南路延伸段在建。

官厅东路　位于人民路南水钢附企城小区内，路长330米，路幅24米。

麒麟东路　由人民路往南穿过钟山中路，再往南接南环路，路长880米，路幅30米。

沿河路　位于钟山中路以南、水城河以北，一条与钟山中路平行的小街，西起区府南路，东接市场路，路长800米，路幅12米。

团结街　由钟山中路市煤炭工业局背后往北，然后东折接松坪北路的一条小街，路长500米，路幅10米。

钟山东路　由钟山中路与荷泉路的交叉口往东与新生南路交会。

荷泉路　由人民路经荷城花园往南穿过钟山中路，再往南接南环路（待建）。

区府东路　区府北路以东一条南北向小街，北起人民路，南至钟山中路，路长330米，路幅14米。

幸福路　麒麟路以东一条南北向小街，北起人民路，南至钟山中路，路长600米，路幅12米。

中心城区小街小巷改造　自2008年始，中心城区小街小巷改造分4期实施，现已完成前3期共98条街巷的改造工作，完成投资4931万元。

第二节　桥梁建设

明清到民国时期，水城未通公路，县城内外河溪上架设的桥梁多数只能供人马通行。据清光绪年间（1875—1908）《水城厅采访册》记载，今市中心区范围内的桥梁有步月桥、浣云桥、迎送桥、范家桥、丹桂桥、西清桥、松云桥、双龙桥、头塘桥、二塘桥、响水桥、南门桥、东门桥等，多为单孔石拱桥。20世纪70年代后期水城特区治理响水河时多数桥梁废弃。1958年6月，大（山哨）水（城）公路通车，沿途公路桥随之建成。市中心区内有头塘桥，位于水城场坝东，横跨响水河。1976年，将头塘桥改建为一孔钢筋混凝土结构，长25.5米，高4.7米，宽8.7米。随着20世纪60年代中期"三线"建设和建市后城市道路的迅速发展，市中心桥梁逐渐增多，规格、质量也逐渐提高。

水西一号地道桥　原设计低矮狭窄，随着城市规模的扩大，逐渐成为市区进出六盘水火车站的瓶颈。1998年9月动工对该桥进行改造，1999年2月竣工，投资230万元。新桥上面为铁路专线，下面为四车道城市道路，人车分流。该桥使铁路与城市道路形成垂直立交。

明湖高架桥　1998年12月开工建设，2000年4月建成，横跨明湖路，由贵州省桥梁设计院和六盘水市规划设计院设计，铁道部第十九工程局承建施工。桥长760米（主桥420米，引桥340米），宽16.5米，总投资2500万元。明湖高架桥横跨明湖路，把高差10余米的钟山西路与钟山中路连成一条宽直平缓的城市大道。主桥下设有人行天桥，并预留匝道待将来改造为立交桥用。它是六盘水市第一座城市高架桥。

白鹤高架桥　2001年3月26日动工，2003年6月16日正式通车。桥长820米，主跨度120米，高差30余米，工程总投资3800万元，位于钟山西路与钟山西路延伸段结合部，是连接黄土坡中心城区与德坞新区的主要通道。它的建成结束钟山西路西侧断头路的历史。

龙井路跨南环路立交桥　2003年5月28日开工建设，2004年7月建成通车，总长996米，立交桥主体设计宽15米，匝道宽各7米，工程总投资1280万元。龙井路跨南环路立交桥是连接市中心城区和凤凰新区、完善城市道路网络系统的又一重点工程。

第三节　供水工程建设

一、水源

龙洞湾水源点　1965年，煤炭工业部68工程处在明湖村龙洞湾利用地下水建立今市中心区第一口机井（后称明湖W1号泉），安装扬程为90米，功率为40千瓦的深井离心水泵2台，日供水量60万～80万千克。在后山建200立方米蓄水池1座，埋设150毫米铸铁管道1600米。100毫米管道1000米到朝阳新村，1969年10月又由龙洞湾铺设150毫米铸铁管道2300米到窑上（今市委党校），基本解决两个片区机关和居民的生活用水。

王家寨水源点　位于明湖村一线天水源点，距黄土坡约5千米。水源流量最小为19.3升/秒，最大为278.9升/秒，枯水期流量为1650立方米/日。水源无污染，水质为HCO3-CZ型。1977年11月，六盘水地区革委会决定开发此水源新建供水工程，作为贵州省有色地质勘查二总队、水城军分区和黄土坡片区的水源之一。

窑上水库水源点　位于市中心区西部，距黄土坡约5千米。1953年，由贵州省水利电力厅勘测设计，1956年由水城县兴建，1957年12月建成，1986年，开始向城市供水，日供水500万千克，成为市中心区主要城市用水水源。1989年10月，扩建窑上水库，1992年10月竣工。竣工后总库容量增至550万立方米，城市日供水量增至3000万千克。

水城水厂水源点　位于水城老城西门外肖家水碾附近。1964年，水城钢铁厂在此打井抽水，定名8号井，1984年移交地方管理。是年，六盘水市、水城特区两级政府共投资40万元，改扩建水城自来水厂，利用原有老城至场坝输水主管道向该片区居民供水，1995年因受到严重污染停止使用。

二、自来水厂（供水工程）

明湖水厂　位于明湖村，水源为张家寨W2号泉。1977年11月，由贵州省有色地质勘查二总队勘测，水城煤矿设计院设计，煤炭部66工程处承建，1979年7月1日建成，正式供水，计划投资33万元，实际完成156.1万元。水厂安装150D-30多级深井水泵2台，建无阀过滤池1座，200立方米清水池1座，1000立方米高位水池1座，设计采用紫外线照射消毒，后改为加药法进行水质消毒。铺设供水管道4900米。1982—1985年，增加200D—43水泵2台，增建240立方米和120立方米无阀过滤池各1座，1000立方米清水池1座，1万立方米反应沉淀池1座，铺设由水厂至黄土坡输水管道复线2000米，由水厂经钟山农贸市场至市农牧局供水管道4100米，在窑上水库增设水泵船1艘，日抽水5000立方米。

朝阳水厂　位于明湖路中段西侧，贵州省有色地质勘查二总队对面，水源为明湖水库水源。1987年10月动工，1992年8月建成投产，由西南市政工程设计院设计，六盘水市建筑集团总公司施工，占地面积35亩，总投资1133万元。建有3万立方米反应沉淀池1座，虹吸滤池1座，2000立方米清水池2座，回收水调节池1座，平流沉淀池1座，安装机泵8台，安装输水管道3200米。另建综合楼、职工宿舍、仓库、机修车间、车库、加药间、泵房、配电室等配套设施。该水厂具有保证水质合格的完备的生产流水线，设有化验室，常规检验设备齐全，制订有监测制度，历年来水质综合合格率为98.7%，达到国家标准。

三、单位自备水

水城钢铁公司　是全市抽取地下水最多的单位。自20世纪80年代中期以来，先后在市中心区西部的德坞镇到东部的塔山脚的范围内打孔54个，建成生产井21个，深井泵担水流量600千克/秒。并在三岔河下扒瓦河段提水，三级加压，管道总长18千米，提水流量600千克/秒。至二十世纪90年代中期，日用水量约9720万千克，其中生产用水7680万千克。

水城水泥厂　20世纪60年代后期建厂后用水主要为在双水头塘地下水。20世纪90年代中期，日用水量10500吨，枯水季节水源不能自给。

六盘水火车站及水城矿务局　1980年在窑上水库设泵船1艘，铺设管道供水，日取水量3000吨。

土桥酒厂等　1959年在土桥龙潭建深井泵1座，铺设3英寸铸铁管道670米引水入蓄水池。20世纪90年代中期，日用水量30万千克。20世纪70年代后，市化工厂、水城矿务局两家企业也在土桥龙潭建泵站抽水自用。

水城酿造厂　1969年建厂后，在花渔洞打井抽水，井深100余米，铺输水管道450米，建100立方米高位水池1座，20世纪90年代中期，日用水量12.7万千克。

市肉联厂等　1966年建厂，次年建泵房1座，安装22千瓦水泵1台，抽取花渔洞地下水作生活用水。1972年投产后，再安装55千瓦和22千瓦多级离心水泵各1台，建100立方米沉淀池2座，300立方米蓄水池1座，以上水流量共150立方米/小时。用水除满足本厂生产生活所需外，可供附近的实验小学、113地质队及部分农户。同时，供给市面粉厂、市商业运输站作为生活用水。

市金属公司、卷烟厂　1989年5月，六盘水卷烟厂与市金属公司协商共用泵房抽取白鹤龙井水。

次月，增设水泵1台，流量54立方米/小时，增设4英寸输水管道1000米，100立方米高位水池1座，月用水量200万～230万千克。

四、输水管网

中心区供水系统经过30余年的建设已逐步完善，城市的机关、企事业单位和居民都用上自来水。除部分企业自备水源、自铺输水管道外，城市主要输水管网均由市自来水公司铺设、管理。1994年，投资240万元的朝阳水厂复线管道建成。1996年，投资250万元的钟山路、明湖路、水西路供水管道改造工程完工，共改造主管道2800米，沿线地区的供水能力有效提高。

第四节　排水排污和防洪治涝工程建设

一、排水排污工程

中华人民共和国成立前，老城主要街道旁建有排水明沟或暗沟，雨水与污水合流，出城注入农田或河道。暗沟以毛石砌筑，其上加盖石板，许多路段无排水沟，低洼处污水漫溢，臭气熏人。这种状况延续至20世纪70年代末后始有大的改变。

水城老城建城后，城周皆水田，雨季水涨时一片汪洋。乾隆二十五年（1760）始于城中挖沟排水。排水沟皆为明沟，全长1000米。1952年改修成暗沟。1987—1989年，下水道长度增至8500米，经过改造维修，全部加上盖板。1978年六盘水建市后，市中心区各片区的排水工程与城市建设同步进行。修建道路时，两旁均建地下排水沟。街道和住宅区生活污水由排水沟汇入城市干道两旁的排水干线，最终注入地下或响水河，雨水和污水合流，并无净化措施。

20世纪80年代中期，市中心区城市建设渐具规模，人口增长较快，黄土坡片区，特别是花渔洞和钟山西路南侧排水问题日渐突出。1988年，花渔洞排污工程开工。该工程由花渔洞至市医院旧址段为钟山三屯隧道，市医院旧址至响水河道为石砌体盖板涵洞，全长1247米，投资170万元，由市人防办自行组织施工队施工，1990年12月竣工，使花渔洞和钟山西路南侧的排水问题得到解决。1993年8月，钟山加油站到响水河排污工程开工，1994年6月竣工，该工程全长1665米，占地面积25亩，总投资408万元。1994年，德坞片区排污排洪一期工程开工，1995年6月竣工，该工程主渠长1465米，宽2.4米，占地面积53亩，总投资200万元。

1998年9月，市中心区大排污工程开工，一期工程总投资6837万元，包括9.4千米的截流干管和一座日处理污水5000万千克的污水处理厂。总投资6837万元，1999年12月28日，开工建设污水处理厂，2002年3月污水处理厂完工。至2003年年底主体工程基本完成。

2003年11月，开工建设市中心城区排污管网系统工程建设，规模为污水收集管网139.39千米，总投资8002.48万元。是年年底完成水城河南岸2.9千米的管道铺设和钟山路C段管道铺设。

二、防洪治涝工程

市中心区防洪治涝工程总投资1.44亿元，分三期建设。首期工程包括：修建窑上支流防洪堤及河道整治7274米（河道长3627米），响水河干流防洪堤及河道整治16000米以及德坞支流源头龙贵地水库。1998年12月工程开工，防洪标准为百年一遇，投资额5308万元。2002年9月调整为9845.9万元。至2003年年底完成窑上支流整治6200米及河道整治3100米，完成响水河干流整治14200米及河道整治7500米，完成龙贵地水库大坝砌筑工程，完成窑上公路建设898米，建成河道两岸绿化面积7.13万平方米，种植各类树木1.4万株。主体工程全部完工。

第五节　供热工程建设

一、燃煤供热

中华人民共和国成立前，煤炭已成为境内居民煮食取暖的主要燃料，由开采到贩运都已商品化。水城城关用煤来自垮山、红岩脚、冲子头、铧口寨、马落箐等地，一般距离约5千米。中华人民共和国成立后，运输方式逐渐由人背马驮发展为小马车，以后又发展为拖拉机、汽车运输，原煤运进城后，沿街贩卖。机关食堂和居民买下原煤，搀进黄泥，雇人踩和均匀，堆在屋角，或干或稀地铲来燃用。县政府也曾开办小煤窑，组织车马供应机关、城关居民。中共十一届三中全会后，民用煤的采运销逐渐实行多种经济成分经营，城镇居民的煤炭供应，以个体经营为主，机关则以单位自备车辆为职工拉煤，职工宿舍前后建有煤棚储煤，一车煤可烧1至2年。20世纪80年代后，邻县纳雍的块状无烟煤进入市中心煤炭市场，并在家庭中逐步取代市境所产的烟煤。90年代，市中心区出现多家个体蜂窝煤厂，将无烟煤煤面压制成蜂窝煤，由小贩用人力车运到居民区沿街叫卖。蜂窝煤价格合理、使用方便，受到未用上煤气的居民和饮食摊贩的欢迎。由于多数住房未安装暖气，许多家庭冬季仍在客厅或厨房内用纳雍煤或蜂窝煤作燃料取暖。

20世纪60年代以前，居民灶具比较简陋，多为敞口的传统炉灶，简单的用铁丝捆上4块砖即成，有的甚至采用原始的火塘，直接在泥土地上堆煤燃烧。用这些方式烤火取暖，黑烟盈屋，把锅具以至墙壁家具熏得黢黑，很不卫生。60年代后期，随着“三线”建设的兴起，大批外地人迁入市境，带来新的燃煤方式。厨房开始砌筑烟道、烟筒，敞口炉也逐渐被配有烟管的铁炉代替。20世纪80年代后，用钢板制成的回风炉，精良美观，成为许多家庭的时尚灶具。

1980年，区境城区开始用燃煤锅炉供热，是年，六盘水市革委在机关大院后建锅炉房，安装卧式锅炉2台，并在市革委会大楼、机关幼儿园、人民会场安装暖气管道和暖气片为这些地方供热。之后，市人民医院、钟山宾馆亦相继建立自己的锅炉供热系统。至20世纪90年代中期，建锅炉房供热的单位逐渐增多。

二、煤气（燃气）供热

20世纪80年代区境开始兴建民用煤气供热工程，至1990年12月，建成2万立方米气柜1座，脱硫干箱2个，调压站14座（每座容量17.73立方米），主管网39.7千米，煤气通过煤气管道、庭院管网输送到市中心区，334户居民用上煤气。自此，六盘水市成为贵州省第一个使用煤气的城市。一期煤气工程投入使用后，每年节省煤炭3000万千克，每年每个职工减少运煤补贴48元，减少汽油消耗24.3万千克，减少二氧化碳排放量115万千克，煤灰排放量240万千克。1992年5月，煤气用户发展到6800户，1995年年底，发展到13400余户。日供气量2.4万立方米，达到设计标准，市中心区供气普及率达到35%。供气范围由黄土坡片区扩展到水城矿务局及铁路片区、水钢片区。为解决整个市中心区使用煤气的问题，1996年8月开始煤气工程一期技术改造，1998年12月完工，总投资2500万元，1999年5月验收投入使用。该改造工程使市中心城煤气日供气量增加3万立方米，日总供气达到5.5万立方米。至此，市燃气总公司有2万立方米、3万立方米湿式气柜各1台，煤气用户2万余户，市中心城供气普及率达到45%。随着管道的增加，供气范围逐步扩展到水城水泥厂、老城场坝片区以及供电局、军分区、朝阳村等边缘地带。

20世纪90年代后，罐装天然气开始进入境内燃料市场。市中心区通煤气管道的片区有许多家庭和单位用罐装天然气取代煤炭燃料。

三、电能供热

1985年，水城发电厂利用本厂循环水尾，安装1台130千瓦的水轮发电机为厂区职工家庭廉价供电。之后，全厂职工家庭炊具实现电气化，职工俱乐部、图书室、托儿所及职工单身宿舍都安装电暖气。20世纪90年代后，市境城镇居民用电做饭、取暖的逐渐增多，一些单位安装电锅炉以取代燃煤锅炉供热。2000年后，城市家庭逐渐利用电热煮饭炒菜、冬季取暖。

第六节　重点建筑物选介

2000年以前，市中心城区建成的重点建筑物主要有：

一、行政办公建筑

市委市政府办公大楼　1979年开工，1980年竣工投入使用，由市规划设计院设计，水城矿务局建安处施工。总建筑面积6000平方米，6层框架结构，总高20米，总投资500万元。周边有市政府招待所，车队用房和北侧园林式小广场，被评为合格工程。

市人大政协办公楼　1992年开工，1994年竣工交付使用，由市规划设计院设计，市建设集团总公司施工。总建筑面积6000平方米，为6层框架结构，总高20米，总投资400万元。北侧有车库、南侧有绿化小广场，被评为合格工程。

市交通警察大楼　1996年开工，1997年竣工交付使用，由市规划设计院设计，四川省泸县第二建筑公司施工。总建筑面积1300平方米，为12层框架剪力墙结构，总高43米，总投资1000万元，是六盘水市较早的高层办公楼之一。配有电梯和集中采暖，大楼南侧为地下室入口，被评为优良工程。

十二层综合办公大楼　1985年开工，1987年竣工投入使用，由市规划设计院设计，市建设集团公司施工。建筑面积8000平方米，全框架剪力墙结构，12层，总高32米，总投资400万元。市级10余个单位入住办公，配有电梯2部和集中采暖系统，被评为合格工程。

市供电大楼　1991年开工，1993年竣工，由水城煤矿设计研究院设计，省建四公司施工。建筑面积7800平方米，14层全框架剪力墙结构，总高度45米，总投资800万元。为当时六盘水市最高建筑，外观造型较美观，被评定为省级优良工程。

钟山区政府原办公楼　1990年开工，1991年竣工，由市规划设计院设计，四川资阳建筑公司施工。建筑面积6000平方米，7层砖混结构，投资300万元。集中采暖，南侧为停车场，北侧为绿化小广场，被评为优良工程。

水城矿务局办公楼　1976年开工，1978年竣工交付使用，由水城矿务局设计处设计，水城矿务局建设工程处施工。建筑面积10000平方米，6层砖混结构，总投资400万元。集中采暖，配套齐全，周边环境绿化良好，被评为合格工程。此外，市规划、设计、工商、外贸、气象、烟草、农业、林业、商务、水利、体育、粮食、国税、部队等部门及市中心城区的镇、办事处、居（村）委会均建有办公楼，各部门办公环境得到改善。

二、文化娱乐建筑

市钟山影剧院　1981年开工，1983年竣工交付使用，由省建筑设计院设计，市建设集团公司施工。建筑面积6200平方米，座位1240个，总投资300万元。附有市文工团办公楼、排练厅。是六盘水市功能齐全、设施完备的专业剧场，被评为合格工程。

水钢俱乐部　1984年开工，1986年竣工交付使用，由长沙设计院设计，广东湛江七建施工。建筑面积6000平方米，钢屋架结构，3000个座位，总投资360万元，是六盘水市大企业中设施较全的文化娱乐场所，能举办综合性大型文化活动和演出，被评为合格工程。

三、商业建筑

恒远大厦　1998年开工，1999年竣工，由贵州新基石设计所设计，水城矿务局建安总公司施工。总建筑面积7962平方米，商场营业面积4500平方米，框架剪力墙结构，集中空调，内设自动扶梯，总投资930万元，是六盘水市功能完善，设施较好的民营商场。被评为优良工程。

水城百货大楼　1983年开工，1984年竣工交付使用，由市规划设计院设计，水城县建筑公司施工。建筑面积4000平方米（1998年改造后为6000平方米），框架结构，商场营业面积4层5000平方米，总投资180万元。是六盘水市建成最早、规模最大、营业品种齐全、设施较好的国有商业企业，也是市中心区建市初期的标志性建筑。被评为合格工程。

市百货大楼　1992年开工，是年竣工，由市规划设计院设计，四川泸县第二建筑公司施工。建筑面积5000平方米，框架混凝土结构，总投资220万元。被评为优良工程。

康乐购物中心　1991年开工，1993年竣工，由市规划设计院设计，钟山区建筑公司施工。建筑面积4300平方米，框架混凝土结构，投资180万元。被评为合格工程。

“八八”商贸城　1994年开工，1995年竣工，由贵州银河设计所设计，黔西南州建筑公司施工。建筑面积17000平方米，框架混凝土结构，一二层为商业铺面，总投资1001万元，是六盘水市较大型的商品批发交易市场之一。被评为优良工程。

场坝商业城　1994年开工，1995年竣工交付使用，由城建开发公司设计所设计，黔西南州建筑公司施工。建筑面积12000平方米，框架混凝土结构，总投资600万元。是六盘水市中心区东部功能齐全，配套设施较完善的商业批发市场。被评为合格工程。

四、宾馆酒店建筑

钟山宾馆　1981年开工，1983年竣工，水城煤矿设计研究院设计，煤炭部六十六工程处施工。建筑面积6000平方米（后经改造增加一层，1000平方米），框架混凝土结构，客房床位197个，总投资400万元。有内廷花园，门厅前设停车场，内部功能齐全，设电梯1部。拥有高、中档客房，各类会议室、歌舞厅、浴室等配套设施，为六盘水市唯一一家二星级涉外宾馆，也是规模最大的国有旅游宾馆。被评为合格工程。

新华大酒店　1996年开工，1998年竣工，由水城县建设局设计室设计，市建设集团总公司施工。建筑面积6666平方米，12层全框架混凝土结构，总高36米，有客房床位224个，投资590万元。功能齐全、设施完备、集中采暖，设电梯2部，是六盘水市引进外资建设的第一家民营大酒店，被评为合格工程。

金三角大厦　1994年开工，1996年竣工，由水城矿务局设计处设计，水城矿务局建安总公司施工。建筑面积8000平方米，框架混凝土结构，设客房床位71个，总投资1000万元。外观造型独具风格，配有恒温游泳池、饮食、桑拿、娱乐等设施，并有地下停车场，功能齐全，被评为合格工程。

迪维娜宾馆　1995年开工，1996年竣工，由市规划设计院设计，黔西南州建筑公司施工。建筑面积6000平方米，框架混凝土结构，设客房床位80个，总投资300万元。是市经济开发公司兴办的服务企业（后转让给市农业银行），功能齐全，设施完备，被评为省优工程。

腾龙宾馆　1996年开工，1997年竣工，由水城县建设局设计室设计，市建设集团总公司施工。建筑面积6000平方米，框架混凝土结构，设客房床位138个，总投资300万元。该宾馆原为市供水总公司办公楼，后因地段优越改建为宾馆，有餐饮、桑拿和会议室等，外观新颖，设施完备，内设电梯。被评为合格工程。

雨田大酒店　1995年开工，1996年竣工，由市规划设计院设计，省建二公司施工。建筑面积

6000平方米，全框架混凝土结构，共10层，总高35米，有餐饮、娱乐、桑拿等设施，客房床位136个，总投资300万元。设施齐全，造型美观，是六盘水市民营大酒店之一。

兴龙城宾馆　1997年开工，1998年竣工，由水城县建设局设计室设计，市建设集团总公司施工。建筑面积4500平方米，框架混凝土结构，总投资274万元。被评为合格工程。

五、教育、体育建筑

市高等师范专科学校教学楼　2000年开工，是年竣工，由市规划设计院设计，水城钢铁集团公司承包合作施工。建筑面积1710平方米，框架混凝土结构，总投资100万元。被评为优良工程。

市师专图书馆　1993年开工，1994年竣工，由市规划设计院设计，钟山区凤凰建筑公司施工。建筑面积2161平方米，框架混凝土结构，总投资109万元。被评为省优工程。

市卫校电教楼　1996年开工，1998年竣工，由市规划设计院设计，市建设集团总公司施工。建筑面积4300平方米，框架混凝土结构，投资229万元。被评为优良工程。

市委党校教学楼　1992年开工，1993年竣工，由市规划设计院设计，黔西南州建筑公司施工。建筑面积3560平方米，总投资156万元。被评为优良工程。

市财经学校教学楼　1999年开工，2000年竣工，由市规划设计院设计，四川泸州第七建筑公司施工。建筑面积4000平方米，框架结构，总投资240万元，被评为省优工程。

市第二幼儿园教学楼　1993年开工，1994年竣工，由市规划设计院设计，四川泸县第二建筑公司施工。建筑面积4000平方米，框架混凝土结构，总投资200万元。被评为优良工程。

市实验小学教学楼　1995年开工，1996年竣工，由市规划设计院设计，四川泸县第二建筑公司施工。建筑面积1776平方米，框架混凝土结构，总投资100万元。被评为优良工程。

市体育馆　1986年开工，1988年竣工，由市规划设计院设计，市建设集团总公司施工。建筑面积4000平方米，有2500座南北看台，全框架屋面船型钢架结构，总投资356万元，被评为合格工程。

市体育中心练习馆　1986年开工，1988年竣工，由市规划设计院设计，广东湛江第七建筑公司施工，建筑面积3500平方米，总投资140万元。是贵州省少有的综合室内练习馆之一。

市游泳馆　1986年开工，1988年竣工，由市规划设计院设计，市建设集团总公司施工。建筑面积3000平方米，大跨度排架结构，总投资400万元。内设600座看台，50米10道标准泳道，3米和10米跳台，配套有水处理车间，更衣淋浴设施俱全。被评为合格工程。

六、医疗卫生建筑

市第一人民医院　1982年开工，1985年竣工，由省建筑设计院设计，四川泸县第二建筑公司施工。建筑面积17000平方米（其中门诊部2000平方米）。框架混凝土结构，设517张床位，总投资490万元。

水城矿务局总医院　1990年建成。是水城矿务局职工内部医院，建筑面积27000平方米，设病床位500张，总投资1600万元。是市中心区大型综合医院之一。

此外，市中心城区尚有水钢医院（床位500张）、铁路医院（床位110张）、水城县人民医院（床位150张）、水城县中医院（床位102张）等，均按服务半径分布，方便市民群众就医。这些医院的建筑功能均满足医疗卫生要求和医院功能要求。

七、金融、交通建筑

市金融大厦　1992年开工，1997年竣工，由贵阳营照设计所设计，中国铁道部第五工程局（集团）施工。建筑面积17000平方米，15层框架剪力墙结构，总高度45米，总投资2400万元。被评为优良工程。

六盘水火车站候车楼　1987年开工，1989年竣工，由成都铁路设计所设计，昆明铁路工程局施工。建筑面积5500平方米，框架结构，内部功能齐全，候车大厅、售票大厅宽敞，有集中供热系统，总投资1000万元。被评为合格工程。

市长途汽车客运站 1988年开工，1991年竣工，由市规划设计院设计，市建设集团总公司施工。建筑面积7000平方米，排架结构，总投资500万元。设施配套齐全、功能完善，外观造型新颖。被评为合格工程。

八、住宅建筑

水泥厂住宅绿苑小区 2000年开工，2001年竣工，由省建筑设计院设计，市聚伦公司、省冶金建筑公司、市建筑集团公司施工。建筑面积55000平方米，砖混结构，总投资3000万元（不含室外工程）。该小区布局合理，欧式建筑风格，造型美观，室外环境优美，功能合理，是六盘水市较好的住宅小区之一。被评为合格工程。

市工商行住宅小区 2000年开工，是年建成，由贵州新基础设计所设计，四川泸州第七建筑公司施工。建筑面积12000平方米，砖混结构，总投资800万元。该小区布局合理，建筑外观独具风格，色彩协调，屋顶绿化立体感强，室外环境优美，是六盘水市中心城区较好的住宅之一。被评为省优工程。

九、其他建筑

市煤气一期技改工程 1997年开工，1999年竣工，由水钢设计院设计，中国建筑第四工程局有限公司施工，容量3万立方米，投资2500万元。被评为合格工程。

明湖高架桥 1999年开工，2000年竣工，由省桥梁设计院、市规划设计院共同设计，中国铁道部第十九工程局施工。长760米（含引桥340米），总投资2800万元。是六盘水市重要的标志性建筑，被评为优良工程。

人民广场一期工程 2000年5月26日开工，9月18日建成，位于钟山中路与南环路之间，由云南省设计院设计，贵州省建筑公司第六分公司施工。占地面积56000平方米，总投资1400万元。按功能分为中心广场、集会广场、绿化广场、健身广场、七彩广场、科技广场和科技发展史浮雕墙7个部分。广场地面建筑主要有舞台兼观礼台、雕塑、休息廊、花池、树池、人行桥等。广场建成后成为六盘水市的标志性建筑，是大型集会、群众健身休息的重要场所。

六盘水站站前广场 1995年1月动工，1997年12月竣工，由昆明铁路设计事务所设计。占地面积3万平方米，总投资1250万元。为人流车流集散广场，有东西两个进口，广场设施有25米高的高杆灯2盏、音乐彩灯喷泉、公共厕所、垃圾转运站、广告牌、路灯、绿化系统、小游乐园等。1998年，市信息中心在广场东侧建一座大型电子电视显示屏。

麒麟老客车站停车场 位于人民路，1973年兴建，面积2000平方米。

水城车辆管理所停车场 位于人民路。分前后2座停车场，前面的停车场修建于70年代，后面的停车场建于1990年，总面积2500平方米。主要用于培训驾驶员、桩考，亦对外营业。

水城汽车站停车场 位于人民路。1987年动工，1991年5月竣工，面积1万平方米，混凝土地面。

水城运输公司停车场 位于汪水路大丫口。面积2万平方米，泥结石地面，是六盘水市最大的停车场。

除上述停车场外，市中心区的水城人民公共汽车运输公司、水城县汽车运输公司、六盘水市商业储运公司、汽车出租公司以及一些车辆较多的党政机关、企事业单位、宾馆饭店自备有停车场。

2000年以后，市中心区大体量及20层以上高楼等建筑物迅速增多，遍及主要街道、商贸集中区和规划小区，标志性建筑主要有市电信大楼、六盘水供电局新大楼、钟山区新办公大楼、凉都宫、钟山经济开发区办公大楼、市建设银行大楼、雨田广场、假日酒店大楼、沃尔玛超市大楼等。

第三章 城市新区建设

第一节 荷城花园新区

荷城花园新区位于钟山经济开发区内，处于市中心城区的东延伸片区新城和老城区的接合部。主体部分是一座以自然生态环境为主的综合性公园，即荷城花园。荷城花园分为游览活动区、服务设施区和管理区。首期开发占地1600亩，其中，东面是680亩的凤池公园风景区，西面是300亩的生态植物园及天然的麒麟洞地下公园，南面是钟山大街商业闹市区，北面是人民路市场服务区，中部是380亩的花园别墅区和高档住宅区。2000年5月28日开工建设，项目总投资约6亿元。2003年基本建成。

一、开发建设

2000年，开工建设凤池园水上公园、汽配城商住小区、步行街商住小区、荷泉公寓商住小区、精品屋商住楼、荷城农贸市场、南门搬迁街、土桥搬迁街项目。新区内的城市主干道钟山东路、花园路、麒麟东路、凤凰路和黄山路、荔城路、香山路、丽江路等区间道路亦全面动工修建。

2001年，凤池园人工湖建成，开闸蓄水，并建成一批城市道路，动工兴建新区内通信、供水、供电、煤气等基础管网。开工建设湖滨公寓、湖东苑、丽江苑、河滨苑等大型商住小区。

2002年5月，麒麟洞公园如期向市民开放。是年，区间道路黄山路、丽江路、荔城路、香山路竣工，建成花园桥、凤凰桥、麒麟桥、精品屋商住楼、荷泉公寓小区、步行街小区等商品房项目。开工建设荷城公寓小区，水电局安置楼、金桥搬迁街等项目。

2003年，荷城花园新区初具规模，荷城花园儿童乐园建成，并向市民开放，花园路建成通车，荷城百货批发市场开业，荷城花园农贸市场开业，钟山东路通车，花园大酒店奠基。建成湖东苑小区、湖滨公寓小区、水电局安置楼、金桥搬迁街1号、2号楼、凤池路、龙潭路、西门桥、麒麟桥。兴隆别墅区、丰荷广场、西湖苑小区一期工程主体竣工。开工兴建商务广场、时代佳园、湖景广场、栖凤搬迁街。

2004年，凤池园水上公园建成向市民开放，占地面积311.2亩。荷城花园机动车交易市场暨副食品批发市场开业，花园大酒店正式开工建设。是年时代佳园小区、丽江苑小区、丰荷广场、西湖苑小区、城西搬迁街等项目相继建成。动工兴建聚伦商厦、龙井路商业街。

2005年，人民路中段改造工程竣工。是年建成栖凤搬迁街、聚伦商厦、湖景广场等商住小区。开工兴建西湖苑三区及圣丰华庭、凤池·香榭水岸、城西搬迁安置周转房1号楼等项目。

2006年，建成圣丰华庭、中央商务广场、民居一条街南段、城西搬迁安置周转房1号楼等项目。开工修建阳光海岸商住小区、仿古建筑群唐人街。

2007年，花园大酒店主体工程竣工，唐人街C区、凤池·香榭水岸、阳光海岸、西湖苑三期工程、凤池公寓、香榭帝景等项目先后封顶销售。开工建设城南新苑小区。2008年，建成城南新苑小区，动工修建桂馨商住楼，麒麟公园建设开始启动。

2000—2008年，荷城花园房地产开发有限公司共投入建设资金102637.84万元，新区开发面积963184.61平方米。其中投资公益设施3975.94万元，建成凤池园、麒麟洞公园两座城市公园及配套设施，占地面积336.49亩。投入4998.35万元，建成钟山东路荷城花园段、花园大道、荷泉路（麒麟东路）、凤凰路北段4条城市主干道和黄山路、凤池路、丽江路、香山路、龙潭路、荔城路、金桥路、城西搬迁街8条区间道路及西门桥、花园桥、麒麟桥、凤凰桥4座配套桥梁，在建区间道路2条（民居一条街、栖凤搬迁街），竣工道路总长7491米。投入10443万元，完成花园大酒店土建主体工程。投入8932.78万元铺设新区水、电、气等基础主管网。

新区房产开发共完成129.35万平方米，销售商品房45.03万平方米，实现销售收入86691.23万元。经过自建和联建，建成汽配城、步行街、荷泉公寓、荷城公寓、精品屋、丽江苑、河滨苑、时代佳园、西湖苑、商务广场、兴隆别墅、湖滨公寓、湖东苑、丰荷广场、湖景广场、聚伦商厦、圣丰华庭、香榭水岸、阳光海岸、唐人街、城南新苑、凤池公寓、城西搬迁街、金桥搬迁街24个小区住宅组团。同时，荷城花园房地产开发有限公司担负荷城花园片区、南广场、人民路中段、麒麟地质公园4大项目的征地拆迁安置任务。2000—2008年，共征收集体土地1293.6316亩，拆迁房屋363户、64546.244平方米；投资2731.12万元，建成安置房50454.2平方米；安置拆迁户275户，安置面积30801.66平方米。累计上缴国家各种税费15552.49万元。

至2008年，荷城花园新区总面积1248.56亩。新区入住总人口达3003户，8286人。新区内水、电、煤气、通信、道路交通等各项基础设施完备齐全。学校、幼儿园、医院、银行、派出所、市场、公园、物业管理等配套机构和公益服务设施基本完善。

二、主要建设项目简介

（一）公益设施

凤池园水上公园　位于老县城西北侧花园路与钟山东路交汇处，2000年8月正式开工，2004年春节正式向社会开放。由荷城花园房地产开发有限公司投资兴建，占地面积311.2亩，建有环绕湖区的游览道1.5千米，总投资3059万元。该项目是市委、市政府的城市公益设施重点建设项目，有湖心岛、生态岛、鸳鸯湖、荷花塘、玉带桥、平曲桥、石拱桥、观音桥、回廊、水榭亭、观鸟亭等景观和垂钓场、儿童游乐园、凤池棋院、游船码头等配套设施。优良的水上环境引来成群白鹭、鸳鸯、白鹤、大雁、野鸭等鸟类在此栖息，成为六盘水一大自然景观。该园的建成填补六盘水市中心区没有大型城市主题公园的空白，改善城市生态环境和人文环境，为市民营造一个清幽的休闲场所。

麒麟文化墙　位于钟山东路北侧，由麒麟山南面山体整体修饰而成。2004年5月动工，2005年6月竣工，由钟山经济开发区投资兴建，荷城花园房地产开发有限公司承建，总建筑面积约1.6万平方米，总投资202万元。建有夜郎文化雕塑墙，古彝文图腾碑刻、麒麟山南山入口大门、长廊、四角亭、三角亭、人造瀑布、园林绿化带等景点景观。

麒麟洞公园　2002年2月动工，是年5月1日建成开放。由荷城花园房地产开发有限公司投资兴建，占地面积9.59亩，由洞口花园和麒麟洞组成，总投资358万元。洞口花园有石雕麒麟、荷花池、麒麟桥、雕龙牌坊、生物架、和平坛等景点，奇花异石错落有致。麒麟洞属天然溶洞，由钟乳石、太湖石、大理石、植物化石构成。洞内修建水旱两条游览步道，全长580米，巢云、听海、地海水城、步云、荷城夜色、龙巢凤苑6个洞厅内有洞天瀑布、麒麟拜观音、金凤出浴、雄狮戏子、济公醉酒等天然景观点缀其间。

市妇幼保健院建设　2000年4月开工建设。建设规模为150张床位，建筑面积为10282.14平方米，总投资为1260万元。2002年10月18日门诊部完工。2003年10月21日工程全面竣工投入使用。

市文化科技中心　市文化科技中心建于市人民广场东南角，南临南环路北侧边线，西起川心南路边线，北为水城河南岸河堤，东至川心南路东侧边线以东165米处，建设规模为10021平方米，总投资2468万元。文化科技中心包括青少年活动中心、妇女儿童活动中心、群众艺术馆、展览馆、科技馆和博物馆六个部分，建筑面积21000平方米，工程总投资预计5500万元。2001年12月26日动工，2004年建成投入使用。

（二）商住小区

荷泉公寓 位于荷泉路和黄山路交叉口。2001年8月动工，2002年9月竣工，由荷城花园房地产开发有限公司投资兴建，占地面积10.15亩，总建筑面积13243.34平方米，由1、2、3号楼组成，总投资791.64万元。2004年12月1日该项目被贵州省建设厅授予全省首批“花园式小区”荣誉称号。

汽配城小区 位于人民路和花园路交叉口。2001年1月动工，2001年12月竣工，由荷城花园房地产开发有限公司投资兴建，占地面积13.88亩，总建筑面积28527.17平方米，共8栋楼组成，总投资1400万元。

农贸市场 位于人民路与凤凰路交叉口。2001年11月动工，2003年6月竣工，由荷城花园房地产开发有限公司投资兴建，占地面积27.73亩，总建筑面积4510.02平方米，共4栋楼组成，总投资2605万元。

精品屋 位于凤池路北侧，为小户型单体楼房。2001年8月动工，2002年7月竣工，由荷城花园房地产开发有限公司投资兴建，占地面积6919.14平方米，总投资446万元。

步行街小区 东抵凤凰路、西接荷泉路，由一、二期工程和荷城百货批发市场共16栋楼组成。2001年1月动工兴建，2002年12竣工，是荷城花园房地产开发有限公司最早开发的商品房之一，占地面积36.28亩，总建筑面积66682.56平方米，总投资3496万元。

西湖苑 位于钟山大街与凤凰路交汇处。2002年7月动工，2008年12月主体竣工，由荷城花园房地产开发有限公司与贵州长源房开公司联合建设，占地面积59.47亩，总建筑面积121254平方米，由16栋单体建筑组成，总投资9700万元。被六盘水房地产业协会授予“六盘水十佳楼盘”荣誉称号。

湖东苑 位于官厅路与人民路交汇处。2002年4月动工，2003年8月竣工，由荷城花园房地产开发有限公司与六盘水丰华房地产公司联合建设，占地面积9.53亩，总建筑面积17502.44平方米，由3栋楼组成，总投资1194万元。

河滨苑 东起凤凰路，西至麒麟东路，北抵丰荷广场，南至水城河。2002年7月动工，2004年6月竣工，由荷城花园房地产开发有限公司投资建设，占地面积26.56亩，总建筑面积48652.77平方米，共11栋楼组成，总投资1768万元。

丽江苑 位于麒麟东路与丽江路交汇处。2002年7月动工，2004年6月竣工，由荷城花园房地产开发有限公司与贵州宗宣房地产开发公司联合开发建设，占地面积31.23亩，总建筑面积36332.11平方米，共6栋楼组成，总投资2180万元。

荷城公寓 位于凤凰路与黄山路交汇处。2002年10月动工，2004年6月竣工，由荷城花园房地产开发有限公司投资建设，占地面积27.73亩，总建筑面积45908平方米，总投资2605万元。

湖滨公寓 位于人民东路与花园路交汇处。2002年1月动工，2003年11月竣工，由贵州大成房地产开发公司投资兴建，占地面积15.92亩，总建筑面积58524平方米，共16栋楼组成，总投资5151万元。

兴隆别墅区 位于花园路西侧。2003年4月动工，2004年2月竣工，由荷城花园房地产开发有限公司与中国铁道部第五工程局、兴隆房地产开发公司联合开发建设。占地面积18.55亩，总建筑面积7272.28平方米，由13幢欧式单体和3幢双拼式楼房组成，总投资630万元。

圣丰华庭 位于钟山东路与凤凰路南交叉口。2005年1月动工，2007年12月竣工，由荷城花园房地产开发有限公司与六盘水丰华房地产开发公司联合建设。总占地面积9.68亩，总建筑面积21500平方米，总投资3000万元。

凤池·香榭水岸　位于钟山东路与花园路、凤凰路南交叉口处。2005年7月动工，2007年12月竣工，由荷城花园房地产开发有限公司与六盘水丰华房地产开发公司联合开发建设，总占地面积44.38亩，总建筑面积115352平方米，总投资13800万元。

阳光海岸　位于钟山东路南侧。2006年4月动工，2008年12月主体竣工，由荷城花园房地产开发有限公司与贵州大成房地产开发公司联合开发建设。占地面积24.06亩，总建筑面积41073平方米，总投资5000万元。

丰荷广场　位于钟山东路南侧。2003年7月动工，2004年12月竣工，由荷城花园房地产开发有限公司与六盘水丰华房地产开发公司联合开发建设，占地面积16.38亩，总建筑面积22295.09平方米，总投资1750万元。

中央商务广场　位于钟山东路与凤凰路交汇处。2003年4月动工，2008年12月竣工，由荷城花园房地产开发有限公司与水矿集团建安总公司联合建设，占地面积18.88亩，总建筑面积52086.73平方米，总投资3600万元。

湖景广场　位于花园路与黄山路交叉口。2003年3月动工，2006年1月竣工，由荷城花园房地产开发有限公司投资修建，占地面积4.26亩，总建筑面积12022.76平方米，总投资935万元。

时代佳园　位于麒麟东路与钟山东路交叉口。2003年6月动工，2004年5月竣工，由荷城花园房地产开发有限公司与六盘水大众房地产开发公司联合建设，占地面积39.28亩，总建筑面积52995.97平方米，小区共5栋楼，总投资4800万元。

聚伦商厦　位于钟山东路南侧。2004年1月动工，2005年12月竣工，由荷城花园房地产开发有限公司与六盘水聚伦房地产开发公司联合建设，占地面积4.01亩，总建筑面积5509.44平方米，总投资600万元。

唐人街　位于凤池园东侧，与水城老城相连，是一条以仿古建筑建设的商业步行街。2006年11月动工，2007年C区竣工，由荷城花园房地产开发有限公司与六盘水三兴房地产开发公司联合建设，占地面积15.6亩，总建筑面积15171平方米，总投资1837万元。

城南新苑　位于钟山东路南侧。2007年1月动工，2008年7月竣工，由荷城花园房地产开发有限公司与六盘水恒远房地产开发公司联合开发建设，占地面积2.6亩，总建筑面积5663平方米，总投资453万元。

凤池公寓　位于花园路南段东侧。2007年4月动工，2008年12月竣工，由荷城花园房地产开发有限公司与六盘水万祥商贸公司联合建设，占地面积9.58亩，总建筑面积17499平方米，总投资1400万元。

桂馨商住楼　位于钟山东路和金桥搬迁街交叉口。2008年10月动工，由荷城花园房地产开发有限公司与六盘水恒远房地产开发公司联合开发建设，占地面积3.1亩，总建筑面积14748平方米，总投资1750万元。

（三）拆迁安置房

城西搬迁街安置周转房　位于荷城花园南部，钟山东路与凉都大道之间。2005年10月动工，2006年10月竣工，由荷城花园房地产开发有限公司开发建设，占地面积6.3亩，总建筑面积14254平方米，总投资715万元。

水城县水电局安置楼　位于麒麟洞后洞口。2002年动工，2005年5月竣工，由荷城花园房地产开发有限公司开发建设，占地面积4.57亩，总建筑面积7550平方米，总投资351万元。

金桥搬迁街安置房　位于荷城花园西部，南接钟山东路。2002年9月动工，2003年5月竣工，由荷城花园房地产开发有限公司开发建设，占地面积2.4亩，总建筑面积3456平方米，总投资188万元。

（四）配套设施

花园大酒店　位于荷城花园钟山东路与花园路交汇处的凤池湖畔。2003年10月动工兴建，2007年9月主体竣工后暂停建设。由钟山经济开发区开发总公司与荷城花园房地产开发有限公司共同投资建设，云南省第四建筑工程公司承建，占地21.12亩，总建筑面积55920平方米，设计主楼共27层（含地下一层），有430间标准客房、豪华套房和总统套房，总投资2.8亿元。建筑密度22.07%，容积率2.98，绿化率45%，配套国际会议中心、娱乐中心、健身中心、商务中心、宴会厅、网球场、台球室、屋顶观光厅、恒温游泳池等现代化设施。该项目是六盘水市的重点建设项目和标志性建筑。

荷城百货、副食品批发市场　位于荷城花园中部，以步行街、丽江苑、西湖苑商铺组成，共有门面603间。其中百货区519间，副食区84间。百货区以A、B、C、D4个区域为主，主要经营成人服装、童装、鞋类、床上用品、日化用品、化妆品、五金、电器、文具、办公用品、文化音像制品、图书、小百货等。副食区以干货、糖酒2个区域为主。

第二节　凤凰新区

凤凰新区位于六盘水市中心城区南侧。东起六盘水市钟山区的鹦鹉嘴，西至两水公路干线，南抵铁路南编组站，北接已投入使用的水水城—黄果树高等级公路起点站的南环路，总面积20平方千米。

凤凰新区的道路体系规划为“四纵三横”，“四纵”为川心南路延伸段、龙井路、水西南路延伸段和八一路；“三横”为碧云路、凤凰路和南二环路。结构布局分为“一个中心，九个居住小区”和“一条轴线，两个对景公园”。“一个中心”是以行政办公、金融、商业服务、文化娱乐为主的片区中心。“九个居住小区”分别是怡景小区、云角小区、龙苑小区、龙井小区、松枰小区、双龙小区、碧峰小区、大营小区和凤凰小区。“一条轴线”是指集行政办公中心、金融中心、商贸中心、文化娱乐中心于一条城市大道——凤凰大道。“两个对景公园”是指双尖山公园和凤凰山公园，位于凤凰大道两端，形成对景景观。2000年首期开发约5平方千米，在2003年年底基本完成。

一、开发建设

基础设施建设　2000—2008年，新区建成川心南路（二、三标段）、龙井路、青峰路、水西南路、水西南路延伸段、八一路、碧云路、凤凰路、南二环路，同时建成松树坪小区及钟山区行政办公区的区间道路。建成龙井高架桥，配套建成新区电网、供水管网、煤气管道和通信设施。

公益性建设　新区在首期开发的5平方千米范围内，先行规划行政办公区域，投入资金启动建设。自2004年下半年始，区行政办公大楼、政法办公大楼、会展中心、钟山休闲广场，钟山区第一中学、钟山区第二实验小学、清华中英文幼儿园等学校相继投入使用，钟山区凤凰街道办事处亦进驻新区。

商住小区建设　至2008年，新区共建成和在建商住小区16个，按照新区的总体要求，小区均注重以人为本的建设理念，尽力达到人与自然的和谐统一。各小区依地势山形而建，与青山绿树融为一体，规模宏大，形象典雅，风格各异，各显特色。小区内幼儿园、社区诊所、物业管理、商场铺面、休闲娱乐和体育活动场所主要功能俱全，展现出六盘水现代新城区的风采与魅力。

2004年8月，区党政机关及相关部门进驻凤凰新区办公，新区建筑业、建材业、运输业、饮食业、服务业、特种行业等第三产业在凤凰新区兴起。至2008年年底，5平方千米的开发区域内，有建筑企业18家，年营业收入约3600万元。运输企业4家，年营运收入约200万元。餐饮企业88家，年营业额约3000万元。糖烟酒经营企业45家，年营业收入约1900万元。洗浴中心、发廊24家，年营业收入约400万元。五金、百货商店92家，年营业收入约1000万元。新区各行业年创营业收入共9000万元，创税收500余万元。

二、主要建设项目简介

钟山区行政办公大楼　2003年3月动工，2004年7月竣工，由贵州省建筑工程集团第五建筑公司承建。用地面积15亩，总建筑面积1.7万平方米，共建7层（含地下室），总投资3300万元。2006年该工程被评为全省优良工程。

钟山区政法办公楼　2005年1月开工，是年12月主体工程竣工，2006年9月入驻办公。共建6层，由中建四局二公司六盘水分公司承建，占地面积2400平方米，楼房占地面积1092平方米，建筑面积6556.34平方米。

钟山广场　2003年12月开工，2004年8月主体工程竣工交付使用，由贵州省六盘水星炬建筑公司承建，占地面积4万平方米（含宾馆、会展中心），主体工程投资1727.60万元。后续浮雕装饰工程2007年3月动工，7月竣工，其装饰图案寓意凤凰500年涅槃一次的传说，投资430万元。广场分为水景舞休闲、市政旱喷、行政服务3个部分。

钟山区会展中心　2005年5月开工，2006年3月竣工投入使用，由贵州省建工集团第五建筑公司承建，占地面积2800平方米，建筑面积7324平方米，总投资1671.5万元。

钟山区政府2号楼　2006年10月开工，2007年7月竣工交付使用，由贵州省建筑工程集团总公司承建，占地面积2450平方米，建筑面积6481平方米，总投资678.12万元。

祥林宾馆　项目原为钟山区政府宾馆，占地4500平方米，建筑面积1.46万平方米，总投资3800万元。工程先由钟山区人民政府提供土地，房地产开发商投资，中国冶金建筑公司承建。途中房地产开发商拆股退出，后转由政府批准用地，新投资商独家投资建设，产权归属投资商，更名为祥林宾馆。2008年主体工程及室内外装饰装修工程竣工。

钟山区第一中学　2007年6月一期工程动工，2008年8月交付使用，由贵州省建筑工程集团第一建筑公司平场，主体工程由贵州省建筑设计院建筑公司、四川蓬溪建筑公司六盘水分公司承建。项目用地面积7.82万平方米，校舍总建筑面积1.98万平方米，其中教学楼9607平方米，实验楼6697平方米，办公楼3500平方米。共设普通教室、集体教室、地理教室、舞蹈教室、音乐教室、自然教室、办公室等71间，总投资2461万元。二期工程包括图书馆1栋2090平方米，风雨操场1个1420平方米，后勤服务中心1栋1738.70平方米，多媒体教学楼1栋2120平方米，计划投资2100万元。2008年完成项目立项报批、规划设计。

钟山区第二实验小学　2007年3月工程动工，2008年8月竣工，由贵州省建筑工程集团第一建筑公司平场，主体工程由贵州化建公司承建。占地面积2.11万平方米，总建筑面积1.09万平方米，其中教学楼5241平方米，自然楼、美术楼1724.37平方米，办公楼3982平方米，共设教室31间，各层均设卫生间。其余均为普通教室，共设办公室36间。

六盘水市三中凤凰校区（高中校区）　2005年8月开始筹建，2006年10月8日举行室外工程、学生实验楼、教学楼开工典礼，由中建四局五公司、贵州省建工集团第四建筑公司、贵州省建工集团第五建筑公司承建。校区占地面积18.18万平方米，分教学区、学生生活区、运动区、办公区等4个区位建设，总建筑面积12.99万平方米，预计总投资1.99亿元。2008年年底完成建筑总面积4.04万平方米，完成投资1.1亿元，其中完成教学楼主体工程，建筑面积2.2万平方米，学生实验楼工程，建筑面积1.2万平方米，学生公寓4栋，建筑面积6462平方米。2008年平整学生运动场。

怡景小区　位于龙井路西侧、碧云路北侧、水西南路东侧、北临怡景二期（未动工）。2002年5月始建，2004年5月竣工，由长信房地产开发公司开发建设，小区用地9.25万平方米，建筑房屋50

栋，建筑总面积18万余平方米。其中住房1172套，16.12万平方米，商业门面134间，1.5万平方米，车库91间，1680.91平方米，其他用房3419.10平方米，总投资1.1亿元。2005年11月，小区住房全部售完，入住879户，入住人口3076人，入住率75%。商业门面经营户99户，经营率70%。

欣桂园　位于水西南路延伸段以东、政通路以南、凤凰路以北。由长信房地产开发公司开发建设，占地总面积5.45万平方米，总投资8000万元，2008年年底投资7000万元。共规划A、B、C3栋单体框剪结构建筑，均为高层电梯楼房，其中商场建筑面积4685.86平方米，住宅297套3908.56平方米，B栋售出住宅68套，入住12户40人。2008年A、C两栋尚在建设中。

天人世纪城　位于碧云路东段以北、龙井路以东。由贵业房地产开发公司开发，占地面积12.40万平方米，总投资2.3亿元。至2008年年底已投入资金1.76亿元，建成住房1109套，16.37万平方米，其中别墅3栋，1334.85平方米。西式楼房16栋，1.96万平方米。商业门面房2.76万平方米。售出住房1071套，15.75万平方米。商业门面420平方米，3栋别墅、16栋西式楼房全部售出。入住人户340户、1050人，小区内有通车道12条，绿化面积2000平方米，体育活动场2个，休闲小广场3个。

阳光2008　位于龙井路东侧，龙井安置点以南、天人世纪城以西、东临小山。由伟翔房地产开发公司开发，2008年年底全部竣工，占地面积3800平方米，总投资3600万元。设计建筑住房216套2.24万平方米，商业用房9477.77平方米。出售住房51套4848.72平方米。小区内建成通道2条，绿化面积200平方米，体育活动场馆6个，居民休闲娱乐场所3个，共3600平方米。

派华新都　位于碧云路东段以南、青峰路以东的扁桶山南麓，由恒维房地产开发公司开发，用地9.73万平方米，设计建设规模30万平方米，预计总投资2.8亿元。2008年年底完成住房2028套，25.23万平方米，商业门面106间，8480.70平方米。小区建成通道16条，1.56万平方米，占总用地面积的12.57%，绿化面积3.78万平方米，占总用地面积的38.8%。区内建成篮球场1个，花园广场2个，梯步10条208平方米，地上停车位76个，地下停车位180个，路口门卫2处。2008年年底出售住房48套，门面16间，入住40户168人。

华飞星苑　位于碧云路东端南侧，由华飞房地产开发公司开发，占地面积1.78万平方米，总投资8400万元。设计建造住房580套，6.9万平方米，商业门面20间，2600平方米。区内通道3条，600平方米。绿化面积1500平方米。晨练跑道一圈800平方米。娱乐室6间，300平方米。楼房建设完成总工程量的40%，投入资金3400万元。

华飞凤苑　位于龙井路西侧，由华飞房地产开发公司开发，占地面积2000平方米，设计建筑总面积7703平方米，其中住房32套，4068平方米。商业门面11间，3635平方米。小区道路2条，300平方米。绿化面积400平方米。2007年年底全部建成出售，入住人户32户、112人。总投资320万元。

凤凰谷家园　位于凤凰山西麓、川心南路延伸段南转北转角处。为发耳电厂职工住宅区，用地4万平方米，总投资6000万元。共建住房228套，3.7万平方米，全部出售给电厂内部职工，入住50户、160人。小区内有通道7条800平方米。绿化面积2600平方米，居民休闲亭4座60平方米。

锦都翠苑　位于凤凰路东段南侧、铁路生活小区以东，为六枝工矿集团职工住宅区，用地面积3.33万平方米，预计总投资5000万元。已建成住房336套，4.1万平方米，完成投资2600万元。

铁路生活小区　属铁路六盘水站和六盘水南站自建，占地面积8万平方米，2003年建成房屋12栋，其中3个单元为1栋的有4栋，4个单元为1栋的有8栋，建筑面积3.7万平方米，投资5000万元，铁路职工以廉租价入住。

水木清华　位于凤凰路中段南侧、青峰路以西、步云路南段以东。由中国铁道部工程局第五房地产开发公司开发，占地面积12.23万平方米，总投资2.7亿元。项目分为水云间、沐风园、清风阁、华庭居4个居住组团，由4栋高层、4栋小高层、21栋多层组团而成。完成住房1481套，16.57万平方米，商业门面318间，3.08万平方米。小区内建有主通道4条，小区干道每单元1条，建筑面积2200平方米，绿化面积3000平方米。区内有健身场所4处，1000平方米。游泳场馆1个，500平方米。居民休闲娱乐楼1栋，900平方米。出售住房720套，8237平方米，商业门面89间，9748平方米。入住433户，1732人，商业门面经营户33户。

峰汇广庭　位于凤凰路中段北侧，由兴盛园房地产开发公司开发，占地面积2000平方米，总投资2800万元。项目拟建地下停车场2838平方米，商业用房4层，5878平方米，住房18层，2.55万平方米。

山海观天下　位于凤凰大道北侧、青峰路西侧、步云路东侧。2007年7月1日启动建设，由山海房地产开发公司开发，占地面积1.5万平方米，总投资1.5亿元。至2008年年底投入资金6000万元，2008年年底前建成高层楼房（电梯楼）4栋，648套，11.64万平方米。商业门面房29间，1.21万平方米，出售住房151套，2万平方米。园区架空层绿化面积8200平方米，一楼临街花园1个，5000平方米。

泰华大厦　位于凤凰大道北侧。2007年6月启动建设，2008年年底全面竣工，由泰华房地产开发公司开发，用地1.76万平方米，总建筑面积6.34万平方米，总投资5920万元。楼盘包括电梯房1栋，4个单元商品房，304套住房。其中1～4层为商业用房，1.38万平方米，5～22层为住宅用房，4.16万平方米。院内建成通道1条，200平方米，绿化面积2000平方米，花园1座，2100平方米。出售住房181套，面积2.35万平方米，2008年尚未有人入住。

景新花园　位于凤凰大道西段南侧、水西南路延伸段西侧，隔凤凰路搬迁安置小区与市三中凤凰校区相望。由宗宣房地产开公司开发，用地8万平方米，总投资2.1亿元。建成住房735套，11万平方米，其中别墅11栋，4000平方米，商业门面房50余间，3500平方米。2008年年底出售住房735套，门面50余间，入住685户、2398人，商业门面经营户7户。

松树坪商住小区　为小宗地业主开发，2000年由凤凰新区开发建设，初为筹集资金，钟山区将小区396亩土地规划设计为587宗小宗地，以土地使用权出让方式招商引资，由小宗地业主共建而成。共规划设计楼房123栋，建筑面积41万平方米。2005年始陆续建设，至2008年年底94栋楼房竣工，建筑面积34.3万平方米。在建10栋，3万平方米，未建19栋，5.7万平方米。2008年小区完善各业主用地手续、规划手续、施工手续，抓紧未建业主的启建程序。

大营小区　2000年由凤凰办事处以每股3万元股金集资入股，共集600余股。后因土地政策变化等原因，土地被市国土局收回储存。

龙井路拆迁安置点　位于龙井高架桥南头东侧。占地面积5.36亩，安置龙井路拆迁户24户，2007年办理完土地使用和规划手续，安装315千伏安变压器1台，将建筑施工用水管道安装到现场，宅基地分到安置户，由安置户自行建造住宅。2008年年底安置户楼房建造封顶，外立面装饰竣工，门面对外出租或自行经营。

凤凰路搬迁安置小区　位于凤凰大道西段南侧，景新花园与市三中凤凰校区之间。2008年5月动工，用地5.1万平方米，主要安置市三中凤凰校区、凤凰大道、松坪小区拆迁农户168户。凤安公司为其办理用地手续、规划手续、项目报批手续，代建平场及管网工程。

师专明湖搬迁安置小区　位于南环路与两水线分岔处西侧。占地面积8.3万平方米。因市师范专科学校升格，拟建六盘水师范学院，所以征用农户耕地、拆迁房屋，建造安置小区，拟安置农户198户，凤安公司代建部分安置楼房平场工程。

大营1、2、3号山体地质灾害拆迁安置小区　位于川心南路延伸段转东处以南，转南处以西，占地面积3.09万平方米，拟安置农户138户。项目系因大营2、3号山体的地质灾害危及周边农户生命财产安全，区人民政府批准用作安置险区农户的民生工程。由凤安公司代建平场及管网工程，工程完工后，将划地基安置或拆一还一安置，统一按规划设计联建。

第三节　德坞新区

德坞新区是市中心城区的西延伸片区，开发建设范围东至六盘水市检察院，西至梅花山收费站东侧约100米南环路与钟山大道交叉处，北至贵昆铁路线（分别为铁路交叉点处），南从南环路与钟山大道交叉处向东至水城酒厂（含水城酒厂），面积约6平方千米，规划用地面积约2.83平方千米。2000年开始建设。

一、开发建设

2000年7月，钟山西路延伸段正式开工建设。2001年3月白鹤高架桥动工兴建，德坞安置小区一号楼动工修建。2002年3月，德坞南路（凉都大道）东段开工建设，年内建成通车，德坞安置小区一号楼竣工，年底，德宏路路基工程完工。2003年3月德坞安置小区2、3、4、5号楼动工，是年白鹤高架桥建成通车，德宏路北段建成通车。2004年7月钟山西路延伸段建成通车，是年凉都大道德坞段改造工程开工。2005年11月白鹤公园破土动工，是年“凉都大花园”商住小区开工。2006年德月路南段竣工通车，德坞安置小区全部建成并交付使用，“博雅溪苑”商住小区动工兴建，是年，独具特色的“羊汤锅一条街”建成。数十户以经营水城特色饮食“羊汤锅”为主业的饭馆相继入住经营，深受当地民众和外来宾客的青睐。2007年吉营安置小区举行开工。2008年白鹤路建成通车，白鹤公园建成，向市民开放，白鹤安置小区建设工程启动，博雅溪苑商住小区一期工程主体竣工，水矿集团“凉都大花园”9栋单体建筑竣工。

至2008年，德坞新区共征用开发用地1287.90亩，拆迁366户，拆迁面积59269.61平方米，安置拆迁户329户。投入基础设施、商品房、拆迁安置房等建设资金9293万元，建成白鹤公园、德坞安置小区、博雅溪苑商住小区一期工程、白鹤路、德月路、水矿东路等项目，竣工面积177917平方米。

二、主要建设项目简介

白鹤公园　位于德坞白鹤高架桥下，由桥两侧匝道与白鹤路合围而成。由钟山经济开发区投资，荷城花园房地产开发有限公司承建，占地面积50000平方米，工程投资2422万元。公园布局以白鹤高架桥为轴，分为南北两个区域：南部建有涌泉、人工瀑布、“乌蒙牛”雕塑、核桃园、杜仲园、儿童游乐场等；北部建有下沉式表演台、环形音乐喷泉等，是一个以休闲娱乐为主的城市主题公园。2008年7月1日建成开园。

博雅溪苑商住小区　位于德坞钟山西路北侧。2006年9月动工，至2008年一期工程8栋单体楼房竣工，由荷城花园房地产开发有限公司与贵州鸿鑫房地产开发公司联合开发建设，占地面积52.2亩，总建筑面积102028平方米，总投资12300万元。

德坞安置小区　位于德坞新区西宁路东侧，占地面积9.68亩，由5栋单体楼房组成，总建筑面积13901平方米。2003年4月动工，2006年5月竣工。该项目前期工程由市建设局承建，荷城花园房地产开发有限公司于2005年接手续建。总投资1064万元。

德馨园（凉都大花园）　位于德坞新区钟山西路与水矿东路西南角，为水城矿业集团公司开发的集办公、酒店、商住于一体的综合小区。2005年12月26日动工兴建，占地面积300.31亩，总建筑面积66.46万平方米。其中，一号地块占地21.36亩，规划为26层凉都大酒店及水矿办公综合楼，二号地块占地面积278.95亩，规划为综合商住小区。至2008年12月，一号地块凉都大酒店项目已完成施工图设计和基础勘察工作，二号地块开工面积20.10万平方米，开工单体建筑12栋，竣工9栋，完成投资近2亿元。

钟山西路延伸段　2000年7月17日动工建设，2004年7月1日建成通车，是德坞新区的城市主干道，道路全长9.66千米，东起白鹤高架桥，西至梅花山收费站。

白鹤高架桥　位于钟山西路与钟山西路延伸段接合部。2001年3月28日开工兴建，2003年6月16日建成通车。是市中心城区与德坞新区的连接点，桥长820米，主跨度120米。

白鹤路　2002年动工，2008年5月建成通车，是德坞新区的城市次干道，道路北起人民路，经白鹤高架桥下与凉都大道相接，全长765米。

德月路　2005年6月开工建设，2006年6月建成通车，是德坞新区的城市次干道，路全长830米，北接人民路，与钟山西路交汇后南抵凉都大道。

第四节　杨柳新区

杨柳新区是市中心城区荷城花园以东至贵昆铁路延伸片区，建设面积4.2平方千米。2004年开始建设。

一、开发建设

2004—2008年，杨柳新区相继建成杉树林八组道路、杉树林七组道路、荷城路、二十五号路、纳电西路、荷叶林路、新生南路、钢铁大道等城市道路。其中钢铁大道是联系水城钢铁有限公司与城市中心的主要交通要道，交汇人民中路、钟山大道，南抵凉都大道，全长1.8千米，宽30米，建成后可缓解水钢通往城市中心的运载压力。

二、主要建设项目简介

上海花园　2005年12月动工，由中铁建工集团承建，占地面积10.67万平方米，建筑总面积为21万平方米，总投资20000万元。2008年年底完成上海花园一期5万平方米的建设，二期16万平方米的建设启动。

钢城花园　位于钟山大街与凉都大道东端交汇处。2005年11月动工，由昆明鼎业集团承建，占地面积约33万平方米，是六盘水市和水城钢铁（集团）有限责任公司为解决水钢中、低收入职工住房困难问题而建的住宅小区。

帝都新城　2007年9月动工，2008年年末部分楼房竣工，由六盘水市恒远房地产开发有限公司承建。总占地面积33万平方米，总建筑面积94万平方米，小区以8个古都命名内部不同区域，即北京苑、南京苑、西安苑、杭州苑、洛阳苑、开封苑、成都苑、沈阳苑，全部采用新古典主义建筑设计风格。

夜郎之梦商业文化城　2006年8月动工，由六盘水市天羿房地产开发有限公司承建，占地面积约352亩，总建筑面积达80余万平方米，分为中国凉都城市之门、月亮城堡、文化广场、太阳城堡4大组团。设计定位为：打造贵州省夜郎文化博物馆，将仿古建筑与现代建筑融汇，拥有厚重文化底蕴，融合历史文化与现代文明，集旅游商贸、民居、文化于一体。

矿山机电产品市场　位于钟山大道与人民路交叉口。2005年5月开工建设，2006年竣工，由六盘水市坤园房地产开发公司承建，总占地面积约4万平方米，总投资4000万元。该市场的建成，为六盘水市乃至整个西南地区机电设备的交易提供专业的经营场所，填补西南地区无大型矿山机电产品交易市场的空白。

夜郎之梦文化广场　位于钟山大道北侧。2006年8月动工，占地面积260亩，投资1.4亿元。该广场设有夜郎文化社区，包括夜郎之梦广场、夜郎文化城、夜郎文化长廊、夜郎祭天台、竹王祠、夜郎民俗风情园、夜郎民居等夜郎文化特色建筑。

另外，已建成入住和办公的还有纳雍电厂生活区部分住宅楼，六盘水市公安消防支队办公楼。

第四章　城市管理与拆迁安置

第一节　环境卫生

一、道路清扫

20世纪80年代前，市中心城区基础设施落后，街道狭窄，街边门面杂物成堆，裸露垃圾随意堆积，市容市貌和环境卫生脏乱差现象十分突出，环卫作业人员不足，作业方式和作业工具落后，城区环境卫生无法得到有效治理。环境卫生更多地依赖突击式、运动式的整治，路上的脏土、煤渣、小石头随处可见，刮风时到处尘土飞扬，下雨时道路泥泞，清扫难度大，行走困难。

1988年，钟山区环境卫生管理站成立，环卫站有正式职工23人，临时用工56人，负责老城、场坝片区和钟山区机关3万平方米的清扫保洁工作。1993年，清扫面积增至11万平方米。1998年，场坝商业街纳入管理范围，清扫面积增至15万平方米。2002年，场坝集贸市场、人民东路（官厅至茶叶林转盘）北侧、钟山区机关小区纳入管理范围，清扫面积增至39.8万平方米，是年投入8万元购置1辆环卫监察车。2003年，汪水路0～4千米、南环路南段、人民路（七十三～茶叶林转盘）北侧、市师专、川心小区、凤凰新区纳入管理范围，清扫面积增至85.6万平方米。2004年，市城管局将环卫管理工作移交钟山区，清扫保洁范围扩大为人民路北侧、明湖路、黄土坡片区、巴西南路、水西片区（含铁路地区）、南环路南侧、凤凰新区和区府一路，环卫清扫保洁面积131万平方米。

1995年，六盘水市钟山开发区公共事业公司成立，定编5～6人，负责钟山经济开发区内的公共事业（含环境卫生工作）管理。2000年，清扫保洁范围是钟山中路、水西南路、区府路、交通路、天龙路、市场路、松坪北路、团结街、沿河路、川心南路、南环路北侧、麒麟路、人民广场和城东片区（水钢附企城），清扫保洁面积40万平方米。随着开发区基础设施建设的加速，2003年，川心北路、松坪南路、明湖高架桥、荷城花园片区纳入清扫保洁范围。2004年4月1日，接管川心小区环境卫生管理工作，11月11日德坞片区纳入清扫保洁范围。年底清扫保洁范围为西到明湖高架桥，东到九洞桥，南至南环路北侧，北至人民路南侧及德坞片区，清扫保洁面积100万平方米。

2005年，钟山区城管局与开发区城管局整合重组。是年钢城大道和凉都大道纳入清扫保洁工作，至此清扫保洁范围扩大为市中心城区内东至水泥厂路口，西至梅花山收费站，南至市委党校（包括城中村、城乡接合部），北至大垭口共305.3万平方米。

2008年年底，清扫保洁范围增至385.3万平方米，其中城市道路总长80余千米，人行道128.4万平方米，车行道256.9万平方米。

二、垃圾清运和处理

（一）垃圾清运

1988年钟山区成立后，钟山区环境卫生管理站设备逐年添置，1999年有垃圾运输车1辆、板车10辆，日清运垃圾3.5万千克，垃圾清运率96%。2001年增加3辆垃圾清运车，日清运垃圾7万千克，垃圾清运率96%。2004年市城管局将环卫管理工作移交钟山区，日清运垃圾达到30万千克，垃圾清运率98%。

1995年钟山经济开发区垃圾清运工作开始起步。2001年有垃圾车2辆，日清运垃圾6.4万千克，垃圾清运率96%。2002年投入40万元购入垃圾车2辆，日清运垃圾7.8万千克，垃圾清运率97%。2003年投入30万元购入1辆5000千克封闭式垃圾车，投入26万元购置道路清扫车1辆，日清运垃圾9万千克，垃圾清运率97%。2004年日清运垃圾11万千克，垃圾清运率98%。

2005—2008年，市、区（开发区）加大环卫设备投入。2005年投入20万元购置垃圾车2辆。2006年投资31.6万元购置3000千克压缩式垃圾车2辆，投资44万元购置垃圾中转站转运车2辆，投资31.5万元购置8000千克全封闭压缩式垃圾车1辆，投资5.55万元购置30辆轻便保洁车。2007年投资22万元购置压缩式中转站转运车1辆，投资49.8万元购置1.5万千克压缩式垃圾清运车1辆，投资174万元购置8000千克压缩式垃圾清运车5辆，投资4.4万元购进微型电动扫地车2辆，投资129.6万元购进高压清洗车2辆，投资13.6万元购进自卸垃圾车2辆，投资11万元购进微型扫地车2辆，投资30万元购进摆臂式垃圾车2辆，投资55.8万元购进大型扫地车1辆。4年总投资622.85万元，购买各类大型清运车辆23辆（套）。

至2008年市中心区（含水钢、水矿）日清运垃圾50余万千克，垃圾清运率98%以上。

（二）垃圾处理

1994年以前市中心城区的垃圾集中倾倒填埋于市南郊窑上市党校后山一片荒地，这种倾倒填埋方式对环境造成严重的二次污染。1986年起，市环卫部门开始研究垃圾无害化处理，1993年，确定采用高温堆肥二次发酵工艺，对垃圾进行无害化处理。1994年8月，在距中心区13.5千米的市东郊，规划16.7亩土地，投资180万元，建成日处理垃圾10万千克的无害化处理场一期工程。1995年12月，投资155万元的二期工程建成，达到日处理垃圾25万千克的能力。

2000年后随着城市发展，市中心城区日垃圾产生量突破25万千克。2003年在距市中心区约8千米的水城县纸厂乡新发村选址新建1座垃圾卫生填埋场，即岔河垃圾填埋场。2006年6月，全面竣工，其中工程总投资4751.61万元，建设用地527亩，总库容量349.4万立方米，日处理垃圾50万千克，总建筑面积2266平方米，其中生产及辅助设施建筑面积为943平方米，办公及生活设施建筑面积1323平方米。

2007年规划建设六盘水市医疗废物集中处置工程，总投资1203万元。2008年4月，主体车间设备采购及安装完成招标，是年仅基本完成土建工程。

（三）粪便的清运和处理

自1988年起，钟山区管辖的公共厕所（简称公厕）主要以旱厕为主。1998年钟山区有公厕9座，其中水冲式2座（沙田路、官林路各1座），蹲位66个，旱厕7座，蹲位80个。2004年市环卫处管理的公厕全部移交钟山区负责管理。钟山区针对市中心区公厕布置不合理的现状，2005年投资10.06万元购置1座移动式公厕，放置在松坪北路。2006年投资27.6万元分别在龙井南路、文化北路各设置1座环保型公厕。2007年投资48万建造绿色环保型移动公厕4座，分别设置在龙井北路、钟山西路（白鹤高架桥头）、水西南路（水西平交桥旁）和川心小区（泰瑞花园）。2008年投入30万元购置2座环保型公厕安放在白鹤公园，4年时间在市中心繁华地段新建9座移动式环保公厕，以缓解公厕数量不足和分布不合理的矛盾。2008年钟山区（开发区）城管局管理31座公厕，其中水冲式（集中水箱）10座，水冲式（独立式）11座，旱厕1座，移动式环保公厕9座。

90年代以后，公厕实行入厕收费的办法，所得经费用于雇佣管理人员、购买消毒药品、清洁剂和公厕维护。

市中心城区城管部门管理的公厕改为水冲式后，粪便清运由城管部门承担。粪便清运量逐年增加，由最初的每年400万千克，增加至2008年的750万千克左右。粪便部分送入垃圾处理场发酵制作肥料，部分运送给周边农户，肥沃农田。

三、环卫设施

（一）垃圾池（垃圾房）

1987年前，六盘水市中心区主要采取在路段和小区砌筑垃圾池收集垃圾。1987年开始实行容器化收集垃圾，主要以垃圾斗为垃圾收集方式，垃圾斗设置在各个街道和住宅区，垃圾斗装满后用专用车辆运走。随着城市发展，中心区主干道取消垃圾斗，垃圾通过垃圾收集车收集进入垃圾中转站，次干道和城乡接合部为减少环境污染，2007年开始少量将垃圾斗改建为简易环保垃圾房，并通过专用车辆收集垃圾进入中转站。2008年，中心区共有垃圾斗100余个和环保垃圾房7座。

（二）果皮箱

果皮箱最初以陶瓷、铸铁和铁制为主，随着生活水平提高，2005年以后逐步采用美观大方、经济实用的玻璃钢果皮箱。2008年，中心区主要道路安装玻璃钢果皮箱。

（三）垃圾中转站

1996年动工修建场坝垃圾中转站，1997年9月完工投入使用，日收集垃圾1.5万千克，2007年又投入66万元（含25.5万元购买中转站转运车1台）将场坝行车式垃圾中转站改造成为压缩式中转站。1999年7月，建设区府路行车式垃圾站，2000年3月投入使用，建筑面积131.58平方米。2006年开工修建公园路压缩式垃圾中转站，是年8月投入使用，日收集垃圾9万千克。2008年开工建设凤凰新区垃圾中转站综合楼2栋和汪家寨镇2座垃圾房。2008年，中心城区共有垃圾中转站12个，在建2个。

2008年六盘水市中心城区中转站一览表

表7-1

序号	名　称	类　型
1	花渔洞垃圾中转站	行车式
2	康乐南路垃圾中转站	行车式
3	钟山西路垃圾中转站	行车式
4	建设小区垃圾中转站	行车式
5	人民西路垃圾中转站	行车式
6	建设东路垃圾中转站	行车式
7	府南路垃圾中转站	行车式
8	区府路垃圾中转站	行车式
9	明湖路垃圾中转站	行车式
10	川心小区垃圾中转站	行车式
11	公园路垃圾中转站	压缩式
12	场坝垃圾中转站	压缩式
13	凤凰新区中转站（2座）	压缩式（在建）

四、卫生城市建设

20世纪80年代中期，六盘水市启动创建卫生城市工作。“门前三包”（包卫生、包绿化、包秩序）是六盘水市卫生城市建设工作经常化、制度化的重要措施之一。1994年以前，“门前三包”工作由市环卫部门负责管理。1995年市政府成立以钟山区政府一把手任组长，市直11个部门和单位为成员的“门前三包”工作领导小组，出台《关于对市中心区实施“门前三包”的管理办法（试行）》《钟山区“门前三包”工作考核办法》《“门前三包”奖惩办法》三个法规性文件，确立“门前三包”工作由钟山区政府组织，基层办事处牵头，居委会实施的管理格局，是年签订“门前三包”责任合同书6246份。2005年，钟山区城管局与开发区城管局整合重组后，出台《钟山区（开发区）“门前三包”目标管理责任书》《“门前三包”量化考核标准》，是年签订“门前三包”责任合同书2.5万份，设立“门前三包”牌3.1万个。2008年，钟山区决定在全区开展“门前三包”责任包保联系工作，按照属地就近的管理原则，把中心区的7022个包保门面划分到全区86个责任单位和部门，并制作“门前三包”包保联系手册，累计发放“门前三包”责任包保联系手册5.67万份。

第二节　市政设施

2004年9月以前，市政设施的维护、检修管理工作由六盘水市城市建设管理局下设的市政工程公司统一管理。之后，下划给钟山经济开发区市政工程管理处管理。

一、市政道路与下水道管理

市中心城区形成后，每年都有计划地对城市道路进行逐步维护、检修，对下水道系统进行疏浚。对当年较大的市政道路改造工程，在上一年度作好预算和计划，有序实施。2007年，中国南方持续雪凝灾害使钟山大道沥青路面受损严重，部分地段凹凸不平，经实地测量，共需修补的路面2.1万平方米，路基下沉处理3560平方米。2007年10月20日开始修补，2008年1月结束。

2007年购进1辆下水道疏通车。每年在雨季来临前对部分地段的城市下水道进行疏浚。至2008年，清淤总量达2961立方米。

至2008年12月，市中心城区城市道路长86.5千米，雨水沟双向长171千米，排污沟双向长110.4千米。雨水井盖6614个，污水井盖3399个，排洪沟14条。

二、城市路灯管理

1987年，城区各主要路段陆续安装路灯。2006年12月2日和2007年1月11日，钟山区分别在钟山大道安装节电设备21台，2007年12月，在人民路安装4台司路明路灯电校系统，对以上设备进行检测和节电测试。2008年对中心城区1.1万余盏路灯进行维护并对钟山开发区中段、搬迁一街、麒麟路、天龙路、市场路的老化线路进行改造，共计恢复电力电缆线路3500米，主干道的亮灯率达到98%，次干道达到95%。

2008年年底市中心城区共有钠灯、庭院灯、珍珠灯、景观灯、中杆灯等城市路灯2.09万盏（不含开发区基础公司实施的小街巷改造的路灯）。

三、户外广告管理

为规范市中心城区户外广告管理，达到宣传、美化城市的目的，钟山区（开发区）城管局专门成立广告管理机构。严格按照《广告法》《贵州省户外广告管理办法》《钟山区户外广告管理暂行办法》等相关法规，加强对使用市政设施设置广告媒体的审批和管理。根据各用户申请的内容、类型及数量，合理确定设置地段。在广告位的管理中，按照规定实行招投标制度，整个招投标过程公平、公正、公开。广告管理人员坚持上路巡查，在路查中发现有破损现象的广告牌，通知设置单位及时拆除，对陈旧的限期进行整改。

四、市政设施监察执法

根据市政工作的需要，钟山区组建市政执法中队，负责市中心城区主次干道所有市政设施的监察执法，其执法依据为中华人民共和国《城市道路管理条例》和2003年2月13日六盘水市人民政府批准的《六盘水市市政设施管理办法》。具体负责占、破城市道路的监督检查工作，和占、破道路审批手续的办理。对违章占、破道路及其他情况造成市政设施损坏的行为进行处罚。

1995—2008年，区城管部门组织力量，集中对市中心城区菜场、车站及主次干道的占道经营行为进行整治。取缔占道经营摊点，清除“野广告”，向市民发放宣传资料，查处各类违章行为，维护城市正常环境秩序。

第三节　园林绿化

20世纪70年代中期至2008年，六盘水市中心城区先后建成明湖公园、水钢地下公园、笔架山公园、钟山公园、翠苑公园、清碧公园（动物园）、凤池园、凉都森林公园、麒麟公园、白鹤公园以及儿童乐园等11个公园，为城区市民和外地游客提供良好的休闲娱乐和旅游场所。为提高各园服务质量，管理部门逐步加强软、硬件投入，使公园面貌不断改观。根据地域和属性，至2008年，水钢地下公园和笔架山公园仍由首钢水钢集团管理，翠苑公园仍由水矿集团机电总厂管理。明湖水库是市中心城区饮用水源地，由市、区两级水电局管理。凤池园等其他7个公园，经调整后统一由钟山区城管局管理。各个公园、管理部门常年安排人员执勤，以维护良好秩序。每年都补栽补种草坪、花卉和树木，定期浇水、耕锄。园内均设公厕、果皮箱，环卫工人每天定期清扫垃圾，以确保园林清洁卫生。

城市绿化，包括行道绿化，绿化带、花坛、花池的建设绿化，这些项目的建设和管理权限属市、区两级城管局。此外，单位、厂矿、企业办公区及住宅小区的绿化也初具规模。至2008年年末，市中心城区的绿化带面积为70.5万平方米，城市绿化覆盖率32.1%，城市绿化率29.03%。

一、城市公共绿化

行道绿化　1975年，开始栽植行道树。到1988年，人民路、文化路、钟山路、向阳路、民族路、建设路、康乐路等市区主要街道栽植法国梧桐、女贞、滇杨、柳树、华山松、洋槐、香樟、桂花等9类树种4407棵，其中梧桐2600棵，其次是女贞树1147棵，覆盖面积44865平方米。各街道建成绿带，其中钟山大街绿带以大叶黄杨为主，配植有灌木、花草，全长2140米，面积2140平方米。

之后，随着城市道路的不断增加，行道树也随之增加。至2008年12月，城市道路行道树有9832株。栽种的树种有法国梧桐、香樟、女贞、水杉、杜英、银杏、桂花、柳树、含笑、红叶李、枇杷等多个品种。

绿化带、花坛、花池　2005年3月，对黄土坡两侧绿化带重新改造，栽植金叶女贞20余万株。2006年3月，栽植黄杨球，更换死亡的金叶女贞。2007年3月，栽植女贞球，更换死亡的黄杨球。2008年10月，新建钟山区凤凰新区花坛绿化带5000平方米（钟山区政府假山护坡、步云街、钟山区会展中心），植物有桂花、木槿、香樟、银杏、红叶李、金叶女贞、红花继木、常青藤、侧柏等各种花草。

2008年，钟山区（开发区）钟山大道人行道绿化带面积3.9万平方米，绿化隔离带面积5.1万平方米，绿带面积8800平方米，花坛、花池面积7800平方米。凉都大道绿带面积7.25万平方米。凤凰新区花坛、花池面积为1.5万平方米。水西路绿带面积900平方米。麒麟路绿带面积5800平方米。花园路绿带面积1488平方米。明湖路绿带面积1500平方米。七十三转盘花坛面积806平方米。休闲花池面积8399平方米。明湖高架桥下花池面积2976平方米。钟山路与向阳路交叉中心　面积380平方米。人民路与民族路交叉中心花池面积493平方米。人民东路茶叶林花池面积707平方米。2008年年底钟山区（开发区）园林管理处管理的绿化带、花坛、花池总面积已达43.97万平方米。

2008年，培植水城河两岸绿化带，主要栽种柳、冬青、香樟等树种，其间布有草坪、休闲人行小径。

二、单位住宅区绿化

1971年起，水城军分区每年坚持在营区2100米公路两侧、办公楼和宿舍楼前后植树种花。1988年年底共植树4.87万株，成材树木5000余株，最大胸径35厘米以上，占地76亩。1982年被评为军队绿化先进单位，解放军总后勤部营区园林达标单位，多次获昆明军区、成都军区和贵州省军区表彰。

1979年，动工修建水城县政府院内游园，占地面积400平方米，其中绿地面积300平方米。园中建有1个圆形荷花池，修有向外呈放射状水泥路4条和水泥凳68个，建有葡萄架。植有葡萄、大叶黄杨绿篱和大丽花、夜来香、海桐球、柏树等花卉草木。

1980年，建成市政府院内花园，内植雪松、滇杨、梧桐、玉兰、樱花、碧桃、大叶黄杨球，以及各类花草树木，面积505平方米。

1981年12月，水城钢铁厂成立绿化委员会，下设园林管理所，有150名职工从事园林绿化工作。全厂营造钢花林、三八林、学生林、青年林、老年林和机关林，还与杨柳镇联合营造政企合作林。在厂区30余千米公路两侧，植有梧桐1.5万株，并利用地形修建花池花圃。1987年年底植树132万株，种植绿篱1.4万平方米，草坪0.4万平方米，绿化率90%，植被覆盖率33.8%。建成地面公园和地下公园各1座，大小花池395座，鱼池20座，喷泉39处，假山19座，葡萄基地30余亩，花房11座。1986年评为贵州省冶金系统环境绿化第一名，1987年评为全国和冶金工业部绿化先进单位。

1988年，水城矿务局机关有园林绿化专业人员300人，植树31.5万株，其中花木1万株、果树5000株，植树篱5000平方米，草坪4000平方米，建花坛160个9200平方米，花圃70个6000平方米，1989年，获贵州省煤炭系统绿化先进单位称号。

2007年5月，钟山区工读学校由钟山区园林处组织实施工读学校校内的园林绿化，共栽种绿化面积350平方米，有金叶女贞、八角金盘、常青藤、春鹃、红枫、茶花、苏铁、海桐球、大叶黄杨球、丝兰、爬墙虎、红叶小檗、金边黄杨等。

2007年5月，六盘水电视台在电视台的电视广播发射站内栽植草坪1000平方米。新建的商住小区，均在小区内置有绿化带、花池、花坛、草坪等。

第四节 拆迁安置

2005年10月，六盘水市钟山区城市建设拆迁安置办公室成立，隶属钟山区人民政府办公室，设主任1人，副科级，副主任1人，正股级。内设综合股、业务股、财务股3个股室，编制13人，在职职工5人。2006年8月，划归钟山区建设局管理。2008年10月，升格为正科级单位，隶属钟山区政府办，设主任1人（正科级），副主任1人（副科级），股长3人。内设综合股、业务股、财务股3个股室，编制13人，在职职工9人。

钟山区拆迁办成立后，负责协调全区的拆迁安置工作，在2007年前负责钟山区拆迁安置资金的管理。至2008年12月，共拆迁2548户，安置902户，未安置1646户。为解决拆迁历史遗留问题，区政府规划龙井路搬迁小区、凤凰路搬迁小区、六盘水师专安置区、钟山人家安置区、大海坝水钢技改项目安置点、凤凰商贸安置区、老鹰山煤化工拆迁安置点、马鞍安置点、曹家湾安置区、石桥安置区、德坞兴民小区、白鹤拆迁安置小区12个安置小区（点），集中安置拆迁户。

2000—2008年，建设凉都大道，投入资金9200万元，拆迁1169户，拆除房屋占地面积15.32万平方米，拆除房屋建筑面积21.08万平方米。建设水果批发市场，投入资金142万元，拆迁31户，拆除房屋占地面积4992.33平方米，拆除房屋建筑面积5537.64平方米。2001年，建设龙井路，投入资金

130万元，拆迁34户，拆除房屋占地面积3531.29平方米，拆除房屋建筑面积4862.35平方米。2002—2005年，建设凤凰路，投入资金45万元，拆迁17户，拆除房屋占地面积1569.75平方米，拆除房屋建筑面积1798.05平方米。2002—2006年，整治大营1号山体，投入资金390万元，拆迁64户，拆除房屋占地面积6272.84平方米，拆除房屋建筑面积6796.93平方米。2004年，建设白鹤高架桥，投入资金9万元，拆迁20户，拆除房屋占地面积2589.85平方米，拆除房屋建筑面积3348.12平方米。2005年，建设纳电西路，投入资金15万元，拆迁12户，拆除房屋占地面积1989.02平方米，拆除房屋建筑面积2206.53平方米。2005—2006年，在城南社区投入资金540万元，拆迁21户，拆除房屋占地面积2209.89平方米，拆除房屋建筑面积4654.28平方米。2005—2006年，建设钢铁大道，投入资金2100万元，拆迁204户，拆除房屋占地面积33711.62平方米，拆除房屋建筑面积40972.64平方米。2005—2007年，建设民居一条街，投入资金58万元，拆迁25户，拆除房屋占地面积2801.65平方米，拆除房屋建筑面积3478.44平方米。2005—2008年，建设市三中凤凰校区，投入资金300万元，拆迁68户，拆除房屋占地面积6272.84平方米，拆除房屋建筑面积6796.93平方米。2006年，建设金桥花鸟市场，投入资金9万元，拆迁2户，拆除房屋占地面积177.45平方米，拆除房屋建筑面积206.60平方米。2008年，建设六盘水市师范专科学校，投入资金1200万元，拆迁46户，拆除房屋占地面积3289.94平方米，拆除房屋建筑面积5007.64平方米。

第五章　房地产

第一节　房地产开发

钟山区房地产业始于20世纪90年代初。随着钟山区城镇化进程的加快，全区经济的快速发展，城镇居民对住房的需求十分旺盛，促进钟山区房地产市场迅猛发展。1993年，钟山区房地产投资完成额1828万元，1995年完成3529万元，1996年完成747万元，1997年完成386万元，1998年完成2065万元，2000年完成4813万元。

至2004年，钟山区共有房地产企业60家，完成投资36707万元，商品房销售面积280630平方米，实际销售额36194万元，每平方米销售平均价格为1290元。住宅销售面积247713平方米，实际销售额23068万元，每平方米销售平均价格为931元，其中，高档公寓销售面积26354平方米，实际销售额3122万元，每平方米销售平均价格为1185元。商业营业用房销售面积32917平方米，实际销售额13126万元，每平方米销售平均价格为3988元。其中，住宅销售额占商品房实际销售额的64%，商业营业用房占商品房实际销售额的36%。

2008年，钟山区共有房地产企业167家，其中房地产开发企业101家，物业管理企业43家，房地产中介服务企业7家，其他房地产企业16家。房地产企业完成投资额137872万元，其中办公楼完成投资额3023万元，住宅完成投资额76842万元，商业营业用房完成投资额26766万元，其他完成投资31241万元。商品房销售面积462100平方米，实际销售额111091万元。每平方米销售平均价格2404元，住宅销售面积407612平方米，实际销售额78913万元，每平方米销售平均价格1936元。其中，别墅、高档公寓销售面积386平方米，实际销售额139万元，每平方米销售平均价格3601元。商业营业用房销售面积49795平方米，实际销售额30724万元，每平方米销售平均价格为6170元。

2000—2008年钟山区房地产开发投资情况一览表

表7-2

年份	房地产开发投资完成额（万元）	施工房屋面积（平方米）	企业数（家）
2000	4813	61586	16
2001	15626	330733	26
2002	27121	796261	40
2003	42264	1154289	66
2004	36707	1068310	60
2005	54033	1008876	72
2006	103823	2374362	77
2007	144180	3670523	89
2008	136657	2977434	101

1990年，钟山区开展房屋产权登记7家，面积0.13万平方米。2003年，开展房屋产权登记720家，面积9.97万平方米。

1990—2003年钟山区房屋产权登记业务办理情况一览表

表7-3　单位：万平方米、家

登记年份	数量	面积	登记年份	数量	面积
1990	7	0.13	1997	171	7.68
1991	56	0.90	1998	173	11.65
1992	7092	86.24	1999	339	6.56
1993	349	5.65	2000	341	4.67
1994	852	10.50	2001	496	5.44
1995	94	2.59	2002	689	8.11
1996	60	2.27	2003	720	9.97

第二节　住房保障

2004年，钟山区建立以发廉租住房租赁补贴为主的廉租住房制度。2004—2007年，钟山区财政每年各安排资金5万元，市级财政每年安排资金15万元作为城市最低收入家庭住房困难租赁补贴。

2007年，钟山区成立临时住房保障办公室，负责廉租住房保障的工作。廉租住房租赁补贴对象为城市低收入家庭，人均住房面积不足10平方米。2007年，钟山区家庭人均月收入低于455元为低收入家庭（低保户）。

2007年，水城钢铁集团在企业自有土地上建廉租住房255套、14000平方米，解决企业低收入家庭住房困难。

2004—2007年，钟山区中心城区共发放廉租补贴465户，发放金额52.58万元。

2007—2008年，钟山区共获得中央廉租住房专项补助资金513万元，向1380户低收入家庭发放补贴101.44万元，结余资金411.56万元。

钟山区经济适用住房建设启动较早，1996年即列为国家安居工程实施的试点城市。经济适用住房建设大多数是以机关企事业单位组织职工集资合作建房的模式进行，建设资金都是由建设单位自筹。2008年，钟山区建设经济适用住房项目3个。

2004—2007年钟山区房屋租赁补贴发放情况一览表

表7-4　　单位：元、户

年　份	户　数	金　额
2004	54	39420
2005	105	122796
2006	124	148116
2007	182	215526

第六章　乡村建设

第一节　乡村规划

1995年，钟山区编制《钟山区大河镇小城镇修建性详细规划》，1998年，编制《钟山区老鹰山镇小城镇修建性详细规划》《钟山区汪家寨镇红卫桥片区修建性详细规划》《钟山区大湾镇幸福片区修建性详细规划》。2003年，对老鹰山镇、大湾镇、汪家寨镇进行新一轮的规划修编，编制《钟山区老鹰山镇总体规划》《钟山区老鹰山镇小城镇修建性详细规划》《钟山区大湾镇总体规划》《钟山区大湾镇幸福片区建设规划》《钟山区汪家寨镇集镇总体规划》《钟山区汪家寨镇宏腾小区修建性详细规划》。2005年，编制《钟山区汪家寨镇那罗新农村建设规划》。2006年，编制老鹰山镇、汪家寨镇2个镇的卫星城总体规划与详细规划，编制《钟山区大河镇大桥村新农村整治规划》。2007年，编制《钟山区老鹰山镇中坡村新农村整治规划》，编制《钟山区老鹰山镇煤化工基地建设规划》《钟山区老鹰山镇“欣堰园”搬迁安置点建设规划》。2008年，编制《钟山区月照乡独山社区建设规划》《钟山区月照乡玉顶社区建设规划》《钟山区大河镇大桥社区建设规划》《钟山区汪家寨镇那罗社区建设规划》《钟山区大河镇大桥村搬迁安置点建设规划》《钟山区大河镇渡口村搬迁安置点规划》。经过这些村镇规划的编制与实施，推进钟山区小城镇建设、新农村建设和农村社区建设工作。

第二节　小城镇建设

1991年，钟山区农民住房总面积168.6万平方米，其中砖混结构82.42万平方米，砖木结构43.75万平方米，其他结构42.43万平方米。2008年，全区农民住房总面积363.61万平方米，其中砖混结构209.35万平方米，其他结构54.26万平方米。

1995年，钟山区启动老鹰山镇、汪家寨镇、大河镇、大湾镇小城镇建设。至2008年，累计投入资金8398万元，修建道路93.57千米，完成道路两旁的绿化1470米，修建排水沟10760米，修建小城镇广场1座，占地面积1450平方米，农贸市场1座，灯光球场1座，桥梁5座，公厕3座，垃圾中转站1座，卫生院1所，敬老院2所，修建临时摊位320个，排洪沟400米，完成河道改造320米，修建精神文明活动中心3座，公共汽车站3座，修建房屋5.81万平方米。

第三节　采煤沉陷区综合治理

钟山区采煤沉陷区范围为30.12平方千米，影响住宅建筑面积137.4万平方米，急需进行搬迁治理的受损建筑面积830.78万平方米，需采取维修加固措施的住户4588户，受损建筑面积11486平方米。2007年12月，动工建设采煤沉陷区治理工程，工程总投资37747万元，由国家财政安排18874万元，贵州省政府出资1983万元，六盘水市政府出资1983万元，钟山区政府出资5378万元，水城矿业（集团）有限公司出资5662万元。至2008年12月，完成投资21707万元。集中建设的工程有大河花苑、老鹰山花苑、汪家寨花苑、大湾镇花苑和明景小区。择址自建的工程累计开工1789户，累计竣工1422户，占工程量的65%。维修加固工程累计开工6656户，累计竣工5765户，占总工程量的82%。择址自建和维修加固工程累计完成投资5073万元。

第七章　钟山经济开发区

六盘水市政府为加快经济体制改革，促进经济发展，适应城市建设的需要，1992年6月，经贵州省人民政府批准，成立钟山经济开发区。1995年10月，省人民政府明确钟山经济开发区为省级开发区，为全省9个省级开发区之一。

第一节　开发建设

一、定址

钟山经济开发区位于钟山区行政辖区内，开发范围在钟山区城区中部。

1992年8月，六盘水市政府批复，钟山经济开发区范围东起塔山、西抵明湖路、北至人民路、南到松坪，以及南环路、钟山西路延伸至德坞后的道路两侧。1995年1月，地域界限调整为东起大烟公路与南环路交会处，西至明湖路、八一路，南起水城坝子南部边缘线，北至大烟公路、人民路。

2004年11月，六盘水市政府决定，将德坞片区东至市检察院，西至梅花山收费站东侧约100米南环路与钟山大道交叉处，北至贵昆铁路线铁路交叉点处，南从梅花山收费站东侧约100米南环路与钟山大道交叉处沿南环路向东至石场坝南侧，继续向东顺唐家山北脚至水城酒厂，面积约6平方千米区域移交钟山经济开发区开发。至此，钟山经济开发区的开发总面积约10平方千米。

二、规划

开发区根据“工业为主，兼顾其他，综合开发，外引内联，协调发展”的规划建设方针，明确钟山路、人民路、明湖路、南环路两侧主要进行轻工业、生活居住及商业、金融、文化教育、房地产开发，构成全区商业、文化、娱乐中心。贵昆铁路以北，从水泥厂至塔山、水钢到大丫口一带为重工业区，安排发展建材工业。贵昆铁路以南，从柏杨坡至松树坪沿山脚一带为轻工业区。之后，工业区、生活区大多按规划得到实施，其中工业区功能分区、生活区规划基础设施项目进行相应调整。

1999年以前，钟山经济开发区开发区域为东至明湖路，西至水城煤炭设计院，北至人民路，南至南环路。2000年后开发荷城花园片区。2004年后开发德坞新区、杨柳新区。

三、资金筹措

钟山开发区成立之初采取“依靠内联筑巢、争取外引发展”的方针，白手起家，自费开发。通过办理城镇户口、征集基础设施配套费、收取土地收益金、组织财税收入滚动投入和向银行贷款等渠道筹集资金。“以地生财，以财修路，以路招商”，拓宽融资渠道，大力吸纳民间、民营资金，加大基础设施建设投入力度，促进开发区稳步发展。

开发区财政由市单列，实行财政收支包干。10年内收益归开发区滚动使用，10年后由市与钟山区对半分成。

四、征地

1993年6月，征用土地758.58亩，其中，黄土坡办事处红岩村99.3亩，德坞镇发扬村2.25亩，白鹤村11.4亩，凤凰乡松坪村595.05亩，明湖村50.58亩。2000年后，随着荷城花园新区、德坞新区、杨柳新区的相继开发，至2008年年末，荷城花园征地1293亩，德坞新区1287亩，杨柳新区总规划设计面积5715亩。

五、城市建设

1992年6月至1999年期间，开发建设范围主要为明湖路至现人民广场之间。钟山经济开发区开发总公司累计直接投资总额1.22亿元。建成城市道路23千米，供水管道8千米，通信电缆12千米，煤气管道10千米，路灯6千米，钟山中路两侧和人民路南侧花池118个。

1994年8月7日，钟山经济开发区成立基础设施发展公司，负责城区小街小巷改造和开发区范围内的基础设施建设和维修。

在开发区进行市政基础设施建设的同时，六盘水市、钟山区部分单位先后在开发区兴建办公楼办公。金融、供电、电信、交通等国有服务企业亦相继在开发区开办业务。民营商业、服务业、房地产开发企业迅速兴起。仅1999年，开发区新开工的建设项目53个，投资总额1.7亿元，其中大型项目有外商投资1100万元的泰瑞花园，恒远房地产开发总公司投资1000余万元的恒康楼。至1999年12月，开发区内的企业和市场主要有迪维娜宾馆、新华大酒店、八八商贸城、西南家居装饰广场、红华电器、雨田集团、腾龙宾馆、天天家常菜饭馆、水果批发市场、钢材批发市场、松坪菜场、交通菜场等。开发区明湖路至人民广场段城市规模基本形成。

2000年5月8日，钟山经济开发区开工兴建新世纪广场，是年国庆节基本建成，后更名为人民广场。继而，市政建设向人民广场至水城煤矿设计院之间拓展。

至2008年，钟山经济开发区开发总公司共投资3.18亿元用于该片区的基础设施和公益设施建设。同时，该片区先后建成六盘水报业大楼、市中级人民法院、市武警支队、市工商局、国税局、地税局、审计局等一批办公大楼。建成雨田广场、汇盛商住楼、飞跃商务大楼、源丰大厦、德远城中湾畔等一大批房地产项目。沃尔玛购物超市、国贸购物广场、金马家私、假日酒店、肯德基餐饮、雅园餐馆、老北京烤鸭餐馆等大型商场、餐馆以及一批文化娱乐业落户区内。历经20年的开发建设，开发区拓展为六盘水市经济、文化、金融中心和中央商务区。

2000年2月25日，钟山经济开发区成立荷城花园开发有限公司，于5月28日开工建设荷城花园新区。

2004年11月10日，六盘水市人民政府将德坞新区的开发、管理权移交给钟山经济开发区。钟山经济开发区确定荷城花园开发有限公司为德坞新区开发业主，用市场运作的模式开发建设德坞新区。

是年，六盘水市人民政府决定开发杨柳新区，仍由钟山经济开发区组织实施。钟山经济开发区成立杨柳房地产开发有限公司，直接负责杨柳新区的开发建设。

为解决旧城改造和城市基础设施建设房屋拆迁问题，2004年1月29日，钟山经济开发区成立国信拆迁安置工程有限公司，负责开发区范围内的拆迁安置工作。公司成立后，先后承担凉都大道扩建、人民路改造、水城河排洪和排污治理、钟山大道东延伸段工程、部分房地产开发公司开发项目的拆迁安置任务，以及荷城花园等单位的征地拆迁任务。

2007年，钟山经济开发区首次提出二次创业，根据开发区现有土地存量和管理范围已不能满足产业集聚需要，需要扩大开发区域，钟山经济开发区与钟山区协商，并报经六盘水市人民政府批准，在石桥片区建立工业园区。园区规划城市建设用地9955.95亩，整个区域道路总里程约50千米，最宽路面40米（红山一号路）为贯穿整个工业园区的主干线。21条纵次干线连接各个不同区间，形成总体公路网。

仓储物流设备部分，按照之前钟山区编制的杭瑞高速公路六盘水物流中心（六盘水南部物流中心）项目可行性研究报告和修建性详细规划，该物流中心占地1234.5亩，设计理货能力15亿千克/年。

2008年，钟山区和钟山经济开发区采取以商招商的方式，将石桥工业园区内项目向外推介，部分项目已在园区兴建。

第二节　招商引资

开发区管委会坚持采取灵活、特殊、优惠的政策，管理上实行项目审批、土地出让、规划定点、注册登记等“进一道门，办完所有手续”的高效全程服务。为引进更多资金，进一步加大对外宣传力度，先后到浙江、北京、上海、广州、深圳、成都等地进行招商宣传活动，依托城市载体功能和综合优势，采取派团出访、来访接待，组织经济技术协作洽谈会、商贸交易会、各类展销会等不同方式，扩大地区间资金、技术、人才、信息的交流。至1998年，总共引进中外投资项目338个，引进投资金额11亿元。至2003年，累计完工和在建中外投资项目628个，投资总额29.55亿元。至2008年年底，钟山开发区招商引资到位资金达48.31亿元。

第三节　综合管理

一、工商行政管理

（一）市场管理

2008年，开发区有各类市场9个。分别是六盘水市蔬菜水果批发市场、松坪农贸市场、交通路农贸市场、恒宏农贸市场、荷城百货批发市场、荷城机动车交易市场、恒维建材装饰城、西南家居建材装饰城、矿山机电市场。其中，六盘水市蔬菜水果批发市场于1993年建成使用，投资200万元，面积8000平方米，门面90个。松坪农贸市场，面积1000平方米，门面72个，投资160万元。荷城百货批发市场，建筑面积5000平方米，门面1000个。荷城机动车交易市场，建筑面积3800平方米，门面600个。恒维建材装饰城，建筑面积30000平方米，门面1000个。西南家居建材装饰城，建筑面积50000平方米，门面1500个。矿山机电市场，占地100余亩。

开发区工商分局加强市场监管和巡查工作，治理整顿市场经济秩序，重点打击假冒伪劣商品和市场违法违章行为，有效地维护钟山开发区市场经济秩序。

（二）工商登记管理

1992年，登记的企业8家，注册资金811万元，从业人员221人。其中国有3家，注册资金630万元，从业人员126人，集体5家，注册资金181万元，从业人员95人。到2008年，登记企业398家，投资人数768人，注册资金39660万元，从业人员2697人。个体工商户4600户，注册资金7252.8万元，从业人数9689人。

（三）经济合同、商标、广告管理

经济合同管理 1992—1996年，开发区经济合同管理与鉴证在市工商局进行。1997年，开发区工商分局开始进行合同管理与鉴证工作。1997—2000年，鉴证建筑施工合同68份，标的金额13225万元。在新合同法的实施过程中，开发区工商分局深入到企业宣传合同法，介绍合同文本的使用事项，对企业合同的签订和履约进行指导和监督，有效地提高经济合同的履约率，保证合同订立的有效性和合法性。

商标管理 开发区工商分局不断加大辖区商标违法的查处力度。2000—2008年，查获假冒商标名酒3066瓶，假冒名烟3960条，假冒商标饮料3704瓶，假冒月饼340箱，假冒调味品175瓶，假冒服装285件，假冒日用品13件，假冒商标标志2万余套。办理商标侵权13件，涉案金额100余万元。

广告管理 为维护企业利益和消费者的合法权益，对户外广告、店堂广告、印刷品广告、利用各种媒体发布的广告、路牌广告、布幅广告等加强日常监管。2000—2008年，查处虚假广告25件，违法广告16件，对30家药店，160家商店的虚假不实广告进行检查，限期进行整改，收缴布幅65幅，牌匾24块，各种印刷品广告18万余张，较好地净化钟山开发区广告市场，使之向规范化方向发展。

二、财税管理

（一）财政收入

1992年，开发区财政分局成立。1997年，开发区财政收入319万元。之后，财政状况开始进入良性循环，财政收入均实现大幅度增长。2008年，财政收入达14737万元。

（二）国、地税收入

1992年开发区成立后，市税务局在开发区派驻征收组。1994年10月，开发区地方税务分局成立，市国税局派驻国税征收处。2001年11月8日，开发区国家税务局成立。1994年，完成税收收入102.3万元。2001年，税收突破1000万元，收入1107.9万元。2004年，完成税收收入2703.89万元，比上年同期增长39.4%。2005年完成税收收入4614.53万元，比上年同期增长70.66%。2006年完成税收收入6042.7万元，比上年同期增长30.95%。2007年完成税收收入8513.17万元，比上年同期增长40.88%。2008年，税收突破1亿元，全年完成税收收入12931.73万元，比上年同期增长51.9%。

1994—2008年钟山区税收完成情况一览表

表7-5

年份	计划数（万元）	实际完成数（万元）	占计划的百分比（%）	比上年同期增长率（%）
1994	80	102.30	127.87	—
1995	130	143.70	110.54	40.47
1996	160	167.20	104.50	16.35
1997	194	209.64	108.06	25.38
1998	258	458.70	177.79	118.80
1999	558	622.40	111.54	35.69
2000	730	768.60	105.29	23.49
2001	960	1107.90	115.41	44.15
2002	1430	1464.61	102.42	32.20
2003	1855	1939.63	104.56	32.43
2004	2550	2703.89	106.03	39.40
2005	3040	4614.53	151.79	70.66
2006	5270	6042.70	114.66	30.95
2007	6820	8513.17	124.83	40.88
2008	10953	12931.73	118.07	51.90

三、土地管理

1992年，钟山经济开发区国土开发处成立。1997年，成立钟山经济开发区国土分局，由省国土厅垂直管理。2006年4月，成立钟山经济开发区国土资源分局土地开发中心。

开发区内的土地，由开发区管委会统一规划、统一征拨、统一出让，并收取基础设施配套费，根据不同等级、不同行业和用途收取土地出让金，2002年7月1日后，经营性土地一律采用招拍挂方式出让。

至2008年，向省国土资源厅报批用地15批次。

1998年，报批城市建设用地一批次，面积为391亩。

2000年7月，为开发区荷城花园报征土地一宗，面积511亩，其中耕地296亩。出让土地32宗，面积194554.8平方米，收取土地出让金3030万元。其中划拨补办出让手续的9宗，面积7366.67平方米。办理土地使用权招标拍卖手续的3宗，面积32833.66平方米。办理土地转让31宗，面积44344.65平方米。为财政分局代收契税112.5万元，为地方税务局代收营业税、城建税、教育费附加、印花税和土地增值税127.2万元。

2001年，颁发国有土地使用证561宗，面积465286.8平方米。颁发集体土地使用证31宗，面积24377.8平方米。办理土地抵押登记39宗，涉及面积44009.03平方米。

2002年，报批城市建设用地一批次，面积511亩。颁发国有土地使用证500宗，面积376761.9平方米。对1999年以来颁发的证书进行年检。共办理土地抵押登记39宗，涉及面积22977.68平方米。出让土地52宗，面积72588.01平方米，收取土地出让金826万元。划拨补办出让手续的18宗，面积

56760.24平方米。办理土地转让60宗，面积44991.15平方米。为财政分局代收契税24.6万元，为地方税务局代收营业税、城建税、教育费附加、印花税和土地增值税共105.5万元。

2003年，颁发国有土地使用证606个。规范出让和转让行为，全年协议出让土地37宗，面积173亩，收取出让金746.91万元，超额完成省厅下达的目标任务。办理土地转让61宗，面积49亩。为财政代收契税114.5万元，为地方税务局代收营业税、城建税、教育费附加、印花税和土地增值税共110.3万元。增加财政收入224.8万元。全年办理土地抵押登记50宗，抵押金额4527万元。

2004年，报批城市建设用地三批次，面积963亩。在市国土资源储备交易中心成功挂牌出让土地2宗，面积15亩，收取土地挂牌出让金647万元。协议出让土地6宗，面积6亩，收取土地出让金60.74万元，划拨土地1宗，面积30亩。转让土地100宗，面积111亩。为财政代收契税74.68万元，为地方税务局代收营业税、土地增值税、城建税、教育费附加和印花税，共198.59万元，增加财政收入273.27万元。办理土地使用权抵押登记64宗，面积126亩，抵押金额4463万元。

2005年，报批城市建设用地五批次，面积1567亩。国有土地使用权登记发证1846宗，其中初始登记1745宗，变更登记101宗。办理国有土地使用权抵押登记73宗，面积638亩，抵押金额17592.5万元。同时，开展基准地价更新基础资料的收集整理工作。通过六盘水市土地市场交易中心拍卖1宗土地，面积25亩，收取土地出让金3180万元。

2006年，报批城市建设用地三批次，面积940亩。在分局土地交易中心挂牌出让5宗土地，面积1017亩。是年办理国有土地使用权转让7671宗，转让面积6705亩。办理国有土地初始登记348宗，涉及面积1033亩。办理国有土地使用权抵押93宗，抵押面积314亩。

2007年，报批城市建设用地一批次，面积423亩。通过招拍挂出让土地共6宗，面积共88亩，平均1137.39万元/15亩，上缴土地出让金6681万元，其中挂牌出让土地4宗，面积75.37亩，成交价款4581万元。拍卖出让土地2宗，面积12.73亩，成交价款2100万元。办理国有土地登记发证890宗，其中土地初始登记65宗，土地变更登记715宗，土地划拨登记5宗，土地他项权利登记105宗。拍卖挂牌出让土地12宗，划拨土地11宗。

2008年，在中国土地市场网、贵州省国土资源厅网站、《六盘水日报》发布供地公告7期，办理一宗国有建设用地划拨，面积2.9亩。挂牌出让国有建设用地使用权一宗，面积24014亩，挂牌成交价530万元，出让金全部上缴财政。全年共办理各类土地使用权登记1580宗，其中，国有土地使用权初始登记发证282宗，面积330.6亩。国有土地使用权变更登记1212宗，面积56.25亩。国有土地使用权抵押登记82宗，面积200亩。国有土地使用权划拨登记4宗，面积61.8亩。

四、房屋管理

2004年5月28日，钟山经济开发区房产局成立，负责开发区范围内的房地产管理工作，对开发区房地产维修基金和预售进行管理。

2005年，房产局与房地产开发企业签订商品房预售款监管协议书13份，监管预售款1382.3万元，接受并处理信访案件9起。2家小区筹备召开业主大会。对2361户最低收入家庭住房情况进行调查。共收缴6家房地产开发企业维修基金51.2万元。

2006年，与40家房地产开发公司签订商品房预售监管协议书，监管预售款达1.1亿元，收缴维修基金620万元。筹办六盘水市物业管理工作经验交流现场会。查出各类危旧房屋51241.39平方米。接受并处理信访案件9起。

2007年，与39家房地产开发公司签订商品房预售监管协议书，监管预售款达2.06亿元，收缴维修基金1084万元。筹办六盘水市第四届房交会、六盘水市物业管理工作经验交流现场会。接受并处理信访案件2起。

2008年，与32家房地产开发公司签订商品房预售监管协议书，监管预售款达5076万余元，收缴维修基金1714万余元。接受并处理信访案件4起。并代建六盘水市白鹤公园及儿童乐园的绿化项目。

五、市政管理

1995年6月12日，六盘水市钟山经济开发区公共事业公司成立，负责钟山经济开发区内的公共事业（含城市管理工作）管理。2001年4月，开发区城市管理监察大队成立，负责管理钟山经济开发区范围内城市规划、建设和监察执法工作。同时撤销开发区公共事业公司，其市政、环卫和园林管理职能划入开发区基础设施发展公司。是年5月21日，成立六盘水钟山开发区市政环卫执法监察大队，与开发区基础设施发展公司合署办公。是年12月31日，成立钟山经济开发区城市管理局。2005年，钟山区城管局与开发区城管局整合重组，受钟山区政府和钟山经济开发区管委会双重领导。2006年1月18日，钟山区城市管理局与钟山经济开发区城市管理局合署办公，对区内市容、集贸市场、市政交通、园林绿化、环境卫生、爱国卫生、旅游管理、路灯管理等项工作进行统一管理。

市容管理　开发区城管部门加强区内运煤、渣土、流散物体运输车辆、施工单位的管理。对施工单位出车道路进行整顿，对散运车辆规定行驶路线。采取日常巡视与不定期集中治理相结合方法，以治理乱贴、乱悬挂、乱扔、乱倒、乱堆、乱放、乱搭、乱建、乱摆、乱卖为主线，进行大型清理活动多次。对私搭乱盖者，下发《整改通知书》，对不执行者，联合规划、公安等部门强行拆除。通过治理整顿，解决施工中道路污染、外围无圈挡及临时乱搭建筑等问题，恶性道路污染事件发生率明显降低。

路灯管理　市中心城区城市路灯种类有钠灯、庭院灯、珍珠灯、景观灯、中杆灯等。2008年，有路灯杆6034棵、2.09万盏。覆盖开发区照明体系形成，主干道的亮灯率达98%，次干道达95%。2000—2006年，分别购进江铃、江铃五十铃、康明斯、杭州爱知高空作业汽车各1辆。

排水管网管理　至2008年12月，市中心城区城市道路长86.5千米，雨水沟双向长171千米，排污沟双向长110.4千米。雨水井盖6614个，污水井盖3399个。排洪沟14条。2007年购进1辆下水道疏通车。根据工作实情，每年在雨季来临前对部分地段的城市下水道进行疏浚。2007—2008年，清淤总量达2961立方米。

垃圾管理　1999年，购进第一辆垃圾运输车，改用机动车辆加板车清运生活垃圾。此后，又陆续购进车辆，并添置相应维修设备。至2008年12月，生活垃圾基本实现汽车清运。形成生活垃圾后装车、工业及装修垃圾单臂吊车、建筑垃圾翻斗车清运“三条线”作业模式。

道路清扫　2000年，主要对钟山中路、水西南路、区府路、交通路、天龙路、市场路、松坪北路、团结街、沿河路、川心南路、南环路北侧、麒麟路、人民广场和城东片区（水钢附企城）等地进行清扫。以大扫帚手工操作方式清扫，保洁面积40万平方米。随着开发面积扩大，基础设施建设的加速，为解决作业方式和作业工具落后问题，逐步推广机械化清扫道路方式。陆续从上海、天津、南京等厂家购入大、中、小型机扫车辆。至2008年12月，清扫保洁增至385.3万平方米，其中人行道128.4万平方米，车行道256.9万平方米，清扫城市道路总长80余千米。

园林绿化　园林绿化由开发区园林管理处负责。至2008年年底，市中心城区的绿化面积已达12195亩，城市绿化覆盖率32.1%，绿地率29.03%。建成绿化带、花坛、花池总面积43.97万平方米，成活率、保存率均达95%以上。城市道路行道树栽种的树种有法国梧桐、香樟、女贞、水杉、杜英、银杏、桂花、柳树、含笑、红叶李、枇杷等多个品种共9832株。

第四节　机　构

1992年6月27日，成立中共钟山经济开发区工作委员会和中共钟山经济开发区纪律检查工作委员，同时成立钟山经济开发区管理委员会，是中共六盘水市委、市人民政府派出机构。随之成立钟山经济开发区开发总公司，与管理委员会两块牌子、一套人员，以法人资格进行招商开发。公司注册资本金680万元，总资产2.58亿元。1995年10月，钟山经济开发区明确为省级开发区后，管委会更名为贵州省钟山经济开发区管理委员会。2001年12月，更名为贵州钟山经济开发区管理委员会。2004年11月，六盘水市委、市人民政府委托钟山区代管钟山经济开发区。

开发区管委会成立时，设置和派驻的办事机构有开发区土地管理局、城建分局、工商管理分局、公安分局、市税务局税收征收管理组，人员编制50人。2001年，人员编制调整为40人。工作机构调整为钟山经济开发区办公室、钟山经济开发区经济发展局（招商引资局）、财政局、城管局。派驻机构有六盘水市钟山经济开发区公安分局、工商行政管理分局、国税局、地税局、国土资源分局、规划分局、房产管理分局。2004年5月，成立房产管理局，为钟山经济开发区管理委员会的直属机构。

钟山经济开发区下属直属企业有开发总公司、基础设施公司、荷城花园开发有限公司、拆迁公司、国信拆迁安置工程有限公司、杨柳房地产开发有限公司。

1992—2008年，叶大川、肖才忠、牟海松先后为中共钟山经济开发区工作委员会书记，陶贵萍、高玉林先后为副书记；叶大川、肖才忠、高玉林先后为钟山经济开发区管委会主任，傅继忠、许景华、张仁玉、张云长、杜学玉、丁昭进、邹振伟、蔡斌先后为副主任。

第八篇　经济综合管理

第一章　经济发展综述

第一节　国民经济发展情况

1988—2008年，钟山区相继制定国民经济、社会发展“八五”“九五”“十五”“十一五”五年计划和十年规划、十五年远景目标纲要等，根据不同时期特点及时调整相应的发展战略。国民生产总值由1988年建区时的7.44亿元增加到2008年的143.55亿元，年均增长16%，2008年的国民生产总值是1988年19.3倍。2008年人均GDP达28956元，为建区时2420元的12倍。一、二、三产业的比重由建区时的5.5：59.7：34.8变为2008年的1.4：60.6：38。2008年，全区财政总收入达8.59亿元，比建区时的0.11亿元增长78倍。全社会固定资产投资总额60亿元，为建区时的17倍。社会消费品零售总额为51.64亿元，是建区时的28倍。城镇居民人均可支配收入12142元，比建区时的1020元增加11122元。农村居民人均纯收入3334元，比建区时的310元增加3024元。2007年，进入全省十强县行列。

一、“七五”期间完成情况

1988年建区时，为国家“七五”计划第三年。1990年，全区国民生产总值8.36亿元。地方工农业总产值完成7157.25万元，其中，工业4836.25万元，农业2321万元。地方财政收入1660.20万元。全民所有制投资217.35万元，集体所有制投资150万元，个体投资1750万元。乡镇企业总产值6450万元，社会消费品零售总额1.25亿元。

二、“八五”计划完成情况

1991—1995年，钟山区确立“以农业为基础，加强城镇管理和城市基础设施建设，大力发展城郊型农业和以煤炭、铅锌矿产的开采、洗选、冶炼加工为主的乡镇企业，加快发展街道工业和以服务业为主的第三产业”的经济发展战略。1995年，全区国民生产总值17.51亿元，为“七五”计划期末的209.44%，年均增长9.9%。一产、二产、三产比例由1990年的5.7：59.5：34.8，调整为1995年的4.2：59.4：36.4。工业总产值250158万元（当年价格），为“八五”计划的135%，其中重工业222211万元，轻工业6118万元。农业总产值6139万元，为“八五”计划的109.5%。财政收入完成2807万元，为“八五”计划的99%。五年共完成全社会固定资产投资12.47亿元，社会消费品零售总额6.55亿元。

三、“九五”计划完成情况

1996—2000年，钟山区经济发展战略由“九五”初期的“科教兴区、开放带动、可持续发展”战略深化为“科教兴区、开放带动、可持续发展、城镇化”战略，并按照“以农村为基础、城镇为龙头、市场为导向、项目为载体”及“调整结构、整顿煤炭、改造铅锌、发展市场、开发凤凰”的工作思路，开展“关井压产”“两土改造”为主的工业结构调整，以农业增产、农民增收为主的农业结构调整和以小城镇建设为主的城乡结构调整。2000年国内生产总值31.73亿元，年均增长9.47%。第三产业结构调整步伐加快，一产、二产、三产比例由1995年的4.2：59.4：36.4调整为2000年的3.1：53.2：43.7。财政总收入8510万元，年均增长13.09%，其中地方财政收入6067万元。五年共完成固定资产投资54.94亿元，是“八五”期间的4.41倍。“九五”时期，新建成办公用房及其他用房52880平方米，职工住宅52570平方米，总投资达5800万元。2000年全区城镇居民人均可支配收入达到4808元，年均增长6.34%。农民人均纯收入达到1527元，年均增长13.1%。

四、“十五”计划完成情况

2001—2005年，钟山区以农村为基础，以城镇为龙头，以市场为导向，以项目为载体，围绕经济建设中心，发挥区位优势和资源优势，抓好基础设施建设、生态环境建设、城镇建设，搞好矿产资源开发、生物资源开发、旅游资源开发、人才资源开发，实施经济结构调整战略、城镇化战略、科教兴区战略、开放带动战略、可持续发展战略，努力提高经济总量、运行质量和人民生活水平，现实全区经济发展与资源开发、生态建设、环境保护的良性循环。

在“十五”计划中，第一次将畜牧业产值在农业总产值中的比重指标、民生事业的指标、统筹城乡发展指标、生态建设和保护、节能降耗指标纳入计划指标体系。明确提出到2005年，畜牧业产值占农业总产值比重达到65%以上。“十五”期间，共转移农村富余劳动力1.7万人以上，农村新型合作医疗保险覆盖率达到80%以上。农民人均纯收入达到3620元，年均增长10%，城乡居民收入比达到341%。森林覆盖率达到38%，五年共治理水土流失面积76平方千米。工业固体废物综合利用率达到95%以上，工业固定废物排放量降到5000万千克以下，工业废水回收率达到100%。万元GDP能耗降到890千克标煤/万元，年均下降4.3%。

2005年，国民生产总值78.3亿元，为“十五”计划的159.1%，年均增长14.3%，一、二、三产业比例由2000年3.1：53.2：43.7调整为2005年的1.9：56.2：41.9。2005年，第一产业产值1.5亿元，为计划的148.5%，年均增长3.9%。第二产业产值44亿元，为计划的155.8%，年均增长14.8%。第三产业产值32.8亿元，为计划的164.5%，年均增长13.7%。人均地区生产总值达到17892元，年均增长12.9%。共完成固定资产投资138.3亿元，为计划的461%，年均增长25.7%，为“九五”时期的3倍。社会消费品零售总额30.99亿元，年均增长11.9%。城镇化率由2000年的44.9%提高到2005年的50.8%，提高5.9%。财政总收入由2000年的0.97亿元增加到2005年3.87亿元。地方财政收入由2000年的0.68亿元增加到2005年的2.36亿元。城镇居民人均可支配收入达到8032元，比2000年增加3224元，年均增长10.4%。农民人均纯收入达到2246元，比2000年增加719元，年均增长8%。

五、“十一五”期间完成情况

2006年起，钟山区将“五年计划”改称为“五年规划”。钟山区提出经济发展战略是以科学发展观统领经济社会发展全局，建设大城市，服务大企业，引进大项目，加快经济建设，统筹城乡发展，构建和谐社会。大力实施“123456”工程，确定一个目标——全力打造凉都城市品牌，建设贵州西部中心城市、全国双拥模范城市、全国文明卫生城市、全国优秀旅游城市。致力改善两个环境——城乡人居环境和招商引资环境。努力实施三项战略——城市兴区、工业强区、生态立区。竭力做好四篇文章——农村脱贫、安全生产、计划生育、社会稳定。奋力实现五个突破——城市建设、城市管理、城市经济、城市文化、城市生态。齐力抓好六个建设——党风廉政、基层组织、精神文明、民主法制、公共服务、和谐社会建设。争取实现经济社会发展又好又快，人民生活水平总体达到小康，强区排位进入全省前5强，基本建成“贵州西部中心城市”“西南现代开放钢城”“中国美丽文明凉都”。

2008年，全区完成地区生产总值143.55亿元，比“十五”末增长17%，其中，第一产业产值2.02亿元，增长7%，第二产业产值86.98亿元，增长22%，第三产业产值54.55亿元，增长15%。全年共实现全社会固定资产投资66.85亿元。全区财政总收入8.59亿元，地方财政收入5.07亿元。钟山区信用联社贷款额达13.9亿元，存款额达到17.86亿元。全年消费品零售总额完成51.64亿元，居民消费价格总指数为104.9%。城镇居民人均可支配收入达到12142元。工业增加值共完成67.03亿元，规模以上工业企业完成工业产值243.76亿元，农业总产值3.3亿元，农民人均纯收入达到3334元，畜牧业产值占农业总产值的53%。

1988—2008年钟山区生产总值概况一览表

表8-1　单位：万元

年份	生产总值	第一产业	第二产业	第三产业
1988	74380	4098	44392	25890
1989	78840	4430	46960	27450
1990	83566	4780	49686	29100
1991	92062	3942	54655	33465
1992	99287	4112	57130	38045
1993	104423	5418	59463	39542
1994	163858	6866	102183	54809
1995	175123	7354	104027	63742
1996	189616	7904	109264	72448
1997	244955	8556	139713	96686
1998	267814	9255	149492	109067
1999	284475	9476	152614	122385
2000	317326	9924	168717	138685
2001	361084	10274	189856	160954
2002	401998	11002	209299	181697
2003	479989	11712	255527	212750
2004	635108	13495	365127	256486
2005	781294	15012	440021	326261
2006	950710	17184	547981	385545
2007	1129541	19168	640303	470070
2008	1435513	20243	869810	545460

第二节　基础设施建设

1988年建区开始，钟山区不断加大以城市、交通、工业、农业、水利、文教、卫生、住房、群众活动娱乐公共设施等为重点的基础设施建设。1988—2008年，全区500万元以上的建设项目共有170余个，2008年固定资产投资66.85亿元，为1988年3.91亿元的17倍。

一、城镇基础设施建设

钟山中路、凉都大道建设和人民路中段改造基本完工，明湖高架桥、钢铁大道、杉树林路、八一路、水西平交桥、龙井路立交桥、白鹤高架桥建成通车，市中心区“三纵十二横”道路网络基本形成。城市新区开发稳步推进，荷城花园、凤凰新区首期5平方千米的开发初具规模，建成行政区办公大楼，杨柳新区水钢（集团）生活基地、德坞新区水矿集团生活基地、发耳电厂生活基地和野马寨电厂生活基地基本建成。城区景观大大改善，人民广场、凤池园水上公园、生态园林广场、白鹤公园、动物园、儿童乐园、凉都森林公园、乌蒙铁塔等一批城市景点和标致性建筑相继建成。市政公用设施建设成效突出，水钢排污沟改造、城市垃圾填埋场、水城河南北两岸污水截流工程相继完成投入使用。

二、重点工业项目建设

一批骨干煤矿、铅锌冶炼厂、建材厂和制造加工企业相继建成。“十五”期间，抢抓西部大开发的战略机遇，新建成旗盛、长钢、长风、西洋焦化厂、野马寨电厂、独山水电站、老鹰山煤化工基地等一批对区域经济有重大影响的重点工业项目，完成投资22亿元。

三、交通建设

“十五”期间，铁路“三线一站”建成营运。全区在六盘水市率先实现村村通公路，乡镇道路全部达四级以上标准，村级公路60%以上达四级公路标准，建成汪家寨汽车客运站，城乡路网结构日趋完善。

四、文化教育设施

先后新建、扩建、改造钟山实验二小、三小、一中、四中、五中、职业技术培训中心和乡、镇、办事处的部分中小学。新建钟山区图书馆、文化馆、青少年活动中心等。

五、卫生事业设施

建成钟山区疾控中心大楼、妇幼保健中心大楼和一批乡、镇、办事处卫生院。

六、商贸行业各类市场建设

相继建成钟山区综合批发市场、百货批发市场、粮油批发市场、水果批发市场、建材综合贸易市场、机电设备批发市场、五交化综合市场、农业生产资料专业市场、荷城花园商贸城、汽车汽贸汽配城、供销贸易综合服务楼、沃尔玛超市、市中心区机械化屠宰场，以及一批有一定规模的农贸市场。

第三节　招商引资

一、重大招商引资活动

历年来，钟山区对招商引资工作极为重视，并采取各种措施加强对外的交流和联系，积极引进外资加快钟山区建设。

2003年3月，组织参加广西南宁投资贸易洽谈会，7月参加凉都·六盘水消夏文化节投资贸易洽谈会，签约项目5个，签约资金8.5亿元。2005年6月中旬，钟山区人民政府组团赴浙江进行招商引资，与浙江绍兴、温州商界企业家进行恳谈，签约项目8个，签约资金16.26亿元。8月组织驻区企业参加中国贵州黄果树瀑布节经贸洽谈会，签约项目6个，签约资金5.02亿元。2006年6月，组织赴昆明参加第三届泛珠三角区域经贸合作洽谈会，签约项目1个，签约资金2.2亿元。9月参加2006年中国贵州黄果树瀑布节贵阳投资贸易洽谈会，签约项目2个，签约资金2亿元。2007年4月，赴重庆参加中国重庆第十一届投资洽谈暨全球采购会，签约项目1个，签约资金0.2亿元。6月组织参加湖南长沙第四届泛珠区域经贸合作洽谈会，签约项目1个，签约资金0.5亿元，7月组织参加2007中国凉都六盘水消夏文化节投资贸易洽谈会，签约项目5个，签约资金1.75亿元。2008年，举行石桥工业园区项目推介活动，进行招商引资。

二、招商引资成果

1996—1999年，招商引资到位资金共42884万元。2000年，招商引资到位资金5191.4万元，引进的项目主要有鹏程瓷砖厂和正高煤矿。2001年，招商引资到位资金10517万元，主要引进的项目有钟山区塑钢厂、再生塑料制品厂、特种铸造焦厂、凤凰花卉园艺场、生物抗氧化剂生产项目。2002年，招商引资到位资金15386.18万元，主要引进的项目有森宇房地产开发公司、野马寨电厂和水西农贸市场。2003年，招商引资到位资金26980.7万元，主要引进的项目有市中心区机械化屠宰场、荷城综合批发市场、石河生态旅游度假区九星阵景区、卞氏菜根香、江南焦化厂、祥润洗煤厂、五交化综合市场、长钢焦化厂、德玛焦化厂、旗盛焦化厂、天人世纪城等。2004年，招商引资到位资金33632万元，主要引进的项目有泰隆锰业、大器铁合金厂、水矿西洋焦化厂、长风焦化厂、昌兴冶炼厂等。

2005年，招商引资到位资金40888.5万元，主要引进的项目有水木清华房地产开发公司、景鑫花园房地产开发公司、瑞达金属制品厂、蓝博湾娱乐园、电力锰铁厂等。2006年，招商引资到位资金50892万元，引进的主要项目有裕丰养鸡场、东川洗煤厂、东泰公司重介洗煤厂、富丽豪大酒店、浣溪假日酒店、凉都花园房地产开发公司、矿山机电设备市场等。2007年，招商引资到位资金66492万元，引进的主要项目有老鹰山煤化工项目、纳福冬桃种植基地、金色海岸假日酒店、凉都皮鞋城、废钢铁炉料分选加工项目、恒远新型建材砖厂等。2008年，招商引资到位资金101900万元，主要引进的项目有亿盛钢化玻璃厂、富贵金属废渣利用、肯德基、海鑫商业广场、大花灯饰超市、嘉年华房地产开发公司、山海观天下房地产开发公司。

2000—2008年钟山区重点招商引资项目一览表

表8-2　　单位：万元

项目名称	建设地点	项目规模及内容	投资商来源	年份
鹏程瓷砖厂	德坞街道	陶瓷砖生产	四川	2000年
正高煤矿	德坞街道	煤炭开采	湖南	2000年
森宇房地产开发公司	德坞街道	房地产开发	四川	2002年
野马寨电厂	汪家寨镇	装机容量60万千瓦	贵州中水能源发展有限公司	2002年
水西农贸市场	黄土坡街道	农贸市场、房地产开发	贵阳花溪房地产开发公司	2002年
市中心区机械化屠宰场	荷城街道	屠宰生猪1000头/年	贵阳	2003年
荷城综合批发市场	荷城街道	果蔬批发	四川	2003年
石河生态旅游度假区九星阵景区	老鹰山镇	景区建设	贵州毕节红石榴有限公司	2003年
卞氏菜根香	黄土坡街道	餐饮	成都	2003年

续表8-2

项目名称	建设地点	项目规模及内容	投资商来源	年份
江南焦化厂	大湾镇	年产1亿千克焦炭	江西	2003年
祥润洗煤厂	大湾镇	年产1亿千克	广东	2003年
五交化综合市场	黄土坡街道	农贸市场、房地产开发	钟山区	2003年
长钢焦化厂	月照乡	年产3亿千克机焦	福建长乐	2003年
德马焦化厂	大河镇	年产2亿千克干全焦	钟山区	2003年
湘黔铁合金厂	凤凰街道	铁合金生产，占地8亩	湖南	2003年
天人世纪城	凤凰新区	房地产开发	福建	2003年
旗盛焦化厂	老鹰山镇	年产机焦9亿千克	美国	2003年
泰隆锰业	老鹰山镇	年产硅锰合金2000万千克	福建	2004年
大器铁合金厂	老鹰山镇	年产铁合金2000万千克	湖南	2004年
水矿西洋焦化厂	大湾镇	年产机焦6亿千克	水矿集团有限公司	2004年
长风焦化厂	月照乡	年产2亿千克	湖南	2004年
昌兴冶炼厂	老鹰山镇	年产生铁5000万千克	浙江	2004年
商住楼	黄土坡街道	15000平方米	—	2004年
水木清华	凤凰新区	20万平方米	贵州铁五建房地产开发公司	2005年
景鑫花园	凤凰新区	16万平方米	宗宣房地产开发公司	2005年
瑞达金属制品厂	荷城街道	3000万千克	福建	2005年
蓝博湾娱乐园	黄土坡街道	3万平方米	台湾地区	2005年
电力锰铁厂	月照乡	2×6300千瓦	—	2005年
裕丰养鸡场	大河镇	现代化养殖	—	2006年
东川洗煤厂	月照乡	3亿千克／年	—	2006年
东泰公司重介洗煤厂	老鹰山	6亿千克／年	—	2006年
富丽豪大酒店	黄土坡街道	1.4万平方米	—	2006年
浣溪假日酒店	黄土坡街道	1.5万平方米	—	2006年
凉都花园	八一路	12万平方米	—	2006年
矿山机电设备市场	杉树林村	4万平方米	—	2006年
老鹰山煤电化一体化	石河村	2亿千克甲醇，1.5亿千克乙醚、2×50兆瓦的动力车间	水矿集团有限公司	2007年
纳福冬桃种植基地	左家营村	0.2万亩冬桃种植基地	钟山区	2007年
金色海岸假日酒店	钟山西路	0.4万平方米	四川	2007年
凉都皮鞋城	德宏社区	0.2万平方米	钟山区	2007年

续表8-2

项目名称	建设地点	项目规模及内容	投资商来源	年份
废钢铁炉料分选加工项目	九洞桥	占地面积15亩，年加工废钢铁5亿千克	钟山区	2007年
恒远新型建材砖厂	荷城街道	占地161.8亩	钟山区	2007年
亿盛钢化玻璃厂	沙坝村	年产钢化玻璃500万平方米	钟山区	2008年
富贵金属废渣利用	开化村	年处理废渣2000万千克/年	浙江	2008年
肯德基快餐店	钟山大街	营业面积300平方米	四川	2008年
海鑫商业广场	钟山西路	占地面积2万平方米，开发建筑面积16.8万平方米	湖南	2008年
大花灯饰超市	人民路	0.4万平方米灯饰卖场	浙江	2008年
嘉年华房地产开发公司	康乐北路	30万平方米	福建	2008年
山海观天下房地产开发公司	凤凰新区	11.64万平方米	河南	2008年

第二章　计划管理

第一节　计划体制

一、计划的编制、组织实施和检查

计划的制定主要有全区国民经济和社会发展年度计划、五年计划、十年规划、十五年远景规划。年度计划在每年初、五年计划和远景规划在每次规划初期由计划部门拟订后报区政府同意，并将草案提交区人大由人民代表大会（会议）审议通过后，再由计划部门分解。国民经济和社会发展计划的组织实施，主要由区直有关部门负责，并由区人大监督。为保证计划的顺利实施，自1988年起，由区目标办将年度计划的主要指标以责任状的形式下达到区属有关职能部门、镇、乡、街道办事处，并制定相应的考核办法进行约束和考核，以保证各项计划指标的完成。

年度计划的检查主要由计划部门执行，主要是通过调研、召开讨论分析会等方式进行。年度内的检查，其结果以计划执行情况报告的形式呈报区政府和提交区人大常委会审议，年度计划执行情况和五年计划执行情况，提交区人民代表大会（会议）审议。

二、固定资产投资计划管理

“八五”计划期间，实行按产业政策分行业、分产业确定项目审批权限控制投资规模。在技术改造投资计划方面，由国家预算拨款、国家利用外资安排的技术改造项目，实行指令性计划管理；纳入国家信贷计划用于技术改造的贷款，由人民银行按计划进行控制，由部门、地方、企业自筹资金安排的技术改造项目，实行指导性计划管理。

1991年，纳入农村社会固定资产投资的管理项目，除原有的生产用房及建筑物投资、畜牧产品投资、铁木农具投资、工业机械投资、建筑业机械投资、运输工具投资、其他投资外，同时增加商业、饮食业和服务业设备投资。

1994年，按照中共六盘水市委、市人民政府下发的《六盘水投资体制改革方案》进行改革，改革的总体目标是，改革投融资方式，充分发挥市场对投融资活动的调节作用，建立投资的风险约束机制，确立企业是投资主体，完善与社会主义市场经济体制相适应的投资总量和结构的间接调控体系，进行及时有效灵活的调控，建立与投资活动有关的服务体系和要素市场，形成在法制规范下的竞争机制。按照全社会固定资产投资的使用方向和不同投资主体的投资范围，以及各类建设者项目不同的经济效益、社会效益和市场需求等情况，将投资划分为竞争性项目投资、基础性项目投资和公益性项目投资。强化竞争性项目投融资的市场调节，企业可通过合资、引资、贷款、发行债券等方式融资、建设和经营，政府对这类投资主要是加强政策引导。拓宽基础性项目的投融资渠道，主要由政府集中必要的财力和物力，通过经济实体进行投资，并广泛吸收企业参与投资，需要申请国家和省、市投资的基础性项目由区计委上报。完善公益性项目投融资制度，主要由政府用财政资金安排，鼓励社会各界捐赠和由企业、个人投资兴办科技、教育、文化、卫生、体育、环保等公共社会事业，积极推行建设项目责任制，规范投融资行为，建立投资决策责任制，强化风险约束机制。

至此，除财政预算内投资实行指令性计划外，其他投资都作为指导性计划，政府通过调整信贷、税收政策以及环保、土地使用管理等手段进行间接调控，利用差额税率和投资许可证制度控制投资规模，引导投资方向、调整投资结构。

三、工农业计划管理

建区之初，区政府制定粮、油、蔬菜、药、林、牧等农业生产计划，制定煤、铁合金、铅、锌、电、水泥、砖、石灰等工业生产计划，指令基层执行，采取相应奖励措施，稳定农业种植，增加主要工业产品和工业支农产品生产。1990年，工农业计划进一步调整，其中，工业产品计划取消铁合金生产计划。1991年统计工业总产值时，新增地方企业、农村村办企业、农村个体工业产值统计指标。1992年，农业经济指标中增加幼林抚育作业面积、防护林抚育面积等经济指标。

在“八五”计划中，农业经济指标主要包括农业总产值、粮食产量、商品蔬菜产量、肉类产量、乡镇企业总产值等指标。工业计划管理经济指标主要包括工业总产值、原煤、洗精煤、焦炭、铁合金、粗铅、电石产值和发电量等。

“九五”计划时期，农业主要经济指标与“八五”时期大致相同，新增农民人均纯收入指标。工业主要经济指标不再包括铁合金、电石、粗铅等产品产量指标。

“十五”计划时期，经济和社会发展的计划管理更加全面，注重由量的增长向质的提高转变，注重统筹发展，注重发展民生。农村经济和社会发展在原有的指标体系基础上，增加农村基础设施建设和农业结构调整的主要任务指标，除粮食总产量、乡镇企业总产值指标外，加强农村基础设施方面的规划，提出解决农村人畜饮水、建蓄水池、安装管道、新建水库、新增节水灌溉工程、农村电网改造、村级公路提级改造、农村建成沼气池、解决农村人口饮水安全、建成通村油路建设等指标。对生态建设的退耕还林、封山育林、坡改梯亦分别编制指标。工业主要经济指标中，增加工业结构调整项目的建设任务，对改扩建煤矿矿井、建电解锌项目、湿法冶炼精锌、多孔砖厂产值、采石供应中心年产量、粗锌产量、大理石产值、其林电石厂技改、石龙铁合金厂技改等均制定具体的指标。

到“十一五”期间，随着市场经济的发展，工农业的计划管理更加趋向于宏观经济指标的预测。在年度计划中逐步取消工农业产值和主要产品产量的计划指标分解，只在经济运行情况报告中做预测和分析。

第二节　年度计划

建区至1992年，年度计划的主要内容有国民经济计划、农业生产计划、工业交通计划、基本建设计划、主要物资分配计划、商品流转计划、粮油购销计划、财政收支计划、劳动工资计划、人口增长计划、教育事业计划。

1992年以后，在建立社会主义市场经济体制过程中，年度计划的主要内容经过不断的改革创新，指令性计划大幅度下降，代之以指导性计划为主，主要内容有国内生产总值计划（包括一、二、三产业发展计划）。工业计划包括工业产值计划、主要工业产品产量计划及部分产品分配计划等。农业计划包括农业产值计划、主要农产品生产计划、农田基本建设计划、植树造林计划、畜牧业生产计划和乡镇企业发展计划及农民人均纯收入计划等。固定资产投资计划包括基本建设、更新改造投资、房地产以及重大项目建设计划等。商品流转计划包括社会消费品零售总额计划、成品油分配计划、农资等重要商品物资的调配计划等。教育计划包括普通中学招生计划、适龄儿童入学率计划等。人口计划包括年末总人口、自然增长率、出生率、符合政策生育率等。环保计划主要包括工业“三废”治理计划、主要污染物排放量控制计划等。财政计划包括财政收支计划。

第三章　统　计

第一节　普查和专项调查

一、人口普查

人口普查每10年开展一次，在逢十的年份实施普查。钟山区1988—2008年，参与1990年的第四次和2000年的第五次全国人口普查。

第四次人口普查　1990年，钟山区政府按照全国第四次人口普查的要求，成立以分管副区长为组长，各有关部门负责人为成员的第四次人口普查领导小组及其办公室，办公地点设在水城县委党校（租用），办公室主任、副主任分别由统计局、公安分局、计委等部门负责人担任。各镇、乡、街道也先后成立人口普查机构，落实人员经费，开展各自辖区范围内的人口普查工作。普查结果，钟山区总户数8.05万户，其中家庭户为7.97万户，集体户为837户，总人口为35.03万人，其中男性人口18.98万人，女性人口16.05万人。

第五次人口普查　2000年，第五次全国人口普查指标在第四次人口普查指标基础上，增加家庭住房产权、房屋结构、建筑时间、住房间数、面积、厨、卫设施状况、饮用水构成等反映人们生活质量的指标。普查结果，钟山区总户数为13.14万户，其中家庭户12.71万户，集体户4211户，总人口45.32万人，其中男性人口23.9万人，女性人口21.4万人。区人口普查办公室被国务院人口普查领导小组授予“第五次全国人口普查先进集体”荣誉称号。

二、第三产业普查

1993年，国务院决定开展全国第三产业普查。钟山区成立以区委、区政府分管领导为组长的钟山区第三产业普查协调领导小组及其办公室。对各镇、乡、街道、驻区各大中型企业三产普查机构的组成、职责及人员配备等提出明确要求，对普查人员选调培训、清查摸底、普查登记、质量抽查和互查、手工汇总上报等各个环节的工作作出相应安排，组织开展全区第三产业普查。普查结果，1992年全区共有第三产业单位（个体）6820个，从业人员4.31万人，总产出61.74万元，增加值37.88万元。

三、工业普查

1995年，开展第三次全国工业普查。1995年8月9日，钟山区成立工业普查领导小组及其办公室，随之各镇、乡、街道、驻区工业企业先后成立工业普查机构，开展工业普查。12月1日普查登记开始，区普查办人员按照“分片包干责任制”的要求，分赴各责任片区检查指导。各镇乡街道普查工作人员在春节前夕完成普查登记。驻区各大中型工业企业统计人员也按时完成各自企业的普查登记。区工业普查办公室被贵州省工业普查领导小组授予“全省工业普查先进集体”荣誉称号。

四、基本单位普查

1996年和2001年开展第一次、第二次全国基本单位普查。钟山区成立基本单位普查领导小组及其办公室，聘请普查指导员和普查员，组织开展全区基本单位普查，按要求完成两次基本单位普查任务。第二次基本单位普查结果，全区共有法人单位809个，其中企业法人379个，机关、事业法人单位270个，社团法人单位14个，其他法人单位146个。区基本单位普查办被贵州省基本单位普查领导小组授予“第二次基本单位普查先进集体”荣誉称号。

五、农业普查

农业普查每10年开展1次，在逢六的年份实施普查。

1996年，进行第一次全国农业普查。钟山区成立第一次农业普查领导小组及其办公室，各镇、乡、办事处及各行政村也分别成立普查办公室和普查组，开展农业普查工作。区农普办采取在报纸、电视台发布农业普查信息、悬挂宣传横幅，张贴大小标语、上街宣传咨询等方式进行广泛宣传。各镇、乡、街道办事处利用赶场天、星期天播放农业普查知识，发放宣传资料，大力营造农业普查工作氛围。是年1月1日普查登记正式开始。登记结果，全区共有农村住户3.38万户，人数14.64万人，其中主要从事农业生产人员6.07万人。

2006年，钟山区在辖区内开展第二次农业普查。区普查办通过各镇乡街道采取聘用、抽调等多种方式，在村、组干部和退休干部中，选配普查员626人、普查指导员147人，并进行分级培训。在入户登记前，全区共印发《致被调查户的一封信》2.8万张，悬挂宣传横幅近100幅，张贴标语13000余条。各镇、乡、街道办事处因地制宜利用宣传栏、黑板报、有线广播等形式对普查进行广泛深入的宣传。经普查全区共有农村住户3.46万户，其中家庭户3.45万户，集体户90户。人口13.86万人，其中主要从事农业生产人员5.11万人。

六、经济普查

2003年，国务院决定，将原定于2003年实施的第二次全国第三产业普查推迟，与计划在2005年开展的第四次全国工业普查和2006年开展的第三次全国基本单位普查合并，同时将建筑业纳入普查范围，在2004年开展第一次全国经济普查。此后全国经济普查每10年进行2次，分别在逢三、逢八的年份实施。

2004年开展第一次全国经济普查，钟山区政府成立第一次经济普查领导小组及其办公室，各镇、乡、街道办事处先后成立经济普查机构，普查工作在全区范围内展开。普查结果，全区共有第二、第三产业法人单位1462个，其中企业法人953个，机关事业法人单位272个，社会团体法人单位91个，其他法人单位146个。调查从事第二、第三产业个体工商户28471户。区经济普查领导小组办公室被国家经统计局授予“第一次全国经济普查先进集体”荣誉称号。

2008年5月，开展第二次全国经济普查。钟山区政府成立第二次经济普查领导小组及其办公室，经济普查领导小组办公室设在钟山区统计局，各镇、乡、街道先后成立经济普查机构，全区共选调普查指导员118人，普查员412人。普查结果，全区共有第二、三产业法人单位1942个，其中企业法人1180个，机关事业单位法人435个，社会团体法人153个，其他法人单位174个。从事第二、三产业个体经营户30378户。

七、投入产出调查

钟山区分别在1992年、1997年、2002年和2007年开展投入产出调查4次。在每次调查工作开展前，区统计局集中各行业抽中调查单位，召开工作会议，进行业务培训，商定各次调查的具体实施方案，明确工作任务及时间进度表，把任务落实到各个调查单位。在调查阶段，专业人员深入基层单位，了解工作进展情况，及时协调解决调查中出现的各种问题。调查结束后做好调查表初审，配合省、市一级搞好调查表的复审、终审工作，保证调查任务的顺利完成，每次投入产出调查工作都按时保质完成。区统计局1997年、2002年、2007年三次荣获国家统计局授予的“全国投入产出调查先进集体”荣誉称号。

八、1%人口抽样调查

钟山区分别于1995年和2005年进行1%人口抽样调查。区调查办公室按照要求，制定“工作流程”“工作细则”“宣传方案”“摸底工作细则”“编码工作细则”“质量控制工作细则”“乡级调查机构考核评比办法”等各项工作制度和实施办法。区统计局、计划生育局、公安局、区委宣传部等各成员单位相互配合，开展宣传动员，选调、培训调查员与调查指导员，划分调查小区，开展试点工作，进行摸底调查和登记、复查工作，组织快速汇总、编码、录入及质量控制工作，按时完成上述2次人口抽样调查任务。2次抽样调查工作均获“贵州省1%人口抽样调查先进集体”荣誉称号。

九、统计管理登记

1997年钟山区统计局组织开展全区范围内的统计管理登记工作，年底基本完成区直各单位的登记，区运管所配合完成大部分运输业户的登记。各镇乡街道也按要求组织开展各自辖区内的登记工作，但因牵涉到对登记者收费，工作难度大，尤其是个体工商户反映强烈，阻力大，工作推动困难。2002年，区统计局再次组织开展统计管理登记，完成350家统计登记。

第二节　执法检查

自1989年起，区统计局每年都组织开展统计执法大检查，较有代表性的几次统计执法大检查有：1989年4月，区统计局针对1988年较为普遍存在的统计报表迟报、缺报情况，开展为期一个半月的大检查，检查组逐一检查各个单位，对存在的问题予以批评纠正，对问题严重的单位进行通报批评，使迟报、缺报统计资料的情况有一定的好转。1990年年初对二塘乡、三合乡、黄土坡办事处迟报统计报表的问题进行严肃查处，对有关责任人处以罚款，并通报全区，使原来较为普遍存在的迟报、缺报、漏报统计资料的违法现象明显下降。1994年，检查各级各类单位共60余家，对15家单位拒报、虚报、瞒报统计资料的违法行为立案查处。1998年6月，共抽查30余家单位，对9家单位的拒报、瞒报、伪造统计资料的违法行为进行立案调查，对3家处以罚款、5家予以通报批评，1名责任人依纪给予行政处分。2007年共检查各级各类单位36家，对构成统计违法案件的5家企业进行立案查处，其中对3家企业给予经济处罚，共罚款46000元，对另外2家企业给予通报，责令限期整改处理。

1989—2008年钟山区统计执法检查情况一览表

表8-3

年份	检查情况			处理情况		
	单位数（个）	立案（件）	结案（件）	通报和警告（件）	罚款（元）	行政处分（件）
1989	38	—	—	—	—	—
1990	15	3	—	3	150	—
1991	20	—	—	—	—	—
1992	33	4	—	4	—	—
1993	18	—	—	—	—	—
1994	51	15	15	15	2350	—
1995	16	—	—	—	—	—
1996	14	1	1	1	500	—
1997	22	4	4	4	1400	—
1998	39	4	4	4	1350	—
1999	38	5	5	3	200	1
2000	1	1	1	—	500	—
2001	43	2	2	1	300	—
2002	49	7	7	4	17000	—
2003	40	4	4	3	8000	—
2004	8	3	3	2	3000	—
2005	40	5	5	1	3000	—
2006	40	4	4	4	—	—
2007	36	5	5	5	46000	—
2008	16	5	5	5	10000	—
合计	577	72	65	59	93750	1

第四章　国土资源管理

第一节　国土管理

一、地籍管理

1988年，钟山区开始进行城镇国有土地申报登记工作。至1992年12月全区共申报土地登记1912

宗，其中机关、厂矿580宗，个人1332宗，申报率达80%。1992年4月，钟山区开展中心城区地籍调查工作，至1997年11月市中心区地籍调查工作完成，共投入资金150万元，投入人力2万余工时。完成43个街坊2715宗地，设置权属界址点2万余个。完成各级导线控制网点124个，图根控点748个。完成市中心区6平方千米，共116幅1：500地籍、地形测量。2001年10月，完成市中心城区的松树坪片区土地权属调查，测量面积4.33平方千米，图幅90幅。2002年11月，完成市中心城区的黄土坡片区土地权属调查，测量面积8.2平方千米，图幅203幅。至此共完成市中心城区地籍调查12.53平方千米，图幅293幅。

1992年3月起，钟山区辖区范围内各独立工矿企事业单位向钟山区土地管理局申报国有土地使用权，权属调查由土地管理部门主持开展，并负责权属纠纷调解、处理。地籍测量按统一技术设计，可自行施测或自行安排承包作业，但其成果必须经土地管理部门检查验收。水城水泥厂和水城发电厂用地，均有分属钟山区和水城县管辖地段，按管辖范围分别组织开展完成权属调查和地籍测量。水城钢铁（集团）公司使用国有土地面积大，用地分散。除公司本部及其所在地一批下属厂矿外，下属尚有金河公司（原小河铁厂）、白云石矿、观音山矿和赫章矿等独立厂矿，其用地范围不限于钟山区，同时涉及水城县和毕节地区的威宁县和赫章县，地籍调查工作单独安排进行。1997年8月，水城钢铁（集团）公司地籍权属调查和测量同步开展，权属调查由钟山区国土局主持进行，是年12月完成。地籍测量，观音山矿和赫章矿由水钢设计院承担，其余均由贵州省第一测绘院承包完成。至1998年12月钟山区境内的独立工矿地籍调查工作结束。完成水城矿务局及所属厂矿22个单位5826.9亩，水城水泥厂2118.6亩，水城发电厂126.3亩，铁路用地4369.05亩的地籍调查工作。

控制测量，以贵州省第一测绘院1993年所作六盘水地区等边角网为坐标起算点，完成D级和E级GPS测边网点共28个，用经纬仪和红外测距仪分别进行I级和II级导线点施测，分别完成53个和169个。细部测量，分别用解析法、部分解析法和图解法，实测63宗地、4660个权属界址点。内业工作，完成图件清绘，表格统计和文字报告编写。1998年10月，按《城镇地调查规程》提交各项成果。

铁路用地，由成都铁路局贵阳分局法人代表委托代理人，分别向土地所在地土地管理部门申报。权属调查按“属地管辖”原则，由当地土地管理部门主持开展。地籍测量由铁路测绘队伍按地籍测量规范，利用原有地形图，进行修测、补测，经土地管理部门检查验收后，独立成图。

钟山区国土局在城镇地籍调查工作相继完成后，即对申报登记的国有土地使用权，进行权属审核，注册登记，核发国有土地使用证。至1999年12月钟山区共核发国有土地使用证1238个，使用面积17223亩。2000—2004年，全区共核发国有土地使用证6995个，其中2000年2463个，2001年936个，2002年961个，2003年1795个，2004年840个。钟山区国土资源局上划市管后，2005年始钟山区境内国有土地使用证由六盘水市国土资源局核发。

1988年，钟山区集体土地登记发证工作，由各乡镇土地管理所用宗地勘丈法进行，后暂停。2001年按照贵州省国土资源厅统一安排，六盘水市所辖各县、区、特区集体土地所有权登记发证工作再次启动。是年，钟山区制订《钟山区集体土地所有权登记发证工作方案》，并与贵州省第一测绘院签订《钟山区集体土地所有权调查技术设计任务书》，开始农村集体土地使用权登记发证工作，是年发证52宗。2002年完成15个试点村农村集体土地所有权登记发证，2003年全面开展。2004年11月，钟山区辖区内符合农村集体土地所有权登记的40个行政村的集体土地所有权登记发证工作全部完成。

1988年6月，钟山区土地管理局成立至全区土地详查完成前，区内的土地统计均系兼职统计人员统计上报。1996年钟山区土地管理局组织各乡镇土管所人员开展土地变更调查外业工作，提交钟山区1996年土地利用一、二级类型面积数据，上报六盘水市土地管理局，经市局汇总并建立微机数据库后，即为钟山区土地初始统计基础数据。其后，钟山区均按照各级土地管理部门的统一要求，每年10月1日开始进行土地变更调查，按贵州省统一下发的变更汇总程序汇总上报。

二、地价评估

1995年，钟山区土地清查估价工作，由区土地勘查规划所负责，六盘水市土地勘查规划所和六盘水市土地估价事务所指导和帮助，向区属各国有企业提供涉及土地估价的各项参数和标准，采用宗地直接评估法，由企业自行计算，评估宗地地价，评估结果由钟山区土地管理局确认。1997年5月，钟山区开展市中心区城市基准地价评估工作，用市中心区万分之一地形图为工作底图，调查面积26平方千米。评估结果，市中心评估面积26.06平方千米，划分为5个均质地域，每平方米城市基准地价为商业用地310～140元，住宅用地80～500元，工业用地50～190元。综合基准地价为每平方米58～1130元。

三、建设用地管理

国家建设用地管理 1986年《中华人民共和国土地管理法》颁布实施，贵州省、六盘水市相应制发“实施办法”等法规。1988年6月，钟山区土地管理局成立后，即遵循上述法律法规，依法管理并按管理权限上报审批区内国家建设用地征用事项。1997年中共中央下发11号文件，冻结非农业建设占用耕地审批。是年钟山区仅上报不属冻结范围的国家重点建设项目水柏铁路、株六铁路复线、内昆铁路、六盘水南编组站和国家粮食储备库等用地。1999年1月，实施新修定的《土地管理法》，钟山区按新规定完成上报国家建设项目用地9687.75亩。2004年始建立耕地占补平衡台账，实行台账管理，确保耕地占补平衡制度有效落实。

农村建设用地管理 1982年2月，国务院颁布施行《村镇建房用地管理条例》。1988年，钟山区成立后，境内农村建房用地管理严格按该《条例》执行。规定农民、回乡落户离休退职职工和军人、回乡定居华侨，建房需要宅基地的，应向所在生产队申请，经社员大会讨论通过，生产大队审核同意，报公社管理委员会批准；确实需要占用耕地、园地的，必须报经区人民政府批准。批准后，由批准机关发给宅基地使用证明。农村社队企业、事业单位申请建设用地，经社员大会讨论，将县级以上业务主管机关批准的建设项目文件、建设项目占地平面图等有关资料，报区级以上人民政府批准。

非农业用地清查 1988年8月，成立钟山区非农业建设用地检查清理领导小组，组织对全区非农业用地进行全面清查。1989年1月六盘水市在市中心区开展清理“三违”（违法占地、违章建筑、违纪建房）工作，钟山区将其作为廉政建设的突破口和回应群众反映强烈的一项实事，结合非农业用地清查，对市中心区“三违”情况进行清理，历时3年完成。本次清查共下达有效处罚决定1413份，涉及1448户，其中作罚款处理的625户、面积37835.76平方米，罚款123.51万元，补办手续299户，拆除处理272户，没收房屋7102.32平方米，处罚非法买卖和变相买卖土地252户，罚款648.24万元。1997年贯彻中共中央、国务院《关于进一步加强土地管理切实保护耕地的通知》，钟山区再次开展非农业建设用地大清查，将其作为全区重要政务工作。7—12月钟山区国土局及各乡、镇、办事处国土所经过调查清理、查漏补缺、登记造册和查处等4个阶段的工作，全面完成清查任务。

土地隐形市场清理 钟山区境内市、区、县管理交叉，交易行为复杂，土地隐形市场交易甚为活跃，土地收益流失严重。市区，建制镇建成区，工矿区，交通沿线，城郊接合部等地域内尤为突出。有些土地使用单位或个人，凭借行政划拨的土地使用权，未经批准，擅自将沿街（路）土地改变用途，建门店或商场，用于出租、出售或经营，变相经营土地使用权而盈利。有的未经批准，私自出售、抵押土地和房屋。有的以土地使用权为资本，进行联建、联营而分房或分红。有的房地产开发企业，利用划拨的土地使用权，进行房地产开发或直接转手倒卖土地，从中获取土地收益。1996年国土部门对市中心区国有土地使用权征收土地收益金，是年共清理单位和个人236个，收取本年度土地收益金41万元。1997年六盘水市国土局组织钟山区和水城县国土局对市中心区土地隐形市场继续清理，共清理单位和个人130个，收取土地收益金71万元，收取土地出让地价13万元。区国土局组织对乡镇土地隐形市场清理整顿，收取土地收益金6.33万元。

四、土地使用制度改革

国有土地使用制度改革 1990年5月《中华人民共和国城镇国有土地使用权出让和转让暂行条例》发布施行，全区逐步推行国有土地使用制度改革。1992年5月11日，钟山区政府委托钟山区国土局与山城精神病院法人代表攀兴勇签订国有土地使用权出让合同，出让汪水路261号2.2亩国有土地40年使用权，收取出让金11.23万元。至年末全区共出让55.1亩。1993年出让3.3亩。1994年出让7.95亩。1995年以后钟山区国有土地有偿、有限期使用改革面进一步扩大，1995—1999年出让国有土地341.7亩。2000—2004年每年分别出让国有土地18.2亩、143.6亩、78.77亩、21.77亩、31.34亩。

集体土地使用制度改革 1993年3月起，钟山区土管局组织大湾镇、汪家寨镇、大河镇和黄土坡办事处在其镇（办）辖区内的9个村4300余农户开展宅基地有偿使用试点，收取费用12万余元。由于区内尚有相当数量的农户正处于脱贫阶段，为减轻农民负担，是年6月20日，根据国务院电话会议精神，农村宅基地有偿使用改革于6月底停止试行。1994年9月，六盘水市人民政府制发《六盘水市出让荒山使用权试行办法》，重申荒山所有权分别属国家和集体所有，其所有权性质依据《土地管理法》《森林法》等有关法律法规确定。严禁“清原耕、继祖业”。允许荒山使用权采取协议或拍卖方式出让。明确荒山系指未开发治理或虽已开发治理，但未形成规模和效益的荒山、荒沟、荒滩等土地后备资源，也包括坡度大于25°，需退耕还林还草土地。1995年钟山区拍卖荒山433.95亩，1996年拍卖820.95亩。

1988—2007年钟山区国家建设批准用地情况一览表

表8-4 单位：亩

年　度	面　积	年　度	面　积
1988	6518.25	1998	57262.50
1989	11513.25	1999	10224.00
1990	8466.75	2000	34778.25
1991	7857.00	2001	77323.50
1992	3323.25	2002	35806.50
1993	14069.40	2003	9225.00
1994	2826.00	2004	756.00
1995	2322.00	2005	0
1996	4403.25	2006	20550.00
1997	3557.25	2007	29088.00

说明：表中所列数据按照各级政府批准用地的正式文件统计

第二节 国土观念教育

1989年开始，钟山区采取多种形式开展宣传教育活动，着力提高全社会的国土观念和增强国土管理法制意识。1989年1月始六盘水市清理市中心区“三违”（违法占地、违章建筑、违纪建房）情况。钟山区共出动宣传车100余辆次，张贴通告和标语5000余张，广泛宣传有关法律法规。1990年钟山区司法部门将《土地管理法》等法律法规列为普法教育重要内容，及时受理土地案件。计划生育部门将人口宣传和土地宣传有机结合，通过算人口账和土地账启发民众节约用地。新闻机构积极配合，对土地管理法规和宣传活动进行报道。全区共出动宣传车200余辆次，印发法规资料17265册，宣传提纲2090份，其他宣传资料480份，制作永久性宣传标语152块，半固定式标语3863幅。举办培训班10期，培训人员达500余人次。1991年6月25日“全国土地宣传日”，区及各乡、镇、办事处均组织土地国情教育专题报告会、动员会。悬挂大幅标语，制作固定标语，办宣传栏。钟山区及部分乡、镇、办事处领导人分别作电视、广播讲话。此后，每逢土地宣传日、宣传月，全区均举行宣传活动。

第三节 矿产管理

1996年12月至1998年6月，市、区两级政府多次与水城矿务局协调，将水城矿务局下属老鹰山煤矿、大河边煤矿、汪家寨煤矿、那罗寨煤矿、大湾煤矿、木冲沟煤矿的边角地段划给钟山区组织开采。钟山区地质矿产局在此期间办理75个地方煤矿采矿许可证，采矿规模均为1000万千克/年，将矿产资源开采进一步纳入法治化、规范化管理。1999—2000年，根据省国土厅换发煤炭矿山采矿许可证的要求，钟山区地质矿产局组织各煤炭矿山企业按规定准备资料上报，换发钟山区地方煤矿采矿许可证63个，换发国有统配煤矿采矿许可证6个。

1998—2000年，钟山区地质矿产局根据市中心城区建筑市场的需求，办理砂石、页岩采矿许可证80个，遏制砂石的乱开乱采。2001—2003年，根据城中心区规划要求，关闭取缔南环路沿线可视范围内砂石企业24个，规划黄土坡办事处的坦克山、月照乡的小屯、德坞办事处的三道冲、凤凰办事处的青山为砂石集中开采区，对上述区域内申办砂石采矿权进行挂牌招标、拍卖。2001—2002年，开展钟山区矿业秩序整顿，重点打击汪家寨片区、大湾片区无证煤窑私挖滥采，取缔无证开采小煤窑1000余个，关闭“挂靠矿井”“协议矿井”60个。2002—2003年，委托贵州省地质勘查局二总队完成《钟山区矿产资源规划》。2003—2004年，地方煤矿采矿权过期，钟山区国土资源局组织63个煤矿准备采矿权延续资料，上报省国土资源厅换发63个煤矿采矿权。

2005—2008年，钟山区全面开展整顿和规范矿产资源秩序工作。整顿期间钟山区对辖区内煤炭矿山采矿权、安全许可证、生产许可证、工商营业执照进行集中清理。查处违法越界开采煤矿19个，查处非法转让采矿权矿井20个。集中打击青山片区无证勘探铅锌矿、大湾片区无证私挖滥采，并在大湾片区召开公捕大会，依法对私挖滥采业主进行惩处，并向司法机关移交4名违法人员。同时开展矿产资源整合工作，将46个煤矿整合为21个，规模为0.9亿～3亿千克，14个煤矿进行技改扩能，扩建为0.9亿～1.5亿千克规模矿井，并按要求上报省国土资源厅办理采矿权延续手续，关闭矿井25个。

2007—2008年，开展钟山区非煤矿山整合工作，编制钟山区非煤矿山整合实施方案，对全区非煤矿山企业进行清理，共有非煤矿山81个，其中页岩矿山6个、砂石矿山4个、铅锌矿3个、国有矿石矿山8个。关闭不具备安全生产条件的砂石、页岩矿山25个。拟新设砂石采矿矿山14个。

第五章　工商行政管理

第一节　市场管理

建区之初，区工商局按照国家工商总局“管而不死，活而不乱”的八字方针，放宽农村集市贸易管理，恢复城市农副产品市场。这一时期，市场监管的主要任务是打击投机倒把，进行有形市场的事务性管理。监管的主要领域是城乡集贸市场，监管对象主要是个体工商户、私营企业，监管的主要方式是进驻、发照、收费、验证。随着全区改革开放步伐的加快，区工商局在立足职能的前提下，创新监管模式，加强对市场统一规划布局和市场登记管理，加大市场服务和招商力度，扶持和培育大型市场，推动各类市场的健康发展。1988年，全区有集贸市场4个。1989—1998年，钟山区共投入市场建设资金1548.67万元，新建集贸市场以及其他各类商品交易市场12个，建筑面积6万平方米，成交额高达175.69亿元。这些市场对保障物资供应、满足群众生活、搞活市场流通发挥重要作用。1995年7月，国务院办公厅下发通知，要求工商行政管理机关与所办市场尽快脱钩。到2001年年底，区工商局“办管脱钩”工作全部完成。工商行政管理工作从传统的监管方式方法中解脱出来，按照建立社会主义市场经济体制的要求，立足社会主义统一大市场，将工作重心转移到维护市场经济秩序，形成统一开放竞争的现代化市场体系，改革创新，实现高效、高质、高水平监管。鼓励发展连锁经营、物流配送、网上交易等现代化流通方式，放宽对市场开办主体和经营范围的限制，允许符合条件的各类经营主体开办市场，积极推进农贸市场，特别是城市农贸市场和乡镇骨干集市的升级改造，大力促进信息、劳动力、金融等生产要素市场的发展，积极为市场体系服务。截至2008年年底，全区各类商品交易市场共43处。1988—2008年20年间，工商行政管理经历三个转变，即由最初的管理集贸市场到监管社会主义大市场的转变，由既办市场又管市场到“管办脱钩”转变，由传统的驻场静态管理到市场巡查制、网络化监管、信用分类监管等高效能的动态监管方式转变，初步形成以信息网络为依托，经济户口管理为平台，市场主体分类监管为手段的市场监管体系。

第二节　个体经济管理

1988—2008年，全区个体工商业户由1000余户发展到10240户，平均每年增加462户，年平均增长率为46%，从业人员32858人，资金数额54560万元。全区个人独资企业及私营企业由110户发展到1006户，平均每年增加45户，年增长率平均达40%，投资人数1558人，雇工人数5716人，注册资金12669万元。钟山区个体私营经济成为全区经济收入的主要来源。

一、注册登记管理

注册登记　钟山区工商部门对申请从事个体私营经济经营的申请者，经营项目涉及前置许可、专项审批的，根据前置审批条件，按照注册登记手续要求，核发营业执照。对个体工商户、私营企业的生产经营范围、方式、组织形式进行核定，生产经营者不得擅自变更和超越，否则，予以制止和查处。个体工商户、私营企业如需变更登记项目以及转业、转让、合并、迁移的，须向工商部门提出申请办理变更登记。

验照和年检　工商部门对已领取营业执照的个体工商户，每年定期查验营业执照，并加贴验照标记。对已领取营业执照的私营企业，每年定期进行年度检验，并加盖年检标记。对无故逾期不办理验照、年检手续的，依法进行经济处罚，直至吊销营业执照。

监督检查　凡经营的物品必须符合国家有关法律政策规定，对国家禁止个体工商户、私营企业经营的商品，一律不得经营。对以次充好、以假充真、缺斤少两的行为，轻者进行批评教育，重者按投机倒把处理。对经营者摊点的管理，划行归市，按行业统一安排个体工商户、私营企业到指定地点从事经营活动。另外，协助税务部门教育、督促个体工商户、私营业依法纳税，不偷税、逃税、抗税。

二、分层分类监管

2005年3月，钟山区对个体工商户实施分层分类管理。

分层次监管　钟山区工商部门按照《个体工商户分层分类登记管理办法》的规定，依法委托符合条件的工商所对个体工商户进行设立、变更、注销登记和验照；对从事经营活动但依照有关规定免予工商登记的个体经营者进行备案。受委托的工商所以分局名义行使以上受委托职权，根据国家工商行政管理总局《个体工商户登记程序规定》，进行个体工商户设立、变更、注销登记，并行使登记管理职权，履行相关登记服务职能。个体工商户经营项目涉及前置许可、专项审批的登记注册和验照，仍由分局负责办理。受委托工商所建立、完善并妥善管理辖区内个体工商户档案，不断完善动态的经济户口资料。依照国家工商行政管理总局《个体私营经济统计报表制度》要求，及时对辖区内个体工商户登记情况进行统计，报送相关统计报表。依据委托行使对个体工商户进行验照的职权，对通过验照的个体工商户，在其营业执照上加贴验照标记。对不予通过验照的个体工商户，依照《城乡个体工商户管理暂行条例》《城乡个体工商户管理暂行条例施行细则》等有关规定进行处理。受委托工商所依照国家有关政策法规对农村流动小商小贩免予工商登记，对农民在集贸市场或者地方人民政府指定区域内销售自产农副产品免予工商登记。根据监管执法工作的需要，对从事经营活动但依照有关规定免予工商登记的个体经营者进行备案，记录其基本经营情况，以掌握市场交易动态，规范经营者行为，维护正常的市场秩序。

信用分类监管　钟山区工商部门结合个体工商户登记、监管信息和个体工商户信用标准，将个体工商户相应分为A、B、C、D四级管理。A级为守信个体工商户，用绿牌表示；B级为警示个体工商户，用蓝牌表示；C级为一般失信个体工商户，用黄牌表示；D级为严重失信个体工商户，用黑牌表示。按照信用分类等级，对不同类别个体工商户实施不同的管理措施，合理调整监管重点，科学分配监管力量。对A级个体工商户，建立信用激励机制，予以重点扶持。对符合验照免审条件的个体工商户，免予审查，除专项检查和举报外一般免予日常检查，在服务方面开辟“绿色通道”，提供便利。对B级个体工商户，建立信用预警机制，在日常工作中予以提示，在办理变更登记和验照时进行重点审查。对C级个体工商户，作为重点监管对象，加强日常巡查，增加检查次数，在办理登记和验照时进行重点审查。对D级个体工商户，建立严重失信淘汰机制。符合责令停止营业情形的，依法缴回营业执照及其副本或临时营业执照，符合吊销营业执照情形的，及时吊销营业执照。个体工商户信用记录是建立“经济户口”的重要内容，按照“谁登记，谁录入，谁检查，谁录入，谁处罚，谁录入”的原则，及时、准确、完整地记录个体工商户的各种信用信息，并将信息录入计算机，实行网络化管理。对涉及个体工商户信用的重大信息实行网上传递，按所有行政处罚结果公开的原则，作为个体工商户信用信息予以记录并提供社会查询，对吊销营业执照的个体工商户依法发布吊销公告。自国家工商总局推行个体工商户分层分类登记监管以来，适时将个体工商户登记权限下放到基层所，并结合工商部门“三走进”（走进企业、走进社区、走进村镇）活动深化服务。2008年分局9个基层工商所登记监管员都能达到独立受理个体工商户登记、验照、备案等工作的要求。

三、“两费”征收

钟山区境内收取“两费”（个体工商户管理费和集贸市场管理费），是从20世纪80年代开始的，由工商行政管理部门向个体工商户和私营企业征收，主要用于建设集贸市场，为个体工商户提供服务，为工商行政管理部门提供部分经费开支。钟山区教育和监督个体工商户、私营企业按时缴纳国家规定的各项费用，并坚决制止对个体工商户、私营企业随意收费，擅自提高收费标准以及乱收费、乱摊派的现象。2008年9月，为减轻广大个体工商户和集贸市场经营户的负担，国家财政部、发改委和工商总局发出通知，工商行政管理系统自9月1日起停止征收个体工商户管理费和集贸市场管理费。

第三节　企业登记管理

一、工商企业发展情况

1988年钟山区成立之初，由原水城特区划归钟山区的工商企业有110户，至1988年年末，各类企业发展到296户，其中法人企业185户，分支机构111户，较建区初增加1倍多。1990年各类企业338户（其中公有制企业269户，公司33户，私营企业36户），比上年减少39户。是年，一些私营企业为享受税收、贷款、运输（主要是铁路车皮计划）方面的优惠待遇，寻找挂靠单位，转为集体企业。私营企业新开业13户，注销的有51户，集体企业新开业有90户。1995年，按《企业年检办法》规定，企业不参加年检的作吊销处理，企业户数有所减少。是年，各类企业735户，其中公有制企业501户，老公司115户，已规范的公司7户，私营企业119户，本年度企业户数比上年相比略有下降。从行业结构看，商业企业315户，主要经营原煤、焦煤、矿产品、建材和粮油及制品等。工业企业176户，主要从事采煤、选煤、矿业、有色金属冶炼等行业。1996年全区有各类企业887户，其中公有制企业575户，老公司109户，私营企业100户，有限公司103户。公有制企业数量比上年增长14.77%，部分私营企业符合《公司法》条件，升格为有限公司，因而私营企业数量有所下降，下降率为19%，从行业结构看，服务业比上年增长50%。随着人民群众生活水平的不断提高，各种便民行业，如洗染、浴池、餐饮等行业应运而生，既改变过去洗澡难、理发难、就餐难等状况，又解决待业青年、大中专毕业生就业难等问题。金融业比上年增加两倍多，说明经济快速增长，人民群众收入不断增加。1998年清理“假集体”企业后，有的企业转办成私营企业，私营企业户数增加，集体企业户数减少。“假集体”企业，是指企业全部或绝大部分资本（资产）由个人投入，个人负责组织生产经营，收益由个人支配，但挂靠在某集体单位名下，领取集体营业执照的企业。是年，全区有各类企业989家，其中公有制企业495家，老公司70家，私营企业223家，有限公司201家。私营企业数量比上年增长65.19%，公有制企业数量比上年下降24%。1999年有各类企业800家，其中公有制企业337家，老公司48家，私营企业192家，有限公司223家。清理“假集体”企业，集体企业数量比上年减少19%，粮食批发企业改由六盘水市工商行政管理局管理，国有企业数量减少37%。有的私营企业因经营不善、不参加企业年检而被吊销或自然注销，或转办个体工商户营业执照，私营企业数量比上年下降16.15%。2000年各类企业756户，其中公有制企业303户，私营企业271户，有限公司182户。随着清理“假集体”企业活动的深入开展，本年度公有制企业数量比上年下降11%，国有、集体、联营企业数量均有所减少。《个人独资企业法》于1月1日起实施，降低办照门槛，资金数额不限，无验资规定，除无固定经营场所、临时经营的饮食业不能设立个人独资企业外，均可办理个人独资企业，私营企业数量比上年增长41.15%。2001年全区有各类企业515户，其中国有企业26户，集体企业95户，联营企业3户，有限公司115户，私营合伙企业61户，私营个人独资企业215户。从企业类型看，钟山区占主导地位的仍然是集体企业、有限公司和个人独资企业。2005年全区有各类企业666户，其中国有企业27户，集体企业67户，有限公司176户，私营合伙企业、私营个人独资企业396户。国有企业、集体企业数量仍呈下降趋势，私营企业，包括有限公司、合伙企业及个人独资企业数量，保持上升趋势。2006年各类企业618户，其中国有企业24户，集体企业46户，有限公司176户，私营合伙企业78户，私营个人独资企业294户。国有企业、集体企业数量仍有所下降，其中集体企业下降幅度最大。2008年全区有各类企业1124户，其中国有企业32户，集体企业93户，有限公司423户，私营合伙企业93户，私营个人独资企业483户。有限公司、合伙企业及个人独资企业数量本年度均有所上升，有限公司与私营独资企业数量继续增长。

1988—2008年钟山区工商企业数量一览表

表8-5　　　　单位：家

年份	企业总数	国有企业	私营企业	公司	集体企业
1988	296	—	—	—	—
1989	356	—	—	—	—
1990	338	269	36	33	—
1991	430	304	62	64	—
1992	546	336	88	122	—
1993	751	472	101	178	—
1994	766	521	123	122	—
1995	735	501	119	115	—
1996	887	575	100	212	—
1997	1015	609	135	271	—
1998	989	495	223	271	—
1999	769	337	192	240	—
2000	756	303	271	182	—
2001—2003	515	26	279	115	95
2004	553	27	326	133	67
2005	666	27	396	176	67
2006	616	24	370	176	46
2007	928	33	480	322	93
2008	1118	32	570	423	93

二、工商企业注册登记

1989年，六盘水市工商局移交应由钟山区登记管理的企业档案40户，企业换照实行审查办理报告、核发通知、驳回通知的制度。1990年省工商局编辑出版第二期《企业法人公告集》，全区组稿

291户。1991年，为改变过去对企业重登记、轻管理的状况，钟山区工商局采取措施，成立企业检查所，加强对企业的管理。同时，按照上级有关规定和要求，结合钟山区实际，对企业注册登记进行重大改进。

（一）企业登记前置审批的改进

建区之初，计划经济模式对企业登记管理的影响仍然很大，企业制度以主管部门为核心，企业的设立、变更、注销等重大事项都要经过主管部门审批。企业登记要以审批为前提，企业没有主管部门的，工商行政管理机关不予登记。因此，主管部门、综合部门、行业管理部门的审批，形成企业登记的前置条件，而且各个部门都可以自行设置前置审批，使企业的准入障碍重重。这一时期寻求国营、集体挂靠的企业众多，致使假国营、假集体企业增多，仅1990年全区新开办的集体企业就达90户之多。1994年7月1日随着《中华人民共和国公司法》的实施，钟山区对新开业登记的企业取消主管部门审批制度，并对原有公司进行逐步规范，对不符合《中华人民共和国公司法》规定条件的老公司，降格为私营企业的部、店、厂等组织形式登记。虽然公司户数比1993年有所下降，但按《公司法》新办的公司与日俱增。

（二）市场主体准入条件的改进

2008年，钟山区作为建设服务型工商行政管理机关，摒弃“执法就是执罚”的思想，树立“先教后处”的执法观念，不搞不教而罚，摒弃“限制为主”的把关思想，树立“非禁即允”的准入观念，积极主动支持、引导经营者依法经营。摒弃“监管就是查案”的思想，树立“适度监管不扰民”的观念，注重事前规范。摒弃“随意执法”的倾向，树立“全面履行法定职责、规范执法行为”的观念，确保工商行政执法权正确行使的执法理念。按上述要求，钟山区在市场准入登记中，实行“非禁即入，非限即许”，在市场准入的条件上，降低准入门槛，取消不必要的场地设备等登记条件，促进全区企业的发展。

（三）企业登记审核程序的改进

钟山区对企业登记审核，由受理、审查、核准三个基本登记程序，逐步变为一审一核制。企业申请登记的方式，由上门书面提出申请的单一方式，逐步变为书面申请与数据电子网络申请等多种方式并存。在企业登记中，简化程序，提高效率，优质服务，企业登记管理不断推出新举措，使企业登记当场办结的比例大大提高。

企业登记由实质性审查，逐步过渡为形式审查为主、实质审查为辅。在企业登记中，对材料齐全、符合法定形式的企业登记申请，当场予以登记；对于确实需要核实申请材料实质内容的才进行实质性审查。

1994年钟山区执行《中华人民共和国公司登记管理条例》规定，企业的自主权不断扩大，企业户数增长较快。至2008年全区各类企业、个体工商户发展到10240家，平均每年增加462家，年平均增长率达46%。

三、企业经营行为监管

2001年开始，钟山区开展整顿和规范市场经济秩序活动，在治理整顿工作中，建立健全企业信用监管体系，完善企业登记的监管制度。根据国家工商总局的安排部署和省、市工商局的要求，对企业信用分类监管。根据企业的信用状况，将企业分为守信、警示、失信、严重失信4个管理类别，实行企业信用信息的记录制度、信息披露制度，建立相应的激励机制、预警机制、惩戒机制、淘汰机制。促使企业提高社会信用。建立健全“经济户口”管理制度，对市场主体从准入到退出的全过程进行管理，逐步形成市工商局、钟山工商分局和工商所上下三级联动、部门联动、区域联动的有效监管机制。

四、治理整顿经济秩序

1988年11月，中共六盘水市委、六盘水市人民政府作出《关于清理整顿公司的安排意见》。是年，钟山区共有各种类型的公司56家，其中实业公司26家，外贸公司1家，物资供销公司3家，科技开发公司1家，劳动服务公司16家，零售商业及其他9家。钟山区根据市清理整顿公司领导小组提出坚决撤并重复设置、严重违法的“空壳”公司及党政机关创办的公司，注意保护全民、供销主渠道公司，保持全市的经济持续稳定协调发展的总体原则。撤销、合并、降格25家公司。确定保留的公司31家，其中实业公司11家，物资供销公司1家，零售商业及其他3家，经营煤焦公司4家，劳动服务公司11家，外贸公司1家。1990年，钟山区工商部门根据老公司从宽、新公司从严，批发公司从宽、实业公司从严，社会必需公司从宽、重复设置的公司从严的原则，深入对全区经营企业进行清理，重新换发企业法人营业执照。至年底，历时两年的清理整顿公司工作结束，全区共换发企业法人营业执照236家，占应换企业法人营业执照269户的81.51%。注销企业154家，新办企业法人营业执照102家。换发分支机构营业执照97家，占应换照的119家分支机构的81.51%。全区撤销的公司共有资产总额1027万元，债权40万元，债务67万元。区政府对撤销公司的从业人员进行妥善安排。撤销的公司共有522人，其中安排到行政事业单位28人，到企业的278人，并入新单位113人，自谋职业103人。按照有关规定，对保留的公司经济性质认真核定，清理出5个假国营、假集体公司，恢复公司的真实面目。对保留的公司，重新登记换发工商营业执照。此后，钟山区工商部门针对不同时期扰乱市场秩序，损害消费者权益的突出问题，先后开展食品安全、保护商标专用权、查处虚假违法广告、打击传销、治理商业贿赂等专项整顿和治理工作，并坚持集中整治与建立长效机制相结合，着力提高监督执法效能。2001—2008年年末，全区共查处各类工商违法案件3879件。

第四节　合同管理

一、经济合同管理

1988年，区工商局组织合同检查，在被检查到的11家企业、5家个体工商户所订立的16份合同中，有口头合同8份，金额2.6万元，书面合同有8份，金额11.5万元。从检查的总体情况看，口头合同普遍履约率低，书面合同条款不齐、表述不明确。企业多数未建立健全经济合同管理制度，普遍存在合同文本格式不统一、条款不齐全等问题，许多合同没有违约责任条款，直接影响合同的履行，引发经济合同纠纷。此后，钟山区逐渐推行合同管理试点工作，经济合同制度得到普遍推广。经济合同制度由最初在轻工产品和蔬菜果品等主要农副产品行业内实行，推广到借款、保险、供用电、货物运输、建设工程、科技协作等领域和行业。

二、经济合同监督检查

钟山区对经济合同的监督检查，采取全面检查和重点检查相结合、以重点检查为主，抽查与日常检查相结合、以日常检查为主的方法。全区每年均组织合同检查2次，了解合同履行动态、发现问题及时解决，督促当事人履行合同。

三、经济合同示范文本管理

1990年10月，钟山区开始使用经济合同示范文本，随后工商部门对推行经济合同示范文本制度进行大量的宣传、培训工作，为进一步推行经济合同示范文本制度打下良好的基础。自推行经济合同示范文本制度以来，经历了对经济合同示范文本不认识、不理解、不愿意使用，到逐步认识、理解、乐意使用的过程。使用的文本种类，有工矿产品购销（订货）合同文本、建设工程施工合同文本、农副产品购销（订货）合同文本、财产租赁合同文本等。仅1988—1998年，工商部门共发放工矿产品购销（订货）合同文本3000余套（每套100页，下同），建设工程施工合同文本2300余套，农副产品购销（订货）合同文本1700余套，财产租赁合同文本800余套，其他合同文本500余套。经济合同示范文本在全区的普遍推行，为提高经济合同履约率、强化合同管理、整顿流通秩序起到积极的作用。

四、开展“重合同、守信用”活动

1989年起，钟山区开展“重合同、守信用”活动。区工商部门指导企业签订经济合同，建立健全企业合同台账、合同档案，规范合同签约和履约行为。是年有钟山区建筑安装公司荣获省级“重合同、守信用”荣誉单位称号。至2000年，该公司连续11年获此殊荣。2000年以后，随着政府职能的转变，钟山区把合同的宣传、指导、咨询服务由综合管理中分离出来，加强行业管理和指导，推动企业合同管理，深化“重合同、守信用”活动，开创企业自律诚信的管理模式，将活动的重点转向培育企业信用意识、提高企业信用管理水平和社会责任建设等方面。至2008年，有203家企业540余次连续多年荣获省级“重合同、守信用”荣誉单位称号。其中2000年16家、2003年8家、2005年47家、2007年57家、2008年75家获得奖励。

五、开展打击合同欺诈活动

1996年6月起，钟山区按照国家工商局打击合同欺诈专项执法行动的统一部署，开展以利用购销、建筑、信贷、加工承揽和农资合同进行欺诈行为为重点的打击合同欺诈专项执法检查。根据国家工商行政管理局《关于确认和处理无效经济合同的暂行规定》，开展无效经济合同的确认和处理工作。至1999年10月，确认无效经济合同3份，标的金额17.9万元，涉及集体企业2家、个体工商户1家，其中，主体不合格的2家，金额4.5万元，确认后作返还财产处理。无建筑资质证1家，金额13.4万元，责成有资质的上级公司承担施工。2000年开展以打击合同欺诈为重点的查处违法合同工作，查处违法合同案件14件，罚款2.11万元。涉案企业14家，其中，国有企业3家，集体企业4家，有限公司7家。

六、经济合同鉴证管理

钟山区工商部门按照国家工商行政管理局《关于经济合同鉴证的暂行规定》，开展经济合同鉴证工作。对关系国计民生、涉及金额重大及建设工程施工合同，根据法规和地方性规章实行强制鉴证，而其他合同则实行自愿鉴证。1988年5月至2002年12月全区共鉴证各类经济合同580份，标的金额36375.48万元。其中，建设工程施工合同350份，标的金额21413.25万元；购销合同189份，标的金额13936.16万元；租赁合同25份，标的金额859.30万元；承包经营合同16份，标的金额166.77万元。2002年11月根据国务院《关于取消第一批789项行政审批的决定》，取消工商行政管理部门的合同鉴证行政审批。

七、经济合同纠纷的调解和仲裁

1988年5月，钟山区工商行政管理局经济合同仲裁委员会（以下简称仲委会）成立。11月3日受理调解第一个合同纠纷案件，即四川省内江市供销运输公司（申诉方）与六盘水市红岩商店川兴分店（被诉方）的拖欠货款纠纷案，争议金额3.73万元，12月5日结案，被诉方支付所欠货款3.73万元给申诉方。仲裁的第一个合同纠纷案件，是申诉方贵州航空工业总公司418库与被诉方六盘水市钟山区兴华大理石厂的供销合同纠纷案。1988年5月至1995年8月，仲委会共处理各类经济合同纠纷案件27件，合同金额523.75万元，争议金额195.61万元。其中裁决3件，合同金额31.12万元，争议金额16.34万元，调解24件，合同金额492.63万元，争议金额179.27万元。按合同种类分，购销合同纠纷19件，合同金额5万元，争议金额152.1万元。建设工程施工合同纠纷6件，合同金额130.2万元，争议金额42.24万元。其他合同纠纷2件，合同金额3.05万元，争议金额1.27万元。1991年11月16日以钟仲字

（1991）第01号裁决书裁决被诉方返还申诉方货款2.02万元。1995年9月1日，《中华人民共和国仲裁法》实施，实行新的民间仲裁制度，工商行政管理局经济合同仲裁委员会工作终止。

八、动产抵押登记管理

自1995年10月起，钟山区工商局按照《中华人民共和国担保法》的规定和授权，开始对抵押设备和其他动产的区属企业办理抵押物登记。至2008年12月，共办理动产抵押登记59份，抵押物价值2.4亿元，主债权金额1.1亿元。

第五节　商标广告管理

一、商标管理

（一）商标注册管理

1988—2000年，钟山区核转7件商标注册申请，均得到国家工商局商标局的核准注册。这7件商标为：水城其林电石厂使用在电石上的“打枪”牌商标、水城钢铁厂使用在炼钢用生铁上的“水钢”牌商标、六盘水市钟山区德宝酒厂使用在白酒上的“德财”牌商标、六盘水市钟山区凤凰酒厂使用在白酒上的“多宾”牌商标、六盘水市钟山区凤凰乡农经开发部使用在白酒上的“上龙潭”牌商标、六盘水市钟山区锦江食品加工厂使用在食品香肠上的“邹佳”牌商标、六盘水市钟山区荷城粮食有限公司使用在大米上的“荷城”牌商标。至2000年，仍在正常使用的，仅有“水钢”“荷城”“邹佳”3件商标，其他4件商标或因企业倒闭，或因企业转产，或因资金困难生产间断而不能正常使用（或未使用）。2001年10月《商标法》第二次修订后，将核转制改为代理制，商标相关注册事宜由商标事务所代理，工商行政管理机关不再核转商标注册申请，仅对商标进行监督管理，对侵权违法案件进行查处。2000年至2008年12月，全区注册商标增长为110件。

（二）商标印制管理

1988—1993年，对商标负责制实行“定点印制”制度，全区有商标“指定印制”企业6家，共印制注册商标50余万套，批准印制未注册商标企业27家，印制未注册商标85万套。1993年9月后，贯彻国务院批准第二次修订的《中华人民共和国商标法实施细则》，对原来的规定作相应修改，取消商标“指定印制”管理制度，实行企业凭商标注册证、营业执照，到具有所在地县级工商局核发的“注册商标印制证明”或“未注册商标印制证明”的印刷企业印制商标。

（三）商标违法案件查处

1988—2008年，钟山工商分局共查处各种商标违法案件46件，其中按时段划分，1988—1991年3件，1992—1995年3件，1996—1999年7件，2000—2003年9件，2004—2008年24件。按侵权行为划分，假冒注册商标案31件，商标侵权案8件，未经许可擅自使用注册商标案5件，必须注册商标而未经注册商标销售药品案1件，未经指定印制商标案1件。

二、广告管理

（一）广告登记管理

区境内经营广告业务的单位和个人须在区工商局进行审批登记。1988—2008年，共审批登记各类广告891份。按广告形式分，印刷品广告200份，店堂广告350份，户外广告341份。按广告内容分，医疗13份、商品信息257份、形象宣传2份、促销7份、服务宣传14份、开业15份、商铺招商17份、自产自销19份、房产24份，其他各类广告523份。

（二）查处违法虚假广告

钟山工商分局在各个市场、交通路口均建有广告栏，经审查的广告实行定点张贴。对发现的街头巷尾张贴的未经审查的各种广告，特别是医疗广告，加盖“未经审查、谨防受骗”的印戳，提醒消费者注意。为查堵非法印刷品广告源头，每年除组织人员定期或不定期地对印刷企业和广告经营单位进行专项检查外，采取日常检查和专项检查相结合、工作日检查和节假日检查相结合、业务股室检查和基层工商所检查相结合等方法，加大广告执法力度，对广告违法案件予以严厉查处。仅2000年，就查处违法案件50件，罚款19050元。至2008年年底，共查处虚假违法广告案件130件，收缴非法印刷品广告特别是医疗、药品广告近30万份，对广告违法行为及时打击，遏制虚假违法广告蔓延的势头，以维护公平有序的广告市场竞争秩序。

第六章　物价管理

第一节　价格与收费管理

一、商品和服务价格制定

1989年11月24日，根据省物价局、省商业厅有关文件精神，区物价局对辖区内食盐零售价作出规定，一价区（黄办、荷城办、德坞办、凤凰乡、教场乡）0.28元/500克，二价区（月照乡、大河镇）0.29元/500克，三价区（老鹰山镇、观音山镇、汪家寨镇、以得乡）0.30元/500克。是年3月和9月，区物价局按上级文件精神，两次降低茅台酒、董酒和省管5种名优酒的批零价格以及11种名烟零售价格。区物价局制定出租车治安管理费标准（每车每月10元）；私房买卖登记费按成交额的3%收取，买卖双方各承担1.5%；商品房买卖或出租手续费按成交额或出租额向双方各收取0.5%；水城发电厂厂区车辆通行费重车每次4元，空车每次2元。之后，按照国家价格改革方向，除少数重要商品和劳务价格国家管理外，绝大多数价格开放，由市场调节，以转换价格形成机制，逐步实现国家调控市场，物价部门的主要工作是开展市场价格服务、监管和宏观调控、指导。

二、价格服务工作

1992—1997年，区物价局共印发国家物价局、国家计委相关文件，规定2.2万余份，发送物价政策公报212份，价格信息2585份，发售标价签65万余张，推进明码标价工作。明码标价率在1992年60%的基础上逐步提高到90%左右，减少价格欺诈行为。1997年区物价局将针对乡镇企业的各种收费标准编印成收费标准明白卡，并从20个企业聘请20名责任心强的联络员，监督市场收费。1998—2002年，区物价局命名钟山大街、西南家具城、红华家电超市、利康药店为明码标价一条街或示范商场，区医院为药品价格和医疗收费的示范医院，川心小学为教育系统教育收费的示范学校。并发放收费公示牌296块，学生缴费册3.8万余册，农民电费交费登记册1.8万余册，进一步抑制乱收费现象。

2007年区物价局编印《钟山区物价局“价格服务进万家”活动宣传手册》，内容包括辖区内涉及收费的公安、法院、工商等28个单位的收费公示、区物价局的服务承诺、价格政策法规知识问答、13种价格违法行为和13种价格欺诈行为的表现等。2008年年初，向全区9个镇、乡、街道及各商业网点发送宣传手册和《中华人民共和国价格法》15000余份。10月20日，区物价局再次将收费公示卡汇总，编印成《阳光收费明白手册》3万册，发到公民手中，以备查阅，以利监督。

三、实施价格紧急预案

2007年年末至2008年年初，钟山区遭受特大雪凝灾害，市场猪肉、羊肉、粮食、蔬菜、食油、禽蛋等食品类价格大幅度上涨，与上年同期相比，猪肉上涨30.3%，蔬菜上涨20.5%。区物价局除加大市场价格检查力度，制止趁灾乱涨价、串通定价、价格欺诈等价格违法行为以外，确定以六盘水广汇超市、万马有限公司、艳丽粮油批发站等6家企业作为价格监控的重点单位，实施提价申报、定价备案等临时价格干预措施。同时，对农贸市场的粮、油、菜、肉、蛋、禽等价格实施每天监测且进行分析，及时上报供上级决策参考，经物价、商务、财政等部门研究并经市政府批准，从市级副食品价格风险基金中拨出80余万元，补贴市食品公司和市蔬菜公司，采取“高进平出”办法，在市中心城区设11个经营点且以低于市价销售，共供应猪肉8万余千克和32个蔬菜品种60万千克，市场物价得到初步平抑，人心安定。同时，对食品运费和储存实行补贴，即铁路和公路运输每吨和每千公里分别补贴130元和600元，每天每吨补贴储存费2元。六盘水市蔬菜公司和农源蔬菜批发市场共调入蔬菜800余万千克，中央财政共补贴153万元，人民群众顺利度过百年罕见的雪凝灾害难关，促使市场价格逐渐平稳并恢复正常。区物价局又适时解除价格临时干预措施和价格补贴措施，对市场价格恢复常规管理。

四、行政事业收费和重要的经营性收费管理

1989年，区物价局开始清理整顿行政事业性收费工作。是年，区物价局向26家单位核发收费许可证。1994年，共办理收费许可证185个，年审收费单位77个，清理取消不合法收费20余项。1997年，全区办理收费许可证1015户。2008年，区物价局共核发或换发175个单位的收费许可证，其中行政性收费单位32个，事业性收费单位42个，非营利性的村卫生室和社区卫生服务站54个，经营服务性收费单位47个。年度审验收费项目379个、其中取消或降低收费标准7项，减轻企业负担290.81万元。审计1255个收费标准及收费金额4858.75万元，年审率达99%。

1998—2008年钟山区收费许可证管理情况一览表

表8-6

年份	核（换）发数（本）	年审收费标准（项）	其中			年审收费额（万元）	其中行政性收费（万元）
			取消（项）	降低（项）	减负（万元）		
1998—2002	3213	2126	48	12	115.00	41000.00	—
2003—2006	1025	1110	1	3	43.14	5334.45	1756.03
2007	240	2097	6	0	115.13	7689.45	4392.19
2008	175	1255	3	4	290.81	4858.75	—

第二节　价格监督检查

一、物价大检查

钟山区物价部门除开展全国统一部署的财务、税收、物价“三大检查”外，常年开展涉农收费、教育收费、服务行业收费、节日物价等专项检查和日常性的价格检查。

1989年，区物价局共检查行政事业性单位及各类工商户2086家次，其中国营集体企事业单位119家次，个体工商户1967家次，万元以上价格违法案件7起，共收缴非法收入和罚款34.22万元，责令清退消费者0.59万元。1992年，共检查收费单位和工商户1590家次，其中查出1092家次的违法金额

65.19万元，收缴非法收入3.62万元，罚款1.68万元。1993—2002年间，共检查企业及工商户14612家次，查出违法金额538.37万元，其中责令退还消费者491.52万元，收缴无法清退违法金额46.85万元，并罚款20.73万元，收缴不规格秤576把，销毁价格欺诈广告3967幅。

2004—2007年，共检查企业及工商户9298家次，查出违法金额86.43万元，其中责令退还消费者34.52万元，收缴无法清退违法金额51.91万元，并罚款50.56万元。2008年，出动检查人员614人次，车辆143辆次，检查有收费行为的单位和商品经营户299家，共查处价格违法案件或行为131起，查出价格违法金额79.21万元，实施经济制裁87.07万元，其中退还消费者73.92万元，占84.89%；收缴无法清退的违法所得5.3万元，罚款7.86万元。

1993—2008年钟山区价格监督检查情况一览表

表8-7

项目/年份	出动车辆（辆次）	检查人员（人次）	检查户数（家）	查处户数（家）	查出违法金额（万元）	其中		罚款（万元）	附注
						责令清退数（万元）	收缴无法清退数（万元）		
1993—1997	—	—	—	—	247.39	239.54	7.85	18.03	—
1998—2002	1216	4864	14612	3906	290.98	251.98	39.00	2.70	收缴不合格秤576把，销毁价格欺诈广告3967张（幅）
2003	119	598	2051	205	23.41	17.48	5.93	5.94	销毁虚假广告535幅
2004	158	555	4473	172	21.65	17.25	4.40	3.00	—
2005	86	410	1376	101	2.57	0.37	2.20	0.94	—
2006	459	2216	2204	857	27.98	7.69	20.29	27.78	—
2007	152	608	1245	415	34.23	9.21	25.02	18.84	—
2008	143	614	299	131	79.21	73.91	5.30	7.86	—

二、煤炭价格调节基金的征收和解缴

钟山区煤炭价格调节基金办公室设在区物价局，负责煤炭价格调节基金征收管理。区物价局在实际工作中，做到规范管理，加大稽查力度，应征尽征。2005年开征以来，共征收并向省、市、区解缴价格调节基金6325.85万元，为政府调控煤炭市场价格，调整矿区经济结构，促进煤炭加工和后续非煤产业发展，治理和恢复矿区生态环境等提供有力的资金保证。2007年和2008年，市政府从煤炭价格调节基金中分别划拨163万元和152万元、钟山区政府分别划拨101万元和142万元，作为城区和农村贫困人口、低收入人口的冬季生活用煤补贴。

2005—2008年钟山区煤炭价格调节基金征收情况一览表

表8-8

年份	计划数（万元）	实收数（万元）	比计划增长（%）
2005	1000	760.38	-23.96
2006	1200	1543.88	28.66

续表8-8

年份	计划数（万元）	实收数（万元）	比计划增长（%）
2007	900	1433.38	59.26
2008	900	2588.21	187.58
合计	4000	6325.85	58.15

三、价格认证

1996年7月区物价局增设价格认证中心。此后，钟山区严格执行《贵州省涉案财物价格鉴定操作规程》的规定，及时、客观、公正、合法地开展辖区内司法、仲裁、行政执法等各类“涉案标的”价格鉴定工作，以及受当事人委托为其诉讼案件中涉及的标的资产、肇事车辆、商品、财物等提供价格认证和评估服务。

在价格鉴定、认证和资产评估工作中，坚持做到资料齐全、程序合法、计算准确、结论真实，确保鉴证质量。1997—2008年共进行价格认证6978件，认证总值3750.33万元。

1997—2008年钟山区价格认证情况一览表

表8-9

项目 年份	认证件数（件）	其中						认证总值（万元）	其中		
		公安		仲裁		其他			公安（万元）	仲裁（万元）	其他（万元）
		件数（件）	占比重（%）	件数（件）	占比重（%）	件数（件）	占比重（%）				
1997—2002	1056	905	85.70	0	0	151	14.30	1427.53	967.53	0	460.00
2003—2006	3880	3693	95.18	0	0	187	4.82	1252.60	1112.14	0	140.46
2007	732	716	97.81	12	1.64	4	0.55	440.20	337.48	36.32	66.40
2008	1310	810	61.83	0	0	500	38.17	630.00	510.00	0	120.00
合计	6978	6124	87.76	12	0.17	842	12.07	3750.33	2927.15	36.32	786.86

第七章　审　计

第一节　财政金融审计

1988年，钟山区审计局对钟山区财政局、公安局、检察院、政府办公室、人大常委会办公室等单位财务收支情况进行定期审计，发现相关单位违反控购手续规定购买专控商品，金额达20.71万元，责成相关单位补办控购手续。1989年，区审计局查出煤厂信用社会计刘某某冒领贷款0.5万元，短款2万余元，违纪贷款20余万元的问题，刘被移送司法机关依法追究法律责任。1990年，审计发现大湾税务所会计采取收入不入账的方式挪用税款0.28万元，短少通用完税证497份，临时经营发票1467份，工商统一发票5100份。区政府及区税务局、大湾镇采取措施清理票款，并追究当事人纪律责任。1991年，区审计局完成对黄土坡财政所、荷城财政所、川心税务所、水钢税务所的审计，查出违纪资金11.22万元。对区保险公司进行审计，查出违规资金64.96万元。

1992年，对老鹰山镇财政所、汪家寨镇财政所财政决算审计，查出违纪违规资金61.63万元。对市中心区清理“两违”（违法、违章建筑）办公室罚没收入进行专项审计，查出违纪违规资金37.93万元。对世界银行第三期农村信贷项目审计，查出违纪资金11.84万元。1995年，区审计局对本级预算执行情况、税收征管情况进行全面审计，审计出违纪资金59.26万元，应上缴财政11.1万元，补缴税款0.25万元，追回被挪用资金55.39万元，提出审计建议11条。对1993—1994年农业总投入情况进行审计，查出违纪资金29.72万元，损失浪费11.51万元，挪用支农资金和农发基金15.78万元支付基建款及滥发钱物等问题。

1996年，区审计局强化对国家财政财务收支活动的监督，组织对本级财政预算执行情况审计，审计出财政应清理往来款项615万元，无依据转账21.52万元，农业发展基金未纳入预算15.17万元。开展农业资金审计时，发现1995年以来9个镇、乡、办事处“坡改梯”专项资金管理混乱，钟山区针对发现的问题，召集全区镇、乡、办事处领导及站所负责人，就审计出的问题进行认真处理。对1995年农业银行和保险公司资产负债损益情况进行审计，发现挤占成本13.83万元，坐支现金448.56万元，不及时入账117万元。

1997年，对本级预算执行情况进行审计，审计出应缴未缴财政收入165.18万元，对1996年农业局、土管局、民政局进行预算执行审计，查出区农业局挪用专项资金1.47万元支付水电费，挪用育林资金5.1万元购置小汽车。区土管局挪用地籍调查费6.9万元支付建房款，收取的土管费、地籍调查费33.23万元未专户储存，坐支罚没款1.7万元。区民政局违反规定，收取的民政性收费0.38万元未纳入预算管理。1996年对德坞镇和观音山镇财务决算进行审计，查出德坞镇挪用小城镇户籍款、以工代赈款共2.44万元；超限使用现金7.1万元；虚列教育费附加支出2万元。观音山镇违规列支工程款8.5万元，白条列支经费支出1.2万元。

1998年，查出区财政局土地出让金13.2万元未纳入预算管理，收取的耕地占用税67.6万元未及时分解，水资源费42.73万元违规预算外储存，合并税率征收营业税、城建税、教育费附加14.05万元。对大湾镇1997年度财政决算进行审计，查出违规资金31.75万元。对区公安局1996至1997年度财务收支使用情况进行审计，查出截留坐支挪用行政事业性收费77.76万元，违反规定购买专控商品38.65万元，应缴未缴预算收入116.71万元。1999年，区审计局在开展1998年度本级预算执行审计中，发现区预算外资金管理局将应纳入预算管理的274万元未纳入预算管理，应征未征营业税13.7万元、城建税0.96万元、教育附加0.14万元，查出税务部门虚增投资方向调节税130万元；开展教育经费审计工作，发现区教育局下属学校挪用借读费、杂费等支付超额奖金、福利。

2000年，区审计局对1999年度本级预算执行情况审计，查出预算外资金专户缴存的行政事业性收费48.14万元未纳入预算管理，土地出让金99.20万元未列入当年收入，对国土资金进行专项审计，查出坐收坐支应缴财政专户资金43.64万元，挪用应上缴财政资金49.01万元，未按规定纳入预算管理75.06万元，拖欠土地出让金及收益金9万元。审计部门对审计发现的未按规定进行资产核算、收缴票据管理不规范等问题提出审计建议，并交区人民政府办理。2001年，审计中查出区财政局违规将土地出让金99.20万元拨付区土地管理局使用，收取的行政性费用222.59万元未纳入预算管理，虚列支出9.81万元。在税收征管情况审计中发现，区地税局将代征代扣手续费46.77万元挪用为机关自身经费。对汪家寨镇政府2000年度财政决算进行审计，查出该镇空转预算收入、白条入库、白条列支、截留计划外生育费等问题。2002年，在税收征管审计中查出区地税局挤占挪用代征代扣手续费54.68万元，少征城建税和教育费附加。查出区土地管理局182.18万元土地出让金未缴入库。对老鹰山镇政府2001年度财政决算审计查出该镇违反票据管理规定，用行政性收费收据收取煤焦税费57.22万元，并截留挪用坐支社会抚养费，扩大补贴发放范围。对发现的重大违纪问题依法移交纪检机关查处。2003年，对2002年度本级预算执行情况进行审计，查出区财政局应缴未缴预算收入284.78万元，无依据拨款328.22万元，未及时拨付教育费附加67.69万元。在税收征管审计中发现，区地税局少征城建税和教育费附加33.16万元，并自行设置税收过渡户。2004年，对2003年度本级预算执行情况进行审计，查出区财政局在2003年预算外资金专户中，应纳入预算收入323.82万元，资产处置变卖收入66.98万元未纳入预算，契税52.02万元未入库。在税收征管审计中，查出荷城地税分局将征收的个人所得税以营业税上缴入库，造成税种的改变和级次的混淆。同时发现各乡、镇、办事处为抓财源建设，以工作经费的形式支持税务部门，共28.2万元。

2005年，对2004年度本级预算执行情况进行审计，查出区财政局滞留预算收入502.18万元，未缴本级预算收入9.02万元，超预算拨款772万元。区地税局滞留税收收入155.20万元。2006年，对2005年度本级预算执行情况进行审计，查出区财政局应缴未缴预算收入60万元，管理不规范金额3272万元，超预算支出1525万元，向非预算单位拨款1347万元。在税收征管审计中，查出应征未征税收17万元。2007年，在2006年度本级预算执行审计中，查出违规资金253万元，管理不规范金额4191万元。2008年，对2007年度本级预算执行审计，审计涉及财政、地税、金库、统计、环保等部门，查出管理不规范金额7990万元。此外，查出违规资金2940万元。

第二节　行政事业企业审计

自1988年始，钟山区围绕治理经济环境、整顿经济秩序的要求，开展审计监督工作。是年对区包装厂、其林建筑公司财务收支情况进行审计，审计总金额851.47万元，查出违纪资金3.88万元，查出应收未收回售货款3.10万元，被审计单位按审计决定收回，查出损失浪费2.28万元，按规定做出审计处理。1989年，对钟山区法院、土管局、民政局、司法局、环保局、卫生局、安乐煤矿、铁合金厂等单位财务收支情况进行定期审计，共审计金额2260.06万元，查出应上交金额35.04万元。

1990年，对区四中和区物价局财务收支情况进行审计，区四中挪用助学金0.54万元、押金0.79万元、书费0.21万元，违反规定擅自收取初、高中补习费1.87万元，滥发钱物及公款旅游2.29万元。对违纪违规问题，按照相关法律法规给予处罚，并在全区进行通报。物价局截留坐支举报费0.56万元，以举报人名义冒领举报费0.38万元，私设小金库0.27万元，违规乱发服装费0.16万元，审计收缴违纪金额并对该局主要领导、分管领导的违纪问题移送纪检监察部门处理。1992年，对区工商局、乡镇企业局1991年度财务收支进行审计，查出违纪违规资金30.81万元。1993年，对区农资公司财务收支情况进行审计，审计金额716.57万元，查出违纪资金258.04万元。1997年，审计发现区教育局挤占普教经费作预算外开支0.58万元，下属各学校预算外应缴未交财政资金78.5万元，审计出区矿产资源管理局挪用资源补偿费85.11万元支付职工宿舍建设款，发放奖金、津贴等2.49万元，坐支现金13.94万元发放野外补贴、业务费。区交通局挪用养路费1.4万元支付烤火费、购买办公用品，违规报销汽车肇事费3.3万元。区文化广播电视局不按规定专户存储收取的行政事业性费用33.8元。1998年，区审计局对区民政局1998年救灾捐赠资金情况进行审计，查出付款19.53万元手续不全的问题。对区物资公司财务收支情况进行审计，查出隐瞒销售收入、营业外收入37.15万元，经营失误造成损失11.84万元等违规行为。

2000年，对钟山一矿财务收支情况进行审计，查出漏缴税金、高息有偿集资、损失浪费、多报购货款等问题，对相关责任人移送司法机关处理。对大湾、老鹰山、大河、汪家寨4个煤管站1999年财务收支情况进行审计，查出4个煤管站共欠缴税费1341.47万元。对世界银行贷款（卫生人力开发项目和疾病预防项目）进行审计，查出配套资金不到位及挪用世界银行贷款8万元冲抵行政经费。2002年，对钟山区支援铁路建设办公室财务收支情况进行审计，查出该办挪用征地拆迁资金支付工作经费45.58万元及滞留铁路补偿款。2003年，对区国土资源局、水利局2002年度预算执行情况进行审计，查出区国土资源局收取的土地出让金306.63万元未进行土地成本和出让金分解，造成土地出让金未作预算收入上缴。区水利局在国债资金账户中虚列支出60万元，由单位支付应由职工个人负担的费用1.40万元。2005年，区审计局对区煤炭资源管理局2004年度财务收支情况进行审计，查出该局违规使用现金支付维简费，金额达222万元，滞留应上缴收入31万元，违反票据管理规定，未使用专用票据收取罚没款9万元，未及时上缴税费243.22万元，违反收支两条线规定，将其他款项抵扣应上缴收入69万元。2007年，查出区经济贸易局违反规定，私设个人结算账户收取屠宰税费，并查出违规资金174万元。查出区安全生产监督管理局超范围发放奖金，用行政经费支付应由职工个人承担的住房公积金。2008年，对德坞街道办事处2007年度财政决算情况审计，共查出管理不规范金额380万元。

第三节　固定资产投资审计

1990年，区审计局对工商局、法院法庭、公安局看守所、检察院办公楼、人武部训练基地和农业技术培训中心等6项基本建设自筹资金立项情况进行审计，审计金额为310万元。审计的重点为：资金来源是否正当、落实项目开工前是否符合相关规定，资金是否按规定存贷，项目是否列入政府下达计划等。1991—2008年，共对79个区内固定资产投资项目开展审计工作。1996年，对场坝、老城饮水工程竣工决算进行审计，核减工程资金0.53万元，补税0.28万元。

2000年，对区检察院宿舍楼和区政府2号、3号集资楼竣工决算进行审计，核减高估冒算金额17.83万元。2004年，对海开小学等11所教学楼、2个煤焦验票站、区人大政协楼及汪家寨小学教学楼附属工程竣工决算进行审计，共核减建设资金200万元。2005年，对凤凰新区龙井路、水西南路、碧云路、凤凰大道等8个工程项目竣工决算进行审计，核减高估冒算金额480万元。2006年，对钟山广场等工程进行竣工决算审计，审计金额7810万元，审减工程资金1624万元。2007年，对区行政办公楼等20个项目竣工决算情况进行审计，审计项目资金8869万元，审减工程资金746.75万元。2008年，共完成对钟山区妇幼保健院综合楼、钟山区政府2号办公楼、大海坝水钢技改项目安置工程等19个工程项目竣工决算审计，共审计金额7578.61万元，审减1052.58万元。

第四节　专项资金审计

2001—2008年，区审计局共计开展22次专项资金审计。

2001—2002年，对企业职工基本养老保险基金的征缴、使用和管理情况进行审计，发现2001年征缴收入84.18万元未存入财政专户，企业欠费现象严重等问题。2003年，对钟山区职工住房公积金管理使用情况进行审计，发现部分单位的住房公积金有多头开户的违规情况；对“非典型肺炎”专项资金和捐赠款物使用情况进行审计，查出区建设局扩大范围发放“非典”工作补贴0.69万元，区卫生局未将部分“非典”物资进行入库登记，造成物资短少情况。2004年，开展外资审计，对世界银行贷款/英国赠款中国结核病控制项目2003年度执行情况进行审计，查出虚列支出4.04万元以及未对药品建账核算等问题。2005年，对2003年至2005年6月排污费征收管理使用情况进行审计，查出区环保局坐收坐支排污费1.1万元，代收排污费20万元未纳入财务核算，环保项目未及时实施等问题。2006年，对2005年度天然林保护资金进行专项审计，发现管护资金使用不恰当，存在资金积压的问题。对2005年度支农资金进行专项审计调查，发现管理不规范金额50.8万元。对世界银行贷款中国结核病控制项目2005年度执行情况进行审计，查出管理不规范金额12万元、违反协议收取费用、滞留配套资金8万元等问题。2007年，开展社会保障资金审计，查出管理不规范金额45万元，以及挤占医疗保险统筹金、定点医院虚高药价套取医疗统筹金的问题。2008年，对四川汶川抗震救灾的资金情况审计调查，并将审计结果在网上对社会公告。

第五节　经济责任审计

自2000年开始，钟山区对领导干部经济责任进行审计。至2008年共对33名领导干部进行审计。

2000年，对大河镇镇长刘某某和钟山区房地产公司经理何某某进行任期经济责任审计，对存在的问题提出整改建议，对违规问题进行处罚。2001年，钟山区建立县级以下党政领导干部经济责任审计、联席会议等一系列工作制度，强化领导干部经济责任审计工作。2002年，对老鹰山镇镇长周某某、月照乡乡长柏某某进行任期经济责任审计。2003年，对钟山区建设局局长、民族宗教事业局局长、民政局局长进行任期经济责任审计，查出截留上级收入、坐支社会抚养费、无依据收取承包费、私设小金库等问题，对违纪违规行为依法进行处理，并向纪检机关移交案件线索。2004年，对区交通局局长、文体广播局局长进行经济责任审计，查出公路建设中虚增工程造价、应缴未缴财政收入、扩大范围支付补贴、违规出借账户、未按规定结转固定资产、违规高息集资等问题，对相关责任人进行追究。2005年，对德坞街道办主任、荷城街道办主任、区水利局局长、区委党校第一副校长进行任期经济责任审计，查出应征未征耕地占用税、违规使用定额票据、坐支现金、白条抵库、违规提取工程费用、多列工程款、无依据发放管理费等问题。2006年，对区运输管理所所长、卫生局局长、科技局局长等8名领导干部实施经济责任审计或离任审计，查出违规金额225万元，管理不规范金额332万元，对私设小金库、重复列支、违规购买贵重纪念品等问题进行处理。2007年，对月照乡乡长、老鹰山镇镇长、大河镇镇长、黄土坡街道办主任等4名领导干部进行任期经济责任审计，查出违规金额1363万元，管理不规范金额705万元。

2008年，对区疾病控制中心主任、安全生产监督管理局局长、乡镇企业局局长、粮食局局长、统计局局长、荷城街道办事处主任、德坞街道办事处主任等7名科级领导的任期经济责任审计或离任审计，查出管理不规范金额462万元，违规金额19万元。查出应缴未缴财政收入、未对罚款收入建账核算、违反规定扩大开支范围支出、固定资产未入账核算、虚列支出、未按规定管理国有资产、未按规定管理使用专项资金、决策不当造成损失、财务管理核算不规范、乱收费等问题。共查出主管责任464万元，直接责任4万元。向纪检等有关部门移送案件线索1件3人，3人被追究责任。

第六节　审计检查监督

一、检查

1988年9月，区审计局对建区以来专控商品采购情况进行调查，查出少数单位未按程序办理控购手续，购买控购商品，涉及13个品种12.54万元。鉴于属新建单位，审计未作没收处理，向政府提出要求违规部门补办控购手续的建议。区政府非常重视审计建议，以简报形式向全区转发审计情况，违规的4个单位认真整改，完善控购手续。

1989年，区审计局牵头，与区监察局、区财政局对全区财政所、税务所财政收支情况进行检查，协助区财政局等单位开展清理整顿公司工作。1992年8月，区审计局参与汪家寨镇、大河镇、大湾镇、月照乡的撤并建资产清理工作。对钟山电石厂、青山矿、铁合金厂财务收支进行清理。1994年7月，区审计局联合区财政局、煤炭局对区煤焦税费征收情况进行清理检查。1997年，区审计局参与钟山区纪委对区川心小学财务收支情况进行清理，查出时任校领导班子利用订购学生校服和试卷等私分回扣、第二课堂乱收费等违纪行为，该校领导班子被解散，相关责任人被依纪处理。2004年，对钟山一矿2003年财务收支情况进行账务审查，就该企业改制问题向区政府提供决策依据。2008年，对黄土坡街道、荷城街道、凤凰街道下设的10个村改社区集体资产组织（村资产管理委员会）的资产情况进行清理。是年10月，对大湾镇西洋焦化公司2007年煤炭调节基金征收情况进行检查，查出大湾镇滞留应上缴基金及煤炭税收，责成该镇上缴欠缴的基金及税收300余万元。

二、监督

1988年来，审计工作紧紧围绕区委、区政府的中心工作，坚决维护财政财务收支的真实性、合法性，将财经领域查错纠弊作为工作重点开展审计监督。自1995年始，区审计局按照《审计法》的要求，对本级预算执行情况逐年进行审计后，向区人民政府提交审计结果，并受政府委托向区人大常委会作本级财政预算执行情况审计报告，接受人大监督。

1999年5月，中共中央办公厅、国务院办公厅下发《县级以下党政领导干部任期经济责任审计的暂行规定》和《国有企业及国有控股企业领导人员任期经济责任审计的暂行规定》后。钟山区通过对大河镇、区房地产公司等单位领导的任期经济责任审计，总结积累经验，2000年4月，区委、区政府下发《六盘水市钟山区关于县级以下党政领导干部任期经济责任审计和国有企业及国有控股企业领导人员任期经济责任审计的实施方案》，强化对领导干部经济审计的指导和监督。2001年7月，成立以区纪委、组织、监察、人事、审计为成员单位的区经济责任审计联席会议，既加强经济责任审计工作的组织协调，又加强对审计工作的监督。

2007年5月，针对新形势下审计工作的实际需要，区委、区政府下发《关于进一步加强和改进审计工作的实施意见》，对审计监督工作提出目标和要求，进一步促进审计监督工作的开展。2008年5月，区政府按照加强政务信息公开的要求，下发《通报和公告审计结果暂行办法》，实行审计公告制度，通过政府网站向社会公布社会保障基金情况、汶川地震捐赠资金情况等重大审计结果，自觉接受社会各界和人民群众的监督，审计监督的透明度不断提升。

第八章　质量标准管理

第一节　计量管理

一、计量检定

1993—1997年区质监部门在全区范围内开展地中衡、台案秤、天平及砝码的周期检定、修理工作，共检定、修理地中衡310台（件），台案秤及杆秤3271台（件），天平127台（件），加油机25台。1998—2002年再次在全区范围内开展地中衡、台案秤、天平及砝码的周期检定、修理工作，共检定、修理地中衡52台（件），台案秤1100台（件），天平及砝码51台（件），加油机99台。2004

年，对辖区内煤矿使用的仪器仪表开展检定工作，区境67家煤矿，除3家因事故或水淹停产外，其余64家煤矿的矿用计量器具平均检定率达68%。

二、计量检查

2001年针对液化石油气普遍存在计量不足的问题，区质监部门对液化石油气站5000个气瓶进行检查，规范液化石油气的计量，维护消费者的合法权益。2002年对辖区范围内的加油机、集贸市场的计量器具、化肥和粮食市场的定量包装及医疗器械等进行检查登记，对31家加油站的140台加油机进行检查，周检率100%，检定合格率100%。检查集贸市场计量器具350台（件），周检率85%，合格率85%。检查化肥市场8个品牌45件产品的定量包装，合格率95%。检查粮食市场110个品牌31件产品的定量包装，合格率85%。检查6家医疗器具经营单位的血压计12台、B超机1台、X光机2台，周检率47%。是年，对金银首饰加工店采取不定期抽查，监督检查面达25%以上。2004年对钟山区水西粮油批发市场定量包装大米、面粉进行计量监督专项检查，共检查大米批发经营户22家，面粉批发经营户12家，抽查大米定量包装样品21个批次，16个批次合格，合格率76%。抽查面粉定量包装样品15个批次，合格率为100%。2005—2006年，开展对太平洋眼镜店、水钢博康眼镜店、精益眼镜有限公司、水钢巴西眼镜店进行检查，4个眼镜店使用的计量器具均按期由省计量院检定，并在有效期内。对计量器具进行检查，共检查衡器12台，对超期未检的4台衡器，按计量法律、法规进行处理，检查集贸市场在用计量器具51台，50台合格，合格率98%，检查水表146块，电表77块。配合市质量技术监督局对康乐、钟山、明湖农贸市场在用的计量器具进行检查，对短斤少两、损害消费者利益的违法行为予以打击。对定量包装商品企业进行检查，抽查企业4家，6种产品，6个样品，合格率100%。对加油站进行检查，检查加油站7家，加油机27台，合格率100%，检查加油枪33把，合格率100%。2007年，开展农贸市场、酒店宾馆计量监管工作，与市检测所联手检验计量器具50余台；对成品油供应市场进行检查，共检查28个经销单位；针对群众反映老鹰山农贸市场存在短斤少两、克扣消费者的问题，对老鹰山农贸市场进行检查，检查经营户32家，并向经营户宣传计量法律法规，提高广大经营户守法经营的意识。2008年，钟山区质量技术监督分局、安全监督管理局、煤炭管理局联合对煤矿瓦斯监测系统计量器具进行检查，要求38家煤矿做好煤矿瓦斯监测计量器具的申请检定工作，检定检测技术机构应完善瓦斯监测系统计量器具的检定服务，加强对瓦斯监测系统计量器具的监督检查。

三、计量惠民专项整治

2008年区质监部门开展关注民生、计量惠民专项整治行动，共出动执法车辆68辆次，执法人员192人次，对辖区内的医疗卫生机构、集贸市场、眼镜店等单位使用的计量器具进行摸底检查，检查区内24家医疗卫生机构在用的508台心电图仪、心电监护仪、分光光度仪、血压计、B超机等医疗计量器具。检查区内11家集贸市场使用的596台度盘秤、台秤、案秤、电子秤等计量器具。联合六盘水市质量技术监督检测所免费为487台计量器具进行检定，免费检定金额达6000余元。逐一检查集贸市场使用的计量器具。检查11家眼镜店使用的50台焦度计、验光机、瞳距仪、镜片箱、镜片中心仪、角膜曲率仪等计量器具。免费为群众检测和校准血压计、人体秤等家用计量器具710台，并解答群众在计量方面的相关问题。

四、指导帮扶

2002年为扶优治劣，引导消费，区质监部门会同物价部门开展“价格计量信得过”考评活动，对54家申请参评单位进行考评，红华家电超市荣获“价格计量信得过单位”荣誉称号。质监钟山分局帮助水钢组建企业内部计量监督队，健全完善内部监督管理机制和各种规章制度，年均为水钢挽回物资流失500余万元。扶持私营企业，鼓励发明创造，为钟山区小型汽车修理厂发明的888火焰式蜂窝炉及多功能炉查阅有关资料，进行质量论证、鉴定，并推广其产品。

第二节　质量监督

一、工业产品质量监督检查

1999年对区境的食品、建材、农资、五金机电产品等进行质量监督检查，并在春节、元旦、五一、中秋、国庆等重大节日期间开展大规模检查，抽查28个建筑工地，查处违规使用螺纹钢的建筑企业19家，对化肥市场及农机市场等进行检查，重点检查化肥经营户8家、种子经营户2家、农机经营户2家、矿用器材经营户3家、家庭装修产品经营户15家、农药等农用物资经营户11家。2001年对在建工程特别是重点工程使用的建筑材料进行监督检查，分别对砖、混凝土、电杆等进行跟踪抽查，对20户生产企业进行抽样，经检验，合格率为60%。2002年对在建工程用材进行监督抽查工作，其中抽查钢材2批次，合格率100%；砖14批次，合格率85.7%；铝型材3批次，合格率66.7%。同时对辖区内烧结普通砖、蒸压灰砂砖等产品进行抽样监督检查，共检验烧结普通砖产品17个，其中合格11个，不合格6个。抽检蒸压灰砂砖产品5个，其中合格2个，不合格3个。2007年检查危险化学品充装单位15家（次），对1家充装非自有产权危险化学品的充装单位进行处罚。检查经营建筑钢材户3家，查处非法生产地条钢1家。

二、五类产品专项整治

2008年，钟山区对家具、玩具、服装、油漆涂料、仿真饰品五类产品质量进行专项整治，对全区范围内的五类产品生产企业及小作坊进行全面的摸底调查，重点清查无证无照生产加工企业和隐藏在民居中的小作坊。经查全区有1家家具生产企业，有14家生产加工户，清查后对15家企业和生产加工户建立质量档案和台账，规范管理。为了让企业加强对原材料到生产工艺和产品销售等各个环节的把关，要求企业建立原材料进货台账、生产工艺记录台账、产品销售台账等各环节的证、票、检验记录和出厂检验报告等资料。对15家生产企业及加工户的产品进行专项质量抽查，共抽查15个批次产品，批次合格率为100%。在专项整治中，发现有不少企业对产品标准和标志认识不足，造成无标生产、产品未经检验出厂、产品无标志出厂销售等问题，这方面问题在服装生产加工企业中表现尤为突出。针对存在的问题，质监钟山分局加强对产品标准、产品标志知识的宣传。同时，根据不同加工户的不同产品，帮助收集产品标准、制作正确的产品标志，规范企业执行标准和标注产品标志的行为，并对上企业及加工户全部进行标准复审。

三、工业产品生产企业质量管理

生产许可证管理　2000年，钟山区开始实行工业产品生产许可证申办工作，配合市质量监督局指导和帮助全区水泥、钢筋、人造板、氧气、乙炔气、硫酸、普通磷肥、复混肥料、眼镜等生产行业申请生产许可证。2000—2008年，全区6个工业企业、7个产品取得工业产品生产许可证。

建档管理　2007年对辖区工业产品生产企业进行清查，涉及人身健康安全的14类重要工业产品生产企业共有11家，主要是建筑钢材、人造板、化肥、水泥等生产企业，11家企业全部建立档案。2008年对建档企业开展产品标准清理工作。对已有产品执行标准的企业和小作坊建立标准登记，对已登记的10家企业和小作坊的32个标准进行检查，均在登记有效期内，执行的国家标准和行业标准亦在有效期内。同时对不符合国家法律法规和强制性要求的标准进行清理，将清理出来的问题责令企业修订调整后重新备案。

售前报验管理　1993—1997年，钟山区对涉农物资、机电产品等实行售前报验制度，经质量报验合格方可销售，此举提高经营者的质量法律意识，严把进货质量关，在一定程度上遏制假冒伪劣商品的流入。

培训帮扶　1998—2002年，钟山区开办各类培训班28期，受训人数达4500余人次，发放各类宣传资料3000余份，在“3 · 15”国际消费者权益日、九月质量月活动中，共接待咨询3800余人次。2002年，对市酱菜厂、金河乳业公司等企业进行有针对性的重点帮扶，对企业的生产状况、产品质量情况、存在的问题作详细调查，在职责范围内积极帮扶企业，使企业的基础工作、质量工作等逐步向规范化迈进。是年，全区结合《公民道德建设实施纲要》的要求，对泰和百货商场的30余名管理工作人员进行开业前的法律、法规培训，主要讲授《中华人民共和国产品质量法》《中华人民共和国计量法》等内容。

第三节　标准化管理

一、企业标准管理

1993—1997年，区质监部门在全区范围内开展食品标签通用标准和化妆品标签通用标准的检查，检查化妆品经销商12家，查获一批假冒“枪手”杀虫剂、“雅霜”雪花膏及无中文标志的香水、口红等化妆品，对18家食品厂和25种食品标签进行审核办证。1998年钟山区被省质量监督局列为贵州省消灭无标生产试点区，区政府成立钟山区消灭无标准生产工作领导小组，区质量监督局、乡镇企业局、煤炭工业局、经济贸易委员会等部门互相配合，按要求开展调查摸底、宣传、标准登记等工作。开展消灭无标工作前，全区有规模企业76家，产品78种，执行标准的企业9家，无标生产企业67家，标准覆盖率仅为12%，88%的生产企业未办理产品执行标准登记。开展消灭无标工作后，办理产品执行标准登记97个，其中国家标准80个，行业标准12个，企业标准5个，产品执行标准登记覆盖率达95.6%。检查中，建立企业台账8家，收集标准文本汇编资料13类22卷。通过开展消灭无标生产工作，企业基本能按标准组织生产，产品质量明显提高，产品合格率上升42个百分点，产品产销率年均达到95%以上。1999年通过省质量技术监督局的验收。2004年根据黔质技监标〔2004〕61号《关于认真抓好企业标准复审清理工作的通知》和市质监〔2004〕11号《关于做好企业产品标准管理的通知》精神，对钟山区域内企业执行标准登记进行清理。清理前，生产加工企业执行标准登记数为114个，其中国标85个，行业标准13个，地方标准1个，企业标准5个；标准变更10个。清理后，标准总数96个，较清理前减少8个，其中国家标准78个，行业标准12个，地方标准1个，企业标准5个，对淘汰的标准及时通知企业重新登记、备案。2005—2006年在标准清理、登记、备案等方面加强基础工作，摸清区境企业执行标准情况，清理淘汰标准，保证登记备案标准现行有效，为提高企业的产品质量创造条件。2005年开展标准清理工作前，备案标准数32个；清理后，备案标准数40个，其中国家标准22个，行业标准13个，地方标准4个，企业标准1个；取消备案标准6个。在2006年的标准清理工作中，清理前备案标准数32个；清理后备案标准数49个，其中国家标准34个，行业标准5个，地方标准4个，企业标准6个。同时对预包装食品标签进行检查，共检查18个企业，51个品种标签，都符合GB7718标准。2007年开展企业标准备案和执行标准登记动态管理工作，全年登记备案现行标准100个，其中国标20个，行业标准65个，地方标准6个，企业标准9个。2008年清理出7家企业的10个国家标准、1个行业标准备案过期，复审1家企业的2个标准。办理标准登记279个，其中国家标准236个，行业标准19个，备案地方标准13个，企业标准11个。对已有产品执行标准的企业建立企业标准档案，为进一步跟踪企业执行标准进行动态管理提供依据。

同时为企业制订、修订标准，为评审、复审和确认企业的标准提供服务。为钟山区招商引资项目金鹏汽修厂生产的“汽车车架总成技术条件”无偿制定企业标准，先后向有关单位求援，得到湖南长沙市质量技术监督局、贵州省机械行检站、贵州省汽车行检站、贵州省交通厅研究所的支持，该企业标准通过评审，企业顺利投产。为六盘水市恒远新型建材有限公司的粉煤灰水渣砖企业标准申请地方标准项目做前期准备工作。

二、组织机构代码证办理

1993—1997年共为790家企业办理组织机构代码证，为有关部门、单位开展业务提供便利。2008年月11月，建立标准网上查询系统，便于对企业进行监督管理，也便于企业查询有关资料。

第四节　特种设备安全监察

一、特种设备

按照特种设备安全运行的监管要求，钟山区制定监管实施方案，落实监管责任制，加大宣传力度，实行监管与宣传紧密结合。全区的特种设备1228台，未发生特种设备安全事故。

2001年，钟山区全面开展特种设备的登记普查工作，共登记锅炉122台，电梯、起重等机电设备90台，压力容器39台。2004年开展压力管道、气瓶的专项普查工作，全区共有工业压力管道10.2千米，用户49家；充气站7座，其中溶解乙炔气充装单位3家（有1家同时充氧气），自由乙炔气瓶4404个，氧气充装站3座，自由氧气瓶6416个、自由氩气瓶293个，液化石油气充装站1座，自由液化石油气瓶5746个，对查出的问题均按照《气瓶安全监察规定》等相关规定进行处理，规范气瓶充装市场。2005年对重大危险源进行排查，并建立档案资料，完善网络信息建设，使特种设备管理进一步网络化。5月宽带网开通，实现动态网络管理。2008年年底钟山区有各类特种设备1248台，其中锅炉140台，压力容器480台，电梯370台，起重机械120台，大型游乐设施11台，压力管道40余千米，厂（场）内机动车辆107辆，气瓶34000余个。

二、安全监察

2002年开展元旦、春节期间的特种设备安全大检查，检查中心城区、大湾、汪家寨、大河、老鹰山、月照乡特种设备的使用情况，共检查锅炉38台，特种设备8台，对安装不规范的14台锅炉下发停业整改通知书，强制拆除自制土锅炉10台，对已限期整改但未整改的3台土锅炉的部件进行现场拆毁。根据《贵州省气瓶安全监察规定实施细则》《锅炉压力容器管道特种设备安全监察行政处罚规定》下发通告，要求对石油液化气充装单位所充装、销售、使用的液化气，必须标明充装单位名称、地址、气体名称、净重、警示标志、充装合格标志等内容，并按规定对已充气瓶进行封口，超期气瓶必须送检合格后方可使用，告知消费者在购买时要注意认清检查标志的内容，并公布举报电话，受理群众举报。是年为加强中学、幼儿园内锅炉压力容器的安全使用管理，确保广大师生的生命和财产安全，对全区中小学、幼儿园开展锅炉压力容器安全大检查和事故隐患治理专项行动。根据中小学、幼儿园锅炉使用情况制定检查计划并组织实施，安排人员开展技术检验和安全监察，重点清查无证使用锅炉、常压锅炉承压使用、茶水锅炉烧蒸汽和无证操作等违规行为，消除事故隐患。全区大部分中小学、幼儿园内使用的锅炉均按照要求在锅炉的明显位置喷涂警示标志，即常压热水锅炉上喷涂“不得承压使用”，茶水炉上喷涂“不得用于烧蒸汽”，热水锅炉上喷涂“热水温度不得超过95度”等标志。要求中小学、幼儿园在配制新锅炉时，要根据国家有关规定，办理申报登记手续，司炉工等特种设备作业人员必须持证上岗，确保锅炉压力容器的使用安全。

2004年制定“特种设备安全监察事故应急预案”“特种设备安全监察工作职责”“重大危险源监督管理制度”等规章制度，改变过去无章可循，管理欠规范的现象，同时与相关责任人签订工作责任制，做到责任分工，任务明确。是年，对学校、幼儿园、车站、商场、酒店等单位使用的特种设备进行重点监察，将其列为重大危险源进行监控，全年共检查锅炉、电梯、大型游乐设施使用经营户131户，查处违规使用锅炉13户，拆除土锅炉12个，下达安全监察指令书23份，罚款1.88万元。

2005—2006年加强对宾馆、酒店、浴室、商场的锅炉、电梯、娱乐设施和充气站等特种设备及其生产企业检查，共进行安全大检查10余次，发现安全隐患60余条，对5家违规使用特种设备的经营户予以处罚，5家经营户责令整改。对电力及铁路部门安装使用的起重机械、压力容器等特种设备进行普查和集中整治，共检查起重机械24台次，压力容器21台次、电站锅炉4台次，民用锅炉10台次。对大湾、汪家寨等锅炉较为集中的乡镇进行检查。节日期间，专门组织对人流集中的场所进行检查，与辖区内48家企业签订安全责任书。

2007年对特种设备使用单位进行安全大检查10次，其中检查重大危险源单位4次，出动执法人员260人次，车辆80辆次。检查发现2家单位充装非自有产权气瓶，3家单位锅炉安全附件超期使用，4家单位常压热水锅炉承压使用，3家电梯使用单位未经安装监检使用，2个公园的部分操作人员无证上岗，基本完成厂（场）内机动车辆的普查登记。是年，要求全区60余家电梯使用单位粘贴乘客须知，并要求使用单位配备特种设备安全管理人员，对27家单位的常压热水锅炉开展确认工作。

2008年，对全区特种设备重大危险源单位进行安全大检查，全年共出动检查人员210人次，执法车84辆次，检查特种设备使用单位56家，检查各类特种设备260台，发出特种设备安全指令书24份，检查出不符合安全使用要求的特种设备12台，查出设备事故隐患24项，其中一般事故隐患23项，重大隐患1项，全部要求整改，共查处各类特种设备违法案件6起。

三、宣传培训

为不断提高民众的安全意识，防止和减少安全事故发生，2002年，质监钟山分局大力宣传特种设备的安全运行、使用知识，重点在学校开展锅炉压力容器安全监察法律、法规和安全知识的宣传，通过宣传教育，使中小学领导和广大师生认识到锅炉压力容器安全的重要性，了解安全使用的基本常识，在校园内营造良好的安全氛围。2004年采取上街宣传、发放宣传资料等形式开展特种设备安全教育宣传活动，索取宣传资料的消费者达3000余人。在对企业巡查的过程中，向企业发放“锅炉压力容器严禁违规使用通告”“近年锅炉压力容器安全事故通报”等宣传资料。对特种设备使用经营户发放宣传资料1000余份，对200余户从业人员进行宣传教育，举办特种设备相关法律法规及使用安全常识培训班2期，200余人参加培训学习。2007年开展特种设备安全知识进校园活动，分别到钟山区五中、凤凰小学等学校普及特种设备安全知识，向广大师生宣传和讲解乘坐电梯、游乐设施等特种设备安全知识，发放宣传资料500余份。是年，举办电梯安全管理人员和游乐设施操作人员培训班，培训合格的颁发上岗证，解决游乐设施操作人员长期无证操作的问题。组织电梯安全管理人员观摩电梯救援演练，提高作业人员的素质。2008年以隐患排查和百日安全督查工作为重点，加强责任落实，健全规章制度。质监钟山分局为重大危险源单位建立重大危险源档案，督促各企业建立相关的安全责任制度和操作规程，特种设备使用单位在安全责任意识方面有新的提高，企业法人安全责任意识得到加强。在安全活动月期间，组织玉源供水有限公司举行特种设备应急救援演练，取得较好效果。

第五节　行政执法

1993—2004年共查处质量违法案件915起，假冒伪劣商品货值900余万元，查处范围包括螺纹钢、铝型材、大米、五金、手表、卫生纸、手机、电话机、烟酒、化肥、食品等。检查个体工商户、私营、国有企业2000余家，没收不合格杆秤803把，没收人为破坏计量天平31台。在农资专项检查中，没收假冒化肥3万千克，罚款1.54万元，取缔个体私营经营点12个。端掉生产组装假冒劣质矿灯窝点3个，端掉制售冒用生产许可证的劣质磷肥窝点1个。受理消费者投诉案件242起，主要投诉商品为汽车、农机配件、电线、家电及“短斤少两”行为，为消费者挽回经济损失20万余元。“3·15”国际消费者权益日，全区集中销毁一批假烟、假酒、过期食品、劣质电线等假冒伪劣商品，价值30万余元，有力打击生产、销售假冒伪劣商品的不法行为，维护广大消费者的合法利益，增强人民群众的质量意识和维权意识，规范和净化钟山区市场。2005—2008年针对群众反映强烈的热点难点问题，钟山区的打假治劣工作重点查处食品、建材、农资、絮棉制品、五金、手机、摩托车及汽车配件等产品，共查处各类案件383件，其中立案156件，现场处罚227件；质量案件325件，计量案件25件，特种设备案件33件；有11件涉及生产企业，24件涉及经销企业，结案率100%，共罚款90万元。受理消费者投诉43起，为消费者挽回经济损失20万余元。取缔食品生产黑窝点3个，检查建筑钢材企业3家，查处非法生产地条钢企业1家，打击食品生产加工和14类工业产品生产过程中的违法违规行为。对场坝3家生产豆腐皮的作坊进行检查，现场查获生产豆腐皮用的非食品添加剂雕白块2千克，经抽取样品送检，这3家作坊生产的豆腐皮中均添加了雕白块，没收含雕白块的豆腐皮500千克，责令生产者追回已售出的豆腐皮150千克，并处罚款2.8万元。

第九篇　商业贸易

钟山区是六盘水市的中心城区，地处滇、黔两省接合部，商业贸易区位优势十分明显。清朝中叶，场坝自然形成物资集散地。民国时期，场坝和水城老城的商贸活动已很活跃。中华人民共和国成立后，国家将场坝打造成商业活动中心，先后建立各种公司，为发展商贸奠定坚实的基础。三线建设时期，来自全国各地的建设大军云集今钟山区境内，大大促进商品贸易的发展。

1988年，钟山区成立后，随着经济体制改革的深入，钟山区抢抓机遇，大力搞活商品流通，至1992年，以黄土坡为中心基本形成新的商业区。1992—1998年，钟山区通过发展多种经济成分的商业形式，打破封锁，逐步建立完善以国有商业企业为主导，多种经济形式和多种经营方式并存、多渠道、少环节的“三多一少”流通格局。全区主要街道普遍开设百货小商品市场，商店、个体百货店，各种经济成分的公司企业投资兴建商场、超市。1998年后，钟山区明确提出“放手发展、积极支持、合理引导、规范经营”的思想，实行市场准入平等、税费平等、融资平等，为商业、娱乐业、餐饮业提供发展机遇。以黄土坡为中心的商业区开始向钟山开发区、凤凰新区等处延伸，商场、超市、连锁店、专卖店等不同的批发和零售业态发展迅速，形成以大型百货店和超市连锁两种主导业态为骨干、社区便民店为基础、其他多种业态并存的多元化、多层次、多功能、开放式的适合不同消费群体需求的商业经济体系，形成股份制、民营和个体等多种经济成分共同发展的新格局。

2000年后，国内和国外知名商贸流通企业陆续进驻钟山区，给钟山区的经济注入新鲜活力。钟山区辖区内的商贸流通企业网点逐渐增多，网点规模逐渐扩大，经营管理水平和标准化程度普遍提高，信息化、自动化，电子商务广泛动用大宗商品网络交易，配送中心按照货物的流向实行配送，及时、方便、快捷成为现代物流的经营理念。

在国家加快商业改革步伐中，钟山区始终坚持多种商业形式、多种经营方式，统筹兼顾，协调发展的方针，加快建设“万村千乡市场工程”和贯彻落实家电下乡、汽车和摩托车下乡等惠农政策，平衡城乡经济统筹发展，促进农村消费增长，大力发展农村商贸流通体系建设，加大对市场的开放搞活，实行多渠道、多品种、多规格的商品流通，消费品市场日益成熟，需求扩大，社会消费品销售总额逐年递增，实现经济较快、平稳的发展。

第一章　市　场

第一节　集市发展

钟山区成立以前，今钟山区境在清朝时期有水城老城、场坝、底坞（德坞）、大河边、纳福、二塘等集市。由于境内开采冶炼镰铅，自嘉庆到咸丰、同治年间（1796—1874），出现福集厂、平街厂、万福厂等矿区集镇，集市人口上万人。同治年间（1762—1874）因兵燹毁灭，平街厂、万福厂亦同时毁灭。

民国时期，水城为贵州西部商品集散地之一，大宗食盐由毕节入今钟山区地，并转至盘县、普安销售，土布、小百货由安顺入境，销售本地及附近地区。境内土特产诸如山货、药材、皮毛之类返回毕节、安顺等地外销。

中华人民共和国成立后，1965年，今钟山区境集贸市场有老城、场坝、小河边、德坞、大河边、汪家寨、纳福、二塘等处。三线建设时期，工矿区市场随之形成，时有水城矿务局机关、机厂、老鹰山、红旗煤矿、大湾、水城建井处、水城水泥厂、水城发电厂、水城钢铁厂电修厂路段、巴西、八冶、观音山铁矿等处市场，行成白日场，主要销售蔬菜、肉类、土产、日杂、百货等，集市上普遍设有百货商场和饮食服务摊点。

中共十一届三中全会后，国家取消对农副产品的统购、派购，为发展城乡经济，指令性计划范围逐步缩小，指导性计划逐年扩大，市场调节逐步成为经济运行的主要手段，促进多种经济共生共荣。20世纪80年代，今钟山区境市场交易活跃，市场空间迅速扩大，集贸市场飞跃发展。

1988年钟山区成立，由水城特区划归钟山区管辖的市场有33个，分别设在黄土坡、德坞、水西、场坝、水钢、老鹰山、观音山、小河、红旗矿、大河矿、汪矿、大湾、木冲沟、顶拉矿等乡镇和矿区，隶属4办4镇1乡。建区之初，基本是农副产品市场，具有典型的沿街为市的特点，辖区内除中心区的钟山农贸市场、水西农贸市场、水钢八冶市场等几个顶棚市场外，其他市场均属设在矿区和乡镇露天经营的马路市场，经营条件简陋，经营环境和经营秩序混乱，严重影响交通秩序，给群众购买商品带来不便，无法适应钟山区经济发展的需要。

20世纪90年代初期，随着国家由计划经济体制向市场经济体制转型，按照中共中央《关于建立社会主义市场经济体制若干问题的决定》的要求，除关系国计民生的重要生产资料外，农副产品和绝大多数涉及人民生活的工业品都转为市场调节。

钟山区结合区情，采取多种方式有计划、有步骤地大力拓展市场建设。根据城市发展需要，在中心区先后投资新建康乐市场、康乐购物中心、水城综合市场（2005年由水城县划入钟山区）、场坝农贸市场、场坝综合批发市场、场坝牛马市场、场坝钟山商业城，改扩建钟山农副产品市场、水西农贸市场、水钢巴西综合市场等。积极与水城矿务局、水钢两大企业协商，共同投资将原来服务于辖区各大煤矿和厂矿的集市进行规范建设，改善基础设施，修建顶棚市场，实行划行规市，基本解决矿区市场因赶场造成的交通堵塞问题。截至2000年，取消5个马路市场，农贸市场由原来的33个整合为28个顶棚和室内市场，总占地面积发展到96235平方米，总投资3000余万元，市场年成交额达3.56亿元。

2001年市场管办脱钩，钟山区工商部门不再承担农贸市场建设的任务，鼓励企业和个人投资兴建市场，在中心区先后修建和扩建百信市场、文化北路市场、花渔洞市场、新康乐肉菜市场、康乐南路联华市场、明湖农贸市场、明湖花鸟市场、大营市场、大垭口农副产品批发市场等。境内集贸市场面貌得到进一步改善，市场规划设置趋于合理，管理初步规范，市场内个体经营户逐年上升，市场商品繁荣，市场服务功能基本适应城市中心区的发展和商品交易需求。在此期间，钟山区按照中央的一系列政策，强化市场服务，改善市场交易环境，规范市场交易，改进市场监管，市场体系建设得到进一步发展。其中，工业品市场、生产资料市场、煤炭市场、建筑市场、粮食市场、房地产市场、劳动力市场、电信市场发展增速最大。市场体系的不断健全，直接促进钟山区经济迅猛发展。

1988年钟山区集市分布情况一览表

表9-1

序号	市场名称	地点	上市人数（人）	主要交易产品	年成交额（万元）	赶场日期
1	城内	老城	1000	肉食、蔬菜、百货 禽蛋、木材、酒类	22.00	星期（白日场）
2	德坞	德坞	2000	竹木、粮食、百货 禽蛋、酒类、饮食	14.40	星期（白日场）
3	官厅	官厅	500	肉食、蔬菜、百货 饮食、酒类、日杂	9.60	星期（白日场）
4	水西	火车西站	1000	肉食、蔬菜、百货 饮食、酒类、日杂	22.00	星期（白日场）
5	矿务局	矿务局	400	肉食、蔬菜、百货 饮食、酒类、日杂	4.80	星期（白日场）
6	巴西	水城钢铁厂	2000	肉食、蔬菜、百货 饮食、酒类、日杂	72.00	星期（白日场）
7	八冶	水城钢铁厂	1000	肉食、蔬菜、百货 饮食、酒类、日杂	22.00	星期（白日场）
8	指挥部	水城钢铁厂	500	肉食、蔬菜、百货 饮食、酒类、日杂	19.20	星期（白日场）
9	水泥厂	125厂	500	肉食、蔬菜、百货 饮食、酒类、日杂	4.80	星期（白日场）
10	场坝	场坝	10000	牛、马、猪、羊 饮食、酒类、药材	38.40	星期（白日场）
11	场坝牛马市场	场坝	2000	肉食、蔬菜、百货 饮食、酒类、日杂	144.00	星期日
12	滥坝	滥坝	5000	百货、饮食、酒类 牛、马、猪、农产品	57.60	星期日
13	观音山	观音山矿	700	肉食、蔬菜、禽蛋 饮食、酒类、日杂	7.20	星期（白日场）
14	杉树林	杉树林矿	150	肉食、蔬菜、禽蛋 饮食、酒类、日杂	2.80	星期（白日场）

续表9-1

序号	市场名称	地点	上市人数（人）	主要交易产品	年成交额（万元）	赶场日期
15	堰塘	滥坝	500	肉食、蔬菜、禽蛋饮食、酒类、日杂	2.80	星期（白日场）
16	老鹰山	老鹰山矿	500	肉食、蔬菜、禽蛋饮食、酒类、日杂	14.40	星期（白日场）
17	小河边	小河矿	3000	百货、酒类、饮食肉食、蔬菜等	44.00	星期（白日场）
18	红旗矿	红旗煤矿	300	蔬菜、肉食、饮食酒类、蛋食等	3.72	星期日
19	大河矿	大河	500	蔬菜、肉食、饮食酒类、蛋食等	4.80	星期日
20	大河边	大河	4000	百货、蔬菜、肉食酒类、蛋食等	22.00	星期日
21	汽车站	水城	50	蔬菜、肉食、饮食酒类、百货	1.44	星期日
22	建井处	汪家寨	300	蔬菜、肉食、饮食酒类、百货	3.64	星期（白日场）
23	水城电厂	汪家寨	300	蔬菜、肉食、饮食酒类、百货	3.64	星期（白日场）
24	中心医院	汪家寨	200	蔬菜、肉食、饮食酒类、百货	1.44	星期（白日场）
25	汪矿	汪家寨	600	蔬菜、肉食、饮食酒类、百货	5.76	星期（白日场）
26	北山	汪家寨	200	蔬菜、肉食、饮食酒类、百货	1.44	星期（白日场）
27	西山	汪家寨	300	蔬菜、肉食、饮食酒类、百货	2.88	星期（白日场）
28	山甲	大河	800	猪、牛、粮食、饮食酒类、农产品等	57.60	星期日
29	二塘	二塘	3000	百货、猪、牛、马、粮食、饮食、酒类、肉食	72.00	星期日
30	大湾	大湾	800	百货、肉食、饮食酒类、蔬菜、日杂	72.00	星期日
31	木冲沟	木冲沟矿	300	百货、肉食、饮食酒类、蔬菜、日杂	14.40	星期（白日场）
32	顶拉	顶拉矿	200	百货、肉食、饮食酒类、蔬菜、日杂	4.40	星期（白日场）
33	钟山农贸市场	黄土坡	20000	肉类、蛋禽、粮油、土特产、水果	6000.00	星期（白日场）

2008年钟山区集市分布情况一览表

表9-2

序号	集市名称	场期	市场结构				交易方式	上市主要品种	日入场人数（人）	年成交额（万元）
			建筑结构	建筑面积（平方米）	门面（间）	摊位（个）				
1	水钢巴西综合市场	白日场	砖混	3900	115	951	零售	服装、皮鞋、百货、农副产品	2000	6000
2	八冶农贸市场	白日场	顶棚	2000	—	120	零售	肉食、蛋禽、农副产品	1000	1000
3	动力山农贸市场	白日场	露天	1500	—	—	零售	肉食、蛋禽、农副产品	800	900
4	烧结农贸市场	白日场	砖混	800	—	36	零售	肉食、蛋禽、蔬菜	800	500
5	场坝农贸市场	白日场	砖混	3000	—	300	零售	肉食、蛋禽、蔬菜、农副产品	10000	6300
6	场坝牛马市场	白日场	石棉瓦	2600	35	—	批零	牛、马、猪	1800	840
7	水泥厂市场	白日场	顶棚	300	—	50	零售	肉类、蛋禽、农副产品	3000	100
8	田湾菜场	白日场	露天	200	—	100	零售	肉禽、蛋、蔬菜、农副产品	2000	2790
9	活龙口市场	白日场	顶棚	400	—	30	零售	肉类、蛋禽、农副产品	200	120
10	老鹰山农贸市场	白日场	顶棚	1100	10	150	零售	肉类、蛋禽、农副产品	1300	350
11	观音山农贸市场	白日场	砖混	1000	—	190	零售	肉类、蛋禽、农副产品	500	70
12	大河农贸市场	白日场	顶棚	1000	—	146	零售	肉类、蛋禽、农副产品	1200	360
13	红旗矿农贸市场	白日场	顶棚	260	—	—	零售	肉类、蛋禽、农副产品	800	180
15	汪家寨农贸市场	白日场	顶棚	2048	—	400	零售	肉类、蛋禽、农副产品	2300	560
16	汪矿西山农贸市场	白日场	顶棚	210	—	80	零售	肉类、蛋禽、农副产品	500	90

续表9-2

序号	集市名称	场期	市场结构				交易方式	上市主要品种	日入场人数（人）	年成交额（万元）
			建筑结构	建筑面积（平方米）	门面（间）	摊位（个）				
17	大湾镇农贸市场	白日场	露天	2700	—	156	零售	百货、农副产品	700	120
18	木冲沟菜市场	白日场	顶棚	900	—	—	零售	蔬菜、水果	200	180
19	水西综合农贸市场	白日场	顶棚	2000	—	168	零售	肉类、蛋禽、粮油、农副产品	500	1300
20	大垭口农副产品批发市场	白日场	顶棚	10000	84	90	批发	蔬菜、水果	800	5000
21	水城矿务局农贸市场	白日场	顶棚	1000	4	120	零售	肉类、蛋禽、农副产品	1000	83
22	机务段农贸市场	白日场	顶棚	1000	—	—	零售	肉类、蛋禽、农副产品	2000	68
23	钟山肉菜市场	白日场	室内砖混	3300	—	181	零售	肉类、蛋禽、粮油、土特产、水果	20000	6000
24	新康乐肉菜市场	白日场	砖混	7269	37	300	零售	肉类、蛋禽、粮油、土特产、水果	10000	2000
25	百信市场	白日场	室内砖混	1200	—	300	零售	肉类、蛋禽、粮油、土特产、水果	1000	1000
26	文化北路市场	白日场	顶棚	1000	—	100	零售	肉类、蛋禽、粮油、土特产、水果	500	300
27	明湖农贸市场	白日场	顶棚	4500	148	168	零售	肉类、蛋禽、粮油、土特产、水果	2000	1500
28	明湖花鸟市场	白日场	露天	1000	52	—	零售	花草、鱼、鸟	300	150
29	花渔洞市场	白日场	露天	800	—	202	零售	肉类、蛋禽、农副产品	500	100
30	大营市场	白日场	顶棚	1600	—	160	零售	肉类、蛋禽、农副产品	200	70

第二节 市场建设

钟山区建区之初，划入的城乡集贸市场33个，其中城市农副产品市场8个，厂矿和乡镇市场25个。1988—2000年先后新建康乐市场、康乐购物中心、场坝农贸市场、场坝综合批发市场、场坝牛马市场、钟山商业城，改扩建钟山农副产品市场、水钢巴西综合市场等，市场占地面积发展到96235平方米，总投资3000余万元。

场坝集贸市场 位于水城场坝，市场形成于清乾隆时期（1736—1795），是时清廷在附近福集厂、川岩洞、巴都厂等地冶炼铅锌，云集上万工人，场坝又是北下毕节、南下普安厅（盘县）、西进乌撒（威宁）、东入郎岱、安顺的要冲，场坝形成商业活动中心，四面八方商贾云集于此进行交易活动，市场发展迅速。至嘉庆、道光年（1796—1850），场坝已有回龙街、忠恕街、忠烈街、崇文街、洗马街、井水街、长兴街等小街市，形成场坝集市贸易区，物流商品在场坝集散，本地生产的锌铅贩运到毕节、贵阳、湖北等地，药材、山货、土特产流入安顺、毕节，黄铜由云南经威宁入境，食盐由毕节贩运入境，土布、小百货由安顺、郎岱入境。及至咸丰年间（1851—1861），由于采矿、冶炼业经久不衰，市场十分繁荣，《水城采访册》载，场坝集市“铜、盐、铅、布，来往喧阗，厅治箐华萃于此”。道光后期福集厂领办肖必明在场坝黑神庙隔壁建设大兴栈，集住宿和马栈为一体，规模宏大，为往来客商提供餐饮、住宿，是当时水城最大的旅馆饭店，“数十年后（其他旅栈）莫能比”，可见场坝市场的繁荣景象。

咸丰、同治年间（1851—1874）水城发生苗民起义，附近厂矿全部被毁停产，工矿、城镇居民十之八九外逃，水城人丁剧减，场坝集市也遭毁灭性破坏。光绪元年（1875），大规模的兵燹停止，场坝一带缓慢恢复重建，市场得以逐步培育。

清末、民国时期，场坝又形成水城最大的商品集散地，也是贵州西部重要商品集散地之一，由毕节运入的盐，安顺运往的洋布、土布、百货、小五金大多在场坝集市成交，水城的土特产，如猪毛、香菇、木耳、竹荪、獭皮、狐皮、麝香、厚朴、杜仲、黄芪、石斛、党参、茯苓、茯神、桐油、生漆、茶叶等，也在场坝成交外运。这一时期，场坝的交易场所主要集中在上街的中心地段、行坝坝、十字街等地，猪市街主要经营牲畜、肉食、家庭制作的副食类产品，赶场人数通常有数千人。

解放初期，场坝市场平稳过渡，达到繁荣，1950—1956年，国家先后成立国营贸易小组、县合作社联社、供销社、盐业公司、百货公司、民族贸易公司、医药公司、中药材公司、花纱布公司、食品公司、专卖公司等众多公司。1956年成立县商业局，场坝国营、集体、私营店铺剧增，毕节地区的国营专业公司也加入其中摆摊设点，场坝市场一派兴旺景象。1958—1980年，场坝集贸市场发展受限制，市场无证经营、黑市交易现象严重，市场秩序混乱，成交量小。1980—1990年，场坝市场放开，为满足广大农民、市民和附近工矿职工的生活需要，本地注册登记从商的人数成倍增长，外地商贩不断涌入，四川商人主要经营服装、鞋业，湖南商人主要经营五金交电产品，本省入境的商人经营塑料制品、日杂、百货、饮食等，门类众多。是时，城市建设跟不上经济发展需要，所有交易集中在原有的场坝和老城街道上，场坝市场扩大到东抵官厅、西抵教场、北抵铁路、南至大片田坝中。即使这样，大街小巷仍然人潮涌动，赶集天赶集人近10万人。

1990年以后，市镇建设速度加快。为规范市场秩序，工商部门对场坝集市进行长期整顿、规划。场坝市场分为服装百货一条街，竹木陶器一条街，建筑材料一条街，农业生产资料一条街，牛马市场一条街，蔬菜批发一条街，副食品加工销售一条街等；并新建场坝农贸市场、场坝综合批发市场、场坝牛马市场、钟山商业城等，场坝集市进一步规范管理，市场步入新的繁荣时期。其中，1992年7月，始建场坝农贸市场，1993年3月竣工投入使用，建筑面积为4400平方米，工程投资47万元，水泥框架结构，消防及水电齐备。场坝综合批发市场于1998年4月15日投入使用，工程投资80万元，建设面积1200平方米，砖混结构，共有门面46间，核准批发范围为糖、烟酒、副食、小百货。场坝牛马市场于1998年投入使用，市场建筑面积2600平方米，总投资40万元，水泥地面，有石棉瓦半永久畜圈35间。

钟山农副产品市场　1981年6月建成，建设面积2038.4平方米，顶棚结构，有摊位273个，投资13万元。由于该市场处于六盘水市中心区黄土坡片区，与人民群众生活联系紧密，市、区领导非常重视，对该市场建设逐年增加投资，不断扩建和维修。1985年7月至1997年9月，建设面积增加到6185.2平方米，摊位增加到761个，共投资152.67万元。其中顶棚框架结构3045.4平方米，砖混结构1800平方米，露天市场1339.8平方米。

水钢八冶农贸市场　1991年投资建设，是年投入使用，市场面积2000平方米，钢架顶棚结构，有摊位120个，总投资35万元。八冶农贸市场由钟山工商分局投资，主要服务于水钢八冶职工家属。

水钢巴西综合市场　位于首钢水钢（集团）公司的中心地带，占地面积3900平方米，建筑面积9800平方米，办公用房11间，门面115间，柜台摊位951个，总投资310万元。

水西农副产品市场　位于六盘水火车站右侧200米，占地面积1200平方米，建筑面积1176平方米，总投资42万元，顶棚钢架结构，有摊位（砖块混凝土）168个，1992年维修后大大缓解了因经营摊位少造成的拥挤，市场经营人员230余人。

汪家寨农副产品市场　1988年始建，1989年1月1日投入使用，占地面积2048平方米，使用面积1800平方米，市场分为地面一层，地下两层，水泥地面，有摊位400个，总投资49万元，场内经营户150余户。

观音山农贸市场　1993年动工兴建，1994年8月1日投入使用，由观音山矿投资建设，占地面积1000平方米，水泥地面，框架水泥顶，有摊位190个，投资28万元。该市场服务于观音山职工家属及附近农民。

滥坝集贸市场　由钟山工商分局投资建设，占地面积3000平方米，入场经营户170户，该市场服务于当地市民及农民自产自销农副产品。

老鹰山农贸市场　1988年年初兴建，1989年1月投入使用，占地面积3000平方米，顶棚市场建筑面积1136平方米，露天市场约1864平方米，场内有摊位150个，门面10个。

大河矿农贸市场　1985年年底动工，1986年7月竣工，由六盘水市政府与大河矿共同投资兴建，建筑面积1000平方米，为钢筋混凝土结构，有摊位146个，总投资35万元，其中大河矿出资11万元，市政府出资24万元。

大湾农贸市场　1983年4月动工，由钟山工商局和水城矿务局木冲沟矿共同投资兴建，占地面积2700平方米，顶棚结构，水泥地面，有临时摊位156个，总投资10万元。

康乐农贸市场　1994年3月始建，1995年8月竣工，占地面积10869平方米，砖混结构，外贴白瓷砖，农贸市场包括康乐购物中心、农贸综合市场、小商品市场，总投资740万元。第一期工程为农贸综合市场，占地面积7269平方米，有摊位400个，门面189间。第二期工程为康乐购物中心，1997年1月交付使用，总面积3500平方米，内设现代化自动电扶梯，总投资360万元。

2001年以后，市场管办脱钩，工商部门将所办市场移交政府经贸部门管理，同时不再参与市场管理。2001—2008年期间，随着市场经济体制的进一步完善，企业（个体）投资市场建设积极性增加，一批由企业（个体）投资兴办的专业市场不断涌现出来。

专业批发市场 钟山区建区之初，没有专业批发市场，随着城市发展和人民生活的需要，一批专业批发市场逐步建立，自2008年共有专业批发市场4个：水城综合市场，地点在向阳北路，内有门面107间，主要经营糖、烟、酒、小百货、日杂，商品主要销往市区、周边乡镇及威宁、赫章、纳雍等县；六盘水粮食转运站粮食批发市场，市场设在人民中路，共有粮食批发企业9家，个体批发商37家；场坝综合批发市场，市场设在场坝，该市场由钟山区经贸局和开发商李采荣共同管理，场内有门面45间，经营户45家，主要经营糖、烟、酒、百货，商品主要面向农村消费群体；六盘水农源商贸有限公司大垭口农副产品批发市场，由钟山区黄土坡办事处川心九组村民入股集资开办，该市场设在钟山区汪水路，占地面积10000平方米，内有门面84间，摊位90个，经营户170家。

随着钟山区经济发展，煤炭市场、钢材市场、建材市场、房地产市场、通信市场以及劳动力市场得到迅猛发展，这些市场的建立，对于完善钟山区市场体系，丰富人民群众生活，促进钟山经济起到了积极作用。

大型商场 辖区大型商场主要分布在城市中心区黄土坡钟山西路和钟山中路两侧，分别为康乐购物中心、苏宁电器城、水城百货大楼、四海商场、恒远百货、恒远意通百货、佳惠华盛堂等。

超市 辖区超市主要分布在中心区和厂矿，目前较大中型超市有钟山中路的沃尔玛超市、钟山西路的兴隆超市、文化北路的恒源超市泰和店、钟山西路的佳惠超市体育馆店、百事得超市康乐分店、百事得超市向阳南路分店、六盘水火车站旁的万马超市、广汇超市南环路分店、广汇超市水钢店、汪家寨东勇超市、广汇超市大湾店。

第三节 市场监管

一、管理机构

1988年钟山区成立后，集市管理（市场准入）工作由钟山区工商行政管理局负责。根据钟山区集贸市场的分布情况，工商局下设工商所相应进行管理，负责对市场交易过程中的制假售假、欺行霸市、不正当竞争等行为进行监督管理和打击。2000年，全局有工商所11个，2008年，调整为9个（含车辆交易所），负责对钟山区各类市场的市场准入、经营行为进行监督管理，努力把市场监管和热情服务紧密结合起来，促进钟山区经济社会的发展。

二、集市监管

1989—2008年，工商部门遵循“管而不死、活而不乱、活中善管、管中求活”原则，积极宣传工商法规，依法治理整顿市场，做好引导和服务工作。在市场管理中，按行就市，查处短斤少两行为，制止违法经营，查收不合格计量器具，取缔无照经营，打击掺假行为，努力净化市场。开展对节日市场、农资市场、饮料食品市场的专项治理整顿。2001年以来，根据国务院的规定，市场管办脱钩，工商部门不再参与市场建设，强化社会主义大市场的监督管理，工商部门彻底退出“既是运动员，又是裁判员”的历史角色。此后，在商品生产、流通、消费等环节的监管中，各相关部门认真履行职责，有效地对辖区各类市场实施监管。1999年钟山工商分局被国家工商总局评为粮食市场监管先进单位。

第二章　商品贸易

第一节　经营体制及网点

一、私营商业

1990年钟山区办证个体经营户有3065家、3451人，商品零售额5342万元。1991年办证个体经营户3053家、3490人，商品零售总额5519万元。1992年办证经营户3101家、3571人，商品零售额为7012万元。自20世纪90年代起，境内商品流通市场已经非常活跃，以黄土坡为中心的商业区已基本形成，并不断向周边辐射，全国各地的个体工商户和私营企业不断涌入市场。市中心区主要街道布满小商品市场，私营商业异军突起，并不断发展壮大，很快占领市场，在商品贸易中发挥主渠道作用。1992年后，钟山开发区（包括中山中路、南环路）、人民路、凤凰新区也先后形成新的商业区，以私营企业和个体工商户为主体的商场、超市、连锁店、专卖店、餐饮店如雨后春笋，形成多元化、多层次、多功能、开放式的商业经济体系，股份制企业、民营企业和个体户等多种经济成分共同发展。随着管理体制的进一步完善，国内和国外知名商贸流通企业逐步进驻钟山区，私营商业给钟山区的经济注入新鲜活力，实现经济的跨越发展。至2008年，全区有个体经营户32074家，其中，工业1696家，采矿业32家，制造业1664家，建筑业77家，交通运输、仓储和邮政业4531家，信息传输、计算机服务和软件业211家，批发零售业15528家，住宿餐饮业3898家，房地产业3家，租赁和商务服务业310家，居民服务和其他服务业2988家，教育170家，卫生、社会保障和社会福利业365家，文化、体育和娱乐业599家，科学研究、技术服务和地质勘查业2家。有税务登记的个体经营户14898家，全区个体经营户从业人员57499人。

二、集体商业

1990年，钟山区有集体所有制商业企业184家，人员1729人，其中供销合作社42家，人员270人。企业管理机构6家，企业管理人员40人，企业经营机构36家，经营人员230人。其他集体企业142家，人员1459人。1991年集体所有制企业190家，经营人员859人，其中供销合作社69家，经营人员276人。企业管理机构8家，管理人员119人，企业经营机构61家，经营人员157人。其他集体企业121家，人员619人。1992年集体所有制商业201家，人员1317人。其中供销合作社76家，人员314人。企业管理机构1家，企业管理人员17人，企业经营机构75家，企业经营人员297人。其他集体企业125家，人员1003人。1993年后，供销合作社不断改革，经过多次反复重组，逐步走上良性发展轨道，其他集体企业随着市场要素配置和激烈的市场竞争，优胜劣汰，有的转产或重组，有的完全被市场淘汰。

三、国营商业

1990年，全区有全民所有制商业59家、人员310人，其中，企业管理机构8家，企业管理人员8人，企业经营机构51家，企业经营人员302人。1992年有全民所有制机构52家，人员347人，其中，企业管理机构8家，管理人员8人，企业经营机构44家，企业经营人员339人。

1992年，国有企业推行承包经营责任制，试行工效挂钩、利税分流、税后承包等改革，实现经营机制和经营模式两个转变。在计划经济向市场经济过渡的转换中，区属国有商业公司在经营体制改革的浪潮中逐步退出市场竞争，自然停止所有经营活动。

2002年，推行现代企业管理体制。2006年国家重点从“改善环境、支持改革、鼓励创新、促进发展”4个方面对国有企业予以扶持。2008年，推进要素市场体系建设，健全统一开放、竞争有序的市场环境，公有、集体和私营企业公平竞争，发挥市场在资源配置中的基础性作用。

第二节　工业品贸易

一、百货、纺织、服装

1988年，钟山区商业企业经营的小商品有布匹、针棉制品、化纤制品，鞋帽、服装、日用工业品、烟、酒、糖、食品调料、学习用具、体育用品、办公用品。小到针、线、纽扣，大到钟表、自行车，花色品种多，规格齐全。国营商店统一从外地市场采购，内部计划调拨，商品流转通过多层次分配、调拨，完成区内的流转，再直接供应给消费者。1991年，钟山区百货商店有零售机构30家，人员99人，1992年，有零售机构16家，人员29人，分布于小街小巷百货摊，以小户为主，专营各类百货。如：服装店、针织品店、鞋袜店、五金店、体育文具店等，主要分布于黄土坡、老城、场坝一带。随着经济体制改革不断深入，百货纺织的经营发生根本的变化，实行多渠道流通，工业日用商品可以自销，街道和企事业单位可以开办商店，发展集体商业和个体商贩，增设商业网点。国营商业企业逐步向相对独立的商品经营者方向转变，在进销业务上，由过去的统购包销、计划分配的形式，逐步向自由购销、开放的形式转化，百货纺织业已形成以社会主义公有制为主体、多种经济形式和多种经营方式共同发展的结构。

1990年后，境内服装业飞跃发展，市中心城区服装店有上千家。钟山西路、钟山中路服装专卖店林立。2001年后，很多服装店不断向高端发展，诸如皮尔卡丹店、金利来衬衣行、七匹狼西服店等国内外知名品牌的专卖店进入境内，一些大型商场如大世界百货、恒远意通百货、国贸商场的商品品种繁多、琳琅满目，各大商场人潮涌动，呈现空前的繁荣景象。

六盘水恒远百货有限公司　2002年11月成立，位于六盘水市钟山西路30号，营业面积7000平方米，员工146人，经营服装、百货、五金交电、化工产品，服装、食品、土特产品、针织品、文化用品、工艺礼品、玩具、皮具、家用电器、副食、糖烟酒、布匹、鞋帽、体育用品、钟表、眼镜、化妆洗涤用品、燃气具、灶具、日杂用品、床上用品、五金工具、通信器材、图书、玉器、黄铂金饰品等商品，同时，还从事柜台租赁、商场营运管理和咨询服务等。

六盘水市大世界购物广场有限公司　2006年9月成立，位于六盘水市钟山中路，营业面积10000平方米，主要经营服装、玉器、珠宝、金银饰品、文体用品、鞋类、皮具、家用电器、钟表、眼镜、照相器材、婴童用品、玩具、床上用品、日化用品、日杂用品、烟酒茶等。

二、五金、交电、化工原料

1991年，全区有五交化商店7家，员工40人，1992年，五交化商店增加到11家，员工50人，规模逐年递增。2000年以后，市场逐渐成熟，五金交电商业网点增多，专业化、规模化经营网点不断涌现，家用电器商场尤为突出，红华家电、苏宁电器、百联电器、国鼎家电、国美电器等一批专卖电器商场远近闻名。

1988年，钟山区化工原料经营网点不是太多，主要经营染料、油漆、颜料、硫黄等化工产品，用于家庭装饰、蜡染、工业原料等。20世纪90年代，私营企业异军突起，逐步占有市场，在市中心区七十三至特区路口形成化工原料（特别是各种塑脂漆和涂料）一条街。进入21世纪，房屋装修原料的销售一直保持增长势头，经久不衰。但传统的化工原料经营规模仍比较小。

三、石油

六盘水市石油分公司位于钟山区市中心区的钟山中路，公司在钟山区建有加油站17座，钟山加油站是六盘水最早建成的加油站。六盘水分公司物流部辖8座油库，总库容6.52万立方米，其中，1972年3月，滥坝6719库自投产以来，经历1994年8月、2007年6—12月2次大规模技术改造，系该公司最大的铁路通槽油库，有9个轻油大罐和4个润滑油小罐，汽、柴油库容2.74万立方米，年销售汽油、柴油量达4.5亿千克。为缓解市中心城区用油的紧张形势，公司还租赁六盘水铁路机务段0.12万立方米的油库储油备用。

第三节　药　品

1988年，药材的生产和流通主要由私人组织加工和销售。药品流通发展缓慢，国营医药公司对医药商品的供应仍然按一、二、三级批发层次逐级调拨，包购包销，实行条条为主、条块结合、统一管理计划、统一核算财务、统一管理价格、统一安排网点的高度集中的管理体制。

1990—1999年，全区医药流通格局实现由封闭到开放、集中到分散的转变，药品生产企业自销现象逐渐增多，形成多渠道、少环节的医药流通体制。在此期间，钟山区医药商业网点数量增加，药品流通秩序较好，医药流通效率提高，药品流通行业迅速壮大起来。

2000年以后，国内药品流通发生巨大变化，经历医药分业、公费医疗、新型农村合作医疗等一系列药品流通体制改革及OTC（非处方药）制度实施，形成医药大市场、大流通的格局，全区医药主要以发展医药商业连锁经营、提高经营水平、降低经营成本、确保药品质量、提高服务水平、合理布局网点、方便群众购药等方式，实行药品统一进货、储运、价格、企业形象、内部管理及经营核算。在医药改革大环境下，区内药品批发企业和网点急剧增加，并具有相当规模。一批大型民营药品流通企业应运而生，迅速占领市场。如2004年5月，贵州一树连锁药业有限公司在六盘水建分店，2005年固定资产7.57万元，流动资金109.29万元，职工人数9人，实现销售额192.71万元，2008年受金融危机影响，仍实现销售额187.75万元。贵州老百姓药业连锁有限公司于2006年6月落户六盘水市钟山区，是年固定资产500万元，实现药品销售额2300万元，中药销售额70万元，利润总额50万元。2007年固定资产700万元，药品销售额2600万元，中药销售额100万元，利润总额70万元。2008年固定资产1000万元，药品销售额3200万元，中药销售额120万元，利润总额90万元。

第四节　糖烟酒

钟山区的糖烟酒业主要从事批发和零售业务。1988年钟山区糖烟酒市场已初见规模，市烟草专卖局对烟实行专卖，由市烟草公司统一配送至各经销点，糖酒产品由市场自由调节供给，糖烟酒经销点的经营主业互有交叉，但品种主次分明，各有行业组织。糖烟酒零售遍布全区大街小巷的杂货店，也不乏有特色的专业零售店。2005年，为适应市场需要，一些烟酒零售店从杂货店中剥离出来专营烟酒，规模由小逐渐变大，烟酒市场空前繁荣。

2006年，为规范酒类商品的流通秩序，促进酒类市场有序发展，保护酒类产品生产者、经营者和消费者的合法权益，国家对酒类商品流通实行经营者备案登记制度和溯源制度。是年全区备案登记酒类商品经营户808家，其中批发89家，零售558家，餐饮124家，酒吧37家，发放酒类流通随附单114本。2008年，在对酒类产品原有管理规定的基础上，根据《贵州省酒类生产流通管理办法》规定，贵州省实行酒类销售许可制度，酒类商品经营户在销售酒类产品时必须取得酒类销售许可。全区共办理贵州省酒类销售许可证537家，其中批发72家，零售463家，餐饮2家。

第五节　蔬菜　食品

清朝、民国时期，今钟山区境内的蔬菜由农民自产自销，蔬菜品种有大白菜、青菜、萝卜和瓜类、豆类数十种。老城、场坝有专门的菜市场，由于城镇居民人口数量不多，蔬菜供应量不大，农民根据季节和市场变化情况自行调节种植供应。50～60年代初期，随着人口数量的增多，德坞、大河边、老鹰山等地形成蔬菜供应市场，但仍处于自产自销状态。1965年水城县成立蔬菜水产公司，下设场坝、老城两个门市部。1966年，成立二塘、大河边、小河边3个矿区蔬菜商店，向矿区职工供应蔬菜。1973年，公司下设水西蔬菜水产门市部，并开设豆制品厂和酱菜厂。三线建设起步后，水城矿区人口剧增，蔬菜供应量大，当地蔬菜供应不足，蔬菜公司大量到外地采购供应，国家对其经营实行亏损补贴。随着经济的发展，蔬菜市场迅猛发展，1990年后，除农民自产自销外，蔬菜商贩根据行情随时到外地购货，行成蔬菜批发市场，国有蔬菜经营公司甩掉长期靠补贴过日子的包袱，走上自由竞争的道路。2000年后，蔬菜市场的繁荣刺激蔬菜的生产，当地农民扩大蔬菜种植面积，改良品种，实行科学种田，形成规模种植，农民、商贩均受益，市场上的蔬菜品种越来越多，质量也越来越好。

水产品　钟山区成立前，今钟山区境无法形成水产品市场，主要由蔬菜水产公司供应水产品。钟山区成立后，水产品市场逐步形成，有专门的干货（鱿鱼、海参、虾米等类）市场。2000年后，水产品市场繁荣，虽然本地水产品全靠外运，但仍购销两旺，很少出现脱销情况。

食盐　清朝时期，今钟山区境的食盐实行官运商销，由四川省运入水城。民国时期取消官运，由盐商自由贩运，对盐场征税。中华人民共和国成立后，食盐生产、运销、管理全面纳入国家计划，实行统一调拨分配、划定定点、就地供应制度。1988年后，区境内的食盐统一由市盐业公司进货专卖，农村由盐业公司批发给各供销社零售供应，城市直接批发给各家商贩经营，同时设有盐业专卖店，食盐的品质均为国家监制的加碘盐，以确保老百姓用盐的安全。

肉食蛋禽　1988年钟山区成立后，肉食蛋禽经营以个体分散经营为主。直至1998年，国家对生猪实行“定点屠宰、集中检疫、统一纳税、分散经营”规范管理，生猪市场由原来的分散经营管理发展到集中管理，商贩由个体向合伙经营发展，大型手工屠宰场应运而生。2010年钟山区政府成立牲畜定点屠宰领导小组，组建钟山区生猪屠宰管理执法队，负责生猪市场、屠宰场、生猪产品的流通等全过程监督管理，负责市中心区43个大、小市场的执法巡察工作。是年10月，把工商、国税、地税、检疫的4张税费单减化合一，实行“一票制”管理。2004年2月，关闭所有手工屠宰场，实行机械化屠宰，生猪市场也因机械化屠宰进一步发展。

六盘水市中心区机械化屠宰厂是钟山区境内最大的屠宰厂，2003年5月动工修建，2004年3月正式投产使用，是市中心区唯一的机械化屠宰厂。厂区位于钟山区荷城办事处杉树林村，占地68.43亩，设计能力为日屠宰生猪1000头，实际日屠宰300头，有员工140人。有屠宰车间、交易大厅、污水处理站、锅炉房等配套设施。

钟山区对牛羊肉的经营管理晚于生猪业，2000年以前，牛羊肉通过个体商贩由农村运进城，规模不大，摩托车挨家挨户送货，没有固定的流通市场。随着需求量的增加，牛羊肉销量越来越大，2010年12月，钟山区参考生猪业对牛羊肉业进行规范管理，把市区内所有使用牛羊肉的饭店、宾馆、集体食堂纳入管理范围，严格控制非法的牛羊产品流入市区，饭店、宾馆、集体食堂使用的牛羊肉必须是经过定点屠宰的产品。

禽蛋的销售长期以来由农民家庭自产自销。进入21世纪，由专门从业人员经营，实行批零兼营，集中在场坝农贸市场、田湾农贸市场、黄土坡农贸市场一带，在菜场内有固定摊位，主要经营活鸡、活鸭、活鹅。蛋类经营规模零散，由小商贩向周边地区的农村收购，贩运到城市，也有从大型蛋鸡养殖场购进，然后分销到农贸市场和超市，以满足市场需求。

1988—2008年钟山区社会消费品零售总额一览表

表9-3

年份	社会消费品零售总额（万元）	比上年增长（%）
1988	18120	—
1989	17989	-0.7
1990	20579	14.4
1991	25016	21.6
1992	33448	33.7
1993	54893	64.1
1994	63334	15.4
1995	65494	3.4
1996	72263	10.3
1997	84462	16.9
1998	85648	1.4
1999	90258	5.4
2000	98880	9.6
2001	109987	11.2
2002	119504	8.7
2003	134085	12.2
2004	279670	108.6
2005	309875	10.8
2006	370946	19.7
2007	419832	13.2
2008	516395	23.0

说明：2004年以后数据为第一次经济普查调整后数据

第三章　粮油流通

第一节　粮油体制改革

钟山区粮油体制改革，经历了4个阶段，由计划经济向市场经济的转轨逐渐发展。

第一阶段（1989—1992年），计划经济向市场经济转型时期，这个时期经历1988年的粮食供应改革，1992年取消粮食统销，粮油开放经营。是年取消城镇居民粮食供应转移证明，粮食关系不再保留，自成立六盘水市钟山区粮食总公司始，钟山区粮油生产经营逐步向市场经济过渡。

第二阶段（1992—1998年），计划经济向市场经济过渡期，这一阶段主要是粮食自主经营，1993年粮食市场放开并开始运行，1998年，钟山区粮食系统按照国家统一部署进行第二次重大改革，着手解决粮食企业的“三老”（即老人、老账、老粮）问题。组建钟山区粮食收储购销有限公司和钟山区粮食储备库，除区粮油贸易公司为粮食经营性企业外，其余区粮食收储购销有限公司等7个企业统称粮食购销企业，自1998年始，政策性粮食经营活动以区粮食收储购销有限公司为主进行，其余均为代理制。

第三阶段（1998—2003年），粮食企业改革转轨定型时期，1998年粮食企业改革以后，钟山区粮食管理体制改经营业务为“三代”（即代购、代销、代储）业务，1999年钟山区粮食购销企业为实现顺价销售，采取“走出去，请进来”的办法，寻求贸易伙伴，成功争取到凤冈县代储粮食306万千克，盈利39.07万元。

第四阶段（2003年以后），粮食部门产权制度改革时期，国家为继续解决粮食企业的“三老一新”问题（老人、老账、老粮，新的政策性亏损），进行新一轮粮改，钟山区有国有粮食购销企业在册职工218人，通过改革实现内退43人，转岗13人。自2003年起，由钟山区粮食局代表政府与国有粮食购销企业签订《委托代理责任书》，通过合同形式，建立政府与企业新型权责关系，国有粮食购销企业依法享有经营管理自主权，接受国家法律法规和政策的约束，独立承担法律责任和经济责任。2006年9月，组建成立新的国有粮食独资公司，重新返聘国有企业职工34人；同时对区国有粮食贸易公司在册40名职工进行分流安置，其中内部退养5人，解除劳动关系15人，除名1人，16名挂靠职工要求限期转出劳动关系，1人转岗返聘，另有2名残疾退役转业职工暂缓解除劳动关系，至此“老人”改革告一段落。

粮油体制改革给钟山区粮食系统带来生机和活力。自1998年下半年至2005年，钟山区粮食生产企业再未出现亏损，共实现利润438万元，增加固定资产435万元，在全省粮食系统中成为改革示范和榜样。

第二节　粮油购销

钟山区属于城镇工矿区，农业人口占全区人口的30%左右，耕地面积少，亩产量较低，因此国家没有下达粮食订购任务，只下达对农业税征实物数。1990—1998年，每年在本区农村收购少量粮食，实行粮改后再没有收购过，全区粮油供应主要靠大量外调，调入粮油品种有大米、玉米、面粉、大豆、菜油及其他食用油，调入方式主要由私人以某粮油公司的名义进行，并批发给个体商店经营，粮油公司也调入部分粮油供应。因此，每年调入粮油数无法统计。

农村粮食的统销主要是重灾地区和插花型受灾地区的农户、产粮区的缺粮户、国营农林牧茶场（厂）农户、蔬菜生产农户、农村基本建设工程民工。目的是重点安排好上述人员的生活，帮助灾区群众克服困难，增强抗灾能力，发展生产自救。统销粮优先救济“双缺户”（即缺粮户、缺钱户），防止缺粮断炊、预防卖青苗等现象的发生。2000年根据国务院关于实施西部大开发战略及加快生态环境建设的总体部署，钟山区退耕还林的面积为5000亩，每亩每年补助原粮（稻谷、玉米）150千克，共供应粮食75万千克。2001年增加5000亩，增加供应粮食75万千克。2002年增加2.5万亩，增加供应粮食375万千克。2003年增加2万亩，增加供应粮食300万千克。2005年增加0.5万亩，增加供应粮食75万千克。

城镇粮油供应销售，1988年对行业用粮停止平价供应，改为议价供应。1990年城市粮食供应转入正常管理，只保留口粮定量。1992年7月1日起，取消粮食统销，只保留粮食关系，取消凭票证供应，粮油放开经营，进入市场管理，价格随行就市，平价粮食入市后由粮食企业按销售计划作平、转、议销售。军队用粮按国家规定的价格供应，农村返销粮按比例价加合理费用供应，救济粮按比例价供应。城市居民、各行业用粮等全部通过市场调节方式平衡供求关系，2001年取消城镇居民粮食供应转移证明，粮食关系不再保留。

1998年，顺价销售是粮食流通体制改革的主要内容，顺价销售坚持保本微利的原则，以购进油粮的成本价为基础，加上当时合理费用、利息、税金和最低利润确定销售价格。1999年顺价销售粮食920.2万千克，2000年顺价销售206.8万千克，2001年顺价销售916.9万千克，2002年顺价销售1010.7万千克，2003年顺价销售973.1万千克，2004年顺价销售1527.5万千克。

第三节　储备　加工

钟山区粮食局成立之初，仓容严重不足。区县分设后只有荷城粮管所有2座容量为125万千克的木板仓库，黄土坡粮管所、德坞粮站有1座容量为79万千克的苏式仓库。1990年12月，全区有仓房15栋，容量为1705万千克。随着城市人口的不断增加，粮油供求量也随之大增，特别是对于粮油供应主要靠从外地购进的钟山区，仓容不足的矛盾日益突出。为缓解这一矛盾，钟山区粮食局采取一租二建的办法加以解决。1991年8月在川心小区大发路新征土地修建平房仓2座，容量为458.6万千克，1993年年初在德坞粮站内修建平房仓1座，容量为88.2万千克，在东站紧贴场坝小学处修建平房仓1座，容量为20万千克。1998年六盘水市粮油贸易公司有偿转让川心小区大发路平房仓1座，容量为244.6万千克。1998年12月底，全区城乡有库房20座，容量为1663.9万千克。2007年由钟山区粮食收储购销有限公司自筹资金70万元，省财政厅、省粮食局帮助解决30万元，在老鹰山小城镇内修建标准粮仓1座，容量为230万千克。由于有的粮仓年久失修，需报废或拆除，2008年12月，全区实际有仓房7座，容量为706万千克。

1989年以来，钟山区没有国有粮食加工企业，辖区只有1家上规模的个体经营加工企业和1家民营加工企业。2003年钟山区希玉粮食加工经营部成立，个体户汪希玉投资40万元建成年加工大米900万千克米厂1座，2005年投入100万元进行技术改造，年生产能力为2400万千克，2008年又投入资金200万元进行全面技术改造，年生产能力提高到4500万千克。2003年，六盘水市永恒粮油贸易公司所属的大米加工厂建立，法人代表辜曦嫌。该厂位于凉都大道旁，投资80万元，建成年加工大米1500万千克米厂1座，2007年投入资金500万元进行全面技术改造，并将厂址由凉都大道迁往双水国家粮食储备库内，年生产能力提高到6000万千克。

第四节　市场监管

钟山区属粮食主销区，很多粮食主产区的国有企业、个体经营企业纷纷在钟山区设点直销，全区粮食市场十分活跃，为国家粮食安全及钟山区粮食市场的稳定奠定基础。但由于钟山区粮食经营户来自四面八方，挂靠现象严重，加之执法机构不健全，人员不到位，给市场的监管工作造成一定困难。

1998年起，钟山区加强市场监管工作，由市粮食局核发粮食批发准入证和粮食经营许可证，对市中心粮食市场进行监管。区粮食局与工商部门联合，成立钟山区粮食稽查队，开展工作近一年时间，后来因工商上划直管，人员调走，稽查队随之停止工作。此后，粮食流通领域存在税收混乱、中转收费不平等、多头管理等问题。

2004年5月，国务院颁布实施《粮食流通管理条例》（以下简称条例），规定将监管下放到县级粮食行政管理部门，按《条例》以及《贵州省粮食收购资格审核管理实施细则》（以下简称细则），区粮食局对辖区内从事粮食收购活动的法人，其他经济组织和个体工商户核发粮食收购许可证。2005—2008年，每年联合工商、物价、质监等单位对市场进行专项检查1～2次。至2008年年底共办理粮食收购许可证41本（因改制等原因已注销12本）。

第五节　收储公司

钟山区粮食收储购销有限公司是集粮食经营与多种经营、政策性业务与经营性业务于一体的钟山区国有粮食独资企业，1999年10月，由原钟山区粮食总公司更名组建而成，有员工45人，公司设有董事会、监事会和经营工作班子，1999—2008年，共盈利414万元，固定资产由公司组建时的97万元增至2008年年末的275万元。

收储公司一直承担500万千克县级储备粮的保管。2000年承担全区退耕还林粮的保管和发放。至2007年共发放粮食5035.3万千克。2008年，由于市场粮价高，财政负担重，为减少运输环节费用，由供应粮食改为直接兑付现金给退耕农户，共拨付资金1476.7万元。2008年6月，收储公司与六盘水华飞房地产开发有限公司签订合作建房协议书，采取合作方式建房，位于钟山区川心小区人民中路以南，大发路以西，钟山中路以北，总用地面积为8423.57平方米，修建集仓储、商品房、商业用房及停车场于一体的综合大楼。是年，公司开展放心粮油配送工作，采取面向消费终端进行配送的经营模式，找回市场，更好地服务于民。

第四章　供销合作

第一节　经营管理

1988年，钟山区供销社成立。钟山区供销社成立初期，着重在农村建立或充实基层供销社与经营网点，承担供应农村生产生活用品、收购农副土特产品业务，为农业、农民群众服务；在城市和工矿区设立经营门市部，从事商品零售业务，为城市居民、厂矿职工服务。1989年钟山区供销系统略有盈利，1990—1999年则连年亏损，共亏损1791万元。

2000年年初，区供销社新班子上任后，明确发展目标和工作思路，以扭亏增盈为中心，以发展为第一要务，以稳定为保障，以强化管理为手段，按照有利于社有资产保值增值，有利于企业增效，有利于职工增收的原则，大胆探索，勇于创新，结合系统实际，制定出切实可行的方案和措施，不断扩大经营领域和服务范围，经济实力增强。全系统实现商品销售额2332万元，比上年同期增长70%，亏损额由上年的206.6万元下降为22.6万元。

2001年全系统实现利润10万元，一举摘掉连续多年亏损的帽子，受到省、市供销部门的肯定和表彰。2002年起，全系统步入扭亏增盈的发展之路。2008年年末，全区供销系统有直属公司5个，基层社4个，经营网点70个，联营企业10个，村级综合服务站3个，“万村千乡”市场工程农家店36个，有在册职工226人，社员股金3.3万元。有总资产1884万元，其中固定资产243万元，流动资产1641万元，拥有仓储面积3837平方米、经营范围包括农副产品收购、生产生活资料供应等。

2008年全系统购销两旺，供应农业生产资料1780万千克，商品销售额突破4000万元，解决历史债务1500余万元，盈亏相抵，实现利润16.5万元。

1989—2008年钟山区供销系统财务主要指标一览表

表9-4　　单位：万元

项目 年份	商品销售总额	毛利额	费用	利润	银行借款	自有流动资金	社员股金	资本公积金
1989	1910.0	41.2	192.2	6.4	1232	213	3.3	19
1990	1625.0	87.5	102.7	–15.2	1232	213	3.3	19
1991	1706.0	94.2	151.8	–46.1	1232	213	3.3	19
1992	1157.0	74.0	205.0	–109.0	1232	213	3.3	19
1993	891.0	62.0	262.0	–201.0	1232	213	3.3	19
1994	822.0	54.0	247.0	–190.3	1232	213	3.3	19
1995	1048.0	94.0	281.0	–220.3	1232	213	3.3	19
1996	1554.0	65.0	311.6	–238.6	1232	213	3.3	19
1997	2236.0	69.0	387.5	–310.7	1232	213	3.3	19
1998	1663.0	36.0	214.8	–262.3	1232	213	3.3	19
1999	1371.4	46.0	289.8	–206.6	1232	213	3.3	19
2000	2332.0	128.0	196.5	–22.6	1232	213	3.3	19
2001	2119.0	114.0	148.0	10.8	1232	213	3.3	19
2002	2847.0	133.0	154.0	14.7	1232	213	3.3	19
2003	7686.0	104.0	12.5	16.4	208	213	3.3	806
2004	3548.0	56.0	85.5	8.1	208	213	3.3	806
2005	2144.0	14.0	67.0	11.9	208	235	3.3	806
2006	2312.0	31.0	64.0	13.8	208	242	3.3	806
2007	2476.7	37.9	76.0	14.3	367	245	3.3	806
2008	4441.5	69.0	93.0	16.5	367	245	3.3	806

第二节　农贸经销

一、农资购销

农业生产资料供应是供销社的工作重点，也是钟山区供销社的主营业务。在农业生产资料供应中，区供销社紧紧围绕全区春耕生产、夏收夏种、防汛抗旱、秋收冬播等工作，及时组织农业生产资料的采购、储存与供应，做到“淡储旺供”，不误农时。1988—2008年，全系统购进化肥2.04亿千克，调进计划内化肥4500万千克，完成化肥销售2.56亿元，供应化肥2.49亿千克。1992年国家放宽农资经营，化肥市场全面开放，1994—1996年，区供销社共调进计划尿素2680万千克，硝铵480万千克，公司与平坝、剑江化肥厂开展以煤换肥业务，共供煤386万千克，换回化肥318万千克，确保全区用肥需要。化肥市场放开以后，出现多渠道经营，部分假冒伪劣化肥流入市场，1997年5月，区政府成立化肥市场清理整顿小组，经过3个月的清理，没收非法经营各种化肥3.64万千克，对无证经营户进行处罚，稳定规范钟山区化肥市场。

1997—2003年，共调进尿素2140万千克，硝铵120万千克，复合肥360万千克。为搞好销售，农资公司在各乡镇设立调拨站3个，扩大市场覆盖面，发挥农资经营的主渠道作用。

1989—2008年钟山区化肥购进情况一览表

表9-5

项目/年份	购进总额（万元）	购进总量（万千克）	其中					
			尿素（万千克）	碳铵（万千克）	硝铵（万千克）	磷肥（万千克）	钾肥（万千克）	复合肥（万千克）
1989	968.0	1329.2	362.3	88.5	667.0	211.4	—	—
1990	752.9	1091.7	366.5	12.1	410.4	302.7	—	—
1991	628.0	902.3	317.6	7.6	373.5	203.6	—	—
1992	591.0	1808.9	738.5	36.6	221.3	812.5	—	—
1993	289.0	415.5	146.4	43.6	94.3	131.2	—	—
1994	331.3	510.2	150.8	30.0	221.7	107.7	—	—
1995	319.3	407.3	241.2	—	66.1	—	—	100.0
1996	721.6	672.3	335.5	10.5	30.9	293.3	—	2.1
1997	1455.0	1146.8	603.3	198.5	181.4	144.6	—	19.0
1998	报表不体现	1244.1	122.7	125.6	399.3	482.4	—	114.1
1999	报表不体现	2458.0	1686.9	78.1	180.0	468.6	—	44.4
2000	1202.0	344.1	251.2	5.9	48.0	39.0	—	—
2001	303.0	392.7	1252.2	11.9	59.5	124.1	18.0	54.0
2002	163.0	572.5	119.6	—	—	361.9	6.0	85.0
2003	243.0	409.7	14.9	24.2	—	213.2	0.8	156.6
2004	460.0	729.2	156.6	80.0	—	414.6	—	78.0

续表9-5

项目/年份	购进总额（万元）	购进总量（万千克）	其中 尿素（万千克）	碳铵（万千克）	硝铵（万千克）	磷肥（万千克）	钾肥（万千克）	复合肥（万千克）
2005	1565.3	1205.4	558.4	—	—	236.0	3.0	408.0
2006	1776.5	1346.8	502.8	—	205.0	225.8	42.0	371.2
2007	1867.0	1373.9	359.8	12.0	395.6	150.4	6.0	450.0
2008	2918.0	1521.4	703.0	—	272.2	287.5	7.0	251.7

1989—2008年钟山区化肥销售情况一览表

表9-6

项目/年份	销售总额（万元）	销售总量（万千克）	其中 尿素（万千克）	碳铵（万千克）	销铵（万千克）	磷肥（万千克）	钾肥（万千克）	复合肥（万千克）
1989	421.0	1021.1	283.3	88.2	501.9	147.7	—	—
1990	404.0	1295.2	411.5	42.7	413.1	427.9	—	—
1991	429.3	1020.0	334.0	24.9	459.7	201.4	—	—
1992	471.4	974.7	342.7	36.7	294.7	300.6	—	—
1993	442.5	563.2	289.0	46	90.4	137.8	—	—
1994	581.4	786.8	444.1	22	221.7	99.0	—	—
1995	715.7	454.1	252.0	1.7	111.1	89.3	—	—
1996	887.6	548.0	316.9	40.2	33.3	156.1	—	1.5
1997	811.9	906.8	376.8	130.3	105.2	284.7	—	9.8
1998	2618.0	2306.5	1503.7	121.2	402.9	265.8	—	12.9
1999	2252.0	1690.6	1287.7	30.2	183.8	54.3	—	134.6
2000	3047.0	2929.6	1999.5	111.5	554.5	125.3	—	138.8
2001	1854.0	1866.8	1048.7	35.7	159.7	294.2	14.8	313.7
2002	1027.0	1005.4	286.1	0.1	2.9	272.9	287.3	156.1
2003	446.0	801.7	80.7	33.9	28.3	417.2	7.8	233.9
2004	505.0	843.8	174.1	82.0	—	450.1	—	137.6
2005	1373.0	993.5	503.2	5.2	—	167.9	3.0	314.2
2006	1723.5	1279.7	489.4	11.8	166.0	245.6	42.1	324.8
2007	1895.0	1317.4	355.2	6.0	423.2	181.3	6.9	344.8
2008	3653.3	1779.6	715.8	6.0	263.6	358.3	7.0	428.9

二、农副产品购销

区供销社成立以后，农副产品收购任务主要由所属土产废旧公司承担。按照开放搞活和市场经济原则，农副产品收购立足于生产，满足于市场，服务于城市和农村。1989年完成农副产品收购总值93万元，1990年上升到258万元，在茶叶、棉花、花生、葵花籽等农副产品领域均取得零突破。1994年年初，因经营和发展需要，成立钟山区农副产品收购采购供应站，主要经营芸豆、生姜、大米、水果等农副产品，产品除满足本地市场外，还销往湖南、云南、四川、广州、大连等地。为开拓国际、国内市场，1997年7月，在广州东旺批发市场设立农副产品经营部，芸豆通过中国香港销往国外，后因资金不足、管理不善等原因，该经营部被撤销。2008年年底，全系统购销农副产品1600万千克，销售总值3000余万元。

三、废旧物资收购与销售

1988年12月，区供销社成立土产废旧公司，具体负责辖区内废旧物资的收购经营。根据区域特点，废旧公司在全区设立9个废旧物资收购点，从事废钢铁、废塑料、废纸、废铜等废旧物资的收购工作。1989年，废旧公司收购废旧物资39.4万千克，收购总值21万元。1998年，政府整顿废旧物资市场，废旧公司取消8个废旧物资收购点。因废旧物资市场放开，允许个体经营介入，废旧物资收购业务受到较大冲击。1999—2000年，因市场整顿，废旧业务中断。2001年因经营发展需要，又重新启动废旧业务，是年废旧公司收购废品127万千克，实现购销总值590万元。2006—2008年，又因公司整顿，废旧业务再次中断。2009年年初，按照总社“新网工程”建设的需要，区供销社在政法、工商等部门的支持下，废旧公司在全区乡、镇、办恢复设立5个再生资源网点，废旧物资收购经营又进入新的发展阶段。是年，完成各类废旧物资收购849万千克，完成商品购销总值1.32亿元。

1989—2005年钟山区废旧物资购销情况一览表

表9-7

项目 年份	购进		销售	
	总额（万元）	总量（万千克）	总额（万元）	总量（万千克）
1989	21.0	39.4	192.0	33.5
1990	78.0	169.4	854.0	160.3
1991	156.0	264.8	1634.0	239.8
1992	226.0	386.0	173.0	206.3
1993	296.0	232.3	215.0	140.2
1994	30.0	7.7	29.6	23.0
1995	21.0	14.8	24.9	14.9
1996	498.0	294.0	564.3	294.0
1997	990.0	100.6	1006.0	456.5
1998	661.0	543.6	535.8	449.0
2001	291.4	127.0	298.0	127.0
2002	1379.0	1134.6	1379.0	1134.6
2003	6722.1	3324.7	6722.1	3324.7
2004	2579.5	1843.4	2579.5	1843.4
2005	138.9	10.3	138.9	10.3

四、日杂营销

1994年，钟山区日杂公司从钟山区农业生产资料日用杂品公司分离出来，具体负责日用杂品的经营，在全区建日杂门市部11个。在经营品种上，日杂公司突出一个“杂”字。除经营具有竞争力的土陶瓷器、竹木制品等传统商品外，积极经营塑料桶、盆、壶制品和铁火炉、炊具，不锈钢及铝制日用品。同时公司着力开展烟花爆竹的经营管理。按照公安部、轻工业部、农牧渔业部、商业部、国家工商行政管理局（83）公发（治）146号《关于加强烟花爆竹安全管理的紧急通知》规定，烟花爆竹统一由供销合作社的日杂用品公司组织货源，办理批发业务。钟山区日杂公司严格执行国务院发布的《中华人民共和国民用爆炸物品管理条例》，把烟花爆竹安全经营管理纳入法制化轨道。2003年，市、县、区三家日杂公司联合经营，实行统一批零价格、专库储备、专柜销售，建立一套凭证生产、凭证购买、凭证运输、凭证销售的管理制度，促进烟花爆竹行业健康有序发展。1993—2008年，钟山区日杂行业实现商品购销额4500万元，其中烟花爆竹达4000万元。按照市政府的安排，2005—2008年区供销社连续4次成功承办市中心区春节焰火晚会，为树立“凉都”形象和丰富人民生活做出贡献。

第三节　扶持生产

一、自办木材加工厂

1996年5月，黄土坡供销社结合木材购销业务，积极引进资金、技术，本着就地取材、就地加工、就地供应原则，因陋就简，兴办木材加工厂，主要对圆木、方木、板木等各种木材进行初加工，解决10余人就业问题，年创加工产值200万元，木材销售额300万元，税利10万元。1996年5月—2008年12月共组织调进各种木材4.50万立方米，加工1.70万立方米，销售6400万元，创税利130万元。

二、创办养殖场

2004年8月，黄土坡供销社在德坞利用闲置场地兴办养鸡场，年出栏2000只，禽蛋产量500千克。2005年增至4000只，禽蛋产量1000千克。2006年增至5000只，禽蛋产量1200千克；2008年增至6000只，禽蛋产量1500千克。主要用于满足市、区市场的需要。

三、创办昆虫蛋白饲料场

2008年6月，为支持农村经济发展，扶持征地失业农民重新走上就业道路，区供销社在钟山区凤凰办事处石龙村创办昆虫蛋白质生产基地，年生产动物蛋白质饲料18万千克（干粉），产值126万元，解决8名失业农民的就业问题。

第四节　机构沿革

1988年5月，钟山区供销联合社将原水城特区划入的水城镇供销社、杨柳供销社、大湾供销社的人、财、物作为建社基础，于1988年9月正式建立，办公地点设在原杨柳镇供销社所在地（现人民东路与新生南路交界处）。联社机关设办公室、财务股、统计股、业务股、人秘股和转运组6个股（室），履行对本系统所属企业和基层社指导、协调、服务和监督等职能。下设农资日杂公司、土产废旧公司、工业品贸易公司和大湾、黄土坡、麒麟3个基层供销社，全系统共有职工168人。1990年2月，增设荷城供销社、老鹰山供销社、汪家寨供销社；撤销麒麟供销社，将其人、财、物并入黄土坡供销社；联社增设基建办公室，指导各基层单位进行网点建设。1991年6月，撤销老鹰山供销社、汪家寨供销社，其人、财、物分别划入荷城供销社和工业品贸易公司。同时，撤销联社基建办公室。1992年5月，建立各乡镇、办事处庄稼医院，年底解散，其人员大部分待岗。同时撤销联社转运组。1993年6月，经区人民政府协调，将原黄土坡办事处办公设施及房地产以62万元的估价转卖给区供销社，区供销社机关及农资公司、黄土坡供销社搬到此处办公。1996年7月18日，为深化供销合作体制改革，区委、区政府明确区供销社为区政府直属科级事业单位，内设办公室、综合股、计财股、业务股等4个股（室），编制14人，人员工资由财政按年度一次性核拨，同时成立工会委员会。2000年年初，区委、区政府通过公开选拔，调整和充实供销社领导班子，2005年年初，为强化社有资产的监管，联社成立资产资金管理中心，2008年年底，区供销社列入参公事业管理单位。

第五章　餐饮　服务业

第一节　餐饮　住宿

今钟山区地在清末、民国时期，因水城老城、场坝逐步形成商品集散地，外地客商纷至沓来。城内以辕门口为中心，各街都有饭店、小吃店、旅栈，各种副食品加工作坊也悄然兴起。民国元年，老城人李吉成独家生产山楂糕，挂牌为吉祥斋，是为水城第一家商号。以后副食品加工业逐步发展，大街上孙家的蛋糕、点心比较出名。此外，城内卿家、罗家的面食店也很出名。在场坝、猪市街、十字街一带居民大多经营饮食行业，开饭馆、面馆、煮酒、熬糖、推豆腐、卖糍粑的家庭很多，田家的面店生意十分火爆，邓家专营自己加工的鸡蛋面，远近闻名，供不应求。场坝的饮食行业，直至解放初经久不衰。

1956年对私营工商业进行社会主义改造，私营摊贩业主和客栈业主全部纳入集体，在老城、场坝分别设小吃部，由于实行粮食统购统销，粮食较短缺，集体小吃部只能维持最基本的包子、馒头和面食供应。1957年水城县成立饮食服务局，经营管理全县的饮食服务行业，1958年撤销，成立水城县饮食服务公司，为国有企业，在场坝成立一食堂、三八食堂，在老城成立二食堂，老城、场坝同时成立国营旅店。1971年水城县与水城特区合并，饮食服务公司更名为水城特区服务公司。贵昆铁路通车后，在水城西站（六盘水站）附近建立集餐饮、住宿一体的国营饭店，这些旅馆饭店为解决当时顾客的住宿、吃饭问题起到重要作用。

改革开放后，饮食服务业得到快速发展，本地过去的饮食业老业主重新捡起丢了几十年的老行道，开起饭店、小吃店；外地小贩不断涌入六盘水市中心区，食品花色品种繁多、形式多样。几年间，打破国营食堂的垄断地位。1988年，所有国营食堂被淘汰出局，有的改行，有的进行资产重组，实行承包、合作、参股等不同形式的经营方式，参与市场竞争。

钟山区成立后，餐饮业经历一个量变到质变的过程，形成富有地方特色的各种饮食。随着城市的建设和开发，大量外来人口开始涌入钟山区，也带来不同的饮食文化，如金沙人廖氏在六盘水开办第一家水城羊肉粉馆等。各地的饮食风味与本地的饮食传统相渗透、相融合，创造具有钟山区风格的包容东西南北的饮食特色。除宴席上的各种菜系以外，还有以黑山羊、黄牛、本地鸡、狗、鹅、鱼等为主料的火锅系列、民族风味系列、山野风味系列、烙锅小吃系列、烧烤小吃系列、酸味饮食系列、土豆食品系列、荞麦食品系列等。有老城小吃一条街、西部一绝的全有福烙锅、凉都羊汤锅特色饮食城等特色饮食点。全区餐饮业零售额逐年递增，1990年，全区餐饮业零售额823万元。2005年，餐饮业零售额增至15354万元。

羊肉粉是钟山区最具特色的小吃之一。吃羊肉粉讲究的是原汤原味，主料选择当地黑山羊，当天宰杀剥皮，不用水洗就可放入锅。熬羊肉汤时先将鲜羊肉放入锅中，小火慢炖，羊肉汤清而不浊，鲜而不腥。滚烫的羊肉汤，加上火辣辣的油辣椒，细腻的肉片，再配以白玉般的米线，一碗香喷喷的羊肉粉让人意犹未尽，流连忘返。羊肉粉因配方不同，口味各异，在水城遍地的羊肉粉馆中，以场坝“尝回头”羊肉粉馆最为有名，此外，市中心区的清香羊肉粉，德坞马姚公路旁的向佳羊肉粉馆等都颇具特色。

除羊肉粉外，羊肉火锅也是钟山区餐饮界最受欢迎的地方特色餐饮。多年以来，不断创新发掘，推陈出新，制作出一系列的羊肉特色菜，如生爆烫皮羊、香辣羊排、农家羊汤锅、黄焖羊肉、手抓羊排等。境内较有名的羊肉火锅餐饮点有建在德坞街道办事处西宁路两侧的凉都羊汤锅饮食一条街。其次有凤凰新区的乌蒙缘酒楼等。

住宿业在20世纪60～70年代作为特殊行业，由国家严格控制管理，开办旅馆以国营为主，集体为辅，个体不能办理营业执照，因此长期处于住宿紧张状态。这一时期，有条件的单位、国有企业自己设立招待所，以解决业务往来的人员住宿、吃饭问题。招待所安全、可靠、方便，成为国家机关工作人员、企事业单位职工在外地最好的落脚点。1978年后，由于政策放宽，私营旅馆逐渐兴起，在铁路六盘水站、水城客车站附近和商业街、各集贸市场上，个体经营户不断增多，单位的招待所补办营业执照后也纳入旅店行业管理范围，国营、集体、个体并存，开始激烈的竞争。此时，钟山饭店经过改造，以规模大、管理规范、房间标准、卫生清洁著称，成为六盘水市中心城区的第一家宾馆。20世纪90年代后住宿业进一步发展，旅店进一步增多，一些宾馆、酒店先后问世。至2008年，境内被确认为旅游接待的星级宾馆（酒店）有新华酒店、钟山宾馆、金三角酒店、雨田酒店、夜郎酒肆酒店、时代假日酒店等6家。

第二节　美容美发　娱乐业

1958年，境内分别在老城和场坝设立公私合营性质的集体理发店。由于不能解决集体理发店参股、理发技术参差不齐等问题，造成分配不公，理发员（师）收入减少，有的甚至不能维持生计，集体理发店被逐步退出市场。为解决他们的生活，公私合营采取挂集体的招牌在原自家屋内设立分店的形式开展理发业务。1962年以后，集体理发店名存实亡，基本形成单干的格局。

1966年后，因三线建设在区境形成若干大中小企业，企业内部纷纷设立理发室，不以营利为目的，仅作为职工福利解决职工理发难的问题。

1988年，钟山区的理发行业，主要以集体所有制和民营理发店为主体。集体所有制理发店规模比民营的大，设施比较齐全，但手艺陈旧，管理不善，竞争的机制没有民营好，经济效益比民营的差。民营的理发店规模小，一张凳子，一面镜子，一把刀、推子和剃刀，就是理发店，有在露天经营的，有租赁房子经营的，由于价格低、手艺好，生意比较红火。

随着改革开放的不断深入，经济不断发展，进入20世纪90年代，时尚成为年轻人追逐的焦点。在此期间，集体所有制理发店退出理发业，民营理发店和简单的护肤服务成为美容美发的新主流，钟山区的美容美发业步入发展阶段。1990年，全区理发业服务机构169个，从业人员208人，此后进入快速发展时期。进入21世纪，钟山区美容美发业进入黄金发展阶段，流行元素由单一化向多元化发展。规模化的美容美发经营机构悄然涌出，员工也由几人发展到几十人甚至上百人，经营面积不断扩大，服务品种不断创新，设施更为齐全，消费者可以根据不同的服务品种来选择不同的消费需求，如白氏造型、雅致等美容美发企业。这时期，经营和管理模式日趋现代化，加盟、连锁成为美容美发业新的经营模式，设施越来越先进，技术越来越娴熟，逐步形成美容、美发、化妆品、美容器械、美容教育、美容媒体、美容会展和美容营销等产业体系。境内较有名的美容美发从业单位为六盘水利美康美容有限公司，1998年成立，位于六盘水市钟山区建设路，主要经营美容、化妆品业务，营业面积350平方米。2008年开设利美康分店。此外钟山区红发廊，位于钟山区广场路，2000年成立，主要经营美容、美发、美容产品，营业面积300平方米，2008年实行合作经营，更名为钟山区红发廊。

钟山区娱乐业主体是歌舞厅，歌厅是在舞厅的基础上壮大发展起来的，演变成现在的歌舞厅。进入21世纪，歌舞厅经营规模扩大，面积增加，经营内容向多层次发展。境内较有名的娱乐业从业单位是贵州金色海岸娱乐发展有限公司，公司经营面积12020平方米，职工150人，是集室内恒温游泳训练、水疗、美容健身、演艺、咖啡吧、酒吧、KTV等于一体的大型综合性会所。2008年，固定资金4860万元，流动资金200万元，销售总额2376万元，经营利润1306万元，利润总额621万元。

第三节　修理业

一、补瓷器

今钟山区境从民国时期到解放初期，瓷器价格昂贵，一般家庭的瓷器遇有轻度破损，都会修补后再行利用。民国年间（1912—1949），成都籍人杨忠才在场坝上街安家，开修理作坊，以补资器为主，其人心灵手巧，在瓷器破损两旁钻孔，穿（铜）丝加以修补，经他修补的汤钵、瓷盘、瓷碗等，虽有补丁，但不失美观，仍结实耐用，时人都称其手艺精湛。直到解放初期，该行业在场坝、老城仍继续存在，1956年后该行业渐消失。

二、补锅

补铜锅　从民国到解放初期，水城籍人伍氏在场坝十街本宅开铜匠铺，除制作铜壶、铜锅、铜盆、铜香炉等器皿外，亦对以上铜器具进行修理，以延长使用寿命。1958年后，国家严格控制铜金属流入市场，该行业消失。

补铁锅　铁锅是普通百姓的常用炊具，过去铁制品价格较高，铁锅损坏后，普通人家都会修补再利用，补铁锅通常在赶场天进行，铁匠在集市上架起炼铁炉，拉风箱加热将炉内铁块融化，将铁水注入破锅处补漏。很多家庭的铁锅都是经过补漏处理后重新使用。补铁锅是一个历史悠久的行业，从清朝直至20世纪六七十年代经久不衰。后该行业渐消失。

补锑（铝）锅　20世纪60年代后，锑（铝）锅大量进入一般家庭，补锑（铝）锅行业兴起，通常采用换底、打补丁等方法进行修理，该行业至今仍盛行。

三、五金类修理

修锁　该行业具有悠久的历史，解放初期主要修理简单的铁锁、铜锁。进入20世纪，随着工艺的复杂化，修锁业也同时形成专业的工艺，该行业至今仍盛行。

起剪子、磨刀　随着剪子、菜刀的问世而伴生，直至21世纪，仍有匠人在集市、街坊沿街叫卖“起剪子、磨菜刀”，该行业至今仍盛行。

修钢笔（自来水笔）　源于解放初期，是时，一些贵重的自来水笔如派克、慰问、英雄等金笔尖含赤金50%以上，这些笔受损后都要精心修理，如不能修，则有修理铺专门回收金笔尖，并支付适当报酬。20世纪90年代后，随着自来水笔的转型，钢笔修理业逐步消失。

自行车、收音机、缝纫机修理　自行车从20世纪50年代后期进入今钟山区境市场，三线建设时期自行车普遍使用，且拥有量很大，因此自行车修理店遍布境内各居民区、工矿企业及农村集市上，成为当时的一大行业。随着收音机的不断增多，20世纪六七十年代在场坝、老城、黄土坡片区及水钢、汪家寨矿区都有很多收音机修理店。缝纫机亦在20世纪60年代中期至80年代中期流行于今钟山区地，是时设有专门的修理店，但修理量不大。

电视机修理　流行于20世纪80年代初至90年代末，由于电视机进入千家万户，电视机修理业务十分繁忙，修理行遍布境内各地，生意火爆，有的店铺在用户送修十日后才能排上队修理。进入21世纪，由于高档电视机不易损坏，而低端产品又价廉物美，返修价值不大，因而电视机修理需求减少，很多修理店关闭转产。2000年后，电视机销售店一般实行包修包换，专门的修理行在市区只有为数不多的几家。

四、钟表修理

20世纪50年代末期已有钟表修理行业，由于当时能买得起手表的人很少，钟表修理以修挂钟、闹钟为主。进入20世纪60年代中期，修表业渐兴。三线建设时期，除老城、场坝外，水钢、黄土坡及各工矿区都有修表行（店），大多以个体经营方式出现，其中有相当一部分人未办理营业执照，随时会被工商管理部门取缔。改革开放后，修表业有所发展。20世纪90年代后，单一的修表业已不能赚取更多收入，钟表修理店纷纷关闭转产。进入21世纪，各大商场专设钟表修理人员，在市场上，专门的钟表修理店极少。

第四节　拍卖　典当

1999年，钟山区设立第一家拍卖企业，2002年举行首场拍卖会，随着拍卖市场的扩大，需求增长，2002年至2008年相继有3家拍卖公司挂牌成立，至2008年，全区共有4家拍卖公司，在册员工30人，注册拍卖师4人。2005—2008年之间举行拍卖会116场，拍卖成交额10056万元。

至2008年年底，区内共注册4家典当企业，资产总额达到4778.93万元，成交业务笔数207件，典当总额达到4971.39万元。境内较有名的拍卖典当从业单位有六盘水兴平拍卖有限公司，成立于2002年3月，2003年3月，被六盘水市政府指定为全市首家有权对公物进行公开拍卖的企业。公司成立以来，成功举办多场拍卖会，拍卖涉及商业、机械、纺织、电力、金融、煤炭、文化艺术品及无形资产等多个动产和不动产领域。六盘水市钟山经济开发区润泽典当有限公司成立于2007年7月，2008年，公司营业收入229.31万元，职工人数15人。

第十篇　工　业

第一章　地方煤炭工业

第一节　煤炭资源调查勘探

一、民国期间煤田地质调查

今钟山区境域，对煤炭资源的调查勘探，最早是在中华民国后期。

民国28年（1939），地质学家乐森璕到大河边一带作矿产调查，其后于民国34年6月在《贵州企业季刊》三卷一期上发表《贵州煤、铁、铅、汞四大矿产》著述。文中述及水城臭煤硐（今大河镇所辖）煤田所含煤层，全属低级或高级烟炭，可能储量计约2.22亿吨。民国30年8月，国民政府资源委员会派柴登榜、李用平等人到水城进行煤田地质考察，对大河边向斜两翼的煤藏作概略踏勘简报，草测1/50000地质图，估算出煤炭223亿千克的储量。次年7月，国民政府资源委员会又派边兆祥等人到大河边煤田进行1/5000的详细地质测量。民国33年，边兆祥向资源委员会矿产勘探处提交《水城大河边煤田的详测报告》，对大河边煤田的地层时代、煤系分层作出较为详细的论述。同年，刘国昌等人亦到大河边进行万分之一地形地质检测，绘有1：10000《水城大河边煤田地质图》。民国31年（1942），陈林宜、燕树檀等人到水城二塘、小河边调查，著有《贵州水城小河边煤田地质简况》，绘有1：20000地质图。是年7月，民国政府经济部派员到水城明确大河边、汪家寨等地煤炭资源为国营煤矿矿业权。矿区面积计210.15万亩，报行政院准予备案。

民国33年（1944）6月，乐森璕撰写《贵州地质矿产纲要》，附有贵州地层系统表和贵州矿产分布略图，均对水城（辖今钟山区境域）境内煤炭资源有所表述。民国36年，何辑五编著《十年来贵州经济建设（1937—1947）》称，以威宁、水城、盘县一带或其西之各煤田硫灰少（硫不及1%，灰15%以下），为最佳之工业用煤。在《贵州矿产开发史略》和《贵州工业发展史略》中，对水城境内煤田作出如下记述：水城臭煤硐煤田，在水城臭煤硐、渡口边、大河边、道牛、上拉呼、那罗寨、下拉呼、打铁寨、连山河、上平寨、下平寨等处。可采烟煤9层，厚自1～6米，总厚约10米。小河边煤田，在水城小河边一带，含可采烟煤3层。下层小油炭可炼焦。中山煤田，在水城德坞至法那一带，长约40千米，含可采烟煤三层，厚5米。

二、解放初期煤田勘探

1956年，西南煤田地质勘探局决定在贵州范围内开展煤质普查工作。2月，在贵阳组建采样大队，设3个分队，第二分队负责水城南部煤田，第三分队负责水城北部煤田的煤质采样工作。6月和9月，2个分队先后进入水城作煤田采样。经9个月普查，采样大队提交《水城西南和威水煤田煤质踏勘报告》，初步查明水城境内蕴藏有优质煤田和可观远景储量。

为满足西南和中南地区钢铁工业对炼焦煤的需求，1956年3月贵州省地质局在水城组建大河边地质队，从事煤田勘探工作。1956年6月至1958年4月，该队完成大河边向斜西翼的大河边和汪家寨两井田的详细勘探。完成神仙坡、土地垭向斜的1/5000、1/10000的地形地质测量工作。这次详细勘探，为水城境内炼焦煤资源的大规模开发利用提供重要依据。

国家国民经济第二个五年计划期间，煤炭部为贯彻中央关于尽快解决长期以来"北煤南运"问题的指示，1958年2月，煤炭部副部长钟子云带领工作组到贵州实地考察，并与贵州省人民政府、西南煤炭管理局、西南地勘局、重庆煤矿设计院、贵州省地质局、铁道设计院等部门商讨重点开发六枝、水城的煤炭资源问题。煤田勘探力度随之进一步加强。1958—1962年期间，大河边地质队先后提交大河边五井口、那罗寨、土地垭和神仙坡一、二、三井田，二塘与妈姑等矿区储量报告，提交结里矿区详细普查报告。1960年春，省煤田地质174队完成小河边双巢井田五千分之一的详查，提交普查勘探报告，是年第二季度转入勘探，1962年5月结束野外勘探工作，1963年2月提交《小河边向斜北东翼普查地质勘探报告》。1964年4月，毕节地质队（原大河质地队）对小河边向斜西翼西段老鹰山煤田进行精查勘探，于1965年6月提交《老鹰山煤田的最终储量报告》，经全国矿产储量委员会1965年8月批准作为老鹰山矿井建设依据。

三、三线建设以来的煤田勘探

1964年5月，中共中央提出三线建设的战略方针。水城作为三线建设重点地区之一，开始对煤炭资源进行大规模开发。

三线建设初期，由于煤炭基本建设队伍迅速集结，而煤田详勘超前时间很短，出现勘探跟不上建设的状况。为缓和这一矛盾，西南煤矿建设指挥部采取勘探、设计、建设三结合及重点勘探第一水平的办法来满足当时的基本建设要求，勘探地质资料难以指导设计施工，有的矿井和采区出现重大地质问题而停建待勘。西南三线建设筹备小组及时采取措施，1964年11月，地质部从福建调来107地质队负责大河边向斜补勘工作。该队至1965年9月期间，先后完成大河边、汪家寨两井田的补充勘探，基本上满足矿井建设的需要。

小河边井田原只有初勘报告，为解决小河煤矿延深扩建问题，1971年二季度107地质队抽调1台钻机在一号井施工，历时11个月，完成6个钻孔，工程量2659.88米，1972年6月提交《一号井补勘部分地质工作报告》。1972年9月，西南煤矿建设指挥部地勘公司派142地质队到小河边井田继续补勘，经历7个月，完成10个钻孔共3540.85米，于1973年11月提交《小河煤矿补钻情况报告》。1975年2月20日，水城矿务局地质处根据142队和107队提供的资料，结合矿井地质资料，编写《小河煤矿矿井地质报告》。

老鹰山井田西段构造复杂，西一采区在建设中受断层和煤层变化影响而停建。为补勘找煤和查明滑坡对煤层上界的破坏深度，1970年9月至1971年3月，142队在西段补勘，为新建采区提供地质资料。1976年1月142队再进入老鹰山采区西翼井田进行深勘补钻，1978年12月，提交《老鹰山井田西翼采区补充地质报告》，同时附有东翼采区补勘的资料。

木冲沟井田在建井过程中发现该井田二、三采区地质构造复杂，遗漏断层落差最大达57米，造成停建待勘。1971年初，省地质队派107地质队进驻木冲沟井田补勘，1972年7月完成二采区补勘工作，提交《木冲沟井田补钻找煤小结》。1973年年初，142地质队对三采区补勘，1974年12月完成补勘任务，提交《木冲沟井田精查补充地质勘探报告》。

1973年年底，142地质队对大湾井田进行补勘，以查明木冲沟一组断层至大湾的延伸和破坏情况。1975年提交《大湾井田精查地质勘探报告》。1982年12月，142地质队对大湾井田进行第三次精查补勘，1985年12月提交《大湾井田精查补充地质报告》。

1979年，煤炭部颁发《煤炭资源地质勘探规范》，贵州省煤管局、水城矿务局根据该《规范》

安排水城矿区各煤田的补勘工作。是年，142地质队先后进入小河双巢井田和那罗寨井田进行详查。1980年3月提交《小河边向斜北东翼北段普查地质勘探报告》，1982年12月提交《那罗寨井田详细勘探补充报告》。1984年，142地质队进入大河边井田，对深部进行资源深勘。

经多次勘探，累计探明钟山区境内煤炭储量约1400亿千克，其中，划给钟山区地方煤炭开采约500亿千克。

钟山区境内煤田地质勘探情况一览表

表10-1

勘探地点	勘探程度	勘查日期	地质报告名称	勘查单位
小河边矿	初　勘	1957.10—1958.6	水城煤田小河矿一井 田储量报告	省地质局大河边地质队
小河边矿	详　勘	1974—1975	小河边矿矿井 地质报告	水城矿务局
大河边向斜	找　矿	1939—1940	大河边地质简报	地质学家乐森璕
大河边向斜	踏　勘	1941.8—1941.12	水城臭煤硐煤田简报	国民政府资源 委员会
大河边向斜	详　测	1942.7—1942.10	水城大河边煤田 地质详测报告	国民政府资源 委员会
大河边向斜	详　测	1944	水城大河边 煤田地质图	刘国昌、李广源
汪家寨煤田	详　勘	1956.6—1958.4	水城大河边一、二、三、四井田储量报告	省地质局 大河边地质队
汪家寨煤田	补　勘	1965.1—1965.10	汪家寨煤田补充 地质报告	省地质局 107队
汪家寨煤田	生　补	1983.5—1986	正编制汪矿斜井北三采生补地质报告	水城矿务局地勘队
红旗矿集团	生　补	1977.3—1979.12	1980年提交钻孔柱状剖面底板等高线图	水城矿务局地勘队
那罗寨井田	初　勘	1957.8—1958.7	大河边煤田五井田 储量报告	省地质局 大河边地质队
那罗寨井田	详　勘	1965.4—1966.9	那罗寨井田详细勘探 储量报告	省地质局107队
那罗寨井田	详　补	1979.8—1982.6	那罗寨井田详细勘探 补充报告报告	省煤田地质公司142队
大河边煤田	补　勘	1964.1—1965.10	大河边井田补勘 地质报告	省地质局107队
大河边煤田	详　勘	1971.8—1972.6	勘探一号井提交 图件和说明	省地质局107队 省煤田地勘公司142队
大河边煤田	详　勘	1972.9—1973.3	勘探二号井提交 图件和说明	107队和142队
大河边煤田	生　补	1983.5—1986	大河边矿四、六采区 生产补助地质报告	水河矿务局地勘队
二塘向斜	找　矿	1940	找铁矿发现二塘煤矿	地质学家乐森璕
二塘向斜	普　勘	1959.7—1960.2	水城煤田二塘矿区 储量报告	赫威水地质队
二塘向斜	精　补	1965.7—1966.4	水城煤田二塘矿区 储量报告	省煤田地勘公司152队
木冲沟煤矿	精　补	1971—1972	水城二塘矿区精查 补充地质报告	省地质局107队
木冲沟煤矿	精　补	1971—1974.12	木冲沟井田精查 补充地质勘探	省煤田地勘公司142队
水冲沟一采	补　钻	1978.3—1978.5	钻孔柱状剖面图	水城矿务局地勘队
水冲沟二采	补　钻	1985	钻孔柱状剖面图	水城矿务局地勘队
大湾井田	精　补	1974—1975.7	大湾井田精查补充 地质勘探报告	省煤田地勘公司142队
大湾井田	精　补	1982.8—1985.12	大湾井田精查补充 地质勘探报告	省煤田地勘公司142队

续表10-1

勘探地点	勘探程度	勘查日期	地质报告名称	勘查单位
顶拉矿一井	补　钻	1979	钻孔柱状剖面图	水城矿务局
顶拉矿	补　勘	1981.7—1981.12	顶拉矿补充设计	水城矿务局
顶拉矿	补　勘	1982—1983.3	施工提交单孔柱状	水城矿务局
顶拉矿	补　勘	1983.9—1984.5	完成报告补勘 的主要图件	水城矿务局
小河边向斜	找　矿	1942	贵州水城小河边煤田 地质简况	陈林宣、燕树檀
小河边向斜	踏　查	1956.9—1957.1	威水煤田煤质踏查报告	西南煤田地勘局 采样三分队
小河边向斜	踏　查	1956.6—1957.3	威水煤田煤质踏查报告	西南煤田地勘局 采样二分队
老鹰山井田	精　查	1964.4—1965.6	水城煤矿老鹰山井田最终地质报告	毕节地质队
老鹰山井田	补　勘	1970.9—1971.3	提交单孔资料	省煤田地勘公司142队
老鹰山井田	补　勘	1976.1—1978.2	老鹰山煤田西翼采区补勘报告	省煤田地勘公司142队

第二节　原煤生产

一、小煤窑开采

今钟山区境域的小煤窑开采煤炭，历经漫长的岁月。明洪武年间（1368—1398），民间已有土法开采，用于取暖和煮食。《大定府志·食货志》载：“惟石墨可燃，遍地而有，可资以御寒者，惟此而已”。到清嘉庆年间（1796—1820），由于当时“黔楚之铅……上供京局”，水城铅锌冶炼的兴起，煤炭作为冶炼能源，开采规模有所发展，日产量可达5万～7万千克。开采地点多在小河边、大河边等地。至今在穿洞弯仍有当时小煤窑遗址。早期的煤炭开采，小河边地段多采于17号煤层，大河边地段多采于11号、12号、13号煤层。

小煤窑开采一般沿煤层露头采用斜井开拓，井口选在地表较低的地方，以使可采煤层储量增多，也有沿煤层走向平硐开拓的煤窑，既是巷道开拓，又是采煤“槽子”，以掘代采。巷道开拓距离较短，一般井深几米至几十米，顺煤层走向开拓距离较长，最深的达一二百米。一般一个小煤窑能开采3～5年。

早期的小煤窑开采是季节性生产，多在冬季挖煤，民众自愿结合开采，自挖自售，产量不大。中华人民共和国成立前，水城煤炭年产量也只有0.1亿千克左右。

小煤窑在开采技术上一直沿袭古老、原始的方式，矿井简陋狭窄，独眼井开采，用锄头、薅刀刨煤，以船（竹编盛具）、撮箕等装拖，人躬身拉出。井下水用竹筒排出或靠水桶挑出，井巷由木架和树枝支撑，或者是裸体巷道。靠感观或用公鸡等推测瓦斯情况，井下自然通风，明火照明，常有片帮冒顶、爆炸、燃烧事故发生。因之，水城民谚流传挖煤人“吃的阳间饭，做的阴间活”。

中华人民共和国成立后，除私人开采外，合作社、公社、大队、生产队亦组织小煤窑开采。中共十一届三中全会以后，小煤窑开采日渐兴旺，特别是1984年国家提出国营、集体、个体一起上的鼓励政策，乡镇煤矿、小煤窑迅猛增多。1988年钟山区建立初期，全区小煤窑有近600个。

小煤窑开采由于井型狭小、装备简陋、方式原始，回采率达不到15%，生产效率低下。大规模的小煤窑开发，布局无序、乱挖滥采、生产秩序混乱，煤炭资源和生态环境遭到严重破坏，有的地方还危及公路、民房及统配煤矿的安全。

二、煤炭生产秩序整顿与关井压产

1988年，钟山区对全区的小煤窑进行全面清理，对私挖滥采的小煤窑予以炸毁或封闭，但是，小煤窑私挖滥采屡禁不止，反弹现象严重。鉴于这种情况，此后每年整顿工作都反复进行，共持续14年之久，直到2002年全区小煤窑基本取缔，大规模整顿工作才结束。

1990年，全区共检查煤窑2453个（次），封停486个（次）、炸毁私挖滥采和危及大矿、民房、公路的煤窑85个（次）。此后10年间，每年在整顿中炸、封、填的小煤窑平均在200个（次）以上。2000年6月，国务院关井压产验收组对钟山区的关井压产工作进行检查验收，该项工作获得验收通过。

关井压产行动后，许多被关闭的矿井又私自恢复偷开偷采，关井压产反弹现象严重。2000年下半年，钟山区政府又组织由煤炭、公安、矿管、镇领导组成的执法队，分管副区长亲自带队，对全区矿井进行地毯式的复查和清理3次，对重复偷开的矿井多次下发关闭通知书，反复炸封三四次，对屡教不改的办矿业主依法惩处。是年，共刑事拘留14人，批捕4人。2001年11月，在钟山区政府的统一安排下，钟山区煤炭管理局、国土资源局、公安分局组成专项整治组，再次对小煤窑偷开偷采反弹严重的大湾镇和汪家寨镇进行整治，共炸、封、填小煤窑231个（处），没收违法小煤矿煤炭产品数万千克，罚款3万余元，刑事拘留违法矿主3人。经过历年的反复整顿，特别是关井压产整治行动，至2002年，钟山区境内的小煤窑基本取缔。

三、骨干矿井建设与矿井关闭整合

（一）骨干矿井建设

1988年钟山建立时，全区共有一定规模的乡镇煤矿30个。1991年8月1日，钟山区第一个国营煤矿“钟山一矿”兴建，设计年生产能力1.5亿千克，总投资1360万元。1994年11月，钟山六矿建成投产，年生产能力9000万千克。1995年，钟山四矿和钟山五矿先后建成投产，年生产能力分别为9000万千克和6000万千克。1996年，钟山九矿建成投产，年生产能力3000万千克。1997年，钟山区新增骨干矿井4个。此后，钟山区经过兴建、改造、联合，乡镇骨干矿井逐年递增。截至2005年，钟山区的乡镇煤矿由建区初的30个发展到70个。

（二）关闭整合

1992年起，钟山区对年产原煤1000万千克以下的矿井逐步进行关闭，是年全区关闭矿井103个。自2001年起，对年产3000万千克以下的矿井逐步进行关闭，是年关闭矿井15个。此后，根据不同时期需要和要求，分批次或分阶段进行关闭，至2008年12月，全区共有原煤生产企业38家，年生产能力大部分在9000万千克以上，其中生产能力3亿千克的有2家，1.5亿千克的有9家。全区原煤总生产能力为40亿千克。

关闭整合后，钟山区地方煤矿资源的配置进一步优化，矿井布局趋于合理，煤矿安全生产条件和矿区生态环境有明显改善，煤矿企业规模化、集约化水平明显提高，矿产资源对经济社会可持续发展的保障能力增强。

四、生产工艺改进

区境内地方煤炭在中华人民共和国成立前，一直沿用古老、原始的巷道式采煤方法。采煤工人在无支护、无通风设备的情况进行繁重的体力劳动，锄镐落煤，人力运煤，回收率低，明火照明，安全无保障。1955年后，有的煤窑始用手电照明，采煤方法发展到残柱式采煤法，较大的矿井采用爆破落煤。1958年水城小河煤矿建立后，使用明电照明，在开采急倾斜煤层中，薄煤层采用走向短壁和走向长壁采煤方法，厚煤层采用水平分层采煤方法（留煤皮或荆条人工假顶）。1965年遇到煤层顶板破碎，改用走向单一长壁和倾斜分层长壁采煤法，并试用金属网假顶。1963年水城红旗煤厂安装40千瓦柴油发电机，用电钻打眼，利用1台V型小矿车提升煤炭。20世纪70年代中期以后，部分相对较大型的地方煤矿使用4小件，绞车、风机、水泵、矿车，以少量的机械代替笨重体力劳动，安全性有所提高。

钟山区成立后，一直把改进采煤工艺作为煤矿生产技术进步的重点。特别是20世纪90年代后，对先进生产工艺强力推广，收到明显效果，使地方煤矿生产逐步走向正规化。

动力与照明　20世纪90年代以前，绝大部分地方煤矿为单回路供电，90年代以后，双回路供电的矿井逐步增多。在较长一段时期内，钟山区地方煤矿依靠国有大型统配煤矿供电，给国有大矿增加用电负担，同时，在电力紧张期间，国有大矿随时对地方煤矿拉闸停电，不利于地方煤矿的生产和安全。2005年，钟山区煤炭管理局把解决地方煤矿供电独立系统和双回路供电问题作为保持共产党员先进性教育活动办理的第一件实事，争取政府补助，协调各产煤镇（办事处）及煤矿共同集资，筹资780万元，建成地方煤矿供电独立系统，全区矿井均实现双回路供电。1990年以后，矿井照明基本上都用防爆矿灯照明，取代原来的明电照明。

采煤方法　1997年，钟山区煤炭管理局开始在部分矿井推行壁式采煤法，但进展缓慢。2001年，煤炭管理局强化壁式采煤法的推行力度，安排11个矿井实行。3月，在示范单位老鹰山东风煤矿召开壁式采煤法现场会，在总结交流经验的基础上，对在全区范围内推广壁式采煤法作出进一步的安排部署。此后，每年都作为考核任务安排10～20个数量不等的矿井进行壁式采煤技术改造。至2006年，钟山区地方煤矿全部实现壁式采煤，根据全区矿井除顺发煤矿是平硐配暗斜井外其余全部是斜井的特点，所有矿井采用走向壁式采煤，绝大部分是单一壁式采煤法，个别矿井为炮采，普遍为垮落式落煤。

井下运输　原井内运煤基本依靠人力，1998年后，改用矿车等机械运煤，倾角在25～35度的煤层使用铁溜槽，2000年以后，改用串车、斜井箕斗绞车为主提升，刮板运输机或皮带运输机运煤，人工攉煤。

通风排水　二十世纪90年代以后，改原始的自然通风为机械通风，矿井一般安装15千瓦至75千瓦功率的主扇和5.5千瓦至22千瓦对斜井分机。排水使用水泵，一般为22千瓦至75千瓦功率。

顶板支护　1995年以前，矿井多用残柱式、巷道式、高落式等旧式采煤法，工作面支护全为木支护。推行壁式采煤法以后，逐步采用摩擦式金属支柱与金属铰接顶梁，极大倾斜煤层使用柔性掩护式支架，人工回柱放顶，人工移架。

1988—2008年钟山区原煤产量一览表

表10-2　单位：亿千克、%

年份	原煤			
	计划	完成	完成计划的百分比	比上年增减百分比
1988	3.0	4.90	163.3	—
1989	4.4	8.70	197.7	77.6
1990	8.7	8.54	98.2	–1.8
1991	9.0	7.50	83.3	–12.2
1992	8.0	8.40	105.0	12.0
1993	9.0	10.75	119.4	28.0

续表10-2

年份	原煤			
	计划	完成	完成计划的百分比	比上年增减百分比
1994	9.5	11.49	120.9	6.9
1995	10.6	12.46	117.5	8.4
1996	13.0	14.18	109.1	13.8
1997	11.5	14.66	127.5	3.4
1998	13.0	15.79	121.5	7.7
1999	9.1	9.08	99.8	–42.5
2000	7.0	6.98	99.7	–23.1
2001	6.2	6.12	98.7	–12.3
2002	6.0	5.97	99.5	–2.5
2003	12.0	16.09	134.1	169.5
2004	18.0	16.44	91.3	2.2
2005	20.0	20.2	101.0	22.9
2006	22.0	24.93	113.3	23.4
2007	23.0	23.68	103.0	–5.0
2008	15.0	22.30	148.7	5.8

2006—2007年钟山区关闭煤矿情况一览表

表10-3

序号	被关闭煤矿	煤矿地址	关闭原因	附注
1	木冲沟联营煤矿	大湾镇	事故关闭	2006年度第一批
2	海子开煤矿	大湾镇	证照不全	
3	区企业办自办煤矿	老鹰山镇	证照不全	
4	九平煤矿	老鹰山镇	证照不全	
5	红桥煤矿	汪家寨镇	证照不全	
6	尹家地煤矿	汪家寨镇	事故关闭	
7	金鑫煤矿	大湾镇	证照不全	
8	三块田煤矿	大河镇	整合关闭	2006年度第二批
9	华元煤矿	大河镇	整合关闭	
10	施家河煤矿	老鹰山镇	整合关闭	
11	联合煤矿	老鹰山镇	整合关闭	
12	乐园煤矿	大湾镇	整合关闭	

续表10-3

序号	被关闭煤矿	煤矿地址	关闭原因	附　注
13	希望煤矿	汪家寨镇	整合关闭	2006年度第二批
14	永兴煤矿	德坞街道	整合关闭	
15	兴华煤矿	大河镇	整合关闭	2006年度第三批
16	兴源煤矿	大河镇	整合关闭	
17	木桥煤矿	老鹰山镇	整合关闭	
18	镇八号煤矿	老鹰山镇	整合关闭	2007年度关闭的煤矿为一个批次
19	营盘煤矿	老鹰山镇	整合关闭	
20	天利达煤矿	老鹰山镇	整合关闭	
21	庆丰煤矿	老鹰山镇	整合关闭	
22	五里桥煤矿	老鹰山镇	整合关闭	
23	钟山九矿	老鹰山镇	整合关闭	
24	银洞煤矿	老鹰山镇	整合关闭	
25	雄鹰煤矿	大河镇	整合关闭	
26	兴武煤矿	大河镇	整合关闭	
27	双联煤矿	大河镇	整合关闭	
28	宏龙寨煤矿	大河镇	整合关闭	
29	新塘村煤矿	汪家寨镇	整合关闭	
30	平安煤矿	汪家寨镇	整合关闭	
31	兴福煤矿	汪家寨镇	整合关闭	
32	福兴煤矿	大湾镇	整合关闭	

第三节　焦炭生产

一、焦炭生产发展过程

据清《大定府志》载：水城厅属福集厂在乾隆十一年（1746），其冶炼铅锌燃料前用“林之炭、熔之烘、冶之炉，庶之其成点”，后用“每炉每日盛扫十二篓（约1000千克）、焦煤150千克，一日两班、炼铅之多寡、须视之优劣而定”。民国时期（1912—1949），焦炭除作为冶炼燃料外，多用于铸铁锅、铧口及铁器用品等。民国18年（1929），水城创办观音山铁厂，员工100余人，年产生铁36万千克，其燃料就近取煤炼焦，是当时水城用煤大户之一。

中华人民共和国成立后，1952年，贵州省开办贵州第二铁厂，即水城铁厂，该厂设煤焦车间，在小河边井田开挖若干小煤窑，经土法炼焦供炼铁使用。1958年，水城县政府在大河边段家湾兴建县属大河焦煤厂，购置简易采煤、炼焦设备采煤炼焦，是年产土焦1.36亿千克。1961年7月改建为红旗煤厂。1958年“大跃进”期间，政府组织农民大规模开采煤炭土法炼焦，用以大炼钢铁。随着大炼钢铁运动的结束，大部分炼焦窑也随之停产下马。

1966年8月6日，水城钢铁厂1号焦炉动工修建。1968年9月14日烘炉，1969年9月29日产出第一炉焦炭，水城地区始有机焦。1975年12月28日，焦化厂焦油回收工段正式投产。1978年7月1日2号焦炉点火烘炉，9月30日出焦。2座焦炉共为36孔焦炉，年设计能力4亿千克冶金焦。同时，该厂建成回收焦油加工和粗苯精制等工程项目，具有生产21种化工产品的综合生产能力。

1980年以后，水城地区的土法炼焦发展迅猛，在产煤区内，炼焦窑随处可见，成天火焰熊熊，烟雾弥漫，不仅给煤炭资源造成很大浪费，而且空气受到严重污染，生态遭到严重破坏。1980—1987年期间，水城特区每年平均生产土焦6亿余千克。1988年以后圆窑炼焦逐渐推广，土法炼焦有所减少。

钟山区成立以后，自1995年开始，政府对土法炼焦进行强有力的治理，1996年，六盘水市人民政府根据国务院《关于环境保护若干问题的决定》，下发《关于限期取缔土法炼焦土法炼锌的通知》，钟山区人民政府随之下发《关于贯彻省、市人民政府取缔、关闭土法炼焦等生产企业的通知》，会同有关部门对距城市10千米以内以及国道、省道、河流两侧的土焦窑炉封闭取缔140余座。1997年取缔36座。1998年共取缔土焦窑炉414座，取缔率为90%。1999年，钟山区煤炭管理局对全区范围内少数残留的土焦窑炉进行清理取缔，土焦取缔率为百分之百。

在对土法炼焦进行整治的同时，钟山区对焦炭生产发展进行整体规划，纳入有序管理。1990年，钟山区煤炭工业局编制全区"八五"期间开发资源，建设煤焦基地的总体规划。在此基础上，1996年，区政府编制《钟山区土焦改造"九五"期间规划》和《钟山区焦化总厂项目建议书》。是年，钟山区煤炭管理局组织考察组，到山西省进行机焦和改良焦的项目考察，到北京煤化工研究所将钟山区煤炭资源的生产、加工、转化情况作详细汇报。与晋中开明科技开发公司小型选煤焦化研究所建立联系，推广"JKH-89型及91型"焦炉炼焦技术，借鉴外地经验，制定《钟山区取缔土法炼焦和焦化发展规划》。

1990年6月，贵州集黔矿产冶炼有限公司（即钟山区红桥焦化厂）由香港集成有限公司投资人民币190万元，贵州省政府驻京办事处投资160万元，钟山区煤炭工业公司投资60万元，共410万元，兴建设计能力年产0.4亿千克的焦化车间和洗煤车间，1992年8月投入试生产。

1996年，建成焦化厂2座，一座是钟山区乡镇企业局与大湾镇幸福村联办的751型改良焦炉，年产焦炭0.2亿千克。一座是老鹰山镇与铁路部门联办的圆柱式倒焰炉铸造焦厂，年产焦炭0.2亿千克。是年，汪家寨镇微型机焦厂也开始兴建，年设计能力0.2亿千克。

1997年，建成环保质量达标的炼焦炉4座，总设计能力为0.8亿千克/年。分别是大湾镇海开机焦厂，采用WT-48型机焦炉，年设计能力0.2亿千克，大湾镇幸福焦化厂，采用75Ⅰ型改良焦炉，年设计能力0.2亿千克，老鹰山镇钟铁铸造焦厂，采用圆柱式倒焰炉，年设计能力0.2亿千克，汪家寨兴扬焦化厂，年设计能力0.2亿千克，属引资项目。

1998年，又兴建一批生产规模更大的炼焦厂，主要有六盘水市焦化厂，年设计能力1亿千克，钟山区矿山技术服务站与市地方煤炭总公司合资建设。大湾顺发焦化厂，年设计能力0.3亿万千克。水钢金河焦化厂，年设计能力0.5亿千克，选用"山西91型"焦炉，贵州省冶金厅投资100万元建设。金星焦化厂年设计能力1亿千克，采用LPS—95型机焦炉，属省、市土焦改造试验示范工程项目。兴阳焦化厂、大湾宏源焦化厂年设计能力分别为0.5亿千克。钟山一矿焦化厂，年设计能力1亿千克。在土焦改造中，钟山区煤炭管理局大力扶持，该局1988年共投入土焦改造资金75万元。

1998年以后，每年仍有焦化厂兴建，而有些规模较小、生产工艺相对落后、不符合环保要求的焦化厂逐渐被淘汰。为进一步保护环境，提升焦炭的品质，2007年，钟山区政府制定《钟山区取缔改良焦炉工作实施方案》，并成立取缔改良焦炉工作领导小组，对全区的改良焦炉进行取缔，是年有17家焦化厂（公司）的改良焦炉被取缔。至2008年年末，全区仅存生产规模较大、生产工艺较为先进，且符合环保要求的贵州水矿西洋焦化有限公司、贵州集黔矿产冶炼有限公司洪桥焦化厂、六盘水市旗盛煤焦化有限责任公司、长钢焦化有限公司、六盘水德马焦化有限公司、贵州长风焦化有限公司6个炼焦厂，年生产能力18亿千克，当年共生产焦炭7.52亿千克。

二、炼焦工艺

传统的土法炼焦，根据不同煤种，炼焦窑各异，有锅底窑、马槽窑、坡坡窑等窑型。20世纪60年代以后，引进外地的解放窑、萍乡窑等炼焦工艺。1985年，普遍推广圆窑炼焦工艺。

1999年土法炼焦全部取缔后，新建的焦化厂均使用不同类型、不同型号的机械化炼焦炉进行生产，产品大部分为一、二、三级机焦。2000年以后，炼焦工艺又有新的改进。炼焦企业增加脱硫、回收煤焦油及氨水等设施。环保方面，大部分焦化厂先后建立出焦、装煤消烟地面除尘系统、生产用水闭路循环使用系统、污染源在线监测系统及废水生化处理工程，起到节能减排的作用。机焦生产的工艺流程，一般为洗煤—配煤—装炉燃烧—出炉熄焦4个环节。

1988—2008年钟山区焦炭产量一览表

表10-4　单位：亿千克、%

年份	焦炭			
	计划	完成	完成计划的百分比	比上年增减百分比
1988	1.2	1.70	141.6	—
1989	1.5	1.94	129.3	14.1
1990	2.1	2.14	101.9	10.3
1991	2.3	1.20	52.2	-43.9
1992	1.5	1.70	113.3	41.7
1993	2.0	1.47	73.5	-13.5
1994	1.5	2.14	142.7	45.6
1995	2.5	2.51	100.4	17.3
1996	2.6	2.38	91.5	-5.2
1997	2.3	2.03	88.3	-14.7
1998	1.5	0.47	31.3	-76.8
1999	2.0	0.27	13.5	-42.6
2000	0.4	0.6	150.0	122.2
2001	0.6	0.87	145.0	45.0
2002	0.7	0.96	137.1	10.3
2003	1.0	1.52	152.0	58.3
2004	2.2	2.00	90.9	31.6
2005	2.5	3.03	121.2	51.5
2006	4.5	4.62	102.7	52.5
2007	5.0	8.07	161.4	74.7
2008	7.5	7.52	100.3	-6.8

第四节　选煤生产

钟山区境内的选煤加工生产，1958年全民大炼钢铁，采用简单的筛选办法，选煤作炼铁燃料。1959年，水城煤矿兴建简易洗煤厂，1961年年底关闭。1969年，随着“三线”建设的发展，水城矿务局在建设矿井的同时，相继建成汪家寨、老鹰山两座大型统配煤矿选煤厂。这是钟山区境内最早的机械化选煤企业。1978年改革开放后，由于地方炼焦的发展，地方选煤厂也有所发展，当时基本都是采用溜槽洗选。

1990年以后，钟山区的选煤加工生产有较快的发展，机械化生产的选煤厂迅速增加。1990年6月，贵州集黔矿产冶炼有限公司在兴建年设计能力0.4亿千克焦化车间的同时，兴建年入洗原煤能力2.1亿千克的洗煤车间。1992年，钟山区引进外资，兴建总投资450万元，年入洗原煤能力2.1亿千克的中外合资企业钟宝选煤厂。

1993—1999年间，每年兴建洗煤厂5个以上。2000年以后，有些生产规模较小，工艺相对落后的洗煤厂在竞争中被淘汰。自2001年开始，兴建的洗煤企业大部分建在钟山区规划的月照乡工业园区内。2007年，六盘水人民政府下发《关于加快焦化洗选等行业结构调整促进产业结构优化升级的通知》，按照通知要求，新建和通过改造的洗煤厂年设计入选能力绝大部分在3亿千克以上，并且在废水、固体废物、废气、噪音处理方面达到环保部门的要求。随着国家政策的引导和社会环保意识的增强，自2005年起，已有回收煤泥再浮选加工精煤的环保型洗煤企业兴建投产。

至2008年12月，全区共有洗煤厂65个（部分尚在建设中），年入洗能力约200亿千克，除洗选钟山区的煤炭外，还收购毗邻的水城、六枝、威宁、赫章等县的部分原煤入洗。洗煤产品的品种有块精煤、精煤、中煤及煤泥。2008年共生产精煤13.89亿千克。全区洗煤厂的生产工艺基本上为跳汰洗煤，只有2家企业是重介洗煤。

1990—2008年钟山区精煤产量一览表

表10-5　　　　单位：亿千克、%

年份	精煤			
	计划	完成	完成计划的百分比	比上年增减百分比
1990	—	0.46	—	—
1991	—	0.65	—	41.3
1992	1.0	1.01	101.0	55.4
1993	1.5	1.65	110.0	63.4
1994	1.5	1.85	123.3	12.1
1995	2.2	2.17	98.6	17.3
1996	2.5	3.60	144.0	65.9
1997	3.2	3.05	95.3	-15.3
1998	3.0	4.15	138.3	36.1
1999	4.5	5.38	119.6	29.6
2000	4.5	3.76	83.6	-30.1
2001	4.5	4.75	105.6	26.3

续表10-5

年份	精煤			
	计划	完成	完成计划的百分比	比上年增减百分比
2002	4.9	4.82	98.4	1.5
2003	5.1	6.31	123.7	30.9
2004	7.2	7.02	97.5	11.3
2005	7.7	9.12	118.4	29.9
2006	9.1	12.08	132.7	32.5
2007	12.0	14.87	123.9	23.1
2008	9.0	13.89	154.3	–6.6

说明：1990、1991年未下达生产计划

第五节 生产管理

一、规划管理

1990年，钟山区将地方煤炭的发展列入经济强区的支柱产业和扶持农村脱贫致富的重要项目，编制开发煤炭资源，建设煤炭基地的“八五”规划和10年发展规划。1995年，在对“八五”规划的实施情况进行深入调研和总结的基础上，对原制定的十年发展规划进行修订，编制钟山区地方煤炭“九五规划”。2000年，钟山区结合国家西部大开发的有利形势，编制地方煤炭“十五”计划和2015年发展规划，2005年，钟山区遵循国家有关优化煤炭布局、有序开发、节约资源、保护环境等方面的要求，本着可持续发展的指导思想，编制地方煤炭“十一五”规划。

1991年，钟山区对全区的生产矿井进行基本情况调查，对井型和生产能力作出核定，建立简单的技术档案，以此为基础对全局煤矿发展制作整体规划。1994年，组织乡镇煤矿规划组，深入乡镇现场踏勘，广泛听取镇乡党委政府的意见，本着统一规划、合理布点、资源优化配置、不与统配煤矿争资源、不影响统配煤矿安全生产的原则，制定6个产煤镇乡煤矿规划方案。1997年，制定《钟山区土焦改造“九五”时期规划》。1998年，贵州省煤炭工业厅、煤炭工业局将水城矿务局矿井范围内洪桥等8个块段的煤炭资源划给钟山区地方煤矿开采，随后钟山区对境内煤炭资源分布、现有矿井生产设施、技术力量等情况进行详细调查，再次对全区乡镇煤矿发展制定规划。2001年后，先后制定《骨干矿井改造实施方案》及其实施细则、《标准化矿井建设方案》《钟山区整合煤矿生产及合理矿权设置方案》，进一步规划全区煤炭生产行为。

二、计划管理

1988—2008年，钟山区每年都综合企业生产能力、政治经济形势、市场供求状况等因素，制定原煤，焦炭年度生产计划指标，下达钟山区煤炭管理局，作为“目标责任制”主要考核指标之一，进行年度考核，兑现奖惩。1992年起，随着洗煤生产的发展，增加精煤生产年度计划，钟山区煤炭管理局每年都将区政府、市煤炭管理局下达的计划分解下达给各煤管站，亦列为对煤管站“目标责任制”考核的主要指标之一，进行年度考核，兑现奖惩。煤管站再将年度计划进行分解，具体落实到每个煤炭生产企业，组织和检查督促企业完成。在此期间，煤炭生产计划与完成情况进行年度比较，大部分年度都有所增长，少数年度下降，总体呈增长状态。

三、证照管理

1994年以前，要求采煤企业办理的证照有采矿许可证、矿长资格证，1995年以后增加煤炭生产许可证，2003年以后增加安全生产许可证、矿长安全资格证，2004年以后增加环保生产许可证，2005年以后，要求焦化企业办理煤炭经营资格证、排放污染物许可证。同时要求洗煤企业办理煤炭经营资格证、排放污染物许可证、取水许可证、水土保持方案许可证。要求煤炭经营公司办理煤炭经营许可证。

1989年，钟山区共有生产煤矿227个，而持证和定点待发证的仅70个。1992年，全区年产量在1000万千克以上的矿井有24个，已办证的只有8个。1993年，全区有定点乡镇煤矿168座，其中办证的只有10座。1998年，全区有乡镇煤矿263座，办证的只有33座。1999年进行“关井压产”整顿后，煤矿办证率逐年提高，到2007年通过“关闭整合”，全区煤矿均持有相关许可证。

第六节　运销管理

一、煤炭运输

境内建区以前，煤炭运输经历人背马驮、马车、拖拉机、汽车、火车运输的演变过程。建区后，区内煤炭运输主要靠拖拉机、汽车运输，销往市外、省外的煤炭基本上靠铁路运输。

二、煤炭销售

境内建区以前，煤炭对外销售历史已久，但在公路开通之前，受运输条件和工业发展程度的制约，煤炭销量小，主要用作民用煤，业主自产自销，就近销售。出售时买卖双方按箩筐、按驮或按堆“干估”（不过秤）议价。1955年以后，有的合作社、公社、生产队开办社队煤窑，所产煤炭有的由煤窑自主经营、有的由社队组织销售。当时已有汽车、马车运输，销售范围局限在水城地区内，仍以民用煤为主。出售时或过称从量计价，或按车议价。1958年，境内始有国营煤矿，国营煤矿的生产、销售、售价均由政府计划管理。水城（小河）煤矿的煤炭除供应水城铁厂外，还通过省运输公司的驻矿汽车队，销往贵阳、毕节等地。1966年以后，境内大、中、小型工业企业逐渐增多，煤炭的销售区域虽仍局限于水城地区境内，但此时期的煤炭主要为水城钢铁公司、水城发电厂、水城水泥厂以及其他地方工业企业的工业用煤。销售方式仍然由煤矿自由交易，逐步采用过磅计量的方式。1978年国家实行改革开放政策后，地方煤炭销售范围扩展到市外和省外。省内主要销售给贵州化肥厂、贵阳电厂、遵义铁合金厂、平坝化肥厂、剑江化肥厂等单位，省外主要销往广东、广西、湖南、四川等地。销售上述地方的煤炭主要是通过贵昆铁路，销往省外的，再分别通过黔桂铁路、湘黔铁路、川黔铁路外运。铁路运力长期处于紧缺状态，1989年贵昆铁路电气化改造完成，随后株六复线铁路建成，铁路运力紧缺状态有所缓解。

三、煤炭价格

地方煤炭的销售价格，一般为供需双方直接根据市场议价，有些年份由政府定价，有的特定需求由政府限价销售。

1990年，地方煤炭价格，原煤45.20元/吨，土焦、煤泥焦150元/吨，洗精煤85元/吨。一年后，此定价废弃。1996年5月1日，钟山区物价局、煤炭工业局联合下发《关于钟山区原煤生产价格实行最低保护价格的通知》，确定当时原煤最低保护价格为上等煤质（含硫0.9%以下，灰分19.9%以下）45元/吨。中等煤质（含硫1%～1.99%，灰分20%～24.9%）40元/吨，下等煤质（含硫2%以上，灰分25%以上）35元/吨。国家实施“西电东送”战略后，为确保电厂发电煤的供应，省有关部门按年度对电煤供应地区分配电煤供应计划，并对电煤制定低于市场价格的指导价，对煤炭发热量亦有不低于500大卡的要求。钟山区的电煤系委托电煤公司代为组织供应，然后由煤炭管理局向煤矿收取一定额度的电煤供应补助费，按电煤实际供应数量对电煤公司给予一定的补助。2003年，贵州省经贸委下达钟山区供应水城电厂的电煤计划为21万吨。此后各年度计划均有所变动，2008年为40万吨。电煤指导价在2008年为360元/吨。2006年8月28日，钟山区政府下文规定，生产动力煤坑口价在200元/吨以内的煤矿，以10元/吨提取电煤供应补助费。生产主焦煤、肥气煤坑口价在200元/吨以上的煤矿，以20元/吨提取电煤供应补助费，其中10元直接支付给电煤公司作为电煤供应补助。此外，由区财政统筹安排电煤补助资金，对认真履行电煤供应合同，完成供应任务的电煤公司，按5元/吨给予补助。为加强电煤供应管理，是年6月，钟山区煤炭管理局制定《钟山区电煤供应办法》及《电煤专用调拨单使用管理办法》，对电煤供应秩序进行规范，规定供应电厂的电煤一律使用"电煤专用调拨单"。对违反以上两个"办法"的，予以处罚直至吊销经营资格。2002年小煤窑全部取缔后，政府为解决农村家庭生活用煤采取相应的措施。2003年10月，六盘水市人民政府下文要求有证煤矿要按成本价加适当利润供应农村家庭生活用煤。向农户供应的农村家庭生活用煤，煤炭税费一律减免。钟山区对农村家庭用煤作出更为具体的规定，每年向每户农村家庭按煤炭成本价80元/吨供应煤炭4吨，凭发放的专项煤票到指定的煤矿购煤。2006年以后，钟山区政府调整农村家庭生活用煤供应政策，改为以现金方式对困难群众按户按年直接发放生活用煤补助金。具体对象和发放标准为农村五保对象人均500元，农村特困定期救助对象户均350元，农村绝对贫困人口户均180元，农村低收入人口户均120元，城市低保对象户均120元。补贴资金来源为：从2006年6月1日起，对全区销售的原煤、洗精煤、焦炭每吨征收2元。至于地方煤炭销售的市场价，1988年钟山区成立时期，原煤均价40元/吨左右，土焦均价70元/吨左右，1990年钟山区始有洗煤生产，其时精煤销售价格在80元/吨左右。煤炭销售价格总趋势是向上不断攀升，至2008年7—8月，原煤销售价格升至1000元/吨左右，焦炭2000元/吨左右，精煤1300元/吨左右。9月以后，受国际金融危机的影响，煤炭滞销，价格回落，原煤销售均价降到400元/吨左右，焦炭1200元/吨左右，精煤700元/吨左右。

四、票、卡管理

1989年8月钟山区煤炭工业局建立后，制定《钟山区煤焦专用发货票和煤焦专用发运单使用管理办法》，规定地方煤炭运销必须使用"煤焦专用发货票"和"煤焦专用发运单"。1996年4月23日，钟山区煤炭工业局制发《煤焦运销管理实施细则》，其中对"煤焦专用发运单"的印制、管理、使用、收缴等各个环节作出进一步规范，并明确区内运销煤焦的车辆或货主，在持有"煤焦专用发运单"的同时，还应持有钟山区矿管局印制的"矿产品准运证"。2000年1月13日，钟山区煤炭工业局下发《关于加强钟山区煤炭运销管理的补充规定》，对煤炭专用发运单管理提出更严格的要求，车辆所载煤炭品种与票证记载不相符的，除补征税费外，加收500元罚款。虽持有煤炭专用发运单，但不填日期和车号的运煤车辆，除补交税费外，对车主加收300元罚款，开票人加收200元罚款。持过期票、废票、回笼票的运煤车辆，视为无票运输。除补交税费外，加收500元罚款。对拒绝验票强行冲岗的运煤车辆，除补交税款外，加收1000元罚款，触犯刑律的，移交司法机关依法处理。此后钟山区制定下发《关于煤炭经营、运输、税费征收管理的暂行办法》《钟山区煤焦票证管理办法》，加强对票卡的管理。2005年，钟山区筹资380余万元，建设煤炭调运管理信息系统。全区13个验票站与局票卡管理中心实行计算机联网，区内大部分煤炭运销实行准运卡、标志卡电子管理和监控，改变手工验票、税费计算和开票的历史。2006年1月5日，钟山区成立钟山区煤焦票卡管理中心，负责准运卡、标志卡的发放、收缴、激活及相关信息输入，管理煤焦专用发票等工作。2007年1月1日起，钟山区停止使用"贵州省六盘水市地方煤炭产品专用发票"，启用"六盘水市钟山区煤炭产品调运单"，作为部分未途径验票站、尚未实行准运卡、标志卡的煤炭运销车辆使用。是年9月以后，停止使用地方煤炭产品准运证。

五、验票站（检查站）管理

1990年9月以前，钟山区地方煤炭运销通过委托公安部门设在交通要道的公安检查站代为验票，对未交纳税费的补征税费。10月以后，改由区煤炭、工商、税务、公安等部门分别抽调人员，在产煤区主干道设置联合检查站，对运销煤炭的车辆进行验票。1992年，钟山区设置验票处替代检查站的工作。1993年3月5日，钟山区人民政府下发《关于将区煤焦验票处移交给有关镇乡管理的实施意见》，决定将各煤焦验票处移交给大河、大湾、老鹰山、凤凰等镇、乡管理。验票处移交镇乡管理后，出现管理偏松、镇乡截留税费严重等弊端。2002年12月30日，钟山区成立煤炭产品验票站，验票站下设10个验票处（后来逐步增至13个），承担全区地方运销过站车辆的验票工作。2005年10月煤炭调运管理信息系统建成开通后，验票站对煤炭运销车辆改“验票”为“刷卡”管理。

六、运销稽查

1996年5月，钟山区政府从煤炭、公安、国税、地税等部门抽调人员，组成煤炭运销稽查队，从事煤炭运销稽查工作。是年共检查煤炭运输车辆1.4万余辆次，处理305辆次，补交税费1.36万余元，收缴过期失效票证298份，有效遏制无票运输、冲岗、煤炭税费严重流失的状况。2000年2月25日，钟山区成立“钟山区煤炭运销稽查大队”，为副科级单位，隶属钟山区煤炭工业局，成员仍由煤炭、公安、国税、地税部门抽人组成。2002年5月，区政府决定将公安、税务部门抽调稽查大队的人员撤回原单位。至此，运销稽查大队全部由区煤炭管理局人员组成。稽查大队建立后，相继建立和完善岗位责任制、行政执法责任制、煤炭运销稽查管理制、运煤车辆管理办法、举报管理制度等规章制度。切实履行对全区验票站和全区煤炭税费征管工作的管理、监督和检查。对煤炭专用发票和准运单的发放、使用、结算予以跟踪管理。对举报案件进行核查处理。参与煤炭安全生产和生产经营秩序治理等工作职责，同时，常年不断地巡回对煤炭运销车辆进行流动稽查。2000年3月稽查大队正式成立后至年末，稽查队员每天在公路检查车辆50辆次以上，补交煤炭规费6万余元。2002年，稽查大队配合区安全管理部门和验票站，对煤炭非法开采进行严密监控，对运煤车辆加强查验，尽力杜绝无证煤窑产品流入市场。当年，稽查大队将原在公路对运炭车辆的稽查扩展到在火车站、用户原料场进行稽查，收到较好效果。全年共查扣无票运煤车辆826辆，移交区监察局立案查处100余辆，补收税费和罚款23万余元。2003年，遵照区煤炭管理局对煤炭运销“管到源头、持票流通、据实征收、强化稽查”的要求，稽查大队强化对德坞街道办、大湾镇丁拉村、幸福村、大河镇渡口村等管理死角的稽查力度，全年共查扣车辆130余台次，补收税费和罚款8万余元。2008年，稽查大队改进工作方法，定期召开专题会议，比对、讨论煤炭运销变化和税费征收情况，分析税费流失原因，对症下药，重拳出击，全年共查处运煤车辆130余辆，查补税款10万余元，处罚金额27万余元。

第二章　贵州水城矿业（集团）有限责任公司

贵州水城矿业（集团）有限责任公司，前身为水城矿务局，系驻钟山区境内的部属国有大型一类煤炭企业，是我国西南地区重要的主焦煤、气肥煤生产供应基地。1998年部属国有重点煤矿下放后，隶属于贵州省管理。

第一节　开发建设

1964年5月，中共中央工作会议提出建设大三线的战略方针，中央成立西南三线基本建设筹备小组，国务院决定由13个部委组成联合规划组，研究三线建设规划，确定六盘水三个矿区为三线建设的配套项目。6月，煤炭工业部党组召开扩大会议，确定煤炭工业三线建设和满足三线建设用煤的具体方针。7月，煤炭部、贵州省及贵州省煤炭局领导参加中央西南局在西昌召开的三线建设规划会，会议确定六盘水矿区与攀枝花钢铁基地配套建设，水城矿区列为西南5个煤炭建设基地之一。8月，西南三线建设委员会决定六盘水矿区“三五”期间的建设规模和投资安排。是月，煤炭部成立以副部长钟子云等7人组成的内地煤炭建设领导小组。9月，煤炭部发出通知，从全国抽调人员到六盘水矿区参加煤炭基地建设，其中决定山东煤炭基建局机关及一个工程处和太原煤炭建安公司调迁水城矿区，筹备水城矿区的大规模开发。10月初，钟子云率煤炭部有关人员和地质、设计、施工单位负责人到水城矿区，具体研究水城矿区建设的各项准备工作。11月30日，国家经委批准并于1965年1月1日在六枝宣布成立西南煤炭建设指挥部，由煤炭部副部长范文彩任指挥，直接领导和管理六枝、水城、盘县、宝鼎山、芙蓉5个矿区指挥部。1965年3月，煤炭部全国煤矿干部会议提出，在第三个五年计划期间，集中优势兵力，以最快的速度建设水城等5个重点煤炭基地。1964年10月至1966年上半年，煤炭部先后从全国各地抽调13000余人参加水城矿区建设，与此同时，贵州省、水电部、铁道部等抽调几万名职工和民工参加矿区会战。

矿区大规模建设初期，几万建设大军骤然云集水城，没有电源、不通公路、住房紧缺，生活物资匮乏，加之水城地处高寒、阴雨连绵，生活和工作条件极为艰苦。但是三线建设上马快、任务重、要求急，建设者们不辱使命，以苦为荣，斗志高昂。没有电，用石蜡、电石灯、煤油灯、火把照明。没有住房，搭建竹木油毛毡房、“干打垒”等简易住所。修筑公路，架设电线，兴建矿井，日夜奋战，艰苦创业，短短几年内，在荒山僻野建起一个初具规模的新型煤炭基地。

1973年下半年大批施工队伍成建制调出水城矿区，水城矿区三线大规模建设时期基本结束。这段时期矿区建成8个矿井和2个选煤厂，设计原煤年生产能力43亿千克，实际移交年生产能力31亿千克，2个选煤厂设计年入洗原煤23亿千克。其中，小河煤矿1964年移交水城矿务局时，核定年生产能力1.5亿千克。老鹰山矿井1970年移交水城矿务局生产，设计年生产能力9亿千克，移交生产能力为年6亿千克，欠交西采区生产能力3亿千克。汪家寨煤矿平硐井1970年5月投产，斜井1972年12月投产，设计年生产能力为15亿千克，年移交生产能力12亿千克。红旗煤矿白岩脚新井1970年投产，设计能力与移交能力均为1亿千克。大河边矿井1971年9月投产，设计年生产能力与移交生产能力均为6亿千克。木冲沟矿井1975年12月投产，设计生产能力为9亿千克/年，移交生产能力为3亿千克/年，欠交二采区、三采区生产能力6亿千克/年。顶拉矿井1975年12月投产，设计能力和移交能力均为1.5亿千克/年。老鹰山选煤厂1969年2月投产，设计入选原煤能力8亿千克/年。汪家寨选煤厂1970年9月投产，设计入选原煤能力23亿千克/年。

水城矿区建设是在“战备”的指导思想下进行的，建设项目严格按照“靠山、分散、隐蔽”的原则，施工难度大。采取大会战和边勘探、边设计、边施工的形式，上马快，时间要求紧、设计标准低、简易投产。加之1966年下半年后受“文化大革命”的冲击，矿区建设的部署被打乱，有的项目未能开工，有的停建，因之生产环节不配套，生产系统不完善。矿区大规模三线建设结束后，主要是中国共产党十一届三中全会以后，水矿集团公司进行大量的重点工程补套和重点项目续建，并对老矿区进行技术改造，不断引进新的设备和生产工艺，生产能力有较大提高。至2008年年末，水矿集团公司在钟山区境内的矿井原煤设计年生产能力为76.6亿千克，选煤设计年入洗原煤能力64亿千克，并先后建有一批煤化工、煤矸石发电、加工企业。

矿区建设初期乃至在以后的发展历程中，党中央、国务院、有关部委及贵州省的领导对水城矿区建设都十分关心。1965年5月，中共中央西南局三线建设委员会第一副主任程子华和煤炭部部长张霖之视察矿区建设，听取汇报，对矿区行政区划的原则作出指示。11月24日，中共中央总书记邓小平及李富春、薄一波、李井泉、程子华、吕正操等到矿区视察，在西南煤矿建设指挥部听取钟子云、范文彩、丁丹、刘辉的工作汇报，邓小平指示说，六盘水煤矿基地建设很重要，既可满足西南钢铁需要，又可支援两广，并准备运到长江以南地区，逐步改变"北煤南运"的局面。当了解到工地的蔬菜供应极端困难时，邓小平即指示有关部门从北方调运大白菜，极大地鼓舞广大职工建设热情。12月，国家计划委员会主任余秋里及国务院有关部委领导，在煤炭部部长钟子云、贵州省副省长陈璞如的陪同下，视察水城矿区指挥部、水城矿务局中心医院、老鹰山立井工地，并接见五好工人、先进生产者代表，对如何建设好矿区、提拔年轻干部、关心职工生活等重大问题作出明确指示。1966年7月，西南建设委员会副主任彭德怀到水城矿区，视察汪家寨平硐和水城发电厂施工现场。1980年1月28日，中共中央总书记胡耀邦在贵州省委第一书记池必卿的陪同下到水城视察，听取水城矿务局和水城煤矿设计院的汇报，研究六盘水开发和铁路建设等问题，并对做好煤炭加工利用等工作作出重要指示。1981年2月，国务院副总理谷牧召集有关部委负责人会议，研究贵州煤炭出口、利用外资、加强铁路港口和煤矿建设问题。1982年1月，中央书记处和中央政治局决定引进外资，出口煤炭，邓小平同志指示"要坚决办、闯出一条新路子"，随后成立西南能源联合开发总公司。1984年3月9日，国务院总理赵紫阳及国家体改委副主任安志文、国家计委副主任芮杏文、国家经委副主任朱镕基、财政部副部长迟海斌、四川省省长杨析综等，由贵州省委第一书记池必卿、省长王朝文陪同到水城矿区视察，考察汪家寨选煤厂、汪家寨煤矿，强调搞好原煤加工，搞好煤矸石发电，支援国家生产建设，开拓发展前景。1990年11月，水城矿区列入国务院批准的攀西—六盘水资源综合开发区项目。1991年3月，中央政治局委员杨汝岱到矿区视察。1992年5月，中央政治局常委宋平及中央组织部副部长张全景到六盘水视察工作，听取水城矿务局的工作汇报。1996年10月，中共中央总书记江泽民到六盘水视察工作，下榻水城矿务局招待所，在曾庆红、吴亦侠等中央及省委领导陪同下，视察汪家寨矸石发电厂，听取水城矿务局领导的汇报，对矿区发展前景，综合利用表示极大的兴趣，对以运定产的局面表示关注，给水城矿务局职工巨大的鼓舞。

20世纪90年代末，随着全国煤炭市场疲软和西南铁路外运困难，矿区生产经营陷入低谷。1998年8月国有煤炭企业体制改革后，省委、省政府十分关心矿区发展，多方支持和帮助矿区成功地遏止生产经营滑坡势头。2000年7月，国务院副总理吴邦国到水城矿务局视察，并下井看望职工。他要求铁道部对水城矿务局运力实行倾斜，之后，运力紧张情况得到缓解。同时，在国家有关部门和省政府的指导、帮助下，顺利地对个别资源枯竭矿井实施政策性破产，并对企业实行公司化改制。21世纪初，贵州省委、省政府进一步将水城矿区作为"西部大开发""西电东送""富民兴黔"的大项目来抓，主要领导的足迹遍及矿区各主要厂矿，省委书记钱运录曾先后6次到矿区指导工作，对矿区建设作出一系列重要指示。

第二节　采煤企业

自20世纪60年代中期境内兴起三线建设以来，水矿（集团）公司先后建成生产的采煤企业有汪家寨煤矿、大河边煤矿、木冲沟煤矿、那罗寨煤矿、大湾煤矿、老鹰山煤矿、红旗煤矿、顶拉煤矿、小河煤矿。

汪家寨煤矿　位于六盘水市钟山区汪家寨镇，矿属铁路专用线与贵昆铁路水大支线野马寨编组站接轨，向南经水汪公路22千米达集团公司本部，西与水城发电厂为邻，北部那罗寨煤矿101运煤隧道出口、贮煤仓设置在汪家寨煤矿工业广场。

汪家寨矿井设计生产能力为15亿千克/年，其中汪家寨斜井9亿千克/年、汪家寨平硐6亿千克/年。两个矿井原设计为分单位管理，1972年12月5日后，汪家寨平硐煤矿与汪家寨斜井煤矿筹备处合并为汪家寨煤矿。汪家寨平硐矿设计采区4个，采煤工作面9个，采煤工作面总长度为1140米，矿井掘进工程量为24163米，地面建筑36207平方米，输电线路128千米，各种管道工程1754千米，主要设备安装126台件，总概算2393万元。

1965年4月，华东6处（后称煤炭部70工程处）土建工区到达矿区。1965年4月29日开始对原曾开掘的平硐口修复工程，是年10月末供电后，开始清理巷道，11月13日提前1个月零13天进行掘进。1967年5月31日提出平硐施工总结，但因部分工程不合格等，由该处与汪家寨平硐煤矿共同修复后于1970年5月1日正式移交生产，移交工作面7个，总长度701米，完成总投资3268.91万元。

汪家寨斜井设计矿井有3个采区、7个工作面，采面总长度700米，矿井掘进总工程量为28281米，安装设备971台件，总概算3315万元。煤炭部第四十二工程处在边调迁、边准备、边施工的条件下，斜井主井比计划提前半月于1965年11月15日开工，副井比计划提前1个月于1965年12月8日开工。1972年12月移交生产，移交生产时完成成巷工程27794米，移交2个采区、5个工作面，采煤工作面总长度620米，完成基本建设投资6260万元。

汪家寨煤矿井田位于威水背斜北翼，大河边向斜北段，走向长9千米，倾斜宽2.5千米，面积22.5平方千米，含煤30层，可采与局部可采12层，平均可采总厚度18.4米。井田总储量为2209.9亿千克，可采储量1776.8亿千克，煤层倾角8度至35度，煤种牌号南部为气肥煤，北部为焦煤。

汪家寨矿井鉴定为煤与瓦斯突出矿井，通风方式为分区抽出式通风。采煤工作面全部使用可弯曲刮板运输机，运输巷、石门均采用胶带输送机运煤，主斜井采用钢丝绳芯胶带输送机（宽度1.2米），平硐利用蓄电池机车牵引3000千克矿车运输，原煤全部入洗。

建矿以来，汪家寨矿井通过一系列技术改造，提高生产能力，1990年生产原煤17亿千克，2003年生产原煤20亿千克，超过设计生产能力。同时对生产系统进行优化，除工作面布置正在调整外，其余系统已达到30亿千克/年的生产能力。2001年12月省煤管局核定矿井生产能力为30亿千克/年。

2004年7月，水城煤电公司基于企业发展战略，将汪家寨煤矿、汪家寨选煤厂的主业资产、人员组建成汪家寨煤矿，其辅业资产、人员则组建成汪家寨矿区综合管理处，实现主辅分离。

汪家寨煤矿、汪家寨选煤厂重组为汪家寨煤矿之前，总计生产原煤357.29亿千克，洗选加工商品煤315.7亿千克。重组后拥有固定资产原值57289.6万元，净值48287万元，职工总人数4640人，其中高级专业技术职称7人，中级48人，初级123人，实行两级管理，按精干、高效原则组建15个科室，17个生产区队，5个生产车间。

大河边煤矿　大河边煤矿位于六盘水市钟山区大河镇，距集团公司本部约8千米，贵昆铁路水大支线从井口与滑坡煤仓之间穿过，设有裕民车站，站内设有装车线，水汪公路从矿内穿过，交通运输方便。

大河边矿井设计生产能力为6亿千克/年，开拓方式为斜井，设计矿建工程总量18076米，总概算2425.8万元，由煤炭部第三十六工程处担负矿井施工任务，部分土建、安装工程由煤炭部第三十七工程处施工。

大河边矿井南采区于1970年6月投产出煤，1971年8月北采区投产。矿井投产能力为6亿千克/年，完成巷道17420米，按设计移交采区2个，工作面5个，工作面总长度544米，竣工房屋建设面积15287平方米，其中民用建设5372平方米，完成投资6260万元。

大河边矿地形复杂，海拔标高1650～2050米。井田走向长6千米，倾斜宽1.5千米，面积9平方千米，含煤34层，可采煤层13层，地质储量1050.9亿千克，工业储量837.9亿千克，煤种牌号为肥气煤。矿井设计采用走向长壁后退式采煤法，采煤工作面先后采用圆木、金属摩擦式支柱、单体液压支柱支护，全部陷落法管理顶板。1974年在一采区试用MDQ-80采煤机组采煤，由于煤层倾角大，煤质硬，底板松软打滑，试用半年后即停止机组工作。1992年使用MG200-W型高档普采机组至今。井下原煤由主井箕斗提升至地面煤仓，矸石由副井经串车提升到矸石山。

大河边矿井属煤与瓦斯突出矿井，通风方式为中央分区抽出式。1983—1985年进一步对通风系统加以改造。1991—1993年，建成瓦斯利用工程。2001年新安装KT90瓦斯监测系统和低负压大流量瓦斯抽放系统，增强瓦斯监控、抽放能力。

1993年12月开始实施矿井改扩建工程，1997年6月竣工，矿井生产能力提高到12亿千克/年。2004年12月，贵州煤管局核定矿井生产能力9亿千克/年。

近年来，大河边煤矿又先后对采掘工艺流程和生产装备进行一系列技术改造，将3个采煤面缩减为2个采煤面，在高档机采工作面推行“错梁错柱”支护，在掘进工作面推行锚喷、锚网喷、W钢带等支护方式，完成矸石山增容改造工程，并实施香根草护坡绿化技术，引进高科技产品“罗克体”泡沫充填剂和“马丽散N”固化剂，用于采空区充填和巷道围岩固化，收到良好效果。

该矿2002年9月开工兴建复合干法选煤厂，入选能力为8亿千克/年，2003年1月15日正式投产。原煤经复合干法入选后，大大降低灰分、硫分，提高产品质量和经济效益，商品煤在市场的竞争力增强。

大河边煤矿大力加强内部管理，经过1982—1984年的企业整顿工作，逐步建立较完善的内部经济核算体系，1991年在企业升级中被评为国家行业二级企业。1999年煤炭市场陷入低谷。自2000年起，煤矿着力推行干部人事制度、劳动用工制度、工资分配制度三项改革，打破干部、工人身份界限，变身份管理为岗位管理；完善企业与职工双向选择的全员劳动合同，确定劳动关系，鼓励地面人员转向井下生产一线；工资分配实行工资总额承包，打破工资等级界限，按岗定薪，岗变薪变，用经济杠杆激活职工的工作热情。在“二次创业”第一年的2002年里，煤矿对基层单位生产经营效果全部实行量化考核，初步形成内部模拟市场运作竞争机制，当年利润突破2000万元大关，职工收入在1998年的基础上翻一番。2003年、2004年，主要经济指标创建矿以来最高纪录，全员效率达到2170千克/人，人均收入有较大幅度提高。大河边煤矿共有职工1700余人。

木冲沟煤矿 木冲沟煤矿位于六盘水市钟山区大湾镇，与大湾煤矿、二塘选煤厂、水大铁路支线终点站大湾站毗邻，矿井主要地面设施沿三岔河支流木冲沟河布置，212省道横穿矿区，至水矿集团公司本部约54千米。

矿井井田属二塘向斜之北东翼浅部，井田走向长8千米，倾斜宽平均1.6千米，面积12.65平方千米，可采和局部可采煤层9层，平均厚度12米，地质储量1200亿千克，工业储量960亿千克，可采储量740亿千克，煤种牌号为主焦煤。

1966年3月，水城煤矿设计院完成矿井设计，能力为年产原煤9亿千克，平硐开拓，8个采区，3个采区达设计产量，服务年限79年。矿井采用分区抽出式通风，斜井、平硐集中通风，回风上山集中回风。1800平硐大巷为1.4万千克架线式电机车运输，2004年12月改为蓄电池机车运输，地面轻轨1520米至大湾煤仓。大湾煤仓设有400万千克贮煤仓，有专用铁路线装车外运，并有0.4亿千克露天贮煤仓备用。

1966年8月1日，矿井由煤炭部第24工程处开工建设，1968年12月，由煤炭部第71工程处开工建设大湾煤仓。1973年第24工程处调离矿区，仅完成1采区及3采区的部分工程即简易移交。

按照煤炭部对口会议要求，1966年12月山东淄博矿务局先后抽调40人到达矿区组成木冲沟煤矿生产筹备处，后筹备工作暂停，人员调往各矿。1974年4月，水城矿务局重新组建木冲沟煤矿筹备处，接收原24处移交职工1551人，71处建成顶拉矿井后移交职工1003人，构成木冲沟煤矿（含顶拉矿井）生产的基本队伍，实行矿、井、队3级管理，于1974年10月投入试生产。

1976年年末，报请六盘水地区革命委员会批准，将木冲沟煤矿的顶拉井划出，成立顶拉煤矿，木冲沟煤矿机关由干田坝（原71处机关）迁至木冲沟原24处机关，实行矿、区两级管理。1978年6月，恢复3采区的施工建设，于1983年11月竣工并移交生产。原2采区因采区范围断层交错未建，1985年水城煤矿设计院提出2采区补套初步设计，是年由建井工程处、建安工程处施工，1986年3月煤炭部、国家计委审查削减1个工作面及其相应设施，1987年经贵州省煤管局验收投产。至此，完成全部补套工程。木冲沟煤矿建设总投资7525万元，有固定资产11788.6万元。

根据上级部署，结合矿井生产实际，1995年完成3采区关闭扫尾工程，1997年年底又封闭1采区。1997年先后成立综采队、综掘队，并使用皮带机逐步替代溜子运输，全部实现生产运输皮带化，矿井生产全部集中到四采区，在矿区率先实现1矿1采区1面的生产管理格局。4采区已进入下山深部开采，下山系统已延伸到1640米标高，开采垂深231.2米，新3采区为4采区的接续采区，2004年12月，省煤炭管理局核定矿井能力为6.5亿千克/年。

矿井原设计按三级瓦斯矿井管理，移交生产后历年鉴定均为高沼气矿井，各煤层均有煤尘爆炸危险。四采区现建有3套瓦斯抽放系统，3台泵运转，3台泵备用，目前抽放率在52%～69%之间。2001年2月，矿井建立KJ90安全监控系统，地面建有型号为研华PⅢ的监测中心站，有两台监控主机，终端4台，井下新安装瓦斯传感器21台，设备开停传感器14台，风门开关传感器8台，风速传感器2台，抽放参数传感器4台。2003年，井下开始使用真空高防爆开关，矿井安全供电质量提高。

那罗寨煤矿　那罗寨煤矿位于六盘水市钟山区汪家寨镇，南距集团公司本部35千米，距贵昆铁路水大支线野马寨站12千米，经水那公路及矿主平硐101隧道（设有人行车）可通往汪家寨煤矿等单位，北与水城县木果乡毗连。

那罗寨煤矿生产能力为9亿千克/年，矿井采用平硐带3个片盘斜井的开拓方式，设计3个采区，1967年9月由煤炭部第七十工程处破土开工，1973年7月燃化部行文列为停缓建项目，9月七十工程处调往兖州矿区，共计完成井巷工程6919.9米，民用建筑面积10577平方米，完成投资2304.23万元。七十工程处调离后，水城矿务局利用其设施和留矿区人员组建自营建井工程处，并负责看守停建期间已建工程和设施。1982年5月，水城矿务局拟恢复那罗寨矿井施工，作为小河煤矿接续矿井而成立隶属小河煤矿的那罗寨煤矿筹备处。1983年1月，那罗寨煤矿筹备处改为水城矿务局直属单位，1988年3月正式成立那罗寨煤矿。

井田位于大河边向斜西翼北段，走向长7.2千米，倾斜宽3.5千米，面积25.2平方千米。至1997年年底，井田工业储量2288.7亿千克，可采储量1604.2亿千克。煤种牌号以焦煤为主，瘦焦煤及瘦煤次之。矿井属煤与瓦斯突出矿井，煤层瓦斯含量较大，煤尘有爆炸危险，有自燃发火倾向。

1983年6月，煤炭部审定该矿生产能力为7.5亿千克/年。12月，贵州煤炭基建局64处打开1采井口，1984年3月1日恢复主平硐掘进，1985年、1987年相继恢复2、3采区施工。1987年7月煤炭部重新审定该矿井生产能力为9亿千克/年。1988年12月矿井工程经国家有关质检部门验收，1、2采区投产，1991年7月3采区投产。至1993年，实际完成基本建设累计投资17932.92万元。

2004年5月，那罗寨矿井技术改造和扩建工程项目获得上级批准，矿井由原设计生产能力9亿千克/年提高到18亿千克/年。改扩建工程采用招投标方式选择施工队伍，水矿建业工程公司和重煤五处分别中标，于2004年年末开工兴建，2006年年末竣工投产。2004年12月，省煤管局核定该矿井生产能力为12亿千克/年。

2004年年末，那罗寨煤矿剥离辅业资产、人员划归汪家寨矿区综合管理处管理。

大湾煤矿　大湾煤矿位于六盘水市钟山区大湾镇，贵昆铁路水大支线直达主井工业广场，水赫公路横跨矿区，至集团公司本部约50千米。毗邻单位有木冲沟煤矿、二塘选煤厂及威宁自治县二塘镇。

大湾井田位于二塘向斜中深部。井田范围内地势起伏，沟壑纵横，切割剧烈，明显V型谷特征，海拔标高在1770米至2151米之间。区内水系发育，三岔河横贯井田中部，还有拱桥河、拖罗河、格书河、木冲沟河、二塘河等溪流纵横穿过井田，汇入三岔河，水流长年不断。

大湾井田走向长约11千米，倾斜宽约2.53千米，面积约27.8平方千米，地质储量3016.9亿千克，工业储量2911.2亿千克，可采储量1245.5亿千克。煤种为主焦煤，煤质优良，低硫低灰，高发热量，是冶金、电力、化工优质用煤。

井田内小窑开采已有200年以上历史。新中国成立后，贵州省地质勘探部门先后对大湾井田进行4次不同范围勘探。1982年12月至1985年12月，贵州煤田地质勘探公司142队对大湾井田再次进行精查补充勘探，提交《大湾井田精查补充地质报告》。1987年6月，贵州煤矿设计院编制《大湾矿井可行性研究报告》，1987年8月贵州煤炭工业局组织初审，并报煤炭部批准，1988年6月贵州煤矿设计院完成《大湾矿井初步设计说明书》。矿井设计生产能力为9亿千克/年，服务年限99年。矿井设计划分两个水平6个分区。

1989年9月，水城矿务局抽调人员成立大湾煤矿筹备处，筹划矿井建设。矿井主立井工程采用招投标方式，中标单位为云南省煤炭基建公司，其余工程采用议标方式，由六十四处和建安处承建。1992年4月1日破土动工，1997年12月31日竣工，1998年3月5日矿井进行重载联合试运转，5月煤炭部贵州建设工程质量监测中心组织有关专家对矿井单项工程进行质量认证。1999年全面试生产，2000年正式投产。2003年原煤产量达到9.8亿千克，超过年设计生产能力。2004年5月，大湾矿井技术改造和扩建工程项目可行性研究报告得到上级批准，设计矿井生产能力由原来的9亿千克/年提高到30亿千克/年。

老鹰山煤矿　老鹰山煤矿位于钟山区老鹰山镇内，西距六盘水市中心区30千米，距贵昆铁路滥坝火车站3.7千米，老鹰山选煤厂铁路专用线在滥坝车站接轨。安（顺）水（城）、毕（节）水（城）公路通过矿区。

1965年10月矿井破土动工，设计年产能力9亿千克。于1967年成立生产筹备处。1969年2月东采区投产，1970年7月中采区投产，1972年6月西采区投产。按设计应移交3个采区9个回采工作面，实际只交7个回采工作面，其中由于西采区地质构造复杂，只移交一个非正规工作面，投产后仅出煤1亿千克，被迫停产补勘。1982年对西采区重新补套，仍未能达到生产能力。

老鹰山矿井位于小河边向斜北西翼，井田走向长5千米，倾斜宽3.2千米，面积为16平方千米。井田地质构造比较复杂，断层较发育，含煤岩系为上二叠统龙潭煤组，含可采煤3层，可采煤层总厚度14.55米。煤层倾角15°～35°。煤类为肥煤和气煤。煤质原煤灰分20.19%，硫分0.2%，发热量6806大卡/公斤。

2002年年末，老鹰山煤矿因资源已近枯竭，实行政策性破产。2003年6月，政策性破产后的老鹰山煤矿、老鹰山选煤厂、红旗煤矿、顶拉煤矿、华镁铅材厂等，由招投标中标的水矿集团公司持股购买剩余资产，进行重组，成立民营股份制企业——六盘水鑫源工矿有限责任公司。

红旗煤矿 红旗煤矿位于钟山区大河镇境内，距六盘水火车站6千米、水（城）大（湾）铁路支线裕民车站2千米，汪（家寨）水（城）公路经由矿区，交通方便。

红旗矿井田含煤地层为上二叠统龙潭煤组。位于大河边向斜西翼南端，走向长1千米，倾斜宽0.6千米，面积0.6平方千米。可采煤层9层，可采煤层总厚度13.26米，倾角23°～27°。煤类为气煤，原煤灰分25.71%，硫分2.97%，发热量5888大卡/千克。

红旗煤矿始建于1958年。当时称为水城县大河焦煤厂，厂址设在大河边段家湾村，开采多处小煤窑，并以土法炼焦，供应附近铁厂。1959年铁厂下马，煤厂改称炼油厂，以煤炼焦，再从煤焦油中提炼汽油、柴油、煤油等产品。经过几年生产，成效甚微，1961年7月关闭，留下120余人筹建红旗煤厂。1964年，将原有的几个小煤窑经过改造扩建，当年生产煤炭5000万千克。1965年“大三线”建设开始，水城矿区职工生活用煤得到煤厂大力支援。是年9月22日更名为水城县红旗煤矿。1966年6月水城矿区建设指挥部小井开发处在白岩脚开工建设能力为1亿千克的片盘式小井1口，当时大河边矿井也开始施工，为了服从大矿整体建设规划，矿区建设指挥部与地方政府协商，达成白岩脚小井与红旗煤矿易地开发的协议。1966年底，原红旗煤矿全体职工转移到新址，继续新矿井的生产建设，1970年5月投产，当年划归省煤炭工业局管理，1972年移交水城矿务局管理，1980年由水城矿务局设计，局建井工程处实施开拓延伸工程，1986年移交生产，原矿井设计能力1亿千克，扩建后的矿井年生产能力为2.1亿千克。2002年11月，红旗煤矿因资源已近枯竭，实行政策性破产。

顶拉煤矿 顶拉煤矿位于钟山区大湾镇和威宁自治县二塘区东风镇格书村境内。南距六盘水市52千米，威（宁）水（城）公路经过矿内。水（城）大（湾）铁路支线大湾站距矿机关4.5千米，从矿区地面车场有架线式电机车直通大湾火车站。

矿井位于二塘向斜西南翼，走向长7.2千米，倾斜宽0.9千米，面积为6.5平方千米。含煤地层为上二叠统龙潭煤组，可采3层，可采煤层总厚度5.04米，倾角10°～20°。煤类为焦煤，煤质原煤灰分38.34%，硫分1.58%，发热量4970大卡/千克。

矿井设计年生产能力为1.5亿千克。原设计为片盘斜井开拓，后改为斜井多水平开拓。1971年6月由71工程处破土动工，1973年11月1日移交给木冲沟煤矿，1975年12月简易投产。1976年12月6日由木冲沟矿划出部分人员成立顶拉煤矿。投产时，生产环节、安全设施均不完善。1996年，顶拉煤矿因煤炭采完，矿井关闭转产。

小河煤矿 小河煤矿位于钟山区老鹰山镇小河东路，距贵昆铁路滥坝站10千米，水（城）纳（雍）公路贯通矿区，矿井开采地段属小河边向斜北翼，走向长2.5千米，倾斜宽0.5千米，面积1.25平方千米。含煤岩系为上二叠统龙潭煤组，含可采煤层17层，总厚度23.12米。煤类为气煤。原煤灰分15.1%，硫分0.53%，精煤灰分10.73%，硫分0.41%。地质条件复杂，属高瓦斯矿井，有煤尘爆炸危险。

煤矿于1958年5月筹建，6月1日接收水城铁厂采煤、炼焦车间的全部人员、设备，成立水城煤矿，归省煤炭工业管理局领导，1966年9月划归水城矿区建设指挥部领导，更名小河煤矿，1970年7月后，隶属水城矿务局领导。

小河煤矿是“大跃进”时期以边设计、边建设、边生产的“三边”方针上马的，一直是因陋就简的生产矿井，很难形成正规化生产。建矿初期为大炼钢铁的需要，采取“吹糠见米”“遍地开花”的方式搞小窑群开采，1958—1961年，在井田范围先后开小煤窑12个，到1963年小煤窑产煤近6.5亿千克，炼焦炭近3.7亿千克，产煤油39.5亿千克，可解当时钢铁生产的急需。之后，在中央“土法上马、土洋结合”方针指导下，开始建设正规矿井，1958年6月，1号井开工建井，8月，2号井开工建井，1960年12月，简易投产，一直是边建井边生产，从未达到正规矿井生产条件。1960年12

月，3号井开工建井，1961年8月上级决定停建，1966年10月恢复建井，1969年8月竣工投产，核定年生产能力1亿千克/年，是该矿唯一能达到设计生产能力的矿井。煤炭部曾于1963年核定1、2号井年产能力2.5亿千克。1964年重新核定全矿年生产能力为1.5亿千克。1号井从建井到1965年补套完成投资共318万元。2号井从建井到1965年矿井调整共投资613万元，1978年2月—1983年1月，共投资1000余万元。3号井共投资329万元。3个矿井实际生产煤量：1号井1960—1976年累计产煤4.82亿千克。2号井1958—1987年累计产煤17.6亿千克。3号井1969—1983年累计产煤14.25亿千克。1987年9月至1989年7月投资550万元自建石板河煤井，至1994年年底关闭前累计产煤4.2亿千克。

小河煤矿矿区地质构造复杂，因断层破坏，大片煤量丢失，瓦斯涌出量大，安全状况不好，圈出的采面被迫关闭。煤炭生产成本高，效益不好。1991年亏损总额达650万元。中国统配煤矿总公司于1992年1月作出小河煤矿关停转产的决定，从1992年12月1日起小河煤矿改为小河经济开发公司，后并入鑫源公司。

第三节　主要加工企业

水矿（集团）公司在钟山区境内建成生产的加工企业主要有汪家寨选煤厂、老鹰山选煤厂、二塘选煤厂、汪家寨矸石发电厂、二塘矸石发电厂、老鹰山矸石发电厂、小河矸石水泥厂、大湾瓦斯发电站、鑫晟煤化工公司。

汪家寨煤矿选煤厂　原为汪家寨选煤厂，设计入洗汪家寨平硐、汪家寨斜井、那罗寨矿井原煤，为群矿型选煤厂，年入洗原煤能力1.5亿千克。1970年9月投产，总投资3258.4万元。1997年8月后年入洗原煤能力增为24亿千克，主要增加重介选煤等项目，概算总投资4980万元。2004年7月与汪家寨煤矿组合，更名为汪家寨煤矿选煤厂。

该厂主要设备有入厂原料煤运输系统、入洗原料煤预先分级、人工手选、破碎系统、原煤主洗系统、洗后产品脱水脱泥系统、煤泥浮选系统、浓缩和尾煤压滤回收系统、中煤再选系统、产品运输和排矸系统、产品仓储和铁路专用线外销系统。

自1970年投产以来，随着生产的发展和技术手段的进步，该厂多年来还对生产设备及其工艺有计划、有步骤地进行更新改进。在三线建设时期建厂时，设计安装的主要设备均为当时国家库存的50年代苏联、波兰等国的不配套产品。为适应生产的发展，投产以来先后进行多项技术改造，并主动与设计科研单位密切合作，重点科研项目取得一定成绩。其中，煤泥厂内回收、洗水闭路循环、重介质立轮分选机分选不分级跳汰中煤获得1978年全国和省科学大会奖。折带过滤机和工业电视获得省科学大会奖。与唐山煤科院共同完成的SKT-24型跳汰机1988年获煤炭部二等奖。

1979年以前该厂产品有精煤、中煤及煤泥，1979年还生产部分混煤。1980年以后主要生产冶炼精煤、混煤，1985—1986年还生产部分块精煤。1987年3月至1997年8月又增加特加洗混煤品种，销往深圳B电厂。1997年技术改造工程完成后增加块精煤。

多年来，洗精煤主要销往广东、广西、湖南及本省，本省最大用户是水城钢铁公司。洗混煤主要销往广西、湖北、江西、江苏及本省，本省主要用户是清镇电厂和水城电厂。

老鹰山选煤厂　1969年2月建成投产，设计年入洗原煤8亿千克，总投资2415.09万元。主要入选老鹰山煤矿和小河煤矿的原煤。2004年7月，该厂与老鹰山煤矿、红旗煤矿等生产企业实施捆绑政策性破产，重组鑫源工矿公司后，为鑫源公司选煤厂。

该厂洗选工艺主要有：原煤运输和筛分破碎系统、主洗系统、浮游选煤系统、煤泥浓缩系统、浮选尾煤压滤回收系统、产品装运系统。

该厂在投产初期工艺流程不完善，所用设备多是国家库存的苏联、波兰、日本等国50年代的不配套产品，设计煤泥不能厂内回收，洗煤水不能闭路循环，造成原料流失，污染环境。为此，该厂投产后制定全面改造规划，1970—1986年利用上级补助和自筹资金先后进行30余项工程补套、设备更新和技术改造。工程补套的主要项目有，1970年投资44.62万元增建外来煤系统，并修建皮带机走廊392.2米。1973年投资34万元建成容积3000立方米的煤泥沉淀池，并安装有关设备，基本解决煤泥回收和对环境污染的问题。1981年12月投资29.38万元增建斗子捞坑并投入使用。1982—1984年年底，投资14.5万元建成能容纳1200万千克原煤的落地储煤仓，提高储煤能力。

该厂自投产至今，采用多项先进洗选煤经验和技术，取得洗煤机可控硅自动排放、真空过滤机可控硅自动调速、照明光电自控、高分子浮选剂研究应用等20余项科技成果，不断完善工艺，提高产量质量，增加产品品种等，收到很好的技术经济效果。如从1979年起由生产灰分为15%的其他级精煤改为灰分为12.5%以下的冶炼精煤。1982年11月起，在保证精煤生产的情况下，停止中煤生产，改为生产灰分为32%以下的混煤产品，并生产出大于25毫米的混块煤。

该厂产品有精煤、混煤及煤泥，1981—1986年，同时生产部分精块煤销往省内水城钢铁厂、凯里玻璃厂以及四川、云南、广西、广东、湖南、湖北等省区的20余个钢铁厂和玻璃厂。该厂产出的精块煤是省内唯一用于玻璃工业作燃料的品种。1984年4月，精煤曾销往香港地区，成为全省第一家打入香港市场的选煤厂，共向香港地区出售精煤2021.2万千克。

二塘选煤厂　设计年原煤入洗能力18亿千克。2000年1月18日投产，完成总投资26000万元。2002年技术改造后，年入洗能力达到24亿千克。

全厂生产工艺流程分为原煤准备、水洗、重介、浮选、压滤及产品装车6个系统。

该厂的原煤系统具有很大的灵活性。木冲沟煤矿、大湾煤矿原煤可以不经原煤贮煤仓，直接进主厂房入选，这样可以降低加工成本。当两矿井的原煤煤质和数量变化大，需要配煤入选或分别入选时，可利用核子秤和原煤贮煤仓下机械振动给煤机进行配煤入选或分别入选。

同时，该厂采用煤泥浓缩机溢流自动分流系统、废水浓缩机凝聚剂自动添加系统和废水浓缩机与事故浓缩机互换系统等措施，降低洗水浓度，为全厂煤泥水闭路循环提供保证。全厂共设有6个自动化洗水闭路系统，各个生产工艺系统自动化水平较高，环保效果好。

该厂生产的产品主要有精煤、洗混煤、浮选尾煤。精煤主要用于钢铁冶炼，是冶金炼焦煤，洗混煤用于电力部门及其他生产行业。精煤具有灰分低，含硫量、含水量较低的特点，能满足各用煤厂家的质量要求，市场需要量大，1998年曾出口印度。当前主要供应水城钢铁公司及柳州钢铁公司、广州钢铁公司、韶关钢铁公司等钢铁冶炼企业。洗混煤主要供应本省水城电厂和清镇电厂。浮选尾煤作为厂内锅炉燃料等。

第四节　水矿整顿与改革

自1964年后，水城矿区开始大规模开发建设，生产建设队伍来自华东、东北、华北等，各个队伍企业管理的基础不一，各种规章制度也不尽相同，组合成一个企业后，势必要进行整顿和调整。建设初期，忙于生产建设，“文化大革命”中又受到干扰破坏，同时体制多变，对水城矿区进行局部调整。1977年6月，水矿制订学大庆规划，着手加强企业的基础工作。1978年4月，在原规划的基础上进一步制订《1987—1985年发展规划修订草案》，明确奋斗目标及远景设想，提出加强企业基础工作，抓好矿区补配套，抓紧矿井技术改造等13条措施。

1979年4月20—29日，矿务局党委召开政治工作会议，学习贯彻党的十一届三中全会精神，并召开有50余名领导干部、宣传部门负责人和基层党支部书记参加的真理标准问题讨论会。其后分11期，每期10余天轮训全局政工干部和科级以上干部，通过学习培训，较好地解决各级领导干部、职工群众的思想认识问题。自此，水矿摆脱“文化大革命”的干扰，工作重心转移到以经济建设为中心，进入调整整顿、改革发展的新时期。1985年，为贯彻落实好《关于经济体制改革的决定》，根据煤炭部对局实行总承包方案的要求和贵州省政府《关于国营企业发放资金有关问题的通知》精神，矿务局颁布实施《吨煤工资和经常性资金包干的试行办法》，明确规定工资和奖励的提取及分配必须体现责、权、利相结合，国家、集体、个人利益相统一的原则。新的分配改革措施的推行，工作重心的转移，极大地调动广大职工的积极性。1981—1985年平均年产原煤31.8亿千克，1985—1990年平均年产原煤41.8亿千克，生产经营业绩初现辉煌。

1992年，水矿初步转入市场经济经营模式，进入新的历史发展时期。面对国有大中型煤矿逐步放开煤价，走向市场的新形势，水矿贯彻落实国家的总体部署，坚持“三个主体”（煤炭生产主体、基本建设主体、多种经营主体），抓紧“三件大事”（建设现代化矿井、提高效率、实现安全生产），搞好“三项建设”（班子建设、队伍建设、矿风建设），开展劳动、工资、人事以及住房制度改革，走内部挖潜、自我发展的路子。同时利用企业自筹、国家补贴、银行贷款，开始较大规模的产业产品结构调整，培育企业新的增长点。继1991年开工大湾矿井（设计年生产能力9亿千克），1994年年末二塘选煤厂（设计年生产能力18亿千克）、汪家寨矸石电厂（一期1.2万千瓦）、小河矸石水泥厂（年生产能力5000万千克）工程相继开工建设，与此同时完成局内通信工程。在运力紧张、煤款回收困难、生产成本增大的情况下，年末完成总承包任务，并于1994年实现水城矿务局首次扭亏为盈。

20世纪90年代后期，由于企业内外种种因素和问题，企业资金极度紧张，水矿生产经营陷入低谷。企业连续欠发职工工资，无资金支付生产费用，出现生产经营和职工生活难以为继的局面，扭亏脱困，解决职工吃饭问题成为首要问题，水矿经受着生死存亡的考验。

1998年8月水矿划归贵州省管理。1998年年底，贵州省委、省政府对水矿领导班子作较大调整，并多方支持新的领导班子从解放思想、转变观念入手，尽快扭亏脱困。从1999年开始，水矿相继在全矿区范围内开展5次解放思想大讨论，分别是“转变观念、适应市场——求生存”。“转变观念、加快发展——求发展”。“加快改革发展、实施二次创业——求突破”。“与时俱进、跨越发展——求跨越”。“调整整顿、全面发展——树立科学发展观”。5次大讨论层层递进，上至水矿领导，下至基层区队（班组）职工全员参与，改革发展主题，围绕革除体制机制弊端，破除“等、靠、要”思想，以抓好各级管理者思想观念转变为重点，全力解决企业扭亏脱困求生存，深化改革谋发展等问题。在解放思想转变观念的同时，水矿在转换经营机制上进行一系列大胆改革。这些改革涉及企业内部机制、劳动人事和分配制度等多方面。在干部人事改革方面，局机关处室由28个减为20个，工作人员由516人精简分流为232人。二级单位科室由280个减为165个，工作人员由3000人精简分流为1241人。56名正副处级干部转任调研员、助理调研员，237名干部转为内部退养，60名干部降级使用，38名干部撤职，124名干部待岗，158名干部安排工人岗位。通过一系列改革和艰苦努力，至1999年下半年，成功地遏制生产经营滑坡势头，在较短的时间内实现恢复性发展，职工工资按时足额发放。2000年全局煤炭产量达到41.5亿千克，煤炭产品销售量达33.8亿千克，全年商品煤销售收入首次突破5亿元大关。

2001年11月18日，水矿由工厂制（矿务局）改为公司制，挂牌成立贵州水城矿业（集团）有限责任公司，由此掀开水矿改革发展新的历史篇章。水矿及时做出“加快改革发展，实施二次创业”的决定，提出“让矿区美起来，让职工富起来，让企业竞争力起来”的目标，全面启动“二次创业”的发展战略。

实施二次创业以来，水矿按照现代企业制度的要求建立规范的法人治理结构，完善决策、监督制约和责任追究机制，建立和完善适应市场经济和现代企业制度要求的新体制，充分发挥企业人力、资本、技术、管理等资源的积极作用，不断增强、提高综合实力。积极推进三项制度改革，坚持中层管理人员试用制、聘任制，变身份管理为岗位管理，完善各级考核评价体系，推行岗位工资、计件工资和计量定额承包。中级以上管理人员实行年薪制。顺利实施债转股和老鹰山煤矿破产工作，不断加大减人提效力度，在册职工净减1万人。为进一步加强企业管理，先后三次组织人员赴先进企业学习精细化管理，并结合实际逐步进行推广。按照精细化管理的要求，以生产区队为重点，实施以班清班结、日清日结为手段的市场化结算。同时实施水矿6S（整理、清洁、准时、标准、素养、安全）管理，将原有的岗位责任制、作业标准、行为规范要求等，融合规范为简洁实用、现场操作性强、具有岗位个性的6S岗位作业标准，将6S行为执行情况纳入员工考核，考核结果与工资收入挂钩，提高职工岗位作业的标准和效果。按照“产权结构多元化、企业管理专业化、内部运作市场化、后勤服务社会化”的改革思路，积极推进企业各项改革。大中型新项目开发建设实行投资主体多元化，控股开发建设年产30亿千克的中岭矿井，参股贵州西能煤炭勘查公司、北京富力通软件公司、贵州动能煤炭技术公司和五轮山煤矿等。成立群联公司投资建设中岭矿、焦化项目、瓦斯发电站，收购老鹰山矿破产后的有效资产，组建鑫源公司。大力推进企业管理专业化。将医院、学校、物资供应等职能从主业剥离，组建水矿总医院和教育集团，使企业管理更加专业化。对物资供应实行“三集中、三分离”（集中采购、集中储备、集中配送，采购权、价格控制权、验收权分离）管理。成立社保中心，统一管理在职职工和离退休人员的五项社会保险。大力推进内部运作市场化，实行煤炭产品内部收购制，核定万余种物资内部价格，形成内部价格体系，并对一些附属生产单位、车间实行对内委托代管或对外租赁承包等。大力推进后勤服务社会化，主要生产建设单位实施主辅分离，组建老鹰山社区服务中心、建安综合管理处、汪家寨矿区综合管理处、大湾矿区综合管理处等，承担社会职能，对主业单位实行有偿服务，对各生产单位供电、供水等后勤服务进行分离，制定内部价格目录和后勤服务收费标准。分离后的辅业，按照后勤服务社会化的要求，逐步转换经营机制，加大改革力度，逐年减少经费补贴。支持后勤单位发展“小而强、小而精”的非煤项目，逐步实现自我发展。近年来，主辅分离后的汪矿综合管理处、大湾综合管理处等后勤单位，充分利用闲置资产和富余劳动力，新建浮化油品厂、彩钢厂、锚固剂厂、纯净水厂等非煤项目，不仅安置富余人员，且增加后勤单位收入，辅业逐步搞活。

水矿至2007年，原煤产量达到80.1亿千克，是2001年企业改制前的近2倍，改革开放前的112倍。职工年收入达到2.2万元，是改制前的3倍，改革开放前的26倍。机械化程度接近90%，是企业改制前的1.53倍，改革开放前的10.4倍。企业管理进一步加强，矿区环境得到较大改善。

第三章　地方钢铁工业

第一节　铁矿开采

境内最大的铁矿是观音山铁矿，是贵州省最重要的富铁矿床之一，地处区境老鹰山镇。矿区占地面积590万平方米，距贵昆铁路滥坝火车站7千米，距水钢厂区26千米。矿石分原生矿、氧化矿和脉石矿三类。原生矿有菱铁矿、黄铁矿、黄铜矿、黝铜矿、闪锌矿、方铅矿等，氧化矿以褐铁矿为主，分为软、硬锰矿、铅锌矿、赤铁矿，另有孔雀石、菱铁矿、水锌矿铅铁钒、铁华、水赤铁矿等少见矿物。脉石矿物以方解石、铁方解石、白云石、铁白云石为主，另有石英、玉髓、萤石以及重晶石、毒重石、石膏、滑石、沥青等少见矿物。

中华人民共和国成立前，观音山铁矿即有民间开采，1956年省属国营企业水城铁厂建成投产后，炼铁矿石均采于观音山。1966年部属大型钢铁企业水城钢铁厂建立后，成立“观音山铁矿”，开采的铁矿供水钢冶炼用。观音山矿是集露天、井下、洗选、破碎为一体的综合性矿山，建设规模几经调整。1966年建设初期为130万吨/年，1973年经贵州省冶金局审批的生产能力为50万吨/年。1992年9月露天开采全部结束，井下南部开采也于1995年结束。2008年，观音山矿铁矿石生产能力为15万吨/年左右。

至2008年，观音山矿已采出铁矿石1000余万吨，其中，1984年原矿产量85.6万吨和1983年成品矿产量45.8万吨，为历史最高水平。为解决观音山矿的污染问题，于1986年建成尾矿库1座，投资150万元。此外，利用矿区周围石灰岩和煤，建成年产水泥20万吨的水泥厂，投资2300万元。

经过40余年的开采，观音山矿铁矿石资源逐年萎缩，高品位褐铁矿已近枯竭，而菱铁矿储量约为750万吨，但品位低，达不到质量要求。为此，观音山铁矿积极开展小矿体和井下菱铁矿勘探。并实施菱铁矿焙烧选矿技术试验，以此增加铁矿石产量。

2006年，对观音山铁矿采矿权范围内的铁矿资源进行地质勘查和储量核实，观音山铁矿井下菱铁矿的储量为1790米以下，探明储量为134.5万吨；1790～1740米，探明储量为174.4万吨；1740米以下，探明储量为414.3万吨。

2008年7月，观音山铁矿进行菱铁矿焙烧工业实验，低品位菱铁矿经过焙烧—磨矿—重选—磁选，可以达到精矿品位为54.99以上、产出率为41.35%以上、回收率为82.35%以上的选矿指标。

观音山铁矿小矿体分别是5＃、9＃、10＃、13＃、14＃、15＃6个矿体，在1790米中段以上储量为30万吨左右。2007年，观音山矿实施井下9＃、10＃、13＃、15＃小矿体开拓、探矿工作，完成井下基道掘进980米，实施井下9＃、10＃、13＃、15＃盲小矿体的回收，安全回收小矿体资源5万吨。2007年以来，观音山铁矿累计回收小矿体褐铁矿资源约10.5万吨，经洗选得成品矿8.08万吨。

第二节　炼钢铁

一、炼铁

民国以前，今区境域内炼铁均为土法炼铁，采用耐火沙石炼铁炉，以木炭作燃料，手拉木风箱鼓风。设备简陋，生产工艺原始，出铁低，并且产品质量较差。

木炭用木材烧成。中华人民共和国成立前，水城各地古树参天，绿荫覆地，木柴富足，炼铁就近取柴作燃料，很方便。

炼铁炉多用圆木直立土加框建成。前留出铁炉口，后留风口。炉膛圆形，上下小，中间大，先糊沙泥，表层糊水熟泥，能耐高温。炼铁时上面加料，下面出铁。鼓风设备为风箱，主体用圆木挖空而成，外半径0.5米，内半径0.3米，长4米左右。两端都有阀门，中间为连杆，风箱和风门用缸连接。

一座炉子正常一天24小时可以生产60～75千克生铁。生铁性硬，容易破碎，一般只能制造犁铧和铁锅钟鼎。若要制造其他农具和用具，还需要炼成熟铁，也就是含碳硫较高的钢。至民国后期，整个土法炼铁已经形成较为严密的生产体系。

中华人民共和国成立初期，土法炼铁主要零星分布观音山、小河边、老鹰山等地。1953年水城县农村供销社先后在小河边等地建高炉，仍以木炭为燃料，冶炼生铁卖给县内各地打制农具。1954年农业合作化以后，个体户炼铁受限制，有的社队开办炼铁厂，仍用土法炼铁，生产规模不大。1958年，国家号召全民大炼钢铁，大片林木被砍伐，植被生态遭到严重破坏，造成重大损失。1959年春各个钢铁厂纷纷关停下马，全民大办钢铁运动结束。此后直到“文化大革命”期间。今区境域内1953年开办小河边铁厂，1966年开办水城钢铁厂。后来，国有现代化钢铁冶炼工业崛起，而社队钢铁冶炼业基本处于停止状态。

1980年以后，个体、私营企业铁矿开采冶炼逐渐恢复和发展。大湾、观音山等地村民自发在厂矿区修筑土高炉，就地采矿炼铁，混乱无序，相互争夺矿产资源现象时有发生。

1986年3月，教场炼铁厂建成投产，设计年生产能力150余万千克。1988年，月照乡马坝村先后建成土高炉2座，利用水钢特供的高品位铁矿石冶炼生铁，日产铁1万余千克。是年，钟山区共有铁矿开采企业2家，产量70万千克，有炼铁企业6家，产量252.7万千克。1989—2001年间，陆续开办的铁矿开采企业有钟山松树林铁矿、石桥村水井湾铁矿、凤凰乡曹家湾硫铁矿、糖梨树硫铁矿、营口铁矿山等。1994年为铁矿开采企业最多的年份，有41家之多。铁矿石产量最高的年份为1996年，达到1.56亿千克。

2001年10月，老鹰山镇观音山村水槽子组村民郭应智、郭应祥开办的钟山区菱铁焙烧厂建成投产，主营菱铁焙烧，兼营石灰石、砖土、洗铁矿、采废矿石等的生产销售，菱铁矿焙烧车间年生产能力2000万千克，总投资300万元，职工70人。当年生产菱铁焙烧矿近1000万千克，产值118万元，实现利润19万元。此后至2008年生产一直正常，效益较好，平均每年生产菱铁焙烧矿1600万千克左右，年平均利润为30万元，上交国家税收30余万元。

1989—2001年间，全区先后开办的炼铁企业有观音山星星铁厂、观音山明铁厂、肖家湾炼铁厂、月照冶炼厂、六盘水昌兴冶炼有限公司、钟山区向阳铁业有限公司、钟山区通源铁业有限公司等。炼铁企业最多的年份为1993年，全区有44户。炼铁产量最高的年份为2000年，为4488.6万千克。自1995年起，在境内兴办利用钢铁废渣造铁粉的企业，1996年生产渣铁1797万千克。1997年钟山区万发铁矿渣磁选厂批准立项兴建，该企业总投资300万元，厂区占地面积21480平方米，职工25人，平均年生产渣铁1000万千克，生产生铁300万千克。2004年后，全区生铁产量持续增长。2004年生铁产量为568万千克，至2008年，生铁产量突破28亿千克。

二、炼钢

钟山区境内于1993年以后才有非国有炼钢企业出现。但除水城钢铁（集团）公司附属轧钢厂一直保持正常生产经营，效益较好外，其他炼钢厂持续时间短，未形成规模产业。水城钢铁（集团）公司附属轧钢厂于1993年建成投产，设计生产能力为年产钢材120万千克，职工4263人，固定资产1126万元。投产后效益一直较好，至2000年，每年平均生产钢材近100万千克，年纳税180余万元。2001年进行技改，扩大生产能力为年产钢材3600万千克，是年生产钢材2234万千克，产值4311万元。2004年以后，生产螺纹钢，当年生产3830万千克，产值16217万元，纳税369万元。2006年生产螺纹钢3890万千克，产值19722万元，利润240.4万元，纳税943万元。2007年生产螺纹钢3878万千克，产值17040万元，利润113万元，纳税925万元。

1994年，钟山区残疾人轧钢厂建成投产，固定资产250万元，设计能力为年产钢材200万千克。1998年生产钢材165万千克，产值330万元，营业收入280万元，上交国家税收80000元。1996年，建在德坞工业小区的乡镇企业钟山区友谊轧钢厂建成投产，设计能力为年产钢材150万千克，固定资产

125万元，职工219人。1997年，生产线材78万千克，产值123万元。1998年生产线材120万千克，产值205万元，营业收入325万元，上交国家税收6万元。

2000年以前，在荷城办事处三块田村，月照乡马坝村地均建有2～3座小型炼钢厂，2001年以后，随着国家淘汰落后生产能力、工艺和产品等产业政策的施行，上述规模较小、生产工艺落后的炼钢企业相继关停。

三、铁合金

钟山区境内铁合金生产始于20世纪80年代后期，主要产品为硅铁和锰铁。

钟山区铁合金厂 1987年7月建立，设计生产能力为年产75号硅350万千克，总投资543万元，职工252人。1992年更名为钟升合金矿产有限公司。1993年7月二号炉经检修后投产，生产铁合金42万千克。由于外资方销售的产品货款迟迟未回笼，导致企业拖欠电费、无力购买原材料而被迫停产。为盘活铁合金厂，减轻债务负担，政府同意铁合金厂免交原欠的乡镇企业管理费、环保费、建筑费。此后，该厂的生产经营逐渐步入正常轨道。1999年，生产硅铁37.6万千克，产值282.9万元。2000年，硅铁产量达到647.4万千克，上交国家税收56万元。2001年后产量有所下降，年产量438.4万千克，交税58万元，2002年产量186.9万千克，交税61万元。

钟山区铁合金厂建立之后，至2002年，境内先后相继建立的铁合金冶炼企业有钟山区双龙铁合金厂、钟山区电力锰铁厂、钟山区雁峰铁合金厂、钟山区泰隆锰业公司、玉鼎冶炼厂、大器冶炼厂、凤凰湘黔铁合金厂等。1988年共生产铁合金32万千克，2002年为765.9万千克。

2003年，钟山区遵照国家经贸委、国家环保总局关于淘汰关闭3200千伏安及以下铁合金电炉和禁止新建铁合金项目的规定，对达不到国家规定标准的铁合金冶炼企业进行改造。技改后，效益较好的铁合金企业有钟山区电力锰铁厂、大器铁合金厂、雁峰铁合金厂、泰隆锰业公司、玉鼎冶炼厂、钟山区双龙铁合金厂等。

第三节 地方钢铁企业选介

六盘水昌兴冶炼有限公司 位于老鹰山镇的观音山村，2005年正式投产，炼铁高炉容积13.5立方米，2003年通过技改，炼铁高炉达60立方米。主要生产铸造生铁、炼钢生铁、号外生铁。年产生铁3600万千克。

钟山区通源铁业有限公司 位于大湾镇幸福村，2004年正式投产，炼铁高炉容积110立方米，公司资产5.8亿元，员工人数480人。主要生产铸造生铁，年产生铁1亿千克。

钟山区向杨铁业有限公司 位于大湾镇开化村，原名为六盘水市万达钢铁有限责任公司，2002年列为关闭范围，2003年改名为钟山区向杨铁业有限公司，并实施技改，主要经营生铁加工，2007年因环保不达标被强制拆除。

钟山友谊轧钢厂 位于钟山区德坞街道，设计生产能力为年产线材150亿千克，1996年建成投产，有职工101人，固定资产125万元，1998年生产线材120亿千克，实现工业产值250万元，营业收入325万元，工业增加值72万元，上缴税金6万元。

钟山区残疾人轧钢厂 位于荷城街道教场村，1994年建成投产，固定资产250万元，有职工18人，设计生产能力为年产钢材200万千克，1998年生产钢材165万千克，产值330万元，营业收入280万元，实现工业增加值39万元，上缴税金8万元。1998年后停产。

第四章 首钢水城钢铁（集团）有限责任公司

第一节 机 构

首钢水城钢铁（集团）有限责任公司（以下简称水钢）前身是水城钢铁厂。始建于1966年，位于钟山区荷城街道境内，厂区占地面积14.5平方千米。主体厂矿炼铁厂、炼钢厂、轧钢厂等分别散布在大、中、小三块田和放马坝等山间坝子内，成多级台阶竖向布置。水钢是在毛泽东同志“备战备荒为人民”和“三线建设要抓紧”的战略思想指导下，1966年经党中央、国务院批准建设的贵州钢铁基地。

1987年水钢更名为水城钢铁公司，1994年成立水钢（集团）公司，1997年11月，水钢（集团）公司改制为有限责任公司，2005年4月29日，首钢总公司与贵州省人民政府签署《股权划转协议》，持有水钢总股本的34.56%。2008年12月12日，首钢通过增资扩股方式，持有水钢总股本的51.65%，实现对水钢的控股。水钢因此更名为首钢水城钢铁（集团）有限责任公司。水钢由核心企业和紧密层企业及半紧密层企业组成。有主体生产单位7个，分公司8个，子公司3个。核心企业有17个职能部室。

首钢水城钢铁（集团）有限责任公司股权结构

表10-6 单位：万元、%

序号	机构名称	投资金额	股权比例
1	首钢总公司	138460.14	50.55
2	中国华融资产公司	55400.00	20.23
3	中国信达资产公司	44909.23	16.39
4	中国建设银行	16000.00	5.84
5	贵州省省国资委	17912.13	6.54
6	中国长城资产公司	1240.00	0.45

一、主体生产单位

水钢炼铁厂 水钢炼铁厂始建于1967年7月，时称水城青杠林林场建设指挥部冶炼分厂（包括炼铁、烧结、石灰石矿），由于高炉投产，1970年炼铁分离出来正式成立水钢炼铁厂。1988年水城铁厂与水钢合并后炼铁厂更名为水钢第二炼铁厂，1997年，水钢实行体制改革，更名为炼铁厂。2007年3月，水钢机构改革，原炼铁厂与原烧结厂整合，名称仍叫水钢炼铁厂。2008年年底，全厂共有12车间，7个（科）室，在职职工2239人，3座高炉，5台烧结机，年生产生铁能力30亿千克。

水钢炼钢厂 水钢炼钢厂于1967年7月筹建，1984年11月13日建成投产。1984年投产初期采用模注工艺生产，1987年8月2日开始陆续购入5台连铸机，至1997年12月14日淘汰落后的模铸生产工艺，实现全连铸生产，进入冶金生产先进行列。同时，钢产量和品种不断增加，从单一生产普炭沸腾钢到能生产20Mnsi、25Mnsi等低合金钢和Q215、Q235、Q295、H08A普炭结构钢等钢种，也可生产120×120毫米和150×150毫米两种规格的连铸方坯产品。1997年水钢投资543万元，对炼钢设备进行改造，通过对转炉、钢包进行扩容，使炼钢厂具备年产13亿千克钢的生产能力。2000年达到15亿千克钢水平。2007年达到30亿千克钢水平。

水钢轧钢厂　水钢轧钢厂于2008年8月由水钢第一轧钢厂和水钢第二轧钢厂整合组建。水钢第一轧钢厂由原水钢第一轧钢厂与水钢第三轧钢厂整合而成，年生产能力31亿千克，主要产品有ϕ5.5mm～ϕ20mm普通线材、准高速线材、高速线材，ϕ12mm～ϕ40mm热轧带肋钢筋及其他优质棒材。产品质量先后荣获冶金实物质量金杯奖、贵州省名牌产品、国家免检产品、全国用户满意产品等殊荣。产品等级涵盖Ⅱ、Ⅲ、Ⅳ级螺纹钢，左、右旋矿用锚杆钢、45#～70#、70S、82B等高速优质线材，在一大批国家重点工程中被广泛使用。先后自主开发具有自主知识产权的三线切分轧制、四线切分轧制等新工艺，形成水钢棒材轧制单线、两切分、三切分、四切分系列化轧制工艺。第二轧钢厂在水钢东北部大三块田，1987年6月动工兴建，1989年9月投入生产。主要生产设备57台，固定资产2.7亿元。以炼钢厂20Mnsi120×120×12000毫米连铸方坯为主要原料，设计生产能力为年产4亿千克小型材。二轧厂自1989年投产以来，先后对全线电控系统、拉出机和出钢机、全线导卫系统等进行改造，依靠科技进步创效，采用齐头辊和引进首钢切分轧制技术，以及加快设备国产化改造，提高设备利用率、成材率和合格率。1998年，运用切分轧制新技术获贵州省科技进步一等奖。在技术上着力培育拥有自主知识产权的棒材生产核心技术，先后自主开发具有自主知识产权的三线切分轧制、四线切分轧制等新工艺。产品等级涵盖Ⅱ、Ⅲ、Ⅳ螺纹钢、45＃优质棒材、70S、82B高速线材等，在一大批国家重点工程中被广泛使用。

水钢运输部　水钢运输部是水城钢铁（集团）公司下属的一个二级分厂，主要承担着水钢大宗原燃料的输入、产品输出，以及钢铁生产工序间成品、半成品和废物料的运输，是集团公司生产的主要动脉。

水钢动力厂　水钢动力厂于1967年10月组建。建厂初期，有职工100余人，主要有给水、电修、燃气工段，又相继设立计量、热力、供电、制氧等单位。经过42年来的不间断发展，动力厂形成拥有3250～4250立方米/分钟汽轮鼓风机组4台、6000千瓦汽轮发电机组4台，15兆瓦汽轮发电机组1台、35～130吨/小时锅炉8台、空压压缩机6台、新型15万立方米高炉煤气1座、3万立方米转炉煤气柜1座、8万立方米转炉煤气柜1座、7万立方米焦炉煤气柜1座、3套高炉煤气处理净化系统、6000千瓦TRT煤气差压发电机组1台等主要设备，具备年生产余热发电32026万千瓦时、蒸汽897807立方千米、高炉鼓风4598939立方千米、压缩空气234319立方千米、净化处理、输配高炉煤气3337721立方千米、焦炉煤气408170立方千米、转炉煤气196874立方千米的生产能力。全厂固定资产原值6.95亿元，流动资产997万元，工业总产值6.5亿元。

水钢水电厂　水钢水电厂作为水钢的辅助单位，主要负责水钢生产用电的转供和生产、生活水的处理输送，始建于1966年，当时名为水钢动力厂，70年代从动力厂分离出来成立水电厂。1982年又与动力厂合并，称为水钢动力厂。1989年再次从动力厂分离出来，成立水城钢铁公司水电厂，1994年12月更名为水城钢铁（集团）公司水电厂。1998年1月再次更名为水城钢铁（集团）有限责任公司水电厂至今，简称水钢水电厂。由于历史原因和地理环境的制约，水电厂所辖的4个车间31个班组遍布十里钢城，形成点多、线长、面广的格局。拥有固定资产38119.45万元，电系统拥有电系统110千伏电压等级变电站3座、35千伏电压等级变电站8座、6千伏电压等级变电站6座。电缆线路60千米、架空线路160余千米，年计划耗电量为13.9×108千瓦时。拥有大河水源和深井一座，由市自来水公司向水钢供应部分生活水，现有泵站18个，生活水池3个，容积为6.7立方千米/年，工业水池9座，总容积为31.8立方千米。总供水量103910立方千米/年，其中市政供生活水4097立方千米/年、回收污水24708立方千米/年、净环水43879立方千米/年、污环水21668立方千米/年。

水钢氧气厂　水钢氧气厂成立于1989年4月，是在原动力厂制氧车间分离出来组建的二级单位。建厂初期只有2台制氧机组，发展到2008年已有4台套制氧机组，分别为1号制氧机组日立产（3200立方米/时）、2号制氧机组（6000立方米/时）、3号制氧机组（6000立方米/时）、4#制氧机组（15000立方米/时）。1#机属70年代产品，于1974年开始建设，1975年6月进行设备安装，1984年9月25日投产。2#机于1988年3月建设，1991年9月投产。3#机于1998年9月建设，属杭州氧气机械设备制造公司生产的新一代带有无氢制氩系统的制氧机组，1999年7月投入生产。4#机于2004年3月建设（杭氧设备），2005年9月投产，4台机组全部实行计算机控制。

二、分公司

水钢电气自动化分公司　2002年由原水钢电器仪表修理制造厂和自动化公司合并而成，主要承担水钢各单位大中型电机、变压器维护和修理，电话（C网手机）、宽带网、VPN等信息工程的规划、设计、建立及运行维护，进出厂物资的计量、厂际间物资计量，自动化仪表的安装、维护与检修，工业自动化控制系统的设计、施工，办公自动化设备的维护，计量、仪表检定等工作。

该分公司已建成电子计量汽车衡4万～10万千克10台，15万～20万千克轨道衡6台，单捆计量秤9台，具有10万千克以下汽车衡计量秤的检定权。开展动平衡实验新业务，拥有全省最大最先进的HY50UB硬支承动平衡实验机1台，可对大型风机转子、电机转子、齿轮、矿车对轮等进行动平衡测试，测试工件最大直径可达2.6米，长度达4米，重量高达7500千克，测试精度可小到10克以内。2003年建成DCS实验室，具有自动化仪表工作人员专业培训、工业自动化仪表控制技术的研究与开发能力。能全面修理高、低压交流电机和各类大、中、小型变压器。在2004年新购进微水分析仪，油介分析仪等，可承接各类变压器的检测、检修及油质分析业务。2003年引进宽带网技术，2005年年初引入VPN新技术，成功对20万千克轨道衡等进行计量联网监控。实现单捆计量标牌喷码打印，焊接挂牌。在仪器仪表维护上，引进DCS和PLC控制技术，广泛应用于水钢各条生产线。2005年对动力厂1#汽轮鼓风机、料场改造等工程的自动化控制系统进行改造。2006年，修复原三轧厂1400千瓦大型直流电机，2007年建成水钢“信息高速公路工程”——铁片区在线数据监测及分析系统工程。

水钢原燃料分公司（进出口公司）　水钢原燃料分公司始建于1969年9月29日。青杠林林场1号焦炉投产时，成立青杠林林场生产供销组，1970年改称水钢代销组，1972年成立水钢运销处，1974年改称水钢供销处，1976年改称水钢物资处，1979年改称水钢原料销售处。随着企业整顿和改革，1989年水钢原料销售处分拆为销售处和原料处，1995年9月原湛江办事处、遵义办事处、凯里办事处划归原料处，2002年2月，水钢原燃料处改制为水钢原燃料分公司。2008年8月，水钢实施组织体系变革，将原燃料分公司与进出口有限公司合并办公。

原燃料分公司主要承担水钢生产用大宗原燃料的采购、储存、供应管理和服务工作，主要采购产品有铁矿石、萤石、硅石、炼焦煤、燃料煤、生铁和废钢。国内铁矿石主要从云南、贵州、四川、广东、广西、江西、湖南等省几十个县、区采购。炼焦煤、燃料煤主要在贵州六盘水、毕节采购，在云南昭通、镇雄采购部分资源作为补充；生铁、废钢主要从贵州、云南、四川、重庆等省市采购。2006年以来，原燃料分公司所购洗精煤生产的焦炭灰分指标控制在13.5%以下，达到冶金二级焦的国家标准。2007年12月，在互利互惠、合作共赢的前提下，通过原燃料分公司的努力，水钢与攀枝花红发物资有限公司签订钒钛球团矿战略合作协议。

进出口有限公司主要承担水钢生产用进口矿的采购、输入、供应方面的管理和服务工作，同时承担集团公司产品出口、生产设备和辅料进口业务的管理和服务工作。进出口经营网络覆盖印度、南非、韩国、澳大利亚、巴西、越南、日本、美国、德国、丹麦、缅甸等10余个国家或地区。2003年年初获得代理各类商品和技术的进出口经营权，2003年5月被主管银行授予特级（AAA）信用企业资质，2003年7月取得海关A类企业管理资质，2009年1月取得海关AA类企业管理资质。2005年3月加入中国五矿化工进出口商会，并被推举为铁矿石分会理事、监事长单位，是贵州省唯一取得进口铁矿石资质的进出口企业，并于2006年荣获海关“红名单”企业。2008年荣获贵州省进出口“十强”企业称号。

水钢销售分公司 1969年9月29日，青杠林林场1号焦炉投产时，成立青杠林林场生产供销组。后演变为水钢原料销售处，后改制为销售分公司。2007年，销售分公司销量突破30亿千克，销售收入突破100亿元，水钢成为贵州省首家年销售收入突破100亿元的企业。2008年，实行品种结构的差异营销，实现三级钢、盘螺、加工材销量占资源总量的45%以上。2008年年底，销售分公司结合自身经营管理实际，并按照水钢机构改革设置要求，设有综合办公室、市场信息室、资源调配室、仓储中心等4个管理科室。在贵阳、重庆、成都、昆明、南宁、长沙等6个省会中心城市设有销售公司，同时还设有六盘水经营部、遵义市场、都（匀）凯（里）市场、昭（通）宜（宾）市场、曲靖市场、昆明直销组等6个地区市场经营单位。另外，为适应和推进营销机制改革，专门成立综合经营部（又称同心公司）。

水钢煤焦化分公司 原为水钢焦化厂，始建于1966年，1998年改制为分公司。现有两座鞍62型36孔（1#、2#）焦炉、两座大容积5.5m50孔（3#、4#）焦炉及与焦炭生产配套的煤气净化工程，年产全焦14亿千克。该公司主要是为炼铁高炉冶炼提供优质焦炭，为炼铁厂、炼钢厂、轧钢厂、动力厂等单位提供工业用煤气，同时为水钢和六盘水市区居民提供民用煤气。化工副产品主要有：工业萘、中温沥青、高温沥青、改质沥青、精苯、甲苯、二甲苯、粗酚、筑路沥青、沥青漆等，其中工业萘、精苯产品获“省优质产品”称号。分公司现有原料、备煤、一炼焦、二炼焦、运焦、一净化、二净化、精制、电气、检修、化验11个车间及政工室、综合办公室、生产安全室、设备管理室、保卫室、工会6个职能部门。

水钢物资供应分公司 2001年，水钢供应处改制成立水钢物资供应分公司。承担水钢生产建设所需物资材料的采购、供应工作，业务范围主要涉及计划、采购、仓储、配送4个环节，年采购金额近15亿元。

水钢机械制造分公司 是水钢各厂矿所需备品备件的主要生产基地。始建于1966年。现有生产用房29栋，非生产用房12栋，构筑物2栋，机械设备100台，交通运输设备5辆。公司主要经营范围：机械设备加工、制造、维修、安装，起重机械制造、安装、维修，机床维修，铁合金经销，汽车运输，电机修理，房屋、门面租赁。进入21世纪，水钢机械制造分公司生产的主要产品有各种规格的合金球铁轧辊，高炉灰铁、球铁冷却壁，旋流式风口，高炉水冷、炉喉钢砖、各种焦炉备件，32吨以下桥式双梁起重机，烧结四辊破碎机，8立方米渣罐11立方米渣罐、16立方米渣罐，炼钢连铸辊道、地面运输车、炼钢转炉部分成套设备等。

三、子公司

水钢有子公司3个，即瑞泰物产有限责任公司、赛德建设有限公司、贵州博宏实业有限责任公司。

水钢瑞泰物产有限责任公司 最初名称为青杠林后勤工作组，成立于1966年，隶属当时的水钢机关管理。1970年后勤工作组从水钢机关分离出来，成立行政福利处，负责当时水钢厂区范围内职工食堂管理、生活福利等工作。1981年更名为生活处，1995年10月，水钢机构调整，合并成立钢城实业有限公司，生活处与房产处合并，变更为生活服务公司，成为钢城实业有限公司的二级单位。1996年11月18日生活服务分公司注册成立。1998年1月又从钢城实业有限公司剥离出来，成为水钢的分公司，具体负责餐饮服务、生活物资供应、公园管理、厂容厂貌与环境卫生、幼儿教育管理、道路施工管理等后勤服务工作。

1999年，公司创办的招待所、动力厂民用煤气车间、水电厂水电管理所成建制划转给生活服务分公司。2001年，集团公司行文对内更名为瑞泰公司，对外法人注册仍为生活服务分公司。2002年，公园管理科从生活服务分公司剥离出去，成立独立的绿化公司。2004年6月，水钢实行小区物业统管，钢城公司等4个小区物业成建制划转给生活服务分公司。2006年4月，赛德公司砖厂成建制划给生活服务分公司。2006年8月，水钢绿化公司撤销，成建制划给生活服务分公司管理。

2002年5月新班子调整以后，从抓员工思想观念转变入手，加强企业内部管理，提高服务质量，增强市场竞争能力。通过延续发展，瑞泰公司作为水钢集团后勤服务单位，已基本承载集团公司的后勤服务业务，在水钢集团整个生产建设中发挥着重要的作用。现在的瑞泰公司是集水钢民用水电煤气供应管理与维修、机电加工、重型设备及结构吊装运输、水钢公路管理与维修、高炉水渣加气混凝土砌块生产、厂容厂貌及环境卫生管理、幼儿教育、餐饮接待服务、生活物资供应、物业管理、公园管理、绿化美化、工业清洗、工装洗涤、办公家具制作等于一体的后勤服务单位。

通过近几年的发展，瑞泰公司已在水钢内部树立起服务品牌。瑞泰服务、瑞泰速度、瑞泰质量已在钢城职工家属心中扎下根，并枝繁叶茂。公司在道路施工、幼儿教育、物业管理、特种车辆、绿化、美化、水电煤气等设施施工领域积累了多年经验，初步具备走向市场的能力。2008年瑞泰公司完成收入6345.61万元，全年实际亏损2123.39万元，与计划指标相比减少183.61万元。

水钢赛德建设有限公司　1982年8月组建。主要任务是从事水钢的基本建设、技术改造，以及生产检修、大修等工程。2004年，赛德公司以总承包方承担水钢综合料场改造工程，承建的水钢2号高炉易地大修工程荣获贵州省“黄果树”杯优质工程称号。2006年7月赛德公司成功进驻六盘水市房地产开发市场，承建华飞大厦、君御华府大厦等房建项目。

贵州博宏实业有限责任公司　2003年8月24日，由水钢（集团）原14家子公司整合、重组组建的有限责任公司，是集水钢非钢产业于一体的综合性经济实体。博宏公司是水钢非钢产业发展的主要实体，同时也是水钢整体改革、改制的“试验田”，肩负着水钢整体改革先行者的责任。

2005年5月水钢石灰石矿归并到博宏公司，2008年1月水钢赫章矿、清镇矿整体划归博宏公司。2004年起，博宏公司先后对贵阳建材机械厂、贵阳黔劲运输机械厂、贵阳焊条厂、贵标阀门公司进行改制。博宏公司下设15个二级单位，分布于六盘水、贵阳、安顺、遵义、昆明等地区。产业涉及金属冶炼、水泥、轧钢、化工、耐火材料、活性石灰、冶金石灰、汽车运输、废钢资源回收利用、石灰石、房地产开发、商业贸易、餐饮旅馆、旅游、印刷等20多个领域。

第二节　水钢整顿与改革

1982年1月，根据中共中央、国务院《关于国营工业企业进行全面整顿的决定》精神，水钢认真贯彻执行中央制定的“调整、改革、整顿、提高”方针，开展以提高经济效益为目的，以“五项基础工作”为主要内容的企业整顿工作。1982年4月，水钢成立企业整顿办公室，共有22人负责开展整顿，研究扩大自主权及厂长负责制工作。通过一年多的整顿工作，企业面貌有较大变化，生产经营和基础管理达到新水平，双文明建设取得明显成效，1983年摘掉长达13年亏损的帽子。1995年2月，水钢（集团）公司成立现代化试点领导小组，研究改制问题。1997年4月成立改革工作领导小组和减人增效领导小组，并成立改制办公室，专门研究和探索水钢体制改革问题。

一、五项基础工作整顿与检查验收

（一）整顿和完善经济责任制

1．在整顿中推行经济责任制。1980年，根据贵州省冶金厅“亏损递减包干、减专留用或分成”的包干办法，水钢首先在生产系统推行经济包干责任制，实行利润、费用、成本包干，超额节约分成。同时，对自营基建单位试行单项工程预算包干。

2．按照整顿规划进度，把完善经济责任制作为企业整顿的突破口。先后召开3次经济责任制现场会，学习首钢和贵钢的经验，总结推广焦化厂、汽运厂、供应处、烧结厂、观音山矿的经验，以焦化厂的经验为榜样，举办4期学习班，培养196名基层干部，作为推行经济责任制的骨干。

3．自1983年4月开始，水钢分别对炼铁厂、建设公司、房产处实行联产、联利，上限不封顶，下限按新定额承包的新经济责任制，对自营基建队伍，实行按完成建安工程量提取工资奖励的办法。

（二）端正经营思想，提高经济效益

1．改变过去单纯追求产值产量的经营管理思想，做到生产经营、经济效益一日三过问，即早晨调度会，下午经营分析会，晚上不定期的产量运输协调会，检查分析当天的经营指标完成情况，以及时采取措施，提高经济效益。

2．提出“以铁养钢，扭亏为盈，把水钢搞活”的经营策略。在轧钢未建成前立足现有生产条件，努力提高产品产量、质量，降低消耗，提高经济效益，积累资金进行炼钢和轧钢生产。

3．完善计划管理体制，把企业和产、运、销、基建、供应、生活福利都纳入计划管理，完整、及时地下达年、季、月计划，逐步完善统计、原始记录及相关统计资料。

4．全厂设立5个质量检查站，50个QC小组，建立起总厂、二级单位、车间、班组经济核算网，配备320名专职核算员和527名兼职核算员，90%实行班组核算制。

（三）整顿劳动纪律，按定员定额组织生产

在企业整顿中，组织职工学习和贯彻《全国职工守则》和劳动纪律管理规章制度，对长期旷工人员，在经通知和教育仍不改正错误的情况下，除名47人，同时加强班组劳动纪律检查，对违反劳动纪律者进行经济处罚。在整顿中实施定岗定员，按部颁标准实行定员工种岗位2223个，12338人，岗位达部颁标准的94.1%。

（四）严格财经纪律，健全财务管理制度

水钢首先健全以经营副厂长和副总会计师为首的经济核算体系，二级单位也明确一名副厂（矿）长行使总会计师的职权，建立健全财务会计机构，调整和充实财务人员。总厂统筹全厂的产、供、销业务，集中核算和编制财务决算。各二级单位根据总厂的经营计划和经济核算，编制自己的成本计划，并按照水钢内部价格进行成本核算，进行相关的经济活动分析。在整顿中，修改完善和重新建立的主要财务管理制度有15个，使财会核算工作基本达到制度化、统一化、程序化的要求。按管理制度，企业定期进行财经纪律大检查，对查出的问题分别给予不同程度的处分。

（五）加强领导班子建设和思想政治工作

按照领导干部“四化”要求，水钢着手解决总厂和二级单位领导班子年龄偏大、文化程度偏低的问题，决定凡二级班子成员年龄超过50周岁的副职退居二线，破除论资排辈，按“四化”要求大胆选拔年轻干部，打破干部终身制，做到干部能上能下、能官能民。水钢还制定《中国共产党工业企业基层工作暂行条例》《国营工业企业职工代表大会暂行条例》《国营工厂厂长工作暂行条例》

的实施细则，根据“党委集体领导、职工民主管理、厂长行政指挥”的原则，建立健全相应制度，使领导班子工作协调、健康开展。随着企业整顿、党政分工、班子调整，党的建设和思想政治工作明显加强和改善，精神文明建设效果明显，讲道德、讲文明、讲礼貌、守纪律、学雷锋做好事蔚然成风，职工主人翁责任感加强，处理国家、集体、个人三者利益关系奠定思想基础。

自1983年5月10日开始，水钢对五项基础工作整顿情况进行自检，历时两个余月，按照五项整顿内容及实施细则，以1000分为标准，分赴各二级单位现场逐条考核打分，均在820分以上，内部检查达到合格。1983年8月29日至9月3日，由省冶金厅牵头省经委等9个部门组成企业五项整顿工作检查验收团，到水钢进行全面检查验收，其评价是，一是领导班子“四化”程度有提高。总厂班子从整顿前的9人减少到7人，平均年龄从55.3岁降到50.4岁，高中以上文化程度的领导成员占比由55.5%上升到91.4%，专业干部占比由22.2%上升到57.1%。二级单位班子平均年龄从49.6岁降到45.5岁，高中以上文化程度领导成员占比从39%上升到63.6%，专业干部占比从43.8%上升到60.6%。在调整班子的基础上，初步建立党委领导下的厂长负责制和职工代表大会制的领导体制，做到各司其职，办事效率明显提高。二是完善经济责任制。水钢在前两年经济包干基础上，学习首钢，较快完善包、保、核为内容，责、权、利相结合的经济责任制，坚持资金分配体现总额不突破，单位之间不拉平，个人奖金不封顶和国家多收，企业多留，职工多得的原则，有力地调动单位职工的积极性。百元产值工资含量为12.99元，比1982年降低7.8%。三是端正经营思想，提高管理水平。企业管理从单纯生产型转移到生产经营型。以效益目标为中心，加强企业各项基础工作，完善人流、物流、信息流，产、供、销纳入计划轨道，各种原始记录、报表、台账齐全，质量、能源、物资的管理及安全环保工作有很大进步，班组核算面达到91.8%。四是劳动组织、劳动管理有较大改善。在整顿劳动组织过程中，采取“一并、二统、三规范、四定员定额”办法，归并机构，精减人员，提高办事效率。全厂定员达部颁标准的94%，生产系统出勤率达部标的98.6%。五是摘掉企业亏损帽子，跨入盈利企业行列。1982年工业总产值、亏损额、生铁产量等12项指标全面完成目标计划，并创历史最好水平。1983年1—6月各项指标普遍高于1982年同期水平，水钢由亏损大户变为盈利企业，为贵州冶金行业实现无亏损做出重要贡献。

二、体制改革

（一）扩大自主权

1983年在以下12个方面扩大自主权：（1）在保证完成国家计划的前提下，有权根据原材料供应的可能、用户订单和对市场的预测，制订补充计划，增产适销产品。企业根据市场需要，可以调整计划产品的品种，可以组织来料加工，进行生产协作。（2）企业按补充计划生产的产品，可以自销或委托代销。（3）生产的新产品，可以协商定价，经过批准，可以减税或免税。（4）企业新产品可以按优质优价原则，在规定内实行浮动价、协议价和季节差价。（5）企业多余的设备、材料，有权按规定自行处理、出租或转让。（6）企业利用留利建立的生产发展基金、职工福利基金和奖励基金，有权按规定使用范围自行开支，不需报批。（7）在保证固定资产大修前提下，企业有权将利润留成的生产发展基金、基本折旧基金和大处理费用合并使用；用自筹资金同其他企业（包括集体所有制企业）搞经济联合。（8）企业在定员定额内，有权根据精简、效能的原则，决定自己的机构设置，任免中层及中层以下干部，然后报上级领导部门备案。有条件的企业，可以试行民主选举厂长、车间主任及班组长。（9）企业有权根据国家劳动计划，制订考工标准，经过考试择优录用职工。对不符合招工条件的人员，企业有权拒收。（10）企业有权按照精神与物质奖励相结合的原则，对在生产和工作中做出成绩的职工进行奖励，授予荣誉称号，颁发奖状和资金；在规定范围内，有权选择有利于生产发的奖励形式，制订符合多劳多得的原则的奖励办法。（11）企业有权对一贯表现不好、严重违反劳动纪律和工作纪律、造成重大事故和经济损失的人员，按规定给予适当处分，直至开除。对无故旷工、离职半年以上的人员，企业有权作自动离职处理。（12）定期召开职工代表大会，实行民主管理。职代会有权监督各级干部正确执行党的路线和各项方针政策，有权对企业的生产、重大技术改革、各项基金使用、经营管理和职工福利中的重大问题，进行审议和决定，并检查实施情况。

扩权实施后，水钢生产经营虽取得一定成效，但由于当时经济管理体制的限制，扩权规定不能有效地落实。随着经济体制改革的不断深入，贵州省冶金厅于1984年6月拟定《关于贯彻执行国务院关于进一步扩大国营工业企业自主权的暂行规定》，并代贵州省人民政府拟定《关于放宽国营工业企业若干政策的规定》，经批复后以贵冶办（84）453号文下发全系统直属企、事业单位，开始全面扩大企业自主权。

水钢实行全面扩大企业自主权的具体内容：

1. 生产经营计划。水钢生产的产品，凡国家计委下达或国家计划未列入而由省计委下达计划的，均属国家计划，水钢必须确保完成国家计划和国家供货合同。如遇下列情况之一，严重影响生产，水钢有权提出调整计划。一是严重自然灾害，如地震、洪水、冰冻、干旱等导致原料、动力、交通中断和设备损坏。二是电力供应中断或长期限量。三是因供方或运输问题，经努力后仍有大宗物资供应中断。

2. 产品销售。水钢的钢材（包括金属制品），属国家计划内的，可自销2%，超计划部分可全部自销。水钢的生铁，属国家计划内的不能自销，超计划部分可全部自销。省财政对水钢投资技术改造项目新增产品，可按比例分成。

3. 产品价格。水钢有权自销的产品和完成国家计划后超产的产品，可在国家规定价格20%幅度内自定价格，或由供需双方在规定幅度内协商定价。水钢有权自定除国家统一定价外的新产品价格、劳务协作及加工费标准，并报省冶金厅备案。

4. 物资选购。国家分配给水钢的大宗原燃材料，按国家统一安排的供应点，直接与供货单位签订合同，直接供应、直接结算。生产建设计划需用的大额钢材与专用钢材，采取定点择优供应办法，由水钢与供货单位签订合同，直接供应、直接结算。生产维修、技术措施项目等所需零星物资，尽可能由水钢直接订货、供应。计划外协作物资和非国家统配的物资，由水钢自行择优采购。

5. 资金使用。水钢自筹资金项目审批权，需要国家和省综合平衡建设条件（包括产、供、销、资金来源等）的，须报厅转省计委审批，此外的和投资在100万元以内的生产性项目，以及30万元以内的非生产性项目可自行审批。需报请全部或部分拨款、货款、集资的项目，须报省冶金厅审批。利润留成资金可按冶金厅规定的比例，分别建立生产发展基金，新产品试制基金、后备基金、福利基金和奖励基金，并有权自行支配使用。有权在福利基金、奖励基金中，按人均留利500元以上1.5%，500元以下0.8%的比例提取，设立厂长基金，由厂长合理支配，用于奖励、职工福利和生活补助等。折旧基金的分配，从1985年起水钢留用80%，上交省冶金厅20%。

6. 资产处置。水钢有权把多余、闲置的固定资产有偿转让或出租，但所得收益必须用于技术改造和设备更新。物资盘亏、报损、报废，固定资产、整个车间、流沙作业线、矿山坑口等报废，须报省经委批准，其余报冶金厅批准。其中单项金额（原值）在10万元以内的，由水钢自行审定，报冶金厅备案。固定资产大修计划，由水钢自行规定，冶金厅考核设备完好率和关键设备可开动率。

7. 机构设置。水钢下属的厂、矿、院等处级机构的设置、易名、合并、撤销，由水钢提出意见，经冶金厅报省经委审批。定员编制，本着精简机构、合理分工、明确职责、减少人员、提高效率的原则，水钢提出定员编制意见，报冶金厅核定。在核定的定员编制范围内，水钢有权按照生产的特点和需要，自行确定职能部门和车间的设置，并报冶金厅备案。

8．人事劳动管理。厂长（经理）对生产经营和行政管理负全面责任。党委负责企业思想政治工作、党群工作，起保证监督作用，健全职代会制度，保障职工参加民主管理。水钢厂长（经理）、党委书记除省管干部外，分别由冶金厅和冶金厅党组任命，行政副职由厂长（经理）提名，报冶金厅批准。各厂、矿中层行政干部，由水钢厂长（经理）任免。中层副职由正职提名，水钢厂长（经理）批准。建立领导干部考核奖惩制度，实行分级考核。每年全面考核1次，采取领导考核与群众评议相结合，平时考核与定期考核相结合等形式。考核程序为自我评价、群众评议和领导审定。考核内容为德、能、勤、绩，着重考核工作实绩。废除领导干部职务终身制。凡任命或民主评议经批准担任领导职务的干部，均享受该级职务规定的待遇；不再任职时，回原工作岗位或重新安排工作，不再保留原职待遇。水钢可根据生产需要，从外地区招聘技术、管理人员，双方签订聘用合同，水钢自定报酬。党群系统领导干部，可按照有关规定民主评议产生，报上级主管部门批准。干部离退休制度。凡达到离退休年龄的干部，应及时办理离退休手续，并按规定享受离退休待遇。个别确属工作需要，经过组织批准，可适当推迟办理离退休手续。水钢有权在上级批准招工指标内，根据生产需要和工艺特点，在劳动部门的指导下公开招工，经过考试，择优录用。

（二）行业盈亏包干

1980年4月4日，省冶金厅向省政府递交《关于促进冶金工业调整报告》，省政府于4月21日以（1980）黔通字第66号《关于促进冶金工业调整问题的意见》，同意从1980年起实行行业承包。

1．水钢对冶金厅的承包。1980年5月11日，水钢与冶金厅签订包干合同，合同规定，水钢完成年度盈亏包干指标后，可按国家规定提取企业基金。包干指标超额部分，水钢和冶金厅各按50%分成。水钢超包干留利部分，原则上主要用于技术改造、集体福利以及职工奖励。合同要求，水钢实行盈亏包干后，必须严格遵守财经纪律。凡工资奖励标准，成本开支范围和专项基金提取比例，以及工资标准等，必须严格执行国家统一规定，不得擅自提高，一经发现违反财经纪律，除冲转当年成本外，如数上交。水钢向冶金厅承包后，在内部建立以承包经营为主要形式的经济责任制，采取多种包干形式，将分解指标包干到厂（矿）和车间。

2．承包所采取的措施。为保证承包效果，水钢采取多种措施，积极进行技术改造，调整产品结构。充分利用包干留成、银行贷款和国家投资，建成一批具有先进技术的基建和挖潜革新项目，主要是线材和余热发电项目。

3．承包效果。盈亏包干经济责任制的推行，初步改变水钢经营机制，提高经济效益，各项技术经济指标有较大提高。实现国家、企业和职工个人收益的同步增长。

（三）企业内部经济责任制

1．局部单项试行经济责任制。1977年后，在恢复性企业整顿中，水钢建立经济责任制。初期的经济责任制以考勤为主要内容，考核方式为民主评议，考核结果与经济性资金挂钩。1980年11月，冶金厅组织各企业在水钢召开经济责任制经验交流会。会后，冶金厅制发《工资总额定员包干办法》，对各企业实行按定员包干工资总额，在定员范围内，增人不增工资，减人不减工资；超支不补，节余留用。

2．全面推行经济责任制。1982年年初，水钢开始以完善经济责任制为中心环节的企业整顿。5月24—28日，水钢参加省冶金厅在贵阳钢铁厂召开的整顿完善经济责任制现场会。会后，水钢在学习和推广首钢经验过程中发展自己的经济责任制。1983年8月，水钢企管（法规）处拟定企业（法规）的工作目标、方针和方法，并着重抓法规基础管理工作，用经济手段来管理企业，把经济责任制制订与考核作为自己的基础任务。一是全面制订和统一考核经济责任制。1984年通过学习首钢经验，水钢制订140万字、25个专业经济责任制，规定每项工作业务应达到的标准，按照什么样的程序进行，完成时限要求以及考核、奖惩办法等。并从1984年6月开始，实行专业经济责任制考核，形成水钢以岗位经济责任制和专业经济责任制（包括横向经济责任制）为轴线的经济责任制体系，使内部生产经营活动指标化、程序化和规范化。建立健全组织保证体系，从上而下形成一个经济责任制考核保证网络，使整修考核有依据，报表有程序，核算有办法，审批有规定的配套管理制度。运用经济手段监督厂规厂纪的执行，配合内部有关部门进行厂规厂纪、安全作业等工作的检查，对违规违纪人员进行教育和罚款等，并将“严、细、稳、准”四字贯穿在整修经济责任制工作中。二是聘请法律顾问，协同调处厂内外经济纠纷，以经济法为准绳，依法办事，是管理企业、进行改革、以法治厂的一项重要措施。

3. 经济责任制的完善与深化。企业全面整顿工作结束以后，企业内部经济责任制就成为生产经营的基本制度，每年根据生产经营任务修改1次。1985年以后，水钢学习贵州钢绳厂的专业经济责任制经验，并结合内部实际制订自己的专业经济责任制，基本形成水钢内部一整套纵横交错、上下连贯的全面经济责任制考核体系。1997年2月22日“学邯钢、扭亏增效动员大会”（简称“2·22”大会）后，水钢企管法规处和有关专业管理部门，认真总结近几年经济责任制推行过程中的利弊，在《水钢经济责任制实施方案》中明确提出今后水钢内部经济责任制的指导思想、主要考核内容及考核办法等。《水钢经济责任协议书》经水钢党委全委扩大会讨论通过和职代会与二级单位签订责任状的形式确定后实施。经过两年多的实践，经济责任制得到更进一步的完善与深化，促进水钢经营生产的发展。落实经济责任制，一是积极学习邯钢“模拟市场核算”经验，制定内部经济责任制。由企管法规处牵头，会同有关专业管理部门，按照先进、合理的原则，制订出水钢年度生产经营目标和考核各主体厂（矿）、辅助厂（矿）、分子公司以及处室的主要技术经济指标，按照水钢对各单位的可变费用修订内部计划价格，测算确定各单位的成本、利润、减亏和费用指标。在确定各项指标过程中，实施定量化操作方法，把一些难于把握的指标都定量化，保证目标的具体分析，便于考核与控制。目标确定后，按照以效益为中心，确保实现水钢年度生产经营目标的原则，通过算细账、分任务、提要求，把全部计划指标分解落实到各单位经济责任制中去。对厂（矿）分解的指标主要是产量、品种、成本、内部利润和安全等，其中，产量、品种、成本和消耗四项又分为考核、增产、奋斗三个档次。对于机关处室，则按照强化专业管理，挖潜增效以及干什么工作管什么指标的原则进行分解，落实责任。二是根据“三年扭亏为盈”（1997—1999）的经营管理目标，提出切实可行的实施经济责任制措施。三是实施多种内部经济责任考核分配形式。根据各单位工艺性质、工序间相互配合关系、任务难度和影响全局效益分量大小等因素，采用不同的基本考核分配形式：销售收入和贷款回笼与工资挂钩，辅助单位与产品生产单位联责计酬、联利计奖等多种考核分配形式；同时，要求子公司自负盈亏，自行承担工资总额支出。在资金分配上，贯彻效率优先、兼顾公平的原则，按有效劳动成果和经济效益决定分配，既合理拉开档次，又避免差距过大。1998、1999年，分配差距大致为：主体之间4：3.5，主体与辅助之间4：2，主体与机关（机室）之间4：1。四是坚持工效挂钩分配。按照经济责任制实施方案，把职工收入所得和完成生产任务、成本、质量等指标挂起钩来，体现注重效益和多劳多得的原则。经济责任制考核管理规定，完成考核指标兑现岗位工资，完成增产指标兑现基础奖金，超增产指标兑现超产奖，完成奋斗目标获取最高奖金并从优晋升工资。同时，实行“财务指标、产量指标、质量指标”对岗位工资和奖励否决权制度。成本（利润、费用）对岗位工资综合奖（专项奖以外的全部）行使一票否决权，产量与岗位工资的100%和额定基奖的65%挂钩考核，质量与额定基础奖金的20%挂钩考核，消耗与额定基础奖金的15%挂钩考核。辅助生产厂岗位工资的100%与“铁、钢、材”生产厂的产量考核挂钩，其定额基础奖金的30%则与“铁、钢、材”生产厂的产量增产挂钩考核，70%与本单位内部主要工作任务挂钩考核。五是制定与经济责任制考核配套的基础管理标准，以规范经营行为，监督和保证生产经营目标的实现。1998年前后，水钢先后制订和完善《水钢经济责任制考核管理办法》《关于经济责任制加强考核的规定》以及能源管理、生产运输管理、设备管理、现场管理、安全环保管理、班组建设等方面的管理标准，这些管理标准与经济责任制互为一体，形成促进完成生产经营目标的保障体系。六是不讲客观、严格考核。1997年“2·22”大会后，水钢在经济责任制考核中，坚持不讲客观、按章办事、严格考核的原则，维护经济责任制的严肃性。这种不讲客观的做法，使得被考核单位通过主观上的最大努力克服客观条件的不利因素，努力完成任务。1998年盈利2011万元，提前实现“三年扭亏”的奋斗目标。

（四）实行厂长负责制

1．党委领导下的厂长负责制。1982年企业整顿，通过贯彻执行《中国共产党工业企业基层组织工作暂行条例》《国营工厂厂长工作暂行条例》和《国营工业企业职工代表大会暂行条例》，遵循党委集体领导、职工民主管理、厂长行政指挥的基本原则，改革企业领导制度。在党委领导下，逐步建立健全厂长负责制和职工代表大会制，初步实现党政分工，除重大方针和决策由党委讨论外，日常生产行政工作由厂长（经理）负责，改善和加强党对企业的领导，加强厂长（经理）对生产经营工作的统一指挥。同时，建立职工代表大会制度，使职工民主管理企业向制度化、条理化方向发展。自1983年开始，水钢党委在进一步明确企业党委重要任务和基本职责的同时，制订、修改和完善党委工作制度。经过企业整顿、改革和整党，实现了厂长负责制。

2．厂长负责制。1984年7月，贵州省冶金系统进一步改革企业领导体制。经省委、省政府批准，水钢全面开始试行厂长负责制。1984年12月，水钢党委根据《国营工业企业法（草案）》实行厂长负责制的规定和《中共中央关于经济体制改革的决定》的精神，制定《水钢党委贯彻厂长负责制实施细则》。

3．改革用人制度。贯彻厂长负责制后，水钢厂长提名副厂长，由冶金厅考核任免，对中层干部实行聘任制和任期制。在选拔任用干部上，坚持“任人唯贤”和充分走群众路线的原则。厂长任免厂内中层行政干部，事前经过组织部门考察，充分听取群众意见和征求党委意见后才作决定。

4．厂长任期目标制。1985年8月，根据省冶金厅《关于厂长负责制试点工作中几项工作的通知》要求，水钢厂长在任期内必须提出任期目标。任期目标包括企业生产、经营、建设、科技、教育、现代化管理和职工生活福利等方面的奋斗目标、措施、进度以及考核奖惩办法等具体内容。1987年1月10日，根据中共中央（86）21号文件关于《全民所有制工业企业厂长工作条例》的有关精神，下发（87）水钢通字7号文《关于制订厂长、处长任期目标责任制的通知》要求，厂（矿）长、经理、处长的任期目标责任制必须围绕实现水钢厂长任期目标，结合本单位具体情况展开。必须与水钢厂长任期目标协调一致。任期目标责任制包括本单位企业管理升级的目标与进度、本单位主要生产经营目标、实现上述目标的主要措施与进度、任期目标责任制的时限等内容。

（五）转机建制，深化企业内部改革

1997年2月22日，水钢召开副科级以上1000余人参加的“学邯钢、扭亏增效动员大会”，水钢新班子在抓观念转变的同时，深化企业内部改革。一是改革管理体制。按照现代企业制度的要求，根据现代企业专业化分工协作的原则，1997年11月经省政府批准成立水钢（集团）有限责任公司，同时加快“精干主体，分离辅助”的步伐，构建以资产为纽带的母子集团公司体制框架，将具有经济实体性质的20个单位分离为12个子公司、8个分公司，并按照“精简、效能”的原则，撤并二级行政单位和处室22个，科级机构191个，消除因机构重叠、职能交叉而产生的效率不高、工作扯皮等现象，保证水钢管理体制的正常运行。同时通过抓治理、抓整顿、抓查处、抓完善，对原有规章制度，劳动纪律、工艺要求、现场管理等方面进行整改，出台资金管理、现场管理等一系列管理制度，实现财务、质量、计量、物资采购、旧物资的集中一贯制管理，进一步理顺管理关系，强化管理职能，使企业的生产经营由混乱管理向有序管理转变，领导方式由粗放管理向严格管理转变，管理观念从实物管理向价值管理转变。这三个转变，把企业的内部管理提高到一个新的水平。二是改革分配制度。提出按有效劳动分配的原则，在分配上引入市场机制，重新制定经济考核目标，按产量、质量、成本、效益完成等进行奖惩，分配向一线倾斜，按有效劳动率和贡献大小拉开收入差距。水钢各单位之间收入差距有的在3倍以上，个人收入差距最多的高达5倍。有效劳动的分配方式，较好地避免了出工不出力、出勤不出效的现象，增强分配制度的激励和约束效应，调动职工的生产积极性。三是改革干部人事制度。在行政管理和专业技术两个方面，对干部使用实行双轮驱动，建立两个人才档案，设立两个人才奖励基金，在人才使用上做到大胆、大气、大度，突破传统的用人制度。对行政管理干部实行定职定岗，对具有专业职称的7000余名干部，根据实际需要，设立5000个岗位，全面推行按实绩考核，竞争上岗，由职代会对干部进行公开评议，对不称职的干部给予免职或降职，对个别干部出示黄牌警告。对专业技术干部根据实际工作能力低职高聘或高职低聘。1997—1998年，水钢的干部优化面达85.1%；二级班子中，年龄在45岁以下的干部占42.55%，一大批年富力强、高知识结构的干部被充实到重要岗位，使水钢管理干部素质发生质的变化。水钢还广开用人之道，采取多种形式引进人才和使用人才。四是改革劳动用工制度。采取竞争上岗和下岗分流，实现岗位人员动态管理。上岗职工紧迫感、危机感大大加强，工作作风、劳动态度明显好转，学文化的主动性和自觉性不断提高。对下岗职工，专门成立再就业中心，加强再就业培训，通过考核竞争上岗，想方设法多渠道安置下岗人员。通过改革劳动用工制度，职工整体生活有很大改善，人心稳定。

三、学习邯郸钢铁集团有限责任公司（以下简称邯钢）经验

1995年10月23日，水钢下发关于在全公司开展学邯钢经验的工作安排意见，从组织领导、模拟市场核算、实行成本否决经营机制、扎实抓紧抓好学邯钢工作等方面作出具体规定。在组织领导方面，成立由公司经理石光前任组长、公司党委书记刘撇成等领导任副组长的水钢学邯钢领导小组。领导小组下设办公室和6个专业组，分别负责公司的财务、科技、考核、分配、营销、物资管理和宣传民主管理等项工作。

1996年，公司仿效邯钢经济责任制的做法，把生产经营指标分解到各二级单位及处室，并对二级分厂实行成本、品种、质量三否决。由于指标分解、落实、检查和考核等未真正执行到位，年底未能完成年初确定的生产经营目标。1996年工业总产值比1995年下降11.5%，比1994年下降16.13%，亏损额达2.5亿元，负债率高达99.51%，资金极为短缺，致使生产难以继续，各项技术经济指标几乎均列全行业末位，职工人均年收入4040元，月人均收入在100元以下的职工家庭占15.3%。

1997年2月21日前，生产形势继续下滑，资金紧张，原燃料难保，工资拖欠，设备故障多的问题更加严重，亏损势头继续呈上升趋势，水钢已面临破产的境地。

应贵州省省长吴亦侠邀请，冶金部成立专家组于1997年2月13日抵达水钢进行调查研究。专家组包括冶金部组和邯钢咨询组，共12人。专家组在对各二级单位和处室进行调查后，拿出帮助水钢摆脱困境的方案。

1997年2月22日，水钢召开副科级以上1000余人参加的“学邯钢、扭亏增效动员大会”。会上，冶金部部长刘淇、贵州省省长吴亦侠出席并作重要讲话，邯钢总经理刘汉章即席发言，新上任的公司经理朱继民作“认清形势、转变观念，求真务实，扭亏增效”的动员报告。报告分析水钢面临的严峻形势，找出水钢与同类企业的差距和存在的问题，提出解决问题、迅速改变局势的工作思路和具体措施。报告在谈到转变观念时，朱继民要求公司员工树立自立自强，真抓实干，实干兴企的观念；树立一切以经济效益为中心，资金就是血液的观念；树立市场是企业生存的空间、质量是企业生命的观念；树立按有效劳动分配的观念；树立改革求生存、求发展的观念。在谈到深入开展学邯钢经验活动时，他要求态度要坚决，加大学习力度，加强基础管理，落实责任，推广经验。

“2·22”大会后，全公司认真组织学习动员大会精神，立即掀起“学邯钢、转观念、求生存”的大讨论热潮，认真贯彻落实动员大会提出的各项措施。3月初，第一期“学邯钢，转变观念，立足自身求生存”的学习班开学，公司领导和60名二级单位主要领导参加学习。通过学习，这些领导同志对水钢面临的严峻形势，对转变观念和对干部自身作风的认识加深，并结合本单位实际提出贯彻动员大会精神的相应对策。3月7日，公司做出关于认真组织学习、贯彻落实“学邯钢、扭亏增效动员大会”精神的决定，要求各级党委认真组织全体员工讨论。3月13日，对炼钢厂领导班子进行调整，邯钢马春林、郭景铎、李宝玉、何维权、苑卫科分别担任炼钢厂厂长、书记和副厂长及厂长助理。通过讨论和调整部分单位领导班子，公司员工的观念发生根本变化。由于观念转变，二级单位工作思路也有了新变化，新的工作局面逐步形成。

水钢炼钢厂在新领导班子的带领下，很快找到好的工作思路，在全厂建立起一套适应市场经济、符合本厂特点、模拟市场核算的管理体制，以标准化操作为基础，强化、优化生产组织过程中的时间管理，以技术进步为手段，解决工艺、设备中制约生产成本的各种问题，最终实现扭亏增效，提高经济效益。在这一思路的指导下，一方面狠抓专业、管理等工作，另一方面着手摸索适合本单位特点的核算经营机制。在厂长亲自组织下全员参与，层层确定和分解指标，完善基础工作，建立各项考核制度，实行新的考核运行机制，即天天分析，每周总结，每月考核。在短短的几个月（1—7月）里，钢产量由1996年的日产100万千克左右提高到日产180万千克，钢铁料消耗由1996年的1317千克/吨降为1150千克/吨，合格率由1996年的97%提高到99%，吨钢成本比1996年节约370元以上，成为扭亏增效的排头兵。

为及时推广炼钢厂经验，8月9日，水钢召开“远学邯钢，近学炼钢经验交流会”，炼钢厂厂长马春林在会上作经验介绍，有关单位的车间、科室和班组也在会上发言。8月22日，贵州省和冶金部组织在水钢召开“学邯钢经验交流会”，刘淇、吴亦侠等部、省领导亲临大会指导，朱继民总经理作“结合实际学邯钢经验，扎扎实实做好减亏增效工作”的报告，马春林也作“学邯钢，转观念，抓管理，上水平，深挖内潜，努力扭亏增效”的经验介绍。会后二轧厂等单位组织员工到炼钢厂参观学习，焦化厂、水电厂等单位请马春林到本单位作报告，进行现身说法。

继“2·22”大会后，水钢又分别召开领导干部及班组长以上干部大会，对年初制定的生产经营目标不断进行调整，对技术经济指标层层增加，并在班组长以上干部会上提出用三年时间实现扭亏为盈目标。由于公司采取一系列正确决策及相应措施，1997年取得可喜成绩，实现“2·22”大会提出的全年控亏1亿元的目标，铁、钢、材产量分别比1996年提高20.94%、48.71%和29.39%，在新增减利因素的基础上，同口径比1996年减亏20443万元，全年亏损5832万元。炼钢厂以年产钢5.6亿千克、减亏1.7亿元的成绩为实现控亏目标做出巨大贡献。

1998年年初，公司开展以“识厂情、鼓实劲、上水平、求发展”为主题的大讨论，同时对各二级单位存在的“小变即安，小富即满”的思想障碍，做出《关于整顿思想作风，整顿管理，深入开展“远学邯钢，近学炼钢”活动的决定》。

是年，由于公司采取一系列强有力的措施，尽管2号高炉突发事故被迫抢修81天，仍然取得显著成绩，实现利润2011万元，提前达到“三年扭亏，两年实现”的目标。

1999年开始，公司制定并下发《1999年学邯钢活动安排意见》和《考评办法》，调整水钢学邯钢领导小组成员，规定开展活动程序，完善检查细则，加大考核力度，并规定在月抽查、季评比中，按优秀、良好、较差3个档次评价各单位工作。

四、下岗分流

1997年，水钢制定出台《水城钢铁（集团）有限责任公司两级机关人员精简暂行办法》等相关措施，对人员和机构进行精简。一是从精简机构、调整劳动组织着手，按照“精简、统一、效能”的原则及专业化集中管理的要求，采取“整体设计，分步实施”的办法，共精简处室5个、科级机构135个，并且重新明确各职能处室的职责。二是以建立现代企业制度为目标，按照“精干主体、分离辅助”要求，以子公司为运作单位，分离职工5123人，子公司实行独立核算，自负盈亏；以分公司运作的单位有8个，分离职工3337人。对改制组建的分公司，总公司给予三年减亏补贴。三是引入竞争机制，坚持“公平、公正、公开”的原则，按照一系列相关政策、措施及办法，结合“德、能、勤、绩”考核措施，共分流下岗职工3651人，其中下岗领取基本生活费的1436人。因此，仅1997年后4个月公司就减少工资性支出300余万元，并将公司主业人数控制在1.9万人以内。

1998年，水钢在上年减人增效工作的基础上，再次精简处室3个，科级机构87个，使公司处室从1996年年底的88个减少到70个。为进一步加大主辅分离力度，实行板块分离，水钢将汽运厂、耐材厂、机修厂、焦化厂等单位改制为分公司，共分离职工3966人。同时为深入开展减人增效工作，广泛宣传、层层动员、统一思想、提高认识，按照公司两级机关减员10%，全公司减员7%的工作目标，共分流下岗2342人，其中下岗领取生活费的867人。

至1998年年底，水钢共分流职工12426人，其中子公司5123人，分公司7303人。分流下岗职工5993人，其中下岗领取生活费的2303人。减少费用开支4800余万元，公司钢铁主业在岗人数控制在1.3万人。

1999年在1997年和1998年连续减员的基础上，又减员1277人，其中机关减员分流182人，实现水钢要求机关职能管理岗位保留400人的目标。

1997—2000年年底，水钢共分流、分离、下岗职工22666人。分流、安置转移下岗职工2382人。

为切实做好下岗职工的基本生活保障，实施再就业工程，水钢1997年10月成立再就业中心，公司各二级单位相应成立再就业服务站64个，形成二级单位、车间、再就业服务中心的三级管理格局，以加强对下岗职工管理。下岗职工留车间一段时间，以促进在岗职工的紧迫感、危机感，树立爱岗敬业思想，真正形成竞争机制。

水钢为规范职工下岗和下岗职工的管理，确保下岗职工的基本生活，全面启动再就业工程，先后出台《职工请长假暂行规定》《下岗职工再就业管理办法》《关于对下岗职工实行托管的通知》《关于清理临时工安置下岗职工再就业的通知》《关于切实做好下岗职工基本生活保障和再就业工作的实施意见》《下岗职工管理规范》等相关政策和措施，成立和兴办水钢实业发展公司、六盘水市科创公司等经济实体，广开门路，实行公司内部安置为主，下岗职工自谋职业和社会帮助安置相结合。充分发挥再就业服务中心的职能作用，加强下岗职工的就业指导和职业介绍，有针对性地组织下岗职工进行职业培训，转变择业观念，提高再就业能力。2000年，在全水钢范围内推行“末位淘汰、尾者离岗培训”的竞争机制，岗位工作逐步达到满负荷。

为妥善安置下岗职工，促进下岗职工再就业，水钢成立再就业工程领导小组，为下岗职工分流安置提供保证。为加强对下岗职工的管理与服务，公司下岗职工再就业服务中心（挂靠劳动工资处）负责全公司下岗职工进中心签订基本生活保障和再就业协议，对下岗职工开展就业指导、职业介绍、再就业培训等工作。各二级单位劳资部门成立下岗职工再就业服务站，业务上接受再就业服务中心的指导。

五、对标升级

1997年水钢“2·22”大会后，为推广炼钢厂经验，1998—2000年，公司要求开展“远学邯钢，近学炼钢”的“双学”活动。

2001—2004年，水钢将“双学”同“对标挖潜”相结合，把“远学邯钢，近学炼钢”与同行业同类型先进企业对比，赋予“双学”活动新的内容。

2005—2007年，水钢将“双学对标”活动进一步深化，将水钢有代表性的指标与同行业的一些先进指标进行对比，充分挖掘内部潜力。

2007年5月，水钢为突出重点，盯住关键指标，把影响公司成本、质量、效益的指标，作为每年的活动重点，以指标提升推动管理，以管理进步优化指标，使“对标挖掘”向“对标升级”转变。

六、管理创新成果

自1997年以来，水钢为适应市场经济环境的需要，实现科学管理，推进企业管理上台阶，参照国家级的管理创新成果评审办法，开展管理创新成果立项、过程控制、年度评审工作。

水钢始终把“解放思想、转变观念、强化管理、深化改革”精神贯穿于水钢生存发展的全过程，并明确将“创新”写进水钢的企业精神（自强、开放、创新、追求）。1998－2007年，创造水钢内部管理创新成果471项，获省级管理创新成果20项，部级（行业级）管理创新成果4项，国家级管理创新成果3项。

七、组织体系变革

2008年，《水钢组织体系变革实施方案》开始实施，新设1个部门，15个部门和单位更名，9个部门和单位被撤并，涉及职能调整的部门和单位13个。为开展相关配套工作，水钢共优化公司级核心业务流程296个。按照水钢组织体系变革的要求，为进一步明确各单位、部门的工作职责，规范各项管理活动，有序开展业务流程工作，2008年12月10日，水钢下发《水钢部门单位职责》。

八、企业产权制度改革

1．整体改制工作。债权转股权工作。1999年8月，水钢启动“债权转股权”工作，于2000年4月12日与中国信达、华融、长城三家金融资产管理公司签署《债转股协议》及《债转股补充协议》（以下简称“债转股相关协议”）。根据债转股相关协议及2001年12月上述4家公司签订的《股东出资协议》，至此，信达等三家资产管理公司与贵州省冶金资产经营公司成为水钢的股东，共同组建新的股东投资的“水城钢铁（集团）有限责任公司”。产权重组工作。2005年4月29日，经贵州省人民政府批准，贵州省国资委将持有水钢股权8.05亿元（占水钢总股本的40.66%）中的6.843亿元（占水钢总股本的34.56%）无偿划转给首钢。股权划转后，首钢成为水钢第一大股东。

2．辅业单位企业改制工作。2005—2007年，水钢按照择优选择原则吸引具备条件的投资者对下属辅业单位贵阳建材机械厂与黔劲运输公司进行改制工作。在省各职能部门的指导和支持以及公司内部各单位的相互协作共同努力下，两单位的改制并购工作稳步推进，并分别于2006年、2007年正式完成。

3．主辅分离、辅业改制工作。2005年，国资委在《对水钢所属辅业公司拟改制有关问题的意见》的批复中，已将除氧气厂、电气自动化公司外的单位都纳入主辅分离、辅业改制范围。

第五章 电 力

第一节 发 电

民国21年（1932）7月1日，水城成立电报局，置有手摇发电机1部，开创今钟山区境域有电的历史。

1954年，国营水城铁厂在小河边安装20千瓦小火发电机，作为自供电源。1955年，省地质局509队在其驻地土桥安装60千瓦柴油发电机，水城县城首次用上电灯。1955年，水城县人民政府安装5千瓦汽油发电机。1958年，水城县人民政府安装20千瓦汽油发电机。是年，国营水城铁厂的Ⅰ、Ⅱ#机组安装投运。Ⅰ#机为国产250千瓦锅驼机，Ⅱ#机为上海产750千瓦机组，共装机容量为1000千瓦，解决水城铁厂的部分用电需要。1961年，水城县人民政府在城关区兴建2×48千瓦火电厂1座。1964年，水城县人民政府在土桥建48千瓦小火电机，陆续解决县政府机关办公照明。是年，水城县人民政府在大河区以德乡（今钟山区大河镇境内）兴建20千瓦水电站1座，解决大河区党政机关办公照明。

1964年，二塘发电厂（位于今钟山区大湾镇境内）2×1500千瓦火电机组动工兴建，于1965年1月和5月分别投产，保证贵昆铁路梅花山隧道工程施工用电。1970年，二塘电厂新装2台1500千瓦发电机组，其中1台为匈牙利生产的OF550—300—2型发电机组。该厂总装机容量达6000千瓦。

1972年，西南三线建设指挥部在水城特区艺奇乡（今钟山区汪家寨镇境内）兴建“572工程”，又称“300号信箱”，即后来的水城发电厂。1975年，水城钢铁厂利用高炉余热，建成余热发电站1座，安装6000千瓦发电机组1台，是年开始发电。1995年3月，汪家寨煤矸石电厂动工兴建，该电厂终期建设规模为24000千瓦装机容量，分2期工程进行，第一期工程安装2×6000千瓦凝汽式机组。2002年12月，野马寨发电厂动工兴建，设计生产规模为3×200千伏安，首台机组于2005年6月投产。2004年，水矿集团大湾煤矿建成装机容量为16×500千瓦的瓦斯（煤层气）发电站，并于2005年正式投产发电。

是年，双洞电站破土动工，该电站位于钟山区月照乡境内，是水城河上开发的径流电站。设计总装机容量2×6300千瓦。2008年，全区境内发电装机容量为65.69万千瓦。

一、上网小电厂

小河电厂 位于钟山区老鹰山镇境内，该厂是国营水城铁厂的自备电厂。1958年，水城铁厂拟建小河电厂，由贵州省电力设计院设计，贵州电建一工程处施工。Ⅰ、Ⅱ#机组是年安装投运。Ⅰ#机组为国产250千伏锅驼机，Ⅱ#机组为上海产750千瓦机组，总装机容量共1000千瓦，解决水城铁厂的部分急需用电。1961年，民主德国生产的1500千伏Ⅲ#机组投运，1962年，上海产1500千瓦Ⅲ号机组投运。在此之前，1959年年底，Ⅰ#机组退出运行。至1962年，全厂总装机容量为3750千瓦。

小河电厂投产后，以10千伏线路架设到观音山铁矿（属水城铁厂自有矿山），铁厂附近的小河煤矿及周边农村用电也因此解决。1966年，小河电厂以LGJ-185型导线，木杆架设16.2千米长的35千伏线路到青杠林林场（水钢在“文化大革命”期间别名），并安装1000千伏安变压器2台，为水城钢铁厂提供施工用电。

随着水城片区生产建设的需要，电力的供需矛盾越来越突出，小河电厂作为独立电源，安全可靠性很差，生产曾经一度受到影响。为此，1977年小河电厂通过水城钢铁公司303线并网，1985年架设35千伏线路通过杉树林变电站305开关联网。

小河电厂运行以来，设备长期得不到改造，1986年，上海产750千瓦Ⅱ＃机被迫退出运行。民主德国产1500千瓦Ⅲ＃机运行多年失修，于1986年10月通过贵州省冶金厅鉴定报废。1986年年底至1989年，只有上海产1500千瓦Ⅳ＃机运行，电厂将该机组的翻板炉改为沸腾炉后，煤耗有所降低，经济效益得到一定提高。

进入20世纪90年代初期，小河铁厂用电矛盾越来越突出。1992年，水城钢铁公司决定对小河电厂立项扩建1台6000千瓦机组（发电机为杭州发电设备厂1995年5月出厂的隐极式发电机，型号为QF6-2型，额定容量6000千瓦，转速为3000转/分，功率因素0.8，电压等级6300伏，电流687.3安，极数2极，三相星形接法），利用小河铁厂高炉余热发电，预算投资3000万元，于1994年破土动工，到1996年年末，完成投资2000万元。1997年1月，水城铁厂更名为“金河矿业有限责任公司”，行政上隶属水城钢铁集团公司管辖，业务、财务实行独立核算、自负盈亏，因此小河电厂扩建工程剩余的投资完全由金河矿业有限责任公司承担。由于资金紧缺，全部工程延期至1998年才投产，新建6000千瓦机组编为小河电厂Ⅲ＃机组。2001年，新增容750千瓦，投产发电后，该电厂实有装机容量为8250千瓦。

二塘电厂　是水城矿务局的自备电厂，位于钟山区大湾镇境内。20世纪60年代中期，贵昆铁路正紧张施工，为完成梅花山隧道工程，1964年铁道兵7659部队进驻二塘，拟建二塘电厂。该电厂由成都铁道设计院设计，7659部队施工。1965年1月和5月，两台国产1500千瓦机组分别投产，保证铁路建设施工用电。

1966年六盘水煤矿建设指挥部成立，甘肃山丹矿务局和山东泰安煤机厂对口包干支援六盘水煤矿建设的人员进驻二塘。8月1日，水城矿区建设指挥部正式接管二塘电厂。之后，山丹矿务局调来Ⅲ＃国产1500千瓦机组和Ⅳ＃机组匈牙利产1500千瓦机组，1970年10月，Ⅲ＃机组投产，Ⅳ＃机组延迟到1982年12月投产。至此，二塘电厂全部建成，装机容量为4×1500千瓦。1989年5月，该厂将Ⅲ＃机组练条炉改装成沸腾炉，发电煤耗降低，经济效益相应提高。是年9月，Ⅱ＃机组因锅炉缺水被烧坏，停止发电。20世纪90年代，该厂在原基础上新建1×1500千瓦机组维持运行。2004年2月，由于设备老化，煤耗过高，维护困难，效率低下，二塘电厂全部退出运行。

水钢余热电厂　水城钢铁公司的自备电厂，是综合开发利用高炉余热的一项工程。20世纪80年代以前，水钢高炉的余热大量向空气中排放，造成热能损失，大气污染。另一方面，水钢用电负荷不断上升，给电网增加一定的压力。鉴于这种情况，水城钢铁公司决定实行综合开发，建设余热发电厂。

该工程由水钢设计院设计，水钢建设公司施工。一期工程安装1台6000千瓦凝汽式汽轮发电机组，于1981年11月14日发电，并通过水钢35千伏一号变电站联网。每年可为水城钢铁公司提供大约4000万千瓦时的电量。

至20世纪90年代，水城钢铁公司供电、用电矛盾越来越突出，公司决定立项并自行设计和施工扩建3×6000千瓦的余热发电机组。Ⅱ＃、Ⅲ＃、Ⅳ＃机组分别于1991年6月、1992年9月、1994年2月建成投运。至2008年，水钢余热电厂仍保持总装机24000千瓦的容量运作发电。

汪家寨矸石电厂　水城矿务局新建的自备电厂，利用汪家寨煤矿的煤矸石发电。该电厂选址在汪家寨煤矿附近，处于矿区的负荷中心。

该电厂终期建设规模为24000千瓦装机容量，分两期工程进行。第一期工程安装2×6000千瓦凝汽式机组，由贵州电力设计院设计，贵州电力建设一公司施工，于1995年3月开工，1996年12月竣工投运并网发电，总投资7000万元。

汪家寨矸石电厂、二塘电厂同时运行后，水城矿务局汪家寨至二塘片区的煤矿用电，以自发自供为主，购买国网电为辅。至2008年，该厂仍以12000千瓦装机运行发电。

双洞电站 2004年破土动工，2006年9月投入运行，由六盘水拓源集团有限公司投资开发，贵阳市水利水电勘测设计院设计，陕西省水电安装工程公司施工，位于钟山区月照乡境内，是水城河上开发的径流电站，总装机容量2×6300千瓦，总投资7380万元。

双洞电站选址的水城河段引用流量为（单机）3立方米/秒，设计坝型为溢流堰，坝高1.5米（绝对坝高），坝长20米，蓄水水位1758.8米。厂房建筑为地面式，开关站建筑为户内式，升压站主变容量16000千伏安，以35千伏两回线路出线。Ⅰ回与110千伏城北变35千伏系统联网，Ⅱ回与110千伏双水变35千伏系统联网，10千伏出线分别向地方供电。发电利用小时为4470小时/年，设计年发电量5630万千瓦时。

二、国家电厂

水城发电厂 1966年9月下旬动工兴建，占地面积35万平方米，设计总装机容量12.5万千瓦，安装国产5万千瓦和7.5万千瓦发电机组各1台，位于钟山区汪家寨镇境内的天生桥。1973年4月，1号机组5万千瓦发电机组投入试运行，9月26日并网发电。1978年12月29日，2号机组7.5万千瓦发电机组投入运行。

1964年秋，西南电力建设指挥部会同华东电力设计院等单位到水城地区选点，经论证并通过地质勘测后，厂址选定在水城特区艺奇乡（今钟山区汪家寨镇境内）天生桥（亦称水帘洞），拟建代号为“572工程”的电厂，又称“300号信箱”，后改称水城发电厂。1966年3月，华东电力设计院进驻天生桥，开始规划设计，初步方案装机容量为30万千瓦，其中2×5万千瓦在露天发电。根据当时中央关于“靠山、分散、隐藏”的战略思想，另外的4×5万千瓦的控制室和主要设备进洞，烟囱爬山，山顶排烟口为碉堡型向四周排烟，以利隐藏。这一设计方案得到中央西南局三线建设委员会的肯定，并指示第一期先建2×5万千瓦机组。随后，1966年水电部以（1966）水电规字第3号文件批复，同意水城电厂在天生桥建厂，由华东电力设计院规划设计，云南电力建设公司施工。

1970年，贵州省水电局《关于“572工程”一期设计审查情况的报告》中决定，“一、二号炉均采用直立烟囱，不搞爬山式”，对华东电力设计院的初步方案作出修改。是年年底，原计划1号机组正式发电，由于受“文化大革命”的干扰，在建设中困难重重，施工队伍几经变更，铁路专用线不能按时配套建设，设备不能按时到位，工程进度缓慢。虽经广大工程技术人员和工人在六盘水电力建设指挥部的领导下多方努力，终因各方面的干扰和制约而延误工期，1973年4月，1号5万千瓦发电机组才投入试运行，9月26日并网发电。1978年12月29日，2号7.5万千瓦发电机组才投入运行。

水城发电厂是20世纪70年代贵州电网的骨干电厂之一，1971年起，逐步建立健全一套比较完善的生产管理、劳动管理、物资管理等制度，并围绕改造设备性能、提高设备使用寿命，搞好设备节能降耗等，不断开展技术革新活动，确保设备安全稳定运行。1974—1981年，革新改造项目达205项，解决生产上的许多关键问题，取得较好的经济效益。1988年发电标准煤耗419克/千瓦时，工业总产值3786.08万元，工业净产值1610.38万元，全员劳动生产率为37523元/人·年，上缴税金842.5万元，跨入全国发电行业的先进行列。2003年，水城发电厂划转黔源有限公司管辖，2005年野马寨发电厂投入运行后，由于国家淘汰落后产能，水城发电厂被迫关闭，其资产由野马寨发电厂运作。

1977、1979年，水城发电厂分别被贵州省和水电部命名为“大庆式企业”，多次被水电部评为省煤节电、安全生产、文明生产、职工生活先进单位。1983年6月企业整顿验收合格，1988年按企业升级标准被评为省级先进企业，并颁发证书。

野马寨发电厂 2002年12月动工兴建，2005年6月，1号机组投产。10月，2号机组投产。2006年1月，3号机组投产。该厂属原水城发电厂异地技改项目，隶属中电投资集团贵州金元公司，是贵州省实施“西电东送”的第一批项目，位于钟山区汪家寨镇新塘村野马寨。主厂区占地面积367.5亩，灰场（位于水城县双戛乡中箐村）占地面积474.3亩，设计建设规模为3×200兆瓦，总投资概算为25.6亿元（含脱硫设施3.6亿元）。2005年12月，环保设施—烟尘脱硫装置动工兴建，项目总投资为3.6亿元。2007年5月23日、5月28日、6月28日，1号、2号、3号脱硫装置分别完成试运行，冷却塔的冷却水实现闭路循环使用，污水实现零排放，实际投资为2.8亿元。

2005年发电12.4亿千瓦时，上网11.33亿千瓦时。2006年发电41.6亿千瓦时，上网38.36亿千瓦时。2007年发电25.02亿千瓦时，上网22.89亿千瓦时。2008年发电34.21亿千瓦时，上网30.97亿千瓦时。至2008年，实际完成投资26.5亿元，实有员工人数410人。

第二节 输 电

1965年，西南电力设计院和云南送变电工程处分别对贵（阳）水（城）输电线路110千伏六（枝）水（城）段（称六水线）和水（城）野（马寨）段（称水水I回线）进行设计和施工。1996年对110千伏水（城）盘（关）线施工。

1966年12月，六水线和水水I回线竣工投运。1970年6月，水盘线竣工投运。至此，有六水线沟通贵州电网，又有水盘线沟通云南电网，六盘水电网110千伏及以下系统基本形成。

1985年，随着贵（阳）昆（明）铁路电气化改造工程的实施，分别在六枝、二道岩（今水城县境内）、水城西火车站（今六盘水站）增建铁路电气化机车牵引变电站，将原六（枝）水（城）线改造为110千伏六牵线、牵二线和杉二线3段，在水城西火车站牵引变电站架设110千伏水牵Ⅰ回、水牵Ⅱ回线路，适应铁路电气化的需要。

1985年12月10日，220千伏普（定）水（城）线和水城变电站（今六盘水变电站）建成投入运行。至2008年，区境内有220千伏线路6条，110千伏线路22条通过。

一、220千伏输电线路

普水线 1984年由贵州电力设计院设计，贵州送变电工程公司施工，1985年12月竣工投运。东起安顺地区的普定变电站，西至水城变电站，全长116.36千米，总投资1369.36万元。普水线沿线地形复杂，丘陵占12.5%，一般山地占51%，高山峻岭占36.5%。

盘水线 由四川省电力设计院设计，贵州送变电工程公司施工，1994年7月完工并验收投运。南自盘县电厂，北至水城变电站，全长109.5千米，总投资5932万元。线路塔基最高海拔2093.1米（第272号塔），最低海拔974.2米（第154号塔），绝对高差为1120.7米。盘水线共有铁塔314基，其中直线塔237基，耐张转角塔77基。全线最大塔距1102米（200号、201号塔），跨越北盘江的147、148号塔距为752米，平均塔距344.72米。

水滥线 I号～79号塔由贵州电力设计院设计，贵州送变电工程公司施工，1985年11月竣工投运。79号～117号由贵州省电力设计院设计，贵州送变电工程公司施工，2002年9月竣工投运。西自水城变电站，东至滥坝变电站，由原普水线在222号～223号塔之间Π接进入220千伏滥坝变电站而成，线路全长36.33千米。

水滥线由水城变左转，跨六盘水市区公路沿朝阳新村、石龙坝子、下马坎、滑石板向北转，经何家寨上大坪，顺仲河河谷向牛场坝、加开营、跨过水黄公路，向木房小学、滥坝进入滥坝变。水滥线共有铁塔117基，其中耐张塔60基，直线塔57基。1999年六盘水南编组站建设，贵州送变电工程公司对93号～99号塔进行迁改。2006年六盘水供电局对105号～113号塔进行迁改。

野水线　由贵州电力设计研究院设计，贵州电建一公司施工，2005年8月竣工投运。北自野马寨电厂，南至水城变电站，线路全长16.13千米。野水线由野马寨电厂构架左偏4度07分出线后，跨过文阁河至终端塔，绕周家寨，再跨文阁河及汪家寨煤矿铁路，经杨家大坪，妈嘎哑口西南，跨贵昆铁路Ⅰ、Ⅱ线、尖山营、牛王山，再跨内昆、水柏两铁路线进入水城变。全线丘陵占23%、山地占50%、高山峻岭占27%，线路与乡村公路平行架设，交通情况较好。共有杆塔56基，其中耐张杆塔33基，直线杆塔23基。根据冰区划分，导线采用2×LGJ-240/40型。地线采用OPGW光缆、JLB14A-80型。绝缘子采用LXHY4—100型。

野滥Ⅰ回线　由贵州电力设计院设计，贵州送变电工程公司施工，2005年10月竣工投运，自野马寨电厂至滥坝变电站，线路全长35.52千米。野滥Ⅰ回线由野马寨电厂构架左转5度18分出线后，跨过水野公路，转向东北，跨过以德河、高石坎、青岗坡至石板河，并三次跨过贵昆铁路及株六复线进入滥坝变。全线均为20毫米冰区。

野滥Ⅰ回线共有杆塔114基，其中耐张杆塔52基，直线杆塔62基。根据冰区划分，导线采用2×LGX-240/40型，地线采用1×19-11.5-1270型，绝缘子采用XP-100、XWP-100、LXY1-100、LXHY4-100、XP-70、LXY5-70型。

野滥Ⅱ回线　由贵州电力设计院设计，贵州送变电工程公司施工，2005年8月竣工投运。自野马寨电厂至滥坝变电站，线路全长35.525千米。野滥Ⅱ回线从野马寨电厂构架左转7度00分出线后，其走向与野滥Ⅰ回线平行，并三次跨过贵昆铁路及株六复线进入滥坝变。全线均为20毫米冰区。

野滥Ⅱ回线共有杆塔115基，其中耐张杆塔55基，直线杆塔60基。根据冰区划分，导线采用2×LGJ-240/40型。地线采用1×19-11.5-1270型。绝缘子采用XP-100、XWP-100、LXY1-100、LXHY4-100、LXHY4-70型。

二、110千伏输电线路

六水线　1965年年末全线已基本完工，由西南电力设计院设计，云南送变电工程处施工，至东起六枝变电站，西至杉树林变电站，全长79.4千米。但由于西端的水城变一期工程及水城临时变均未建成，因此到1966年，对全线工程进行质量检查，作局部调整，并验收合格。12月7日，六水线投入运行，送水城临时变。

六水线是西南大三线建设的电力先期工程，是贵水输电线（代号为518工程）的西段工程（代号为107工程），由国家计委直接下文并拨款建设，总投资450.52万元。建成投运后，缓解六盘水地区工农业生产建设用电的紧张局面，为开发大西南煤田，建设贵州的能源、钢铁和建材基地做出重要贡献。

20世纪80年代中期，随着贵昆铁路电气化改造工程的实施，分别在六枝、二道岩、水城西站增建铁路电气化机车牵引变电站，将原六水线改造为110千伏六牵线、牵二线和杉二线3段，其中杉二线从区境内杉树林变出线。至此，六水线不复存在。

水水Ⅰ回线　1966年12月建成，由西南电力设计院设计，云南送变电工程处承建，全线长22.7千米，总投资151.08万元。1985年，55#～86#杆由六盘水供电局自行设计，贵州送变电工程公司施工，1986年8月6日正式投运。前身是贵水输电线路中的水野段，1966年12月该线投运后正式更名为水水线，该线北起水城发电厂，南至杉树林变电站。1979年3月21日，水水Ⅱ回线投运后，水水线改称水水Ⅰ回线。经改造后的水水Ⅰ回线全长15.4千米，固定资产原值为100.36万元。全线共有杆塔68基，其中铁塔10基，水泥杆58基。水水Ⅰ回线冬季覆冰严重，全线冰区设计选定为20毫米重冰区。

水杉Ⅰ回线　1#～22#杆由六盘水供电局自行设计，1986年贵州送变电工程公司施工建成，全线总长9.84千米，总投资79.46万元。共有杆塔54基，其中铁塔4基，水泥杆50基。水杉Ⅰ回线冬季覆冰严重，全线冰区设计选定为20毫米重冰区。1986年9月，该线并网投运。110千伏城中变电站建成后，水杉Ⅰ回线在27#、28#杆之间开断Ⅱ接入该变电站，形成110千伏杉中线和110千伏水中线、水杉Ⅰ回线不复存在。

110千伏杉中线　该线路Ⅱ接线部分由六盘水供电局设计室设计，六盘水供电局线路工区和电力安装公司共同施工，1994年3月3日竣工投运，线路全长6.15千米，总投资23万元。共有杆塔34基，其中铁塔5基，水泥杆29基。全线均为20毫米重冰区。

水中线　该线路Ⅱ接部分由六盘水供电局设计室设计，六盘水供电局线路工区和电力安装公司共同施工，1994年3月3日竣工投运，全长6.32千米，总投资24万元。共有杆塔35基，其中铁塔7基，水泥杆28基。全线均为20毫米重冰区。

水水Ⅱ回线　1978年始建，1979年3月21日正式投运，由贵州电力设计院设计，贵州送变电工程公司施工。西起水城发电厂东至杉树林变电站，全长22.4千米，总投资137.37万元。1985年，220千伏水城变电站建成，水水Ⅱ回线开断Ⅱ接入水城变110千伏母线，水城发电厂至220千伏水城变电站一段形成新水水Ⅱ回线，水城变电站至杉树林变电站一段形成水杉Ⅱ回线。新水水Ⅱ回线全长13.44千米，总投资100.185万元。全线共有杆塔61基，其中铁塔20基。1#～50#杆塔为原水水Ⅱ回的老线路，1985年，51#～61#杆塔由六盘水供电局设计，贵州送变电工程公司施工的新线路。线路地理位置处于海拔1773～1995米之间，跨越羊场大坡的60号杆为1992.4米，是全线的最高点。因海拔高，冬季多雨雪，覆冰严重，全线均设定为20毫米重冰区。水水Ⅱ回线投运后，水城发电厂—220千伏水城变电站—110千伏杉树林变电站之间形成双回路电源，提高电网运行的安全可靠性。

水杉Ⅱ回线　是原水水Ⅱ回线开断Ⅱ接入220千伏水城变电站110千伏母线中的一段，全长8.89千米，全线总投资99.47万元。线路海拔高程在1800～1950米之间，气温低，冬季覆冰严重。全线选定为20毫米重冰区。

水杉线　原水杉Ⅰ回线开断Ⅱ接入城中变后，形成水中线和杉中线，水杉Ⅰ回线不复存在，故水杉Ⅱ回线更名为110千伏水杉线。

水牵Ⅰ回线　1985年，由六盘水供电局设计，贵州送变电工程公司施工，是年12月竣工投运，全长3.85千米，总投资33.82万元。由220千伏水城变电站110千伏系统106开关出线，经德坞坝子到水城矿务局六十四工程处西小山头后，跨越水城矿务局6千伏德坞线、威水公路、贵昆铁路，爬山后连续右转，与铁路平行，中间跨越原水水Ⅰ回线，并陡然下山，先后跨越矿务局系统的35千伏、6千伏线路、公路、矿务局机关，再跨贵昆铁路进入六盘水站铁路牵引变电站。线路所处地段属六盘水市中心区范围，较为平缓，但海拔较高，全线在1800～1900米之间，冬季覆冰严重。该线路是贵昆铁路电气化贵（阳）水（城）段建设的配套工程之一。

水牵Ⅱ回线　1984年，由六盘水供电局设计，贵州送变电工程公司承建。1985年，水牵Ⅰ回线同时动工，是年12月竣工投运，全长3.65千米，总投资32.06万元。由220千伏水城变电站110千伏系统出线，与水牵Ⅰ回线平行行驶，至水城矿务局机厂后山下山后，由机厂左侧跨35千伏杉机线、机大线、6千伏矿务局机关线、建安处线、10千伏铁路线、贵昆铁路、机厂公路进六盘水站铁路牵引变电站。

水盘线　由西南电力设计院设计，云南送变电工程处施工，北起水城发电厂，南至盘县境内的盘关变电站，全长108.5千米，总投资625.84万元。该工程采取边设计、边施工的建设措施，但由于设计对线路覆冰程度估计不足，1968年冬在冰凌的重压下，施工即出现倒杆、断线等事故，延误工程进度。1970年6月2日，水盘线与水水Ⅰ回线西端（靠水城发电厂一端，但未进入水城发电厂110千伏配电室）串联运行。1972年冬，水盘线接入水城发电厂的4基杆塔。1973年9月26日，水城发电厂Ⅰ号机组并网发电，盘关变电站正式由水城发电厂供电，沟通水城与盘关的输电通道，实现云贵电网联网。

新水盘线　由六盘水供电局设计，贵州送变电工程公司施工，全长99.3千米，固定资产原值693.29万元。220千伏水城变电站建成后，由水盘线在离水城变电站1.5千米处开断，对水盘线进行改造，该工程投资18.81万元，由开断处架设12基杆塔的线路接入水城变电站101开关，形成新的水盘线。新水盘线北起水城发电厂，南至盘县境内的盘关变电站，全线杆塔共428基，其中铁塔33基。

土水线　为解决盘县发电厂启动电源问题，改善黔西南电网网架结构，1992年，贵州省电力工业局决定，将原110千伏水盘线351＃开断Ⅱ接入盘县发电厂升压站出线构架上。由盘县发电厂升压站出线构架到220千伏水城变电站一段，改名为110千伏土水线（因盘县发电厂坐落于盘县土城镇）。线路南起盘县发电厂，北至水城变电站，线路全长88千米，共有358基，其中铁塔36基，水泥杆322基。土水线沿线地形复杂，多高山峻岭，属高山峡谷地段，线路最大档距最长为1097米（80＃、81＃号塔），线路塔基最高海拔2400米，最低海拔960米，绝对高差达1440米。

水树I回线　1989年9月竣工投产，由贵州电力设计院设计，贵州送变电工程公司施工。东起220千伏水城变电站，西至树舍变电站，全线海拔在1800～2600米之间。73#塔高程为2596.81米，为全线最高点。水树I回线全长32.79千米，共有杆塔175基，其中耐张铁塔35基，直线铁塔55基，其他85基。全线设计均属重冰区，其中1#～6#杆、129#～175#杆为20毫米重冰区，长11.6016千米。6#～16#、81#～129#杆为30毫米重冰区，长8.8663千米。16#～81#杆为40毫米重冰区，长8.944千米。1997年3月水树I加线改扩建延伸至110千伏威宁变电站，全长75.3千米，水树I回线更名为水树威线。

水树Ⅱ回线　该线与水树I回同时设计、同时施工并同时投运的双回线路。设计和施工单位与水树I回线相同。水树Ⅱ回线由220千伏水城变电站109#开关出口，至110千伏树舍牵引变电站，全长32.893千米。全线设计杆塔为179基，其中耐张铁塔42基，直线铁塔53基，铁塔数占整个杆塔的53%以上。

全线均为重冰区，其中1#～59#杆、129#～179#杆为20毫米重冰区，长20.9581千米。59#～#76、91#～129#杆为30毫米重冰区，长9.192千米。76#～90#杆为40毫米重冰区，长2.7038千米。水树I、Ⅱ回线路的导、地线按20～40毫米冰区设计。导线采用LGJJ–150型，地线采用GJ–50型。40毫米冰区导线采用LGJJ–185型，地线采用GJ–70型。导线采用绞丝线条防震，地线全部绝缘，放电间隙为35±2毫米，每基均接地。随着水树I回线更名为水树威线，因此水树Ⅱ回线相应更名为水树线。

水赫线　1990年5月7日竣工投运，由四川电力设计院设计，中国第五冶金建设公司施工，全线总长49.5千米，线路总投资为325万元。南起水城发电厂升压站，北至赫章砂石变电站。该线是赫章110千伏砂石输变电工程的线路部分，属贵州省农电局和赫章县委、县政府的农电扶贫项目，建设资金来源于贷款和赫章县自筹，工程竣工后，由贵州省电力工业局负责偿还全部债务，资产划属贵州省电力工业局。线路的运行、维护和管理由赫章县电力公司负责，隶属六盘水电网调度。

绝大部分地段为高山大岭，在海拔2000米以上，最高点达2800米，为六盘水电网之最。全线共有杆塔193基，其中铁塔两基，分为20毫米、30毫米、40毫米3个重冰区。导线分别采用LGJ–185型和LGJJ–150加强型。地线采用GJ–50型。绝缘子采用XP–7型。

水威T三线　自水城变电站至威宁变电站，由原110千伏水树Ⅱ回T接更名而成，线路全长77.97千米。水威T三线共有杆塔443基，其中耐张杆塔161基，直线杆塔282基。根据冰区划分，导线：20

毫米冰区和30毫米冰区采用LGJJ—150、LGJ—150/35型，40毫米冰区采用LGJJ—180、LGJ—185/45型，地线：20毫米冰区和30毫米冰区采用GJ—50型，40毫米冰区采用GJ—70型。绝缘子采用XP-70、XWP-70型。

水树梅线　自水城变电站至110千伏树舍牵引变电站，由原110千伏水树I回T接更名而成，现由水树梅线95号T接至110千伏梅花山牵引变，线路全长36.67千米。

水树梅线共有杆塔203基，其中耐张杆塔76基，直线杆塔127基；根据冰区划分，导线：20毫米冰区和30毫米冰区采用LGJJ—150、LGJ-150/35型，40毫米冰区采用LGJJ-185型。地线：20毫米冰区和30毫米冰区采用GJ-50型，40毫米冰区采用GJ-70型。绝缘子采用XP-70型。

电威塘威线　自水城电厂至威宁变电站，在49号～50号杆之间T接入110千伏二塘变电站，226号～227号杆之间T接入威宁牵引变，线路全长59.98千米。电威塘威线共有杆塔256基，其中耐张杆塔115基，直线杆塔141基。根据冰区划分，导线15毫米冰区采用LGJ—185/30型，20毫米、30毫米冰区采用LGJ—185/45型。地线15毫米冰区采用1×19-9.0-1270、1×7-8.7-1270-A型，20毫米、30毫米冰区采用1×19-11.5-1270-A型。绝子采用FXBW—110/70、XWP-70型。

水杨白西线　自水城变电站至杨梅变电站。在70号～71号杆之间T接至西井变，在106号—107号杆之间T接至白鸡坡牵引变（贵州电力设计研究院设计，贵州宏电实业股份有限公司施工），线路全长55.674千米。水杨白西线是原110千伏水盘线开断迁改而成。

水杨白西线从水城变电站出线后，经过德坞、窑上、马落箐、玉舍、峨脚、黑山丫口、跨越水柏铁路、经过曹家寨、小营头转向110千伏杨梅变电站。106号～107号杆之间T接线经水岸坝、杨家岩洞、发窝，至110千伏白鸡坡牵引变电站，线路路径基本沿水城县俄脚乡至垭口乡乡级公路走线。该线最高海拔2400米，最低海拔900米。

水杨白西线共有杆塔205基，其中耐张杆塔86基，直线杆塔119基。根据冰区划分，导线采用LGJ-185/30型，地线为GJ-70（重冰区）、GJ-50（轻冰区）、GJ-35型、绝缘子采用XP-70、XP-10型。

杉双线　自杉树林变电站至双水变电站，由原110千伏杉二线在18号杆开断Ⅱ接进入双水变电站而成，线路全长7.99千米。杉双线从杉树林变电站出线后经过石桥村、大田村，跨越贵昆铁路、株六复线及南环路进入110千伏双水变电站。线路共有杆塔38基，其中耐张杆塔18基，直线杆塔20基。根据冰区划分为导线采用LGJJ-185、LGJ-185/45型。地线采用1×19-11.5-1270-A型。绝缘子采用XP-70、XP-100、XWP-100型。

西北氧线　自城西变电站至城北变电站，线路全长18千米。西北氧线从城西变出线，跨越水威公路，进张家寨居民区，跨贵昆铁路以后，转向东北方向，在羊场坡以南跨过水钢35千伏电力线，进入全家坝，跨过矿务局的35千伏电力线，经过大三块田，在原水钢I回110千伏P42运行杆号前侧开断后右转，经王家松林、白岩脚、王家大山西侧进入110千伏城北变电站。全线按20毫米冰区设计，海拔高程在1820米左右。西北氧线共有杆塔67基，其中耐张杆塔38基，直线杆塔29基。根据冰区划分，导线采用J-185/45型，地线采用GJ-70型，绝缘子采用XP-70、XWP-70型。

水石线　1999年2月竣工投运，由贵州省水利水电勘测设计研究院设计、施工，由水城变电站至石龙变电站，全长7.52千米。110千伏水石线由水城变电站出线后，经过市林科所山坡、小双龙井垭口、上石龙寨侧跨过水柏铁路隧道口顶上方、沿半坡进入石龙变电站。全线按20毫米冰区设计。水石线共有杆塔37基，其中耐张杆塔17基，直线杆塔20基。根据冰区划分，导线采用LGJ-185/30型，地线采用GJ-50型，绝缘子采用XP-7、XP-10型。

水砂塘线　2002年竣工投运，由六盘水供电局设计室设计，六盘水供电局电力安装公司施工，线路全长1.33千米。由原110千伏水赫线81号～82号杆T线接至110千伏二塘变电站，共有杆塔6基，全部为耐张杆塔；根据冰区划分，导线采用LGJ-185/30型，地线采用GJ-50型，绝缘子采用复合绝缘子型。

水西线　由六盘水供电局设计室设计、六盘水供电局电力安装公司施工，2001年9月竣工投运。110千伏水西线自水城变电站至城西变电站，线路全长1.17千米（全部为电缆，型号为YJLWW03-1×240），由原110千伏水钢I回线1号～5号改造而成。水西线全线按10毫米冰区设计，有杆塔1基，为耐张杆塔。此外，区内35千伏输电线路主要有观矿线、大湾线、城区联络线等。

第三节　变　电

一、220千伏水城变电站

六盘水电网在钟山区境内设220千伏水城变电站1座，位于六盘水市中心区西片区的彭家寨。1983年由贵州电力设计院设计，1984年动工兴建，总投资1237.3万元。1985年12月10日，容量为90000千伏安的Ⅰ＃主变压器正式投入运行。

水城变电站的主接线方式，220千伏系统和110千伏系统均为双母线带旁路。220千伏出线最终设计为6回，至2008年形成水滥、盘江Ⅰ、Ⅱ回、水野等4回出线，110千伏出线最终为12回，至2008年，有水钢Ⅰ、Ⅱ回线、水牵Ⅰ、Ⅱ回线、水树线、水树威线、水中线、水杉线等11回出线，只有一个间隔留作备用。1995年以前为电力载波通讯，1995年后改为微波通讯。

水城变电站是贵昆铁路贵水段电气化铁路的配套工程，一期工程竣工投运后，解决铁路电气化牵引问题。二期工程竣工投运后，主变容量达到21万千伏安，使之成为贵州西部重要的枢纽变电站和贵州西部电网的重要支撑点。

二、110千伏变电站

杉树林变电站　1967年始建，由西南电力设计院设计，土建部分由煤炭工业部73工程处施工，电器部分先由贵州送变电工程处施工，后由云南送变电工程处接管施工。由原来的110千伏水城变电站更名而来，一期工程新装1万千伏安I号主变和3.15万千伏安Ⅱ号主变及全站配套设备，由于该站是水城片区首座变电站，对当时这一地区的三线建设用电起到十分重要的作用。1970年，杉树林变电站进行二期扩建，1979年，将I号主变压器更换为2万千伏安容量，并对主控楼进行扩建。I号主变继续更换为3.15万千伏安，使杉树林变电站主变容量达到6.3万千伏安。1970—1999年，杉树林变电站还对无功补偿（电容器室）部分和35千伏开关间隔进行过多次改造。

1998—1999年，杉树林变电站先后对10千伏、35千伏和110千伏系统进行无油化改造，10千伏侧将原有的多油断路器全部更换成ZN28-12型真空开关，35千伏侧全部更换成ZN18-40.5型真实开关，并相应将电流互感器更换为LZZBF9-35WZⅡ型（2台）和LQZBJ-35型（9台）。110千伏侧开关全部更换成LW6-126型，电流互感器等也作相应更换。2001年，新装综合自动化设备，对综合自动化系统全部改造完成。

城中变电站　1991年9月动工新建，1994年3月一期工程竣工投运，土建施工按终期规模完成，一期总投资为747万元。城中变电站是为解决六盘水市中心区的用电问题，由六盘水供电局自行设计和施工的110千伏变电站，2000年，六盘水供电局对城中变二期工程扩建，新增SFZ0-31500kW/110Ⅱ号主变1台，110千伏系统新建Ⅱ号主变间隔，110千伏母联间隔，Ⅱ段电压互感器间隔，110千伏开关选用六氟化硫开关。10千伏系统二期补齐Ⅱ段母线及分段母线，开关柜选型按一期工程标准采用，无功补偿选用密集型电容器组，共增加2400千伏。2005年起，随着市政建设的要求，城中变电站实行异地改造（重建），至2008年，整个变电站设施及110千伏、10千伏出线全部入地，成为六盘水市中心区的城市地下变电站。

城西变电站　2001年12月动工新建，2002年6月30日竣工投运，位于市中心城区德坞新区，占地357平方米，城址高标1810米，总投资（概算）1984万元。该工程电压等级为110千伏/10千伏，主变终期容量为2×40000千伏安，本期（一期）一次建成，主变型式为SFSZ10—40000/110。110千伏系统配电装置为内桥接线，采用GIS组合电器，电缆进出线，单母线分段有出线Ⅱ回，主设备新装LW11A-110六氟化硫开关3台。10千伏为单母线分段，有出线20回，其中备用8回。主设备新装ZN63A—12T开关27台。

城北变电站　2001年11月开工建设，2003年1月20日竣工投运，位于钟山区荷城街道三块田村，站址标高1960米。城北变电站终期规模为2×40000千伏安主变容量，主变2台，型号为SSF10—40000/110。110千伏系统为单母线分段，终期出线4回，本期建3回，预备留1回，新装LW35/126断路器6台。35千伏系统为单母线分段，新装XGN—40.5断路器柜16个，终期出线6回。10千伏系统为单母线分段，新装KYN18A—12断流器柜28个，终期出线16回。无功补偿终期规模为4×2400千伏。二次系统新装直流系统、控制系统、保护及防误系统、通信系统多套。

二塘变电站　2002年3月动工新建，2003年1月28日竣工投运，位于钟山区大湾镇二塘村，站地标高1802米。二塘变电站一期工程安装SFSZ9—31500/110主变2台，按终期规模建成，安装LW35—126/3150，智能式六氟化硫开关3台，有出线2回，安装电流互感器型号为LB6—110GYWZ，电压互感器型号为JDCF—126型。35千伏系统，安装XGN17-40.5铠装固定式金属封闭开关柜13个，配ZN12—40.5型真空断路器，有出线6回，10千伏系统安装XGW2—12（Z）型铠装固定式金属封闭高压开关柜16台，有出线10回，4回备用。无功补偿本期为2×4200千伏。二次部分安装直流系统、综合自动化系统、保护与五防装置系统、通信系统各一组。

石龙变电站　1999年12月建成，是云贵响水电站的配套工程，位于钟山区凤凰街道石龙村。工程内容为110千伏单母分段接线，2回出线，1台主变，1组电压互感器。35千伏为单母线接线，3回出线，空3个间隔。10千伏为单母线接线，3回出线。

六盘水供电局接管石龙变后，进行扩建工程（二期工程），新装SFSZ10—40000/110有载高压变压器（2号主变）1台，新装LW35—126型110千伏开关1台，110千伏系统仍为单母线分段接线，2回出线。新装KYN10—35型35千伏开关5台，35千伏系统改造为单母线分段接线，上母联及Ⅱ号电压互感器，增加3回出线，共有6回出线。新装KYN28A—12型10千伏开关柜6台，改造10千伏电容器组2组。二次系统采用综合自动化设备，35千伏、10千伏保护测控单元就地安装。主变、110千伏线路集中组屏，直流系统采用开关电源。

三、35千伏变电站

至2008年，六盘水电网直属的35千伏变电站有40余座。钟山区处于电网的负荷中心，众多国有大中型企业的供电直接由该电网110千伏变电站的35千伏侧出线输送到各用户自建并管辖的35千伏变电站。六盘水供电局根据实际用电情况，在钟山区境内建设水帘洞、二塘、两山三座35千伏变电站。为适应农电管理体制，方便农村供用电，2002年以上变电站统一划拨给钟山电力公司管理运作（详见“钟山电力公司”一节）。

第四节　配电网络

一、市中心城区配电网

六盘水市中心城区的城市居民和市政机关用电情况一直比较混乱，在不同地段、不同区位，有周边国有大、中型企业和六盘水供电局同时供电的现象。同一块供电区域，出现几个电价，安全可靠性也不一样，一些用户经常出现断电现象。根据这一情况，六盘水供电局在80年代后期开始整顿用电秩序，逐步收回一些大、中企业对城镇居民的供电权。至1997年年末，市中心区形成水城线、钟山线6条规范的配电线路，总长有79.5千米，均为架空线路，共带配电变压器355台，总容量达到74890千伏安。

1998年来，六盘水城市化建设进程加快，特别是2000—2006年的7年间，钟山大道、凉都大道不断向外延伸，人民路改扩建及其他道路的改造，使市政建设规模不断扩大，城市向规范化管理过渡。在这种情况下，六盘水供电局一方面继续抓紧整顿用电秩序，另一方面加大配网建设的投入，使城网建设与改造工程始终走在其他市政建设的前面，确保市政建设和城市居民的安全可靠用电。到2006年年末，在市中心共建10千伏配电线路21条，总共531千米，是1997年的6.7倍，其中已有339千米按市政规划的要求采用电缆入地，尚有架空线路192千米，将有计划按比例地分期分类分批换成地下电缆，达到城市规划的要求。在21条线路中，共带配电变压器997台，总容量达371995千伏安，相当于1997年的5倍。

二、农村配电网

钟山区的农村（乡、镇）供电由钟山区地方电力公司负责。钟山电力公司供电范围包括老鹰山镇、观音山镇、大河镇、汪家寨镇、大湾镇、月照乡以及威宁县东风、二塘等乡镇的部分地区，六盘水市郊的部分地段也由钟山电力公司供电，其低压电网全部覆盖所管辖的67个行政村，做到村村、户户通电，一户一表安装率达85%。

钟山区域部分处在六盘水市中心城区和工矿区，供电条件较好，1998年以前，只有部分偏远乡村缺电，但用电结构复杂，各地电价不一，供电可靠率低。钟山电力公司成立后，明确供电范围，做了大量基础工作，开展优质服务活动，统一用电标准。

“十五”期间，钟山电力公司在六盘水供电局统一计划安排下，通过一、二期农网建设与改造工程，共建成10千伏主干线26条，支线50条，总长352.48千米，安装变压器729台，总容量122508千伏安。另外，架设400伏低压配电线142.132千米，220伏低压配电线320.154千米。2004年，钟山电网最高负荷达到23760千瓦，可供电率达到96.09%，电压合格率达到96.08%。

“十五”期间钟山区10千伏主干线建设和变压器安装情况一览表

表10-7

序号	出线变电站	线路		变压器	
		名称	长度（千米）	数量（台）	容量（千伏安）
1	二塘变电站	大湾I回	3.22	6	605
2		大湾Ⅱ回	3.06	2	205
3		建宁铁业线	10.09	3	1550
4	大湾变电站	安洛线	4.47	25	1380
5		幸福线	4.08	21	1220
6		海开线	8.51	61	10275
7		海嘎线	8.61	16	1685
8		钟山一矿线	0.89	3	1065
9		通源铁业线	3.2	2	900

续表10-7

序号	出线变电站	线路		变压器	
		名称	长度（千米）	数量（台）	容量（千伏安）
10	水帘洞变电站	纳福线	13.32	79	10655
11		野马寨线	5.82	—	—
12		大河线	12.13	92	11115
13	城中变电站	红岩线	5.76	26	6470
14	杉树林变电站	石龙线	4.73	22	6580
15		石桥老线	4.62	32	6850
16		水窑西I线	4.04	15	3630
17	石龙变电站	石桥线	5.73	28	6170
18	城西变电站	德坞Ⅱ回线	13.07	59	7965
19		德坞I回线	2.47	24	8570
20		西野线	9.03	—	—
21	城北变电站	双水I回线	6.57	86	12395
22	两山变电站	水营线	12.38	38	5530
23		董地线	4.13	30	5840
24		铝厂线	6.43	4	2150
25		茨冲线	13.12	7	2790
26		月照线	8.98	48	6905

第五节　钟山电力公司

1997年，六盘水市钟山区地方电力公司成立。2002年3月22日，钟山区电力公司改制为钟山区电力有限责任公司，公司更名为贵州电网钟山电力公司。至2008年，钟山电力公司供电网络覆盖全区4镇、1乡、3个街道办事处，村、户通电率100%，供电户数27939户。公司下设9个职能管理部门，5个生产经营部门和6个供电所，职工193人。

一、变电站和输电线路

钟山电力公司供电辖区内有110千伏变电站3座，主变5台，容量226兆伏安，35千伏变电站2座，主变3台，容量16.3兆伏安，10千伏开关站1座。35千伏线路6条，共48.99千米，10千伏线路28条，共447.2千米。

2008年钟山区变电站概况一览表

表10-8

电压等级	站　名	投运时间	变压器容量
110千伏	老鹰山变电站	2007.9	63000千伏安/1
110千伏	二塘变电站	2002.12	63000千伏安/2
110千伏	汪家寨变电站	2008.7	100,000千伏安/2
35千伏	两山变电站	1999.10	5000千伏安
35千伏	水帘洞变电站1#主变	1988.10	6300千伏安
35千伏	水帘洞变电站2#主变	1988.10	5000千伏安
10千伏	大湾开关站	1999.8	50千伏安/1

2008年钟山区35千伏输电线路概况一览表

表10-9

序号	出线变电站名称	电压等级	线路名称	线路长度（千米）	投运日期
1	110千伏汪家寨变	35千伏	35千伏汪帘线	0.24	2008.6
				0.28	2008.6
2	110千伏双水变	35千伏	35千伏双鹰T四线	16.86	1966
3	110千伏双水变	35千伏	35千伏双鹰T四线泰隆支线	6.42	2000
4	110千伏双水变	35千伏	35千伏双鹰T四线泰隆延伸线	7.51	2006
5	城北变电站	35千伏	35千伏小锰升洞线	13.86	2004
6	二塘变电站	35千伏	35千伏华夏线	2.69	2005
7	石龙变电站	35千伏	35千伏湘黔铁合金线	0.98	2004
8	水帘洞变电站	35千伏	35千伏天湖线	0.16	2005

二、农网改造

1999年，钟山区地方电力公司一、二期农网改造工程启动，投入资金2525.95万元。其中，一期农网（2000—2001年）改造，投入资金1345万元，共解决13250户农户生活用电。二期农网（2002—2003年）改造，共投入资金900.95万元，共解决4565户农户生活用电。经过一、二期农网改造及后续工程，2004年，钟山电力公司电网基本覆盖钟山区4镇1乡，3个街道办事处。

二期农网建设和改造工程全面结束后，区内凡进行低压农网改造的地方，全部安装一户一表，绝大部分村民享受0.403元/千瓦时的城乡同价。全区每年可减少农民负担近100万元。

三、供电情况

1999年实施农村电网建设与改造以来，电力的发展极大地促进了地方经济的发展。钟山区农村用电量逐年攀升，由2000年售电量的2586万千瓦时增长到2008年的22582.57万千瓦时，增长8.7倍。

1999—2008年钟山区购售电量统计表

表10-10

内容 年份	下网电量（万千瓦时）	售电量（万千瓦时）	线损率（%）	增长率（%）
1999	1003.00	958.00	4.70	—
2000	2725.00	2586.00	5.40	171.68
2001	4632.00	4369.00	6.02	69.98
2002	4590.00	4273.00	7.42	-0.91
2003	7563.00	6861.00	10.23	64.77
2004	13456.00	12595.00	6.84	77.92
2005	17518.86	17008.63	5.35	30.19
2006	19560.70	19929.92	4.62	11.66
2007	15126.56	18924.64	4.61	-22.67
2008	20421.84	22582.57	6.80	35.01

第六章　有色金属　建材

第一节　有色金属

一、开采和冶炼

钟山区铅锌资源多集中于观音山、杉树林、石桥、石龙、响水河、大湾等地。主要为硫化铅矿，也有铅锌氧化矿点多处。

今境域内铅锌矿的开采和冶炼，在明朝已有记载。产地主要有杉树林人和洞、穿岩洞（凤凰办事处青山）、观音厂（荷城办事处头塘）等地。乾隆年间（1736—1795），水城铅锌业盛极一时，水城、威宁两地办运京、楚的铅锌，最高年份达350万千克。水城成为西黔工业重镇，中原和巴蜀等地大批工匠商人涌入水城。厂矿区人口密集，大的集镇有万人以上，小的集镇也有千人以上，到此购买铅、银、铁者甚多。规模较大的福集厂、人和洞铅锌矿，穿岩洞铅锌矿均兴办或扩建于这一时期。

清乾隆中期，贵州运往京、楚的铅锌，水城占一半以上。水城厅通判承运的福集厂铅运量为每年110余万千克，因水城厅管辖地方小，夫马不敷，乾隆四十一年（1776），将平远（今织金）州的时丰、岁稔、崇信三里就近划归水城管辖。但限于交通不便，运输艰难，水城铅锌仍常滞存待运。乾隆四十二年（1777），水城积压待运的铅锌达450万千克。

民国时期，境内铅锌采炼业凋敝，原只有观音山生产，民国37年（1948）增建白马洞锌厂，1950年前各厂停办。

中华人民共和国成立初期，水城县土产联营社在观音山开办“裕丰铅锌厂”，有部分个体户在海开（大湾）、大垭口（月照）一带开采冶炼铅锌。1953年7月，国营赫章铅锌厂水城分矿（后更名为杉树林铅锌矿）建立，裕丰铅锌厂有偿移交赫章铅锌矿水城分矿，资金转入土产联营社。1955年农业合作化以后，个体采炼铅锌被禁止。1980年以后，随着国家改革开放政策的贯彻实施，个体合伙开办的土法炼锌炉逐渐增多。

1989年，全区铅锌矿的产量为1123.8万千克，铅锌产量21.1万千克。1990年以后，随着国家政策的进一步宽松，市场需求的不断扩大以及铅锌市场价格的上扬，钟山区铅锌的开采和冶炼进入快速发展时期。仅土法炼锌，在红花岭、海开、观音山、石桥、石龙、柏杨坡等地，1995年开办的焙烧炉、马槽炉、马鞍炉、爬坡炉等土法炼锌炉达2100余座。炼锌炉较集中的地方有柏杨坡、石桥共300余座，红花岭、海开200余座，观音山150余座。当年钟山区共采选铅锌矿4500万千克，产值1303万元，铅锌产量967.3万千克，产值9619万元。土法炼锌对环境造成严重污染，植被生态遭到破坏，资源浪费严重。从1996年开始，各级政府对土法炼锌进行大力治理。至2001年，钟山区境内的土法炼锌基本全部取缔，至2008年境内的土法炼锌彻底绝迹。2008年全区铅锌矿的产量下降至742.6万千克，铅锌产量49.4万千克，其中精锌产量24万千克。

二、企业选介

（一）国营有色金属企业

贵州杉树林铅锌矿（以下简称杉树林铅锌矿）是境内最大的国营有色金属企业。位于钟山区老鹰山镇杉树林村，1953年7月兴建，原为赫章铅锌矿分矿，先后称水城分厂、三分厂、四车间、青杠林坑口等。1965年开始大规模建厂，1988年从赫章铅锌矿分出。杉树林铅锌矿有小型矿山1座，采矿从1720米延伸到1480米标高作业，有1座处理30万千克原矿的选矿厂，设有化验、汽修、变电站、油库、炸药库等生产辅助设施，还设有职工医院、职工子弟学校、商店、浴室等生活福利设施。该矿1960年以前为土法生产，1960年投资40万元配置选矿设备，进行硫化铅锌开采及机械化选矿、生产铅精矿及锌精矿。

1990年，杉树林铅锌矿的生产经营达到历史最好水平，5月份实现生产和经营利润双过半，提前100天完成全年计划。是年生产铅精矿127.7万千克，锌精矿603.5万千克，硫精矿335.3万千克，年产值3000万元，税利570万元，产品销往湖南株洲和辽宁葫芦岛等地。1991年下半年资源枯竭的危机逐渐显示出来，企业效益下滑。自1994年开始，杉树林铅锌矿每年向中国有色金属工业总公司申请亏损补贴维持生产，1998年全年亏损280余万元，企业面临破产或转产。1999年，杉树林铅锌矿调整领导班子，改变经营策略，实施生产车间单项承包和二级核算，使企业效益出现一线生机，职工收入有明显增加。2000年，杉树林铅锌矿被国家列为关闭破产的末期矿山之一。2003年，杉树林铅锌矿破产。

（二）地方有色金属企业

钟山青山铅锌联营矿　位于凤凰街道石桥村，1993年10月建成投产，总投资400万元，设计能力为年产矿石3600万千克。该矿是在1992年青山矿特大冒顶事故的旧墟上建设的，为保证井下安全而调整坑道结构进行生产，建矿初期一度外债累累，最高达319万元。1996年后，经重新调整领导班子，矿山生产逐步正常，1997年产值突破1000万元，1998年完成产值512万元，上缴税金及有关费用共51.15万元，1997年和1998年偿还债务200.05万元，同时为兴办社会公益事业出资10余万元。1999年，矿产量2078.7万千克，产值1247.2万元，2000—2008年生产正常。

六盘水市联营铅锌选矿厂　位于凤凰街道双龙村，1986年7月建成投产，投资238万元，1989年进行规模扩建，生产能力比原设计能力扩大1倍，企业在组织生产的同时加强环境治理，投资修建尾矿坝，废水循环使用，企业有职工140人。到1998年年底，共处理原矿3.77亿千克，总产值21982万元，缴纳税金1040万元。1999年产铅精矿含铅4.8万千克、锌精矿含锌14.7万千克，产值83.71万元。2000—2008年处于调整生产中。

水城华贵锌厂　位于六盘水市钟山区红岩路168号，1993年始建，总投资400万元，设计能力为年产精锌200万千克，1994年3月建成投产。企业有职工60人。1995年完成工业产值2034万元，经营性亏损275万元。1997年产销相抵经营亏损290万元，上缴税金3万元。1998年，生产精锌303.8万千克，产值2126.36万元。1999年，生产精锌349.6万千克，产值2447.2万元。2000年停产。

钟山区兴荷铅锌冶炼厂　位于钟山区荷城街道教场村，1998年1月开始筹建，1998年6月投产，总投资280万元，设计能力为年产精锌600万千克，有职工65人，其中具有中级职称专业技术人员2人。1999年生产精锌228.37万千克，实现工业产值1598.6万元，上缴税金39万元，2000年生产精锌743.3万千克，实现工业产值5203.1万元，上缴税金155万元。2008年时已经停产。

钟山区凤凰铅锌冶炼厂　位于钟山区凤凰街道石桥村，1995年兴建，投资1100万元，主体工程为圆形1平方米炼铅鼓风炉1座，土法烘炉3座，鼓风机2台，是年12月份竣工投产，年底生产粗铅5万余千克。1996年投入资金120万元进行烧结锅改造，新建烧结锅6口取代土堆烧结，提高结块质量、改善劳动环境、减轻劳动强度。1998年又投资60万元改造鼓风炉，同时增设一套布袋收尘系统，回收烟粉、减少对环境的污染。原料主要由四川、广西和本地购进，粗铅销往湖南株洲冶炼厂、昆明冶炼厂、湖南水口山等地。1995—1998年，共生产粗铅569.8万千克，铅冶炼回收率达93.5%，粗铅质量达98%，总产值2693万元，上缴税金80万元。1999年，产粗铅361万千克，产值1384.5万元。2000年，产粗铅396.6万千克，产值1427.5万元。2008年时停产。

钟山区宇达铅厂　位于钟山区杉树林村，1992年建成投产，前期投资1110万元，到1998年共总投资4695万元，设计生产能力为年产精铅500万千克。建有1平方米铅水套炉2座，吸入式烧结小车3台，1995年修建湿法电解铅车间生产电铅，1996年投资150万元改造冶炼收尘系统，铅厂有职工98人，1994—1998年，粗铅总产量1800万千克，总产值4540万元，上缴税金150万元。1999年产粗铅7万千克，产值18.2万元。1999—2000年停产进行设备检修，后一直停产。

钟山区广宏金属镁厂　位于钟山区老鹰山镇，1995年4月兴建，总投资1280万元，设计生产能力60万千克，1996年11月投产，主要设备有真空机8台、还原炉8座、还原罐72个及粉碎机、压球机等，固定资产1280万元，1997年产镁锭10.8万千克，产值345万元。由于镁市场原因，1998年3月改“皮江炉”炼锌失败而停产。

贵州省有色地质勘查局二总队　1958年8月18日始建，1984年2月9日至2000年6月属中央在黔事业单位，2006年6月起下放给贵州省管理，全队有职工805人，其中专业技术人员196人，具有高级职称20人，中级职称80人，初级职称96人。建队50余年来，先后完成1/100000和2/200000的区域地质图与成矿预测图，划分37个铅锌成矿带、13个铅锌成矿区。自20世纪80年代起，二总队按照“一业为主、多种经营”的要求，率先在省有色地质勘查局范围内实行地质找矿与多种经营相结合，先后建立11个经济实体，安置待岗职工326人，取得良好的经济效益和社会效益。

第二节　建　材

中华人民共和国成立前，今钟山区境域民间开办有少数砖瓦窑。20世纪50年代，水城县先后开办几个国营、集体砖瓦厂，以堰塘砖瓦厂最大，均系手工操作。20世纪60年代后，国营大型砖厂陆续兴建，1970年出现机制蒸汽白砂砖，1990年，白砂砖产量达5000万块。

1970年水城水泥厂投产，填补境内水泥工业空白。在较长一段时期内，钟山区建材工业技术比较落后，基础薄弱，除水泥工业外，砖瓦、石材、防水材料和水泥制品等行业，大部分是手工操作，作坊式生产，即使是机制砖瓦厂，其采土、装出窑和运输也是依靠人力，露天操作，季节性生产，生产方式较为落后。

随着国民经济的快速发展，制砖行业由手工作业向机械半机械作业迅速发展，一批以粉煤灰、煤矸石等三废材料为原材料的砖瓦厂相继建成投产，产品也由耗费资源、污染大的黏土砖、页岩砖，逐步发展为以煤渣砖、粉煤灰砌块等为原材料制成的环保节能的矸石砖、免烧砖，新型墙体材料逐渐替代黏土砖瓦。

一、水泥

（一）水泥生产

至2008年，境内水泥生产企业主要有3家。分别是水城水泥股份有限公司、水钢（集团）辰峰水泥公司、六盘水华通水泥有限公司。1991年，水泥产量4.5万吨，2008年水泥产量增加至115.8万吨。

水城水泥股份有限公司 1966年始建，1970年12月第一条生产线建成投产，1972年12月，水城水泥厂按照原设计要求全部建成投产，全厂总建筑面积为76459平方米，国家投资为6646万元，年产能力为50万吨，职工1700余人。1970年年底，第一条生产线建成投产，至1977年共生产水泥1138.8万吨，共亏损566.3万元，平均年亏损81万元。

中共十一届三中全会后，进行技术改造，大打设备翻身仗，1979年以来，年年完成国家下达的生产任务，1983年生产水泥50万吨，首次达到设计能力，此后水泥产量逐年上升，不断创造新纪录。1994年水城水泥厂通过定向募集方式筹集资金组建水城水泥股份有限公司，扩建第三条生产线。1997年，根据国有企业改革改制的要求，水城水泥厂整体改制为国有独资的贵州乌蒙山水泥发展有限公司，并通过增资扩股方式，将核心生产部分注入水城水泥股份有限公司。2003年，水城水泥股份有限公司再次扩建日产2000吨熟料干法生产线，生产能力达到180万吨，成为贵州省最大的水泥生产企业，水泥品种齐全，包含普通硅酸盐、石灰石、矿渣、复合等各种水泥。2005年5月，中央要求，非基础设施等重要领域的国有资本有序退出，作为六盘水市第一家改革试点单位，贵州乌蒙山发展有限公司、贵州水城水泥股份有限公司与香港新模式投资有限公司合资组建水城瑞安水泥有限公司，贵州乌蒙山发展有限公司和水城水泥股份有限公司退出生产经营活动，成为国有资产监管公司。6月1日，瑞安水泥有限公司正式接管水城水泥股份有限公司生产经营业务。贵州乌蒙山发展有限公司作为国有资产监管及股东参与合资公司运作，经扩建后，现拥有年生产能力150万吨，职工2000人左右，属建材大中型企业，是贵州省实际生产能力最大的水泥生产企业。

自建厂到2005年5月，水城水泥厂共生产水泥1500万吨，为国家上缴利税5亿余元，是建厂投资的5倍多。2002年新建2000吨/日水泥熟料新型干法生产线，2004年12月20日与香港方面签订《组建合资公司暨资产并购合资框架协议书》成立合资公司，2005年4月18日，合资公司正式挂牌成立，6月1日，合资公司正式运营。由于国家产业政策要求强制关闭湿法生产线（淘汰高能耗落后产能），2008年年初合资公司关停三条湿法生产线，产能降到100万吨/年。

2005年合资公司成立时，有1555名原国有职工领取置换补偿金后，进入合资公司就业，职工工资明显提高。2004年职工月平均工资为1252元，2005年为1873.9元，2006年为2177元，2007年为1997.9元，2008年为1894元。2008年合资公司共生产水泥86.4万吨，销售水泥87.3万吨，销售收入总额为3.37亿元，上缴税金5425万元，实现利润2732万元。

2000年5月，公司生产的“乌蒙山”牌水泥荣获“中国名优产品”称号，并在马来西亚获得亚洲产品质量“金棕奖”。

水城水泥股份有限公司合资前后各项指标完成情况一览表

表10-11

年度	生产水泥（万吨）	销售水泥（万吨）	销售收入（万元）	上缴税金（万元）	实现利润（税前）（万元）
2000	64.4	63.3	16466.94	2867.21	2130.98
2001	64.5	65.1	16208.07	3532.38	1614.40
2002	64.2	65.1	15907.45	3182.40	1311.40
2003	64.9	65.4	16014.79	2691.21	906.28
2004	65.4	65.2	15007.91	2717.08	958.05
2005年1—5月	32.9	30.3	7701.44	1528.31	458.30
2005年6—12月	53.5	52.5	14183.49	1367.72	1210.50
2006	127.6	127.4	35170.52	3816.18	3891.45
2007	122.6	125.6	35649.53	4445.28	1187.30
2008	86.4	87.3	33650.66	5425.13	2732.10

水钢（集团）辰峰水泥公司　1984年始建，1987年正式投产，年设计生产能力9万吨。由于市场的需求，至1994年，设计年生产能力18万吨。1998—2006年，水泥产量一年上一个台阶，实际年产25万吨。2002年，公司依靠自身力量对烘干系统的沸腾炉进行成功改造，使其生产效率提高2倍多。公司建成矿渣微粉生产线，充分利用当地丰富的高炉矿渣资源生产水泥，填补贵州水泥行业的空白。2007年，应国家产业规划要求和市场的需求，水钢（集团）辰峰水泥公司前后投入2.1亿元实行技术改造，应用熟料新型干法水泥生产技术取得重大突破。

六盘水华通水泥有限公司　前身是水矿集团下属原小河经济开发公司矸石水泥厂，1996年创办，1997年建成投产，总投资为3317万元，2002年改制后注册成立，年生产规模5万吨，职工98人，其中专业技术人员18人。主要产品有普通硅酸盐水泥标号42.5型和复合硅酸盐水泥标号32.5型。2004年，改进采用微机斗式称配料系统、预加水成球等多项国家计委、国家建材局、国家科委重点推广的机立窑综合节能技术，有效保证企业盈利和减少环境污染。2006年以前由于管理未及时跟上，加上市场疲软等因素，企业处于亏损状态，2007年生产经营状态出现转机，2008年公司的环保改造达到国家排放标准，取得全国工业产品许可证，至年底取得利润116.3万元。

（二）水泥制品

境内乡镇企业水泥制品业始于20世纪70年代后期。20十世纪80年代，随着城乡人民生活水平的提高，城乡基本建设加快，水泥制品业逐步发展。1988年，全区生产水泥瓦1.4万片，水泥砖46.15万块，到1991年，水泥砖产量增至99万块。1992年，生产水泥预制构件11015立方米，水泥砖625.26万块，水泥制品销售额增至725万元。1998年，水泥预制厂发展到数十家，全年生产水泥瓦77万片，水泥砖662.2万块，预制构件0.17万立方米，总产值增至837万元。2000年后，水泥预制件需求量很大，呈逐年增长趋势，到2008年，生产多种水泥预制购件达3.2万立方米。而水泥砖、水泥瓦的产量增速减缓，到2008年，水泥瓦产量仅有13.8万片，水泥砖产量急剧减少，处于淘汰状态。

2001年以前，水泥制品的生产企业众多，多为小型、分散的个体企业，只有几家水泥预制构件厂能承担部分市政工程建设的任务。2001年后，开办一批上档次、上规模的水泥制品厂。如钟山区新型彩色混凝砖瓦厂，年产彩色混凝土砖380万块。六盘水宏基混凝土工程有限公司，年产混凝土10

万立方米。钟山区盛一混凝土工程有限公司，年产混凝土10万立方米。以上两个混凝土公司的建成投产，改变境内建筑行业混凝土加工无序操作的局面，混凝土质量好，保障一些大型建筑物和特殊建筑物混凝土使用的可靠性、安全性。

二、石灰、砂石、砖瓦

（一）石灰

今区境域内民间烧制石灰石由来已久，清朝中叶，开始用于修建廊宇、院墙，修筑拱桥，后逐步推广到民居建筑，沿袭200余年，在民间广泛使用。生产石灰，大多以煤炭为燃料，将石灰石破成适当的碎块，置于马蹄窑内烧制而成。20世纪80年代后，引入“漏窑”技术，成品率增高，用煤量减少，成本得以下降。在辖区内的德坞镇、凤凰街道办事处、月照乡及荷城街道办事处都有较集中、长年烧制石灰的场地，其他各镇、乡也有众多小型石灰窑分布。1980年以后，生产经营方式以个体和合伙生产经营为主，无大型、成规模的生产厂商。2000年后由生产生石灰过渡到石灰膏、石灰精粉，在境内有数十家生产石灰膏。石灰精粉生产较具规模的有钟山区灶发石灰精粉加工厂，2002年建成，位于德坞办街道办事处马落箐村3组，投资15万元，年产石灰精粉3000吨。钟山区八丰原石粉厂，2002年9月建成，位于钟山区黄土坡街道办事处川心村11组，投资80万元，年产石灰粉可达1万吨以上。

（二）砂、石料

区境内砂、石料资源丰富，石灰石矿床在各镇、乡、办事处均有分布，储量大，质地好。其中，月照乡响水河一带储量在8850万吨，荷城办事处的三块田片区储量在1660万吨以上。此外，月照乡还有丰富的白砂，石英砂资源，估计储量为200万吨。

境内的砂石、石料开采始于明末清初。

中华人民共和国建国后，随着人民物质生活的提高，修房盖屋逐渐兴起，砂石开采业随之发展，20世纪50年代，在水城城区周围的洗马塘、头塘、杉树林、马鞍、土桥等地均有采石场出现。20世纪70年代，水泥在境内问世，钢筋混凝土建筑物逐年上升、砂石、碎石用量剧增。

1988年，全区砂石开采企业达128家，开采量为30.55万立方米，总产值为230万元。到1998年，砂石企业增至190个，产量达到260万立方米，产值为3649万元。2007年，砂石开采量为287.75万立方米，总产值突破2亿元，至2008年，产量有所回落。产量最高的年份是2002年，当年达到444万立方米。

砂石的生产，属非煤矿山采掘业，直接影响周边环境生态。20世纪90年代初期，随着非公有制经济的快速发展，砂石采掘业多以个体和合伙生产经营形式出现，形成砂石场众多、规模小、无序开采的局面，严重破坏生态植被，引起市、区两级政府的高度重视。从20世纪90年代中期开始，根据国家有关非煤矿山采掘业的有关法律、法规文件精神，及时采取措施，制定相关的政策法规，对其整顿治理。特别是1999年以后，逐年加大治理力度，不符合采掘条件的，坚决实行关、停、并、转。由于措施得力，采掘经营户从1998年的190家降到2001年的34家，但产量却大幅度增长，初步实现有序的采掘经营，通过不间断的整顿治理，砂石经营户个数不断下降，而规模开采的总产值不断攀升，形成一批砂石采掘的骨干企业。

六盘水钟山区宏展砂石厂，位于月照乡小屯村四组，1997年建成投产，2007年共投入资金260万元，进行技改设备更新，将所有四六机生产设备改为六九机设备，增加吸尘设备，砂石生产能力达到4.6万吨/年，并将粉尘污染降到最低，技改后的2007年，产值达到256万元，销售收入为206万元，上缴税金20万元，取得较好经济效益。

钟山区方圆砂石厂，位于月照乡，2004年建成投产，当时生产规模为年产1万立方米的砂石，

2007—2008年投资500余万元引进规模技改，购进2台挖土机，2台50型装载机，重新安装大型设备，生产规模大增，达到年产3万立方米砂石，2008年利润30万元，上缴国家税金14万元，解决当地16名工人的就业问题。

钟山区荷城办事处小水井砂石厂，始建于2005年12月，2007年以前生产规模小，产量低，2008年投资219万元进行技改，生产规模扩大，当年产砂石3万立方米，盈利12.64万元，上缴国家税金2.74万元，解决23人就业问题，取得较好经济效益。

钟山区添伦砂石厂，始建于2005年8月，位于大河镇裕民村9组，初建时生产能力为1万立方米/年，总投资200万元。2008年为国家提供税收7万元。2008年以前处于亏损状态，2008年以后对生产线进行改造，并加大技术培训力度，生产形势好转，解决12人就业问题。

钟山区大河渡口村顺达砂石厂，始建于2002年，曾一度处于停产状态，2004年投资80万元进行技改，生产形势好转，逐步扭亏为盈。2008年，生产优质钢砂0.5万立方米，碎石0.8万立方米，毛石1万立方米，为国家提供税收5万元，解决当地30名劳动力就业。

钟山区德坞西宁砂石厂，2006年建成，位于德坞西宁村，投资850万元，规模为年产5万立方米砂石，从业人员15人。2008年总产量为7万立方米，总产值为364万元。

钟山区德坞闽东砂石厂，建成于2006年，位于钟山区德坞街道办事处，总投资900万元，规模为年产砂石2万立方米，有从业人员20人。2008年总产量为6万立方米，总产值为300万元。

钟山区方正石材有限公司，建于2005年5月，位于钟山区月照乡独山村场坝村，主要以开采石料，用以加工销售建筑板材，总投资400万元，具有年产板材石料1万立方米的能力，从业人员21人，从投产到2008年，生产一直处于正常状态，取得较好经济效益。

此外境内尚有钟山区德坞利顺砂石厂、钟山区德坞萨那道冲砂石厂、钟山区德坞自发砂石厂、钟山区德坞白鹤砂石厂、钟山区德坞宏丰砂石厂、钟山区德坞合力砂石厂等企业，年生产砂石都在4万吨以上，上述企业产值均超过100万元，其中，白鹤砂石厂建设规模为年产砂石6.5万吨，2007年营业收入395万元。

（三）大理石、花岗岩、陶瓷

大理石　2000年，钟山区凤凰石材工艺厂在凤凰办事处石桥村建成，为股份制企业，占地面积5亩，有厂房700平方米，仓库及陈列室300平方米，有3亩左右的荒料堆放场，旧式车床15台，国内较先进的大排锯2台，等厚机2台，双向切机2台，异型材料机1台，小型雕刻机10台，还有龙门吊等吊装设备，总投资625万元。该厂有4处矿山基地取得矿山开采证，有职工20人，其中技工12人。由于引进多媒体技术用于大理石产品开发，从开采到加工各个主要环节都应用新技术、新工艺，取得较好经济效益。该厂2001年全部投产后，规模达到年产4万立方米大理石板材，1.2万件大理石工艺品，开发荒料1000立方米。

花岗岩　2001年6月，市民政友谊公司复合花岗岩厂建成，位于德坞街道办事处工业小区，为私营企业，总投资112万元，年产复合花岗岩2万平方米，是为钟山区首家开发花岗岩产品的企业。

陶瓷　钟山鹏程陶瓷有限公司于1999年成立，2001年4月竣工投产，一期工程总投资1330万元。投产后具备日产3000平方米外墙瓷砖的生产能力。当年成功生产出合格的仿古系列瓷砖，并陆续投入市场。产品除本地销售外，大部分打入云、贵两省的凯里、遵义、兴义、安顺、毕节、织金、宣威、昭通、曲靖、昆明、大理等城市，各地销售网点达32家，月平均销售在9万平方米以上。2002年上第二条生产线，年产瓷砖90万平方米，年平均销售收入达1035万元，年平均利润392.57万元，年平均上缴国家税金57.96万元，加上一、二期生产线同时生产，年均销售收入在2000万元以上，年均利润700余万元，上缴国家税金100余万元，解决200余人的就业问题。与此同时，企业还带动运输业、建筑业、流通领域等一些相关产业的发展，取得良好的社会效益。

（四）砖瓦

钟山区成立以后，随着建筑业的兴起，建材市场容量不断扩大，建材工业也相应发展。一大批小土窑应时而起。砖瓦工业主要以黏土实心砖瓦为主，原材料主要为黏土，对生态环境造成较大破坏。原先采土多用铁锹挖土，肩扛人挑，之后部分企业逐步使用土车滑道、卷扬机、挖土机、抓土机等机械工具，砖瓦工业技术逐渐向“三废”利用、循环经济方向健康发展。1993年6月，六盘水市钟山区泸凤砖厂建立，主要产品为页岩砖，年设计生产规模1000万块。1997年12月，六盘水巨峰耐火材料有限公司建立，主要产品为耐火砖，年设计生产规模5000万块，员工100人。2000年12月六盘水市恒远建材有限公司建成投产，主要产品为矸石砖，年设计生产规模2350万块。

钟山区部分年度建材工业企业生产情况一览表

表10-12

年份	建材企业数（个）	砖厂（个）	年设计规模（万块）	砂石厂（个）	年设计规模（万立方米）
2000	21	4	9500	17	31.2
2001	26	7	14000	19	34.0
2002	33	10	18500	23	70.9
2003	41	12	22000	29	94.9
2005	47	14	23550	33	109.9
2008	52	14	23550	38	124.6

第七章　化学工业　机械制造　轻工业

清朝及民国时期，民间作坊用麻秆锻炭、硫黄、硝石为原料，合成加热制造黑火药，用以制作烟花、火炮销售。中华人民共和国成立后，随着水城公路、铁路的大规模建设，有的社队和个人用木炭、硫黄、硝石为原料制作黑炸药供应公路、铁路建筑部门，或自用开山炸石。境内20世纪70年代后始有化学工业，产品有化肥、炭黑、电石、硫酸4种。1980年以后，乡镇及私营化工企业陆续兴建，化工产品种类逐渐增多。主要产品有硫酸、化肥、炭黑、洗衣粉等。1988—1997年，境内化工产业主要集中在水城钢铁集团和水城矿业集团公司下属分厂，主要生产乙炔气、氧气、煤焦化副产品等。1997年后，地方企业渐有化工行业，主要产品为乙炔气、氧气、煤焦化副产品、铅锌冶炼副产品硫酸等。化工企业未形成产业规模，主要服务于水钢、水矿等大企业和其他企业生产需要。

1988年建区时，境内机械制造、机械零配件、机械修理主要集中在水矿集团和水城钢铁集团，民营机械加工业主要为汽车修理和机电修理。1994年，钟山区华庆变压器修造厂成立，此后，全区民营企业中机电设备制造企业、金属加工企业、汽车修理行业逐步发展壮大。

第一节　化学工业

一、化肥

钟山区建区前，水城特区在黄土坡办事处土桥村建化肥厂，1975年投产，生产化肥碳酸氢氨，1984年上划六盘水市管理，1985年生产化肥775.3万千克。1986年改为六盘水市化工厂，生产炭黑。后由水城钢铁厂承包，国家投资430万元，新建炭黑生产线，1988年炭黑生产线投产，主要产品为高耐磨炭黑N330，中超耐磨炭黑N220，高结构、高耐磨炭黑N339，产品曾销售泰国等。至1990年，共生产炭黑139.2万千克，产值375万元，1992年被水城钢铁集团公司兼并，改为水城钢铁集团有限责任公司六盘水化工公司。

1988年，在黄土坡办事处土桥村大营坡建通达化工厂，主要产品硫酸。1990年生产浓硫酸（浓度95%）111.7万千克，产品主销六盘水本市、毕节、昭通等地。生产磷肥86万千克，质量达到四级一等，1992年停产。

1997年，钟山区在凤凰办事处石桥村建贵州京凤凰肥料厂，年生产能力4000万千克，总投资1130万元。生产掺混型复肥，产品主要为玉米、水稻、小麦、洋芋等粮食专用肥和生姜、烟草、蔬菜、水果、魔芋等经济作物专用肥。设计年生产能力为4000万千克，职工230人。1997年试产销售产品20万千克。1998年生产复合肥123.6万千克，产值1322万元，营业收入1074万元，工业增加值224万元，上缴国家税收13万元。1999年，生产复合肥256.3万千克，产值256万元。2000年，该厂针对烘干系统功率过小、性能不稳定，自动称量机不准确和仓容不足进行技改，投入技改资金180余万元，购置更新CJG—O系列微波自动烘干机、WK-S系列电子自动称量机、FC系列自动磁化机等设备，扩建仓库3000平方米。经过技术改造，加强基础管理，企业的产品产量增加，质量稳定，成本下降，经济效益明显提高，该企业产品除本市销售外，销往毕节、威宁、纳雍、安顺等地。产品增产效果显著，受到广大农民、用户的欢迎。2001年停业。

钟山区先后开办的肥料厂还有六盘水兴发复合肥料厂、钟山区汇丰公司三维生物化肥厂、月照乡硝基腐殖酸铵厂等企业。

二、其他化工品企业

水钢煤焦化公司　1966年始建，系水钢（集团）下属二级单位，原为水钢焦化厂，1998年改制为分公司。1969年9月28日第一座鞍62型36孔焦炉（2#焦炉）建成投产。1990年5月30日，50孔大容积焦炉（3#焦炉）建成投产。1993年12月30日，与年产9亿千克焦炭相配套的新回收系统建成投产。煤焦化公司跨入全国大中型焦化企业的行列。煤焦化公司主要为高炉冶炼提供焦炭，为炼铁厂、烧结厂、炼钢厂、一轧厂、二轧厂、三轧厂、动力厂等单位提供工业用煤气，为水钢和六盘水市区居民提供民用煤气，生产的化工产品主要有工业萘、中温沥青、高温沥青、改质沥青、精苯、甲苯、二甲苯、粗酚、筑路沥青、沥青漆等20余种，其中工业萘、精苯获“省优质产品”称号。工业萘、精苯、改质沥青1993年获“省杜鹃花节信得过产品”称号。产品远销省内外及东南亚地区，深受用户信赖。

煤焦化公司内设原料、备煤、一焦、二焦、回收、精制、动力、机修8个车间及机关科室，有职工1378人，其中工程技术人员175人，中级职称39人，初级职称133人，管理人员118人。

水钢集团氧气公司　1989年成立，原名水钢氧气厂，有制氧机组4台，其中1号制氧机组为3200立方米/小时、2号制氧机组为6000立方米/小时、3号制氧机组为6000立方米/小时、4#制氧机组为15000立方米/小时。2008年，4台制氧机组的氧气纯度平均为99.61%、氮气纯度达99.99%，氧、氮、氩产品产量分别为30200立方米/小时、36800立方米/小时、710立方米/小时。年产量分别为2.65亿立方米、3.22亿立方米、622万立方米。年瓶装氧6万瓶。氧、氮、氩产品的生产能力能满足水钢年产300万吨钢产量所需，并得到市场认可。2008年实现收入13755.45万元，有职工299人。

水矿西洋焦化有限责任公司 2005年10月投产，位于钟山区大湾镇小湾村，设计生产能力为年产12亿千克焦炭。主要产品为焦炭、精苯、煤焦油。

六盘水市旗盛煤焦化有限责任公司焦化厂 2006年开始建设，由美国旗盛贸易公司与水城矿业（集团）公司等合作建设的中外合资企业，总投资1.65亿元，位于钟山区老鹰山镇，年产90万吨焦炭及煤焦油等副产品。

六盘水中联工贸实业有限公司 2004年成立，位于钟山区大垭口。是年，赫章铅锌矿破产后，拍卖二塘冶炼厂，中联工贸实业有限公司出资500余万元收购该厂。2005年，该公司又出资1000余万元收购原六盘水市钟山区冶炼厂，并与赫章县其他单位合作，成立赫章中联矿业有限公司、赫章联创矿业有限公司，下属2家股份制企业，2家洗煤厂，1家生产次氧化锌厂，公司形成采、选、冶炼为一体综合企业，主要生产精锌和焙烧沙，产品销往广州、上海、浙江等地，副产品为工业硫酸。至2006年，公司产值达1.8亿余元，上缴各种税费700万元。

六盘水市德马焦化公司 2005年成立，是集冶金焦炭、焦油、粗笨等煤化工产品生产销售为一体的民营独资企业，固定资产9000万元，位于钟山区大河镇渡口村。2008年公司与六盘水市燃气公司合作，为六盘水市燃气公司气源基地进行建设。

贵州博宏公司乙炔厂 1994年建厂，位于钟山区月照彝族回族苗族自治乡马坝村，主要产品为乙炔气、工业氧气，产品主要销往水钢集团公司下属生产单位。

兴驰锌厂 位于荷城街道办事处三块田村，固定资产800万元。2004年生产锌焙砂650吨，生产硫酸350吨。2006年生产锌焙砂8000吨，生产硫酸3390吨，产值5348万元，利润186万元，交纳国家税收619万元。2007年生产锌焙砂98.8万千克，生产硫酸140.2万千克，产值共2100万元，利润25万元，交纳国家税收290万元。

钟山区工贸公司 位于凤凰办事处石桥村，固定资产2850万元，职工110人，设计年生产锌焙砂1万吨，硫酸6000吨。2006年生产锌焙砂7770吨，硫酸4855吨，产值15481万元，利润2787万元，为国家缴纳税收395万元。

麒麟电石厂 1985年建厂，1986年投产，固定资产218万元，位于黄土坡办事处川心村。1990年生产电石1432吨，1991年生产2078吨，产值311万元。产品销往六盘水市各厂矿及安顺、贵阳、南宁等地。因管理不善，1996年关闭。

第二节　机械制造

1966年，水钢始建机械制造厂（水钢机械制造分公司），位于六盘水市铁路东站侧，拥有固定资产3700余万元，占地面积5万平方米，生产分厂5个（金工、铸造、精铸、结构、机电维修），是水钢各厂矿备品备件的主要生产制造基地。2008年公司在岗职工339人，各类专业技术人员58人，其中高级工程师1人，工程师10人，助理工程师11人，技术员14人。公司拥有金属切削机床65台、锻压设备2台、铸造设备7座（其中5000千克电弧炉1座、中频炉4座、冲天炉2座）、锻铆设备5台、起重设备17台、热处理炉窑8座以及各类相应检测设备。主要产品有各种规格的合金球铁轧辊和半钢轧辊，高炉灰铁、球铁冷却壁、高炉水冷、炉喉钢砖、30万吨钢水罐、30万吨铁水罐等。

水城矿务局亦在境内建机电总厂，位于黄土坡办事处红岩村，后改为贵州水城矿业（集团）有限责任公司机械制造分公司。2008年年末有员工469人。公司集煤炭机械、机电产品研发、设计、制造、安装、检修于一体。结构件制作装备主要有火焰切割机、液压式剪板机、折弯机、二氧化碳自动焊等先进数控设备；机加工设备以数字化和数控化设备为主，有立式和卧式镗铣加工中心、车削中心、钻床、各式车床、切割机等现代化数控设备。生产制造和修理综采液压支架、强力（大倾角）带式输送机、大型刮板输送机、转载机、破碎机、采煤机等，同时配套生产矿用高强度圆环链、工业油缸、高精密托辊、开关柜、减速箱等。

1989年，原水城县农机厂改为水城汽车制造厂，位于黄土坡办事处土桥村。1990年组装“荷城”“山地”两种型号农用汽车77辆，动力52.92千瓦，载重1250～2000千克，组装汽车适用于山原高地，具有马力大、爬坡性能强、易维修、操作简单、造价低等特点，已关停。

1992年，钟山区荣科风洞厂在凤凰办事处松坪村建厂，主要产品为气象、矿山、科研院所使用的风洞，主要型号为500毫米、600毫米、720毫米断面风洞。该厂规模小，生产效益较差，现停产进行产品的更新换代、技术更新和新产品的研制。

在机械修理方面，主要是汽车修理。1988—1995年，钟山区汽车修理行业主要是小作坊式修理模式，无大型修理设备，全区大型汽车修理厂仅有水矿集团和水城钢铁集团汽车修理厂2家。随着经济社会的发展，至2008年，大多数汽车修理企业都装备大型修理设备和检测设备，独立完成大小汽车修理，全区民营汽车修理厂达到160余家，其中大型汽车修理企业40余家。

第三节 轻工业

一、食品加工

磨粉 今区境内传统的磨粮工具主要以石料制成，分成两扇，底扇固定在坚固的木制架上，顶扇一般按逆时针方向转动，将小麦、玉米等粮食磨制成粉，其磨制过程多赖牛磨、水磨、手磨、腰磨。手磨和腰磨完全是人工操作，费力费时，劳动强度大，效率低下，一般的贫苦百姓均采用手磨、腰磨办法取得面粉。牛磨和水磨是利用畜力和水能加工，产量较高，还可以省去人力，但一般要有专门的磨坊或水磨作坊，只有少数条件较好的殷实人家才有这些工具，为用户加工或自制成品到市场上销售。民国年间，水城城区及农村集镇上有加工玉米、麦麸的磨坊，民国后期，牛磨、水磨相继发展，但手磨、腰磨也共同发展，共同使用，沿袭到20世纪50年代初期，经久不衰。

中华人民共和国成立后，小磨坊业兴起，由个体独家逐步向磨坊小组的形式演化，少部分磨粉业小组承接国有企业的来料加工，多数为群众来料加工。20世纪70年代，随着机械工业的发展，农村磨粉业逐步购置电动小钢磨，磨粉业取得重大突破，人、畜力磨粉被机械化、电器化取代，产品质量、产业效率同时提高。

20世纪80年代后，磨粉业加速发展，乡镇集体企业、合伙企业都同时挤进该行业。通过市场竞争，单一的磨粉逐步向综合性加工过渡，多数碾米企业纷纷购置磨粉设备，集碾米、磨粉为一体。进入20世纪90年代，磨粉形成批量生产，磨粉加工与碾米相对照，加工比例越来越大，以骨干企业为例，1995年，全区单一的碾米企业有3个，从业人员8人，产值10万元，单一的磨粉业有4个，从业人员22人，产值28万元，磨粉企业和从业人员比碾米企业的相对要多，产值接近碾米企业的3倍。1998年，碾米企业的从业人员只有12人，产值47万元，而磨粉企业从业人员为203人，产值达到691万元，是碾米业产值的14.7倍。

2000年以后，外地成品大米、面粉充斥本区市场，品种多，质量好，加上人民生活水平的提高，普通市民购买力大大增强，都购买成品面粉食用，碾米、磨面行业主要承担一些本地自产的谷物、麦类的加工。2001年，全区加工面粉仅240万千克，2002年，磨粉业加工产值下降到157万元。到2008年，全区的打米厂（作坊）、面粉加工厂已逐步向食品加工转型。

面条、米粉制造　面条是本区人民生活中必不可少的主要食品。境内面条的生产，是随着小麦的生产而产生的。明清时期，由于生产面条各个环节衔接不利，工艺落后，面条产量很少，面条往往成为食品中的上品，只有有钱人家才能经常享用，普通平民百姓只有逢年过节才得偶尔享用。民国年间，水城城内和场坝面馆逐渐增多，面馆卖的面条绝大多数为自产自销。是时，生产面条全用手工操作，每5千克面粉配以适量的鸡蛋、碱水或盐水，拌匀后用擀面棍来回反复相压，最后用手工切成各种宽面和细面。手工面条工艺精细、配料讲究，切出的面又薄又细，有透明感，下锅后1～2分钟便可煮熟，面水清澈不浑，吃起来有韧、脆感。老城的卿家、场坝的邓家手工面为上乘佳品，远近闻名。

中华人民共和国建国初期，随着人民生活的逐步提高，面食业兴旺发达，面条的加工量增多，除老城、场坝外，其他各乡镇集市都有专门的面条加工作坊生产手工面，以满足市场需求。20世纪50年代至70年代，面条生产处于停滞状态或者发展缓慢。1978年，中国共产党十一届三中全会召开后，农村市场逐步放开，面条制造业再次兴起，城镇和农村制面作坊又迅速发展，遍及水城老城、场坝、六盘水市区周边农村以及各乡镇市场十分活跃。

制面业投资少、见效快，个体家庭易组织生产经营，在改革开放初期，很多农村家庭以此作为一条致富路，从中得到很多实惠。

20世纪80年代末至90年代初，是境内制面条行业发展最迅速的时期，全区有100余家压面条作坊，面条产量、产值有很大提高。至20世纪90年代中期，市场竞争激烈，面条产品出现供大于求的现象，致使一些小作坊自然淘汰，制面条业企业个数逐步减少，开始向集约化方向运作。2004年4月，六盘水天云食品有限公司面条生产项目开始运作，该项目生产地址位于钟山区德坞街道办事处，系天云食品有限公司的面条生产线，总投资258.5万元，生产规模为年产面条196万千克。至2008年，制面行业的发展趋于稳定。

20世纪60年代以前，今区境内无米粉加工制作业，市场上出售的米粉都是由民间小贩用豌豆、荞类制作而成，每遇赶集，在市场上作为小吃供人们食用。20世纪70年代，境内米粉加工机器出现，米粉进入市场上的小吃店，为人们所喜爱，并逐步成为广大群众的主食之一。20世纪80年代，米粉制造业蓬勃发展，水城钢铁公司、水城矿务局组织家属开办米粉加工厂，后逐步向各镇、乡、办事处发展。较大型的加工厂有钟山区兴达米粉加工厂，于2002年7月批准开办，地址在钟山区花渔洞，系私营企业，企业法人王雪莲投资30万元建成，当年生产米粉600万千克。钟山区顺发米粉加工厂，于2002年10月批准开办，私营企业，地址在钟山区黄土坡办事处汪水路172号，企业法人林军，投资5万元，建成当年产米粉10万千克。两厂建成后，实行规范化管理，每道生产工工序都严格把关，产量高，质量好，取得较好经济效益，成为当时米粉加工制造业的骨干企业。

米粉食用方便可口，一般小吃店，米、面馆可将米粉制作成肠旺粉、辣鸡粉、蹄花粉、排骨粉、羊肉粉、牛肉粉等花样品种繁多的热熟食，市场前景特别看好，因此米粉加工业从上市之日起就颇受欢迎。从20世纪90年代至今，产量稳步上升，产值不断提高。

面条产品产量与米粉产品产量相比，20世纪80年代，面条产量明显大于米粉产量，至20世纪90年代，米粉产量不断增长，面条产量有所下滑，两者产量趋于持平。进入21世纪后，本地市场受外来品种繁多的机制面条的冲击，本地加工的面条滞销，很多小面条作坊纷纷停产或转产。而米粉作为时限性较强的食品，境外难以替代，因此本地市场稳定，产量随人口的增长和人民物质生活的不断提高而稳定增长，以致米粉产量明显大于本地面条产量。

1995年，全区米粉、面条生产企业中，有非公有制企业111家，从业人员224人，产值81万元。1997年，有101家，从业人员210人，产值增至954万元，至2008年，米粉、面条产量达2816万千克，产值达3000万元以上。

酿酒　今区境域内酿酒历史悠久，明、清时期已普遍酿制米酒和苞谷酒。少数民族以糯米、苞谷为原料，土法酿造“水拌酒”为农民普通饮用。民国时期（1912—1949），境内酿酒业兴旺，水城场坝、老城、周边农村及乡村集镇上，随处可见酿酒作坊。在市场上销售的白酒，主要以苞谷酒为主，米酒少量，偶有以苞谷和高粱为混合原料酿造。农村的糯米酒，“水拌酒”的酒精度较低，因此在农村家庭特别是少数民族家庭有大碗饮酒之俗。城镇出售的苞谷酒、米酒，讲究质量，酒精度高，纯香味浓。各家酿酒作坊通过长期的市场竞争，酿酒质量不断提高，场坝、教场、土桥等地都有出名的酿造作坊。

中华人民共和国成立后，由于城乡人民生活的逐步提高，白酒需求量渐增，酿酒业兴起，酿酒作坊增多，销路也很广。20世纪50年代初期，在场坝、教场、大河等地集市上，白酒市场非常活跃，酿酒业兴旺发达。1956年后，粮食实行统购统销，城镇私人酿酒作坊基本停止生产，由地方国营酒厂统一供应市场，因粮食短缺，酒类产品产量很小，市场供应十分紧张。农村的个人酿酒作坊全部收归人民公社和生产队集体经营管理。1959—1960年间，农村酿酒业全面停产。1961年农村粮食产量有所增长，农村市场放开，出现新的酿酒作坊，1962—1965年，酿酒业逐步发展，白酒市场从复苏走向活跃。“文化大革命”期间，农村酿酒业被视为资本主义尾巴被取缔，土酒市场萧条。60年代后期直至70年代，今区境内已经没有民营酿造业，国营酒厂因主要原料苞谷供应不足，往往生产红苕酒等，质量差，市场供应主要靠外地进货，市场紧缺，不能满足用户需要。

中共十一届三中全会后，城市和农村集货市场活跃，酿酒业再次兴起。20世纪80年代，水城城关片区酿酒作坊达到数十家，多以个体为主，有少量乡镇集体企业和合伙企业生产经营。受水城国营土桥酒厂的影响，土桥、八家寨一带酿酒业尤为兴旺，这一片区水质好，很多个体户掌握国营酒厂的先进技术，酿造工艺不断提高，出酒率高，酒质好，质量上乘。在马鞍、杉树林、麻窝寨、教场等地，还有外地酒师专门传授制酒工艺。老鹰山镇、大河镇、汪家寨镇、大湾镇地处于矿区，酒类市场需求大，镇上制酒作坊应运而生，就地生产、就地销售，市场十分活跃。

1996年10月，贵州省六盘水市佰通保健酒厂批准成立，地处钟山区德坞工业小区。是境内首家规模较大，能上档次的保健酒企业，可年产“老顽童”牌健力酒150万千克，是20世纪90年代钟山区最大的酿酒企业。1988年，境内有酿酒企业有73家，从业人员143人，全年总产值48.26万元。到1990年，总产值上升到102.51万元，以后的几年，产值逐年上升。20世纪90年代中期，钟山荣祥健身酒厂等一些较大的酿酒企业先后成立，开始生产健身酒、保健酒，酒的品种增多。1996年，全区生产白酒和保健酒133万千克，总产值达到448万元。到1999年，保健酒、白酒产值达到612万元。

2000年以后，又有一批酒厂成立。主要有高宗牌帝皇酒项目，总投资达1401万元，计划年产150万千克高宗牌帝皇酒，钟山区彝家烧酒厂，投资10万元专门生产销售彝家酒。

2005年，全区酒类产量为132.5万千克。2008年达到243.7万千克。

糖食糕点饮料　境内的糕点制作，主要品种为年糕。用大米、糯米炒熟后打成细粒和粉末，加以净水，砂糖或白糖、芝麻、核桃、花生等辅料制作而成。每年十月初一前后直至春节，有条件的人家就要打年糕过节，城镇上有专门的作坊制作年糕上市。

民国年间（1912—1949），糖食作坊增多，熬糖行业兴旺。糕点业逐步发展，水城老城的糕点作坊，生产的品种较多，有米糕、鸡蛋糕、糖果、饼干、银片糕、桃酥、月饼、山楂糕等，有的品种根据季节生产，如中秋节前集中生产月饼，山楂上市时集中生产山楂糕。水城城内制作的山楂糕，质地光滑细腻，色泽红润，酸甜适度，回味可口，是本地糕点中的上品，城里城外，远近闻名。

中华人民共和国成立初期，随着粮食作物的增长，城乡人民生活不断提高，购买力增强，熬制苞谷糖、糯米糖的小作坊越来越多，产量增大。今大湾镇、汪家寨镇、大河镇一带糯米糖数量居多，德坞街道、老鹰山镇一带苞谷糖居多。水城老城、场坝熬糖技术较好，尤其场坝生产的表氏工艺糖，配料讲究，火候也拿得准，熬出的糖色泽润滑，口感香甜，每遇上市，生意比别家好，供不应求。

糕点的生产在这一时期也很红火，尤以周边乡镇和农村生产的米糕居多，每遇赶场天，有大批的米糕在市场上销售。城内的手工糕点作坊，技术水平不断提高，生产的糕点质量较之过去有较大的提高。

1956年，城内合作性质的糕点厂从半停产到全部停产。1959年8月，德坞糖厂以及其他各区镇糖厂曾一度生产甜菜糖供应市场。1962年经济开始复苏，当年城镇一些小贩制作糕点上市出售，农村亦有农民熬苞谷糖赶场销售，人们争相购买。以后的几年，熬糖作坊兴起，各种糕点纷纷问世，市场一度繁荣。1966年后，个体生产经营的糖业、糕点业全部被取缔，仍由国营食品加工厂独家生产经营，品种少，质量差，市场萧条。

中共十一届三中全会后，农村粮食产量大幅度增长，经济复苏，市场活跃，周边农村集镇的农民因陋就简。重新开办起熬糖的小作坊，并迅速发展，糕点业也在城镇兴起，一些老字号作坊恢复生产，一大批新作坊在市区投入加工制作。市面上核桃糖、碗糖、方糖、板糖、蛋糕、酥饼、点心、糖果比比皆是，任凭选购。

20世纪80年代末期，今区境域内有水城钢铁公司下属劳动服务公司糕点厂、铁路糕点加工厂、水钢职工食堂糕点厂、市医院所属面包公司等较大的生产企业，加上个体作坊共有120余家，品种50余种，产值在200万元以上。进入20世纪90年代后，一批个体作坊被淘汰，另一部分向“专”“转”方向发展，以特色和质量取胜，形成现在为数不多的特色糕点柜。如位于建设路的杨氏糕点坊，糕点品种繁多，平时面包销量很大，每年中秋节，大量生产月饼，尤以火腿月饼为特色，远近闻名。

调味品 民国年间（1912—1949），民间盛行制作麦酱，该产品主要原料为小麦，用其发酵推成粉末，加工制作而成，其味香甜，市场上常有出售，沿袭至今，民间仍常有作坊加工制作，是一般家庭饭店、宾馆能上桌的调味佳肴。民国晚期，老城和场坝均有酱菜作坊。城内朱氏酱菜坊生产的酱油、酸醋及各种酱菜质量上乘，生意十分兴隆。朱氏酱菜作坊一直经营到20世纪50年代中期，1956年私营工商业改造后，收归集体，后因粮食缺少供应等原因倒闭。

1958年后成立国营酱油厂，至70年代末，调味品全部由国有企业生产制作，统一销售，无私营和集体企业生产、销售酱油。20世纪80年代，调味品行业兴起。随着人们生活水平不断提高，调味品的品种越来越多，酱油、酱菜、生姜系列、辣椒系列、大蒜系列的加工制作，样样皆有，城乡调味品市场非常活跃。

1987年，钟山区首家民营调味品生产企业建成投产，年产酱油500吨的生产项目，1990年4月，集体企业六盘水钟山区贵园调味品正式成立，总投资7万元生产酱菜系列供应市场。1991年4月，钟山区窑上酱醋厂成立，地处凤凰办事处窑上，集体联办企业，总投资10万元，年产酱油300吨，醋150吨。投资735万元建成的钟山区食品通霖有限公司，除生产饮料、膨化、干化食品及熟食外，同时也生产销售调味品。2001年6月，六盘水钟山区光荣实业有限公司成立，地处钟山区松坪南路，股份制企业，法人代表王刚，总投资525万元，加工制作生姜产品，年产挤出式调味姜粉2000吨，该项目的建成，促进钟山区农业生产结构调整，推动地方经济发展，解决农村部分剩余劳动力的就业问题，产生较好的经济效益和社会效益。

其他食品加工　境内所产豆类品种多样，有大豆、小豆、芸豆、豌豆、胡豆、绿豆等，人们根据各种豆类特点，加工出不同的豆制品，大豆可加工水豆腐、草豆腐、豆豉，供人们食用。民国时期至20世纪50年代，今区境内已有专门加工豆腐皮、豆棒的作坊，20世纪80年代后，豆腐皮、豆棒的生产又重新崛起。小豆，煮熟研成粉末后，加糖和油料制豆沙，可做馅。芸豆，亦是做馅的好材料，其制作方法与小豆相同。胡豆则做成多种干货，有麻辣香脆之感。民国时期到20世纪50年代，今区境内均有用胡豆制作豆瓣酱的作坊。豌豆，可炒制加工成干货，可制作豌豆凉粉、豌豆粉丝；境内的豌豆凉粉制作精细，调料齐全，历来都为人们所喜欢。20世纪80年代后，豌豆粉丝作坊兴起，20世纪90年代，区内出现规模型豌豆粉厂。绿豆属清凉食品，除熬绿豆粥外，也可制成绿豆糕。

榨油，今区境内清代已有榨油坊（榨油机），人工榨油。民国时期，水城有近百家榨油坊，数百人从业。20世纪50年代初期，今区境内仍以传统方式榨油。这种人工用木榨榨油，劳动强度极大，出油率低，产量不高。1956年后，榨油业收归国有，已有机械化榨油。20世纪80年代后，个体企业购置榨油机榨油，榨油机小型轻便，出油率高，受个体专业户的青睐。进入21世纪后，榨油业在境内逐步消失。

20世纪90年代后，食品加工业逐步从小型向中、大型规模化生产方向发展，先后出现一些较具知名度的食品加工企业，如钟山区粘羊食品厂、钟山区黄土坡办事处土豆制品厂、六盘水钟山区天之姣魔芋粉厂、六盘水市大河魔芋精粉厂、钟山区魔芋精粉加工厂、六盘水市钟山区锦江食品加工厂、六盘水市钟山区绿色食品加工厂、六盘水市通霖食品有限公司和六盘水益康食品有限公司。

食品加工企业选介

六盘水市食品厂　前身系水城县供销社糕点厂，1953年建立。1978年与水城特区汪家寨糕点厂合并，搬迁到水城西站，1986年搬迁至现西南家具城址，后划转给市卷烟厂，1994年搬迁到明湖路。1996年，从湖北以60万元购进二手进口土豆片生产线1条，年生产能力500吨。通过不断的技术改造，年生产能力提高到1500吨。又从美国、日本进口土豆片生产线2条，年生产能力4500吨。企业有生产及办公用房3300平方米，员工130余人，资产共2000余万元。2005年土豆片产量达到1300吨，工业总产值2000万元，上缴税金200余万元，创历史最高水平。2008年实现销售收入1855万元，利税125万元，产量达到889吨。

重啤集团六盘水市啤酒公司　位于钟山区凤凰街道办辖区（八一社区），其前身系六盘水市啤酒厂，1997年重庆啤酒集团通过承债式兼并六盘水市啤酒厂，组建该公司，六盘水市政府拥有49%的股权，重庆啤酒集团拥有51%的股权。公司通过资产有效整合，1999年进行3万吨改为10万吨一期工程改造，更新生产设备，引进先进的管理经验和生产技术，提高产品质量，逐年拓宽市场份额，2005年产品销量4.8万吨，完成工业总产值7007万元，实现工业增加值3147万元，上缴税金2007万元，实现利润237万元。2008年公司进行3万吨改为10万吨二期技改工程，工程竣工后啤酒生产能力将达10万吨。

六盘水通霖食品工业有限公司　1999年年初，由六盘水通霖食品工业有限公司与深圳通霖贸易有限公司共同合作投资组建，是年5月建成一条年生产能力1800吨的辣椒调味品生产线，占地面积30.1亩，总投资520万元，位于六盘水市钟山区德坞街道办西宁村。该企业充分利用本地辣椒、大豆、花生等资源及深圳通霖贸易有限公司的销售网络，进行辣椒系列产品的研制与开发，有辣椒调味品33种，2000年产量为710吨，有员工56人。2003年停产关闭。

六盘水益康食品有限公司　2002年成立，注册资金50万元，是种植、加工、销售一体化经营的民营科技企业。生产的“夜郎自辣”休闲辣椒丝、折耳根、香玉片等富硒食品在市场上拥有一定的消费群体。位于六盘水市钟山区德坞街道办白鹤村。2006年3月被钟山区旅游局指定为钟山区旅游商品定点生产企业，生产的“夜郎自辣”系列食品被命名为钟山区旅游休闲食品。是年六盘水市消夏文化节活动中，“夜郎自辣”食品被市、钟山区旅游局评为名优产品。2007年12月，公司生产的“夜郎自辣”系列食品经中国质量诚信企业协会、中国品牌价值评估中心联合评定，荣获“中国名优农产品”的荣誉称号。

六盘水金桥食品有限公司　2001年7月成立，产品有速溶姜茶、原汁姜汤、苦荞香茶、苦荞饭、苦荞羹、苦医粉、韭汤等7个品种，有员工46人，位于钟山区黄土坡街道。2002年，推出“姜茶”产品正式进入全国市场，2003年，生产并推广“荞饭”健康产品，是年6月，公司被列为六盘水乡镇企业重点调度单位。2008年公司“毛大”牌注册商标获得贵州省著名商标称号。

六盘水市面粉厂　1965年始建，原为水城县粮食局黄土坡面粉加工厂，位于钟山区黄土坡街道，系国有企业，1984年4月改为六盘水市面粉厂，占地48亩，投资690万元。主要设备有200型磨粉机4台，日处理小麦150吨，面条生产车间1座，单班压制面条3.5吨。

六盘水市酱菜厂　1955年始建，其前身系水城县商业局酱菜厂，位于钟山区荷城街道，1970年更名为水城特区酱菜厂。1984年划转市商业局管理，有职工54人。该厂采用天然发酵酿造生产技术，每年可生产酱油1500吨，食醋600吨，2008年仅销售酱油400吨。

六盘水市肉联厂　位于钟山区黄土坡街道，占地30亩，国有制企业。其前身为1972年投产的水城特区冷冻厂，固定资产400万元，有冷库1座，容量1000吨，年宰杀加工牛羊猪肉1000吨，最高年份宰杀生猪4.28万头。1985年后，国家肉价放开，国有商业渠道猪肉销量锐减，1989年起改宰杀牛羊，年宰杀牛1万余头，经加工冷藏后销往省外市场。

六盘水市中心区机械化屠宰厂　2002年2月破土动工，2004年3月建成投产，占地面积70亩，总投资2500万元，设计生产能力为日宰杀生猪1000头，位于钟山区荷城街道。该厂建成分割车间和熟食品加工车间，2005年，企业完成工业总产值13000万元，税收580万元，利润202万元。

钟山区恒麟牛羊定点屠宰场　2002年1月建成投产，初期投资160万元，注册资金200万元，位于钟山区黄土坡街道。2007年，新场搬迁至钟山区凤凰街道石龙村，自筹资金进行技改扩建，实施牛羊肉分割及冷库项目的建设。2008年7月屠宰扩建部分建成投产，占地25.33亩，总投资800余万元。该场形成集市场、屠宰加工车间为一体的自动化、机械化屠宰场，每小时能屠宰牛20头、羊100只。

二、造纸、印刷、包装

今钟山区境域造纸始于清代，品种有白棉纸和草纸两种，主要产地在老鹰山镇晏家寨，白棉纸以构树皮为原料，俗称“挂签纸”，色白，细密，不易折断。草纸以刺竹、箭竹等为原料，多作祭祀纸用。20世纪70年代境内始有机制卫生纸、包装纸生产。

老鹰山镇晏家寨古造纸作坊　位于钟山区老鹰山镇石河村晏家寨。开办时间大约在清朝晚期，距今200年左右。主要生产草纸（又称纸钱）和白纸（又称挂签纸）。该作坊主要为3户晏姓人家生产和经营。每户人家年产纸1000～2000千克。年平均产纸量4500千克。生产的纸张主要销往附近市场和周边县、区。作坊生产设备有槽房，正常生产时有3～5个。窑子3个，多时有5个，主要用于煮纸。槽子3个，多时有5个，主要用于抄子。碾盘3个，主要用于碾竹。工艺流程大约有泡竹、煮竹、洗竹、回煮、碾竹、抄纸、揭纸、晒纸、切纸等步骤。从原料到成纸，生产周期在100天左右。造纸原料有刺竹、华竹、苦竹等，主要从六枝小马场购得，部分从水城徒箐乡坪箐购买。作坊用工人数一般在10人左右，多时工人达20余人。后来，由于造纸的原料刺竹等不断涨价，造纸成本增加，作坊生存艰难，匠人陆续离去。最后在作坊生产经营的匠人有晏廷玉、晏光亮、晏廷富、晏廷贵、晏平、晏祥余、严达富等人，2006年，该造纸作坊停办。2008年，作坊仅存泡竹用池子2处、碾盘2处、碾子1个，其他设施大部分毁损难辨。

六盘水华鼎印务公司　位于钟山区凤凰街道，其前身是六盘水日报印刷厂，职工202人，注册资金285万元。1996年5月，六盘水日报社华鼎广告公司兼并六盘水日报印刷厂。1999年9月华鼎公司正式与市印刷厂合并生产，成立六盘水华鼎印务公司，进行设备及基础设施改造，一次性淘汰铅印全套工艺设备及流程，添置双色印刷机1台、彩分系统2套、六开胶印机2台、胶订包本机2台、对开折页机、数控切纸机2台等设备，形成彩分、印刷、装订设备相互配套的印制系统，主要承担《六盘水日报》《六盘水晚报》印刷的任务。

其他造纸、印刷、包装企业有钟山区包装厂、勘二队纸箱厂、水城设计院造纸厂、华夏造纸厂等，规模及产值均较小。

三、其他轻工业

主要有六盘水民艺苑商贸有限公司、贵州神奇明湖药业公司、钟山区保健用品厂。其中，六盘水民艺苑商贸有限公司位于钟山区凤凰街道，2005年12月成立，主要从事民族传统服饰、酒店和宾馆服装、民族民间手工品、旅游纪念品的开发设计、制作和销售。年产蜡染工艺品2000件、刺绣服饰工艺品500件、原生态服饰150件、民族手工木梳2000件、其他手工艺品2000件。2007年上缴税金3.8万元，2008年5月企业资产总额400余万元，库存民族旅游服饰、手工艺商品近5000件（套），价值约150万元。贵州神奇明湖药业公司位于钟山区凤凰街道，是由贵州神奇药业公司1997年出资购买六盘水市制药厂更名而建的企业，该厂长期处于停产、半停产状态，2005年通过GMP认证后，恢复生产，但由于市场销售量小，生产仍不正常。

第十一篇 农业 林业 水利

第一章 农 业

第一节 联产承包责任制

一、土地承包

钟山区成立以前，农村基本上推行以家庭承包为主的多种形式联产承包责任制。1984年春，农村继续完善家庭联产承包责任制，延长土地承包期，向农民填发土地联产承包责任制合同使用证，支持农村专业户、重点户发展生产，农业获得丰收，经济增长较快。第一轮土地承包时，境内耕地面积67966亩全部由农民承包，《土地联产承包责任制承包合同》涉及的人数101404人，人均占有耕地0.67亩。

二、土地延包

1998年7月，全区开展延长土地承包期工作。从1994年起，耕地承包期再延长50年，非耕地资源开发的承包期再延长60年。延长土地承包期，不打乱原来的承包关系，按现有的人口重新发包。土地延包工作涉及67个村、26746户、141788人，共承包耕地面积61367亩，人均占有耕地0.43亩。全区各乡（镇）村委会分别与26746户农户签订第二轮土地承包合同，按户分别颁发土地承包经营权证书，进一步明确土地的权属关系，稳定和完善农村土地承包关系。

钟山区延长农村土地承包期统计表

表11−1

项目 乡镇办	人口（人）		劳动力（个）		原承包面积（亩）										现承包面积（亩）									
					合计	耕地				非耕地					合计	耕地				非耕地				
	原有	现有	原有	现有		小计	水田	旱地	其他	小计	经济林	用材林	荒山	水面		小计	水田	旱地	其他	小计	经济林	用材林	荒山	水面
黄土坡办事处	6663	9597	3579	5568	3203	2784	522	2262	—	419	—	397	20	2	2922	1803	142	1661	—	1119	—	1097	20	2
荷城办事处	11476	16534	5406	8898	5116	5037	1727	3310	—	79	—	5	74	—	4319	4240	1185	3054	1	79	—	5	74	—
老鹰山	8946	11724	3790	5893	3848	3645	527	3118	—	203	77	15	111	—	3692	3553	416	3137	—	139	11	15	111	2
观音山	2065	2855	996	1363	1228	1217	50	1167	—	11	—	—	11	—	1576	1190	19	1171	—	386	—	375	11	—
德坞	5750	7870	2850	4334	5946	4911	—	4889	22	1035	71	468	496	—	5591	4528	10	4496	22	1063	71	526	466	—
大河	15245	19117	8529	10819	14031	12278	121	12157	—	1753	109	797	847	—	13109	11308	3	11305	—	1801	183	825	789	4
汪家寨	17269	23447	8854	12734	9557	9159	352	8807	—	398	—	—	398	—	9205	8807	260	8547	—	398	—	—	398	—
大湾	21948	27882	12041	15335	21228	14524	1171	13353	—	6704	56	6272	376	—	20092	13389	550	12839	—	6703	56	6272	375	—
月照	2051	8831	3388	4736	6317	4899	482	4417	—	1418	—	386	1032	—	6133	4715	188	4527	—	1418	—	386	1032	—
凤凰	9991	13931	4968	8144	9539	9512	3466	6046	—	27	—	—	—	27	7935	7854	2038	5816	—	81	—	—	—	81

钟山区延长农村土地承包期附着物、土地流转、土地变动情况统计表

表11-2

乡镇办＼项目	承包户土地附着物		承包户土地流转				耕地面积							
	块数（块）	数量（个）	转入（块）		转出（个）		国家征用		集体占用		个人占用		其他	
			块数（块）	面积（亩）	块数（块）	面积（亩）	块数（亩）	面积（亩）	块数（块）	面积（亩）	块数（块）	面积（亩）	块数（块）	面积（亩）
黄土坡办事处	21	2912	—	—	—	—	886	9	74	49	10	4	33	16
荷城办事处	111	111	64	25	64	25	935	721	17	7	50	18	80	61
老鹰山	26	35	8	4	119	100	73	33	75	78	2	—	41	14
观音山	119	115	57	32	57	33	3	10	—	—	2	3	3	14
德坞	72	—	37	89	6	54	518	413	2	1	—	—	3	8
大河	—	—	109	83	109	83	128	229	552	709	26	31	—	—
汪家寨	1	1	133	792	81	44	268	186	94	67	2	1	66	59
大湾	341	317	85	60	81	56	1046	598	61	38	—	—	939	446
月照	—	—	10	6	—	—	167	122	171	56	—	—	—	—
凤凰	5	1402	50	50	74	73	1183	1541	7	13	—	—	—	—
合计	696	4893	553	1141	591	468	5207	3862	1053	1018	92	57	1165	618

第二节　种植业

钟山区种植业历史较久，钟山区建立前，粮食作物主要有玉米、马铃薯、稻谷、小麦、大豆、菜豆（花豆）等，水田较少，种植以旱地为主，经济作物不多。钟山区建立以来，种植业发展较快，不断引进和繁育良种，逐渐推广新耕作制度与栽培技术，使粮食单产和总产都得到大幅度的提高。

一、粮食作物

（一）种植面积和产量

1988年，粮食作物种植面积1.25万亩，总产量19200吨。1990年，区内虽遭受长时期春旱及倒春寒、秋风雨、病虫灾害，但由于在较大范围内实施“温饱工程”，推广旱地分带轮作多熟制、玉米地膜覆盖栽培、杂交玉米等技术，粮食作物种植面积17.41万亩，居历史新高，总产量23400吨，较1988年增加21.88%。之后，区内农作物及粮食作物播种面积逐年下降，由于加大科技投入，粮食产量和农业生产总值仍总体呈增长趋势，2008年粮食作物种植面积11.36万亩，总产量25500吨。

1988—2008年钟山区农业总产值一览表

表11-3

年份	常用耕地面积（公顷）	农林牧渔业总产值（万元）	农业（万元）	林业（万元）	牧业（万元）	渔业（万元）
1988	4860	4277	2560	34	1679	4
1989	4830	5135	3514	107	1508	6
1990	4790	6293	4306	98	1884	5
1991	4750	5739	3649	142	1946	2
1992	4660	6373	4045	186	2139	3
1993	4590	8215	4943	264	2999	9
1994	4610	10938	5704	211	5016	7
1995	4570	11371	6139	194	5010	28
1996	4560	13069	7375	336	5322	36
1997	4520	13438	7442	246	5689	61
1998	4360	13840	7799	297	5672	72
1999	4330	14116	7786	357	5909	64
2000	4130	15281	8813	475	5919	74
2001	3993	15451	8658	375	6345	73
2002	3900	16848	9506	587	6678	77
2003	3767	16890	8668	488	7655	79
2004	3747	20472	8881	486	11004	101
2005	3480	24439	10380	219	13770	70

续表11-3

年份	常用耕地面积（公顷）	农林牧渔业总产值（万元）	农业（万元）	林业（万元）	牧业（万元）	渔业（万元）
2006	3450	24132	11058	234	12780	60
2007	3420	27498	12473	173	14810	42
2008	3410	32496	15040	190	17197	42

1988—2008年钟山区主要农作物播种面积、主要农产品产量一览表

表11-4

年份	农作物播种面积（亩）	粮食作物播种面积（亩）	粮食作物产量（万吨）	其中：玉米（万吨）	薯类（万吨）
1988	—	129345	1.92	1.12	0.46
1989	—	135840	2.21	1.21	0.53
1990	—	174105	2.34	1.24	0.49
1991	181755	154005	2.20	1.44	0.49
1992	177960	151290	2.33	1.20	0.67
1993	180870	156630	2.40	1.21	0.78
1994	184110	153645	2.46	1.30	0.82
1995	179415	149550	2.55	1.38	0.85
1996	202185	161670	2.62	1.45	0.86
1997	206010	162780	2.64	1.47	0.86
1998	206415	158025	2.66	1.45	0.91
1999	200100	151065	2.54	1.38	0.89
2000	199395	148500	2.55	1.40	0.88
2001	178800	135390	2.56	1.44	0.81
2002	172200	131700	2.45	1.37	0.83
2003	167400	128295	2.30	1.27	0.80
2004	160200	121605	2.30	1.28	0.83
2005	162495	123495	2.43	1.37	0.86
2006	162450	112650	2.43	1.33	0.90
2007	166500	112350	2.48	1.35	0.90
2008	155100	113550	2.55	1.31	1.01

（二）主要品种

1. 玉米

俗称苞谷，是境内主要粮食作物之一，是农民的主食，也是重要的饲料作物，区内栽培历史悠久，约为450年。常年产量占全年粮食总产量的60%左右，常年播种面积在5.5万亩左右，境内均有种植，以大河、大湾、汪家寨、老鹰山镇和月照乡种植面积较大，占玉米总播面积的90%左右。由于杂交良种和配套高产栽培技术逐渐在生产中推广应用，玉米生产发展较快，单产水平不断提高，总产量持续增加。随着人民生活水平的不断提高，玉米食用比例不断下降，相当一部分玉米作饲料、酿酒用。玉米类型依其种色而分，有黄、白、杂三种，20世纪50年代前，境内所种玉米品种均为当地经长期自然选择及人为筛选而保存下来的传统农家种，其类型主要分为马齿型、硬粒型、半马齿型种和蜡质种4个类型。马齿型品种主要有黄马牙、白马牙等。硬粒型品种主要有大黄、二黄、大白、二白、小白（亦称二季早）、大海子、石奈、鸡啄等。半马齿型品种主要有夹黄、黑白、青壳老等。蜡质种品种主要有黄糯、白糯等。上述品种中，大海子已被编入《中国玉米品种志》。

马齿型和半马齿型种，多数品种比较耐肥，多种于中上等肥地中。硬质种较耐寒耐瘠，多种于中下等肥力及海拔较高的山地。鸡啄玉米耐瘆耐寒力强，主要分布于温凉地区山坡瘦地，单产水平低，少数地区种有糯玉米。传统玉米品种品质较好，生育期在160～180天，植株较高，一般在250～280厘米，但易倒伏，不宜密植。

建区后，引进推广杂交玉米品种，播种面积不断增加。据统计，全区杂交玉米品种资源共16个，其中硬粒型9个，中间型3个，马齿型2个，糯玉米2个，以硬粒型和中间偏硬型占多数。有的品种独具特色和优点，通过引种试验、示范，选择适宜区内推广种植的主要品种有西山系列、盘玉系列、兴黄单892号、兴单8号、兴黄单2号、贵毕303号等品种。

2. 稻谷

系境内仅次于玉米的粮食作物。《水城县志稿》中记载，除玉米外，“次则以米为大宗”。早在450年前玉米尚未引入栽培时，稻米与荞麦是当时民众赖以为生之主要食粮。1988年，全区稻谷总产量143.4万千克，1990年达到190.3万千克，为历史最高。之后，由于农村水田大量改作旱地，加之城市发展占用水田，稻田面积锐减，1998年，稻谷总产量减至89万千克。

境内栽培之稻主要是水稻，多数分布在区境热量及水源条件较好的河谷、槽谷、谷坡丘陵地带，中心城区城关坝子，老鹰山镇尖山坝子、白腻坝子，大湾二塘坝子等地是主要产区，品种主要有籼稻，粳稻。海拔较高的地方主要栽培粳稻中的冷水谷，栽培有少量糯稻。栽培技术，《水城县志稿》中关于水稻栽培有“三月整秧田、播种、晒秧水，四月薅早秧，五月薅头秧、晒滥田，六月薅二秧，七月放田水，八月割谷，九月打谷子”的记述。水稻栽培的农事活动，基本沿袭至今。

水稻收获方式，习惯“八月割谷，九月打谷子”，即于水稻成熟时，及早收割，运回家中堆放一段时间，利用晴天在晒坝之上用连枷拍打、晒干、扬净，然后贮藏。故抛撒浪费，不在少量。由于种田成本高，加之市场大米货源供应充足且价廉，农民纷纷将水田改作旱地，种旱地作物，甚至抛荒不种，城市建设占用稻田，境内水田面积大量减少，除大湾镇外，其他乡、镇、街道办事处已几乎无水田。

3. 马铃薯

马铃薯是粮菜兼用的作物。钟山区各乡镇均有分布，多于早春播，盛夏收，生长期短，为农民接茬口粮之一。1988—1997年，常年种植面积和产量在粮食作物中所占比重在30%～35%左右，2001年上升到41.23%。2004—2008年，实施马铃薯万亩高产示范工程，面积和产量在粮食作物中比重，5年平均分别为56.4%和50.34%。

传统品种主要有乌洋芋、钻心乌、慈姑马铃薯、大白花、小白花、红马铃薯、竹根马铃薯等。株高50～80厘米，适应性强，较抗旱耐瘠，生育期150～180天，单产不高，主要分布于温凉地区。

1998—2008年，从威宁引进威芋3号脱毒马铃薯，生育期110天左右，株型半直立，株高40～60

厘米。茎绿色，叶浓绿色，花冠白色，块茎呈长扁形或长筒形，黄皮黄肉，芽眼少而浅，皮网纹，结薯集中，大中薯占90%以上，块茎休眠期短、耐贮藏。中抗晚疫病，抗癌肿病，轻感卷叶病，适于海拔1900～3300米地区，中上等肥力地种植，间作密度每亩种植3500～4000株为宜，套种每亩2000～2500株，平均亩产2774千克，推广种植5万亩。此外还有云南引进的“合作88”等，本地品种基本被淘汰。

4. 大豆

多与玉米套作。常年种植近万亩，由于耕作水平和地力的提高，单产也有所提高，平均年产量递增0.14%。2007年种植2万亩，种植面积和产量居历史最高，平均单产120千克，其总产量占粮食总产量的4.83%。境内主要种植品种有大白豆、猫儿灰、八月黄、大黑豆、茶豆（又名泥巴豆）等，以茶豆适应性较强，其他品种对土壤、气候均有选择。

5. 小麦

民国时期（1912—1949），境内主要种植品种有红花小麦（又名长芒小麦）和白小麦（又名光头小麦），种植面积不大，分布不广。中华人民共和国成立后，逐步引进中农28、矮粒多、南大2419、阿波、大头黄、川北8号、雅安早、贵农10号等品种，小麦生产发展较快。建区之初，实施粮食温饱工程、高产工程及丰收工程，小麦的播种面积曾达到2万亩规模，农民除零星种植有极少的阿波小麦品种外，主要是推广种植贵农10号小麦，并实施分带轮作栽培和配套绿肥聚垄免耕技术，产量有大幅度的提高。1988年推广7840.5亩，平均亩产200千克，最高达512.2千克，1989年推广20654亩，占全区小麦播种面积的93.7%，总产量36.29万千克，平均亩产175.7千克。自20世纪90年代中期起，境内采煤等造成的污染、缺水，以及品种退化、小麦对土壤养分消耗大、易发生病虫害特别是黏虫影响玉米产量等因素，造成小麦栽培数量逐渐减少，现基本停种。

6. 杂粮

境内种植的夏杂粮有大麦、荞麦、燕麦、蚕豆、豌豆等。秋杂粮有菜豆、高粱、小米、天星米、毛稗、红稗、荞麦、绿豆、豇豆、小豆及其他豆类，除菜豆、小豆与玉米套作外，其他零星分布于全区范围内。2006年前种植面积1.2万～1.5万亩，平均单产110千克，2006—2008年，由于马铃薯面积逐年增加，杂粮种植面积逐渐减少，由1.5万亩降到0.5万～1万亩，平均单产稳中有升，由110千克上升到125千克。

（三）粮食工程实施情况

1989—2008年，钟山区共交替实施4项以新技术、新品种、新耕制为主要内容的粮食工程，即粮食温饱工程、粮食丰产和高产工程、粮食丰收工程、粮食增产工程。

粮食温饱工程　1989—1993年，连续5年实施粮食温饱工程。内容是以杂交玉米为龙头，以分带轮作为基础，以种植绿肥为保证，以地膜覆盖为重点，以示范为榜样，以提高单产为目的。具体为推行杂交玉米+分带轮作+地膜覆盖+绿肥、杂交玉米+育苗移栽、马铃薯+分带轮作。区和乡镇分别成立温饱工程指挥部，实行行政干部包任务数量的完成、科技人员包技术指导的双轨承包制。实施覆盖面为乡、镇、办事处的100%，16033户、86036人参加，占农业人口的61.9%。累计实施面积11.15万亩，推广杂交玉米11.14万亩，分带轮作10.05万亩，种植绿肥光叶紫花苕6.5万亩（其中绿肥聚垄免耕2973亩），杂交玉米地膜覆盖3.1万余亩，占温饱工程实施面积的27.8%。共生产粮食5127.45万千克，平均亩产459.9千克，与实施温饱工程前的1988年粮食亩产194.1千克比，亩均增产265.8千克，增长1.37倍。温饱工程实施面积仅占5年总播种面积的14.9%，粮食产量却占5年总产量的44.7%。与常规年份比较，累计增产粮食723.7万千克，增加收入382.7万元。

粮食丰产和高产工程　1994年，在实施温饱工程的基础上，同时实施粮食丰产工程和高产工程。丰产工程是进一步推行杂交玉米+分带轮作+绿肥，马铃薯+分带轮作，增加小麦+分带轮作。高产工程是巩固和扩大杂交玉米+分带轮作+地膜覆盖，杂交玉米+分带轮作+绿肥，马铃薯+分带轮作。工程总计实施9507.7亩，平均亩增粮食317.3千克，共增产粮食301.68万千克。

粮食丰收工程 1995—2004年，实施粮食丰收工程。1995—1998年，在全区10个乡、镇、办事处67个村实施的粮食丰收工程，覆盖面达100%，工程总投入4078.9万元，总产值9628.07万元，增产粮食1436.92万千克，净增产值5549.17万元。其间曾遭遇频繁的自然灾害，但由于粮食丰收工程的实施，农业科技含量的提高，粮食总产量依然保持稳步增长。1999年，完成丰收工程4.5万亩，平均亩产320.8千克，比常规种植增产40.8%，其中完成杂交玉米高产示范工程3.13万亩，平均亩产量417千克，推广种植脱毒马铃薯780亩，完成绿肥种植4.81万亩。工程涉及全区10个镇、乡、办事处51个村192个村民组，实施农户13898户。2001年，完成粮食高产示范工程2.68万亩，杂交玉米地膜覆盖高产栽培2.68万亩，平均亩产417千克，比常规年份平均亩产增产49千克，增幅13%，粮食总产量1117.5万千克，增收131.2万千克。杂交玉米育苗移栽完成1164亩，平均亩产469千克，比常规年份平均亩产增产52.6千克，增幅12.6%，共增收粮食6.1万千克。2002年，推广杂交玉米种植3万亩，占玉米种植面积的47.6%。完成玉米平衡配套施肥5.45万亩，平均亩产423千克，比本地常规品种增产59千克，最高单产达507千克。实施脱毒马铃薯种植4万余亩，占马铃薯种植面积的57.3%，平均单产2025千克。完成绿肥种植面积6.29万亩。2003年，推广杂交玉米种植3万亩，推广脱毒马铃薯种植5.06万亩。2004年，实施杂交玉米育苗移栽3.01万亩，推广旱地分带轮作多熟5.8万亩，脱毒马铃薯4.01万亩，平衡配套施肥8.62万亩，完成绿肥种植4.2万亩。

粮食增产工程 2005年，在全区9个镇、乡、街道办事处实施优质粮食增产工程5.11万亩，配套推广分带轮作、杂交玉米育苗移栽、平衡配方施肥等农业实用技术，共推广杂交玉米种植3.03万亩，玉米育苗移栽3.01万亩，旱地分带轮作多熟制6.05万亩，脱毒马铃薯4.12万亩，平衡配套施肥9.5万亩，绿肥聚垄种植4.5万亩。工程项目通过检查验收和实测，亩均增产204.47千克。2006年，实施粮食增产工程项目5万亩，推广杂交玉米5万亩，完成杂交玉米育苗移栽（含单株直播）4万亩，优质特用玉米1万亩，平衡施肥技术4.25万亩，玉米种子包衣技术4万亩，病虫害综合防治技术4.25万亩，推广脱毒马铃薯4.5万亩，绿肥种植4.5万亩。工程项目平均亩产410.31千克，比前三年平均亩产265.32千克增产144.99千克，亩新增纯收益33.48元，共增收167.4万元。2007年，实施粮食增产工程项目5.04万亩，推广杂交玉米5.04万亩，配套推广杂交玉米育苗移栽5.04万亩（含单株直播4万亩），优质特用玉米1.5万亩，旱地分带轮作6万亩，平衡施肥技术4.25万亩，规范化定向移栽技术4万亩，病虫害综合防治技术4.25万亩，玉米种子包衣技术4万亩。工程平均亩产376.84千克，比前三年平均亩产283.2千克增产93.64千克，亩新增纯收益48.3元，共增收243.43万元。2008年，共推广杂交玉米种植4.54万亩，优质及特用玉米1.52万亩，平衡配套施肥9.06万亩，旱地分带轮作6.22万亩，配套推广杂交玉米育苗移栽2.51万亩，平衡施肥技术2.98万亩，规范化定向移栽技术2.5万亩，病虫害综合防治技术3.01万亩，玉米种子包衣技术2.72万亩，经过检查验收和实测，项目区内平均亩产399.04千克，其中示范样板点平均亩产613.44千克。完成马铃薯种植15.27万亩，总产量17.94万吨。其中推广脱毒马铃薯种植11.375万亩，产量14.3万吨，推广脱毒马铃薯高产示范栽培1万余亩，产量1.79万吨，推广一级脱毒马铃薯扩繁基地512.4亩，脱毒马铃薯推广率达到74.52%。

二、经济作物

中华人民共和国成立前，今钟山区境经济作物主要有油料作物、糖料作物、麻类作物、烟叶、茶叶、桑蚕、生姜、药材、蔬菜、瓜果、花卉园艺作物等。民国6年（1917），水城县桑区事务所将今区境校场及穿心寨划作桑区，植桑成林5万余株，营桑地200余亩。民国32年（1943），水城县农广所在校场辟有苗圃，培育果树苗、茶园，并对主要作物栽培技术进行传授与推广。

中华人民共和国成立后，经济作物有较大发展。1988年，钟山区建区后，贯彻“决不放松粮食生产，积极发展多种经营”的方针，逐步扩大经济作物面积，并根据“因地制宜，适当集中”的原则，调整作物布局，建设各种经济作物的商品基地，促进各类经济作物全面发展。

茶叶 民国32年（1943），水城县农广所在校场建茶园，周边农户渐有零星种植。中华人民共和国成立后，水城县将茶园面积扩大为10余亩，民众称此地为茶叶林。1985年后，随着公路扩建和城市规模的扩大，茶叶林陆续被占用。改革开放前，部分村集体种有茶园（俗称茶叶山）。包产到户后，茶园承包给农户，由于管理不善，任其自由生长，产量很低。1970年、1990年由浙江、福建引入的小叶茶、湖鼎大白茶等，主要在大河、大湾、汪家寨、老鹰山等地种植，多数为农民零星种植。1984年在二塘农业中学种有茶叶100余亩，2008年年末全区共有茶园面积975亩，产茶4.3万千克。

药材 药材种植上规模的有杜仲、黄柏等，其余多为零星种植。

麻类 麻类作物主要有苎麻、大麻，农户自种自用，数量不多。1988年，产量2000千克。2008年种植面积30亩，产量为2000千克。

烟叶 区内未种植烤烟，农户自己零星种植晒烟（旱烟、土烟），不成规模，产量不大。1989年，产量为7.5万千克，1998年，降至2.5万千克，2008年，种植面积480亩，产量为3万千克。

油料作物 油料作物主要是油菜、向日葵、苏麻、芝麻等，农户零星种植。1989年产量1.8万千克，其中油菜籽1万千克。1993年曾达2.3万千克。自1992年后区内基本没有种植油菜，农民零星种植向日葵、苏麻，产量低。

魔芋 农户有在自家房前屋后种植习惯。20世纪80年代后，由于魔芋经济价值日益增加，部分农户开始扩大种植。1997年，区政府投入资金统一购进芋种在老鹰山、大河等乡镇种植，但由于生产技术欠缺和服务体系不健全，农民缺乏管理经验，产品销售没有保障，导致种植失败，造成很大的经济损失，挫伤农民种植的积极性，影响魔芋生产的发展。近年来，农户在自家房前屋后尚有零星种植，产量低，仅供自己食用，极少上市销售。市场魔芋食品，多为购买外地魔芋粉加工。

三、园艺作物

园艺作物主要为蔬菜、果树和观赏植物三大类。种植规模较小，具有较高经济价值。

蔬菜产业 钟山区地处六盘水市中心区，承担供应市中心区和工矿区蔬菜供应的重要任务。境内传统蔬菜主要有40余个品种，以白菜、青菜、萝卜、砍皮瓜、南瓜、四季豆、茄子、葱、蒜、辣椒等为大宗。中华人民共和国成立后，逐渐引进新品种。境内在清乾隆年间（1736—1795），场坝农户已大量种植蔬菜，故得“场坝菜园子”之名。民国期间至解放初期，场坝有菜农40余户，菜园面积160～170亩。所种蔬菜主要供应城内和场坝居民，农村富户遇婚、丧等事，也常进城买菜。

1964年，随着工矿企业的开发建设，矿区干部职工和随队家属等人口大量增加，蔬菜供应紧张。水城矿区政府在矿区实行农、商协作供应蔬菜，一方面由国营蔬菜公司尽量从外地组织货源，一方面发动当地农民种菜，以保证矿区蔬菜供应。并曾提出建设蔬菜基地方案，计划1～2年内达到蔬菜生产自给自足。1964年10月，正式成立专业蔬菜生产队。按照“就地生产、就地供应”“分片包干、保证供应”的原则，在人口密集的工矿区附近，选择肥源和水源条件较好、土地肥沃平坦、交通方便、自然条件好的地方，建立与城镇人口相适应的商品蔬菜基地。建区之初，全区有专业商品蔬菜基地6039亩。蔬菜地分布在人口密集的中心城区和各工矿区附近，划分为中、东部蔬菜片区和西北部蔬菜片区。中、东部蔬菜片区包括原荷城办事处、黄土坡办事处、老鹰山镇、观音山镇、德坞乡，教场乡，共有新生、菜园、钟山、官厅、马鞍、其林、土桥、红岩、白鹤、中坡、幸福，水营、响水13个村、66个村民组，菜农人口3846户、16822人。蔬菜地面积3297亩，占两片区蔬菜地总面积的54.59%。人均菜地0.2亩，年产蔬菜741.8万千克。该片区种植蔬菜历史在20年以上，其中中部是水城老菜园子所在地，具有较丰富的种菜经验和技术。西北部片区包括大湾镇、汪家寨镇、以德乡、纳福乡、二塘乡、三合乡，共有沙坝场、双寨、双营、铺田、塘坝5个村、51个村民组，菜农人口1888户、9450人。蔬菜地面积2741.8亩，占两片区蔬菜地总面积的45.41%，人均菜地0.29亩，年产蔬菜616.9万千克。其中以大桥村的条件为最好，蔬菜上市时间早、产量高、质量好，是市中心城区理想蔬菜基地。

除专业蔬菜基地外，在城郊乡村具有一定种菜条件的地方，粮农在确保粮食自给有余的前提下，利用秋冬季和早春土地空闲种植一部分季节性蔬菜，以弥补专业菜地所产蔬菜之不足。1987年，教场乡秋种蔬菜面积达800亩以上，马鞍、土桥、下马坎、松树坪秋菜种植面积400亩左右，德坞乡西宁、发扬两村种植秋菜面积和早春菜面积100余亩，月照乡金钟、玉顶两村有200亩左右的菜地。东部靠近水城铁厂、小河煤矿、老鹰山镇、观音山镇附近的农业村组，西北部的煤厂乡，以德乡大桥、扁担湾，汪家寨镇和大湾镇矿区附近的农业村组，都种植部分季节性蔬菜。1988年全区早春菜、秋菜种植面积达1450亩左右，年产蔬菜217.5万千克。

1987年，今钟山区境有菜地面积1.55万亩，其中，零星菜地7866亩，季节性菜地1100亩，商品蔬菜（专业蔬菜）地6039亩。蔬菜总产量1614.8万千克，早熟蔬菜约91万千克，季节性蔬菜165万千克。当时，市中心区城镇人口，包括流动人口在内约19万人左右，按每人每天吃菜300克计算，年需蔬菜2080.5万千克，蔬菜自给率为77.6%。

随着国家建设事业的发展，城市和工矿扩建，交通建设和乡镇企业兴起，原有菜地不断被征占使用，加上自然灾害影响，菜地被洪水冲刷、淹没，“三废”污染，在菜地下层抽水、采煤，土地开裂、下陷，地下水位下降等因素，蔬菜生产有种无收或少收，蔬菜基地和其他菜地逐年缩小。1978年，境内菜地面积7062.8亩，到1987年缩减为6039亩，1988年再减少至5836亩。

1988年8月，由六盘水市计委牵头，组织钟山区与市相关部门制定《1989—2000年城郊型农业发展规划——蔬菜水产规划》，全区实施“菜篮子”工程，规划在德坞乡发扬村、月照乡金钟村建商品蔬菜地。

1993年，投资42.3万元建成德坞温室育苗中心，一次育苗可供300亩菜地种植，比农民冷床育苗出苗时间提早1个月，现有日光温室、塑料大棚等现代农业设施265亩。

2002年，区政府投入资金20万元，建设凤凰街道办双龙村果蔬基地。采用承租土地方式，建造12个高标准塑料大棚。2003年4月，区政府又在双龙村建果蔬基地1040亩。至2005年，基地钢架结构和竹木结构的塑料大棚发展到300个，总面积达90亩，成为全区塑料大棚数量最多、面积最大、修建最规范的村。基地形成280亩草莓种植，400亩蔬菜种植的新型科技种植园区和农业观光园区。园区覆盖6个村民组，惠及农户510户、2040人。2005年，基地农民人均纯收入达2468元。是年，区政府投资75万元建设大河镇大桥村蔬菜温室大棚100个，建设面积1.95万平方米。

随着市中心区的拓展和小城镇建设步伐的加快，老蔬菜基地逐年减少，在此情况下，钟山区大力开辟新蔬菜基地，2007年前主要有月照乡独山村200亩辣椒基地，大河镇大地村1000亩韭菜基地，大河镇渡口村100亩蔬菜示范基地，凤凰办事处双龙村1040亩果蔬示范基地。2008年，在大河镇大桥村、渔塘村和月照乡双洞村、玉顶村开发新商品蔬菜基地2500亩。

2008年，全区社会蔬菜播种面积5.127万亩，社会蔬菜总产量8664万千克。蔬菜总产值8664万元，商品蔬菜播种面积达3.62万亩，其中常年菜地9100亩，季节性菜地2.45万亩，商品蔬菜产量

7425.5万千克，菜农人均纯收入2579元，蔬菜总产值9193万元，蔬菜自给率达71.5%。

水果产业　据民国《水城县志稿》载，今钟山区境水果种类有桃、李、杏、梨、柿、梅、花红、核桃、石榴、拐枣、山楂、樱桃、刺梨、葡萄、枇杷等，主要果树种类有梨树、桃树、核桃树、苹果树和李树。原多系农户在房前屋后、田边地角种植，少有成片果园。改革开放后，渐有种植专业户，兴建种植基地。1988年，区境有果园面积367亩，水果总产量16.73万千克，平均亩产456千克。主要分布在区境中、北、西部地区。其中梨树种植156亩，平均亩产476千克，总产量74256千克。桃树种植54亩，平均亩产1262千克，总产量68148千克。苹果种植126亩，平均亩产136千克，总产量17136千克。李树种植面积31亩，平均亩产252千克，总产量7812千克。2007年，受水灾的影响，造成草莓、西瓜大幅度减产。是年，水果生产面积1820亩，其中梨850亩、桃450亩、草莓280亩、西瓜155亩，香瓜85亩。总产量达209.7万千克，其中梨90万千克，桃46万千克，草莓21万千克，西瓜34.5万千克，香瓜18.2万千克。总产值达645万元，其中梨180万元，桃92万元，草莓126万元，西瓜138万元，香瓜109万元。2008年，受雪凝和春旱的影响，西瓜大幅度减产。是年，水果生产面积2500亩，其中梨1650亩、桃450亩、草莓300亩，西瓜100亩。总产量达169.8万千克，其中梨86万千克，桃47万千克，草莓26.8万千克，西瓜10万千克。总产值达421万元，其中梨180万元，桃94万元，草莓107万元，西瓜40万元。

钟山区成立前，1984年，二塘农业中学建育苗基地，其中种植苹果、梨、核桃等果树430株。1988年8月，在二塘乡和月照乡建设水果生产基地，1989年冬至1990年春，在水果基地种植梨树、苹果树1.3万余株，300余农户参加水果基地建设并签订合同，最多的农户种梨树、苹果610株。1999年，始建大湾镇海开村金秋梨基地，面积250亩。2003年，增加到370亩，2005年，发展为1100亩，全部进入盛果期。基地带动大湾镇大湾、大庆、安乐、小湾等村的农户种植金秋梨，全镇种植户230余户，种植面积2000余亩。2002年始建双龙果蔬基地，从重庆引进“石桌1号”草莓规范化种植6亩。至2007年种植草莓280亩，西瓜155亩，香瓜85亩。西瓜平均亩产达2230千克，总产量34.5万千克，总产值138万元。香瓜平均亩产2150千克，总产量18.27万千克，总产值109万元。草莓平均亩产750千克，总产量21万千克，总产值126万元。

花卉产业　20世纪90年代，花卉个体户自行引进和选种适合区内气候生长的绿化苗木及花卉，经营绿化苗木、花卉及盆景。之后，市中心区相继有水钢园林处、德坞聚绿园林、双水百花园、南环路金秋园林园艺4家园林生产实体，占地面积共约400余亩，苗圃基地300余亩，其中设施面积约2000平方米，品种达130余种。主要以经营绿化苗木为主，带有少量的花卉经营，如绿柳、广玉兰、水杉、龙爪槐、凤尾竹、紫薇、樱花、紫荆花、一品红等。在明湖菜场还建有市区内唯一的花鸟市场，花卉品种众多。市场上直接从事花卉营销的有数十家（包括邮政礼仪鲜花），专营鲜切花、盆花等。

四、良种繁育与肥料

良种繁育　1988年，农业部门引进良种小麦贵农10号进行推广种植，1991年曾在德坞、大河等地设点，为盘县收购贵农10号小麦15万千克。1989年起，区种子公司陆续从本省的毕节、黔西、盘县和云南等地引进贵毕303、黔西4号、罗单一号、盘玉1号、兴黔双交、镇玉一号等杂交玉米种子。1997年起，又从威宁县、云南省会泽县等引进米拉、威芋3号、会-2号、合作88等脱毒马铃薯种子进行试验、示范推广、种植。20世纪90年代中期，市农科所率先建成马铃薯脱毒快繁中心，进行脱毒种薯生产。2005年实施马铃薯种薯繁育体系建设项目。区境有民营企业六盘水凉都农业科技有限公司，主要进行马铃薯种薯繁育。

肥料　肥料分有机肥料和化学肥料两类。有机肥料，区境随处可见，用作物秸秆、天然杂草、动植物遗体、垃圾废物等为原料，就地积造和使用，与人畜粪尿、绿肥、山青、堆肥及其他土杂肥等统称为农家肥料。土地未承包前，因化肥尚未广泛推广使用，农民到田野山间割草、刈青、刮落叶（俗称搂木叶）沤肥，主要是为自留地备肥，又为生产队集体土地供肥而挣工分，其次是为家畜垫草（俗称割草垫圈），以至于地坎杂草、山林落叶几乎被割扫殆尽，自然生态受到一定破坏。土地承包后，农民生产积极性高涨，承包耕地植物能满足积肥需要，加之，化肥广泛推广使用，农民野外积肥行为减少，自然生态得以恢复。1988年，大力推广种植紫光绿肥。1988—2008年，共种植紫光绿肥109.14万亩。近年来，农村大力推广使用沼气，农家肥料中增加沼气肥。化学肥料，包括氮肥、磷肥、钾肥、复混肥及微肥，本区农民用得最多的有尿素、碳酸氢铵、硫酸铵、硝酸铵、过磷酸钙、钙镁磷肥、氯化钾、硫酸钾、复合肥。底肥以农家肥为主，拌钙镁磷肥、普通过磷酸钙等化肥，旱地一般亩施500～1500千克。

村寨附近多施人粪尿，坡地多施化肥，一般以氮肥为主，辅以磷、钾肥，在作物拔节、孕穗时进行，一般追2次，有的3次，每亩追尿素12～20千克。另外，有的农户还配合施用一些生物制剂（如增产菌、九二〇、磷酸二氢钾等）及微量元素用于作物叶面追肥，对提高产量均起一定作用。自，20世纪90年代以来，化肥用量增加，农家肥用量下降。1994年以后，农业部门积极开展平衡施肥和测土配方施肥、化肥深施等的田间试验示范工作，用以指导农业生产。

五、农作物病虫害防治

（一）病虫害种类

境内农作物病虫害有50种，其中玉米病虫有13种，马铃薯病虫有14种，麦类病虫有6种，果树及蔬菜病虫有17种。玉米病虫害有黏虫、小地老虎、大地老虎、南方蝼蛄、金针虫、玉米螟、蚜虫、玉米丝黑穗病、玉米大小斑病、锈病、黑粉病、大螟、干腐病。

马铃薯病虫害有黄蚂蚁、小地老虎、大地老虎、蛴螬、南方蝼蛄、跳甲、七星瓢虫、金针虫、蜻象、晚疫病、早疫病、皱缩花叶病、黄斑花叶病、青枯病。麦类病虫害有黏虫、金针虫、麦蚜、蓟马、矮腥黑穗病、锈病。豆类、蔬菜病虫害有大豆卷叶螟、大豆实心虫、豆干黑、黄曲跳甲、蚜虫、豆夹螟、叶褐斑病、大豆霜霉病、菜青虫、菜蚜、地老虎、蝇蛆、菜螟、白菜软腐病、灰霉病、褐斑病、白粉病。

境内鼠害危害面积常年在8万亩次，以小家鼠、褐家鼠为主。2005年开始推广毒饵防治鼠害。境内农作物常见病虫中，病害危害最重、分布最广的有黏虫、玉米螟2种。

黏虫，别名粟夜盗虫、剃枝虫，俗名五彩虫、麦蚕等。区内历年都有不同程度发生，除2007年外，各年度均为中等发生，是农作物最主要的害虫，也是危害最大的害虫。玉米螟，玉米螟俗名钻心虫，成虫属鳞翅目螟蛾科，是玉米的主要虫害。

（二）病虫害防治

病虫害防治主要使用农业技术防治、药剂防治、生物防治、综合防治等措施。20世纪90年代，主要推广有机磷农药和菊酯类农药。农田鼠害防治主要使用溴敌隆、绿敌鼠等抗凝血清药剂灭鼠，农田杂草治理主要采取人工除草、化学除草等方式。在综合防治方面，主要是改革耕作制度、加强肥水管理、加强预测预报、选用抗病品种、加强种子处理或选用种衣剂、土壤消毒等。全区每年防治各类农作物病虫草鼠害17万余亩，有效地控制主要农作物病虫草鼠的危害。1992年3月，在大湾、大河、凤凰3个乡、镇、街道办事处建立病虫害测报点，随时掌握病虫害发展趋势，及时发出预报。1993年，由于城市基础设施建设，凤凰办事处测报点取消，1996年年初，由于经费缺乏，取消大湾、大河两个测报点。

2000年前后，在人民西路面粉厂路口、明湖路朝阳水厂门口、华龙水果批发市场、人民路和场坝等粮食市场设植物检疫点、站，对进入和经过境内运送粮食、蔬菜、水果、种子、苗木等的车辆和市场内商贩的水果、粮食进行检疫，后来，植物检疫点、站撤销。

六、耕作制度

民国10年（1921）《水城县志稿》对水城县（辖今钟山区地域）耕作制度作出具体描述。其土壤耕作制度，可因土壤理化性状差异而分为上、中、下三等，并伴之以不同耕作措施。对“上土”因其“性暖耐旱”，可“不粪而自肥”。对“中土”，若在“雨阳不失时，耕粪不失法”的情况下，“岁亦丰收”。“下土”，则应“粪之尽力耕之”，方“可望薄收”。此外，从其记述有关农事活动，可见当时耕作制度之一斑。志稿云：“芷月，驱牵索，整田器，砌田坎，耖生地。2月，整水车，烧生地，点春荞，犁水田，耖干田，除牛粪。3月，栽苞谷，整秧田，播种，晒秧水。4月，浪田，栽早秧，薅苞谷，割大麦。5月，薅头秧，晒滥田，获荞。6月，薅二秧，获燕麦。7月，除茅稗，放田水，点秋荞，荐新。8月，收苞谷，犁板地，割谷。9月，打谷子，种豌豆。10月收秋荞，点小春，犁冬田。11月，砍柴，驮刺，整犁援。12月，看冬水，护林木，整房，盖墙坦农具。”可见当时耕作与栽培，虽粗放、原始，但已形成一套较完整的耕作制度。

20世纪50年代初期，各地通过垦复荒田荒地，扩大耕地面积，作物年产量有大幅度提高，即所谓“广种薄收”。20世纪50年代末，随“大跃进”运动掀起，压缩耕地面积而试图走“少种、高产、多收”道路，然深耕过度，高度密植，造成作物大面积大幅度减产，有的耕地甚至颗粒无收。后来，一度在各地试行挖大坑种植玉米（俗称栽大窝苞谷），收效甚微，未曾推广。

1988年建区以后，随复种指数不断提高及多种农业技术措施配套应用，促进全区耕作制度的全面改革和作物产量的不断提高。境内推广的耕作模式有一年一熟制、一年二熟制、两年三熟制、果园间作模式、茶园间作模式。

第三节　养殖业

1988年前，农村一贯习以牛、马、羊、猪混群放牧，同圈关养，圈陋坑深，阴暗潮湿，粗糙管理。有的如坐“粪水牢”，往往是黄牛成“水牛”，白猪成“黑猪”，绵羊“披绳挂珠”，马“穿盔甲”；有的人畜同宅，房圈相通。受自然经济思想影响，对畜禽只注重存栏而忽视出栏，喜养长寿畜禽，饲养量长期徘徊，固守“养猪为过年，养牛为种田，养鸡为找几个盐巴钱”之俗。进入20世纪80年代以后，科学养殖技术得到较快普及，发展一批养殖专业户，部分农户养畜条件及养畜旧习逐步改变，各种畜禽发展较快，效益明显提高。

1988年起，钟山区相继实施城郊商品猪工程、牛改项目、羊改项目、奶源基地建设项目、优质家禽基地建设项目、优质猪生产基地建设项目。项目以推广良种为龙头，科学饲养管理为手段，防疫为保障，商品生产为目的，起到良好的示范带动作用。1989年，畜牧业产值1508万元，占农林牧渔总产值比重的29%。肉类总产量325.2万千克。全区畜禽存栏数：牛12070头，马骡3704匹，猪51864头，羊8635只，禽67278羽。

2008年，畜牧业产值17197万元（现价），占农林牧渔总产值比重的53%，比1988年增长13个百分点。年末存栏生猪72280头，比1988年增长34.2%。大牲畜7088头（匹），比1988年下降115.2%。羊4602只，比1988年下降103.97%。家禽586527羽，比1995年增长83.87%。出栏生猪83873头，比1988年增长62.8%。牛1408头，比1988年增长84.2%。羊4732只，比1988年增长58.3%。家禽940719羽，比1991年增长93.6%。禽蛋产量65.4万千克，比1988年增长85%。肉类总产量989万千克，比1988年增长69.8%。

一、家畜家禽饲养

（一）猪

今钟山区境民众（除回族外）向有养猪习惯，并在整个畜牧业中一直占主要地位。中华人民共和国成立前，较多农户无力养猪，较富裕人家能养1～2头。解放初，养猪农户增多。1958年，水城县在区境兴办金竹林（今月照乡境）“万头猪场”，并派出畜牧代表参加北京召开的全国农业社会主义建设先进单位代表大会。随后，各级大办养猪场。“穷人不离猪，富人不离书”“养猪不赚钱，肥了一块田”习为民说。1978—1988年，今钟山区境猪肉自给率只有20%左右，六盘水市食品公司从外地调进22.4万头猪供应市中心区城镇居民，年均2.2万头。每年调入冻肉120余万千克，需由财政补贴亏损100余万元。1990年，区畜牧局技术干部指导德坞、校场、凤凰乡及汪家寨镇300余户养猪户发展商品猪1万余头，年均出栏率在90%左右，农户累计盈利10万元以上。1991年，钟山区被列入贵州省首批推行“两推五改”养猪试点县，即推广仔猪综合培育技术、推广猪病综合防治技术、改本交为人工授精、改本地猪育肥为杂交猪育肥、改吊架子育肥为直线育肥、改熟料稀喂为配混合生料干喂、改深坑湿圈为平干圈等配套技术，促进商品猪发展。

本地猪　可乐猪（乌金猪、乌蒙猪）。其主要特点是个体小，成熟早、耐粗性能强。皮厚，瘦肉率达35%，脂肪49%，肉质优良，后腿发达，适于加工火腿。平均窝产仔猪7.7头，成活率达95%。公猪2—3月龄即可配种，母猪3—4月龄开始发情。仔猪初生体重轻，平均只有0.8±0.35千克，双月重平均达6.2±1.43千克，个体间差异大，育肥期长，一般喂养1.5年左右才能出栏。

外来品种及改良猪　20世纪60年代引进肉脂兼用型的巴克夏、约克夏、苏白猪等品种，改良效果好。20世纪80年代先后引进少量杜洛克、长白猪、汉普夏等瘦肉型良种公猪，与苏白猪、本地猪杂交，改良效果明显。杜洛克与苏白猪杂交一代，10月龄体重可达120千克，瘦肉率50%。1990年，实施城郊商品猪工程，引进荣昌猪和隆昌猪给农户饲养。1998年，开始推广外三元杂交猪，长白、约克、杜洛克猪种大量引入，2006年，引入PIC猪，全区已不饲养本地猪。

1988年，全区猪存栏数为47545头，2008年，全区猪存栏数为72280头。钟山区建立时，养猪专业户兴起，后来的专业户先后创办较有规模的养殖场。2007年始，规模养猪在全区兴起，全区养猪业空前发展。2008年，全区有规模养殖场117个，其中，存栏母猪400头以上的养殖场5个，存栏母猪100～399头的养殖场10个，存栏母猪50～99头的养殖场22个，存栏母猪15～49头的养殖场（户）46个。出栏猪1万头以上的养殖场5个，出栏猪100头以上的养殖场32个。

传统饲喂方式多用青饲料（猪草），加少量精料（主要是玉米磨粉或者马铃薯）混合煮熟，日喂2～3次，也有将猪放牧，只喂1次。畜舍多采用挖坑垫草。肥猪一般采用“吊架子育肥”，以青饲料为主吊架子，再以玉米、马铃薯、大麦等精料为主催肥。自20世纪80年代始，规模饲养场多采用综合配套养猪技术，农村个体则延用传统饲喂方式。

（二）牛

1989年，全区牛存栏数12070头，2008年，全区牛存栏数6327头。区境内主要有水牛、改良牛、奶牛3种。

本地牛　水牛系华南沼泽型，役用。背腰平直，四肢粗壮，肌肉丰满，性格温顺，毛铁青或灰黑色。母牛3～4岁开始配种，繁殖年龄到18岁。夏末秋初发情，孕期330天左右。役牛平均每小时耕田0.59亩，广泛分布坝子和水田地区，是钟山区主要役用牛。黄牛毛色以黄色居多，体型矮小，但四肢强健、行走灵活，善爬坡，耐粗、适应性强。外来品种主要有黑白花奶牛，数量少，1998年仅有40余头，饲养在城东郊的水城种畜场，郊区农村还有少量的黑白花、辛地红与本地黄牛的杂交改良牛。

改良牛　1957—1987年，今钟山区境引进黑白花色杂交公牛对本地牛进行改良，改良数量不多。1989年，引进西门塔尔牛高代杂交牛4头，2000年引进安格斯种公牛1头，分别投放在月照大坝、德坞马落箐、汪家寨吴家寨，大河周家寨，大湾海嘎建设牛改点。2000年后，引进黑白花牛、利木赞牛、安格斯牛牛颗粒及细管冷冻精液建设牛改点，对本地牛进行改良，改良后的杂交牛体格增大，成为役肉乳兼用牛。

奶牛　1963年，引进黑白花奶牛6头在放马坝饲养。1984年，在市中心区东南隅的凤凰乡一带由国家投资66.4万元，兴建水城奶牛场，由于引进奶牛质量差、管理不善，1990年，剩奶牛40余头，日产奶100余千克，年产2万～3万千克。鲜奶成本高，年亏损15万～16万元，后闲置。2008年6月，该奶牛场卖给个人，用作牛、羊、马等牲畜屠宰场。1983—1984年，先后从花溪和福建引进黑白花奶牛53头在茶叶林（荷城办事处）建立奶牛场。1988年将其搬到凤凰办事处，仅剩38头，饲养粗放，每头牛年产奶仅1000余千克。1989年，从云南耳源引进36头，2000年，从云南耳源引进奶牛7头，在凤凰办事处明湖饲养。2001年，搬到老鹰山镇，牛增加到78头，2004年，实施贵州省农业调整项目钟山区奶牛项目，建立金河乳业公司，2005年，又建立钟山区凉都乳业公司，同时实施钟山区奶源基地建设项目。2006年奶牛存栏达148头，分别饲养在老鹰山、大河、凤凰3个镇、办事处，但由于公司经营不善，奶牛养殖减少。2007年，全区存栏奶牛下降至86头，年总产牛奶28.8万千克左右，全区每年人均拥有牛奶0.64千克，日均人拥有牛奶量1.8毫升。至2008年由于经营管理不当，牛奶生产已经接近停产。

传统饲养多为零星放牧，进入使役期，适当增加精料。农户中尤以苗族农民有“料力、草膘、水精神”养牛经验，平时适当补充精料，冬天用盐水、人尿浇草，提高草料适口性，备足越冬干草，防止耕牛掉膘、倒冬。2000年始，推广人工种草饲料，部分农户发展商品牛养殖，主要是对瘦牛育肥，补充精料，适时出栏。

（三）马

1988年，区境农村尚有马3694匹，2008年，全区马存栏数减至761匹。境内马品种是黔西马种，属西南山地小型马，个体小，背腰短，四肢强健，能驮善挽，步子轻快灵活，便于山区羊肠小道使役。驮运时速4千米，驮运量可达其体重的70%。拉车时速5.46千米，双马可拉1500千克。成年马体高平均115.6厘米，体长平均114.5厘米，胸围平均132厘米，管围平均15.5厘米，体重平均191千克。主要分布在交通闭塞、山高路陡山区，在相当长时间内，马匹是农村短途运输的主力。近年来，由于公路大量建设和机动车广泛使用，马匹数量大量减少，仅大湾镇大箐等边远山村尚有少量饲养。

（四）羊

1988年，存栏9387只，2008年，存栏4602只，区境内主要有山羊、绵羊、改良羊3种。

山羊　品种主要为贵州黑山羊，肉皮兼用，毛多为黑色，公母羊均有角，体质结实紧凑，头颈适中，背腰平直，四肢强健，善于攀登山崖，觅食种类广，抗病力强、耐寒、耐粗、耐湿、早熟。公羊4～6月龄初配，母羊多在7～12月龄配种，妊娠期150天左右，产羔率120%～130%。多数公母羊混群放牧，近亲交配严重，本地山羊肉质细嫩，膻味轻。毛质好，平均每张羊皮5860平方厘米。

绵羊　本地绵羊品种属藏系山谷型粗毛羊，现仅韭菜坪地区有80余只。善爬山，耐粗饲，公羊平均产粗毛1.39千克，母羊仅0.72千克。公羊平均体重为37.89千克，母羊32.51千克。配种季节在6～10月，妊娠期148～152天，单羔率约占80%，双羔约占19%，三羔约占1%。羊毛白色，毛纤维粗而长，毛不同质，可制地毯，当地群众多用来擀毡，毛密度差、产量低，成年母羊年产毛量0.72千克，公羊1.39千克，羊毛长度8.5～12厘米、净毛率86.67%，屠宰率41.87%。

改良羊　绵羊的杂交改良，自20世纪50年代以来，曾先后引进考力代半细毛羊、新疆细毛羊，苏联美利奴羊来改良本地绵羊，效果显著。产毛量成倍增长，二代至三代杂交羊，产毛量可达3.6～4千克，肉用性能也有很大的改善和提高。山羊的杂交改良，20世纪80年代初曾从山西引进百余头沙能奶山羊，但由于饲养管理不善，缺乏配套服务，损失在90%以上。1999—2005年，引进南江黄羊在月照乡大坝村进行扩繁，引进南江黄羊和波尔山羊种公羊在月照乡大坝村、大河镇大地村、大庆村、老鹰山镇仁河洞村、大湾镇海嘎村、腊寨村、德坞马落箐村、汪家寨镇吴家寨村建立羊改点，对本地山羊进行改良。

饲养以放牧式居多，进入枯草期，适当增加精料，主要以玉米、大豆、马铃薯等进行补料。冬天用盐水、人尿浇草，提高草料适口性，备足越冬干草，防止掉膘。

（五）家禽

1993年，存栏113876羽，2008年，存栏586527羽。区境内主要有鸡、鸭、鹅、鸽、鹌鹑、兔、狗7类。

鸡　系境内主要家禽，约占禽类95%左右，群众素有“日常零用靠鸡鸭”之说，城乡普遍饲养，尤以农村几乎户户皆养，少则3～5只，多则10余只至几十只，多为散养。1988年后，规模养殖兴起。本地麻黄鸡，肉蛋兼用，母鸡多为麻黄色、麻褐色和麻花色，间有白、黑及杂色，体重平均1.82千克。年均产蛋91枚，蛋重49.5克，就巢性强，每次平均26天。公鸡多为红色，体重平均2.19千克。饲料转换率低，耗粮多，群众有“斗米斤鸡”之说，但肉质细嫩，味美。本地高中鸡（又名高脚鸡或大种鸡），母鸡多为黑褐或灰色，体重2.37千克，年均产蛋64枚，重52.8克，就巢性强，平均每次24天。公鸡为黑、红色，羽毛稀疏，体型高大，体重3.4千克，肉质细嫩。

民国时期，有外国传教士引入英国鸡种，时称“洋鸡”。20世纪50年代中期起，各地陆续引进少量白洛克、澳洲黑、九斤黄及来航鸡等外国鸡种，传孵出较多血缘混杂不清的杂交鸡。1958年，水城县配种站从贵阳洛湾种猪场引进一批来航鸡种蛋，用本地母鸡孵化育成4只母鸡产蛋，传养于校场、麒麟一带。1960年，从重庆引进10余只来航鸡和澳洲黑，在金竹林猪场饲养，未传为种群。70年代引进贵农黄接代，传养时间较长，1976年至80年代中后期，窑上商业养鸡场引进贵农黄、贵农金黄、白洛克、来航等品种，规模由数百只发展到数千只，产品多在黄土坡市场及市直机关供应。80年代随矿区建设及人民生活提高之需，市区内几度掀起“养鸡热”，先后涌现出一批养鸡专业户，城镇居民养鸡亦迅速增加。1982年，市政府抽调技术人员组成“两户”（专业户、重点户）工作组，对水城特区城关、大河等17户养鸡专业户举办技术培训班，帮助实施配套技术，仅一年多时间为市场提供商品肉鸡1.6万只。1990年后，白洛克、斗鸡、九斤黄、贵农黄、AA鸡、火鸡等逐渐引进。随着规模养殖的兴起，肉鸡以铁脚麻爱维因、快大黄鸡为主，蛋鸡以尼克珊瑚粉为主。

本地鸡传统饲养，白天放养，补料1～2次，晚上入笼。传统孵化法，2～4月孵化称“早春鸡”或“清明鸡”，10月育雏鸡称“谷桩鸡”。少数专业户多采用圈养，每天喂食3～4次，加喂青饲料。由于饲喂方式不一，导致市场上的鸡价及鸡蛋价格不一。自然放养（俗称土鸡）的鸡和鸡蛋价格最高，圈养只喂苞谷（俗称苞谷鸡）的价格次之，而完全饲喂配合饲料的鸡和鸡蛋价格最低，每千克级差价在6元以上。由此，催生“林下养鸡”模式，2002年，老鹰山镇仁河洞村村民杨成高由贵州省畜牧兽医科研所供种，始于河沟饲养“爬山鸡”。

2000年后，规模养殖兴起后，以引进出壳鸡进行育雏，规模圈养为主，采用全价饲料，2～4月龄出栏，体重在2千克以上。2006年，以裕丰公司为龙头的优质肉鸡基地建成，2007年，裕丰公司建立种鸡场，引进铁脚麻种鸡2万套，自己孵化商品肉鸡。2008年，全区年出栏5000羽以上的商品鸡场36个，出栏2000～4999羽的商品鸡场有14个，年出栏商品鸡61万羽，占全区家禽出栏量的70.1%，有2000羽以上的蛋鸡场15个，存栏7.5万羽，产蛋量为55万千克，占全区禽蛋产量的89%。

鸭 各地均有零星饲养，鸭食量较大，俗有“家有千石，不养瘪嘴吃饭”之说，故养量不多。主要分布于有稻田、河流、池塘地区，少数乡村亦养旱鸭。本地鸭耐寒耐粗食，抗病力强。公鸭头颈上部羽、尾羽、性羽系墨绿色，且发光，绿头多，体重平均1.67千克。母鸭羽毛黄褐色、黑色，有的黑白相间，体重平均1.71千克，春夏秋产蛋，以秋季为主，年均产蛋160枚，蛋重62.51克。1987年后，农户自己先后引进四川麻鸭、番鸭、京鸭、樱桃谷鸭、康贝尔鸭等，巢舍设在屋檐下，用木竹编织或石砌成，早晨将鸭群赶至河边或水田，傍晚赶回，或自动早出晚归。水稻出穗时，关院内饲养。山区养旱鸭居多，与鸡、鹅一起喂养。

鹅 民间视鹅为吉祥物，成对饲养，甚至有的喂“长寿鹅”，视为兴旺发达之兆，以避邪、防蛇、防贼。各地有零星饲养，养数尤少，多作自食。

本地灰鹅属平坝灰鹅型，适应性强，性成熟晚。公鹅头粗大，额瘤突出，脚粗壮有力，体重平均4.58千克。母鹅头较小，颈细长，腹大下垂松软，体重平均4.72千克，年产蛋20～30枚。本地白鹅属川鹅类型，耐粗料，抗病力强。公鹅额瘤不突出，背短平，体型紧凑，体重平均4.39千克。母鹅头细，颈长，腹大松软，体重平均4.02千克，年产蛋40～50枚，重121.45克。20世纪60年代后，先后引进广东狮头鹅和川鹅，饲养多利用田边地角、荒坡放牧，或赶到收割后田地里啄食遗粒，或利用水面牧放。

鸽 境内养鸽多在城镇，养殖户较少，养殖数量也不多，以观赏鸽为主。1988年后，养信鸽、肉鸽者渐多。乡村养鸽时间最长者是老鹰山镇石河村水营组村民马永华，养殖时间近40年，鸽的数量20～40只。

鹌鹑 20世纪80年代中期，窑上商业养鸡场从贵阳引进50只饲养，之后发展到100余只，因饲养管理要求高，效益欠佳，不到2年停养。之后，场坝亦有专业户饲养，同样因效益不好，养者逐渐减少。20世纪80年代后，鹌鹑虽然适销对路，被视为宴席佳肴，但其产品多来自昆明等地。

兔 本地兔皮肉兼用，以肉为主，毛多为白色，少数为青灰、紫灰和黄色，毛短体小，每年繁殖3～4胎，平均每胎产仔6只，成活率平均66%，成年公兔平均1.9千克，母兔2.1千克。自2000年始，养兔的养殖户增加，引进新西兰兔、比利时兔、青紫兰、宝石花、八点黑等品种。2008年年末，兔存栏1300只，总出栏9000只。

狗 境内农村养狗普遍，主要用于看家护院。2006年，全区共有狗18981只，多的村寨户均1只。狗的颜色多为黄色，其次为黑色、花色、白色，一般不专门喂食，任其自由觅食。狗一般春秋两季发情，繁殖率高，每窝产仔4～5只，狗皮可作垫褥子和皮衣，冬皮最佳。近年来，部分城市居民热衷于饲养宠物狗。

二、水产养殖

（一）养殖

境内水域总面积7017亩，其中可养殖水面2328亩，占总水域面积的33.2%。全区池塘水面363亩，占可养殖水面的15.6%，水库面积150亩。境内水产养殖主要是鱼类及少量牛蛙，鱼类种类较少，主要有鲢、草、鲤、鲫鱼等。养殖水域主要是池塘，品种不多，产量不大，部分池塘养鱼兼作休闲钓鱼以增加收入。由于受自然条件及投入因素的影响，养殖形不成规模，渔业经济总量小，市场供应的水产品大部分靠外调，价格较高，品种较少。

中华人民共和国成立前，今区境内池塘、大小河流均有鱼、虾等水生生物。旧志记载，“水城河水涨，城东门下河沟鱼聚成堆，堵塞河道”。中华人民共和国成立后，特别是“三线”建设开始，建设大批工厂，开挖矿产，中心区和工矿区人口增加，河流污染。20世纪90年代初，境内主要河流鱼虾等水生动物绝迹。沼泽、田块及沟渠，尚有本地鱼种及泥鳅、黄鳝、螺蛳等，后来，因农村大量水田改作旱地，城市建设占用水田，加之，外省到市区居住人员喜食水产品，乃于水田和河沟捕捉和捡拾，致境内鱼种、泥鳅、黄鳝、螺蛳等野生物种难觅踪影。

1975年，在技术人员蓝相昌的协助下，德坞乡钟山大队第二生产队用稻田建池塘20亩办鱼种场，从湖南祁东县聘请鱼农邓明贵作技术指导。次年6月从花溪鱼种场引进鲤鱼夏花2万尾和草鱼乌仔8万尾，培育出鱼种3万余尾。1977年，培育出鲤鱼鱼种1万余尾。后由于技术及气候等因素，育种多失败。1978年后，鱼种场水源、水质污染日趋严重，致鱼死亡。1978年鱼种场停办。

1984年，有退休职工喻祥龙等人在马鞍、土桥处用稻田养鱼，1985年，市水产站指导明湖村二组的农民在稻田里养鱼，虽投放鱼苗时间晚，鱼苗规格小，饲养管理粗放，1亩稻田可收成鱼或鱼种2.5～3.5千克。随后，白腻乡水营队等地亦发展稻田养鱼，但规模较小，产量低。1988年，水钢动力厂建温流水池3个，共120平方米，投放尼罗罗非鱼4500尾，经133天饲养，收鱼129.85千克，折合亩产721.7千克。一年可养2次，年亩产1443.4千克。

市中心区有水库2座，面积620亩，其中窑上水库485亩，建库以来水利部门虽曾多次投放鱼苗鱼种，但因投放的鱼苗过小，又是长途从省外运进，成活率低，加之水库水温低、水质瘦，库底不平，不利投放饵料等因素，库内鱼口密度小，捕捞不出，未形成产量。后来，市政府将该库作为生活用水水源加以保护，未投放鱼苗。德坞水库135亩，是个筛子库，长期闲置未使用。地处滥坝火车站旁的家俄堰塘，雨季积雨成塘，塘面积可达400余亩，底较平，水深2米左右，水质清新，鱼种丰富，塘之上游各沟渠，鱼儿成群结队，随处可见。1985年特大洪水，该塘水涨，淹没塘边公路和上游农田，其后在塘下部开挖泄洪道，从此水面被控制，2000年后，附近居民屡运土填塘建房，使该塘面积迅速减少，至今该塘仍未规划利用。

（二）销售

1988年，水产品销售区域主要集中在黄土坡的几个农贸市场和场坝、老城、水钢的几个小菜场里，且数量少，品种也不多。经过20年的发展，现在市区有5家批发水产品的商户，最大的是明湖菜场的渔业协会，平均每天的销售量都在3000千克以上。市区的60余个农贸市场里，每个农贸市场都有2～3家销售水产品的商户。全区5个乡镇周边厂矿的农贸市场每天都有水产品销售。全区各农贸市场销售的水产品主要从黔西南的万峰湖以及广西、湖南等地调进，仅市中心城区每天从外地调进的草、鲤、鲢、鳙鱼等鲜活水产品超过5000千克，且价格高于全省其他地（州、市），需求缺口较大。随着城市规模的不断扩大，民众生活水平不断提高，对水产品的需求越来越大，水产品市场前景十分广阔。

三、畜禽品种改良

1988年来，区农业部门相继实施城郊商品猪工程、牛品种改良、羊品种改良、猪品种改良、三元杂交猪生产、林下种草养鸡、奶牛养殖、肉牛基地建设、优质奶源基地建设、优质家禽基地建设、良种家禽推广、标准化生猪养殖场（小区）建设、优质猪基地建设、良种猪推广等项目。推广综合配套养殖技术、种草养猪技术、仔猪补料、早期断奶技术、犊牛补饲技术、人工授精技术。全区共建牛品种改良点10个，猪品种改良点68个。

四、草地建设

境内牧草种类多。1988年有饲用植物40科、192属、514种。其中禾本科64属、193种，常见有芸香、画眉草、金茅、荩草、狗尾草、野古草等。豆科8种，有野豌豆、白三叶、鸡眼草、百脉根等。莎草科17种，有香附子、牛毛毯、猪毛草、三棱草等。菊科6种，有白蒿、青蒿、蒲公英、鬼针草等。其他科7种，有小果蔷薇、金桃子、地榆、红子等。禾本科牧草覆盖度和产量均占优势，但夹杂有五节芒、扭黄茅等，含粗蛋白低，粗纤维高，仅在2—5月嫩草阶段易放牧。草场面积较大，有天然草场8.56万亩，占土地总面积的12.23%，其中成片草场5.08万亩，零星草场2.28万亩，田地坎草场1.2万亩。经测定，上述三种类型草场年亩产鲜草分别为478.5千克、781千克及700.4千克。年可产鲜草5050万千克，可载畜5318个黄牛单位（每个黄牛单位年耗鲜草9490千克）。草场主要分布地区：老鹰山镇1.6万亩，麒麟、教场乡0.43万亩，二塘乡0.54万亩，汪家寨镇0.48万亩，300亩以上成片草场主要分布在月照乡。

自1982年始，陆续引进红三叶、白三叶、多年生黑麦草、多花黑麦草在今区境德坞乡、凤凰乡种植，建设人工草场4000余亩。起初，牧草生长良好，平均年亩产鲜草375.5千克，牧草营养价值高，经测定含粗蛋白质16.7%（干物质）。后因管理不善，未合理利用，致使草场退化。1990年，产草量降到10千克/亩以下。

1988年，境内城郊草山草坡、荒山荒坡有33.5万亩，占市中心区总面积的48%。这些荒山荒坡、岩石露头多、土质瘠薄，不易保持水土，产草量低。据测定，亩产鲜草仅150千克左右。2008年，全区可利用的各类天然草场7.9万亩，其中成片草场可利用面积5.3万亩，零星草地6000亩，田地坎草地3110亩，疏林草地5.52万亩。

1988—2008年，全区共种牧草2.3万亩。主要有多年生黑麦草、紫花苜蓿、一年生黑麦草、菊苣等。

五、饲料加工销售及质量监管

境内青绿饲料品种多、分布广、产量高，主要有萝卜、蔬菜脚叶、南瓜及绿肥等。1988年，年总产量约有1500万千克，可饲养1535个黄牛单位的畜禽。根据1988年粮油作物产量推算，农作物秸秆有2431.9万千克，但利用率低，仅为30%左右，可载畜6406个黄牛单位。谷物饲料用作饲料粮的约占粮食总产的5%～10%，共120万千克。1988年，根据粮油作物产量推算，城郊农村有糠麸、油饼377.2万千克。酒糟、粉渣及豆粕类饲料每年约有334.8万千克，其中酒糟328.5万千克、粉糟3000千克，豆粕6万千克。境内各类粮食加工厂每年约有500余万千克麦麸等副产品。

钟山区成立前，1984年市粮食局兴建年产3000吨的饲料加工厂，教场乡建一个年产2000吨的饲料加工厂，德坞乡及水城种畜场也分别有年处理1000吨及500吨的饲料加工机组。水城水泥厂也有年生产能力共3000吨的饲料加工机组2套。中心区共有年生产1万吨饲料的加工能力，但由于原料筹运不力，生产很不正常，加之价格高，质量差，配（混）合饲料的产量不稳定，1989年，市中心区配（混）合饲料生产量仅有3000余吨。之后，饲料工业发展缓慢。

1988年以来，钟山区由于地处六盘水市中心区，交通便利，在区内荷城办事处钟山村人民中路自发形成一个农贸市场，批发兼零售饲料产品、兽药产品，销往本区各镇、乡、街道办及水城县、纳雍、赫章等地。销售的品种有骆驼、怀化正大等品牌饲料产品、玉米面、麦麸等。猪饲料以浓缩料为主，鸡饲料以全价饲料为主，年销量2万余吨，其余各村皆有零星的饲料、兽药经营户。2008年，农业部门对全区的饲料兽药批发经营户实行GSP管理。

六、畜禽疫病防治

境内畜禽疫病种类繁多，分布广，常流行。中华人民共和国成立前，畜禽发病基本无西医治疗，仅民间兽医用中草药治疗部分牲畜的一些普通疾病，传染病只能以症状称其病名，如猪瘟、牛瘟、鸡瘟统称“瘟病”，炭疽称“生癀”或“飞疔”，牛出败称“清水喉”，气肿疽称“黑腿瘟”，疝痛称“发水”，猪丹毒称“打火印”，猪肺疫称“肿脖子”等。

（一）疫病种类

畜禽疫病有传染病、寄生虫病、内科和外科疾病、营养代谢性病、中毒性疾病、产科病等几大类上百种，人畜共患传染病23种，多种畜禽共患病有13种，猪传染病24种、猪寄生虫病13种，牛羊传染病36种、牛羊寄生虫病13种，马传染病13种、马寄生虫病12种，家禽传染病40种、家禽寄生虫病10种，犬猫传染病23种、犬猫寄生虫病8种。另外有内科和外科疾病99种、营养代谢性病12种、中毒性疾病26种、产科病10种。

境内一类动物疫病主要有口蹄疫、高致病性蓝耳病、猪瘟、山羊痘、鸡新城疫。二类动物疫病主要有狂犬病、牛病、猪丹毒、猪肺疫、猪繁殖与呼吸障碍综合征、猪细小病毒病、仔猪副伤寒、猪传染性胃肠炎、仔猪黄白痢、鸡传染性支气管炎、鸡传染性法氏囊病、鸡马立克氏病、鸡产蛋下降综合征、禽霍乱、鸡瘟、鸡球虫病、鸡白痢。

（二）疫病流行

1990年，德坞镇、荷城办事处、汪家寨镇的商品猪基地发生猪传染性胃肠炎，共发病1600余头，发病率达80%以上，发病死亡率达6%左右，经治疗，大部分生猪恢复健康，猪源为四川引进。1998年，德坞的西宁村发生猪口蹄疫，发病头数为507头，其中，从广西引进（贩运）320头，本地饲养187头。1999年，发生口蹄疫，其中猪485头，牛209头，羊120只。大湾镇大湾村猪发病头数为307头，全部为四川引进（贩运），其余为其他乡镇发生。

2001年，全区有35个村散养户发生动物疫病。其中猪瘟1128头，死亡956头。猪丹毒760头，死亡668头。猪肺疫779头，死亡511头，鸡新城疫3028羽，死亡2781羽。

2002年，全区有33个村散养户发生动物疫病，其中猪瘟886头，死亡713头。猪丹毒392头，死亡328头。猪肺疫399头，死亡204头，鸡新城疫1316羽，死亡1110羽。2003年，大湾镇腊寨村两个规模养殖场发生山羊痘，共养羊280只，发病217只，死亡166只。老鹰山镇仁河洞村一规模养殖场发生山羊痘，发病152只，死亡50只。2004年，汪家寨镇新华村6户散养户发生山羊痘，无害化处理染疫山羊50只。德坞白鹤村一养殖户发生鸡新城疫，发病2500余只，死亡1500余只。是年，全区无害化处理五号病动物，其中猪13头，牛16头，羊3只。2005年，月照乡大坝村3户散养户发生山羊痘，无害化处理染疫山羊40只。大河镇大箐村发生鸡新城疫，发病120只，死亡114只。大河镇渡口村发生鸡传染性支气管炎，无害化处理染疫鸡100只。大河镇大箐村发生鸡新城疫，无害化处理染疫鸡40只。

2006年，大湾镇顶拉村发生鸡新城疫，饲养2500只，发病2200只，死亡1940只。月照乡大坝村发生1例狂犬病，作扑杀处理。大湾镇顶拉村发生禽霍乱，饲养2600只，发病2200只，死亡2000只。2007年，月照乡大坝村发生口蹄疫，无害化处理染疫动物牛92头（60头为外地引进），羊82只。荷城办事处一农户发生生猪死亡79头，死亡原因不明，作无害化处理。大湾镇大湾村发生猪蓝耳病，波及规模养殖场4个，发病生猪4000余头，死亡3000余头，共无害化处理染疫生猪7383头，其中仔猪占80%。

（三）疫病防治

1988—2008年，钟山区不断加大动物防疫工作力度，做到防疫物资、经费、措施到位，实行强制免疫和计划免疫相结合，坚持因病设防、防重于治，并在春秋两季集中防疫注射2次，市场补针和常年补针为辅，以口蹄疫、高致病性禽流感、高致病性蓝耳病、猪瘟、炭疽、鸡新城疫等动物传染病为主要防疫对象，对口蹄疫、鸡瘟、高致病性禽流感、高致病性蓝耳病、奶牛结核、马传染性贫血病等重大疫病进行监测，积极防治仔猪副伤寒、猪肺疫、猪丹毒、狂犬病、牛出败、气肿疽、马鼻疽等疫病。在全区范围内大力推行动物免疫标识制度。严格按照省市下达的动物免疫任务指标完成各项动物免疫工作，其中牲畜口蹄疫、高致病性禽流感、高致病性蓝耳病防疫完成密度为100%，鸡新城疫和猪瘟防疫在95%以上，防疫密度基本达到要求，免疫质量和效果都有所提高。平时做好消毒和驱虫等，发现疫情后能及时进行处理，未出现因防疫不力而造成大面积暴发疫病的情况发生，动物发病率和死亡率都有所下降，动物死亡率控制在允许范围内。

2008年，组织区、乡畜牧兽医技术干部，村级防疫员，镇、乡、村级行政干部等356人参与动物防疫工作，共为14.13万头猪，1.12万头牛，1.14万只羊免疫注射口蹄疫疫苗。为13.75头家畜注射高致病性蓝耳病疫苗，为13.49万头猪注射猪瘟疫苗，为110.83万羽家禽注射禽流感疫苗，为124.33羽家禽注射鸡新城疫苗，为101万只家畜注射狂犬疫苗。驱虫41.55万头（羽）畜、禽驱虫，消毒36.47万平方米。在5个牲畜交易市场检疫牲畜18.18万头。市中心区有生猪机械化定点屠宰场1个，牛羊定点屠宰场1个，屠宰检疫率100%，屠宰检疫数15.19万头（只），检出病害猪419头，牛、羊66头（只）（均作无害化处理），境内兽医门诊点30个，共诊疗猪6113头，牛246头，羊255只，马23匹，禽19282羽，犬、猫36只。

（四）兽医技术服务

1988年以来，尽管机构多次调整，农牧部门一直都派有专业的畜牧兽医技术人员到各乡、镇、街道办事处蹲点，在畜牧兽医站或农业服务中心进行动物防疫及技术指导。本区无专业兽医科研机构。钟山区二塘农业中学、六盘水市职业技术学院、钟山区农业广播专业技术学校是培养本区兽医技术人员的科技教育培训机构。

1988年，全区民间兽医和村防疫员20余人，2008年增加至55人，工资从30元/月增加到200元/月，平时除参加每年春秋两季的动物防疫注射外，平时为动物治疗疾病，在一定范围内随时应诊。

2005年全区完成动物防疫冷链建设，完善了疫苗的保存、运输设备，防疫检测仪器设备水平得到明显提高，检测技术有明显的改进。

2008年，全区有兽医组织机构共10个，其中区动物疫病防控中心（含动物卫生监督所）1个，镇乡畜牧兽医站5个，街道办事处农业服务中心4个。动物报检点3个，主要有月照乡玉顶村报检点、大河镇大桥村报检点、汪家寨镇吴家寨村报检点。全区共有兽医技术人员81人，其中属政府管理的职业兽医26人，民间兽医即村级防疫员55人，中级职称4人，初级职称20人。

七、畜牧实业

水城种畜场　位于凤凰山街道杨家岩脚。建场前，杨家岩脚系“文化大革命”时干部参加劳动之“五七”基地，占地500亩。1972年6月，改建为水城特区畜禽良种繁殖场，隶属水城特区农业局，开始引进批量优良种畜禽，以生产种猪为主，兼对外配种，种植部分粮食、蔬菜，并养鱼、酿酒等。有办公楼1幢、职工宿舍3幢、猪舍2幢，另有饲料加工、赶面、煮酒、发电等工房。养有长白、苏白、大约克、巴克夏、内江、关岭、可乐等种猪，其中有公猪10头、母猪50头，耕牛2头，日本大耳朵兔100余只，鱼塘8亩。1976年，向社队征地700亩，扩大饲草饲料种植面积。1979年，更名为水城特区种畜场，为国有企业单位，由财政划拨包干经费。1983年7月，水城特区被列为“南方三省十一县种草养畜示范县”后，投资79.89万元，从贵阳花溪奶牛场和福建省莆田县购进奶牛53头，引进长白猪23头。在茶叶林新建奶牛舍2幢，实行专人管理，作为重点项目之一。1985年产鲜奶9.5万千克。场面积由1200亩扩大到1528亩，职工由39人增至51人。1986—1988年，由于技术水平和管理措施跟不上，亏损严重，几度调整无效。1988年8月，将奶牛队从茶叶林迁至杨家岩脚，属水城县管理。

窑上商业养鸡场　位于凤凰乡明湖村，1974年始建，1976年投产，先后引进来航、贵农黄、贵农金黄、科尼什、白洛克等鸡种。80年代中期，开始鹌鹑饲养。常年养鸡规模1000只以上，以生产商品肉鸡和商品蛋鸡为主，兼营部分种鸡、种蛋、孵化鸡苗等项目。进入80年代，效益渐差，1990年停办，鸡场房舍闲置，出租他用。

凤凰“科达”养殖场　位于钟山区凤凰乡，1988年建立，母猪、仔猪、育肥猪配套养殖，常年规模100余头，配套建有酿酒、沼气、饲料加工等项目，后停止经营。

钟山区畜禽良种繁殖场　位于钟山区德坞街道西宁村，1989年始建，引进可乐猪18头、大约克公猪3头、母猪6头、长白公猪2头为全区推广猪人工授精技术，提高优质猪精液，1998年发生“五号病”，全场扑杀，同年因修建钟山大街延伸西段，场地被占用。

钟山区凉都乳业公司　位于钟山区凤凰街道石龙村，2001年始建，有奶牛56头，日加工牛奶1000千克的生产线1条，由于经营不善，2005年，由凉都乳业公司取代，公司以加工液态奶为主，奶牛由农户饲养。由于公司法人频繁更换，经营管理不善，2007年停止经营。

六盘水裕丰牧业有限公司　位于钟山区月照乡金竹林，2005年4月成立，公司拥有汪家寨新塘村、大河镇大地村、滥坝镇兴隆等肉鸡养殖场3个。固定资产和流动资金850余万元，职工110余人。2007年年底，肉鸡出栏近140万只，占整个市中心区商品肉鸡70%左右的市场份额，实现销售收入3100万元，后在钟山区月照乡投资近500万元建成年产300万羽优质鸡苗的种鸡场。2006年，列为省级星火计划项目。2007年，列入科技部国家星火计划项目。

六盘水丰茂农业科技有限公司　位于钟山区大湾镇海开村，2007年建立，占地800余亩，其中种猪生产与管理区占地40亩，有猪舍12栋，总建筑面积3500平方米；有职工10人，其中管理人员4人，畜牧兽医技术人员2人（畜牧师1人、兽医师1人），技术工人4人。另有饲料种植基地近700余亩，主要从事良种猪繁育推广。

六盘水群发农业科技有限公司　位于钟山区大湾镇山根脚村，2007年建立，占地300余亩，有猪舍18栋，总建筑面积7000平方米，主要从事良种猪繁育推广。

六盘水大丰农牧发展有限公司　位于钟山区老鹰山镇石板河村，2007年建立，占地500余亩，有猪舍28栋，总建筑面积13500平方米，主要从事PIC猪繁育推广。

钟山区PIC德天养殖场　位于钟山区月照乡玉顶村，2006年建立，占地400余亩，有猪舍27栋，总建筑面积1100平方米，主要从事PIC猪繁育推广。

六盘水宏裕农牧发展有限公司位于钟山区汪家寨镇左家营村，2008年建立，占地300余亩，有猪舍25栋，总建筑面积1400平方米，主要发展良种生猪养殖。

八、畜牧执法

1988年，农业行政执法职权大多由农业行政主管部门（农业局）委托所属的各专业事业机构兼职承担，执法机构基本上是按照“一个法规一条线”的方式设置，存在多、散、乱的问题，有的只是挂一个牌子，没有专职执法人员，且受到当时各种因素的影响，执法工作未能正常开展。2004年，设立农业综合执法机构，执法工作步入正轨，工作中采取加强日常监管、开展集中整治、严格执法办案等措施逐步加大执法力度。2005年，清理全区饲料市场38个、兽药市场33个，检查饲料经营户67户、兽药经营户52户，渔药经营户14户，检查养殖场6个，取缔非法饲料经营摊点14个，取缔兽药无证经营摊点3个，对省兽药饲料监察所抽检出不合格产品的2家经营单位进行处罚，处罚金额1122元。2006—2007年，共办理处罚案件18起，其中简易程序案件3起，一般程序案件15起，罚款8200余元。2008年，针对国内发生的“三鹿奶粉事件”，农业局加大对三聚氰胺的查处力度，对饲料经营市场以及奶牛场加大检查监管力度，共出动执法人员45人次，出动车辆11辆次，检查经营户32户次，检查奶牛养殖场5次，均未发现三聚氰胺。

第四节　农　机

1988年，全区农机拥有量917台，农机总动力4.51万千瓦，2008年，全区农机拥有量6196台，农机总动力22.24万千瓦，为1988年的4.93倍。拥有拖拉机1555辆，机耕面积7.75万亩，机械灌溉3.45万亩，农副产品加工机械1585台，耕整机72台。

1988—2008年钟山区农业机械发展情况一览表

表11-5

年份 \ 项目	农机总动力（千瓦）	机耕面积（亩）	拖拉机拥有量（辆）	机灌面积（亩）	培训人员（人）
1988	45168	522	917	511	495
1989	41517	568	512	2715	689
1990	42527	638	1110	1020	752
1991	46358	712	2365	1120	824
1992	50993	803	10040	1341	355
1993	54684	874	871	7164	384
1994	52445	8525	661	3600	434
1995	53103	7052	710	3664	468
1996	57991	7350	738	3700	593
1997	60374	9300	770	3600	731
1998	61381	833	11100	4570	1155
1999	68746	13230	909	4200	1058
2000	79151	14000	1079	4500	1865
2001	72414	15500	972	6990	1766
2002	97159	16755	972	10000	1530
2003	104572	22500	1011	17750	1550
2004	107347	23500	1012	17500	1620
2005	1263628	2700	1005	19500	1620
2006	16848	47000	1212	25000	2612
2007	205175	70000	1402	31500	2865
2008	222434	77500	1555	34500	1553

一、农机具

（一）手工农具及畜力

手工农具 今钟山区境清末民初的农事活动，有“正月驱纤索，整田器”“二月整水车”“冬月整犁”等。除犁地、耕地、打（整）田借助耕牛畜力外，均用手工工具操作，边远贫困高山地区及少数民族山寨农民，有的还停滞在“刀耕火种”状态。手工农具世代沿袭，变化不大，现今手工农具主要有犁、耙、锄头、薅刀、镰刀、铁锹、小铲、十字镐、秧板等。提水工具主要有手摇式木质水车（又称龙骨车），抽水唧筒（粗毛竹制作）及木桶。稻、麦、荞、豆、油菜籽脱粒，传统使用连枷，少部分农户使用掼（挞）斗。晒、扬工具有晒席、梳耙、簸箕、木制风箱（风簸）等。人工运输工具有背篓、背架、背篼、花篓、挑箩等，有较宽便道或乡间公路的地方，用马车、牛车或手推车运输。农产品加工工具，稻谷用碓或石碾，面粉加工一般使用石磨，有水磨、人推磨、马拉磨等，油料加工使用木榨。随着碾米机、磨面机、榨油机的运用，经济较为发达的农村，农副产品加工已由动力机械代替。

畜力 区境内大牲畜有牛、马、驴、骡，当地习惯用黄牛犁地，水牛犁田，骡马驮运，亦有少数用于耕地。驴、骡数量很少，供碾坊、磨坊劳役，今几乎绝迹。自20世纪90年代起，境内耕地减少，农村劳动力外出务工增多，养牛农户逐年减少，同时，随着喜食牛肉者增多，部分农户养牛是为卖作肉食，部分村寨耕牛量少价贵。由于畜力不足，租人犁地价贵，部分农户只好将土地抛荒。

（二）动力机械

1973年，水城特区在凤凰、校场等公社设立4个拖拉机站。1977年，在大湾进行农业机耕大会战，参加会战的有丰收—35、27型，履带式东方红—75和工农—12型等拖拉机10台，会战共4天，耕地1200亩。以校场乡为主开展抢种抢收大会战，动用中型和手扶式拖拉机12台，持续半个月，耕田6500亩。1978年后，私人大量购买拖拉机，境内拖拉机大量增加。类型不断翻新，但绝大部分拖拉机主要用作运输工具，甚少耕地。

1988年以来，境内上海—50型拖拉机、丰收—35型拖拉机等农机已基本淘汰，取而代之的是各种机型拖拉机，小型拖拉机也发展为自卸、电动、有传动轴机型，方便农民的操作，其安全性舒适性较好。共有各型拖拉机917台，农机总动力为45168千瓦。电动机主要用于脱粒、粮食加工等。至2008年，共有各型拖拉机1555台，全区农机总动力为222434千瓦。

耕作机械 区内主要以机引犁、机引耙、旋耕机为主，通过大中型拖拉机的牵引，实现耕种。随着城市建设的发展以及全区地形特点，仅大湾镇、大河镇尚有少量大型旋耕机。农民使用的多是重量轻、价格低、油耗小的微型耕整机。1990年，区农机中心作为全市最先引进微耕机的单位，引进丹霞、蓝天等机型，在各个乡镇进行试验示范。全区现有微型耕整机72台。

收获机械 2006年，钟山区引进甘肃产4UM-550型马铃薯收获机，在全市秋收现场会上，该机明薯率大于95%，破损率小于5%，受到参会领导和农民的好评。现场会结束后，当即被农民买走。

排灌机具 主要有离心泵、油流泵、混流泵、圬工泵、潜水泵、深井泵等。2008年，共有水泵855台。

农副产品加工机具 粮食加工机具，主要以碾米机和磨面机为主，碾米机配1千瓦电动机，每小时打米50～60千克，体积小，适合农户使用。磨面机，俗称“小钢磨”，以磨米面、豆面为主，2008年，全区有1585台。

饲料加工机具 农村散养畜禽时，仅有铡马草的铡刀，其他并无专用的饲料加工设备。随着市场经济的发展，畜牧业在农业中占有比重越来越大，饲料粉碎机、揉搓机、铡草机、割草机逐步进入农户家。2008年，有各类饲料加工机具796台。

新型起垄机具 为适应农业生产的需要，钟山区引进广东省东莞产1GQS-120型起垄机，该机能一次性完成翻耕、碎土、起垄、整畦、开沟、划行等作业，操作方便、作业效率高，使用成本低，适用于蔬菜、马铃薯、玉米的整地作业。

二、农机管理

（一）安全监理

1988年以来，随着各级农机安全机构的建立和安全监督力度加大，农机事故发生率大大降低。为搞好农机安全工作，区农机安全监理站将预防农机事故作为重点，在乡镇设农机安全监理员，实行定期道路检查，加强对农机驾驶员培训，定期开展年检审，降低事故隐患。每年利用农机安全生产月活动，大力宣传《中华人民共和国道路交通安全法》和《贵州省农业机械管理条例》，采取有效措施，杜绝“黑车非驾”、无牌无证的违法行为，确保农机安全生产，提高农业生产水平。

（二）驾驶员培训

1988—2003年，钟山区购买拖拉机的人增多，无证驾驶、“黑车非驾”现象非常严重。区农机中心针对这一情况，到各乡镇举办拖拉机驾驶员培训班，对农机人员进行技术培训和考核，共培训拖拉机驾驶员2235人，农机操作手24535人次。《道路交通安全法》实施后，机动车的驾驶培训开始社会化，由于场地、资金的限制，2004年起，未培训拖拉机驾驶员。

三、农机供应与购机补贴

1988—2008年，农机产品全部由个体经营，主要包括农机成品和配件。1993年8月，投资20余万元，在观音山镇滥坝四岔路建立钟山农机加油站，供应农用柴油。后因水烟路的改扩建，该农机加油站被撤销。1988—2008年，全区农机油料管理分为4个片区站，分别是大湾片区、汪家寨片区、凤凰片区、老鹰山片区。

2005—2008年，全区共补贴资金123.68万元，其中中央资金30万元，省级资金50万元，市级资金25万元，区级资金18.68万元。共有234户农民、235台机具享受补贴政策。通过购机补贴政策的实施，改善区内农机装备状况，优化农机资源配套，改善农业生产条件，使广大农民充分享受到实惠。

2005—2008年钟山区农机补贴情况一览表

表11-6

年份 项目	2005	2006	2007	2008	合计
补贴资金（万元）	16.45	19.23	30.00	58	123.68
拖拉机（台）	23	29	58	89	199
耕整机（台）	0	11	10	12	33
揉搓机（台）	0	1	0	0	1
马铃薯收获机（台）	0	2	0	0	2
补贴农户（户）	23	43	67	101	234

四、农机推广

2002年，钟山区作为全省20个农机综合示范项目建设点之一，在月照乡、凤凰办事处实施农机化综合示范项目建设，共投资18万元，经过2年的建设，按期完成目标任务并通过验收。1998年，引进营养制钵器在荷城办事处三块田村示范，共推广150套。2002年，在月照乡金钟村大棚内引进微滴灌设施4套，后推广200套。

第五节　农业开发

一、农业综合开发

2003年，钟山区挂靠水城县实施农业综合开发项目。是年3月，成立钟山区农业综合开发中心，隶属于钟山区农业办公室。为便于项目管理，在水城县农业综合开发办公室成立农业综合开发项目区建设指挥部。2003—2006年，在大河镇的大桥村、大箐村、大地村和渡口村，凤凰街道的石龙村、双龙村和石桥村实施农业综合开发，共改造中低产田1.46万亩。经过工程治理，新增灌溉面积6400亩，新增防涝面积1100亩，改良土壤1.42万亩，建成生态沼气池300口，新建机耕道4.8千米，田间耕作步道8.7千米，新增机耕面积1500亩。共完成技术培训5523人（次），蔬菜（水果）示范推广2664亩。在大桥村建成1座提高农业综合生产能力示范基地，共投入项目资金及自筹资金869.6万元，项目区内农民投工投劳12.1万个工日。

二、基本农田建设

1991年，开始实施“坡改梯”工程，工程实施至2005年，共完成“坡改梯”工程4.72万亩，建成基本农田配套小水池1100口，共投入工程资金1249.9万元，投入粮食57万余千克，群众投工投劳176.09万个工日，工程涉及10个镇、乡、街道的63个行政村、312个村民小组。受益人口8.7万人，其中，完成石坎“坡改梯”工程2.04万亩，水毁工程2.33万亩，生物护埂工程3477亩，砌筑石坎5476条，长89.85万米。修建拦山沟和排洪沟106条，长5.92万米，配套修建谷坊8座、拦水坝56座。建成小水池1102口，总容积3.32万立方米，其中30立方米小水池1100口，其他水池2口。埋设输水管道7条，长4758米。建田间耕作便道192条、长3.35万米，建机耕道4条，长4759米，建车行桥2座、人行桥7座。在坡耕地种植金秋梨、板栗、花椒等经济作物15.04万株。

实施石坎“坡改梯”工程和水毁工程后，全区建设一批高产稳产基本农田，一定程度上缓解人多地少的矛盾。全区共恢复和新增耕地1875亩，其中恢复水毁耕地891亩，治理渍涝田土520亩，新修河堤6.1千米，配套修建排洪沟，2000余亩耕地得到保护。

三、商品基地与示范区建设

大桥蔬菜示范基地　位于钟山区大河镇大桥村。1988年，先后引进台湾樱桃番茄、湘研系列辣椒、日本秋绿黄瓜、泰国无筋棒豆、四川通咸清香圆莴笋等100余个蔬菜新品种进行试验示范和推广，蔬菜生产从品种单一、种植管理粗放向品种多样化、种植管理规范化的方向发展。为加快大桥村蔬菜基地建设，钟山区投入资金，修建进村水泥路、机耕道、排水沟、蓄水池，铺设输水管道。建设高标准塑料大棚112个，面积20160平方米，沼气池403口。在基地全面推广无公害蔬菜生产技术和反季节蔬菜生产技术，至2008年，蔬菜基地面积规模达5350亩，其中常年蔬菜地2350亩，季节性蔬菜地3000亩，年产各类商品蔬菜1.2万吨以上。

双龙果蔬示范基地　位于钟山区凤凰街道办事处东南面。2002年始建设，2002年3月，建造塑料大棚10个，总面积1200平方米。是年5月，开始实施省农业厅重点项目——喜凉蔬菜夏秋反季节生产项目，面积共100亩。是年9月，建造高标准装配式钢架塑料大棚12个，每个面积180平方米，总面积2160平方米，种植越冬蔬菜。2003年4月，投资14万元，修建连栋式双层屋面结构电脑控制温室1座，面积250平方米，进行名、优花卉品种的育苗及栽培。2007年，基地发展到蔬菜、水果规范化种植1050亩，其中蔬菜530亩，草莓280亩，西瓜155亩，香瓜85亩，总产量163.99万千克，总产值494.8万元。

第六节　扶贫工作

1990年，钟山区挂靠水城县享受贫困县（区）待遇。1991年5月，成立钟山区扶贫办公室，开展扶贫开发工作。

一、启动扶贫工作

1990年年末全区有农户30822户，农业人口137985人，其中人均收入500元以下的贫困人口有121193人，占农业人口的87.83%。1991—1993年共申报立项各类扶贫项目10个，扶贫贷款580万元，其中农业2个90万元，畜牧业2个70万元，林业1个30万元，矿产2个360万元，加工业2个20万元，服务业1个10万元。扶持农户2513户、14048人。全区农民人均纯收入由1991年的336元增加到1993年的

517元，增长53.87%。贫困人口由1991年的121193人下降到1993年的74326人，减少3.67%。

二、实施“八七”扶贫攻坚

1994—2000年，制定《钟山区八七扶贫攻坚计划》，将全区农民人均纯收入低于625元以下贫困人口作为扶贫攻坚对象，启动全区解决贫困人口温饱问题的攻坚战。

1994年，全区党政机关中，53个部门对24个贫困村挂钩帮扶，不脱贫不脱钩。各乡、镇、办事处层层签订脱贫目标责任书。在此期间，区政府共投入财政专项扶贫资金273.1万元，以工代赈扶贫资金1787.02万元，部门帮扶资金150万元。区扶贫办共申报立项各类扶贫信贷项目31个，投入扶贫信贷资金1808万元。1994年年初，全区人均纯收入625元以下的贫困人口74326人，2000年年底降至13175人，减少61151人，农民人均纯收入由1994年的517元，提高到2000年的1527元。

三、新阶段扶贫开发

2001年启动新阶段扶贫开发。2003年，区委、区政府下发《关于加强新阶段扶贫开发工作的意见》，进一步加大扶贫开发工作的力度。

2001—2008年，全区共投入各类扶贫资金13676.84万元，新修和改造乡村道路285.95千米，新架和改造64个村寨供电电网，新建男女分厕622个，改造农村茅草屋1474户，修建小水池1090口，解决人畜饮水困难10.66万人、6.94万头牲畜。2000年，全区人均纯收入在693元之间以下的贫困人口有13175人，2008年年底减少到7400人。全区人均纯收入在693～958元的低收入人口有3.69万人，2008年减少到1.57万人。农民人均纯收入由2000年的1527元提高到2008年的3334元。

第七节　新农村建设

2006年，钟山区成立新农村建设工作领导小组，制定《钟山区推进社会主义新农村建设的实施意见》，要求全区新农村建设在“十一五”期间完成1个省级试点、4个区级试点、9个乡级试点的建设。为推进新农村建设，区委建立钟山区和钟山经济开发区领导干部联系试点工作制度。对镇、乡、街道和区直部门开展新农村建设工作情况实施目标管理，严格考核，兑现奖惩。2006—2008年，全区共投入新农村建设专项资金450万元，并从煤焦规费中每吨提取1元建立反哺农业基金，用于支持农村能源建设。同时，区委、区政府制定《加快推进城乡一体化的意见》《城市支持农村的意见》《城市支持农村试点工作方案》，把各项工作分解到全区36个区直部门和各乡、镇、街道，整体推进以城带乡、以工哺农、以企促农工作，加快城乡一体化建设。至2008年，共修建村组公路近16千米，连户道路硬化25千米，新建住宅和改造房屋500余户。

第八节　农业科技与教育

一、农业科学研究与科技成果

农业科学研究　境内有六盘水市农业科学研究所，主要担任引种品试验。区属尚无公立农业科研机构，仅有一家民营马铃薯种薯繁育企业——六盘水凉都农业科技有限公司，公司位于凤凰新区，有13年从事马铃薯生产、栽培的历史，有培养室280平方米，网（温）室6000平方米，生产基地1000余亩。该公司主要进行试管苗、微型薯和大规模的原种生产。

农业技术推广服务体系建设　1988年，农业、畜牧、农机系统的专业技术人员不足50人。1992年撤区并乡建镇时，乡镇成立农技站、农经站、畜牧兽医站、农机站等站所，人员由农经委定向分流，编制、工资与农委、农业局等脱钩，实行双重管理，业务上受农委、农业局等指导。2001年机构改革后，乡镇农技站、农经站、畜牧兽医站、农机站、水保站合并组建为农业技术服务中心，受对应的各局及乡、镇人民政府、街道办事处双重领导，以乡、镇、街道办事处为主。全区农业技术人员159人，实际从事农业工作95人，其中专业技术人员77人，中级职称5人，助理级职称34人，技术员32人，平均每个镇、乡8.6人。至2008年，钟山区共有在编在岗农业专业技术人员（含乡镇畜牧兽医站和农技站）57人，其中男32人，女25人，硕士1人，本科16人，专科28人，中专12人，高级农艺师2人，农艺师9人，农经师1人，畜牧师5人，工程师2人，助理人员37人，技术员1人。

科技成果及论文　1988—2008年，全区农业科技人员共获市级以上科技成果奖20项，其中集体12项，个人8项；在市级以上刊物上公开发表论文95篇。

信息服务　1988—2008年，钟山区未设置专门的农业信息服务机构。以农业项目或工程为载体，推广先进和实用的种植养殖技术，由农业部门技术人员通过培训和指导传递给农民。同时，以文件、会议或新闻、报纸杂志、网络等形式，传达支农惠农政策、农产品价格等信息。随着网络技术的普及，许多有文化的农民使用电脑，浏览和找寻自己关注的先进、实用技术，为农业提供服务。

二、农业科技培训与农业教育

农业科技培训　1989—1998年，举办农业科学技术理论学习和农业现场培训1000余期，参训人员10余万人次。其中骨干培训6000余人次，“绿色证书”培训30期，获证书上岗农民430人。

农业教育　1990年8月，贵州省农业广播电视学校六盘水市钟山区分校（简称钟山区农广校）成立，为区农业局所属副科级事业单位。2008年，有专职办学人员5人，聘用教师20人。至2008年，钟山区农广校与贵州大学等高校联合培养大专以上学历265人，独立培养中专学历1907人，农牧专业中专学历农牧单独招生3078人，“绿色证书”培训2067人，“阳光工程”培训767人，农民普训17276人，退伍军人培训69人，农村干部远程教育51人。

第九节　乡镇企业

中华人民共和国成立后，国家为发展农村经济，鼓励和扶持农村工副业发展。今钟山区境域在互助合作时期，工匠、作坊及其他手工业者，开办有小砖瓦厂、小农具厂、铸造、驮马运输、采集野生山货等副业生产。农业合作化后，组织社队兴办社队企业，至此始有“社队企业”称谓。人民公社初期，公社实行以农为主、以副养农，社队企业有所发展壮大。1958年，在“人民公社必须大办工业”号召下，水城全县（辖今钟山区境域）兴办起一批小土焦厂、小农具厂、小砖瓦厂、铸铁翻砂厂、粮油加工厂和缝纫社、搬运社等社队企业。1960年，大批工厂下马，各公社在原办工厂基础上，选拔部分技术人员、干部和精干劳动力，由公社集中办综合厂。1966年“文化大革命”开始后，视社队企业为“不务正业”“资本主义尾巴”而加以限制，社队企业处于萧条状态。到1971年，社队企业重受重视，特别是1976年后，有较快的恢复和发展。1979年，贯彻国务院《关于发展社队企业若干问题的决定》，进一步推动社队企业发展。1980年，组织矿产资源丰富的矿区，发展采矿业、建筑建材业，并引导种植、养殖业和加工业发展。在小城镇以发展建材业为主，兴办砖、瓦、灰、砂、石企业，组织建筑队，承担部分厂矿、机关和城镇建设，带动其他企业发展。1981年，在铁路沿线区镇，重点发展社队小煤窑采掘业。1984年，中共中央、国务院将社队企业更名为乡镇企业，把区、乡（镇、街道）、村、村民及户办、联办企业列入乡镇企业范畴。1985年，中共中央明确提出指导乡镇企业发展的“积极扶持、合理规划、正确引导、加强管理”十六字方针，并进一步加强对乡镇企业的管理。一批从事煤炭采选业、冶炼业、化工业、建材业、制造业、交通运输业、建筑业、商业、饮食业、服务业、食品业、饲料业、种植养殖业乡镇企业相继兴办。艺奇乡、纳福乡（今属钟山区）的乡镇企业产值都超过1000万元。

钟山区建立后，区委、区政府高度重视发展乡镇企业。1988年，钟山区提出“以乡镇企业为突破口，促进地方经济发展”的工作指导思想，大力推动个体、联户、村、乡、区“五个轮子”一起转，促进乡镇企业多渠道发展。

1989年2月，在乡镇企业公司的基础上，成立钟山区乡镇企业局，以进一步加强乡镇企业的领导和管理。是年全区有乡镇企业3783户，职工14871人，总产值7823万元。

1990年钟山区各镇、乡、办事处乡镇企业产值一览表

表11-7　　单位：万元

区域	黄土坡办事处	汪家寨镇	以德乡	荷城办事处	老鹰山镇	教场乡	二塘乡	大湾镇	三合乡	德坞乡	凤凰乡	大河镇	观音山镇
产值	611	547	547	474	466	405	363	363	345	264	260	235	144

1990—1992年，全区引进大、中型项目20余个，投资近9000万元。1991年，乡镇企业产值13052万元，营业收入11883万元，乡镇企业产值首次突破亿元大关。乡镇企业产值超过400万元的有6个镇、乡、办事处和黄土坡办事处川心村、大湾镇新塘村2个村，钟山其林电石厂、大河选煤厂、汪家寨运输公司、教场冶炼厂等4个企业乡镇企业产值超过100万元。

1992年10月，区委、区政府下发《关于加快乡镇企业发展的决定》，提出发展乡镇企业的多项优惠政策和奖励扶持措施。是年乡镇企业户数发展到5448个，职工人数增加到19460人，总产值达到14328万元，乡镇企业固定资产5013万元，向国家上缴税金1981万元。全区乡镇企业进入一个新的发展时期，乡镇企业成为全区经济的支柱产业。

1993年，全区各乡、镇、办事处建立乡镇企业管理站，对乡镇企业的管理进一步强化。根据六盘水市人民政府《关于搞好我市乡镇企业工业小区发展规划》要求，区境大湾、凤凰、汪家寨、德坞4个乡镇企业工业区列入规划。大湾镇、汪家寨镇、老鹰山镇、德坞镇，荷城办事处、黄土坡办事处、凤凰乡列入六盘水市建设20个亿元乡镇行列，与小城镇建设相结合，发展乡镇企业。是年，钟山四矿、钟山六矿正式投产，钟山九矿获省扶贫开发办立项，原已建立的钟山一矿、钟山五矿、钟宝选煤厂建设进度加快。同时还新办荷城电解铅厂、华贵铅锌冶炼厂、沪风砖厂等14个项目。是年，乡镇企业总产值20607万元。

1994年，德坞工业小区引进项目8个，总投资450万元，实现产值1500万元。凤凰、黄土坡、汪家寨工业小区分别实现产值5220万元、3990万元、6000万元。全区乡镇企业总产值32580万元，比上年增长58.1%。全区非公有制经济持续稳定发展，个体工商户发展到7335户。是年，钟山区荣获全省发展乡镇企业先进单位称号。

1995年，六盘水市委、市人民政府下发《关于促进乡镇企业大发展大提高的若干意见》，明确提出，发展乡镇企业要与小城镇建设相结合，加快20个亿元乡镇建设，开展建设乡镇企业营业收入5亿元的明星县活动，转变“村村点火，处处冒烟”的发展思路。钟山区根据六盘水市政府的意见，加快建设亿元乡镇、亿元村、亿元企业的步伐。是年，荷城办事处乡镇企业产值、营业收入双双超过1亿元。乡镇企业产值超过650万元的村有18个，乡镇企业产值超过200万元的企业有11个。1996年，黄土坡办事处、汪家寨镇、凤凰乡乡镇企业营业收入均超过1亿元。

1995年钟山区乡镇企业营业收入660万元以上的村一览表

表11-8 单位：万元

村 名	营业收入	村 名	营业收入
黄土坡办事处川心村	3056	荷城办事处场坝居委会	1520
大湾镇海开村	1813	凤凰乡石桥村	3350
大湾镇开化村	1641	凤凰乡双龙村	5862
大湾镇幸福村	943	凤凰乡松树坪村	780
大河镇渡口村	3146	汪家寨镇艺奇村	1571
大河镇裕民村	649	汪家寨镇那罗村	730
老鹰山镇中坡村	720	汪家寨镇左家营村	3050
老鹰山镇木桥村	850	汪家寨镇沙坝场村	2117
月照乡马坝村	660	汪家寨镇新塘村	1509

自1996年始，钟山区实施国民经济第九个五年计划（简称“九五”计划）。“九五”计划期间，根据国家加大环境保护和生态建设工作力度的相关政策和措施，以及“三线一站”建设，国家启动西部大开发战略。钟山区紧紧抓住被列为全省首批20个建设经济强县（区）的历史机遇，以项目为载体，积极调整产业结构。针对区境内乡镇企业发展中出现的“炼铁热”“洗煤热”“炼锌热”的状况，认真总结经验教训，加强煤炭营销管理，积极扶持骨干矿井建设和技术改造，引进和推广先进的铅锌冶炼炉和工艺，炸封小煤窑179对，取缔土法炼锌炉2100座，建立12个土锌改造点，着力发展食品、建材等加工业，先后修建一批集贸市场，推动乡镇企业结构调整。

1996年以后，境内个体、联户企业迅速发展，企业个数、完成产值、收入在乡镇企业中的比重逐年上升。非公有制经济中个体和联户企业、从业人员总产值在乡镇企业中所占比例均超过80%。

1997年，为加快非公有制经济的发展，区委、区政府制定《鼓励个体、私营非公有制经济的发展意见》，为个体与联户企业的快速发展创造宽松环境，农村个体、联户企业发展加快。全区私营企业发展到182家，个体工商户7427户，从业人员12550人，经营资金6415万元。是年，全区乡镇企业数5486个，总产值达117600万元，总收入达124015万元，向国家上缴税金3772万元。是年，相继建成钟山冶炼厂、汪家寨机焦厂、老鹰山铸造焦厂、大修改良焦厂、京凤凰肥料厂等一批投资百万元以上的骨干乡镇企业。

1997年钟山区营业收入1000万元以上的村发展情况一览表

表11-9 单位：万元

村 名	营业收入	村 名	营业收入
荷城办事处三块田村	4186	大湾镇大湾村	1989
荷城办事处官厅村	2874	大湾镇幸福村	1218
荷城办事处其林村	3712	大湾镇安乐村	1543
荷城办事处教场村	3215	大湾镇陇戛村	1618
荷城办事处杨柳村	1365	凤凰乡石桥村	3667

续表11-9

村　名	营业收入	村　名	营业收入
荷城办事处钟山村	1860	凤凰乡双龙村	4510
大河镇渡口村	4998	凤凰乡松坪村	5764
大河镇裕民村	2850	凤凰乡大营村	3217
老鹰山镇中坡村	1846	汪家寨镇艺奇村	2765
老鹰山镇木桥村	2364	汪家寨镇新塘村	3207
老鹰山镇陆家坝村	3817	汪家寨镇左家营村	4694
大湾镇海开村	4354	汪家寨镇沙坝场村	3483
大湾镇开化村	4791	黄土坡办事处川心村	6521
大湾镇新寨村	1819	黄土坡办事处红岩村	4175
大湾镇顶拉村	1311	黄土坡办事处钟山村	2310

1998年，全区乡镇企业总产值138619万元，营业收入152173万元。各类私营企业546户，个体工商户8002户。是年，西南经济区市长联席会第12次会议和1998年六盘水投资贸易洽谈、产权交易及商品展销会在钟山区举行，钟山区乡镇企业生产的石材工艺品、节能炉等展品独具特色，深受宾客青睐。

1999年，受国家产业政策等诸多因素的制约，区内煤炭“关井压产”“两土”取缔，大部分乡镇企业流动资金严重紧缺，煤炭、铅锌市场供求矛盾突出，加之，受当年的特大洪灾影响，乡镇企业发展困难。区委区政府及时调整工作思路，以“煤炭关井”压产和“两土”取缔为契机，合理开发利用资源，规范生产经营秩序。抓住建设经济强区机遇，努力招商引资，全年引进项目11个，乡镇企业仍取得较好发展。是年，全区乡镇企业营业收入达19.09亿元。

1998年钟山区营业收入2000万元以上村发展情况一览表

表11-10

村　名	营业收入（万元）	现价总产值（万元）	现价增加值（万元）	利税总额（万元）	上缴税金（万元）
钟山村	3001	2861	572	362	135
木桥村	2631	2826	781	395	97
中坡村	3345	3611	935	487	125
陆家坝村	3857	4001	1471	550	143
开化村	7121	6771	1065	827	210
海开村	2841	2744	810	295	190
新寨村	2840	1632	103	73	50
渡口村	4780	4710	1083	515	270
裕民村	2711	2601	65	301	180
左家营村	4885	4985	1595	748	259
沙坝场村	3685	3483	1179	553	147

续表11-10

村 名	营业收入（万元）	现价总产值（万元）	现价增加值（万元）	利税总额（万元）	上缴税金（万元）
新塘村	3907	3707	1133	586	153
艺奇村	2968	2765	861	445	136
其林村	3216	3146	609	258	146
石桥村	2977	2993	852	115	126
双龙村	3361	3394	571	142	129
松树坪村	6804	6852	1056	760	112
大营村	3547	3569	421	290	97
川心村	7653	4768	1346	862	347
红岩村	4675	3861	792	487	168

2000年，全区乡镇企业营业收入24.38亿元，比上年增长27.21%。个体私营企业发展到8113户。

2001—2002年，全区乡镇企业结构和布局调整步伐加快，农业产业结构调整开始起步，农业产业化经营积极推进。农村围绕区政府制定的《钟山区2000年至2005年农业产业结构调整规划纲要》，着重发展城郊型农业。生产辣椒系列调味品的通霖公司和金河奶牛场等一批农业企业建成投产。工业方面则继续实施“巩固煤炭、改造铅锌”政策，按照“支柱产业做大、传统产业做精、新兴产业做强、劣势企业淘汰”思路，着重在抓好传统产业的提升，优化工业结构方面下功夫。2001年，关停取缔私挖滥采煤窑237个，改造3000万千克到6000万千克煤矿9个，推广壁式采煤矿井11个，新建精锌厂7家，粗锌改造点140余处，各种技改炉830个，锌产品达到7770万千克。同时，加快发展食品加工、五金、新型建材等产业。是年，乡镇企业营业收入31.04亿元，较上年增长27.28%。全区个体工商户8165家，从业人员20534人，各类企业693家。建成各类市场6个。是年，非公经济提供的税收占财政收入的近60%。

2002年，全区加大工业结构调整力度，关停取缔无证小煤窑834处，新建投产精锌厂5家，锌产品产量达8.53万吨。新建成源丰建筑建材市场、联华农贸市场、万马商城等各类市场5个。乡镇企业营业收入达38.8亿元，较上年增长25%。

2003—2006年，钟山区按照“加油提速，能快则快”的要求，加快乡镇企业发展。非公有制经济在国民经济中发挥越来越重要的作用。相继建成长钢焦化厂、长风焦化厂、旗盛焦化厂、西洋焦化厂等5大焦化厂。煤焦税费达1.5亿元，年均增长36.2%。地方煤矿年产量突破20亿千克。传统服务业进一步提升，恒远百货、佳惠超市、雨田酒店等一批规模较大、实力较强的服务型企业快速发展起来。世界500强企业沃尔玛、国美家电、苏宁家电等知名企业先后落户本区，成为推动经济的新增力量。房地产开发突飞猛进，4年累计完成投资15.96亿元，建成荷城花园、时代佳园、怡景小区等一批商住小区和生活小区。农业方面，扶持机械化屠宰厂、凉都乳业、裕丰牧业等一批产业化龙头企业。畜牧业成为农村经济的支柱产业，其产值占农业总产值的55%。

2006年，全区乡镇企业总产值57.19亿元，比上年增长24.9%，营业收入67.73亿元，比上年增长26%。

2007年，区委、区政府全省在制定下发《关于鼓励支持和引导个体私营等非公有制经济发展的实施意见》，将促进非公有制经济发展纳入全区经济社会发展的重要议事日程，与钟山区经济社会发展同研究、同部署、同考核。成立专门机构，加强对非公有制经济的服务、协调和管理。推行

“一厅式办公”“一条龙”服务，为全区非公有制经济发展创造健康、有序、开放、竞争的良好环境。当年，乡镇企业总产值74.92亿元，营业收入86.99亿元。

2008年，全区个体经营户3万多家。其中，从事工业的个体户1696家，采矿业32家，制造业1664家，建筑业77家，交通运输、仓储和邮政业4531家，信息传输、计算机服务和软件业211家，批发零售业15528家，住宿餐饮业3898家，房地产业3家，租赁和商务服务业310家，居民服务和其他服务业2988家，教育170家，卫生、社会保障和社会福利业365家，文化、体育和娱乐业599家，科学研究、技术服务和地质勘查业2家。有税务登记的个体经营户14898家，占个体经营户的49.04%。全区个体经营户从业人员57499人。

乡镇企业总产值100.8亿元，比上年增长34.54%，营业收入113.9亿元，比上年增长30.93%。非公有制经济企业完成财税收入7.47亿元，占全区财政总收入的86.98%。非公有制企业从业人员达82963人，工资总额达79413万元，农民从非公有制企业获得的人均工资性收入达3970元。

1988—2008年钟山区乡镇企业（非公经济）一览表

表11-11

年份	个数（个）	总产值（万元）	营业收入（万元）	从业人数（人）
1988	4494	6213	6025	15148
1989	3783	7823	7518	14871
1990	4467	7838	8285	14104
1991	3526	13052	11883	15492
1992	5448	14328	12720	19460
1993	6906	20607	19493	26212
1994	7309	32580	30074	26938
1995	8154	57808	54407	34908
1996	8926	91903	88562	36277
1997	9473	117600	124015	37480
1998	9257	138619	152173	40385
1999	8763	154763	190930	42200
2000	9310	204705	243761	47905
2001	10611	255092	310389	50563
2002	13128	323095	388035	54993
2003	13624	341313	416372	54106
2004	23596	391255	470413	65543
2005	23895	457992	537468	70033
2006	24301	571886	677260	72299
2007	25091	749236	869942	75154
2008	26003	1008202	1139229	82963

第二章　林　业

第一节　森林资源

1995年、2006年、2008年先后三次组织开展森林资源二类调查工作。2006年全区林业用地28.75万亩，占全区国土面积71.4万亩的40.27%。其中有林地8.58万亩，灌木林地12.12万亩，未成林造林地4.81万亩，无立木林地9946.65亩，宜林地2.25万亩。

2008年，全区森林覆盖率为30.4%，比1995年增长10%。森林面积（有林地+灌木林地）20.7万亩，比1995年增加8.14万亩。林业工作成为生态立区的重要组成部分，全区有林地面积8.58万亩，全部为乔木林，其中，乔木纯林8.05万亩，占全区乔木林总面积的93.85%。乔木混交林5275.8亩，占全区乔木林总面积的6.15%。按林种分，用材林4061.85亩，防护林7.3万亩，特种用途林6029.4亩，经济林2649.3亩。按龄组分，幼龄林6.33万亩，中龄林1.64万亩，近熟林5245.8亩，成熟林432.15亩，过熟林380.1亩。按起源分，人工乔木林5.25万亩，天然乔木林3.33万亩。按郁闭度分，密郁闭度（≥0.7）的乔木林1.05万亩，中郁闭度（0.4～0.69）的乔木林4.29万亩，疏郁闭度（0.2～0.39）的乔木林3.24万亩。

用材林中各树种种植面积，云南松4545.3亩，华山松1.71万亩，柳杉2.7万亩，桦木2.57万亩，杨树3301.2亩，栎类2290.8亩，阔叶混603.75亩，其他软阔类359.25亩。经济林果木类2649.3亩，全区森林覆盖率30.4%，比1995年的20.43%增长9.97个百分点。

2005年钟山区活立木总蓄积量19.12万余立方米，其中乔木林蓄积14.9万立方米，散生木蓄积207.93立方米，“四旁”（村旁、宅旁、路旁、水旁）树42021立方米。活立木蓄积量中，国有1331.04立方米，集体10.57万立方米，个人8.42万立方米，其他103.71立方米。

乔木林中，各林种蓄积：用材林1.24万立方米，防护林118264立方米。特种用途林16893.08立方米，经济林1589.23立方米。各龄组蓄积：幼龄林73699.54立方米，中龄林50776.14立方米，近熟林21712.14立方米，成熟林1733.7立方米，过熟林1178.54立方米。各起源蓄积为人工林63789.53立方米，天然林85310.53立方米。各树种蓄积为桦类68404.07立方米，华山松42825.58立方米，杨树13763.5立方米，云南松12063.76立方米，柏木362.62立方米，油杉235.14立方米，杉木324.18立方米，柳杉3814.33立方米，樟类9.19立方米，栎类3306.63立方米。硬阔类栲属及其他常绿阔叶542.38立方米，杨树组206.23立方米。软阔类810.6立方米。阔叶混842.62立方米。核桃326.34立方米，杜仲629.4立方米，漆树633.49立方米。

钟山区林业用地总面积28.75万亩，按土地使用权划分，国有323.55亩，集体18.14万亩，个人10.58万亩。全区活立木总蓄积19.13万立方米，按林木使用权划分，国有1331.04立方米，集体10.57万立方米，个人8.42万立方米，其他103.71立方米。

钟山区属北亚热带湿润季风气候，由于垂直地带分布差异，植被为针叶林、针阔混交林及阔叶落叶林。乔木树种主要有杨树、华山松、柳杉、漆树、桦木、青冈等，分布较为均匀，广泛分布于全区9个镇、乡、街道。灌木树种主要有杜鹃、杨梅、榛子、小果南烛、马桑、火棘、胡颓子等。灌木林植被以火棘、榛子等杂灌混生为主。

钟山区森林群落以人工林为主，全区现有森林群落中，原始或次生森林群落较少（Ⅰ、Ⅱ级），以人工林为主（Ⅲ、Ⅳ、Ⅴ级），大都处于演替较低阶段。

森林健康度较高，全区8.58万亩林地中，森林健康度为Ⅰ级（健康）的8.56万亩，Ⅱ级（较健康）的129.3亩，Ⅲ级（亚健康）的10.8亩，Ⅳ级（不健康）的31.35亩。全区12.12万亩灌木林中，森林健康度为Ⅰ级的12.05万亩，Ⅱ级的77.85亩，Ⅲ级的628.5亩，Ⅳ级的43.35亩。

物种的多样性、植被覆盖度等生态功能等级较低，全区44.49万亩有林地和灌木林地中，没有森林生态功能等级为Ⅰ级的0万亩，Ⅱ级的26.44万亩，Ⅲ级的16.58万亩，Ⅳ级的1.47万亩。

森林景色可观赏性，全区20.7万亩有林地和灌木林地中，极具观赏性的87.45亩，可观赏性的1.36万亩，景色一般的16.1万亩，不具观赏性的3.23万亩。

第二节　植树造林

一、林木培育

区境林木种源在“大炼钢铁”“文化大革命”和1981—1982年土地承包、“林业三定”三个时期遭到严重破坏，母树林几乎被砍伐一空，常规造林所需种源均由周边地区和省份调入。为改变现状，1994年2月，在以德乡大地村营造华山松母树林400亩，2000年11月，在汪家寨镇左家营村营造柳杉母树林100亩，2003年11月，在大河镇鱼塘村营造檫木母树林100亩。

1990年，钟山区实施长江防护林体系工程，苗木大部分由水城县和六枝特区调进。为解决造林苗木，确保造林成活率，提高造林质量，1991年，区林业局在以德乡扁担湾村联营种苗场培育漆树苗33亩，后因连续干旱、暴雨等灾害影响，造成106万株树苗受损。1994年在大湾镇、凤凰乡、汪家寨镇、老鹰山镇、观音山镇等育苗183亩，生产华山松苗416万株。1995年、1996年、1998年共育苗447.5亩。1999年后，为保证种苗质量，减少苗木浪费，区林业局通过调查走访，一改过去“个体育苗，区内调剂”为育苗户根据当年造林用品种、苗量和市场需要自行培育，先后涌现出德坞百合苑苗圃场、荷办三块田村联户苗圃场、大河苗圃场等个体育苗经营户。2004年，区林业局在黄土坡街道办事处川心村七组建立大垭口苗圃场，培育城市绿化用苗168亩，品种有雪松、香椿、红叶李、女贞、塔柏、广玉兰等。从四川大量引进造林用树柳杉、艾柏等，由云南引进雪松、冷杉、广玉兰、红叶李、桂花、木兰等。自2000年起又陆续引进板栗、核桃、金秋梨、雪桃、布朗李、冬桃、巨森葡萄等。

二、植树造林

（一）市中心城区环城绿化林带建设

1990年，钟山区编制《六盘水市中心区绿化规划》，由钟山区人民政府提交钟山区人大常委会审议通过，将市中心区造林绿化纳入国家长江中上游防护林体系一期建设工程，1996年8月1日，市人民政府与钟山区人民政府签订市中心环城绿化责任状，实施范围包括黄土坡、荷城、德坞、凤凰4个街道办。1997—2000年完成市中心城区人工造林7128亩。2003年9月，中共六盘水市委、六盘水市政府完成《六盘水市中心区绿化生态屏障工程总体规划》，并把环城绿化林带建设项目纳入城市基础设施建设的重要内容。之后，市、区联合编制《六盘水市中心城区环城绿化林带2003—2006年续建项目实施方案》（以下简称《方案》），绿化范围为贵昆铁路线以北，六盘水市铁路南编组站以南的第一可视山脊线内，东起钟山区老鹰山镇石河村四岔路，西至水城县双戛乡马戛火车站。规划内容包括新造幼林、林地管护、封山育林及基础设施建设等，涉及钟山区和水城县7个镇、乡、街道办（其中钟山区5个，水城县2个），建设规模为3.18万亩。钟山区德坞、黄土坡、荷城、凤凰、老鹰山等5个镇、街道办建设规模为2.28万亩，总投资240万元，由钟山区林业局按年度编制施工作业计划，组织实施。

截至“十五”期末，钟山区环城绿化林带完成补植补造0.41万亩，防火隔离带11.2千米，修建护林宣传碑、牌17座，购置防火运输车、风力灭火机、扑火二号工具等大量防火物资。每年对未成林造林地开展抚育及施肥工作，聘请专业护林员进行巡护，完成工程投资200余万元。2004—2005年，市中心区完成未成林地抚育面积8700亩，困难地段造林1000亩。2006年，完成石山、半石山造林1500亩。

（二）天然林资源保护工程

1998年，钟山区被国家列入天然林资源保护工程县，是年完成天保工程公益林建设18550亩，其中人工造林7676.9亩（生态林7248.9亩，经济林428亩），封山育林10873.1亩。1999年完成25207亩，其中人工造林5944亩（生态林5841亩，经济林103亩），封山育林19263亩。2001年完成封山育林6030亩，2002年完成封山育林5040亩，2008年完成封山育林4400亩。

1999—2001年管护面积1.14万亩/年，安排管护人员18人。2002—2007年森林管护面积调整为26万亩/年，安排管护人员507人。2008年，按照贵州省第三次森林资源二类调查，钟山区森林管护面积调整为25万亩，管护人员86人。

（三）长江中上游防护林体系建设

1991—1997年完成工程造林7.17万亩，完成一般工程造林5200亩，完成封山育林8.12万亩，完成一般封山育林6200亩，抚育5800亩。

（四）退耕还林工程

2000年6月，钟山区启动退耕还林工程试点，是年实施退耕还林面积5000亩，2001年为5000亩。从2002年正式实施退耕还林工程，实施面积2.5万亩。2003—2006年共实施退耕还林3.45万亩，其中2003年2万亩，2004年8500亩，2005年5000亩，2006年1000亩。

（五）绿色通道工程建设

2002年钟山区在两水线、贵烟线实施绿色通道工程，建设封山育林1400亩，其中凤凰街道办事处（两水线）845亩，黄土坡街道办事处（贵烟线）225亩，荷城街道办事处（贵烟线）330亩。是年12月，对绿色通道工程建设进行调整，涉及两水线、水煤线、贵烟线沿线的4个街道办事处，其中凤凰办事处320亩，德坞办事处475亩，黄土坡办事处225亩，荷城办事处380亩。

（六）石漠化治理

2003年9月，市林业局编制《六盘水市中心城区绿色生态屏障工程总体规划》，工程实施地点为荷城街道办事处麒麟村王家大山，实施面积500亩。2004年7月，工程按设计要求全面完成。2005—2007年，钟山区市级石漠化治理试点实施面积5000亩。其中人工造林33.8亩，人工促进天然更新2827.4亩，直播138.8亩，封山育林2000亩。2006年钟山区实施石漠化治理科技推广项目1个，面积100亩，项目实施地位于荷城街道办事处官厅村雷家大山，10月完成造林，2007年6月完成补植补造。2008年3月，钟山区被列入国家级岩溶地区石漠化综合治理试点县。

（七）义务植树及“四旁”绿化

1991年，全区义务植树41万余株，四旁植树40万株。1994年四旁植树及义务植树32万株。1995—2008年全区共义务植树622万株，年均48万株。

2000—2006年钟山区各镇、乡、办事处退耕还林情况一览表

表11-12　　单位：万亩

单位名称	实施面积		其中：退耕地造林		荒山造林总实施面积	
	合计	合格面积	小计	合格面积	小计	合格面积
大湾镇	10773	5426	8273	5426	2500	—
汪家寨镇	10432	6419	7185	5772	3247	647
大河镇	16651	14034	15751	14034	900	—
德坞办事处	6188	5811	6188	5811	—	—
凤凰办事处	5745	2185	4254	2185	1491	—
黄土坡办事处	2419	2233	2280	2233	139	—
荷城办事处	1964	1661	1000	697	964	964
月照乡	6850	5715	6385	5250	465	465
老鹰山镇	8478	7551	8184	7551	294	—

第三节　森林保护

一、林业执法

木材管理　钟山区属少林区，境内有国有、乡镇和个体煤矿多座，坑木需求量大，所需木材均从外地调运销售。同时经钟山区中转外运的木材也较多，一些木材商贩在无木材运输证的情况下偷逃育林基金和更新改造资金，扰乱正常的木林流通秩序，1995年3月至2003年，全区共查获非法运输、销售木材案件21起，分别对违法人员予以处罚。

林地管理　2002年至2007年5月，钟山区共发生征占林地事件24起，征占面积123.7亩，其中工程占地3起，占用林地面积41亩。砂石场、砖厂占地18起，占用林地面积74.3亩；经林业主管部门审核同意3起，征用林地面积8.4亩。

1999年9月到2007年11月，全区共查获非法采石、建房等侵占林地案件15起，责令违法人赔偿损失近3万元。盗伐、滥伐林木案件5起，发现2起，滥伐林木917株，对违法人员给予补种树木5035株处罚，罚款4750元，没收非法所得194元，赔偿损失3256元的行政处罚。

二、森林防火

1995年增设林业派出所，2008年有公安警车2辆，干警6人。其职能是管理森林防火以及偷砍滥伐、毁林开荒、违法运输木材等林业案件。2002年11月成立钟山区森林防火指挥部办公室，同时组建一支由16名队员组成的防火应急大队，各镇、乡、街道办事处也组建由10人组成的应急大队，应急大队平常由钟山区森林警察大队进行准军事化管理，区森林防火指挥部办公室负责业务培训和技术指导，在防火期内统一调度指挥。每年投入20余万元专项资金用于队伍建设。针对森林防火的严峻形势，钟山区每年制定和完善扑火预案，全面落实扑火的组织指挥、人员调配、机具装备、通讯联络和后勤保障等工作。

至2008年，全区共修建固定防火宣传碑、牌20块，贴宣传画报1万余张，开挖森林防火带10条，建防火公路1条。在林区面积大、易发生火灾的重点山头地块，增设护林人员100余人。在非防火期经常联系村级民兵连长，并对广大民兵进行扑火知识培训。每年元宵节、清明节对全区各种林地进

行封禁。共出火警200余次，打击各类森林火灾肇事者100余人，其中刑事处罚30余人。

三、森林病虫害防治

1995—1999年均应实施森林病虫害监测面积1.55万亩，实施1.1万亩，产地检疫136亩，木材检疫86.76立方米。1996—1999年检疫苗木824万株，检疫种子513.5千克。2000年发生华山松大蚜2000亩，竹毒蛾500亩、受害竹木76万株，苗木产地检疫2万株，检疫木材218.6立方米。2006年全区森林病虫害发生面积1348亩，其中病害发生面积326亩，虫害发生面积1022亩。2007年全区森林病虫害发生面积3518亩，其中病害发生面积1596亩，虫害发生面积1922亩。

四、野生动植物保护

钟山辖区内分布着国家二级保护野生动物锦鸡、长耳鸮（猫头鹰）、贵州疣螈、鸳鸯、穿山甲等。省级保护动物蛇、杜鹃、大山雀、啄木鸟等。区森林警察大队不断加大打击破坏野生动植物不法分子的工作力度，及时侦破违法案件，确保野生动植物的安全。2000年8月安顺籍犯罪嫌疑人罗某，从威宁县非法收购、贩卖国家二级保护动物长耳鸮（猫头鹰）24只，准备卖到广东获取暴利，被钟山区森林警察大队跟踪到贵阳抓获，区人民法院将其依法判刑10年，并将长耳鸮放归大自然。2003年5月犯罪嫌疑人岳某，非法经营、出售国家重点二级保护动物锦鸡及贵州省重点保护动物蛇200余只（条），国家重点一级保护动物金雕1只，被区人民法院依法判刑12年，并处罚金。

五、森林采伐

钟山区“十一五”期间的年森林采伐限额为4270立方米，主伐1530立方米、抚育采伐2540立方米、其他采伐200立方米。商品材每年采伐指标为500立方米。截至2008年年底，钟山区没有办理任何形式的木材采伐证，采伐量为零。

第四节　林业改革

一、林业分类经营改革

2006年3—10月，钟山区全面开展重点公益林区划界定工作。区划公益林面积20.5万余亩，其中重点公益林15.31万余亩，地方公益林面积5.19万余亩，商品林7280.4亩。公益林按区划林种分为防护林面积19.99万亩，特用林面积5169亩，其中重点公益林中的防护林面积14.89万亩，特用林面积4254.75亩。重点公益林按生态区位分，江河两岸面积占5.43万亩，荒漠化和水土流失严重地区面积占9.89万亩；按权属分集体，占10.53万亩，个人占4.78万余亩。重点公益林的面积占主导地位，地方公益林面积次之，商品林面积最小，符合钟山区实际情况，利于钟山区的长远规划和可持续发展。

二、林权制度改革

2008年，钟山区开展林权制度改革工作，林地实行承包到户的，由集体经济组织与农户签订林地承包合同书，承包期限原则上为50年，特殊情况可以延长到70年，承包集体林地面积为21.42万亩。

第三章　水　利

第一节　水利工程

一、引水工程

钟山区境内的引水工程28处，其中小（二）型工程5处，小（二）型以下工程23处，大部分为1988年建区前所建。建区后建引水工程5处，引水流量1.273立方米/秒，设计灌溉面积0.91万亩，有效灌溉面积0.71万亩，保证灌溉面积0.59万亩，实灌溉面积0.32万亩。

大湾联塘渠　1990年修建，设计灌溉面积、有效灌溉面积均为100亩，属小（二）型以下工程。

大湾开化渠道防渗　1994年建成，干渠2.3千米，引用流量0.1立方米/秒，设计灌溉面积1000亩，有效灌溉面积500亩，属小（二）型工程。

荷城办事处杉树林、教场渠道防渗　1994年建成，干渠3.5千米，引用流量0.16立方米/秒，设计灌溉面积760亩，有效灌溉面积680亩，属小（二）型工程。因城市发展，渠道已破坏，工程不复存在。

凤凰渠道防渗　1994年建成，干渠0.9千米，引用流量0.02立方米/秒，设计灌溉面积200亩，有效灌溉面积60亩，保证灌溉面积30亩，属小（二）型以下工程。

大河大桥渠道防渗　1997年建成，干渠1.75千米，引用流量0.15立方米/秒，设计灌溉面积350亩，有效灌溉面积、保证灌溉面积均为300亩，属小（二）型以下工程。

二、蓄水工程

区境内有水库4座，其中小（一）型水库1座，即窑上水库。小（二）型水库3座，即德坞水库、石河水库、龙贵地水库。

明湖水库　1953年8月始建，为均质土坝，坝高13米，坝长117米，距中心城区3千米，位于凤凰街道办事处明湖村。20世纪70年代以前，主要功能为下游灌溉和防洪，20世纪80年代后成为一个以城市供水为主兼防洪的综合性水库，为市内最早的小（一）型水库工程，由市水利局窑上水库管理所管理。水源为响水河主要水源，总库容558万立方米，其中防洪库容156万立方米，有效库容550万立方米，集雨面积17.03平方千米（地表集雨面积4.2平方千米），枯流0.08立方米/秒。每年平均降雨量1208.8毫米，日供水能力3万立方米，时为市中心区城市供水备用水源。1986年开始向城市供水，日供水500万千克，至1987年年底，共收水费25.72万元。

1989年10月对水库进行扩建，1992年10月工程竣工，扩建后的水库总库容达到558万立方米，校核洪水位1826.15米，正常蓄水位1826.00米，死水位1810米，死库容20万立方米，调节库容530万立方米，设计洪水标准为百年一遇。大坝为黏土斜墙碾压堆石坝，最大坝高22.5米，坝长228.5米，坝顶宽6米。

2004年市政府在水库南下侧修建明湖宾馆，在库畔增设休闲娱乐设施，对水库周边进一步绿化，成为城区民众郊游休闲的风景区。

德坞水库　1956年3月15日开工，次年8月完工蓄水，由贵州省水利水电勘测设计研究院设计，位于德坞街道办事处白鹤村。设计总库容50.3万立方米，灌溉面积2500亩，防洪面积4000亩，左右建成干渠各1条。

水库坝型为土坝，属小（二）型水库，实际总库容47.5万立方米，兴利库容25.6万立方米，死库容8.3万立方米。坝址以上集雨面积25.88平方千米，其中地表集雨面积2.1平方千米，最大坝高13.2米，坝长334米，坝顶宽5米。

1990年市水电局拨款对大坝和溢洪道等进行枢纽整治除险加固和帷幕灌浆，同时新修一条230米长进库公路和管理所，1991年4月30日全面竣工，总投资91万元，实现水库正常蓄水，总库容达50.3万立方米。1992年年底投资数万元兴建左、右干渠配套工程，建左、右干渠6.8千米，水库有效灌溉面积达到794.5亩。2002年投资20.07万元对水库进行整治，提高水库泄洪能力，防洪标准达到50年一遇。是年建成德坞水厂，向德坞片区供水。开发建设德坞新区后，水库灌溉面积变成建设用地，渠系尽毁，灌溉功能丧失。2008年钟山区政府在水库建设儿童乐园，水库供水功能丧失，德坞水库成为一座防洪兼旅游的准公益型水库。

石河水库 1999年兴建，设计总库容10.4万立方米，有效库容10.2万立方米，死库容0.2万立方米，主要功能为防洪、饮水，为小（二）型水库，位于老鹰山镇陆家坝村石河组。坝型为浆砌石重力坝，正常运行时抗滑稳定系数1.05。正常蓄水位1910.96米，集雨面积2.02平方千米，其中地表集雨面积0.84平方千米，地下集雨面积1.18平方千米，库容10.2万立方米。设计洪水位1911.08米，库容12.3万立方米，校核洪水位1911.14米，库容12.4万立方米。坝顶高程1911.6米，坝轴线长60米，最大坝高18.10米，坝顶长60米，底厚15米，顶厚3.6米，底长22.5米，上游坝坡垂直，下游坝坡1：0.8，坝顶溢流。挑鼻坎高程1900.60米，溢洪道宽5米，堰顶为Ⅱ型实用堰，堰顶高程1910.96米，下泄流量0.6立方米/秒，洪水位1911.08米，校核下泄流量0.72万立方米/秒，校核洪水深1911.14米。

龙贵地水库 2000年3月动工，2003年5月完工，以灌溉、供水、防洪为主，为小（二）型水库，位于德坞街道办西宁村。水库集雨面积2.35平方千米，总库容98.94万立方米，兴利库容81.48万立方米，死库容6.3万立方米，坝顶高程1918.8米，最大坝高27.20米，坝顶长88.32米、宽3.0米，为混凝土砌石单曲拱坝，坝顶溢流，溢流堰顶高程1918.12米。

三、提水工程

1988年前，钟山区境内有固定机排灌站1处，灌溉面积为1050亩，流动机电灌站1处，燃料动力机灌1台，喷灌17处。现区境内有电力提灌工程2处，分别建于大河镇大桥村和月照乡双洞村，2000年完工，为小（二）型工程。其中大桥片区装机75千瓦，设计灌溉面积、有效灌溉面积、保灌面积均为0.12万亩。双洞片区装机35千瓦，设计灌溉面积、有效灌面灌溉面积、保灌面积均为0.06万亩。

四、农村人畜饮水工程

1988年前，钟山区农村饮水主要靠引山泉水，不少山地村寨水源不足，尤其是每年冬春枯水季节缺水严重。1988年后，陆续建人畜饮水工程解决农户饮水问题。1997年后贵州省实施“渴望工程”，2000年后国家实施农村饮水解困工程，每年有计划、有安排投入资金解决农户饮水问题，钟山区农村人畜饮水问题得到大范围解决。随着生活水平提高，对饮水的要求也越高，2005年后实施饮水安全工程，将水的要求提上更高的标准。

渴望工程 1997—2004年，钟山区实施“渴望工程”。在农村对水源保障条件具备的农户采用引水到户，以表供水；对人口稀少、分布相对较散的村寨实行水池蓄水集中供水。对缺乏可行水源山区村寨以小水窖加以解决。1997—1998年，全区共建水池91座，容积1130立方米，安装管道87.37千米，开挖土石方2.87万立方米，砌石0.35万立方米，钢筋混凝土153立方米，工程投入资金92.4万元，群众投劳折款共16.49万元。共解决14个村、9240人、8000头牲畜饮水困难。

2000—2004年，全区共建水池118个，容积3599立方米，建20立方米水窖520座，安装管道252.24千米，建提水泵站10处，安装水泵10台，共192.5千瓦，投入劳动日4.76万个，工程总投资633.34万元，共解决34个村41755人、20509头牲畜饮水困难问题。

农村饮水解困工程 2000—2004年，钟山区实施农村饮水解困工程。工程分2期、共8批。该工程以引水工程为主，辅以提水工程，第一期工程总投资为206.51万元，共解决15个村、8911人、8978头牲畜饮水困难问题。第二期工程总投资572.31万元，共解决20个村、30409人、21633头牲畜的饮水困难问题。

农村饮水安全工程 未实施农村饮水安全工程前，钟山区农村饮水不安全人数为5.79万人，占全区农村人口的41.5%。其中饮水水质不达标有3.77万人，占饮水不安全人口的65.1%。生活用水量不达标有0.61万人，占饮水不安全人口的10.5%。用水方便程度不达标有1.41万人，占饮水不安全人口的24.4%。2006年，钟山区实施第一批农村饮水安全项目，解决大湾镇海戛、腊寨、大箐3个村共4826人饮水安全问题。共建水池55座1296立方米、水窖175座3500立方米、铺设输水管道64千米，投入资金177.26万元，其中中央投资111.16万元，贵州省配套资金9.14万元，市级配套资金13.25万元，区配套资金13.25万元，其余为自筹。2008年，为20101人解决饮水安全问题，其中，汪家寨镇沙坝场村4200人、艺奇村1520人、吴家寨村3443人、新塘村3815人、新华村451人、左家营村575人，月照乡双洞村1325人、响水村258人，老鹰山镇中坡村2838人、木桥村1676人。共投入资金790.57万元，其中中央补助资金553.43万元、贵州省补贴资金71.13万元、六盘水市补贴资金47.44万元、钟山区补贴资金47.44万元、自筹资金71.13万元。

五、防旱涝灾害工程

水城河治理工程 水城河水源明湖德威水库，全长20.5千米，水城河流断面3～10米，深1～3米，河道蜿蜒迂回，汛期排泄不畅，泛滥成灾，淹没稻田，中断交通。1957年水城县排除河床内部分暗石，水患缓解。1975年对水城河进行治理，取直新开河道9.28千米，浆砌河堤4.56千米，修建各类桥梁13座，建引水渡槽6座、涵洞5座、支渠4条，裁直河道缩短5.93千米。治理后，平均过水流量61立方米/秒，泄涝能力增强，使水城坝子免除洪涝灾害。

1998年，钟山区按照市中心区防洪治涝工程的规划，对水城河进行进一步治理。工程完成水城河水城军分区桥至窑上段防洪堤及河道整治共7274米（河道长3637米），响水河段防洪堤及河道整治15640米（河道长7820米），窑上公路建设898米，教场—水泥厂河道疏浚4600米，对德坞龙贵地水库大坝砌筑。共完成土石方工程量80.48万立方米，淤泥清除15.22万立方米，土方回填25.23万立方米，砌石15.47万立方米。对河道两岸的绿化带面积7.13万平方米，种植多种树木1.4万株，自控翻板坝1座，建跨河桥梁5座。

德坞治河工程 德坞河系水城河支流，贯穿德坞坝子落入溶洞，后在箐口复出与水城河汇合。德坞河在汛期往往泄水不及造成灾害，1972年，开始治理该河，加高两岸河堤，裁直河道，扩大花鱼洞消水量，缓解水涝灾害。

二塘治河工程 三岔河二塘段，因水土流失造成河床增高，汛期田土被水淹。1976年，由大湾区组织民兵治河，新挖河道7段、2千米，砌河堤300米，修跨河公路桥1座。

钟山区建区后修建的河堤主要有大湾镇关门山河堤，汪家寨镇吴家寨、艺奇、新塘河堤，老鹰山镇石板河防洪河堤，凤凰办事处石龙河堤，大河镇大桥、裕民防洪河堤，月照乡金钟、马坝、玉顶防洪河坝，共完成河道整治近10千米。全区防洪河堤总长32.47千米，保护人口14万人，保护耕地面积22.71万亩。

第二节 水土保持

一、水土流失

据2000年统计，钟山区水土流失面积为471.18平方千米，其中微度流失面积279.59平方千米，轻度流失面积46.09平方千米，中度流失面积66.08平方千米，强度流失面积24.78平方千米，极强度流失面积59.64平方千米。

二、水土流失治理

自1998年起，钟山区以小流域为单元，采取“坡改梯”、小型农田水利工程、种植经果林和水土保持林、保土耕作、封禁治理等综合治理方式开展水土流失治理工作，到2008年年底，治理水土流失面积57.1平方千米，建成“坡改梯”1110亩，完成人工造林2.55万亩，林木覆盖率从建区时的2.5%提高到30.4%，共投入资金574万元。

一线天小流域综合治理 一线天小流域属长江流域乌江水系响水河支流，位于钟山区西南部，包括凤凰办事处的明湖村和德坞镇马落箐村、西宁村，靠近市中心区。综合治理分两年实施，1998年投入资金53.7万元，投工7.6万个工日，治理水土流失面积3.17平方千米。1999年投入资金83.5万元，投工投劳11.36万个工日，治理面积19.73平方千米。

双洞小流域综合治理 双洞小流域位于月照乡，属长江流域。2000年钟山区投入资金200万元，2001年投入资金105.8万元，总投工投劳18.87万个工日，共治理水土流失面积20.9平方千米。

竹林河小流域综合治理 竹林河小流域位于老鹰山镇，属珠江流域。2003年钟山区投入资金131万元，投工投劳2.54万个工日，治理水土流失面积13.3平方千米。

第三节 社会化供水

一、工业用水

钟山区境内工业用水取自地下水、地表水以及部分市政供水，取水企业主要是首钢水城钢铁（集团）公司、贵州博宏小河金属铸业发展有限责任公司、水矿（集团）公司、水城发电厂、贵州野马寨电厂、水城水泥厂以及地方煤炭开采企业、煤炭洗选企业等，各企业取水方式主要为机械提水。2007年取用地下水为7.2亿吨，地表水为2.3亿吨。由于长期过量开采地下水，造成地面塌陷或地下水通道堵塞，水量减少。

2005年6月起，首钢水城钢铁（集团）公司在原水城盆地的自备深井群及响水河两个取水源相继关停，仅保留7＃深井，即新水取水源只有7＃深井和三岔河水源，7＃深井受季节性影响，年取水量约为144万立方米。三岔河水源由于上游流域植被人为破坏严重、人类活动加剧，水土流失较为严重，河床抬高，水质恶化，枯水流量逐年降低，河水量只满足一套系统处理提升（成品水量1000～1400立方米/小时）的要求，取水能力约为2400立方米/小时，2004年后每年实际取水量约667万立方米，相对2003年取水量减少1063万立方米。

为缓解水资源极其短缺的压力，水钢积极与市政供水部门协调，达成年转供水量438万立方米的协议。同时深挖内潜，狠抓用水管理，树立废水资源化观念，投入大量资金对水系统工艺、设备进行改造。2006年投资2500万元对原总排污水处理系统进行改造，采用一体化水处理设备为主的综合处理工艺，处理能力2400立方米/小时，达到减量化、再利用、再循环的循环经济运行模式。2008年，新上450立方米冶炼高炉1座（为水钢重点项目），冶炼高炉设计工业用水量平均3040立方米/日，主要水资源为小河边河水。通过2台流量为380立方米/小时的水泵（1台备用）从河水引入，经500立方米污水制水系统处理后进入闭路循环利用，重复利用水2797立方米，重复利用循环率达92%。有2800立方米高位备用水池1座，以确保生产安全危急用水。

贵州博宏小河金属铸业发展有限责任公司（水城铁厂）日用水量2.16万立方米，其中生活用水量约6387立方米，重复利用水1.52万立方米，复用率为70.4%。水源地处小河向西方向南岸花鱼洞和北岸黑鱼洞两个地下水源井。花鱼洞最小流量6360立方米/日，黑鱼洞最小流量2236立方米/日。枯水季节供水不足，最紧张时，被迫停止生活供水，职工家属只能到附近寻找水源挑水家用。

老鹰山煤矿、老鹰山选煤厂及原小河煤矿片区有人口1万余人，日用水量4000吨。从白腻坝子地下取水，现有一口井涌水量为1500吨/日，后因抽水引起多年塌陷，导致地下水道堵塞，枯季供水量不足1000吨/日，用水紧张。现生产用水系将煤矿井下水净化后使用。

汪家寨煤矿、汪家寨选煤厂片区约2万人，日用水量6000吨，取用三岔河水作为生活水源，水量严重不足。汪家寨选煤厂早已实现洗煤水复用，汪家寨煤矿现生产用水为净化后的煤矿井下水，用水紧张局面有较大缓解。

盛远煤矿、大湾煤矿、二塘洗煤厂片区有用水人口在4万人左右，日用水量约1.5万吨（部分外供）。盛远煤矿和二塘洗煤厂都是取用三岔河水，大湾煤矿取用关门山水源，生产用水经矿井水净化后使用，较大程度缓解用水紧张状况。

大河煤矿、红旗煤矿片区用水人口约1.2万人，日需水量800吨。主要水源为燕子岩铁路隧洞阴河水和川心水源，生产用水为矿井水净化，较大程度缓解用水紧张局面。

水城发电厂用水水源为三岔河水，1986年日用水量23万吨，其中补充新鲜水6.9万吨，重复利用16.1万吨，复用率为70%。部分排水入三岔河，对下游水质无污染，2005年12月关停。

贵州野马寨电厂用水取自三岔河水，采用带双曲线自然通风冷却塔的循环冷却方式，日用水量22万吨，其中补充新鲜水7200吨，重复利用22万吨，复用率为100%。为提高用水的合理性，全厂的生活污水和工业废水由单独的排水系统汇集至污水处理站，分别经过生活污水处理系统和工业废水处理系统处理，处理后的水回收利用。为缓解工业污水处理站的运行压力，该厂2006年投资350余万元新建渣水系统，2007年投入运行。

水城水泥厂日用水量2200吨，其中补充新鲜水1700吨，水量复用率为23%。2007年以前主要水源为双水头塘地下水，枯水季节水量不足。2007年双水头塘地下水关闭，现由水城县供水公司供水。

钟山区煤炭、电力、冶金、建材等大型企业，除水城水泥厂由水城县供水公司供水0.22万立方米外，其余均为自备水源取水，日用水51.15万立方米，其中地下水1.47万立方米，地表水49.68万立方米，地下水占2.87%，地表水占97.13%。

二、城镇用水

六盘水市给排水公司　1994年原市自来水公司更名为市供水公司，2003年更名为市给排水公司。1988年供水范围只限于黄土坡片区。2008年供水范围，北至大垭口、南到编组站、东至九洞桥、西至德坞。1988年直径75毫米以上管网为80千米、1997年为130千米、2008年为480千米。1988年售水量为293.58万立方米，2008年为1715万立方米，供水价1988年平均为0.26元/吨，生活用水0.25元/吨。2008年2.2元/吨，其中含0.5元污水处理费。1988年公司年产值62.8万元，2008年4735.5万元，1988年公司实现利税7万元，2008年为682万元。1988年供水普及率为23%左右，2008年为95%。

玉龙水厂　位于凤凰新区。以玉舍水库为水源，任务是向市中心城区供水，缓解市中心城区用水困难。水厂工程设计规模为日处理水11.5万吨，日供水10万吨。

德坞水厂　2002年建成，以龙贵地水库和德坞水库为水源，位于德坞办事处白鹤村。设计日供水1.2万立方米，安装日处理6000立方米水处理设备1台，抽水泵1座3台，总装机165千瓦，扬水管长460米，配水主管长3550米，主要供水范围为德坞居民和六盘水职院师生等地。

老鹰山水厂　位于老鹰山镇陆家包包顶上，取水水源为石河水库，日供水1500立方米，解决老鹰山小城镇1.5万人及滥坝镇、水钢白云石矿5000人生活用水。

钟山开发区城乡供水有限公司　2002年8月成立，位于钟山区区府路。主要负责大湾镇、老鹰山镇小城镇的自来水供水。

第四节　水能资源开发

全区水能资源理论蕴藏量为56.43兆瓦，技术可开发量23兆瓦，其中长江流域水能资源理论蕴藏量50.93兆瓦，技术可开发量23兆瓦。珠江流域竹林河水能资源理论蕴藏量5.5兆瓦，技术可开发量为零。

在钟山区境内乌江水系的水力资源理论蕴藏主要集中在乌江干流三岔河上，水能蕴藏量23兆瓦，规划水电站为岔河电站。各支流响水河，集雨面积221.9平方千米（含玉舍引调水集雨面积89平方千米），水能理论蕴藏量18.9兆瓦，河流水能开发主要利用暗河段，于范家寨消水洞前建坝引水至下游害奈河出口，为一级开发，即双洞水电站，现已建成投产。其余关门山小河、色开河支流、海开小河、山根脚小河支流、纳福小河、老鹰山小河，均无开发价值。

第五节　水利管理

一、水资源管理

自1993年起，钟山区水资源管理工作逐步加强。水利部门利用每年3月22日“世界水日”“中国水周”为契机，以“依法治水，实现水资源的可持续利用”“保护水、节约水”为主题，采取多种形式进行《中华人民共和国水法》宣传，增加社会依法管水用水的意识和法制观念。1993年9月1日，《取水许可制度实施办法》颁布施行后，各项法律法规相继颁行，为水资源的管理提供更为充分的法律依据。管理部门按规定对区境内水城钢铁公司、水城矿务局等取用水单位逐一核查登记，共审批、办理取水许可证25套，共征收水资源费120余万元。1998—2007年，共办理取水许可证90余套，征收水资源费500余万元。

二、水行政执法

1988—1992年，钟山区水行政执法主要靠行政手段管理维护水利工程设施。1992年，钟山区水利电力局成立，并设立水资源管理办公室，其主要职责是负责水政执法监督、调解水事纠纷、查处水事违法案件、行政复议、行政应诉等工作。1998年，成立钟山区水政监察大队，配备水政监察人员21人。2002年，钟山区进行机构改革，新组建钟山区水利局，撤销钟山区水政监察大队，执法工作由钟山区水利局承担。2004年1月5日，再次恢复区水政监察大队，为股级全额事业单位，编制3人，主要负责全区的水资源、水土保持、河道、水利工程、防汛抗旱和水文监测设施的保护、监督和检查。对违反法律法规的行为实施行政处罚等行政措施，负责调处水事纠纷。配合和协助公安和司法部门查处水事案件，承办行政复议、应诉、听政、理赔等具体事务，负责全区的水利规费征收工作。钟山区恢复专门的水政执法机构后，水政执法工作进一步规范。

2004年，钟山区水政执法部门恢复重建后，常年开展执法检查，对违法违章案件进行查处。到2008年，全区共查处水事违法案件50起，处理水事纠纷40余起。

三、饮用水源地保护

钟山区境内饮用水源地保护主要是保障窑上水库、龙贵地水库、德坞水库、石河水库水质安全。

窑上水库　一级保护区内无任何污染企业及排污口，二级保护区及水库集雨区内无与供水设施和保护水源无关的建设项目，水库水质经检测，常年保持饮用水Ⅱ类水质标准，水库周边植被良好。1998年六盘水市人民政府专门发布《关于保护窑上水库水源的通告》，强化窑上水库水源保护，设置明确，水库管理规范到位。大坝南岸的明湖宾馆产生的生活污水处理后经由管道排至大坝下游，对库区水质无影响，但库区库尾处有住户70余户、300余人未搬迁，其农业生产及生活污水对库内水质存在影响。

龙贵地水库　属饮用和灌溉两用水源，日可供水量达1万吨，可灌溉面积达3000亩。一级保护区内无污染企业及排污口，水库水质常年保持饮用水Ⅱ类水质标准，水库周边植被良好。

德坞水库　未划定保护区，其正常高水位以上200米范围内的水域无污染企业及排污口，水库集雨区内无与供水设施和保护水源无关的建设项目，水库水质常年保持饮用水Ⅱ类水质标准。但库区内居住农户的生产生活污水、生活垃圾，大坝左岸牛马市场的牲畜排泄物等对库内水质有不良影响，钟山区水利局落实人员对水库进行管理，定期清理大坝和库内的垃圾，并多次向区政府汇报，2007年大坝右岸的牛马市场搬迁。

石河水库　未划定保护区，水库集雨面积内植被良好，无农户居住及建设项目。设计日供水量1500立方米，水库水质常年保持饮用水Ⅱ类水质标准。

四、水土保持补偿费征收

1995年3月钟山区开始征收水土保持补偿费，征收对象主要是辖区内的生产建设单位和个人。至2008年年末，全区共办理水土保持合格证172个，征收水土保持补偿费2000余万元。

五、工程管理和水利管理

工程管理　窑上水库由窑上水库管理所管理，属市水利局管辖。钟山区水库管理所对德坞水库、龙贵地水库、石河水库进行管理。每个水库聘请1名管理人员，实行24小时值班，负责水库大坝安全巡察和库区日常巡逻。其余引水、蓄水工程均无专人管理，有些工程年久失修，效益降低。

用水管理　农村人畜饮水工程中，分散工程由村民委员会行使管理权，各村因地制宜制定工程管护办法，但是大部分用水不收水费。

由供水公司管理的集中供水工程水表进户，按表收费。按照“补偿成本、合理收益、优质优价、公平负担”的原则确定水价，进行水费征收和管理。供水公司实行水价听证会制度和公示制度，定期公示水价、水量、水费，特别是折旧费、管理费的收支情况，接受用水户和社会监督及有关部门审计。

第十二篇　交通　邮政　电信

第一章　交　通

1952年以前，今钟山区境域无公路，主要有7条古道通往钟山境外。

水城至毕节驿道　共140千米，其中水城境内长40千米，途经南开、治沟（原名茨沟，属大定县，今属纳雍县）、赛东关（原属毕节县，今属纳雍县）入毕节城。

水城至安顺驿道　共210千米，其中水城境内长36千米，途经茨冲、陡箐，入郎岱（今六枝特区）境内的黑塘、岩脚、沙家马场、沙坝底，经普定至安顺。

水城至威宁驿道　共69千米，其中水城境内长25千米，途经今德坞、沙子坡，入威宁县境的艾家坪、狗场，至威宁县城。驿道依山呈"之"字形盘旋迂回，隐入云霄。民谚有"爬完沙子坡，剩点气气也不多"之叹。

水城至盘县驿道　共140千米，其中水城境内长70千米，途经双龙井、玉舍滥坝、杨梅、龙场，入盘县脚泥、老虎场、鸡场坪、猴场屯、刘官屯，至盘县城。

水城至宣威古道　途经窑上（今明湖）、马落箐、格木底（今纸厂）、舍嘎、木科、平寨，过北盘江入云南宣威境的普立，至宣威城。

水城至赫章古道　途径德坞、马嘎、姚家营、猴场、二塘、大湾，至赫章县城。

水城至纳雍古道　途径金竹林、小河边、董地、立火干，入纳雍境的阳长、马鬃岭，至纳雍城。

除上述县际古道外，清朝时期，境内铅锌冶炼业兴旺，为适应铅锌冶炼的交通运输需要，经营万福厂的雷礼禄、经营福集厂的肖万全等人出资修建境内驿道数条。主要有水城经大丫口至小河边驿道、老鹰山至石板河驿道、下马坎至玉舍关门山驿道、石龙至岔河驿道等。

区境内关隘主要有"五大垭口"。

木厂垭口　位于老县城西10千米许明湖村西南隅，因山民在此伐木烧薪而得名，是水城至宣威古道的第一道天然门户。

双龙大垭口　位于老县城南8千米处，水城至盘县驿道从双龙井坝子进山，接近垭口处的"擦耳岩"，如巨斧斜劈，形成长数百米两半偏岩，两半偏岩之间最窄处仅容驿道穿过，一夫当关，万夫莫开，为水城南面的"崖疆锁钥"。

小河边石垭口　位于老县城东北9千米许，水城经小河边至纳雍的古道经由此处。垭口雄踞拔地而起的大山之巅，大山怪石裸露，古道依山拾级而上入垭口，站在垭口处，视野开阔，山下风物尽收眼底。居高据险，易守难攻。

界牌大垭口　位于城北，离老城4千米、场坝3千米处，是水城至毕节驿道的必经之地。老城、场坝分别有石阶路到城北笔架山脚会合。中华人民共和国成立前，水城民众食用的川盐均经此驿道运入，因过路客商及盐运马帮时被土匪抢劫，官府长期把界牌垭口作为水毕驿道的重点防范地段。

燕子岩大垭口 位于老县城西北7千米许。垭口两山对峙，中间豁然一道，往水城方向较平缓，往大河边方向坡陡林密，羊肠土路在林中盘山而上。系水城至大河边、汪家寨方向的要冲。

1988年前，古桥主要有三岔河上的扒瓦桥，以德桥和水城河上的11座桥。

扒瓦桥 距中心城区20千米，位于水城至毕节古道上，在钟山区月照乡与水城县保华乡接壤处，南北跨向。始建年代无考，清道光二十一年（1841）重修，次年竣工。为单孔大跨度石拱桥，主桥长23米，宽5米，正常水位时，桥面距水面高15米。南桥堍26级，长10米，北桥堍24级，长18米。桥面两侧有石砌桥栏。全桥由长方形石块镶筑而成，坚固工整细致，桥势雄伟壮观。桥北端西侧是一四棱碑，碑东侧面刻《重修扒瓦石桥记》。1959年，修建水城至南开公路，填平两端桥堍而作公路桥。1991年7月3日，被洪水冲毁，是年7月，成都军区14集团军舟桥部队架通舟架，1992年重新建成钢筋混凝土拱桥，桥长47米，宽9.5米，高16.6米，跨度35米。

以德石拱桥 距中心城区西北15千米，位于大河镇大桥村。清光绪年间（1875—1908），建石墩木板桥1座。民国28年（1939），在原桥基础上改建石拱桥。全长54.3米，宽5.4米，正常水位时，桥面距水面8.6米。桥面两侧立有石栏，石栏中心装饰有圆雕石龙，龙头迎河上流，龙尾顺下流，古朴生动，现石栏已毁。桥身分3孔，南孔跨距10米，中孔跨距11.8米，北孔跨距8.4米。南岸桥头有踏跺15级，北岸桥头有踏跺10级，全桥由长方形石块镶砌。1987年12月28日公布为县级文物保护单位。

水城河上的11座桥，有6座为单孔石拱桥，即窑上（现明湖）石桥，亦称婆婆桥。松树坪的松云桥。何家寨的西清桥，原为土桥，俗称“上土桥”；城西丹桂桥，原为土桥，俗称“下土桥”；县城东门步月桥；县城与下钟山之间的新桥。有3座为3孔石拱桥，即县城南门桥、场坝回龙巷大桥、头塘三洞桥。有2座为4个石墩木板桥，即松树坪三板桥、路马摆三板桥。窑上石桥，建于清乾隆元年（1736），桥高6米，长8米，宽4米，顶面两侧有石栏。其余5座单孔石拱桥的规模、形制与其相仿。11座古桥中，县城西丹桂桥、窑上石桥连通水城至宣威古道，头塘三洞桥连通水城至安顺古道，其余皆为方便水城河南北民众往来而建。水城河改造，河道取直改道后，原河道渐被填平，河上古桥绝大部分废毁。

今钟山区境域有属三岔河的红桥渡口、大河渡口，分别位于汪寨镇和大河镇，1966年后停渡。

水城未通公路前，今钟山区境长途短途运输均为人背马驮。民众的生活必需品食盐、布匹、百货等从外地运入水城，水城的大宗商品铅锌、生铁、桐油、生漆、药材等运往毕节、贵阳、昆明、四川等地，全靠人畜运输。人背工具为背篓、背架，背物时随带一根打杵（亦称拐把子），以便中途将背篓、背架停靠其上作短暂休息。一些长期从事人力运输的“背老背”苦力，背脊常留下“老茧疙瘩”。零星短途运输多为单人单马，长途大宗运输则由马帮头带领若干名“马哥头”组成马帮，或由工头组织“背老背”人员结队运送。日行一般为30千米。

1953年水城至威宁公路修通，水城始有人力车、马车运输，人力车载重量多为300～500千克，马车多为500～1000千克。

1988年后，境内汽车、拖拉机运输迅速发展，人畜运输业的市场越来越小，手推车等人力货运基本淘汰，马车数量骤然下降。1988年年末，钟山区对全区马车进行统计，只有102辆，次年又下降到56辆。随着六盘水市中心城区建设规模的不断扩大，城市管理日渐规范和严格，自1998年起，禁止驮马、马车进入市中心城区，城区周边的驮马和马车逐渐消失，只在部分乡镇和边远地区有驮马和马车作短途运输，至今已逐渐淘汰。

中华人民共和国成立前，除人畜货运外，今钟山区境有少量人力畜力客运。人力客运工具主要是滑竿，有少量轿子。畜力运输工具为马匹，称为“脚力”，需乘骑者与“马帮头”或个人经营者接洽，一客一马，一马或两马配一夫。无论人力或畜力运输，短途运输费用当面议价，长途运输费用按站（一站60里）计收，虽无官价，但约定俗成，互不相欺。中华人民共和国成立后，滑竿客运被认为是“阶级压迫行为”和“剥削阶级的享受方式”而被制止，马匹客运在20世纪50年代尚存，后逐渐消失。20世纪90年代初期，城区内人力三轮黄包车短途客运兴起，风靡一时，成为市区民众出行代步的主要交通工具，后逐步被客运班车和出租车取代。

第一节 公路建设

一、省道县道建设

钟山区境内无国道，经钟山区的省道有6条，由钟山区发出的县道1条。省道为水威路、水安路、水盘路、水纳路、水赫路、水黄路，县道为水盘东线公路。

（一）水威公路（水城—威宁）

是今省道贵（阳）烟（云南昭通烟堆山）线中的一段，系水城第一条公路，由老县城经德坞、沙子坡入威宁，全长78千米，水城境内长25千米。1942年曾动工建设，开挖少量土石方。1952年8月25日重新动工兴建，参加筑路民工达5000人，完成土石方82万立方米，投资33.9万元。1953年3月通车，成千上万城乡群众蜂拥在公路两旁，首次喜见汽车开入水城。1983年11月30日，六盘水市报经省城乡建设厅批复同意，将水威公路茶叶林至94工程处机关（今贵烟线K261.6～K270.9）改造为路面宽15米，路两侧宽4.4米人行道的水泥混凝土道路，名振兴路，后更名为人民路，建成后该路段即由城建部门接管。随着六盘水市中心城区的发展，市人民政府决定修建贵烟线水城过境段公路南环路，工程分3期完成。1994年8月30日，一期工程动工，1997年3月30日竣工，东起水城水泥厂路口，西至钟山区明湖路，全长10.45千米，工程按城市道路参照二级公路标准设计施工，水泥混凝土路面双向4车道，投资1497万元。1997年12月二期工程开工建设，1999年1月1日竣工通车，为南环路东延伸段，东起双水黄家桥，西至水城水泥厂路口，与南环路一期工程相接，全长4.32千米，按山岭重丘二级公路标准设计，水泥混凝土路面双向4车道，总投资1302万元。1999年2月28日三期工程动工兴建，2000年5月28日竣工通车，为南环路西段工程，由市电教大楼南侧明湖路起，止于德坞西端贵烟线K275+360米处，长6.889千米（其中利用明湖路1.193千米），按山岭重丘二级公路标准设计，路基宽度12米，水泥混凝土路面双向4车道，总投资3240万元。2003年，将南环路东起双水黄家桥水黄公路接口处，西至明湖路路段改造为“凉都大道”一段、钟山大道一段，增设两边人行道，改铺沥青路面，路宽40米，双向6车道。2000—2001年，水威公路由德坞收费站至威宁全线改造为山岭重丘区二级公路，铺沥青路面。

（二）水安公路（水城—安顺）

属贵烟线其中一段，经滥坝、陡箐、堕却、六枝、落别，至镇宁县大山哨与滇黔公路交汇，全长139千米，水城境内53.2千米。水城境内分两期施工，1957年9月第一期工程开工建设，1958年1月竣工，调集民工7000人修筑，完成水城至滥坝段18千米的整修工程及部分新线工程。1958年2月第二期开始动工建设，是年5月竣工通车，调集民工5400人修筑。路线所经陡箐西端的天险猴儿关，悬崖百丈，民工用粗绳由山顶将人下吊到悬崖半腰打眼放炮，在冰天雪地中奋力施工，自编山歌高唱“劈破猴关百丈崖，公路不完不回家”。水城境内工程共投资50万元，1987年铺沥青路面，1998年，改造为山岭重丘区二级公路。

（三）水盘公路（水城—盘县）

亦称两水线，由水城老县城西约5千米处接威水公路，经玉舍、杨梅、发耳，跨北盘江、翻八担山，入盘县境四格、坪地、洒基、柏果，至两头河与国道320线交汇，全线187千米，水城境内101.5千米。1957年水城境内修建水城—发耳段，简易通车。1966年，由交通部第三工程局第五工程处修建发耳至盘县段，改造杨梅至发耳段，1971年5月全线通车。1987年水城境铺沥青路面55千米，1997年后，相继分阶段对全线进行油路大修和改造，至2002年，全线改造竣工，为二三级油路。

（四）水纳公路（水城—纳雍）

属水（城）毕（节）线一段，全长91千米，水城境内33.5千米。由贵烟线滥坝处连接，经小河边、立火，入纳雍境阳长、马鬃岭，至纳雍县城。1955年水城铁厂率先建成滥坝至小河边段11千米。1958年小河边至纳雍段动工，1960年3月竣工，投入民工4100余人，完成土石方25万立方米。因原路修建标准过低，不能满足交通发展的需要，1965年与水安公路改建工程作为同一个改建工程项目，由国家投资30万元进行改建，1966年竣工。1995年前，铺部分沥青路面，1996年，境内路段全线改造新铺油路。

（五）水赫公路（水城—赫章）

系水（城）煤（云南省镇雄县煤炭包）线一段。原由水城县城西水威公路连接，经大河、汪家寨、二塘、大湾、木冲沟，翻越红花岭进入赫章县境珠市、史打嘎、七里店与川滇东路交汇至赫章县城。全长147千米，钟山境内56千米。1994年4月马（嘎）姚（家营）公路修建后，该路直接由马嘎连接水城发电厂西端的水赫公路，比原计划缩短14千米。1959年水赫公路始建，陆续修筑部分路段，直至1984年才全线贯通。其中水城至汪家寨段20千米，由贵州省交通厅投资按简易公路修建，1959年建成。汪家寨至二塘28千米，由燃料化学工业部投资100余万元，按六级公路标准修建，1969年竣工。二塘至木冲沟段13千米，由水城铁厂投资修建，并将木冲煤矿至大湾3千米改为水泥混凝土路面。由于建成后未完善管理，导致公路失养，通行困难，1974年水城矿务局投资对该段进行大修。赫章县境91千米路段，分三期修建，1982年才修通，继之又投资改善，1984年竣工。1985年起，先后对部分路段进行改造，至2008年，全线基本改造完成，均为二、三级柏油路。

（六）水黄公路（水城—黄果树）

2003年12月28日竣工通车，全长141.5千米，项目批准概算15.6亿元。西起德坞梅花山站，接入南环路至双水新区，经马场、蟠龙、猴场、郎岱、坡贡，至黄果树与贵黄公路交汇。水黄路亦称镇水公路，为高等级公路，设计行车速度为60千米/小时，路基宽度12米，沥青混凝土路面，全线桥涵与相应路基同宽，隧道建设限宽10.5米。桥涵设计车辆荷载采用汽车—超20级，挂车—120级。抗震按基本烈度6度设计。其余技术指标符合部颁《公路工程技术标准》（JTJ001/97）规定值。公路共有桥梁84座，长11828.11延米。其中特大桥4座1616.50延米，大桥46座8794.79延米，中桥17座1005.14延米，小桥17座411.68延米。隧道6座，总长1710.5米。主要控制工程为罗拉大桥13×30×12+4×20（T梁+空心板桥），全长500.05米，墩身空心薄壁墩高97米。瓦窑田大桥1～130米箱拱桥。阿志河大桥1～28米，是贵州省第4座悬索桥。冷饭盒特大桥1～166米木行式组合拱桥。加开营隧道全长380米。锅圈岩隧道全长600米。2000年5月，德坞至双水段竣工，通车里程21.9千米

（七）水盘东线公路（水城—盘县大坪地）

起于水城，经马场、常明、格所、羊场，至大坪地与320国道2461.3千米处相接，全长221.5千米，其中水城至马场段35千米于1969年建成，投资15.3万元。羊场至大坪地段26千米，1959年2月竣工通车。1995年6月4日，水盘东线公路全线通车，共完成土石方500余万立方米，特大桥1座，大桥1座，中桥3座，总投资2714万元。1999年12月15日，对水盘东线公路水城入口段的改线工程完工，长

2.06千米，混凝土路面，总投资280万元。

二、农村公路建设

至2008年，钟山区有农村公路288千米，全区所有村均通公路。其中沥青路面99.19千米，水泥路面45.85千米，泥结碎石路142.8千米。

今钟山区境域，1955年建成滥坝至观音山杉树林公路。1958—1959年建成水（水城）干（干河）公路，今钟山区境内8千米。1965年拉开“三线”建设的序幕，为给“三线”建设提供服务，农村公路建设有所加快，一些矿区附近和省干道沿线的公社，生产大队以集体投工投劳的方式修建部分农村简易公路。1978年改革开放后，国家工作重点转移至以经济建设为中心，随着经济建设的调整，国家对农村交通基础设施建设不断重视。

1985—1988年国家实施粮棉布以工代赈建设农村公路，今钟山区境的主要项目有水城水泥厂至月照公路，联通响水村和金钟村，全长5.8千米。煤厂至发箐公路，联通裕民村和鱼塘村，全长6千米（钟山段）。大庆至连山河公路，联通渡口、大庆、大地村，全长10.4千米，以上全部为等外简易公路。

1989年后，钟山区对境内的农村公路进行统一规划建设管理。1990年国家以工代赈建设农村公路的方式改实物为现金。国家、省、市、区配套资金，乡、村调剂公路用地，受益群众投工投劳。1990—2000年，钟山区以工代赈的公路主要有水（水城）南（南开）公路钟山段，1993年9月竣工，全长5千米，四级公路，1～47米桥梁1座，总投资115万元。大（大河）连（连山河）公路，1994年立项，1995年开工，1996年12月竣工，全长17.1千米，四级公路，总投资145万元，其中钟山段10千米，投资78万元。大（大河边）虹（虹桥）公路，1998年3月17日开工，1999年4月竣工，全长4.6千米，四级公路，总投资30万元。水（水泥厂）独（独山村）公路，1997年开工建设，1999年7月竣工验收，全长13千米，四级公路，1～13米石拱桥1座（干沟桥），总投资46万元，其中公路31万元，桥15万元。双坝公路，1998年3月开工，1999年1月26日竣工，全长7.1千米，投资26万元。羊场坡公路，1998年开工建设，全长6.8千米，投资30万元。是年钟山区政府自筹资金50万元对以大湾镇为主的部分农村公路进行修建，每千米补助5000元火工材料费。

1999年6月，钟山区、水城钢铁公司筹资228万元对九洞桥至三块田村段（水南线出口公路）进行改线修建，全长5.5千米，其中九洞桥至水钢机修厂段1.7千米，老路改造投资28万元，由六盘水市公路处实施，建成沥青路面。水钢机修厂至三块田村段1999年9月28日开工，2000年11月23日竣工，全长3.8千米，投资200万元，由钟山区交通局实施。是年市政府和钟山区政府共同筹资530万元对汪（汪家寨）木（木果）公路钟山段13千米进行改造。

2001—2004年，随着“西部大开发”的开展，国家对农村基础设施建设投入加大，钟山区农村公路建设迎来黄金时期。钟山区委、区政府编制《2001—2015年钟山区交通基础设施公路网络规划》，逐步加大农村公路建设的力度。这一时期，钟山区共新建和改造农村公路36条，其中投资60万元以上新建和改造的通村公路有羊场坡旅游公路、石河旅游公路、腊寨公路、大连公路、双坝公路、韭菜坪旅游公路、双夹公路等7条，其中通组公路1条，即水井公路。

羊场坡旅游公路　1997年6月始建，由德坞镇白鹤村起，至羊场坡旅游景区。主线2.1千米，景区支线4.7千米，全长6.8千米，投资30万元，由于投资少，只开通毛路，未达到等级公路，1998年4月16日按简易公路验收。2001年9月15日，投资85万元，对该路进行第二次修建，主线2.1千米，路宽7米。按部颁四级公路标准建设，景区1.28千米路基宽4.5米，设错车道，泥结碎石路面，全镶边，2002年8月7日竣工。

石河旅游公路　2002年3月16日开工，2003年1月竣工。由水城县滥坝镇法都村起，至钟山区老鹰镇石河村九星阵景区，全长2.85千米，按部颁山岭重丘区四级公路标准设计，泥结碎石路面，全镶边，投资65万元。

腊寨公路 2003年修建，全长15.7千米，投资60.95万元。

大连公路 大（大河）连（连山河）公路，钟山区境内10.4千米，2003年，按部颁山岭重丘区四级公路标准进行镶边工程改造，泥结碎石路面，总投资62.4万元。

双坝公路 由大河镇裕民村大丫口起，至黄土坡街道办事处双坝村。2003年，按部颁山岭重丘区四级公路进行镶边改造，全长7.14千米，路基宽7米，路石宽6米，泥结碎石路面，总投资86万元。

韭菜坪旅游公路 2003年10月六盘水市交通局批准建设，线路走向由大湾镇经腊寨村、大箐村、海嘎村至韭菜坪。按省标四级公路标准建设，路基宽度5米，最大纵坡12%，最小平曲线半径11米，泥结碎石路面。每千米投资8.5万元，其中工程费8万元，管理费为0.5万元。是年10月10日正式开工建设，12月31日公路开通。2004年1月10日，六盘水市交通局组织进行初步验收，实际完成新建里程16千米，老路改造4.3千米，全长20.3千米，共投资160万元，征地拆迁、林木补偿费由大湾镇负责。是年，六盘水市政府投资600余万元，将韭菜坪公路20.3千米改造成水泥路面，路面宽3.5米。韭菜坪旅游公路的建成，标志着贵州最高峰（海拔2900.6米）实现通车，对于开发韭菜坪的旅游业起到重要作用。

双夹公路 2003年4月开工，10月竣工验收。由双龙村起至水城县夹沟村，公路全长3.8千米，路基宽6.5米，碎石路面，投资80万元，部颁山岭重丘区四级公路标准。双夹公路的开通，给水城县纸厂夹沟片区进入市中心带来极大便利，与绕道马落箐经明湖村进入市中心相比较，缩短里程约20千米。

水井公路 2000年12月动工修建，2001年8月建成通车，由独山长坝处起至独山村水井组，主线2.6千米，支线0.4千米，全长3千米，投入资金12.7万元。公路属喀斯特地质，且岩石裸露，地形横坡大，均在60%以上，土石比2∶8，虽里程短，但工程量大，鉴于通组公路行车量小，技术标准按省标四级，最大纵坡12%，最小平曲线半径11米，路基宽度4.5米，涵洞6道，设错车道。

2004年起，钟山区实施通村油路建设。是年以后新修的农村公路均为柏油路，并将原修建的部分农村公路进行油路改造。油路改造工程由钟山区人民政府自筹资金，以钟山区交通局为主，面向社会公开招投标选择施工队伍，聘请社会监理监督工程质量。2004年4月19日，钟山区第一条通村油路—水泥厂至独山公路开工典礼在月照乡小屯村举行，公路全长11.04千米，总投资564万元。其中水泥厂至小屯村段长2.36千米，路基宽7米，路面宽6米，投资130万元。小屯村至独山村段8.68千米，路基宽度6.5米，路面宽5.5米，投资434万元。

2004年5月，钟山区投资修建水泥厂至小河边，水城县法都至钟山区老鹰山镇石河村，穿心村大丫口至白鹤村羊场坡，渡口村至大桥村沥青（水泥）路面公路，批准预算投资分别是为513万元、161万元、93万元、833.6万元。6月钟山区交通局分别对以上4个项目进行招投标，并陆续开工建设。

2005年3月，钟山区发展和改革局分别对马鞍村柏杨坡至石桥村、大湾镇至大湾中学、铁锅厂至小河、红旗矿（裕民村）至渔塘村、四岔路至仁和洞村、老鹰山至石板河村、大桥村马路营至大箐村、小屯村丫口至双洞村、双龙村至石桥村油路施工设计图的预算进行批复，预算总投资为1539万元。

2006年，对钟山区汪家寨至水城县木果乡公路进行沥青路四级公路大修，全长13千米，总投资680万元。对水（水城）南（南开）公路钟山境内4.7千米路段进行沥青路四级公路大修，总投资250万元。

2007年，开工建设水泥厂至独山村公路小屯至独山村段全长9.7千米，公路等级四级，沥青路面。建设小屯村垭口至双洞村双口公路，全长6千米，公路等级四级，沥青路面，总投资300万元。建设川心村大垭口至德坞白鹤村二期工程，全长7.5千米，公路等级四级，沥青路面。建设双水至老鹰山公路，其中水泥厂至小河公路系改扩建，全长13千米，三级公路，沥青路面，总投资2480万元。续建红旗矿至渔塘公路，全长4.5千米，四级油路，投资150万元。续建四岔路至仁和洞村公路，沥青路面，全长7.8千米，总投资280万元。

三、公路桥梁、涵洞

（一）桥梁

至2008年年末，钟山区境内共修建规模较大的公路桥梁16座，其中建区后修建的有10座（含重建的下扒瓦大桥和2008年拆除的大河石拱桥）。桥型有石拱桥、钢筋混凝土双曲拱桥、钢筋混凝土空心板桥、钢筋混凝土板桥等。

大河石拱桥　1988年兴建。全长58米，宽8.1米，1993年水毁，成危桥。2008年拆除。

小白岸桥　建于1989年10月，单孔板桥，桥长12.4米，宽7.8米。

二塘桥　1993年5月兴建，单孔板桥，桥长16米，宽7.5米。

干沟桥　1998年建成，位于水城至独山公路上，桥长为1～13米石拱桥，桥宽7米。

双洞桥　2002年建成，单孔空心板桥，桥长20米，宽7米。

安乐中桥　2006年建成，位于大湾安乐村大河上，预应力钢筋混凝土梁桥，桥宽8米，全长71米，投资220万元。

大河桥　2006年建成，位于渡口村大河上，钢筋混凝土T梁桥，全长80米，3跨，桥宽8米，投资186万元。

三根脚桥　2008年建成，位于三根脚村大河上，钢筋混凝土T梁桥，全长55米，2跨，宽8米，投资200万元。

谢家小桥　2008年建成，单孔板桥，桥长6米，宽7米。

（二）涵洞

全区省道、农村公路上共有涵洞589道，约5329米，其中省道129道，1419米，农村公路460道，约3910米。主要线路涵洞在省道水煤线钟山区境内，有涵洞116道，约1276米，贵烟公路在钟山区境内有涵洞13道，约143米。农村公路大（大娅口）羊（羊场坡）公路，全长8.12千米，有涵洞22道。四（四岔路）仁（仁和洞）公路，全长9.49千米，有涵洞21道。大（大湾）韭（韭菜坪）公路，全长20.3千米，有涵洞31道。大（大河）连（连山河）钟山段10.4千米，有涵洞31道。法（法都）石（石河）公路，全长4.4千米，有涵洞12道。渡（渡口）大（大桥村）公路，全长4.5千米，有涵洞13道。马（马路湾）大（大箐村）公路，全长2.26千米，有涵洞7道。大（大河）虹（虹桥）公路，全长4千米，有涵洞12道。

第二节　公路养护与管理

一、省道养护

钟山区境内有省道公路95千米，其中贵烟线的水威段和水安段在钟山区境内原有18千米，随着六盘水中心城区范围不断扩大，贵烟线在钟山区境内的部分路段逐步被改造为城市街道，至2008年年末尚存不足6千米。水毕公路在钟山区境内有15千米，水盘公路在钟山区境内原有14千米，水煤公路在钟山区境内有48千米。

钟山区建区后未设国道、省道公路养护管理段。境内省道公路均先后由水城公路养护总段、水城公路管理段、水城公路管理局负责管养，由养护道班实行专业化管理养护，人工工资和养护经费由省公路局拨付。

（一）管理机构

1979年5月，六盘水公路养护总段更名为贵州省水城公路养护总段，原所辖的3个公路养护段分别改为公路养护工区。水城养护工区下设22个道班，其中在钟山区境内有德坞、窑上、老鹰山、大河、大湾等道班。1994年1月，水城公路养护总段划归六盘水市管辖。1997年10月，全省公路管理养护机构又成建制收归省管理，水城公路养护总段隶属省公路局，随即全省公路管理养护机构更名，突出管理职能，水城公路养护总段更名为水城公路管理局，下属各养护段也随之更名为管理段。

（二）公路养护

区境内公路全系山区公路，养护部门对山区养路的水毁防治工作本着“防治结合，预防为主”的方针，各养护段在雨季前即抓紧整修路肩、清理边沟、加固桥涵、以减轻水害，但地区性暴雨时有发生，滑坡、沉陷、坍方等水毁灾害常有出现，有的还很严重。对毁损公路，养护部门及时进行抢修。1988年汪水路（水煤线）K9.5处，大河煤矿煤矸石滑坡，严重威胁公路安全，经市政府协调，由水城矿务局安排部分资金协助水城公路养护总段进行抢修，清除坍塌部分，砌筑大挡墙防止继续下滑。1994年此处再次发生大面积的坍塌，交通中断，经过多方筹资进行较为彻底的治理。1989年7月11日，水威线K108.4段边坡发生坍塌，400余立方米乱石堵断交通，水城公路养护总段迅速组织抢险，经10天苦干，提前抢通道路。1991年7月，水城地区遭到百年不遇的洪水袭击，境内干线公路先后中断，两水线多处路基沉陷，一座桥梁受损严重，交通中断。水煤线水城大河道班被洪水淹没，K16～K21、K27.5、K35～K41.3等多处路基被洪水冲毁。红桥道班房被毁，两座桥梁受损。王家大沟小桥被毁，中断交通10余天，沿线众多厂矿、乡镇及10万余人被困，损失严重，经解放军、武警、民兵、沿线干部群众、公路职工奋力抢修，恢复通车。2002年4月，水煤线K36+200米处塌方4000余立方米，致使交通中断，水城段养路区及时组织抢修，投入人工600余个，装载机8个台班，运输车辆150个辆次，确保48小时内恢复通车。

二、县、乡公路养护

（一）管理机构

1992年钟山区公路养护工区成立，为股级事业单位，隶属于钟山区交通局，经费自理，定编8人，领导职数1人，财会兼统计2人，技术员4人，驾驶员1人。

（二）养护路段及里程

钟山区境内的县乡公路养护路段有水（水城）南（南开）线，即现在的水（水城）干（干河沟）线，钟山区境内8千米，属四级公路，泥结碎石路面。水（水城）倮（倮么）线，即现在的水（水城）大（水城县大坪地），钟山区境内8千米，属四级公路，泥结碎石路面。汪（汪家寨）木（水城县木果乡）线（原艺盘线），钟山区境内13.5千米，公路等级四级，该路原为水城矿务局修建，路面为水泥路面。1993年钟山区公路养护工区接养时已严重损坏，路面坑洼不平，只能通行大车，吉普车有时能通过但十分困难。德坞至双戛2千米，公路等级为简易公路。煤厂（红旗矿）至平坝（水城县发箐）公路6千米，公路等级为简易公路。

1993年，市公路处将水南线K6+000～K14+000段属水城县境的8千米划归钟山区养护工区管理（K0+000～K6+000，K14+000～K16+000属钟山区）。1997年，大连公路由省公路局验收合格后列入养护。1997—2007年建设的农村公路，省公路局均未验收列入养护，属地方自建自养自用。2008年，钟山区交通局组织对区境内县乡公路进行普查，县乡公路总通车里程288千米，全部列入养护，其中沥青路面99.19千米，水泥路面45.85千米，泥结碎石路面142.96千米。

（三）养护方式及经费来源

境内县、乡公路，1992—2007年4月，由钟山区县、乡公路养护工区负责管理养护，养护方式为钟山区养护工区负责在公路沿线聘请当地农民实行常年性养护，每月发给养护工人60元至100元不等的基本补助，负责平时清理边沟、涵洞，填补路面坑槽。填补坑槽的材料由养护工区付费，年底全省普查养护工作时进行的全面养护由养护工区另行付费，养护工区技术人员现场指导施工，人工工资按市场价点工支付。材料由工区管理人员统一购买或定好价由聘用农民工加工，养护工区付费。质量标准，依据一年一度的全省县、乡公路年终质量大检查标准，按良等、次等、差等路评定，养护工区行政管理费、管理人员工资及养护经费由省公路局地方道路处拨付，标准为每年重点县公路1200元/千米，一般县公路1000元/千米，乡公路300元/千米。

2007年5月，农村公路管理体制改革，钟山区县、乡公路养护工区更名钟山区公路管理所，其人员经费由省公路局拨付转为区级财政支付。公路养护费，省交通厅从汽车养路费中按每年县公路7000元/千米，乡公路3500元/千米，村公路1000元/千米，划到市财政，市财政按县、乡、村油路每年12000元/千米，县、乡泥结碎石路3000元/千米，村泥结碎石路600元/千米拨付。

近年来，县、乡、村油路的养护采取聘请合同制保洁员常年管护，每5千米聘请1名保洁员，每月工资600元，其工作职责为保持边沟、桥梁畅通，路面清洁，发现公路受到破坏及时向公路管理部门报告。

（四）公路绿化

自2001年开始，钟山区公路养护工区对区境内农村公路绿化，共90.8千米，主要有水南线钟山段8千米，水倮线4千米，汪木线13.5千米，韭菜坪公路20.3千米，水泥厂至独山村公路12千米，大垭口至德坞公路9千米，垭口至下扒瓦6千米，总投资55.35万元。

三、公路路政管理

（一）管理机构

1989年钟山区交通局成立，区境内的县、乡公路由钟山区交通局下设的公路管理所负责路政管理。1994年，成立钟山区公路路政管理中队，领导职数2人，由区交通局领导兼任，设兼职路政员2人，专职路政员1人，专职路政人员的编制在公路养护工区，经费由省公路局拨付。

2007年，钟山区公路路政管理中队更名为钟山区公路路政管理大队，并与钟山区公路管理所合并。钟山区交通局先后建立李家寨超限运输检测站和玉顶超限运输检测站两个Ⅱ类检测站。

2003年设立李家寨超限运输检测站。设立之初，没有检测设备，没有卸载场地，仅有4名执法人员，约60平方米的简易办公场所。2004年，配备便携式检测设备。2006年1月，李家寨超限运输检测站重新建设，3月全部建成投入使用，办公场所约130平方米，租用卸货场地约1800平方米，安装全电脑动态称重检测设备、全电脑监控设备、全电脑语音录入系统，执法人员增至14人，有执法车2辆。2006年设立玉顶超限运输检测站，有工作人员10人，其中正式职工2人，协勤员8人，2008年增至12人。租用办公用房，有移动磅秤1台，有工作用车。

（二）路政管理

1991年，钟山区路政管理部门对境内的省道和部分县、乡公路已划定的公路留用地竖立界桩，使公路留用地得到更有效的保护。1998年1月1日，钟山区交通系统对《中华人民共和国公路法》进行广泛深入的宣传。路政部门根据《中华人民共和国公路法》和《贵州省公路管理条例》，明细工作职责和执法责任，规范执法行为和执法程序，强化监督制约机制，路政管理工作进一步走上法制化、规范化的轨道。2000年后，根据交通部《超限运输车辆行驶公路管理规定》，钟山区路政部门对其境内超限运输行驶车辆进行大力治理。先后设立李家寨超限运输检测站和玉顶超限运输检测站，六盘水市亦在省道有关地段设置超限运输检测站，对超限运输车辆收取部分损害公路补偿费，车辆载重超过法定标准吨位的部分，每超1吨，征收补偿费10元。至2008年，钟山区两个超限运输检测站共检查超限运输车辆186498辆次。

钟山区公路路政中（大）队在路政管理过程中，依法对违法行为进行查处。至2008年年末，共查处标志损坏2块，查处边沟损坏150米，查处污染公路路面421平方米，查处非法道口或不规范搭接公路102处，查处路面堆积物1345平方米，320处，制止违法建筑1680平方米，拆除违法建筑320平方米。

（三）公路规费征收

养路费 1953—1972年，境内公路的汽车养路费由毕节监理所征收。1972年成立六盘水地区车辆监理所后，1973年起由六盘水地区监理所征收。1987年成立水城养路费征收所后，由水城养路费征收所征收。1990年，养路费征收所更名为征费稽查所，1993年12月，水城征费稽查所更名为水城征费稽查处，升级为副县级单位。畜力车、拖拉机养路费在1997年前先后由水城县、六枝特区、钟山区交通管理所征收，1998年后，改由征费稽查部门征收。

钟山区建区以前，自1953年始，境内汽车养路费费率按运价（参照公路等级质量）的6%～8%计征。1960年9月后，调整为4%～8%，最多不超过10%，机关、学校、人民团体的汽车可以折半征费，其他企事业单位的车辆按每月每吨征收55元。1964年，费率调整为10%，费额由每月每吨55元提高为85元。1966年，费率提高为12.5%。1979年7月后，费率降为10%，费额降为70元。1985年10月起，费率调至15%，费额调至每月每吨105元。1994年5月起，养路标准调整为客车每月每吨195元，出租车每月每辆250元，货车每月每吨165元，二轮摩托车每月每辆10元，边三轮摩托车每月每辆15元，营业运输的客、货三轮轻便摩托车，每月每辆35元。1995年，开征新增车辆公路建设费，征收标准按车辆实际销售价格的3%计征。1999年10月停征。2001年9月，贵州省财政厅、物价局、交通厅联合下发《贵州省公路养路费行政处罚和标准》，对拖欠公路养路费的单位和个人，根据欠费时间的长短，除追缴养路费外，并处以应缴费额10%～100%的罚款。

1979年以前，畜力车养路费的征收标准为单套马车每月1元，双套1.5元，三套2元。1980年调整为单套月征收2元，双套3元，多套4元。1992年后调整为单套3元，双套4元，多套5元。

1963年开征拖拉机养路费，按每20匹马力折合1吨计征。1976年调整为农业部门的拖拉机按运费收入的4.8%计征，非农业部门的按每月每吨34元征收。1980年3月后调整为农业部门的按运费收入的7.6%计征，非农业部门的按每月每吨42.5元征收。1984年4月，为贯彻落实中共中央1号文件，支持运输专业户（联户）发展，对非农用拖拉机养路费实行包干缴纳，小型拖拉机按每月每吨费额85元的30%征收25.5元，大中型拖拉机按每月每吨费额85元的40%征收34元。此后，在1986年、1992年、1994年又3次进行调整。

车辆购置附加费 1994年6月以前，境内车辆购置附加费由水城监理所负责征收。1994年7月水城征费稽查处设车购科后，改由车购科征收。1997年6月，成立六盘水车辆购置附加费征收办公室（副县级）后，改由车辆购置附加费征收办公室征收。2001年1月1日起，将车辆购置税附加费改为车辆购置税，2003年六盘水车辆购置附加费征收办公室并入六盘水市国税局。车辆购置附加费1985年开征，国内生产组装的车辆购置附加费以车辆实际销售价格为计费依据，费率为10%。国外进口的车辆的购置附加费由海关代征，每辆车在购进时一次性征收，取得缴费证，才能向交通监理部门或车管部门办理车辆牌照。

县乡公路建设资金 县乡公路建设资金由机动车建勤费、客运附加费、地方煤焦公路建设基金、超载坏路赔偿费组成。

机动车建勤费：根据《中华人民共和国公路管理条例实施细则》规定，车船运输工具每年每台件应完成两个车工日的建勤义务。六盘水市根据车辆标准吨位按台班计算折合人民币缴纳建勤费，每吨每月10元。按规定减半征收养路费的车辆，建勤费减半征收。建勤费由征稽部门征收，1997年起停征。

客运附加费：是公路运价以外另行征收的公路建设费，旅客为缴费义务人，由车主向车属单位缴纳。其征收范围是运行在市中心城区内的大小营运客车，均征收客运附加费，标准为每人每千米0.015元。已征收客运附加费的车辆，不再征收省交通发展基金。市中心城区的客运附加费由钟山区公路管理所统一代征。

煤焦公路建设基金：地方煤焦按实际销售量缴纳，标准为每吨原煤0.5元，每吨焦炭1元，经营煤焦销售的单位和个人为缴纳义务人。境内煤焦公路建设基金由钟山区煤炭管理局代征，向筹资办（征稽处）汇缴。

公路坏路赔偿费：指运行于公路的机动车辆载重超过该车核定吨位部分，增加车辆轴载质量，加速公路损坏所赔偿的费用，以标准吨位为基数，每超载1吨，征收赔偿费10元，由超载车主缴纳，境内公路坏路赔偿费由钟山区公路路政管理中队（大队）征收。

公路通行费　1993年起，按照“贷款修路，收费还贷，盘活资产，滚动发展”的原则，六盘水市区内人民路、马姚路、南环路、水煤线、贵烟线、两水线等公路先后征收公路通行费。

人民路全长9.8千米，1993年2月1日起征收通行费（含明湖路、水西路）。所收通行费除用于征管人员工资、业务费、征管设施、装备建设外，全部存入财政专户，用于南环路修建和人民路维修。市公路建设资金征稽处下设人民路征收站，聘用人员着装征收。共设茶叶林、清碧公园、明湖路、老客车站、水城西站5个收费站。收费标准为二轮、三轮及侧三轮摩托车年收10元。19座以内小车及2.5吨以内小货车、小车每通行一次3元。20座至45座以内客车、2.5吨以上至5吨以内货车每通行一次6元。46座以上客车及5吨以上至10吨以内货车每通行一次8元。10吨以上至20吨以内大货车每通行一次20元。大中型拖拉机每通行一次4元。小型拖拉机每通行一次1元。市中心区车辆办理月票的，1吨以内小型车辆每月征收30元。1～2.5吨以内中型车辆每月征收50元，2.5吨以上的客货车，每月征收100元。年初一次性办理年票的，按10个月计征。1999年1月，茶叶林收费站撤除。2000年6月30日，南环路全线贯通开征通行费，人民路通行费停收。

马（马戛）姚（姚家营）公路全长13.1千米，1994年3月竣工，是年6月，市公路建设资金征稽处开始设站征收公路通行费，1997年改由水城县养护工区征收，1998年又收归市征稽处征收。收费标准为二轮、三轮摩托车通行一次2元。19座以内小客车及2.5吨以内小货车通行一次7元。20座至45座以内客车、2.5～5吨以下货车通行一次12元。46座以上客车及5吨以上货车通行一次15元。10～20吨以内大货车通行一次20元。大中型拖拉机通行一次4元。小型拖拉机通行一次2元。

南环路全长21千米，1997年6月，中段6.55千米竣工，六盘水路桥发展总公司在该路段老城南门处设临时收费站，按人民路现行收费标准征收公路通行费。1999年12月，一期工程全长14.7千米竣工，在双水设收费站，南环路南门临时收费站撤除。2000年6月，南环路21千米全线贯通，分别在东段设双水收费站，西段设梅花山收费站，南段设明湖收费站，征收通行费。

1997年，水城公路管理局首次贷款改造水煤线K28～K49路段，1999年10月改造竣工后，设立大湾收费站收费还贷，收费时限定为3年，收费站于2002年10月8日撤除。2002年6月水煤线K0～K28的三级路改造为山岭重丘区二级油路后，设立大垭口收费站，征收公路通行费。

2000年后，贵烟线、两水线相继改造为山岭重丘区二级油路，亦分别设立收费站征收公路通行费。

第三节　公路运输

一、客运

（一）长途客运

今钟山区境于1956年在水城县城西北郊严家湾建水城汽车站，承接全县汽车客货运输业务。1958年，毕节运输公司将一辆苏联嘎斯车改装成32座客运车往返于威宁和水城。是年，水城至安顺公路通车，翌年开通水城至贵阳班车。1960年水城至纳雍公路通车，开通水城经纳雍至毕节班车。是年，水城汽车站搬至草盖瓦新建的车站。1971年5月水城至盘县公路全线通车，开通水城至盘县客运班车。1973年2月21日，六盘水地区汽车运输公司收归省管，更名为贵州省水城汽车运输公司，有客车24辆。1975年，水城汽车运输公司由水城汽车站迁入新址大垭口。

1978年中共十一届三中全会后，民间运输专业户、民营运输企业相继兴起，部分运输专业户和民营运输企业参与长途客运经营，但境内水城汽车运输公司仍是长途汽车客运的主体，民营客运业务由水城汽车运输公司代理，收取进站费、管理费。1997年，水城汽车运输公司成立民营旅客运输代理公司，是年，加入代理公司的社会车辆有大客车7辆，中巴车20辆，收取进站费、管理费0.4万元，代发车辆400余班次。

1978年后，市场经济开放，城乡集市贸易活跃，水城汽车运输公司乘势在原有基础上开辟跨省、跨地区客运班车。至2000年，开辟跨省客运班车线路9条，即水城至昆明、镇雄、昭通、宣威、成都、泸州、隆昌、宜宾、邵东线路。开辟跨地区客运班车线路20条，主要有水城至兴义、黔西、大方、织金、赫章、金沙、妈姑等线路。2001年后，又相继开通水城至深圳、重庆、镇雄、遵义、安顺等客运班车线路。至2008年12月，水城开往省内外的客运班车线路共有30条，其中有的线路班次密集，水城至贵阳班车每天均半小时1班。至安顺每小时1班。至威宁一日有3班车运行，一趟为每58分钟1班，一趟为每15钟1班，一趟一日1班。至纳雍一日有2班车运行，一趟为每20分钟1班，一趟为每25分钟1班。至六枝一日有车运行2班，每趟为每小时1班。经赫章、纳雍至毕节每天各3班。新建的水城汽车站投入使用，车站位于人民中路，可同时发出客车12辆，每天可接送旅客4000人次。是年，水城汽车运输公司有客车98辆，完成客运量229.1万人次，周转量11389.5万千米。1992年，水城汽车站被交通部评为全国文明车站。1994年4月，水城汽车运输公司划转六盘水市管理后，购进中巴车4辆，更换部分玉紫发动机和乐山牌大客车客厢，加强客运管理，各项考核指标均达到国家“文明车站”条件。1995年后，水城汽车运输公司采取公司自筹、职工集资等渠道，先后购置一批豪华双层卧铺大客车投入营运。1999年后，水城汽车运输公司加大企业改革力度，转换经营机制，以资产经营为核心，全面推选单车全额或部分风险抵押经营，实行厂务公开，公司客运管理不断完善。但由于受民营客运不断发展壮大等因素的影响，客运量有所下降，2001年，只完成客运量42.2万人次，周转量775.7万人千米。

（二）矿区和农村公共客运

矿区公共客运　1966年，今钟山区境矿区公共汽车开始经营客运业务，当时水城特区政府设在汪家寨，仅有水城至汪家寨一线客运线，每天发车4班，以后逐年增加到半小时1班。1966年4月，毕节汽车运输公司在汪家寨42工程处车队旁设站，油毛毡房，约120平方米。1970年12月，迁沙坝场，占地2600平方米，建筑面积约2000平方米，主要为汪家寨矿区服务。1972年1月，划归六盘水地区汽车运输公司管理。1984年起，该站业务逐步减少，1999年该站被出售。1968年后，先后开通水城至老鹰山、小河边，水城至观音山、大湾、水钢巴西、水泥厂班车。1977年，增开水城至纳福班车。

1987年年底，水城一个体运输户的中型客车（俗称中巴）在市区内投入短途客运。

1988年钟山区境内的个体中巴车增至50余辆，随着民营客运车辆的增加，钟山区将黄土坡、汪家寨、水钢、老鹰山、小河边等地的班车改为沿途设站可上下乘客的公共汽车。1992年，营运黄土坡至水钢一线的中巴车发展到200余辆，钟山区交通部门与交警部门协商，将黄土坡至水钢的中巴车分为1路、2路，2路车按原线路运行，1路车经六盘水火车站，再到水钢。2004年，在汪家寨新建等级为3级的停车场，占地面积4000平方米，站房建筑面积950平方米，总投资100万元。2005年在老鹰镇、大湾镇分别建等级为5级的客车站各1座，停车场占地面积2500平方米、站房建筑面积218平方米，总投资40万元。工矿区除公共交通客运外，厂矿企业单位还置有客运车辆，为运送职工服务。

农村客运　1988年，钟山区对辖区内已开通的农村客运线路进行调整和完善。2000年起，逐步开通具备小型客车通行条件的村客运线。2004年后随着农村公路建设的加强，钟山区通村油路建设快速发展，许多通村油路相继建成，开通客运的村快速增加。至2008年12月，全区共开辟通村客运线路41条。

（三）城市公共客运

1973年10月，水城特区人民公共汽车站在今钟山区地成立，当时有汽车5辆，其中市中心区公共大客车2辆，运行路线为场坝至德坞。1975年增添大客车1辆，运行路线为黄土坡至场坝、黄土坡至德坞。1978年市区公共汽车的班次逐渐增多，并先后开辟黄土坡至水钢医院、黄土坡至市党校等线路。

1988年钟山区成立后，没有区属国有运输企业，但个体运输户、民营运输企业发展迅速。是年，全区有社会客运车121辆，1990年增至469辆，1995年增至790辆，2004年增至1146辆，2005年后有所回落，是年下降至467辆，2008年370辆。上述车辆，部分从事工矿区和农村客运，部分参与市区公共客运。

1988年8月，钟山区运管所成立，开始管理辖区内的社会客运市场。11月增开黄土坡至市党校、黄土坡至德坞小公交班线。1989年3月，确定以黄土坡为发车点的线路5条。1998年，对市中心营运客车实行经营权有偿使用，底价为大型客车8万元，中型客车6万元，经营权有效期8年。随着市区规模的不断扩大，市内公共客车线路逐步增多，至2000年12月，共增至15条线路。

1路、2路　市人大—市人大对开循环。途经市人大—钟山加油站—场坝—水城水泥厂—双水—麻窝寨—市一中—六盘水报社—花渔洞—市人大。

3路、4路　花渔洞—花渔洞对开循环。途经花渔洞—市实验二幼—市工行营业部—八一停车场—松坪南路—新华大酒店—新世纪广场—电信大楼—麒麟桥—新苑小区—六盘水报社—军分区—公园路—花渔洞。

5路、6路　六盘水站—六盘水站对开循环。途经六盘水站—市邮电局—市交警支队—七十三—钟山加油站—市三中—百货大楼—市工行营业部—红华超市—新世纪广场—电信大楼—西南家居广场—迪维娜宾馆—铁路小区—六盘水站。

7路　市人大—水钢。途经市人大—市三中—钟山加油站—七十三—市邮电局—防疫站—场坝路口—水钢机关—巴西—汽运厂—水钢医院（八冶菜场—八冶）。

8路　市人大—矿务局机关（矿一中）。途经市人大—花渔洞—市交通局—钟山加油站—矿务局机厂—水城县公安局—七十三—市邮电局－铁路俱乐部—矿务局机关—矿务局一中。

9路　市人大—德坞。途经市人大—花渔洞路口—市三中—面粉厂—清碧公园—六十四处—德坞—烟厂—唐家寨—双嘎乡政府。

10路　花渔洞—市第二看守所。途经花渔洞—康乐南路—百货大楼—市工行营业部—水城县公安局—七十三—邮电局—水西路桥洞—六盘水站—水运司路口—老建安处—市第二看守所。

11路　康东南路—市党校。途经康乐南路—新国道超市—百货大楼—市工行营业部—向阳北路路口—县公安局—七十三—四小—明湖高架桥—金融大厦—市司法局—勘二队—市师专—市党校。

12路　六盘水站—市党校。六盘水站—水西路桥洞—市邮电局—市交警支队—七十三—四小—明湖高架桥—金融大厦—市司法局—勘二队—市师专—市党校。

13路　水城水泥厂—双水。途经水城水泥厂—粮食储备库—雨田化工厂—水泥厂路口—滥坝医院—双水火车站—双水。

14路、15路　六盘水站—六盘水站对开循环。途经六盘水站—迪维娜宾馆—市一中—柏杨坡加油站—双龙—南编组站—凤凰新区路口—八一停车场—七十三—六盘水站。

此后，路线和班次均有所调整变化。2004年凤凰新区建成规模后，新辟市人大至凤凰新区及南编组站线路，增加16～20路大客车。

市中心城区公共汽车票价，在2002年前按旅程计价，2003年改按不分旅程长短，乘客乘车一律按每人1元收费。

1987年，市区始有客运出租车。几个个体运输经营户由外地购进接近报废的菲亚特小型家用车（俗称“甲壳虫”），单缸发动机，除驾驶员外载客3人，视路程远近按每人0.5～1元收费。有3辆，主要运行在黄土坡至德坞之间。1989年，甲壳虫淘汰，先后涌现“江南”“奥拓”“云雀”等普通车型出租车。1990年起更替为夏利、桑塔纳等中级车，数量急速增长。1993年年底六盘水市实行“先审批后购置”的规定，至1995年，钟山区有出租车600余辆。1998年对市中心出租车实行经营有偿使用，底价为5万元，经营权有效期为8年。2000—2001年开展“道路运输市场管理年”活动，通过加强管理和各项活动的开展，全区出租车市场逐渐步入健康、有序、优质服务的轨道。2007年，钟山区运管所将境内出租车移交城管部门管理。

境内出租车均为个体运输经营，2006年前，未实行计价器收费，在黄土坡、钟山开发区范围内上车收费5元（有段时期收费10元），超出以上范围的按5元一个级次视其行程相应增加，2007年后实行计价器计价收费。至2008年12月，钟山区共有出租车916辆。

二、货运

（一）运输

1988年来，钟山区先后成立的区属货运企业均为民营企业共7家，即钟山区联运车队、汪家寨汽车运输公司、贵平汽车运输公司、驰祥民族汽车运输有限责任公司、梓源汽车服务有限公司、六盘水银光工块厂运输公司、三得矿业运输公司。其中，驰祥民族汽车运输有限公司有货运车580辆，梓源汽车服务有限公司共有挂靠货运车辆410辆。1988年后个体运输户不断增多，是年境内有个体货运车451辆。1990年参加年审的个体户有559户，有货车1020辆，总载重吨位4590吨，货运量165.9吨，货运周转量8860.8万吨千米。1992年，全区管辖的货运车辆增至1613辆，总载重吨位4725吨，年货运量163.3万吨，货运周转量8759.7万吨千米。1993年货运量增至205万吨，货运周转量12119万吨千米。1994年又增至293.1万吨，货运周转量10703.8万吨千米。1995年，全区货车增加至2228辆，总载重吨位9350吨，营业性货运业户1218户。是年，仅煤炭、粮食、石油、化肥、建材、矿石的运输量就有145.2吨，其中煤炭129吨。1997年6月，钟山区顺达零担货运站成立，填补六盘水市公路无专业零担货运站的空白，开通水城至贵阳的零担货运班线。10月，开通水城至昆明的零担货运班线。1999年3月，该站更名为六盘水市顺达零担货运总站。6月，在水城汽车中心站设立六盘水市顺达零担货运全国零担快运营业厅。2002年5月，水城汽车中心站按交通部科技司重点推广项目，成立交通部华夏六盘水二级枢纽货运信息交易中心，该站多次获省、市有关部门表彰，2002年3月，获交通部授予的“道路货运文明单位”称号。2002年，水城矿业集团公司物资供应公司危险货物运输车队成立，境内首次有危险货物专业运输车队。2004—2008年，境内营业性货运车辆持续增多。2004年有2674辆，2005年4320辆，总载重吨位17886吨，2006年5047辆，总吨位18928吨，2007年5763辆，总吨位21367吨，2008年6081辆，总吨位23022吨。

区境内除营业性货运外，水城钢铁集团公司、水矿集团公司等驻区企业为满足本单位生产、经营、生活的需要，均自备有汽车运输队伍，成为境内汽车运输的一支重要力量。主要有水钢汽车运输公司、水矿集团公司汽车队等。

1988—2000年期间，水城境内的拖拉机运输盛极一时，均为个体户经营。2000年后逐渐减少。拖拉机主要是在境内承运煤炭和砖、瓦、灰、沙、石、钢筋、水泥及其制品等建筑材料。

（二）搬运装卸

钟山区建区后未组建新的区属搬运企业，境内的搬运装卸作业，除驻区搬运公司、搬运队承担外，其余由大量农民工承担。钟山区运管所下设搬运装卸管理站，对搬运装卸行业进行管理。钟山区对货物装卸质量分门别类地作出具体规定，对货场、仓库堆放货提出具体要求，对搬运装卸安全生产进行严格规范，对危险品货物装卸按交通部制定的《危险货物运输规则》进行管理监督。

三、汽车维修、检测

（一）维修

1988年，钟山区公路运输管理所对境内的汽车维修业进行监督管理，对维修企业的资质等级进行考核和评审。是年，钟山区进口小型汽车保修站建立，属二类维修企业，主要从事进口、国产小型汽车维修。2003年，市运管处组织钟山区辖区一、二类汽车维修企业进行招标，确定拥有营运车辆二级维护作业资质定点企业9家。2008年，全区共有一类整车维修企业8家，二类整车维修企业50家（含营运车辆二级维护定点维修厂9家），三类专项修理户173家。企业分布情况：二类整车维修企业在人民路沿线有28家，明湖路有8家，凉都大道有8家，汪水路有6家，基本能辐射市中心城区各条主要道路。三类专项维修企业辐射面广，除辐射市中心城区各条主要道路外，大湾、汪家寨等镇、乡有三类维修企业数十家。至2008年，钟山区运管所要求辖区内二级维护定点企业安装网络管理软件，进一步规范境内营业车辆二级维护作业管理。

汽车维修企业选介：

六盘水群联实业有限公司汽车修理厂　原系水城矿务局大车队，地点在七十三，钟山区人民中路四号，经营范围主要是汽车运输、汽车维修、汽车配件销售等。1989年改为水城矿务局汽车大修厂，是拥有各种大型设备的汽车一类大修企业，是当时全市中心城区唯一的一个汽车大修厂，隶属于水城矿务局多种经营总公司，主要经营汽车大修、镗缸、磨轴、汽车配件销售以及汽车一、二、三级维护保养。2003年5月，由于城市规划搬迁到钟山区汪水路八号（原建安处车队）。占地面积达5000余平方米，拥有主厂房6栋、加工车间1个、喷漆房1个、检测线1个、大梁校正仪1个、大型行吊车间1个、举升机6台等，资产达到1500余万元，工程师2人，高级工3人，中级工12人，技术人员42人，维修力量逐渐增强，经营范围扩大到大、中、小型汽车大修、各种大型工程机械维修、汽车配件销售、材料加工、汽车二级维护、汽车检测等，是六盘水市运管部门指定的危险品车辆维修企业之一，2004年，被中国重汽指定为特约维修服务站。2008年4月，并入六盘水群联实业有限公司，实行股份制管理。

贵州省水城汽车运输公司机动车维修中心　1972年建成，前身系贵州省水城汽车运输公司修理厂，为水城汽车运输公司下属的一个二级生产单位，独立核算，自负盈亏，并每年向总公司缴纳利润，是目前六盘水市有一定规模的国营一类维修企业，厂房面积约4000平方米。至2008年12月有各类管理人员、质检员、修理技工40余人，修理技工及质检员均通过国家劳动部门和运输管理部门正规培训，合格后上岗。自2008年开始，不但承担本公司客运车辆的二级维护和日常修理，同时承担六盘水市四通客运有限公司及市公交总公司所有客运车辆的二级维护工作。

八一修理厂　1995年在钟山区八一路建厂，1998年迁厂，占地面积8000余平方米，其中维修厂房约占2000平方米。有修理工位40余个，停车场800余平方米，有举升机14台，四轮定位仪、烤漆房2个，施救拖车1辆和140米试车跑道及多个配件房等。主要从事吉利、长丰、奇瑞等品牌车辆的服务工作、营运车综合检测和二级维护，能对车辆进行机修、钣金喷漆、四轮定位等服务，除做好自己品牌车辆维护工作外，也能从事其他一些国产车的维修工作。

（二）检测

传统的汽车故障诊断仅凭经验判断车辆出现异常的部位，具体的方法是“眼看、耳听、手摸”。1990年年后境内始有检测诊断设备，在车辆不解体的情况下确定其工作能力和技术状况，查明故障或隐患的部位和原因，检测汽车的安全性、可靠性、动力性、经济性及噪音和废气排放状况等。

1991年3月28日，贵州东达汽车修配检测服务有限公司检测站成立，为钟山区境内第一个检测站，为半自动安全性能检测线，能检测汽车制动、灯光、转向、前照灯等的安全性，年设计汽车检测能力为15000辆次。1995年9月，经省交通厅批准为B级汽车综合性能检测站，检测功能扩展为车辆的制动、侧滑、灯光、转向、车辆动平衡、燃料消耗、发动机功率、点火系统状况和异响、变形、噪声、废气排放等。2001年4月，贵州省水城汽车运输公司、江苏省无锡荣信实业发展有限公司、水城汽车运输公司职工按4∶3∶3的比例合资100万元，在水城汽车站建成六盘水宏达交通机动车检测鉴定服务有限公司。公司下设车辆安全性能两条全自动检测线，均为当时国内最先进的检测线，设检测车1辆，年设计检测能力80000辆次。是年年底，共检测车辆10128辆次，其中安全性能检测7206辆次，季度检测1267辆次，农用车安全性能检测1655辆次。首次对境内拖拉机进行检测，检测率在60%以上。2000年7月，东达汽车修配检测服务有限公司股东香港东伟公司将股权转让，由宏达公司出资110万元购买。8月，贵州东达汽车修配检测服务有限公司更名为六盘水谊通汽车修配服务有限公司，仍为股份制企业，水城运输公司和宏达公司各持50%股份。谊通公司下设检测站，分别受交警、运管、质量监督等部门委托，进行车辆安全性能、综合性能及尾气排放等项目的检测和鉴定。

四、运政管理

（一）交通监理与驾驶员培训

钟山区交通安全监理主要由公安交警部门负责。农用拖拉机、农用机动运输车辆的监理工作由农机部门设农机监理所管理。

1993年前，驾驶员的培训先后由监理部门和交警部门负责，1994年后汽车驾驶培训职能划转给交通部门。至2008年12月，钟山区共有驾驶培训学校6所，即六盘水市里程培训有限公司、六盘水汽车（摩托车）驾驶培训学校、六盘水昌达汽车（摩托车）驾驶培训学校、六盘水宏安汽车（摩托车）驾驶学校、黔龙驾校、达安驾校。

（二）运输市场管理

1988年，钟山区成立运管机构，将个体、民营运输纳入道路运输的宏观综合治理，强化行业管理，规范经营行为。1989年，钟山区全面开展境内道路运输市场清理整顿，对从事客货运输、搬运装卸、汽车维修、运输服务的单位和个人进行逐户清理。1990年，召开有关部门和运输业户参加治理整顿运输市场大会，随之检查整顿运输业户的经营条件、范围、行为及证照，审验合格的允许继续经营，按照登记管理办法和程序，发给营业执照，对不符合条件的予以取缔。1993年1月，市运管处下放客货运输线路审批权，货运线路由县、区运管所审批，客运线路分县、区境内，市境跨县、区，省内跨市、地区，省际，分别由县区、市、省运管部门审批。运输线路审批放开后，打破线路垄断，道路运输市场更为活跃，经营者在竞争中服务质量不断提高。1996年1月，对市中心城区的客运市场进行整顿，清理无证及超类别经营，制止违章超载，对车辆的技术状况和站点设施进行严格检验。整顿客车秩序，坚持进站发车，改变车辆乱停乱放的混乱局面。规范出租车经营行为，严厉查处违法经营和不正当经营案件。此后，钟山区相应增设公路管理站、公路运输稽查队等专门机构，不断加强交通运输的行政执法力度，公路运输市场日渐法制化、规范化。

第四节　铁路　航空

一、铁路线路建设

1966年贵昆铁路建成通车，1972年水城至大湾支线建成通车。2001年12月水柏铁路建成通车，2002年5月12日内昆铁路建成通车。上述2条铁路均与贵昆铁路交会于钟山区境内，形成东西、南北交汇的十字线路。

（一）贵昆铁路　1958年，国家开始兴建东起贵阳、西抵昆明的黔滇铁路（后改称贵昆铁路），后因国民经济处于困难时期等原因，于1962年停建。经3年调整，为开发大西南，建设大“三线”，国家恢复该线建设，于1964年9月全线全面复工。1966年7月1日六盘水市境内通车，在水城西站（后改为六盘水站）举行通车仪式。是年11月，全线建成通车。贵昆铁路在钟山区境内，穿越老鹰山、荷城、黄土坡、德坞4个镇和办事处，在其境内建有六盘水站、水城站、滥坝站3个火车站。1985年，贵昆铁路全线进行电气化工程改造，1988年全线电气化线路改造竣工通车。为加快国家对中西部地区的开发，由国家投资，东起湖南株洲市，西止六盘水市，基本沿着已有的湘黔线和贵昆线，建设“株六复线”。1998年6月26日开工，2001年11月全线通车，总里程1140.68千米，贵州境内594.41千米，六盘水市境内110千米，株六复线为国家Ⅰ级电气化铁路。2008年年初，六（六盘水）沾（云南沾益）复线开工建设，全长253.6千米。

（二）水大支线　1966年10月，水（水城）大（大湾）支线开工建设，1969年9月竣工，1971年7月1日通车，1972年7月31日正式交付营运，全长41千米，总投资8948万元。水大支线在水城西区段站与贵昆线接轨，支线海拔高程为1700～1810米，其地势起伏较大，地貌地质气候都较复杂，全线共有大中桥32座3594米，小桥9座219米，涵渠104座，隧道26座，长10197米，其中燕子岩隧道3135米，天山桥隧道880米，河乐冲隧道547米，其余均在500米以下。该线建成后，成为大河边、汪家寨、大湾煤炭产品外运的主要运输线。水大支线途经钟山区黄土坡、大河、汪家寨、大湾4个镇（办事处），有裕民、野马寨、下藤桥、二塘、大湾5个车站。

（三）水柏铁路　1997年12月1日开工建设，2002年9月全线正式通车，全长118.58千米，其中钟山区境内12.5千米，总投资32.47亿元。水（水城）柏（盘县柏果镇）铁路是贵州省第一条合资修建并由地方控股的地方铁路，北起贵昆线六盘水站，跨越北盘江，南至盘西铁路的柏果站，为单线Ⅰ级电气化铁路。设计年运输能力为近期1000万吨，客车2对。远期1800万吨，客车4对。水柏铁路在钟山区境内途经黄土坡、凤凰、德坞3个街道办事处。

（四）内昆铁路　1998年6月26日开工建设，2002年5月12日全线电气化一次建成通车，全长879千米，六盘水境内23千米。内（四川内江市）昆（云南昆明市）铁路由成渝铁路四川内江起，在梅花山站与贵昆铁路接轨，而后西抵昆明。内昆铁路在钟山区境内途经黄土坡、德坞、凤凰、荷城4个街道办事处和大湾镇。

（五）铁路专用线　钟山区境内部分企业、单位建有铁路专用线，至2008年，境内共有铁路专用线17条。

二、站场建设

钟山区境内先后建设的铁路站有六盘水站、水城站、滥坝站、裕民站、大河边站、野马寨站、二塘站、大湾站、六盘水枢纽、六盘水南编组站。

六盘水站　1966年建成，位于市中心城区北侧黄土坡办事处境内，当时尚未建立六盘水市，该站位于水城县城西郊，故名水城西站。修建贵昆铁路时，出于战备需要，采取"先通后备"的原则，站舍均为"干打垒"石墙建筑。1978年建立六盘水市后，水城西站更名为六盘水站。1987年，由六盘水市和贵阳铁路分局共同投资建设，1989年竣工投入使用，新建站房建筑面积5023米，配套建设车站喷泉广场和露天电子大屏幕，总投资350万元。在1998—2000年铁路"三线一站"建设期间，为适应新建铁路运输的需要，与六盘水南编组站组成六盘水市北部枢纽，对站房、站场等进行配套扩建，总建筑面积2841平方米，核定为二级站。有到发线8条（含正线、机走线），调车线9条，其中1条兼作煤焦装车线，车站两端各设牵线1条，车站西端设有机务段、站修所，东南端设有货场及专用线，水柏线和水大支线在车站西端正线接入。

水城站　1966年建成，位于荷城街道办事处，水城老县城场坝北侧，隶属六盘水车务段管辖，为工业站，核定为三级站。有到发线6条，调车线7条，货物线3条。有水城钢铁集团（有限）责任公司、水城水泥厂专用线接轨，承担大量的企业专用线车辆的作业，属客货作业量较大的中间站。

滥坝站　1966年建成，位于老鹰山镇，隶属六盘水车务段管辖，为中间站。东端有水钢观音山铁矿专用线及六盘水市石油公司专用线接轨，西端有老鹰山煤矿专用线接轨。

裕民站　1971年建成，位于大河镇，隶属六盘水车务段管辖，现为四等站。

大河边站　1971年建成，位于大河镇，隶属六盘水车务段管辖，现为五等站。

野马寨站　1971年建成，位于汪家寨镇隶属六盘水车务段管辖，现为四等站。汪家寨选煤厂、水城电厂专用线在该站接轨。

二塘站　建于1971年，位于二塘，隶属六盘水车务段管辖，现为四等站。客运办理旅客乘降，不办理行李、包裹托运。货运办理整车货物发到，不办理危险货物发到。

大湾站　建于1971年，位于大湾镇，隶属六盘水车务段管辖。现为四等站。客运办理旅客乘降，行李、包裹托运。货运办理整车货物发到，不办理危险货物发到。

六盘水枢纽　1998年开工建设，2002年5月竣工，枢纽线路全长70千米，总投资21亿元。贵昆（株六）、内六（内江—六盘水）、水柏线及水大线分别由东西南北方向从枢纽的两端引入，形成4个方面的枢纽，其范围包括西南的梅花山站、马嘎站，北面水大支线的裕民站，中为六盘水站，东面水城站、双水站、滥坝站，南面六盘水南编组站、玉舍站。唐家寨特大桥是内昆铁路六盘水枢纽的引入线，该桥位于六盘水市区曹家湾至马嘎区间，全桥长1109.65米。另外，市中心城区东面钟山东路与水黄公路结合部、南面明湖路亦有铁路高架桥跨越。

六盘水南编组站　位于钟山区凤凰办事处的双龙与石龙之间的西北至东南向斜盆地。建设规模近期按二级三场，远期按三级式规划。编组场按4线32股道规划设计，规划近期货物总量为5162万吨，远期6727万吨。1998年6月26日开工建设，2002年5月提前完成近期工程规划项目，是月12日与内昆铁路同时临运，总投资8.07亿元。现编组站共有到达场到发线9条（含正线、机走线），调车场调车线18条，其中6条为编发线，到发导播设7条到发线（含正线、机走线）。主要担负贵昆、内昆、株六、水柏铁路方向的货运解编作业。

三、铁路运输

货运　1989年，钟山区境内的货物发送量为50万吨，货运收入450万元，2001年货物发送量增至986万吨，货运收入37718万元。2002年六盘水“三线一站”建成营运后，加速铁路物流。2003年，钟山区境内发送量1161万吨，货运收入44827万元，2008年货物发送量增至1915万吨，货运收入101595万元。

客运　钟山区成立前，1966年贵昆铁路客运开通时，仅有北京—昆明普快，上海—昆明普快，贵阳—昆明普慢双向运行过境客车，每天一趟停靠承运。1972年水大支线投入营运后，新开贵阳—大湾普慢客运列车，双向一日一趟。1978年后，随着六盘水城市规模的不断扩大和社会经济的不断发展，客流量不断增大，相继开通六盘水站至贵阳、昆明、宣威、昭通、威舍等地普快和普客旅客列车。过境的旅客列车亦不断增多，主要有昆明至北京、上海、杭州、广州、郑州、南昌、襄樊、成都、重庆的空调快速或普快等。至2008年，六盘水站始发和过境的旅客列车每天共有33趟。境内火车站旅客乘降量和客运收入持续增长。钟山区建立后，1988年，钟山区境内旅客发送量294万人次，客运收入1083万元。1989年，钟山区境内旅客发送量68万人次，客运收入638万元。2002年，铁路“三线一站”投入营运，是年钟山区境内旅客发送量增至137.2万人次，客运收入6362万元。2008年，钟山区境内旅客发送量增至328.1万人次，客运收入12765万元。

1989—2008年钟山区境铁路部门客货运情况一览表

表12-1

年份	旅客发送量（人次）	客运收入（万元）	货物吞吐量（万吨）	货运收入（万元）
1989	680000	638	50	450
1990	710000	835	52	475
1991	730000	860	55	490
1992	807833	896	58	510
1993	857416	1220	62	2014
1994	960996	1444	67	2199
1995	1069424	2020	87	2707
1996	1180832	2840	95	3447
1997	1081131	3205	109	4350
1998	1136167	3348	110	4550
1999	1483033	4360	855	31066
2000	1575381	5029	912	34041
2001	1602355	5584	986	37718
2002	1372116	6362	164	8742
2003	1384676	7818	1161	44827
2004	1516811	8640	1599	48837

续表12-1

年份	旅客发送量（人次）	客运收入（万元）	货物吞吐量（万吨）	货运收入（万元）
2005	2116731	1775	1862	61671
2006	2450434	10092	1880	68329
2007	254656	11170	1850	73040
2008	3280994	12765	1915	101595

四、铁路机构

铁路系统由铁道部垂直管理。设在钟山区境内的铁路管理机构主要有六盘水车务段、六盘水机务段、六盘水工务段、六盘水电务段及电领工区、房建领工区、列检所等。

六盘水车务段　1966年建立，地处乌蒙山区贵昆铁路中段，共有职工1000余人，所辖36个车站，其中一等站1个，二等站1个，三等站1个，四等站33个，辖1个乘务车间。主要承担所辖车站范围内的客、货运管理服务业务。

六盘水机务段　1966年成立，主要担负内昆线六盘水至宜宾南，沪昆线贵阳南至宣威货物列车，水大支线客、货列车牵引，以及六盘水南、六盘水、水城、滥坝、大湾、昭通、六枝等站调车作业任务。承担段配属的180台机车的小辅修任务，是西南铁路SS4型机车的培训教育基地。

六盘水工务段　1966年成立，管辖贵昆线、内昆线、六盘水枢纽、水大线以及水柏铁路引入线。承担380.72千米正线、236.1千米站线、285座桥梁/37989.9延米，183座隧道/85843延米、780座涵渠/21675延米，732组各类道岔的日常维修、养护工作，以及2个有人道口的监护工作。段内管理的线路，部分地段在海拔2000米以上，气候阴冷潮湿，段务工作艰巨。

六盘水电务段　1966年建立，负责六盘水车务段管辖范围内站、线的通信信号管理业务，下辖通信领工区和信号领工区。

六盘水电领工区　1966年建立，主管六盘水车务段管辖范围内各车站的用水用电。

六盘水房建领工区　1966年建立，主管各站、段房屋建筑和维修。

六盘水列检所　1966年建立，负责客货车日常检查维修，保证客车、货车正点运行和安全。

以上机构，均由铁路六盘水地区工委统一管辖。另外，铁路管理服务组织尚有铁路护路联防民兵连、水红铁路有限公司、钟山区支援铁路建设领导小组办公室。

铁路护路联防民兵连　过境铁路沿线地势险峻、气候多变，易出现路障。某些地段时有不法分子出没活动，国家财产及顾客生命财产受到威胁，引起省、市、县（区）各级政府重视。1989年开始组建铁路护路联护民兵连，协助铁路部门护路，以保证境内铁路运输安全畅通。

水红铁路有限公司　2001年1月组建。公司固定资产35.98亿元，所辖水（城）红（果）铁路，北起六盘水南编组站，与贵昆、内昆铁路衔接，南至盘西线红果站，与南昆铁路贯通。

钟山区支援铁路建设领导小组办公室　1998年5月18日成立，主要是为铁路“三线一站”建设服务。在“三线一站”建设中，至2008年共组织铁路建设征地4000余亩，拆迁房屋10余万平方米，拆迁企事业单位17家。铁路“三线一站”建成后，钟山区铁路建设领导办公室的工作立即转入服务六沾复线建设、六盘水站改造、六盘水货场搬迁等建设项目的前期工作。

五、飞机场建设

1993年，六盘水市政府组织有关部门在境内踏勘，初选机场地址，并绘制简单草图，后机场建设纳入六盘水经济发展规划。2000年，六盘水市政府多次向省政府和上级有关部门申报六盘水民用机场，并委托中国民航机场建设总公司中国民航机场规划设计研究总院开展前期工作，完成机场的《选址报告》和预可靠性研究报告。

机场选址先后提出月照乡花竹林和朱家寨子、黄土坡街道办事处牛王山、滥坝镇白腻坝子4个场址。最终选定钟山区月照乡的花竹林作为拟建机场场址。2007年11月，中国民航总局正式批复《六盘水市月照机场选址报告》，同意机场选址在钟山区月照乡花竹林。花竹林位于市中心城区东北方向，与市区直线距离约10千米，公路距离约15千米。2008年4月，六盘水月照机场的可行性报告通过国家发改委委托专家组的评审。至是年12月，机场尚在筹建中。

第二章　邮政　电信

第一节　邮　政

1988年3月钟山区成立，区境邮电事业属六盘水市邮电局管辖。2004年，钟山区邮政业法人单位1个，从业人员384人，主营业务收入3094.3万元。2008年，钟山区邮政业法人单位2个，从业人员631人，主营业务收入57523万元。

网点　1952年，水城县设马龙、阿戞、大河、白腻、化乐5个邮政代办所，其中大河、白腻邮政代办所在今钟山区境。1954年，邮政代办所增至13个，由各地供销社代管。1956年，开始自办邮电所，时水城县有邮电所10个，邮政代办所4个，其中在今钟山区境有德坞、场坝、大河边3个邮电所，滥坝、小河边2个邮政代办所。1958年水城县邮电所发展到15个，1965年增到28个。1966年改邮电所为邮电支局。1972年有邮电支局19个、邮政所10个，同时设电信支局5个、电信所9个。1975年，分布在厂矿和城区的邮电支局有11个、邮电所7个，分布厂矿和城区的邮电支局、邮电所多位于今钟山区境内。分布在农村的邮电支局有8个，邮电所1个。1996年年底，六盘水市全境有自办邮电支局51个，其中设在钟山区境内的有钟山、青杠林2个电子化支局。场坝、城关、响水河、花渔洞、滥坝、汪家寨、大湾、小河边、大河边、红卫山、老鹰山等11个邮电支局，大丫口、火车站、桃树林、东风、客车站、朝阳、德坞、市百货大楼、红桥等9个邮电所。红旗、顶拉、拉罗、木冲沟、水帘洞、纳福等6个邮政代办所。

业务总量　1988年钟山区邮政业务收入199.6万元，1990年288.03万元，1995年2133.4万元，1998年6107万元，2001年9417万元，2002年后，钟山区邮政业务量无法从六盘水市邮电局业务中单独核算。

函件　1990年钟山区收发函件180.8万件，1995年收发246.54万件，1998年收发168.7万件，2001年收发128.7万件。

包件　1988年钟山区收发包件1.9万件，1993年收发2.01万件，1995年收发2.69万件，1998年收发7.14万件，2001年收发2.8万件。

报刊　1988年钟山区收发报刊1376万份，1990年收发1359万份，1995年收发1798万份，1998年收发880.95万份，2001年收发1041.07万份。

汇票　1988年钟山区收发汇票20.81万张，1990年收发20.88万张，1995年收发20.77万张，1998年收发20.42万张，2001年收发20.51万张。

储蓄 1990年钟山区邮政储蓄完成522万元，2001年完成1.26亿元。

机要通信 1990年钟山区机要通信完成3.72万件，2001年完成0.71万件。

第二节 电 信

中国电信六盘水市分公司 1998年10月28日六盘水市电信局成立，2000年8月贵州省电信公司六盘水分公司正式运营。1999年，市话放号15020户，农话放号5247户，发展数据业务用户55户，发展IP业务用户221户，业务收入9430.87万元。1999年5月中旬，在水钢放号、装机1000余部并建成6000门模块局，在场坝建成1万门端局。是年，市局市话交换机扩容1万门，长话交换机扩容3600路端，建设场坝、水钢33600线，黄土坡24000线及钟山开发区、水钢机修厂41600线主干电缆工程。建设黄土坡、水矿二中、钟山开发区、公园路、龙潭街、水城县政府院内管道工程128孔千米。安装完成N0.7信令六盘水STP点。安装完成水城至六枝SDH光缆设备并投入使用。投入资金在街道及宾馆、商场、娱乐场所安装320部IC卡电话机。2002年，完成水城接入网扩容工程、水城电厂宽带接入工程，水城水泥厂宿舍区管线工程，市区各乡镇（含乡通光缆）22个小型管理线配套工程，建成1000号客户服务系统。是年，共有109个营业服务网。2003年，电信分公司对网络进行升级改造，新建IGM交换机，及时新装和调整基站，增加容量，并提供手机短信、手机上网等增值业务服务，积极发展宽带接入网，高速优化传输网，扩充完善数据网，建设电话网。是年，配合市政建设实施东风路等8个管道工程。2004年，新增局用交换机（含宽带接入网），完成无线市话交换侧MPM单模块改多模块，安装300余个基站，开通CSC，配合全市城市建设，对钟山大道、凤凰大道、天人世纪城、河滨苑、丽江苑、西湖苑等处进行管道安装改造，新扩建接入网点光、电缆工程建设及部分城区的主干电缆扩容共130余项单项工程。完成10台小交换机拆改和网吧、国税、地税等10余家客户的光纤接入及组网建设工作。2006年，六盘水市电信公司在继续发挥固网话音和宽带接入优势的基础上，充分利用智能化网络，提供固话彩铃、一号通、同振、移机不改号，智能公话等新业务，通过多业务、多网络、多终端的融合及价值链的延伸，为客户提供便捷、丰富、个性化、高性能价格比的综合信息服务。大力发展农村通信和国际通信，积极拓展互联网应用、系统集成、视频内容、移动通信等业务领域。2007年，开通所有乡（镇）的宽带和行政村的电话业务，开展10000号BEP项目提升工作。

第三节 通信企业

中国移动通信集团贵州有限公司六盘水分公司 1999年8月1日成立，共有GSM移动基站9个，移动用户5000余户，年业务收入1400万元，营业网点3个，市区网络全覆盖。网络技术为模拟900兆赫和GSM移动通信技术并存，经营业务品牌有“全球通”，资费为月租费50元，双向收费，主被叫均为0.4元/分钟，经营业务仅有移动话音业务，移动用户5000余户。2004年7月1日，更名为贵州移动通信有限责任公司六盘水分公司。2006年11月，公司再次更名为中国移动通信集团贵州有限公司六盘水分公司。2000年4月19日，推出短消息业务，第一条短消息发送字符70个，发送方收费0.1元/条，接收方免费。7月1日，推出“神州行”业务，资费标准为无月租费，拨打电话0.6元/分钟，双向收费。10月推出贵州本地营销资费方案“黔中游”，月租费20元，0.2元/分钟，双向收费。11月，网络技术实现由模拟移动通信向数字移动通信的发展和演变，为多媒体业务的商用奠定技术基础。2002年4月21日，推出虚拟专用移动网（VPMN）业务，实现六位数短号码在虚拟专用网内的拨打。2003

年3月26日，针对15～25岁青年用户群体推出“动感地带”品牌。2003年5月，中国移动2.5代移动通信GPRS开通，SIM卡从32K升级为64K，随之开通彩信、彩铃等业务。2006年，1860/1861自动/人工服务热线全线升级，客服号码变更为10086。自2007年起，所有品牌均实现单向收费，彩信、彩铃、手机邮箱、手机报等多种增值业务逐步被开发和商用。

1999年分营初期有GSM移动基站9座，传输光缆公里数为零。2000年年底，基站数达到56座，载频数345个，传输光缆300千米。2003年11月30日，在六盘水市所有乡镇实现乡乡通移动电话。是年，移动基站数达到183座，载频数840个，传输光缆800千米。2007年以后，网络建设一直以城区、高速公路、铁路及居民小区的网络优化和村村通建设为重心。

中国联通六盘水分公司　2000年11月30日成立。公司引入GSM技术，建设数字通信网，率先采用ATM+IP技术，建成国际领先网络平台。联通130GSM数字移动电信业务在六盘水市开通运营，为广大用户提供的电话业务项目主要包括1818省内和全球通。2002年9月，以CDMAIX技术为基础的CDMA网络正式建成开通，中国联通六盘水分公司实现GSM和CD-MA两网并行运营。开发出“G/C”双模系统，推出GSM/CDMA“双网双待”手机，建成覆盖县以上城市的GPRS网络。是年，使用联通用户达5万户，建成基站（CDMA基站）58个，网络覆盖六盘水市城区及周边乡镇。公司有省网126人工台和127自动台，国网198人工台和199自动台，还收购六盘水地区中北寻呼台，远达寻呼台。公司开展业务有17910、17911、193长途业务和165拨号上网业务，为公司和单位提供的专线接入VOIP、193、165互联网业务，并提供本地及长途、租线业务。2003年，CDMA网基站达77个、GSM网基站31个，全年主营收入4000余万元，与电信、移动中继电路扩容，互联互通呼叫接通率基本达到总体要求。2004年，累计建成通信基站300余座，传输光缆1500千米，乡镇网络覆盖率达到100%，共建设乡镇营业网点200余个。2005年7月，中国联通移动通信网络全面覆盖钟山区所有乡镇，实现“乡乡通”。2006年，完成GSM十期和CDMA五期工程建设，建成105座GSM基站和10座CDMA基站，铺设传输线路170千米，完成GSM软交换系统和MGW交换机的安装、调试入网工作，新增交换能力7万门，对109座基站进行优化调整，扩空西门子交换A口中继16条，有效缓解原交换系统话务拥塞问题。2007年，完成GSM十期工程建设，新建基站62座，室内分布站24座，本地网光缆共达1659千米，业务收入1.2亿余元，实现利润2800余万元，用户发展到20余万户，在职职工300余人。至2008年，中国联通六盘水分公司已建成通信基站700余座，交换机总容量达到40余万门，光缆传输线路达到2000余千米。经营业务由最初的基础语音、寻呼等业务，逐步发展到包含语音、数据、互联网以及各类移动增值业务在内的所有电信业务领域。2008年10月，中国联通六盘水市分公司与中国网通六盘水分公司重组融合，成立中国联通网络通信有限公司六盘水市分公司。

中国网络通信集团六盘水分公司　2003年成立。2006年业务收入857万元，共完成客户工程类固定资产投资483万元。2007年网络覆盖钟山区全境，经营范围为固定电话、宽带互联网、宽带商务、宽带酒店、增值业务、无线固话、IDC等多种业务。2008年10月，中国网通六盘水分公司与中国联通六盘水市分公司重组，成立中国联通网络通信有限公司六盘水市分公司。中国网通业务移交中国电信经营。

中国铁通六盘水分公司　2006年，完成电话交换网扩容12689线，完成宽带交换网扩容11465线，发展固定电话用户9630户，互联网宽带用户5533户，市场经营收入3400万元。2007年5月，原中国铁通集团有限公司黔西南分公司并入六盘水分公司。至此，中国铁通集团有限公司六盘水分公司对六盘水、毕节、黔西南3个地州市铁通业务进行管理经营。2007年，公司累计发展宽带用户4229户，固定电话用户6226户，业务收入2403.65万元。

第十三篇　安全生产　环境保护

第一章　安全生产管理

第一节　宣传教育

一、宣传活动

1989年起，钟山区每年都开展“百日安全”活动，活动时间一般在冬、春季节进行。每年6月都开展“安全生产月”活动。在每年“百日安全”活动和“安全生产月”活动期间，区安全生产委员会均组织成员单位，通过新闻媒体、印发宣传资料、开展咨询服务、召开宣讲会和座谈会、张挂标语图片、开展安全知识竞赛、举办文艺晚会、装配宣传车巡回宣传等形式，针对每次活动的侧重点进行宣传。

1990年，“百日安全”活动的侧重点是贯彻《乡镇煤矿安全规程》等法规，增强安全意识，对不具备安全生产条件的小煤窑进行封停或整顿。钟山区安全、煤炭、矿管等相关部门结合上述工作，开展声势浩大的宣传活动，对《矿产资源法》《乡镇煤矿安全规程》、六盘水市人民政府关于整治小煤窑的文件等进行广泛宣传。

1995年，“百日安全”活动的重点之一是整治市中心城区道路交通安全秩序。市交警支队、钟山区交警支队和城管、车管所等部门相应开展“安全宣传周”活动，进郊区、进社区、进学校、进单位宣传交通安全法规和本次整治的有关规定，减少整治工作的阻力。

1996年，在全区开展以《煤炭法》和煤炭安全生产为主要内容的宣传贯彻活动。在4个产煤乡镇组织煤炭生产经营企业负责人会议9次，参会人数共700余人，对《煤炭法》进行宣讲。

1998年，在钟山区开展依法办矿、整顿煤矿和非煤矿山生产经营秩序行动。共召开动员大会8次，参会人数有1300余人。印发《矿产资源法》《煤炭法》《矿山安全实施细则》宣传手册1400余套，出动宣传车96台（次），张挂大小标语500余幅，全区采矿企业教育覆盖面达98%以上。

2003年以后，在钟山区“安全生产月”活动期间，全区共悬挂张贴宣传标语5000余幅，印发《安全生产法》《安全知识须知》等各种资料近30000份，装配宣传车5辆在城乡巡回宣传，在市中心城区、各乡镇办所在地和集市设立宣传咨询服务点10余处，接受咨询10000余人次。此后，又通过六盘水电视台、六盘水广播电台、《六盘水日报》等新闻媒体，对《安全生产法》及全区的宣传贯彻动态进行系列持续报道。

2005年4月，钟山区在人民广场举办以安全生产为主题的大型文艺会演。是年6月，举办“凉都安全杯”篮球赛，举办《煤矿安全规程》知识竞赛。

2006年，钟山区“安全生产月”活动期间组织区煤炭管理局等15个单位集中在人民广场设立宣传咨询点，布置印有巨幅图标的空飘气球和充气拱门，展示宣传画182幅，宣传图片49100张、宣传展板382块。当月，由区总工会和文广局牵头，组建男、女篮球队参加全市“安康杯”篮球赛。同时，在学校举办安全科普知识展览，向学生传输安全基础知识；组织学生进行安全应急演练，提高学生的自救互救能力。

2008年6月，钟山区举办安全文艺晚会。是年春运前夕，钟山区交警大队各中队、平台深入辖区各客运站开展春运交通安全宣传，向客运企业发放安全提示卡12000万余份。与六盘水电视台，广播电台，《六盘水日报》等新闻单位共同深入到102国道、省道沿线村镇对驾驶员、村民进行交通安全宣传教育。春节期间，向社区、农村群众赠送交通安全春联1200余幅。

除了开展大型、集中的宣传活动外，钟山区安全职能管理部门，行业主管部门，各高危行业将日常宣传贯穿于生产管理工作的整个过程之中。安全宣传已成为常态工作之一。

二、安全培训教育

1989—2001年，仅区地方煤炭系统通过自办培训班和选送人员到国家部委、省、市参加培训等渠道，每年平均培训矿（厂）长、工程技术人员和瓦检员、放炮员、安全员等特种作业人员410人（次）。2003年钟山区安监局成立后，对全区的安全教育进行统筹安排和管理，安全培训工作进一步加强。

（一）区安监系统组织培训

2003年11月和12月，区安监局与六盘水市安全生产委员会办公室配合，举办全区非煤矿山企业经理、安全员培训班2期，共培训400余人。培训结束时进行考试，经考试合格者颁发安全资格证。2004年，共组织安全培训10余次，受训人员有企业法人、矿（厂）长、经理、工程技术人员、特种作业人员1000余人。2006年，举办各类培训班14期，参培人员共1900人，其中开办与公共安全相关企业的负责人，安全管理人员，爆管员培训班，参加培训900人。举办特种作业人员培训班3期，新培训222人，复训256人。举办烟花爆竹经营人员培训班，培训519人。2007年，共组织培训1111人，其中生产经营单位主要负责人39人，安全生产管理人员35人，特种作业人员37人，普通从业人员1000人。2008年，钟山区安监局建立安全技术培训中心，培训中心成立后，共办培训班34期，其中复训班17期，共培训生产经营单位负责人、安全生产管理人员、普通从业人员1287人。

（二）区煤炭系统组织培训

2003年，区煤炭管理局选派45名煤矿矿长到省煤炭管理局培训，组织320名特种作业人员到六枝培训中心培训。举办培训班3期共8班，培训瓦斯监测监控系统操作管理人员207人，瓦斯等级鉴定人员80人，顶棚管理及水害防治人员116人。各煤管站对各煤炭企业从业人员进行培训，共培训2200人。2004年，再度组织特种作业人员410人到六枝培训中心培训，区煤炭工业局连续举办培训班，共培训单体液压支柱管理人员198人，工程技术人员72人，顶板管理和防透水管理人员600余人。与区安监局联合到各镇（办）煤管站组织举办安全培训班，共培训1033人。2005年，培训和复训矿长、特种作业人员600余人。针对煤矿顶板事故多发的状况，在各产煤镇（乡）举办支护架木专业培训班，共受训384人。举办单体液压支柱管理等培训班，受训1577人。同时，对煤管站、煤矿的常规培训工作分别进行指导。2006年8月以前，举办培训班培训和复训矿长、特种作业人员483人。是年9月，成立钟山区恒安煤矿安全技术培训中心，为四级资质培训中心，培训中心成立当月即开班授课，到年末共培训煤炭从业人员1523人。2007年，恒安煤矿安全技术培训中心在汪家寨煤管站、大河煤管站、老鹰山煤管站、大湾煤管站设立4个教学点，培训工作进一步加强，全年共培训煤炭从业人员2677人。2008年，培训中心及其教学点共复训从业人员986人，培训特种作业人员283人，培训新从业人员2471人。

（三）其他系统组织培训

2003—2008年，钟山区交通局、运管所在每年“安全生产月”、春运、“五一”“十一”重大节日期间均举办道路交通施工建设单位、车辆维修企业培训班、对有关单位、企业负责人以及从业人员进行安全培训，平均每年受培人员在80人以上。

2003—2008年，钟山区乡镇企业管理局共举办培训班36期，培训乡镇企业管理人员、生产人员9539人。

钟山区建设局每年举办新建、续建工程的项目经理、施工人员、安全员、特种作业人员培训班4次，培训内容为建筑安全生产的法律、法规、行业标准和安全常识。2003—2008年共培训24期，培训人数1240人次。同时在对建筑工程监管过程中，不定期安排和督促施工企业组织施工人员、安全员、特种作业人员等进行安全培训教育。2003—2008年，举办企业培训班共20期，培训人数1310人次。此外，2007—2008年，2次组织安监人员14人，参加贵州省住房与城乡建设厅举办的安全监管人员培训班，经考核，均合格，取得安全监督上岗证。

第二节　灾害防治

钟山区突出的自然灾害为地质灾害。区境属于地质灾害高发区，主要分布在老鹰山镇、汪家寨镇、大河镇、大湾镇4个产煤镇，地质灾害分布点多面广。2001—2002年，查明区境内有地质灾害隐患点99处，其中威胁人民生命财产安全的有65处，按地质灾害类型划分，滑坡35处、崩塌10处、地面塌陷23处、地裂缝23处、泥石流8处。发生灾害的原因80%是由于人为工程活动造成，主要是采煤活动造成。2002年，区人民政府成立钟山区地质灾害防灾减灾工作领导小组，每个年度制订《地质灾害防治方案》和《突发性地质灾害应急预案》。2006—2008年，先后制定《钟山区地质灾害防治规划》《钟山区矿山环境保护与治理规划》。

一、地质灾害防治

钟山区对地质灾害隐患严重区域的住户实施搬迁，最大限度地保障人民群众生命财产安全。2000—2008年，钟山区分别对大河镇、老鹰山镇、汪家寨镇、大湾镇781户村民因地质灾害影响的住房实施搬迁，补助搬迁资金共3792万元。2008年，老鹰山镇杉树林滑坡群治理工程被列为贵州省级地质灾害治理项目，总投资976万元。大河煤矿矸石山滑坡被列为国家级矿山环境恢复治理项目，总投资420万元。2008年汛期，在老鹰山镇福集组举行地质灾害防治演练，组织各镇、乡、办事处人员到场观摩学习，推动全区地质灾害防治工作。2002年以来，全区未发生地质灾害人员伤亡事故。

二、煤炭开采自然灾害防治

钟山区煤炭开采存在瓦斯爆炸、顶板坍塌、煤尘爆炸、水灌煤井、煤层自燃等5大自然灾害，不同程度地威胁着矿井生产安全，其中以瓦斯灾害最为严重。

（一）煤炭开采自然灾害

瓦斯灾害　钟山区多数煤矿为煤与瓦斯突出矿井，相对瓦斯涌出量大约在25立方米/吨以上，有煤与瓦斯突出和煤尘爆炸危险性，部分煤层有自燃倾向，瓦斯爆炸事故时有发生。1983年3月20日，木冲沟煤矿发生特大瓦斯爆炸事故，死亡84人。是年5月16日，钟山区二塘乡安乐村陈仲奎等人开办的小煤窑发生特大瓦斯爆炸事故，死亡48人。2000年9月27日木冲沟煤矿发生特大瓦斯爆炸事故，死亡162人。2003年2月24日，木冲沟煤矿发生特大瓦斯爆炸事故，死亡39人。2007年3月27日，汪家寨煤矿发生特大瓦斯爆炸事故，死亡10人。

顶板灾害　矿区地质构造复杂，断层发育，顶板破碎，煤系地层赋存不稳定，致使巷道压力和采面顶板压力大，管理和维护困难。

煤尘灾害　矿区各矿井均属有煤尘爆炸危险性的矿井，煤尘爆炸指数和产生的长度，中煤组高于上煤组，尤其是大河边井田，老鹰山井田和小河边井田煤尘爆炸指数均在40%以上。

水害　矿区各矿井不同程度地存在水害隐患。井下水的主要来源是大气降水，通过地表塌陷区和裂隙大量渗入井下。矿区年降雨量平均为1222.7毫米，雨量季节性变化大，多集中于6、7、8三个月份，占全年总降雨量的三分之二。夏季多暴雨，日最大降雨量为171.6毫米。区境小煤窑开采年代久远，特别是1980年以后小煤窑大量增加，小煤窑的无序开采和老空积水对矿井生产构成严重的水害威胁。1985年7月1日，因连日暴雨，三岔河水陡涨，河水经小煤窑灌入水城矿务局汪家寨煤矿大井，致使该矿斜井被淹，被淹巷道3491米。

火灾　矿区各煤层均有自燃倾向，特别是中煤组各煤层属二类自燃煤层，自燃期为3个月至12个月。

（二）煤炭开采自然灾害防治

瓦斯防治　20世纪50年代以前，水城地区地方小煤窑全凭感觉和土办法测推井下瓦斯情况。主要以呼吸判测瓦斯是否浓重，入井前用长竹竿或木棒的一端绑上活公鸡或火把深入井内探试，若鸡死亡或火光变绿、熄灭，表明瓦斯重，不能入井。在通风方面均为独眼井，大多为自然通风，少数使用木风车或斗笠等作为井下煽风工具。照明方面为火把、油灯等明火照明。1960年以后，有的地方煤矿开始使用瓦斯检定器，增建通风井，用手电筒照明。1988年钟山区建立后，对瓦斯防治采取多种措施。自1990年起，每年都利用维简费等购买矿灯、瓦检器、风机等分发煤矿，或规定煤矿必须在返还的维简费中列出专款购置瓦斯防治设施。1999年，钟山区人民政府发出《关于规范煤矿主扇安装的通知》，要求煤矿必须建置通风井并规范安装主扇风机。2001年，区煤炭管理局对主扇安装情况进行全面检查，凡安装不规范的一律进行整改。2003年，钟山区强制所有持证地方煤矿安装瓦斯监测监控系统，配备便携式瓦斯检测仪和自救器，增设双风机，要求矿井设主井、风井、人行井3条井筒。2004年，钟山区选择4对矿井进行瓦斯抽放试点。在取得一定经验的基础上，2005年，制发《关于安装瓦斯抽放系统的通知》和《钟山区地方煤矿瓦斯抽放系统验收标准》，安排钟山四矿、钟山五矿、东风煤矿、三鑫煤矿等8个煤矿作为瓦斯抽放推广矿井。2006年，钟山区人民政府批复同意区煤炭管理局《钟山区地方煤矿瓦斯监测监控网络建设方案》，将全区除拟整合矿井外的37对矿井的瓦斯监测监控系统与区煤炭工业局监控中心联网，是年年末，网络开通。通过监测监控系统，煤矿实时将井下瓦斯动态数据进行采集，实时发送到区煤炭工业局监控中心。监控中心24小时不间断地监控各煤矿井下瓦斯变化的实时数值，监控室双人值班，出现瓦斯超限及时双报警，在第一时间通知煤矿，并督促其立即采取措施处理，避免事故发生。2007年，钟山区成立煤矿瓦斯防治工作领导小组，以进一步加强瓦斯防治的领导。2008年8月，钟山区制发《钟山区煤矿瓦斯治理综合规划（2008—2010年）》，就地方煤矿的通风建置、抽采达标、有效监控、管理手段、隐患排除、综合利用制定三年目标，各煤矿根据自己矿井实际，制定《矿井瓦斯治理综合利用规划》，2008年已逐步组织实施。

水害、火灾、煤尘和顶板灾害防治　水害防治，钟山区根据不同情况分别采取不同措施，对地表水采取挖防洪沟疏导，或砌坎筑墙截、堵引流离矿井，对地下水做到有掘必探，先探后采，开采中留设隔离煤柱，修建排水沟和井下水仓，将地下涌水引入水仓，用水泵排出。火灾防治，主要采用砖、砂水泥打密闭，减少采空区漏风，严禁点火物品入井，杜绝机电引爆火源。防尘防治，矿井掘进实行湿式打眼，对采区运输巷道、回风巷道和煤场实行清扫，洒水防尘。顶板灾害防治，1995

年推进壁式采煤法以后，矿井逐步采用摩擦式金属支柱与金属铰接顶梁，倾斜煤层使用柔性掩护式支架，使支护强度和质量提高。

为改善地方煤矿安全生产条件，提升防治灾害的综合能力，钟山区地方煤炭系统加大壁式采煤法的推广力度。至2006年，全区地方煤矿均实行壁式采煤法。2004年4月起，全区调高地方煤矿维简费返还比例，地方国有煤矿全额返还，其他煤矿返还75%。钟山区对返还煤矿的维简费作出明细的使用规定，并制定相应的监管措施，督促企业将维简费切实用于技术改造和安全设施的完善。是月，钟山区对地方煤炭企业开征安全事故保证金，标准为原煤3元/吨，精煤4.3元/吨，焦炭6元/吨，后作出相应调整。对征收的保证金，在该煤矿全年安全生产的前提下，按一定比例返还，2008年的返还比例为50%，主要用于煤矿安全生产建设。2004年始，规定新建煤矿和改扩建煤矿须作煤矿建设工程安全设施设计，报经煤矿安全监察机构审查批准后，工程方能施工。2005年，钟山区拨补和多方协调，共筹集资金780万元，完成全区地方煤矿的双回路供电和供电自动导向装置，解决长期依靠国有大矿供电、电压不稳定、安全隐患大等问题。是年，市、区、镇（乡、街道）均建立《领导干部联系地方煤矿制度》，从是年起，每位市级、区级、镇级领导干部都指定有地方煤矿联系点，每年市级、区级领导到联系的煤矿现场调研不少于2次，研究解决煤矿安全生产和煤矿发展等重大问题。市领导联系的钟山区地方煤矿有钟山一矿、钟山五矿、东风煤矿等8家煤矿，钟山区领导联系的有镇艺煤矿等27家煤矿。2005年起，钟山区制发《2005年安全质量标准化建设工作方案》及《安全质量标准化矿井地面设施具体规定》，基本建成15个安全质量标准化矿井。2006年又要求14个矿井进行安全质量标准化建设，对各矿交纳的维简费全额返还。是年，钟山区将46个矿井整合为21个，关闭不具备安全生产条件的矿井25个。2007—2008年，钟山区开展“加强技术管理，规范采煤方法”行动，对全区地方煤矿逐个进行严格的开采审查，对老空区采煤的煤矿制定开采措施，对厚煤层开采的煤矿，强制其分层开采。对采用壁式采煤工艺的煤矿，强制取消木支护，限时进行更换。2008年，已有80%以上的煤矿完成更换任务。

三、其他行业安全事故预防

2003年，钟山区按照《安全生产法》的规定及行业安全标准，对全区有关行业生产经营单位基础工作、装备水平、管理等进行综合评估，划分等级，实施分类指导。对评估中发现的安全隐患等问题，分类建档备案，并向事故隐患单位下达整改通知书，督促其整改。是年组织2个专家评估组，对全区的非煤矿山企业进行安全评估。组织中介组织，对全区的油库、加油站、危险化学品企业进行安全评估。非煤矿山企业评估验收面达75%，油库、加油站评估验收面达100%。2004年配合贵州省劳动保护科学技术研究院对2003年非煤矿的安全评估情况进行复查，对全区危险化学品和烟花爆竹生产经营企业的基本情况进行摸底，造册登记，落实安全防范措施，为评估工作打下基础。2004—2005年，完成煤矿企业、建筑企业、危险化学品、烟花爆竹生产经营企业的安全评估。2006年，以安全评估结果为重要依据，完成高危行业安全生产许可证的核发。2007年，开展职业危害与重大危险源调查，结合安全评估资料，建立钟山区安全生产信息网。道路交通安全防治，遵照《六盘水市县乡道路交通管理办法》和《全市县乡道路交通安全秩序方案》，投入资金建设交通秩序监控网络。在消防、民爆物品、特种设备等行业和领域的安全方面，对不具备安全生产条件的依法关闭、取缔。强制公共聚集场所、易燃易爆等重点防火单位完善消防设施。建立民用物品管理服务机构。按规定对民爆物品的销、储、运、领、用各个环节严格控管。对锅炉、压力管道、电梯、起重机械、大型游乐设施等达不到安全技术条件的责令限期整改或停用、报废。对非法制造的“土锅炉”“土压力容器”“土起重机”等特种设备一律予以取缔。严格建筑施工企业的审查，杜绝“黑工程”和“三无工程”。

第三节　管理制度

1988—2008年，先后制定各种安全生产管理制度：目标责任制、特种作业人员岗位责任制度、问责制度、重特大事故预防和处置预案制度、例会制度、隐患“零”报告制度、持证上岗制度、惩罚与表彰制度、调度会议制度、班前会制度、检查制度、煤矿入井安全交底制度、聘任安全群众监督员制度、下井带班制度、瓦斯隐患群众监督举报制度等。在这些制度中，明确将安全生产作为各级管理部门领导干部政绩考核的重要内容，对安全生产工作考核不合格的，按制度进行问责。发生安全责任事故，除对直接责任人进行惩处外，同时追究相关领导的责任。规定生产经营、储存危险物品的人员，以及矿山、建筑施工单位的主要负责人和安全管理人员必须培训合格，持安全资格证上岗。生产经营单位的特种作业人员必须按照国家规定进行专门的安全作业培训，考核合格后取得特种作业人员操作证书，方可上岗作业。各类煤矿要确保井下每个班次至少有1名煤矿负责人或生产经营管理人员带班作业，与工人同上同下。鼓励群众监督，对如实举报煤矿超通风能力生产、瓦斯超限作业、隐瞒瓦斯隐患的群众，一次给予1000～5000元奖励，对被举报煤矿给予重处重罚。

第四节　安全生产大检查

钟山区对全区的安全生产，建立“政府统一领导、安监行政监察、行业主管部门依法监督管理、乡镇督查、企业自查”的常规监控立体网络，同时，密切配合国家、省、市历次安全生产督查组到钟山区的各类安全检查和不定期的专项检查，对检查出的和平时发现的安全隐患进行整治。

1989—2008年，国家、省、市及钟山区在钟山区组织的安全生产大检查共56次，其中国家、省、市组织的检查31次。行业主管部门对其管辖企业专项安全检查1100余次。2003—2008年，钟山区共发生安全生产事故434起，死亡297人。1992年8月15日，钟山区青山联营矿发生冒顶事故。钟山区组织力量对全区采掘矿点开展拉网式的安全生产全面检查，取缔非法开采矿厂，查处违法办矿人员，整治不具备安全生产条件的有证矿井矿山，扭转安全生产被动的局面。1995年，钟山区开展整治市中心城区道路交通安全秩序行动，取缔马车、人力三轮车在市中心城区道路通行，对从事营运的摩托车、残疾人专用车限定行驶路线，对客运车辆清理审查，对营运符合条件的客运车辆给予行政许可，对出租车运行进行规范。

2001年，全区乡镇煤矿一律停产整顿。区政府组织检查验收组，对全区乡镇煤矿逐矿检查验收，整顿合格者才批准恢复生产。2003年，钟山区共组织10个安全生产检查组和1个督查组，对全区煤矿、非煤矿山、建筑施工单位和危险化学品、民用爆破物资、烟花爆竹生产经营企业以及公共聚焦场所进行7次拉网式的安全检查，国家、省、市对钟山区安全生产进行9次专项检查，行业主管部门对其管辖企业专项安全检查累计100余次。在各级各类检查中，共查出炸封非法无证小煤窑40个，查出隐患近500条，其中煤矿268条，建筑施工单位108条，非煤矿山企业60条，火灾隐患56条。对查出的隐患均下发《整改通知书》，责令限期整改。对查出有隐患的部分企业，给予不同程度的经济处罚。

2004年2月，汪家寨尹家地煤矿发生特大瓦斯爆炸事故，造成25人死亡，9人受伤。钟山区组织4个安全生产检查组，在全区开展安全生产大检查。共下达各类指令书362份，查出各类安全隐患1968条，下达处罚通知书44份，罚款11.01万元，处罚企业41家。对查出的安全隐患和问题，检查组提出整改意见和措施，落实整改责任人，限期整改。

2008年，钟山区将安全隐患治理纳入相关行业当年工作目标管理责任制，与年终考核奖惩挂钩，全区安全隐患治理工作迅速铺开。在治理过程中，财政拨款37.3万元用作消防安全隐患治理、安全生产科学技术交流及安全奖励，统筹企业安排资金693万元用于安全设施的更新改造和维护，安排资金120万元用于安全生产宣传和教育培训，安排50万元用于劳动防护用品配备。是年年初，中国南方遭遇百年不遇的特大雪凌灾害，区境内路面凝冻严重，交通运输受阻，时值春运高峰，滞留旅客归心似箭，民用物资救灾物资滞留待运。钟山区全力以赴投入抗雪凌灾害工作，抽调130余名民警配合，对各条公路交通线进行交通管制，在危险路面撒盐、铲冰、清除冻雪，组织警车全程开道，护送各路客车和运送物资车辆出境，并与邻县有关部门衔接，开辟救灾物资、鲜活物品绿色通道，在天气恶劣条件下保证客运、货运的通行和安全。是年，国家煤矿安全监察局局长赵铁锤、副局长梁嘉琨先后到钟山区检查煤矿安全生产。

2003—2008年钟山区安全事故情况一览表

表13-1

年份	事故数（起）	死亡（人）
2003	26	32
2004	128	76
2005	28	29
2006	179	65
2007	45	60
2008	48	35
合计	454	297

第二章　环境保护

第一节　环境污染

一、地表水污染

钟山区境内流程5千米以上的河流有4条，均受到不同程度的污染。

三岔河　是境内第一大河。河流两岸沿途建有顶拉煤矿、木冲沟煤矿、二塘电厂、水城发电厂、汪家寨煤矿、汪家寨选煤厂、水城矿务局中心医院、大河煤矿、红旗煤矿、水城钢铁厂等大中型企业和地方煤矿，这些厂矿的工业用水都取用于三岔河。1970年以前，三岔河虽然受到顶拉煤矿、木冲沟煤矿和汪家寨煤矿井下废水的污染，但在矿井建设初期，污水量小，河水承受能力和自净能力较强，河中仍有不少鱼群和其他水生生物。1970年汪家寨煤矿和选煤厂投产后，每天1.8万吨矿井废水和6000吨洗煤废水涌入三岔河。1974年水城发电厂第一台5万千瓦的发电机组投入试生产后，将部分粉煤灰直接排入三岔河。1978年，水城发电厂第二台机组投产，粉煤灰量增加，每天向三岔河排入粉煤灰约400吨。加上大河煤矿、红旗煤矿、木冲沟煤矿、顶拉煤矿以及地方煤矿的工业废水，工矿、城镇生活废水全部注入三岔河，在大河镇以上河段，每天排入三岔河的废水就有4.2万～5万吨，整个废水量占河水流量的七分之一，枯水期所占的比例更大，三岔河被严重污染，变成一条“黑河”。三岔河污染比较单一，主要是悬浮物污染。1978年，水城发电厂以下河水中的悬浮物含量最高达932毫克/升，水质恶化，鱼虾灭绝，人畜不能饮用，农灌受到影响，即使用作工业用水也必须经过处理。1988年，悬浮物年均浓度244.4毫克/升，悬浮物大幅降低。1991—1995年，三岔河的挥发性酚、总铅连续5年均值超过Ⅲ类标准。1996—2000年，监测5个断面，对照断面岔河因挥发酚污染，水质超标为Ⅲ类，其余断面以金竹沟污染严重，水质劣于Ⅴ类水质标准，岩脚寨断面水质超标为Ⅴ类水质标准，两断面的首要污染物为氨氮。2001—2005年，在三岔河的6个监测断面，Ⅱ类水质占6.67%，Ⅲ类水质占10%，Ⅳ类水质占60%，Ⅴ类水质占6.67%，劣Ⅴ类水质占16.67%。2006年，岔河断面和金竹沟断面水质超标，主要超标污染物为石油类和氨氮。是年，Ⅳ类水质占50%，Ⅴ类水质占50%，无一断面达标。2007年，Ⅱ类水质占16.67%，Ⅳ类水质占66.67%，Ⅴ类水质占16.67%，达标断面1个，一个断面优于功能区要求，其余断面未达标，主要污染物为氨氮、石油类等。

响水河　1964年以前，是水城盆地万亩良田的主要水源，河流中鱼虾成群。1965年后，开始三线建设，水城地区人口激增，厂矿企业增多，市政建设不断扩大，响水河成为贯穿整个市中心区的一条河流，污染源沿河流两岸分布，纳污量大，废水种类十分复杂。每天接纳各种生产污水8.2万吨，生活污水2000～3000吨。枯水期响水河流量1.11立方米/秒，污水已经与径流量十分接近，河流已完全丧失自净能力，变成一条名副其实的排污沟。水城老城以下河段由于与水钢总排汇合，污水中除悬浮物以外，还有酚、氰、氨氮和煤焦油等有毒有害物质，地面水已不能用于农灌，并严重影响下游居民的健康。1987年10月6日，水城钢铁厂流经水城第四中学附近明沟的总排污水中有毒有害物质的强烈气味弥漫校园，1800余名师生中的多数人头晕、呕吐，有2名学生因气味刺激晕倒，14个班级不能上课，10月7日，学校被迫停课。是年，高考体格检查发现，该校学生的嗅觉明显低于其他学校。1983年枯水期监测结果显示，污染响水河的有毒有害物质比较复杂，以悬浮物、三氧、三氮、酚、氰、铅、铁、氟作为主要评价参数，18个监测项目中就有一半以上超标。历年监测结果表明，响水河各段水质变化情况是，窑上水库至箐口段，水质属清洁范围，箐口以下水质逐渐恶化，到场坝段，水城钢铁厂污水注入河中，水质急剧恶化，到范家寨后又受到水城水泥厂废水的影响，污染逐步加重。1987年污染负荷（p）高达2.11，到水泥厂后为4.1。1991—2000年，窑上断面达到使用功能Ⅱ类水质标准，位于水城钢铁（集团）有限责任公司工业废水排污口下游的范家寨断面污染严重，水质劣于Ⅴ类标准，主要污染物有氨氮、非离子氨、氟化物等。2001—2005年，在响水河的四个监测断面中，Ⅱ类水质占26.31%，Ⅴ类水质占26.31%，劣Ⅴ类水质占47.37%。2006—2007年，四个监测断面，Ⅱ类水质占25%，劣Ⅴ类水质占75%，一个断面达标，其余断面未达标，主要污染物为石油类、氨氮、生化需氧量、化学需氧量等。

小河　是老鹰山镇境沿岸农灌水源，1970年以前也是水城铁厂的工业水源。小河水体被污染是由下游到上游分级出现的。1955年水城铁厂投产，每天约1700吨生产废水和生活废水排入河中，1958年水城煤矿投产后，又有井下废水排入该河，下游河段受到污染。1969年年初，老鹰山煤矿和选煤厂投产后，每天有4250吨井下废水和1000吨洗煤废水进入小河，中下游河水开始变黑。1970年观音山铁矿全面投产，每天有6500～7000吨选矿、尾矿水流入小河上游，平均每年有27万吨的尾矿渣排入小河，从此，整个小河变成一条“黄龙”。1981年贵州省环保科研所监测结果表明，小河水质全部受到污染，特别是悬浮物超标严重。整个河床增高1.1～1.7米。在以后的监测中，1985年丰水期悬浮物含量高达3700毫克/升，1986年悬浮物平均浓度为1029毫克/升，1987年下游悬浮物含量高达31110毫克/升。1988年老鹰山选煤厂废水实行闭路循环之后，其下段小河II号监测断面悬浮物下降为1253.75毫克/升。2001—2005年，在小河的2个监测断面中，Ⅱ类水质占20.00%，Ⅲ类水质占10.00%，Ⅳ类水质占20.00%，劣Ⅴ类水质占50.00%。2006—2007年，2个监测断面，Ⅳ类水质占50%，劣Ⅴ类水质占50%，1个断面优于功能区要求，1个断面未达标。

竹林河　流域内有观音山铁矿、杉树林铅锌矿两大国有矿山，观音山铁矿水泥厂，以及集体、个人兴办的10余个采矿井点、20余个土法炼锌炉和铁矿烧结炉，其产生的“三废”对环境成较大范围的危害。观音山铁矿，其露天矿的采剥废石达百亿千克之多，民采铁矿年排废石亦有百万千克以上，炉灰废渣、生活垃圾数百吨，未采取任何有效的处理措施，大量倾泻在山坡、山沟、垭口，随意堆放。在吊水岩老一号桥一带，废石形成的泥石流将河床填满，且殃及两岸，将宽达60米、长逾500米的地段全部覆盖，寸草不生，致使竹林河河道堵塞，四处漫流。在1992年夏的一次排放事故中，大量泥沙夹带矿石，冲毁农田15亩，杉树林村和矿山村民组的一段河沟里铺满厚厚一层废弃的炼锌破罐和其他残片堆积物。除此之外，还有烟尘污染，观音山铁矿水泥厂年产水泥4万吨，大量粉尘向空中飘散，该厂和杉树林锌铅矿的6台大功率燃煤锅炉每天向空中喷吐二氧化硫、苯并芘等有害气体，密集的土法炼锌马鞍炉、铁矿烧结炉、红砖窑等，年排放烟尘数十万千克以上。更有甚者，有的村民从湖南引进土法炼砷窑炼砷，排放不纯的三氧化二砷（俗称砒霜或白砒），对环境的危害极大。同时，上述厂矿企业的工业废水、生活废水、机械废油以及铅锌矿21万立方米的尾矿坝，被雨水冲刷后形成含有铅、锌、镉等重金属有害物质的废水，不时往竹林河倾泻，成为竹林河的直接污染水源。经有关部门测定，这一地区是酸雨形成的污染源之一。

二、地下水污染

水城盆地地下水极为丰富，水位浅，水质良好。黄土坡花鱼洞、箐口、松树坪、大营脚、土桥、水城老城城北麒麟山麓、场坝街口、八家寨、官寨，甚至老城内龙洞街旁都是地下水出露处，有数十眼甘甜泉水溢出，不仅为群众生产生活提供不少水量，而且有些泉眼形成小湖、浅潭，水清见底，水草繁茂，水鸟嬉戏，游鱼成群，绿荫夹岸，成为居民郊游休闲的好去处。水城盆地具有独特的喀斯特地质条件，地下水与地面水直接贯通，随着地表水被污染，地下水亦受到严重污染和破坏。自1966年始，水钢、水城矿务局大量的工业用水和城市生活用水从地下抽取，至1988年每天抽水9.5万吨。地下水位下降3～8米，造成极为严重的后果，水城盆地东段土桥至头塘约5平方千米范围内，先后发生塌陷805处，致使房屋倒塌、开裂80余幢，河床、道路塌裂多处，上述自流泉水也全部干涸。地下水位下降，地面污水通过落水洞、裂隙直接污染地下水。1969年，水钢污水开始排入响水河，再由河道裂隙渗入地下。在对水钢建在响水河两岸的2号、3号、5号、7号泵的水质监测中，测出水中含有酚、氰、油类等有害物质。自1972年始，水城冷冻厂每天有5万千克屠宰废水直接排入落水洞。水城军分区和铁路六盘水站设在冷冻厂与响水河之间的抽水站，曾抽出猪毛、粪便等杂物，水质恶臭，这两个取水井被迫报废。1976年水城特区酿造厂每天将9万千克酿造废水直接排入溶洞，雨季时部分废水蔓延水沟渗入花鱼洞。1981年，贵州省环保科研所在水城盆地设18个地下监测点，测出场坝周围8平方千米范围内，酚的含量很高，最高含量水城钢铁厂3号取水点达6.52毫/升，超过饮用水标准3260倍。1982年，市建材厂的工业和生活废水开始向附近的落水洞排放，市中心的生活污水也从不同渠道渗入地下，两项废水平均每天排放量约1600吨。1986年，水城盆地地下水监测点已增至23个，环保部门对23个监测点的地下水细菌值进行测算，大肠菌群超标100%，细菌总数超标70%。1987年12月至1988年7月，市建筑公司和市面粉厂在花鱼洞旁边抽水井中，发现酒糟和蛆蛹。1989年，以场坝、水钢为中心的地下水，已经严重污染，水钢被迫将2号、3号、5号、7号、11号等5口生活用水井改为工业用水井。

三、大气污染

市中心区静风和小风天气比较多，年均2.4米/秒，大气稳定度中性频率达到60%，逆温天气频率高达84%。在这样的气候条件下，大气污染物难以扩散，大气质量较差。市中心区大气污染源主要有工业炉窑、生活锅炉、民用煤灶、焦炉煤气、高炉煤气、工业粉尘、扬尘、机动车尾气等。20世纪80年代，市中心区大气污染问题比较突出。1983—1987年各年度的污染负荷pH值1983年为4.1，1984年为4.7，1985年为3.2，1986年为2.4，1987年为3.2，均属严重污染级别。主要污染物为总悬浮颗粒物、二氧化硫和氮氧化物。据1988年监测，市中心区向空中排放烟尘与粉尘4260万千克，排放二氧化硫2870万千克，排放氮氧化物920万千克。1991—2000年随着城市煤气的普遍使用和企业加大对环境污染的治理投入，市中心区煤烟型二氧化硫污染基本得到控制，空气中二氧化硫、总悬浮颗粒物、氮氧化物、降尘等污染物浓度值在全省主要城市中处于较低水平。到2000年，市中心区二氧化硫、总悬浮颗粒物、氮氧化物年均浓度值均达到国家空气质量二级标准，成为贵州省9个地、州、市的政府所在地中唯一达到国家空气质量二级标准的城市。2001—2005年一级（优）空气质量天数占总监测天数的28.15%，二级（良）空气质量天数占总监测天数的63.74%，三级（轻微污染）空气质量天数占总监测天数的8.11%，各污染平均值在二级空气质量标准内，空气中主要污染物为总悬浮颗粒物。2001—2005年全市环境空气污染综合指数在1.13～1.33之间，均小于2，空气质量5年都为良好级别。2006—2007年一级（优）空气质量天数占监测天数的34.91%，二级（良）空气质量天数占总监测天数的62.09%，空气中可吸入颗粒物浓度和二氧化硫年均值达到《环境空气质量标准（GB3095—1996）》中的二级质量标准，二氧化氮浓度年均值达到一级质量标准。1983—1988年市中心区月降尘量在8358千克～13300千克/平方千米之间，除1983年外，其他年份功能区降尘均有超标现象。1991—1995年市中心区降尘月平均值浓度为1.18万千克/平方千米，1996—2000年市中心区降尘量平均水平变化不明显，但随着城市建设的扩大，2000年降尘量超过南方城市限制标准。2001—2005年降尘情况，2001年月降尘量标准8920千克/平方千米，年均值未超标，全年月均值超标率41.7%。2002年月降尘量标准7790千克/平方千米，年均值未超标，全年月均值超标率33.3%。2003年月降尘量标准9120千克/平方千米，年均值超标0.04倍，全年月均值超标率50%。2004年月降尘量标准1.03万千克/平方千米，年均值超标0.06倍，全年月均值超标率50%。2005年平均月降尘量标准1.21万千克/平方千米，年均值超标0.03倍，全年月均值超标率58.3%。全区的降尘超标主要集中在每年的2—5月，主要原因为春季大风扬尘。1986—1990年5年降水pH平均最低值为6.3。1991—1995年市中心区出现酸雨，5年中降水pH平均最低值为5.36。1996—2000年，市中心区酸雨率呈下降趋势，不属于“酸控区”城市。2001—2005年全市降水pH值在5.61～8.22之间。2006—2007年降水pH值分别为7.10和7.35，7年中未出现酸雨现象。

四、废渣污染

1958年以来，境内随着工矿业的发展和城镇人口的增加，工业废渣和生活垃圾对环境造成的污染逐步严重。

工业废渣　20世纪50年代末至60年代初，钟山区境工业建设项目主要是规模较小的矿山开发和工厂建设，废渣主要是煤矸石和建筑垃圾，每年不到10亿千克，一般就地堆积，由于数量少，对环境的污染轻微。1965年后，大规模开发建设兴起，不仅煤矸石、建筑垃圾增多，而且增加煤泥、粉煤灰、冶炼渣等新的污染物，工业废渣对环境的污染成为一个突出的问题。到20世纪80年代，各大中型国有厂矿陆续达到设计生产能力，非公有制工矿企业发展迅猛，废渣排放量大量增加。水城工矿区每年的废渣占全市年排放总量的50%以上，废渣中大量是煤矸石，占总废渣量的75%。堆积的煤矸石经雨水淋滤，使周围环境受到严重污染，又因矸石长期堆放，发生自燃，对大气造成二次污染。煤泥占废渣量的第二位，是选煤厂和矿井带来的二次污染。汪家寨选煤厂每年产生泥煤6000万千克，老鹰山选煤厂4600万千克，煤泥堆积如山，随雨水冲刷流失，严重污染地面水体和周围环境。水城发电厂的粉煤灰和灰渣每年有1.62亿千克。水城发电厂、二塘电厂和水城铁厂的动力车间用水将灰渣冲入三岔河，严重污染水体。水城钢铁厂的冶炼废渣以及众多的土法炼铅锌炉渣，每年约4.56亿千克。除炼钢渣和炼铁干渣可综合利用、部分水渣外运出售外，尚有48%的废渣堆存。土法冶炼铅锌的废渣任意堆放，污染周围环境。

生活垃圾 随着城市人口的激增，以及生活用品特别是包装食品种类不断增多和塑料袋的使用，加之人们环境意识淡薄，用后乱丢乱扔，形成严重垃圾污染。1980年以前仅六盘水市中心区生活垃圾均有约50～80吨，1981—1984年日均120吨，1985—1988年日均280吨，此后随着城市规模的扩大，垃圾成倍增多，这些垃圾对城市环境造成一定污染。

五、噪声污染

市中心城区24小时功能区噪声 一类区（市师范），1993—1994年昼夜间均超标，1995年夜间超标，2000年，昼夜间均超标，2001—2002年昼间等效声级平均值分别超过标准1.7分贝（A）、3.8分贝（A）。2003—2005年昼间等效声级年均值均未超过标准。夜间等效声级年均值，2002年、2003年、2004年分别超过标准5.9分贝（A）、0.1分贝（A）、1.5分贝（A），2001年、2005年等效声级年均值未超过标准。2006—2007年，昼间等效声级平均值分别为54.7和52.2分贝（A），夜间等效声级平均值分别为44.1和44.6分贝（A），昼、夜等效声级平均值均达到《城市区域环境噪声标准（GB3096-93）》一类区标准。二类区（黄土坡），1992年和1995年昼夜间均超标，1995年夜间超标。2000年，昼夜间未超标。2001—2005年昼间和夜间等效声级均值未超过标准。2006—2007年昼间等效声级年平均值分别为53.6分贝（A）和53.1分贝（A），夜间等效声级年平均值分别为43.1分贝（A）和45.6分贝（A），均达到二类区标准。三类区（水钢修建部），1992年和1993年昼夜间均超标，1995年夜间超标。2000年昼间平均等效声级超标。2001—2005年昼间和夜间等效声级年均值均未超过标准。2006—2007年昼间等效声级年平均值分别为58.4分贝（A）和57.3分贝（A），夜间等效声级年平均值分别为48.7分贝（A）51.1分贝（A），均达到三类区标准。四类区（市环保局），2001年昼间等效声级年均值超过标准3.2分贝（A），夜间等效声级年均值超过标准9.9分贝（A）。2002年昼间等效声级年均值超过标准3.5分贝（A），夜间等效声级年均值超过标准12.9分贝（A）。2003年昼间等效声级年均值未超过标准，夜间等效声级年均值超过标准3.1分贝（A）。2004年昼间等效声级年均值超过标准1.9分贝（A），夜间等效声级年均值超过标准6.7分贝（A）。2005年昼间等效声级年均值超过标准1.6分贝（A），夜间等效声级年均值超过标准6.0分贝（A）。2006—2007年昼间等效声级年平均值分别为69.7分贝（A）和69.1分贝（A），夜间等效声级年平均值分别为61.5分贝（A）和59.0分贝（A），昼间等效声级年平均值达到四类区标准，夜间等效声级年平均值超过四类区标准。五类区（老客车站），2001年昼间等效声级年均值超过标准4.3分贝（A），夜间等效声级年均值超过标准11.3分贝（A）。2002年昼间等效声级年均值略超过标准0.2分贝（A），夜间等效声级年均值超过标准7.9分贝（A）。2003年昼间等效声级年均值超过标准1.4分贝（A），夜间等效声级年均值超过标准8.7分贝（A）。2004年昼间等效声级年均值超过标准2.0分贝（A），夜间等效声级年均值超过标准为4.8分贝（A）。2005年昼夜间等效声级年均值未超过标准。2006—2007年昼间等效声级年平均值分别为70.9分贝（A）和69.9分贝（A），夜间等效声级年平均值分别为59.6（A）和60.5分贝（A），2006年昼间等效声级年平均值超过四类区标准，2007年昼间等效声级年平均值达到四类区标准，两年夜间等效声级年平均值超过四类区标准。

环境噪声 据对市中心区有代表性的4个功能区，即市总工会（代表商业居民混合区）、汽车客运站（代表交通干线区）、老城（代表居民集中区）、水城钢铁厂（代表工业集中区）的监测，噪声基本在允许范围之内。1986—1990年，市中心城区区域环境噪声等效声级平均值为57.9分贝（A），市中心区的工业集中区和交通干线道路两侧等效声级昼间分别为62.9分贝（A）和64.7分贝（A），夜间分别为52.2分贝（A）和44.7分贝（A），均未超标。1991—1995年，区域环境噪声属"一般"级别。1996—2000年，区域环境噪声属轻度污染。2001—2005区域环境噪声均达到二类区噪声标准。2006年等效声级平均值为55.6分贝（A），等效声级范围在41.5～67.5分贝（A），超标个数33个，超标率为21.7%。2007年市中心城区区域环境噪声等效声级平均值为55.3分贝（A），较2006年下降0.3分贝（A），其中一类区等效声级平均值为54.7分贝（A），达到《城市区域环境噪声标准》（GB3096-93）一类区标准；二类区等效声级平均值为54.8分贝（A），达到二类区标准；三类区等效声级平均值为56.5分贝（A），达到三类区标准。

交通噪声　市中心区交通干线的人民路、钟山大道和凉都大道，机动车流量大。这些车辆大多数没有消声器，行驶时噪音高达100分贝（A）。加上对机动车辆的高音喇叭没有加强管理，使市中心区交通噪声污染比较严重。白天交通噪声等效声级标准为70分贝（A），1983年达70.6分贝（A），1984年为72.4分贝（A），1985年为67.7分贝（A），1987年为72.9分贝（A）。上述年份夜间一般均在允许范围之内。1988～1995年等效声级年均值在67分贝（A）左右，未超标。1996—2000年，等效声级年均值超过国家标准，属轻度污染。2001年昼间等效声级年均值超过标准2.3分贝（A），超标干线长度23.5千米，占干线总长度的77.6%，夜间等效声级年均值超过标准11.3分贝（A），超标干线长度28.6千米，占干线总长度的94.4%，2002年等效声级年均值超标干线21千米，占干线总长度的69.3%。2003年等效声级年均值超过标准2.5分贝（A），超标干线长度27.0千米，占干线总长度的89.0%。2004年等效声级年均值超过标准4.7分贝（A），超标干线长度26.8千米，占干线总长度的88.5%。2005年等效声级年均值超过标准1.4分贝（A），超标干线长度21.5千米，占干线总长度的71.0%。5年中的交通噪声变化趋势没有规律，忽高忽低。2006年，全市道路交通噪声昼间等效声级年均值为71.6分贝（A），超过标准值1.6分贝（A），超标干线长度23.8千米，占干线总长度78.6%，平均车流量为1303辆/小时。2007年昼间等效声级年均值为70分贝，达到《城市区域环境噪声标准》（GB3096-93）标准值，其中超标干线长度10.9千米，占干线总长度36.0%，平均车流量为1060辆/小时。

工业噪声　工业噪声源一般离居民区和职工住宅较远，影响不大。以水城钢铁厂工业居民混合区为例，白天等效声级62.7分贝（A），夜间为53.2分贝（A），均在允许范围之内，但工业噪声对上班的工人危害较大。

六、土壤、作物污染

工矿区主要地面水体大部分被污染，农业被迫用污水灌溉，加之大气污染，造成对土壤和农作物的危害。1985年5月，市监测站对水城大湾二塘铅锌冶炼厂建厂前的土壤进行背景值调查，其土壤中重金属的平均值为镉2.45毫克/千克、铜121.74毫克/千克、铅56885毫克/千克、锌146.1毫克/千克。1966年10月，红旗煤矿的废机油、废柴油未采取回收措施，从厂区顺水沟排入三岔河，致使大量裂腹鱼中毒死亡，漂浮于河面，以德乡河段尤为严重，顺河至保华、纳雍一带均发现有死鱼漂浮。1967年5月，再次发生同样事件。1969—1970年，老鹰山煤矿、老鹰山选煤厂、观音山铁矿的大量矿井废水、洗煤废水、铁矿废水排入小河，使河水变成黑黄色。不仅沿河两岸的土壤、农作物受到严重侵害，而且殃及小河下游的水城铁厂，被迫在离厂区6千米以外的地方，另辟花鱼洞、黑鱼洞水源，投资82.2万元，每年多花取水费15.7万元。1973年，水城钢铁厂职工数十人饮用含酚的污水，发生轻度中毒。1975年4月下旬，水城水泥厂职工饮用的水源井被污染，上百人酚中毒，皮肤出现红斑点、腹痛、腹泻等。水源井被迫报废，该厂投资60余万元，另辟双水附近水源井。水城发电厂自1972年投产以来，废水、烟气排放造成污染，致使双戛和艺奇两公社的农作物减产60.5万千克，树枯死170万株，牲畜死亡357头，6户农民被迫搬迁，水城发电厂赔偿两公社1975—1980年污染损失费30万元。1983年4月1日，由于观音山矿尾矿废水、老鹰山洗煤废水、水城铁厂废水沉积物及小河沿岸水土流失等原因，造成小河落水洞淤积堵塞，洪水消退不畅，淹没水城铁厂附近的几百亩良田，并危及铁厂安全。1981—1990年，水城钢铁公司观音山铁矿废水污染滥坝区卢家坝、尖山、晏家寨、黑石头、五里桥等村民组农田865.6亩（包括第二次污染），粮食减产3.76万千克。经过环保部门、司法部门协调及双方协议，赔款42.57万元。1993年水城钢铁公司耐火材料厂生产废水污染三块田村严显武承包地。根据《中华人民共和国环境保护法》第四十一条的规定，区环保局作出处理决定，责令该厂对严显武进行赔偿，完善排污工程，加强管理，防止污水外流。1996年，水城矿务局老鹰山煤矿和老鹰山选煤厂尾矿坝废水排放造成老鹰山镇石板河村农灌水污染，经市环保局、区环保局组织有关人员到现场进行勘查和市环境监测站监测分析，发现废水悬浮物超标，经溶洞排出后，小溪农灌水水质变黑，人畜不能饮用，对农田播种产生影响。根据《中华人民共和国水污染防治法》，区环保局做出处理决定，责令老鹰山煤矿和老鹰山选煤厂完善废水处理设施，控制悬浮物达标排放，同时对造成的污染给予一次性补偿。是年，钟山区重发冶炼厂排出的废气对荷城办事处杉树林村造成污染，经区环保部门到污染现场进行勘查分析，发现除农作物自身病虫害及气候条件影响外，冶炼厂排出的废气对农作物亦有影响。根据《中华人民共和国大气污染防治法》的有关规定，作出处理决定，责令该冶炼厂完善废气的处理设施，达到国家排放标准，并给予杉树林村一次性补偿3万元。在环境地质方面，大规模的开采活动，特别是小煤窑乱挖滥采浅部煤层，引起地表沉陷等问题时有发生。据1990年调查，钟山区境内因煤矿开采引起的地表沉陷裂缝几乎遍布已开采的所有井田。其中汪家寨矿斜井，回采面积1.93平方公里，地表裂缝50余条。老鹰山矿井，回采面积0.74平方千米，地表裂缝78条，总长度6784米。大河边矿井，回采面积0.8平方千米，地表塌陷面积2.25平方千米，采动引起塌陷坑大小近百个，直径最大的达16米。裂缝纵横交错，裂缝最长200余米，最宽6米。开采深度350米，地表下沉量为2.7米。木冲沟矿井，开采面积0.72平方千米，有裂缝35条，总长度1356米。红旗矿井，开采面积0.29平方千米，地表裂缝总长5010米。

第二节　环境治理

一、污水治理

三岔河流域治理　三岔河流域钟山区境内至2008年有水矿集团大河煤矿、汪家寨煤矿、木冲沟煤矿、大湾煤矿、那罗寨煤矿、二塘洗煤厂、汪家寨洗煤厂和野马站电厂等多家大中型国有企业，有地方煤矿29个和地方洗煤厂52个。20世纪80年代开始对三岔河流域工业污水进行治理，1997年后，治理力度进一步强化，三岔河水质逐年好转。1988年11月15日，水城发电厂投资1900万元建成的第二灰场及其输灰系统投入运行，停止向三岔河排放煤灰。1997年投产到2005年，水矿集团二塘选煤厂治理选煤废水共投资680万元，2006年后又投资2300万元，实现废水的闭路循环。1997年起，木冲沟煤矿投入1380万元治理矿井废水，矿井废水治理后达标排放，1998年起，大湾矿投入900万元治理矿井废水，矿井废水治理后达标排放。2000年起，汪家寨煤矿投入700万元治理矿井废水，矿井废水治理达标后排放，汪家寨选煤厂投入2080万元治理选煤废水，实现废水的闭路循环，大河煤矿投入500万元治理矿井废水，矿井废水治理后达标排放。那罗寨煤矿投入800万元治理矿井废水，矿井废水治理达标后排放。29家地方煤矿，有5家无水，其余煤矿共投资960万元，均安装废水处理系统，将矿井废水处理达标后排放。52家地方洗煤厂均完善浓缩压滤系统，洗煤废水全闭路循环。

响水河流域治理　流域内主要有大中型国有企业水城钢铁公司、瑞安水泥公司，有地方企业焦化厂1家，铁合金厂3家，洗煤厂24家，以及市中心区城市生活废水。1980年9月，水城特区冷冻厂建成生物转筒治理屠宰废水处理装置。1981年10月，水城钢铁厂2号炉建成生物脱酚装置，废水中含酚量从250毫克/升下降为0.2毫克/升，达到国家0.5毫克/升的外排标准。1983年9月，水城铁路医院建成次氯酸钠处理医院污水装置，水城矿务局机厂建成电镀废水处理设施。1987年4月9日，水城钢铁厂总排一期治理工程投入运转，日处理污水8万吨，每天可回收2.4万吨，经处理外排的5.6万吨废水虽未达到国家排放标准，但响水河污染状况有所缓解。1989年4月又投资800余万元兴建二期工程。“十五”期间，水钢（集团）技改、大修项目严格执行“环评”和“三同时”制度，按规定程序办理环保申报审批手续。技改、大修项目总投资35.33亿元，其中环保、清洁生产及循环经济投入资金6.32亿元，占总投资的17.89%。技改、大修工程配套环保投入资金4.86亿元，占技改、大修项目总投资13.76%。“三废”资源回收利用、重点环境污染治理工程投入资金1.47亿元。在水钢产量增长1.27倍的情况下，发挥环保投资效益，实现增产减污，作业环境、区域环境明显改善。水钢外排工业废水量由2001年的1945.7万吨/年降到2006年的535.2万吨/年，同比减排量1410.5吨。水质中的化学需氧量、氨氮、石油类、悬浮物等特征污染物同比削减量分别为1488吨、96.7吨、118.9吨、4828.4吨。工业水重复利用率提升到98.4%，综合排放水量由2001年的吨钢1.53万千克削减为吨钢1.35万千克，居全国先进水平。钟山区长钢焦化厂投入189.5万元治理生活和生产废水，生活废水及生产废水治理后用于生产，实现废水闭路循环使用。28家洗煤厂均安装浓缩压滤系统，洗煤废水闭路循环使用，实现零排放。

2000年8月，建成六盘水市中心城区污水处理厂，该厂总设计规模为日处理污水10万立方米，分两期进行建设，一期工程已建成，主要处理市中心生活污水和工业废水，服务人口为36万人，处理后的出水排入响水河。工业系统产生的剩余污泥，压榨形成含水率80%以下的泥饼后运至垃圾填埋场进行卫生填埋，2007年1月正式投入运行使用后，是年共处理水量810万吨，日平均处理废水量2.2万吨。2008年共处理水量880万吨，日平均处理量2.41万吨，出水水质主要指标全部达到国家《城镇污水处理厂污染物排放标准》（GB18918-2002）一级B标准。2008年，钟山区立项批复建造六盘水市中心区第二污水处理工程—德坞污水处理厂。

响水河中心城区段共15千米，两岸均布有城市排污管网，北岸污水基本进入市中心城区污水处理厂，该厂一期设计处理能力为日处理生活污水5万吨，实际每天处理生活污水不足5.3万吨。未进入城市排污管网的生活污水大约有3万吨/天，响水河箐口断面化学需氧量和氨氮严重超标，加快建设德坞污水处理厂和中心城区污水处理厂二期工程，扩大污水处理能力已经迫在眉睫。

小河、竹林河流域治理　1987年3月24日，老鹰山选煤厂完成煤泥水治理工程，含2台共680平方米压机和7800立方米的外沉淀池，每年可回收尾煤4.6万吨。外排部分，煤泥水悬浮物含量由原来的5700毫克/升降至国家排放标准500毫克/升以下。1989年1月获中国统配煤矿总公司颁发的选煤厂洗水闭路循环二级标准厂证书。12月，中国统配煤矿总公司授予煤炭工业环境保护先进单位称号。1988年3月，老鹰山煤矿完成矿井废水治理复用工程，11月17日杉树林铅锌矿投资65万元，建成尾矿库及尾矿水输送系统投入使用，完成尾矿废水治理一期工程。此外，经过多年的整治，至2008年年末，小河流域的国有大中型企业有贵州博宏公司金河铸造公司、水钢博宏水泥公司、六盘水鑫源贸易公司、六盘水华通水泥公司、水钢观音山铁矿，还有地方企业的9家煤矿、18家洗煤厂、1家焦化厂、2家铁合金厂，均完善废水处理系统或废水闭路循环利用。竹林河流域的土法炼锌炉、土法炼铁炉相继被取缔，杉树林铅锌矿等企业的污水处理系统不断完善。两河水质明显改善，小河的水质达到功能区要求，但生活废水排污口、生活垃圾排入河流的现象在村镇集中的地方依然存在。

二、大气污染治理

锅炉消烟除尘治理 从1991年开始，对中心城区燃煤锅炉进行治理，要求业主安装水膜除尘器，市人民政府、区人民政府的燃煤锅炉首先安装。1996年年底，中心城区生活燃煤锅炉全部安装水膜除尘器，锅炉治理达标率达到95%以上。建成黄土坡办事处、荷城办事处2个烟尘控制区，并通过省环保局的验收。为进一步改善中心城区环境质量，提升“凉都”城市形象，2004年按照市人民政府《六盘水市中心城区燃煤锅炉污染治理意见》要求，环保部门对市中心区锅炉进行取缔，共取缔锅炉157台，其中2000千克以下的燃煤蒸气锅炉134台，2000～1万千克以下的燃煤锅炉23台，取缔后使用清洁能源的锅炉90台。同时，由城管部门组织取缔市中心城区沿街餐馆等的燃煤大灶。

工业废气治理 水城钢铁（集团）公司投资46768.94万元对废气进行治理，建成1#、2#焦炉装煤出焦除尘系统、8万立方米煤气柜、2#高炉出铁场等30个项目，对废气进行治理，废气排放总量3126945万立方米/年，处理量3019554万立方米/年，处理废气344.7万立方米，处理率为96.57%，达标率95.76%，大大改变善了城区环境空气质量，市中心城区环境空气质量良好天数占全年天数的95%以上。1980年后，钟山境内土法炼焦、土法炼锌（以下简称“两土”）兴起，1990年前后为鼎盛时期，成为区财政重要收入来源，但“两土”的生产工艺落后，规模小，能耗高，污染严重。为此，钟山区按照科学发展观的要求，树立发展经济不能以牺牲环境为代价的理念，采取行政强制措施，开展持续不断的“两土”取缔专项行动，对“两土”进行全面取缔。取缔土法炼焦从1995年开始，1999年完成，共取缔土法炼焦炉590座。2007年3月，根据优化产能结构的有关规定，对1999年后相继兴建的17家改良焦炉全部取缔。自2000年开始，取缔土法炼锌炉，2005年共取缔土锌炉2100座。2003年后对粗锌改造炉亦全部取缔，是年取缔33户，2004年取缔66户，2005年取缔37户。2006年后，受粗锌市场价格上涨因素的影响，大湾境内又出现土法炼锌，钟山区政府严厉打击，是年取缔土法炼锌炉231座，2007年取缔572座，没收粗锌20吨，摧毁炉子、捣毁工棚，推散积余的煤和锌矿石，土法炼锌的反弹势头得到遏制。至2008年，钟山区焦化企业共有5家，均安装消烟除尘系统，熄焦塔采用折流板除尘，焦炉废气处理达标后排放。5家铁合金厂均安装除尘系统，废气达标排放，废水全闭路循环。2家鼓风炉炼铅企业，均安装部分环保设施，废气处理率达到90%以上。1家精锌厂采用以粗锌为主要原料，已安装环保设施，废气处理率达到90%以上。氧化锌粉厂2家均安装有环保设施，废气处理率达到90%以上。1家硫化锌焙烧制酸企业也有环保设施，废气处理率达到90%以上。水城矿业（集团）公司投资4717万元对废气进行治理，建成汪家寨矸石发电厂旋风、水膜除尘器1套，在大湾矿、木矿、那罗矿等矿利用瓦斯发电12000千瓦，安装8台锅炉除尘设施，将废气处理达标后排放。贵州中水能源有限公司野马寨发电厂2007年建成的3×20万千瓦机组，安装电收尘除尘系统和烟气脱硫设施，对废气进行治理，废气达标排放。

三、固体废物污染治理

钟山区固体废物主要是有色金属、黑色金属开采冶炼、煤炭采选、非金属开采、火力发电过程中产生的废渣和城市工矿生活垃圾。

煤炭采选行业 钟山区地方煤矿产生的矸石、煤泥除部分回填矿井外，其余的均堆放于各自的矿井旁，占地面积达百亩以上。洗煤厂产生的矸石除销售给砖厂制砖外，就地堆放在厂区周围。2007年，钟山区环保局、煤炭管理局联合下发《关于进一步加强全区煤炭采选企业环境管理的通知》，对矸石、煤泥回收利用、矿区厂区绿化等做出进一步规范。煤矿的矸石除回填矿井外，剩余的必须选址修筑围墙堆放或改造复垦。水城矿业（集团）公司在区境内有矸石山6座，自2003年始，对矸石山进行治理，增设淋溶水池，将废水处理后达标排放，投资730万元在矸石山种植香根草，共种植面积为17.8万平方米，使矸石山得到有效治理。

冶炼企业　钟山区6家铁合金厂产生的废渣量较小，废渣主要用于制免烧砖和填路等，2008年11月18日通过贵州省辐射环境监理站监测后，确定无放射性物质，废渣制砖的利用率增大。土法炼锌取缔后，废渣堆积量达200万吨以上，主要分布在大湾、汪家寨等地，占地面积较大，现已经列为省环保局的生态恢复项目。水城钢铁（集团）公司产生的固体废物主要是观音山矿铁矿石开采产生的废渣，石灰石、白云石开采以及炼铁、炼钢等产生的废渣。炼铁废渣一般用水冲渣，水冲渣主要运往观音山贵州博宏实业有限公司水泥分公司进行综合利用。炼钢废渣运往月照乡马坝村规划地点堆存，水钢用于废渣治理资金9650.5万元，废渣年产生量为163.6万吨/年，利用量111.6万吨/年，贮存量47.1万吨/年，处置量4.87万吨/年，综合利用率达到68.22%。

发电企业　州中水能源（集团）野马寨发电厂原有10万千瓦发电机组2台，5万千瓦发电机组1台，2007年因国家产业政策调整，全部拆除关闭，新建成的3×20万千瓦发电机组3台，废渣全部运往水城县渣场堆存，处置率达到100%。

城市生活垃圾治理　20世纪80年代以前，市中心城区生活垃圾全部运往城郊窑上一带堆放。90年代后，运往岔河垃圾场堆放。2001年开始，国家投资7474万元修建岔河生活垃圾卫生填埋场。至2005年4月相继建成进场公路、机修车间、截洪沟、帷幕灌浆、垃圾坝和室外工程，2006年投入使用。2007年，钟山区城管局制定《2008—2012年环境目标责任书实施方案》，加强市中心城区的垃圾清运、处理和保洁管理，完善市中心城区道路保洁措施。2008年设置果皮箱200个，水冲式厕所20座，旱厕所1座，环保公厕8座，垃圾中转站12座，清运垃圾41500车次，清运粪便8000余吨，垃圾清运率100%。配合卫生局等有关部门销毁医疗废物垃圾4次，对垃圾始终坚持卫生填埋标准，分层填埋、碾压、消杀、覆土，做到垃圾无害化处理，处理率100%。同时指导镇、乡按生活、建筑垃圾分别处置，指导修建垃圾池，有条件的修简易垃圾中转站，提高垃圾清运率。加大治理“乱堆乱放”“死角垃圾”力度，要求垃圾袋装排放，垃圾清运做到日产日清。水城河的垃圾清理是市中心城区垃圾治理的一个重点，区城管部门成立河道管理处，每天派专人清捞河道内垃圾。对河道两侧20米内进行绿化，在河道内试种睡莲改善水质。2008年，清除河内卫生死角20处，拆除违章建筑10余处，取缔和规范占道经营86起，清理被占用的排污管道6处200平方米，制止不文明行为500余起，清理室外非法广告550条。定期清除河内杂草，河岸杂草适时修剪，河道两岸的生活垃圾和建筑垃圾每日清运，水城河及沿岸的环境卫生不断改善。

加强对医疗废物的处置，兴建六盘水市医疗废物集中处置场，作为市、区两级政府的重大建设项目，由钟山区城管局承建，建筑面积1494.3平方米，总投资1203万元，主要承担六盘水行政区域和周边县区医疗废物集的中处置。至2008年年末该项目尚在建设中。

工业粉尘治理　区境内粉尘治理方法主要是通过加速燃烧消烟除尘，将效率低、工艺落后的除尘设备更新换代，由单、双壳式旋风除尘过渡到国家机械部门、国家环保局优先推荐的13种窑炉旋风除尘，发展多管旋风除尘、静电及布袋除尘方式。其次是改进燃烧方式，将固定烘排手烧改为机械燃烧。工业锅炉从炉体结构设计入手，采用加长和压低后供，增加未燃带和旋风燃尽室，并改炉型，强化炉内燃烧。

噪声污染治理　环保部门对新建和改扩建企业坚持执行“三同时”环保制度，对凡是有工业噪声的项目严把竣工验收关，达不到要求坚决不准投产。严格控制新的工业噪声源产生，在征收超标排污费的同时，对一批扰民严重的工业噪声源进行限期治理。

四、交通噪声综合治理

要求机动车辆必须符合国家颁布的《机动车辆允许噪声标准》，交通监理部门在年审车辆和新车发照时对不符合标准者，不发给行车执照。在市中心区设置禁令标志，禁令地段内的各种车辆，须按规定时间、路线、区域速度行驶，禁止使用高音、怪音喇叭，不准使用喇叭叫人、叫门等。特种车辆使用警报器时，须按公安部《关于特种车辆安装使用警报器和标志灯具的规定》执行。

五、生态环境治理

1997年，区林业局组织专业队伍具体实施造林及管护。通过冬春造林，完成作业面积4070亩，修建护林排碑9座，成立市中心区环城绿化专职护林队，不断加大护林工作力度。是年年底，继续对已实施的造林地块进行补植、补造，并向西扩展。1998年全区实施“坡改梯”工程4185亩，其中优质工程6处2235亩。完成人工造林面积1.2万亩，在月照乡玉顶村实施生态建设示范点1个，面积600亩，主要利用该村荒山荒坡种植苹果、梨等经济林木。1999年在农村推广沼气池建设利用，实施改灶节材2460口，完成人工造林1.52万亩，为省计划1.5万亩的101.3%。完成封山育林2.63万亩，为市计划2.5万亩的105.2%。完成育苗播种面积112亩，为市计划100亩的112%。四旁及义务植树43万株，为市计划40万株的107.5%。完成幼林抚育2.1万亩，为市计划2万亩的105%。1999—2008年，完成人工造林9.29万亩，完成封山育林9.48万亩，四旁及义务植树158.25万株，建农村沼气池2500余口，实施石漠化治理面积近3000亩。

第三节　环境管理

一、环保手续审批

1994年以来，钟山区对生产经营企业实施“三同时”制度，即企业在新建、改建、扩建和技术改造项目时，其环保设施必须与主体工程同时设计、同时施工、同时投产或使用，并进行环境影响评价，环保设施必须经环境保护行政主管部门验收合格，否则不予办理建设、生产和经营等相关手续。1994年办理审批手续83个，其中责令补办环保审批手续的21个，全区“三同时”执行率达到80%以上。1998年办理审批手续85个，“三同时”执行率达90%以上。1999年审批建设项目27个，环境影响评价率达到100%，环保“三同时”执行率达到80%。2000年审批建设项目12个，环境影响评价率达到100%，环保“三同时”执行率达到80%。2001年审批建设项目50个，环境影响评价率达到100%，环保“三同时”执行率达到80%。2002年审批建设项目128个，环境影响评价率达到100%，环保“三同时”执行率达到80%。2003年共审批建设项目69个，环境影响评价率达到100%，环保“三同时”执行率达到80%。2004年共审批建设项目61个，环境影响评价率达到100%，环保“三同时”执行率达到80%。2005年共审批建设项目79个，环境影响评价率达到100%，环保“三同时”执行率达到95%。2006年共审批建设项目113个，环境影响评价率100%，环保“三同时”执行率95%。2007年共审批建设项目150个，环境影响评价率达到100%，环保“三同时”执行率达到95%。2008年共审批建设项目127个，环境影响评价率、环保“三同时”执行率达到100%。

二、征收排污费

1988—1998年共征收排污费520万元，1999年钟山区排污费征收有重大突破，共征收111万余元，超额完成区财政下达的83万元的收费任务。2000年采用分片包干的办法，全年共征收排污费105万余元，超出政府下达的70万元任务的50%。2001年除对具有一定规模的工业企业征收排污费外，加强对市中心区的饮食、宾馆等服务行业排污费的征收工作，逐步扩大开征收范围。区环保局采取任务逐级分解，落实到各站室，然后分片包干，制定奖惩制度，充分调动全局干部职工的积极性，全年共征收排污费100万元。2002年除对征收乡镇企业（含粗锌行业）和市中心区的饮食、洗浴、屠宰等行业征收外，首次对建筑施工噪声征收排污费，全年共征收77万余元。2003年继续按照责任明确、任务到人、分片包干的办法开展排污费征收工作，对乡镇企业（含粗锌行业），市中心区的饮食、洗浴、屠宰等行业和建筑施工噪声排污费进行全面开征，共征收136万余元，超过征收任务额18万余元，其中上交各级财政126万余元，上交市环保局委托征收的建筑施工噪声超标排污费10万余元。2004年排污费征收任务112万元，开征的排污企业和单位有375户，征收284万元，超个征收任务额172万元，其中煤炭行业139户，征收额200万元，其他乡镇企业63户，征收额43万元，第三产业173户，征收额41万元。所征排污费全部上缴中央、省、市、区各级财政，受市环保局委托征收建筑施工噪声排污费10余万元。2005年排污费任务240万元，实际征收272万元，超额完成30万元，其中煤炭行业征收额200万元；其他乡镇企业53户，征收额31万元；第三产业147户，征收额41万元。所征排污费全部上缴中央、省、市、区各级财政。另外，受市环保局委托征收建筑施工噪声排污费30万元，超任务额20万元。2006年征收任务200万元，实际征收500万元，超额完成300万元，其中煤炭行业130户，征收额407.6万元；其他乡镇企业16户，征收额17.3万元；第三产业116户，征收额40余万元；建筑施工单位41户，征收额33.4万元。2007年征收任务380万元，实际征收684.93万元，比上年增长184.93万元，为年度任务数额的180%，其中煤炭行业80户，征收额569.06万元；其他乡镇企业26户，征收额17.46万元；第三产业98户，征收额39.78万元；建筑施工单位71户，征收额58.63万元，所征排污费已全部按照规定上缴区财政。2008年对208户排污单位和个人开征排污费，征收额为685.23万元，为年度任务数400万元的171.3%，其中煤炭行业55户，征收额576.55万元，其他乡镇企业14户，征收额19.12万元，第三产业96户，征收额40.81万元，建筑施工单位43户，征收额48.75万元。

三、查处环境违法案件

1993年，钟山区成立环境保护执法检查领导小组，在环保局下设业务办公室，组织开展经常性的环境保护执法检查，及时纠正有法不依、执法不严、违法不究和以权代法的现象。1994年，凤凰乡石桥村有87座焙烧炉，排放的二氧化硫和烟尘污染严重超标，发生过人、畜中毒事件，区拆除督查组对其进行拆除。大湾片区土法炼锌炉有280余节，部分炉子未经环保部门规划定点，其中有40余节建在三岔河流域两旁，大量灰渣直接排入三岔河，造成河流污染，河床增高，严重影响下游企业及人民群众的生产生活。区环境执法检查领导小组对污染较严重的20家企业下达限期治理通知，18家企业单位自筹资金完成治理工作，对未完成污染治理的单位，予以行政处罚。1998年深入贯彻国务院《关于环境保护若干问题决定》，加大区境内“两土”取缔和改造力度。区环保局在有关单位的配合下，取缔土法炼锌炉336座，土法炼焦窑377座，小炼油厂1户。

1999—2008年，区环保局对违反环保法规的200余家企业及个体工商户进行处罚。其中，2002年，着重对“两土”、铁合金冶炼行业、三岔河、小河沿岸的污染企业进行检查，对存在环境违法行为的74家企业下发停产整改通知书。2004年，钟山区及时研究制定《区人民政府关于清理整顿不法排污企业、保障群众健康行动的实施方案》《区人民政府关于取缔大湾镇、老鹰山镇违法粗锌冶炼企业的工作实施方案》《区人民政府关于取缔违法粗锌企业的公告》等文件，派出执法人员80余人次，在监察、司法、公安、乡企等区直10余个部门的紧密配合下，历时70天，取缔大湾镇境内的违法粗锌冶炼厂66家，炸毁烟囱66座，捣毁炉子252节。取缔市中心城区的洗煤厂、配煤厂、石灰池、蜂窝煤厂等企业59家。2005年，再次对大湾境内所有的违法粗锌冶炼企业进行彻底取缔，取缔违法粗锌冶炼企业50家，洗铅厂3家，炸毁烟囱40根，捣毁炉子247节，捣毁工棚50间，平整场地209.76亩，结束钟山区境内因粗锌冶炼导致严重污染的历史。对城市周边的企业进行集中清理整顿，共取缔洗配煤厂49家，化铁炉17家，蜂窝煤厂4家，轮胎翻修厂3家，塑料厂1家，削减烟尘排放量1374吨、二氧化硫2090吨、粉尘2430吨，城区环境质量有较大改善。2008年开展环境现场检查1326

次，检查企业295家、娱乐场所26家、建筑施工单位20个，检查环保设施295台，检查限期治理项目29家，检查排污申报单位227个。对市中心城区189家各类医疗机构进行登记检查，对19家未办理环保手续的医院下达环境违法改正通知书，责令限期完善环保审批手续。发放排污许可证83个，立案查处违法排污企业63家，罚款82.6万元。1998—2008年，全区共处理环境污染事故与纠纷1777起。

第四节　环保宣传

1988—2008年，全区采取各种措施，多渠道、多形式地加强环保宣传，提高社会的环保意识和公民保护环境的自觉性和积极性，为加强环境管理、改善环境质量创造良好的氛围。1994年，在六盘水市电视台报道中央、省、市和区环保执法检查情况，对突出的环保问题进行曝光。1998年，围绕“保护生态环境，推进可持续发展”的主题，采取张贴标语、上街设点宣传、咨询服务、发放宣传资料、图片展览等多种形式宣传环保法律法规。1999年举办环保知识讲座和电视跟踪采访报道52次。2001年，围绕“世间万物，生命之网”主题，在区党校和中小学举办环保知识讲座，有1000余名师生听讲。2002年，围绕“让地球充满生机”主题，举办中小学生环保知识竞赛和征文比赛。2003年围绕“水，十二亿人的生命之所需”主题开展环保法的宣传。2005年，围绕“人人参与创建绿色家园”主题，开展绿色学校创建活动，钟山区四中、川心小学、钟山区一小3所学校被命名为绿色学校。2006年，围绕“生态安全与环境友好型社会”主题宣传活动，在六盘水市电视台制作播出环境保护专栏节目24期。2008年，围绕污染源普查、节能减排、环保专项行动等工作，编辑制作环保宣传手册，发放到区直机关和各镇、乡、办事处进行宣传普及，发放环境保护宣传手册3000余份、挂图400份，发放环保购物袋5000余个。

第十四篇　财税　金融

第一章　财　政

第一节　财政体制

一、区级财政体制

1988年，六盘水市对钟山区财政实行“划分税种，核定收支，分级包干，超收留用，超支不补，定额上交，一定三年”的管理办法。确定钟山区收入基数为959万元，支出基数为516.30万元，收支基数相抵，定额上解市财政442.70万元。是年钟山区收入任务为1039万元，扣减上解数后，可用财力596.30万元。1990年，市财政对钟山区的收入基数进行调整，实行超收全留，并在专项投入方面给予照顾。

1992年，成立钟山经济开发区，市政府规定开发区财政由市单列，实行财政收支包干，10年内收益归开发区滚动使用，市与钟山区对半分成。该办法于2002年7月到期，但“市与钟山区对半分成”的办法未能实现。2005年，钟山经济开发区由钟山区托管，其财政收支全部并入钟山区财政收支中核算。

自1994年起，国家实行“分税制”财政体制。钟山区固定收入税种有营业税、区属企业所得税、个人所得税、固定资产投资方向调节税、屠宰税、城市维护建设税、房产税、车船税、印花税、农业税、农林特产税、耕地占用税、契税等。共享收入税种有增值税、土地使用税、土地增值税、资源税以及国有土地有偿出让收入。其中，增值税的15%属钟山区收入，土地使用税、土地增值税、资源税和国有土地有偿转让收入，50%属省财政，市与钟山区分享25%。除上述收入项目外的其他各项收入，原属钟山区收入的，仍作为钟山区的收入。中央财政根据1993年钟山区财政收入基数及每年超额完成增值税和消费税的情况，向钟山区返还部分税收。钟山区地方财政收入超过1993年基数部分，六盘水市与钟山区实行“三七”比例分成。1996—1998年，市对钟山区免分成3年。

2003年，对省与市、县部分收入分享比例进行调整，土地增值税省级不再分享。土地使用税、资源税30%属省，市、县共享70%。土地有偿使用基金收入10%属省，市、县共享90%。新增建设用地土地有偿使用收入，按中央、省、地（县）30：35：35的比例分享。2006年，对共享收入分享比例再次进行调整，土地增值税40%属市，60%属钟山区。土地使用税、资源税30%属省，30%属六盘水市，40%属钟山区。新增建设用地土地有偿使用收入属钟山区的比例为20%。

在组成钟山区财政收入的税种中，有的税种相继取消或停征，2002年，固定资产投资方向调节税停征，取消屠宰税。2004—2005年免征农业税和农林特产税，2006年以后以上两税种取消。

自1994年实行“分税制”财政体制以来，除钟山区公安分局、房管局、技术监督局、地税局、城管局、工商局等部门因隶属关系转变，市、县两级划转财政经费相应发生变化外，至2008年其体制基本未作改变。

二、乡、镇（街道办事处）财政体制

1988年，钟山区针对各镇、乡、办事处的具体情况，采取三种办法对镇、乡、办事处财政实行分类管理，一是“定收定支，定额上交，超收分成，超支不补，节余留用，一定两年”。二是“定收定支，收支挂钩，定额补助，超收留用，短收减支、节余留用，一定两年”。三是“定收定支，自求平衡，超收全留，短收减支”。

1994年实施“分税制”后，钟山区对镇、乡、办事处制定新的财政体制。具体为“定收定支，收支相抵，收入逐年递增，超支不补，欠收扣抵，定额上交，超收比例分成，一定四年”，并明确年递增比例为15%。1997年后，由于乡、镇、办事处支出因素增多，对其财政管理办法变更为“定收定支，收支相抵，收入比例递增，超支不补，短收扣抵，定额上交或定额补助，超收全留，一年一定”。

2002年起，钟山区本着“统一领导，分级管理，事权和财权统一，保持相对稳定，促进乡级经济发展和财政收入增长”原则，对乡级财政管理体制进行调整，实行“划分税种，核定收支，定额上解，超收部分比例分成，超支不补，一定三年”的管理体制。超收部分分成比例分别为对凤凰、黄土坡、荷城、德坞4个办事处按区60%，办事处40%分成。对大湾、老鹰山、汪家寨、大河4个镇按区40%，镇60%分成。对月照乡按区20%，乡80%分成。镇、乡、办事处财政收入的来源为其属地征管的乡镇企业、合资企业、私营企业和个体工商业户缴纳的营业税（不含中央、省级部分）、房产税、印花税、车船使用税、屠宰税、个人所得税、企业所得税、农业税、农业特产税、罚没收入、行政性收费收入及其他收入。收入基数为2000年、2001年两年收入平均数。财政支出的范围为该镇、乡、办事处的党群口（含人大）、政府办、农、林、水利、文广、计生、卫生、统计、财政、乡企、环保、村管等的行政事业人员经费、公用经费，村（居委）干部和其他财政补助人员的费用等。支出基数为前两年支出加新增刚性支出。

2005年后，钟山区对镇、乡、办事处财政体制再次进行调整和完善，一是对街道办事处与区级超收分成进行调整，4个办事处的超收分成调整为区40%，办事处60%。二是对镇、乡、办事处财政收入范围进行调整，根据屠宰税、农业税、农业特产税相继取消的实际，增加增值税、资源税、城市维护建设税，收入基数为2003年、2004年两年收入的平均数并结合收入增长因素。三是对大项目分成进行明确；四是对镇、乡、办事处财政支出基数进行调整，支出基数为2005年人员支出和公用经费，并对镇、乡、办的公用、车辆费用等定额进行明确。

2008年，为适应乡财县管乡用和国库集中收付改革的需要，钟山区再次对镇、乡、办事处分成、收支等作出进一步调整，实行“核定收支、超收分成、短收超支不补、自求平衡、结余留用”的管理办法。以各镇、乡、办事处上一年体制收入实际完成数，结合收入增长因素确定当年收入基数，超收分成比例调整为大河、汪家寨、大湾镇、老鹰山4个镇按区级70%，镇30%分成。黄土坡、凤凰、荷城、德坞4个街道、月照乡按区级60%，乡、办事处40%分成。对镇、乡、办事处支出范围进一步作出界定：各镇、乡、办事处的党政办、经济发展办、社会事务办、社区办、村镇建设管理办、农业服务中心、财政所、计生办、劳动保障事务所、人口和计划生育服务站、科教文化服务中心等行政事业单位人员工资、公务费、汽车费用、村（社区、居委会）干部和其他财政补助人员费用等。各镇、乡、办事处以上一年的刚性支出及车辆经费、公用经费等作为本年支出基数进行支出预算。

第二节　财政收入

一、工商税收

1988年，钟山区境内市属以上企业的税收归市以上财政。1990年，市在钟山区中心城区建立钟山经济开发区，属钟山经济开发区范围内的工商税收划归钟山经济开发区征收，县级收入归钟山经济开发区财政。1988年，钟山区财政一般预算收入为1052万元，其中工商税收入1026万元。此后至1993年连年持续增长，1993年达到3205.9万元，其中工商税收2833万元。1994年进行税制改革，实施分税制财政体制，原属地方收入的增量部分大部分改属中央收入，部分税种变化，有些税率调整，地方财政收入相对有所减少。是年，钟山区财政一般预算收入2395.9万元，比1993年减少810万元。1995年以后，随着社会主义市场经济体制的逐步完善，区内非公有制经济迅速发展，成为钟山区新的税源增长点和主体税源，全区财政一般预算收入逐年稳步上升。2004年突破亿元大关，收入11665万元，其中工商税收8924万元。2005年后，钟山经济开发区由钟山区托管，其财政收支全部并入钟山区结算，钟山区财政收支总额数增大。是年财政一般预算收入为23591万元，其中工商税收18344万元。2006—2008年，钟山区财政一般预算收入每年呈台阶式递增，2006年收入28592万元，比2005年增收5001万元，增长21.2%。2007年收入36393万元，比2006年增收7801万元，增长27.3%。2008年收入50704万元，比2007年增收14311万元，增长39.3%，其中工商税收45051万元。

二、农业税收

农业税　1988年，钟山区农业税收入16.44万元，占财政收入的1.56%。此后至2001年，全区每年的农业税收入均有一定的增减变化。最低年份为2001年，收入8.9万元，最高年份为1994年，收入43.5万元。2002年调整农业税税率和附加比例后，收入大幅增长，是年收入147.78万元，为财政收入的2%。2003年收入142.25万元，为财政收入的1.57%。2004年，钟山区先是对农业税调减一个成分点，农业税减征额为27.39万元，继之对农业税全额免征，免征额达164.36万元。2005年，全区农业税继续免征，免征额为2004年免征基数164.36万元。

农业税在征收过程中，实行部分减免和优待的政策，减免照顾包括社会减免、灾欠减免和基建占地减免。1988—2005年，钟山区共安排农业税减免金额925.05万元，其中社会减免501.17万元，灾欠减免114.53万元，基建占地减免309.35万元。上述减免指标中，中央、省、市财政负担620.51万元，区级财政负担304.54万元。

农业特产税　1988年收入0.41万元，此后至1999年每年收入均在8万元以下，2000年增至12.37万元，2001年为收入最高年份，收入34.8万元。2002—2003年，全区共征收农业特产税67.86万元，其中正税62.83万元，附加税5.02万元。

国家从2004年1月1日起取消除烟叶以外的农业特产税，钟山区无烤烟生产，从2004年起无农业特产税。

耕地占用税　1988年，钟山区按人均占有耕地面积比例及经济发达程度，将辖区内耕地占用税率分为3类，一类地区为每平方米9.7元，二类地区为每平方米7元，三类地区为每平方米5元。辖区内耕地占用税的减免，按以下审批权限执行，占地1000亩以上的，报财政部审批，省人民政府备案。占地30亩以上1000亩以下的，报省人民政府批准，报财政部备案。占地3亩以上30亩以下的，报六盘水市人民政府批准，报省财政厅备案。占地3亩以下的，报区人民政府批准，报市财政局备案。除此之外，其他任何单位、部门或个人均无权批准减免。

1993年以前，耕地占用税属中央、地方共享收入。1987—1988年实行“五五”分成，上缴中央

50%，留存地方50%。1989—1993年改为“三七”分成，30%上缴中央，70%留存地方。1994年以后，全部归地方使用，钟山区列为区级财政收入。区与镇、乡、街道办事处每年年终按6：4的比例进行分成。1988—2008年，钟山区共征收耕地占用税6017.46万元。

契税 1988年，钟山区成立后，即按照《契税暂行条例》及贵州省财政厅的补充规定征收契税，征收对象为发生房屋买卖、赠予、典当和交换行为的城乡集体单位和个人。房屋买卖、典当按实际发生价格，赠予按实际估价，交换按实际差价，房屋买卖、赠予、交换的税率为6%，典当为3%。是年，钟山区征收契税1.05万元。

1997年7月7日，国务院颁发《中华人民共和国契税暂行条例》，原《契税暂行条例》同时废止。钟山区按以下3种情况确定契税计税依据：

国有土地使用权出让、土地使用权出售、房屋买卖，其计税依据为成交价格。土地使用权赠予、房屋赠予，其计税依据由征收机关参照当地土地使用权出售、房屋买卖的市场价格确定。对交易价格明显偏低的，财政部门按现行市场价格重新作价征收。钟山区契税统一执行3%的税率。2005年以前，钟山区的契税由区财政局委托区房地产管理局代征，按征收契税金额的5%支付手续费。2006年，省财政厅通知取消契税代征，由财政部门直接征收，试行微机开票。但由于钟山区房地产管理局于2006年1月起职能上划市级管理，区级不能办理产权登记，钟山区及钟山经济开发区财政局缺乏有关资料而未实施微机开票，仍采用原来的方式对契税进行征收。1990—2008年，钟山区共征收契税1066.31万元。

钟山区的财政收入除工商税收、农业税收外，还有国有资产经营收益等企业收入和专项收入、行政性收费、罚没收入等非税收入。同时，上级每年都给钟山区财政补助，全区非税收入历年比较，除1990年和2000年分别比上年有所下降外，其余年份均比上年有所增长。1988年收入26万元，2008年增至9653万元，为是年钟山区财政一般预算收入的19.04%。上级收入主要有定额补助收入、专项补助收入、税收返还收入与转移支付收入等。1994年实行分税制后，上级对钟山区的补助逐年增加，是年补助1407.7万元，2008年增至33982万元。

1988—2008年钟山区财政收入统计表

表14-1　　单位：万元

年份	一般预算收入		本年收入	上级补助收入	上年结转	其他收入	合计
	税收收入	非税收入					
1988	1026	26	1052	402	—	—	1454
1989	1225	93	1318	269	91	—	1678
1990	1387	123	1510	1416	5	—	2931
1991	1821	304	2125	1012	638	—	3775
1992	2175	339	2514	907	428	13	3862
1993	2833	373	3206	536	192	16	3950
1994	1939	457	2396	1408	–48	13	3769
1995	2245	524	2769	1713	68	55	4605
1996	2495	523	3018	1440	–105	53	4406
1997	2847	699	3546	1445	252	56	5299

续表14-1

年份	一般预算收入		本年收入	上级补助收入	上年结转	其他收入	合计
	税收收入	非税收入					
1998	3509	963	4472	1749	307	37	6565
1999	4180	1116	5296	2351	463	97	8207
2000	5052	943	5995	2797	315	—	9107
2001	6029	1071	7100	3988	323	—	11411
2002	5611	1762	7373	6103	626	—	14102
2003	6822	2222	9044	6943	783	—	16770
2004	8924	2741	11665	9292	1170	—	22127
2005	18344	5247	23591	13512	1224	140	38467
2006	22416	6176	28592	16870	1452	—	46914
2007	29474	6919	36393	20270	899	—	57562
2008	41051	9653	50704	33982	1610	—	86296

说明：其他收入主要指社会保险基金收入、地方政府兑付有价证券本金收入、国债转贷收入等

1988—2008年钟山区农业四税收入统计表

表14-2　　单位：万元

年份	农业四税					附　注
	合计	农业税	农业特产税	耕地占用税	契税	
1988	59.45	16.44	0.41	42.6	—	未开征契税
1989	81.31	16.58	0.07	64.66	—	未开征契税
1990	72.49	10.90	1.04	60.00	0.55	—
1991	226.60	15.90	1.00	206.42	3.28	—
1992	155.90	27.90	2.00	125.00	1.00	—
1993	100.48	37.20	3.00	60.28	—	无契税征收
1994	75.00	43.50	1.50	30.00	—	契税全额减免
1995	75.73	32.73	2.00	40.00	1.00	—
1996	89.29	43.19	1.10	45.00	—	无契税征收
1997	112.37	15.30	7.37	79.70	10.00	—
1998	146.83	23.49	7.34	106.00	10.00	—
1999	314.20	9.35	5.70	284.15	15.00	—
2000	736.47	26.40	12.37	676.00	21.70	—
2001	996.00	8.90	34.80	898.80	53.50	—

续表14-2

年份	农业四税					附　注
	合计	农业税	农业特产税	耕地占用税	契税	
2002	802.86	147.78	29.16	602.35	23.57	—
2003	611.05	142.25	33.68	403.10	32.02	—
2004	543.48	—	—	522.13	21.35	免征农业税、特产税
2005	660.00	—	—	420.00	240.00	免征农业税、特产税
2006	512.37	—	—	228.61	283.76	取消农业税、特产税
2007	243.66	—	—	208.48	35.18	—
2008	1028.40	—	—	714.00	314.40	—

第三节　财政支出

1988年，按照六盘水市人民政府关于“保县建区”的方案，原水城特区国有工交、商业和二轻集体企业划归水城县，钟山区的财源除少量乡镇企业外，主要是个体工商业户和集贸市场的税收，财政收入陷入窘境。钟山区大力加强财源建设，深化经济体制和财政体制改革，调整产业结构和产品结构，积极开拓和启动市场，相继实施“城市兴区、工业强区、生态立区”等发展战略，全区经济综合实力不断增强，财政收入总量逐步增长。在财政收入增长的情况下，钟山区一直注重节约开支，坚持“量入为出、收支平衡、略有节余”的原则，保证重点，兼顾一般，在保证行政管理费，保障区属机构正常运转的同时，保证教育科技、医疗卫生、农业等重点建设事业和改革资金的投入，严格控制各种消费性支出。对预算支出单位，1988—2002年实施预算经费包干管理，2003年实施部门预算改革，首先选择区法院、煤炭局、水电局、卫生局4个单位进行试点。2004年在区级61个行政事业单位全面推行，细化财政支出项目，强化预算约束。1988—2008年，全区财政支出除1993年赤字43万元，1995年赤字105万元以外，其余年份的财政均实现收支平衡，略有结余。1988年，全区财政收入1052万元，支出926万元,上解支出44万元，结余82万元。2001年，钟山区财政总收支突破亿元，财政总收入为11411万元，支出10519万元，上解支出389万元，结余503万元。2004—2008年，钟山区财政总收支连年突破2亿元，2005—2008年，钟山区财政总收支相继突破3亿元、4亿元、5亿元、8亿元。2004年财政总收入为22127万元，支出20473万元，上解支出710万元，结余944万元。2008总收入86296万元，支出79428万元，上解支出3946万元，结余2922万元。

行政管理费支出　1988年，全区行政管理费支出224.3万元，占财政总支出的24.4%。2008年支出17722万元，占财政总支出的23.6%。

教育事业费支出　1988年钟山区建立至1990年，为“七五”计划时期的后3年，财政共支出教育事业费910万元，为当期财政总支出的21%。“八五”期间共支出3199万元，为当期财政总支出的18%。“九五”期间共支出6921万元，比“八五”期间增长1.16倍。“十五”期间共支出17273万元，又比“九五”期间增长1.5倍。2006—2008年，3年共支出29453万元，超出整个“十五”期间教育支出总额12180万元，支出比例占当期财政总支出的11%。

医疗卫生事业支出　1988—1990年共支出106万元，以后每个五年计划时期的投入均成倍增加。“八五”期间支出417万元，“九五”期间支出1968万元，“十五”期间支出4466万元，2006—2008

年共支出7031万元，为当期财政总支出的4%。

农业支出 1988—1990年共支出270万元，为当期财政总支出的6.2%。“八五”期间共支出1036万元，“九五”期间投入减少，共支出821万元，“十五”以后加大投入，共支出3752万元，2006—2008共支出11232万元，为当期财政总支出的6.3%。

社会保障补助支出 1988—1990年，支出103万元，“八五”期间支出330万元，“九五”以后，投入大幅度增加，“九五”期间支出617万元，“十五”期间支出6648万元，2006—2008年支出11452万元，为当期财政支出的6.5%。

科技事业支出 “九五”以前，科技事业投入财政资金较少，“十五”以后，加大投入的力度。1988—1990年，科技事业支出7.9万元，“八五”期间支出21.5万元，“九五”期间支出83.7万元，“十五”期间支出446万元，2006—2008年支出2712万元。

环境保护支出 随着政府对环境保护的重视和社会环保意识的提高，对环境保护的投入不断增加。1988—1990年，环境保护的财政支出仅为30万元。“八五”期间，支出187万元，“九五”期间支出170万元，“十五”期间，支出677万元。2006—2008年，支出增至2453万元。

基本建设支出 1988—1990年，支出259万元，为当期财政总支出的5.9%。“八五”期间，支出956万元，“九五”期间，支出1102万元，“十五”期间，支出2987万元。2006—2008年支出12544万元，为当期财政总支出的7.1%。

第四节 财政管理

一、预算管理

1988年钟山区成立后，相继制定预算编制及其管理办法和相应配套管理制度。1995年后，钟山区依据国家《预算法》重新制定《钟山区部门预算编制管理办法》，对财政开支单位的预算编制分类及定额标准作出规定，单位按预算管理方式分为全额预算管理单位、差额预算管理单位和自收自支预算管理单位。对全额预算单位又依据单位的公共资源情况和工作性质、职能职责情况分为7类。

一类单位有区委办、人大办、政府办、政协办。

二类单位有区纪委监察局、组织部、宣传部、统战部、政法委。

三类单位有区公安分局、交巡警大队、检察院、法院。

四类单位有区农业局、林业局、水利局、农办、扶贫办、乡企局。

五类单位有区团委、妇联、工会、机关党委、离退休干部管理局、工商联、残联、科协、档案局、红十字会、编办。

六类单位有区民政局、民族宗教事务局、科技局、教育局、审计局、发改局、粮食局、旅游局、司法局、经贸局。

七类单位有区建设局、交通局、环保局、安监局、煤炭局、计生局、文广局、物价局、疾控中心、卫生监督所、计生妇幼保健站、党校、卫生局、人事劳动和社会保障局、统计局。

基本支出预算项目及定额标准。

办公费 一类单位年人均1800元，二类单位年人均1600元，三类单位年人均1400元，四、五、六类单位人均1200元，七类单位年人均1000元。

交通费 单位车辆每车年均25000元。无车单位按每年10000元预算租车、乘车费用。

差旅费 一类单位年人均1200元，二类单位年人均1000元，三类单位年人均800元，四、五、六类单位年人均为700元，七类单位年人均600元。

邮电费 单位固定电话费，一、二、三类单位年人均500元，四、五、六类单位年人均450元，七类单位年人均400元。移动电话费按有关文件规定执行，邮寄费年人均20元。

水费、电费、取暖费 机关后勤服务中心统一管理的单位，由机关后勤服务中心统一编制预算，未纳入机关后勤服务中心管理的四、五、六类单位按水费年人均30元，电费年人均50元，取暖费年人均150元，七类单位按水费人均20元，电费人均40元，取暖费人均120元。

维修（护）费 单位日常使用的固定资产（不含交通工具）维修和维护费用按年人均100元，大型修缮费用列入项目预算。

会议费 按照《六盘水钟山区会议管理制度》规定执行。

另外，住房公积金按在职职工年工资总额的5%计算，增量补贴按在职职工年工资计提标准的30%计算，离退休人员按年离退休计提标准的40%计算。基本医疗保险费，在职职工按年工资总额的7%计算，退休人员按年退休费的9%计提。大病统筹基金，按在职职工人数、退休人员数每人每年40元计算。工会经费，按职工年工资总额的2%计提。福利费按职工年基本工资的2.5%计提。

钟山区在实施预算编制管理办法的过程中，随着政治经济形势的发展变化，适时进行修订。

钟山区人民政府一年一度编制全区财政预算草案，向区人民代表大会（会议）报告，经人民代表大会（会议）审查批准后施行。对预算收支指标，区政府每年都分别下达给区国税、地税、财政等职能部门，并严格实行目标管理责任制，对执行情况按月考核，季度小结分析，年终总体考评，兑现奖惩。区政府对年度财政预算执行情况，亦向区人民代表大会（会议）报告，接受人民代表大会（会议）的审查。

钟山区在加强预算内资金管理的同时，亦重视对预算外资金的管理。1989年《贵州省预算外资金管理条例》下发后，钟山区以宣传贯彻《条例》为契机，要求拥有预算外资金的单位进行专户存储，加强对预算外资金使用方向的引导。1997年成立预算外资金管理局（股级），2001年机构改革与综合股合并，负责全区行政事业单位预算外资金管理。2003年制定《钟山区预算外资金管理暂行办法》及其《补充规定》，设置财政专户，规范财政收费票据，对预算外资金严格实行收支两条线管理。在保证行政经费的情况下，区政府视其各收费单位工作强度，按预算外资金总额的15%～30%统筹安排收费单位使用。1997年，全区预算外资金为1766万元，2008年为5256万元。

二、财政监督检查

钟山区成立区审计局后，政府相关职能部门逐步设立内部审计机构，社会审计组织也相继组建，一个以国家审计为主导，以内部审计为基础，以社会审计为补充的“三位一体”审计体系在区内基本形成。2004—2008年，区财政局共组织20个内部审计组对局内部股室进行二次审计，2008年延伸审计2个镇、乡财政所。

1988年区财政局成立后，先后设置三大检查（税收、财务、物价大检查）办公室、财政监督检查所、稽查股、财政监察股等财政监督机构，建立健全财政监督制约机制，完善政务公开制度，监督检查财政预算执行情况和财政纪律执行情况，查处财经违法违纪行为。1989—2001年，钟山区每年组织“三大检查”。1989—2002年，“三大检查”中，对全区部分行政事业单位进行全面检查，共查出违纪金额1583.4万元，入库1483.2万元。2002年起不再开展“三大检查”后，每年仍坚持开展重点检查、专项检查等财务检查工作。2004年，重点对区直行政事业单位和镇、乡、办事处干部职工拖欠公款情况进行清理检查，查出全区共有381名干部职工借支公款681万元，责令单位制定计划、限期归还。2005年，重点检查教育系统16个单位的“一费制”收费情况，对查出的问题予以处理和纠正，或限期进行整改。对区直22个行政事业单位进行财务检查，共查出应缴未缴资金352万元，全部追缴入库，是年起，每年选择2个专项资金项目进行绩效评价。2007年，对区直行政事业单位及镇、乡、办事处专项资金使用情况和“收支两条线”执行情况分别进行专项检查，共查出应缴未缴财政资金506万元。检查中当即追缴297万元。2008年，对全区凝冻灾害的抗灾救灾专项资金使用情况进行跟踪检查，对78户凝冻灾后房屋重建情况进行实地监督查看，确保重建房屋资金到位，保质按时完成。

三、控制社会集团购买力

1988年，规定的专控商品为29种，1989年调整为32种，1992年调减为29种，1993年再调减为8种，此后又有相应的调整。

2000年以前，专控商品均系使用单位获批后自行购买。2001年后，钟山区对区直行政事业单位大中型办公用品的采购进行改革，实行政府集中采购制度和招标采购制度。是年，区级执行招标采购会议7次，采购物资30件次，概算金额186.3万元，中标金额176.2万元，节约支出10.1万元。2003年，按照政府采购有关制度，区级采购资金总额44万元，较市场报价46万元节约2万元。2004年，采购资金总额733万元，较市场报价771万元节约38万元。2005年，采购资金总额972万元，较市场报价1033万元节约61万元。2006年，采购资金总额1371万元，较市场报价1466万元节约95万元。2007年，采购资金总额2113万元，较市场报价2271万元节约158万元。2008年，采购资金总额3538万元，较市场报价3812万元节约274万元。

四、国有资产管理

1991年，钟山区财政局设立国有资产管理科负责全区国有资产管理工作。制发《钟山区行政事业单位固定资产清理办法》，对全区行政、事业单位占用的固定资产进行全面清理。1992年，开展国有资产产权登记。1998年，对辖区内企业进行清理、甄别，清产核资56户，清理出“挂靠”集体的私营企业或不具备法人资格的企业11户，清理国有企业3户，城镇集体企业35户、私营企业7户，资产总额为19149万元，其中固定资产2410万元。1999年，对公有房产转为经营的房产进行清理。2003年，开展辖区信用联社的清产核资工作，查增固定资产295.64万元，查减固定资产6.02万元。2006年，对全区行政事业单位的固定资产再次进行全面清理登记。2007年，对全区行政事业单位的资产进行核实。全区95户行政事业单位（含二级单位），共有资产47147万元，其中，固定资产30873万元，负债18782万元，净资产28272万元。资产盘盈14696万元，盘亏1121万元。

第五节　体制改革

一、国库集中支付改革

2004年，选择4个单位进行国库集中支付改革试点。2006年扩大试点面，增加26个单位进入国库支付中心。2008年6月，全区59个预算单位全部纳入国库集中支付管理。

国库集中支付改革后，首先在节约资金方面取得较好效果。2006年预算内资金下达额度8188.76万元，支出6360.56万元，结余1828.20万元。预算外资金下达额度1870.51万元，支出1704.12万元，结余166.39万元。2007年预算内资金下达额度9187.72万元，支出8034.84万元，结余1152.88万元。预算外资金下达额度3451.42万元，支出3159.67万元，结余291.75万元。2008年预算内资金下达额度15238.88万元，支出13613.70万元，结余1625.18万元。预算外资金下达额度3359.63万元，支出3188.46万元，结余171.17万元。

二、乡镇财政管理体制改革

2004年，钟山区被列为全省10个乡镇财政管理体制改革试点县之一。改革的主要内容是：在保持乡镇资金所有权、使用权和财务自主权不变的前提下，取消乡镇银行账户，实行“集中管理、集中支付、统一开户、分户核算”的管理办法，由区财政统一管理会计人员、资金结算和会计核算，称为“乡财县管乡用”。

全区9个镇、乡、街道均纳入改革范围，按步骤推进改革工作。新的乡镇财政管理模式为：实现乡镇财政资金所有权、使用权、审批权与管理权分离，对乡镇资金收支的监管力度加大，乡镇财政资金的运行程序更为严谨，乡镇财政管理更为规范。

三、村级财务管理制度改革

2004年开始，钟山区在全区开展村级财务管理制度改革，在不改变各村现行体制、资产权属、资产性质和以村设账核算为主体的前提下，建立“归口财政、统一管理、相互制约、权钱分离、民主理财、集中监督”的村级财务监管机制，称为“村财乡代管村用”。是年，钟山区人民政府制发《关于加强村组财务管理的指导意见》，各镇、乡、街道成立有村民代表参加的代管工作领导小组，分别在镇、乡、街道财政所设置村财乡代管村用服务中心，配备专业会计人员，负责各“代管”村的账目登记、档案管理、月末结账及编写财务报告等工作。取消村会计设置，每村只设1名报账员，负责将本村产生的各项支出票据于每月月底报代管服务中心审查报销。通过民主选举成立民主理财小组，对本村的财务收支进行监督。实行“三笔会签”制度，即各项票据需经本村支书、主任和民主理财小组组长审核签字后，才能报镇、乡、街道“代管”工作人员进行核销。对审核出的不符合规定、违反开支标准的票据，拒绝报销入账。在收入方面，实施统一票据制度，各村取得收入时，由代管服务中心代为向交款方开具正规结算收据，资金直接缴入村级集体资金代管专户。实行财务公开，村每月的收支情况，由代管服务中心于次月10日前在中心公开栏和村公开栏公开。村民对本村财务有疑问者，可到代管服务中心查询。推行村干部离任审计制度，未作出审计结论前，不得办理离岗手续。制定《代管服务中心管理办法》《会计人员岗位责任制》《报账员职责》《代管服务中心考核办法》《民主理财小组职责》等管理制度，镇、乡、街道代管领导小组负责督促各项制度的落实，每年对各村财务管理进行专项检查，强化对代管中心的监督管理。建立财政联网信息系统，实现远程业务处理。借助“乡财县管乡用”财政信息平台，将53个村、41个居委、10个资产管理委员会的财务纳入网络化管理。

四、农村税费改革

2002—2005年，钟山区在全区开展农村税费改革。改革的内容主要为，取消乡统筹费、农村教育集资等专门向农民征收的行政事业性收费和政府性基金、集资，取消屠宰税，逐步取消原统一规定的劳动积累工和义务工，调整农业税和农业特产税政策，改革村提留征收使用办法。

改革前，全区农民政策内负担额为682.76万元，改革后减少为199.86万元，减负70.73%，全区人均减负31.26元。改革后，将原10个镇、乡、街道精简为9个，其行政编制由299人减少为243人，精简18.73%，事业机构财政供养人员由839人减少到672人，压缩20%，行政村由67个减少为64个。调整农村分配关系，初步确立新的农业税费制度框架。

五、农村综合改革

自2005年开始，钟山区进行以乡镇机构改革、农村义务教育管理体制改革，“乡财县代管乡用”财政管理体制改革和化解乡村债务（简称“三改革一化解”）为内容的农村综合改革试点工作。

优化种粮农民补贴资金管理。2007年4月起，钟山区启动农民补贴网建设，采集、录入农户信息数据，建立农户信息统计制度。2008年全区农民补贴网建成，实现对种粮农民补贴资金“一折通”的发放，使国家惠农政策真正惠及全区每户应补贴农户。

清理化解乡村债务。改革之初，对全区镇、乡1992年撤并建以来的债务进行清理，全区9个镇、乡、街道均有不同程度负债。至2007年12月31日止，全区乡村债务总额为3612.08万元，其中乡级债务3393.22万元，村级债务218.86万元，后乡级债务累计还款1030.85万元，债务总余额为2581.23万元。镇、乡、街道债权总额为1708.47万元。全部为乡级债权。

清理化解农村义务教育“普九”债务。为缓解教育经费不足，改善农村办学条件，钟山区于2004年向钟山农村信用联社贷款700万元。通过对该债务的分解、使用等情况进行清查、登记、核实，经审计部门认证公示后，按要求逐笔录入乡村债务管理系统，建立债务台账。2008年，钟山区启动清理化解农村普及九年义务教育的债务工作，农村义务教育“普九”债务本金700万元，利息97.19万元全部还清。

第二章　税　务

第一节　经济税源

1988年，钟山区境内的经济税源分割为3个部分，部属、省属、市属企业，其中市属企业的经济税收仍归市管理征收，水城县政府驻地周边“三角区”的经济税源，以及虽是钟山区境内，但属水城县企业的经济税源归水城县征收，其余部分归钟山区征收。由于区、县分设时原特区的国有工交、商业和二轻集体企业划归水城县，非公有制经济一直是钟山区的主体税源。1990年，市在钟山区中心城区建立钟山经济开发区，属钟山经济开发区内的工商税收划归钟山经济开发区管理征收。

1988—1993年，属钟山区的工商税源均由钟山区税务局管理征收。1993年，全区工商税收入3252.4万元，其中营业税1759万元，增值税378万元，产品税258万元，集体企业所得税242万元，城乡个体工商业户所得税201万元，城市维护建设税103万元。

1994年，实行新税制和分设钟山区国家税务局、钟山区地方税务局后，对税种和经济税源的管辖相应作了划分，增值税税源成为钟山区国家税务局的主体税源，其他税源份额甚小。1996年，钟山区国税局税收收入为2028万元，其中增值税1973万元，消费税1.3万元，企业所得税46万元。此后至1999年，钟山区国税局年税收收入均保持在2000万元至2500万元的水平。2000年，税收有较大幅度增长，达2906万元。2001年，税收收入增至3509万元，其中增值税3417万元，消费税2.3万元，所得税50万元。2002年，市国税局进行征管改革，撤销水城分局，原水城分局征管的市属以上企业单位的税收改由钟山区国税局统计结报，收入级次不变。是年，钟山区国税局税收收入48049万元，其中属钟山区收入4032万元，比2002年增收16.2万元。在总收入中，增值税为45576万元，消费税769万元，所得税1702万元。2003年后，属钟山区的税收收入每年呈台阶式持续增长，2005年突破1亿元，达16448万元。2006年突破2亿元，达21812万元。2007年突破3亿元，达31529万元。2008年突破4亿元，达42080万元。全区国税部分的税收收入，2008年为1994年的11倍。

除钟山区国税局征管的税源外，其余的工商税源归钟山区地税局征管。其经济税源逐年不断增长，1994—2008年平均增长25.85%，2008年为1994年的21.7倍。1994年，区地税局完成税收收入1354万元，其中非国有经济上缴税收为874万元，占64%。2008年，上缴29343万元，其中非国有经济上缴税收为27088万元，占92.3%。

在区地税局征管的非国有经济税源中，集体经济企业1994年上缴税收332.4万元，2008年为861.7万元。民营企业1994年上缴税收438万元，2008年为21750万元。在此期间，境内1999年始有股份制企业上缴税收，是年上缴2.5万元，2008年增至6248万元，2005年始有港澳台投资企业和外商投资企业上缴税收，当年上缴13.2万元，2008年增至492.6万元。个体工商业户1994年上缴税收103万元，2008年为5472.8万元。

2000年以前，钟山区地税局的重点税源主要是采矿业，其次为交通运输业、建筑业、批发和零售业、住宿餐饮业、加工制造业。2000年以后，租赁和商务服务业、房地产业快速发展，成为钟山区新的税源增长点。2008年，上述8个产业的税收总和为25695万元，为当年税收总收入的87.6%。其中，采矿业10264万元（煤炭开采和洗选10021万元，黑色金属矿采选160万元，有色金属矿采选34万元，非金属矿采选49万元），租赁和商务服务业3608万元（租赁140万元，商务服务3468万元），房地产业3130万元，交通运输业2604万元，建筑业2268万元，批发零售业1375万元，住宿餐饮业1390万元（住宿796万元，餐饮594万元），加工制造业1056万元。

第二节　税费种类

一、税种

屠宰税　1995年后，屠宰税实行定额征收，猪每头10元，牛每头10元，羊每只1元。2002年5月17日起屠宰税取消。

印花税　1988年10月1日起，印花税作为一个独立税种开征，税率为比例税率和定额税率，比例税率有万分之五、万分之三、千分之五、千分之三、千分之一共5档，定额税率为5元。

利息所得税　1999年，恢复征收利息所得税，税率20%，2007年8月15日起调减为5%。2008年10月9日停征。

牲畜交易税　税率为5%，1994年税制改革，取消牲畜交易税税种。

企业所得税　私营企业所得税自1989年开征，征收标准按《中华人民共和国私营企业所得税暂行条例》执行。企业所得税自1994年开征，税率为33%。对微利企业实行低税率优惠照顾，全年应纳税所得额在3万元以下的，减按18%的税率征收，超过3万元至10万元的，按27%的税率征收。2008年1月1日起，税率进行调整，统一执行25%的税率。

车船税　自2007年2月1日起，车船使用税改为车船税，钟山区的实用税额为载客汽车20座以上（含20座）每年600元。10～19座，每年480元。9座以下（含9座），每年180元。载货汽车自重每吨每年60元。三轮汽车和低速货车自重每吨每年72元。摩托车每辆每年60元。

建筑税　税率为基本建设投资总额的10%。1991年，国家开征固定资产投资方向调节税，建筑税同时废止。

产品税　对从事工业生产、农产品采购和经营进出口产品的单位和个人，一般就其产品销售收入征收产品税。税目分为工业产品和农、林、牧、水产品两大部分。工业产品划分为24类，计260个税目。农林牧水产品则合为1类，计10个税目。税率最高60%，最低3%。1994年1月1日起，实施新税制，农、林、牧、水产品归入农业特产税，其他产品税全部改征增值税。

资源税　1991年前，境内因纳税户未达到征税标准而未征收。自1992年起，开始征收煤炭资源税，其定额为，水城矿务局按销量每吨原煤征收6角，地方国营、集体煤矿按销量每吨原煤征收5角。私营和个体煤窑按销量每吨原煤征收7角，销售焦煤每吨征收1元。1995年后，钟山区对煤炭、铅锌矿、沙石、黏土4种产品征收资源税，课征税额为煤每吨2.5元，铅锌矿每吨20元，砂石每立方米2元，黏土每立方米3元。

增值税　对增值税一般纳税人分别实行17%、13%、0（出口货物）三档税率。对小规模纳税人，实行简易办法计算应纳税额，征收率为6%。后来对从事货物批发或零售等税法列举项目的征收率下调为4%。增值税一般纳税人可以享有进项税款抵扣权，即当期销项税款减除应抵扣的进项税款后为应纳税款。增值税专用发票是增值税合法有效的税款抵扣凭证。

营业税　营业税的课税对象和税率历经多次变动。1994年税制改革后，其课税对象为提供应税劳务、转让无形资产的单位和个人。计算依据为纳税人提供应税劳务、转让无形资产或销售不动产向对方授权的全部价款和价外费用。税目税率为，交通运输业、建筑业、邮电通信业、文化体育业的税率均为3%。金融保险业、服务业、转让无形资产、销售不动产、文化体育业的税率均为5%；娱乐业的税率为5%～15%。

奖金税　分国营业企业奖金税、集体企业奖金税、事业单位奖金税。1994年起，国有企业、集体企业、事业单位三种奖金税停征。

国营企业工资调节税　1987年后改为五级税率，最低为20%，最高为200%。1988年后2次放宽免税规定。1994年起该税种取消。

城市维护建设税　具体税率为市中心城区、部属、省属、市属企业等纳税户为7%；区级镇所在地纳税户为5%，其他一律为1%。1994年税制改革后，产品税取消，开征消费税。城市维护建设税的计税依据相应改为增值税、营业税、消费税。其适用税率调整为市区纳税户7%，城镇、工矿区纳税户5%。

房产税　征税对象为市中心城区、建制镇、工矿区范围内的公私房屋。依照房产原值一次减除30%后的余值计算缴纳，税率为1.2%，按年计征。房产出租的，以房产租金收入为计算依据，税率为12%。

城镇土地使用税　1988年11月1日开征，其课税对象为市中心城区、建制镇、工矿区内使用土地的单位和个人，以纳税人实际占用的土地面积为计税依据，依照规定的每平方米年税额计算征收。税额共为3等10级，市区为1等4级，分别为1级1.5元，2级1元，3级8角，4级6角。建制镇为3等3级，分别为1级8角，2级6角，3级4角。工矿区为4等2级，分别为1级6角，2级4角。1990年以后凡在建制镇范围内的工矿企业，均按照建制镇税额标准缴纳城镇土地使用税。2007年1月1日起，每平方米年税额调整为：市区为1等4级，分别为1级20元，2级14元，3级8元，4级4元；建制镇为3等3级，分别为1级4.8元，2级3.6元，3级为2.4元；工矿区为4等1级，税额3.5元。

固定资产投资方向调节税　1991年起开征，纳税人为进行固定资产投资的政府、机关团体、部队、国营企事业单位、个体工商业户及其他单位和个人。用于固定资产投资的各种资金，不论资金来源如何，凡投资项目5万元以上的，都属于征税对象。按照国家产业政策，本着长线产品少于短线产品、生产性投资少于非生产性投资，更新改造少于基本建设的原则，实行差别税率，分别设置0、5%、10%、15%、30%税率，以投资额与适用税率计算应纳税款。1999年下半年起减半征收固定资产投资方向调节税，2000年1月1日起暂停征收。

消费税　1994年起开征，是对生产、委托加工和进口应税消费品的单位和个人征收的一种流转税。征税范围包括烟、酒、酒精、化妆品、贵重首饰和珠宝等18个税目，实行从价定率或从量定额计征，最低税率为3%，最高税率为45%。

土地增值税　钟山区于1995年4季度征收到第一笔土地增值税5万元。土地增值税的征税对象为转让国有土地使用权、地上的建筑物及其附着物并取得收入的单位和个人，税额按照纳税人转让房地产所取得的增值额和适用税率计算，实行4级超额累进税率，即增值额未超过扣除项目金额50%的部分，税率为30%。超过扣除项目金额50%，未超过扣除项目金额100%的部分，税率为40%。超过扣除项目金额100%，未超过扣除项目金额200%的部分，税率为50%。超过扣除项目金额200%的部分，税率为60%。

个人所得税 1994年1月1日起开征。征税对象为个人工资、薪金所得，适用5%～45%的超额累进税率。个体工商业户的生产、经营所得和对企事业单位的承包经营、承租经营所得，适用5%至35%的超额累进税率。稿酬所得，适用20%的比例税率，并按应纳税额减征30%。劳务报酬所得，适用20%的比例税率。对劳务报酬所得一次收入畸高的，可以实行加成征收。特许权使用所得，利息、股息、红利所得，财产租赁所得，财产转让所得，偶然所得和其他所得，适用20%的比例税率。2005年前，纳税人实际取得的工资、薪金所得，按每月费用标准800元扣除后计征个人所得税。2006年1月1日起到2008年2月，费用扣除标准调为每月1600元，2008年3月1日起调整为2000元。

二、基金、教育费附加

国家能源交通重点建设基金 1990年，钟山区征集能源交通重点建设基金8万元，1991年12.2万元，1992年37.2万元，1993年28.5万元，1994年3.2万元，1996年1.3万元。1997年后停征。

国家预算调节基金 1989年1月1日开征。征集范围为地方财政预算外资金。行政事业单位预算外资金。国营企业及主管部门提取的各项专项基金。集体企业、私人企业及个体工商户缴纳所得税后的利润。其他没有纳入预算管理的资金，征收率为10%，在执行过程中，对部分资金项目实行减税和免征。钟山区1990年征集预算调节基金5.1万元，1991年17.9万元，1992年30.7万元，1993年15.7万元，1994年3.3万元，1996年0.82万元，1997年后停征。

教育费附加 1986年7月1日起开征教育费附加。教育费附加以产品税、增值税、营业税为计征依据，征收率为实现税金的1%，1990年8月1日起，改为2%。1994年税制改革，取消产品税，开征消费税，教育费附加以增值税、消费税、营业税实际交纳税额为计征依据，征收率改为实际税金的3%。自1996年7月1日起，根据《贵州省教育经费筹措管理办法》规定，在征收国家规定的教育费附加的同时，按1%征收地方教育费附加。

1988—2008年钟山区工商税收及教育费附加收入一览表

表14-3 单位：万元

项目/年份	工商税收			教育费附加
	合 计	税务局、国税局征收	地税局征收	
1988	—	1123	—	4.4
1989	—	1207	—	6.7
1990	—	1523	—	7.7
1991	—	1834	—	6.5
1992	—	2224	—	7.6
1993	—	2856	—	9.5
1994	5150.0	3796	1354.0	12.0
1995	4248.8	2594	1654.8	12.0
1996	4385.0	2020	2365.0	43.0
1997	4735.9	2070	2665.9	37.0
1998	5641.0	2361	3280.0	45.0
1999	6204.0	2484	3720.0	59.0

续表14-3

年份＼项目	工商税收			教育费附加
	合　计	税务局、国税局征收	地税局征收	
2000	7027.0	2906	4121.0	73.0
2001	8250.0	3469	4781.0	89.0
2002	9452.0	4032	5420.0	163.0
2003	12038.0	5059	6979.0	214.0
2004	16438.0	7477	8961.0	48.0
2005	29679.0	16448	13231.0	691.0
2006	37955.0	21812	16143.0	754.0
2007	52500.0	31529	20971.0	1195.0
2008	71423.0	42080	29343.0	1886.0

第三节　征收管理

一、征管制度

税务登记　1988年，钟山区税务局对辖区范围内的纳税户重新核发税务登记证。是年，共办理核发税务登记证1875户，其中国营企业6户，集体企业98户，个体工商业户1761户。待办理税务登记的个体工商业户有866户。

1993年实施《中华人民共和国税收征收管理法》后，钟山区税务机关对税务登记依法进行统一规范，规定征管范围内从事生产经营，实行独立经济核算并经工商行政管理部门批准开业的企业、事业单位和个体工商业户，在领取营业执照之日起30日内，持有关证件向当地地税机关申报办理税务登记，税务机关在收到申报后30日内审核并发给纳税人税务登记证。纳税人生产经营如有变更、解散、破产、撤销的，相应办理变更登记、注销登记。税务登记的主要内容为单位名称、法人代表或业主姓名及其居民身份证、住址、经营地点、经济性质、企业形式、核算方式、生产经营范围、经营方式、投资总额、开户银行及账号、生产经营期限、从业人数、营业执照号码、财务负责人，办税人员等。1994年，实施税制改革和税务机构改革，钟山区国家税务局和地方税务局成立后，分别对其征管范围内的纳税户进行清理登记。

1994年，钟山区国家税务局对增值税一般纳税人调查认证登记共2545户。1998年，钟山区国税系统启用税务登记软件模块，自此税务登记纳入计算机登记管理。2002年5月起，启用城市综合版征管软件，全市征管信息网建成，税务登记纳入征管网络化管理。2008年年末，全区纳入国税局税务登记的纳税户共为4885户，其中增值税一般纳税人306户。

1994年11月起，钟山区地税局开展税务登记工作，至1995年，全区共办理税务登记2019户，其中企业235户，个体工商户1784户。1996年，全区纳入登记和征管的个体工商户增加到4306户，其中运输业户1040户。1997年，钟山区地税局对征管范围内纳税户的税务登记证进行年检，共验证3251户，其中企业139户，个体工商户3112户，占应验证户4314户的75.4%。是年，新开业办理税务登记的企业91户，个体工商户1446户，2005年，将纳税户的税务登记资料及相关纳税资料录入信息系统管理。2006年，遵照六盘水市国税局、地税局《关于联合换发税务登记证件的通知》精神，与区国税局相互配合，在全区开展税务登记证换发工作，全局共换证7887户，达到91%的换证率。2007年，全区地税系统全面实施《税收征管基础建设工作方案》，将税务登记资料作为征管基础资料的重要内容，规范建立税收征管档案，促进税收源头管控。2008年，钟山区地税局制订简约实用的考核办法，加强对税务登记率等征管“六率”的指标考核，办证率进一步提高，至年末，全区纳入地税局税务登记的纳税户9973户，其中企业812户，个体工商户9161户。

纳税申报 1993年以后，纳税申报的内容主要包括税种、税目、应纳税项目、适用税率、计税依据、扣除项目及标准，应纳税额，税款所属期限等。滞纳金征收率改为万分之五。

1994年实施新税制后，规定增值税一般纳税人的纳税申报除报送上述有关纳税资料外，还要报送进项增值税专用发票，供税务机关审核抵扣进项税收。1995年以前，纳税户分别到其主管的分局、税务所申报纳税。1996年以后，随着办税服务厅的建立，纳税户统一到辖区办税服务厅申报纳税，申报方式主要有纳税户自行申报和委托法定税务代理机构申报两种。1998年，启用纳税申报软件模块，纳税申报纳入计算机管理。2002年5月起，纳入城市综合版征管软件实行网络化管理。2003年以后，又推行获得A级纳税信用等级的增值税一般纳税人通过银行网点通存通缴税款，小规模纳税人可以电话语音申报缴纳税款或就近到银行网点申报缴纳税款等多元化申报方式。

发票管理 1992年，按照省税务局的统一部署，钟山区税务局对发票进行换版，并以此为契机，对全区的发票管理使用情况进行检查清理。

1994年实施新税制使用增值税专用发票后，钟山区国税局对增值税专用税发票实行专库、专人、专账管理。基层征收单位、增值税专用发票使用企业实行专人兼管、专柜、专账管理，并建立严密的监管制度和安全防卫措施。1999年，钟山区国税局金税一期工程建成，增值税防伪税控开票子系统开始运行。2001年，金税二期工程建成，增值税防伪税控开票子系统全面覆盖所有需开具增值税专用发票的增值税一般纳税人。税务机关通过防伪税控系统，可直接对业户开具的增值税专用发票的真伪进行比对认证。

尽管税务机关采取多种措施不断加强增值税专用发票的管理，但虚开和使用假增值税发票的违法案件时有发生，对此，税务和政法机关及时查处，予以严厉打击。

钟山区地税局成立后，根据上级有关规定，制定一系列发票管理制度和办法，设专人专库（柜）对全区地税系统使用的21种专业发票、定额发票进行严格管理，并采取多种措施，不断提高业户遵章使用发票的自觉性和消费者合法索取发票的积极性。1996年，钟山区地税局制发《发票领购实行保证金制度的通知》，规定业户领购发票时交付一定数额的保证金。业户用完发票向税务机关缴销，经审核如无问题，保证金如数退还。对发票管理使用情况，区地税局常年组织专项检查和清理，对纳税户违反发票管理规定的，按规定予以处罚，对税务部门内部管理上的薄弱环节，及时进行整改。

为鼓励消费者向经营者索取发票的主动性，2003—2004年，六盘水市政府组织全市国税、地税系统开展“发票有奖”活动，即在部分发票上印制2元至50元不等奖额，消费者领取发票后可当场刮奖。同时，税务机关将纳税户已开出的发票号码输入电脑，分期进行抽取大奖活动，最高奖有小轿车等。对举报经营户拒开发票或发票违章的群众，亦设置奖项进行奖励。2004年，仅钟山区地税部门就兑现刮奖94854件，累计奖金459588元。抽奖7次，中奖发票603份，兑现抽奖金额156600元。受理各类举报307件，查实136件，对举报者给予奖励，对违章者给予处罚，处罚金额27200元。

税务检查 1988年，钟山区在全区范围内开展税收大检查，共查补税款141万元。此后，“三大检查”一年一度开展，一直持续到2002年，平均每年查补税款120余万元。除“三大检查”外，税务机关不定期地进行纳税普查、重点检查和专项检查。

违法处理　1996—2008年，钟山区地税局在税收大检查和发票检查中，共对440户偷税户和违反发票管理规定的纳税户进行处罚，共处罚款161.88万元。

二、征收方式

主要有查账征收、查定征收、定期定额征收、申报审核自缴、代征代缴、代扣代缴等方式。

三、征管改革

征管模式改革　1990年，钟山区进行城镇税务所征收、管理、检查三分离，农村税务所征管、检查两分离的征管模式改革。全局8个征收单位，实行征、管、查三分离的有4个所（股），分别设置征收、管理、检查三个系列岗位。实行征管、检查两分离的有4个所，分别设置征管、检查2个系列岗位。随着形势的发展，自1996年起，钟山区国税局、地税局进一步深化征管模式改革。区国税局推广“以纳税申报和优化服务为基础，以计算机网络为依托，集中征收、重点稽查”的新的征管模式，收缩兼并基层征收单位，建立办税服务厅。纳税人集中在办税服务厅办税，税务机关做到一条龙服务。1999年后，对征管模式又作改进，实行“属地管理，集中征收，一级稽查”的征管格局。市中心城区的税收一律集中市局办税服务大厅征收，市中心城区的凤凰、巴西税务分局其职能转为管理分局。钟山区境内的税务稽查工作集中由市国税局稽查局承担。区地税局亦于1996年进行“集中申报纳税，优化办税服务”的征管改革。以黄土坡税务所为试点，设立办税服务厅，所辖的纳税人集中在纳税大厅办税，税务部门做到一条龙服务。1997年，将改革试点扩大到钢城、老鹰山、汪家寨3个税务所。1999年，区局建立中心区办税服务大厅。2001年，机构改革撤税务所建征收分局后，中心区以外的征收分局均建立不同规模的办税服务厅（室）。

征管信息化建设　1996年，区国税局建成“金税一期工程”和进出口退税计税管理系统。1998年，启用税务登记、纳税申报、发票管理、税收会计4个软件系统，形成4个系统的局域网管理。2001年，“金税二期工程”建成，实现区级与市级、省级到国家税务总局的4级广域网络体系。2003年，启用城市综合版征管软件，征管工作步入现代化网络管理的新阶段。2006年，对城市综合版软件，增值税防伪系统软件和出口退税软件三大应用系统进行整合，做到信息共享。是年11月份起，全区增值税一般纳税人均实现电子纳税申报。2002年，区地税局着手进行以计算机网络为依托的征管改革，在全系统推进征管信息化建设。钟山区政府对地税系统的信息化建设大力支持，为地税系统购置15台计算机和服务器，地税局委托技术部门研制开发税收管理软件系统，建立局域网，全区地税系统的征管业务从税务登记办理到税款征收、征管工作质量考核等，全部进入计算机管理。2006年，省地税局改造完善MIS系统，批准钟山区地税局为新版MIS系统上线试点单位，10月18日系统正式上线运行。

第四节　税收宣传　执法监督

一、税收宣传

1989年，贯彻国务院《关于大力加强城乡个体工商业户和私营企业税收征管工作的决定》，钟山区利用电视、广播、报刊、上街宣传咨询服务、印发宣传资料、召开纳税户会议、深入企业进行纳税辅导等形式，在全区范围内对该《决定》和有关税收政策法规进行宣传。1991年，钟山区参加纳税户万人税法宣传大会和宣传游行活动，并利用新闻媒体，采取设置宣传橱窗、制作幻灯片放映、举办税收宣传画展、开展税收知识有奖问答等形式，在城镇、工矿区和农村各个层面进行税收宣传。自1992年起，每年4月钟山区均开展“税收宣传月”活动。

二、执法监督

1988年钟山区税务局成立后，即设置监察室，健全廉政制度，强化执法监督制约机制。其中新建监督举报制度，区局及税务所均设置举报箱和举报电话，对群众的举报，限时调查处理。1989年，实行“两公开一监督”公开办税制度，将现行税收政策以及适用税种、税目、税率、计税依据、办税环节、个体纳税户定额、减免税情况、税务干部工作职责、执法纪律等通过“公开栏”等形式向社会公开，以便纳税户和人民群众监督税务机关、税务人员依法征税。1991年，建立减免税合议制度。1993年，区税务局与区纪检、监察和有关经济监督部门建立纠正行风联席会议制度，形成对税务机关行风建设的监督网络。1994年，实行廉政建设目标责任制，对廉政建设实行专项考核，即市局、区局每年都将廉政建设分解为若干分目标，拟定廉政建设年度目标责任制，区局领导向市局签订目标责任书（状），基层征收单位、局机关各职能股（室）分别向区局领导签订目标责任书（状），年终逐级量化考核、兑现奖惩。

钟山区国家税务局和钟山区地税局成立后，仍然各自分别落实完善党风廉政目标责任制考核，不断完善执法监督制约机制，加强廉政勤政建设，增强对税务人员执法过程的约束力和监督力。

第三章　金　融

1988年前，今钟山区境内金融机构属水城县（特区）管辖。

1951年，中国人民银行水城县支行成立。1968年人民银行水城特区支行成立，驻今区境汪家寨镇。1971年水城特区支行与县支行合并为水城特区支行。1988年3月中国人民银行水城特区支行更名为中国人民银行六盘水市中心支行营业部。

1956年由水城县人民银行实行一套人员，对外两块牌子，设农业银行县支行。1957年并入县人民银行。1964年恢复县农业银行。1966年又并入县人民银行。1980年恢复特区农业银行。1988年水城县农业银行更名为中国农业银行六盘水市中心支行营业部。

1958年，中国人民建设银行毕节支行在水城县建立，1959年迁毕节。1961年，中国人民建设银行水城县办事处成立。1965年3月，中国人民建设银行贵州省煤炭专业支行在水城矿区汪家寨成立大河办事处。1968年，成立建设银行官厅办事处。1972年10月成立中国建设银行水城特区支行。1988年中国建设银行水城特区支行更名为中国建设银行六盘水市中心支行营业部。

1984年，中国工商银行水城特区支行建立。1988年更名为中国工商银行六盘水市中心支行营业部。

2008年，境内上级垂直管理的银行机构有中国人民银行六盘水市中心支行、中国农业银行六盘水市分行、中国建设银行六盘水市支行、中国银行六盘水支行、六盘水市商业银行、中国工商银行六盘水分行、中国农业发展银行六盘水分行。

民国25年（1936），水城县成立农村合作指导室，建有农村信用社11个。1954年，水城县人民银行试办麒麟、玉舍两个信用社，其中麒麟信用社位于今区境内。此后至1993年6月，区境信用合作金融工作由水城县（特区）信用社机构管理。1993年6月，钟山区农村信用合作联社建立，负责全区信用合作金融工作。

第一节　存贷款

一、存款

1988年，钟山区城乡居民储蓄存款为0.19亿元，2008年增至85.32亿元。

2000年，全区存款余额53.06亿元，2008年存款余额为182.46亿元，其中企业存款46.74亿元，城乡居民储蓄存款85.32亿元。

二、贷款

2000年，全区贷款余额为39.51亿元。2008年贷款余额为140.87亿元，其中工业贷款20.01亿元，农业贷款4.93亿元，商业贷款3.38亿元，基本建设贷款31.88亿元，技术改造贷款0.14亿元，个人消费贷款16.15亿元，其他贷款64.38亿元。

1988—2008年钟山区金融机构存贷款一览表

表14-4　　单位：亿元

年份	存款余额	储蓄存款	贷款余额
1988	—	0.19	—
1989	—	1.24	—
1990	—	2.61	—
1991	—	3.08	—
1992	—	3.67	—
1993	—	4.51	—
1994	—	6.43	—
1995	—	7.14	—
1996	—	9.66	—
1997	—	12.68	—
1998	—	14.58	—
1999	—	16.98	—
2000	53.06	18.55	39.51
2001	50.98	20.77	20.63
2002	63.55	25.37	47.97
2003	78.51	31.19	60.00
2004	103.97	42.00	78.14
2005	117.68	54.37	99.60
2006	128.95	72.59	113.78
2007	152.22	67.26	143.22
2008	182.46	85.32	140.87

第二节　钟山区农村信用合作联社

一、机构

1993年6月，钟山区农村信用合作联社建立，隶属于钟山农行信合股，负责全区信用合作金融工作。辖德坞、黄土坡、场坝、荷城、凤凰、大河、汪家寨、观鹰山、老鹰山、二塘、木果（属水城县）、双嘎（属水城县）和发箐（属水城县）等13个二级法人社。联社内设综合股1个，设置营业部1个，时有职工83人。

1996年，原属于水城县管辖的老鹰山信用社、观音山信用社划归钟山联社管辖，原属钟山区联社管辖的木果、发箐、双嘎3个信用社划归水城县联社管辖。

1998年，水西分社从城市信用社分离，划到钟山联社。1999年，大湾、二塘两社合并为大湾信用社，水西分社更名为中心分社，老鹰山、观音山两信用社机构合并为老鹰山信用社。2000年，将钟山分社划转给月照农村信用社，更名为月照信用社南环路分社。2003年贵州省建立农村信用社联合社，钟山区农村信用合作联社由其直接管理，时有职工224人，是年凤凰信用社人民中路分社更名为凤凰信用社广场分社。2005年10月14日，钟山区农村信用合作联社创立大会暨首届社员代表大会第一次会议召开。大会选举产生联社第一届理事会和监事会，理事会由9人组成，其中外部理事6名，监事会由5人组成，其中外部监事3人。在第一届理事、监事会第一次会议上分别选举产生理事长、监事长，通过联社主任和副主任的提名。2006年，凤凰信用社从明湖路搬至南环路，原地方成立凤凰信用社明湖路分社，撤销凤凰信用社广场分社。

二、股金

1993年，社员股金一般为每人一股，一股2元，主要股金来源是社员入股，法人股较少。年末股本金为46.12万元，随着地方经济发展，居民收入增长，生产生活节余增多，农村信用股本金渐渐增长，2000年，钟山区农村信用合作社的股本金已增至247.84万元，2004年为2310.72万元。

钟山区统一法人前股本金情况一览表

表14-5　　　　单位：万元

年份	股本金额
1993	46.12
1994	2.73
1995	2.73
1996	28.43
1997	28.33
1998	215.87
1999	225.05
2000	247.84
2001	245.31
2002	417.35
2003	579.87
2004	2310.72

钟山区统一法人后股权发展情况统计表

表14-6 单位：万元、%

年份			2005	2006	2007	2008
股本金总额			3587.04	3587.04	3587.04	3587.04
自然人股	金额		3055.44	3055.44	3567.04	3567.04
	占股本金总额比例		85.18	85.18	99.44	99.44
	职工股	金额	478.99	478.99	566.90	595.02
		占总股本比例	13.35	13.35	15.80	16.59
	农民股	金额	1012.93	1012.93	1012.93	1012.93
		占总股本比例	28.24	28.24	28.24	28.24
	单个最大股	金额	17.80	17.80	17.80	17.80
		占总股本比例	0.50	0.50	0.50	0.50
法人股	金额		531.60	531.60	20.00	20.00
	占股本金		14.82	14.82	0.56	0.56
	单个最大股	金额	160.00	160.00	20.00	20.00
		占总股本比例	4.46	4.46	0.56	0.56
资格股	金额		2601.59	2601.59	2383.28	2383.28
	占股本金总额比例		72.53	72.53	66.44	66.44
投资股	金额		985.45	985.45	1203.75	1203.75
	占股本金总额比例		27.47	27.47	33.56	33.56

三、存款

1993年，各项存款余额1890万元。1998年各项存款突破亿元。2002年各项存款余额31804万元。2005年各项存款余额83213万元。2008年各项存款余额184530万元。

1993—2008年钟山区存款余额统计表

表14-7

年份	各项存款余额（万元）	储蓄存款（万元）	占比（%）	对公存款（万元）	占比（%）
1993	1890	893	47	997	53
1994	2161	1018	47	1143	53
1995	2806	1479	53	1327	47
1996	4689	2989	64	1700	36
1997	6322	3666	58	2656	42
1998	10483	4788	46	5695	54
1999	14953	4903	33	10050	67

续表14-7

年份	各项存款余额（万元）	储蓄存款（万元）	占比（%）	对公存款（万元）	占比（%）
2000	24219	4737	20	19482	80
2001	30094	5458	18	24636	82
2002	31804	8233	26	23571	74
2003	37310	10174	27	26596	71
2004	57942	18581	32	39361	68
2005	83213	33741	41	49472	59
2006	106094	26653	25	79441	75
2007	126003	28473	23	97530	77
2008	184530	41952	23	142605	77

四、贷款

2004年，发放两笔商业性助学贷款，贷款金额8000元，发放生源地国家助学贷款9笔，贷款金额12000元。2005年发放生源地国家助学贷款一笔，贷款金额6000元。2006年，发放“大学生直通车”生源地助学贷款5笔，贷款金额26000元。2007年发放生源地国家助学贷款14笔，贷款金额69000元。2008年发放生源地国家助学贷款15笔，贷款金额78000元。

1993年，各项贷款余额1880万元，其中涉农贷款1638万元，共发放897万元，共收回1431万元。1999年各项贷款余额12275万元，其中涉农贷款10900万元，共发放10114万元，累计收回4758万元。2005年各项贷款余额69705万元，其中涉农贷款36543万元，共发放58888万元，共收回33555万元。2008年各项贷款余额132487万元，其中涉农贷款45426万元，共发放20875万元，共收回96940万元。

截至2008年，钟山区农村信用合作联社累计发放贷款39亿元，累计收回贷款35亿元。

1993—2008年钟山区贷款余额一览表

表14-8

年份	各项贷款余额（万元）	涉农贷款（万元）	占比（%）	各年贷款	
				累计发放（万元）	累计收回（万元）
1993	1880	1638	87.13	897	1431
1994	1932	1892	97.93	1527	1484
1995	2449	2314	94.49	1444	927
1996	4066	3647	89.70	3761	2110
1997	4312	3808	88.31	532	508
1998	6920	6088	87.98	6915	4307
1999	12275	10900	88.80	10114	4758
2000	19034	17398	91.40	21653	14523
2001	26154	23285	89.03	28030	20834

续表14-8

年份	各项贷款余额（万元）	涉农贷款（万元）	占比（%）	各年贷款	
				累计发放（万元）	累计收回（万元）
2002	30029	26475	88.16	16703	12828
2003	33278	28282	84.99	10918	7670
2004	44372	31009	69.88	30974	19880
2005	69705	36543	52.43	58888	33555
2006	89619	38750	43.24	76942	57027
2007	108552	39930	36.78	94074	75141
2008	132487	45426	34.29	20875	96940

五、不良贷款

钟山区农村信用合作联社不良贷款的统计从1993年到2005年是按照四级分类口径统计，从2006年到2008年分别按四级分类、五级分类统计。

钟山区农村信用合作联社针对不良贷款采取多渠道清收、盘活和处置，对历史遗留造成的呆账经相关部门同意进行核销，加强与法院的沟通协调工作，加大违约贷款的起诉力度和涉诉贷款的执行力度，加强与政府的沟通和协调工作，在化解不良资产上得到其帮助和支持。

1993—2008年钟山区不良贷款情况一览表

表14-9　单位：万元

年份	不良贷款余额							
	四级分类口径				五级分类口径			
	合计	逾期	呆滞	呆账	合计	次级	可疑	损失
1993	782	782	—	—	—	—	—	—
1994	965	956	9	—	—	—	—	—
1995	964	956	8	—	—	—	—	—
1996	1211	632	579	—	—	—	—	—
1997	1933	1225	708	—	—	—	—	—
1998	3011	1134	1409	468	—	—	—	—
1999	1591	645	854	92	—	—	—	—
2000	2516	1595	819	102	—	—	—	—
2001	7499	3273	3128	1098	—	—	—	—
2002	7699	1293	5368	1038	—	—	—	—
2003	14107	2898	10193	1016	—	—	—	—
2004	10728	354	10374	—	—	—	—	—
2005	8199	396	7634	169	—	—	—	—

续表14-9

年份	不良贷款余额							
	四级分类口径				五级分类口径			
	合计	逾期	呆滞	呆账	合计	次级	可疑	损失
2006	9325	2607	6718	—	38432	25481	11619	1332.0
2007	9265	2414	6851	—	36275	26691	8713	870.7
2008	12563	592	11971	—	30485	22197	7478	809.5

1993—2008年钟山区不良贷款清收情况一览表

表14-10　　单位：万元

年份	不良贷款收回额	呆账核销额
1993	—	1.51
1994	209.35	6.76
1995	220.24	1.68
1996	656.81	3.22
1997	1159.29	—
1998	670.27	33.23
1999	941.30	21.28
2000	1980.00	60.00
2001	4593.24	123.99
2002	6325.00	83.00
2003	1771.00	30.00
2004	6375.00	20.00
2005	5607.00	15.00
2006	10988.00	298.00
2007	18988.00	287.00
2008	21014.00	295.00

第四章　保　险

第一节　机　构

2008年，境内保险机构有中国人民财产保险股份有限公司六盘水分公司、中国人寿保险股份有限公司六盘水分公司、中国太平洋财产保险股份有限公司六盘水中心支公司、中国太平洋人寿保险股份有限公司六盘水中心支公司、阳光财产保险股份有限公司六盘水中心支公司、安邦财产保险股份有限公司六盘水中心支公司、泰康人寿保险股份有限公司六盘水中心支公司。

中国人民财产保险股份有限公司六盘水分公司　1981年成立。1988年8月钟山区保险公司成立，是其下属机构，1996年撤销。

中国人寿保险股份有限公司六盘水分公司　1996年成立。1998年中保人寿保险有限公司六盘水分公司营业部更名为中国人寿保险公司钟山支公司，是其下属机构。

其他保险机构　1997年，中国太平洋财产保险公司六盘水支公司成立。2000年更名为中国太平洋财产保险股份有限公司六盘水中心支公司。2001年，中国太平洋人寿保险股份有限公司六盘水中心支公司成立。2006年，阳光财产保险股份有限公司六盘水中心支公司成立。2006年，安邦财产保险股份有限公司六盘水中心支公司成立。2007年，泰康人寿保险股份有限公司六盘水中心支公司成立。

第二节　业务发展

中国人民财产保险股份有限公司六盘水分公司　1990年，保费收入1129.7万元。2008年保费收入增至13832.1万元。1990—2008年，保费收入总共111617.5万元。1991年处理理赔案2907件，2008年处理理赔案增至20364件。1991年支付各种赔款925.7万元，2008年支付各种赔款增至9767.7万元。1991年至2008年，支付各种赔款总计56605.8万元。

中国人寿保险股份有限公司六盘水分公司　1990年保费收入276.60万元，1990年承保人次26.93万人次。1991—1995年保费收入由330.72万元增长到1536.18万元。1996—1998年，保费收入由2140.94万元增长到4644.97万元。1998—2003年保费收入由4644.97万元增长到9442.09万元，承保人数由52.15万人次增长到63.75万人次。2004—2008年保费收入由9636.84万元增长到13686.56万元，承保人数由64.30万人次增长到72.61万人次。

其他保险机构　1997—2002年6年中，中国太平洋财产保险股份有限公司六盘水中心支公司累计承保机动车辆近1.8万辆，企事业单位财产保险金额累计近10亿元，个人住房保险5000余户，累计保费收入6500万元，支付各项款近3000万元，缴纳各项税收近1000万元，累计实现利润1000万元。2007年，完成保费收入4984万元。中国太平洋人寿保险股份有限公司六盘水中心支公司2002年保费收入1349万元。共接各类理赔报案393起，共赔（给）付金额20.62万元。2007年保费收入5486.04万元，保险赔付780人次，赔付金额370余万元。2008年，保费收入7432.6万元。阳光财产保险股份有限公司六盘水中心支公司2007年保费收入1000万元。2008年保费收入1200万元。

第十五篇　教育　科学技术

第一章　教　育

明朝时期（1368—1644），今钟山区境域已有私塾。至建水城厅前有私塾7～8所，每座私塾有学生7～16人不等，多设在人口密集的城区或较大的村寨。直至民国时期（1911—1949），私塾教育经久不衰，但由于过去长期封闭落后，人民生活贫困，能上学的孩童很少，普通私塾馆自生自灭，发展缓慢。

雍正十一年（1733），设水城厅，辖常平、永顺二里，大定府拨给厅每次参加府试生员录取名额文、武生各2人。乾隆四十一年（1776），水城厅增加时丰、岁稔、崇信三里，由平远州随即划拨文、武生员考试录取名额各3人，并划拨禀生、增生名额6人。至此，水城厅有文、武学额各5人，生员通过参加州试择优录取，禀生、增生由厅择优选拔。

自有学额后，厅内教化风行，一些通判上任后重视教育，厅学兴起。通判陈昌言在《题请拨学添疏》中反映：建厅以来，因配有学额，办厅学时间稍长，形成“教化风行、人文蔚起，共入禀痒者100余人，中文举者5人，中武举者3人，中文武进士者各1人。现在贡、禀、增、附亦有六七十人之多，皆拨学后之兴起可考者也”。至光绪三十一年（1905）科举制结束，水城厅100余年来入选的黉宫（厅学）秀士有200余人。

水城厅学子的科考，同治以前必须到大定府或平远州参加会试，两地离厅城均有二三百里，厅境山高水险，应试者跋涉艰难，如遇贫寒士子盘缠不能备齐，无法上路，往往痛失科考机会，贻误后学。据此，通判陈昌言任内，上《题请拨学添拔疏》禀报贵州巡抚黎培敬，得准奏，于光绪三年（1877）在凤池书院内设水城厅学，拨平远州训导1名到水城管理生员及厅学事宜，并按州、府规定就地设考场举行科考，解决水城学子考试难的问题，同时还争取多得拔贡名额1人。水城士子得到鼓励，读书上进，蔚然成风。多年来，书院培养不少人才，其中较知名的有单辅国、桂天相、李天极、李天柱、赵昱、陈佐、王显荣、陈师伯等。

光绪三十一年（1905）废科举，厅学改为新学。

第一节　幼儿学校

1988年，钟山区有幼儿园10所，入园儿童2703人，教师92人。学前班10个，入班儿童350人，教师10人。1989—1999年，钟山区将“两基”（基本普及九年义务教育、基本扫除青壮年文盲）工作列为教育工作的重中之重，全区幼教工作在抓好“两基”的基础上稳步发展。1999年全区有幼儿园62所，幼儿入园（班）总数8788人。至2008年年底，区境内有幼儿园73所，其中公办5所，有幼儿

2097人，教师201人。民办68所，有幼儿7849人，教师221人。

钟山区实验幼儿园　1983年始建，1987年5月开班，原为贵阳铁路分局六盘水幼儿园。位于六盘水火车站附近的小营脚，占地面积2408平方米，建筑面积1278平方米，绿化面积1649平方米，户外活动面积2408平方米。2004年7月实现“主辅分离”平稳过渡，由钟山区接管。全园共12个班，配有空调、电视机、消毒柜、饮水机、录音机等现代化设备，园内建有沙地、海洋球池、多功能组合玩具、蹦床、大型泥塑玩具、攀爬墙等设施，为幼儿提供玩耍及充分施展才华和个性的空间。2008年，有大、中、小教学班12个，幼儿592人，有教职工40人。

六盘水市实验幼儿园　1980年8月创办，位于文化北路与建设路交汇处。占地面积2000平方米，建筑面积2760平方米，其中活动场地室面积1360平方米，寝室面积800平方米。2008年，有大、中、小教学班10个，幼儿305人，教职工43人。

六盘水市第二实验幼儿园　位于南环路。2008年，有大、中、小教学班13个，幼儿600余人，教职工56人。

六盘水市第三实验幼儿园1981年6月始建，位于向阳南路幸福巷5号，前身为六盘水市机关幼儿园。2005年更名为六盘水市第三实验幼儿园，占地面积2170.32平方米，建筑面积2149.32平方米，园内教学及儿童生活、儿童活动设备齐全。2008年，有教学班10个，幼儿480人，教职工50人。

第二节　小学学校

1988年，区境有小学82所，其中公办48所，民办34所，在校生有30725人。厂矿企业小学42所，在校生有24870人。全区适龄儿童入学率81%，其中厂矿、企业办的学校达89%。

1989年，钟山区为普及初等教育，提高“四率”（入学率、巩固率、毕业率、普及率），规定除小学一律免交学费外，凡困难学生一律免交学杂费，民办小学一律免收杂费，对23个边远、贫穷、少数民族村的女童免收学杂费，每名学生每学期补助10～15元的书本费等特殊政策，“四率”明显提高。1991年，贵州省人民政府对钟山区普及初等教育进行评估验收，认定钟山区“基本普及初等义务教育”。包括厂矿企业小学，全区在校小学生为32260人，入学率96.7%。

1992—1995年，全区小学教育在提高“四率”的基础上，巩固普及初等教育成果，为“普及九年义务教育”夯实基础，充实教师队伍、完善教学设备、改善办学条件，加大教育投入，对各镇、乡、街道办“普及九年义务教育”进行评估验收，全区各小学为提高“四率”做了很多工作。1994年，贵州省人民政府为钟山区颁发普及初等教育合格证书。1996—1999年，各小学为提高“四率”而不懈努力，使“四率”创历史最好水平，钟山区接受六盘水市人民政府的评估验收。

2000年11月，贵州省人民政府对钟山区的“两基”（基本实施九年义务教育和基本扫除青壮年文盲）工作评估验收，达到基本合格。2004年12月，贵州省人民政府对钟山区“两基”工作进行复查和“普实”（普及实验教学）验收，均达合格。2008年全区共有小学118所，其中公办小学76所，民办小学42所，九年一贯制小学9所，小学专任教师2159人，在校小学生数为75789人，入学率99.30%。

1988—2008年钟山区小学在校生人数一览表

表15-1　单位：人

年份	在校小学生数	年份	在校小学生数
1988	30725	1999	46069
1989	31280	2000	51840
1990	31667	2001	46828
1991	32660	2002	48699
1992	32756	2003	52363
1993	33267	2004	61552
1994	39963	2005	62858
1995	40718	2006	69793
1996	41320	2007	74025
1997	42451	2008	75789
1998	43808	—	—

一、区直属小学

钟山区一小　原为县立第一两等小学堂，地址在水城关圣庙，1917年，校址迁到老城观音庙文昌宫，改为县立第一高等小学校，民国23年（1934）改名为水城县立一小。1950年改为水城县城关一小，1958年迁至城南马鞍山脚下至今。1988年区县分设后，改名为钟山区一小，占地面积12566平方米，校舍建筑面积4481平方米。2008年，有教学班25个，学生1699人，教师62人。有电脑室、多媒体教室等专用教室，教学设备齐全，有图书25000余册。

钟山区三小　原为水城县城关三小，1988年改名钟山区三小，2008年，校址迁小山，占地面积22048平方米，校舍建筑面积6572平方米，有22个教学班，学生1447人，教师61人。有电脑室、多媒体教室等专用教室，教学设备齐全，图书23390册。

钟山区实验小学　原为贵阳铁路分局六盘水铁路职工子弟小学。2004年，划归钟山区管理，并更名为钟山区实验小学，占地面积7630平方米，建筑面积4636平方米。2008年，有25个教学班，学生2003人，教职工65人。有电脑室、多媒体教室等专用教室，教学设备齐全。

川心小学　位于川心社区。1988年，列为区直学校，有教学班12个，学生600余人，教师40余人。至2008年，占地面积7600平方米，建筑面积4280平方米，有教学班21个，学生1584人，教职工63人，藏书28533册。

水钢一小　1970年始建，原为水钢炼铁厂子弟小学，位于水钢八冶（三块田）。1978年，更名为水钢长征小学，1984年更名为水钢第一子弟小学，占地面积8000余平方米，建筑面积4291平方米。2008年，有教学班30个，学生1500人，教师53人。有电脑室、多媒体教室等专用教室，教学设备齐全。

水钢二小　1968年始建，是水钢始创的第一所小学，原名二公司小学，占地面积8850平方米，建筑面积4347平方米。2008年，有教学班60个，学生3000余人，教职工82人。

水钢三小　1968年始建，占地14910平方米，建筑面积1368.6平方米，有教学班12个，学生462人，教师19人。

水矿实验小学　1987年建立，2008年划归钟山区管理，占地面积3600平方米，建筑面积2478.34平方米，有18个教学班，学生1503人，教职工40人。有电脑室、多媒体教室等专用教室，教学设备齐全。

二、乡、镇、街道办小学

荷城街道办中心校　原为水城县城关第二小学，位于下钟山脚。1988年改为钟山区二小，2003年更名为荷城街道办中心校，占地面积5924平方米，建筑面积4377平方米，2008年，有教学班26个，学生1460人，教师65人。

黄土坡街道办事处中心校　原为麒麟小学，位于草盖瓦，因麒麟山而得名。1988年迁入现址重建。2003年更名为黄土坡街道办中心校，占地面积13761平方米，建筑面积13100平方米。2008年，有教学班24个，学生1616人，教师59人。有电脑室、多媒体教室等专用教室，教学设备齐全。

凤凰街道办事处中心校　原为土桥小学。1988年，更名为凤凰小学。2003年更名为凤凰街道办事处中心校，占地9898平方米，建筑面积46000平方米，有教学班27个，学生1680人，教师79人。

大河中心小学　地处大河镇渡口村，占地面积5833平方米，建筑面积2930平方米。2008年，有学生832人，有教师31人。

汪家寨镇中心校　原为艺奇小学。1988年，迁往现址更名为汪家寨小学。2003年更名为汪家寨镇中心校，占地面积10758平方米，建筑面积5969平方米。2008年，有教学班22个，学生1372人，教师60人。

大湾镇中心校　原名水城特区大湾区二塘小学，1988年划属钟山区。2003年更名为大湾镇中心校，建筑面积896.56平方米。2008年，有教学班18个，学生1380人，教师52人。

水矿老鹰山小学　1971年始建，原老鹰山煤矿子弟学校。1987年，改名为老鹰山煤矿子弟小学，占地面积15900平方米，建筑面积4013平方米，有教学班28个，学生1351人，教职工54人。

水矿汪家寨小学　1973年始创，原"汪家寨煤矿职工子弟学校"。1993年，更名汪家寨煤矿职工子弟小学，校园占地面积2000平方米。2008年，有28个教学班，学生1300人，教职工57人。

马坝小学　原马坝民办小学，位于月照乡马坝村。校园占地面积2000平方米，教学设备设施齐全。2008年，有学生526人，其中苗族学生489人，有教师16人，其中"双语"教师3人。学校除采用"双语"（汉、苗语）教学外，现还采用"双文"（汉文字、苗文字）教学，并开有苗族音乐、芦笙、蜡染、苗画等课程，由该校学生表演的民间艺术多次在省、市、区大赛中获奖。

石龙小学　原凤凰民办小学，位于凤凰乡石龙石。1974年改为公办小学至今，占地面积1472平方米。2008年，有教学班6个，学生138人，教师9人。

三、驻区市直属小学

六盘水市实验小学　1985年始建，原名发扬小学，占地面积20000平方米，建筑面积5400平方米，有教学班40个，学生2800名，教职工115个。有电脑室、多媒体教室等专用教室，教学设备齐全。

六盘水市实验二小　1998年始建，位于松坪南路6号，占地面积94714平方米，建筑面积5502平方米，有教学班25个，学生1700余人，教职工67人。有电脑室、多媒体教室等专用教室，教学设备齐全。

第三节　中学学校

1988年，钟山区有中学5所，分别是钟山区四中、五中、小山中学、教场中学、大湾中学。在校学生10167人，其中高中7个班，在校生327人。1991—1993年，陆续接管汪家寨中学、老鹰山中学、水城特区师范附中、大河中学、六盘水市师专附中以及厂矿子校等。1993年，在校生为12137人。1994—1995年，兴建月照乡民族中学，煤厂小学升格为煤厂学校（九年制），1995年每个镇、乡、办事处均有中学，在校生为12913人。1996—2000年，全区各中学狠抓“四率”（入学率、巩固率、毕业率、普及率）的提高，迎接省、市的“普九”（普及九年制义务教育）验收，在校生由1996年的13112人增加到2000年的16933人。2001—2004年，在校生由18502人增至24366人。2000年11月经贵州省人民政评估验收为基本合格。2004年12月经贵州省人民政府复查验收为合格，认定在校初中生24366人，初级中等教育阶段入学率为117.42%，“四率”达标。2005—2008年，全区各中学在巩固“四率”的基础上，进一步完善教学设备，改善办学条件，美化、绿化、净化校园，实施亮丽工程，充实教师队伍、提高教师素质、提高教育教学质量。2008年，在校生28389人，有初中专职教师1457人，学历合格率达99.61%，高中在校生15688人。为集中人力、物力、财力搞好“普九”，钟山区根据省、市的指示，区停办高中，初中毕业生在六盘水市一中、三中、五中、民族中学、实验一中和水城县二中及民办育英中学等校就读高中。

1988—2008年钟山区初中在校生人数一览表

表15-2　　单位：人

年份	学生数	年份	学生数
1988	10167	1999	14749
1989	10489	2000	16933
1990	10742	2001	18502
1991	11099	2002	21345
1992	11467	2003	23061
1993	12137	2004	24366
1994	12698	2005	24413
1995	12913	2006	24995
1996	13112	2007	26891
1997	13239	2008	28389
1998	13477	—	—

一、区直属中学

六盘水市第一实验中学　1970年始建，原水城矿务局职工子弟学校，为贵州省水矿集团公司第一中学（简称水矿一中），2001年，更名为水城矿业集团公司第一中学，位于六盘水市中心城区燕子岩脚。2008年由钟山区接管。2009年，更名为六盘水市第一实验中学，占地面积9.98万平方米，校舍建筑面积5万平方米，校园绿化面积2.67万平方米。有电脑室、多媒体教室等专用教室，教学设备齐全。至2008年，共为各高等院校输送合格新生10000余人，其中一般院校8889人，重点大学4019人，49人分别考取清华大学、北京大学。曾取得1个全省文科第一、2个全省理科第二的好成绩。全校有教学班125个，学生10600人，教师397人。该校为全国精神文明建设工作先进单位和全国文明单位。

六盘水市第五中学　1985年始建，原属水钢一中高中部，1997年修建高中新校园迁入新址办学，命名为水钢高中。2008年由钟山区接管。2009年，更名为六盘水市第五中学，占地面积5.34万平方米，建筑面积6万平方米，有教学班28个，学生1395人，教职工109人。

六盘水市第十三中学 1986年始建，原钟山区五中。1999—2003年与市三中联办。2004年，停止联合办学，恢复原貌。2009年，更名为六盘水市第十三中学，占地面积22645.2平方米，有教学班43个，学生2600人，教职工132人。

六盘水市第十二中学 1976年始建，原水城特区城关中学。1988年，更名为钟山区第四中学，2008年更名为六盘水市第十二中学，占地面积3万平方米，建筑面积1.2万平方米，有40个教学班，学生3200人，教职工167人。

六盘水市第十中学 2008年建成，原钟山区一中。2009年，更名为六盘水市第十三中学，占地面积10.02万平方米，建筑面积2.72万平方米，有教学班32个，学生1896人，教职工104人。

水钢实验学校 1980年始建，原水钢二中。1996年划归水钢三中，更名为水钢三中，1997年接收原水钢四小场地，同时将水钢五小并入，改为九年一贯制实验学校。有教学班43个，学生2413人，教职工108人。

新兴学校 2006年创建，原水矿教育实业集团公司红岩学校，占地面积10688平方米，建筑面积3800平方米，学校配置学生电脑室、图书阅览室、学生活动室、心理咨询室、医务室、食堂、餐厅等。是一所可容纳200名学生学习和生活的以教育转化违法和轻微犯罪少年为主要任务的工读学校。2008年，有教师36人，学生186人。学校开办至2008年共教育转化学生400人，转化率达85%。

二、镇、乡、街道办中学

六盘水市第十七中学 原德坞街道办事处中心校。始建于民国元年（1912），称西区第一国民学校。民国6年改为西区私立成德国民学校，民国7年（1918），乡绅陆联书（字子香）接办改名德坞国民学校。民国17年（1928），又恢复西区第一国民小学。民国27年（1938），县长阮略将场坝初小迁德坞，与西区第一国民小学合并成德坞国民小学。中华人民共和国成立后，1958年迁入现址。1968年开办戴帽初中，称“五七”学校。1999年德坞二小初中部迁入，更名为德坞学校。2003年，更名德坞街道办中心校。2009年，更名为六盘水市第十七中学，占地面积14028平方米，建筑面积2540平方米。2008年，有教学班21个，学生1272人，教师61人。

大河镇中心校 1942年始建，原煤厂学校，由一庙宇改建。1948年被洪水冲毁。中华人民共和国成立后在原址重建，命名为朝阳学校。1988年，改名煤厂学校。2003年，更名为大河镇中心校，占地面积1.72万平方米，建筑面积6274平方米，有29个教学班，学生1575人，教师82人。学校设施设备齐全。

大河中学 1966年始建，1972年开办速师班，1973年开办中师班4个。1975年，师范部迁德坞（现水城县教师进修学校），独立建大河中学，1978年迁入渡口村一组。小学部留在原址命名以德小学，校园占地面积20040平方米，有教学班12个，教职工39人。学校设施设备齐全。

水矿汪家寨中学 1965年始建。2008年划归钟山区管理，更名为水矿汪家寨中学，占地面积10696平方米，建筑面积5608平方米，有教学班25个，学生1455人，教职工61人。学校设施设备齐全。

大湾中学 1978年始建，1987年迁入新址。2000年与二塘农业中学合并，占地面积28978平方米，建筑面积4893平方米，有学生842人，教师38人。教学设备齐全。

月照彝族、回族、苗族乡中心校 原为民办小学，20世纪60年代转为公办小学。2003年，更名为月照彝族、回族、苗族乡中心校，学校占地面积4008平方米，有学生751人，教师72人。

观音山学校 1956年始建，原为水城小河铁厂观音山车间子弟学校。1966年划入水钢，称观音山矿子弟学校，1976年迁入现址。2008年，原观音山小学划入与之合并，占地面积2.18万平方米，建筑面积3307平方米，有教师53人。学校教学设备齐备。

小河学校 1944年始建，原为万全学校。1988年，更名为小河学校，占地面积10005平方米，建筑面积3020平方米，有教学班15个，学生810人，教师44人。教学设备齐全。

三、市直属中学

六盘水市第一中学 民国28年（1939）创办，原为水城县初级中学，1958年发展为完中，称贵州省水城中学，1971年水城特区与水城县合并后改为水城特区一中，1979年列为首批省重点中学，改称六盘水市第一中学。占地面积4.53万平方米，有教学班24个，学生1600余人，教职工160余人。教学设备齐全。

附：水城中学创办情况简介

民国27年（1938），地方志士倡办水城中学。1939年春，为创办水城中学，县长阮略邀请全县绅士在县政府开会，研究成立水城中学董事会，阮略任董事长，钱闻达、洪海清任副董事长，王叔文、郭焕章、聂郁麟、李福山、王仲山、马伯超、吴晋卿、刘秉权、马仁瞻、肖孟南、肖辉五、陆子高、陈仲湘、陆联品、耿鉴民为董事。校址选在凤池书院（今钟山区三小所在地），建校木料由钱闻达捐献。办校基金，一是从教育经费中拨一部分，二是向各区乡有力人士募捐，并劝说全县绅商界人士募捐。区乡有枪有势力的人，数安庆吾捐资最多。董事会委托贵州省法政学校毕业生钱闻达任中学校长兼教语文，聘大夏大学毕业生傅景文为教务主任兼教数理化。教员就地选聘，其中县长阮略身兼教师，教公民和语文。1939年7月举行招生考试，270余人报考，共录取124人，其中女生34人，男生90人，男女各编1班。以后每年招生1期。从创办到1950年水城解放前夕，共有初中毕业生300人左右。

1950年8月水城县解放后，学校由县人民政府接管，初中复课，县长周化明兼任校长，张绍平任副校长。全校3个班，学生93名，教职工12人。1951年迁入观音寺文昌殿，增到3个级，5个班。其中招收少数民族预备班1个，学生39人（含女生2人）。

六盘水市第三中学 1984年始建，占地面积4.94万平方米，建筑面积6000余平方米。学校教学设备齐备。2005年秋季开始分为黄土坡校区和朝阳校区（凤凰校区临时校区）进行教育教学及管理，有教学班81个，学生5300余人，教职员工270余人。2006年，学校在凤凰开发区建凤凰校区，学校占地23.12万平方米。

六盘水市民族中学 1986年始建，占地面积3.34万平方米，建筑面积2100平方米，开办初期附设民管中专班学生100余人，全部分配就业。1995年后，民管中专班停办，面向全市招收少数民族初中毕业生，常年在校生600～700人，少数民族学生占学生总数85%以上。

六盘水市第二实验中学 2006年始建，原为六盘水师专附中，隶属于六盘水师范学院，占地近6.68万平方米，总建筑面积3万平方米。学校教学设备齐备。有31个教学班，学生2210人，教师110人。

六盘水市第六中学 1972年始建，原为贵阳铁路分局所辖水城铁路子校。2004年，移交六盘水市管理，更名六盘水市第六中学，占地2.07万平方米，建筑面积5952平方米，有教职工42人。学校教学设备齐备。

六盘水市第十一中学 1968年9月始建，原为水城水泥厂子弟学校。1995年，更名为贵州乌蒙山发展有限公司子弟学校。2004年，更名为六盘水市乌蒙山中学，后更名为六盘水市第十一中学，占地面积6.68万平方米，建筑面积7957平方米，有教学班20个，学生1100人，教师50人。学校教学设备齐全。

1988—2008年钟山区高考考生录取情况一览表

表15-3　单位：人

年份	学生人数	应考人数	录取人数（人）			其中清华、北大录取数	附　注
			中专录取数	大专录取数	本科录取数		
1988	942	918	102	175	300	3	—
1989	1052	1000	78	194	326	—	—
1990	1128	1002	94	160	319	1	—
1991	1105	1060	78	154	310	1	—
1992	1189	1157	88	173	344	—	—
1993	1215	1213	102	156	319	1	—
1994	1332	1327	89	260	237	1	—
1995	1338	1302	109	260	280	3	—
1996	1395	1343	115	218	340	2	—
1997	1655	1579	125	232	380	2	—
1998	1610	1519	122	300	482	5	1人为全省文科状元
1999	1831	1790	66	357	718	4	—
2000	2104	2075	1	513	826	2	—
2001	2378	2348	—	667	1156	6	—
2002	3110	3019	—	826	1005	7	—
2003	3511	3399	—	990	1650	11	—
2004	4066	3789	—	1201	1375	10	—
2005	4895	4738	—	1143	1750	8	—
2006	5182	5009	—	1129	1857	13	—
2007	5579	5381	—	1150	1797	4	—
2008	6365	5525	—	1140	2279	8	—

1988—2008年钟山区清华大学、北京大学录取学生情况一览表

表15-4　单位：人

年份	考取清华大学、北京大学人数	考取清华大学学生	考取北京大学学生
1988	3	张先波、朱文斌、粟镇宇	—
1990	1	程林	—
1991	1	斯嘉禾	—
1993	1	陆秀峰	—

续表15-4

年份	考取清华大学、北京大学人数	考取清华大学学生	考取北京大学学生
1994	1	董希谦	—
1995	3	方亮、冯雪	申渊明
1996	2	谢歆、吴丹	—
1997	2	邱雨虹	万萍
1998	5	何海波、胡勇	刘炳蔚、刘维、罗彧（全省文科状元）
1999	4	李舒亚、李昊、黄锦川、胡堃	—
2000	2	田甜、李楠	—
2001	6	赵亮、郑文、刘念、张昌德	屠元、胡永志
2002	7	谢鑫、姚振宇、刘璋、张道泉、宗强	杨梦露、杜培湖
2003	11	彭子雄、杨艳萍、吕铁鑫、张玉婷、张坤	张颉、李腾东、徐勇、周悦、刘娴、廖中培
2004	9	张文昊、陈朝阳、刘堃、王智、杨曦、尚涛、翟淼鑫、祁光霞、张黎	—
2005	8	成宇、彭政、王青、王虹、王晓杰、王冲、李世平	蒋曼
2006	13	彭曦、燕俊、蒋丽、宋炳岑、梁智、谢帮密、袁晓东	瞿玲龙、刘璐、陈志军、熊光辉、邹鹏、陈文琪
2007	4	胡丹、张云龙、余贞富	杜思雨
2008	8	王刚、李红记、王治璇、孟玮、简存梅	何坦红、吴静、郎海

第四节　民办学校

自20世纪90年代初开始，钟山区的民办教育（始称社会力量办学）发展迅速，民办教育已成为全区义务教育的重要组成部分。

2000年，全区民办教育学校（含幼儿园）72所（其中55所持有办学许可证）。有在院幼儿272人、小学生7276人、初中生279人、高中生109人。占全区中小学在校学生的23%以上。有教职工333人，其中中专学历279人，退休教师105人，师均学生数23.8人。

2004年，民办教育学校105所，学生17290人，其中高中生476人，学前幼儿1538人，有教师542人。自建校舍3.14万平方米，固定资产约1000万元，教师工资约200万元，办公经费约20万元，为政府节省至少600万元的教育经费投人。

2008年，民办教育学校发展到156所，其中幼儿园99所，小学45所，九年一贯制（包括高完中）12所，培训班29个。有学生18609人，其中，学前幼儿9954人，小学生1847人，初中生2324人，高中生277人，培训班学员4207人。有教师1378人，其中幼儿园教师422人，小学教师513人，初中教师260人，高中教师21人，培训班教师162人。学校占地总面积15.29万平方米，其中自建5.04万平方米，租用

10.25万平方米；校舍建筑面积为10.52万平方米，其中自建4.2万平方米，租用6.32万平方米。

钟山区将民办教育学校纳入全区学校统一管理，对校长、教师进行培训，对教学质量进行监测，实行办学许可证年审制度。民办教育学校教师和学生享有公办学校教师、学生同样的法律地位。

附部分民办学校选介

新世纪幼儿园　2001年始建，位于六盘水钟山中路市法院旁。占地面积3000余平方米，建筑面积1860平方米，有教学班12个，幼儿416人，教职工43人。2006年、2008年成功创办两个分园和一所优质化寄宿式小学，即荷城园区和红果园区、荷城寄宿小学。2004年被评为市级优秀民办教育机构，2009年被评为省级一类幼儿园，园内设施齐全，环境优美。

钟山区幼儿园　2001年始建，位于钟山区繁华地段区府路，占地面积1708平方米，建筑面积3618平方米，开设有托儿班、小班、中班、大班、学前班，幼儿600余人，教职员工50余人。园内设施齐全，环境优美。

钟山区欣欣花园幼儿园　2005年始建，地处人民东路欣欣花园内，是国际标准的九班制幼儿园，占地1056平方米，建筑面积2312平方米，有幼儿488人，教职工36人。园内设施齐全，环境优美。

汪家寨双龙学校　1991年始建，创办人林成荣。学校占地8020平方米，有教学班21个，学生1632人、教师42人。全校95%的学生为农民工子弟，是全区最大的农民工子弟学校。至2008年，共为社会输送合格的毕业生5000余人。

第五节　职业学校和特殊学校

一、职业学校

1988年，钟山区本着按需施教、学用结合、注重质量、讲求实效的原则，兴办职业教育，涵盖干部教育、技工培训、在职干部职工学历教育、农民教育。主要为未取得合格学历的国家干部职工创造条件，给其深造的机会，使他们通过培训、函授、电大、夜大、自学考试等多渠道多形式在职或离职进修，达到合格学历，适应新形势的需要。对农村知识青年和脱盲学员进行农业科学技术知识培训，掌握和引入先进农业技术，发展农业。

二塘农业中学　1974年始创，开专业班3个，学生160余人。1975—1977年开专业班5个，学生300余人，均为住校生。后因地处偏僻、管理不善而停办。1983年在省、市的重视下得以恢复，招收初中毕业生进校，在省内外招聘专业教师授课。学校先后修建教师宿舍楼、学生宿舍楼、学生食堂、养猪场和篮球场及围墙，基础设施逐渐完善。1985年以后，陆续从贵州农学院、贵州省畜牧兽医学校等大中专院校毕业生中招聘5名专业课教师，本校选拔3名优秀学生到贵州农学院培训后回校任教，专业课教师达11人。开设作物栽培、植物保护、畜牧、兽医、土壤肥料等专业课，有学农基地300亩。1984年种植马铃薯19.5亩、红豆15亩、苞谷8亩，单产为苞谷200公斤/亩，豆子25公斤/亩，马铃薯2000公斤/亩。培育梧桐、柳杉、侧柏、杜仲、攀枝等树苗，成活率达96%以上。树苗向全区推广、移植。另外种植苹果、梨、核桃等果树430株，均获成功。培育脱毒马铃薯优良品种，并向全区和邻近县推广。1987年有583名学生毕业。1988年划归钟山区管理学校饲养肥猪100余头，种猪10余头，安哥拉兔200余只，牛4头、鸡鸭鹅各100余只，人工培育食用菌、木耳等。试种松茯苓60余亩，种有茶叶100余亩，并栽培各种牧草和药材板蓝根等。同时种有苞谷、红豆、马铃薯等粮食作物，均获丰收。科学实验研制试种成功的产品（植物、农作物、药材等）向全区及邻县推广。学校成为钟山区“农、科、教”合一的农业技术培训中心。1995年二塘农业中学有教师19人，职业班6个，共有600余名学生毕业。1996年，学校承包给私人领办，由于改变招生性质，加上领办人缺乏经验，学校办学失败。1998年，二塘农业中学移至钟山六中（原师专附中）开办，更名为钟山区职业中学。二塘农业中学原址校产并入大湾中学，职业班学生移交给钟山区职业中学。1993年在老鹰山中学、小山中学、区四中、区五中、汪家寨中学、大河中学等校办“三加一”（三年初中班，一年职业班）职业班8个，开设家电维修、企业管理、作物栽培等专业，1994年停办。

水钢技工学校 1976年创办，原名为七二一工人大学。校园占地面积5.44万平方米，建筑面积7380平方米，教师100余人，常年在校生1400～1500人，历届毕业生共3795人，就业率100%。设有轧钢、仪表、铁路运输、机械、电气、铸造、硅酸焦化、热电、选矿等专业。2008年已停办。

水城矿务局技工学校 1978年开办，校址位于滥坝，占地86000平方米。开设机械化采煤、矿山电工、煤矿电钳、金属、焊接、煤矿通风安全、财会、英语、烹调等专业。1990年在校学生841人，教职工266人。自开办至1990年共毕业学生3000人，全部就业。被中国统配煤矿总公司评为省（部）级重点学校，是西南地区煤炭系统唯一的重点职业技术学校。后与原市卫校、商财校、农校等一起并入六盘水市职院。

六盘水市经济管理学校 1985年开办，校址位于德坞，学制三年，招收初中毕业生入学。开设会计、统计、家电、土建筑、经济管理、文秘等专业。校园占地面积约21500平方米，建筑面积1750平方米。至1990年共毕业学生594人。2008年已停办。

钟山区职业中学 1996年始建。由钟山区第六中学改建，并将原二塘农业中学的职业班移入。开办计算机应用、电子应用技术、旅游、机械加工、烹饪等专业。其中，计算机专业班、缝纫专业班及短期厨师培训共1473人，同时招收一个边师班50人，培训“4050”人员170余人。培训基层党员（干部）5期，受训人员400余人。2005年与广东、福建、重庆、浙江、江西等省市职业学校联办，并建立稳定的学习、实习、就业基地，为学生就业广开门路。在区内外设立教学点8个。2008年，区职业中学校址因六盘水市师范专科学校建设被征用，迁至凤凰街道办事处石桥村重建。

二、特殊学校

区境内有六盘水市特殊教育学校1所，校址在明湖路，学校占地面积8000余平方米，建筑面积2000平方米。共有6个级20个班，教师60余人。面向全市招生，常年在校生500人左右。1991年分别在川心小学办启智班，在麒麟小学和汪家寨小学开办聋哑班。自2006年起，残疾儿童少年教育已纳入义务教育范围，根据残疾类型和程度，能就近随班就读的就近随班就读，不能随班就读的，送到市特教学校就读。2008年全区残疾儿童入学率77.3%。经弱智和聋哑学校培训合格上岗的专任教师12人，均享受特殊教育补贴。开办以来教学质量不断提升。

第六节 民族教育

钟山区少数民族文盲比例由中华人民共和国成立前的99%降到1988年的52%，1988年，少数民族小学生有29911人，入学率达53%，初中生有3737人，高中生有125人。从1978年恢复高考制度以来，少数民族学生在同等条件下照顾20分录取，区县分设后，区境内有汉、彝、苗、回、布依、白、仡佬等31个民族，少数民族人口占总人口的14.59%。少数民族集聚的乡为月照乡，少数民族聚居的村有金钟村，彝族约占全村人口的60%左右，大坝村居住的回族占100%，马坝村居住的苗族占99%，3个村寨的少数民族学生适龄儿童入学率均达100%。马坝村专设苗族学校，实行双语（汉语和苗语）教学，学校还开办音乐、绘画、蜡染、刺绣等独具苗族特色的培训班，共有学员124人。2007年，学生创作的民族民间刺绣、蜡染作品等参加多彩贵州旅游商品设计和能工巧匠大赛，苗族女生李湘娟的蜡染作品荣获省一等奖。芦笙舞《童趣》，在六盘水市举办的民族民间舞蹈大赛中荣获集体二等奖。

2008年，钟山区民族学校有大湾镇大庆小学、海嘎小学，汪家寨镇新华小学，大河镇周家寨小学，月照彝族回族苗族乡中心校、马坝小学，六盘水市民族中学等7所。

第七节　成人教育

一、扫盲教育

1988年区县分设后，钟山区贯彻落实国务院1988年2月5日颁布的《扫除文盲工作条例》，认真执行中央"一睹、二扫、三提高"的方针，集中人、财、物力大抓扫盲教育。做到"领导到位、经费到位、教员到位、学员到位、宣传到位"。1989年8月接受省人民政府的评估验收，获得合格等次。认定全区开办扫盲班410个，入校学员11761人，扫除青壮年文盲达81010人，全区非文盲51896人（不含厂矿企事业单位）。非文盲率达90.4%，实现基本无盲乡镇17个，占乡镇数的100%，实现"基本无盲县"的目标。

1990—1992年，扫盲工作重点为"巩固扫盲成果，提高村民素质"。1993年，15～45周岁的农民94595人，文盲5775人，非文盲率93.9%，1995年非文盲率99.15%，是年，接受高标准扫盲验收，达到全国"基本无盲县"标准。2000年11月接受省的"两基"验收为"基本合格"。2004年，接受省的复查验收为合格，并颁发"两基"合格证书。2006年全区农村青壮年人口85248人，其中丧失学习能力的185人，非文盲人口82917人，农村非文盲率97.48%，城镇青壮年为175992人，其中丧失学习能力的40人，城镇非文盲人口175474人，城镇非文盲率达99.73%，近三年脱盲1596人，脱盲巩固人数为1591人，巩固率为99.69%，全区各村均有农技教学班。2008年全区共设教学班（点）60个，投入资金4万余元。

职工在职教育　钟山区成立以来，十分重视职工教育，采取多渠道、多形式对职工进行政治、思想、文化、科技、自身业务等再教育，使其随时保持头脑清醒，有正确的世界观和人生观，思想坚定，文化过硬，业务精通，为钟山区的发展而奋斗。

20年间，广大干部职工通过函授、自学考试、成人高考、脱产进修等途径，大幅度提高学历，全面提高素质，迄今为止，95%以上的干部职工获得大专以上文凭。

二、学校简介

贵州省六盘水市钟山区职业成人教育学习中心　2000年，钟山区职业技术学校与贵州省广播电视大学联办，成立贵州省六盘水市钟山区职业成人教育学习中心，开设小教师资、小学教育、教育管理、行政管理、汉语言文学等本科专业，是年招收小教师资3个班，180人。至2008年共有本科学员264人，专科学员680人。已毕业本科学员158人，专科学员500人，现有在读学员286人。

钟山区农广校　贵州省农业广播电视学校六盘水钟山区分校（简称钟山区农广校），始建于1990年8月，开办时有一个教室，48个座位，办公室2间，配有电视、录像机、照相机等设备，有专职人员4人，聘用教师12人，同年招收牧医专业一个班50人。后发展迅速，设有果蔬、农牧、会计统计审计、农村电气化、企业经营管理、兽医、农学、现代乡村综合管理等专业，并大力开展"绿色证书""阳光工程"等培训。至2007年，办学条件有很大改善，增置计算机、打字复印机等现代化教学设备，专职人员5人，迁入凤凰新区后，教室、办公室分设，配齐书柜、档案柜等办公设备。

自建校以来，培养大专以上毕业生265人，中专毕业生1907人，"绿色证书"培训2067人，"阳光工程"培训767人，培训农民17276人，培训退伍军人69人，农村干部远程教育培训51人。为钟山区农民教育和农村经济的发展做出重大贡献。

第八节　高等教育

境内共有4所高等教育学校，分别是六盘水师范高等专科学校、六盘水广播电视大学、六盘水职业技术学院、六盘水市委党校，另外，在钟山区职业中学开设本科班等，构建起钟山区境内的高等教育框架。

高等教育学校简介

六盘水师范高等专科学校　位于凤凰街道明湖村。前身是贵阳师范学院六盘水大专班，1977年随国家恢复高考后招生。因受经济条件限制，分散在六枝特区郎岱镇、盘县特区41部队旧址、水城特区一中设点教学。1980年集中在朝阳新村（今明湖村境内）办学。1984年，市教师进修学校并入大专班。1985年1月，经贵州省人民政府批准更名为六盘水师范专科学校，后经教育部正式命名为六盘水师范专科学校。2003年，根据师范教育由三级师范向二级师范发展的要求，六盘水师范学校并入六盘水师范专科学校。2006年又将六盘水体育运动学校并入。形成本科与专科、中专并存，师范与非师范并举，普通教育与成人教育协调发展的办学格局。

学校校园规模已达643.12亩（428747平方米）。有物理、化学、生物及技术开放实验室4个，教学、科研设备总价值1012.9万元。配备计算机近3000台（其中用于教学257台）。建有局域网、实验中心、多媒体语言教室等座位1272个，图书馆阅览室座位400个，藏书38万余册，中外文期刊500余种，电子图书20万册（种），教育实验基地39个，在玉舍森林公园建有教研、科研基地。体育设施建设用地、专用绿化用地等185742平方米。

学校有12个系，3个教学部和1所附属中学（六盘水市第二实验中学），有教职工452人，其中专职教师286人。现设20个三年制师范专业和4个三年制非师范专业，5个五年制非师范专业，全日制在校本科、专科、普师学生5000余人，成人本科、专科学生3200人，美籍留学生3人。

六盘水职业技术学院　学院位于德坞街道德坞新区。2002年6月，经贵州省人民政府批准成立，是一所集教学、科研、实训为一体的综合性高等职业技术学院。

学院占地面积36.67万平方米，建筑面积8.27万平方米，在校学生3900人，藏书8.23万册，计算机360台，各种实验室27个，教学仪器设备总值800多万元，实训基地19个，校办企业2家。现有教职工361人，其中专任教师190人，有教授1人，副高职称46人（副教授20人、高级讲师21人、其他系列5人），中级职称122人。设有护理系、临床医学系、财经系、商务管理系、农业工程系和工业系，有附中一所。开设高级护理、计算机技术及应用、财务会计（电算化）、机电技术与应用、动物科学、园艺、电子商务、现代物业管理、中西医康复技术、高级助产、药用植物栽培与管理等11个高职专业。开设中职专业36个。

学院设有华中农业大学、贵州大学、重庆工商大学、贵阳医学院、贵州商专等高校的研究生、本科生及专科生的函授站点。设有全国计算机等级考试考点及培训站，全国计算机信息高新技术考试站，贵州省第90国家职业技能鉴定所，六盘水市农业科学研究所，六盘水市林业科学研究所，六盘水市农产品质量安全监督检测中心，六盘水市农村劳动力就业转移培训中心，六盘水市安全生产培训中心等。

学院专业设置面向市场需要，紧密结合西部大开发和六盘水及周边地区实际，充分发挥科研优势，注重“产学研相结合、教科训一体化”，培养生产、建设、管理、服务等一线需要的具有较强实践操作技能的高级职业技术人才。

六盘水市广播电视大学　始建于1986年，位于钟山开发区，东靠八一路，南临凉都大道，北依明湖路，交通十分便利，是六盘水市教育行政干部培训中心，六盘水市中小学校长和中小学教师培训中心，也是国家奥鹏远程教育学习中心和全国网络考试中心。学校共有教职工38人，校内专职、兼职教师38人，校外兼职教师40余人，其中副高以上职称教师占专职、兼职教师的30%以上，讲师和硕士研究生占专职、兼职教师的50%以上。

自建校以来，先后开办成人中专、普通中专、普招大专、成招大专、卫电师专，“人才培养模式改革的开放教育试点”项目的大专、本科，以及国家奥鹏远程学习中心的本科等学历教育工作；非学历教育有行政干部培训、中小学校长培训、中小学教师培训、公务员培训、技术工人技能培训等。建校至今已向六盘水市及周边地区输送万余名各种层次的毕业生。

学校校本部占地面积约8亩，拥有教学综合楼、教师宿舍楼、学生宿舍、食堂、球场等设施。目前拥有计算机100余台、卫星电视数字接收系统、双向视频会议系统、多媒体教室、电子阅览室、语音室、舞蹈室、琴房、图书室、会议室等硬件设施，并拥有能满足管理需要的现代化办公设备。六盘水市委、市政府高度重视广播电视大学的发展，2008年已在双水新区划拨70余亩土地，计划投资5000余万元，为学校建设新校园。

中共六盘水市委党校　始建于1975年9月，位于六盘水市中心区窑上水库东侧。占地面积约52亩，建筑面积约15000平方米，校园绿化面积占总面积的53.6%，有教室16间，藏书40000余册。建有宿舍，餐厅，可供300人食宿。现有教职工72人，管理人员34人，开设经济学、法学、行政管理学、党建等科目。开设班次分为5类：（1）县、科级干部、少数民族干部和妇女干部培训班；（2）公务员培训（含培训、轮训）；（3）中共党员及非公务员培训（含民主党派和无党派人员培训）；（4）学历教育班；（5）系统、部门的专业性轮流培训班。现已发展为行政学院、社会主义学院以及党校行政学校，三块牌子、一套人马，合署办公。常年在校培训学员300～450余人。

第九节　教　师

一、队伍

来源与构成　1988—2001年，钟山区教师主要来源于各类师范院校毕业生分配，边远地区教师部分属于民办教师。1988年，全区共有教师1098人，其中公办教师868人，民办教师230人，是年民办转公办6人。此后，逐年有“民转公”指标，至1997年，所有合格的民办教师均转为公办教师。

2002年开始，钟山区对大专以上师范毕业生仍采取分配方式准入。对于中师生，实行招考政策。2006年以后，对于本科毕业生，视需求按国家相关政策采取分配方式准入。大专、中师毕业生通过招考方式进入教师队伍。随着学校规模扩大，学生人数增加，教师队伍充实，至2008年，全区共有教师3456人。

学历结构　1988年，全区公办教师868人，其中中学教师191人，本科学历27人，大专学历106人，中专及以下学历58人。小学教师677人，专科学历4人，中专及以下学历673人。随着国家对教师学历要求的提高，在职教师通过离职进修、在职进修、函授等方式提高学历，教师学历结构不断优化。至2008年，全区教师3426人，其中中学教师1403人，本科学历815人，大专学历557人，中专及以下学历31人。小学教师2023人，本科学历171人，大专学历1424人，中专及以下学历428人。

职称结构　1988年，公办教师868人，其中高级职称9人，中级职称168人，初级职称691人。1992—1993年对建区以来分配的157名大中专毕业生技术职务进行首次评定。1993年中小学教师职称评聘工作转入经常化，原则上实行空岗补缺、等额推荐、等额评审，取得资格后，与学校签订《任职协议书》。2005年后职称评聘实行结构比例，评聘分开。至2008年，全区教师3426人，其中中学高级职称294人，中级职称1565人，初级职称1597人。

二、待遇

政治待遇　历届市、区、镇（乡、办事处）党代会、人代会及政协会均有教师代表参加。在社会主义现代化建设中，尤其是改革开放以来，各级政府部门不断培养教师干部。尊师重教，保证教师的合法权益。历年教师节，政府均慰问教师，关心教师健康，采取有力措施帮助贫困教师，表彰优秀教师、优秀班主任、优秀教育工作者。1994年，组织高级教师及离退休教师体检。1995年，教师节来临之际，钟山区四大班子到医院看望生病教师。2007年，组织全区中学高级教师对身体进行全面检查。1988—2008年，钟山区教师获国家级表彰5人次，省级表彰13人次，市级表彰99人次，区级表彰220人次。

经济待遇　1988年后，执行教师职务工资，教师工资不断上调，涨幅较大。1989年，以标准工资和职称工资为基数，增加10%的津贴。1993年工资改革，教师的基本工资和补助工资上调。1997年，中级教师工资涨至600元左右。1999年，中级职称教师工资平均达700元以上。2001年两次调整工资标准，并增加边远津贴，教师工资平均增加300元。中级职称教师工资达1000元左右。

2005年，增加岗位津贴平均为80～110元不等。2006年，增加住房增量补贴、薪级工资，教师工资平均增加600元左右，中级职称教师工资达2000元左右。2007、2008年，完善工资改革制度，津贴、增量补贴、薪级工资逐年上调。中级职称工资达3000元以上。

此外，教师和公务员同样享受养老保险、失业保险、医疗保险，女教师有产假，男教师享有护理假。房改前教师享受分配的住房，房改后，教师住房进入市场化，享受住房增量补贴，住房公积金，享受工会福利费、十三个月工资、年终奖等。1988—2008年，区政府做到按时足额发放教师工资。区级财政如遇困难，则首先保证教师工资发放，没有拖欠教师工资现象。

1988—2008年钟山区教师平均工资变动情况一览表

表15-5　　单位：元

年份	工资	年份	工资
1988	152	1999	600
1989	157	2000	626
1990	181	2001	900
1991	184	2002	977
1992	225	2003	982
1993	256	2004	1248
1994	336	2005	1324
1995	383	2006	1329
1996	429	2007	1558
1997	450	2008	2031
1998	518	—	—

三、培训、考核

培训　1992年，区教研室开始使用电教手段培训教师。1993年，区教研室巡回对全区小学教师进行教材上岗前培训，参培教师922人。1996—2000年，全区启动小学教师第一阶段继续教育培训，参培小学105所（含点校），教师2015人，参培率100%。参考教师1868人，参考率100%。2000年成立区教师培训中心承担教师培训任务，是年培训骨干教师500余人次。

2001—2005年，启动新一轮教师继续教育工程。全区教师1751人，均参加各种类别的全员培训，其中，普通话培训25期，信息技术培训13期，采取多种形式对教师进行职业道德教育培训，参培人员100%。

2007年，派出26名骨干教师参加省级培训，派出385人参加市级培训，在区内培训骨干教师985人。邀请国家、省、市专家对全区2461名中小学教师进行培训，培训率达100%。是年，组织全区中小学教师参加教材教法过关考试，中学参考教师931人，小学参考教师1510人，参考率100%。

2008年，派出34名教师参加省级培训，派出192人参加市级培训，在区内培训骨干教师1302人。

考核　全区各校制定考核措施每年对教师进行考核，兑现奖惩。应试教育阶段重教学成绩考核，期末考试全区统考、统评，分年级、分学科排名次，教学成绩作为考核教师的最主要依据。实施素质教育后，对教师的考核重综合素质考核，各校成立考核领导小组，制定考核细则，考核内容大都包括为人师表、奉献精神、团结同志、爱护学生、教研教改、论文发表、优质课评比、考试考查等，一些学校将考核量化，将考核结果作为教师评优评模、职称晋升的依据，使考核受到教师的重视，起到促进工作的作用。

1997年，开始将教育系统干部、教职员工的年度考核纳入事业单位工作人员的年度考核统一安排。是年，年度考核优秀称职人员，均按规定晋升工资，发给奖金，并扣发不称职人员当年奖金，同时责令其参加区人事劳动局组织的学习班加强学习。1997—2008年，教师年度考核工作步入正轨。

第十节　教育教学

一、方针、方法

1988年，钟山区各中小学均建立德育工作领导班子，指导学校贯彻执行党的教育方针。1990年，中共中央《关于加强中小学德育工作的通知》下达后，各中小学在各科教学中注重爱国主义教育，各中小学思想政治教育有新起色、新景象。

1991—1996年，学习贯彻《义务教育法》《未成年人保护法》《教师法》和《教育法》。全体师生有法可依，依法从教，依法做人，用法律保护自己，维护自身的合法权益。1997—2008年，全区各中小学将“全面贯彻党的教育方针，全面执行教育法律法规，全面提高教育教学质量”，作为开展思想政治教育主要内容。

1988—2008年，钟山区根据教育改革的需要，把教学方法也纳入教改的主要内容之一，把课堂结构改革列为教改的重要环节。全区中小学的教学方法采用“备、讲、批、辅、补”五字方针。即认真备课，精讲课文，认真批改作业，在学生练习时耐心辅导，对差生及时采取补课即补救措施，整个教学方法贯穿“精讲多练”的原则。

二、教学研究

1988年，设置教研室。根据教育、教学改革的实际，开展重点课题研究和实验。

注音识字，提前读写　1989年起，在川心小学一年级4个班中进行专项实验，由专职教研员负责此项工作，在使用全国统编教材的基础上，通过引进外地教材，增加学生课外辅导读物，达到通过注音识字，让学生提前读写。实验结果成效显著，该经验在《教育简讯》印发，并向全区各小学推广。

幼儿园与小学衔接　教研室在区一小、二小、三小、川心小学、汪家寨小学开办学前班实验。从内容、课堂时间、课堂结构、教学计划、课程设计等几方面进行衔接，由专职幼教教研员负责此实验工作，实验结果向全区各小学推广。至2008年，全区大多数小学（含村小）办有学前班。

三算（珠算、笔算、口算）结合教学　1988—2008年，区教研室先后在区一小、二小、三小、川心小学和场坝小学等校进行试验，取得良好效果后在全区各小学推广。

整体改革实验　1989—1998年，区教研室分别在区五中和川心小学以秋季入学的初一、小学一年级为实验对象。在转变教育思想、学校管理规范化、制度化及办学水平方面均有明显提高，改革成效明显，学生思想品德合格率达99.5%以上。

优胜劣汰实验　开展"以考促教，以考促学"为主要内容的实验。单科教师以及格率评定优劣，班主任以各科及格率评定优劣，学生以单科和各科及格率评定优劣，按等次设奖。学生除获奖外，下学期书杂费予以免缴；教师除获奖外，在晋级、提拔上优先考虑。2002年后，每学期期末仍坚持综合检测，统测、统评、统改，但不排名次，不设奖。

第十一节　管理和经费

一、管理

幼儿学校管理　1988年后，为适应幼教发展需要，区教研室设专人管理幼教工作，通过劝教活动，确保幼儿必需的营养，向幼儿进行初步的五爱教育，教给幼儿音乐、美术、舞蹈、文字等技能。行政管理注重办园条件、审批手续，卫生保健等方面的工作，严格执行幼儿园登记注册制度，选好园长、教员和保育员，检查、督促办园效果。

小学学校管理　1989年后，区属小学由区统一领导，教育局全面管理。实行校长负责制，各校成立校务委员会，决定学校重大事项，大型学校建有党支部、工会、少先队、教研组、年级组、财务组、综治办等组织。党支部由党员大会选举产生，报局党委批准，工会由会员大会选举产生，报区教育工会批准。少先队、教研组、年级组、财务组、综治办等由校务会决定，报区教育局备案。直属学校校长由区教育局直接考核任命，各镇、乡、办事处学校的校长、副校长由教育局和所在镇、乡、办事处共同考核，由教育局任命，其二级班子由学校考核任命，报教育局备案。

中学学校管理　实行以区为主的管理体制。即区统一领导，区教育局全面管理，镇、乡、办事处（直属除外）全面负责的管理体制。全区中学一律实行校长负责制，并充分发挥校务委员会的职能作用。科级学校校长、副校长的任命由区委组织部和教育局共同考核上报，由区人民政府任命，股级学校由区教育局和所在镇、乡、办事处共同考核，由区教育局任命。

民办学校管理　对社会力量办学，钟山区按照属地原则，依据《中华人民共和国民办教育促进法》，由区教育局具体管理。

二、经费、设施

（一）经费

1988年，共投入教育经费172.07万元，此后逐年增加。1989年为285.07万元，1992年为574.35万元，1994年为733.74万元，2000年为2078.2万元，2001年为2455万元，2005年为5360万元，2006年增至7391万元，2007年为12178万元，突破亿元大关，2008年为12036万元。另外各年学校收取杂费均用于教育。按时足额发放中小学教师工资。

1988年，在几所边远贫困村的乡办学校免收杂费，对21个特别贫困村的女童免收杂费，并补助书本费，以确保贫困学生尤其是贫困女童入学。1989—1990年共为1944名女童补助书本费42985元。

2003年，对月照乡少数民族贫困家庭学生免费发放教科书，惠及学生1900人，金额8.84万元。2004年秋季学期开始，全区实行“一费制”收费政策。2005年秋季学期，对全区5个镇、乡公办学校贫困学生实行“两免一补”政策（免杂费、免书费、补助贫困寄宿生生活费），共免杂费7975人，免书费252人，补助贫困寄宿生115人。2006年春季学期开始，共减免杂费73544人，金额319.28万元，免书费16980人，金额71.76万元，补助贫困寄宿生1439人，金额28.79万元。2006年乡镇学校义务教育阶段学生全免费就读。2008年秋季学期起，城区学校义务教育阶段学生免收学杂费。城市义务教育阶段公办、民办、企业办的学校所有学生开始享受减免杂费政策。由中央、省、市、区投入资金465.39万元。

（二）设施

校舍改造 1988年，区属学校校舍面积（不含市直、企业和民办学校）3.5万平方米，生均0.86平方米，校舍面积严重不足，且尚有危房面积1.02万平方米。1988—1997年，10年间投入校舍维修、危房改造及新建资金515.68万元，新建和维修面积3.41万平方米。1998年起实施义务教育工程建设。1998—1999年获批义务教育工程项目26个，建筑面积29987平方米。2001年获省奖励3个项目，建筑面积3200平方米。义务教育工程总投资1610万元。

2001—2005年，区获危房改造项目29个，自筹资金维修4个，改造面积2.35万平方米。共投入资金1761.71万元。

2004—2007年，国家实施农村初中寄宿制工程建设，区获批4个项目。2004年，为迎接省“两基”复查验收，区政府投入1000余万元为50余所学校完善附属设施。2007年，市、区为解决城区义务教育阶段学生上学难的问题，在中心城区新建区一中、实验二小，扩建区四中、三小，共投入资金4830万元，其中市级资金1800万元，区级资金3030万元，建筑面积4.02万平方米。

2006—2008年实施薄弱学校改造工程建设。2006—2007年，实施12个项目，建筑面积1385平方米，投入资金1209.6万元，其中中央资金395万元、省级资金425万元、区级资金389.6万元。2008年，中小学实施亮丽工程。全区共投入资金700余万元。

至2008年，从中央到地方各级政府部门共投入（含捐资）建设资金1.3亿元，清除危房近2万平方米，建筑面积达18.37万平方米。是建区初校舍面积的5.3倍，小学、初中教室达标率100%，学校达到“规划、硬化、绿化、美化、文化”标准。

实验室与教学设施建设 1992年起，陆续为学校配套实验仪器，建实验室。选派物理、化学、生物老师到市师范专科学校培训后任实验指导教师，并管理实验室。1998年义务教育工程开始实施，全区共建设29个项目，并为项目学校配备相应的图书和教学仪器。2000年，各学校陆续购置电脑，建微机室。2001—2004年间用于学校图书、实验室建设资金达226.40万元，用于现代化教育设施建设费327.29万元。2005年，政府给各学校配足电脑。是年，建起农村中小学远程教育网站61个。2006—2008年，为“两基”迎“国检”。进一步加大对学校设施设备的投入，共投入资金1250万元，对全区中小学图书、实验仪器、架、柜、桌凳等进行统一采招，分发给各学校，镇、乡、街道均不同程度地投入资金改善办学条件。2008年，区属中小学均按要求配齐实验及教学仪器，小学生人均拥有图书10.68册，初中生人均拥有图书21.77册，教学设施设备达标。

第十二节 督 导

1988年，区督导室由区教委人秘科代行督导职能。按照上级督导室的部署，开展五项督导检查和德育督导评估。1990年正式成立教育督导室，在教育局内办公。督学由区委组织部考核，区政府任命。2006年以后，根据《贵州省督导条例》的规定，督学对同级教育行政部门、下级人民政府以及各级各类学校实施教育督导。1988年，配合教育局抓适龄儿童入学，动员辍学儿童返校，指令学校扩大教学班次，增加学生人数，招收插班生。秋季开学工作就绪后，紧接着发动镇、乡、办事处、村、组办夜校，动员乡、村、校开办扫盲班，密切配合教育局有关股室经常性深入镇、乡、办事处、村、学校、班督促检查“两基”工作。区督导室分别对全区的扫盲工作进行督促、指导、检查、评估、验收。1989年，全区开办扫盲班410个，入校学员11761人，消除青壮年文盲81010人，全区非文盲51896人（不含厂矿企事业单位），非文盲率达90.4%。实现基本无盲乡镇17个，占乡镇数的100%，实现“基本无盲县”的目标。是年，经贵州省人民政府评估验收，获合格等次。

1995年达到全国“基本无盲县”标准。1995年，督导工作的重点是巩固普及初等教育和扫盲成果，抓好“普九”评估验收，报请市、省复查验收。2001年督导室与教育局密切配合，对“两基”工作进行查缺补漏，巩固提高，加大对下级人民政府及各学校督导的力度，特别是“两基”工作的进展，全面跟踪，确保全区“两基”工作有序进行。2005—2008年，督导工作主要是配合教育部门和相关部门对“两基”工作进一步夯实基础、强根固本、弥补薄弱环节。检查、督促、指导各中小学实施校园建设。

第二章　科学技术

钟山区每年把科技事业经费纳入政府财政预算，作为专项资金下拨给科技行政主管部门具体管理使用。“七五”期间的1988—1990年投入7.9万元，“八五”期间，即1991—1995年共投入21.2万元，“九五”期间，即1996—2000年共投入83.7万元，“十五”期间，即2001—2005年共投入资金446万元，“十一五”前3年，即2006—2008年共投入资金1444万元。自2004年起，科技三项费用投入达到省里确定的占本级财政支出0.5%的最低标准。科技事业经费和各类科技投入的不断增长，为钟山区自主创新能力的提升提供较好的资金保障。

第一节　队伍管理与职称评定

一、队伍管理

专业科技队伍　1996年，钟山区开展科技人才调查。调查对象为全区国家干部中具有中专以上（含中专）学历或初级以上（含初级）专业技术职务的人员。全区共有各类科技人才2971人，其中，文教系统1216人，占总人数的40.93%，卫生系统85人，占总人数的2.86%，公、检、法、司系统326人，占总人数的10.97%，各镇、乡、办事处467人，占总人数的15.72%，农业部门102人，占总人数的3.43%，党群部门104人，占总人数的3.5%，其余的政府各部门601人，占总人数的20.23%，区属企业单位70人，占总人数的2.36%。

2000年，钟山区为贯彻落实“人才强区”战略，在全区科技人员中开展培养技术骨干和学科带头人工作，推荐政治素质高、工作能力强、钟山区急需的专业人才到省内外高等院校接受学历再深造。至2008年，选派到省外高等院校接受学历再深造有4人，其中有3人获硕士学位，有1人获博士学位。

1999年起启动乡土人才的培养工作。通过农业实用技术培训等方式加强各类乡土人才的培养力度。2000年，钟山区科技部门根据《科学技术部关于评选1999年度振华科技扶贫奖、王义锡科技扶贫奖的通知》精神，在全区范围内组织推荐工作，在推荐的候选人中有1名科技人员荣获贵州亚农科技扶贫贡献奖。2005年，钟山区制定《关于实施“人才强区”战略、加强人才队伍建设的意见》，并开展钟山区第一届优秀科技人才评选活动，评选出区级优秀科技人才6人。2007年，钟山区评选出区级优秀科技人才10人。

2005年，钟山区科技部门开始创建科技人才库。2008年，钟山区在25个相关部门征集钟山区科技计划项目综合管理系统专家的资料，将符合条件的24人的信息录入专家信息库。是年，钟山区科技人才库采集区级学科带头人4人、区级优秀科技人才16人、科技计划项目综合管理系统专家24人、乡土人才864人入库。

群众科技队伍　1991年区科学技术协会成立后，依法登记的学会、协会、研究会均为科协的会员。2008年，区科协共有学会（协会）10个，会员1050人。1991年开始相继在全区乡、镇、办建立农村基层科普组织和农村专业技术研究会。至2008年已建立乡、镇、办事处的科普协会6个，农村专业技术研究会28个，吸收和发展会员2000人。

1998—2006年，共培养科技示范户254人（涉及的专业主要是种植业和养殖业）。并颁发钟山区农村科技示范户证书。2001—2005年共为530名比较突出的乡土人才颁发钟山区乡土人才专业技术资格证书，评选出农村青年星火带头人80人。2001年，钟山区有3名村民荣获六盘水市优秀青年星火带头人称号。

二、职称评定

1988年，钟山区在岗专业技术人员1071人，其中高级技术职称6人，占技术人员总数的0.56%。中级技术职称2人，占总数的0.19%。初级职称（助理级）17人，占总数的1.59%。至2005年，全区在岗专业技术人员2649人，其中高级职称35人，占总数的1.32%，中级职称574人，占总数21.67%，初级技术职称及以下的有2040人，占总数的77%。从专业技术人员的行业分布情况看，工程技术人员227人，占8.57%。卫生技术人员238人，占8.98%。教学人员1773人，占66.93%。经济类人员16人，占0.6%。会计人员90人，占3.4%。统计人员36人，占1.36%。图书档案人员10人，占0.38%。

1992年，审定84名专业技术人员职务任职资格，完成区属各单位以及水钢、水城矿务局等驻区企业76名经济员考试工作。此后，不定期开展职称评定工作。1997年，根据国家人事制度改革的有关精神，加大职称改革力度，共办理资格证103个，任命证192个，评定初级技术职称318人。其中初聘93人，评审129人，晋升助理职务96人，审查推荐37人参加省、市职称评审。1998年，评审助理级职务102人，技术员级30人。初聘助理级11人，技术员级104人。审查推荐44人参加省、市职称评审。

2000年，对全区18个事业单位进行调整，共设置高级专业技术岗位30个，中级专业技术岗位516个。首次建立全区小学、中学、工程、卫生和农业等5个系列评委库，成立相应的评审委员会6个。是年，组织评审通过中级职务76人、助理级137人、员级34人。初聘助理级32人，员级183人。审查推荐52人参加省、市职称评审。2008年，对工程系列、农业系列、中小学教师系列154人的职称进行评审，审查推荐36人参加省、市职称评审。

第二节　成果与推广

一、成果

1990年由刘培义、冯灿良等完成的钟山区农业发展战略研究，获得省农业区划优秀科技成果四等奖。1991年由傅继中主持的杂交玉米大面积推广获得省农牧渔业丰收三等奖。由李鸿、李范伦、张平等完成的钟山区乡镇企业工业污染源调查获得省级评比二等奖。1991年由余漫云等完成的中药保健系列新产品项目获第五届市科技进步三等奖，1992年由傅继中、张玉兰、洪兵、李秋平完成的日本雪山花菜试验示范推广项目获第六届市科技进步三等奖。1992年由区农业部门完成的高寒山区玉米三交种杂交优势利用与实践项目获省科技进步三等奖。1993年由区农业、区划等部门完成的钟山区农业后备资源调查与评估项目获省区划委科技成果四等奖。由潘继华、杨溢等完成的钟山片区“两推五改”综合配套技术获得省农业丰收工程个人三等奖。1994年由刘和辉、刘培义、冯灿良等完成的钟山区村级自然生产条件数值化分析项目获得市科技成果四等奖。1997年由潘继华、刘原鑫、杨光友完成开发利用秸秆资源、加快节粮型畜牧业发展项目获得省农业丰收工程个人二等奖。由潘柯主持完成的蔬菜丰产栽培获得省农业丰收工程个人二等奖。1998年后，钟山区未对本区科技成果鉴定申报，获奖情况处于停滞状态。

二、推广

1988—2008年，农业方面推行杂交玉米良种、“贵农10号”小麦良种、旱地分带轮作适用技术。南江黄羊引种扩繁，薄荷、白蘑菇、日本雪山花菜等进行引种试验。并进行商品肉鸡开发、良种商品猪养殖、芽菜无土栽培等技术推广。开展科技示范园建设，果树新品种引种繁育，精品果园建设、生态鸡养殖等技术推广应用。1988—1997年，钟山区实施温饱工程、丰产工程，培训农民技术员，引进推广土肥技术、聚拢栽培、药剂拌种、育苗移栽、地膜覆盖等生产工艺。到1997年全区普遍采用温床育苗、地膜覆盖、小拱棚栽培、配方施肥、化肥深施等技术。1996年推广杂交玉米种植技术，共生产粮食15223.3吨，比传统种植增产4041吨。1999年，引进“四位一体”（即棚内养猪，猪粪生产沼液沼气，沼液给蔬菜追肥，沼气用于生活和生产）模式推广应用。2007年，引进优质果树12大类106个品种在钟山区现代农业科技示范园内进行试验示范。均取得较好的经济效益。

工业方面主要实施其林电石厂、钟山区包装厂的生产技术改造和钟山区保健用品厂的药用香囊的开发，引进湿法电解炼锌技术、高效环保多功能节能炉试制，大理石石材产品开发、新S9型油浸式变压器试制、轻质建筑材料研发，推广环保节能汽化炉开发、新型节能建筑材料开发等。1992年，引进先进的电解锌工艺和湿法炼锌工艺。项目先后被列入国家级和省级星火计划。是年，汪家寨联营机焦厂引进WT-24型微型机焦炉，平均20小时生产一炉机焦，大大缩短炼焦时间，年产机焦2万吨。2006年，在钟山区泸凤砖厂试制新型空心节能型建筑砖，新产品开发后，生产效率提高近3倍，燃料成本下降28%，生产费用降低15%，烟尘排放降低25%。

第三节　科技兴区与示范建设

一、科技兴区

编制规划　1990年，钟山区提出“科技兴区”的战略思想。制定《关于钟山区科技兴区战略的意见》。每年召开专门会议研究科技兴区事项。编制《1990—2000年中长期科技发展规划》。1994年对《1990—2000年中长期科技发展规划》进行修订。1999年，全省开展经济强县建设后，钟山区先后制定《2002—2010年农业产业结构调整科技规划纲要》《钟山区科技发展“十五”计划及2010年远景规划》《钟山区全面建设小康社会2003—2010年科技发展规划和2020年远景规划》《钟山区科技事业发展现状及2004—2010年建强发展规划》《钟山区科技示范村建设规划》《钟山区“十一五”科技发展规划》和《钟山区科技发展与技术应用中长期发展规划纲要》等科技发展与技术进步的发展规划与措施。为加强科技兴区工作，1991年区政府试行选派科技干事下乡镇从事科技指导。2007年启动科技特派员试点工作。2008年年初，选派3名科技特派员进驻到村开展工作。

创建科技工作先进区　1995年，钟山区开展创建科技先进区的工作，建立科技联席会议制度。1998年，区委下发《关于实行农村青年星火带头人、村团支部书记、村委会科技副主任、科技推广（扶贫开发）项目领办人“四位一体”配置的意见》。2000年全区各行政村均按照“四位一体”方式配齐人员。1999年，建立20万元的星火科技发展基金。2000年，组织全区科级干部进行科技培训。1988—1992年区科技对经济增长的贡献率为19%，1993—1998年为35%。2001年，将科技创先工作改为科技进步考核工作，在全区完成乡村两级科技副职的配备。是年，科技对经济增长的贡献率达到46%。至2008年，钟山区开展科技富民强县专项行动，将此项工作列入创建科技工作先进区的重要内容之一。是年，省科技厅与钟山区签订富民强县专项行动计划的课题任务书，随即开始实施科技富民强县专项行动计划。

二、示范村和示范园区建设

示范村　2004年1月，钟山区将大湾镇海开村、汪家寨镇吴家寨村、大河镇大桥村和渡口村，老鹰山镇石河村、月照乡双洞村、德坞办事处白鹤村、凤凰办事处双龙村、荷城办事处教场村、黄土坡办事处双坝村列入科技示范村建设。2005年，科技示范村建设工作取得长足进展，钟山区政府将上述10个科技示范村和老鹰山镇陆家坝村一起，再次编制《钟山区科技示范村建设发展规划》。2005年，钟山区对10个列入建设的科技示范村进行考核，认定大河镇大桥村和渡口村、老鹰山镇石河村、荷城街道教场村、德坞街道白鹤村、凤凰街道双龙村等6个村达到区级科技示范村的要求。2006年，市科技局对老鹰山镇石河村、大河镇大桥村和渡口村、汪家寨镇吴家寨村、凤凰街道双龙村、荷城街道教场村、德坞街道白鹤村、月照乡双洞村8个村进行验收。2007年，市科技局到凤凰街道双龙村进行科技示范村举行挂牌仪式。2008年，科技示范村建设工作停止。

示范园2006年，钟山区启动现代农业科技示范园区建设工作。2007年在凤凰街道凤凰村建设75亩果树示范基地，建成以种植梨、葡萄为主的30亩果园。贵州省农业科学院园艺所为钟山区科技示范园区进一步作总体规划，编制《六盘水市（钟山）现代农业科技总体规划（2007—2012）》《六盘水市（钟山）现代农业科技园实施方案》。2008年，实施方案率先在大河镇大箐村启动实施。建立核心区果树新品种试验园100亩，引进果树12大类106个品种进行引种试验。

第四节　科学普及与知识产权培训

一、科学普及

1995年，钟山区建立科普协调联席会议制度，成立以区长为组长，分管科技的副区长为副组长，有关部门、单位为成员的科普协调领导小组，下设办公室在区科技局。领导小组依据区政府的科普规划及其实施细则，有组织、有领导、有计划地开展全区科普工作。1997年，钟山区在各乡、镇、办事处建立健全农业技术推广机构。

科普宣传和科技培训　1995—2008年，钟山区编印《钟山科技情报信息》，下发区直部门、乡、镇、办事处、村。开展科技活动日科技“三下乡”活动，进行科技宣传，开展科技培训250余期，培训3万余人次。其中，2006—2008年，每年在“4·26”世界知识产权日、“12·11”中国加入WTO纪念日开展系列宣传执法活动，播放《知识产权在西部》《走近知识产权保护》等音像制品，发放《贵州省专利保护条例》《专利标记和专利号标注方式的规定》等宣传资料5000余份。

青少年科普活动 1988—2008年，科技部门同教育部门一起，组织中小学生举办青少年科技知识讲座，开展科技小发明、小创作、科幻画的制作竞赛，创作作品300余件，其中有3件（次）获全国三等奖，2件（次）获省级特等奖，1件（次）获省级一等奖，4件（次）获市级一等奖，6件（次）获市级二等奖，18件（次）获市级三等奖。组织6000余名学生参加两届“智力七巧板”竞赛。组织学生开展科技小论文竞赛，学校师生撰写科技小论文100余篇。开展科普大篷车进校园活动，科普活动延伸到农村。至2008年，全区积极参加青少年科普活动的科技辅导员有66人，科普志愿者有45人。

二、知识产权培训

2002年，在全区党政机关和镇、乡、办事处的副科级以上领导干部中，举办一期由60人参加的科技管理知识培训班。2003—2004年两次派专人参加贵州省专利局专业知识培训。2005年，举办钟山区企业厂长经理知识产权培训班1期，30名厂长经理参加培训。2006年，由区科技局领导带队，组织人员到贵阳市、遵义市等地参加贵州省知识产权工作经验交流会。2007年，举办钟山区领导干部和大中型企业负责人参加的“实施知识产权战略、建设创新型贵州”专题讲座，125名领导干部参加。2008年，在钟山区第五中学举办“创新意识的培养——知识产权”专题讲座1期，300余人参加本次培训。

三、专利申请申报

1993年，区内研制的保健玩具获得首例授权实用新型专利，填补钟山区申报专利的空白。2004—2008年，全区受理申报的专利有85件，获得授权的发明专利7件，实用新型专利39件，外观设计专利8件。至2008年，全区累计申请专利287件，257件获得授权，其中授权发明专利51件，授权实用新型专利137件，授权外观设计69件。

第十六篇　文化　体育　旅游

第一章　文　化

第一节　文化机构　团体

1988年2月成立钟山区文化广播电视局筹备组，5月，钟山区文化广播电视局成立。

一、文化馆站

钟山区文化馆　1991年5月，钟山区文化馆成立，定编3人。工作人员2人均为兼职，馆长先后由蔡翔、周沁尧担任。无独立馆舍，无设备设施及专业类别设置。主要工作为配合钟山区文广局开展群众文化工作，举办各类文艺演出及展览、送文化下乡和实施电影“2131”工程等。

农村文化站（文化中心）　1984年水城特区在今钟山区境内建立11个文化站，即其林乡文化站、白腻乡文化站、二塘乡文化站、艺奇乡文化站、德坞乡文化站、以德乡文化站、教场乡文化站、月照乡文化站、纳福乡文化站、煤厂乡文化站、场坝文化站。

1988年钟山区建立后，将文化站逐步纳入政府机构编制，人员仍由专职、兼职、社会聘用三类人员组成。对区（镇）、乡、街道办事处原已建有的文化站进行调整，未建的相继组建。1992年机构改革撤区（镇）并乡（镇）后，文化站随之撤并，并改称文化广播站、文化体育广播电视站（简称“文广站”）等。1999年后，全区共有文广站10个，人员29人。即黄土坡办事处文广站、凤凰办事处文广站、德坞办事处文广站、荷城办事处文广站、观音山镇文广站、老鹰山镇文广站、汪家寨镇文广站、大河镇文广站、大湾镇文广站、月照乡文广站。除黄土坡办事处文广站工作人员为2人外，其余均为3人。

1990年后，为加强农村精神文明建设，部分乡镇由各级政府及相关部门投入配套资金，兴建一批集宣传教育、文体娱乐于一体的精神文明活动中心，增加部分乡镇、街道办文化设施的投入，开展相关活动，促进当地精神文明建设。1996年，省、市各投资7万元，钟山区投资4万元，德坞镇投资114万元，修建德坞镇精神文明活动中心，建筑面积1000平方米。1998年，省、市、区分别投资5万元，汪家寨投资59.5万元，修建汪家寨镇精神文明活动中心，建筑面积1142.2平方米。

六盘水市设立的艺术馆有六盘水市群众艺术馆，1981年8月23日成立，为市人民政府设立的专门从事组织辅导、指导和研究群众文化艺术的事业机构，与各县、特区文化馆之间形成业务指导关系。配备有美术、音乐、文学、摄影、舞蹈等专职人员和相应设备。建馆后，开展对市文化馆、文化站的业务指导，开展一系列文化艺术类业务培训，组织开展各类群众性文化艺术活动，编辑出版群众文化艺术资料，搜集、整理民族民间文化艺术遗产和史料，建立群众文化艺术档案，调查研究群众文化事业的发展情况，发展文化产业，开展有偿服务等。1985年六盘水市文联成立后，文学、美术、书法、摄影等重大活动转由文联主办，文艺演出活动仍由群众艺术馆组织承办。

20世纪80年代后期始，为丰富城市青少年、老年人和在职职工的文化生活，六盘水市、钟山区以及部分大型企业先后在钟山区境内兴建一批青少年活动中心、老年活动中心、职工文体娱乐活动中心。

六盘水市青少年活动中心　1989年5月12日成立，隶属共青团六盘水市委，正科级事业单位。中心位于钟山西路十二层大楼三楼，共350余平方米。配备有美术、声乐、钢琴等专职人员和书法、舞蹈兼职人员。开设舞蹈、声乐、美术、书法、钢琴等少儿培训班，组织青少年、儿童开展多种活动，其中美术专业有部分少年儿童在全国、省、市举办的美术比赛中多次获奖。

六盘水市老年活动中心　2000年10月建立。投资570万元修建中心活动楼和场所，建筑面积5000平方米，设有排练厅、书画创作室、展览厅、图书阅览室、棋牌室、门球场、网球场、健身房、会议室等。

钟山区老年活动中心　1993年建立，中心场所80平方米，设有书报阅览室、棋牌室等。

钟山区青少年活动中心　2002年在凤凰新区新建，投资460万元，建筑面积2800平方米，设有音乐、舞蹈、美术、科普等门类，配置有相应设施。

水城矿务局职工文体活动中心　1994年10月建立。活动场所2400平方米，设有歌舞厅、图书馆、乒乓球室、台球厅、健身房、办公室、会议室等。

汪家寨煤矿职工娱乐活动中心　1994年建立，活动场所1560平方米，设有图书阅览室、棋牌室、乒乓球室、羽毛球室、健身房等。

二、文化社团

钟山区成立后，未建立区文联，但先后成立钟山区写作协会、钟山区老年书画研究会、钟山区彝学研究会等群众文化社团组织。

六盘水市老年书画研究会钟山区分会　1997年7月成立，为全区性老年书画艺术团体，主体是热爱书画艺术并有志于传承中国书画艺术瑰宝的离退休干部、职工和部分中青年书画爱好者。1997—2008年，会长先后为马槐安、张声鸣、王大钦。第一届会员有52人，第二届50人，第三届53人。逢新春佳节和1997年迎香港回归、国庆50周年和55周年、建党80周年、凉都消夏文化节期间以及建区10周年、15周年、16周年、20周年共举办书画（摄影）展20余次，展出书画、摄影作品3000余幅。2004—2006年，承办凉都消夏文化节的书画（摄影）展3次。2005年在广场展出书画摄影作品，观看群众达数千人。2006年，承办“凉都杯”六盘水市老年书画联谊展，展出作品200幅。是年，与纳雍县分别在纳雍县和钟山区举办书画联谊展，展出作品200余幅。在中国的传统节日春节到来之际，自行组织及参与市、区组织的送文化下乡活动，义务为村民、居民写春联9000余幅。组织赈灾义卖书画作品，为汶川大地震灾区募捐赈灾款3.28万元。

钟山区写作协会　2006年2月成立，有会员12人。至2008年，会员42人，会员在各级刊物上发表文学作品10余万字，部分会员出版个人专著。2008年创办《凤鸣钟山》文艺刊物。

区境内市属文化社团有：

六盘水市文联　六盘水市文学艺术界联合会（简称六盘水市文联）于1985年4月28日成立，系由六盘水市各文艺家协会，各特区、县文联和六盘水市境内各大企业文联等团体成员组成的人民团体。有六枝特区文联、盘县（特区）文联、水城特区（县）文联、水钢文联、六枝矿区文联、盘江煤电集团公司文联、水城矿区文联团体会员单位。下设市作家、戏剧家、音乐家、舞蹈家、曲艺家、美术家、书法家、摄影家、民间文艺家协会9个，另有六盘水市诗词楹联学会挂靠文联。内设有《新都市文学》编辑部。

六盘水市作家协会　1985年4月随六盘水市文联成立而设置，是市文联的团体会员之一。原与市戏剧家协会合称为六盘水市文学戏剧协会，1992年与六盘水市戏剧家协会分设。在历届会员中，有金永福、袁仁庆2人为中国作家协会会员，有32人为贵州省作家协会会员。

六盘水市戏剧家协会 1992年从六盘水市文学戏剧协会分出，单设戏剧家协会。为六盘水市文联团体会员之一，历届会员中有5人为贵州省戏剧家协会会员。

六盘水市美术家协会 1985年4月设立，原与六盘水市书法家协会合称为六盘水市美术书法协会，1992年六盘水市第二次文代会期间分设。为六盘水市文联团体会员之一。历届会员中有贵州省美术家协会会员35人。

六盘水市书法家协会 1985年4月成立，1992年从六盘水市美术书法协会分出，单设书法家协会。为六盘水市文联团体会员之一。历届会员中有贵州省书法家协会会员40人。

六盘水市摄影家协会 1985年4月成立，原名摄影协会，1992年更为今名。为六盘水市文联团体会员。历届会员中，蔡军为中国摄影家协会会员，有30人为贵州省摄影家协会会员。

六盘水市音乐家协会 1985年4月成立，为六盘水市音乐舞蹈协会，1992年分设成立音乐家协会。是六盘水市文联的团体会员。历届会员中有张人卓、卓英昂、欧阳明、张植星4人为中国音乐家协会会员，有18人为贵州省音乐家协会会员。

六盘水市舞蹈家协会 1992年从六盘水市音乐舞蹈协会分出，单设舞蹈家协会。为六盘水市文联团体会员之一。历届会员中，潘丽霞为中国舞蹈家协会会员，有5人为贵州省舞蹈家协会会员。

六盘水市曲艺家协会 1992年10月，六盘水市第二次文代会期间成立，为六盘水市文联团体会员之一。

六盘水市民间文艺家协会 1992年10月成立，为六盘水市文联团体会员之一。主要从事搜集、整理、研究、出版全市各民族口头传承文学和民间工艺美术。历届会员中有19人为贵州省民间文艺家协会会员。

六盘水市诗词楹联学会 是挂靠在六盘水市文联的一个民间学会。原为六盘水明湖诗社，1988年成立，1995年4月更名为六盘水市诗词楹联学会。2004年有会员82人，其中，有中华诗词学会会员17人，中华楹联学会会员2人，贵州省诗词楹联学会会员35人。

六盘水青年文学院 2004年10月14日成立，属民间组织，挂靠市文联作协，主要从事青年的文学培训，以及在《六盘水日报》《六盘水晚报》开辟园地发表青年作者的文学作品。

驻区企业文化社团有：

水钢文联 原为水城钢铁厂文联，后水城钢铁厂改制为公司后，称水城钢铁（集团）有限责任公司文联，简称水钢文联。

1987年12月18日，水钢文学艺术界联合会召开第一次代表大会，水钢文联成立。下设作家协会、美术书法家协会、音乐家协会、摄影家协会，文联机关下设办公室，设秘书长1人。水钢文联第一届文代会期间，会员中有贵州省省级各文艺家协会会员21人，其中作家协会会员4人，美术家协会会员6人，书法家协会会员5人，摄影家协会会员5人，音乐家协会会员1人。1992年7月12日水钢文联召开第二届文代会，将作家协会变更为文学戏剧家协会，美术书法家协会分设为美术家协会、书法家协会。增设副秘书长1人。第二届文联下属各协会有会员258人，其中文学戏剧家协会65人，书法家协会61人，美术家协会42人，音乐家协会50人，摄影家协会40人。会员中有贵州省省级各文艺家协会会员19人，其中贵州省作家协会会员3人，美术家协会会员6人，书法家协会会员5人，摄影家协会会员4人，音乐家协会会员1人。有六盘水市市级各文艺家协会会员185人，其中六盘水市作家协会会员45人，美术家协会会员40人，音乐家协会会员40人，摄影家协会会员35人，书法家协会会员25人。此后各级会员均有增减变化。

水城矿区文联　即水城矿业集团公司（原水城矿务局）文联。1996年11月21日，水城矿务局文学艺术界联合会第一次代表大会召开，水城矿区文联成立。下设5个协会，即文学创作协会、音乐舞蹈协会、书法美术协会、戏曲创作协会、摄影协会。文联机关下设办公室，挂靠矿区工会宣传部办公。第一届文联期间，会员中有贵州省省级各文艺家协会会员6人，其中贵州省美术家协会会员2人，音乐家协会会员2人，书法家协会会员1人，曲艺家协会会员1人。有六盘水市市级各文艺家协会会员24人，其中六盘水市作家协会会员4人，音乐家协会会员8人，美术家协会会员9人，摄影家协会会员3人。

三、图书馆（室）、书店

（一）图书馆（室）

水城建厅以前，今钟山区境域无图书馆（室），仅有部分士子官绅私人藏书和部分寺庙所藏经书。清雍正十二年（1734），水城厅首任通判孟金章在城北建万松书院，道光七年（1827）迁凤翔街，改称“凤池书院”，收藏经史书籍供士子阅读和参考，为境内图书馆事业的萌芽时期。民国16年（1927）冬，水城县经费局在变卖青杠林公庄所获银洋1万元中，拨500元修公园，500元设置公共体育场，拨银洋1500元购置图书，建立图书馆。馆址设县立两级小学内，设馆长1人，月薪10元。民国27年（1938），县长阮略将图书馆移至观音阁侧，划归民教馆管理，藏书有《万有文库》等8000余册。水城解放前夕，民教馆解散，图书馆藏书散失殆尽。民国28年（1939），水城初级中学创办，辟有图书室，收有部分藏书。水城解放后，1956年水城县文化馆设图书室。1958年建立县图书馆，与文化馆合并办公。1960年撤销，划入县文化馆图书室。至1986年，文化馆图书室藏书2.8万册，收集各类报刊200余种，年均图书借阅量6万余人次。

1964年，境内开始“三线建设”，大批厂矿企业相继建立，有的厂矿设立图书馆或图书室。

1978年中共十一届三中全会后，境内除政府修建公共图书馆外，党政机关、学校、企事业单位、驻市部队纷纷建立图书馆、图书室，一些农村文化站和城市文化中心亦建立规模不等的图书室，图书馆（室）迅速发展。

六盘水市图书馆　1978年4月建馆，馆舍面积2606平方米，其中书库797.4平方米，阅览室1170.6平方米，其他用房638平方米。设计藏书量80万册，可容读者量680人。现有藏书15万余册。

六盘水师专图书馆　1980年开馆。书库400平方米，阅览室400平方米，座位192个。藏书120000余册。

六盘水卫生学校图书馆　1974年始建于在六枝特区的校舍，1978年六盘水建市后随学校迁入市中心区，藏书11000余册。

六盘水市农校图书馆　建于1997年，初为图书室，1999年3月改为图书馆。有书库86.3平方米，阅览室200平方米，座位72个，藏书14600余册。

水城县委党校图书馆　1978年建立，馆舍面积52平方米，藏书6500余册。

水钢图书馆　建于1966年，馆舍面积400平方米，其中书库180平方米，阅览室40平方米，藏书5万余册，报刊500种，每年有常年读者2000余人，零散读者上万人。图书馆与工会等单位共同组织开展各类读书活动，职工也自发组织读书会。在水钢职工100余个各类读书活动兴趣小组中，“丑小鸭”读书小组和“野村”读书小组先后被中华全国总工会评为“全国职工读书活动”先进集体。

区境内先后建立的图书室主要有六盘水市委宣传部图书室，藏书10000余册。市委讲师团图书室，1984年建立，藏书2600余册。市地方志办公室资料室，1987年建立，藏书1000余册。水城军分区1973年在连队、中队分别建立图书室，1991年后，在机关、各部和建制单位分别建立资料室。六盘水武警支队在所属建制单位分别建立图书室，共有藏书近万册。六盘水市国税局图书室，1985年建，藏书5000余册。水城水泥厂图书室，藏书1万余册。水城发电厂图书室，藏书1万余册。杉树林铅锌矿图书室，1981年建，藏书1万余册。贵州省有色地质勘查局二总队图书室，1964年建，藏书7500册。

（二）书店

中华人民共和国成立以前，水城无官营或私营的书店，除每年春节前后，市场上可见坊刻版本的杂书、唱本、历书和门神之类的书画兜售外，学署延师课读所用书籍须到外地购买。

中华人民共和国成立后，1952年，有私人在县城开设大众书店。1953年，毕节新华书店派人到水城设流动售书组，后接管私立大众书店，改制为毕节新华书店水城门市部。1956年5月5日，水城县新华书店成立。1958年，增设场坝、大河、小河、杨梅、发耳、米箩、龙场7个门市部和1个流动组。其中场坝、大河、小河门市部位于今钟山区境。1963年，国家精简机构，书店除保留中心门市部和场坝、大河、小河门市部外，其余的门市部撤销，农村图书改由区供销社或文化站经销。

1964年3月，随着贵昆铁路开工建设，毕节新华书店成立水城铁路服务队，从所辖毕节、大方、织金、水城、纳雍等县新华书店抽调10人为队员，于筑路沿线二甲（梅子关站）、陡箐（小冲头站）、梅花山、巴西（威宁县猴场乡联合村）、青友（威宁县龙场乡）、渔塘（威宁县龙场乡）设6个服务点，专为中国人民解放军铁道兵第五师、第七师等筑路部队和铁二局、铁五局等筑路单位服务，直至1966年5月贵昆线通车。

1966年，省新华书店在水城特区政府所在地汪家寨设立水城特区新华书店，与水城县新华书店并存，主要为该片区煤矿系统服务。

1970年，水城县与水城特区合并，新设水城特区，县新华书店与原特区新华书店合并为水城新华书店，店址改设在水城特区城关区官厅，下设官厅、场坝、水钢、汪家寨4个门市部。1974年，为方便机关干部购书，书店在当时六盘水地区机关所在地朝阳新村增设图书门市部。是年，省新华书店调拨一辆42座大客车给水城特区新华书店，供流动售书使用。1983年，书店在老县城辕门口建综合营业楼一栋。1987年，书店有职工14人，当年图书销售额为70万元。1988年，水城县、钟山区分设，水城特区新华书店划归水城县。是年11月2日，水城县新华书店撤销，书店人、财务成建制并入六盘水市新华书店。

六盘水市新华书店　1978年建成，店址在黄土坡钟山大街，营业面积1855平方米，共有4个支店、16个发行点，中转业务辐射到贵州毕节、威宁、赫章、纳雍及云南省镇雄县。1987年，在市中心区二屯建800平方米中转仓库。1979年，书店试行部分开架售书，实现当年售书80万册。1981年售书105万册。1983年，书店开始实行内部经营承包责任制，经营效益大幅提高，当年售书量增至175万册。1988年8月，省新华书店对六盘水市新华书店实行承包经营，第一轮承包期为3年。1989年，书店完成销售307万元，实现利润近40万元，荣获全省9个地州市新华书店系统各项经济指标综合考核第一名。1993年12月，书店扩建、改装竣工开业，除儿童读物和图片外，全部实行开架销书，图书品种由6000种增至8000余种。1996年，根据全省新华书店系统用工制度改革精神，市新华书店实行全员劳动合同制。1998年以后，为适应形势变化，书店几次进行经营管理体制改革，不断为图书发行工作注入新的活力。书店建立以来，先后在全国、全省获得十多项奖励。其中，1997年4月，被评为“成绩优良、服务优秀”全国新华书店双优先进单位。经理花川学获中国书刊发行奖。

水钢新华书店　水城钢铁（集团）公司建厂之初，水城县新华书店即在厂内设立图书代销点，成为第一家为水钢职工服务的社会机构。1979年10月1日，水钢新华书店建立。书店实行市新华书店与水钢“双重领导、双重管理”的体制。业务、财务由市新华书店管理，行政由水钢宣传部管理，人员由水钢人事处、组织部管理。内部实行宣传部领导下的经理负责制。书店营业面积120平方米，

1989年和1999年，两次分别投资4万元对营业厅进行改造和装修，售书环境大为改善。1999年，书店实行开架售书。书店开业以来，年均售书60万余册，年均销售额50余万元。

境内除以上书店外，20世纪80年代末期开始，集体、个体书店大量涌现，个体书摊遍及城乡。

四、文艺表演团体

专业文艺表演团体　区境内专业文艺表演团体有六盘水市文工团，1984年11月1日建立，时有编制41人。人员分别来自于东北、四川、云南、贵州等省，后又从水城特区文工团调入部分骨干。下设舞蹈、声乐、器乐、舞美4个队。1985年市财政拨款修建750平方米砖混结构三层综合楼一栋，其中排练厅250平方米。文工团成立后，除配合市中心工作，参加节假日演出、会议庆典、拥军优属等慰问性演出外，多次赴云南省、上海市，以及贵州省内毕节、安顺、铜仁、黔东南等地区进行营业性演出，并参加全国、全省组织的文艺演出、赛事。1996年起，国家号召送文化下乡，市文工团主要活动为参加市文化局组织的送文化下乡演出团，每年均圆满完成上级安排的文化下乡任务。文工团创作演出的节目，多次在全国、全省比赛中获奖。

业余文艺表演团体　境内业余文艺表演团队主要有水钢艺术团、市中心区教师合唱团、钟山小学小火炬合唱团、嘎诺底嘎姆合唱团、山童合唱团、市业余京剧团、市老年乐队、钟山区影子乐队、边缘乐队、钟山文化京剧业余艺术团、钟山中老年业余艺术团、钟山魅力艺术团、市燃气总公司女子军乐队、市盐业公司军乐队、水城水泥厂民乐电声乐队、市工商银行艺术团、水城矿业（集团）公司文艺宣传队、水矿集团建设总公司威风锣鼓表演队、大河煤矿军乐队、汪家寨煤矿秧歌队、小河煤矿舞龙舞狮队、水城发电厂文艺队等。

上述文艺团队除常年在本地区、本系统、本单位开展活动外，大部分团队还多次参加六盘水市和钟山区组织的重大节庆、凉都消夏文化节、广场文化周、安全生产等送文化下乡和社区文化宣传活动演出。一些团队还不断扩大活动范围，到市外、省外参加演出活动和竞赛并获奖。

五、文艺演影场所

今钟山区境域，清代、民国时期的文艺演出场所主要在寺庙所建的戏台、戏楼等，以演出娱神、祭祀的戏文舞乐为主。场坝、城内所建的寿福寺、万寿宫、文昌阁、黑神庙、文庙等均建有戏台、戏楼。

解放初期，庙宇被毁或作他用，大型文艺活动在城内大操场临时搭建舞台，电影在露天场地放映。1956年后，水城县政府相继在县城修建大礼堂和平剧院。1964年“三线建设”后，六盘水地区政府、水城特区政府分别在朝阳新村、黄土坡、汪家寨建礼堂，各厂矿亦修建规模不等的简易礼堂。1978年六盘水市成立后，随着社会文化事业的发展，境内的文化宫、俱乐部、影剧院、影视厅、歌舞厅迅速兴起，有的发展为相对独立的群众文化事业机构，成为各地文艺演映的主要场所。

今钟山区境域先后建立的影剧院、综合礼堂主要有：（1）水城县电影院，1956年建，地址在老县城，原为县政府礼堂，1958年改为电影院，有座位600个。1979年，省电影公司拨款11万元，增设座椅，整修门面，座位增至1000个；（2）水城县评剧院，1958年建，地址在老县城沙田街东南侧，有座位800个。1965年评剧团解散，该院移交县商业局，改为国营食堂；（3）水城特区大礼堂，1971年投入使用，位于黄土坡水城特区政府所在地，建筑面积800平方米，座位1043个，集文艺演出、电影放映、会议礼堂于一体；（4）六盘水地区大礼堂，1966年建，位于当时六盘水地区政府所在地窑上朝阳新村，有座位1200个，集文艺演出、电视放映、会议礼堂于一体；（5）六盘水地区建市，市政府搬迁至黄土坡后，礼堂移交六盘水师范专科学校使用。

1978年六盘水市成立后，在今钟山区境域先后建立的文艺演出场所有：

六盘水市工人文化宫　坐落在市中心区钟山西路43号。1982年市政府投资221.63万元修建，建筑面积3364平方米。1999年又投资104万元增建建筑面积为1646平方米的综合楼1幢。建成时称六盘水市工人俱乐部，1989年3月，改称六盘水市工人文化宫。影剧大厅有座位1436个，另设有歌舞厅、录像放映室、健身室、台球室等。市工人文化宫自建立以来，共接待国家及省级文艺团体慰问演出数十场，接待各种营业性演出数百次，至2007年，长期坚持电影放映，为社会提供大量的文艺演出服务。2008年拆除。

钟山影剧院（六盘水市影剧院） 位于市中心区黄土坡钟山西路。1982年修建，1985年7月投入使用。总投资184万元，其中市政府投资154万元，省电影公司投资30万元。建筑面积2783.97平方米，主楼一、二层为观众大厅，座位1240个。从开业至1990年，共放电影8077场，观众达3700000人次，放映收入598298元；接待各类文艺演出91场，观众56000人次，演出收入131.776万元。1991年后，电影放映和演出收入逐渐滑坡，影剧院出现严重亏损。1993年，开设录像放映。1996年将大厅改造，开办星月歌舞厅，影剧演出业务完全终止。

1988年钟山区成立后，钟山区建立的文艺演出场所有：

钟山区宣传文化中心 位于市中心城区凤凰新区钟山区政府北侧。2004年兴建，总投资560万元，建筑面积7324平方米，集会议、文艺演出、展览等多种功能于一体，为钟山区新型的群众文化活动场所。

驻区境内先后建立的俱乐部主要有：

水钢总公司俱乐部 建筑面积2400平方米，总投资400万元，其中影剧大厅有座位1370个。水钢机制公司俱乐部，总投资200万元，其中影剧大厅有座位1000个。观音矿俱乐部，总投资637万元，其中影剧大厅有座位1290个。水城矿业（集团）公司俱乐部，总投资110万元，影剧大厅有座位936个。老鹰山煤矿俱乐部，总投资150万元，影剧大厅有座位1288个。老鹰山选煤厂俱乐部，总投资64万元，影剧大厅有座位986个。汪家寨煤矿俱乐部，总投资150万元，影剧大厅有座位1540个。汪家寨选煤厂俱乐部，总投资32万元，影剧大厅有座位800个。木冲沟煤矿俱乐部，总投资200万元，影剧大厅有座位1328个。那罗煤矿俱乐部，总投资132万元，影剧大厅有座位1278个。水矿机电总厂俱乐部，总投资120万元，影剧大厅有座位1017个。水矿技工学校俱乐部，总投资65万元，影剧大厅有座位500个。水城水泥股份有限公司俱乐部，建筑面积2792平方米，影剧院有座位1660个。六盘水铁路地区俱乐部，建筑面积1112平方米，设有影剧大厅。金河公司俱乐部，总投资200万元，影剧大厅有座位1000个。水城发电厂影剧院，建筑面积1371平方米，有座位1200个。

2000年，市人民广场和钟山区凤凰新区广场相继建成，是六盘水市、钟山区举办大型文化宣传活动和文艺演出的主要露天场所。

第二节 报刊 广播 电影 电视

一、报刊

境内先后创办的报刊，主要包括党报（刊），部门、企业报刊，文学艺术类专业报刊三大类。

1988年钟山区成立前，在今钟山区境域，中共六盘水市委创办《六盘水日报》，1984年10月1日创办，为中共六盘水市委机关报。创刊时为《六盘水报》，4开4版周报，辟有文艺副刊《钟山》，每周用整版篇幅，刊登散文、诗歌等文学作品。后改为4开4版周三报，1996年改为4开8版日报，文艺副刊由《钟山》先后改为《文竹》《凉都文学》。1998年7月，《六盘水日报》创办子报《六盘水晚报》，为4开8版日报。2002年后辟有《都市人生》《读书》副刊，发表以散文为主的千字左右文学作品，刊发文学作品评论，描画当今文学现象。

水城钢铁集团公司创办《水钢报》，1972年3月22日创办，原为《水钢通讯》，后改名为《水钢报》，4开4版，初为周报，后改为周二报。辟有《笔架山》文学副刊，发表千字左右的散文、诗歌、小小说等文学作品。另在《文化广场》副刊中经常发表千字左右的影视评论、书刊评论和文化杂谈。

水城矿业集团公司创办《水城矿工报》，1978年11月1日创刊，4开4版，初为周报，后改为周二报，辟有《映山红》文艺副刊。

六盘水高等师范专科学校创办《六盘水师专学报》，1996年前为内部刊物，1996年后公开发行。

1988年钟山区成立后，1998年3月，钟山区委宣传部创办《钟山通讯》，为月刊，内部发行。辟有固定栏目发表文艺作品。2003年国家对报刊进行整顿，精简县以下报刊，《钟山通讯》停办。

1993年8月，六盘水市文化局创办《六盘水文化报》，为月报，内刊。4开4版，每期第4版为文艺副刊。该报共编59期，1998年7月停办。文艺副刊发表小说、散文、诗歌、歌曲、评论等文艺作品330余篇（首）。

除上所述，尚有市、钟山区部分部门、单位、学校、企业结合各自行业实际，分别创办各种报刊共30余个，多为内部发行。钟山区所属单位创办的书刊主要有，钟山区政协创办的《钟山文史》、钟山区彝学会创办的《钟山彝学》、钟山区教育局创办的《钟山教育通讯》等。

2008年钟山区写作学会创办《凤鸣钟山》文艺报刊，文学双月刊，内部发行，胶印大16开本，为综合性文艺刊物。每期64页，12万字左右，印数1000册，与全国各地文联交流，发行到钟山区各厂矿、乡镇、学校及文艺团体。主要发表本区作者创作的小说、散文、诗歌、电视剧本和文学评论，兼发美术、书法、摄影、歌曲等作品。

六盘水市文学艺术界联合会1985年在境内创办《新都市文学》，由《杜鹃》更名而来，初为季刊，1986年起为双月刊，内部发行。初为铅印16开本，后为胶印大16开本，每期64页，12万字左右，印数1000册，与全国各地文联交流，发行到六盘水市各厂矿、乡镇、学校及文艺团体。主要发表本市作者创作的小说、散文、诗歌、电视剧本和文学评论，兼发美术、书法、摄影、歌曲等作品。2002年起开设《明湖视线》（小说）、《荷城流韵》（散文）、《天生湖散板》（散文诗）、《乌蒙方阵》（新人新作）、《清碧诗踪》（诗歌）、《钟山文谈》（文学评论）等栏目。

部分国有企业也创办期刊。如水钢宣传部主办的《起宏图》《水钢通讯报文艺增刊》等。

二、广播、电视、电影

广播 1988年，德坞乡白鹤村建立第一个村级广播站。1989年，六盘水人民广播电台建成开播。台址位于钟山区凤凰乡松坪村，每日播音3次，共7小时。广播栏目有新闻、经济信息、广播文摘、学习与生活、青年之友、农家百事、企业之声、五色土、综合文艺、听众信箱等。1993年，六盘水市人民广播电台在城区南侧朝阳山修建调频立体声广播发射机房。2005年更新改造，能发射9套广播电视节目。

电视 1989年，钟山区第一家农村卫星地面接收站在大河区建成。1993年钟山区有线电视中心、有线电视台成立，工作地点设在场坝商业城。除对全国卫星节目进行转播外，还先后创办《一周要闻》《动画大世界》《开心一刻》《荧屏心声》《影视剧场》等自办节目，直至1996年与市有线台并网。2004年，钟山区有线电视台和电视中心同时成建制划归市管理。1999年，钟山区启动广播电视“村村通”工程。此后全区先后修建有线广播电视站6座。对有线电视网未覆盖的村寨，安装卫星地面接收站。2002—2004年，全区共安装卫星地面接收站59座。2005年租用光缆将电视信号传达至老鹰山、大湾、汪家寨、月照等乡镇。1993—1999年，全区有线电视收视户不到1000户，2000年，增加到6000余户，至2008年，城区覆盖率达百分之百，农村达98.3%。

电影 1988—1991年，钟山区启动农村科教电影汇映月活动。放映经费由区和各乡镇承担，按每场27元计，区政府筹集三分之二，乡镇自筹三分之一。1998年起，钟山区政府对农村电影市场进行统一规划，设立农村电影专项资金，促进农村电影事业再度发展。

第三节 文学创作

1988年以后，钟山区文艺创作人员逐年增加。至2008年，文艺创作作者50余人。本区有市级写作、美术、书法等协会会员10余人，省级写作、美术、书法等协会会员6人。

一、著述

钟山区籍人士和在钟山区境内工作的文化工作者、文学爱好者，编著大量的文学评论著述，主要有：

陈开鸣，参加编写3部中国现代文学史，即1981年出版的《中国现代文学史》、1985年出版的《中国现代文学》、1989年出版的《中国现代文学史新编》（任副主编）。另外，在学术刊物上发表的文学研究论文有《试论沙汀探索阶段的小说创作》《文学在战争年代》《20年代文学的知识妇女主题与茅盾的〈蚀〉和〈虹〉》。

吴秋林，《贵州新文学大系·理论卷》中，收入他的《论小说的寓言化倾向》。在《花溪文谈》发表《文学与宗教》《中国少数民族民间寓言三十年》。其中《中国少数民族民间寓言三十年》获1978—1986年贵州省哲学社会科学优秀成果奖三等奖。1988年1月，其担任副主编的《寓言学辞典》出版，全书53万字，他承担寓言理论、中国现代寓言、当代寓言、中国民间寓言4个部分13万字的编写。该书于1994年获中国寓言文学研究会第一届“金骆驼奖”三等奖。1990年2月，出版其寓言文学理论专著《寓言文学概论》，是中国第一部较为系统地研究寓言文学的专著，于1993年获贵州省第二届哲学社会科学优秀成果奖三等奖。1991年8月，出版《吴秋林文艺文化论文集》，共收录29篇关于寓言学、红学、比较文学、文艺学、美学、文化学等方面的论文，约26万字。1994年3月，出版《世界寓言史》，30万字，当年获中国寓言文学研究会第一届“金骆驼奖”理论研究二等奖。1996年又获“国酒茅台杯贵州省文学奖”银奖。1996年发表论文《乡土文学的比较性和贵州乡土文学》《贵州省志·文学艺术志》摘录其主要论点。

高守亚的作品《春江潮水涟漪平——我国新时期小说潮流管窥》被选入四川大学出版社出版的文学研究文集《现当代文学掘微》，《贵州省志·文学艺术志》述及该文。《倾听高原的呼声——对贵州新近小说的管窥》，被选入贵州民族出版社出版的文学论文集《燃烧的希望》。《前苏联短篇小说家简评》被《贵州年鉴》1995年卷摘录。先后在贵州《今日文坛》发表《“官场小说”的另一种长势——〈政界〉随想》《我国新近长篇小说创作及批评聚集》。2001年5月，出版其文学理论研究专著《长篇小说创作新论》。2002年，中国文联出版社出版其另一部文学理论专著《散文创作新论》。

吴学良，1995年8月，六盘水市文联编辑出版其文学理论研究文集《情感的审美空间》，共收入论文27篇，13万字。1996年10月，六盘水教育学会编辑出版其文学理论文集《中学写作漫谈》，共收录论文、文艺随笔20余篇，6万余字。2002年，中国戏剧出版社出版其文学评论集《割裂与整合——贵州西部文学印象》，共收录论文22篇。文集中的《论当代抒情散文诗的想象空间》获贵州省写作学会科研成果一等奖，《情感的审美空间》获贵州省中国现当代文学科研成果三等奖，《山地意识：宽泛选择与艰难超越》被选入贵州民族出版社出版的《燃烧的希望——中国现当代文学新探》文集。2003年，中国广播电视出版社出版其文学理论专著《序曲与落幕——二十世纪六盘水文学概观》，该书获第二届贵州省文艺奖文艺理论类三等奖。

王文楷，其论文《为人民服务是社会主义文艺的方向》先后入选改革出版社出版的《文艺论文集》和现当代文学论文集《现当代文学探微》，并获贵州省中国现当代文学首届科研成果二等奖。《树立精品意识，繁荣社会主义文艺》被选入贵州人民出版社出版的论文集《燃烧的希望——中国现当代文学新探》。2000年后，有20余篇唐诗宋词评论文章在报刊上发表。

王如柏，旧体诗词论文曾三次在中华诗词学会举办的全国诗词研讨会上交流。2000年第十三届研讨会上交流《诗坛破除顶峰论，各领风骚代代新》。2002年第十六届研讨会上交流《春催桃李艳》。2003年第十七届研讨会上交流《再领风骚一万年》。会后，均入选各次会议的论文汇编中。

杨永贵，其论文《人生与时代交汇的审美空间——从抗战诗歌看现代诗歌的精神走向》，被选入贵州省文学论文集《燃烧的希望——中国现当代文学新探》，获贵州省中国现当代文学科研成果一等奖。

杜和平，《〈古诗十九首〉语言艺术窿议》发表后，被《贵州年鉴》1995年卷摘录。

杨明兴，1979年在《六盘水文艺》发表《激流浪花》，对小说散文集《时代的激流》进行综合评论，第一次对六盘水的小说、散文创作形状进行初步的评价。

汪龙舞，1989年在《贵州省文化研究》发表《虎在黔西北苗族民间文学中的意象内涵》，1997年《小花苗服饰图案研究》获贵州省首届文化艺术科研成果二等奖。2004年在《六盘水师专学报》发表《六盘水民歌中的比兴艺术探微》等。

吴秋林、靖晓莉创作的《居都——一个仡佬族文化社区的叙述》20余万字，为《贵州民间文化研究丛书》之一。

二、诗歌

在今钟山区境内，各少数民族中，长期流传有不少叙事诗，后被陆续整理。如在大河一带流传的彝族叙事诗《撒燕麦》，叙述彝族先民刀耕火种、广种薄收的情况。苗族的《从军路歌》，叙述苗族先民调北征南的情况。

清乾隆年间（1736—1795）岁贡邓学林著有《蠢余集》《涂鸦集》流传当世。清晚期水城较著名的作者有李天极、李天柱、赵昱等人。李天极著有《蕉窗回文诗稿》《荷城赋》等，赵昱有《荷城八景回文诗》等流传至今。在《水城县志稿》中，载有安家元、陈昌言、钱青选、倪应谦、危朝英、肖承裕等人的诗作。《贵州书画家简论》中记载，清末水城禀生单辅国善诗文。

民国初年，陈宝书的《南明学校十年纪念百韵》流传甚广，据传记所言："时国内各报，每多转载；省中名士，和者颇多"。"诗人争颂之"。在民国年间（1912—1949），王显荣、李择三、肖缉轩、肖孟南等人亦有诗作。

解放初期，诗歌创作多为民歌形式，主要内容为歌颂共产党、歌颂毛泽东、歌颂解放、歌颂土改。1965年，广东人民出版社出版水城籍人张声化的抒情诗集《同饮一江水》。1958年"大跃进"运动和人民公社化时期，境内诗歌多为标语口号式的应时之作，文学价值不高。

1964年后，随着"三线"建设的开展，省外部分诗作者随着建设大军进入水城，贵州省的一些文艺单位也有部分诗人和文艺工作者深入到"三线"企业，为地方文艺及诗歌的发展注入新的活力。其间，水城钢铁厂出版的《新芽》《水钢诗歌》发表一定数量的诗歌。时在水钢宣传部工作的张雄龙于1975年4月在《四川文艺》发表《夜过娄山关》，后载入《贵州省志·文学艺术志》。1975年10月，六盘水地区文艺编辑组编辑出版诗集《乌蒙新歌》（内部铅印），收录诗歌96首。

1976年"文化大革命"结束后，特别是中共十一届三中全会后，诗歌创作日渐繁荣，有关社团相继成立，并不时开展诗歌创作活动，创办诗刊，许多业余诗歌爱好者创作大量旧体诗词和新体诗，有部分在省内外报刊上发表或在各级竞赛中获奖。

（一）主要创作活动

六盘水市在境内举办的创作活动：

1995年，为纪念抗日战争胜利50周年，六盘水市诗词楹联学会、市委宣传部、市文联共同举办六盘水旧体诗词大赛，共收到90人参赛作品902首，评选出50人的335首作品编成《心潮》一书出版。

1997年11月，为庆祝中共十一届三中全会召开20周年和六盘水市成立20周年，面向全国和海外举办"六盘水杯"诗词大赛征文，共收到全国31个省（市、区）1319位诗作者的诗作3000余首，评出获奖作品134首，一等奖2人，二等奖4人，三等奖8人，佳作奖20人，入编奖100人。大赛后，出版《"六盘水杯"诗词大赛获奖作品集》。

2001年9月至2002年12月，六盘水市成立诗词大赛组委会，举办六盘水市大中学生中华诗词大赛。以"爱祖国、爱家乡、迎接西部大开发"为主题，在大中学生中开展传统诗词（提倡新声新韵）征文。共有19所学校的7955名学生参赛，作品8000余首。经各学校和县（区）诗词组织初评，共选送854首到市评委会，最终评出一等奖3人、二等奖7人、三等奖17人、优秀奖17人。会后，收录全部获奖作品及入选的另外74首作品出版《六盘水市大中学生中华大赛作品集》。继六盘水市大赛之后，贵州省举办大中学生中华诗词大赛，六盘水选送124首参赛，获大学组二等奖1人、三等奖1人，中学组一等奖1人、二等奖2人、三等奖7人。市大赛组委会获省大赛组织奖。

（二）旧体诗词主要诗集和全国比赛获奖作品

1989年，六盘水市文联编辑出版六盘水建市以来的第一部旧体诗词合集《一叶青》（内部铅印）。

1993年，为纪念毛泽东诞辰100周年，六盘水市文联和市老年书画研究会共同编辑出版《百年诞辰诗书画》。这是六盘水市第一部彩印的诗书画集。金永福任主编。

1994年贵州民族出版社出版《六盘水古今诗词选》，为六盘水市收入作品最多、作者面最广的一部旧体诗词集。全国人大常委会副委员长李沛瑶题写书名，中华诗词学会副会长孙轶青、国民党元老陈立夫、新加坡国家艺术总会副会长陈声桂等为该书题词，中共贵州省委副书记李庭桂作序，六盘水市主要领导为本书作联，周边地区的诗词学会也题诗致贺。王如柏任主编。

1995年，六盘水市老年书画研究会、诗书画院、诗联学会共同编辑出版《六盘水老年诗书画选》，其中收入诗词24首。王如柏任主编。

1997年，为迎接香港回归祖国，六盘水市委宣传部、市文联、市书联学会共同编辑《回归颂》一书，主要内容为诗词，共160首。王如柏任主编。

1998年，《六盘水诗联》（季刊，内部胶印）创刊。2000年，《六盘水诗联》改为年刊《六盘水诗词》，各卷主要刊登本市作者的作品，同时刊登全国其他地区作者的作品。

1999年，六盘水市诗书画院会同市财税部门举办以宣传税收工作为主要内容的诗书画展，之后选编《财税诗书画集》出版（内部），收入诗词28首。

1999年，为庆祝中华人民共和国建国50周年，迎接澳门回归，市诗联学会和市书画院共同编辑《祖国颂》一书，由香港天马图书有限公司出版，共收入市内79名作者的诗词300余首。

2000年，为贯彻《中华人民共和国环境保护法》，市诗书画院会同市环保、农林等部门编辑出版大型彩印《环境保护诗书画集》，其中收入诗词68首。

2001年，市诗联学会编辑出版《六盘水诗词集·庆祝中国共产党八十华诞专集》。收录市内71名作者歌颂中国共产党、歌颂祖国、歌颂改革开放以来新成就的诗词作品200余首。

2004年，市诗联学会与钟山区老年书画研究会共同编辑出版钟山区建区以来的第一卷诗词集《钟山情韵》。中共六盘水市委书记辛维光、钟山区区长徐光毅题词，王如柏为书作序，张声鸣任主编。

2005年，以歌颂凉都、赞美凉都为主要内容的传统诗词集《凉都赋》出版。该书由市诗词楹联学会编辑，共收入诗、词、曲、联288首（副）。

六盘水市诗词楹联学会编辑出版的诗词集还有如前述及的《心潮》《“六盘水杯”诗词大赛获奖作品集》及与市教育局联合编辑的《六盘水市大中学生中华诗词大赛作品集》。

个人诗词作品集主要有：王如柏的《王如柏诗词书法集》《金秋赋》《寸草心》《四海飞鸿》《夕阳行》《游历读书剪影》，陈月枢的《荷月》《明湖吟草》，徐增昌的《磨砺集》，马光旭的《晚晴集》等。

没有出版专集但创作了多部作品的境内旧体诗词作者主要有：斯信强，代表作《登梵净山》《西江月·乌蒙汉子》等；金永福，代表作《登云台山》《樱桃》等；汪龙舞，代表作《六盘水放歌》《古铅道纪行》等；屈贵州，代表作《山行》《夜郎梦》等；葛文甫，代表作《山河在呼唤》等。其他还有张声鸣、刘家碧、周光辉、邓集善、林华、许雯丽、赵景唐、张金权、王鹏升、何昭明、王大林、张明宣等，都创作有一定数量的旧体诗词。

自1996年起，境内部分旧体诗作者参加全国旧体诗比赛，获奖的有：1996年，王如柏的《长空赋》获“桫椤杯”全国大赛一等奖，徐增昌的《咏金沙沟桫椤树》获优秀奖；1997年，王如柏的《罗湖桥抒怀》获云南省“迎回归全国大赛”一等奖，徐增昌的《赞国酒茅台》获“茅台酒杯”全国大赛优秀奖；1998年，汪龙舞的《六盘水放歌》获“六盘水杯”全国大赛一等奖，王如柏《游天星桥》获“黄果树杯”全国大赛优秀奖；2000年，徐增昌的《敬送环卫工人张凤祥同志》获“世纪文坛之星”大赛银星奖；2001年，王如柏的《千载难逢是今宵》获“月是故乡明”全国诗词大赛优秀奖；2003年，王如柏的《钟山赋》获“城市风光”海内外诗词大赛优秀奖。

（三）新体诗主要诗集

1978年，六盘水地区文化局编辑出版《乌蒙新歌》《飞瀑》。

个人出版的诗集主要有，1988年，张雄龙出版《花之梦》，吴秋林出版《紫芦苇》。1989年，何思鸣出版《生命的风暴》。1991年，张雄龙出版《雪之舞》。1993年何诗海出版《卉子诗选》。1994年，何思鸣出版《无醉的心绪》。祝发能1995年出版《岸上之鱼》。2001年出版《山火》和《红杜鹃》。继之出版《黑马红日》《风吹风》、诗论《撒散的诗话》。2008年出版《漂流瓶》。1999年，吴学良出版散文诗集《枫的季节》。2001年，孙乾卫出版《走进高原》。2004年，市诗联学会与钟山区老年书画研究会共同编辑出版文学作品集《钟山情韵》，录入钟山区部分作者诗词。

2007年，蔡庭芬出版《曲当爱情》，况兴出版《心声集》。2008年，陈再尚出版《流星放歌》，陈荣前出版《水的自白》，施昱出版诗文集《穿越时空的瞬间》。个人出版诗词作品集的还有马光旭《晚晴集》。部分作者的诗词在省内外报刊上发表。如吴学良、祝发能、何思鸣、卉子（何诗海）等诗人入选《二十世纪贵州诗歌史》。

（四）艺文选（选自清《水城厅采访册》《六盘水诗词集》《凉都赋》《钟山情韵》）

题水城

张广泗

图画春风一晌开，四面水色映楼台。

刻来陌上城三里，自古刀兵不受灾。

说明：张广泗，清乾隆元年（1736）任贵州总督兼巡抚，本诗于乾隆二年（1737）设水城营时到厅视察所作。

七 绝

陈昌言

环山无翳水无波，四望城浮一叶荷。
除却酒杯忙不得，夕阳亭上听秧歌。

观音阁即景

陈 琮

凤水麟山暑不侵，覆钟耸峙白云深。
遥看文笔枝枝秀，桃李飘香遍地金。

说明：陈琮，四川綦江人，清嘉庆年间（1796—1820）到水城课读，道光十年（1830）卒于水城岁稔里。

荷城八景回文诗

赵 昱

珠喷灵泉

（大山脚葡萄井）

神仙有米掷城西，颗颗奇珍异出泥。
泉涌水流珠约略，浪凝沙喷宝离迷。
渊深隐泣蛟垂泪，浦合还来月映溪。
天地一灵钟瑞气，圆匀影似碧琉璃。

文笔插空

（独山）

椽如大笔彩云咸，草篆虫书隐古巉。
天地有灵钟北岭，惠兰多秀毓西岩。
前峰挂榜开金字，远岫提空寄石函。
田若砚方三亩巨，仙神待执手掺掺。

龙潜古洞

（城内龙洞）

玲珑石窍隐深渊，北斗星缠一地天。
龙卧洞中波涌浪，凤翔山里雾凝烟。
红霞紫射岩边穴，白水清流井上泉。
风雨酿成霖与澍，穹苍感应祷墀前。

清溪消夏

（城西龙井 小溪 小拱桥）

炎炎夏暑避前溪，晕日红霞逐鹭啼。
添色远山青草蔓，畅怀出岭碧云低。
廉名美吏清如水，丽句诗人醉若泥。
纤月夜弯松径古，拈毫一饮小桥西。

光明削玉

（清华仙洞）

珑玲石洞古岩苍，异境钟灵地吐光。
风习习时飘草偃，露淋淋候润花香。
红霞射处游人往，绿蚁浮来隐士狂。
东向水流波浪浅，蓬蒿拟去一仙乡。

金钟扑地

（上、下钟山）

圆匀象有又无音，铸得神钟玉炼金。
烟锁石桥横水浅，雾凝杉树碧云深。
田平绕处分先后，浪白流时判古今。
天与地灵钟上下，延绵果见不浮沉。

古木浮山

（今麒麟公园）

流霞晚照夕阳般，秀柏松高岭外山。
浮霭淡烟苍木美，啸猿孤鹜白云闲。
楸树一生枝翳荟，柳条千古荫斓斑。
稠干老根盘曲曲，秋逢桂客有诗删。

万笏朝天

（梅花山）

千山列笏秀排空，叠嶂危岩峻岭崇。
前岫远通幽径北，古林高望一峰东。
旋回暗露朝霞紫，上下凝望绕日红。
拳若石擎仙掌巨，穿云碧玉执丛丛。

青山曲

陈月枢

水城无水多青山，山在白云缥缈间。
峰外有峰如碧玉，箐深时见白牛眠。
牛眠山下有人家，养得青牛头戴花。
白牛常与青年戏，翠岭丹霞逐彩霞。
彩霞峥嵘赤万丈，惊动清宫老皇上。
太和殿里吐金言，飞檄黔疆开银矿。
不期举国起烽烟，银硐凿成不记年。
其间两次陵谷变，始信沧海变桑田。
桑田茅舍有牛郎，小字二娃三十霜。
晓驾马车辗月色，晚归倚壁叹炎凉。

愁看檐下家麻雀，难上梧桐变凤凰。
唯拥牛衣泣长夜，世间无处诉衷肠。
神州蓦地春风起，绿了荒原红了雨。
下海淘金弄浪潮，脱贫致富成时语。
今生合是牵牛人，翻身钻入银硐里。
传来消息震乡关，一炮轰得白牛还。
遇水涸鳞忽腾跃，逢春枯木又吐丹。
白牛原是铅锌矿，从此富甲六盘水。
转瞬冈峦耸别墅，厅堂香蘸花凝露。
皇冠才载红红来，又向秦楼觅素素。
可怜旧妇断机情，竞造长门将己误。
遂令尘寰妻子心，愿随夫贫怕夫富。
此时正是声名重，官贾豪强争与共。
珍馐吃厌海陆空，一圈麻将十年俸。
窃喜红包破重关，小钱掷处大钱动。
公门多少有钱人，几人致富不靠送？
尝闻采矿最艰辛，半是人间半幽冥。
雾毒灯昏飘鬼影，山空巷险履薄冰。
幸余盐米犹能活，喜有锤钎不算贫。
一两铅锌万两汗，换来陌上富家春。
君不见，金谷堆金又积玉，锦幛珊瑚天子嫉。
堕楼人去百花残，废院荒台孤兔戏。
又不见，江左名门王谢家，风鬟雾鬓尽铅华。
一朝南国霜风起，散入秦淮作妓花。
悠悠岁月去悠悠，青山道上不胜愁。
一硐冤魂啼夜月，几家款爷尚风流？
曲终难尽千秋意，换羽移宫醉扁舟。

钟山赋

王如柏

钟山对峙，历尽沧桑。多少年，满山乱石没荒草，一坡黄土怨夕阳。几番风雨，柳绿桃红空自忙。天地转，又呈祥，炼钢建材引凤凰。窑上秋水连天池，绕城十里稻花香。新坡拔地，群楼高耸，壮丽长街树成行。工架托云，阳台叠翠，谁家花草竞飘香？为酬地，九天铺洒淡淡霜；染一片，红叶金秋绕玉堂。凭劳碌双手，开多少顽石，雕多少柱梁；采多少能源，发多少热光；终迎来，一年一度好风光。等两千年除夕，邀瀛洲仙子，夜醉琼浆；错把这，能源之乡当故乡。问横空飞雁，您关山阅尽，久历风霜；似这等，钟山美景，早该捎赋到洛阳；让乌蒙新市，名传四方；引出那卧龙高士，云集到钟山脚下，共谋兴邦！

钟山赋

高守亚

钟山对峙，古来共存。山青草茂，奇峰拔于黄土之上；石隐荫浓，怪石嵌于绿壁之中。玲珑小巧，韵秀天然。仰娉婷之娇姿，吐山城之碧珠。飞阁流丹，上挽西山之白云；静亭浮影，下临东崖之苍松。曲栏笑展，引墨客神游万仞；斜径轻回，惹骚人情涌千山。落日熔金，霞带铺锦，野花闪耀，蝶莺乱飞。登高望远，春色连天，珠帘吹笛，层楼叠翠。山城如画，心舒气爽，此乐何极。

忆其当年，满目萧然。一坡黄土，垂寂寞之荒草；两处钟山，尽孤苦之古木。高霞冷映，寒月独举。青松凝寂，白云谁侣？

荒原醒，人民喜，钟山笑，山城矗。听天惊石破之大锤，叹移山倒海之巨手。摘璀璨之群星，缀喧闹之天市。俊彩星驰，引异乡之凤凰；奇珍雾列，招四方之贤才；瑞荷云耀，纳九州之精英。羡铿锵之改革，有心叱咤风云；仰伯乐之识才，谁道关山难越？于是，背井离乡，风尘仆仆，热情汹涌，意气风发，笑用勤劳之双手，建设繁茂之山城。

望钟山之晨曦，迎鲜艳之红日，渴才能之施展，思尽心以报国。于是歌曰：钟山美兮山城芳，群贤集兮来四方，展才华兮思报国，东风灿兮凉都香。

韭菜坪

金永福

群山之上耸高峰，揽月摩天胆气冲。
十万雷霆劈不瘦，千年风雨洗仍丰。
朝托红日迎勤妇，晚接嫦娥送醉翁。
最是情深入叹处，一坡韭菜绿葱葱。

咏梅花山

魏　维

险径连峰雨雾飞，年年冰雪伴新梅。
云中隧道火车疾，寨里农家骏马肥。
劲曲声声传广宇，红星闪闪伴朝晖。
乌蒙山色春长驻，战士深情寄予谁。

赞“三线”建设精神

屈贵州

大军十万进高原，南北东西隔万山。
三十年中风雪侵，九千里路地天旋。
晨霜晚露毡房苦，夏雨冬冰矿井酣。
奉献无私铭后世，钢城煤海著诗篇。

凉都咏

刘嘉碧

2004年3月，在市委召集的专家讨论会上，余建议用“凉都”之名打造城市品牌，幸被选用。

（一）

但从气候看凉都，酷暑严寒不染庐。
四季着装皆自便，气清日朗最宜居。

（二）

此处长年四月天，今生有幸住其间。
山风夜至神清爽，月色如银照我眠。

双龙腾飞

张声鸣

凿石开山声势宏，转瞬双在变旧容。
尘烟扬处沟壑隐，炮声震后顽石崩。
坦坦平川现山坳，密密轨网气派雄。
恭迎株六来铁马，远送内昆去飞龙。
北盘观奇期未远，三线宾客庆相逢。
南下出海指日事，北上登岳岂费功。
磅礴枢纽形胜地，从此客货四海通。

凤凰山

尹余庆

蹲踞高冈意欲飞，身披彩翼百鸟随。
龙狮伴舞麟接应，永留城南镇边陲。

荷城景观

马光旭

文笔书空无日休，金钟对峙护金瓯。
朝天万笏千山秀，葡井甘泉一水优。
夹路明珠红似链，平畴禾稻绿如绸。
麒麟脊上烟飘荡，朱映荷城铁火流。

凉都赋

（铭于人民广场　乌蒙铁塔等处）

戴明贤

斯是高原，乌蒙之巅，先民燧火点燃于二十六万年之前，牂牁夜郎崛起于秦汉之世。人民勤劳，文化熣灿。三线建设中艰辛创业，改革开放后欢腾建市。煤钢电材远及江南岭表；四季宜人，无愧凉都令名。欣逢盛世，我六盘水云蒸霞蔚，无量前程。

钟山铭

董仁义

（铭于钟山区广场入区政府大楼台阶处）

十年耕耘花千树，一朝回眸情万种。

岁月，镌刻下四十余万各族儿女艰苦创业、跋涉拼搏的足迹；时空，展示着四百七十八平方公里龙腾煤海、凤舞钟山的画卷。

钟山区位于贵州西部，因有上、下钟山而名，一九八七年二十月经国务院批准，次年七月建立，为六盘水辖区暨政治、经济、文化、交通、物流、信息中心。资源丰富，气候宜人，景色秀丽，民风淳朴。

老城始称荷城，或曰状似荷叶，或曰荷绕之城，享黔滇锁钥、古今重镇之誉；上下钟山皆如覆钟，其间平阔万亩，高楼鳞次栉比，长街穿绿而行；七十二峰侧立城南，有七十二学士之称，态若凝视荷城，似思似吟，如醉如痴；凤池泛舟，明湖唱晚，笔架晓月，麒麟迷幻，白鹤展绿，星罡咏叹，如珠镶锦，青山掇玉；硝灰洞遗址，叙远故明，海拔2900余米的黔之极韭菜坪，更是天物造化、神工鬼斧。

赓逢喜雨，钟山天秀。人杰地灵，有凤来仪。全区政通人和，百业俱兴，民族团结，社会安定。钟山人正不负春光美景，扬鞭跃马急骋，立足求真务实，坚持与时俱进。

2004年7月，钟山区行政办公区由人民路迁址凤凰新区，斯为台阶，是为起点，铭以记之，自此新步。

三、小说

（一）短篇小说

20世纪90年代后，境内短篇小说创作日渐活跃，短篇小说创作的代表人物主要有金永福、段扬、胡嘉沛、陈月枢、高守亚、余漫江等。

1991年9月，金永福出版小说散文集《喜鹊》（内部铅印），收入短篇小说17篇。这些小说创作于中共十一届三中全会前后，记录这段特定社会变革时期的生活，从农村到城市，从机关到工矿，从农民到市民，从干部到工人，都有刻画和描写。既写三中全会给农村带来的巨大变化，又有对极“左”路线的批判，更有对工厂束缚生产力的思索。

1991年10月，段扬出版小说、散文合集《歌声，穿过黑夜》（内部铅印），收录短篇小说26篇。其题材主要是反映机关生活，或写某些官员的贪得无厌，或写某些干部工作中的尴尬，或写小职员生活中的无奈。对一些不良社会现象进行揭露和讽刺。

1993年3月，胡嘉沛出版中短篇小说集《天水宽》（香港天马图书有限公司出版），辑入的短篇小说都是以“民中旧事”为题材，以“文化大革命”为背景，对人性的美与丑、善与恶作出深刻的探析。

1999年8月，陈月枢出版小说散文集《凤凰岭》（香港天马图书有限公司出版），收录短篇小说12篇。以作者的所见所闻为素材，塑造一群农村少女和农村男人形象。

高守亚的短篇小说创作主要是反映乡村生活和家庭历史，代表作有《小寨》《教师们的故事》等。

余漫江的短篇小说创作主要以知识分子和农村为题材，代表作有《海的相思》和《小刮二》等。《海的相思》获1990年六盘水第二届青年艺术节“青年征文”小小说优秀奖，《小刮二》获1996年贵州省第二届群众文化作品演展大赛二等奖。

此外，余挂勋的短篇小说《彝家第一春》在《贵州日报》发表后，被贵州人民出版社收入《深谷枪声》小说集出版。

（二）中篇小说

1990年10月，贵州人民出版社出版金永福的中篇小说集《汉子》，共收录《汉子》《春晖》《春风》《飞旋的车轮》《矿工的妻子》《彩色的巷道》6部中篇小说，计20万字。代表作《汉子》引起省内文艺评论家的关注。《贵州省志·文艺志》在叙述贵州省的中篇小说创作成果时，将它作为1991年全省的中篇小说代表作。

1992年12月，广西民族出版社出版金永福的中篇小说集《匪女恩仇》，共收录《双龙金手镯》《匪女恩仇》《姑娘失踪之谜》《血染杜鹃红》《左同志传略》5篇中篇小说。代表作是《左同志传略》。

1993年，香港天马图书有限公司出版胡嘉沛的中短篇小说集《水天宽》，其中收录有《心寄》《水天宽》《画外传奇》三篇中篇小说。这三篇小说，以知识分子为题材，表现他们在“文化大革命”中的生活经历及沉浮命运。

2001年8月，作家出版社出版金永福中篇小说集《白岩》，收录《白岩》《父亲》《无奈人生》《采访能人王皮球》5篇中篇小说，计22万字。代表作是《白岩》，讲述“我爷爷”几代人的不同经历和命运，塑造了旧社会一个山区农村农民“硬汉”形象。中篇小说集《白岩》在2004年六盘水首届“五个一工程”评奖中，被评为图书类优秀奖。

2002年，中国文联出版社出版余漫江中篇小说集《美女如云》，收录《苦撑》《突围》《相伴到永远》《人生因你而美丽》《美女如云》5篇中篇小说，代表作是《突围》。《突围》以知识分子生活为题材，展示他们在现实生活中的遭遇和拼搏精神。《美女如云》在六盘水首届“五个一工程”优秀作品评奖中被评为图书类提名奖。

（三）长篇小说

1996年，贵州人民出版社出版金永福的首部长篇小说《半边户》，计20万字。作品以不能在煤矿安家的煤矿工人（半边户）为描写对象，没有贯穿始终的故事，而是通过讲述一个又一个“半边户”的命运，带出矿区、农村、城镇的社会生活图景。反映身处偏僻封闭山区的“半边户”煤矿工人热爱生活、率真善良、为国家和他人奉献的精神。1997年9月，贵州省作家协会在花溪举办贵州省长篇小说结构研讨会，《半边户》与龙志毅的《冷暖人生》、苏晓星的《末代土司》、宋渤的《我歌我泣——一位下台市长的自白》一起列入研讨内容，参加研讨人员有50余位作家、评论家。

1999年11月，作家出版社出版金永福的长篇小说《挂职》，计28万字。这是一部反映改革开放中贫困山区农村生活图景的农村题材小说，反映改革开放中农村和农村扶贫的现实，提出农村奔小康的关键是领导班子这一尖锐问题。小说出版后，反响强烈。2000年5月，贵州文联文艺研究室、文艺理论家协会、贵州省中国现当代文学学会、中共六盘水市委宣传部联合召开金永福作品讨论会，对《挂职》进行研讨。会后，《文艺报》发表消息，贵州省《今日文坛》及六盘水市部分报刊辟出评论专栏，刊发多篇评论文章。2001年，贵州省人民政府设立“贵州省文艺奖”，《挂职》获首届贵州省文艺奖小说类二等奖。

2001年4月，中国文联出版社出版高守亚的长篇小说《残月》，计17万字。小说描述一位青年知识分子在“文化大革命”中的坎坷经历，以及他在中共十一届三中全会后对理想的不懈追求。该小说审视和反思了“文化大革命”对知识分子的迫害，赞美和歌颂了中共十一届三中全会拨乱反正给民族、国家和人民带来的活力与希望。《残月》在首届六盘水“五个一工程”评奖中被评为提名奖。

2003年，四川人民出版社出版许雯丽的长篇小说《夜郎素女》，18.5万字。小说以改土归流为背景，塑造一个美丽善良的素女形象，通过一个女人的命运，折射出改土归流时期各民族的文化风情，反映出各民族在文化融合和交流中的各种冲突。

四、散文

六盘水市及钟山区作者个人出版散文专集的有：

王文楷，1994年12月第一本杂文随笔集《淡墨痕》，收录作品125篇20多万字。1999年8月，出版散文集《原上草》，收录作品32篇。2001年4月，出版第二本杂文集《野刺梨》，收录杂文随笔54篇，约12万字。2003年出版第三本杂文集《山蔷薇》，约15万字。1999年，《淡墨痕》在中国艺术研究院举办的“共和国社会主义文学艺术50年研讨会”上获一等奖。

吴学良，1999年8月出版《生命的痕迹》，录入作品26篇。2002年出版《摆渡红尘》，录入作品48篇。

许雯丽，1999年8月出版《冰冷的火焰》，录入作品62篇。2002年4月出版《冰的激情》，录入作品46篇。作品《冰冷的火焰》《世界上最痛苦的人》在“罗庄杯”和“杏坛杯”散文大赛中获奖。

祝发能，先后出版《岩泉》《漫步夜郎》。

彭康，2008年出版《秋叶无语》。

出版散文与小说等合集的有：

金永福，1991年9月出版《喜鹊》，其中，散文10篇。

段扬，1991年10月出版《歌声，穿过黑夜》，其中，散文13篇。

凡夫，1996年11月出版《晚秋》，其中，散文18篇。

陈月枢，1992年9月出版《荷月》，其中，散文26篇；1999年8月出版《凤凰岭》，其中，散文11篇。

高志新，2001年出版《徜徉在精神家园》。

詹爱华，2001年8月出版《恭候岁月》，其中，散文69篇。

出版报告文学文集的有：

1993年3月，六盘水市文联出版《追赶太阳的人》，录入作品11篇。

1994年3月，中共水钢委员会宣传部出版《山在生长》，录入作品19篇。

1996年2月，六盘水市文联出版《情系乌蒙》，录入作品11篇。

1991年6月，段扬出版个人专集《闯进诗国的牧童》，收录作品12篇；1993年1月，又出版《奋斗交响曲》，收录作品11篇。

1998年8月，何思鸣出版个人专集《仰望灵魂》，收录作品9篇。

2001年5月，吴学良出版个人专集《守望高原》，收录作品14篇。

2004年，钟山区举办建区16周年系列活动，其中出版《钟山情韵》文学作品集，收录作品多为散文。

出版寓言文集的有：

吴秋林先后出版寓言集三本：1988年1月出版《外国民间寓言选》，共收录60余个国家和地区的255则民间寓言；1988年5月出版《金盘子和红苹果》，收录作者创作的寓言54则，1993年6月出版《秋林寓言》，收录作者创作的寓言56则。

魏玉光1979年与他人合编出版寓言诗集《小白兔种菜》；1993年4月出版个人寓言专集《蝴蝶请客》，收录作品56则。

在《贵州新文学大系·儿童文学卷》中，收录有吴秋林的5则寓言，魏玉光的3则寓言。

第四节 艺 术

一、音乐、舞蹈

（一）音乐

今钟山区境内，五四运动期间，时任水城县劝学所所长兼县第一国立学校校长的王显荣，组织县城及场坝的学生集会，游行示威3天，声援北平学生。在集会上，教员王伯坚教大家唱自己谱写的《五四运动爱国歌》。

民国28年（1939）9月1日，水城中学成立后，周云阁作词、王雪生作曲，创作《水城中学校歌》。

民国36年（1947）后，水城游击队自创《老百姓战歌》《解放区好地方》《人民百姓把身翻》等歌曲，在游击队和驻地老百姓中传唱。《解放区好地方》的歌词为：解放区呀好地方，穷人富人都一样。你要吃饭得做工，没人为你当牛羊。老百姓，管村庄，讲民主，爱地方，大家快乐喜洋洋。大鲤鱼，满池塘，织青布，做衣裳，人人快乐享安康。大家努力齐生产，遍地牛羊谷满仓，年年不会闹饥荒。

中华人民共和国成立初期，有金宏达《共产党好，毛主席亲》、邓崇善《工农联盟小唱》在《群众歌声》发表。1958年，中共水城县委组织人员创作歌曲《水城，可爱的家乡》，在城乡机关、学校、工矿中教唱，并在县城辕门口制作巨形宣传牌，书写该歌曲于上，供群众抄录习唱。此歌曾在境内传唱一时。1959年，邓崇善创作并演奏的笛子独奏曲《钟山晨风》参加贵州省首届独唱独奏会演，后由省电台录音播放。

“文化大革命”初期，有的群众组织自创歌曲作为自己的“队歌”“团歌”。1972年，水城特区宣传队创作《苗家儿女庆丰年》《彝家山寨迎知青》等歌曲参加全省文艺会演。之后，罗华祥创作的《高山引出泉水来》在省文艺调演中获优秀奖。1975年水钢文艺演出队成立后，创作《我爱这朵花》《北京的春风吹彝岭》《毛主席上娄山》《我们的代表大庆来》等歌曲，有的歌曲参加省级部门的文艺调演、会演并获奖。

1976年11月，六盘水地区革委会文化局编印出版《创作歌曲选》，收录本地区创作的歌曲15首。

1977年以后，境内音乐创作活动活跃，新人新作不断涌现。大量个人创作的歌曲在省内外报刊上发表，参加各级征歌比赛和文艺会演、调演并获奖。文艺宣传队、文工团分别自创歌曲演出。有的部门开展群众性的征歌活动，创作行业歌曲，结集成册。文化部门及作者个人编辑出版一批歌曲专集。有的音乐工作者还涉足音乐理论的研究，成果明显。

1988年钟山区成立后，部分获省级以上奖励和选入专集的歌曲有：

1988年，罗华强创作的《苗山小牧童》获贵州省少儿征歌优秀奖。水城矿务局组织创作的《你若真心爱阿哥》获贵州省第三届农村歌曲征歌鼓励奖。

1990年，在贵州省首届群众创作评奖中，境内获奖的歌曲有：一等奖——《火把醉月》（邓崇善）和《太阳请你拐个弯》（卓英昂曲）；二等奖——《会飞的小星星》（卓英昂曲）、《好矿长》（段扬词、欧阳宁海曲）、《姑娘爱的心灵美》（欧阳明曲）；三等奖——《赶山女》（张人弘词、邓崇善曲）、《矿山男子汉》（罗华强曲）、《相会的日子》（欧阳宁海曲）、《天生桥》（陈月枢词、邓崇善曲）。

1991年，贵州省举办庆祝中国共产党建党70周年征歌比赛，卓英昂作曲的《爷爷的故事》获二等奖，段扬作词、屈贵州作曲的《祝寿歌》获优秀奖。

1992年，在全国企业征歌比赛中，卓英昂作曲的《开车郎》获三等奖。在贵州省歌曲、舞蹈、戏剧小品征演活动中，罗华祥作曲的《水钢工人进行曲》获一等奖，卓英昂作曲的《我家住在草海边》、邓崇善作曲的《开采》获二等奖，王建湘作曲的《水钢我的故乡》获三等奖，王成文作曲的《金色河之歌》获优秀奖。随后，《苗岭之歌》刊载这些作品。

1993年，张人卓为峨眉电影制片厂摄制的《贵州仡佬族》《仡佬古风》《梵净乌江育土家》《六盘水彝族风情》4部专题片编配音乐。曹继斌作词，陶思耀、顾平安作曲的《敬你一杯家乡酒》获贵州省广播新歌奖，被中央人民广播电台录制播放，1996年，又在贵州省第二届群众创作评选大奖赛中获一等奖。

1995年，曹继斌作词、张长松作曲的《在那太阳微笑的山寨》获贵州省广播新歌奖，1996年，在湖南省的歌曲征集赛中获"珠江钢琴奖"创作奖。曹继斌作词、卓英昂作曲的《开车郎》在"中国潮金曲"征歌比赛中获优秀奖。

1996年，在贵州省第二届群众创作评选大赛上，除前面述及的《敬你一杯家乡酒》外，阮志斌作词、欧阳忆玫作曲的《找月亮》获一等奖，曹继斌作词的《女儿把心掏给你》获三等奖。

2000年，曹继斌作词、王建作曲的《北盘江，我的母亲河》在贵州省"优秀创作歌曲"中获创作奖。《绿衣天使，人民的天使》获"中外建三峡杯"新世纪工人歌曲征集活动优秀奖。这首歌和曹继斌作词的《鸿雁，中华的红雁》一起被称为"邮歌"，邮电部出版的《飞鸿报》刊出通讯《"邮歌"的诞生》，记述了曹继斌创作这两首歌歌词的过程。是年，曹继斌和姜琴英合作创作的歌词《拉太阳》（张中笑作曲）获"优秀创作歌曲"一等奖和首届贵州省文艺奖歌曲类一等奖，入选贵州省1999—2000年度精神文明建设"五个一工程"奖。

2001年，魏荣创作的《家乡的石榴红了》获贵州省第五届"新长征"职工文艺评奖活动三等奖。

2003年，魏承开创作的《炉台上有支激荡的歌》获贵州省第六届"新长征"职工文艺创作评奖活动三等奖。

2. 歌曲集

1988年12月，六盘水市音协出版《喊山》，录入歌曲98首。

1991年1月，六盘水市音协出版《颂歌献给党》，录入歌曲110首。

1993年12月，六盘水市音协出版《山韵》，录入歌曲21首。

1998年，六盘水市供电局出版以反映电力事业为主要内容的创作歌曲集《光和热》，共入选歌曲50首。

1999年，六盘水市文联、市音协出版《华诞颂》，录入歌曲67首。六盘水市政协、市音协出版《心声集》，录入歌曲203首。

2001年，六盘水市国税局、市地税局、市音协联合举办全市"税收与未来"歌曲征集活动后，编辑出版专集《税务之歌》，录入获奖作品和入选作品共72首。

（二）舞蹈

中华人民共和国成立前，今钟山境内舞蹈多属民间传习。1950年后，渐有舞蹈创作。"文化大革命"，各文艺宣传队自编自演的舞蹈众多，但多为当时政治形势所需的程式化造型，舞步单调，节奏急促。1977年后，舞蹈创作有了长足发展，取材广泛，形式多样，风格各异，涌现出大量的优秀作品。水城解放以来创作的舞蹈，大概分为两大部分，一部分是文艺团队参加各级文艺会演、调演和日常演出活动创作排演的舞蹈节目，一部分是学校、工矿企业、机关单位、群众团体举办文艺晚会创作排演的舞蹈节目。绝大部分舞蹈节目随着演出结束也就消失，很难找到留存于世的脚本。1988年钟山区成立后，部分重大演出的优秀舞蹈和获奖舞蹈有：

1990年，汪龙舞、张建生创作的歌舞《让地球永远是我们的世界》，获贵州省人口普查专题会演二等奖，在贵州电视台播放。

1993年，六盘水山童艺术团编创的《苗族芦笙舞》参加中国贵州国际少年儿童艺术节演出。后在中央电视台文艺专题节目中播出。

1996年，六盘水编创的《放牛娃娃》和《唢呐花鼓舞》参加贵州省第二届少儿艺术节，均获三等奖。

1999年，钟山区编排《古歌》参加全省群众文艺调演。

"三线"建设以来，驻水城大中型企业亦创作大量的舞蹈。主要有：

水钢集团公司　1975—1982年期间创作参加省、市文艺会演、调演的舞蹈有《苗锦送北京》《欢乐的节日》《钢厂晨曲》《画鹛》等。《画鹛》获六盘水市1982年文艺调演一等奖。1985年创作独舞《钢花》参加六盘水职工业余文艺调演，获三等奖。1990年创作《钢城春晓》参加贵州省首届"红烛颂"文艺会演，获二等奖。1991年水钢成立艺术团后，创作多支舞蹈参加各级文艺会演，部分获奖并被省电视台录制播出，主要有《沸腾的水钢》《钢花情》《春潮情》《彩霞飘飞的炉台》等。

水矿集团公司　1966年，创作《乌蒙豪情》等舞蹈参加西南煤矿建设指挥部举办的文艺会演。1972年，创作《战矿井》等舞蹈和文艺节目，组织慰问团赴东北、河北、山东等10个老矿区汇报慰问演出。1973年，与水城特区宣传队代表六盘水市参加全省文艺会演。1981年，局文工团代表六盘水市参加全省职工文艺会演，自创舞蹈《花场情歌》获一等奖，被省电视台录制播出。1982年创作《煤姑娘》参加六盘水市首届文艺会演，获一等奖。1983年，创作《矿山情歌》参加省煤炭厅首届文艺调演，获创作一等奖。1985年，创作三人舞《矿山姑娘》参加六盘水职工文艺调演，获三等奖。1990年，编创《葬花吟》和《亚洲雄风》参加六盘水首届青年艺术节，分别获二等奖和三等奖。1991年，编创《火神》参加贵州省庆祝建党70周年职工文艺会演，获创作奖、节目二等奖。1992年，《火神》及新创作的《送温暖》参加贵州省煤炭厅第二届职工文艺会演，分别获二等奖、三等奖。创作双人舞《五哥放羊》代表六盘水参加省庆祝教师节"红烛颂"文艺会演获二等奖。1995年，编排独舞《祥林嫂》、双人舞《两棵树》参加市第二届青年艺术节，《祥林嫂》获现代舞三等奖，《两棵树》获民族舞三等奖。

六盘水铁路地区　1989年，参加贵阳铁路分局第一届艺术节，舞蹈《黄土高坡》和《火车司机之歌》获创作表演二等奖。1992年《火车司机之歌》和另一支舞蹈《焊工抒怀》参加省"习酒杯"企业舞蹈比赛获奖后，被省选送参加全国企业舞蹈比赛，分别获表演二等奖和创作三等奖。1995年，编创《蜡染风情》参加贵阳铁路分局艺术节，获三等奖。1999年，编排舞蹈《走进新时代》参加贵州省群众文艺调演。

水城发电厂　1985年编排独舞《大海啊故乡》《妈妈教我一支歌》，双人舞《十五的月亮》参加六盘水"热爱六盘水，振兴六盘水"职工文艺调演，《十五的月亮》获二等奖，另2支舞蹈获三等奖。

六盘水供电局　1982年创作《盼》《苗山乐》参加六盘水市首届文艺会演，均获优秀创作奖。1999年，创作《春》参加全省电力系统"祖国大庆"文艺节西部片区会演，获优秀奖，后被挑选参加全市国庆文艺晚会演出。

水城水泥厂　1990年编排《红绞舞》《赶小海》参加市庆元宵联欢晚会。1991年编排舞蹈

《在希望的田野上》参加市“三八”文艺会演，获三等奖。1998年组织子弟学校编排《今儿个真高兴》、幼儿园编排《小司机》参加市“六一”文艺演出。1999年编排《众人划桨开大船》参加市国庆50周年文艺会演，后被选送参加全省先进文化企业文艺调演，获优秀奖。

二、曲艺、戏剧、影视剧

（一）曲艺

中华人民共和国成立以前，今钟山境内已难查找到有文字记载和传世的曲艺作品。

中华人民共和国成立初期，文化宣传部门、学校、机关单位创作许多快板、活报剧、锣鼓词、金钱板、双簧等曲艺作品欢庆解放。1958年后“大跃进”期间，涌现大批歌颂“总路线”、歌颂“三面红旗”的说唱曲艺作品。1964年全国各地的“三线”建设大军进入水城后，又新引进一些曲艺种类，如山东快书、山东柳琴、天津快板、数来宝、花鼓调等。“文化大革命”期间，群众组织的“毛泽东思想文艺宣传队”纷纷创作为“文化大革命”政治路线服务的曲艺节目。1976年10月粉碎江青反革命集团后，水城的文艺工作者创作一批欢庆粉碎江青反革命集团的曲艺作品，在多台欢庆粉碎江青反革命集团的晚会上演出。以后又陆续创作一定数量的曲艺作品，有的在省内外获奖。

1988年，六盘水市文化局创作室编辑出版《剧目创作选集》，收录有方言诗、顺口溜等曲艺作品。

1991年，六盘水市文化局创作室编辑出版《剧目创作选集》，收录有曲艺作品5篇。

1995年，六盘水市文联、市文化局联合编辑出版《曲艺戏剧小品集》，较为集中地收录1980年以来六盘水市曲艺工作者创作的曲艺作品23部。

在1985年六盘水市职工文艺调演中，有10个曲艺创作节目获创作奖。其中，水城矿务局廖思学创作的相声《献给六盘水的歌》获一等奖，金钱板《张二哥》获二等奖。孙友陵创作的讽刺小品《优质服务》获二等奖，诗朗诵《生命》获三等奖。李玉臣创作的山东快书《节日逛城》获三等奖。

1990年，张人卓、张人弘、屈贵州、斯信强编创的彝族盘歌《盘亲》，在贵州省第二届“杜鹃”书会电视大奖赛上获二等奖。

1991年，六盘水铁路地区创作的小品《考儿子》，在贵阳铁路分局第二届艺术节上获创作三等奖；《生日的礼物》在贵州省“家教杯”电视小品比赛中获优秀奖。

1996年，魏维创作的顺口溜《“尹万元”发财记》，获贵州省群众文化艺术节创作作品大赛奖曲艺三等奖。

1997年，郑志洪创作的小品《端阳雨》在全国总工会举办的第二届全国职工小品大赛上获编剧三等奖。

2001年，朱耀斌、赵启刚创作、表演的相声《如此家庭》获贵州省第六届“杜鹃”曲艺节三等奖，双簧《接媳妇》获优秀奖。

2003年，金永福、张人卓等人创作的贵州琴书《伞下情》在贵州省第七届“杜鹃”曲艺节上获一等奖。朱耀斌创作表演的相声《乌蒙明珠六盘水》获二等奖。2004年《伞下情》又获贵州文艺奖曲艺类一等奖。

（二）戏剧

魏维从20世纪80年代起先后在《贵州剧作》上发表《如释重负》《门卫》《双荐贤》《断桥情》《红鲤》5部戏剧作品。其中《断桥情》和《门卫》入选由中国文联出版社出版的《50年优秀小品集》。《门卫》1996年获贵州省第二届群众创作评选大赛小品剧本一等奖，获1985—1995年第二届“贵州戏剧文学二等奖”。《断桥情》1996年获中国戏剧家协会举办的“经协杯”全国百优小品大赛优秀奖。大型新编历史剧《双荐贤》获贵州省群众文化艺术创作大奖赛二等奖。

1988年，在六盘水市文化局创作室编辑出版的《剧目创作选集》中，收录剧作10部。1991年，在六盘水市文化局创作室编辑出版的《剧目创作选集》中，收录剧作19部。1995年，在六盘水市文联和市文化局联合编辑出版的《曲艺戏剧小品集》中，收录剧作16部。

（三）影视剧创作

1991年，金永福参加创作三集电视系列短剧《苦果》，这是一部以农村计划生育为题材的作品。该剧由海南电视台摄制，在中央电视台第一套节目播出，并获海南省电视剧创作二等奖。

1993年，李明岐创作出版科幻电视剧本《走向黑暗》，收录电视剧本5部。

1994年，由罗发玉编剧、金永福任文学编辑，中央广播电视学院电视制作中心和海南电视台联合摄制的三集电视剧《在任还有三天》，在中央电视台播出，随之贵州电视台播映，《贵州日报》发表文章进行评论。该剧取材于税务工作，剧情将情与法、爱与恨、权力与私情等矛盾冲突层层展开，塑造一位坚持党性原则、秉公执法的国家税务干部形象。

1995年，金永福和张人弘创作反映税务题材的电视剧本《发票上的斗争》和《风雪道口》。

1996年，由牛光中任编剧、金永福任文学编辑的儿童题材电视剧《河这边河那边》在中央电视台播出。这部电视剧反映农村儿童对山外世界的向往，也反映部分城市孩子不懂得关爱他人，缺乏吃苦耐劳精神的问题。该剧获“飞天奖”。

1997年，由何润民参加创作，贵州电视台、中共六盘水市委宣传部、市广播电视局、市电视台共同拍摄的6集电视连续剧《乌蒙情》，在中央电视台第一套节目首播，接着在中央电视台2套、4套、8套节目重播，是年获贵州省第二届电视艺术作品“鹰盾杯”三等奖。此后，贵州电视台转播，1999年又在云南昆明举办世界园艺博览会期间播出。该剧以“三线”建设为背景，展现“三线”建设者艰难创业、不屈不挠、舍小而为国为民的无私奉献精神。

1999年，香港天马图书有限公司出版金永福创作的大型电视连续剧剧本《高原神鹰》。作品以公安工作为题材，基本上以六盘水为背景，塑造一群吃苦耐劳、任劳任怨的公安干警形象。

2005年，栗强创作的二十集电视连续剧《夜郎王》在六盘水市拍摄完成。该剧是全国第一部以“夜郎”为题材的影视作品，大部分镜头在六盘水市境范围取景，并在水城玉舍国家森林公园内搭建夜郎王宫殿外景基地。

三、书法、美术、摄影

（一）书法

解放以前，今钟山境内书写工具多为毛笔，读书人均练习毛笔书法，然有成就者，史料记载甚少。

清道光十年（1830）岁贡桂天相，与工诗学的李天极、善国画的单辅国被誉为字、诗、画“水城三美”。《水城县志稿》记载，桂天相的书法“善草书，于古人法帖，王、颜、欧、柳无不默会其神，故楷、行多书，俱臻绝妙。城乡及邻邑绅富，争求屏联，应接不暇。尤善擘窠大书”。《贵州书画家简论》言其“擅草书。擘窠大字气势流走，奕奕有神”“‘晴鸟惊人绕华堂’一幅，笔力健劲”“篆刻不拘法度”。桂天相的书法作品，仅有少量匾额屏对、石刻字迹留存。20世纪50年代，南京博物院专门派员到水城购藏其作品。

民国时期（1912—1949），书法较有影响者有王永松、王显荣、宋羡钦、廖禄勋等。留存传世者有王永松楷书石刻“节孝碑”，宋羡钦行书石刻“当仁不让”，廖禄勋楷书“桂天相墓碑”“桂天相墓志”。

中华人民共和国成立后，毛笔不再是主要的书写工具，但仍有不少书法爱好者仍不断研习毛笔书法。1950年至“文化大革命”期间，较知名的书家主要有李德善、肖天全（擅大楷），王家章（擅行楷），周忠诚、马光旭、马光武（擅中楷），朱勤（擅小楷），鄢文琰（擅蝇头小楷），张金权、赵景唐、杨铮、雷兴胜（擅行草），赵志广（擅魏碑），王运通（擅隶书），张淙泉（擅唐楷），贺宗俊（擅行书），张慰宣（擅篆刻）等。

中共十一届三中全会后，政府文化部门对群众书法艺术活动非常重视，每年都要投入一定的经费和力量，开展书法培训，举办书法展览，评选奖励优秀作品，促进书法艺术的发展，加上有些书法爱好者陆续进入水城地区工作，境内涌现出一批老、中、青、少的书法人才，除毛笔书法外，有些爱好者还向指书、硬笔书法方向发展。

在此期间，较有影响的书法研习者主要有王如柏、方坤、张忠启、张黎犁、王大钦、徐增昌、胡高林、杜学铀、朱勤、陈侃、宋梓林、朱正康、王逢清、王大林、余压坚、易晓亮、徐永俊、陈阜东、杨盛华等，他们大多为贵州省书法家协会会员。除此以外，赵景唐、张金权、张淙泉等也是贵州省书法家协会会员。指书较有成就者，有贺宗俊、任中书等。硬笔书法方面，杨端波、王正友等也多有作品参展参赛。

历年来，有大量书法作品入选各级书法展览和比赛，有些作品在省内外报刊上发表，部分作品获奖，有的单位和个人编辑出版书法作品集。

作品集

1991年7月，六盘水市出版《六盘水书法作品选》（内刊），集中选印六盘水市书法家的部分作品。

1992年，水城矿务局、水城矿区工会编印《水城矿区职工美术书法作品集》（内刊），其中选印书法作品12幅。

1995年，六盘水市老年书画研究会、市诗书画院、市诗词楹联学会联合编辑出版《六盘水老年诗书画选》（内刊）。

1997年，贵州民族出版社出版六盘水的《回归颂》诗书画选集。

1998年，市农办、市环保局、市水电局、市林业局、市书画院、市老年大学联合编辑出版《六盘水环境资源保护诗书画选》（内刊）。

1999年，市财政局、市国税局、市地税局、市诗书画院联合编辑出版《财税诗书画集》（内刊）。

2002年，在贵阳举办“西部的西部——六盘水书画展”后，《贵州美术》出版《西部的西部——六盘水书画作品展专辑》，录入书法作品32幅。

2003年，六盘水市书法家协会承办“贵州首届楹联书法大展”，后主编出版《贵州省首届楹联书法大展作品集》，六盘水有18名作者作品参展并入选作品集。

1987年，王如柏出版个人作品集《王如柏诗词书法集》（贵州美术出版社出版）。

2001年，张黎犁出版《张黎犁书法集》（中国社会科学出版社出版）。

2002年，张金权出版《张金权书法集》（中国社会科学出版社出版）。

2002年，宋梓林出版书法、诗词合集《诗魂归来》（中国社会科学出版社出版）。

部分获奖作品

王如柏、张金权的书法作品于1990年参加贵州省书法协会会员优秀作品展，并入选《黔山墨痕》一书。1993年，两人的作品被选送参加中国书协、中国美协为纪念毛泽东百年诞辰，在中国美术馆举办的书画展，后被收入《纪念毛泽东同志诞辰100周年书画集》。

胡高林书法作品1987年获全国建材行业职工首届书法绘画展览三等奖，1992年获贵州省“新长征”职工文艺评奖活动二等奖，1997年、2001年又两次获该奖项三等奖。

任中书指书书法1996年获“三国杯”全国书画大赛银奖。

蔡翔硬笔书法作品《沁园春·雪》1999年获第十六届国际档案节书画摄影展二等奖。

朱正康书法作品1999年、2001年两次获贵州省“新长征”职工文艺评奖活动二等奖。

王大林书法作品1999年、2003年两次获贵州省“新长征”职工文艺评奖活动三等奖。

王逢清书法作品2001年、2003年分别获贵州省“新长征”职工文艺评选活动三等奖、二等奖。

宋梓林书法作品获2003年贵州省“新长征”职工文艺评选活动三等奖。

（二）美术

据《水城厅采访册》载，清嘉庆、道光年间（1796—1850），邑人单辅国尤善画，“花卉人物皆精，工笔则冠绝一时”。民国时期（1912—1949），王守伦的花鸟画为时人称道。这时期的作品都以单幅出现，难见到结集出版的作品集，作品现存于世的已难以寻觅。

中华人民共和国成立后，人民政府重视美术工作，学校开设美术课，培养美术人才，一批年轻的美术工作者成长起来，绘画门类不仅限于国画，油画、水彩画、水粉画、版画、漫画、现代民间绘画、儿童画、素描、速写、木刻等艺术创作百花齐放。1964年后，“三线”建设大军中有许多美术爱好者进入水城，壮大境内的美术队伍。在中华人民共和国成立后至“文化大革命”期间，水城较知名的画作者主要有辛明亮、司徒兴治、唐又山、余挂勋、马钧、胡春文、张蔚宣、马正荣、嵇信群、彭福光、罗方、赵全生、王荆凯、李新华、游昌华、吴长敏、杨汝鑫等。但所画作品多是为当时政治服务的巨幅宣传画、橱窗宣传画、专栏刊头等。

“文化大革命”结束后，美术创作日趋活跃，美术门类先后又增加了剪纸、泥塑、根雕、盆景、奇石等，美术创作流派呈多元发展。1977年11月在贵阳举办六盘水地区工人画展，水城地区参展的种类作品多达79幅，其中水粉画25幅，中国画20幅，油画6幅，版画6幅，速写4幅，钢笔画2幅，漫画1幅，素描1幅，剪纸14篇。至2004年，水城地区被贵州省美术家协会吸收为会员的共有26人。画集主要有：

1992年，水城矿务局、水城矿区工会编辑出版《水城矿区职工美术书法作品选集》。1995年，六盘水老年书画研究会、诗书画院、诗词楹联学会联合编辑出版《六盘水老年诗书画选》。1997年，中共六盘水市委宣传部、市文联、诗联学会联合编辑出版《回归颂诗书画集》。1999年，六盘水市财政局、国税局、地税局、诗书画院编辑出版《财税诗书画集》。2000年，六盘水市农办、环保局、水电局、林业局、诗画院、老年大学联合编辑出版《六盘水环境资源保护书画集》。是年，《贵州美术》出版六盘水美术作品专集，刊出方坤《山敛云舒水自流》、汪龙舞《声缘天籁》、马钧《花鸟两幅》、贺宗俊《西电东送》、游昌华《绿满钢城》、马永超《花鸟》等水城地区作者的作品15幅。

部分省以上获奖和在省外参展作品：

国画　方坤《黔中山居图》获1990年全国书画作品奖“金彩奖”，《黔山秋色》获2000年全国中国画作品展优秀奖，《黔山幽静图》《黔中山居》分别于2000年、2002年在“中国名家邀请展”展出。另有作品选送日本东京美术馆展出并获铜奖，有20余幅作品分别在《中国画年鉴》《美术报》《中国书画报》《美术观察》《美术研究》《新华日报》《贵州美术》《贵州日报》发表。有部分作品被中国文联、江苏省美术馆、南京艺术学院等专业机构收藏。罗方《乌蒙春色》获1986年云贵川渝三省四方煤矿职工美术书法摄影作品展三等奖。1987年，其《乌蒙春色》和《百里矿山图》被选送波兰展出。彭福光《春风》《乌蒙杜鹃》1985年在西安、北京参展，《故乡秋叶尽未凋》《秋收时》1987年在上海参展。赵全生《叔叔喝水》2002年获“鱼水情”全国首届双拥书画艺术大展一等奖。马钧《秋山莽莽闲云生》获2004年第二届全国少数民族美术作品展优秀奖。

油画 刘金全《山里汉子》获1990年贵州省首届群众文化创作评奖二等奖。彭跃忠《山泉》获1991年贵州省煤炭系统画展一等奖。

版画 解云天、周颂羔合作的《我们这一代》获贵州省第二届青年美术作品展三等奖。

钢笔画 易只《黔南民族风情》获2003年贵州省第六届“新长征”职工文艺评奖活动三等奖。

木刻 蒋若滨套色木刻《彝族新歌》《房前屋后》《刚到的邮件》分别获贵州美术创作展优秀奖和佳作奖。余挂勋木刻《泉》获贵州美术创作展优秀奖。

儿童画 1984年，贵州省少年儿童书画展入选六盘水7幅作品参展，其中刘楚霞的《凌云》获优秀作品奖。

（三）摄影

民国时期（1912—1949），水城只有唐华、周绍华两家在县城开设照相馆，从事普通人像黑白摄影，极少进行艺术创作。

水城解放后，有两家照相馆仍然营业，除主要从事人像摄影外，也为县城的一些大型活动拍照。人像摄影在成像后，可应顾客要求用笔、彩色颜料描绘成彩色照片。1953年县文化站成立后，购置相机。随后，县机关有些单位陆续购置相机，主要是拍摄会议、集体活动、先进模范人物等宣传照，亦进行一些艺术创作。现能查找到当年水城县委宣传部拍摄的水城老城全景、荷城八景等风光照片和一些少数民族风情照片。

20世纪60年代中期以后，艺术摄影创作有所发展。70年代，梁向东等人的150幅黑白照片赴北京参加煤炭部汇报展出。继之有卓英昂与陈阵合作的《井下掘井队》等7幅、《水钢会战》等12幅，韩德君的《建设中的水城发电厂》等6幅、《古榕》等3幅，张家德的《梳妆》《布依织女》等分别参加省影展。水城特区文化馆曾在水城老县城举办过一次摄影作品展览，展出张家德、王建湘、王文楷、刘鸿远、熊学贤等水城特区业余摄影爱好者的作品近百幅。

中共十一届三中全会后，不少摄影爱好者纷纷购置相机，从事摄影创作的人员增多，作品多发展为彩色照片。1985年以后，六盘水市、水城特区、驻水城的部属、省属企业的文联及摄影学会相继成立，经常举办摄影培训班，组织摄影作品展览，积极向省内、省外及全国一些摄影展推荐市内摄影工作者的作品。《六盘水日报》等市内报刊还定期辟出专题刊载摄影作品，开展摄影作品竞赛和评奖活动，为摄影事业的发展创造良好的环境，推动摄影创作的发展。

1980年以来，境内摄影创作者有12人被贵州省摄影家协会吸收为会员，即朱祖雄、温延权、王述慷、斯信强、黄光荣、谢文渝、邓崇高、张希勤、张三都、陈绍荣、黄蜀锦、任立国。此外，在摄影创作上较为活跃的还有卓英昂、高锡杰、王建湘、张家德、王运通、韩介明、黄国松、赵海翔、韩忠武、李来华等。以他们为主的创作群体，创作大量摄影作品，不少作品在省级及省级以上展览中参展并获奖，或在较高层次的报刊上发表，有的被选入摄影作品集。

六盘水编辑出版的摄影作品集主要有，1991年，由今日中国版社出版《江南煤都六盘水》摄影画册。2002年，由香港沁源美术出版社出版《走进六盘水》摄影画册。画册分为亲切关怀、昔日贫穷、光辉业绩、煤都风光、旅游风光及民族风情5部分，展现六盘水今昔的沧桑变化，秀丽的风光和民族风情。全书共收录水城解放后各个时期拍摄的珍贵照片资料和艺术摄影作品121件。其中1965年11月中共中央总书记邓小平视察六盘水煤炭基地，1996年10月中共中央总书记、国家主席江泽民视察六盘水，1985年12月时任中共贵州省委书记胡锦涛视察六盘水，以及反映六盘水昔日贫困状况，20世纪60年代“大三线”会战场景，改革开放和西部大开发后的繁荣景象等摄影作品，都是记录六盘水历史的珍贵资料。

2008年，钟山区编辑出版建区20周年纪念摄影画册《毓秀钟山·辉煌钟山》，收录展现钟山区风物和发展变化的摄影作品100余幅。

部分获奖作品有：

韩介明《富家之路》《晨报》《穿梭忙》于1983年在《大众摄影》刊载，其中《穿梭忙》在香港展览获奖。

张三都《五彩路》《山魂》获1993年首届全国教育工作者摄影大赛三等奖。

陈绍荣《脱缰》获1996年第13届国际档案影展一等奖，《山归》获2003年中国人像摄影月赛优秀奖。

王述慷《子夜抢险》《提高人口素质迎接西部开发》分别获2001年“中国武警风采摄影作品展”和“全国人口与计划生育摄影展”优秀奖，《背“望天水”》获2002年全国首届生态环境摄影展佳作奖，《逗》《春之声》入选中韩青年摄影作品展。

卓英昂《欢乐的芦笙舞》获贵州省体育摄影比赛三等奖，《长城随想曲》获1993年全省第二届群众书法绘画摄影大赛一等奖。

朱祖雄《心连心》获1997年贵州省第二届老年摄影作品联展一等奖，2001年获贵州移动通讯杯摄影大赛三等奖。

黄光荣《风光》获全省第二届群众书法绘画摄影大赛优秀奖，《夜半三更到天明》获全省第二届群众创作评选大赛三等奖。

安江《田园春色》获全省第三届群众书法绘画摄影大赛二等奖。

任立国《铁匠世家》获全省首届群文创作评奖二等奖，《高原牧歌》获贵州省群文系统摄影展三等奖。

（四）艺术作品展览（钟山区成立后）

1989年国庆期间，六盘水市文化局、市文联、市总工会、市群众艺术馆、六盘水日报社联合举办庆祝建国40周年美术书法摄影作品展，共展出作品118幅，评选出优秀作品奖40幅，并颁发获奖证书。

是年，六盘水市举办首届青少年科技成果展，各学校选送参展作品共1151件，其中有一定数量的作品为小制作、小模型工艺品和绘画、书法、摄影、刺绣等作品。

1991年，六盘水市文化局、市电影公司联合举办“六盘水市电影宣传画展”。展出后有8幅作品入选当年全省电影宣传画展。

1992年，举办全市群众文艺摄影展，共展出作品143幅，其中推荐20幅参加全省群众文艺摄影展。

1993年9月，水城军分区首次举办“国防与武装”书画摄影作品展，共展出作品148件，其中书法49件，绘画18件、摄影81件。

1997年6月，六盘水市和钟山区组织市中心城区中小学、幼儿园部分少年儿童举办“迎香港回归祖国百名儿童百米长卷书画表演”活动，六盘水市和钟山区党政领导、广大市民到现场观看表演。

1999年，六盘水市总工会、市妇联等单位联合在市工人文化宫举办全市妇女工艺作品展，共展出妇女手工艺美术作品挑花、刺绣、蜡染、编织，以及以手工为主的衣帽、服装、儿童用品、宫灯、玩具等各类工艺品1000余件，部分还在现场进行手工制作展示。对参展作品，分别评出一、二、三等奖和优秀奖。

2003年，六盘水市书法家协会承办省书法家协会举办的“贵州省首届楹联书法大展”，共展出120余幅作品，其中六盘水参展作品23幅。展览期间，省书协在六盘水召开贵州省书法创作研讨会。

2004年，六盘水、毕节、遵义联合举办三地区书法联展（在毕节举行），六盘水选送40件作品参展。

是年，钟山区举办建区16周年书画展，共展出书画作品120余件。

是年，六盘水市政府在市中心城区举办第一届“中国凉都”消夏文化节，在人民广场创办“腾龙杯”煤雕艺术作品展，共展出以原煤、焦炭、煤矸石为主要创作原料的大型雕塑作品20件。在南广场还展出一幅长280米、高2米的煤喷壁画，主要反映了六盘水的农耕文明、工业文明。2005年再次举办，参展作品增多。运用原料较上届有所突破，煤炭占原材料比重达80%。

在2004—2008年历次“中国凉都”消夏文化节活动中，举办美术、书法、摄影、根雕、盆景、奇石等展览活动。

1997—2008年，六盘水市老年书画研究会钟山区分会共在区境展出摄影书法作品3000余幅。

第五节　文艺演出活动

一、商业和慰问演出

外来文艺团体前来钟山区进行商业演出的有二炮神箭文工团、中国曲艺团、中国电影乐团、中国青年艺术团、上海舞剧院、中国轻音乐团、中国曲艺说唱团、北京青年艺术团、北京儿童剧院、北京歌舞团、沈阳歌舞团、河北杂剧团、广州歌舞团等文艺团体，到境内演出的歌唱家有李光羲、耿莲凤、李谷一、阎维文、董文华、王洁实、谢莉斯等。歌星有蔡国庆、韦唯、成方圆、杭天琪、沈小岑、林依轮、屠洪刚、韩红、白雪、周艳泓、孙楠等。著名影视演员有李雪健、唐国强、邓婕等。著名相声、小品演员有姜昆、笑林、李国盛等。1990—2008年，先后有10余个省内外文艺演出团体到钟山区慰问演出。

二、节庆文艺演出

1988—2004年，钟山区举办国庆文艺晚会、春节文艺晚会、迎香港回归文艺晚会、建党节文艺晚会等文艺演出活动。2005—2007年，在中国凉都消夏文化节期间，每年举办凉都消夏钟山广场文化周文艺演出活动。2008年，钟山区在人民广场举办庆祝建区20年大型文艺演出，共演出讴歌改革开放，颂扬钟山区社会经济发展的文艺节目20余个。

三、消夏文化节文化活动

2004年7—8月，六盘水市在钟山区举办第一届“中国凉都”消夏文化节。以后每年举办1次，至2008年已举办4届。消夏文化节期间举办文化、体育、商贸、会展等系列活动50余次，其中举办各类文化活动近30次。

（一）钟山区举办的活动

建区十六周年系列活动　2004年8月2—3日举行。活动以树立钟山形象、提升城市品位为目的，为凉都六盘水消夏文化节增添氛围，通过系列活动展现和宣传钟山区，促进物质文明、精神文明、政治文明协调发展。活动表彰优秀（先进）人物100人，举办建区16年经济社会成果展，举行经济贸易洽谈会、书画展览、焰火晚会、文艺会演和篮球比赛，组织来宾到市区游览观光，开展群众文体活动，举行大型环球风情音乐舞蹈晚会。

凉都·消夏钟山广场文化周　2005—2007年，钟山区委、区政府在市人民广场举办凉都·消夏钟山广场文化周。2005年7月30日至8月4日，第一届凉都·消夏钟山广场文化周分“钟山之夜”“煤海放歌”“钢铁火正红”“军民携手创双拥”“云岩放歌”“夜郎寻梦·乌蒙放歌”6个篇章在市人民广场举办。2006年8月2—5日，第二届凉都·消夏钟山广场文化周在市人民广场举办。活动分“激情钟山夜”“煤海欢歌”“钢花火正红”“风之声”四场不同主题的文艺演出。2007年7月23—27日，第三届凉都·消夏钟山广场文化周由“魅力钟山韵”“钢花映凉都”“聚集太阳石”“欢歌水城情”“商务之声”五场演出组成，三届凉都·消夏钟山广场文化周累计历时15天，观众人数20余万人次，打造钟山区第一个文化活动品牌。2008年该项活动被市委、市政府纳入凉都消夏文化节主要内容，更名为凉都·消夏文化节广场文化周，由4个县区及水钢、水矿各承办一个专场组成。

建区二十周年系列活动 2008年8月7日至9月3日举行。分别在市人民广场及各镇乡举办建区二十年成果展，在六盘水电视台播放《回眸钟山20年》系列报道，在市人民广场举行建区20周年庆典大会暨文艺演出。编印《六盘水市钟山区建区二十周年纪念邮票珍藏册》，钟山区建区二十周年纪念画册《毓秀钟山·辉煌钟山》《钟山人大二十年》《钟山政协二十年》《魅力凉都》《天平颂》等书刊资料。

（二）六盘水市在钟山区举办的活动

煤雕艺术展 2004年7月30日举行，共展出大型雕塑作品20件。此外，在人民广场南面还展出一幅长280米、高2米的大型煤喷壁画，内容主要反映了六盘水市的农业文明、工业文明成果。煤雕作品以全市的原煤、焦炭、煤矸石为原料，采用现代雕塑工艺制作完成。2005年7月29日，在人民广场举办第二届煤雕艺术展，共展出作品21件。煤雕作品展出后，存放市人民广场等处供游人参观，其中有2件在荷城花园凤池园大门入口处展示。

中国黔菜美食博览会 2005年8月8—14日举行，共有参赛团体23个、400余人参加，其中42名参赛个人进入决赛。在市人民广场设名小吃展示区，全国119家参展商参展，展示200余种名小吃。2006年7月21日，再次举办美食博览会，全国120家参展商参展。2007年7月22日，第三次举行美食博览会，全国300家商家、160余种美食参展，并举行美食博览会餐饮文化论坛。

文物展 2004年7月30日，举行“夜郎故地上的探索”文物展。共展出文物168件，其中，国家一级文物12件，六盘水市主体少数民族服饰11套，国家二、三级文物占60%以上。这些文物集中展示黔西观音洞遗址、六枝桃花洞遗址、盘县大洞遗址、水城硝灰洞、毕节瓦窑村商周遗址、六枝月亮河汉代遗存、麒麟洞等地区的出土文物和全市的少数民族服饰。来自捷克、孟加拉等10余个国家的文化使者、商界人士，国内10余个省（区）直辖市的知名专家、学者以及广大市民2万余人观看展出。

文化论坛 2004年7月30日，举行夜郎文化论坛，同时举行“夜郎文化论坛”授牌仪式。来自捷克、孟加拉、马来西亚等国驻华文化参赞和外交部、文化部、国家民委、省文化厅等20余名领导和来宾以及全国各地知名专家、学者70余人参加论坛。600余位听众聆听来自北京大学、清华大学等全国多所知名高校及中国社会科学院考古研究所、中国文化研究所、贵州省民族文化研究所、中国科学院、香港历史博物馆等单位的50余名教授和专家对夜郎文化研究的精彩演讲，论坛历时4天。中央电视台、《人民日报》、新华社等多家媒体对此作相关报道，与会专家、学者的论文被汇编成《夜郎重释》一书，在全国公开发行。

奇石盆景展 分别于2005年、2006年、2007年凉都消夏文化节期间举办奇石盆景展。2005年7月30日，举办首届中国凉都奇石博览会，共有500余位奇石藏者参展，展出奇石珍品2000余件。石商、石友开展交易活动。展览结束，共有600件奇石获奖，其中金奖100件、银奖200件、铜奖300件。六盘水参展作品199件，获奖182件，其中金奖44件、银奖54件、铜奖84件。中国奇石王争霸赛擂台赛执委会从此次奇石展品中选出36件参加在广西举办的中国奇石王争霸赛擂台赛，六盘水有8件作品入围。同时召开首届三省一市（云南、贵州、四川、重庆）石界联谊会。2006年7月21日，举办第二届中国凉都奇石展销会，共有全国60余个地区2800余名石商参展，展出奇石珍品200余件，共设供石商展出摊位360余个。展览结束后，评出金奖10人、银奖20人、铜奖30人。2007年7月23日，举办第三届中国凉都奇石展销会，共有全国各地200家石商和广大石友携大量奇石参展。有400余件精品奇石进入展馆展出。

“多彩贵州风”演出　2006年7月27日，举行大型歌舞“多彩贵州风”文艺演出。

其他文化活动　2005年7月20日至8月3日，举行首届家庭风采电视大赛，参赛家庭33个，进入决赛家庭10个，周琼琳一家夺得冠军。2005年8月6日，举行首届“凉都‘信合杯’佳丽广告之星模特大赛”决赛，参加选手138人，进入总决赛选手30人，张楠获得冠军，李玉佳、袁野获亚军，王珏、彭红亚、姚静获季军。2005年8月13日，举行俄罗斯小提琴演奏家马丽安娜小提琴演奏音乐会。2005年7月25日，联合国亲善大使、国际著名影星成龙莅临六盘水市，举行“龙子心·凉都行”名流慈善拍卖晚宴，共募集义款114.2万元，义款交由贵州青少年发展基金会用于六盘水教育及慈善事业。2006年7月8—9日，举行凉都情大型合唱比赛，共有市内32支代表队参赛，评出一等奖2人、二等奖7人、三等奖7人、优秀奖8人。2006年7月21日，在钟山大道举行彩车巡游，共有20辆主题彩车和1078人组成的14个激情巡游方队参加彩车大巡游活动。2006年7月24—30日，中央人民广播电台开辟专门栏目，开展“中国凉都六盘水宣传周”活动。2006年7月27日，在市体育馆内举行“凉都之夜”诗词朗诵音乐会。中央电视台精品电视剧《话说长江》的解说陈铎，《旋转舞台》栏目主持人张政，《晚间新闻》节目主持人颜倩，中央人民广播电台著名主持人雅坤、于芳等知名艺术家朗诵本土作家高守亚的《走进六盘水》、詹爱华的《凉都女瀑》、王鹏翔的《凉都风景抒情》、石忠华的《我自豪、我属于这块土地》等诗词散文，同时朗诵李白的《将进酒》、毛泽东的《七律·长征》、徐志摩的《再别康桥》、戴望舒的《雨巷》等经典名篇。著名歌唱家、总政歌舞团一级演员王静，著名男高音歌唱家程志为市民演唱《永远跟你走》《喀秋莎》《草原上升起不落的太阳》《我的太阳》等歌曲。2007年7月27日，举行“商务之声”庆“八一”演唱会。东方歌舞团、国家歌舞团的一级演员与著名男高音歌唱家徐杰共同参与演出。

第六节　民族民间文化

一、民间文学

传说　境内的民间传说，对天文地理、民族历史、人物风情、山川洞府、鸟兽虫鱼、花草果木等均有涉及，借以表达各族民众的生活、意愿和情趣。例如：

《苗爹苗妈的传说》《苗王留连的传说》等，间接叙述苗族祖先从长江中下游一带迁徙至黔定居的历史。

彝族《三月三祭山的来历》《火把节的来历》，苗族《小花苗献山节的来历》《跳花场的传说》，回族《敬猪杀蛇的根由》，汉族《牛王节的来历》《黄狗救谷种的传说》等，分别从不同角度诠释各民族风情习俗。

在各民族中普遍流传的《洪水朝天的传说》《太阳和月亮的传说》《山和煤的传说》等，表达古代劳动人民改造自然的美好愿望。

《雷公火闪的传说》《仙秀（星星）眨眼的传说》《虹吃水的传说》等，反映人们对当时无法解释的自然现象的丰富联想。

《上钟山下钟山的传说》《钟山洞的传说》《观音山的传说》等，通过对本地山川名胜的美好联想，抒发当地人民热爱家乡的深厚情怀。其中，《上钟山下钟山的传说》讲述的是整个水城坝子下面全是空的，全靠水浮着，水中躺着一条睡龙。这方的地脉龙神担心龙醒后翻身，将水城坝子毁灭，便求助神仙张天师将两个金钟抛下，一个变为下钟山压住龙头，一个变为上钟山压住龙尾，后因不放心，又搬来浮山（现麒麟公园）抛在田坝中间压住龙腰，水城坝子才平安无事。

《诸鲁米的传说》（苗族）、《水城河的传说》（汉族）等，表达先民对英雄人物的崇拜。其中《水城河的传说》是说水城坝子原来没有河，每逢下大雨，四山的洪水就会涌进坝子，形成一片汪洋大海，淹没庄稼，冲坏房屋。一个叫龙儿的少年甘愿献身拯救百姓，在神仙指点下采得灵芝吃后，变成一条龙儿梭出水城河。当龙儿梭往下游时母亲急追呼唤，龙儿每听见母亲一声呼唤就回一次头，所以形成水城河九曲十八弯。母亲思念龙儿天天站在山口哭泣呼唤不止，滴下的泪水越积越多，变成今天的明湖。

故事　境内民间故事数量多、流传广，内容丰富，情节曲折，妙趣横生，活泼浪漫，反映当地各族人民的希冀爱憎、伦理道德、审美理念、生活习俗、爱情追求等。许多故事在各民族流传中，相互影响，同一故事有不同内容和情节，或不同故事有同一内容和情节等。在苗族中流转较广的《撵虎夺亲》《包虫姑娘》《蛇郎》《点水雀麦加》等，表达苗族人民对自由恋爱的追求，对爱情的忠贞不渝。在彝族中流转较广的《楷龙与楷虎》《嘎鲁渣的故事》等，赞美勤劳勇敢，鄙视懒惰贪婪。汉族中较为流行的《王春元》《李二和老爷》等，同情弱小孤苦，反对邪恶强权。《李老奶治恶媳》《背奶奶的背篓》《雷公有眼》等，颂扬尊老爱幼，惩治不孝。《老变婆》《十八罗汉的来历》《寻宝娶妻》等，教导失足者弃恶从善。在各民族中均广为流传的《无事牌》《聪明的媳妇》《围腰布的来历》《小长年》等，反映劳动人民的聪明才智。另外，还有《蛇郎》《叫天子说媒》《人蛇兄弟》《老虎和水牛争大哥》《猴子斗老虎》等鬼狐精怪故事和充满生活情趣的娱乐性故事。

有许多故事构思机巧、想象丰富。如《聪明的媳妇》说的是一位聪明美丽的媳妇被财主看中，财主欲霸占为妾，但又不便明抢，怕引起众怒，遂设计与媳妇之夫打赌，如他提出的三件事媳妇之夫不能办妥，其媳妇就归他带走。聪明的媳妇暗中帮助丈夫将三件极为刁钻的事办完，并对财主进行奚落挖苦，财主无奈作罢。

《小长年》说一位聪明勤快的长工，被东家小姐看中，东家小姐同样聪明，出很多稀奇古怪的问题测试长工，长工一一解答，二人相好，又共同谋划说服小姐父母，成就一段美满姻缘。

笑话　大多短小精炼，寓庄于谐，具有讽刺性和娱乐性特点。例如有讽刺为钱不顾一切的《死要钱》。挖苦富家子女的《三个憨包》《假斯文》《新媳妇》。嘲笑不学无术的官员《官人屁诗》。讥讽势利眼的《三个姑爷》《机智的小姨夫》《两个姑老爷》。鄙视贪婪无耻、虚夸吹牛者的《屁拜年》。嘲讽弄虚作假的《吹牛比赛》。以娱乐为主的有《说风》《乌龟待友》《爹脚妈脚》《三块肉》《文盲教书》等。

《三个姑爷》是说一大户人家有三个姑爷，大姑爷、二姑爷富有但愚钝，三姑爷贫寒但机灵。春节三个姑爷去丈母娘家拜年，三姑爷遭冷落，于是使出很多怪招，弄得大姑爷、二姑爷和老丈人、老丈母笑话百出。

《新媳妇》是说一个在家从未做过家务的富家女嫁给一个书生，新婚后，书生买来点猪肉叫她熬猪油，书生进书房读书。油熬好后媳妇将油全部喝了，留下油渣。待书生出书房后，媳妇对他说："清的难喝，我勉强把它喝完了，干的好吃，全部留给你"。

二、民间歌谣

民谣　民谣有的世代相传、一成不变，有的应时编创，时过境迁后逐渐被人淡忘。内容遍及时令、时政、警世、劳作及生活经验、风物环境等诸方面。一般一首民谣为三五句。世代相传的如时令民谣"一九二九，怀中揣手；三九四九，冻死猪狗；五九六九，隔河看柳；七九六十三，路上行人脱衣衫；九九八十一，庄稼老汉田中犁”等。应时编创的如民国时期（1912—1949）讽刺国民政府基层官吏贪污腐败的“乡长吃得嘴淌油，保长只啃光骨头，甲长是条撵山狗，百姓成个还债牛”，以反映老百姓生活困苦的“要见油，月子头，要吃盐，等过年，要穿新，姑娘出嫁儿娶亲”等。反映风物环境的如：“黄土坡，十里长，只长茅草不长粮，上坡割草多约伴，警防野猪和豺狼”等。

山歌 境内山歌以其歌词简短质朴，曲调易于上口而为各民族人民群众所喜爱，在境内广为流传，在民间文学艺术各门类中一枝独秀。

山歌的内容，主体为情歌，亦有少数诉苦情、歌唱劳动、唱歌美好愿望的山歌和时政歌。境内素有“山歌无本”之说，歌词一般是歌者根据眼前的景物、当时的心情和感触，歌唱对象即兴而编。随着历史的变迁，有些歌具有明显的时代特征，留下岁月的印记。一些久经凝练形成的经典歌词，口口相传，世世代代传承下来。

在修辞技巧方面，最大的特点是“比兴”，兼用比喻（含博喻、隐喻、讽喻）、排比、夸张、拟人等手法，生动形象，意趣深远，给人以无限的想象空间。

汉族山歌的句式基本为一个模式，绝大部分为七字四句，极少部分的第一句为三个字或六个字，讲究押韵，自然严谨。少数民族山歌的句式各有定式、各具特色。彝、回等民族的山歌多为五字或七字一句，四句为一首，苗族等民族的山歌多为自由体式。

山歌的演唱场合，顾名思义只能在野外唱。除在山野劳作时即兴而歌外，每年春节、端午节、八月十五等节日，青年男女会相互邀约到坡上的歌场对歌。另外，少数民族还有各自唱歌的节日。1958年后，国家倡导“破除封建”，有些年轻人改变传统，在家门口都可以高唱山歌。改革开放后，有的人将山歌演唱录音录像，制作光盘销售。在公园、广场、茶馆等场所，也时有人群相聚而歌。

小调 主要在汉族中流传，有的是外出当兵吃粮、经商做工人员带入境内，有的系当地民间艺术创作。内容多为恋爱婚姻、男女之情、叙古怀旧、喻世明理、吟花弄月等，句式规范、结构完整、篇幅较长。常有手抄本在民间流传。较有代表性者有《十二月相思》《娘裙带》《绣香袋》《虞美人》《逗哥调》《九连环》《出兵歌》《赌钱歌》《六花调》《掐菜薹》《祝英台》《孟姜女》《十月梅花开》《卖花歌》等。

古歌 少数民族古歌，多为叙说神灵和祖先生存历史，篇幅较长，有的达数千句，为叙述性说唱形式。流转较广的有苗族的《洪水朝天》、彝族的《六祖的传说》等。一般在祭祀、节日、婚丧等场合，由长辈老人或歌师演唱。

汉族古歌，内容多为历史故事、人间传奇、神话传说。民间有很多说唱本，如《柳荫记》《三孝记》《金铃记》《鹦哥记》《三元记》《蟒蛇记》《封神》《三国》《说唐》《杨家将》《西游记》《梁山伯与祝英台》《孟姜女》等，亦是篇幅较长，有较强的叙事性。一般是冬腊月、正月农闲期间，或是七月半、八月十五等节日，人们聚集在演唱者家，或者有些殷实人家邀请演唱者到家演唱，百姓惯称为“唱古”。

汉族中还广为流传一种带古歌性质的“孝歌”，专在丧事场合演唱，内容多为前朝旧事、历史掌故、古代英雄、风俗人情等。在每晚道场结束后，愿唱者即可演唱，有些演唱者相互对唱盘诘，通宵达旦。

在汉族丧事场合中流行的还有“散花词”，专在丧场中吟诵，称为“散花”。内容多为吟花咏草，喻世劝善，也有安慰丧家和活跃丧场气氛的段子。一段散花词少则八九句，多则数十句不等，讲究韵脚，文字典雅，如元曲，有民间文人创作的痕迹。一般在道场中场休息时段吟诵，每吟诵完一段鸣铙钹一通。

酒歌 境内多流行于苗、彝等民族，一般在婚丧场合、迎送款待宾客时演唱，内容包罗极广。有述说历史，猜诘盘问，表达礼仪，谦让劝说，玩笑取乐，谈情说爱等。苗族酒歌，诙谐大方，如《摆桌子》《吃猪酒》等。彝族酒歌，分祭祀酒礼歌和迎宾酒令歌两类。酒礼歌，常用一句词加上许多表达气氛衬词演唱，亦称“一句歌”。酒令歌常由歌郎和酒令婆领头，多人伴唱，有“盘歌”“猜谜”等形式，有时伴以舞蹈，称“跳酒令”。

仪式歌 用于各类特殊场合，或说或唱，多是祝福恭喜、祛灾避祸之词，有较为固定的形式。苗族多为自由体，彝族多为五言三段体式，汉族则以七言四句、八句句式为主，内容较为宽泛。有上梁立柱、婚丧嫁娶、开山架桥、启灶开门、搬家祝寿、修坟立碑、剃毛头、拜干亲的赞词、祷词，也有不同节日、不同祭典和婚丧场合的酒歌祭词等。带有艺术性质的如《婚娶赞词》《飘梁粑》《鲁班建筑吉语》《祝寿歌》《剃胎头和长毛仪式歌》等。用于祭典的有彝族的《跳脚唱词》《垦合呗》《凤凰祭词》，苗族的《打嘎唱词》《说姑妈话》等。汉族的《安神唱词》《点祖唱词》等。婚嫁礼俗方面如苗族的《开亲的根底》《吃猪酒》，彝族的《十二月真命天子》《出嫁歌》《盘歌》等。汉族的《押轿四句》《拜堂赞词》《回喜神赞词》等。用于建房的如汉族的《架码四句》《立柱四句》《上梁四句》等。用于安葬、修坟立碑的如《下葬四句》《动土四句》《立碑四句》等。用于其他的有《踩桥四句》《开财门四句》等。仪式歌在吟诵和演唱时按一定的程式和顺序进行，演唱者和旁听者均须肃穆庄重，有始有终。

儿歌 字句长短不一，具有简明、顺口、易记、风趣、形象、直观、生活气息浓郁等特点，以启蒙知识、娱乐为主要内容。流传较广的有《桂桂阳》《烟子烟》《月亮光光》《幺妹悄悄睡》《矮子矮三郎》《点点蒙蒙》《母鸡簸米笑哈哈》等。

民间歌谣选录：

扯韭菜（彝族劳动歌）

上山扯韭菜，
韭菜长得好。
叶子嫩又黄，
扯满好回家。

上山扯韭菜，
别把蔸蔸拨。
割了还会生，
韭菜扛回家。

说明：1980年王建湘、邓崇善采集于水城大河地区。演唱者陆新秀。

撒小麦（彝族劳动歌）

小麦撒不撒？
撒了就发芽。
麦子青油油，
麦穗抽得大。
黄了收小麦，

推面烙粑粑。

小麦撒完啦，
长满一大坝。
麦子怎样收？
割来连盖打。
麦子黄铮铮，
种子要留下。

说明：1980年王建湘、邓崇善采集于水城大河地区。演唱者陆新秀。

党的政策得人心（时政歌）

正月十五过小年，
早熟作物种在前。
英明决策要果断，
各行各业出状元。

二月惊蛰又春分，
动员青年结晚婚。
优先照顾一子女，
一个儿女拖累轻。

三月里来是清明，
春耕春播早完成。
党的政策不更变，
党的决策最英明。

四月里，栽早秧，
上头干部已下乡。
同心同德搞生产，
有分力量发分光。

五月里，是端阳，
早熟作物遍地黄。
菜籽拿去换肥料，
麦子拿去上公粮。

六月里，热茫茫，
苞谷天花遍地香。
党的政策实在好，

猪羊满圈鱼满塘。

七八九月秋收忙，
家家户户喜洋洋。
土地承包到农户，
农民富足国家强。

十冬腊月雪满天，
半月辛苦半年闲。
农民进城开商店，
富足日子比蜜甜。

说明：1987年王建湘、邓崇善采集于水城城关地区，演唱者肖元龙。

盘花歌（节令歌）

正月盘花是新年，
二人姊妹去拜年。
一拜爹娘双全在，
二拜夫妻转少年。

二月盘花二月八，
朗读诗书妹绩麻。
朗读诗书陪伴妹，
桫椤陪伴牡丹花。

三月盘花阳雀啼，
桐子开节结细梨。
响鼓不用重锤打，
聪明不用话来提。

四月盘花栽早秧，
小妹给哥送茶汤。
多卷罗裙少卷裤，
免得泥巴沾衣裳。

五月盘花是端阳，
菖蒲美酒对雄黄。
劝郎吃杯雄黄酒，
蚊虫蛇蚤少叮郎。

六月盘花三伏天，
茶缸不离火炉边。
茶杯不离茶壶口，
情妹不离哥身边。

七月盘花秋风凉，
秋风秋雨落堰塘。
好个堰塘没有水，
好个情妹又无郎。

八月盘花早谷黄，
早割谷子去上粮。
人家有夫夫去上，
情妹无夫自上粮。

九月盘花在重阳，
重阳烤酒满缸香。
晓得情哥会吃酒，
丢下工程多造缸。

十月盘花小阳春，
草根开花结二根。
草根开花结二朵，
哥要反心必除根。

冬月盘花冬至冬，
四山八岭雪来雍。
劝哥别走雪山过，
一人难挡冷雪风。

腊月盘花了一年，
哥在云南点状元。
哥在云南状元点，
翻身一了转少年。

说明：1987年张克南采集于水城城关、凤凰地区。演唱者于丽芳。

怕婆娘（散花词）

这一方怕婆娘的不只我一个，
除了我就算我家哥。

别人家怕婆娘都为图清静，
唯独我是天生的一对耙耳朵

清早起来我婆娘就冒火，
一边做一边骂我这个军犯砍脑壳。
她还说不知怎样会嫁我这样一个？
一家人大小事情人情来往她都担着。
最气的是先讲我是真正的乡巴佬，
论人才比本事都不如她的表哥。
一顶嘴，她先喊天喊地，
先喊冤枉就还手，
打不着我就下毒着。
我嘴巴挨了几大爪，
背上又着十几砣。
痛得我实在挨不过，
她还要上来扯耳朵。
心想还手又泼她不过，
心想要跑又还跑不脱。
千方百计我都想过，
只好躲在桌子脚。
她一伸手就按倒我，
兜屁股又挝来几窝脚。
一边挝一边骂我配她不过，
“若是怕打，老娘们就各走各，
房子不该你来坐，
娃娃全部丢给你我管不着”。
一听她发脾气我屁流尿滚，
蹲在地下话都不敢说。
她一走丢下我一个，
除了她，别人一个都靠不着。
无办法，只得上前行礼一个，
跪倒起忙把好话说。
“要是你起好心把我放过，
我把你当成我家老太婆，
下二回若再犯你就打我，
若不行我情愿当个尖脑壳。
从今后你用钱用米我就不该谈，
穿衣吃饭我也不敢说”。
她又说：“这些事早都讲过，
要熄火，有一件重要事你咋不说？”

这时节，我心头怕得恼火，
天大的事全都忘却。
“感谢你如今起好心来提醒我，
你讲出来我全部愿意决不推脱。”
她说是：“老表哥来你就赶快去躲，
若不然我去扯一尺绿布给你包着脑壳。”
我心想，别的事我都能忍过，
单单是这一条有些蹩脚。
她见我不答应更加冒火，
气得她又捶胸口又跺脚。
我见她不肯把我放过，
干脆点答应她免得有话说。
只要她平时间好心待我，
充其量只当一个尖脑壳。
到此时我心里才有点好过，
撤转身来把揖作。
一抬头只见她嘻嘻一笑对着我，
又捶又打又骂又噪把我按在胯脚。
老娘给你开玩笑，
你却认认真真拿顶帽子来戴着。
我今天只给你打一个比方，
老表哥有本事你为啥不学？
从今后只要你教好娃娃学长进，
找钱找米抛头露面不要你耽搁。
平时间，打是心疼骂是爱你都不懂，
还把我当成母老虎到处去乱说。
听她言还一抬手把我吓得昏了过去，
醒来时才晓得她的嘴咬我的嘴角。

说明：1980年邓崇善、王建湘采集于水城城关地区，演唱者安文斌。

母鸡簸米笑哈哈（儿歌）

公鸡舂碓脚叉叉，
母鸡簸米笑哈哈，
一对鸡儿捡米颗，
捡得尾巴长椭椭，
尾巴椭椭长，
鸡儿嫁公羊；
公羊嘴尖，

嫁给犁渊①，
犁渊驼背，
嫁给扛背，
扛背驼手，
嫁给伢狗②，
伢狗骚臭，
嫁给幺舅，
幺舅嫌她，
嫁给钱家，
钱家娇子，
变个癞子。

说明：1987年马永超采集于水城城关、滥坝地区。

老变婆（儿歌）

老变婆，背囤箩，
背在妈姑河③，
不吃妈姑饭，
要吃清水打鸭蛋，
鸭蛋不成汤，
拜祭娘娘。
娘娘洗碗，
洗出灯盏，
灯锈漏油，
漏出绣球。
绣球点灯，
点出观音。
观音敲鼓，
敲出老虎。
老虎奢（露出）牙，
奢出钉耙。
钉耙捞草，
捞出嫂嫂。
嫂嫂做鞋，
做出娃来。

①犁渊：犁头上连接犁把和牛枷担的弯头部分。
②伢狗：公狗。
③妈姑河：位于贵州省赫章县境内。

叫你背，
你不背，
呼你做个小乌龟；
叫你抱，
你不抱，
呼你做个小强盗。

说明：1987年马永超采集于水城城关、滥坝地区。

桂桂阳（儿歌）

桂桂阳，
骑马赶羊场，
拣到一块糖，
拿给幺幺[1]尝；
拣到一块布，
拿给幺幺缝叉裤，
叉裤窄又窄，
幺幺一天哭到黑；
叉裤宽又宽，
幺幺一天好喜欢。

说明：1987年马永超采集于水城城关、滥坝地区。

丢个石头试深浅（情歌）

路边茅草青又青，
路边塘子万丈深；
丢个石子试深浅，
唱首山歌试妹心。

凉风悠悠刮过街，
刮得山花朵朵开；
劝妹梳头采花戴，
不知半年开不开。

大河涨水沙浪沙，
鱼在河中摆尾巴；
哪天得鱼来下酒，
哪天得妹来当家？

①幺幺：指小孩。

月亮明明在天边，
桫椤躲在月中间；
哪天得妹为夫妇，
东拜月亮西拜天。

妹家门前一棵瓜，
多年多代不开花；
今年逢春开一朵，
把哥逗得不归家。

走了走了溜转来，
人留情意花留苔；
人留情意千年在，
好花留苔四季开。

斑鸠吃水在沟头，
得妹情意记心头；
酒席场中记起你，
眼泪落在酒杯头。

半夜子时正三更，
野鹿衔花过对门；
郎想妹来妹想郎，
十指连心个个疼。

同妹坐在板凳头，
肩靠肩来头靠头；
依依靠靠人看见，
眨个眼睛在心头。

扁担挑水担钩长，
双手把着桶把梁；
家中还有半缸水，
不是挑水是望郎。

正月十五郎上学，
洋漆板凳垫郎脚；
妹在后园割韭菜，
背时先生不放学。

新起房子门对门，
钥匙配锁锁配门；
心头只想妹一个，
哪有闲心想别人。

说明：1987年王鹏升采集于水城地区。

三、民间音乐

（一）歌谣曲调

1. 山歌类

彝族山歌　彝族山歌曲调丰富，唱法多样，分为用彝语演唱的“曲谷”和用汉语演唱的“霎谷慕”两种。男生多用真嗓，女生多用假嗓，曲式多为二句体或四句体的分节歌。曲调高亢古朴，奔放欢快，变化较大，还有称之为和谐的复调歌曲。部分曲调还融进了汉族山歌的特点。对有些传统曲谱常用移调、转调手法使之新鲜别致。

苗族山歌　分“喊歌”和“坐歌”两种，多为徽调式，各支系有各自特点。“喊歌”多用假嗓，用最高音调和最大音量，拖腔较长，在野地隔山演唱，音程大起大落，高亢悠扬。开头常用“木呃”“阿喂”等固定“喊调”起唱。“坐歌”用原嗓演唱，音域窄，音量较小，曲调柔和亲切，平易流畅。句式长短不定，带有一定的叙说特点。以情歌为主，在游方、赶场、放牛等场合演唱。

汉族山歌　基本为同一调式，各地略有区别，以七字四句为一首的起承转合型。曲调悠长，旋律进行平稳，节奏规范而拖腔较自由。演唱方法分为全声带振动的大嗓和平声及部分声振动的小嗓（俗称尖声）两种。“大嗓”音量大，高亢悠扬，演唱佳者，民众称为声气好，常以“嫩悠悠”“闪悠悠”形容之。“小嗓”婉转柔情，回旋轻柔，耐人回味。

回族、白族等民族的山歌曲调受居住地周边文化的影响和同化（以汉族、彝族影响最大），多用汉语演唱。有本民族风格的歌谣曲调已少有流传。

在工矿区，由于全国各地人口迁入，其他省份地区和民族流行的一些山歌曲调也时有演唱。

2. 古歌说唱类

古歌叙事歌　彝族、苗族等少数民族的古歌叙事歌，曲调平缓，多为上下句结构，或一个句式用歌词内容变化轮回反复式歌曲结构。音调变化较小，音程起伏不大，为叙说性说唱形式。各民族演唱调门不同，形式各异，演唱时间较长。

汉族中流行的古书唱本、说唱等，曲调、音调平稳、节奏自由，近似吟哦，呈口语化旋律音调。孝歌曲调，统一一个调式，高调起首，高调结束，中间部分音调平缓，每句反复不变。唱完一句点鼓数声作间奏，一首结束点鼓较长。

酒歌、盘歌　彝族酒歌，分酒礼歌和酒令两类。酒礼歌曲调平和，旋律肃穆深沉，以独唱或对唱为主。酒令音调悠长婉转，音域宽广，形式多样，常由歌郎和酒令婆领头，多人伴唱，不时还伴以舞蹈，称“跳酒令”。彝族盘歌，主体曲调根据内容变换，或深沉肃穆，或诙谐欢快。一般都有较固定的开盘曲调和结束曲调。各地调式、唱法各有特色，有的曲调平和悠扬，咏叹味较浓；有的高亢热烈，音程起伏大，唱起来欢快明朗，具有较强的激励性。

苗族酒歌曲调简明，如叙如诵，音调单纯古朴，音程变化小，节奏平缓自由。丧事酒歌较低沉苍凉，多为叙说性曲调；婚嫁酒歌有曲调平稳、朗诵式的，也有欢快活泼、诙谐风趣的。其他酒歌多为叙事性的古歌、传说、历史故事、民俗等，为循环诵唱式曲调。

3. 小调类

主要来源于江南丝竹、四川清音、外地部分戏剧曲牌、花灯曲调等，部分为境内民间艺人创作或经几种曲调糅合而成。小调类调式完整，旋律流畅，节拍、曲式规范，大部分为一段体曲式结构。

（二）器乐及其曲调

境内各民族中，民间乐器主要有芦笙、唢呐、直箫、四眼萧、月琴、筒筒（二胡）、口弦、木叶等吹拉弹拨乐器；有铜鼓、大鼓、花鼓、皮鼓、大锣、锣以及主要为宗教巫傩活动使用的包包锣、大钹、铙钹、铛铛、磬、铃、木鱼、师刀等打击摇摆乐器和海螺等吹奏乐器。大多数乐器都有不同的组合谱子，在不同的场合演奏。

芦笙曲 芦笙主要在苗族中流行。为鸣簧片竹管乐器，由木质吹管和竹质笛管两部分组成。吹管下接吹头，嵌入笛管。笛管内嵌铜质簧片，外开按音孔。有五管五音、五管六音、六管六音和六管七音，以及经改装而成的多管多音等不同种类。以外形分，有六尺、五尺、四尺、三尺余的木头笙，长约二尺的葫芦笙，以及长仅尺余的捧笙等。表演形式有独奏、重奏、和奏等，根据不同场合和需要使用。演奏中大多伴以芦笙舞蹈，具有丰富的表现力。芦笙曲调种类繁多，且各支系调谱各异，场合不同曲调亦不同。传统仪式性曲调一般多呈套曲形式，按不同场合的不同仪式程序而变化，不可混乱。其他曲调则独立性较强，可即兴演奏。

唢呐谱 唢呐为哨管吹奏乐器，有木质和铜质两种，由哨子、牙管、嘴垫、接管、圆盘五个部分组成。接管分八孔。木质唢呐常由大小两支配对，小唢呐领头奏高音部分，大唢呐奏低音部分，俗称“大扣小”。演奏时配以鼓、钹击拍。铜质唢呐大小两支一样配对，演奏中高低音相互转换配合，俗称“对子唢呐”，吹奏时除配鼓钹外，还另加包包锣击打。唢呐主要是在婚丧嫁娶场合及其他喜庆场合演奏。曲调从演奏形式上可分为正谱、倒谱两类。正谱又称老谱，一般为一个声部的齐奏；倒谱又称扣谱，多为高低两个声部合奏。按流传地区的不同，还有“上六谱”与“下六谱”等区分。唢呐曲谱众多，复谱常由数量不等的多首套曲组成，各民族中融合现象较为普遍。唢呐曲调流畅多变，节奏感强，旋律多用主导音型或主题乐段贯穿，应用转调、重复、移位等手法变换发展，或热烈欢快，或凄婉悠绵，根据不同场合和不同需要成套变化演奏。在唢呐对数多的场合，常主客双方轮流对吹，带有一定的竞技性。

箫筒调 箫筒为气鸣栓塞竹管乐器，境内主要流行的有直箫、四眼箫。直箫曲调结构多变，短者为一段式结构，一气呵成，长者有三段式、回旋式或连缀式等多段体。一首乐曲可以多次转调，无恒定节拍。直箫在各民族中曲调各异，但旋律流畅，感情丰富，有的欢快明亮。热情奔放；有的浑沉婉转，细腻动人；有的质朴淳厚，富于田园风味。四眼箫只有四个音孔，因此而得名。在水城一带苗族人中较为流行。四眼箫发音柔和、恬静，长于抒发忧伤的情调。其曲调较为流行的有《花场调》、《看牛谱》等。此外也演奏一些芦笙曲和唢呐谱，以及极富个人特色的即兴曲谱等。

其他吹拉弹拨乐器如月琴、筒筒（二胡）、木叶等，少有独创曲调，基本上沿用民间小调、山歌调等稍加装饰而演奏。其中木叶演奏别具特色，多用冬青叶、过路黄叶、苞谷叶等吹奏，技艺高者，吹奏得清悦悠扬，空明婉转。如给歌者伴奏，则收放自如、丝丝入扣。

（三）宗教音乐

境内宗教音乐具有外来民族（主要为汉族）宗教文化与当地土著民族巫傩文化融合的显著特点，和传统的道、佛等宗教音乐已有很大差异。各民族中有不同的演唱曲谱和打击乐谱流传，分别用于丧葬祭曲、做斋打醮、水陆道场、追荐法会、经诵科仪等不同场合。较有特点和流传较广的主要有：

彝族丧事经书吟唱谱 由彝文经师“毕摩”念经时吟唱。一谱多段，成章连套，共11种乐谱。

曲谱音程起伏小，旋律或舒缓平稳，或跳跃急切，曲调或凄凉肃穆，或虔诚热烈，均带有较强的叙诵性。

九板　为道教举办法事时的打击乐谱，分发擂、流水和砸板、大板、渔樵板、扣扣板、小道板、回龙板、幽板、阴阳板、经赞板9板。主要配器有鼓、大钹、小钹、铙钹、大锣、包包锣、马锣、磬、铃、木鱼、海螺等。具有节奏鲜明、层次清楚、洪亮热烈等特点。

十三腔　为道教念唱经文和迎神布道用的主要唱腔曲牌。有一段体、多段体等曲式。调式有宫、商、徵、羽四调、缺角调。唱时伴以"九板"打击乐，讲究字正腔圆、抑扬顿挫，富有音乐感。分开坛谱、请神调、满庭芳、十王赞、仙家乐、四季歌、十重思、燕双飞、金字经、长道板、回文道板、韵文调、谢神调13种唱腔。

佛家唱腔　多为两段体曲式结构，讲求以大鼻音共鸣为主的"梵音"唱法，主要唱腔有太子游四门、弥陀引、西方乐、破狱真言、偈颂腔、救苦赞、三宝赞、香帛茶品赞、请神调等。法事打击乐中，除与道家部分打击乐谱相同外，另有专用的平板、十字板等。

其他尚有各地庆坛、巫傩唱腔等，均有不同曲调，较原始粗犷，也有按戏曲、花灯、小调混合改编的曲牌，流传面窄，应用率低，具有明显的局限性。

四、民间舞蹈、戏剧、曲艺

境内民族民间舞蹈具有较广泛的群众性，在各民族中都有各自不同的舞蹈种类和表演形式。较有特色和影响较大的有以下种类。

苗族芦笙舞　由舞者手持芦笙边吹边舞，声不断，舞不停。有单人舞、双人舞、多人舞等。有些舞蹈还有他人击鼓、执刀、舞棍或徒手表演动作相伴，故有芦笙大鼓舞、芦笙刀、芦笙棍、芦笙拳区分。芦笙舞基本动作较多，主要有车圆车、点种、拌粪、绊草链、鸭子步、摇摆步、一字步、骑马步、背脚、一搓一甩、倒脚、蹦子、翻脚板、躬腰旋体等。主要套路有"鱼鳅晒蛋""曲蟮滚沙""石头滚坡""青蛙晒肚""斗斑鸠"等。主要功夫在腿和脚上，称"矮桩功"。为显示功夫和技巧，舞蹈中常穿插点灰堆、走锅口、点水碗、踩麻秆、拣鸡毛、翻刀、爬杆、登梯及倒立、空翻、正反扣等高难度动作。水城芦笙舞，具有较高技巧性和艺术性。

彝族唢呐花鼓舞　主要用于喜庆欢乐场合和丧葬祭祀活动。舞者多为男性，一般由4人组成。其中2人吹奏唢呐"合谱"，2人分打小钹和花鼓，边奏边舞，伴以各种动作造型。舞蹈成套，一般分为4个大段和12个小段，分别以春、夏、秋、冬和12个月对应，设计不同动作套路。其特点为上身动作小而少，下身动作大而多，基本步伐有各式平步和各式跳步。舞中常伴以各种造型动作，如叠罗汉、猴儿扳木桩等特技。喜庆场合，吹"迎上谱""正谱"等曲调，舞姿热烈欢快、诙谐幽默；丧事场中，吹"阴谱""下方谱"，舞步沉重缓慢。

彝族跳脚舞　系传统祭祀性舞蹈。一般由4至8人表演，一手执马操铃，一手执白帕或白纸带（或有2人执花棍）。主要动作有犀牛望月、老将扛抢、金鸡独立、双龙摆尾、猴儿扳木桩等。舞蹈分为"串火塘""解送""打鸟""搓虫"等节段，边唱边跳，"串火塘"时，不时伴以"呵、丝、哈、密、克、嘎"等衬词，以壮声势，悲壮豪放，场面壮观。

酒礼舞、酒令舞　流行于彝、仡佬等少数民族中。用于祭祀、婚嫁、节典等场合。酒礼舞主要为仪式性舞蹈，在不同仪式中按敬酒、捧酒、喝酒等特定过程表演，动作简练，形式古朴庄重。酒令舞则随酒令曲调及演唱内容而变换不同的舞目形式。彝族酒令舞中舞目主要有"盘歌舞"、"撒麻舞"、"撒荞舞"、"量布舞"、"送披毡舞"、"竹竿舞"等。撒麻舞以钟山区大河一带彝族人的表演最有代表性。

钟山区汪家寨镇新华村彝族舞蹈《恳合呗》于2005年参加六盘水市少数民族文艺会演，获一等奖；参加贵州省民族文艺会演获创新奖。2006年作为六盘水唯一代表节目参加中国黄果树瀑布节开幕式表演。2007年5月，被贵州省人民政府公布为省级非物质文化遗产。

板凳龙舞 流行于大河镇一带的彝族村寨。主要在节庆娱乐活动中表演。舞具为长条形木制板凳，三人一组，多组组合。表演时每组两人在前，各出一只手分别扶在板凳前面两只脚，一人在后扶着后面两只板凳脚，组与组之间按顺序相衔而舞，伴以唢呐锣鼓。舞时上下翻飞，左右盘旋，你来我往，动作变换幅度大，协调配合，技艺难度较大。

境内流行汉族居住地的主要民间舞蹈，在中华人民共和国前有求雨时的舞水龙，春节元宵期间的舞火龙、花灯舞等。解放初期，南下干部引入秧歌舞、腰鼓舞、高跷舞、金钱棍舞等外地民间舞种。“三线建设”后，来自全国各地的建设大军又引入多种民间舞蹈，如舞狮、划旱船、扮象（相）舞、威风锣鼓舞等，使水城地区的民间舞蹈更为丰富。

境内流传的民间戏剧、曲艺主要分两大类，一类是地方长期流传的特有种类，如花灯、金钱板、说唱、莲花闹说唱以及彝族中盛行的盘歌说唱，佛、道法事中的“背星神”“对道场”等。另一类是近现代外地传入的剧目曲种，如传入较早的文琴坐唱、唱道情等，传入较晚的相声、评书、快板、对口词、数来宝、锣鼓词，以及“三线建设”后传入的山东快书、河南坠子、北方大鼓、江南评弹等。

五、民间工艺

挑花 流行于苗、彝、汉、回、布依等民族中，尤以苗族支系中的小花苗挑花最具特色和代表性。苗族挑花色彩种类分素色单挑和彩色复挑两种；手法有正挑反看和正挑正看两种。喜用大红、土红、深红、橙黄、藤黄、中黄、土黄、深绿、墨绿、黑、白等色。挑时数纱计算针位，从深到浅，针针压纱，直到各色花纹满缀布面。花纹为传统图案，带几何形，多系直线构成。图案多为兽、畜、禽、树、花、农具、星宿、水波浪等，具有一定的象形表意和象征意义，色彩对比强烈，具有较高的欣赏价值和研究价值。其他民族的挑花，多为单色平挑，图案较自由，写真性较强，生活气息浓厚。挑花多用于点缀衣帽、背扇、裙带、披肩等。

刺绣 常见于汉、苗、布依等民族中，技法有平绣、盘绣、辫绣、打籽绣等。传统图案有龙凤鸟兽、花草虫鱼。以曲线构成为主，多种颜色套用，艳丽明快，有较强的立体浮雕效果。主要用于衣裙、飘带、围腰、儿童妇女鞋帽、背扇、枕头、手帕等装饰。

蜡染 蜡染历史悠久，主要在苗族、布依族中流行。从制蜡技术上区分，有画蜡染、夹染、扎染等工艺手法，以画蜡染的应用最为普遍。

画蜡染需先用特制铜质蜡刀蘸溶化的蜂蜡（现多用石蜡），在白布上绘成所需图案，放入蓝靛中浸染。染成后用沸水浸烫，除去蜡质，最后用清水漂洗晾干即成。画蜡染有单染和复染之分，单染为一次上蜡染成，成品为纯蓝白两色，清丽明朗、朴素大方。复染经多次画蜡、多次浸染，获得深浅不一的间色效果，层次丰富，精致耐看。

夹染需用纸或薄木板等剪刻成所需花样，贴放于需染的白布上刷蜡后浸染而成。

扎染不需绘制图案，只需用线根据需要拴扎缝制布头浸染，蓝靛浸渍处呈渐深或渐浅的晕圈，多为圆形伞状自然色晕图案。

蜡染颜料多为自制，以蓝靛草加草木灰、碱水以及星星花、耗子头、羊舌头、酸汤杆等植物配合炮制。

彝族彩布贴花 系用各色绸、绫、布等剪成各种图案，拼贴镶嵌挑绣而成的一种彝族传统装饰制作工艺。常用于衣襟、托肩、吊扁、衣角、裤脚、背扇、帽帕等处，图案按习惯分别用于不同的服装部位。贴花图案均为曲线块面结合，块面较大。各类图案可由拼贴刺绣者巧妙穿插重叠套用，讲求颜色搭配协调鲜艳，层次分明。

编织　境内各地均有流传，以苗族和布依族中应用最广，且最具特色。苗族编织以黑白两色棉毛混织的“素锦”最为常见。其结构为白线作经纬编织平纹，添加黑线作纬线组成底纹图案，属两梭通经加纬织造。编织时用竹签挑出按所需图案花纹设计的经线套路，再用黑白纬线分别按线路穿引织出带有图案的成品。图案黑白分明，粗犷质朴。编织器械为床式织布机。布依族编织分手工和机织两种。手工编织用料为各色花线或布条等，成品有单独使用的花带和供刺绣用的花辫两类。机织主要是织土布，土布织造分单色平织和双色起花两类。单色平织布纹（俗称暗花）有斗底花、胡椒花、梅花点等纹样，双色有格子花、柳条叶、鱼骨刺等花式，花纹正反相同。

剪纸　在各民族中均有流传，有供刺绣、贴花、蜡染用的“花样”，有纸扎工艺中单独使用的各类图案，以及装饰门窗房间的纸贴图案等。构图有单剪、折剪、套剪等。图案有传统图案和自由图案两类。传统图案一般有一定的寓意指向，以驱邪纳吉为主要内容，如较为流行的“牡丹富贵”“石榴多子”“寿桃”“红柿”“莲台”“兵书宝剑”“野鹿含花”“蟾鹅渡河”等。自由图案则视剪纸作者喜好随意变换发挥，取材多以花卉鸟兽为主，间或有居室器物及人物故事等。剪纸构图连缀不断，以线面组合为主要表现形式。剪纸留出线条组成的图案称“阳花”，以镂空的线条形成的图案称“阴花”，二者可单独使用，亦可综合运用。

雕刻　雕刻在境内主要有石雕、木雕、泥面捏塑、根雕等种类。

石雕石刻，主要用于庙堂廊柱、墓道、碑塔、枋柱、桌台、门庭、公园等装饰，题材内容有佛神、人物、狮子、凤凰、麒麟、大鹏、龙、鹿、象、马、鳌、鱼、龟、房屋、祥云、水波、松柏、各类花卉和方字等。主要有装饰性雕刻和立体雕塑两大类。

木雕木刻，主要用于面具造型、神佛造像、堂房装饰、家具装饰、纸马印版制作等。雕刻的题材除纸马印版外，与石雕石刻大致相同。雕刻工艺除线刻、浮雕、立体造型雕塑外，还有透雕。木刻纸马印版以线刻为主，造型主要为各类神祇鬼怪及禽兽器物等。用以印制图符作祭神祈福、驱邪禳灾用。

泥面捏塑，用泥或面食捏塑各类人物、动物、花果蔬菜等，用以祭奠神佛亡人等，也是流传较广的传统习俗。

根雕，用树根稍加雕琢修整而成的工艺品。早期根雕为爱好者偶然为之，20世纪80年代后城乡及厂矿均有不少人投资制作，市场上不时有根雕作品出售。根雕皆因势象形，奇特独到，讲究浑然天成。作品有花架、茶几、桌椅、手杖等实用器物，有人物鸟兽、字画及抽象图物等摆设悬挂陈列品。

纸扎　纸扎在各民族中均有制作，主要用于节日庆典、宗教道场、亡人祭祀等场合，用各色纸张及竹木扎制而成，有各类灯笼、人物、神鬼、畜兽、禽鸟、虫鱼、花果、山树、宫室、幢幡、旗彩、花圈、器具杂物等。其工艺有扎、接、缠、糊、剪、刻、绘、染等技法，常以剪纸、绘画作装饰，并辅以一些转摆摇动的小机关和灯光投影技巧，既有立体动感，又有强烈的装饰效果。纸扎分硬扎和软扎两类。硬扎需先用竹篾木条等扎成骨架，然后用纸帛或糊或缠以成形，然后再施以剪贴绘染作装饰。软扎则不用骨架，纯用纸帛剪刻套接扎成，使之能随风飘荡、摇曳生姿，常用于各类幢、幡、旗、幌等。

第七节　古遗址　文物　革命纪念建筑

至2008年，文物部门在今钟山区境内先后考古发掘的古遗址共7处，即水城硝灰洞古人类文化遗址、燕子岩剑齿象化石遗址、黄土坡汉代文化遗址、穿岩洞古铅锌矿遗址、人和洞古铅锌矿遗址、马坝村仡佬族古墓群遗址、月照乡大硝洞遗址。命名文物保护单位20处，其中，省级文物保护单位1处，即水城硝灰洞。市级文物保护单位4处，即黄土坡汉代遗址、扒瓦桥（已毁）、福集厂冶铅遗址、人和洞铅锌矿遗址。县级文物保护单位15处，即燕子岩剑齿象化石遗址、永远碑记、穿岩洞铅锌矿遗址、水城古城墙、区立两等小学教学楼、桂天相墓、雷礼禄墓、李天极墓、尹家彝文碑、东岳殿、文昌阁、以德大桥及3处水城老县城古民居。

一、古遗址

水城硝灰洞遗址 旧石器时代中晚期古人类文化遗址。位于汪家寨西约1千米的三岔河北岸，今水城发电厂大门西侧。此洞发育于三叠纪茅口灰岩中，洞的前半部分于1973年修筑公路时被炸毁，现存洞口约3米，宽约10米，纵深不足2米，洞口向南，海拔1781米，高出三岔河面40米。

硝灰洞遗址于1973年夏修建汪大公路时发现，同年由贵州省博物馆发掘。洞内所存堆积物长15米、宽0.3米，厚0.1～0.7米，自上而下分为3层，于第3层堆积物中，出土古人类牙齿化石一枚，系中老年男性左上犬齿，齿枚粗壮，齿根较完整，末端稍缺，齿冠咬合面严重磨损。近中远中径为9.3毫米，唇舌径为9.8毫米，齿根为19毫米，呈黄色，石化程度深。据专家考证：较“北京人”进步，较“柳江人”和“山顶洞人”原始，属早期智人，命名为“水城人”。伴随出土的有东方剑齿象、野牛、野羊、野猪及野鹿等化石多件。有石器53件，计石锤2件，石片33件，余为碎屑。石片中锤击法打制的有5件，用“锐棱砸击法”打制的有28件。锐棱砸击法加工石器，是该洞古人类加工石器的主要方法，是全国所有旧石器遗址中所发现的一种特殊加工方法，可能代表一种新型区域性文化。在厚达0.05～0.15米的灰烬层中，发现含有多种颜色的灰烬、烧骨和烧石。丰富的用火遗迹，是华南地区古人类用火最为可靠的证据。

遗址年代测定距今5万～10万年，对研究史前人类进化、演变、发展有极为重要的考古价值。1982年2月23日公布为省级文物单位。

燕子岩剑齿象化石遗址 位于六盘水火车站北的燕子岩上，系一天然裂隙洞穴。洞口向北，向内倾斜，可容人进出。入洞31米，便垂直而下42米方达洞底。洞底为岩溶物及流沙，剑齿象化石均规则分布于东南石壁上。

1975年，由水城特区文化馆、水城运输公司与省博物馆联合发掘。出土剑齿一对、长1.75米，粗壮。还发掘出臼齿数枚及肩胛骨、脊椎骨、头骨、腓骨、股骨化石。为我国长江以南首次发现的较完整剑齿象化石。

经专家鉴定，为中更新世时期（约40万年）剑齿象。这一发现，对研究水城及贵州地区古地理气候提供了宝贵资料。1980年12月4日，该洞被确定为特区级文物保护单位。所发掘化石存贵州省博物馆。

黄土坡汉代遗址 1999年11月，位于六盘水市中心城区黄土坡的水城县人防办工地，发现汉代文化遗址灰坑，市文管所、贵州省考古研究所联合对灰坑进行抢救性发掘。揭露面积6平方米，堆积剖面高4米，呈斜坡状，正层时代为东汉以降至现代，中层为汉代或更早，下层为早期人类的沉积物。在中层与上层交界处，出土东汉时期青铜釜1件。中层出土中斧、锛、镰饼等磨制石器，有罐、釜、网附、纺轮等陶器，有铜箭镞、银指环以及大量的陶片。陶片以夹砂灰陶为多，其次为泥质灰陶。陶色主要为灰色、褐色，纹饰有细绳纹、方格纹、菱形纹等。出土陶器器型与贵州其他地区汉代遗址有一定差异。汉代灰坑遗址的发现为研究水城盆地汉代文化历史提供较为丰富的信息和实物资料。2000年，被公布为市级文物保护单位。

穿岩洞铅锌矿遗址 距老县城东南10公里，位于钟山区凤凰办事处石桥村与水城县滥坝镇白泥村交界处，系一天然溶洞。与附近古代铅锌矿群一起统称穿岩洞铅锌矿遗址。占地面积1.5平方千米，含白沙坡、元宝山、毛烟沙塘、上下浑塘、穿岩洞等地，还有大夹岩巷和硔（矿）王庙垭口等露天采矿遗址。

其中，大燕洞长60余米，宽20余米，高10米，与大夹巷相通。出口处有圆柱形矿坑，深30米，直径20米。黑明湖洞位于上浑塘，洞口高2米，宽2.8米，洞深至今未测准，地下水较大。地宝洞在元宝山东麓，洞口高1.8米，宽2米，深度在500～1000米以上，洞中有洞，大小相通。大夹巷为南北向，长215米，宽20米，深40米，呈峡谷形，南端接大燕洞。硔王庙垭口，采矿面积20余亩，平均深度10米，出矿品位很高，时称“大硔（矿）王”。当时在垭口上建有硔王庙，现无存。

据《水城县志稿》载，此矿开采于明代。但大规模开采系从清乾隆年间（1736—1795）开始，嘉庆、道光年间（1796—1850）雷礼禄经营时期最为兴旺。

20世纪80年代以来，此遗址越来越引起有关部门及专家学者关注，来考察者甚多。1987年10月20日，中国科学院自然科学史研究所苏荣誉一行考察结论为：“规模极为宏大，也罕见，为祖国珍宝，极有开发价值”。1989年6月公布为县级文物保护单位。

福集厂铅锌冶炼遗址　位于钟山区老鹰山镇木桥村。厂区包括福集、街上、水营三个自然村寨及火烧坡等地，面积1.2平方千米，满山遍野皆冶炼铅锌所遗堆积物，有的厚达15米。

福集厂在境内铅锌冶炼厂中规模最大，为当时贵州少数几个大厂之一。建厂年代，据1987年10月在街上发现的火神庙碑记载，为清乾隆十年（1745）。厂区由生产区和生活区组成。生产区主要在福集至火烧坡一带，生活区主要在街上，此处是福集厂核心，厂官、管事均居此。咸丰年间（1851—1861），街上四周筑有城墙，厚1.7米，高4米，长1000余米。福集厂停办后，城墙内外两侧石料被拆毁，只余内中夯筑的土心，故又称“土城”。城中有一条街道，宽5米，长300米许，连接东西两道大门，仅此二门可通城内。城内原建有官房、花厅、东西库房、火神庙、龙王庙及其他建筑设施，西门外还建有一座孤老院，收养年老体弱、无家可归劳工。附近辟有300余亩大菜园，以保证厂内蔬菜之需。是时驻有护厂兵丁，辟有数亩宽校场。

福集厂停办时间，据《咸同贵州军事史·七十六章熟苗之役》载：咸丰十年（1860）十一月“威宁苗掠至水城……苗据福集厂”。可推段此次战事系停厂直接原因。

此遗址系贵州为数不多的著名铅锌冶炼遗址之一，对贵州省、六盘水市及钟山区矿业史及社会生活发展研究具有重要价值。1989年6月3日公布为县级文物保护单位，1990年11月9日公布为市级文物保护单位。

另外，在《水城文史资料》《钟山文史》等文献中，除述及福集厂冶炼铅锌外，还曾为大定宝钱局铸造钱币和翘宝（大锭银）。

人和洞铅锌矿遗址　位于钟山区老鹰山镇仁和洞村，原名果木底铅厂。遗址面积300余亩，大小60余个矿洞，分布于人和洞和银矿包两座山上。人和洞在一峭壁下，洞口坐北朝东南，宽约1.5米，高约2米，深数百米。少数矿井保存较完好，巷道纵横交错，深邃难测。开办时间为清乾隆十年（1745），乾隆二十一年（1756）因“洞老山空”停办。人和洞是六盘水境内众多铅锌矿遗址中有明确历史记载开采与封闭时间的古矿遗址，于矿业史有重要研究价值。1989年6月3日公布为县级文物保护单位。1990年11月公布为市级文物保护单位。

石龙铅锌矿遗址　位于钟山区凤凰街道办事处石龙村，是一个古代铅锌矿群，分布在石龙冲子南北侧两山间。矿洞遗址主要有小钟山矿洞、炉房包包矿洞、小垭口矿洞、晒石宝矿洞、撮箕弯矿洞、水槽子矿洞、沙厂坪子矿洞等。每个矿洞内各分若干个分支矿洞，矿洞洞口窄的不足1米，宽的有3米；高度低的仅1米许，高的有4米；矿洞深50～500米不等。有的洞内两壁有炮杆和炮眼残留痕迹，有的则只有密密麻麻的钻路痕迹，可推测开采年代不同。开出的矿石有的就地冶炼，炉房包包矿洞周围至今仍遍地有罐片、炉渣、煤灰等冶炼铅锌所遗堆积物。石龙铅锌矿遗址群点多面广，开发年代不一，对研究古开矿史有一定价值。

大硝洞炼硝遗址 是一个对穿的溶洞，清代人们曾在洞内熬硝。位于钟山区月照乡独山村，在省级风景区阿勒河风景区内。洞口面临三岔河，高出河面150米，洞穴为一个巨大的洞厅，全长900米以上，平均宽约100米，高60米许。洞内宽敞明亮，布满数十座矿渣堆积，估计堆积总量约200多立方米。矿渣堆积之间，残存有熬硝炉23个，沉淀池20个，蓄水池2个（有水），与洞顶的2个引水设施相接。在一块巨大的长12米、宽4米、高2米的形如馒头的大钙化石堆上，人工凿出一个接水池，接水池两边又分别凿出两条宽5厘米、深3厘米的引水线槽，将接水池中的水直接引入旁边人工砌筑的水池内。其他水池则直接砌筑在洞顶滴水的正下方。

洞内熬硝起于何时待考。东侧洞口现住有两户人家，其中一户言祖上原居住在大河边纳福寨，清咸同年间（1851—1874）搬到此处熬硝，居此已有六七代人了。

在住户后面的岩头上，书写有一首民谣："前后两河水滔滔，千两黄金米来消……前七里，后七里，银子还在漆漆里"。

从现在熬硝炉及蓄水池等数据分析，估计该炼硝遗址当年能日产硝量300公斤左右；从矿渣堆积和综合调查资料分析，每天至少有300人左右在作业。巨大的矿渣堆积，就目前已知的资料看，该遗址应为全国单个洞穴炼硝规模最大的遗址。

水城城垣遗址 水城城垣遗址长40米，厚2.7米，高0.5米、1.5米、2米不等，为1952年拆毁原县城城垣而遗留。

此遗址对研究城建历史、军事史具有一定价值。1989年6月3日公布为县级文物保护单位。

古驿道遗址 水城通往境外的古驿道有4条，境内主要为运输铅锌矿和铅锌而修建的古驿道亦有4条，今遗存不多，其中钟山区凤凰办事处石桥村至穿岩洞之间存有清代"下马坎古驿道"一段；双龙村一带存有水城至普安古驿道近千米；石龙南山至岔河古驿道约2公里，是境内保存最完好的一段。

仡佬族古墓群 1988年，市文管所、钟山区文管所、水城县文管所对钟山区月照乡马坝村将被水钢废渣掩灭的10余座仡佬族古墓进行抢救发掘清理，考证这些明末清初古墓的葬俗、葬式和葬具，发表发掘简报，对该墓葬中独特的"俯身直肢葬"作介绍和初步研究。

二、古墓、石碑、石刻

尹家彝文碑古墓 清康熙四十七年（1708）所建。原位于钟山区凤凰办事处松树坪村寨后的玉屏山下，坐落在占地面积6亩许的尹氏古墓群中，东北朝向。古墓高2米，长3米，宽1.8米，为马槽形，属云南古墓葬式。墓碑高1.5米，宽1米，全碑共360个字全为彝文。1980年水城特区民委派员拓印送毕节彝文识辨小组和省民委认定，墓主为女性，葬期是晴天。据《尹氏家谱》及民间口碑相传，墓主为土司禄万钟的女儿，尹联龙之妻。2002年6月因凤凰新区开发建设墓地被征用，迁月照乡马坝村公墓尹氏墓群，墓在保持原状基础上精工细刻，碑按原状迁立。

该墓碑是钟山区至今发现历史上最早用彝文记载、保存较完好的墓碑，为研究彝族文化提供可贵的历史资料。1987年12月公布为县级文物保护单位。

雷礼禄墓 距县城东北约3千米，在今贵昆铁路水城东站北侧，坐落在校场村周家寨后半山腰上。为圆形石墓，俗称"磨坟"，坐北向南，高1.5米，直径约3米。一碑两柱，左右镶有夹耳，上有歇山顶碑帽。石碑高1.65米，宽0.82米，厚0.18米。碑正中阴刻"皇清应赠显考雷公讳礼禄字允中大人之墓"。左右刻立碑日及孝款。碑联为："地卜牛眼点应楚湘世德；封崇马鬣永为黔水名家"。1989年6月3日将其墓公布为县级文物保护单位。

桂天相墓　距县城西南1.5千米，位于凤凰办事处凤凰山东北麓，东北朝向，约建于清道光末年（1850），原为土墓。民国20年（1931），水城廖禄勋等人仰慕其为水城一代书法家，募捐将土墓改建为石墓，并竖碑记。墓高2.4米，直径3.2米，首尾长5米，呈圆形，带拖尾。墓周边以质地坚硬石灰石镶成。做工精细。碑高1.65米，宽0.72米，厚0.18米。碑正中刻“桂公天相之墓”，右上有墓志，碑文全为楷书。1981年12月28日公布为县级文物保护单位。

李天极墓　位于凤凰办事处凤凰山东北侧，清光绪丁亥年（1887）九月所建，为夫妻合葬墓。原为三碑四柱磨坟，坟为圆形，直径约20米，精工凿“棋子块”状镶石镶砌而成。墓碑为三碑四柱，现仅存中碑1块，石柱1根。碑文为“恩贡生试用训导候州判李公字璇堂，母范氏老大安人之寿域”及立碑日期。穴内棺木置放于板凳上，碑脚有孔通穴，现仍可见穴内板凳脚和棺木。1987年12月公布为县级文物保护单位。

永远碑记　俗民“马王碑”，因赶马人常在碑前祭马王而得名。位于凤凰办事处石桥村下马坎，为一摩崖石刻。刻于清乾隆五十九年（1794），计56字楷书。石刻面积为0.16平方米。

下马坎南面穿岩洞一带，自明代以来以开采铅锌矿驰名，至清乾隆、嘉庆年间（1736—1820）达极盛时期。随矿业发展，信士徐氏修筑下马坎驿道。《永远碑记》载：“古者，此路崎驱，募人修砌，来往君子轿马，难以上下。是吾施钱财修此路，以勉君子方便。信士潘尚福妻徐氏，乾隆五十九年（1794）仲秋月立。1987年12月28日公布为县级文物保护单位。

小岩洞石刻　位于凤凰办事处石龙村南山西端，古驿道旁小岩洞石壁上，计24字楷书，石刻面积1.2平方米，刻文为：“候选知县雷礼禄自山脚修路至山上。大清嘉庆二年（1797）仲春月刻”。部分字迹因受岩浆填没和风化剥蚀，辨认困难。

三、古建筑

东岳殿　位于水城县城东之城隍庙内。城隍庙为水城较早寺庙之一，始建年代待考，现已部分拆毁。东岳殿系庙内保存较完好的古建筑，坐东北向西南。为砖木结构，主要构架全以优质丝梨木做成。九架檩，通面阔三间13.83米，进深7.86米，坐落在2.8米高月台上，两层单檐悬山顶；屋面盖小青瓦，底层和二楼之间是明间，均为一进，次间均为二进；明间为抬梁式，两山为穿斗式。占地面积为108平方米，经多年风雨不毁。

门前踏垛为19级，无垂带，纵6米，横4米。月台正面两侧砌有青石月宫门，高2.8米，与月台平，可容两人对向而过。

东岳殿挺拔雄伟，可体现当时建筑技术水平与成就，具有较高文物价值，为水城现存不多的古建筑遗物，更显珍贵。1987年12月28日公布为县级文物保护单位。

文昌阁　习称观音阁，系一寺庙建筑群的总称，包括山门、魁星楼、文昌宫、韦驮亭、东西配殿、文昌阁等。东西宽48米，南北长60米，占地2900平方米。位于老城东北端一矮石山上，坐北朝南，略偏西。始建确切年代待考，至迟在清嘉庆元年（1796）。

建筑群中保存较完好的仅文昌宫及东西配殿，其余已毁。其中文昌阁在1950年后曾作单位宿舍而拆修改装，继而毁于1958年。

尚存的文昌宫，占地216平方米，通面阔五间，24米，明间面阔4.6米，一进9米，次间面阔4.1米，一进9米；梢间面阔4.1米，二进9米；通高9.3米。单檐歇山顶，穿斗抬梁混合构架，砖石砌筑四壁，盖青筒瓦。

东西配殿各为面阔三间，8.7米，一进6.5米，通高5.6米。为单檐硬山式建筑，穿斗式，砖木结构，盖小青瓦，占地面积各为56平方米。

据资料载，已毁的文昌阁为三层三檐六角攒尖顶，翼角起翘，盖青筒瓦。底层直径约4米，中上两层高约3.6米，屋顶高约2.1米，通高约13米。底层有6道隔扇，隔扇上段透雕象征吉祥的飞禽走兽，裙板上为花草浮雕，垂脊上塑有仙人走兽，翼角均系有铁铃。底层门楣挂一横匾，贴金正书“慈航普度”大字。中层檐下挂一横匾，贴金正书“星垣书桓”大字。清道光三十年（1850），于上层檐下悬一横匾，贴金正书“人文蔚起”四字。

门前左右有石狮一对，天井中置一化钱炉，重约500公斤，铸造较精细。

文昌阁坐落的小山上，长满松柏、皂角、冬青、竹子及花草，文昌阁掩映于高大树木之下，清静幽雅。每当夜幕降临，千百只白鹤、鹭鸶栖息于树上，倍添生机。今树木绝大部分已伐。

1997年，群众集资重修文昌阁及前后配殿，但非原貌。

文昌阁建筑群集释、道于一地，为一处具有综合代表性寺庙建筑。1988年6月3日公布为县级文物保护单位。

城区区立两等小学校教学楼 位于县城北端，始建于民国6年（1917），为倡办新学，以钱大昌为首的一批有识之士筹资创修。坐北朝南，背临文昌阁，面对凤凰山诸峰。

教学楼分上下两层，四周均带回廊，占地142平方米。单檐歇山顶，穿斗式，五柱九架，砖木结构，盖小青瓦。通面阔19.5米，进深7.46米。一楼面阔五间，二楼面阔三间，纯以木板相隔，均作教室和办公室。四周砌青砖墙，石灰粉糊。门窗摒弃明清时期格扇、花窗等复杂造型，装成腰门和三联窗，安装玻璃，简洁、明亮、大方，适于教学。

从兴建至1950年，为城区区立两等小学校教学楼，其间一度为水城县女子学校。1951—1958年，为水城中学教学楼。1958年水城中学迁新址，转为县公安局办公楼，后转作公安局宿舍，现为私家杂居。

该校为地方培训出不少人才，其中，不少在外地的水城籍学者、专家、教授，皆启蒙于此校。该校为水城新学之首创，教学楼系研究水城教育发展史和民国初年土木建筑实物。1989年6月3日公布为县级文物保护单位。

田君亮故居 位于老县城解放路45号，清末建筑。平台布局为四合院式，临街过厅兼铺面，有西厢房、东厢房（已不存）、正房，占地370平方米。穿斗式悬山顶木结构，正房前檐装饰有雕花月梁、额坊、团型福寿变纹等。正房面阔五间15.75米，进深8.55米，檐高3.7米，前带廊，西厢房面阔三间7米，进深4米，过厅面阔五间15米，进深6.75米。此房为贵州文化名人田君亮的母亲吴氏祖屋，1894年田君亮在此房内出生。

肖缉轩故居 肖缉轩是水城知名贤达和民主人士（有传记），其故居系清末建筑，坐落在县城西郊里余的肖家湾。肖家湾系水城河流到此处形成的一道几近首尾环回的椭圆形河湾，湾内有地3亩许。房屋建在湾口处，木结构，穿斗式悬山顶，盖小青瓦，南北朝向，两面临河。房面阔10.36米，进深6.51米，檐高4.95米。屋下有贯通湾头湾尾的石砌水槽两道。底楼为水碾坊，置石碾两个。二楼为居室，装多扇木格花窗，朴素典雅，通风明净。屋北侧河道筑一深堰，将河水拦入水槽带动碾子。东面挖通河湾首尾，筑与深堰垂直的泄洪平堰，平时清水长流。平堰上架平板木桥，过板桥数步入屋。

屋西侧有小院，砖粉花墙相围。出花墙，是近两亩的花园兼菜园，园尽头临河处有小鱼塘，塘四周为芳草小坪。园内种植桃、李、梨、石榴、芍药、牡丹、水仙等果木花草及时鲜蔬菜，沿河遍种杨柳。房舍和庭院、花园一水环抱，垂柳成荫，独隐在万亩平畴中，远离尘世的喧嚣。尤其在春夏两季，一片如绸缎轻漾的绿野中，水城河蜿蜒东流，拱桥横卧；一条石板古道西出县城，伸向远方；西南田坝尽头，数丛小山如簪似黛；山前，桃林掩映三五户疏篱农舍，偶传几声狗吠鸡鸣，更增添几分田园情韵。城内市民常到此春游踏青，游泳消夏，少年儿童则到此唱歌绘画，舞蹈嬉戏。

肖家湾成为一个休闲避暑之地。

水城河改造取直后，肖家湾已无河水环绕，庭院、花园、水碾先后损毁无存，唯有老屋尚在，保存较完好。

杨氏居宅　位于县城内和平路，建于清光绪年间（1875—1908），为杨毓彦所建，坐北朝南。1950年后改作水城县人民医院第二门诊部。

此宅建在一南北长、东西窄的台基上，为四合院，布局严谨而对称。从踏垛而上，依次为前房、东西厢房、正房，围成正方形四合天井，用以排水和采光，天井铺石板。建筑取悬山式，适于通风防潮。

宅房为两层，单檐悬山顶，盖小青瓦。前房通面阔五间16.6米，进深二进7.8米；明间为过厅，面阔3.28米；次间、梢间面阔各3.28米。东西厢房通面阔各三间15.2米，一进3.85米。正房通面阔五间16.4米，进深二进8.5米，分明间、次间和梢间，明间东侧有一过道，宽1米余。前房、厢房、正房内合四周，有走廊相通，宽1.12米。居宅占地540平方米，做工讲究，一些部件饰有浮雕，挑檐枋上的图案精美，至今完整清晰。杨氏居宅为研究水城清代晚期居民建筑和经济文化发展状况的实物，1989年6月3日公布为县级文物保护单位。

水城县城及周边尚存众多规模较大的清代、民国时期木结构宅院建筑，规模、布局虽与杨氏宅居有异，但建筑用材、工艺、风格基本相同。如城内陆子高居宅、施氏居宅、罗景玉居宅、廖允之居宅、陆科文居宅、吴敬卿居宅，城南郊王永晰居宅、城西郊何继尧居宅等。其中罗景玉居宅建于民国31年（1942），为木结构穿斗式三层单檐悬山顶建筑，高11.4米，为当时县城内第一高层民居建筑。

阿角仲小拱桥　始建于清康熙十年（1671），相传为水西宣慰使安坤之子安胜祖所建，位于大河镇周家寨村阿角仲。民国15年（1926）毁于洪水，于民国17年（1928）周兴国动员附近百姓捐资在原址上照旧恢复重建，桥高3米，宽2米，跨度7米，系精工打造的块石镶嵌而成，为当地群众过往要津，至今保存完好。原桥是钟山区境内有据可考最早修建的古桥。

以德石拱桥　横跨于大河镇以德村三岔河河段上，详情已在本志《交通运输》中述及。此桥对研究水城交通发展提供了实物依据。1987年12月28日公布为县级文物保护单位。

四、文物藏品

境内众多的文物藏品见证钟山区悠久的历史文物传承和发展，各具重要的历史文化科学价值，现就较有代表性的部分藏品予以记载。

锐棱砸击石锤　1件。1973年出土于水城硝灰洞第三层堆积物中，旧石器时代早期石器，是一件厚大而长的扁平玄武岩砾石，颜色黝黑，长11.82厘米，宽9.1厘米，厚4.9厘米。从石锤坑疤形态分析，它与北京猿人砸击石片的砸击石锤基本相似，但这件砸击石锤与被砸物体在接触关系上略有不同。北京猿人砸击石锤的砸击痕迹主要位于砾石的两个面上或在其一个面上，而硝灰洞的砸击痕迹却在砾石凸的长边上。这种石锤在硝灰洞被发现时，国内尚无先例，因此命名为锐棱砸击石锤。后来先后在兴义猫猫洞遗址、普定穿岩洞遗址、六枝桃花洞发掘中发现一批此类砸击石锤，进一步证实这是一种特殊加工方法，在我国考古学上构成一种新的打片方法而被载入史册。石锤藏贵州省博物馆。

锐棱砸击石片　1件。1973年出土于水城硝灰洞遗址第三层黄色堆积中。旧石器中晚期玄武岩砾石，长8.2厘米，宽4.75厘米，厚1.52厘米，打击点粗大，凹入显著。在半锥体当中及其一侧呈凹槽状，使半锥形体略低于破裂面，放射线清晰，有明显弧形凹陷隔开，下端平坦。背面为自然石皮，在左侧和底边有锯齿状缺口，为使用痕迹。这类石片，数量较多，首先发现于水城硝灰洞，其后在兴义猫猫洞、普定穿岩洞、六枝桃花洞均相继发现。在云南、四川、广西、广东、江苏、台湾、西藏等地区及菲律宾的旧石器时代晚期或新石器时代早期的打制石器中，亦有锐棱砸击石片存在。台湾地质学家林朝棨和考古学家宋文薰指出：它们最为可能的祖籍是中国内地。如果说当时仅是个推测，那么现在被贵州很多洞的出土石片所证实。以硝灰洞为代表的这类石器文化时代都在1万年以上，台湾的材料最远距今5000年前。因此，硝灰洞及贵州各地这类旧石器时代材料的发现，为研究台湾地区远古文化的源流提供可靠的证据。石片藏贵州省博物馆。

龙首柄铜釜 1件。汉代青铜器，1982年于水城黄土坡市教委建筑工地出土。敞口鼓腹平底，两侧一边为龙头形长手柄，一边为环形耳。釜体通高13.1厘米，口径8.7厘米，腹径9.4厘米。为国家馆藏一级文物。

桂天相书迹 对联一副，纸本，字心纵120厘米，横29厘米。上联为“古调诗吟山色里”，右上侧书“戊子嘱”（戊子：道光八年，即1828年）。下联“无弦琴在月明中”，左下侧题识“云农桂天相”。钤朱文“云农”、白文“桂天相印”两方篆书印章。宣纸写成，部分已虫蛀。钟山区老城光明路熊国祥藏。四联条屏一堂，纸本，草书，钟山区老鹰山镇小河边张昌福收藏。石刻“武庙”庙名一块，钟山区老城新桥路焦延龄收藏。

孙中山墨迹 书有“天地一戍衣，英雄三尺剑”及“孙文题”字样。长0.8米，宽0.4米。为楷书，大雅端庄，朴厚劲秀。钟山区老城尚刚模收藏。

木兰从军图 1件。绢本设色。纵93.4厘米，横39.8厘米。构图留白较少。左边一抹淡淡远山，右上部穿插参天古木，下部为坡石和激越溪流。坡石为披麻皴画成，并点以苔。溪流线条勾勒。人物、马匹用线勾绘。木兰从容调头反顾，右手牵马横溪而过。马肌肉发达，造型准确，意态剽悍矫健。整个画面线条流畅，设色淡雅，景物疏密相间，动静相宜，画风活络舒朗。画幅左题“戊寅孟冬上旬作赵雍”。名款下钤“赵雍”白文印一方。赵雍为元代书画家赵孟頫之次子，书画继承家法，在当时颇有影响。戊寅为元惠宗至元四年（1338）。就画风看，与赵雍古朴画风及画马之臃肿造型不相符，接近明人画风。是否系赵雍所作待考。钟山区老城内王淑政收藏。

清代宫灯 2件1对。清道光三十年（1850）大定府赠举人、国子监监生熊廊佑祖母贺寿礼品。收折式木雕品，高75厘米，内圈50厘米，外圈70厘米。呈六柱形，灯盖架出椽部，各刻龙头龙尾，每灯计6条龙，刻工精巧。灯原糊绢，现存灯架。钟山区老城光明路熊祥龙收藏。

古钱币 《水钢报》编辑魏玉光，收藏研究古钱币有年，被《中国收藏家名人辞典》列入词条。已收藏有银、铜、铁、锡、铅、镍、贝、陶、布等古钱币数千品。其中有夏商贝币，春秋战国刀币、布币、楚币，秦始皇统一六国货币时所铸的“半两”钱，西汉至隋代的五铢、莽钱，唐代开元钱，宋代各种通宝、元宝、重宝钱。有的已配套齐全，如：两宋时期各朝的对钱、套钱；南明王朝的几种钱币；清代康熙、乾隆、同治钱币及光绪元宝；云南造银币，民国初年制造的银币、铜币。还有李自成、张献忠、孙可望、洪秀全等农民起义军铸行的货币。藏品中，不乏珍稀币品，如宣统三年（1911）“大清银币”贰角样币，“宣统通宝”“同治通宝”、满汉文套钱等，有的还属罕见的谱外品。此批藏品，为研究中国古代钱币提供一批实物。

老解放区及抗日根据地货币 计有银币、钢币多件，纸币51张。分别由中华苏维埃国家银行、川陕工农银行及晋察冀边区、冀南、中原、北海、鲁北行署发行。收藏于魏玉光处。

五、革命纪念建筑

烈士陵园

位于距水城老城西南1.5千米的土桥，地处一小山坳内，朝向东南。原址在麒麟乡穿心寨（今水城铁路机务段前小山下），1957年，由水城县人民政府修建命名。后因修筑贵昆铁路需经陵园区，

1968年3月迁土桥另建陵园。园内安葬有解放水城时牺牲的中国人民解放军16军46师连政治指导员冯玉德、47师连长王应明和45师部分战士，“三线建设”中牺牲的部分烈士，1968年病逝的解放海南岛战斗英雄浦恩绍等，计70余座陵墓，并刻有墓碑。陵园周围广植松柏，环境庄重肃穆幽静。2007年，红军烈士尹自勇的陵墓由明湖村迁入烈士陵园。

为对人民进行革命传统教育，缅怀先烈，水城特区、钟山区人民政府将陵园列为革命纪念建筑。

抗日英烈纪念碑

民国34年（1945），为纪念抗日战争胜利所建，立于县城东门口护城河边。碑体系将文庙石牌坊上一粗长石柱改制而成，为方形。碑高5米，每方宽0.5米，建有碑座。碑座周围用五面石修筑一平台，有石栏、石凳。东面系环城河，河岸植柳树，一片荫凉。碑正面刻有“抗战阵亡将士暨死难同胞纪念標”大字，背面阴刻有“国魂纪千秋”大字，系水城县县长阮略书写，左右两面阴刻有序文，系国民党水城县党部书记长傅南题并书写。此碑湮没于东门外护城河南岸一私人宅基下。

红军烈士尹自勇墓

尹自勇，曾在中国工农红军中任教导团团长兼政委、政治教导员等职，随红九军团长征过水城境时，因掩护主力部队撤退与部队失去联系，留水城开展革命活动。1939年春，被水城县县长阮略派人杀害于米箩，米箩乡联保主任卢云清将遗体安葬在米箩寨右侧小山坡上。因尹自勇化名“杨连长”，当地人民将此墓地所在山坡称为“杨连长包包”。

1959年，水城县人民政府将尹自勇遗骨迁至水城城关明湖村重葬立碑，后水城军分区又将陵墓重新修葺。墓为红砖砌就，高1.5米，直径2米。碑高1.8米，宽1.2米，碑正中楷书“尹自勇烈士之墓”，左右两侧有生平简介、修墓日期等说明。墓两边种植柏树。2007年六盘水师范学院扩建，墓地被征用，尹自勇墓地迁入水城烈士陵园。

第八节　文化市场管理

一、文化市场

图书市场　境内较大的民营图书销售企业有恒远意通、万卷书城、行知书社、新知书社4家，有较大的图书销售点46个。另外，在市中心城区和各工矿区、城镇、个体书摊随处可见。

桌球室　20世纪80年代后期在区境内兴起，1993年发展为1000余台，场地设施均较简陋。后随着网吧等新兴文化产业的发展冲击，2000年前后逐渐销声匿迹后，又有十余家具有一定规模、档次的台球室先后出现。

茶楼　1996年，境内第一家茶楼“日月茶楼”开业，仿古装修，环境清雅宜人，有茶艺表演，钢琴及民乐演奏等服务项目。随后，相继涌现规模档次不等的茶楼数十家。

录像放映厅（室）　1990年，全区有录像放映厅（室）73家，1993年，下降为36家，2001年又下降为20家，2003年，取缔营业性录像放映。此外，据1999年统计，全区有21家个体经营户销售、出租录像带、录音带。另有电影厅4家。2008年年末有音像制品零售、出租户37家。

KTV　夜总会　演艺厅　会所　1990年以后，市中心城区渐有街头卡拉OK摊出现，后逐步发展为卡拉OK歌厅、歌舞厅。1992年，全区有卡拉OK厅86家，歌舞厅24家。之后，一批条件较差、设施落后的卡拉OK厅、歌舞厅被淘汰，代之而起的是装修豪华、配置高档和更为私密化的KTV歌厅、夜总会、演艺厅、会所等。1997年、2001年、2004年、2008年区境内的KTV歌厅、夜总会、演艺厅数量分别为42家、58家、49家、41家。2008年，境内有商务会所9家。

游戏机室 网吧 2001年，全区仅有电子游戏室2家，2008年，发展到132家。

1999年，区境出现小型网吧近10家，2002年发展到80家。《互联网营业场所管理条例》颁布实施后，经清理整顿规范经营，2008年共有网吧90家。

咖啡厅 酒吧 2001年，全区有酒吧19家。2005年，有咖啡厅6家，酒吧18家。2008年，有咖啡厅12家，酒吧16家。

印刷（含打字复印）钟山区建立时，境内有印刷厂14家。1999年，有印刷厂和打字复印业经营户57家。至2008年，发展为70家，其中：印刷厂17家，打字复印业经营户53家。

另外，在刊刻业方面，2001年，全区有刊刻业6家，2008年有38家。

二、文化市场管理

日常管理

1991年，钟山区成立文化稽查队，具体承担全区文化市场管理任务。区文化稽查队成立后，按照国家《娱乐场所管理条例》《互联网上网营业场所管理条例》《音像制品管理条例》等规定，严格市场准入，对文化经营活动实行许可证制度。

文化经营单位和个人须提交书面申请，区文化稽查队审查核实，区文化局批准，发给文化市场经营许可证方可经营。实行一个项目一个许可证，并执行年度审核制度，建档管理，收取一定费用。

在日常经营活动中，按照“谁主管、谁负责”的原则进行管理。每年，区文化、工商、公安等部门均联合或分别开展日常性的检查和整治行动，对不具体条件的文化经营业户和经营场所限期整改或取缔，对违法犯罪活动进行惩处。

1991年，市召开文化管理工作协调会，明确钟山区、水城县、市直管的文化市场范围。

1992年，钟山区对管辖范围内的音像市场、舞厅、卡拉OK厅、台球室、电子游戏厅进行清理整顿，进一步规范管理。

1993年，市文化局、钟山区文化局、水城县文化局经多方调研协商，共同拟定《关于市中心区文化市场管理范围划分的协议》，进一步理顺管理关系，解决多头办证、管理疏漏的问题。

1994年，钟山区文化稽查队在钟山大街等地开展以宣传文化市场管理为主要内容的社会治安综合治理宣传活动。此后，此类活动常年性开展。

1995年，钟山区文化局对全区文化娱乐业进行普查。随之，制作各类警示牌发放给经营户，张挂在经营场所，警示其按规定依法经营。

1999年起，对文化市场经营户缴纳文化市场管理费实行滞纳金制度。

2002年，钟山区对管辖范围内的图书销售市场进行清理整顿，对非法书刊收缴销毁。

2004年6月，钟山区举办全区音像制品经营业主培训班，学习贯彻《音像制品管理条例》和《音像制品出版管理条例》。

2005年8月，对辖区80余户网吧开展暑期网吧专项整治行动和未成年人禁入网吧行动。

2008年4月，钟山区文化稽查队召开网吧经营业主培训会，进一步规范网吧的经营秩序。

在文化市场管理中，市、区文化部门还不时组织经营业户比赛和开展评选文明先进经营户等创建文明经营活动，促进文化市场的良性发展。

“扫黄、打非”专项治理

在文化市场管理中，钟山区人民政府及其相关部门对“黄色”文化产品、“黄色”活动和非法出版物进行专项治理，严厉打击，不断遏制“黄、赌、毒”“盗版”“盗印”等不法行为的发生。

1990年，全区共查处赌博案件98起343人；查处卖淫嫖娼案件32起40人。

1991年1月，钟山区成立“扫黄打非”领导小组，全面铺开“扫黄打非”专项行动。

1994年10月27日，钟山区文化稽查队开展“扫黄打非”专项行动，出动车辆56次，人员314人次，收缴非法出版录像带3134盒，影碟16张，封停赌马机31台，罚款1560元。

1995年10月，钟山区文化稽查队查禁非法影碟和黄色录像带。

1999年1月，钟山区在“扫黄打非”专项行动中，收缴非法光碟和录像带760盒，黄色光碟20张，黄色图片18张。9月，开展对“法轮功”邪教组织书籍的查收工作，收缴并销毁“法轮功”书籍3400册，挂图200张，录像带200盘。

2002年11月，“扫黄打非”专项行动共计出动人员118人次，收缴非法音像制品10000余张，黄色影碟4000余张。

2003年11月，查封大河镇中心校购进的280套非法教辅材料。并同期开展了对中心区10所学校的检查。

2004年10月，钟山区在“扫黄打非”行动中，共收缴黄色光碟340张，非法出版光碟15000余张，淫秽书籍50本。

2007年，“扫黄打非”专项行动共计出动检查183次，收缴并销毁盗版光碟3.6万余张，淫秽光碟2000余张，中小学非法盗版教辅读物200册。

2008年，“扫黄打非”专项行动共计出动检查350余人次，收缴并销毁非法出版物3000余册，盗版光碟1000余张，淫秽光碟900余张。查缴销毁“天地合”啤酒机、老虎机、麻将机等各类赌具1072台（件），摧毁赌博窝点26个，收缴赌资40余万元。

第二章　体　育

第一节　机构　群众组织

一、机构

1988年6月，钟山区成立体育运动委员会，内设办公室、群体股、竞赛股、体育辅导中心。有职工27人。1993年10月，机构改革，钟山区体委与钟山区文化局、广播电视局合并成立钟山区文体广播电视局。1996年3月，撤销文体广播电视局，分设钟山区体育局，内设办公室、群体科、竞赛科、体育辅导中心、钟山区体育总会，有职工14人。2002年，再次进行机构改革，钟山区体育局与区文化局、广播电视局合并为钟山区文体广播电视局，同时设立钟山区群众体育中心。

自1988年钟山区体委成立后，曾因工作需要增设军体股，1996年6月增设钟山区全民健身指导站，1998年10月增设钟山区健身房等下属机构，但无专职人员编制。

钟山区境内尚有六盘水市体育局。1971年，六盘水地区体育局成立。1973年2月，改为六盘水地区体委，1978年六盘水建市后，改称六盘水市体委。1996年机构改革，六盘水市体委改为六盘水市体育局。

钟山区体育机构成立后，坚持贯彻实施《中华人民共和国体育法》《全民健身计划纲要》等有关法律法规；监督实施国家体育锻炼标准，开展国民体质监测；组织指导全区群众体育骨干和社会体育人员的培训工作；指导和推动学校体育、农村体育、城市体育及其他社会体育事业的发展；执行体育行业标准，对体育市场进行管理和监督。

二、群众组织

钟山区体育协会

体育总会　1989年成立。其成员由区委机关负责人、政府部门负责人、群团组织负责人、体育界知名人士组成。

象棋协会　1990年成立。首任主席吴建龙，副主席李崇、黄定邦。秘书长肖文学。

花鸟协会　1997年成立。首任主席张明宣，副主席高连崇。秘书长徐松权。

六盘水市在钟山区境内体育群众组织

六盘水市体育总会　1980年6月成立，为中华全国体育总会贵州省六盘水体育分会，后改称六盘水市体育总会。历届主席、副主席由市委、市政府领导兼任。常委由市、县（特区、区）党政机关及各大厂矿事业有关领导兼任。市体育总会是社团管理机构，办事机构设在市体委。其主要职能是对全市体育协会和各单项协会的群众体育实施领导管理和指导。

六盘水市老年体育协会　1984年4月成立。下有六盘水市老年迪斯科协会和老年人乒乓球协会2个单项协会，分别于1990年8月、1997年12月成立。

六盘水市各单项协会　1981年9月，成立六盘水市象棋协会。1980年1月，成立篮球协会。1981年7月，成立六盘水市乒乓球协会。1985年，成立六盘水市信鸽协会。1988年4月，成立六盘水市气功科学研究会。1992年11月，成立六盘水市武术协会。1996年1月，成立钓鱼协会。2006年7月14日，成立六盘水市户外运动协会。

驻区大中型企事业单位群众体育组织

水城矿业（集团）公司、水城钢铁（集团）公司、水城发电厂、水城铁路地区、六盘水供电局、邮电、金融等大中型企事业单位，历年的群众体育活动由各单位工会负责。1982年后，群众体育组织逐步建立健全。

水城矿业（集团）公司体育协会　1996年11月成立，下设篮球协会、排球协会、羽毛球协会、乒乓球协会、气功协会、棋类协会、桥牌协会。

水城钢铁（集团）公司体育协会　1984年成立。下设球类协会、象棋协会、桥牌协会、田径协会、武术协会、信鸽协会、老年人体育协会。

水城发电厂体育协会　1982年成立。1986年后相继成立桥牌、信鸽、钓鱼小组。

第二节　体育设施

1988年，六盘水市承办贵州省第七届运动会，为境内体育运动场地建设带来契机。是年6月，投资1200万元的六盘水市体育馆、游泳馆、射击场、田径场、练习馆竣工。至此，市中心城区建成现代化的多功能体育运动中心。

钟山区建立后，继续加大对体育事业的投入，并积极争取市及驻区企业的支持，体育设施建设不断发展和完善，至2008年，境内共有篮球、乒乓球、羽毛球、举重、棋类、摔跤等各类训练房13个，有规范的田径场、体育馆、游泳池、灯光球场、排球场、门球场以及足球场200余个，有集篮球、排球、门球等于一体的多功能运动场所200个。体育运动场地遍及全区各大、中、小学校，各大中型厂矿企业、部队和部分机关单位。其中，具有较大规模的公共体育场、馆主要有：

六盘水市体育运动中心　1988年6月竣工，占地总面积6.6万平方米，由多功能体育馆、综合性游泳馆、双层综合练习馆、带6级看台标准田径场、足球场、射击场、灯光球场、门球场、网球场、保龄球馆、健身房等几大场馆及道路、绿化、雕塑、运动员营养食堂、餐厅等附属设施组成。是集训练、群众体育活动、游览、娱乐于一体，同时具备承办国家级各种大型体育赛事能力的体育运动基地，是贵州省西部高原训练的中心。

六盘水市田径场、足球场 位于钟山脚下。两个场馆共占地30520平方米，建筑面积3182平方米，场地面积1.52万平方米，总投资120万元。场地建有400米8条标准跑道和草坪足球场，有环形六级观众看台，可容纳观众1.9万余人。

六盘水市露天灯光球场 1984年建成，占地700平方米，建筑面积680平方米，场地面积595平方米，设有七级观众看台，可容纳观众1200人。内设标准篮球场、排球场各1个。可同时进行篮、排球比赛。

六盘水市门球、网球场 1989年建成，位于六盘水市体育中心。占地面积1400平方米，建筑面积1262平方米，场地面积1200平方米，能容纳观众500人，总投资4万元。是具有门球、网球双重功能的综合场地。

六盘水市射击场 位于市体育馆活动中心，建于1983年，场内设10米、25米、50米靶场各一个，各靶场内分别有射击靶位7、10、20个，均设有不同的观众席位。另设枪库、办公室6间，会议室1间，场外绿化带等共占地5000平方米。

1987年，因修建六盘水市体育中心游泳馆，将50米、20米靶场拆除，现有的射击场，占地582平方米，建筑总面积552平方米，场地面积540平方米，总投资3.5万元，内设手枪靶位2个，活动步枪靶位8个。另有50米室外靶场1个。六盘水市射击场是全市射击训练、比赛的主要场所。

六盘水市体育馆 1988年建成，占地面积5960平方米，建筑面积8294平方米，总投资500万元。馆内设两面10米×3米电子记分牌、30秒计量器、高级音响控制扩音器、混合音响、活动篮球架、排球架等设施。观众席3150座，主席台150座。建成时是贵州省第二大体育馆。该馆既能举行各种体育训练和比赛，又可进行大型文艺演出。馆内还有贵宾、裁判、运动员、记者和管理人员用房及会议厅、棋类室、电视录像室等设备。

六盘水市游泳馆 1988年建成，占地面积5960平方米，建筑面积9284平方米，场地面积1566平方米，总投资300万元。馆内拥有一座50米×21米×2米游泳池，有5米深水区和2米浅水区共8条泳道。建有10米、7米、5米、3米四类跳水台。游泳池内壁装有水下观测窗，可进行水底观察和摄像。看台有475个塑料座位。配有一台2吨重锅炉加热器，使泳池水温可保持在24℃～26℃之间，馆内气温可保持24℃～28℃之间。运用6个循环过滤器，进行每天开机2～3小时可使3700立方米的池内水体达到国家卫生标准；池内水质采用高效消毒剂强氧精进行灭菌处理，水体细菌含量严格限定在国家标准之内；水池清澈见底，能一年四季提供游泳、花样游泳、潜水、跳水等项目的训练和比赛。

六盘水市体育练习馆 是一个多功能双层练习馆，1988年建成。可进行乒乓球、羽毛球、体操、武术、摔跤、篮球、排球等项目的训练和比赛。练习馆地面楼层全部用木质地板铺设而成，占地面积2554平方米，建筑面积3000平方米，场地面积2604平方米，总投资161万元。

六盘水市保龄球馆 1998年8月建成，是经六盘水市招商引资小组（办公室）引资400万元兴建。全馆利用六盘水市体育馆底层3000平方米闲置空房改建而成，内设8条新建球道，引进先进的保龄球设备，附属设施有康泰美食园、康泰名山卡拉OK厅。2000年后停止营业。

六盘水市露天游泳池 为开发利用水库水资源，发展群众体育运动，六盘水市先后在窑上水库和德坞水库修建露天游泳池。

窑上水库游泳池 建于1993年，占地面积3000平方米，建筑面积1500平方米，场地面积2000平方米，设有50米×25米游泳池1座，水深2.1米，池周建有环形观众座位500个，总投资60万元。2004

年以后因修建明湖宾馆拆除。

德坞水库游泳池　建于1989年，占地面积1600平方米，建筑面积1400平方米，场地面积1375平方米，设有50米×22米游泳池1座，水深3米，观察席200个，总投资20万元。

钟山区灯光球场　1984年建成，为原水城特区所建，场地长35米，宽17米，有观众席位1200个。

水城铁厂灯光球场　建于1981年，占地面积900平方米，建筑面积700平方米，场地面积540平方米，总投资3万元。内有30米×18米比赛场地1个，配有电动计时计分器1个，可容纳观众600人。

水城水泥厂灯光球场　建于1983年，占地面积1519平方米，建筑面积950平方米，场地面积540平方米，总投资6.1万元。内有30米×18米比赛场地1个，配有电动计时计分器1个，可容纳观众600人。

水城发电厂灯光球场　建于1983年，占地面积900平方米，建筑面积850平方米，场地面积450平方米，投资2.8万元。内有30米×18米标准篮球场1个，配有电动计时计分器1个，可容纳观众600人。

水城钢铁公司灯光球场　建于1984年，占地面积980平方米，建筑面积904平方米，场地面积540平方米，投资5.1万元。内有30米×18米标准篮球场，配有电动计时计分器1个，可容纳观众700人。

水城矿务局灯光球场　建于1985年，占地面积680平方米，建筑面积610平方米，场地面积540平方米，总投资2万元。内有30米×18米比赛场地，配有电动计时计分器1个，可容纳观众700人。

贵州省地质勘查二公司（水城）灯光球场　建于1985年。占地面积1074平方米，建筑面积936平方米，场地面积540平方米，投资4.6万元。内有30米×18米标准篮球场，配有电动计时计分器1个，可容纳观众600人。

第三节　群众体育

1988年钟山区建立后，在区和各镇、乡、街道办事处两级建立健全体育机构，配备专职体育干部，驻区各大型工矿企业也完善、充实体育机构和人员，组织、指导群众体育活动广泛开展。1995年6月，根据国务院颁布的全民健身纲要，钟山区成立全民健身指导委员会。区全民健身运动以城市为中心，青少年为重点，分层次向农村扩展，并对全民健身纲要进行广泛深入持久的宣传，全民健身活动在城乡逐步普及。在全民健身活动过程中，适时组织各类群众性的体育竞赛，促进活动不断发展。

一、学校体育

幼儿体育　1988年钟山区建立时，区境内共有幼儿园55所。除少数个体户开办的幼儿园条件较差外，绝大部分幼儿园均分别设有小篮球架、平稳凳、小火车、转椅、木马、攀登架、摇椅、小飞船、滑梯、跷板、滚板球、垫子床、皮球、篮球、毽子、呼啦圈、小秋千等，按照教育部制定的幼儿园教育纲要规定设置幼儿体育课，开展幼儿体育活动。1990年后，按照国家规定及贵州省幼儿工作要点，规范10个幼儿基本体操动作。境内幼儿园多次组织参加六盘水市及钟山区的幼儿运动会或单项比赛，有些项目成绩优异。

小学体育　1988年钟山区建立后，贯彻国家教委1987年再次修订的《小学体育教学大纲》以及小学各年级体育教学课本。各小学体育课除田径、体操、篮球、排球、乒乓球及民族传统体育项目训练外，还讲授儿童易懂易记的体育常识，培养儿童参加体育锻炼、注意体育安全、学会身体保护等体育保健意识。1989年，举行钟山片区六一儿童节韵律操比赛，水城四小获小学组第一名。此后至2008年，多次举办或外出参加各种体育赛事活动。其中，1996年11月，第一届亚太地区特奥运动会在上海举办，钟山区川心小学林世梅、罗廷军、彭泽勇代表中国参加比赛，林世梅分别获女子垒球投掷、篮球运球金牌2枚，篮球定点投篮铜牌；彭泽勇分别获男子田径200米金牌，田径100米、篮球定点投篮银牌2枚，跳远铜牌；罗廷军分别获男子田径400米银牌，田径100米、篮球投掷、5人足球赛3枚铜牌。

中学体育　1995年始，钟山区按国家规定实行体育锻炼标准督导员制度，对学校体育达标情况进行巡视督促。实施国家体育标准办法后，各中学学生体育达标率不断提高，据1998年调查，钟山区中小学生达到国家体育锻炼标准的人数为4.83万人，达标率近90%。以后年度又逐渐提高。

各中学除坚持体育课教学外，还因地制宜开展不同的体育活动。尤其是20世纪80年代后，活动形式更为多样，如在春、夏、秋、冬不同季节组织学生郊游、踏青、爬山、游泳、漂流、秋游、野炊或短距离考察；举办一年一度的学校运动会；“五四”青年节、国庆节、纪念“一二·九”运动等节日、纪念日期间，学校之间开展单项比赛或举行联欢活动等，并组织参加各级运动会或单项赛事。

1989年六盘水市第四届中学生运动会，钟山区获团体总分第一名，分获13枚金牌、7枚银牌、6枚铜牌。1991年六盘水市第五届中学生运动会，钟山区获田径团体总分第三名，分获7枚金牌、9枚银牌、11枚铜牌。1993年六盘水市第六届中学生运动会，钟山区张方获男子200米（25秒6）第一名，卢江获男子跳高（1.58米）第一名，孙凡艳获女子3000米竞走（17分04秒）第一名，欧阳迎花获女子铅球（10.56米）第一名。1995年六盘水市第七届中学生运动会，钟山区获团体总分第二名。钟山区易荣全分别获男子200米（24秒6）、400米（55秒）2项第一名，尹成刚分别获男子1500米（4分46秒）、5000米（17分52秒）2项第一名，尹成芬获女子3000米竞走（18分09秒8）第一名。1997年六盘水市第八届中学生运动会，钟山区张清富、王军分别获男子5000米（18分25秒3）、三级跳远（11.48米）第一名；何正兰、吴红敏、袁霞分别获女子3000米（12分15秒）、3000米竞走（22分23秒）、标枪（19.80米）第一名。市直机关巴云海、杨明德分别获男子1500米、100米栏第一名；廖元敏、李梅分别获女子乙组80米栏、跳远第一名。

二、农村体育

农村民间体育活动如爬山、抱腰、角力、凫水、翻筋斗、扭扁担、打陀螺、翻毛蛋、躲猫猫、架螃蟹、丢手帕、扳手劲、荡秋千、踢毽子、跳拱背、抓石子、立青天、跳跛脚、叠罗汉、打石头、走晃板、下挑夹棋、打鸡毛毽、打鸡儿棒、打火草干、骑竹竿马、老鹰扑小鸡等名目繁多，历史悠久。

1992—1996年，钟山区在文化、体育、科技“三下乡”活动中，协调各乡镇开展多种体育赛事。2005年在老鹰山镇、大湾举办钟山区迎新春农村社区体育比赛。2007年举办“新农村杯”篮球运动会，各乡、镇、街道办事处及部分行政村组队参加。2008年分别在月照乡独山村、玉顶村举办婚育新风进农村社区运动会；在大河镇大桥村举办“与奥运同飞翔——农村社区文艺演出及趣味体育活动”；在汪家寨新华村举办彝族年大型趣味体育活动；在老鹰山镇举办冬季趣味体育运动会。

三、城市社区体育

1988年开始，钟山区将文化站纳入政府机构编制。先后建立黄土坡办事处文化站、荷城办事处文化站、德坞办事处文化站、凤凰办事处文化站。1995年贯彻国家全民健身纲要后，钟山区实行以城市为中心，分层次向农村扩展的全民健身规划，市中心城区的群众体育活动蔚然成风，尤其是参加体育锻炼的老年人越来越多。各居民委员会（后改为社区）纷纷建立文体娱乐室、老年活动中心等，为居民体育活动提供条件。各街道办事处在所辖范围内分片区建立体育协会，组织该片区的体育活动。至2005年，已建立社区体育协会16个。社区或居民自发组织乒乓球队、羽毛球队、象棋队、围棋队，以及老年秧歌队、腰鼓队、太极拳队、扇舞队等，结队进行活动。2000年后，城区相继建成人民广场、钟山区广场、荷城花园、白鹤广场、上海花园等公共休闲娱乐场所，大部分商住小区亦设置体育活动场地和健身房、活动室等，为居民集中体育活动提供方便。每天早晚，男女老少云集各广场、公园及小区活动场，跳交谊舞、健身舞、扇舞、剑舞，扭秧歌、打腰鼓、打太极，或打羽毛球、柔力球，跑步散步等。

第四节 竞技体育

一、钟山区举办的比赛

1990—2001年，钟山区每年都组队参加“五县一区”（纳雍县、大方县、黔西县、织金县、水城县、钟山区，后增加毕节市）联赛。1995年8月，举办“五县一区”篮球联赛，钟山区男女代表队双双夺冠。2000年。第二次举办“五县一区”篮球联赛，钟山区男队获冠军，女队获第三名。

1997年组织“全民健身运动”比赛，分两组进行。一组为老年人象棋、围棋、乒乓球等比赛，有200余人参赛；一组为篮球比赛，有36支篮球队1000余人参赛。1998年再次举办“全民健身运动”比赛，项目有3千米赛跑、乒乓球、健身操、象棋、围棋以及拔河等。2004年元旦期间举办千人长跑比赛和社区棋牌类比赛。2008年举办马拉松中长跑赛，有近千人参赛。

二、消夏文化节体育赛事

2004—2008年消夏文化节期间，国家、省、市在区境举办多类体育赛事活动，共达10余项。

全国汽车拉力赛六盘水站比赛 2004年7月31日—8月1日，举行全国汽车拉力锦标赛“贵州移动通信杯”六盘水站比赛（第四站），共有22支车队75辆赛车参赛。是年，全国汽车拉力锦标赛六盘水赛区被评为全国体育竞赛优秀赛区。2005年8月共有21支车队80余辆赛车参赛。2006年共有28支车队102辆赛车参赛。2007年7月共有21支车队87辆赛车参赛。

全国围棋邀请赛 2005年8月6日，举行全国围棋甲级联赛第九轮比赛。2006年7月22日，举行“景新花园”杯新老围棋国手对抗赛，中国围棋协会主席、九段棋手陈祖德，中国棋院副院长、秘书长华以刚，国家围棋队教练组组长马晓春，国家围棋队队员、九段棋手古力、周鹤洋、罗洗河等参与对抗赛。中国棋院院长王汝南和第十七届“中国围棋名人战”形象代言人唐莉现场为200名棋迷挂牌讲解。2007年7月20日，举行“六枝工矿”杯全国围棋邀请赛开赛。国家围棋队教练组组长、世界冠军、九段棋手马晓春，国家围棋队领军人物、世界冠军、九段棋手俞斌，国家围棋队领队、七段棋手华学明、新生代棋手胡耀宇八段、孔杰七段、刘世振七段等国内围棋手参加比赛。

全国桥牌邀请赛 分别于2004年9月、2005年8月、2006年7月、2007年7月举行比赛。

全国甲A篮球邀请赛 2005年8月9日举行，吉林、山东、陕西、河南四支CBA男篮球队比赛。

体育舞蹈暨交谊舞大赛 2005年7月22日举行，共有全国部分省市的20余个城市的27支体育舞蹈代表队1068名选手参赛。

全国少年自行车锦标赛 2005年8月11日举行，共有全国部分省市的12支代表队200余名运动员参赛。

马拉松公开赛 2006年1月1日，举行“体彩”杯贵州亚高原马拉松公开赛，共有21支代表队251名运动员参加男、女半程马拉松及10千米的比赛。2008年9月共有26支代表队1277名运动员参加比赛。

猛牛争霸赛 2007年7月22日举行，有24头牛参加斗牛比赛。

第三章　旅　游

钟山区处于中国凉都六盘水市的中心地带，夏无酷暑，冬无严寒，是全国少有的消夏避暑、休闲度假的都市。宜人的气候环境，是钟山区得天独厚的旅游资源。2008、2009年度韭菜坪入选中国十大避暑名山。2004—2008年，六盘水市在区境内连续举办凉都消夏文化节，很多游客选择到“凉都”消夏避暑、休闲度假，促进避暑旅游经济发展。2008年，全区共接待国内旅游者83.68万人次，实现国内旅游收入6.1亿元。

第一节　旅游资源

一、峡谷、水库

（一）峡谷

境内峡谷主要有月照阿勒河峡谷、月照小三峡、凤凰街道明湖小三峡、狗跳桥峡谷。

阿勒河峡谷　属乌江水系的三岔河上游，地处月照乡北部。受地壳新构造运动的影响，地面抬升，导致河流深切，在碳酸盐岩的地质背景下，便形成阿勒河喀斯特峡谷。峡谷从高原面向下切割深达600余米，两岸群峰巍峨，植被葱茏，景色壮丽。雄伟的山势、茂密的植被和湍急的流水，为人们提供一处峡谷观光和水上漂流的好去处。

月照小三峡　位于双洞村和独山村之间，山岔河在奢都寨至落水洞间2.5千米地段内，向下深切数百米，形成“一线天”景观。两岸悬崖绝壁，壁上洞穴频现，洞中可见僰人悬棺遗迹。山上尚保留有一古驿道。

明湖小三峡　位于凤凰街道明湖村，长3千米。景区分布有“空谷传音峡”“一水解石峡”和“三层楼板峡”，故名。因山高谷深，谷体狭窄，又名“一线天”。两岸悬崖绝壁，浓荫蔽日，一水中流，顺势腾落，崖壁上有可见多处溶洞，景观最佳者为“三层楼板峡”，一洞悬空分三层，自成名景。

狗跳桥峡谷　位于大河镇大桥农村社区，为一天然河谷，峡谷长2.5千米。两岸绝壁奇险，植被丰茂，以勒河水奔涌从峡谷中呼啸而过。

另外，境内尚有凤凰街道石龙峡谷（石龙冲）、老鹰山镇观音山河沟峡谷较有特色。

（二）水库

明湖　原窑上水库，为一人文景观，位于市中心城区西侧，距区政府5千米。长2.5千米，宽400米，最深20米，为钟山区饮用水源。湖前建有大坝，雄伟壮观。水源来自上游地下河，水出洞后，呈小瀑布注入湖中，水质纯净，终年不绝。环湖喀斯特山峰，峰峦叠翠，景色秀丽，有“四面环青山，长峡出明湖”之感。坝下已建2150平方米游泳池，坝上已建成五星级宾馆——明湖宾馆。

凤池湖　又称凤池园，为一人文景观。位于水城老城城东钟山路和人民路之间，东西长逾千米，南北宽亦近千米，占地680亩，背靠群峰，面向城区，原系一喀斯特堰塞湖，现已建成一水景公园。湖面360亩，水域分东西两部分，其间以玉带桥相隔。环湖建有1.5千米游览步道，各景点间由玉带桥、平曲桥、石拱桥、六孔桥、三孔桥等五座石桥跨水相连。湖岸建有回廊、水榭、凉亭等供游人歇息。西湖是划船区，称“情侣湾”，碧水蓝天，轻风飘然，泛舟其间，聆听船桨和水花协奏，令人悠然自得，心旷神怡。东湖为两湖合一的“鸳鸯湖”，一前一后，相依相伴，宛如一对缠绵鸳鸯。湖中有两座供鸟类栖息的生态小岛，岛上绿树成荫，郁郁葱葱，每年秋季至来年春季都会有大批大雁、白鹭、野鸭等水鸟到此栖息，繁衍后代，是城区观赏野生鸟类的最佳景点。东西两湖之间的“凤池园”是最大的湖心岛，岛上建有“凤池书院”，楼台亭阁，古韵幽香，是文人墨客吟诗作赋、挥毫泼墨、交流心得的好去处。岛南有一六孔石拱桥与园外相通，造型仿卢沟桥，长30米，桥栏上刻有石狮64头，栩栩如生。岛北为一“之”字形曲桥，称“玉带桥”，连接湖心岛和柳堤，柳堤直通北岸回廊。柳堤中间，尚有一座有34根石雕立柱平曲桥，桥孔较高，正面望去，宛如一座水上石门。堤边垂柳成行，柳枝随风飘逸；柳下设有石凳供游人憩息。漫步堤上，或垂钓堤畔，清风徐徐，令人心旷神怡。鸳鸯湖东面的水上步道独具特色，从护栏到路面全由松木搭建而成。鸳鸯湖东部是一片荷花池，白色的荷花亭亭玉立于绿色海洋之上，微风吹来，悠悠清香，沁人肺腑。鸳鸯湖北侧陆上还有一片水塘，水塘中心建有一座木质水榭，顶以茅草为盖，亭中可以品茗对弈。园中各主体建筑皆为仿古中式建筑。园中还设有露天游泳池、儿童乐园和多种游乐场所，以及餐馆、小吃店和茶座，供游人娱乐、餐饮。西湖西岸，建有大型现代化儿童乐园。

德坞水库 位于市中心城区西侧，距区政府所在地6千米。为小（一）型水库，面积约83亩，由地下河补给，水位稳定，水质清澈。湖岸曲折多变，多湖汊，有一半岛直插湖心。湖岸植被高大茂密，林间多草坪。库前为一重力坝，坝体为北东走向，气势雄伟壮观。坝下地势开阔平坦。站立坝上，朝后可观优美湖景，朝前可观壮丽市景。2007年，六盘水市以德坞水库为基础，改造为凉都儿童乐园。

石河水库 位于老鹰山镇中部。为一小型饮用水水库，由地下河的长年流水补给，终年不枯，适宜开展垂钓活动。区内原生植被茂密，尤其是煤系分布区土质适宜杜鹃生长，春季杜鹃竞相开放，漫山红遍，繁花似锦，美不胜收。水库西侧石大人山南北绵延十余公里，顶峰紧靠水库，海拔1900米，悬崖绝壁，险峻陡峭，其上林木茂密。山间有栈道攀缘而上，登山观景，奇峰峻岭尽收眼底。水库北侧，有多个谷中草甸，彼此相连，有如一串明珠镶嵌于群峰之间。库西500米为起伏平缓的岗丘地带，牧草遍地，溪流如镜，是建立观光牧场的理想之地。特别是主峰白色绝壁之下的两片草坪，绿草如茵，森林环绕，景色优美宜人，令人流连忘返。峰麓水库旁的密林中，隐有一洞，洞内伏流声响如雷，更为景区增加一份神秘之感。

二、公园

水钢地下公园 又称龙凤宫、龙凤地宫。1975年水城钢铁厂修人防战备工程时发现溶洞，由溶洞改建而成。溶洞全长2800米，总面积2.8万平方米，1982年开发建成2100米，其中旱洞1300米，水洞800米，完成灯光装饰2100米。内有音乐厅、古象河、138级石阶的冲天洞及参天古榕、金龙锁树等八大景区和几十个观赏景点。公园大门外进行绿化、硬化及其他装饰。

钟山公园 20世纪80年代初建于上钟山，满山林木苍翠、绿荫蔽日。有水泥梯级栈道直通峰顶，山腰修有栈道，依山势建有凉亭2座，设开放式凭栏。半山有葡萄架亭，设长凳、石椅、石桌，山顶有吊脚式仿木水泥亭，地面种植花木。将山腰水塔建成圆形亭台，游人可凭栏远眺，俯瞰城景。

笔架山公园 位于水城钢铁集团公司厂区内笔架山。1983年始建，次年国庆节正式开放。20世纪80年代中期，在半山开辟成动物园。2000年水钢投资503万元进行改建、扩建，形成占地1.88万平方米的公园。笔架山以并排两山酷似笔架而得名。经过20余年的建设与维护，广植草坪、花卉、树木，并修建园中园，有儿童乐园、迎宾亭、观岗阁、清风亭等建筑。动物园内原有狮、虎、豹，现有梅花鹿、黑熊、恒河猴、鸵鸟、孔雀等10余种动物。2006年对九龙池改造，新修音乐喷泉。全园依山傍水，绿树成荫，植物种类多达上百种。

翠苑公园 位于水城矿业集团机电总厂内，占地8000平方米，内有长廊、观鱼池、水榭、六角亭、莲花池。种植各种花木上万株，花卉品种120余个，公园小巧玲珑，是典型的城市园林公园。

清碧公园 位于市中心城区西侧，距区政府约4千米，原为一天然水塘，1986年建为公园，背靠青翠的喀斯特山峰，山清水秀，故名“清碧”，为一人文景观。公园面积98亩，中心为一小湖，水面26亩。园区已园林化，林木葱郁，绿草如茵，百花争艳，清香扑鼻。园中建有廊、亭（包括湖心亭）、曲桥、拱桥、荷花池（池中有跨湖踏墩），湖中可划船。园中设娱乐厅、音乐厅、茶座、游乐室，系市区理想的休闲场所，每逢节假日，游人络绎不绝。2008年5月29日，六盘水市以清碧公园为基础，建成六盘水动物园，动物园以野生动物生态散养为特色。清碧公园是集动物野趣观赏、休闲娱乐、科普教育和文化展示于一体的综合性主题公园。园内建筑各具特色，分布在高度不同的山坡上，层层叠叠分布的场馆搭配具有贵州特色的坡屋顶，与四周山势相映成趣。动物园区分为步行观赏区、车行观赏区、动物表演区、游乐区。园内有来自国内外的非洲角马、非洲狮、大象、大羚羊、东北虎等120余种、近500头（只）动物。大型动物表演场内设有500个观众席，鸟类表演场设有1000个观众席。

凉都森林公园 位于德坞办事处东北侧，以仙水坡至乌沙寨一带为中心，规划总面积21232.5亩，实有森林覆盖率为总面积的78%，生态植被完好。2000年以后，六盘水市政府对凉都森林公园进行全面规划，有步骤地进行逐年开发，至2008年年底，建成公园中心浏览区1个，园内建成沥青路16千米，观景亭6个。浏览区内餐饮、住宿及其他公共设施已初具规模，2004年以后，每年游客逐步增多。

麒麟公园 2002年5月始建，由荷城花园房地产开发有限公司承建，公园占地260亩，总投资400余万元。麒麟公园分洞内洞外2个部分，洞外景区由石麒麟、荷花池、龙牌坊、生物架、和平坛等景点组成，景区奇花异石错落有致，园林景观赏心悦目。洞内景区属天然溶洞，有水、陆游览道2条，全长580米，全洞由巢洞、听海、地海水域、步云、荷城夜色、龙巢凤苑6个洞厅组成，其中洞天瀑布、麒麟拜观音、雄狮戏子、金凤出浴等天然景观形象逼真、引人入胜，是市区居民休闲游览的好地方。

白鹤公园 2007年8月始建，2008年7月1日正式免费开放，由荷城花园房地产开发有限公司承建，占地103亩，总投资3600万元。根据人文地理的自然环境，公园建设以白鹤为主题，喻示“白鹤展翅，舞动黔灵”的意境；公园建设充分利用地形地貌和历史人文资源，营造精品园林，突出“凉都、山城、煤都”特色。公园内绿地、山石、流水、近水平台、树阵广场，由静至动展示“山、水、人”的景观系列。位于公园南侧的铜像“乌蒙牛”，牛首高昂，象征乌蒙儿女开拓进取、奋发向上的创业精神。广场设有下沉式表演台、儿童乐园、叠瀑布、桂花园、银杏园等，是一个以休闲娱乐为主的开放式的综合类公园。

三、奇山、异洞、石林、峰丛

（一）奇山

韭菜坪 位于钟山区大湾镇海嘎村，夏季山上草丛中长出大量野韭菜，故名。主峰距钟山区中心城西北约70千米，海拔2900.6米，面积30平方千米。为贵州省最高峰，号称“贵州屋脊”。山体由石炭纪—二叠纪地层组成，为一不对称单面山，山体北西、北东陡峻，南西缓和，气势雄浑壮阔。因高海拔和景观独特，构成一独立旅游区。登临主峰峰顶，极目远眺，乌蒙千里，浩浩荡荡，云山雾海，峰峦叠嶂，气势磅礴，蔚为壮观。晴日观景，数百里群山尽收眼底，仿佛置身于九天之上，令人心旷神怡。山上植被为典型高山寒冷低矮灌木植物群落，主要品种有羊耳杜鹃、马樱杜鹃、箭竹、高山栎等，各自成片分布。灌木丛之间，常嵌以大片缓坡草地，绿草如茵，常有彝族同胞前来放牧，呈现一幅原始古朴的田园景象。主峰及其附近的石炭纪灰岩在大气降水溶蚀作用的影响下，形成大片连续、形态各异的石林、石芽景观。峰顶的石炭纪灰岩分布区岩石大片裸露，可见大量海生贝壳、珊瑚和海百合类化石。

凤凰山 位于凤凰街道东南侧。山体呈圆锥形，海拔高程2071.5米，遍布松树及灌丛。因山体如鸟王披羽，所以取名凤凰山。在山的北侧，平地突起20余个较小的山头，排列错落有致，仿佛众兵听命，百鸟归山。因此有人将凤凰山的山峰比作“大将点兵”“天女散花”“百鸟朝凤”“伏拜观音”等，在清咸丰年间（1851—1861）即成为荷城出名的暗八景（原老城内八个小山，称之为“暗八景”）之一。登上凤凰山顶，可一览市中心城区四面环山的独特美景。在凤凰山的东侧，有山形似马鞍，得名马鞍山，帽盒山等群峰展布周围，尤为壮观。凤凰山及其周边山体，是水城盆地峰林代表性山体，也是乌蒙山国家地质公园的重要组成部分。

月照乡境内还分布有钻天崖、独山绝壁崖、驼峰山、蟾蜍吞月山、伏狼山等。

（二）异洞

区境洞穴分布较多，已发现较有名的有水钢龙凤宫、麒麟洞、玉和洞、月照乡境洞穴群落、凤凰街道石龙洞穴群落、老鹰山镇神洞等。

龙凤宫 又称水钢地下公园，位于首钢水城钢铁（集团）公司厂区，为一喀斯特溶洞。洞长2800米，总面积2万余平方米。洞内钟乳石十分发育，形态各异，或似山林，或似幽谷迷宫、曲径长廊，大厅恢宏气派。洞分三层，共分两大景区，70个景点。含水陆两系，其中水洞长800米。水系称“龙宫”，陆系称“凤宫”。洞外林木葱郁，洞口披绿盖翠。洞内钟乳、石笋、溶瀑等千姿百态。1975年，考古工作者在洞中发掘出剑齿象化石一对。洞中分布众多大小厅堂，其中最大厅堂长80米，宽41米，高50米，名“音乐厅”，能容纳千余人。1984年10月正式对外开放。

麒麟洞 位于荷城花园新区浮山（气象站包包）。此洞为一天然溶洞，全长580米，有水、陆两条游览路径，既可乘船荡舟，又可步行游览。洞内有6个各具特色的天然厅堂，彼此自成一体，又相互呼应。喀斯特堆积物造型奇特，仪态万千，灯光下五光十色，流光溢彩，光怪陆离，状若麒麟拜观音、金凤出浴、雄狮戏子、济公醉酒，惟妙惟肖，栩栩如生。

玉和洞 位于凤凰街道办事处石桥村玉和山上。洞口高、宽各数米，洞深约30米，洞分两支，洞体幽深，钟乳嶙峋，景观极佳，唯规模较小。清乾隆二十八年（1763），水城通判董良相在洞口左侧篆刻“清华仙洞”四字，因此又叫清华洞。洞右侧有长方形匾刻，上刻“天然南海”四字，是清时水城营游击郑联云所刻。

月照溶窗 位于月照乡双洞村和独山村交界处的马家营山顶，为一喀斯特成因的溶窗。明月之夜，从双洞村村委会仰视窗洞，犹如一轮明月悬挂空中，更有一缕月光穿过窗孔照向地面，故名月亮洞，“月照”地名由此得来。

藤龙洞 位于月照乡小屯村，长约400余米，洞口两边分别有手腕粗的崖豆藤盘旋而上，因此得名。洞口有棕树数棵，洞内平坦，洞的中间部分露天，洞内可容数千人。相传为古代军事要地和当地居民屯聚避乱之场所。

大硝洞 位于月照乡独山村硝洞组，东西长900米，高约60米，东洞口在硝洞山脚，西洞口在双洞村悬崖之上。洞口为一高大厅堂，可容千人，内存古人熬硝遗迹。

仙人洞 位于月照乡独山村硝厂组一绝壁上，距岩脚地面120米，距岩顶50米，上下左右岩壁皆如刀削。

猴子洞　位于月照乡独山村硝厂组，该洞长约900余米，距大硝洞200米，口小腹大，距洞口10米处有一岩溶大厅，面积约6000平方米，往北尚可前进150米。洞内钟乳、石笋相当发育，状若猴、龟、梯田、瀑布、峰峦，形态生动，景观壮丽。

神洞　位于老鹰山镇以西12千米的木桥村，距区行政中心37千米。洞分三层，长30余千米，洞中喀斯特石笋、钟乳千姿百态，或如宝塔，或如玉柱，或似仙人，或似走兽，色彩斑斓，栩栩如生，进入洞中，宛如置身于地下宫殿。

石龙洞穴群落　位于凤凰街道石龙村，初步统计有100余个。较有名的有位于石龙村三组的白崖阴洞，该洞位于白崖绝壁之左下角，因形状奇妙，故有“生命之源”之称。

（三）石林、峰丛

洛布石林　位于大湾镇韭菜坪山体中，为一石林溶洞相互伴生区域，面积1500亩。石林形态各异，幻象丛生。

独山石柱　位于月照乡独山村，为一喀斯特孤峰，高162.8米，直径30余米，状若一巨大石柱，四面绝壁，峻峭挺拔，柱顶植被葱茏密茂，被誉为“倒笔写天书”或“绝笔写天书”。

水城溶盆峰丛　位于市中心城区南侧，是乌蒙山国家地质公园的组成部分。包括水城坝子中的上钟山、下钟山、凤凰山、马鞍山等山峰和钟山区境内其他山峰。峰林具有典型的喀斯特地貌特征。

四、森林、草场

凉都森林公园　位于市中心区城郊，总面积达21232.5亩，为省级森林公园。

双坝林区　位于中心城区北侧，林区四面环山，森林植被良好，依山傍水，景色迷人。有60年树龄的杉树250余株、杜鹃林300余亩、天然草坪30余亩，为钟山区观光农业经济园区。

石河林区　位于老鹰山镇中部，区内植被良好，景区包括大白崖喀斯特谷地、山间草甸、石大人山、石河水库、天然杜鹃林、擎地牧场和阴河洞等旅游资源，是开展生态旅游的理想之地。林区大白崖喀斯特谷地，长1320米，谷底宽阔平坦，绿草如茵，四面峰峦环抱，植被茂密，空间层次多变，峰峦叠翠。

赵家大箐　位于月照乡独山村水井组，此地峰顶海拔2085.4米，山势逶迤，植被葱茏，景观优美。

沙沟林场（马坝苗族生态园）　20世纪60年代始建，位于月照乡马坝村。林区内树木繁茂，草木青葱，空气清新。2004—2008年，钟山区先后在沙沟林场内连续举办4届马坝苗族“四月八”活动。

五、民族民间文化资源

苗族“四月八”跳花节　苗族的传统节日。时间是每年的农历四月初八日。节日活动内容主要有：青年男女相互展示服饰，互请吃饭，吹芦笙、跳芦笙舞，芦笙手绕花树“跳花”，大家围坐篝火聊天交友，青年男女谈情说爱，抢“花背”、讨信物。

彝族火把节　彝族的传统节日。以祭神祭田地、祈求丰收、送祟除邪为主要内容，时间是每年的农历六月二十四日。白天，男女老少盛装欢聚，娱乐、赛马、斗牛、斗羊、荡秋千、摔跤等。入夜，各村寨燃举火把，游走于田间地角，山寨前后，火光犹如游动的巨龙，划破夜空。最后集中到择定的场地，绕场数周后，将火炬集中堆放并点燃事先准备的柴堆，人们环绕篝火，尽情歌舞。

民族村寨　马坝村系钟山区月照乡少数民族聚居村，距市中心城区3千米。该村民族文化底蕴深厚，民俗民风淳朴，自然环境优美。苗族同胞人人能歌善舞，多数苗族妇女都是绘画、蜡染、挑花、刺绣能手。每年举办“四月八”和“跳花节”等节日活动。节日期间，苗家男女老幼都要穿上漂亮的民族服装参加各种赛事和演出活动。毗邻县的苗族同胞和其他各民族同胞也前来表演节目，年均有3万～5万周边市民前来观看，场面非常热闹。2008年马坝村被钟山区授予“民族歌舞之村”。

六、历史文化资源

水城老城　是贵州古城之一。建于清雍正十年（1732），乾隆四十二年（1777）完工。1970年以前，这里一直是清朝水城厅（大定府分驻水城理苗府）和“辛亥革命”后水城县政府驻地。县城四面群山环抱，山形多变，有的像麒麟，有的似凤凰，有的如同马鞍，由此而得山名。每遇夏季，河水横溢，盆地积水，如同沧海，城池飘立水中，故名水城。又如同荷叶在池，城内有七座小山，似北斗七星，衬荷叶映美景，如荷盘戏珠，亦名荷城。城内多文物古迹。

水城县委大楼旧址　位于钟山区荷城街道办事处城南社区居委会南80米处。钟山区将此楼改造为“三线建设”博物馆。

滇桂黔边纵赫威水游击大队（速安支队）成立会议旧址　位于钟山区大湾镇开化村。1949年6月初，为适应革命斗争需要，原二塘游击队创始人喻忠诚（白诚）、陈国斌、王正春商定将二塘游击队改为赫威水游击大队，于6月中旬在二塘黄家花园召开有30余名骨干参加的会议，正式宣布成立赫威水游击大队。这支队伍建立后，为配合中国人民解放军解放赫章、威宁、水城三县，建立人民政权、参与剿匪、维护革命秩序做出重要贡献。黄家花园是赫威水游击大队成立时的会议旧址和主要活动地点之一。

七、其他旅游资源（选介）

全国工业旅游示范点首钢水城钢铁（集团）公司　位于首钢水城钢铁（集团）公司厂区内。该旅游点内容丰富多彩，通过参观，可使旅客寻觅三线建设时期的遗迹，了解当时特定历史背景下水钢的布局、设计、建设思路，追溯水钢开发、建设、发展的历程，感悟三线建设工人以国家为重、不辱使命、艰苦创业的赤子情怀和奉献精神。游览整个工业园区，充分领略“十里钢城”的壮景和现代化工业气息，以及在其他钢铁厂难以见到的“厂在青山中，青山在厂中”的独特景象，直观了解钢铁冶炼过程，了解原料—烧结—炼铁—炼钢—轧钢的生产流程，现场了解钢铁的生产过程。

人民广场　2000年建成，位于城区中南部中山路南侧，占地56000平方米。按功能分为中心广场、集会广场、绿化广场、健身广场、七彩广场、科技广场和科技发展史浮雕墙7个部分。广场夜景极其美丽迷人，各种地灯、藏灯、草坪灯、高杆灯华灯齐放，五彩斑斓，明亮辉煌，蔚为壮观。

老鹰山辰峰民族园　位于老鹰山镇观音山村五里桥组，为一近郊休闲娱乐度假村。内有人工水库，库区已开辟为水上游乐区，供游人划船、戏水。坝下林带内，建有餐饮游乐设施。

第二节　旅游规划　景区建设

1987—2006年，六盘水市进行城市总体规划时，对市中心城区旅游业发展进行相关规划。2006年，钟山区制定旅游发展总体规划（2006—2020年）。

一、总体规划

（一）产业规划

近期　对德坞白鹤、黄土坡双坝、老鹰山石河和中坡旅游景区的项目实施、旅游效益、环境影响等情况进行综合评估，修订完善上述各景区规划方案，启动各景区基础设施及配套设施建设，使各景区具有一定规模的接待能力。到2010年，年旅游接待人数达82.3万人次，年旅游收入达37900万元。

中期　继续加大对各景区的投入，提升各旅游区的基础设施、配套设施等硬件水平，重视和搞好环境生态保护，使各旅游区上规模、上档次，形成较强的旅游接待能力；加强对旅游区的管理水平，通过引进旅游管理人才、开展培训等形式，大力提高旅游从业人员的管理水平和服务水平；强化对旅游产品的包装与营销工作，把旅游推介的触角深切到国内外旅游市场，形成开拓国内外旅游市场的良好态势。旅游业在这一阶段初步形成具有一定社会经济效益的朝阳产业。到2015年，年旅游接待人数达166.5万人次，年旅游收入达99300万元。

远期　各景区均按照规划完成基础设施建设与配套设施建设，完成一支高素质的旅游从业人员队伍建设，钟山区在国内外旅游市场具备一定的知名度。各旅游景区的品牌项目向精品层次过渡，形成中等以上的旅客接待规模。按照钟山区城市规划的要求，将城市建设与旅游业发展相对接，在城市建筑风格、功能区划等方面，形成自身的旅游城市风格。在这一阶段，通过对旅游资源的深度开发及旅游产品的营销经营，旅游市场比较成熟，旅游综合效益明显，旅游业成为促进社会经济发展的支柱性产业之一。到2020年，年旅游接待人数达266.5万人次，年旅游接待收入达186000万元。

（二）线路、景区规划

1. 线路设置

中心城区旅游路线　中心城区—水城县啰咪期生态旅游度假区—玉舍国家森林公园—中心城区。

中心城区—麒麟洞公园—凤池苑—辰峰园—九星阵夜郎梦幻园—中心城区。

中心城区—韭菜坪—白云山庄—天生湖—中心城区。

中心城区—麒麟洞公园—阿勒河—中心城区一日游。

中心城区—月照乡。

中心城区—白鹤旅游度假区—天生湖—“贵州之巅”的韭菜坪风景区。

高原城市工业主题旅游路线　以感受大型国企、矿山恢宏气势为目的，辅以市中心夜景游、观光购物游、地方特色小吃品尝游等。线路为3条：参观水城矿业集团有限责任公司，重点参观矿区生产流程景观及矿井煤炭开采过程；参观水城钢铁集团公司，重点参观钢铁生产过程及工人轧钢场景，并附带游览官厅老城区，品尝当地风味小吃；参观水城水泥股份有限公司，重点观看矿石开采过程和厂区厂景，附带进行中心城区购物旅游。

阿勒河生态徒步之旅线路　以徒步旅游阿勒河风景区，观赏壮观奇雄的高山峡谷，悬崖峭壁，领略大自然的鬼斧神工。具体景点为沿下扒瓦大河徒步，感受野竹清泉，探幽深古洞，感受小屯陈家岩洞风光，看“天外来石”之景观。

2. 重点景区规划

重点规划市中心旅游区、白鹤生态旅游度假区、石河旅游度假区、韭菜坪旅游区、阿勒河旅游区。

城市公园的深化开发规划　将市中心城区城市公园分为风景游憩公园和旅游公园两大类，实行分离定向的开发方针，就是将公园大众化的休息、锻炼、交往功能从观赏、娱乐功能中分离出来，由大量原生态、低投入的城市风景游憩公园担负起满足城市居民日常休闲需要；精心打造一些量少质高、多功能的城市旅游公园，以满足旅游者的观赏游览需要。重点对荷城公园、钟山公园、清碧公园进行规划。

新区旅游功能的建设规划　将凤凰新区作为六盘水市的游客服务中心区进行重点规划。通过十年努力，把凤凰新区建设成为一个集商贸、高科技、政治、文化、居住、旅游服务为一体的高质量、高品位的现代化新城区，打造具有特色、环境优美的山地花园城区。规划在凤凰新区建旅游步行街、游客游憩中心（凉都不夜城）。规划将在地处老城区的杨柳片区大规模建设夜郎文化展示中心，以促进“凉都”品牌的打造。规划将市中心城区打造为山地运动城市。

城市旅游景观系统规划 对城市绿化系统、市区入门景观、市中心景观、人民广场、街景、城市建筑景观进行规划。规划在水城河建文化游憩长廊。在老城建“三线建设”博物馆和唐人街。规划在市中心城区较高山顶建瞭望台，通过瞭望台，登高远望，整个钟山市中心尽收眼底。钟山区还对白鹤森林公园、双坝农业观光园、凉都体育主题公园、韭菜坪山地运动旅游区、月照阿勒河风景区等风景区进行了详细规划。2003年，六盘水市对水城老城进行修建性详细规划。规划总面积286.5亩。由于种种原因，老城改造修建一直未能进行。

二、景区建设

1997年，钟山区开工建设水（水泥厂）独（独山村）公路，全长13千米，总投资46万元。此后，钟山区不断加大旅游景区基础设施建设力度，1997—2008年，共修建景区公路106.89千米，投入资金2578万元。先后修建双坝公路、羊场坡公路、老鹰镇石河村九星阵景区公路、大（大河）连（连山河）公路、韭菜坪旅游公路，月照水井公路、小屯村至独山村公路、水泥厂至独山村公路，公路等级多为四级，沥青路面。

第三节 旅游产业

一、宾馆饭店业

至2008年，钟山区共确认旅游接待宾馆、酒店5家。

雨田酒店 位于钟山西路48号，三星级涉外酒店，酒店占地面积580平方米，建筑面积5000平方米。酒店客房设有贵宾房、商务单间、标准套间、双人套间、豪华标准间、豪华单间、普通标准间等客房75间，共126个床位。中餐厅设有豪华包房9间，高级餐厅包房6间和同时可容纳百余人用餐的就餐大厅。配有可容纳80人的电子商务会议厅、商务中心、票务中心、大堂酒吧等公共服务设施。

金三角酒店 位于明湖路3号，三星级酒店，二至九楼均为客房楼层，设有商务标准间、商务单间、商务套房，客房房间，有标间33间、7个单间、2间套房，共有75个床位。餐饮部位于酒店五楼，餐厅设有大、中型豪华宴会房，可以同时接待120人宴会用餐。桑拿部位于酒店一楼，内设有大、小休息厅，可以同时接待120人洗浴，设有800平方米的游泳馆。综艺部位于酒店二楼，演艺大厅宽敞，能同时接待300人观看表演。

钟山宾馆 原六盘水市政府招待所，位于钟山西路，二星级涉外定点旅游宾馆，曾多次接待中央、省、市领导及外国客人，多次承办全国、省、市级大型会议。有高、中、低档各类房间153间，床位286个，大型宴会厅、豪华包房一次性可供500人同时就餐。

新华酒店 位于钟山经济开发区，三星级酒店，共有客房110间，共有床位210个，可容纳400人同时就餐。酒店有中、小会议室3个，可同时接待200人会议及其他商务会谈。

时代假日酒店 位于钟山中路66号，按照五星级标准设计建造的现代旅游涉外酒店。总建筑面积30000平方米，拥有总统套房及风格各异的行政套房、豪华房、温馨房、高级客房共263间（套）。有中西餐厅、大堂酒吧、豪华宴会厅等，一次可容纳400余人同时就餐，备有豪华棋牌室包房18间和桑拿系列配套服务。配有多功能厅、会议室等设施。

二、旅游餐饮业

水城烙锅洋芋 发源于老城和场坝。20世纪80年代以前，老城和场坝临街的一些人家，在小火炉上罩上一口砂锅，锅中倒少许菜油，将在稻草箱里焐臭的方块豆腐放在砂锅上，用毛刷不停地往臭豆腐上沾油，臭豆腐在火力和油的作用下煎熟后销售。20世纪80年代中期以后，这种传统的烙锅被改革变新，所烙的内容已从传统中单一的臭豆腐变成烙碱豆腐、土豆片、魔芋片、黄粑、耳块粑，并加蘸辣椒面。20世纪90年代以后又增添野味、鱼、牛肉、猪肉、鸡肉、鸡蛋、蔬菜等，习惯称“烙锅洋芋”。辣椒面也从传统的简单地加点盐和味精，改为各种秘方配制。有的辣椒面已申请商标成为袋装商品，在市场上专门出售。水城烙锅最出名的是“西部一绝全有福烙锅”品牌。

水城羊肉粉 起源于20世纪80年代初。主要原料为滚烫的羊肉汤、细腻的羊肉片、白玉般的米线。配料主要有油辣椒、芫荽、蒜、花椒、酸菜、酱油、醋、味精等。羊肉粉在汤的调制过程中各有配方，味道也就不完全一样。在水城众多羊肉粉馆中，以场坝“尝回头”羊肉粉馆最为有名。

羊汤锅一条街 位于德坞街道办事处西宁路两侧，全长520米，总建筑面积2万余平方米，为两至三层仿古式建筑，总投资1000余万元。2006年12月正式投入使用，入驻有夜郎王羊汤锅、全聚福羊汤锅、红盆景干锅鸡等几十家特色餐馆入驻。

夏家卷粉 起源于场坝，其卷粉和凉粉不仅用料讲究，而且拌粉的佐料也很独特。

老城美食一条街 主要集中在老城中心辕门口一带，多是街头摊点。美食主要是烙锅，还有冰浆、冰粉、凉粉、烧烤、特色炒饭和炖饭、汤圆、甜点、卤味等等。甜的咸的，热的冷的，香的辣的，品种繁多。来这里不仅可以品尝风味小吃，更可体味古城风韵和民俗情趣。

三、旅游购物

民艺苑 2005年成立。主要从事民族服饰、民族民间文化手工艺品和旅游商品的研发、设计、制作和销售。

益康食品 2002年成立。是实行种植、加工、销售一体化经营的民营科技企业。公司有年产75万吨食品的生产线一条，生产“夜郎自辣”休闲辣椒丝、折耳根等休闲食品，市场上已经拥有固定的消费群体。

老李铺食品 2007年成立。以生产粽子为主，生产其他糕点及肉制品为辅，其粽子深受广大消费者的喜爱。

李勇食品 2006年成立。主要生产辣椒酱系列产品，主要产品有火腿辣酱、肉末辣酱、鸡肉辣酱、牛肉辣酱、油辣酱、素辣酱，泡菜系列、腐乳制品。

第四节 特色旅游

钟山区及各镇、乡、街道办大力扶持境内兴办休闲山庄，并对农家乐系列的休闲山庄进行星级评定，以激励山庄发展。至2008年，境内共有11家有一定规模的休闲山庄，其中有9家首批被评定为一星级休闲山庄、农家乐山庄。

白云山庄 位于德坞街道办事处白鹤村九组白鹤度假旅游区内，占地3.5亩，森林覆盖率达80%，是集旅游、休闲度假、会议、餐饮、住宿于一体的度假山庄。有鱼塘800平方米，草坪1000平方米，停车场1500平方米。日可接待100人就餐、20人住宿。服务项目有茶饮、文化娱乐、骑马观光、垂钓、KTV、餐饮、住宿、烧烤、游泳、四轮越野车等。餐饮有独具特色的农家菜、烤全羊、烤兔、烤鱼、烤鸡、烤鸭等，深受客人欢迎。

红石榴山庄 位于老鹰山镇石河生态旅游度假区内，占地面积158亩，山庄因周边种植300余亩红石榴而得名，距离市中心区约30分钟车程，是六盘水市旅游局规划的一日游重点景区。以红石榴、蟠桃、樱花等生态园林与原始自然山石、花草、树林的和谐统一为特点，融入傣家竹楼风格和贵州少数民族传统文化习俗，形成舒适、休闲的生态园林和民族文化旅游度假胜地。

山庄占地360多亩，有傣家竹楼12座，大型烧烤场1个，烤全羊、烤野兔是主要特色，一次可接待400人以上的大型旅游团体。山庄的垂钓池、斗鸡场、打猎场、儿童娱乐园、洞中的旱冰场、旅游奇景以及风情种种的苗寨彝寨歌舞篝火晚会和个性张扬的文艺娱乐演出，成为令人尽情陶醉的“不夜城”。

山庄内有9个三线时期修建的山洞油库，1967年1月9日完工，又因当年守备油库的部队代号671，油库有9个，故油库代号6719，因战备需要，油库神秘而罕为人知。现已闲置，旅客可一览6719的神秘面目。

桃源山庄　2006年建成开业，占地50余亩。位于南环路连接“两水线”与“水威线”的外环路上。山庄依山而建，植被达到95%，终年空气清新，风景优美。内有假山亭台，流水缠绕。大型桂花树和成片的桃树林是桃源山庄的一大景观，主楼、商务会所、茶楼和海鲜楼构成主要建筑群。其中主楼气势壮观，内设餐饮、娱乐、休闲吧和客房。海鲜楼系六盘水最大最豪华的海鲜水族馆，养殖多种海洋生物，可供观赏，亦可作菜肴。餐饮部有豪华包房，内置空调、电视以及自动麻将机等。娱乐部主营KTV、足疗和棋牌室，KTV拥有大、中、小包房十数间，全部采用电脑点歌系统，配置高档环绕音响。足疗城有数十名经过专业培训的按摩师。客房舒适温馨，凭窗便可欣赏山庄秀丽景色，四楼为风雅别致的空中花园，入花园，周边湖光山色尽收眼底。

钟山区首批一星级农家乐山庄：

凤凰双龙农家大院　位于凤凰街道双龙村，紧邻六盘水南编组站，距市中心仅5千米。大院有包房10间，可同时接待500人就餐。可参加儿童摸鱼、棋牌娱乐、农事活动、农业观光等娱乐项目。2008年，被评定为一星级农家乐示范户。

大河镇大桥村“生态农家乐”　位于钟山区大河镇大桥村9组46号。经营面积500平方米，有客房2间，餐饮包房3个，可同时接待60人就餐，主要有棋牌娱乐、农事活动等休闲项目。2008年被评定为一星级农家乐示范户。

月照乡金钟村“彝家苑”　位于月照乡金钟村金钟组。建筑面积800平方米，有7间客房，20个床位，可同时接待200人就餐。主要有棋牌娱乐、钓鱼、登山、农业观光、农事活动、民族篝火表演等休闲项目。2008年评定为一星级农家乐示范户。

月照乡双洞村“小布达拉宫”休闲山庄　位于月照乡双洞村双河组。建筑面积800平方米，有7间客房，20张床位，可同时接待360人就餐，可参加棋牌娱乐、登山、农事活动。2008年被评定为一星级农家乐示范户。

汪家寨镇新塘村“玫丽山庄”　位于汪家寨镇新塘村九组。经营面积4500平方米，建筑面积500平方米，有玫瑰园1个，其中大棚10个。有包房7个，可同时接待100人就餐。可参加棋牌娱乐、钓鱼、体育锻炼、农事活动、种植花卉等活动。2008年被评定为一星级农家乐示范户。

大湾镇海嘎村“彝家乐园”　位于大湾镇海嘎村二组。建筑面积500平方米，有6间客房，18个床位，可同时接待240人就餐。主要有登山、农事活动、棋牌娱乐、民族特色竞技等休闲项目。2008年评定为一星级农家乐示范户。

第五节　旅行社

至2008年，区境内有旅行社10家。

博源旅行社　2002年成立，位于水西北路群鑫大厦八楼。有员工4人，其中有经理资格证2人，导游证2人。2008年接待游客938人。

阳光假日旅行社　2003年成立，位于钟山中路43号市老年活动中心五楼。有员工5人，其中有经理资格证1人，导游资格证3人。2008年接待游客658人。

瑞丰旅行社　2007年成立，办公地点位于水钢（集团）公司创业馆旁。有导游4人、兼职导游若干名。旅行社成立后，依托水钢旅游服务中心，成为“全国工业旅游示范点”水钢工业园区的宣传基地，在全市独家推出“钢铁是怎样炼成的”旅游热线。

艳阳旅行社　2008年成立。有员工4人，其中有经理资格证1人，导游资格证3人，是年接待游客500人。

中天假日旅行社　2008年成立，位于钟山开发区交通南路。有员工6人，其中有经理资格证1人，导游资格证5人，2008年接待游客43人。

广宇旅行社　2008年成立，位于向阳北路县安居7号。有员工3人，其中有经理资格证1人，导游证资格证1人。是年接待游客100人。

天南海北旅行社　2008年成立，位于钟山区人民中路26号。有员工5人。

山水旅行社　2008年成立，位于钟山开发区德克士五楼。有员工7人，2008年接待游客394人。

凉都民族旅行社　2008年成立，位于钟山西路76号。有员工5人，2008年接待游客67人。

贵州省中国青年旅行社六盘水营业部　位于钟山开发区凤凰宾馆1楼大厅。有员工7人，其中1人有经理资格证，2人有导游证，2008年接待游客1528人。

第十七篇　民政　人事劳动　社会保障

第一章　民政事务

第一节　灾害救济

1988—1992年钟山区遭受各种灾害，受灾面积151150亩，受灾47160户次、282300人次，成灾面积39567亩，成灾22733户次、100372人次。倒塌房屋405间，损坏房屋218间，直接经济损失9136万元。其中农业直接经济损失7400万元，核拨救灾救济款126.44万元，含自然灾害122.24万元，社会灾害4.2万元。购买救济粮1961吨，救济受灾贫困人口33890户次，125795人次。有偿救济粮收回资金90.2万元，全部列入救灾基金。1993—1997年全区遭受各种灾害，受灾面积365790亩，成灾面积217860亩，受灾68034户次、296256人次，成灾44688户次、148285人次，死亡8人，死亡大牲畜618头，倒塌房屋768间，损坏房屋9489间，直接经济损失10667.4万元，其中农业经济损失8501万元。核拨救灾救济经费82900万元，含救助自然灾害经费80700万元，救助社会灾害0.22万元，购买救济粮1100吨，救济受灾贫困人口19604户次，80600人次。有偿救济粮收回资金22.6万元，全部列入救灾基金。1998～2002年全区遭受各种灾害，受灾面积509460亩，成灾面积337965亩，受灾463443人次，成灾339586人次，饮水困难26990人，死亡大牲畜101头，倒塌房屋262间，损坏房屋3605间，直接经济损失19881万元。农业经济损失3407万元，核拨救灾救济经费440.89万元，其中自然灾害388.6万元，社会灾害52.29万元，购买救济粮1950吨，救济受灾贫困人口19305户次，76592人次。2003—2007年全区遭受各种灾害，受灾面积208350亩，绝收面积46410亩，受灾639560人次，饮水困难44874人次，死亡大牲畜83头，倒塌房屋311间，损坏房屋2184间，直接经济损失8596万元。农业经济损失4283万元，核拨救灾救济经费641.57万元，其中自然灾害5155.1吨，社会灾害126.06万元，购买救济粮1212.5吨，救济受灾贫困人口16556户次，63595人次。2008年全区遭受各种灾害，受灾面积543000亩，绝收面积16500亩，受灾180000人，饮水困难60700人，死亡大牲畜39头，倒塌房屋260间，损坏房屋1772间，直接经济损失12643.5万元。农业经济损失4964.37万元，核拨救灾救济经费572.2万元，其中自然灾害440.6万元，社会灾害131.6万元，购买救济粮25.7万千克，救济受灾贫困人口10980户，34000人。

重灾救助选介：

1991年7月3日，钟山区遭受百年不遇的特大洪灾。灾情最重的有大湾、汪家寨、大河、月照4个镇乡所辖的19个村，135个村民组，16800户86310人。农作物受灾面积2145亩，其中损毁蔬菜3150亩，6000吨，折合人民币300余万元，粮食减产8500吨。损坏房屋374间，冲毁汪家寨虹桥、月照扒瓦大桥，直接经济损失2000余万元。灾情发生后，全区共组织3万余人参加抗洪抢险工作；共接收救灾捐赠72.6万元，全部用于灾区恢复生产自救和解决生活必需品。灾后，云南省军区舟桥部队派出

150名官兵、30辆军车，30套浮桥架援助修建扒瓦大桥，使大桥在短时间内暂时恢复通行。同年，将2座大桥修复为永久桥。

1999年6月26日，钟山区9个镇、乡、街道遭受特大洪涝灾害。全区共受灾63个村，361个村民组，15169户、52540人，成灾人口44664人，被困村寨13个，被困人口9689人，30人无家可归，需紧急转移安置853人。农作物受灾面积29655亩，绝收面积13590亩，毁坏耕地面积8265亩，因灾粮食减产4749吨，蔬菜减产4161吨，房屋倒塌102间、损坏568间。大牲畜死亡50头，伤病人口2人，死亡人口2人，因灾造成直接经济损失3916万元，其中农业直接经济损失2075万元。灾害造成灾区乡镇企业基本停产。灾害发生后，共发放救济粮150吨，衣物1万件，核拨10万元为38户灾民补助建房。

2008年1月13日至2月12日，钟山区遭受50年难遇的雪凝灾害，全区9个乡镇、街道办事处不同程度遭受雪凝灾害，受灾92个村（居）的360个自然村、居民组36128户、148100人，饮水困难人口60700人。倒塌房屋78户、251间，损坏房屋357户、1066间，紧急转移安置1000人。灾害造成直接经济损失13130.7万元，其中农业直接经济损失4554.57万元。雪凝灾害期间，区政府安排发放救济粮157吨，衣服680套（件），救灾棉被838套（床），猪肉12.5吨，菜油12.5吨，重点救助农村五保户、低保户、重灾户。救助5888户、17000人。

第二节　双拥　优抚　安置

一、双拥

1988—2008年，钟山区先后制定下发《钟山区拥军优属若干规定》《钟山区军人抚恤优待办法》《钟山区关于筹集拥军优属保障基金和兑现义务兵家属优待金的实施意见》《钟山区军（警）拥政爱民规定》等文件，实行区领导联系双拥共建点，各部门帮扶双拥共建点工作，指导军警民共建活动的开展。每年“八一”建军节、元旦节、春节期间，区委、区政府及企事业单位、民营企业、社会团体等都组织拥军优属慰问团，对驻区部队、重点优抚对象进行走访慰问。向服现役的钟山区籍战士采用电报、信件等方式进行慰问。

1988—2008年，共投入经费2180万元，帮助部队解决实际困难。为部队援建图书室3个，赠送图书1700册，培养技能专业人才211人，组织法律知识讲座20次。设立双拥宣传标牌136块，建立军（警）民共建对子62个，建立双拥组织机构170个，各种形式的双拥服务组织201个。1991年和1995年钟山区组成慰问团两次赴西藏慰问钟山区籍进藏服役军人。1999年，钟山区荣获贵州省双拥模范城。2008年，荣获全国双拥模范城。

二、优抚

1988年，全区有军烈属535户，在乡复退军人643人。各种人员定补在乡残疾人23人，在职残疾人158人，地方退休人员6人，军队退休人员1人，失踪军人遗属1户，英烈遗属16户，牺牲病故遗属14户，在乡复员军人80人，在乡退伍军人10人。

优待　1988—2004年，农村义务兵家属优待金由各乡、镇、街道向社会统筹，视统筹资金情况，发放标准不一。城镇义务兵家属优待金，父母有单位的由单位负责发放，城镇居民由政府向社会统筹收取发放，标准为每年每户240元。1988—1992年城镇现役军人家属优待金，由县（区）统筹，每年每户为240元，5年共筹集兑现优待金36.03万元。优待金筹集方式为在职职工每人每年按10～30元交纳优抚费，区民政局将筹集到的优抚费核拨给现役军人家属，农村义务兵家属优待金由乡镇统筹。1993—1997年按照《中共贵州省委人民武装委员会第16次会议纪要》，对义务兵家属的优待金基本标准定为每年300元的最低起点线，5年共筹集兑现现役军人家属优待金20.98万元。1998

年按照上年农民人均纯收入的70%发放优待金，城镇兑现义务兵家属优待金每户300元，向120户发放14008元。1999—2008年义务兵家属优待金从上年农民人均纯收入的70%提高至100%，农村每户1402元、城镇每户300元，共向120户发放14008元。2000年农村每户1495元，城镇每户300元，向117户发放13.94万元；2001年农村每户1527元，城镇每户300元，向136户发放1.48万元；2002年农村每户1555元，城镇每户300元，向101户发放6.89万元；2003年农村每户1654元，城镇每户300元，向128户发放3.84万元；2004年农村每户1795元，城镇每户300元，向118户发放3.54万元；2005年义务兵家属优待金由社会筹集改为政府全额拨款，农村每户2000元，城镇每户4887元，向138户发放56.4万元；2006年农村每户2246元，城镇每户5629元，向176户发放70万元。2007年农村每户2402元，城镇每户6023元，向192户发放74.37万元。2008年农村每户2858元，共发放优待金91.07万元。2000年以来，对城镇退役士兵待安置期间生活补助费按城镇居民最低生活保障标准执行。

1999—2008年，开展全国爱心献功臣活动。区政府每年为重点优抚对象解决住房难、医疗难、生活难问题，共投入43.04万元解决244户住房难问题，投入95.3万元解决3955人的生活困难问题，投入51.75万元解决2084人的就医补助问题。1988—2008年，对1～6级伤残军人的医疗全部纳入全区医疗保障体系，实行公费医疗，全额报销。2002年，在全区范围开展区直各部门单位、镇、乡、街道办事处、村（社区）一帮一活动，三难问题逐步缓解。1998年《钟山区拥军优属若干规定》中明确在部队立功的本地义务兵发给奖金，立三等功奖100元，二等功500元，一等功1000元、特等功2000元，至2004年共发放1.08万元。2005—2008年，每年组织老复员军人体检和观光旅游。2008年区政府出资将重点优抚人员列入农村新型合作医疗对象，并购买意外伤害保险。

革命伤残抚恤　1988年按照民政部、财政部关于提高革命残废人员抚恤标准的通知精神，特等1200元/年，一等1020元/年，其他各等次相应提高。1999年特等3540元/年，一等2760元/年，其他各等次相应提高。2004年抚恤金最高增至11200元/年，最低为960元/年。2006年抚恤金最高为14560元/年，最低为1250元/年。2007年抚恤金最高为18900元/年，最低为1800元/年。2008年抚恤金最高为22680元/年，最低为2160元/年。

定期定量补助　对完全丧失劳动能力，生活比较困难的复员退伍军人和带病回乡不能参加劳动、生活特别困难的复员退伍军人实行定期定量补助。1988年人均补助180元/年，1989年按抗日战争、解放战争和中华人民共和国建立后三个不同时期入伍分档给予定补，抗日战争时期入伍的每人每年定补300元，解放战争期间入伍的每人每年定补360元，中华人民共和国成立后入伍的每人每年定补180元。1996年每人每年定补360元，1997年每人每年定补480元，1999年7月提高至每人每年定补720元，是年10月提高到每人每年定补804元。2002年提高至每人每年定补1052元，2003年提高至每人每年定补1152元。自2004年起按上年补助标准的5%自然增长机制增长，是年达到每人每年定补1209元。2005年每人每年定补1210元，2006年每人每年定补1983元，2007年提高到每人每年定补2233元。2007年，根据《六盘水市钟山区人民政府办公室关于印发钟山区落实优抚对象和部分军队退役人员有关政策工作实施方案的通知》，将全区参战参核退役人员纳入重点优抚对象范围，按人均1200元/年标准，向164名参加核试验、参战退役人员发放补助196800元。2008年，按人均2613元/年标准，向241名参加核试验、参战退役人员发放补助629733元。

牺牲病故抚恤　1988—2003年期间，执行民政部、财政部1985年10月29日《关于调整革命烈士一次抚恤金标准的通知》的规定，对烈士和牺牲、病故军人的家属实行一次性抚恤办法，烈士家属一次性发放40个月的工资、牺牲军人的家属发放20个月的工资、病故军人的家属发放10个月的工资。军队班长、战士及参战民兵、民工牺牲后，均按行政23级待遇计算抚恤金。2004年10月1日，执行国务院、中央军委公布的《军人抚恤优待条例》，现役军人死亡根据其死亡性质和死亡时的月工资标准，由县级人民政府民政部门发放给其遗属一次性抚恤金，标准为烈士80个月工资；因公牺牲按照民政部、财政部1986年3月27日《关于调整军人、机关工作人员、参战民兵、民工因公牺牲、病故一次抚恤金标准的通知》的规定，按其牺牲时的工资标准计发20个月工资；病故计发20个月工资。月工资或者津贴低于排职少尉军官工资标准的，按照排职少尉军官工资标准一次性发给其遗属抚恤金。

定期抚恤 根据国家规定，对无劳动能力或无固定收入不能维持生活的革命烈士（含失踪军人）、牺牲、病故军人的父母、配偶，不满18周岁，亲属抚养有困难的革命烈士，牺牲、病故军人的子女（含已满18岁，尚在学校读书的子女及因残疾无劳动能力或男年满60岁、女满55岁的孤老）实行定期抚恤。1988年按照民政部、财政部《关于对革命烈士家属、因公牺牲军人家属、病故军人家属发给定期抚恤金的通知》精神，每年每人发放300元抚恤金；1989年按照民政部、财政部《关于调整部分优抚对象抚恤补助标准的通知》精神，每年人均提高至480元。1993年按照民政部、财政部《关于提高革命烈士、因公牺牲军人、病故军人家属定期抚恤金标准的通知》精神，每年人均提高至600元。1997年7月每年人均提高至720元，10月提高至804元。

向烈属发放抚恤金，1988年农村每年人均发放180元，城市每年人均发放300元。1989年增加标准，每月人均增60元。1998年农村每人每年发放876元、城镇1056元。1999年农村876元、城镇1056元（实际按1068元/年发放）。2000年农村1440元、城镇1620元（实际按1632元/年发放）。2001年农村1680元、城镇1860元。2002年农村1980元、城镇2340元。2003年农村2340元、城镇3060元，另向5人一次性发放抚恤金9.4万元。2004年10月提高到农村每人每年发放2640元、城镇4200元，另向1人一次性发放抚恤金2.3万元。2005年农村2640元、城镇4200元。2006年1月提高到农村每人每年发放3120元、城镇4980元。2007年8月提高到农村3600元、城镇6000元。2008年10月提高到农村每人每年发放4140元、城镇6900元。

向因公牺牲军人家属定期定量发放抚恤金，1998年按农村每年人均876元、城镇按年人均1056元的标准发放；2001年农村发放标准为人均1680元、城镇1860元；2002年农村发放标准为人均1980元、城镇为2340元；2003年农村发放标准为人均2340元、城镇为3060元；2004年农村发放标准为人均2520元、城镇3900元；2006年农村发放标准为人均2940元、城镇4620元；2007年农村发放标准为人均3420元、城镇5420元；2008年农村发放标准为人均3960元、城镇6180元。

向病故军人家属定期定量发放抚恤金，1998年农村发放标准按年人均816元、城镇年人均996元的标准发放；2001年发放标准为农村1620元、城镇1800元；2002年农村为1920元、城镇为2280元；2003年农村为2220元，城镇为2940元；2004年农村为2340元、城镇为3600元；2005年农村为2760元、城镇为4260元；2007年农村为3300元、城镇为5100元；2008年农村为3780元，城镇为5820元。

三、安置

1988—1992年共接收安置退伍义务兵984人。1993—1997年接收退伍义务兵554人，安置425人，对129名不符合安置条件的退伍义务兵开展技能培训，为他们的就业创造条件。1998—2002年，共接待退伍军人657人，其中城镇514人，农村143人，安置510人。2001年钟山区成为贵州省退伍军人自谋职业试点区，按省民政厅要求退伍义务兵50%以上自谋职业，是年1名转业士官自谋职业，发放一次性经济补助2.65万元。2002年自谋职业3人，每人发给一次性经济补助1.2万元，共发放3.6万元。2004年改革包干安置城市退役士兵的方法，实行文化、技能双考，择优安置和自谋职业相结合的安置办法。2003—2008年接待退伍军人764人，其中城镇643人，农村121人。安置385人，自谋职业258人。对于城镇退伍军人一次性经济补助按上年城镇居民人均可支配收入的3～5倍发放（义务兵3倍、转业士官5倍），共发放一次性经济补助615.01万元。1998—2008年，对退役士兵进行技能培训共15期，共推荐150人到企事业、非公经济单位工作。在每届的村（居）民委员会换届选举中，“两委”班子中40%以上为退伍军人。

第三节 社会救助

社会流浪乞讨人员救助 1988—1992年，遣送流浪乞讨回原籍人员128人，流浪乞讨和临时过往受困人员201人，安置户籍在本辖区的流浪乞讨人员59人，发放救助金2.8万元。1993—1997年，遣送流浪乞讨回原籍人员158人，流浪乞讨和临时过往受困人员289人，安置户籍在本辖区的流浪乞讨人员81人，发放救助金3.91万元。1998—2002年，遣送流浪乞讨回原籍人员132人，流浪乞讨和临时过往受困人员226人，安置户籍在本辖区的流浪乞讨人员58人，发放救助金3.2万元。2003—2008年，救助流浪乞讨和临时过往受困人员280人，安置户籍在本辖区的流浪乞讨人员12人，救助金额8400元。

城乡医疗救助 2005—2008年实施农村医疗救助制度，共救助398人，发放农村医疗救助金累计31.2万元，2008年帮助各类民政救助对象10998人代缴新农村合作医疗参合资金10.998万元。2005—2008年实施城市医疗救助制度，共救助678人，发放城市医疗救助金208.6万元。

五保供养 1988—2001年全区五保供养对象由乡、镇、办事处和村级统筹供养，民政部门每年从救灾款物中给予适当补助。1988年散居五保老人161人。接收教场敬老院1所（该院为原教场乡乡镇企业办公室筹资兴建），设床位13个，集中供养4名五保老人。1990年，由石桥村筹资兴建石桥敬老院，设床位15个，集中供养11名五保老人，供养资金由石桥村支付，民政部门给予适当补助。1988—1992年，两所敬老院集中供养15名五保老人，散居五保老人达161人。1993—1997年，两所敬老院集中供养13名五保老人，散居五保老人达183人。1998—2001年，两所敬老院集中供养14名五保老人，散居五保老人达186人。2002年6月建成汪家寨片区敬老院，设48个床位，负责大湾镇、汪家寨镇、大河镇、月照乡、老鹰山镇农村五保供养对象的集中供养。12月将凤凰街道石桥敬老院与石桥村小学置换后，改造成凤凰片区敬老院，设24个床位，负责荷城办事处、凤凰办事处、黄土坡办事处、德坞办事处五保供养对象的集中供养。2002—2004年农村五保供养对象189人，其中集中供养50人，散居供养139人。2003—2004年税费改革后五保供养金由财政局核拨到各乡、镇、街道，再拨付给敬老院和五保供养对象。2005年农村五保供养对象233人，其中集中供养50人、散居供养183人。2006年五保供养对象218人，其中集中供养49人，散居供养169人。2007年五保供养对象258人，其中集中供养49人，散居供养209人。2008年12月老鹰山敬老院投入使用，设40个床位，集中供养15人，负责老鹰山镇、月照乡五保供养对象的集中供养。2008年农村五保供养对象264人，其中集中供养57人，散居供养207人。2005—2008年共核拨五保供养资金112万元。2008年，大湾敬老院动工修建。

明天计划 2005年，开展“明天计划”工作。至2008年，共接受治疗先天性心脏病、脐疝、先天性阴道瘘、唇腭裂手术共4例，康复3名。实施“微笑列车”矫治唇腭裂42例。

收养 1988—1992年共收养社会弃婴8人，1993—1997年共收养社会弃婴7人，全部分散到村、居民家中寄养。1992年，累计办理收养登记294例。2002年将原教场敬老院改建为钟山区弃婴代养点，设床位10张，收养社会弃婴8人。2004年钟山区儿童福利院成立，2006年在荷城办事处官林社区修建，占地面积约640平方米，总建筑面积1114平方米，总投资150万元，设60个床位，2004—2008年共收养社会弃（婴）儿52人次，其中残疾弃婴38人，被国内家庭领养7人。

第四节 社会福利

福利彩票 1988—2004年，先后与市民政局联合销售福利彩票12次，共筹集福利金447.35万元。自2005年起，按省福利彩票中心要求，停止销售揭开型福利彩票。

残疾人福利企业 1990—2005年，先后批准钟山区残疾人福利综合加工厂、区福利开发公司、铭盛锌业有限公司、大河锌品厂、鑫茂锌业有限公司、兴驰铅厂、兴驰锌厂、黔光锌厂、金田锌业有限公司、阳江冶炼厂、汪家寨红信洗煤厂、俊源洗煤厂等12家企业为社会福利企业。每年安置残疾人就业。

殡葬管理 1993年，《六盘水市殡葬管理办法》将钟山区定为火化区，全区广泛开展殡葬改革，革除殡葬陋习的宣传教育活动。自2002年开始，按照省、市遮挡公路主干道沿线坟墓要求，整治遮挡公路主干道沿线坟墓。2005年建立区殡葬管理所。启动农村公益性公墓建设工作。建设汪家寨镇艺奇村农村公益性公墓、大河镇轿子山农村公益性公墓、老鹰山镇石板河村龙井坡农村公益性公墓、月照乡金钟村农家大山农村公益性公墓。2006年建立大湾镇新寨村牛场坝农村公益性公墓，公墓共掩埋遗体184具。1988—2008年，共火化遗体17771具。

城镇低保 1998年10月，开始实施城镇低保。2002年，核定城镇居民最低生活保障线，中心城区150元，乡、镇130元。2007年，核定城镇居民最低生活保障线为：黄土坡、荷城、凤凰、德坞4个街道和月照乡180元，大河、汪家寨、大湾、老鹰山4个镇160元。1998—2008年，城镇低保对象共52934人，发放低保金5502.6万元。

农村低保 1999年开始实施农村低保。对象为年收入不足660元的村民，对其补足660元。至2002年农村低保对象共5262人，发放低保金80.6万元。2003年取消农村低保制度，实施农村特困救助制度。至2007年6月30日农村特困救助对象共6259人，发放特困救助金142.58万元。2007年7月1日取消农村特困救助制度，再次实施农村低保制度，至2008年农村低保对象共22922人，发放低保金895.1万元。

老龄工作 1990—1992年60岁以上老年人有28494人，办理老年优待证52本；1993—1997年60岁以上老年人有33182人，办理老年优待证170本；1998—2002年60岁以上老年人有38501人，办理老年优待证190本；2003—2008年60岁以上老年人有45972人，办理老年优待证1665本。2008年，全区60岁以上老年人口占全区总人口的10.12%，已经进入人口老龄化阶段。

1990—2008年钟山区老年人办理优待证情况一览表

表17-1

年份	老年人数（人）	办理老年优待证数量（本）
1990	26810	0
1991	27639	18
1992	28494	34
1993	29376	40
1994	30284	37
1995	31220	27
1996	32186	35

续表17-1

年份	老年人数（人）	办理老年优待证数量（本）
1997	33182	31
1998	34208	31
1999	35234	35
2000	36291	37
2001	37380	47
2002	38501	40
2003	39656	43
2004	40845	18
2005	42070	214
2006	43333	285
2007	44633	328
2008	45972	777

第五节　勘　界

1997—2000年，钟山区与赫章县、威宁县和水城县分别签署《联合勘定的行政区划界线协议书》，全面勘定三条共303千米的县级行政区域界线，埋设三面桩4个，双面桩6个。

1997年，钟山区与水城县完成边界线共235.386千米的县界核定任务。双方确认无争议的边界线长168千米，共14段。1998年，对遗留的界线确认，钟山区、水城县边界接壤的有19个镇、乡、街道，即钟山区的汪家寨镇、大河镇、黄土坡街道、荷城街道、月照乡、老鹰山镇、观音山镇、凤凰街道、德坞街道，水城县的木果乡、发箐乡、保华乡、董地乡、滥坝镇、陡箐乡、阿戛乡、勺米乡、纸厂乡、双戛乡。边界线由钟山、水城、赫章三县（区）边界线交会点起，往东南方向延伸后，折向西北方向延伸至钟山、水城、威宁三县（区）边界线交会点上。全长229.99千米，共埋设6个双面型界桩。此外，钟山区老鹰山镇陆家坝村位于水城县滥坝镇境内，东距滥坝镇政府所在地约1500米，该飞地闭合边界线全长5.4千米。

1997年，钟山区与赫章县完成边界线共21.88千米的县界核定任务。2000年，补签《联合勘定钟山区与赫章县行政区域界线实施方案》。钟山区、赫章县边界接边的共有三个镇（乡），即钟山区的汪家寨镇、大湾镇，赫章县的珠市彝族苗族乡。两区（县）在汪家寨片区的边界线从钟山、水城、赫章边界线交会点起到钟山、威宁、赫章边界线交会点止，全长2.466千米；两区（县）在大湾片区的边界线从钟山、威宁、赫章边界线交会点Ⅰ起到钟山、威宁、赫章边界线交会点Ⅱ止，全长19.41千米。两条界线只埋设钟山、水城、赫章三面桩1个。

2000年，钟山区与威宁县完成边界线共48.73千米的县界核定任务。钟山区与威宁自治县边界接壤的有5个乡（镇），其中，钟山区有汪家寨镇、大湾镇，威宁自治县有猴场镇、东风镇、二塘镇。边界线分为两段，即汪家寨段和大湾段。汪家寨段的边界线由75号三交点（位于钟山区大湾镇、威宁县东风镇、赫章县珠市乡，地名大黑山）由西南向东南方向沿山脊延伸至76号三交点（位于钟山区大湾镇、威宁县二塘镇、赫章县珠市乡，地名海凯梁子），此段长度为11.99千米。大湾段的边界线从大黑山附近起，沿山脊向西南方向至海凯梁子止，此段长度为36.74千米。边界线地形图使用1：50000彩色原图标绘。威宁自治县二塘镇人民政府机关驻钟山区大湾镇。

钟山、水城、赫章三区（县）边界线交会点　位于钟山区汪家寨镇新华村、水城县木果乡盘雄村、赫章县珠市乡以那村，桩号为020102212428，埋设在核定界点东偏东北方向209米处。

钟山、威宁、赫章三区（县）边界线交会点　共有3个，其中汪家寨片区1个，大湾片区2个。汪家寨片区的边界线交会点位于钟山区汪家寨镇、威宁县猴场镇和赫章县的珠市乡，地名为机朴大白岩。大湾片区的2个边界交会点分别位于钟山区大湾镇、威宁县东风镇、赫章县珠市乡，地名大黑山。钟山区大湾镇、威宁县二塘镇、赫章县珠市乡，地名海凯梁子。这三个边界线交会点均未埋设界桩。

钟山、水城、威宁三县（区）边界线交会点　位于钟山区汪家寨艺奇村一组、水城县双嘎彝族乡中箐村六组、威宁彝族回族苗族自治县猴场镇藤桥村六组，桩号020102212427，埋设在核定界点北偏西北向96米处。由于历史原因，两区（县）互有飞地、飞山（如位于水城县纸厂乡新发村境内有钟山区凤凰办事处石龙村的部分飞地，所在图幅号G-48-54-21，小地名为偏箐等），此次勘界过程中，双方均未绘制附图，在国家未对这些飞地、飞山进行行政区域调整之前，双方都应维持勘界前的管理现状。为有效维护界桩和其他边界线标志，双方分担责任。1、3、5号界桩由水城县负责维护，2、4、6号界桩由钟山区负责维护。2号界桩位于钟山区荷城街道办事处三块田村，4号界桩位于钟山区老鹰山镇仁和洞村，6号界桩位于钟山区德坞街道办事处马落箐村。

路牌设置道路命名　钟山区设置标准地名标志的有49条，其中市中心区设置37条，乡镇设置12条。

路牌设置：市中心城区设置路牌131块，乡镇（街道）设置路牌10块。

道路命名：1998年命名松桦北路、松桦南路、水西北路、区府北路、区府南路、交通北路、交通南路、天龙路、市场路、沿河街、团结街、官厅东路、区府东路、幸福路、水西南路、凤凰路、人民路、凤池路、麒麟路、官林路等22条街路。2004年命名钟山大道、茶叶林路、官厅路、荷泉路、广场路、明湖路、向阳路、康乐路等9条路。2005年命名川心南路、龙井路、青峰路、水西南路、八一路、碧云路、凤凰大道、南二环路、山城路、景新路、裕民巷、文星巷、政通路、花园路、仁和路、民资路、怡康路、步云路18条路。将原南环路（不含原南环路东段）更名为凉都大道，原南环路西延伸段仍保留原称谓。将原荷泉路更名为凤池路，将原麒麟东路更名为荷泉路，将原川心路更名为广场路。

第六节　基层组织建设

一、村（居）民委员会建设

1988—2008年，先后组织实施7届村（居）民委员会换届选举。选举工作内容为建立指导机构、广泛宣传发动、组织村（居）民登记、制定选举工作方案、组织选举等。乡、镇政府、街道办事处按照区级方案拟定各自的实施方案，区、乡两级分别派出指导督查组驻各村（居）民委员会指导换届选举工作。各村（居）民委员会采用提名推荐的方式，民主选举村（居）民委员会班子。

1988年钟山区分设时，由原水城特区划拨6个镇、13个乡、88个村民委员会，526个村民小组，73个居民委员会（其中家属委员会38个）归钟山区管辖。1990年3—6月，钟山区组织实施第一届村民委员会换届选举，民主选举产生村民委员会88个，居民委员会73个（其中家属委员会39个）。1993年8—9月，组织实施第二届村（居）民委员会换届选举，民主选举产生村民委员会63个，居民委员会64个（其中家属委员会39个）。1996年1—3月，组织实施第三届村（居）民委员会换届选举，民主选举产生村民委员会67个，居民委员会62个（其中家属委员会39个）。1998年10月至1999年3月，组织实施第四届村（居）民委员会换届选举，提出村（居）民委员会成员中要注重选拔年轻干部，少数民族干部和妇女干部。民主选举产生村民委员会62个，居民委员会63个（其中家属委员会42个）。2001年10月—2002年3月，组织实施第五届村（居）民委员会换届选举，民主选举产生村民委员会67个，居民委员会65个（其中家属委员会39个）。2004年10月—2005年2月，组织实施第六届村（居）民委员会换届选举，民主选举产生村民委员会53个，社区居民委员会（居民委员会）70个。本届选举，新华、石河、响水、石龙、大地5个村确定为"海选"，其中新华、石河选举成功。2007年10月—2008年3月，组织实施第七届村（居）民委员会换届选举，民主选举产生村民委员会53个，居民委员会69个。本届选举，马坝、新华、大箐、大地4个村采取"海选"方式，全部取得成功。每届村居民委员会换届选举结束后，区民政局均向当选人颁发当选证书。

二、村务公开民主管理

1998年《中共中央办公厅、国务院办公厅关于在农村普遍开展村务公开民主管理制度的通知》下发后，钟山区把村务公开民主管理工作作为村民自治活动的载体，全面推进此项工作。1999—2005年先后下发《关于全面推行村务公开和民主管理工作的实施意见》《关于进一步加强乡镇政务公开和村务公开工作的通知》《关于进一步做好村务公开工作的意见》《关于贯彻落实〈中共中央办公厅国务院办公厅关于健全和完善村务公开和民主管理制度的意见〉的通知》文件。各村把村务公开与村民自治和村级班子建设相结合，建立村民代表大会、村民议事会等机构，完善《村民自治章程》《村规民约》《村民会议制度》《村民代表会议制度》《村民委员会评议制度》《村务公开制度》《民主理财制度》等。社区居委会参照村务公开民主管理方案开展社区居务公开工作。

三、改善待遇和办公条件

2003—2008年，先后3次提高村、社区、居委会干部工作津贴标准。2003年村、社区支部书记、主任每月260元，副支部书记、副主任每月230元，委员每月200元。2008年，村支部书记、主任每月600元，社区支部书记、主任每月700元。副职、委员及其他工作人员待遇在原有的基础上每月提高50元；村（居）民委员会文书享受同级副职待遇；对3000人以上的村、5000人以上的社区居民委员会在提高待遇的基础上再提高50元/月。

2008年，全区53个村中，40个村有固定办公场所，13个村租借办公场所。69个社区（居委会）中，18个有固定办公场所，51个租借办公场所。设置村务公开栏113块881平方米，居务公开栏85块644平方米。

第七节　社区建设

2000年，选择区府路、人民西路居委会和红岩村为试点，分别从发展社区服务业、健全社区组织和消灭"城中村"3个角度入手，探索社区建设工作思路。2001年，撤销红岩村和建设东路等7个居委会，合并建立红岩等6个居委会。2002年，将市中心城区39个居委会和11个城中村整合为49个城市社区，社区居民委员会下设福利保障、宣传教育、城管绿化、综治调解、计划生育等工作委员会，并设妇女、老龄、青年、工会组织。法律、警务、城管、消防、低保、卫生、计生、劳动保障、文体科教、烟草专卖、邮政服务等工作职能下移至社区服务。2001—2008年，分别拨款800余万元购买社区办公用房，修建社区服务站。2008年，启动农村社区建设实验工作。

第八节 婚姻登记和社团登记管理

一、婚姻登记

1988年开展婚姻登记工作，区民政局设婚姻登记处，各乡、镇人民政府、街道办事处设婚姻登记处，按区域进行婚姻登记。1989年3月起，先后开展清理违法婚姻工作，通过《婚姻法》宣传和清理违法婚姻，群众受到教育，增强法制观念，婚姻登记纳入民政业务工作，转入正常管理，违法婚姻基本得以制止。1988—1997年共登记结婚14250对，离婚2350对，清理违法婚姻4304对。1998—2008年共登记结婚34454对，离婚8978对。1993—1998年，区民政局未开展婚姻登记工作，由乡、镇人民政府、街道办事处婚姻登记处负责登记。2004年，根据贵州省民政厅《关于印发〈贵州省婚姻登记机关设置方案〉的通知》精神，依法设置区民政局婚姻登记处，所辖区域为全区所有街道。

2003年3月，联合六盘水市公安局钟山分局、六盘水市工商局钟山分局清理整顿非法婚介市场。

2004年区民政局婚姻登记处被评为全国先进婚姻登记机关和全省民政系统行风建设先进单位。2006年按照《民政部关于评选全国婚姻登记机关规范化建设窗口单位的通知》要求，开展婚姻登记机关规范化窗口单位创建工作。2006年11月荣获全国婚姻登记规范化建设窗口单位称号。2008年12月22日荣获2007—2008年全国婚姻登记规范化单位称号。婚姻登记员陈敏获全国婚姻登记先进个人称号。

二、社团登记管理

1988—1992年登记社会团体5个，注销1个。1993—1997年登记社会团体12个。

根据《贵州省农村救灾扶贫互助储金会管理办法》精神，1996年批准建立黄土坡办事处钟山村互助储金会。1997年批准建立大河镇裕民村互助储金会，荷城办事处官厅村互助储金会。储金会建立后，由于规章制度不健全，监管不够到位，承办人员素质较差，法律意识淡薄等，致使个别人卷款潜逃，给政府和村民造成巨大的经济损失和不良的社会影响，1998年予以注销。

1998年10月，执行国家新颁发的《社团登记管理条例》，注销社团3个。1999年登记社团1个，注销1个。2000年开展社团登记换证工作，登记社团3个。2001年开展社团组织清理整顿工作，民政局、公安局、工商局联合依法清理取缔未经登记的钟山区沙石协会、鲜肉协会，登记社团1个，民办非企业单位15个。2002年开展民办非企业单位复查登记及管理工作，登记民办非企业组织8个。2003年登记社团3个（农村专业经济协会3个）。2004年登记社团13个（农村专业经济协会13个），民办非企业单位2个，注销社团2个，民办非企业单位23个。2006年登记社团17个（农村专业经济协会4个），民办非企业单位2个。2007年按上级规定，民间组织改称社会组织，登记社团11个（农村专业经济协会3个）。2008年登记社团4个（农村专业经济协会2个），民办非企业单位3个。

为加强社会组织的监管力度，指导其规范开展工作，2004—2008年，每年举办社会组织秘书长培训班1期，按年度实行年检工作。至2008年，全区共有社会组织60个，其中社团53个（农村专业经济协会34个），专业协会2个，民办非企业单位7个。

附：

冲不垮的大堤

——1991年大湾镇抗洪救灾纪实

董仁义

1991年7月2日下午至3日凌晨的特大暴雨，使钟山区大湾镇遭受了百年未遇的特大洪灾。洪水冲垮了约束它的河堤、沟渠，漫过了两岸，袭击了它可以触到的一切……然后，它终于遇到了冲不垮的大堤——大湾镇共产党员的脊梁和人民群众铮铮铁骨筑成的抗洪大堤。正是这座“大堤”，确保了大湾镇8550个父老乡亲没有一人死亡，1856户人家没有一户流离失所的感人事迹。

一、领导在洪水袭击时经受了考验

7月3日凌晨，当三岔河上游的洪水首先向一马平川的大湾镇袭击时，镇党委书记、镇长、副镇长们，虽被洪水分割在各自的家中，分割在电断灯灭、风雨呼啸的环境里，但几乎都在同一时刻，用同一种声调、同一种行动向党和人民交了一份合格的答卷。这种和谐、这种统一，是党性原则的共鸣，是大湾镇领导班子成员腰板挺直的表现。

镇党委书记戴顺隆首先想到的是他家附近地势低的人家，冒着暴雨冲出屋外，察看险情，通知人员撤退。他赶到年过60的老同志李崇斌家，挥拳砸门叫醒李崇斌，又帮助他把门打开，就在李崇斌一家冲出险境的一刹那，洪水淹没李家住房。戴顺隆同志又迅速跑到杨家，把熟睡的杨万成从窗户救出；他跑到铺田村唐绍华家，将几间房里的16个人全部喊了出来，一会儿该处房屋全部被洪水淹没，16人全部得救。凌晨五点钟，他与从二塘跑来汇报铁路等灾情的镇武装部长赵忠福一起察看灾情、商量对策。

镇党委副书记、镇长张富科，当时在被洪水隔断的二塘乡安乐村家中，他想到身为领导，要心系百姓，救人要紧，不顾自己家屋里已水深三尺，沿着奔腾咆哮的大河，通知沿河岸的人家撤离。天一亮，因大河洪水阻隔，到不了镇里，他就到附近的村、组和钟山一矿察看灾情。

共产党员、副镇长吕永禄，牵挂着离河较近、地势较低的大湾小学4户人家的安全，当时洪水也淹了她家，家中还有小孩，但她顾不上照顾家庭和孩子，冒着暴雨跑到大湾小学，此时那里多数民房宿舍已被洪水淹没，她帮着找来衣物给光着身子出来的几个孩子穿上，将这4户人家10余人安全撤离，天一亮她又和铁路部门的工作人员一起去察看被堵的隧道，确保铁路交通安全。

共产党员、副镇长马培德，不顾自己家已开始进水和可能出现的损失，一听到大湾镇乡镇企业办公室对面的几户人家传来“救命”喊声，他不顾自己安危，立即冲了过去，帮助他们撤离到大湾镇乡镇企业办公室办公楼上，避免了人员伤亡。

二、上下团结奋战，洪水望而却步

洪水使本来就是“飞地”的大湾镇变成了孤岛——与外界连接的铁路、公路中断，与上级联系的通信中断，电源中断，但它却没有中断党在这里的领导，没有中断党在这块土地上的先锋模范作用，没有中断党同人民群众的血肉联系……相反却激发出在这块土地上下团结奋战的激情，汇聚成与之顽强搏斗的凝聚力。

7月3日凌晨，镇党政主要领导纷纷踏着淤泥、蹚着洪水走村串户察看灾情、了解情况。中午，在未与上级联系上的情况下，前天到此检查义务教育情况的区政府领导、部门负责人等5位同志立即和大湾片区镇、乡组成抗洪救灾领导小组，负责协调指挥、收集信息，展开了抗洪救灾工作。

自7月3日凌晨开始，镇领导和留在这里抗灾的区领导等同志，白天到现场，晚上回来汇报情况、商量对策。连续三个通宵，没有一个顾及自己家的安危。

他们采取分散察看与集中商议相结合、现场拍板与统一定案相结合的方式，打破了传统的办公形式，赢得了许多宝贵时间。连续几天，党政主要领导成员自觉做到白天到现场，晚上来集中。镇机关被淹，来不及清淤，大湾镇乡镇企业办公室招待所就成了领导小组的办公地点；镇机关值班电话做到了24小时不离人。

龙头正，龙尾跟。镇党委、政府的行动和作风，不仅稳定了民心，而且向广大党员干部做出了榜样。他们靠自己的行动去影响、带动广大干部群众积极抗洪抢险。自灾情发生以来，全镇5个村的党支部、村委会和28个村民组，基本上都做到了干部带头守纪律、顾大局，除摸清、掌握了全镇1856户人家、3233亩耕地的受灾情况外，还参加了抢修铁路、维护治安、救济安置、发放物资等工作。铺田村和大湾村党支部，不仅在洪水袭击时发挥了战斗堡垒作用，而且在洪水退后，积极率领群众恢复蔬菜生产、实施生产自救。塘坎村文书刘顺友在洪水袭击时冒着危险通知50余人安全转移，避免了事态的恶化。

武装部、工会、共青团、妇联、乡镇企业办、派出所、粮管所、财政所等全镇党员和干部职工在救灾中以身作则，保护国家财产，服从命令听指挥，保证了抗洪救灾工作的正常开展。

镇派出所、武装部等单位在党委、政府部署下，积极主动维护社会治安，组织民兵、民工抢修铁路。

镇粮管所副所长、共产党员李俊，在洪水来时，想到的是该所下辖的5个粮站的安全，他骑着摩托车冒雨逐个通知粮站，使5个粮站及时采取措施，避免国家财产的重大损失。

镇供销分店职工董明发夫妇，发现洪水进店，为了减少国家财产的损失，全家4个人先把店里底层的物资堆上高处，然后拿盆的拿盆，拿桶的拿桶，一盆一盆、一桶一桶地往外舀水，不使店内水位上升，大大减少店里国家财产损失。

三、识大体，顾大局，发扬社会主义大协作精神

7月3日上午，副镇长吕永禄接到铁路部门关于水大线木冲沟一号和二号隧道、铺渣海隧道淤堵的消息后，立即前往察看并和大湾村等联系除渣事宜。当晚，召开了有区抗洪救灾领导小组成员和镇领导参加的紧急会议，通报了铁路部门关于请求协助修通隧道的紧急通知，决定立即组织民工投入铁路抢险。镇党委书记戴顺隆、副镇长吕永禄、马培德连夜冒着大雨翻山（因洪水当晚又上涨，路无法走），赶到铁路工区联络，连夜通知做好准备。4日凌晨，在镇属两个装卸部和附近村组干部的率领下准时进入现场，镇机关30余人也加入了抢险队伍，投入到清除3000余立方米淤泥、石、沙的战斗中。轨道车不够，他们就用人搬、箩背。由于石、沙主要从隧道运出，洞黑、运距远（单距都在200多米），农民们泥水透体，汗雨洗面，但没有一个叫苦叫累的，没有一个说要先回家安置好自己家庭再来抢险的。到7月10日，终于完成任务，使铁路在7月11日恢复通车，受到铁路部门和上级的好评。

7月6日，接到赫章盐转站被淹，有600余吨盐需及时抢运、迅速转移的紧急通知，镇装卸队又立即组织力量装车，一班35人连续苦战7天，使该站600余吨盐及时装车转运转移，减少了损失。

在恢复通电、通信设施，恢复驻镇厂矿企业生产的过程中，镇党委、政府坚持顾全大局，服从整体，提倡奉献、团结、理解的精神，要求各村组及所有农民，在厂矿受灾、国家受损失的非常时期，要全力以赴支援国家、厂矿及时恢复通电、通信、供水等设施，支持厂矿恢复生产，不允许出现任何敲竹杠、乘机要高价、阻挠干扰的行为。在实施中，做到政出令行，镇、村领导和派出所公安干警等随时掌握、了解情况，现场解决难点问题，保证施工的顺利进行。矿务局64处、木冲沟矿、钟山一矿等企业对农民兄弟表现出的团结、合作、理解精神深表感谢。

在大湾镇遭受的这场严重涝灾中，像这种识大体、顾大局，发扬社会主义大协作精神，体现社会主义新型人际关系的典型事例，还远不止这些。

7月3日凌晨，洪水铺天盖地扑来的时刻，联合村村委委员罗道忠、塘坝村副主任刘顺友等6人沿着铁路察看灾情，当他们在铁路大桥上发现桥下汹涌的洪水正围困住一辆熄火的赫章铅锌矿的货车，驾驶员急呼救命之时，立即找来大绳索从桥上扔下去，把驾驶员吊上来，并给他安排了住处。

四、亡羊补牢，重整旗鼓

面对洪水的肆虐，人们曾经流过泪，但痛定思痛之后，更多的人却昂起了头，挺直了腰。大湾人没有弯下去，也没有坐等天赐。他们在上级党委、政府的领导以及兄弟地区、单位的帮助、支持下，已经开始描绘重整旗鼓的蓝图。镇党委、政府将安排生活、恢复生产两副重担一肩挑，既着手于现在，也着眼于将来。

首先从恢复蔬菜地入手，以争取尽快缓解矿区蔬菜紧缺，增加农业产值，不到一个月，800多亩蔬菜地基本恢复生产，占被毁菜地的85%左右。其次，狠抓改种、秋种，除能挽救的庄稼外，均备足种子、肥料，争取通过改种和增加秋种面积弥补当年损失。对重灾户、救济对象及时发放生产、生活急需物资，帮助、鼓励他们尽快恢复生产；在物资发放中一律经过群众评议、村组报名册，克服了以往类似工作中存在的优亲厚友、主观臆断现象。

镇党委、政府在开展上述工作的同时，总结这场洪水带来的教训。他们与区农委的同志一道，认真分析，察山看水，走访群众，得出了坚决走“山水田林路”综合治理路子的结论，制定了退耕还林、治山保水、促进生态良性循环的初步规划。将凡承包地以外擅自开荒耕种的地一律退出用以植树种草，凡国家已作退耕还林规定的地块，一律要植树造林，在经过调查的基础上打桩钉牌，明确界限，并把这次洪灾作为反面教材对群众进行说服教育，以争取今冬明春顺利实施规划。

对农田水利设施，他们也作了调查摸底，拟将大流域治理和小流域治理、小范围治理结合起来，明确了条块分工负责，争取国家援助为辅、自办投工投劳为主的原则。今冬明春准备先恢复被洪水冲毁的河堤、沟渠，疏通河床，然后铺开新的工程。

他救了七十一条生命

李建刚

“陈大忠被市里评为抗洪救灾的先进人物了，同时军分区还给他荣记了三等功一次，颁发金光闪闪的立功证章！”

“陈大忠，救星啊！要不是他，我们大箐的七十一个人算是死定了！”

大箐村的乡亲们在互相传告。

六盘水市的干部职工们在热烈议论。

陈大忠的名字伴着电视图像、广播的电波以及报刊的宣传，迅速传遍六盘水，传遍贵州。

1991年7月的暴雨，使贵州省六盘水市钟山区沦为全省的重灾区，抢险、救灾、恢复生产，这一切都需要人，人们实在太累了，太需要一点休息。

1991年8月16日凌晨6时，钟山区二塘乡大箐村笼罩在白茫茫的晨雾中，村民们此刻正酣睡在这静悄悄的黎明前。唯有青年民兵陈大忠没有睡，他是1990年年底民兵组织整顿时才编入普通民兵花名册的。此刻，参加民兵组织时领导的教诲仿佛仍然响在耳旁：民兵是人民解放军的有力助手和强大后备军，担负着保卫国家及人民生命财产安全的重任……踏着晨雾和露水，走在乡间的小道上，他没有去巡视自己家的责任地，而是径直前往村后山上那四年前就已裂开一打大缝的山头。走着，走着，他忽然感觉到脚下一阵颤抖，大地在阵阵地晃动。凭着山里人的直觉，他预感到一种巨大的危险向山村袭来……

“起床，起床，快起床啊！”陈大忠撒腿向村里奔去，他一边跑，一边狂喊着，他首先跑到村民组长（原生产队长）李发平家中。

“队长！不好了，垮山了！”陈大忠脸色发白，气喘吁吁地报告。报告完毕，他又转身飞跑在村寨里。

“起床啊！垮山了！”二十岁的陈大忠焦急的呼唤声冲击着大箐村的家家户户。

他跑到了自己的家门口。

“把父亲喊醒，先抱几样东西走”，陈大忠闪出这个念头。

“不，来不及了，还有好多人没有喊醒”！刹那间，“私念”在陈大忠脑中消失，他又奔跑狂呼在山寨的父老乡亲们中。

7时整，随着一阵轰鸣声，长一千多米，宽二百五十米的几十万方泥石流缓缓流向大箐村，共有五十多家房舍的村庄被滚滚泥浆冲得稀烂，十五间房屋淹没在泥石流中。

在被淹没的房屋中，其中就有陈大忠的家，他没有从家中抱出一根草，但全村七十一个人却安然脱险，无一伤亡。

六盘水市市长管彦鹤紧紧握住陈大忠的手说：“感谢你了，救了七十一个人的命。”

灾难面前，青年民兵、农民陈大忠首先想到的是全村的安危，而不是跑向自己的家门，这是多么博大的胸怀！（摘自《钟山文史》第三辑）。

第二章 人事劳动

第一节 编 制

一、机构编制管理

钟山区编制委员会按照机构编制管理的原则和要求，对机构设立、更名、合并、撤销等事项，实行“一支笔”审批制度，按照审批程序，专项呈报、专项审批，对区属工作部门和直属事业单位的职能配置、内设机构、人员编制、领导职数及各部门所属事业单位的机构编制和下一级工作部门的机构设置实行直接管理。在受理机构审批事项中，遵循总量控制、因事制宜、合理布局、平衡发展的原则，考虑本级财政的承受能力以及设立机构的必要性、可行性。

管理的内容包括机构审批、机构名称与性质、机构规格与隶属关系、机构职能、业务范围、控编补员、领导职数、机构经费来源渠道、机构编制证、机构实有人员、编制实名制、事业单位登记管理等。

为严格控制机构编制膨胀，强化机构编制工作纪律，从严控制机关、事业单位人员编制，加强人员编制与财政预算相结合的管理。凡是经区机构编制委员会及其办公室核定人员编制的机关、事业单位需要进人时，必须是缺编，严禁超编进人（特殊引进人才除外）。对于缺编确需补员的单位，必须由单位写出控编补员报告，经编委办公室受理审查核实后，按照“机构编制审批在先”的原则实施控编补员。

二、事业单位登记管理

钟山区事业单位按类别分，主要有教育、科研技术服务、文化新闻出版广播电视、体育、卫生、农林水牧渔业、工建交财贸、经济监督检测、社会保险福利、城市公用等事业单位和机关附属机构及其他事业单位等。

事业单位登记有初始登记、变更登记、注销登记3种。2005年起，对各类事业单位进行登记。对符合法律规定，具备事业单位法人登记条件，有规范的名称、场所、经费来源、审批机关批准设立的文件以及相应的从业人员，按照登记管理程序，经受理、审查、核准后，在30日内作出准予登记或不予登记的决定。准予登记的，发给事业单位法人证书正、副本，由登记管理机关在公开发行的报刊上予以公告。经登记的事业单位，在开展业务活动中独立承担民事责任。钟山区有财政全额预算管理、财政差额预算、自收自支等事业单位，按照服务种类划分，分为服务型、管理型与经营型3种。至2008年，钟山区各级各类事业机构共275个，具备登记条件，已实施登记管理的146个。变更登记主要包括名称、住所、宗旨和业务范围、法定代表人、经费来源、开办资金等6种变更登记形式。按照登记程序，经过申请、受理、审查、核准、换证和公告6个程序，事业单位法人的登记事项才能被重新确认。2005—2008年，7次对符合年度检验的事业单位进行年度检验，按照自查、填报、审查、结论的工作程序，对年检合格的事业单位，区事业单位登记管理局在其事业单位法人证书正、副本上粘贴“合格”标记，其证书有效期延续至下一年度年检的截止日期，并按规定发布年检合格公告。对撤销的事业单位，按条例规定程序办理注销登记手续。

三、机构改革

1988—1989年，根据钟山区人口、面积、经济、文化等情况，全区设党政工作机构31个。按照宪法、党章及相关规定设置区人民法院、人民检察院、纪律检查委员会、直属机关党委、工青妇组织。辖2个办事处（黄土坡办事处、荷城办事处）、5个镇（大湾镇、大河镇、汪家寨镇、老鹰山镇、观音山镇）、8个乡（二塘乡、三合乡、纳福乡、以德乡、教场乡、月照乡、凤凰乡、德坞乡）。核定区直机关行政编制653人，实有662人。核定乡镇行政编制226人，实有211人。区属事业单位机构数84个，核定事业编制1278人，实有1071人。镇、乡事业单位机构31个，核定事业编制270人，实有253人。

1992年4月，全省统一“撤（区）、并（乡）、建（镇）”后，行政区划变动为“二、二、六”建制，即黄土坡、荷城2个办事处，凤凰、月照2个乡，大湾、汪家寨、大河、老鹰山、观音山、德坞6个镇。至1992年年末，因工作需要，钟山区党政机构增加至51个。区直机关行政编制709人，实有1095人。核定乡镇行政编制172人，实有329人。区属事业单位机构71个，核定事业编制2104人，实有2054人。

1993年4月至1994年8月，进行党政群机关机构改革。1994年年底，党政机构共37个，比机构改革前减少14个。机构改革后，核定区直机关行政编制480人，实有523人。乡镇行政编制172人，实有338人。政法部门行政编制408人，实有514人。核定全区事业编制2232人，实有2384人。其中核定区直事业单位事业编制894人，实有884人，核定乡镇事业编制1338人，实有1500人。

1998年12月，撤销凤凰乡，建立凤凰办事处。至此，全区为一乡、三办、六镇的“一、三、六”建制。2000年3月，撤销德坞镇设立德坞办事处。钟山区行政区划变动为“四、一、五”建制，即黄土坡、荷城、凤凰、德坞4个办事处，月照乡1个乡，大湾、汪家寨、大河、老鹰山、观音山5个镇。2001年5月，撤销老鹰山镇、观音山镇，合并设立老鹰山镇，钟山区行政区划变动为“四、一、四”建制，即黄土坡、荷城、凤凰、德坞4个办事处，月照乡1个乡，大湾、汪家寨、大河、老鹰山4个镇。是年，根据《中共贵州省委贵州省人民政府关于全省市县乡机构改革的实施意见》和《中共六盘水市钟山区委六盘水市钟山区人民政府关于区级党政机构改革的实施意见》，钟山区进行党政机关机构改革，按照转变政府职能，减少行政审批，精简机构和人员的原则，建立运转协调、资源节约型政府。区级机关党政机构原有40个，其中党的机构8个，政府工作部门32个。经过机构改革，党的机构原则上保持整体结构稳定，政府工作部门精简后调整为25个（不含2个不占机构限额的机构和1个议事协调机构的常设办事机构），比原有机构减少7个，设置3个受政府委托行使部分行政管理职能的直属事业机构。政府工作部门不分组成部门和直属机构，统称政府工作部门。区级党、政、人大、政协机关及其他机关（不含检察院、法院、公安局）行政编制按25%总比例精简，行政编制由623人减为467人。其中区委机关行政编制92人，比原有减少31人。区政府机关行政编制202人，比原有减少68人；4个办事处行政编制87人，比原有减少29人；其他机关（人大、政协、群团）行政编制55人，比原有减少19人。

2004年，钟山区对部分涉及经济社会发展的机构进行调整和职能整合。保留经济贸易局，仍为区人民政府工作部门。将发展计划局更名为发展和改革局，为综合研究拟定经济和社会发展政策、指导总体经济体制改革的区政府工作部门。将计划生育局更名为人口和计划生育局，仍为区政府工作部门；在区安全生产委员会办公室的基础上组建安全生产监督管理局，为区政府委托行使安全生产监督管理职能的直属事业单位，正科级建制，其人员列入参照试行国家公务员法管理。区人民政府法制办公室仍设在区政府办公室，正科级行政机构；人民防空办公室仍设在区政府办公室，正科级行政机构。文体广播电视局加挂区新闻出版局（版权局）牌子。原区经济贸易承担的非公有制经济宏观指导和协调服务的职责划入区乡镇企业局，加挂非公有制经济发展局牌子。区人民政府其他机构维持不变。经过调整，党委部门设9个（含部门管理机构1个），区政府工作部门设25个，议事协调机构的常设办事机构1个，受政府委托行使部分行政管理职能的直属事业单位3个，群团组织机关7个。全区设办事处4个，建制乡1个，建制镇4个。

2005年钟山区被列为全省乡镇机构改革10个试点县区之一，按照省委省政府的安排部署，11月改革试点工作正式启动。12月26日完成《六盘水市钟山区乡镇机构改革试点方案》的上报审批工作。2006年4月起进入组织实施阶段，5月底完成各乡（镇、办事处）机构改革方案，并行文下发，是年年底，各乡、镇、办事处严格按照有关规定完成竞争上岗和双向选择工作。2007年3月底完成乡、镇、办事处机构编制和实有人员实名制公示工作。是年，对钟山区乡、镇、办事处党政机构和事业单位进行调整。钟山区严格按照省委、省政府要求，合理界定乡、镇、办事处党委、政府职能，综合设置党政办事机构、核定领导职数、整合事业站所。按照一类乡、镇、办事处4个，即大湾镇、汪家寨镇、黄土坡街道办事处、荷城街道办事处。二类乡（镇、办事处）5个，即月照乡、大河镇、老鹰山镇、凤凰街道办事处、德坞街道办事处。乡、镇、办事处党政综合办事机构调整为，一类镇（汪家寨镇、大湾镇）、一类街道办事处（黄土坡街道办事处、荷城街道办事处）分别设置5个；二类乡、镇、街道办事处（月照乡、大河镇、老鹰山镇、凤凰街道办事处、德坞街道办事处）分别设置4个。党政办公室与社会治安综合治理办公室合署办公。

乡镇人民代表大会、纪委、政法委、人民武装部等不专设办事机构，其具体事务由党政办公室和其他办公室承担。工、青、妇等组织按有关章程设置。

镇、乡、办事处事业单位整合为：人事关系由镇、乡、办事处管理的事业单位8个；由区政府工作部门和镇、乡、办事处双重领导、双重管理，人事关系由区政府工作部门管理的延伸机构5个（其中街道办事处2个）。

乡镇的行政编制和事业编制以2001年乡镇机构改革核定的行政编制和2004年年底核定的事业编制为基数，核定各乡、镇、办事处行政编制共243人，事业编制共712人。一类乡镇设领导职数9人，二类乡镇设领导职数8人。

至2008年，全区共有区直党政机关44个，编制数415个，在职人数448人。政法机关4个（其中1个为森林警察大队），编制数211个，在职人数194人。乡（镇、办事处）党政机关9个，编制数246个，在职人数238人。全区事业单位307个，编制数4502个，在职人数5427人。

第二节　人　事

一、干部队伍

1988年职工来源，从水城县政府系统划拨564人，党群系统划拨51人，中小学划拨855人，从省内党群系统调进40人，政府系统调进284人，中小学调进23人，从中央单位调进10人，从省外单位调进1人。是年12月30日，钟山区在职职工人数1916人，其中行政人员741人，事业管理人员90人，专业技术人员1085人（其中中小学教师868人），退休人员127人。县处级26人，科局级110人，股级以下人员695人，各类专业技术人员1085人（副高级职称8人，中级职称185人）。

截至2008年12月30日，钟山区在职职工人数7123人（含水钢和水矿教师划转）。其中国家公务员1479人（其中区1319人、乡160人），机关工人173人，参公事业227人，事业干部4684人（管理人员465人，专业人员4219人），事业工人560人。退休人数1677人（机关426人，事业1251人）。

二、干部录（聘）用

1988—1990年间，办理录（聘）用乡镇干部353人。1991年，按省下达的专项指标，招考录（聘）用广播、林业、农业、畜牧干部117人。1992年，对“以工代干”满5年、具有中专以上学历或初级以上职称的“代干”人员办理录干手续95人。1993年以后，按照“公开、平等、竞争、择优”的原则，通过考试、考核，每年都有一批民办教师转为公办教师。1995年以后，为尽快解决“民转公”问题，六盘水市政府决定，在省下达指标的基础上，每年按20%的比例增加配套指标用于“民转公”，1998年“民转公”问题全部得到解决。1993—1997年间，共录（聘）用干部954人。

1995年，对行政、事业单位中的“以工代干”人员进行录（聘）用。是年，全区转干184人。1998年，取消计划安置大中专毕业生，严格控制新增人员的过快增长。2000—2004年，共录（聘）用干部373人。2005年起，事业单位进人实行凡进必考。2005—2008年，共录（聘）用干部338人。

1988—2008年钟山区干部录（聘）用情况一览表

表17-2　　单位：人

年份	机关	事业	小计
1988	24	59	83
1989	21	33	54
1990	18	81	99
1991	38	79	117
1992	20	75	95
1993	28	88	116
1994	19	131	150
1995	14	170	184

续表17-2

年份	机关	事业	小计
1996	21	204	225
1997	14	265	279
1998	—	—	—
1999	1	96	97
2000	4	—	4
2001	5	34	39
2002	55	49	104
2003	25	35	60
2004	14	152	166
2005	25	29	54
2006	15	36	51
2007	34	85	119
2008	45	69	114

1988—2008年钟山区在职、退休干部情况一览表

表17-3 单位：人

年份	在职人数	退休人数	附　注
1988	1916	127	—
1989	2005	129	—
1990	2350	168	—
1991	2589	196	—
1992	3021	236	—
1993	3094	301	—
1994	3118	336	—
1995	3268	400	—
1996	3451	450	—
1997	3798	469	—
1998	4226	578	—
1999	4207	649	区工商局和技术监督局上划
2000	3980	686	区公安局上划市公安局管辖
2001	4169	709	—
2002	4066	880	因机构改革,部分老同志提前退休

续表17-3

年份	在职人数	退休人数	附 注
2003	4086	901	—
2004	4341	939	—
2005	4591	957	钟山经济开发区人员划转钟山区管理
2006	4726	987	—
2007	5423	1090	公安分局下划钟山区管理
2008	7123	1677	水矿、水钢企业学校划转钟山区

三、军队转业干部安置

1988年钟山区安置转业干部2人，1988—2007年钟山区安置转业干部18人，其中团职干部1人、营职干部9人，连排职干部8人。

在安置工作中，组织、人事部门认真执行国家和贵州省的安置政策，为每一个转业干部及家属落实工作单位，协助办理子女入托入学手续。特别是1997—1999年裁军期间，部队转业干部人数多，而地方又正值机构改革，安置难度较大。钟山区克服各种困难，使一些军龄较长、职务较高、家庭有特殊困难的转业干部得到照顾安置，安置工作实现“部队满意、转业干部满意、用人单位满意”。自2005年始，为减轻地方负担，实行安置和自主择业相结合。2005—2007年钟山区自主择业军转干部共20人。

四、大中专毕业生安置

1988—1997年，钟山区共安置大中专毕业生1478人，其中行政机关217人、事业单位1185人、企业76人。

1997年，钟山区行政、事业单位实行职工计划管理，新增人员须经人事部门批准。接收的大中专毕业生，由同级政府人事部门审批，教育行政主管部门凭人事部门的审批文件办理派遣手续，其余的毕业生分配仍由教育行政主管部门直接派遣。

自1998年起，国家对大中专毕业生不再进行计划分配安置。因此，1998年以后大中专毕业生的安置渠道是招考录聘用（含公务员和选调生）。大中专毕业生的就业去向主要为企业，引导毕业生到私营、个体企业从业。对自愿到私营、个体企业就业的干部，保留其身份。鼓励毕业生自主择业。

1988—2008年钟山区大中专毕业生安置情况一览表

表17-4 单位：人

年份	小计	行政	事业	企业
1988	91	24	59	8
1989	61	21	33	7
1990	107	18	81	8
1991	129	38	79	12
1992	103	20	75	8
1993	129	28	88	13

续表17-4

年份	小计	行政	事业	企业
1994	150	19	131	—
1995	188	14	170	4
1996	226	21	204	1
1997	294	14	265	15
1998	—	—	—	—
1999	97	1	96	—
2000	4	4	—	—
2001	39	5	34	—
2002	104	55	49	—
2003	60	25	35	—
2004	166	14	152	—
2005	54	25	29	—
2006	51	15	36	—
2007	119	34	85	—
2008	114	45	69	—
合计	2286	440	1770	76

五、干部调配、任免、考核

（一）干部调配

1988年，为理顺干部管理体制，钟山区政府系统股级以下干部的调配，由人事部门办理；党群系统的干部调配和正副科级干部的调配由组织部门办理；不允许从企业单位调入行政机关，特殊情况需要调入的，须经区委书记办公会议或政府常务会议研究批准。

1992年，钟山区进一步规范干部调配的原则、范围、审批权限、调配程序、调配中须报送和准备的材料及调配纪律等。同年，企业单位的干部调配由人才交流中心办理。

1998—2008年，钟山区冻结党、政、群机关及不属同一级财政开支的机关、事业单位人员的调动，个别特需调动的人员，分别由区委组织部、区人事劳动和社会保障局呈报区委或区政府审批，严格控制行政单位进人。

1988—2008年钟山区干部调动情况一览表

表17-5　　单位：人

年份	调入		调出		内部调整
	省外（含省直）	区外	外省（含省直）	外县	
1988	11	1847	—	4	16
1989	4	271	1	4	16

续表17-5

年份	调入		调出		内部调整
	省外（含省直）	区外	外省（含省直）	外县	
1990	1	27	—	8	10
1991	2	51	1	10	26
1992	1	85	4	14	49
1993	1	52	1	28	7
1994	1	49	9	42	53
1995	1	35	—	8	16
1996	3	42	2	13	34
1997	—	66	—	19	22
1998	—	25	—	9	18
1999	1	3	2	15	9
2000	—	1	2	17	27
2001	—	1	2	6	26
2002	—	8	1	16	82
2003	1	31	—	10	57
2004	—	—	1	1	40
2005	—	14	—	86	29
2006	—	87	1	12	101
2007	—	14	2	4	38
2008	—	28	1	6	25

（二）干部任免

1988年，正、副区级干部任免，若须按有关章程、组织法规定程序任免的，按规定程序任免。企业单位不再套用党政机关的级别，企业干部职级也不再沿用党政机关干部职级。若属于1984年6月5日下放干部管理权限之前任命的，可保留原职级待遇。

1989年，凡符合主任科员或副主任科员条件的，不占比例限额确定相应职务。1995年，区政府各委、办、局、事业单位内设机构股级正、副职干部的任免由各单位决定；党群部门内设机构股级正、副职干部的任免由组织部门审核备案后，由单位任免。

1997—2008年，政府行政机关执行国家公务员制度。按照《党政领导干部选拔任用工作条例》《国家公务员任免暂行规定》《国家公务员职务升降暂行规定》和具体的机构改革“三定”方案，钟山区政府系统股级干部的任职由单位考察，报人事部门审核同意（批复）后，由单位党委或党组进行任免。

（三）干部考核

为配合1993年10月工资制度改革，建立年度考核基础上的正常增资制度。自1994年起，对机关、事业在职职工实行年度考核。考核等次分为优秀、称职（合格）、不称职（不合格）三个等次（1999年增加基本称职或基本合格等次）。考核的内容为德、能、勤、绩4个方面（2008年增加“廉”）。优秀比例控制在单位实有职工人数的10%以内（1998年提高为12%，2008提高为15%）。对是年考核不称职（不合格）的予以降级，对机关职工连续两年年度考核结果为不称职的予以辞退，对事业单位职工连续三年年度考核结果为不合格的予以辞退。

1993年，凡未受到过行政记过（或党内严重警告）以上处分的，当年的考核结果视为称职（合格）。1994年起，钟山区规范、完善年度考核的内容、标准、程序和方法。行政机关和事业单位工作人员年度考核一并开展。自1996年始，党委管理的干部只进行届中和届末考核，不参加年度考核。1997年始，行政、事业单位工作人员恢复使用统一印制的《考核纪实手册》，记录每个工作人员的工作情况，使平时考核和年度考核相结合。1998年，完善全区机关、事业单位考勤制度。同时，年度考核实行量化测评，测评分为领导职务和非领导职务系列，从德、能、勤、绩4个方面进行量化，总分为100分，领导职务和非领导职务在评分要素上各有侧重。1999年后，考核等次增加基本称职（基本合格）等次。是年，对年度考核中被确定为不称职的公务员进行为期一周的离岗培训教育。2000年，离岗培训教育扩大到事业单位的“不合格”人员。

2001年，规定凡当年荣获省、部级劳模称号的，确定为优秀等次，不占本单位优秀比例；目标考核为优秀的单位，其优秀比例提高5%。2008年，国家公务员（参照公务员法管理的事业单位职工）被确定为优秀等次的，当年给予嘉奖，连续三年被确定为优秀等次的，记三等功一次。

六、实施国家公务员制度

1995年，钟山区组织全区机关工作人员参加人事部组织的国家公务员知识竞赛。同时派人参加省人事厅组织的公务员骨干培训，着手推行国家公务员制度的准备工作。1995年5月至1997年，全区分7次组织1471人参加国家公务员基本知识考试，并由各单位组织本单位人员进行业务知识考试考核后，颁发合格证书。1997年，按照机构改革“三定”方案和六盘水市钟山区实施国家公务员制度实施方案，各单位进行职能分解、职位设置、编制职位说明书，由区实施和参照试行国家公务员制度领导小组逐一验收。验收中，凡单位中层干部轮岗人数达不到同类人员20%或回避人员未进行调整的，不予办理过渡为公务员有关手续，超编人员不在过渡之列。同年报经六盘水市推行国家公务员制度领导小组验收合格。至此，钟山区国家公务员制度及其单项法规全面入轨运行。2007年，区委组织部公务员管理股成立后，按照干部管理权限完成公务员登记审核工作，将2006年公务员登记的基础信息数据成功导入国家公务员登记信息系统，为712名公务员充实完善登记信息及档案资料。是年，接收省委组织部选调生10人。2008年，区委组织部具体组织实施从优秀村干部中考录乡镇公务员试点工作，全区有19名村支书、主任参加考试，进入面试6人，列入体检和考察对象2人。

2000年下半年，钟山区首次从应届大学毕业生中考录公务员，按照公开、平等、竞争、择优的原则，经过笔试、面试、政审、体检，择优录用公务员2人。2001—2008年招录大学毕业生（含选调生）148人。

钟山区实施国家公务员制度情况一览表

表17-6　　单位：人

系统名称	编制数	过渡数	暂缓过渡	不予过渡	分流数	交流数
区直党群	174	126	9	3	—	42
区直政府	758	593	61	28	1	133
镇、乡、办事处	293	264	7	5	58	59

2000—2008年钟山区公务员录用情况一览表

表17-7　单位：人

年份	2000	2001	2002	2003	2004	2005	2006	2007	2008
人数	2	0	48	23	6	15	0	24	30

附：机关事业单位工人管理

1993年11月，根据贵州省人事厅《关于国家机关事业单位开展技术工人技术等级考评工作的通知》，将技术工人技术等级分为初级工、中级工、高级工和技师、高级技师，其条件为：技术工人学徒期满后，经考核合格定为初级工；技术工人工作年满10年以上的（按1993年9月30日的工作年限计算，下同），可申报中级工；技术工人工作年限满20年以上的可申报高级工。并规定从思想政治表现、生产工作成绩、技术业务水平三个方面进行考评。

1998年开始，技术工人等级考评增加职业道德的培训和考核，同时，全面推行技术工人考评与聘任相结合的管理方式，对技术工人通过考评并取得技术等级岗位证书的，由所在单位根据工作需要和个人表现进行聘任。

2008年，根据省人事厅《关于开展机关事业单位技术工人职业道德及综合知识教育工作有关问题的通知》，钟山区组织开展机关事业单位技术工人职业道德和综合知识培训，全区共培训技术工人416人。截至2008年12月，全区共有工人733人，其中机关工人173人（技师1人，高级工59人，中级工75人，初级工19人，普工19人），事业单位工人558人（高级工108人，中级工159人，初级工46人，普工245人）。

七、工资福利

（一）工资改革

1988年，在职人员164人，结构工资分为基础工资、职务工资、工龄工资和奖励工资4个部分，每月人均工资146元。1990年，将全区工作人员的工资普调一级，1916人增加工资，每月增资总额21.3万元，每月人均工资增至159元。1994年，进行工资制度改革，行政机关实行以职务工资、级别工资为主体的职级工资制，事业单位实行专业技术人员、管理人员职务等级工资制，工人实行岗位技术等级工资制和等级工资制。全区参加工资改革单位118个，参加工资改革人数3293人，每月增资额21.98万元，每月人均增资66.7元。其中行政单位53个，参加工资改革人数1584人，每月增资9.98万元，每月人均增资63元；事业单位65个，工改人数1709人，月增资12万元，每月人均增资70.2元。为335名机关事业单位离退休人员增加生活费，增加生活费金额29982.5元，人均89.5元，其中离休人员17人，增加离休生活费3221.5元，人均189.5元；退休人员318人，增加退休生活费28461元，人均89.5元。工资执行时间为1993年10月1日。1997年，将行政机关工作人员基础工资标准由原每人每月90元提高到110元，事业单位在原职务工资基础增加14元，全区有行政机关及事业单位在职人员4320人、离退休人员498人参加此次调整。1999年，对全区机关、事业单位的工作人员4207人、离退休人员651人的工资标准进行调整，人均增资120元。区机关、事业单位职工年平均工资7140元，月人均工资595元。

2001年，调整全区4380名机关、事业单位工作人员的工资标准，年人均工资8880元，月人均工资740元。2003年，调整全区4299名机关、事业单位的工资，年人均工资11232元，月人均工资936元。2007年，公务员实行职级工资制，基本工资由职务工资和级别工资两项构成；机关技术工人实行岗位技术等级工资制，基本工资由岗位工资和技术等级（职务）工资两项构成；机关普通工人实行岗位工资制，基本工资由岗位工资一项构成。事业单位实行岗位绩效工资制度，岗位绩效工资由岗位工资、薪级工资、绩效工资和津贴补贴四部分组成，其中岗位工资和薪级工资为基本工资。钟山区对全区5598名干部职工（其中离退休人员948名）的基本工资及边远艰苦地区津贴进行套改审核、审批，完成全区机关事业单位工资收入分配制度改革工作，工资执行时间为2006年7月1日。2006年工资改革后，机关事业单位的正常增资制度也发生变化，机关公务员为2年晋档、五年（滚动）晋级，机关工人为2年晋档，事业单位工作人员为一年晋升一个薪级。取消考核结果连续三年优秀晋升工资的制度。年人均工资2.56万元，月人均工资2130元。2008年，机关事业单位在职人员7123人，其中机关职工年末人数1652人，年人均工资3.56万元，月人均工资2969元。事业职工年末人数5471人，年人均工资2.93万元，月人均工资2438元。

（二）福利待遇

1988年，在职人员的津贴补贴项目有：粮贴2.1～2.9元，矿贴6元，煤气补贴10元，水电补贴3元，知识分子补贴4～18元，学习费补贴知识分子为7元、干部为5元、工人为4元，交通费6元，洗理费4元。1991年交通费由6元提高到12元，洗理费由4元提高到8元，学习费由7元、5元、4元分别提高到知识分子享受补贴14元、干部10元、工人8元。1992年交通费由12元提高到30元。1996年增加高寒地区贴标准5元，矿贴由6元标准提高到30元。1997年增加菜篮子补贴30元。

2000年9月增加岗位津贴，正县级、副高职务80元，副县级75元，正科级、中级职务、技师70元，副科级、高级工65元，科员、助理级职务、中级工60元，办事员、技术员、初级工、工人55元。2001年增加艰苦边远地区津贴，县处级、副高职务120元，科级、中级、技师95元，科级以下、助理级以下、高级工以下80元。2003年10月提高岗位津贴，正县级、副高职务130元，副县级120元，正科级、中级职务、技师110元，副科级、高级工100元，科员、助理级职务、中级工90元，办事员、技术员、初级工、工人80元。2004年5月增加岗位补贴，正处级400元，副处级350元，正科级300元，副科级250元，科员200元，办事员150元；副高级职务400元，中级职务300元，助教级职务200元，技术员级职务150元；技师以上300元，高级技工250元，中级技工200元，初级、普通工人150元。

2006年7月提高艰苦边远地区津贴，机关工作人员（离退休人员）标准：县处级170元，乡科级、技师以上140元，科员以下、高级工以下120元。事业工作人员（离退休人员）标准：五级至七级专业技术岗位、五级至六级管理岗位170元，八级至十级专业技术岗位、七级至八级管理岗位、一级至二级技术工岗位140元，十一级至十三级专业技术岗位、九级至十级管理岗位、三级至五级技术工岗位、普通工岗位120元。2008年10月根据有关规范公务员津贴补贴文件精神，自2007年7月1日起，对全区1840名公务员（含参公事业管理人员）的津贴补贴进行归并。归并后，公务员（含参公事业管理人员）津贴补贴项目包括工作性津贴和生活性补贴。工作性津贴标准：厅局级副职861元，县处级正职719元，县处级副职649元，乡科级正职586元，乡科级副职529元，科员492元，办事员459元，技师586元，高级工529元，中级工492元，初级工459元，普通工人459元，见习人员459元。生活性补贴标准：厅局级副职1291元，县处级正职1078元，县处级副职975元，乡科级正职879元，乡科级副职793元，科员739元，办事员689元，技师879元，高级工793元，中级工739元，初级工689元，普通工人689元，见习人员689元。机关离休人员补贴标准，厅局级副职2152元，县处级正职1797元，县处级副职1624元，乡科级正职1465元。机关退休人员补贴，厅局级副职1507元，县处级正职1258元，县处级副职1137元，乡科级正职1026元，乡科级副职925元，科员862元，办事员803元，技师1026元，高级工925元，中级工862元，初级工803元，普通工人803元。事业单位在职人员和离退休人员提高岗位补贴标准，正县级、副高级800元，副县级700元，正科级、中级、技师600元，副科级、高级工500元，助理级、中级工400元，技术员级、初级工、普通工人300元。

2006年1月，钟山区机关事业单位进行住房分配货币化改革。区直行政事业单位发放在职职工住房增量补贴计提比例为30%；区直行政事业单位发放离退休人员增量补贴计提比例为40%，计提基数为职工工资总额扣除地方补贴及行业补贴，区直行政事业单位在职职工、离退休人员增量补贴按计提比例全额发放。2008年1月起，钟山区施行党政机关公务移动通信费用货币化改革方案，对全区区级党政群机关公务员、参照公务员管理的直属事业单位以及党政机关参照公务员管理或从事管理职能的在职工作人员发放通讯费，发放标准为正地（厅）级400元/月，副地（厅）级350元/月，正县（处）级280元/月，副县（处）级240元/月，正科级130元/月，副科级、主任科员100元/月，副主任科员80元/月，其他工作人员（参照公务员管理的直属事业单位有职称的职工）60元/月。

（三）退休退职

1993年，贵州省人事厅印发《贵州省机关、事业单位工资改革后离休、退休人员离退休费计算办法》的通知，明确规定1993年工资改革后离休、退休人员离休退休费的计算办法。自1993年开始，钟山区严格按这一新文件精神计发离退休人员的养老金。文件还规定："对建国后参加革命工作达70周岁退休的人员，从年满70周岁次月起按20元每月发给高龄补贴"。钟山区有27人执行这一标准。对回农村安家的退休人员实行建房补助办法，钟山区13名回农村安家的退休人员按其各自的标准领取补助。

2006年工改后，离休人员离休费按本人离休前职务工资和级别工资之和或岗位工资和薪级工资之和全额计发，退休人员退休费最高比例为：工作年限满35年的，按90%计发；退职人员退职费最高比例是：工作年限满20年以上的，按70%计发。在贵州省工作的外省知识分子、领取独生子女证的职工，以及颁发30年、25年教龄荣誉教师等人员，2006年7月1日以后仍继续执行贵州省提高退休费计发比例的规定。

1992—2008年钟山区离退休人员情况一览表

表17-8　　单位：人

年份	当年离退休人数	累计离退休人数
1992	—	258
1994	78	336
1995	38	374
1997	32	406
1998	117	523
2001	195	718
2002	162	880
2003	21	901
2004	38	939
2005	18	957
2006	30	987
2007	103	1090
2008	586	1676

八、专业技术人员管理

（一）职称评聘

1993年，审定84名专业技术人员职务任职资格。1994年，对1637名各类专业技术人员进行分级分类清理、造册、建档、建卡，审核上报评定专业技术职称238人。是年，全区评聘各类专业技术职称686人，其中高级职称8人、中级职称225人、初级职称453人。1997年，全区共办理资格证103个，任命证192个，评定初级技术职务318人，其中初聘93人，评审129人，员级晋升助理级96人，审查上报27人参评中级职称，10人参评高级职称。向六盘水市政府推荐4人参加贵州省政府特殊津贴的评选。1998年，组织评审通过助理级职务102人，技术员30人。初聘助理级11人，技术员级104人，审查并推荐1人晋升高级职称、43人晋升中级职称、2人参加省政府特殊津贴的评选，审办2名符合“农转非”条件的教师的申请材料。1999年，组织评审通过助理级职务108人、员级4人，初聘助理级29人、员级74人。审查推荐12人参加晋升中级职称评审，其中农业系列6人、卫生系列4人、工程系列2人。

2000—2002年，完善专业技术职务结构比例，强化岗位管理。对有条件的部门推行“评聘分开”工作。2003年，推荐上报农业系列中级职称4人，工程系列中级职称1人。完成本区小学高级教师32人、小学一级教师77人、中学二级教师24人、工程系列16人、农业系列10人的职称评审工作。自2004年起，钟山区改变过去“评聘结合”的传统模式，逐步建立在专业技术职务结构比例管理下“科学分类、单位聘任、社会评价、政府宏观管理”的评聘分离管理机制。加强聘后考核和资格证书的审核工作，加强监督机制、规范公示制度。评审小学高级教师职称62人，中学二级、小学一级教师职称8人，初聘教师职称47人，评审工程系列初级职称28人、农业系列初级职称5人。2006年，评审工程系列初级技术职称14人，农业系列初级技术职称4人，初聘职称4人；初聘教师40人，评审中学二级技术职称6人、小学一级职称23人，小学高级专业技术职称评审42人；完成教师系列高级职称12人、中学一级职称35人，农业系列高级农艺师1人、农艺师3人，工程系列10名工程师的推荐上报评审工作。审核资格证书472人。2008年，评审工程系列初级技术职称13人，农业系列初级技术职称评审5人；评审中学二级初级技术职称10人、小学一级职称48人，小学高级专业技术职称78人；初聘文物博物初级职称1人；初聘小教一级职称39人，小教二级职称10人，中学二级职称75人，中学三级职称8人；完成教师系列高级职称4人、中学一级职称21人，农业系列高级农艺师1人、高级畜牧师1人、农艺师2人、畜牧师1人，工程系列5名工程师的推荐上报评审工作。审核资格证书591人。

（二）职称考试

1992年，完成区属各单位以及水钢、水城矿务局等省属企业76名经济师资格考试的报名考试工作。1994年，完成区属各单位以及水钢、水城矿务局等省属企业151名经济师资格考试的报名考试工作。2003年，完成171名专业技术人员职称外语、计算机应用能力测试和经济资格考试报名工作。2004年，完成163名专业技术人员职称外语、计算机应用能力测试和经济资格考试报名工作。2007年市人事局取消钟山区和水城县的考试报名点，职称外语、专业技术人员计算机应用能力测试的报名工作由市人事局统一安排，钟山区不再负责此项工作。

（三）人才交流与引进

1999年开始，实行公开招考和直接引进的方式，优化专业技术人员结构。是年，针对煤炭、安监、计生、教育等部门缺乏专业技术人员的现状，钟山区率先在全市采取公开招考的形式，引进96名专业技术人员。

2005年起，不断引进园林、规划、建设等方面人才，加快城市建设步伐，加强城市经营管理。面向全省公开招考事业单位专业技术人员和管理人员18名，其中建设局规划建筑设计室招考2名本科以上学历建筑工程专业人才，老鹰山镇、大湾镇水利水保站各招考1名本科以上学历水利工程专业人才。是年，为充实社区队伍建设，钟山区公开向社会考聘20名社区专业技术工作人员。

是年9月，钟山区作出规定，凡是“211”院校全日制本科以上学历毕业生、属钟山区社会发展和经济建设急需紧缺专业人才的其他院校全日制本科以上毕业生，不受户籍限制，按毕业生年度安置计划安排就业；父母双方或一方在钟山区机关和区属企事业单位或镇（乡、街道）工作、父母双方均属钟山区居民或农民的全日制普通高校本科以上毕业生，按毕业生年度安置计划择优录用；大专毕业生根据职位统计情况和专业需求实行考评择优录用；对因学历、专业和编制限制未安置的大专、中专毕业生，积极引导和鼓励其到非公有制企业、街道社区和农村基层单位就业。是年，引进安置采矿、城市规划等专业人才11人。

2002—2008年，加强农村中小学教师、卫生专业人才等各类专业技术人才建设。每年在师范类、医学类等大学专科以上毕业生中进行招考，共招考、引进专业技术人员482人，全部充实到农村基层教师队伍和卫生队伍中去，在一定程度上缓解钟山区边远地区师资力量薄弱的压力，进一步提升农村卫生服务水平。2006年8月，钟山区开始实施“一村一名大学生工程”。2006—2008年共选派69名大学生到村工作，每一个村基本实现“一村一名大学生”的目标。2006年开始选拔94名农村优秀青年到六盘水市广播电视大学学习，提升学历；选拔34名农村优秀青年到六盘水市委党校学习，提升学历。

至2008年，共培训乡土人才5275人，将1021人纳入乡土人才信息库。有5名拔尖乡土人才获省人事厅表彰，有2名在基层农村和乡镇企业的工作人员获省科技兴农人才奖。德坞街道的沈绍达、胡德海，黄土坡街道彭泽辉等3人成为科技示范户和科技带头人的典型，先后被评为贵州省拔尖乡土人才，受到省人事厅的表彰。

第三节　劳　动

一、就业培训

培训　1988年，为解决劳动就业的突出矛盾，钟山区成立劳动服务公司，主要承办每年待业青年登记、就业前培训，负责安置待业人员和城镇人员就业，并指导待业人员在个体经济和私营企业就业。1990年，钟山区劳动服务公司改称钟山区劳动就业办公室，2004年改称钟山区劳动培训就业管理中心。根据“先培训、后就业”的原则，开展劳动就业培训工作。1988—2008年，共培训10573人。1988年，钟山区安置城镇待业人员964人就业。1988—2008年，共安置城镇失业人员、待业青年、退伍军人和就业困难对象共22685人。

劳务输出　自1991年起，钟山区开展劳务输出工作。是年劳务输出26人。以后，劳务输出人数逐年增加。1991—2008年，共组织劳务输出26584人。

下岗职工再就业　1999年，全区国有企业下岗职工847人。2001年，下岗职工增至2294人。政府向下岗失业人员发放基本生活费，代缴养老保险，失业保险，组织培训，促进再就业。自2004年起，钟山区从下岗失业人员中择优招聘“4050”人员（注：男年满50岁、女年满40岁的国有企业下岗失业人员的统称）和就业困难对象300余人到社区从事劳动保障工作。2003—2008年，帮助10459名企业下岗失业人员实现再就业，帮助903名家庭困难对象和“4050”人员实现再就业，帮助29845名城镇其他失业人员实现就业。

二、监察、仲裁

自1995年起，开展劳动监察工作。2001—2008年，对4018家用人单位开展专项检查，督促用人单位与52320人补签劳动合同，督促用人单位为3900名劳动者办理社会保险登记。

1988年，区劳动局设立仲裁办公室，办理劳动争议的有关事宜。1993年，成立钟山区劳动争议仲裁委员会，部分企业设立劳动争议调解委员会，全面推行仲裁员、仲裁庭办案制度。1995—2008年，共受理劳动争议案件224起，全部结案。

2000—2008年钟山区劳动争议处理情况一览表

表17-9　　单位：起

年份	立案件数	裁决结案	调解结案	案外调解	其他结案	工伤待遇争议	劳动报酬争议	社会保险争议	经济补偿争议	其他争议
2000	9	4	5	—	—	7	1	—	1	—
2001	11	5	6	—	—	6	1	—	2	2
2002	12	3	6	—	3	5	3	1	3	—
2003	15	4	7	2	4	15	—	—	—	—
2004	17	9	7	5	1	17	—	—	—	—
2005	19	8	7	3	4	15	—	—	2	2
2006	24	10	7	4	7	18	1	1	2	2
2007	55	27	15	7	13	35	13	1	6	—
2008	43	22	10	5	11	22	1	8	—	12
合计	205	92	70	26	43	140	20	11	16	18

第三章　社会保障

第一节　养老保险

1989年，钟山区对参保统筹的5家国营企业的固定职工离退休基金实行统一征集、统一管理和统一使用办法。企业按在册职工基本工资总额，提存离退休费参加社会统筹，按“以支定收、略有结余”的原则，所提比例为13.4%。

1997年钟山区统一规范企业缴纳养老保险比例，单位按标准工资的20%缴纳，个人按标准工资的3%缴纳。1998年，全区参加养老保险的企业职工按缴费工资的4%缴纳，并以个人身份证号为依据建立养老保险个人账户。个人缴费全部进入社会养老保险账户，其余部分从企业缴费中划转进入，两项合计总额为缴费工资的11%。1999年钟山区启动机关事业单位工作人员养老保险工作，单位按工资总额的3%缴纳，个人按工资总额的3%缴纳，并为每个参保人员按3%建立个人账户。1999—2000年，企业职工按工资总额的5%缴纳养老保险费。2003年，企业职工缴费比例从6%调整为7%。2004年企业职工个人缴费比例从7%调整为8%，并规定，除国家政策要求调整外，企业职工基本养老保险个人缴费比例不再调整。2008年将乡镇煤矿、民营企业及机关事业单位外聘人员纳入养老保险参保范围。

1990—2008年，全区养老保险参保单位260户，参保人数30271人。

1990—2008年钟山区养老保险参保情况一览表

表17-10

年份	参保单位（家）	参保人数（人）	征收保险金（万元）	享受待遇人数（人）	保险金支出（万元）	保险金结余（万元）
1990	8	365	9.50	55	6.74	3.90
1991	13	509	11.75	66	10.81	2.95
1992	17	624	11.90	96	5.80	12.00
1993—1997	17	624～842	—	102～122	—	19.90～36.00
1999—2001	17	842（机关事业单位4389人）	71.00（机关事业单位123万元）	135	50.00	78.00（机关事业单位218万元）
2002	17	1262	75.00（机关事业单位103万元）	146	62.00	225.00（机关事业单位309万元）
2003	17	1525	157.00（机关事业单位23万元）	166	77.00	351.00（机关事业单位348万元）
2004	17	2551	267.00	172	92.00	627.00
2005	17	2871	604.00	190	160.00	1507.00
2006	17	3849	1034.00	198	153.00	2774.00
2007	41	5124	1579.00	209	173.00	2881.00
2008	62	6360	2274.00	223	210.00	2337.00

第二节 工伤保险

2006年3月，钟山区全面启动工伤保险工作。2006—2008年，全区登记参保单位198户，登记参保人数26474人，征缴工伤保险费797万元，支出302万元。基金结余813万元。

2006—2008年钟山区工伤保险参保情况一览表

表17-11

年份	参保单位（家）	参保人数（人）	征收保险金（万元）	享受待遇人数（人）	保险金支出（万元）	保险金结余（万元）
2006	50	5805	190	—	—	—
2007	68	9454	231	20	106	315
2008	80	11215	376	53	196	495
合计	198	26474	797	73	302	810

第三节 失业保险

1996年，钟山区失业保险工作开始启动。1996—2008年，全区登记参保单位714户，登记参保人数37313人，征缴失业保险费756.2万元，支出756.2万元。

1996—2008年钟山区失业保险参保情况一览表

表17-12

年份	参保单位数（家）	参保人数（人）	征缴失业保险金（万元）	支出（万元）	支出情况					当年享受失业保险人数（人）
					上解上级支出（万元）	基本生活保障（万元）	再就业补助支出（万元）	两费补贴（万元）	失业金及医疗补助支出（万元）	
1996—1998	11	616	1.60	—	—	—	—	—	—	—
1999	42	3147	12.60	1.86	1.86	—	—	—	—	—
2000	48	3031	29.10	6.20	1.86	4.34	—	—	—	—
2001	51	2985	27.67	6.40	4.34	—	2.06	—	—	—
2002	54	2900	48.72	17.86	9.96	—	7.90	—	—	—
2003	56	2994	66.90	10.38	10.00	—	—	—	0.38	5
2004	64	3716	93.60	28.30	—	—	—	12.60	15.70	100
2005	76	3846	85.80	58.23	—	—	—	31.63	26.60	89
2006	88	4254	115.14	33.33	11.38	—	—	5.85	16.10	70
2007	102	4564	155.69	474.26	429.00	—	—	28.96	16.30	35
2008	122	5260	119.38	119.38	119.38	—	29.00	—	13.74	44
合计	714	37313	756.20	756.20	587.78	4.34	38.96	79.04	88.82	343

第四节　医疗保险

1997年，钟山区职工医疗保险工作启动。2008年，随着城镇职工基本医疗保险的不断扩面，农民工参加基本医疗保险办法下发实施及城镇居民基本医疗保险启动，医疗保险体系得以健全和完善。1997—2008年，全区登记参保单位789户，登记参保人数65847人。

1997—2008年钟山区医疗保险参保情况一览表

表17-13

年份	参保单位（家）	参保人数（人）	征收保险金（万元）		保险金支出（万元）		保险金结余（万元）	
			统筹基金	个人账户	统筹基金	个人账户	统筹基金	个人账户
1997	74	4300	77.0	52.0	98.0	56.0	-20.0	-3.0
1998	—	—	92.0	62.0	155.0	82.0	-63.0	-20.0
1999	100	5030	160.0	125.0	132.0	98.0	28.0	28.0
2000	—	5000	170.0	165.0	152.0	143.0	18.0	23.0
2001	—	—	300.0	66.0	174.0	133.0	-3.0	52.0
2002	—	5000	526.0	323.0	313.0	223.0	61.0	219.0
2003	93	5300	285.0	219.0	150.5	185.5	258.0	178.0

续表17-13

年份	参保单位（家）	参保人数（人）	征收保险金（万元）		保险金支出（万元）		保险金结余（万元）	
			统筹基金	个人账户	统筹基金	个人账户	统筹基金	个人账户
2004	96	5614	443.0	280.0	203.0	210.0	318.0	229.0
2005	97	6914	460.0	319.0	524.0	242.0	453.0	135.0
2006	99	7245	466.8	286.1	273.0	265.0	505.8	658.2
2007	116	10119	647.4	468.8	321.0	395.0	1183.4	598.7
2008	114	11325	975.0	635.0	411.0	481.0	1707.8	757.6
合计	789	65847	4602.2	3000.9	2906.5	2513.5	4447.0	2855.5

第十八篇　医药卫生

第一章　机　构

第一节　管理机构

一、钟山区卫生局

1988年5月建立钟山区卫生局，为区属卫生行政管理机构。内设人秘科、业务科2个股级机构。核定行政编制3人，事业编制4人。其中局领导职数3人，人秘科2人（其中驾驶员1人），业务科2人，科室领导职数各1人。是年成立中共钟山区卫生局支部。1993年核定行政编制11个，其中局长1人、副局长2人，内设办公室、业务科、财务科3个股级机构。1995年9月建立区卫生局党组，核定书记1人，党组成员3人。1997年成立纪检组。1998年核定纪检员1人（正股级），1999年7月改为纪检组长。2000年撤销纪检机构。2002年3月定编制7人，其中领导职数4人，内设办公室、业务科、财务科3个股级机构，2008年5月核定行政编制7人，实有工作人员13人，领导职数3人，其中1人副局长主持工作。内设办公室、业务科、财务科3个股级机构，下辖区疾病预防控制中心、区卫生监督所2个正科级事业单位——新型农村合作医疗办公室（副科级事业单位）、爱卫办（股级事业单位）。

二、钟山区爱国卫生运动委员会

1988年6月成立钟山区爱国卫生委员会，下设办公室在区卫生局，为股级事业单位，隶属区卫生局。核定事业编制3人，其中股级领导职数1人，工作人员2人。1990年9月增加编制1人，编制增至4人。1992年3月升格为副科级事业单位，设专职副主任1人（副科级），副主任1人（正股级），工作人员2人。1993年5月成立爱卫监督站（挂爱卫办牌子），为股级事业机构，隶属卫生局。1998年9月撤销爱卫监督站，易名为办公室，改为正科级事业单位。设主任、副主任各1人。内设综合股、城乡工作股，各设股长1人。至2008年，区爱卫办降为股事业单位，隶属区卫生局，核定编制3人，设股级领导职数1人。

三、钟山区食品药品监督管理局

1988—1989年1月区卫生局行使药政管理权，1989年1月成立药检所，行使药政管理权，为卫生局下属股级事业单位，定编3人，其中领导职数1人。2002年6月药检所上划市药监局，食品药品监督管理权随之上划。2008年8月成立钟山区食品药品监督管理局，为药品食品行政管理机构，瞿从勇为党组书记、局长，宋培亮为副局长，核定编制13人，其中行政编11人，事业编2人。内设办公室、药品股、食品安全股3个股级机构。至2008年12月，实有职工11人，其中领导职数2人，副主任科员2人，股长（主任）3人，科员3人，工勤人员1人。

四、钟山区卫生监督所

1988—1996年全区卫生监督工作由区卫生局业务科负责。1996年8月设卫生监督办，为股级机构，隶属区卫生局。2000年7月17日撤销钟山区医疗机构监督管理办公室，成立卫生监督所，为股级事业单位，定编12人，隶属区卫生局管理，1名副局长兼任所长。2002年3月11日钟山区卫生监督所成立，为正科级事业单位，隶属卫生局。内设办公室、业务一科、业务二科3个股级单位。核定事业编制12人，其中所长1人、副所长2人，工作人员9人。至2008年，内设业务一科、业务二科、业务三科、办公室4个科室，核定编制30人，实有职工31人，其中领导职数3人，行政3人，专业技术人员20人，工勤人员5人。

五、钟山区新型农村合作医疗管理办公室

2007年1月成立钟山区新型农村合作医疗管理工作领导小组，区长高玉林为组长，由2名副区长为副组长，下设办公室在区卫生局。同时全区9个乡、镇（街道）成立相应组织。5月15日区新农合领导小组办公室易名为新型农村合作医疗管理办公室，隶属区卫生局，为副科级事业单位。核定编制4人，其中主任1人（副科级）、副主任1（正股级），工作人员2人。赵捷为主任，明进为副主任。至2008年12月，核定编制4人，实有工作人员6人，其中公益性岗位1人，聘用驾驶员1人。

第二节　预防保健机构

一、钟山区疾病预防控制中心

1988年8月14日，成立区医学预防保健中心，隶属区卫生局管理的副科级事业单位。编制15人，设领导职数2人。内设检验、妇幼保健、计划免疫3个股级科室。是年增加事业编制5人，编制增至20人。1989年增加编制10人，编制增至30人，设领导职数2人。1990年，区防保健中心升格为正科级事业单位，保健站与防保中心合署办公，改称预防保健中心。1991年编制增至33人。1992年1月21日，成立钟山区防疫站，隶属卫生局，为正科级事业单位。核定编制40人，设领导职数2人，行政管理人员4人，工勤人员2人，专业技术人员32人，仍与妇幼保健站合署办公。1993年8月降格为副科级事业单位。1995年5月12日，钟山区防疫站内设办公室、检验科、防疫计免科、卫生科（挂教育科牌子）4个股级机构。定编制24人，设站长1人，副站长2人。2000年撤销防疫站，建立钟山区疾病预防控制中心，为正科级事业单位，定编25人，设主任1人，副主任2人。其中党政管理人员4人，专业技术人员18人，工勤人员3人。内设办公室、流行病科、地方病和慢性病科、结核病防治科、计划免疫科、监测检验科、门诊部7个股级机构。2002年增设宣传科。2005年编制增至35人。至2008年核编34人，设主任1人，副主任2人，行政人员10人，专业技术人员17人，工勤人员4人。其中副高1人，中级8人，初级19人。

二、钟山区妇幼保健站

1988年8月14日成立钟山区医学预防保健中心，内设妇幼保健科。1989年成立钟山区妇幼保健技术指导中心。1990年12月成立区妇幼保健站，为正科级事业单位，与区预防保健中心合署办公。1992年定编25人，其中领导职数2人，专业技术人员20人，行政人员2人，工勤人员1人。1993年8月降格为副科级。1995年2月23日区妇幼保健站升格为正科级事业单位，编制15人，设站长1名，副站长1人。内设门诊部、儿保科、妇保科3个股级机构。2003年12月区妇保站与区计生宣传技术指导站，建立区计划生育妇幼保健中心，为正科级事业单位。

第三节　医疗机构

一、区属医疗机构

（一）钟山区人民医院

1990年7月撤销城关区医院和钟山区机关卫生所，合并组建钟山区人民医院，内设办公室、医务科、财务科3个科室。在岗人员34人。1993年8月钟山区人民医院成立，为科级卫生事业单位，内设内科、儿科、外科、妇产科、五官科、中医科、医技科、检验科、药剂科、供应室，防疫保健科11个股级医疗机构。设置床位110张，编制154人，其中卫生技术人员108人。2005年6月钟山区委、区政府决定撤销钟山区人民医院。

（二）钟山区第二人民医院

2007年11月，将杉树林社区医院和乌蒙山医院合并组建钟山区第二人民医院，为副科级医疗事业机构。定编制36人，实有33人，医疗技术人员27人。将原乌蒙山医院作为钟山区第二人民医院住院部，院址在月照乡响水社区。住院部占地面积3000平方米，建筑面积2500平方米，床位70张。乌蒙山医院南环路水泥新苑45号楼为门诊部，建筑面积460平方米。杉树林社区医院为第二门诊部，设内科、儿科、外科、妇产科、检验科、放射科、护理部、中西药房。2003年4月承办凤凰街道办事处第一社区卫生服务中心（一套人马，两块牌子），门诊部设全科诊室、预防保健室、康复理疗室、放射室、检验室、西药房、财务室、办公室等，实有专业技术人员12人。

二、乡镇（街道）卫生院

城关区医院　1957年5月建立城关区卫生所，后改称城关区卫生院，为股级医疗机构。有医务工作人员3名，院址在场坝。1958年8月城关区医院更名为灯塔公社卫生院。1959年与联合诊所合并，院址仍在场坝九街，人员增至20人。内设中、西医科。1961年7月撤销灯塔公社，恢复城关区，灯塔公社卫生院易名为城关区医院。是年城关区医院与联合诊所分设，城关医院人员减至9人。1963年5月，区医院随行政区划调整，管理灯塔、其林、马鞍、教场、双龙等5个公社卫生院。1966年2月，发箐、坪坝2个公社划入城关区，城关区医院辖7个公社卫生所。1970年12月始，城关区医院辖城关、其林、马鞍、双龙、教场、德坞6个公社卫生所。1970年设中医专业。1974年设病房床位5张，1975年床位增至20张。1982年7月城关区医院辖教场、凤凰、其林、德坞4个公社卫生院。1983年4月16日后公社更名为乡，城关区医院负责指导乡卫生院业务工作。1984年城关区医院辖水城、杨柳2个镇及城关、教场、凤凰、其林、德坞、月照7个管理区卫生院。1987年城关区医院辖城关、凤凰、其林、德坞、教场5个乡，场坝、城内、西站、钟山4个街道办卫生院。1990年7月撤销城关区医院，建立钟山区人民医院。

黄土坡街道卫生院　1988年，钟山区与水城县分设时，钟山街道办事处、西站街道办事处、其林乡（均为股级建制），均无卫生事业机构。1989年撤销钟山街道办事处、西站街道办事处、其林乡，建立黄土坡办事处，组建办事处卫生院，定编3人。2000年明确为股级卫生事业单位，院址在人民西路黄土坡街道办办公楼旁，与计生服务站合建业务办公用房。2007年12月核编6人，其中院长1人、副院长1人，业务人员4人。下属第一社区卫生服务中心、第二社区卫生服务中心。

荷城街道卫生院　1989年成立，定编3人，为股级卫生事业单位。1998年定编3人，下属社区卫生服务中心（站）、村卫生室。办事处将其办公楼划拨2间办公房作医院临时用房。至2007年12月定编5人，其中院长1人、副院长1人，工作人员3人。

凤凰街道卫生院　原名土桥公社卫生院，后马鞍、土桥公社合并，为凤凰公社卫生合作医疗站，1976年变更为凤凰公社为卫生院。1992年成立凤凰乡卫生院，核定事业编制5人，为股级医疗卫生事业单位。2000年易名为凤凰街道卫生院，临时租用松坪村办公楼200平方米作为业务用房，内设门诊、病房开展诊疗工作。2006年迁至凤凰新区凤凰办事处办公楼办公，未开展诊疗业务工作，主要从事卫生行政管理和对村（社区）卫生服务中心、站、室的业务指导。2007年12月定编12人，其中院长1人、副院长1人，工作人员10人。

德坞街道卫生院　1956年建立德坞区卫生所。1958年易名德坞公社卫生院，辖10个管理区卫生所。1961年恢复德坞区卫生院，指导管理区属卫生所工作。1970年12月德坞区卫生院更名为德坞公社卫生院（集体性质）。1987年德坞公社卫生院易名为德坞乡卫生院，划归钟山区。1992年德坞乡卫生院易名为德坞镇卫生院，为股级卫生事业单位。院址在德坞镇白鹤村街上，定编5人。业务用房144平方米木瓦房，后改建砖混楼房2层，面积200平方米。1998年定编5人。2000年3月德坞镇卫生院易名为办事处卫生院。2005年德坞办事处将医院房屋出售，从政府办公楼内临时安排2间给卫生院作业务用房。至2008年12月，定编5人，其中院长1人、副院长1人，工作人员3人。未开展诊疗业务工作，主要从事卫生行政管理和对村社区进行业务指导。

大湾镇卫生院　1953年建立威宁县二塘卫生所，实有医务人员3人。1966年迁至二塘电厂办公，辖二塘、三合2公社（乡）卫生所。1965年贵州省人民委员会决定将威宁县二塘区的二塘、三合2个乡划归水城矿区管理，1967年筹建水城矿区二塘医院，为企业卫生机构，院址在二塘公社新寨村1组（二塘街上），建砖木结构房1层，建筑面积420平方米，实有工作人员4人。1969年建立大湾卫生所，设中西医门诊，病房、药房、检验科，开展医疗工作，负责指导二塘、三合2个公社、13个大队、矿区（家属）防保工作。1970年水城矿区与水城县并建为水城特区，二塘医院易名为大湾区医院。管理二塘、三合公社卫生工作。1978年在幸福村1组建砖木结构房2层，建筑面积450平方米，作为医院业务用房。1982年建立大湾镇，大湾区医院改为大湾镇医院，管辖乡级卫生院2个、自然村卫生室14个。1984年职工增至10人。设门诊、病房、中医诊断室、化验室等。1987年恢复大湾区，大湾镇医院易名为大湾区医院，成建置划入钟山区。1992年区政府拨款在二塘街上重建二塘乡卫生院，建筑面积272平方米。1992年核编14人，1998年定编11人。至2008年12月，定编9人，其中院长1人、副院长1人，工作人员7人。

汪家寨镇卫生院　1992年3月成立，为股级卫生事业单位，定编5人。有业务用房500平方米。1998年定编5人。开展常见病、多发病、部分疑难病的中西医综合诊疗。至2008年12月，核定编制8人，其中院长1人、副院长1人，职工6人。实有职工4人。

大河镇卫生院　1992年3月筹建大河镇卫生院，定编5人，1994年大河镇卫生院成立，为股级卫生事业单位。有业务用房770平方米，设病床30张。2007年12月定编12人，其中院长1人、副院长1名，管理人员2人，专业技术人员8人。至2008年12月实有在岗人员10人，其中专业技术人员9人。医疗设备有100毫安的X光机1台、9孔无影灯1个、乙种手术包1套、万能手术床1台、药柜12个、住院病床40张、办公桌椅10张、煎药机1台。主要开展内科、外科、妇科、儿科、放射科、化验科等诊疗业务，并可作下腹部手术，同时开展常见病、多发病中医治疗。

老鹰山镇卫生院　1992年成立，为股级卫生事业单位，定编5人。1993年2月有业务用房320平方米，设床位16张，开展常见病、多发病诊治工作。1997年业务用房增至1000平方米。2007年12月定编制14人，其中院长1人、副院长1人，专业技术人员12人。2008年区政府投资54万元兴建门诊综合楼。

观音山镇卫生院　1992年3月建立，为股级卫生事业单位，定编5人。1994年有业务用房150平方米。1997年业务用房增至220平方米。2001年4月撤销观音山镇与老鹰山镇，组建老鹰山镇，观音山镇卫生院成建制并入老鹰山镇卫生院。原卫生院作为红卫山村委办公用房。

月照乡卫生院　1992年3月建立，为股级卫生事业单位，定编5人。有业务用房200平方米。月照乡迁至马坝村后，卫生院随之迁至政府办公楼内办公，未开展诊疗业务，主要从事卫生行政管理和对村卫生室进行业务指导。2007年12月定编8人，其中院长1人，副院长1人，专业技术人员6人。

三、村卫生室

水城解放前，水城境内农村仅有少量民间中草药医生和游医行医，无卫生医疗机构。1958年始设村卫生室，1970年创办合作医疗，大部分村组建合作医疗站（室）。1988年钟山区成立时有88个村，部分村卫生室解体，部分村由乡卫生员兼职，设有卫生室的村有卫生员1～2人。多数村卫生室无业务用房，村卫生员在家中存放医疗器具及药品。1989年建立村卫生室12个，1990年增至60个。1994年钟山区全区68个村，建立村卫生室43个，其中甲级村卫生室4个。1995年全区行政村67个，除乡镇所在地暂不建村卫生室之外，设立村卫生室48个，村卫生员89人，村卫生室覆盖率100%。1996年全区村卫生室增至52个，村卫生员119人。1998年8月对全区村卫生人员进行调整，调整后村卫生人员共117人。1999年8月13日贵州省人民政府提出《乡村医生教育五年达标实施办法》规定，在3—5年内每村卫生室配备中专生1人。全区有行政村67个，建有村卫生室64个，有乡村医生122人，其中有中专和相当中专水平的乡村医生48人，无学历的74人。1996—2001年培训卫生员335人次。2001年培训、考核、配备村卫生员131人。2002年钟山区卫生行政部门对达到标准的村卫生室发放医疗机构许可证49张。全区卫生员增至140人。2003年钟山区“通过笔试、技能考试、公示程序”调整村卫生员。2004年全区村卫生员调整为110人，其中助理医师8人，大中专毕业生43人。2005年8月，城区部分村转制为社区，取消不合格卫生员9人，新增卫生员11人。2006年12月全区行政村卫生室调整为53个，其中集体26个，个体27个。有卫生员93人，其中中专以上学历88人。至2008年发放村医疗机构执业许可证54个，有卫生员119人。

四、社区卫生服务中心（站）

（一）社区卫生服务中心

黄土坡街道第一社区卫生服务中心 2003年1月建立，原地址在六盘水市乡镇企业局二楼，租用业务用房105平方米，现迁至明湖路5号房办公，属非营利性质的民营医疗机构。至2008年12月黄土坡街道第一社区卫生服务中心下辖社区卫生服务站12个，床位23张，卫生服务人员18人，其中中医副主任医师1人，主治医师2人，护师、护士等10人。内设妇科、预保科、全科医疗科，涉及专业16个，总投资300万元，其中资产200万元，流动资金100万元。2007年定为钟山区新农合定点医疗机构。

黄土坡街道第二社区卫生服务中心 2005年3月建立，中心租用汪水路113地质队办公楼作为诊疗场所。属非营利性民营医疗机构。投入资金200万元，其中固定资产180万元，流动资金20万元。设预防保健科、全科医疗科、中医科、检验科、影像科等，开设门诊、病房、家庭病床、急诊等诊疗科目，床位50张，职工26人。其中医疗技术人员16人，中医副主任医师1人，中西主治医各1人，住院医师1人，中药技师1人，主管检验技师1人，主管护师1人，护师1人，护士6人。至2008年12月，下属社区卫生服务站9个。为钟山区新农合定点医疗机构。

荷城社区卫生服务中心 2004年12月7日建立，系水城钢铁公司总医院创办的卫生服务机构，地址在荷城东路欣欣花园7号楼，租用业务房1900平方米，总投资520万元，其中固定资产400万元，流动资金120万元。开设预防保健科、全科医疗科、妇产科、儿科、妇保科、儿保科等科室，实有职工61人。其中医疗技术人员55人。至2008年12月，下属社区卫生服务站7个，为钟山区新农合定点医疗机构。

凤凰街道第一社区卫生服务中心 2003年4月成立，由钟山区第二人民医院创办，驻地在凉都大道水泥新苑，业务用房面积400平方米，为非营利性卫生事业机构。至2008年12月，下属社区卫生服务站10个，为钟山区新农合定点医疗机构。

（二）社区卫生服务站

2000年始，钟山区启动社区卫生服务站试点，2003年开设社区卫生服务站3家。水钢总医院申办社区卫生服务站18家。2004年8月钟山区在荷城街道、凤凰街道设置卫生服务站19家。2007年全区社区卫生服务站增至35家。至2008年12月，全区实有社区服务站41家，执业人数365人，其中技术人员325人。平均每站业务用房达150平方米以上，人员及设备配置均符合要求。

2008年钟山区社区卫生服务站情况一览表

表18-1

机构名称	所有制形式	成立时间	所在地址	房屋建筑面积（平方米）	设置床位（张）	现有人数										
						总数（人）	专业人员（人）	其中								
								副主任医师（人）	主治医师（人）	医师（人）	中医师（人）	防疫医师（人）	妇保医师（人）	职业护理（人）	护士（人）	化验人员（人）
凤凰办事处凤苑社区卫生服务站	私营	2008.11	钟山区碧云路派华新都10-1	203	3	5	5	—	1	—	1	—	1	1	1	—
凤凰办事处龙井社区卫生服务站	私营	2005.7	钟山区龙井社区龙井一巷	160	3	7	7	—	1	2	1	1	1	1	1	
凤凰办事处大营社区卫生服务站	私营	2007.3	凤办大营社区	200	3	—	5	—	2	—	—	—	—	—	—	—
凤凰办事处广场社区卫生服务站	国有	2006.9	龙井路商业街号101、201室	200	6	5	5	—	—	2	—	—	—	—	—	—
凤凰办事处八一社区卫生服务站	私营	2006.1	南环路搬迁2号点17号	200	6	9	9	—	—	—	—	—	—	—	—	—
凤凰办事处明湖社区卫生服务站	私营	2008.1	明湖社区	200	3	7	6	—	1	1	1	—	—	1	2	1
凤凰办事处松坪南路社区卫生服务站	私营	2004.7	松坪南路	168	3	5	5	1	1	—	—	—	—	3	—	—
凤凰办事处龙苑社区卫生服务站	私营	2006.10	凤凰大道	208	3	5	5	—	1	2	—	—	—	2	—	—
凤凰办事处怡景社区卫生服务站	私营	2008.1	南环中路5号	160	5	4	4	—	1	—	—	—	—	—	3	—
凤凰办事处兴隆社区卫生服务站	私营	2008.11	凤凰路1号、8号楼	158	4	5	5	—	—	—	—	—	—	—	—	—
德坞街道德西社区	私营	2006.1	德西社区	200	2	6	6	—	—	2	—	1	1	1	—	—
德坞街道德宏社区	私营	2005.1	白鹤高架桥旁	250	10	5	5	—	1	1	—	—	—	2	—	1
黄土坡办事处人民中路第一社区卫生服务站	民营	2006.1	人民中路田湾菜场	158	7	6	5	—	—	1	1	—	—	—	—	—
黄土坡办事处建设路第二社区卫生服务站	民营	2006.1.1	人民西路市政公司楼下	252	6	13	11	—	1	1	—	—	1	4	3	1

续表18-1

机构名称	所有制形式	成立时间	所在地址	房屋建筑面积（平方米）	设置床位（张）	现有人数										
						总数（人）	专业人员（人）	其中								
								副主任医师（人）	主治医师（人）	医师（人）	中医师（人）	防疫医师（人）	妇保医师（人）	职业护理（人）	护士（人）	化验人员（人）
黄土坡办事处文化南路社区卫生服务站	民营	2005	总司路	228	5	6	6	—	—	2	—	—	1	2	—	1
黄土坡办事处二屯社区卫生服务站	民营	2007.1	二屯社区	175	3	7	7	—	1	1	—	—	1	1	3	—
黄土坡办事处松坪北路社区卫生服务站	民营	2004.7	人民中路11号	168	3	9	9	—	1	1	—	—	1	2	4	—
黄土坡办事处建设路第一社区卫生服务站	全民	2006.9	建设路	153	3	5	5	2	1	—	—	—	—	3	—	—
黄土坡办事处区府路社区卫生服务站	民营	2000	区府路	150	5	5	5	—	3	2	—	—	—	—	—	—
黄土坡办事处人民中路第二社区卫生服务站	民营	2007.1	人民中路143号	274	9	5	5	—	2	—	—	—	—	3	—	—
黄土坡办事处川心村第一社区卫生服务站	民营	2006.7	川心小区国土局对面	200	8	8	8	—	—	4	—	—	—	—	1	—
黄土坡办事处川心村第二社区卫生服务站	民营	2006.8	川心北路派华花苑		4	13	9	—	1	1	—	1	1	1	3	—
黄土坡办事处土桥社区卫生服务站	民营	2008.7	土桥社区	250	12	6	5	—	—	2	—	—	—	2	1	1
黄土坡办事处红岩路社区卫生服务站	民营	2006	红岩路（火车站）	680	20	13	10	—	3	—	—	—	—	1	2	—
黄土坡办事处东风东路社区卫生服务站	全民	2003.4	火车站对面		3	6	6	—	1	1	—	—	—	2	2	—
黄土坡办事处其林路社区卫生服务站	民营	2004.8	人民中路132号	170	6	—	—	—	2	1	—	—	—	3	1	—
黄土坡办事处青年路社区卫生服务站	民营	2007.1	黄办青年路	158	8	6	6	—	1	1	—	—	—	3	1	—
黄土坡办事处曹家湾社区卫生服务站	民营	2006.7	曹家湾	300	3	6	6	—	—	2	—	1	—	2	1	—

续表18-1

机构名称	所有制形式	成立时间	所在地址	房屋建筑面积（平方米）	设置床位（张）	现有人数										
						总数（人）	专业人员（人）	其中								
								副主任医师（人）	主治医师（人）	医师（人）	中医师（人）	防疫医师（人）	妇保医师（人）	职业护理（人）	护士（人）	化验人员（人）
黄土坡办事处东风西路社区卫生服务站	全民	2003.4	—	—	—	—	—	—	—	—	—	—	—	—	—	—
黄土坡办事处人民西路社区卫生服务站	民营	2004	钟山西路66号	250	10	9	8	—	1	1	—	—	—	4	1	—
黄土坡办事处向阳北路社区卫生服务站	民营	2005.1	人民西路17号	180	2	7	7	—	—	2	—	1	1	2	1	—
黄土坡办事处康乐南路社区卫生服务站	民营	2007.3.1	市烟草公司旁	168	6	7	7	—	—	2	—	—	—	4	—	—
黄土坡办事处花渔洞社区卫生服务站	民营	2006.1	花渔洞市财政局楼下	188	6	7	7	—	—	2	1	—	—	3	—	1
荷城办事处官林社区卫生服务站	国企	2004.3	东新路新欣花园七号楼	165	2	5	5	—	—	1	—	—	1	3	—	—
荷城办事处马鞍社区卫生服务站	私营	2006.6	南环路	250	5	6	6	—	—	2	—	1	1	2	—	—
荷城办事处荷城社区卫生服务站	国企	2004.3	荷城东路新欣花园7号楼	165	2	4	4	—	1	2	—	—	—	1	—	—
荷城办事处菜园社区卫生服务站	全民	2004.1	荷城菜园路菜园巷1号	155	6	5	5	—	1	1	—	—	—	3	—	—
荷城办事处城南社区卫生服务站	私营	2008.6	荷城城南路	200	3	5	5	1	1	—	—	—	—	1	1	—
荷城办事处花园社区卫生服务站	国企	2004.3	荷城花园西湖苑A门面4、5、6、	257	9	12	9	—	2	1	1	—	1	1	3	—
荷城办事处中环路社区卫生服务站	私营	2006.3	荷城中环路186号	176	6	7	5	—	—	2	—	—	—	1	2	—
荷城办事处茶叶林社区卫生服务站	私营	2006.7	荷城人民东路206号	150	3	5	5	—	—	1	—	—	—	3	—	—

五、驻区境市、厂矿、县属医疗机构

（一）市、厂矿医疗机构

六盘水市医疗集团 1980年6月初，六盘水市人民医院建立，为正县级医疗事业单位，院址在松坪村4组王家丫口。1985年7月迁往钟山大街新址，业务用房建筑面积2.6万平方米。1990年有职工481人，其中卫生技术人员421人，主任、副主任医师20人、主治医院68人。内设有内科、普外科、脑外科、骨科、传染科、妇产科、儿科、中医科、五官科、口腔科、家庭保健科、预防保健科、药剂科、放射科、病理科、检验科、理疗科、康复科及老干部病房19个科室。有病床425张，配有血氧酸碱分析仪、分光定度计、比色计、心脏急救监护装备、纤维内窥镜、A型B型超声波诊断仪、牙科X光机、外科手术显微镜、心电图机、脑血流图机、牙科综合治疗机、微波针灸仪等医疗设备。医院制定实施一系列较严密完善之管理制度。1999年组建120急救中心，开展伤病员紧急救护工作。2003年，六盘水市人民医院与六盘水市妇幼保健院联合组建六盘水市医疗集团，为正县级医疗事业单位。自2004年1月始，为贵阳医学院非直管附属医院及贵州省高等医学院校临床教学基地。是年，六盘水市铁路医院移交地方后，易名为六盘水市第四人民医院，并纳入市医疗集团统一管理。1987—1988年，市医院连续2次评为全国卫生文明单位。1988年1月24日贵昆线昆明—上海80次列车颠覆，全院积极抢救伤亡人员，受到铁道部及省、市政府表彰奖励。1988年，院长周凤凯评为全国优秀院长。1995年市医院被评为国家二级甲等医院。1996年被誉为爱婴医院。

六盘水市妇幼保健院（市第三人民医院） 2001年4月成立，挂六盘水市第三人民医院牌子，为副县级事业单位。院址在钟山区南环路53号楼。内设办公室、总务科、财务科、保卫科4个科室，实有职工40人。其中，院长1人，副院长2人，科级领导4人，党政管理人员25人，卫生技术人员13人，工勤人员2人。2002年10月设妇产科与综合病房。2003年11月市人民医院妇产科、儿科整体迁至市妇幼保健院新址，有业务用房建筑面积8718.82平方米。内设妇科、产科、儿科、新生儿科、急诊综合科、麻醉科、保健部、医技科8个科室，床位230张，实有医务人员134人，其中专业技术人员117人。

六盘水市第四人民医院 2004年6月六盘水铁路医院移交六盘水市人民政府管理，更名六盘水市第四人民医院。为副县级卫生事业单位，内设办公室、人事教育科、财务科、医务科、护理部、保卫科、设备物资科7个科室。至2008年，内设内科、儿科、外科（腹腔镜专科）、妇产科、传染科、急诊科、预防保健科、放射科、检验科、中医科、五官科、口腔科、药剂科、输血科、麻醉科、理疗科、消毒供应室17个科室，病床位130张。实有职工208人，其中执业医师62人，医技人员87人，护理65人，高级职称6人，中级职称35人，初级职称114人。

六盘水市120急救中心 2006年4月6日成立，地址在钟山西路56号，有业务用房800平方米。内设急诊科、业务科、调度室、办公室等4个科室，有职工29人，其中副主任医师4人、主治医师6人、住院医师5人、主管护理3人、护师3人、护士5人、行政管理人员1人、工勤人员2人。临时工作人员27人，其中市医院轮转医师4人，轮转护理人员15人，接线员4人，驾驶员4人。现有救护车7辆，心电监护仪10台（含车载3台），除颤仪4台（含车载3台，1台老化），全自动洗胃机2台，心电图机5台（含车载3台），急诊抢救床4张，急诊留观病床20张。至2008年，全中心装备有先进的指挥调度系统和先进设备，能够随时调派近10组抢救人员及车辆物资参与社会急救任务。急救范围除六盘水地区外，覆盖至周边的赫章县、纳雍县、威宁县及水黄路中段以内地区，并与各乡镇医疗机构建立合作关系。

六盘水市中心血站 1991年建立，属市医院建制。是年从市医院检验科和相关科室抽调医疗技术人员9人，由检验科主任负责筹建，租用德坞白鹤村8组约150平方米的房屋作为业务办公用房，有旧离心机2台，负责市医院临床用血和市区一些医院用血，同时开展单采血浆业务。1997年10月易名为六盘水市中心血站，属副县级卫生事业机构。1999年4月核定中心血站事业编制25人，设站长1人（副县级），副站长1人（正科级）。其中党政管理人员5人，专业技术人员15人，后勤人员5人。2000年兴建血站综合楼，总建筑面积4100平方米，配备新型采血车2辆，送血车3辆，大型离心机、血细胞分离机等仪器设备。2008年全站职工30人，其中党政管理人员5人，专业人员25人。2004年六盘水市被卫生部、红十字会、解放军总后勤部评为2001—2003年度无偿献血先进城市。2007年六盘水市再次荣获卫生部2004—2005年全国无偿献血先进城市称号。

六盘水市疾控中心　1972年2月建立六盘水地区卫生防疫站，站址在钟山区朝阳新村（明湖村），设防疫等4个科室，1973年建成业务办公用房1042平方米，开展以预防控制急性传染病为重点的卫生防疫工作。1986年建成3幢职工宿舍和冷链房、X光机房共4500平方米。1978年更名为六盘水市卫生防疫站，下设防疫科、计划免疫科、地方病和慢性病防治科、环境卫生科、食品卫生科、学校卫生科、劳动卫生科、妇幼保健科、检验科、总务科和办公室等11个科室。1988年有职工92人，1999年12月搬迁至钟山开发区钟山中路，有业务办公用房4200平方米。2000年3月将市皮肤病性病防治所与市卫生防疫站合并。2001年内设办公室、人事科、计划财务科、传染病防治所、公共卫生监测所、卫生检验科、皮肤性病结核病防治所、健康教育信息所、地方病和慢性病防治科、综合门诊部等11个科室。定编80人，其中党政管理人员19人，专业技术人员56人，工勤人员5人。设主任1人、副主任2人，各科（所）室领导职数18人，其中正科级9人、副科级9人。2002年实有职工75人，其中副主任医师1人，主治医师26人，医师23人，医士9人，其他16人。至2008年，实有在职职工及业务技术人员71人，其中高级职称4人，中级职称26人。医疗设备有原子吸收分光光度计、气相色谱、带摄影荧光显微镜等仪器、设备。

水城矿业集团总医院　1964年建立水城矿区指挥部医务所，地址在汪家寨沙坝场村东山，实有医务人员4人。1965年组建水城矿区基建指挥部中心医院。1966年7月易名为水城特区医院。1970年10月，组建水城矿务局医院。床位150张，内设门诊部、检验科、放射科、药剂科、中医科、妇产科、五官科、内科、外科9个科室，有医务人员299人，其中主治医师2人，医师45人，医士41人，护士长12人，护士50人，护理员66人，工人62人。1973年1月，医院由东山迁至沙坝场村曹家湾新址，床位250张。1983年8月，中心医院、二塘职工医院、老鹰山职工医院合并，组建水城矿务局总医院。1984年4月10日，恢复水城矿务局中心医院，老鹰山职工医院，二塘职工医院原建制。1996年成立急救中心，使急救医疗ICU、CCU重症监护一体化。6月27日中心医院迁至钟山区黄土坡街道水西路17号新址，更名为水城矿务局总医院。2002年9月，更名为水矿集团公司总医院，承担集团公司医疗和公司内卫生、计生行政管理的双重任务。下属二塘、老鹰山、汪家寨3个分院，1个中心管理科，13个医疗网点，总床位1110张，内设科室42个，职工1349人。其中专业技术人员584人。

首钢（水钢）总医院　原为水城钢铁厂医院，后易名为水城钢铁公司医院。1966年4月筹建，1968年8月建成开诊，院址在市中心城区东北部三块田，占地面积11380平方米，有医务人员250人。1973年建立第二门诊，1984年外科大楼建成。至1986年，有门诊部2个，卫生所6个，病床221张，职工480人，其中副主任医师16人，主治医师54人、医师76人，医士、药剂、护士、检验士122人。配备有30毫安至500毫安X光机7台，其中500毫安X光机设备有电视监护和影像增强设备及高压注射器，快速换片机等装置，有B型盐场波诊断仪2台，血气分析仪、钠钾分析仪、纤维内窥镜等大型先进医疗设备。1988年，全院职工373人，其中卫生技术人员235人。

水城铁路医院　1966年建立水城铁路西站卫生所，下辖田坝、滥坝、关寨、六枝、背水黑等保健站5个，院址在黄土坡街道开拓路清丰巷14号楼，占地面积14.2亩，建筑面积4324平方米，设综合病床21张。1971年将卫生所扩建为水城铁路医院，有病床100张，设内科、外科、妇科、儿科、五官科、口腔科、传染科、手术室、针灸科、中医科、理疗科、老干门诊室、预防保健站、职业病防治科、药剂科、放射超声波科、心电图室等18个科室。1984年全院职工174人。1988年有职工139人，其中卫生技术人员101人，床位70张。主要设备有200毫安和400毫安X光机各1台，脑电图机、心电图机、B型超声波诊断仪。2004年6月，水城铁路医院移交六盘水市人民政府管理，更名为六盘水市第四人民医院。2008年划归钟山区管理，更名为钟山区人民医院，为副县级卫生医疗事业单位。

水城水泥厂医院 1966年建立厂卫生所，1969年扩建为职工医院，占地面积5000余平方米，建筑面积2500平方米。内设有内科、外科、妇科、儿科、中医科、五官科、口腔科、理疗科、防疫科、放射科、检验科、心电图室、脑电图室、B超诊断室、胃镜室等临床科室。设备有500毫安X光机1台，B型超声波诊断仪，纤维胃镜、脑电图机、牙科综合治疗机等，病床80张。1988年，全院职工87人，其中卫生技术人员78人。病床80张，设内科、外科、儿科、妇产科、放射科、检验科、中医科、口腔科、防疫科、手术室、中西药房、理疗室、供应室、病案室、药库、办公室、后勤科17个科室。1978年5月成立厂医务劳动鉴定委员会，制定医务劳动鉴定规定并遵照执行。1983年成立职业病防治科、防疫科。1984年分设门诊部、住院部，床位80张。增设胃镜室、B超室。1988年全院职工87人。1998年水城水泥厂医院更名为贵州省乌蒙山发展实业有限公司职工医院，设立南环路水泥新苑门诊部。2004年9月，将乌蒙山医院成建制划归钟山区人民政府管理，更名为六盘水市钟山区乌蒙山医院，为副科级医疗事业单位，定编23名，设内科、外科、妇科、检验科、放射科。2007年11月12日，经钟山区人民政府批准，将杉树林社区医院和乌蒙山医院合并组建钟山区第二人民医院。

水城杉树林铅锌矿职工医院 1951年，贵州省赫章铅锌矿成立，下设杉树林铅锌矿分场（现六盘水市钟山区老鹰山镇仁河洞村），1954年建立分场保健站，有医务工作人员4人。1966年建立杉树林铅锌卫生所，建筑面积500平方米。1988年杉树林铅锌分矿更名为贵州杉树林铅锌矿，杉树林铅锌卫生所易名为贵州省杉树林铅锌矿职工医院，业务用房2400平方米，病床15～20张，设综合科、中西药房、检验科。1988年全院有职工22人，其中卫生技术人员19人，病床22张。内设内科、外科、妇产科、儿科、传染科、理疗科、口腔科、五官科等科室。医疗设备有心电图机、脑电图机、A型超声波诊断仪等。1990年有医务人员15～20人。2003年1月，杉树林铅锌矿宣告破产，医院成建制移交钟山区管理。更名为六盘水市钟山区杉树林社区医院，为股级事业单位，迁至黄土坡街道人民中路35号楼办公，编制13人。2007年11月12日，经钟山区人民政府批准，将杉树林社区医院和乌蒙山医院合并组建钟山区第二人民医院。

（二）水城县中医院

1984年成立筹备组，1985年撤销特区机关卫生所和筹备组，成立水城特区中医院。为正科级卫生事业机构，业务用房为机关卫生所旧房，面积827平方米。1988年12月更名为水城县中医院。实有职工39人，其中主治医师1人、中医师8人、西医师4人、护师2人、护士4人、中药士3人、西药士1人、助产士3人、中药药剂员1人、检验员1人。内设中医内科、妇产科、针灸科、肿瘤科、西医门诊、检验室、中西药房、门诊治疗室、病房。床位21张，观察床8张。设备有显微镜1台，B超1台。1992年实有业务用房面积2400平方米。1998年与贵阳中医学院微量元素研究所合作，开办微量元素门诊。1998年8月，被定为全市中医中西结合执业医师实践考试基地，1999年4月被省中医药管理局列为重点建设中西医疗机构，针灸科、肛肠专科为重点专科。2007年被定为钟山区、水城县新农合定点医院。现有法国康强888型彩超、日本东芝220型B超各1台，多参数心电监护仪、多参数四床遥测、动态心电分析系统、酶标分析系统分析仪、脑血管功能检测仪A-6半自动生化分析仪，牙科综合治疗机，全电脑肛肠综合检查仪、全自动麻醉机、体外震波碎石机等及临床科室普通设备。至2008年12月，实有职工108人，其中副高10人、主治医师25人，设床位102张。内设中医内科、针灸理疗微创专科、肛肠科、骨伤科、五官科、皮肤科、妇产科、西医儿科、普外科、碎石专科、医技科、检验科、B超室、脑电图、心电图室。分别为六盘水市机关医保、钟山区医保、县医保、铁路医保等定点医院。

六、民营医院　门诊部　诊所

（一）民营医院

六盘水市杨光五官科医院　2008年3月29日成立，院址在钟山开发区南环路水泥新苑斜对面租房办公。全院职工26人，其中专业技术人员21人，主任医师2人、副主任医师1人、主治医师2人，医师5人，主管护师3人，执业护士4人，护士2人。

六盘水市清华五官科医院　2008年6月10日成立。民营营利性医疗机构。院址在六盘水市钟山区人民路198号，总投资88.8万元。内设门诊部、急诊室、住院部，有床位55张，牙椅4张。职工总数26人，其中卫生技术人员21人。设眼科、耳鼻喉科，外科、内科、医学检验科、影像B超室、心电图室、药剂科、麻醉科、手术室等。

六盘水市友好妇科医院　2008年1月建立，院址在水西北路3号。业务用房（租用）3600平方米，床位40张，为民营营利性医疗机构。有职工80人，专业技术人员40人，其中高级职称3人、中级职称12人、初级职称25人。

六盘水丽人医院　2008年8月30日建立。民营营利性医疗机构，地址在人民中路67号（租赁房），设病床20张，有职工86人，其中高级职称1人、中级职称12人、初级职称29人。开设内科、外科、儿科、急诊科、医学美容科、妇产科、中医科、检验科、放射科、功能科。

六盘水市协和医院　2006年6月成立，为民营营利性医院，院址在六盘水市凉都大道（原市报社大楼），占地面积5000平方米，设置床位110张。有职工110人，其中卫生技术人员79人，高级职称5人，中级职称15人，初级职称59人。设内科、外科、妇产科、儿科、耳鼻咽喉科、医学检验科、医学影像科、中医科、预防保健科等。

六盘水凉都健康妇产医院　2000年建立，2002年升格为专科医院，2009年更名为凉都健康妇产医院。属营利性民营医疗机构，院址在钟山区人民中路28号，医用房屋面积2300平方米，开设门诊部、住院部，现有床位20张。内设妇科、产科、内科、外科、不孕不育科。全院职工28人，技术人员21人，主任医师1人、副主任医师1人、主治医师1人、医师3人、助理医师2人。护士9人，其中主管护师1人、护师2人、护士5人、医疗技术人员4人。

安居医院　2003年4月建立六盘水市安居医院有限公司，为股份制医疗机构，业务用房面积1万平方米，位于六盘水市钟山区荷城办事处荷城东路29号。2004年12月内设门急诊、综合科病区、内科病区、外科病区。2005年分别成立中共六盘水市安居医院党支部、六盘水市安居医院工会委员会、共青团六盘水市安居医院委员会。内设外二科（骨科）病区，骨科普外分离。至2008年12月全院共有病床300张。设置内科、普外科、骨科、脑科、外科、妇产科、儿科、五官科、口腔科、肿瘤科、中医科、影像室、皮肤科、检验科、体外碎石科等17个专科，体外碎石科与成都微创医院合作开展工作。在册职工200人，其中，高级职称7人，中级职称40人。

山城精神病院　1989年12月建立毕节地区山城精神病医院水城分院，为民营营利性医疗机构，位于钟山区黄土坡街道川心8组（汪水路26号），民宅2层，建筑面积300平方米，设床位60张，职工17人。1992年9月易名为钟山区山城精神病院。1993年征地3.2亩修建4层砖混结构的住院部，面积1200平方米，设床位100张。1995年5月成立强制戒毒所，后撤销。2000年建业务用房2000平方米，2002年改称为六盘水市钟山区山城精神病院，病床增至100张。2003年征地建病人洗澡间，活动乐园等业务用房2700平方米。2004年更名为六盘水市山城精神病院，床位195张，设男治疗区、女治疗区、男康复区、女康复区。内设精神病科、心理咨询科、心电图室、ECT室、化验室、美沙酮门诊室。2008年医院设董事会，并设会长1人，副会长1人，职工68人。其中医技人员35人，副主任医师1人，主治医师4人，医师3人，精神科护士27人。

生殖健康专科医院　2001年3月建立，院址在黄土坡街道人民中路28号（新客车站旁），租房2300平方米，设床位20张。内设内科、普外、泌尿外科、影像科、检验科、妇科、产科。职工27人，专业技术人员20人，专业从事生殖健康治疗。

东山医院　2005年3月建立，院址在钟山区汪家寨镇富艺中路，租房910平方米，设床位20张。设内科、外科、妇科、儿科、中医科、影像科、检验科。有职工26人，其中专业技术人员12人。

中山医院　1995年建立，院址驻人民中路（区检察院旁），1996—1998年挂钟山区人民医院门诊部牌子，区人民医院安排人员到门诊部就诊。2005年5月改称为中山医院，院址在黄土坡街道人民西路29号，租房1500平方米，设床位20张。设内科、外科、妇科、儿科、急诊科、检验科、影像科。有职工14人，其中专业技术人员14人。

康健医院　2004年6月19日建立，院址在钟山区大湾镇，租用原大湾中学教学楼作为业务用房，建筑面积2150平方米，设床位20张。设内科、外科、儿科、妇科、急诊室、影像室、检验科。有职工18人，其中专业技术人员6人。

科技医院　2008年3月建立，院址在大湾镇二塘街上（新寨村），租房2000平方米，设病床50张。内设内科、外科、妇产科、儿科、急诊室、检验科、影像科。有职工40人，其中专业技术人员30人，执业医师6人，助师2人，执业护士3人，检验技师1人。

安泰医院　2007年9月建立，称京都医院，2008年易名为安泰医院。院址在钟山区人民东路133号，租房1150平方米，设病房50张。设内科、外科、妇产科、儿科、中医科、口腔科、影像室、检验科。有职工50人，其中专业技术人员25人，医师9人，护理10人，医技6人。

退休医师医院　2007年3月1日建立，院址在人民中路107号，业务用房900平方米（租用），内设内科、外科、妇科、儿科、影像室、检验科。全院职工13人，其中专业技术人员10人。

华西医院　2005年建立，院址在人民中路79号。业务用房900平方米（租用）。设内科、外科、妇科、儿科等9个科室，床位20张。有职工12人，其中专业技术人员11人。

仁和医院　2006年12月建立，院址在人民中路61号，业务用房1000平方米（租用），床位20张。设内科、外科、儿科、妇产科、检验科、影像科，医院有副主任医师1人，住院医师3人，药剂师1人，检验技师1人，护士4人，2008年更名为仁和医院，院址迁至凉都大道凤凰小学对面，取消产科，增设康复科。

陈兴玺医院　2007年10月建立，地址在钟山区黄土坡街道松坪北路21号，系以治疗骨伤为特色的医疗机构，有病床20张。设内科、外科、妇科、儿科、中医科、检验科、急诊室、影像科等科室，开展外科、产科手术。有执业医师3人，执业护理3人（护师1人）。

张开文医院　2007年成立，院址在大湾镇二塘街上。设内科、外科、妇科、儿科、中医科、检验科、影像科等科室，有职工13人，其中主治医师1人，药剂师1人，中医师1人。2008年改为诊所。

博爱医院　2003年9月建立，院址在钟山区黄土坡街道其林路10号，业务用房3600平方米（租用），设门急诊、住院部，有病床21张。有职工32人，其中专业技术人员20人，其他技术人员1人，后勤人员11人。有副主任医师1人，主治医师1人，住院医师3人，助理医师1人，药师（士）2人、检验士1人、护师（士）4人、主管技师1人。

欧亚男健医院　2008年9月建立。院址在钟山区，以男性生殖健康专业为主，兼设外科、内科、妇科、儿科、中医科等科室，租用业务房，设备有尿道微波治疗仪等。有副主任医师2人，主治医师3

人，执业医师1人，妇产医师1人，药师3人（中药师1人）主管检验师1人，主管护师2人，护士4人。

（二）门诊部

至2008年钟山区境内有门诊部7家。1999年3月，建立湘雅医学门诊部，在大湾镇，有业务用房380平方米，病床16张，内设外科、中医科、妇科。实有医务人员8人。2000年9月，建立戴氏牙科门诊部，在钟山中路明湖高架桥旁，有业务用房230平方米，床位15张，内设口腔科。2001年建立博康医学综合门诊部，位于人民中路42号，有业务用房547平方米，床位10张，内设内科、外科、妇科、儿科、影像检验室5个科室，有医务人员12人。2003年3月建立国爱门诊部，在公园路23号，有业务用房460平方米，床位10张，内设内科、外科、妇科、儿科、中医科5个科室，实有医务人员11人。是年3月，建立恒康医学门诊部，位于人民中路67号，有业务用房485平方米，床位20张，实有医务人员10人。2005年10月，建立利民综合门诊部，在汪家镇那罗村，有业务用房800平方米，床位20张，内设急诊室、内科、外科、儿科、中医科。实有医务人员18人。2006年，建立仁爱门诊部，位于人民中路542号，有业务用房700平方米，床位5张，实有医务人员10人。

（三）诊所

1978年后，根据卫生部的意见，设立民营医疗机构，作为我国医疗体系不足的补充，同时充分利用各种卫生资源为群众提供医疗服务。1980—1988年陆续逐年审批个体诊所，1988年全区有个体诊所110个。1992年验办证250个，1994年验换证265个，1999年验办证180个，2001年验办证241个，2004年审办证162个，2005年审办证163个。至2008年全区审批诊所164个，其中西医内科81个、儿科2个、医疗美容1个、口腔科10个、检验科1个、五官科1个、中医科52个、中西结合1个、中医骨科1个、妇科14个。

2008年钟山区民营个体诊所一览表

表18-2

序号	诊所名称	执业范围	序号	诊所名称	执业范围
1	吴必让诊所	内科	83	杨祖国诊所	中医科
2	何应鑫诊所	内科	84	苗艳军诊所	妇科
3	陈德秀诊所	内科	85	何发位诊所	中医科
4	陈庭义诊所	中医科	86	陈家训诊所	中医科
5	龚文辉诊所	中医内科	87	周鄠诊所	中医科
6	周晓雁诊所	中医科	88	林开莲诊所	内科
7	牙卫士口腔诊所	口腔科	89	王显忠诊所	内科
8	蒙颢诊所	内科	90	李素华诊所	妇科
9	吴华锋诊所	中医科	91	陈伟诊所	内科
10	盛贵伦诊所	中医内科	92	袁媛口腔诊所	口腔科
11	宋小洪诊所	内科	93	黄元菊诊所	妇科
12	郭大清诊所	内科	94	朱道会诊所	内科
13	陈洪口腔诊所	口腔科	95	郑仕益诊所	中医科
14	张新禄诊所	内科	96	张万生诊所	内科

续表18-2

序号	诊所名称	执业范围	序号	诊所名称	执业范围
15	张氏牙科诊所	口腔科	97	李嗣奇诊所	内科医学检验
16	蒋文磊诊所	中医科	98	丁传碧诊所	中医科
17	梁达荣诊所	中医科	99	王伟诊所	口腔科
18	胡廷伟诊所	内科	100	司崇义诊所	内科
19	吴震亚诊所	内科	101	易华忠诊所	中医科
20	孙洪兴诊所	内科	102	罗庆平诊所	妇科
21	吴应华诊所	中医科	103	闫学国诊所	中医科
22	李碧芬诊所	妇科	104	杨全珍诊所	内科
23	汪华音诊所	妇科	105	费克诚诊所	中医科
24	廖学卫诊所	中医科	106	黄祖平诊所	中医科
25	冯立文诊所	口腔科	107	程咪咪诊所	内科
26	蒋正芬诊所	内科	108	杨刚忠诊所	内科
27	孙定安诊所	中医内科	109	龙秀仁诊所	内科
28	赵勇诊所	中医科	110	姜智敏诊所	内科
29	葛发贵诊所	儿科	111	黄家杰诊所	儿科
30	李永歧诊所	中内科	112	王锡恭诊所	内科
31	王军诊所	内科	113	吴惠明诊所	中医科
32	王进诊所	内科	114	龙泽先诊所	中医科
33	徐英诊所	内科	115	王连诚诊所	内科
34	周东升诊所	中医科	116	张青学诊所	内科
35	黄鉴龄诊所	中医科	117	董珍口腔诊所	口腔科
36	雷利虎诊所	中医科	118	陈祖云诊所	中医科
37	路军诊所	内科	119	郑春发诊所	内科
38	康雪利诊所	口腔科	120	罗招金诊所	内科
39	顾尚琴诊所	内科	121	梁春梅诊所	内科
40	胡艳江诊所	内科	122	张霞诊所	妇科
41	吴正林诊所	内科	123	彭军克诊所	内科
42	周继馨诊所	妇科	124	罗绍珍诊所	内科
43	陈志国诊所	中医科	125	成长荣诊所	内科
44	王泽慧诊所	中医内科	126	王智诊所	内科
45	邵静洁诊所	内科	127	刘志芬诊所	内科
46	胡齐伦诊所	内科	128	高永富诊所	中医科

续表18-2

序号	诊所名称	执业范围	序号	诊所名称	执业范围
47	邱思林诊所	中医内科	129	张福生诊所	内科
48	徐国章诊所	内科	130	陈景全诊所	内科
49	徐德芬诊所	内科	131	杨秀隆诊所	内科
50	陈云清诊所	中医科	132	刘朝万诊所	内科
51	陈刚诊所	中医科	133	张琨诊所	妇科
52	王正伦诊所	中医骨科	134	张明贵诊所	内科
53	郭文诊所	内科	135	黄乾军诊所	内科
54	尹志兰诊所	内科	136	叶茂芳诊所	内科
55	邹明华诊所	中医科	137	林艳娴诊所	中医科
56	鲁阳龙诊所	中医科	138	申开龙诊所	内科
57	赵敏诊所	妇科	139	刘永英诊所	中西结合
58	肖永刚诊所	内科	140	肖兴毓诊所	内科
59	徐静诊所	妇科	141	孔庆仙诊所	中医科
60	张苏有所	妇科	142	田俊民诊所	内科
61	张龙诊所	医疗美容	143	王贵生诊所	口腔科
62	叶兴菊诊所	中西医结合	144	修素娥诊所	内科
63	王守华诊所	内科	145	李庆红诊所	五官科
64	乔素君诊所	内科	146	卢占琴诊所	儿科
65	王俊文诊所	中医科	147	沈贵禄诊所	内科
66	王永志诊所	内科	148	李玉明诊所	中医科
67	蒋发桃诊所	内科	149	陈学文诊所	内科
68	廖怀林诊所	内科	150	黄美娟诊所	内科
69	潘世江诊所	中医科	151	杨祖国诊所	中医科
70	蔡进诊所	内科	152	李桂荣诊所	内科
71	龙开惠诊所	妇科	153	刘玉珍诊所	口腔科
72	李华诊所	内科	154	胡齐利诊所	内科
73	龙江诊所	内科	155	向伟诊所	内科
74	毛盛球诊所	中医科	156	沈均平诊所	中医科
75	张宝红诊所	妇科	157	刘兴焕诊所	内科
76	王殿鹏诊所	中医科	158	贺广金诊所	内科
77	陈大宽诊所	中医科	159	刘鹏飞诊所	中医科
78	梁昭烈诊所	中医科	160	杜兴堂诊所	内科

续表18-2

序号	诊所名称	执业范围	序号	诊所名称	执业范围
79	许定华诊所	内科	161	王大明诊所	内科
80	陈权诊所	中医科	162	王艳琳诊所	内科
81	吴斌诊所	中医科	163	李洪斌诊所	内科
82	陈孟先诊所	内科	164	裴锡元诊所	内科

第二章　医　疗

第一节　医政管理

一、区属医疗机构管理

1988—2008年，钟山区对全区计免建卡、四苗覆盖等工作进行目标考核。在卫生系统开展优质服务和医德医风教育，杜绝无证就诊及个人外出开诊行为。在区、乡卫生院推行承包责任制，开展超额服务、业余服务、院外服务、有偿服务。将村卫生室建设纳入年度目标考核内容。成立医疗机构监督办公室，监督检查医药市场，整顿村卫生室，组织个体医疗机构学习《医疗机构管理条例》；组织对全区乡、镇、办事处和厂矿企业、区直卫生医疗单位进行年度目标管理考核；组织全区医务人员参加全国统一的执业医师资格考试，对成绩合格取得执业医师和助理医师资格的发给证书，允许执业；组织实施开展合作医疗和社区卫生服务，推行医药分开核算制度，建立集体决策监督制约机制，加强医疗服务市场监管工作，严厉打击非法行医；组织开展禽流感防治工作，建立突发公共卫生事件应急领导小组，应对突发公共卫生事件发生。按医疗机构的经营目的、诊疗内容、服务对象、投资来源、利益分配以及执行的财政税收、价格政策和会计制度等进行分类管理。并根据要求，建立健全管理制度，整顿医疗市场，取缔无证诊所和非法行医。全区共核定区属非营利性质医疗机构26家。

二、民营医疗机构管理

1989年，钟山区对取得医（护）士以上职称个体执业人员考试考核，合格人员发给合格证。对不合格诊所发给临时执照或停业整顿，组织学习，次年再进行考核。并规定凡无照行医的，分别处以罚款，没收医疗器械及停业整顿。1992年对个体医药所（店）逐户登记，对不具开业资格的人员一律不予办证。1995年3次开展对个体诊所的检查，全区无证行医明显减少。1996年3次开展医药市场大检查。1997年成立医疗机构评审委员会，严格个体医院证照评审。1998年根据医疗管理实施细则，加强医药市场管理，取缔非法行医，重点打击游医活动。2000年钟山区成立医药市场清理整顿联合检查组，对德坞、老鹰山、观音山、大河、大湾、汪家寨、月照等乡、镇、办事处的个体诊所、药店开展为期3个月的清理整顿。此后，继续加强医药市场管理，不定期开展取缔非法行医、打击游医活动。

三、社区卫生管理

自2000年始，钟山区在城市和工矿区设立卫生服务中心和卫生服务站，其职能是负责社区预防、康复、健康教育等工作。钟山区有社区卫生服务中心4个，“中心”下设若干卫生服务站。全区社区卫生服务中心（站）实行政府领导、街道负责、卫生部门管理、医疗机构指导、社区参与的管理体制，有效解决居民看病难、看病贵的问题。至2008年，卫生服务中心与大中型医院建立和谐、合作和共赢关系，建立分级医疗、双向转诊和双向派员制度，加快社区卫生服务人才培养，提高服务水平。全区建立以中心（站）为主体，民营医院、门诊部、诊所（医务所、室）护理院机构及其他基层医疗机构为补充的社区服务网络。

第二节　西　医

钟山区建区以前，1930年，今钟山区境的水城城区有西医传入。1942年建立水城县卫生院（位于老城）。中华人民共和国成立后，1955年，水城县卫生院设西医门诊部、住院部。是年小河铁厂成立医务室，开展西医工作。1965—1978年，今钟山区境内的厂矿企业先后开设医院，开展西医诊疗工作。

1968年，水钢医院成功抢救一起重大车祸事故伤员36人，并成功做开颅术1例。1974年水城矿务局中心医院成功做肺叶切除术4例，膀胱全切术1例，食道疤痕切除吻合术1例。1975年水矿中心医院成功施行断臂再植术。1976年水矿中心医院首次成功做经阴式子宫切除术，同时开展凝血酶原、第五因子、第七因子测定及红细胞碱粒凝聚试验。1978年，水矿中心医院成功做骨肿瘤切除再植术2例，开展膀胱全切除和输尿管移植术，同时用呋喃唑酮治疗伤寒，避免造血系统发生障碍，运用激光进行视网膜剥离动物试验。1979年水钢医院成功开展断肢再植术，开展改良式阴道前后壁修补术15例，患者均痊愈出院。成功为病人摘除一例脑垂体腺瘤。水矿中心医院开展自体肾移植动物试验8例，成活4例，开展角膜移植动物试验。抢救收治小煤窑瓦斯爆炸病人14人，其中大面积烧伤79%的休克病人6人，均治愈出院。1980年水钢医院开展六盘水市首例门静脉高压脾肾静脉吻合术。1981年铁路医院成功开展肺叶切除术。1983年市医院开展纤维胃镜检查，胃大部切除术。1985年水钢医院成功开展首例动脉导管密闭手术。

一、驻区西医

1988年，水钢医院成功开展六盘水市第一例开胸风心病二尖瓣分离术。1991年水矿中心医院高压氧舱治疗机、体外碎石机投入使用。1992年市医院内科开展腹膜透析，与昆明医院联合开展电视腹腔镜胆囊拆除术。1995年市医院全部CT投入使用。1997年水钢医院用胎儿皮等代替植皮治疗大面积烧伤病人成功。1998年市医院检验科安装全自动血气分析仪。1999年市医院购进骨密度测量仪1台，开展远程会诊。2000年购置胃镜及多普勒、SA-8800MT型彩超投入使用。2002年市医院购进遥控胃肠X光机、直接数字摄影系统（CR）投入使用，2003年水矿总院购进日本血液透析仪、美国GE磁共振投入使用。2004年，第四人民医院开展腹腔镜取胆结石工作。此后至2008年，境内市及厂矿企业医疗机构不断完善西医诊疗装备，提升西医诊疗水平，西医治疗病人治愈率大幅提高。

二、区属西医

1990年组建钟山区人民医院，有100毫安X光机、有普通生化及三大常规设备、台式数字化黑白B超、普通心电图机和检验室，可供普通手术用。1992年经考试考核评审，有18名乡村医生参加乡、镇（街道）医疗机构从事医疗服务，区卫生局给各乡镇街道卫生院配发100毫安X光机、手术无影灯、冰箱、氧气瓶、显微镜、消毒锅、婴儿磅秤、产床、检验设备等，逐步扩大医疗项目，适应西医诊疗工作。

第三节　中　医

钟山区建区以前，今钟山区境在清末至民国初年，水城县城有中医及药店诊所，有王树山普济堂，善治昏厥病及内科疑难杂症。其后，有龚大兴药室、邓瑞五药室、杨清波药材店、同庆丰药店等。民国19年（1930），城内有徐兴发药店、龚燧荣药店、聂佑三诊所、罗友贤中药店、王鹏中药店、袁凤岗“广寿堂”等。1949年，王华甫、龚燧荣、肖伦武、王伯香、周必光、罗鼎名、晋善珍、杨绍清、焦发文、刘玉书等开设药店或诊所10余家，分布在城内和场坝一带。龚燧荣精内科、儿科、妇科杂症。彭凤岗长于治疗胃出血、大头病、白癜风等疑难病症。王伯香、王华甫、刘玉书、杨绍清悉心研治内科、儿科诸疾。

中华人民共和国成立后，王华甫等老中医继续从医，龚燧荣、杨绍清则成为县卫生院医生，杨绍清献出四时感冒丸、调经丸、口腔炎粉、喉头炎粉等12种秘方、验方。1971年水城特区人民医院及城关、大湾等卫生院均建立中医科。1986年建水城特区中医院后，水城中医中药向专业化发展，在治疗肾炎、泌尿道感染、肝硬化腹水、脑血管意外、顽固性呃逆、消化性溃疡、慢性咽炎、慢性肝炎等方面成绩突出。

1967—1984年，水钢总医院、观音山矿医院、小河铁厂医院、水泥厂医院、水城矿区二塘医院、城关区医院、水城矿务局中心医院、水城铁路医院、六盘水市医院先后设中医科室，开设中医门诊，开展中医治疗工作。

1989年，市医院中医科变更为中医肿瘤科，与儿科为一个护理单元，设病床12张，业务人员5人，负责中西医业务，采用中药治疗恶性淋巴瘤，取得满意疗效。1992年开展中西医结合治疗泌尿系结石、胆结石、痛风、乙肝，取得独特疗效。1990年区人民医院建立，设中医科，中医主治医师2人，针灸推拿医师1人，有中药士2人。2001年区医院有中医主治医3人、针灸1人、中医师1人，中医助师2人。1991年汪家寨卫生院设中医科开展工作，有中医助师1人。2006年全区6个乡镇（街道）卫生院有中医药人员9人，54个村有中医医药人员32人。部分社区卫生服务中心（站）设中医开展诊疗工作。

第四节　医学教育

一、学校教育

1988年，区卫生局在大湾二塘农中举办一期职业高中卫生自费培训班，学制2年。入学学生62人，毕业分配在水矿总医院及二塘、老鹰山分院实习。1990年经考试合格，发给职高结业证58人。其中有13人考入乡镇计生服务站工作，有4人到村卫生室工作。1989年，组织未取得医士或护士以上专业技术职称的个体从业人员进行考试，参加考试实有94人，及格49人。1990年，钟山区在市财校举办村卫生员培训班，参加培训57人，经考试合格取得结业证书53人。1991年卫生部颁发《继续医学教育暂行规定》，把学分作为本专业晋升的必备条例之一。钟山区成立继续医学教育领导小组。1996—1998年共招收医护专业人员84人，分别到省内有关中等专业学校学习，学习前学员与卫生局签订定向合同。其中1996年签订定向合同18人，1997年48人，1998年18人。这批学生毕业后，因就业政策改变，仅8人通过其他渠道分配工作。

二、在职教育

1992年，区防保中心举办为期7天的接生员培训班，参加培训人员116人，其中村接生员88人，乡妇女卫生员28人。1993—2000年，共对乡村医生医前培训2人，村卫生员培训126人，接生员培训51人，村卫生员复训80人，村接生员复训65人，乡村卫生员进修73人，参加函授学习51人。1995年，钟山区举办卫生员培训复训60人。有36人派到省、市及其他地方培训进修。1996年培训乡村卫生人员118人次。2006年派医护人员5人参加贵州省城市社区卫生高血压、糖尿病防控技术班培训，参加市组织的城市社区全科护士半脱产培训33人，参加半脱产护士培训27人。2008年，六盘水市举办城市社区卫生人员培训班，钟山区有29人参加培训。另有2人参加贵州省为期10个月全科医师骨干培训班。至2008年钟山区无学历乡村医生60%以上接受中专及以上学历教育，所有的乡镇卫生院在岗技术人员均参加医学教育培训。

第五节　农村合作医疗

1999年，钟山区制定《农村合作医疗实施方案》，成立合作医疗领导小组。2002年在月照乡4个村、凤凰乡2个村启动合作医疗工作。2007年，全区9个乡镇（街道）卫生院、相关医院、4个社区卫生服务中心、区第二人民医院、区妇保站成立相应领导机构。组织各乡镇（街道）卫生专职人员37人进行培训。成立新农合定点医疗机构评审组，确定合作医疗转院病人或直接接诊病人的合作医疗定点机构，审定定点医疗机构105家。为鼓励计生户、五保户、特困户和弱势群体参加新农村合作医疗，区计生局为独生子女户、二女结扎户2100人，代交医疗保险2.11万元。区民政局为贫困户、五保户、优抚对象10920人，代交医疗保险10.92万元。是年，钟山区筹集农民资金共131.89万元，总投入合作医疗经费672.47万元，全年兑现“新农合”报销132.83万元，受益患者223人，资金余额539.65万元。全区农业人口145620人，参加农村合作医疗保险131890人，参合率86.27%。

2008年，钟山区开始实行网上受理新农合补偿，开展适时监控。同时组织医疗队开展诊疗活动，实行现场减免、现场咨询，并以此为契机加大宣传力度。全区确定“新农合”定点医疗机构91家，其中省内外、省级医院14家，市级医院5家，县级医院7家、乡级医院12家、村级卫生室53家。加强对定点医疗机构的医疗服务行为进行检查，收回违规收入4330.33元，处罚违约金37.15万元。

至2008年，全区农业人口14.77万人，参合人数13.30万人，参合率90.05%。筹措配套资金1213.27万元，加上年结转539.65万元，共1752.92万元。门诊报销15675人次，报销金额34.68万元，住院报销4658人次，报销金额523.30万元。其中对5000元以上大额医疗费用实行二次补偿，共408人，金额92.42万余元。全年总支出639.22万元，资金使用率为53.82%，结余1113.7万元。

第三章　药物　药政

第一节　中　药

钟山区境内中草药资源丰富。据1986年中药资源普查资料，今钟山区地大宗药材蕴藏量约330吨。

四季出售的药材有200余种。主要有厚朴花、草乌、藤乌、川乌、马尾黄连、红升麻、小杜鹃、红土茯苓、白土茯苓、金刚藤、瓶尔小草、夏枯草、白毛夏枯草、红百合、三叶佛甲草、果上叶、叶下花、灯盏细辛、黄花败酱草、蜘蛛香、野菊花、蒲公英、紫花地丁、马鞭草、凤尾草、七星剑、芦山石韦、蟾蜍、杏仁、桑叶、桑葚、桑白皮、扁豆、扁豆花、地骨皮、何首乌、夜交藤、九死还魂草、细叶鼠曲草、白花胡颓子、藤三七、血当归、小红活麻、小白活麻、苎麻根、细叶金钱草、金钱草、海金砂、无娘藤、菟丝子、雷丸、刺梨根、刺梨、香樟子、樟木根、楮实子、生漆、漆米、水蛭、蚯蚓、青蒿、野韭菜、救军粮、岩川芎、壁虎、山苍子、女贞子、旱莲草、猪殃殃、水案板、土蛤蚧、胶果兰、雪里见、五皮风、蛇莓、三角风、土大黄、黑骨藤、田基黄、淫羊藿、万丈深、胖血藤、仙茅、骚羊古、丝瓜络、八月扎、九里光、土牛夕、头昏药、梦花、铁灯草、通草、泽兰、菊叶三七、草本木姜花、雀不站、见风青、黄柏、奶浆菜、万年青、白薇、铁扫帚、强盗九杆子、车前草、车前子、莱菔子、白芥子、金樱子、鸡血藤、孑孓、四块瓦、地牯牛、蜗牛、媳姑草、蝉衣、黑豆、赤小豆、斑蝥、九香虫、吴茱萸、六角英、千千荷、益母草、石菖蒲、岩虹豆、野荞麦、花蝴蝶、臭牡丹、苦金盆、山乌龟、黄药子、荠菜、三叶木通、龙胆草、透骨消、闹羊花、天泡果、苍耳子、苍耳叶、地瓜藤、槲寄生、桑寄生、青鱼胆草、兔儿风、月季花、扁蓄、秋牡丹、栀子、路路通、松节、钟乳石、椒目、花椒、蚱蜢、肺经草、刺老包、小茴香、薄荷、肺形草、白茅根、狗骨、狗肾、狗油、狗肝、狗肉、牛肉、牛黄、水牛角、水沙胆、紫河车、独脚莲、白蛇胆、红蛇胆、半枝莲、徐长青、天南星、山魔芋、虎仗、糯米藤根、黄鳝、艾叶、香附子、卫茅、九节菖蒲、蔊菜、枇杷叶、枇杷花、白木槿花、紫木槿花、白烟脂花、红烟脂花、仙鹤草、紫背天葵、反背白、戛戛羊、野青菜、绿花菜、见肿消、凤仙花、反背红、商陆、续随子、红鸡冠花、团经药、野花椒、竹茹、葛根、蒌皮、仁、花粉、绿升麻、小贯众、紫基贯众、毛茛、淡竹叶、皂刺、皂荚、蝌蚪、浮萍等。

栽培的中药主要有杜仲、板蓝根、黄柏、花椒、黔党、牡丹、芍药、当归等。

第二节 药品经营

六盘水市医药公司负责钟山区药品器械的供应储备、零售及分营定点供应。六盘水市医药公司经营中成药、中药材、中药饮片、毒性中药材。中药饮片达6000余个品种，中药材达1000余个品种。中医诊所多与药商对接，个别半成品、原生药品直接与小药贩对接。民间医生多数自采自用。六盘水市医药公司主要供应化学药制剂，抗生素，生化药品，生物制品（除疫苗），麻醉药品，精神药品（一、二类），毒性药品制剂、Ⅲ类医疗器械（含一次性使用无菌医疗器械）、营养保健品，经营西药、医疗器械7000余个品种。

至2008年，钟山区内共有药品批发企业4家，即六盘水市医药公司、贵州康宁大众医药有限公司、贵州医药集团六盘水医药公司、六盘水济生药业有限公司。其中六盘水市医药公司和贵州康宁大众医药有限公司为国有企业，贵州医药集团六盘水医药公司和六盘水济生药业有限公司为私营企业。辖区内共有大型药品零售连锁企业3家，即贵州老百姓大药房药业连锁有限公司、六盘水济生药品配送连锁有限公司和六盘水名正药品配送连锁有限公司。有连锁店206家，零售药店107家，均有中药销售。

六盘水市医药公司 1971年始建，对外称六盘水地区中药公司。1978年改称六盘水市中西药公司。1997年更名贵州省六盘水市医药公司。位于钟山区钟山西路利民巷。公司零售总部位于六盘水市钟山西路65号，下设六盘水市钟山医药商店、六盘水市钟山医药商店第五门市、六盘水市钟山医药商店第六门市部等3个零售网点。2008年，有职工152人，其中执业药师1人，主管药师1人，药师12人，中药师5人，药士5人。拥有经营场地2000平方米，仓库2500平方米。

贵州老百姓药业连锁有限公司 2006年成立，为私营中型药品零售连锁企业。公司总部驻钟山区荷城花园农贸市场二楼。2008年，有职工220人，在钟山区辖区内有分店11家。经营房屋面积5500余平方米，有中型的配送仓库780平方米，拥有固定资产1000万元。2006年，经营品种5500种，年销售额3100万元，上缴利税190万元。2008年，经营品种7000种，年销售额4080万元，上缴利税230万元。

六盘水济生药业有限公司　2007年由贵州省岑巩县新兴药业有限公司变更成立。2008年，有职工21人，营业场所及办公、辅助用房面积240平方米，仓库面积2000平方米。公司购置有分析天平、澄明度检测仪、标准比色液、水分测定仪、紫外检测仪、显微镜等验收养护设备；仓库配备有空调、冰柜、换气扇、除湿机、温湿度表等养护设施。

第三节　药品工业

贵州明湖药业股份有限公司　1993年建立，即原贵州省六盘水国光药业股份有限公司，1996年更名为贵州明湖药业股份有限公司，位于钟山区明湖路窑上原市财校内。1999年由贵州神奇药业收购并正式生产。公司有GMP标准厂房3887平方米，有多功能提取罐3套、三效薄膜蒸发器2套、乙醇回收器1套、日本岛津高效液相色谱仪等设备，生产车间有生产线2条，主要生产杜仲颗粒、止咳颗粒、胃炎宁颗粒、杜仲双降袋泡剂4个品种药品。

贵州明湖药业股份有限公司产销情况一览表

表18-3

年份	产品种类	产量（件）	生产总值（万元）	年销售额（万元）	缴税（万元）
2002	杜仲颗粒、止咳颗粒	7600	360	304	63
2003	止咳颗粒、胃炎宁颗粒	10700	510	416	73
2004	止咳颗粒、胃炎宁颗粒	9600	460	384	65
2005	止咳颗粒、胃炎宁颗粒	4500	216	180	30
2006	止咳颗粒、杜仲双降袋泡剂	4700	226	188	32
2007	止咳颗粒、杜仲双降袋泡剂	3900	187	116	20
2008	止咳颗粒、杜仲双降袋泡剂	4600	220	70	10

水钢氧气厂　1989年建立，位于钟山区月照乡马坝村。厂区占地面积为5000平方米，有职工286人。主要从事工业用管道氧、氮、氩气，瓶装氧气、氩气、医用氧气等的生产和销售。配套建有医用氧生产车间，有3200立方米/小时制氧机组1套、6000立方米/小时制氧机组2套、15000立方米/小时制氧机组1套，设计每小时产氧量30200立方米，综合氧气纯度达到99.6%。2006年医用氧产量9142瓶，2007年12768瓶，2008年18872瓶。

第四节　医药市场管理

1988年，钟山区药检所成立，监管药品市场工作。此后，逐年开展监管工作。1994年组织药政、药检、医政人员对230家个体诊所、个体药店进行3次检查，查出无证开业32家，出售假劣药品25家，查出假劣中西药83种，价值5000元，分别给予违规个体诊所和药店进行教育和处罚。1996年

8月区卫生局组织区药检所，会同区工商局、公安分局对个体药店进行为期2个月的检查整顿。共查个体药店75家，全年查药品600余批次，查处假劣药品130种，精神药品5种，价值3338元。1999年组织检查药店158户次，取缔无证药店21户，查处假劣药品68种，精神药品2种，麻醉药品1种，过期药品42种。2000年区卫生行政部门对辖区内的胃动力药西沙比利、斯达舒进行检查，抽查26家，2004年开展“就医清单制”和创建“放心药房”活动。加强药品和医疗器械的招标采购及使用管理，推行医药分开核算制度，建立公开、透明、集体决策的监督制约机制。2008年，钟山区开展对药品、医疗器械市场的整顿，没收假劣药品143个批（味）次，开展对药品零售企业GSP（药品经营质量管理规范）跟踪检查。是年，全区共有药品零售企业313家，其中零售连锁门店206家，单体药店107家。区卫生行政部门对224家药品经营企业进行跟踪检查，并进行等级评定，其中评为“A”级的有1家，评为“B”级的有218家，评为“D”级的有5家。对评为“B”级的部分药品零售企业，分别出具责令整改通知书或警告，并规定复查的时间。对被评为“D”级药品零售企业有效期满后不再给予换证。

第四章　妇幼保健

第一节　妇女保健

一、孕产妇保健

1989年，农村以新法接生为重点，城镇以围产期保健为重点，按防保区划分片负责孕产妇生育安全。是年围产期保健各项指标达95%以上的有纳福乡、二塘乡、黄土坡办事处。1991年全区围产期保健各项指标达95%以上。1992年钟山区试行与保险公司联办妇幼保健保险。

1995年6月1日《中华人民共和国母婴保健法》开始实施。钟山区城区以围产期保健为主，农村以开展新法接生为主，对孕产妇进行系统管理。1996年钟山区聘任母婴保健监督员6名，为25个村卫生室配接生箱25套，建卡率为100%，产前检查率88.3%，产后访视率86.4%，新法接生率95%。1997年区卫生局组织抽查42个点，当年出生儿童354人，产检率78.5%，产访率74%，住院分娩率2.54%，孕3个月建卡率36.7%，孕3个月以上建卡率75.9%，孕产妇管理率42.6%。2001年后，区妇保站加强市、县、乡三级网络的联系，加大对农村基层督导，使基层妇幼保健工作效率有所提高。至2008年，建卡率和高危孕产妇住院分娩率均为100%，产后访视率、系统管理率、住院分娩率等逐年提升，各项指标均达到国家规定标准，确保孕妇和婴儿的生命安全和健康。孕产妇死亡率75.57/10万，产科出血66.67%，妊娠合并内科疾病33.33%。

二、妇女病普查

1992年普查7792人，患病2915人，其中患宫颈炎（癌）2人，患尿失禁10人（治疗10人）。农村普查3933人，患病259人，患病率6.59%，其中，患阴道滴虫17人，患霉菌性阴道炎38人，患子宫肌瘤3人。此后，2005年、2007年开展妇女病普查。2007年全区应检妇女人数29937人，实检人数27205人，普查率90.87%，其中，患滴虫性阴道炎575人，患念珠菌性阴道炎900人，患细菌性阴道炎853人，患阴道炎804人，患Ⅰ°宫颈糜烂2160人，患Ⅱ°宫颈糜烂1081人，患Ⅲ°宫颈糜烂278人，患宫颈息肉251人，患宫颈肥大2894人，患急性宫颈炎580人，患子宫肿瘤103人，患卵巢肿瘤100人，患其他疾病46人。

三、绿色通道与母亲快车

2003年，钟山区绿色通道与母亲快车项目领导小组成立。2005年，以站为主，坚持每月2次到孕妇家中和她们谈心，给孕妇提供各方面的信息，为方便婚育龄妇女产前、产中、产后往返住院就诊服务。是年，区妇幼保健站利用母亲快车免费接送农村孕产妇到区站分娩9人，送医、送药下乡共12次，下乡宣传普及妇幼保健知识，发放宣传资料计1万余份，开展义诊接受咨询人数2万余人。2008年，钟山区组织人员到部分镇乡、办事处（村）进行婴幼儿早期教育，对钟山区五中青少年进行性健康教育，受教育青少年3420人。开展“三八维权”活动，发放宣传资料9681份，健康手册1686本。由区计生局组织免费义诊小组，进行优生优育和不育不孕咨询治疗，为儿童体检632人。

第二节　婴幼儿保健

1996年钟山区制定《母婴保健实施意见》，对开展母婴保健专项技术的医疗保健机构进行审核审批，对从业人员进行考试考核，对已开展婚前医学检查的医疗保健机构进行职业评审术核查，对从事母婴保健专项技术服务的人员进行结扎、终止妊娠手术、助产技术的理论与实际操作考核。同时聘任母婴保健技术监督员。

1989年，钟山区全年出生儿童1810人，新法接生1719人，全区新法接生率95%。其中农村出生1032人，新法接生915人，新法接生率88.7%。是年对集体和散居儿童、农村儿童进行体检，共检2864人次。培训农村接生员3期68人。1992年完成新法接生2630人，新法接生率92%。1998年新法接生1248人，新法接生率88.37%。2008年新法接生3956人，新法接生率99.65%。开展妇幼保健业务知识培训6次，参加培训234人次。

第三节　初级卫生保健

1991年，区政府下发《钟山区初级卫生保健实施方案》，1992年成立初保委员会，全区10个乡、镇、办事处制定规划及年度计划，做到初级卫生保健工作发展有目标，考核有依据。1993年区人大常委审议通过钟山区2000年人人享有初级卫生保健规划方案，并提出执行具体措施。1994年，举办初保人员培训班1期，参加培训人员100人。1998年全区将合作医疗纳入初级卫生保健。2004年钟山区下发《钟山区农村初级卫生保健实施方案（2001—2010）》，要求在全区开展卫生宣传教育，普及卫生知识，动员群众积极参与卫生活动。此后，钟山区加强各个环节工作力度，使初级卫生保健工作取得明显成效。2008年通过贵州省人民政府验收。

第五章　卫生防疫

第一节　预防接种

1988年，钟山区下发《关于搞好计划免疫工作的意见》，各乡镇在执行中查漏补缺，对没有乡镇卫生院的白腻、月照、煤厂、以德、艺奇、纳福等6个乡帮助建卡、四苗覆盖等项工作。1989年对区域内伤寒流行的各疫点及人员集中的学校、机关、厂矿进行伤寒疫苗预防接种，完成接种44685人。1990年完成计免麻疹疫苗接种12725人份，卡介苗12010份，脊灰炎糖丸22647人份，百白破三联疫苗22779人份，流脑疫苗5249人份，乙脑疫苗2303份。1992年发放乙肝疫苗1900人次。在乡、镇、办事处进行伤寒疫苗接种58993人份，四苗接种率95.24%。其中5个乡镇达到100%。1994年全区开展2轮脊灰强化服苗，完成服苗人数45450人次。1996年卡介苗接种率98.4%，脊灰糖丸接种率96.5%，麻疹疫苗接种率98%，百白破接种率90%，四苗覆盖率89.96%。2005年全区四苗覆盖率87.14%。其中卡介苗97.10%，百白破率97.14%，麻苗率96.43%，脊灰苗率96.43%，乙肝苗80.71%。2007年钟山区进一步加大免疫工作力度，四苗接种以乡镇为单位，麻苗率92.26%，百白破率90.79%，糖丸率91.85%，卡介苗率91.31%，新生儿乙肝接种率89.53%，首针及时率53.32%。脊灰强化免疫服苗244778人次，服苗率92.68%。2008年全区以乡镇为单位四苗接种率为91%，新生儿乙肝疫苗接种率为88.4%，首针及时率81.15%。麻疹发病5例，发病率1.09/10万。

第二节　疾病防治

一、传染病

伤寒　1988年，境内水城地区伤寒流行发病1442例，其中矿务局中心医院收治病人395例，死亡2例，痊愈出院393例。1989年钟山区伤寒发病1428例，居全市之首。是年组织防疫人员下到凤凰、白腻、煤厂乡的疫情暴发点设立临时站点，诊治2118人次，住院病人219人，治愈率98%。对11个疫点水井饮水洒放漂白粉消毒，发放漂白粉片54700片。1990年全区伤寒发病853例，死亡3例。接种伤寒疫苗5万人次。1991年伤寒发病799例，比上年减少39%。1992年在全区接种伤寒疫苗56000余人次。1994年全区伤寒发病551例，与上年比下降22.23%。1995年建立健全乡镇疫情网络，以伤寒为主的肠道传染病得到有效控制。全年发病868例，无死亡病例。1996年5月荷城办事处马鞍村、凤凰乡凤凰村发生伤寒143例。1997—2001年发病2363例。2002—2004年总发病414例。2002—2008年总发病485例，发病率大幅度下降。

乙脑　1988年全区发病5例，死亡1例。1989年发病7例，1990年发病5例，1991年发病38例，死亡1例，1992年发病2例，1993年发病8例，1994年发病3例，1995年发病2例，1996年发病5例，1997—2007年共发病118例，调查19例，死亡1例。2008年发病4例。

脊灰炎　1990年，发生脊灰炎31例。1992年发病1例，2007年发病3例，2008年发病1例。

病毒性肝炎　1989年，发生传染性肝炎218例。1990年发生病毒性肝炎599例，死亡1例。1991年发病628例。1992年发病617例。1996年发病244例。至2005年发病446例，发病率101.03/万。

结核　1999年组织对汪家寨镇新华村民进行结核病普查，全村447户、1477人，查出结核患者78人，其中小儿肺结核49人，成人29人，患病率53‰。2000年对辖区中小学生体检1200人，查出结核病119人。对大河镇渡口村进行结核病调查，认定肺结核7人，并进行规范诊疗。2002年共接待初诊病人522例，确诊288例，接受规范治疗250例，其中免费治疗119例。2003年共接诊结核病人602例，确诊并治疗病人430例，做结核菌素试验212例。2004年接诊初诊病人465例，确诊并治疗病人297例。2005年，接诊病人613例，确诊并治疗病人259例。2006年，接诊病人467例，确诊并治疗病人209例。2007年接诊病人663例，确诊并治疗病人245例。2008年，结核病人DOTS覆盖率100%，新涂阳病人发病率70.4%，治愈率88.2%。接诊病人1013例，确诊并治疗病人380例。是年在市一中高中部做结核菌素1604例，其中强阳性反应226例。

痢疾　1988年发病413例，1989年发病468例，1990年发病499例，1991年发病1310例，1992年发

病445例，1993年发病347例，1994年发病310例，1995年发病185例，1996年发病357例，1997年发病369例。1998年发病732例，同年大河镇大地、大庆、周家寨3个村痢疾流行，发病331例，治愈102例，缓解228例。1999年发病237例、2000年发病179例、2001年发病251例、2002年发病163例、2003年发病219例、2004年发病100例、2005年发病202例、2006年发病211人，2007年发病138例，2008年发病147例。

艾滋病　1997—2001年区疾控中心不断加强AIDS（艾滋病）监测，坚持哨点医院每月1次主动监测，并对病例进行随访和调查。2004年，钟山区被列为贵州省中央资金“15省区艾滋病防治项目”县。是年，发放安全套5000余个，印制发放艾滋病宣传资料5000余份，在娱乐场所发放宣传海报3200份，向农村发放海报125份，防治艾滋病宣传小折页8650份，防治艾滋病宣传条幅2000余份。2005年对辖区既往献血人员进行采血筛查，采集95份，经初筛有10例为可疑阳性。2006年进行自愿咨询监测的人数为707人，其中发现HIV阳性11例，进行CSW问卷调查402人，其中进行血清筛查163人，无HIV阳性。2007年发现艾滋病感染者15例，其中男性8例，女性7例；非辖区内已转出2例，死亡2例（其中男性1例，女性1例）。感染途径：静脉吸毒2例，性传播7例，途径不详10例。至2008年全区发现HIV感染者和AIDS病人累计共76例，其中经性传播22例，静脉注射吸毒16例，不规范采供血传播2例，理发时弄伤头皮感染1例，传播途径不详35例。

麻风病　钟山区无麻风病防治专业技术人员，1989年由区卫生局向水城县皮防站签订协议，委托承担麻风病防治任务。至2001年，全区累计有麻风病54人。其中死亡5人，外迁27人，失访2人，病愈后留毕节撒那西医院5人。至2008年钟山区共有麻风病例62例，其中1988年之前发病54例，继发8例。

二、慢性病防治

碘缺乏病　1995年对587户居民盐碘采样并进行检测，不合格83份。1995—2008年，每年开展碘盐监测工作和跟踪碘缺乏病情况。1999年、2007年、2008年分别对部分家庭主妇、中小学生进行碘缺乏病健康教育现状随机抽样调查。2008年在大湾镇、汪家寨镇、大河镇、老鹰山镇、月照乡等5个乡镇20个村共采居民盐样300份，合格277份，不合格23份，合格率92.3%。对150名学生及学校附近的75名育龄妇女进行碘缺乏病的问卷调查，其中小学生对碘缺乏病防治知识的知晓率为66.63%，育龄妇女对碘缺乏病防治知识的知晓率为66.67%。开展碘缺乏病防治健康教育后，小学生对碘缺乏病防治知识的知晓率上升为90%以上，育龄妇女对碘缺乏病防治知识的知晓率上升为70%以上。

地氟（砷）病　2001年，钟山区对各镇乡小学中心校共2590名学生进行氟斑牙调查，患病1158人，患病率44.71%。2002年对煤烟污染型氟中毒家庭1142户4397人进行地方性氟中毒调查，其中成年男性2002人，成年女性1838人，小于16岁的未成年有557人，未成年男性296人，未成年女性261人。在16岁以上成人中，轻度氟中毒者5名，占调查成人对象的0.13%，中度氟中毒者24人，占调查成人对象的0.63%，无残废型氟中毒病人。调查8～12岁儿童2279人，其中正常人数855人，氟斑牙可疑395人，极轻度氟斑牙407人，氟斑牙轻度267人，氟斑牙中度189人，氟斑牙重度166人，合计氟斑牙人数1029人。2007年贵州省政府将钟山区列入重病调查区（县）。钟山区组织老鹰山、大湾、大河、汪家寨、月照5个乡镇的农户500户，取样辣椒、大米、玉米各125份。调查结果显示，钟山区仍是全省污染型氟中毒流行重病区之一。同时对以上5个镇乡中心校、村级小学8～12岁儿童氟斑牙患病情况进行调查，共抽查2406人，患有氟斑牙595人，患病率24.7%。

2006年，钟山区成立项目实施领导小组，制定项目实施方案，进行人员培训，启动地氟（砷）病防治工作。区人民政府与各乡镇（街道）办事处签订目标管理责任书，将地氟（砷）病防治工作纳入年度目标考核。是年，发放地氟病防治健康教育信息20000余份，地氟病防治宣传单每户发放1

份，向老百姓播放VCD光盘400张，入户宣传率100%。项目中心校、项目村小学利用黑板报、学习园地宣传，利用健康教育课对学生进行地氟病防治健康教育，提高学生的知晓率。发放小学生手册2.4万本，中学生手册15000本，发放干部教育手册3500本，喷绘画500张，宣传标语120条，固定标语25块。根据农民生活习惯，设计不同型台灶，组织实施。是年验收合格5035户，每户发放补助200元，共发补助费107万元。2007年全区向5020户改造台灶、安回风炉、升烟囱的农户，每户补助200元，共发补助费100.4万元。2008年向5025户农户发放整套回风炉，发放补助109万元。

第三节　监测检验

一、传染病检验监测

1990年抽取乡镇伤寒病人血培养标本5份，培养出伤寒杆菌4份，并做药敏试验。1991年抽取乡镇疑似伤寒病人血培养标本12份，培养出伤寒杆菌5份。大湾和汪家寨水灾，在疫情受灾区域抽血培养标本5份，检出伤寒杆菌4份、金黄色葡萄球菌1份。1994年钟山区有零星霍乱感染病人，防疫站检验科在市人民医院传染科及疑似病人家中采集呕吐物和大便标本共8份，检出小川型霍乱弧菌3株，属氟哌酸敏感。全年婚前体检抽血化验600余人。对全区驾驶员抽血化验9000余人。1998年5月大河镇大庆村2、3组痢疾爆发流行，发病100余人，死亡3人。区疾控中心到大河镇大庆村采集水样1份和病人大便样7份，增菌培养，在病人大便中分离出福氏痢疾杆菌2株，宋内氏痢疾杆菌3株，并做药敏试验。采集疑似霍乱病人大便样5份，检出小川型霍乱弧菌2株。

1999～2000年分别对汪家寨镇新华村结核病人进行留痰化验，痰检阳性10人次。采集疑似结核病人的血和痰标本，共采集血样83份，痰样60份。2001年大河镇采血样8份，检出伤寒沙门氏菌2份，进行药敏试验，对丁胺卡那、氟哌酸、吡哌酸敏感，对氯霉素、青霉素、氨卞青霉素、痢特灵、SMZ、卡他霉素等不敏感。协助省CDC人员到水钢收集大便及饭店调味品等200余份，进行细菌培养，检出甲型副伤寒杆菌3株。2002年结核疑似病人痰涂436人次，检出涂阳病人111人次，抽血化验肝功能370人份，检出乙肝阳性11人，SGPT大于40的8人。2003年结核疑似病人痰涂300人次，抽血化验肝功能300份。同时对汪家寨镇艺奇村1、2组麻疹暴发发病情况调查，抽血11份分离血清后送省CDC化验。2005年在公共娱乐场所采血404份，筛查艾滋病分离血清后送市CDC艾滋病筛查实验室化验，完成高危人群梅毒化验306份。2007年对公共场所艾滋病高危人群进行HIV监测。抽血426份送市级监测，是年，处理一起不明原因猪死亡事件，调查取样4份，化验氟乙酰胺、毒鼠强、磷化锌、氰化物等项目，均为阴性。

二、食品卫生检验监测

1992年食品卫生监测抽样化验12份，检出不合格产品2份，均为细菌总数和大肠菌群超标。对餐饮户进行食（饮）具消毒卫生监测，共计监测40余户80余份样品，经化验有50余份食（饮）具大肠菌群阳性。此后，此项工作逐年进行。2001年抽检化验卤牛肉1份，检出亚硝酸盐含量为1600毫克/千克（正常值0.03克/千克），高于国家卫生标准50余倍。2002年抽样化验糕点136份，检出不合格产品25份，合格率81.6%；调味品13份，检出不合格产品4份，合格率69.2%；冷饮、饮料18份，不合格2份，合格率88.9%；水产品18份，不合格6份，合格率66.7%；肉与肉制品52份，不合格10份，合格率80.8%；米粉15份（主要检测吊白块），合格率100%。2003年抽取二次供水水样3份，合格率100%；其他食品9份，合格率100%。是年8月，原观音山镇发生食用添加亚硝酸盐的卤鸡、卤鸭食物中毒事件，报告29人，中毒12人，均食用同一家食品店销售的卤鸡或卤鸭。区疾控中心对吃剩的卤鸡、卤鸭进行化验，检验结果为亚硝酸盐含量1370毫克/千克（正常值0.03克/千克）。

第四节　卫生监督

一、医疗机构卫生监督

1992年，钟山区对个体医（私营）进行逐户登记，严格按照规定审查办证。统一标牌、统一处方、药袋、门诊日志，坚决取缔无证行医。是年，核证250个，出动监督人员244次，车辆56辆次，重点查处未取得医疗机构执业许可证擅自开展诊疗活动的“黑诊所”10个；查处4家无证开展口腔诊疗活动的个体诊所，检查医疗机构268家次，查处违法案件46起，罚款3.71万元，没收药品器械价值5万余元，给予警告和限期整改78家次。1994年对个体医疗机构审批换证265个。此后，逐年开展此项工作。2006年检查医疗机构60家次，查处违法案件27起，罚款1.56万元，没收药品器械价值3万余元，给予警告和限期整改11家次。2005—2006年，开展无证行医整治，共出动监督人员1248人次，车辆287辆次。2008年对医院、卫生院、农村合作医疗服务定点医院、社区卫生服务站、药店等开展检查，计52家次，出动检查人员192人次，查出违法所得1.47万元，收缴违法所得和罚款4.32万元。

二、食品及饮用水卫生监督

1989年，全年发放临时卫生许可证640个，办证率8.5%。处理违法案件32起，没收销毁违禁食品1127千克。此后，此项工作逐年开展。1994年，审办食品卫生许可证1185个，办证率98.8%，现场监督32400家次，食品卫生合格率87.5%，停业整顿86家，罚款137家，销毁不合格食品1340千克。处理食品中毒案2起。1996年食品卫生监督867次，处罚213家。1999—2001年，共抽检餐饮具4466件，合格61.52%，抽检生产加工食品918件，合格率73.88%，抽检碘盐700份，合格率93.58%，抽检化妆品28件，合格率100%。2004年加强对食品卫生放心工程监督检查。出动监督人员800余人次，现场审查1407家，处罚74家，没收销毁过期“三无”食品170千克。查处违法经营14家，罚款1800元，整改5家，现场审查卫生许可证申请180家次，整改40余家次。2006年重点加强食品生产、加工企业、大型餐饮业、学校食堂的监督管理。2007年协同区疾病控制中心在中秋节前对市场上月饼抽取91个样品，合格率100%。同时对市中心城区餐饮经营单位100%建立食品及原料进货索证制度。2008年在元旦、春节期间、“五一”节前，对学生食堂、旅游景点、农家乐餐饮单位等消费环节作重点检查，共出动卫生监督员206人次。出动车辆78辆次，提出监督意见423条。对餐馆、酒楼等行业使用的卫生用品进行清查。

1989年，开展饮用水监测，对2个分散供水点、5个余氯监测点采集23次115件，合格数为零。1990—1992年监测分散供水点采样合格数均为零。1993—2008年，对分散式供水采集样品分析，样品合格率呈逐年上升。2007年对桶装水抽取9个样品，其中合格7个样品，合格率为77.8%。2008年对7类12个批次桶装水产品进行抽检，合格率为100%。

三、公共场所卫生监督

1998年，区卫生监督所开展对公共场所经营单位进行检查，共检查362户，审核办证63家，核发健康证366个，对不符合要求的31家进行处罚。此后，此项工作逐年开展。2006年对辖区内各类歌舞厅、洗浴场所、美容美发、宾馆、超市、酒吧、茶吧进行日常监督，现场检查1784家次，办理卫生许可证289家。开展对市中心区各类“五小”（小饮食店、小美容美发店、小歌舞厅、小洗浴室、小旅馆）的专项整治，共检查869家，行政处罚15家，现场处罚12家，限期整改16家。同时全面对火车站、客车站、康乐路、向阳路、明湖路、区府路、人民路、钟山大道、凉都大道、广场周边等各饮食店、夜市摊点、学校食堂等公共场所“脏乱差”现象进行整治。重点对从业人员的健康证明、经营业主卫生许可证持证情况、消毒设施、“三防”设施、店堂卫生以及工作衣帽的穿戴情况等进行检查，罚款32860元。2007年共出动监督员2652人次，监督车辆356辆次，对新华酒店至广场、凤池苑至荷城花园、火车站四周、客车站、向阳南路、康乐北路、建设路、凤凰新区进行检查。

2001年，区卫生监督所对化妆品市场进行检查，没收伪、劣化妆品6种27千克，罚款3家。2008年，对辖区内迎宾馆、雨田酒店等6家企业进行化妆品检查，对辖区内专卖店、美容美发店、大型超市、批发市场、药店开展化妆品监督检查，检查中未发现有不合格化妆品在售。同时对苗灵洁肤霜、苗岭鼻通生态液进行为期2天的检查，对市中心区内27家药店、化妆品经营店进行检查，均未发现有不合格化妆产品销售。

四、学校卫生监督

2005年，区卫生监督所对市中心大中小型学校、幼儿园的食堂和集体食堂进行检查，20家有卫生许可证，10家无卫生许可证，9家正在申办。检查中主要存在的问题有：学校食堂未经卫生行政部门预防性卫生审查，布局不合理；部分从业人员未参加卫生知识培训；学校食堂大多数承包给个人，造成经营的短期行为，硬件设施较差，卫生条件差。2007年区卫生监督所对辖区内31家学校食堂进行专项检查，提出监督意见223条。对学校食堂及周边不符合卫生要求的11家食品经营单位，处以5700元的罚款，取缔79家无食品卫生许可证饮食摊点，没收“三无”食品58包、散装食品85千克。指导各学校食堂建立食品及原料索证索票制度，对学校法人、兼职卫生管理人员进行食品卫生知识培训，与学校签订食品安全责任书，要求学校严格按照承诺规范工作。2008年，对各学校及学校周边食品卫生进行专项检查。检查重点是学校食堂和学校周边食品摊、餐饮店的卫生条件、卫生设施，从业人员持证上岗和培训情况、餐饮具清洗情况。共检查29家学校食堂，检查学校周边272家食品经营单位。本次检查共处罚26家不符合卫生要求单位，罚款金额3800元。取缔15家食品店，销毁“三无”产品21包，散装食品105千克。

第六章　爱国卫生运动

第一节　宣传教育

1988年，钟山区党政机关、人民团体、学校、厂矿企事业单位300余个单位参与宣传活动，发放爱国卫生宣传资料300余份。此后至2008年，每年确定不同内容、采取不同形式开展爱国卫生宣传活动。

1992年以环境卫生、环境污染、除害防病、控制吸烟、职业健康为宣传内容开展活动。1995年，钟山区在所属城中心区16所中小学开设健康教育课。自1996年始，钟山区城区内14所中小学要求做到健康教育有教师、课时、课本、作业、考试“五落实”。是年开课率100%，乡镇开课率在80%以上。2003年，区疾控中心设立健康教育科，制定健康教育计划、任务落实到办事处和居委会，全区中小学健教开课率100%。非典期间开展非典宣传，编写村民防治非典工作指引、居民防治非典工作指引等7种宣传资料10000份发放到基层。是年开展提倡“改陋习、树新风”“拒吸第一支烟”活动。自2005年始，为保证凉都消夏文化节的顺利召开，组织开发区城管局全体干部职工上门、上街向市民发放《贵州省城市市容环境卫生管理条例》等资料20000余份，出动宣传车100余台次，接受市民咨询1500余人次。同时开展创建全国文明卫生城市活动。

2008年，以“应对气候变化、保护人类健康”为主题，开展健康教育宣传活动，共出动1200余人，展出相关知识板块170余块，悬挂宣传条幅10幅。城区4个街道办事处、疾控中心发放宣传册100000余份，接受教育人数12万人。举办健康教育培训班20期，培训人员1219人次。

第二节　创建卫生城市

1988年，钟山区积极参与贵州省十佳卫生城市目标管理达标竞赛活动。是年，省七运会在六盘水市召开期间，组织相关单位重点检查运动员食宿单位的环境卫生状况。此后，逐年实施。

1990年，区政府组织对225个企业单位进行考核，及格率100%，达标率83.3%。同时对机关各工作部门、乡、镇、办事处等113个单位进行考核，及格率98.56%，达标率77.96%。办事处对区域各行各业313个单位进行考核。自1996年始，制定钟山区门前三包实施细则、考核及奖励办法，与街道单位和住户签订“三包”协议。是年，对225家企业单位进行项目考核，及格率100%，达标率83.3%；对各工作部门、乡、镇、办事处113个单位考核，及格率98.56%，达标率77.96%。办事处对各行各业共313个单位进行考核。限期改正和经济处罚3000余人次，收缴罚款1.5万元。各居委会对辖区内机关单位及居民区院落进行督促检查，凡不符合卫生要求的，由居委会督促限期进行整改。1997年，将市中心区四周绿化、水城河治理列为市政府十件实事之一来抓。是年，钟山区荣获“贵州省省级卫生城市”称号。1998年，市中心区禁止马车行驶。钟山区政府将市中心城区按不同路段划片包干到区直各行政事业单位，坚持每周五下午义务打扫卫生死角。城管局每天清扫垃圾并实行封闭式运输；工商、卫生部门重点解决各菜市场、农贸市场及餐饮业的卫生问题；交通、运管处组织执法人员对违章业户占道经营、车辆乱停乱靠行为进行清理整顿。

2005年，钟山区将创建国家文明卫生城市工作纳入工作重点。为改善中心城区市政基础设施落后面貌，市、区两级投入资金对钟山大道、凉都大道、人民西路中段进行改造，安装果皮箱，改造道路，安装路灯，铺设污水管网，铺设地下电缆及各种通信电缆，种植各种花草，绿化隔离带，增加环卫车辆，增加环卫工人。为推动城市管理重心下移，市城管局将其内设的园林处、环卫处、市政处及城市管理工作全部移交钟山区，积极推进城管进社区，加大小街小巷的执法监督管理。全面对沿街门面、单位、住户环境卫生进行整治，下发垃圾定点、定时排放通知1万余份，签订“门前三包”责任书7.5万份。2008年，开展“清洁环境保健康、构建和谐促发展”暨第二十个“爱卫月”活动。是年，顺利通过省卫生厅的省级卫生城市验收。

第三节　农村卫生治理

改水　1988年，钟山区在凤凰乡实施分散式改水，修水池8个，每个水池15立方米，受益3178人。此后，改水工程每年均组织实施。至2008年共投入资金100余万元实施改水工程，使30000余人受益。

改厕　1996年，在凤凰乡的明湖、松坪村进行双瓮漏斗式改厕60个，每个厕所除市补助60元外，乡政府补助50元，松坪村委补助300元，明湖村委补助200元。此后，此项工作在全区逐年实施。至2008年共改厕20000余座。

乡村环境卫生整治　自1994年始，全区乡镇建立爱卫会领导小组，设专（兼）职工作人员，建立乡镇卫生制度，开展农村爱卫工作。此后，逐年实施。2003年，在“非典”期间开展3次群众性爱国卫生运动，5000人参加，清理垃圾200余吨。2008年，以治理“五乱”（柴草乱放、粪土乱堆、垃圾乱倒、污水乱泼、禽畜乱跑）为重点。春播后农闲时组织乡镇开展以“讲卫生、防疾病、美环境、保健康”为主题的农村环境卫生活动，并对“五乱”进行集中整治。全年出动人员8.38万人次，出动大小车辆5000余辆次，清除垃圾及软包装废物6240吨，清理私搭乱建等1100余处，清洗厕墙贴小广告10万余处。

第四节　除“四害”

1989年，钟山区在城中心和城郊大规模投入毒饵灭鼠，使鼠密度减少为4.3%，老城、场坝为18.69%。此后，逐年实施。1990年，拨灭鼠粮500万千克，在春季投放毒饵3829.5千克。1998年在市中心区、城郊投放毒饵8800余户，鼠密度由投前的24.29%降到4.3%。老城、场坝、鼠密度为18.69%。1999年黄土坡办事处、荷城办事处统一灭鼠，投溴敌隆药饵7000余户，灭鼠前鼠密度为5.6%，灭鼠后为4.8%。2001年，开展春季“消灭杀”活动，主要是灭鼠、灭蟑螂和蚊蝇消杀。在灭鼠活动中统一投药，每季度均对鼠密度、蟑螂密度进行监测。2005年春季钟山区选定上海特菱公司的溴敌隆毒饵灭鼠，杀灭后鼠密度达到1.6%。秋季灭鼠，鼠密度1.48%，通过市爱卫办验收。2006年区政府投入资金5万元，购药品3000千克。投药后鼠密度达到国家标准。同时购进斗呐灭蚊蝇药品10千克，在公共场所和市中心区的果皮箱、垃圾转运站进行消杀；购进灭蟑螂药1万支，对市中心区老住宅楼、宾馆饭店进行消杀。2008年开展春秋两季灭鼠，鼠密度符合国家要求。

第十九篇　宗教　民俗　方言

第一章　宗　教

第一节　宗教管理

1988年，钟山区在区委统战部设立宗教事务办公室，并在区属各镇、乡、街道办事处明确领导成员管理宗教事务工作。1993年宗教事务办公室从统战部划出，与区民族事务委员会合并，成立钟山区民族与宗教事务局。2001年更名为钟山区民族宗教事务局。2005年内设钟山区宗教场所管理中心。钟山区认真贯彻落实党的宗教信仰自由政策，依法加强对宗教事务的管理，团结广大信教群众，保障其合法权益，积极引导宗教与社会主义相适应，宗教领域稳定、和谐。

1995年，钟山区对境内宗教活动场所进行登记发证，同时帮助各宗教活动场所健全民主管理小组，完善规章制度，登记发证的共有15个宗教活动场所（其中有3个临时活动点）。2001年后，为满足信教群众的宗教生活，批准新开放宗教活动场所3个。至2008年，全区共有批准开放登记的宗教活动场所18个，分布于6个镇、乡、街道，其中佛教1个，伊斯兰教2个，天主教1个，基督教14个；在册信徒5231人，其中男1940人，女3291人，少数民族信徒3229人，教职人员62人；有宗教团体1个，即钟山区基督教“三自”爱国运动委员会。

2004年起，钟山区每年划拨4万元的宗教工作经费，并解决人员编制和汽车编制，做到有钱办事，有人办事，大大提高工作效益，促进区内宗教和谐、社会稳定，未出现过因宗教问题引发的事件。信教群众爱国爱教，宗教界爱国人士积极参政议政，区政协委员中有4名宗教界人士、2名宗教人士为市政协委员。

在日常管理中，钟山区建立区乡村三级宗教管理网络，并层层签订责任状，做到层层有人管，事事有人抓。每年均召开宗教工作座谈会议，对宗教工作进行安排部署，宣传党的宗教政策，了解各宗教场所活动开展情况。利用参加宗教节日和活动时间，宣讲有关宗教政策及相关法律法规，引导信教群众在党的宗教政策和法律法规许可的范围内开展正常的宗教活动。平时，经常性地组织宗教团体和宗教人士学习党的宗教政策，印制《宗教法律法规知识学习手册》发放到各宗教场所以供学习，加强对信教人员实施爱国爱教宣传教育，筑牢思想防线，抵御境内外渗透活动，并协助相关部门对邪教组织进行打击。

1988年来，境内宗教团体和各宗教活动场所遵循党的宗教政策，坚持独立自主、自办教会和“三自”爱国原则，在平等友好的基础上开展对外友好交往，宗教活动良性开展。

第二节　教　派

境内有佛教、道教、伊斯兰教、天主教、基督教5大宗教。

一、佛教

佛教在境内无固定组织，信徒分散，在庙内或在家中信教。今钟山区境域明末清初即有威宁、大定（今大方）等县佛教教职人员，先后率弟子来水城，逢庙会就地做会，平时讲经、诵经，或为善男信女念经、做斋，亦行法事超度亡灵。趁法事结束时，特上一道表文，为信徒呈请“进道”，广收信徒。若不逢庙会、做斋等法事时，诵经3天，即可上表收徒。弟子跪于佛前“发愿”，师父于蒲团上告诫“三皈五戒”（皈依佛、皈依法、皈依僧，不杀生、不偷盗、不邪淫、不妄语、不食肉）教规。传授早晚进香时默诵的“佛法”及参禅打坐秘诀、坐式等礼规，为信徒取佛名。民国10年（1921）后，有一白泥屯（属今纳雍）周姓僧人常来水城收信徒，传布“慈悲为本”，博得信徒及民众崇敬，前后20年，收徒达百。

佛教信徒奉教称为“修行”。修行分出家修行与在家修行。出家修行者，不烙戒疤，剃发即可，皈依佛门后随师游方或住境内寺庙行教。女称“尼姑”，男称“和尚”。男性多因受重大天灾人祸打击而入佛门，女性多因对婚姻不满而出家修行。在家修行分为“进大道”与“进附道”两种。进大道者吃长斋，谨守三皈五戒，每日早晚上香默诵佛法，参禅打坐。每逢初一、十五及二、六、九月十九日观音会期，均须在观音庙或自设“佛堂”里诵经、礼忏。“进附道”约束较少，只初一、十五及观音会期吃素，有的二、六、九月整月忌荤。进大道者，多是中年丧夫守节的妇女和中年失偶不续娶的男子；进附道者，多为一般信仰佛教教义的男女，有的夫妻同进附道，故境内进附道者相对较多。

中华人民共和国成立后，今区境内庙宇被毁或改作他用，出家修行的和尚、尼姑除马鞍山下小营庙的朱姓尼姑等少数几人外，其余有的还俗成家，有的回家吃斋，民间佛教活动减少。“文化大革命”期间“破四旧”，公开的佛事活动禁绝。“文化大革命”结束后，渐有人在废庙或在家中设佛堂供奉观音。1993年，民间集资以修复文物古迹的名义重修老城观音阁（文昌阁）及前后配殿。之后又有信士在麒麟山原上帝庙遗址建庙设佛，成为区境内佛教活动的主要场所。信徒每逢观音会期，前往诵经礼忏，出功德香火钱，其中多为妇女。亦有老年妇女就便请进附道，也有人请为先灵及本身诵经。2000年11月13日，水城县人民政府以水府发〔2000〕65号文件同意观音阁为佛教正式活动场所。2005年3月7日更名为观音寺，2007年，按照属地管理原则，观音寺划归钟山区管理。佛教经典为《大藏经》，内容以经、律、论为主，也包括印度、中国等的佛教撰述。佛教节日活动主要有佛诞节、佛成道日、盂兰盆会、观音会、涅槃节等。

二、道教

今钟山区境域清初道教辗转从大定（今大方）、平远（今织金）传入水城。至1950年水城解放前，时有外地云游道士到境内宣道，束发成髻，头戴道冠，穿圆领青色道袍，白布高袜及云履青鞋，带有衣钵戒牒。凡重大道会，如“清醮”“盂兰”“九皇”等会，非主坛老师亲自主坛操办不可。“做斋”、为亡人“饯灵”等法事，由主坛老师开坛后，可交由徒弟行道场。“解身涉送”“祛病除灾”等小法事，多由道徒主办。

境内俗家道士饮酒食肉，婚娶成家，无定期斋戒。道教所敬神灵，除太上老君外，特别崇敬江西龙虎山“张天师”。每设坛做法事，必设张天师位于神桌中央，道徒家中亦设张天师牌位，常年礼敬。凡向天庭诸神圣奉送的表单奏呈，均须焚呈张天师转呈。掌坛老师带徒，不全系正式道徒，多为随从做法事的敲、打、唱、念及书写文书人员。正式道徒，需主坛老师认为基本法事已熟练，道法品质良好，方可“度职”。度职仪式，一般做三天以上“皇经”道场，主坛老师着法衣法帽，传授“符、帏、诀、咒”及应用科律，按排行取法名。弟子全为男性。经过度职的道徒，即可独立行业带徒。由于俗家道士形成一种迷信职业，度职收徒起初纯系家传，有的因主坛老师乏嗣才外传，故分“门内师”和“门外师”。清末民初，道教主坛老师较受绅商士民礼敬。其后“度职”道徒增多，“度职”仪式简化，多为“鸡米仪式”，即用公鸡一只、用米一升，内放钱封，插上牌位即可。俗家道士实为以道教为名的一种坛群。

中华人民共和国成立前，丧事道场等活动普遍流行。水城解放后有所减少，“文化大革命”期间消失一段时期，后又逐渐兴起。有些公职人员和有科学知识者，家人去世，也迫于世俗，请道士行道场操办丧事。国家丧葬改革推行火葬后，亦有部分丧家请道士在殡仪馆设灵堂超度亡灵。

三、伊斯兰教

今钟山区境域清同治年间（1862—1874），伊斯兰教随回族人迁入而传入水城。伊斯兰教的活动场所为清真寺。钟山区建立时，仅有清真寺1个，即大坝清真寺，后又在境内增建清真寺1个。境内回族人较少，居住分散，无清真寺的地方，伊斯兰教亦在分散居住的回族群众中流传信奉。

伊斯兰教的经典为《古兰经》和“圣训”。伊斯兰教的教义由基本信仰、宗教义务、公益与善行三部分组成。基本信仰通称“六大信仰”，即信安拉、信使者、信经典、信天使、信后世、信前定。宗教义务分为“念功、礼功、斋功、课功、朝功”5项功课。

伊斯兰教教义遵循《古兰经》教规，敬奉真主，反对信多神，反对拜偶像。“毛拉”是伊斯兰教教职人员，称阿訇。念“清真言”，做礼拜，每日5次拜，每年封斋1个月。信教者从出生日起，请阿訇取“经名”，结婚须经阿訇证婚，念“依招补”，始得承认其婚事，婚姻得到教规保障。

主要节日有开斋节、圣纪节、古尔邦节。境内伊斯兰教信徒遵守教规规定，食牛、羊、鸡肉，禁食自死和未进行宗教礼仪宰杀的牲畜，不吸烟喝酒，特别是不吸晒烟（叶子烟）。

四、天主教

清光绪末年（1908），安顺的天主教神父到水城，议设教堂于县城内，经地方人士反对而未果。

中华人民共和国成立后，有的天主教徒由于工作分配和“三线”建设等迁居水城。有的属几代人信教，约100余年历史，境内无教堂和神父，各自在家中行宗教礼仪。逢天主教复活节、圣神降临节、圣母蒙召升天、圣诞节等节日，便到贵阳教堂参加庆礼。2007年7月以后，先后有3位神父到境内做教堂神父，信徒的宗教生活得到较大改善。

境内天主教徒较少，分散于少数单位和厂矿，20世纪80年代后，有少数人“领洗”入教。有少数人虽未入教，但系信徒，信仰天主教。1988年钟山区成立后，境内有天主教临时活动点1个。1995年，钟山区民族宗教局根据区政府批复，为该活动点办理宗教活动场所临时登记证。另外，境内有些相识的教徒和信徒，有时礼拜天会相聚一起念经。有很多本不奉信天主教的青年男女，也赶时髦相聚过圣诞节。有的商家亦在圣诞节期间于经营场所摆放圣诞树，赠送圣诞礼品，以装点门面和招揽顾客。

天主教的经典为《圣经》，包括《旧约全书》和《新约全书》。信奉天主和耶稣基督，并尊玛利亚为圣母。遵循其教义钦崇敬奉天主，行善避恶，以“天主十诫”为宗教信仰准则：钦崇天主，毋呼天主圣名以发虚誓，守占礼之日，孝敬父母，毋杀人，毋行邪淫，毋偷盗毋妄证，毋谋他人妻，毋贪他人财物。教仪有圣洗、坚振、忏悔、圣体、病人傅油、圣秩、婚姻等7件圣事，均由神职人员主持。

天主教规定星期五不吃肉，要求在复活节前40天里每天只吃一顿饱饭，凡21～60岁的信徒均须严守，尤以隐修院为甚。祈祷方式分为不出声的“默祷”（或心祷）和出声的“口祷”，个人单独进行的“私祷”和集体进行的“公祷”，有规定的成文祷词和无成文祷词的随口祈祷等。举行出声的公祷时，一般多由神父按照经文主领祈祷。

五、基督教

自清光绪三十二年（1906）起至民国时期，今钟山区境域先后有4个基督教教会到水城传教。民国元年（1912），传教士党居仁委派安顺的杨庆安在放马坝（今钟山区月照乡）建立福音堂，在界牌建活动点。马坝支堂第一任长老杨举文，第二任长老应阶。支堂管辖区域为北至纳雍德列科，东抵猴儿关，西至威宁欧家坪，南至水城玉舍、杨梅、龙场乡发德。

民国中期以后，水城教会渐衰。中华人民共和国成立后，1958年前，马坝教堂尚在，县城周边的信徒时去教堂祷告。1958—1978年，教会活动几乎停止。

1990年10月，钟山区召开基督教第一次代表大会，参会代表46名。在本次会议上，成立钟山区基督教“三自”（自传、自治、自养）爱国运动委员会和教务管理委员会。1995年10月，经钟山区政府批复，钟山区民族宗教局为区境内基督教活动点换发宗教活动场所登记证。

至2008年，钟山区共有基督活动点14个，其中大湾镇6个：大箐、海嘎、开门山、木矿、顶拉、二塘；汪家寨镇3个：汪家寨、纳福、新华；黄土坡街道办事处2个：黄土坡、西站；老鹰山镇1个：木桥；荷城街道办事处1个：杨柳湾；月照乡1个：马坝。共有信徒约2000人。

境内基督教教徒的教规和祈祷类型，除“上帝”之外，不敬奉其他神，不许拜偶像和称“耶和华”名。1个星期内，6日工作完毕，当守第七日为安息日，即“圣日”。倡导孝敬父母，不许杀人和奸淫、偷盗，不许作假证陷害人，不许贪婪。

祷告类型有“立祷”，即站立祷告，由传道本人或指派教徒作当天上午、下午的礼拜祷告。“跪祷”，大多为死者祷告。“默祷”，也称“伏祷”，多在就餐食饼或饮糖水时举行。“公祷”，在当天礼拜结束时举行，不论教徒、信徒，均在传道带领下作祷仪，背诵祷告文。

基督教的经典是《圣经》，日常宗教活动主要是星期天做礼拜，有的活动点在星期三也做晚礼拜。大型宗教活动有圣诞节、复活节等。海嘎、开门山等少数民族信徒较多的活动点，在举行活动时主要采用本民族语言进行讲道。

第三节　寺庙　祭坛

今钟山区境域清代老城、场坝、下钟山、麒麟山、城南郊等处建有多座寺庙和祭坛。乡村大的村寨亦建有寺庙。民国年间（1912—1949），祭坛被毁，庙宇有所增添。解放初期，绝大部分庙宇有的被毁，有的改作学校、粮食仓库、机关单位等用房。

建在老城的寺庙有城北端的文昌阁（习称观音阁），城西侧的关圣庙（习称武庙），城东塔山西麓的旧文庙、城隍庙、川主宫、吕真君祠、同善宫等，其中文昌阁是集释、道为一地的寺庙建筑群总称，包括文昌阁、文昌宫、东西配殿、魁星楼、韦驮亭、山门等。现仅文昌宫及东西配殿保持较完好。1997年，民间集资重修文昌阁及前后配殿，但已非原貌。

建在场坝的寺庙有城北郊崇文山的新文庙，城西北端的黑神庙，城中心地带的火神庙、桓侯庙、万寿宫、忠烈宫、协天宫、广平宫等。

建在下钟山的寺庙有地母庙、济公殿、惠灵殿、文殊院、藏经楼等，水城的经书多收藏于藏经楼。

建在麒麟山的寺庙有龙王庙、上帝庙、观音阁、玉皇阁及佛家弟子为纪念“熊天祖”而修的熊天祖庙。“熊天祖”系在麒麟山修行的一位长老，自认为已修成正果，得道成仙，遂在水城、场坝及周边化缘柴火，架柴自焚升天。解放初期，麒麟山的庙宇皆被毁。2003年后，又有信徒先后在庙址上建房3幢，设佛供奉，开展宗教活动；建在老城南郊的祭坛、寺庙有社稷坛、先农坛、雩坛、马鞍山山脚小营寺庙。小营寺庙系当地王姓富户为其出家修行的女儿修建的私家寺庙。水城解放后，部分寺庙分给当地农民居住，部分留给寺庙传人朱氏尼姑继续居住，朱氏至1996年病逝前一直未还俗，现庙宇尚存。

乡村修建的寺庙主要有德坞的关圣宫、文阁，明湖村的显武庙、山王庙，大河边的观音庙（尚存）、文阁，双龙乌鸦岩的观音庙，老鹰山福集厂火神庙等。

第四节　会坛组织

清代、民国时期，在今钟山区境域先后建有会馆、儒坛、同善社、哥老会等会坛组织。水城解放，有的会坛组织被取缔，有的自然消失。

会馆　水城建厅后，湖广及四川等地到水城经商办厂者日益增多，很多成富户，在水城定居，他们认为蒙原籍所供奉神灵庇佑而发迹，亦为建立同乡互助保护场所，建庙宇供奉报答神灵。江西籍同乡在场坝建万寿宫，供奉许仙真君和刘公。湖广籍同乡亦在场坝建寿福寺，供奉夏禹王，又称禹王庙。四川籍同乡于民国中期在老城建川主庙，供奉惠民大帝。各庙宇均购买一定田土作庙产。各庙亦分别作江西、湖广、四川同乡会馆。

各同乡会每年在其所供奉神灵诞辰日聚会庆祝，同时办理同乡会事务，解决同乡纠纷。平时，帮助新来同乡就业及保护同乡利益等事。逢地方公益事，以会馆名义赞助。有的以同乡会名义办学。四川同乡会于民国29年（1940）创办“惠民小学”于四川会馆内，直至解放。

水城解放后，提倡“五湖四海”思想，打破地域观念，乡党观念有所淡化，同乡会不复存在。

儒坛　儒家学说本无宗教色彩，但解放前水城人却称为“儒教”。民国初期，有四川儒坛主奏人员到水城传设儒坛，声称奉行“儒教”，宣讲四伦八德和乐善好施，各界风起敬仰。先是老城廖禄勋、李复三等在下钟山后“地母庙”设坛，后创建“同善宫”于“日月宫”内。尔后，场坝肖徽五等创建“众善宫”于“万寿宫”内，马鞍王子臣等创“中立宫”于“地母庙”内，张植山等创“崇儒宫”于麒麟山“玉皇阁”内。民国中期，又有胡玉书、彭汉章等创建“惠灵殿”于下钟山上，又在“同善宫”门上挂“三教合一”金匾，儒坛在水城盛行一时。

儒坛坛生，凡到会期，在坛内有职务者，到坛各司其职，无职务者，当“香首”认捐功德钱粮。会期一律斋戒，早晚参与膜拜。春节做“春祈会”，正月初一至初九做“玉皇会”，6月做旻皇会、祖师会，7月做超度会，秋季做秋报会。有时各坛分做，有时两坛合做，会期一般7天。坛会收会之夜，设“乩”迎神垂训；“超度会”则专设3夜“降乩”坛场，为各“香首”提请先灵来垂家音。逢“降乩”之夜，观者众多。

儒坛不单敬孔子，还敬佛祖、观音、太上老君及诸天神圣。念诵佛经、道经，还讲解儒学及《大学》《中庸》《论语》《礼记》等书。也资助地方福利事业，施行拯济。故士绅、书生及居民多参加坛事，做会时，乡村亦有不少人出“功德”。儒坛盛行至解放。解放初期，破除迷信，庙宇多拆毁，有的信徒利用儒坛进行非法活动，政府予以取缔，儒坛消失。

同善社　民国16年（1927），有四川“同善社”恩职人员到水城收弟子，传授“参禅坐功”，得“同善宫”坛主欢迎，遂在老城武庙供“祖师”牌位，弟子由恩职上表为其“进道”，男女均可。其后，威宁蔡谊清到水城收弟子，在老城观音阁由恩职向弟子当场传授“心法”，示范参禅坐式，按功夫深浅，分为4层功。所敬奉神灵，一般为释、道神灵，其中最尊崇“达摩祖师”。弟子参禅打坐，乃效法其面壁九年参禅得道而来。

“同善社”除资助儒坛和道教办会外，平时专门传授弟子参禅打坐，每日子、午、卯、酉时进行。坐功期间，夫妇不同宿。水城进道人中，达3层功者不少。亦有人到四川“领恩”，回水城作恩职传功。“同善社”无严格规诫，亦不定期斋戒，多传佛家和儒学道理，民众趋之者日多。20世纪40年代初，国民政府曾加以禁止。水城解放后，人民政府加以取缔，“同善社”组织瓦解。但仍有少数老年人在家打坐。

哥老会　起源于清初，原为反清复明组织，行侠好义，设立“堂口”，有祭拜礼仪，成员排行分十排。其后逐渐演变，其首领不少系地方把头，成员十分复杂。有的利用帮会力量欺行霸市和敲诈勒索，官绅商贾之间，亦利用帮会力量互相倾轧。正派人士鄙视帮会，当局亦曾禁止帮会，多系半公开活动。

水城哥老会，初无组织形式。建厅后，外地到水城经商、作手艺人士中，以四川人最多，且多加入过帮会。在水城仍按家乡帮会排行互相称道，往来亲密，但未在水城正式设立“堂口”。光绪末年（1908），四川人罗兴和到水城经商，后在老城沙田街开盐号。罗为人开朗豁达，颇受街民敬重。罗原在四川哥老会中居“一排”，遂被水城的帮会人员拥为水城帮会大爷。从此，哥老会在水城日盛。罗死后，有一“川戏班”到水城，东家刘玉臣也系帮会大哥。后刘在老城书院街改开茶馆和旅社，凡到水城的商人，无不拜望刘大爷或住其旅社。虽无正式“堂口”，其茶馆往往成为帮会活动场所。

民国34年（1945），杨森任贵州省政府主席后，将其部下官兵安排到各县任军政职务，一时水城警察局及国民兵团头目及其下属均为四川人，且是帮会成员。地方有的人士兴起帮会活动，按仁、义、礼、智、信“堂口”，出现刘玉成、陈银川、王焕章等大爷。表面声势很大，但人员不多，大多仅是川籍帮会成员附和。民国36年（1947），杨森派来的川籍官兵先后离去，哥老会活动大减。水城解放后，帮会因无社会基础而消失。

第二章　民俗　方言

境内各族人民勤劳朴实，民风淳古，习俗因循地方传统，汉族习俗在境内居主流，少数民族仍保留本民族的习俗。中华人民共和国成立后，特别是“三线”建设和改革开放后，外来人口大增，融会不少外地习俗。随着社会进步，各民族均摒弃一些陋俗，逐步树立新风尚。少数民族风俗已在《人口民族》篇中述及，本章重点记述汉族民俗。

第一节　民　俗

一、家庭习俗

结构　中华人民共和国成立前，沿袭封建家长制度，以男性为核心，以“三纲五常”和“三从四德”为日常生活准则。主家男子为一家之长，主宰家庭经济及重大事务。一般家庭儿子成婚后，分家另居，长子或幺儿享有优待权利，父母留养老田。开明家庭，女儿出嫁，分给一定田产，称“姑妈田姑妈土”。有的家庭几代不分家，“几世同堂”，按排行由男子轮流主家。年老无子，则抱养继子为嗣，或招婿“入赘”，但无家长特权，仍由老人主家。老人逝后，由夫妇共同主家。有的女儿、继子和子婿有遗产继承权。妇女改嫁所带子女称“随娘儿”，无遗产继承权。继子、子婿和“随娘儿”常受社会歧视。

中华人民共和国成立后，提倡男女平等，建立民主家庭，非血缘家庭成员受同等尊重，享有合法权益，不少妇女已依法享有继承权。20世纪80年代起，国家实行计划生育政策后，很多家庭为独生子女户，招婿“入赘”观念渐淡化，子女结婚后，或以男方家为家，或以女方家为家，或自立家庭，共同赡养双方父母，亦享有双方父母遗产继承权。

称谓　清代、民国年间，一般称父、母为爷（读“依”音）、妈，有的因八字命相而称父为伯伯、叔叔，称母为婶婶、姨妈。祖父母称爷爷奶奶。曾祖以上称老祖，男性加父，女生加母，已故加考、妣。称儿女为儿、姑娘，或统称幺。进入20世纪80年代，有子女称其父、母为“老者、老妈”。

父亲之兄按排行数加“伯”，弟按排行数加“叔”“爷”。父亲之姊按排行数加“姑妈”或“伯”。妹按排行数加“孃孃”或“叔”，或姊妹统一按排行数加“爸”“姑”“孃孃”。

母亲之父母，称外公、外婆，中华人民共和国成立后，有的依北方人称“姥爷、姥姥”。兄弟及其妻子，按排行数分别加“娘舅”“舅”“舅舅”和“舅娘”“舅妈”；姊妹及其丈夫，按排行数分别加“姨妈”和“姨爹”。

叔伯之子女，分别在兄、哥、弟、姐、妹前加“堂”或只加排行数。

舅舅、姑母、姨母之子女，分别在哥、弟、姐、妹前加“表”，或统称“老表”。

丈夫对妻子之父母，或随妻子称爹妈，或随子女称外公外婆或公公婆婆。对妻子之兄弟及其妻子，分别按排行数加“舅”和“舅母”，或随子女称“娘舅”和“舅娘”。对妻子之姊妹及其丈夫，分别按排行数加“姨子”和“姨夫”，或随子女称“姨妈”和“姨爹”，亦有称女方为“舅舅”。对妻子之兄弟雅称“内兄”“内弟”。

妻子对丈夫之父母，多随夫称爹妈，对人谈及时，有的称“老公公”“老婆婆”。

兄弟之子女称侄儿、侄女；姊妹之子女称外侄儿、外侄女，或统称外甥；妻子兄弟之子女称内侄儿、内侄女；妻子姊妹之子女称姨侄儿、姨侄女。

丈夫俗称妻子为“内人、屋头人、小娃家妈、媳妇、婆娘”。妻子俗称丈夫为“当家人、外头人、娃娃家爹”。20世纪80年代后，城区内年轻夫妇喜互称“老婆、老公”。夫妻有的向别人互相泛称为“他、我家那个”，解放后，有的称“我爱人、我老伴”。

对无亲谊关系者，分别按年龄性别称老带年、老人家、爷爷、大爹、大伯、大叔、大哥、小弟、奶奶、伯娘、大婶、孃孃、大嫂、大姐、小妹等。水城解放后，融合进“老乡、同志、师傅”等，80年代后，将解放前有一定指向的特用称谓演变为泛称，如“先生、老板、夫人、小姐”等。

取名称谓，水城解放前多沿传统习俗，男性幼时有乳名（小名、奶名），入学或成年时，取学名，有的尚有字、号，多随父姓，多按家谱字辈取学名，取名比较考究。平民女性，多用乳名，婚后名字，于夫姓本姓之后加氏称“某某氏”。少数女性有学名，有的在名字前冠上丈夫姓氏。解放后，有的随母姓，按家谱取名观念逐渐淡漠，女性多取学名，男性取字、号者大大减少，有的将父母姓氏并用于名前。

礼规　旧家庭礼规，家长至上，男尊女卑。妻儿对家长侍奉茶饭，毕恭毕敬。子女不能与父母和长辈对坐吃饭，家长和长辈应坐上席。儿媳不能与老公公同桌，须在侧侍奉饭菜。妻、女、儿媳决不能与其他男性个别接触交谈，哥哥不能与弟媳开玩笑。儿媳不能在老公公面前走过，见老公公和兄长要起立。子女晚辈不能顶撞父母和长者。家务活计往往由女性承担。来客须客气热情恭候，斟酒要满，倒茶添饭要浅，并须双手递接，待客妇女小孩不与客人同桌。言谈举止须文雅，称“言归礼仪，坐有坐相，站有站相”。

辛亥革命后，主张平等，家庭礼规稍有改进。中华人民共和国成立后，有些旧礼规逐步被现代文明礼规取代。

二、婚姻习俗

水城解放前，长期沿袭以“夫权”为核心的婚姻制度。男子有“纳妾”特权，寡妇再嫁则受社会歧视。男婚女嫁，凭“父母之命，媒妁之言”，造成不少婚姻悲剧。男方可以遗弃女方，女方则无权离婚，有“男子嫌妻一张纸，女人嫌夫只等死”之说，有的被迫私奔、出家或自尽。不少人家尤喜姑表、姨表开亲，以便“侄女赶姑妈，侄女赶姨妈”亲上加亲，有的几代联姻结成“藤藤亲”。

女子听父母之命，从属于丈夫，带有宿命和迷信色彩，有“嫁出去的女，泼出门的水”“嫁鸡随鸡，嫁狗随狗”“姻缘本是前生定”等说法。同姓不结婚，偶有成亲，往往遭世人非议；舅舅家不娶姑妈家女儿做儿媳，否则，视为“讨母猪种”；汉族一般不与少数民族通婚，少数民族之间一般亦不通婚。民国期间，特别是中华人民共和国成立后，此类界限已逐渐打破。

富豪之家，讲究门当户对，有“愿讨大家奴，不讨小家女”之说。一般人均讲究对方品性教养，有“买牛要买张角牯，说亲要看老丈母”及“宁养老姑娘，不嫁浪荡郎”之说。

辛亥革命后，虽主张男女平等和自由恋爱，但封建婚姻制度仍占统治地位。1950年《婚姻法》颁布后，实行民主、平等、自由婚姻制度，但仍有包办婚姻残习。20世纪80年代后，离婚率上升。

封建婚姻形式

包办买卖 服从父母许配，强迫成婚，有的重索聘礼。有的娶妻、纳妾，凭“媒人”接头，公开以金钱买卖，导致发生拐骗转卖他人妻子、女儿之事。中华人民共和国成立后，境内买卖婚姻基本消除。20世纪80年代以来，受外地买卖婚姻波及，境内特别是农村，不少妇女被拐卖到河南、山东、安徽、江苏、浙江、福建、广东等地。政府成立打击拐卖妇女儿童办公室，给予严厉打击，有的得以解救还乡。

童养媳 有的贫苦人家，为生活所迫，以幼女出卖或带给别家作童养媳。有的人家先收养一幼女，待生男孩后做儿媳，往往形成女子与男子年龄相差悬殊的婚配。民谣云：“十八大姐七岁郎，夜夜睡时抱上床，说是丈夫不当年，说是儿来不喊娘，等到郎大姐已老，春光磨去花叶光”。也有的富豪人家，看中某家幼女，强迫做幼子童养媳。幼女到“婆家”初行“拜婚礼”，待成年另行择期“圆房”。童养媳往往承担家务活计，并从事劳动，备受虐待。解放初期，童养媳多申诉解除婚约，政府一律批准，时称“童养媳翻身”。至此，“童养媳”婚姻不复存在。

守节 解放前，男子失偶续娶，天经地义；女子丧夫，则须守节。所谓“好马不配双鞍，好女不嫁二夫”。女子订婚后，若未婚夫病逝，有的被逼与灵牌行婚礼，至男方家守节终身。

水城解放前，尤其在民国以前，政府和民间均对守节妇女予以旌表和宣扬。在《水城厅采访册》和《水城县志稿》中，录入了大量对守节妇女褒奖的文章；在老城官厅和较场一带，政府和民间为守节妇女建有多座“节孝牌坊”和“烈女碑”，解放后渐被毁。

寡妇再嫁，备遭指责和歧视。有的由亡夫兄弟续娶，称“填房”。若外嫁，其家庭往往向娶者索钱财。有的出发时，寡妇须在寺庙或在屋外搭一草棚住一宿，不许由家中前往。寡妇招夫上门，称“招夫养子”，有的改随前夫姓氏。解放后，寡妇改嫁自由，并受法律保护。

冲喜婚 订婚后，若男方或其父母病危，将女方接去提前举行婚礼“冲喜”。按迷信说法，此举可化解灾祸。解放后，此婚俗已不存在。

抢亲　解放前，农村提亲不允，或看中女方不从，则聚众强行抢走成婚。因抢亲发生械斗，造成伤亡，女方反抗而逃亡自尽等事，屡见不鲜。解放后，政府予以禁止。

指腹婚　又称“包胎婚”“割衣裳襟”。解放前，有的人家，以亲联谊，双方妻子同时怀孕，便事先议定，分娩后若为一男一女，则订为婚配。此多系官绅和富户为延续门当户对关系的一种婚姻形式，平民中少有。解放后消除。

婚事程序

清代和民国，多沿用古礼，一般有：问名，探问女方生辰八字，并讨有无允婚口气。纳吉，将双方生辰八字请人推算，看是否有冲克，能否婚配，旧时有“白马怕青牛，猪狗一旦休，羊猴不到头，蛇遇猛虎刀割断，龙虎两相斗，金鸡遇犬泪双流”等语，直到民国时期，仍流传忌避。解放后，沿袭此俗者仍有人在；提亲，请媒人反复上女方家求婚，至少三次后方能允口。纳礼，备礼品爆竹，由媒人到女方家神前敬香，定下亲事。纳彩，备彩礼至女方家，招待亲族，公开亲事，谓“一女出嫁，九族皆知”。纳期，双方商定，择好吉日，到女方家送达结婚期程；接亲，到女方家接新娘过门。

婚娶讲求喜庆、吉利、隆重。须择吉日，办筵席。富有人家，前一天女家办酒席，称“姑娘酒”，办一天。男家正式酒期一般为两天，第一天称“下马饭”，第二天为“正酒”。解放后已从简，只女家男家各办一餐，城区有的男女两家合办一席。解放前，酒期后，留送亲客款待一至三天后送返，称“回亲”，送亲客要作嘱咐交代，男家要赠送礼品。婚后第三天，要行“拜三朝”礼仪，夫妇拜祖先及长辈，受拜者须打发“拜钱”，新娘要向男方家庭成员赠送礼品。婚后，特意让新娘做一两样难做之菜肴及针线活，称“考出息”。结婚满月后，女家来接新娘新郎，男家备鸡、肉、糖、酒等礼品，回拜女方至亲，称“回门”。民国年间（1912—1949），城内亦有人家举行文明结婚，登报告知亲友，拍婚纱照，请傧相及牵纱童陪行婚礼，设宴招待亲友。

解放后，自由恋爱，婚姻自主。传统婚俗虽在一些人家尚沿用，但已简化。一般为订婚、送期、迎娶几个步骤。多为男方置家具，女方制新娘衣装，嫁妆从简，农村陪嫁柜子、桌凳，男方多送衣料、手表、现金等彩礼。20世纪50年代，国家机关及厂矿职工提倡新事新办，不纳彩礼，不置家具，在节日或星期六吃喜糖，举行婚事。有的单位举办集体婚礼。80年代后，经济收入增加，生活消费提高，婚俗又转向讲究排场，有些人家追求豪华时髦，饰品有戒指、手镯、项链，称“三金”，购置高档家具及彩色电视机、电冰箱、洗衣机、放像机、音响等家用电器。婚宴设高档宴席，彩车迎婚。进入21世纪，更为讲究，不少人结婚要新购房精装修，拍成套婚纱艺术照，婚礼摄影录像，请婚庆公司操办婚礼，旅行结婚等。往往开支巨大，超负荷消费。一般人家，虽婚事从简，但彩礼亦随之加码，婚礼档次亦随之提高。

三、生活习俗

（一）服饰

服装　清末和民国，布料以土窄布为主，称“粗蓝大布”，多为青、蓝、灰色。富有者穿“洋罗布”“阴丹士林布”等宽布及呢绒绸缎，贫寒人穿麻布。男子上装，分大襟长衫和对襟短衫，常穿短装，俗称“二马褃”。以长衫为礼服，有时套马褂。女子穿旗袍或斜襟短装，有的老年妇女套背心，中老年妇女有的在衣边配花条，称“绲边上装”。辛亥革命后，男性公职人员和学生多穿中山装，其他男性多穿对襟短装；女子多穿大襟短装，青年妇女穿“姊妹装”，有的下装为裙子。劳作时，男、女多披麻布搭搭，拴围腰。20世纪五六十年代，男子多穿蓝、灰色干部服或中山装，农村有的亦穿对襟短装；女子仍多穿姊妹装。70年代，县城渐有少数人穿的确良衬衣、绦卡中山装，引为时尚。80年代，大量化纤新潮时装进入水城市场。男装有：西装、青年装、喇叭裤、牛仔服、夹克及各式长短大衣等；女装有西装、春秋衫、两用衫、蝙蝠衫、轻便衫、连衣裙及各式长短大衣及裙子、健美裤、七分裤等。服装款式花色多样。西装、喇叭裤、健美裤曾风靡一时。

进入21世纪，男女老少着装趋向休闲，棉织品又受到民众青睐。各类服装花色品种不仅繁多，且不断翻新。男性流行T恤衫、休闲裤；青年女性流行内衣外穿、露脐装、吊带装、短裙、短裤等款式。冬季穿棉衣者渐少，棉衣被羽绒服、皮革服等替代。

鞋帽 解放前，男子一般多穿青蓝布帮圆口鞋，布底或牛皮底。冬季，少数富裕人穿棉鞋，农村穿“钉鞋”。赶马人穿“吊统鞋”，以布作上统，以牛皮为帮子和底子。妇女多穿大圆口布鞋，富裕者穿绣花鞋。缠足妇女穿前尖后肥“小脚鞋”。袜子多系自制布袜，袜底分行或呈图案密纳棉线。民国后才有少数人穿皮鞋或丝袜。贫穷人多穿草鞋或麻布鞋，常年赤足者不少。

解放初，男女仍穿布鞋和草鞋。至60年代，穿胶底帆布帮“解放鞋”或“球鞋”，穿布鞋者减少。农村为便于劳动，少数仍穿草鞋。随着经济发展，鞋子种类式样增多，有皮鞋、胶鞋、布帮胶底鞋、塑料鞋、凉鞋等。80年代后，城市青年女性普遍穿高跟皮鞋和高筒靴。男性、老年人喜旅游鞋、软底软面休闲鞋。在居室内一般穿拖鞋。

解放前，男子多戴“瓜皮小帽”或线织、毛织“笼头帽”。辛亥革命后，少数官绅和商人及知识分子戴“博士帽”。一般人多用一段青、蓝、白布包头。农村老年人则戴毡帽，青年人包白布帕或打光头。有些人将长帕一头抽制成须，包垂于耳侧，称“大套头”。妇女一般包棉布长帕，有钱人包青绉绸丝帕；青年妇女多不包帕，有的戴绒布或布制绣花“勒子”。解放后，男子多戴干部帽、军帽、鸭嘴帽及皮绒帽。城内妇女多不戴帽，有的戴毛线帽；农村有的戴干部帽或包方头巾，有的包丝帕，老年妇女多戴毛线帽或绒帽。20世纪80年代后，男性戴帽者渐少，而有的青年女性则常戴“芭蕾帽”等作装饰。

发式 清代（1616—1912），男子蓄发，梳长辫垂于身后或盘于头上，男孩多打光头，有的扎冲天小辫。妇女成婚后，挽髻于脑后，称“粑粑转”，横别一簪子加固发髻，簪有玉、银、铜或竹制；少女梳双辫或单辫垂于身后，辫梢部扎红头绳。民国时期（1912—1949），男子废除长辫，有中山头、平头、东洋头、光头等；男孩多打光头，或留撮箕头、烙铁头、瓦盖头、双桃头、锅圈头等；已婚妇女仍挽髻，城市有极少数讲时髦少妇烫发，时贬称“姨太太头”；少女绝不烫发，仍梳辫，有的留齐耳发，称“妹妹头”。解放后，50—60年代，男子多留中山头或平头；城内已婚妇女已不挽髻，农村已婚妇女挽髻减少，多留女式短发或梳辫，少女留齐耳短发和梳长辫者多。其后，有的妇女留“上海头”和“游泳头”。80年代后，境内发廊众多。除老年妇女多沿用传统发式外，中青年妇女不论婚否，均风行烫发，花样繁多，有的少女亦烫发，城乡少数妇女留短发。中、老年男子，仍多留中山头和平头；男青年，有的亦烫发，有的只沿发边周围剪去少许发尖，有的蓄发垂至脸旁，拖于颈后，有的蓄发往额前伸突。90年代后，各类美发美容店兴起，部分百姓染发、美发、戴假发。

配饰 多为妇女佩戴。清代和民国，女子配饰有戒指、手镯、耳环、耳坠、项圈、项链。富裕人家为金质、银质、玉质，少数镶有珠宝；一般多为铜质或琉璃（烧料），有的穿珠作耳坠和项链。富裕者，有的戴银质发饰制品或“插花”，一般多戴发夹或布花。少女还系花围腰。有的男子亦戴戒指。小孩佩戴刻有“长命富贵”字样长命锁或铜钱。20世纪50～70年代，一般不戴配饰，仅部分青、少年妇女于发上系绸条。“文化大革命”期间，男女皆戴毛泽东像章，有的加戴“忠”字章和“为人民服务”章。80年代后，城市妇女又渐盛行佩戴首饰，有手镯、戒指、耳环、项链、头花、胸花等，农村亦有部分妇女佩戴。有的男子亦戴戒指。不少妇女讲究化妆，描眉涂唇，涂脂抹粉。

（二）饮食

本地人喜吃酸辣味。解放前，一般人家，菜肴以“酸菜豆汤蘸豆豉辣椒水”当家，隔三岔五吃几餐豆花、连渣捞、白菜汤等。富人多食大米饭，穷人以玉米饭为主，兼食荞麦、马铃薯等。除富有者外，多数人很少吃肉，多为素食，穷人常常断盐。民众喜发豆芽，作泡菜、酸辣子、霉豆腐、豆豉、酱等，采折耳根（鱼腥草）、蕨薹等作辅助菜肴。富有人家讲究小炒、清炖，节日饮食讲求丰盛，多要办“七盘八碗”，穷人也要买几斤肉。尤以春节更为丰盛，冬至后，杀年猪，腌火腿，熏腊肉，装香肠，做血豆腐。年前做甜酒、蒸豆豉、做黄粑、打糍粑、做饵块、春汤圆面。

城里人多一日三餐，早餐为稀饭（粥）、粑粑、甜酒等小吃。中、晚餐吃饭。中餐偏素，晚餐偏荤。少数人还以小吃作“晌午”（午饭）或“宵夜”。农村大多只吃中、晚两餐，多为一锅菜加一碗豆豉辣子蘸水。农忙时，以稀饭、粑粑等作晌午饭。

城里人待客用米饭和各种炒菜。办酒席，一般上坐盘（油炸干菜、卤菜或凉拌菜）、行盘（小炒）、大碗（蒸菜、炖菜）各四道菜，再上三鲜汤或肉圆子汤、火锅汤下饭。有的增加八宝饭和中盘（四道炒肉）。官宦富绅，有的设烧烤席、海参席、鱼翅席。农村待客多以腊肉、鸡蛋、豆花做菜，以玉米掺大米做饭，称“蚂蚁钻沙”。农村席面称“八大碗”，多由炸大豆、炸粑粑皮、炸马铃薯片、炸豆腐、炒萝卜、炒芸豆、回锅肉、墩子肉、粉丝汤、鸡蛋汤、豆腐汤等选配成八个菜。20世纪80年代后，城镇席面变为四至八坐盘加各种炒菜和汤菜，多有全鸡、全鱼、肘子、海味等菜肴，农村也由“八大碗”变为各种炒菜和汤菜。饮酒除本地酒外，所饮瓶装酒种类繁多。还增饮各种饮料。

城乡男性民众喜饮酒，有的随餐而饮，有的在餐外喝“闲酒”或上酒店。有的逢场期在酒摊独饮或围坐共饮，用大碗盛酒传喝，称吃“转转酒”或“蹲蹲酒”，多饮干酒，不配佐肴，有的以豆腐干下酒。

解放后，当地人仍以传统饮食为主，生活逐步改善，食肉者增加。农村有的增食早餐，不少人家正餐增加炒菜。食品结构逐渐改变，主食增加面食，菜肴增加海鲜、菌类等。肉食以猪肉为主，鸡肉次之，增加鸭、鹅、狗、牛、羊等肉。小吃有豆浆油条、包子、馒头、花卷、烙饼、糯米饭、羊肉粉、牛肉粉、蒸饺、糕点等，种类繁多。

（三）居住

住房 解放前，多系人字顶一楼一底木房，6尺处起穿枋，楼高不过7尺，窗户少而小，县城四合院不过十来户，一正两厢“三火头”者亦不多，能沿街建横三间者算中等人家。住房安排，一般为正中作堂屋，两侧作卧室，楼上存粮食或放杂物。一般居民，多仅住独间或两间。农村讲究坐落“风水”，周围多栽竹木或刺丛作护围。喜欢同宗同姓聚居一地。上、中等人家，建长三间正房，有的配有厢房。一般农户，多建“独脚房”或两山布局小木草房、土墙房、篱笆房。

土地改革后，农民一度掀起建房热，多是横三间石墙瓦房。随着经济发展，新建住房增多。除部分贫困户仍住旧房或建木房和土墙房外，城乡建砖房者不少，多开玻璃窗，有的有阳台和花园。20世纪80年代，钢筋混凝土作顶的砖墙结构平房，处处皆见，二、三层楼房日增。城区及工矿区职工住多层高楼宿舍，四室一厅、三室一厅者不少，有厨房、卫生间等设施，多数人家对居室进行装修。

陈设家具 解放前，官绅和富户有木制茶几、椅子、方凳、条凳、八仙桌、琴桌、方桌、书桌、衣柜、银柜、平柜、帐架床、平床及神龛等。神龛多雕有龙凤花草，漆朱红色，设于中堂。放神位下方，前置八仙桌，旁放木椅，专供祭祀或待贵客用餐，平时只作摆设。富有人家客厅内，上方铺大平床，床前放踏凳及床头柜，床前左右两方，设椅子数张，椅间放茶几；床对面之窗下，放琴桌，上摆花瓶、帽筒及玩物之类；琴桌两端旁，陈椅子和茶几；客房中央，放方桌或条凳。书房设书桌，案放笔墨砚台及书籍，设书橱；屋四周置椅子和茶几，四壁挂相框和字画。有的人家书房亦兼作客房。卧室多放高架床，配踏凳、椅子、茶几等，沿四壁放梳妆桌台、衣柜、银柜等。衣柜、银柜及椅子，多漆有或刻有花鸟图案和吉祥文字。有钱人家有衣架或穿衣镜。中等人家家具无雕饰，亦设神案，前摆方桌。无书房，客房陈设亦简单，设方桌、椅子、方凳、条凳之类家具，布置无固定格局。卧室铺木床，有平柜和书桌，多无玩物。城镇贫民及农民大多只有些不成形之床铺、矮桌子、破旧柜子、歪板凳、草凳。富户有绸缎被面、棉絮、花布床单，一般人家有粗布、被面、粗布床单，贫穷人家多盖秧被、麻渣被、垫草席。

解放后，多数人家有木床、书桌、柜子、凳子等家具。20世纪70年代，不少人家渐有高低床、三门柜、高低柜、写字台、梳妆台及木沙发等。80年代后，一般人家，日常家具基本齐备。宽裕人家，有组合柜、书柜、折叠椅、皮革或布艺沙发、席梦思床等，阳台和室内放有盆花，有的尚有地毯、顶灯、壁灯、书画挂轴、工艺装饰品。90年代后，绝大多数人家彩色电视、电冰箱、洗衣机等电器齐备，有的还配有高档音响、DVD、电脑等。

（四）色彩喜好

民国前，民众尚红贵黄，红色为“吉祥、喜庆、美好”象征，婚事称“红喜”，送礼用“红封”，贺生、祝寿、嫁娶用红联和红花渲染喜庆气氛。黄色寓意“高尚、华贵、超然”，祭祀和庆典，主持人穿“黄袍”，道士穿黄色法衣，道场文书用黄纸。匾额、对联、招牌用金字。忌用白色，因代表“悲哀、痛苦、死亡”，丧事称“白喜”，祭品、孝联、孝衣、孝帕皆用白色。白色亦象征纯洁，妇女喜着白装。蓝色、绿色代表宁静，蓝色服装极为普通。黑色被视为“悲哀、不吉”，挽联用黑纱。

民国以来，仍沿传统色彩喜好习俗，对白色的忌讳心里有所减淡，有的新娘效法外国穿白色婚纱。

解放后，基本沿袭传统色彩喜好习俗，红色象征“正义、革命”之意更加突出。黑色代表“邪恶、反动”。改革开放以来，经济更加发展，人民生活水平一步提高，色彩喜好趋向多样。

四、礼仪习俗

（一）生礼

解放前，生头胎不论男女，均庆贺，二、三胎一般只庆贺生男。农村，生头胎要带12个红鸡蛋到外婆家报喜，生男还加一只公鸡。婆家备婴儿衣帽、包片、背扇及甜酒、大米、粮、蛋及鸡等送“祝礼”。亲友、邻舍亦来送鸡、蛋、米或衣料，称“送月米”，农村叫“提篮会”。分娩第三天为“三朝”或“洗三日”，要给婴儿洗澡，有的加草药熬水洗，请接生婆及女性内亲吃“三朝饭”。满一月请“满月酒”，给婴儿剃胎头。农村住户，将产妇一个月吃的蛋壳存积，满月时倒于三岔路口。满一岁请“周岁酒”，有的外婆家送刻有“长命富贵”的银锁，有的放物件用具于婴儿身旁，让其抓拿，称“抓周”，以测未来。

解放后，基本沿用传统生礼，“抓周”已消失，办“满月酒”者居多。20世纪70～80年代后，独生子女多，礼物及招待均较讲究。

（二）婚礼

解放前，沿袭传统礼仪。婚礼数天前，嫁女需在闺房“哭嫁”，由亲近小姐妹相陪。婚礼前夕，请德高望重女性为嫁女“扯头发”，用麻线扯转将嫁女鬓毛和脸上汗毛拈去。20世纪60年代后，上述习俗渐消失。迎亲前一天“过礼”，男家备“抬盒”，装满香蜡纸烛、爆竹、糕点、猪腿和新娘盖头衣装等，请德高望重老人“押礼”，到女家敬神交礼，先将嫁妆抬回，有的随新娘抬回。第二天接亲，请男童“押轿”，男家备一“宝瓶壶”，装谷米、碎银或银毫。备铜镜或镜子一面，筷子一双，老历书一本，用红头绳拴成一串，由押轿童背往新娘家。花轿顶盖大红毡或花毯，四角垂吊红绸花，轿帘贴“鸾凤合鸣”，轿后挂一贴有“太极图”竹篩。提宫灯或马灯一对，笼装小鸡一对，举红布旗四面，吹奏唢呐，由接亲人带领前往接亲。接亲人经过一番周折和戏闹后，方得敬女家祖神，由送亲人搀扶新娘拜别祖宗、爹娘。新娘在中堂由亲人背出大门上轿，并由长辈向新娘身后撒一把筷子，送女出门。男家门前设迎亲香案，上放斗一张，盛米谷，插戥秤尺子各一，吊五色线布于其上。陈五谷盐茶、酒药、鸡蛋，置镜一面，点七星灯一盏，斗上罩伞，以示吉祥如意及丰衣足食。花轿到门前，停立案前，行“回喜神”仪式，又称“回车马”。再由嫂背新娘至大门前，立于红毡或席上。农村有的于大门槛上放一马鞍，示新娘日后安安稳稳。由送亲人搀扶与新郎进中堂神案前行“拜堂礼”，拜天地、祖宗、父母及夫妻对拜，后入洞房。一般请儿女双全夫妇先铺床并主持圆房，床四周放红枣、花生、板栗、红鸡蛋等，有的还请男童先“滚床”，以示早生贵子。入洞房后，新郎揭下新娘盖头。由圆房人主持行坐床礼仪。夫妻并坐床上，各自牵开上衣大襟“接福禄”。圆房人将宝瓶壶内盛物撒倒于衣襟上，碎银多倒于新郎衣襟中，米谷多撒往新娘衣襟内，谓“男掌经济女管家”及“白头偕老”。随后，同辈亲友入洞房取笑，称“闹新房”。当日，新郎由三人陪同，持香烛、敬酒、糕点等前往女家“谢亲”，参拜新娘祖宗和父母，打发新郎鞋袜之类礼物。女家又约内亲，持瓷碗一对，盛满米，放银圆两枚，用红纸封盖，称“衣禄米钱”，并带红封礼金，去男家“会亲”，对新娘进行叮嘱。路远免谢亲、会亲礼节。

解放初，仍行传统礼仪，一般不行回车马、拜堂等礼节，仍讲究铺床和闹新房。20世纪60年代后，已不用花轿，多用小汽车，农村有的用马车或拖拉机。80年代后，“过礼”日趋丰盛隆重，接亲日趋讲究排场，礼金逐步加码。城镇在设宴处贴一“双喜”剪字，新郎新娘于门前佩戴红花迎接客人，开席前行西式或中式婚庆仪式，放鞭炮开席，新郎新娘逐桌敬酒。

（三）寿礼

称“做生”和“母难”。有的以做生消灾免难，求长寿。满50岁多有做生习俗，六七十岁做大生。多送酒、挂面、粑粑之类薄礼。解放前，士绅富商过生日，寿堂高悬一“寿”字，挂“福如东海，寿比南山”寿联，堂内铺松柏叶，内外张灯结彩。寿屏前设香案，点寿烛。拜寿时，寿星先拜叩祖宗和献供品后，坐堂上，由直系和同宗晚辈分别行叩首礼。至亲有的送寿匾，匾上挂红绸花，将匾悬挂大门上方，还送寿幛、寿对、寿面、寿点、寿酒之类。大摆寿席。一般人家，备酒菜供祖宗，率家人进寿餐，夜晚烧纸钱给祖宗，有的设便宴招待亲友。有少数人，久病不愈，以做生“冲喜”，敬祖宗后，扶病者坐中堂，头顶一筛子或簸箕，于病者头上鸣放鞭炮出大门，以冲散邪气。

解放后，仍沿袭做生礼俗。“大跃进”和“文化大革命”期间，贺生礼节一度消失。70年代后又兴起，一般备酒菜合家庆贺，或招待亲友，多已不行拜寿礼节，多于席间敬酒。鸣鞭炮，有的烧纸钱给祖先，点寿烛。有的吹蜡烛，吃生日蛋糕，唱《生日快乐》歌。有的亦为青年、小孩贺生日。

（四）丧礼

解放前，病人弥留之际，即移至中堂，由子女扶护坐着逝去，称“抽老人落气”，并烧“倒头纸”。为逝者理发、洗浴、穿老衣，衣料须棉布或丝绸。停放中堂，用白布覆盖，以白纸遮面。门上斜贴白纸，择时刻入殓，亲人轮流守护棺旁。随即孝子分赴亲友处逐家叩头报丧。设灵堂祭悼，扎松柏孝坊，横贴“某氏丧庐”，贴孝联，大门头上贴“当大事”。鸣放地炮，做法事超度亡魂，行开路、绕棺救苦、过殿等道场，立寿纸和幡。治丧期三、五、七天不等。贫寒人家，只开路，或救一堂“苦”，以为死者解除阴间苦难。富有人家举行“成服家祭”“迎宾点主”及“展奠”等丧仪。

成服家祭 灵前设香案、祭品台、诗歌台、读祝（祭文）台、鸣赞台及跪拜台等。孝子等穿孝衣，戴“麻冠”，穿草鞋，系草绳。由鸣赞司仪，按辈次分别行叩首礼，献酒、肴、茶等祭品。由诗歌人唱诗，读祝人读祭文，并从《孝经》《礼记》《四书》中选取诵读切合逝者身份一段，谓

"讲经"。

点主 请有名望人士作点主官（大宾）。灵前设点主台，书主台。制神主牌，分内外两层，牌中央写"某某某之神主"及生卒年月地点，"神主"二字，空留"神"字之一竖和"主"字之一点。孝子等跪灵前，以针刺孝子孝孙中指，滴血于瓷杯内调朱砂，由点主人蘸以书补所留空之"竖""点"，虚写"光前"，实写"裕后"于神主牌背面。点写毕，将笔往肩后一伸，呼祝"笔（必）后发"。孝子叩谢大宾，执事接主，孝子承主，大宾读赞词赞主。

展奠 出殡前一日，称"正期""正日"或"开吊"。亲友前往祭奠，送祭幛、祭对、纸马、纸轿等，有的还送猪羊，备唢呐鼓乐前往。有的人家对丧家不满，趁此备点薄礼，集众前往吃耗丧家出怨气。亲友来祭时，孝子须到门前路口跪迎，于灵前叩头还礼。来奠者于灵堂献祭品，读祭文。若子女在逝者生前不孝顺，就会在祭文中受到谴责。

出殡 须选时刻，先将棺木扶出门外，行出棺仪式，架上龙杆，笼上丧罩，放一站龙鸡于棺上，棺由8人抬或16人抬。扶孝子等哭送，亲友结队送丧。散丢"买路钱"开道，一人于棺前执"引魂幡"，众人分排两列"拉纤"，祭幛、祭对等随棺行。

行土葬 须先择葬地，讲究风水山向。下葬时，孝子呼别逝者，先捧三捧泥土覆棺。众孝子跪于墓穴前，将后衣襟牵起，接"地理先生"撒出之"福禄钱米"，并呼答"富贵双要"等祝语。坟砌成后，孝子背"地契"绕坟一周，宰鸡或羊作祭。葬后三日为"复山"，携亲友往坟前献祭品，添修坟墓不完善之处。

治丧完后，按逝者八字及死期，推算出相应时刻，全家届时出外"回避"。逢七日要烧纸，直到49天为毕七。有的守孝一年或三年。守孝期间，男不结婚，女不着艳装，不贴红对联。

20世纪50年代一般仍沿旧俗，"文化大革命"期间，超度法事消失。70年代后，又行开路、绕棺、祭奠。有的城镇职工，迫于世俗，亦行旧法事。但大多数机关工矿人士，多设灵堂悼念，开追悼会或行遗体告别仪式，送花圈，有的送被面、毯子等作祭悼物。后逐渐推行火葬。90年代后，境内推行火葬的殡葬改革力度进一步加大。

（五）建房礼

建房前，先请先生用建房家人的生辰八字推算，选定地点、方位、朝向等。再择定吉日动土、平地基、开石、下基础、立柱。木工则择吉日"架杩"，立柱前一天"排扇"。每道工序都要烧香化纸钱、用祭品祭神。屋架立起后，要举行"上梁"仪式，即上中梁。用红布包上一月、十二月均大的历书、五谷盐菜，用4个铜钱或银圆钉红布4角、将红布钉于中梁正中间底面，两边贴"紫微高照"4个菱形红纸大字。堂屋中柱、元柱贴红纸对联。上梁前将亲戚朋友"挂红"赠贺的布料挂于梁上（宗室至亲不"挂红"）。梁上站公鸡一只。上梁时，木匠"掌墨师傅"先作祭拜，然后边口诵"四句"，边缓缓爬上中柱顶。随之将中梁徐徐升起安放。中梁安妥后，即"撒高粱粑"。木匠、石匠分别提糯米做成的小圆粑及两个大圆粑、核桃、一瓶酒、一瓶水至梁头两端，先向牵衣跪接的房主人抛下大圆粑和核桃，房主人起身后，燃放鞭炮，向房下人群抛撒小圆粑、核桃，并故意在人多的地方倒撒酒和水，房下人众以争捡"高粱粑"为乐，一时吆喝声、欢笑声、鞭炮声四起，热闹非凡，达到整个建房过程的高潮。仪式结束，方摆酒席款待众亲友邻舍。20世纪80年代后，建木结构住房者渐无，上梁仪式自然消失。

（六）祭礼

祭祖先，分春秋二祭。春祭祭祠堂或祖坟。大姓氏族，每年清明前后，集资杀猪宰羊，在祠堂或祖坟地祭祀，族人聚会或解决族人纠纷。民国年间（1912—1949），宗法观念稍淡，大规模祭祖减少。秋祭在七月十五日，纪念祖先，谓"慎终追远"。

在家中去世的老人，有的于三年内“做斋”超度祭祀，斋期三、五、七天不等，少数极富人家则做49天“大斋”。先人死于外地，须招魂设坛祭祀，行招魂、安位、悬幡、献祭等祭仪。

八月二十七日祭孔。清代由书院主办，厅通判亲临，率宿儒及城内绅民，由“礼门”鱼贯而入，排列于“大成殿”前院，由通判、书院训导领行三献礼，每行一献，众儒士领唱颂扬孔子之诗歌。杀牛办席祭孔，牛肉视为启迪智慧之物，学子虽分得不多，却引以为荣，视为珍食。民国年间，祭孔仍盛行，由劝学所、教育局主办，县知事县长主祭，40年代后停办。

五月十三日祭武圣关云长，清代由武官衙门守备主办，通判率全体武士及绅民祭祀，礼仪与祭孔相近。民国初，撤销守备署，一度中断。其后，“哥老会”崇敬关圣人，每年是日，在武庙办“单刀会”，规模远不及清代，30年代后停办。

二月二日、六月六日或龙月龙日祭龙王或水口，杀鸡或猪羊作祭。若久旱，祭后还要水龙求雨。有的村寨，以古树为神树，以怪石为山神，常于三月第一个龙日行祭，以香蜡纸烛和雄鸡、肉块（刀头）作祭品，求一方清吉平安和六畜兴旺。

解放后，破除迷信，祭祠堂、大规模祭祖坟消失，祭龙王、神树、山神等简化减少。

（七）节日礼俗

春节　称“过年”。从腊月二十三日备粮食送灶神起，忙办“过年料”。二十四日起打扬尘。除夕前，门楣上贴“彩钱”、对联、门神等，张灯结彩。外出家人要赶回团圆。除夕日，须备酒肴去祖先坟前“送年饭”。傍晚，合家吃年饭，菜肴满桌。先敬神和祖宗，再喂狗或牛，鸣爆竹后进餐。食时较晚而长，称吃“长年饭”，谓“长年有吃”。农村须待雀鸟归宿方食，意使来年不啄食谷物，五谷丰登。夜晚，须升熊熊大火，称“三十夜的火”。往往通宵不睡，称“守岁”“守田坎”。给小孩发“压岁钱”。交岁前，将家具用物贴上纸钱，称“封印”。子时来临“请水”，将挑来之水煨茶，鸣爆竹敬神。初一、二、三日早餐，多吃汤圆。初一全家不出远门。初二起，择吉日出行，向亲友拜年，并请年客。城区盛行耍龙灯。一般初九出龙，谓“久转兴隆”，逐夜沿街戏耍，商号及住户备烟花爆竹迎放，十五日耍毕焚龙。十五日过“元宵节”，备盛餐合家欢聚，入夜，备香、烛、灯笼到祖先坟前“亮灯”，形成满山灯光点照。家中各室均点上灯烛，称“十五的灯”。夜间吃“元宵粑”，谓“拿元宝”。进入21世纪后，政府提倡移风易俗，祭祖“亮灯”逐渐改为献鲜花、供水果。

解放后，机关团体年前举行茶话会，过年向烈属军属拜年。多数年份已不耍龙。有的厂矿举行灯会或放烟花。20世纪80年代后，单位组织职工举办联欢会、联谊会，组织社区群众开展文体活动。水城矿业集团公司、水城钢铁公司等驻境企业举办灯会和舞龙、舞狮、划旱船表演等。水城钢铁公司的灯会，融形、声、光、动为一体，光彩夺目，日观灯者达数万。除夕夜，合家看中央电视台春节文艺晚会节目或作其他娱乐。零时迎年，尤其城镇工矿地区，千家万户爆竹烟花齐鸣。其他过年习俗仍沿传统习惯。

清明节　清明前后，备香、纸、酒肴扫墓，称“挂纸”，亲友常互邀扫墓野餐，称“请上坡”。农村称清明为“踏青”，多采火草（毛香）做清明粑。清明当天，城乡有喝清明水之习，以求“清吉聪慧”。

解放后，机关学校常于清明为烈士扫墓，送花圈。民间仍沿袭扫墓习俗。但20世纪90年代后，渐有人以献鲜花、供水果等新俗替代挂纸、烧纸钱、放鞭炮等。

端阳节　又称端午节。农历五月初五，门上挂菖蒲、艾蒿。早餐吃鸡蛋、粽子，晚进盛餐，吃雄黄酒，并洒于屋前后，以除蛇、虫。当天去野外散步，称“游百病”；做菱角、桃子、猴子等状“香包”佩戴；向老师送礼。喜采三角枫、九里光、艾叶等草药洗浴，卖草药者不少。解放后，仍沿旧俗，做“香包”者逐渐减少，无“向老师送礼”礼俗。

中元节 又称过“七月半”。缅怀祖先，称“接老人”。亡故不满三年为“新亡”，须在七月初三前接；三年以上为“老亡”，一般在初十前接。设案于神龛左侧，供“老人牌”，上列历代宗亲名字。牌前陈“金山银山”“金童玉女”等纸扎和青葱麦芽，设茶酒和供果等品。早晚供奉酒菜饭食，点香烧纸钱。十三日晚，备丰盛酒菜辞送祖先。在堂屋或门口画灰圈，于圈内烧包（封好的纸钱包）、金银铂或纸钱及印制的夫马、兵卒给祖先。解放后，有的人家尚沿袭此俗，多数只在七月十三备盛餐供祖先，供“老人牌”者已少，20世纪80年代后烧纸钱旧俗又渐恢复。

中秋节 农历八月十五，备盛餐。月亮初升，于门前或屋内以月饼、糕点、水果及点香烛供月，有的杀白公鸡祭月。夜晚，合家吃月饼。有少数人借中秋偷别人地里老瓜取乐，以示添子和吉利，被偷人家往往不计较。解放后，不供月亮，但月饼品种更多，档次更高，备月饼食用和送礼之习俗更盛。

十月节 亦称“大年节”“牛王节”。农历十月初一，农村为庆丰收和体念牛辛苦，又传说是牛王菩萨生日，遂杀公鸡、打糯米粑敬牛王，合家吃糯米粑。给耕牛喂养上等饲料，双角插上糯米粑，项挂红布、红线或野花，牵至水边，让牛映照发欢。县城人一般也吃糯米粑。解放后，农村有的人家仍沿此俗。

马王节 传说农历六月二十三日是“马王菩萨”生日，称为“马王节”。这天凡喂有马的人家都要让马休息，并杀公鸡、备饭菜供奉“马王菩萨”，给马洗刷整理鬃毛。

五、禁忌、崇拜、迷信

（一）禁忌

岁时禁忌 除夕吃年饭时，有人呼叫不能答应，恐被恶邪所唤。正月初一至初三日，忌往屋外倒垃圾污水，忌出财，忌别人借火，以防财源外流。正月初一，不出门，不吃稀饭，免受煎熬和受雨淋；不杀生，免带凶性；忌吃药和求医，免遭病灾；忌睡午觉，意为“男睡田坎垮，女睡厨房倒”；忌唤鸡，免其翻园圃；切忌打破餐具，以防破败。正月初五不出门，不挖土，意为“不破五”。正月初七为“人生”，不出门或打骂家人。正月初八为“谷生”，不下米煮饭。春节期间忌将板凳打倒，以避犯丧事。正月二十忌挖地或做活，以防“天穿地漏”遭涝旱灾。正月，不谈鬼怪和不吉利语言，防时运不佳，谓“正月忌头”；忌给小孩剃头，恐亏舅家。

二月二日谓“龙抬头”，不用针，恐伤龙眼雨水不调。四月初八忌犁田地，免犯“天坑”。立秋日，忌薅秧，恐收成差，并忌去田间，防震动地门，谷物不熟。

每月逢“戌日”，农村不下地干活，称“忌戌”，免作物遭灾难，贻误农事。

凡逢“已、酉、丑”日，为“红砂”日，不出门，不建房，不嫁娶，有“出门遇红砂，永远不归家，立柱遇红砂，必定火烧塌，嫁娶遇红砂，夫死嫁别家”之说。

遇每月三个“七”日不出门，三个“八”日不返家。有“七八出门八不归”之说。

清晨，忌复述梦事，忌老鸦屋上叫，忌打坏东西，忌说不吉利话语，谓不祥之兆。初更忌鸡鸣，谓灾兆。忌小儿夜哭，谓灾病之兆，用红纸写祝语贴当道处，供人读念以求化解。

日常禁忌 忌右眼皮跳，为跳祸。忌耳热，为有人在责骂，心闷为将遇不顺心事。出门不说丧气话，不在别人家中流泪哭泣。忌猪来家门，谓“猪来穷”，忌猫投奔家中，谓“孝服”。忌遇蛇交配，谓“大难将临头”。忌雀鸟排粪便落在头上，谓“病灾”。忌蛇及野物钻家，谓要遭“勾绞”。蒸饭怕甑子出声，烤酒、做豆豉怕不发酵，谓不顺利之兆。点豆花忌生人来，恐将豆腐“采”去。小孩忌在屋内打伞，恐长不高。忌啃鸡爪，恐写字乱画。不准男孩吃猪蹄，谓叉住媒人嘴，娶不到媳妇。忌用字纸作便纸或乱丢，谓“糟蹋圣贤”。忌入别人闺房和卧室。摆桌时，忌在饭中插筷子和在碗上横放筷子，此系上供死人礼仪。就餐清规甚多：如不能用一支筷子，不能敲碗，不能在盘中临他人一方处夹菜，不能大筷夹菜或连吃几筷，不能在盘中翻挑选菜，谓无家教之

“鲁夫俗子”。

伦理禁忌　老公公忌入儿媳卧室，不能乱骂儿媳；兄长不入弟媳卧室，不骂弟媳。做客非请不入他人卧室。男子忌与女子争斗。不打骂别人小孩。忌同宗或同姓开亲，忌辈分不相称的婚配。忌子女打骂虐待父母，违者视为大逆不道。晚辈忌辱骂长辈，兄弟姊妹妯娌忌互相辱骂。男子忌穿妇女的衣服，从妇女衣裙下走过，女子忌从男子头上方跨过、打男人耳光。

生育禁忌　孕妇忌看月食，恐胎儿四肢不全；忌看行凶斗殴之事，恐子女性恶；忌吃刺激性菜肴，恐胎儿发育不良；忌穿凿、钉钉，恐胎儿眼瞎儿聋。产后忌吃公鸡肉、母猪肉和辣椒，忌触冷水和风吹日晒，谓“种病根”。忌在娘家或别人家分娩，忌生人入产房。

婚事禁忌　忌生辰属相相克。羊年谓“寡妇年”，一年打两春之年谓“歉年”，五、七、九月谓“恶月”，均忌办婚事。忌新娘嫁衣缝口袋，免偷婆家财物；忌用两块布缝合，免再婚。迎亲途中，忌遇出殡，忌两家迎亲对过，须绕道，或新娘互换红花。孕妇忌进新房。小姑忌进新房，谓避“孤”。忌穿白装吃喜酒做客。喜宴用后的空碗碟，忌叠放，免重婚。

丧葬禁忌　在外亡故，忌遗体进屋治丧，须在屋外搭棚操办。遗体忌猫跳越。寿衣穿单不穿双，免犯重丧，忌用毛料、皮料，免二世投胎为牲畜。入殓时，忌属相与死者相克者在场，免亏死者；忌哭泣，免泪落入棺木；尤忌金属物入棺。出殡时忌说“棺木重”。下葬忌身带凶器者参与挖墓穴。忌“山向”偏颇和与其他坟墓“骑龙”和“绞向”。忌葬于水涝地和遭风处。送葬后，忌在家哀哭，免再死人。人亡忌说“死”，改作去世、逝世、过世、成神、作古、千古、仙逝、西归等。棺木改称老木、寿木、老房子等。

行业禁忌　水城各种行业，均有一定禁忌。商人忌说“亏”，忌坐柜台，忌开张生意顾客还价买货不爽快或退货。各种工匠忌别人踩踏或跨越工具。赶马人忌主人或别人移动其摆好饭菜，忌别人将碗叠放在自己空碗上，忌倒扑杯碗。农民忌用手指指瓜果。卖猪忌将拴猪绳一齐卖出。卖马忌将笼头一起卖出。

以上禁忌，在清代视为戒律。民国，受新思潮启迪，城镇居民渐不重视。解放后，出于迷信的禁忌多已消失，但在少数守旧人中仍有沿袭。

（二）崇拜、迷信

境内民间崇拜概分为带有原始宗教性质的自然崇拜、图腾崇拜和祖先崇拜三大类。自然崇拜包括对天、地、日、月、山川、岩石、水井、古树等的崇拜。如敬天神、地神、山神、树神、水神等。图腾崇拜主要是民族图腾崇拜，如汉族崇拜龙图腾，彝族崇拜虎、龙图腾，歪梳苗崇拜蝴蝶图腾，长角苗崇拜锦鸡图腾等。祖先崇拜即人们把故去的历代祖先视为保护神而供奉。民间崇拜有的形成较为系统规范的崇拜仪式，有的衍化为迷信活动。主要有：

敬神　解放前，大部分民众住宅中堂，设神龛，上供天地、祖宗及各种神位，下供土地神位，早晚鸣磬上香。灶旁设灶神位。

对风、云、雷、雨和生、老、病、死、吉、凶、祸、福，均认为有神灵主宰。修建玉皇、观音、城隍、雷神、火神、龙王等庙宇顶礼膜拜。各行业，分别供奉文昌、财神、轩辕、神农、老君、鲁班、杜康、药王、牛王、马王等神，有的建有庙宇。遇天灾人祸及疑难事，往往上庙求签、卜卦、许愿。久旱久雨，则向天神求雨求晴。

有的人认为，人全由命运主宰，一生凶吉祸福，可用生辰八字和相貌等测断，有的认为与祖坟及住宅等有关，便求助于算、卜、星相及风水，寄希望于算命子、看相人、风水先生、端公及巫婆，请其指点神灵化解。

敬神在清代和民国盛行。解放后，破除迷信，大部分消失。敬家神及讲风水，仍较普遍沿袭。

20世纪80年代后，算命、看相、抽签现象又在社会上泛滥。

打清醮　若遇病疫流行，久旱久雨或火灾，由民众集款设坛做法场，以求清平。县城设坛于城隍庙或街道，农村设于村寨内，以佛家科律举行法事，由掌坛师诵经、念咒、作法，沿街道或村寨"送瘟神"或"扫火星"。

庙会　农历三月初，举办庙会，朝拜上帝庙。祈求风调雨顺、人寿年丰。初一起，城内和四乡善男信女纷纷前来朝拜，初三达高峰。该庙山脚的龙王庙前，排满出售香蜡、纸烛、鞭炮的货摊。朝山拜神的人群中，老年求寿，妇女求子，青年求偶，排列于上帝庙殿门前廊，依次入内膜拜祈祷。殿前大鼎炉内，化纸钱的火焰熊熊，香烟终日袅袅。

土地会　每年六月初六，做土地会朝拜土地神，以求平安、招财、进福。县城在东、西、南、北、中5个土地庙及场坝土地庙所在街道，集众街民设坛诵经及会餐。

盂兰会　农历七月十五日前，县城在过"中元节"之际，在城隍庙内设坛，为民众超度亡魂。行佛家科律，作"召亡、饯亡、施食"等法事，十四日晚在河边"放河灯"，以作亡魂之"引道明灯"。十五日晚，在辕门口搭高台，掌坛师登台诵经、念咒、作法，引亡魂超生，放"烟火架"引亡，观者上万。

九皇会　农历九月上旬，县城于"观音阁"内设坛，朝拜天神星斗，以求降福吉庆。行道家科律，作诵经、礼请、悬幡等法事。初九日晚朝星拜斗，龛上设"七星台"，地划"太极图"，以板斗盛米谷悬吊于神堂中央，按"香首"人数用面捏成若干灯盏，其上各书一"香首"姓氏，另设四盏大面灯陈四角，代表四方民众。灯齐点燃后，掌坛师作法念咒，踏罡步斗，以灯熄灭先后，逐一预测香首寿岁和四乡吉凶。

以上民间会事，境内于清道光年间（1821—1850）起渐盛，一直沿袭到解放。起先为每年举办一次，后有些会事间隔举办。"打清醮""盂兰会""九皇会"，通判、知事、县长必亲临上香。解放后，此类会事基本消失。

第二节　方　言

境内汉语方言，属北方方言西南官话区黔西北片黔中小片方言。语音与普通话相比，差别对应关系比较整齐，无舌尖后音，无"儿化韵"。声调数与普通话同为四声，中古入声调消失，入声字基本归入阳平调，中古上声声母全浊字变为去声。调值与普通话有差异。基本无语流变调，但双音节词，特别是历史久远的老词，有成词变调现象。有少量缩合语，多在双音节词中，一般多取前一个字的声母与后一个字的韵母缩合成一个音节，来表示双音节词。解放后，尤其是"三线"建设和改革开放后，东北、华北等地区及省内各地大批人员入居境内，加之对外交流日益增多，境内方言渐改，某些固有特点逐步淡化，逐渐向省城方言和普通话靠拢。现选录部分方言词、谚语、歇后语选录如下。

一、方言词

（一）形容类

巴：（1）粘。菜巴锅了。（2）贴。巴张条子在门上。（3）附着。你的头发巴有草草。

罢脚：（1）剩下。选罢脚的不要。（2）即将结束。秧快栽罢脚了。

鳔（音"标"）：（1）溜滑。看倒点走，路是鳔的。（2）猛烈喷出。血鳔出来了。

岔巴：多嘴，逞能。不要岔巴。

杵脱：（1）死，不存在。我差滴滴病杵脱了。（2）冤枉损失。这笔钱杵脱了。

吊二：不认真，不严肃。那人吊二得很。

刁意：故意。他刁意干。

敦笃：短小结实。那人长得敦笃。

拐：（1）糟。这回拐了。（2）错。这道题做拐了。

隔顿：间断，停顿。他说话紧倒打隔顿。

格神：杂乱，极不工整。这件事做得太格神。他家头格神马倒的。

下（音“哈”阳平）：一下子。等下。

傻（音“哈”上声）：无礼貌。他尽干傻事。

黄：（1）外行。我是黄的。（2）不讲情理。他不认黄。（3）不熟悉。他黄脚黄手的。

猴急：贪婪，急躁。少拿点，不要猴急。稳倒点，莫猴急。

奸（或“尖”）：聪明。二回放奸点。

“老实”：竭力，使劲。老实抬嘛。

恼（或“老”）火：（1）严重。他的病恼火。（2）困难。他家生活恼火。（3）厉害。他婆婆太恼火。

躴：瘦小，细弱。这个猪儿躴得很。

裸连：拖沓，不认真。你太裸连。

麻喳：（1）马虎。这事做得麻碴。（2）不清楚。看去很麻碴。

毛：（1）粗心。毛脚毛手。（2）暴躁。他脾气太毛。

铆：有矛盾，和不来。他们两个是铆的。

抿：少许地吸吮。我抿点试试。

绵：疲慢，拖延。绵了半天都做不好。

满连：一齐，全部。我满连要。

鬻：汤、水等煮开外溢。豆浆鬻出来了。

偏生：执意。我偏生要做，把我怎样?

神：（1）神气十足。有钱人神得很。（2）搞特殊，不配合。你咱个这样神。

硬火：实力雄厚。遇到硬火喽。

弯酸：固执，不爽快。不要弯酸嘛。

枉道：过分，横蛮。你太枉道。

巫教：干邪门事，不公正。那个商店太巫教。

小滴滴：些微。还剩小滴滴。

形：（1）质量低劣，不结实。这布形得很。（2）出不了劳力。他是个形人。

相因：便宜。物价相因。

阴倒：（1）暗地。阴倒干。（2）不吭声，不张扬。这事阴倒算了。

章倒：无主见，礼规、逻辑反常。那人太章倒。

张巴：无忍耐力而叫喊。打个针张巴哪样嘛。

渣筋：纠缠打扰。不要来渣筋。

央叽：恳求。央叽你把这件事办了。

团转：周围、附近。团转都是树林。

浑讲：乱说。他浑讲。

讨嫌：不讨人喜欢。那人很讨嫌。

门槛猴：在家凶，在外怕事。你是个门槛猴。
岔仙仙：一时兴趣。做事不要岔仙仙。
生好：漂亮。这件衣服太生好。
摆：骗。他摆你的。
之个：这个。之个东西真好。
虽虽：赶快。虽虽去，虽虽来。
噜：怂恿。他噜我去打架。
装昏：（1）装听不见。我喊你，你装昏。（2）装糊涂。这件事他装昏。
悬朝：危险。这件事太悬朝。
泼烦：烦乱。心头太泼烦。
火促：恼火。不要惹我火促。
造（音“照”）孽：可怜。这家人太造孽。
夹二半憨：指爱嬉闹、爱作恶作剧的人。不要夹二半憨的。
花眉老嘴：油嘴滑舌，说谎话。这个人花眉老嘴。
叽拉舞叫：大声急叫。叽拉舞叫的干哪样？
跌跟打斗或扑爬礼拜：急匆匆。听说有急事，跌跟打斗（扑爬礼拜）赶来。
黑摸地洞：黑暗。这个地方黑摸地洞的。
翻汤泼水：反复无常。说话做事不要翻汤泼水。

（二）言行类

摆寨：串门子。他摆寨去了。
摆白话：讲故事，拉家常。我给你们摆白话。
扯白：说假话。他爱扯白。
扯广子：找借口掩饰摆脱。你不要扯广子好不好？
岔嘴：插话。不要岔嘴。
冲气：斗气发火。冲气不得好处，他冲起气走了。
吃豁皮：占便宜。要出钱，不要吃豁皮。
吃欺头：占便宜，戏弄人。他爱吃欺头。
断（上声）：阻拦。断倒牛。
方（或“封”）：使人难堪。算了，方倒你不好。
耳：理睬。不耳你。
古：（1）对抗。他古倒不来。（2）强行。不兴古倒卖。
惯适：姑息，妖养。惯适娃娃不好。
呵：用巧语骗人。他还想呵我。
经忧：照看，照顾。帮我经忧倒家。
诀：男人骂人。他爹诀人。
贾：穿着讲究。他是个贾哥。
垮脸、马脸：板面孔、哭丧着脸。一过门就垮脸。
款嘴：夸口，吹嘘。那人爱款嘴。
咣：说话不留情面，给人难堪。我给他打招呼，他反而咣我。
搂：（1）承担：这回该你搂起。（2）捧手拾物。苞谷打倒了，搂倒。

拢：走到。我昨天拢水城的。
麻：蒙蔽，欺骗。不要麻我不懂。
默倒：以为，认为。我默倒你不来。
理麻：（1）追究。该理麻他。（2）收拾。一会再理麻。
离（音“利”）：避让。离远点，车子来了。
秋：烟熏。秋腊肉。火烟秋眼睛。
摔摆：（1）刁难。我遭他摔摆够了。（2）做事过慢。起个床就摔摆好阵。
兔：不近人情。那人太兔。
着不住（“糟”阳平）：受不了。今天热得着不住。
躅（音“卓”）：（1）发怪脾气。他躅得很。（2）任性惹事。那家人躅出祸来了。
咒：妇女骂人。有两个女人在街上对咒。

（三）人体类

脸包：面颊。
锭子：拳头。
夹肢孔：肩腋下。
克西头：膝盖。
上天篷：上颚。
躲巴儿：小指。
脑壳：头。
脑门心：额。
臁儿杆：膝下肢。
手道拐：手肘。
心口：胸膛。
疾病类：
摆子：疟疾。
隔食：消化不良。
烧热：伤寒。
鸡窝寒：霍乱。
发痧：肠胃炎。
凉倒：感冒。
瘫：麻风。
猴儿包：腮腺炎。
灌脓：化脓，感染。

（四）动物类

草狗（猪）：指尚未生仔的母狗（猪）。
牯子：未阉公牛。
叫马：公马。
骒马：母马。
鬼灯哥：猫头鹰。
饿老鹳：鹳。

叫居居：蟋蟀
客妈：青蛙。
癞格宝：蟾蜍。
连邦郎：蜻蜓。
曲蟮：蚯蚓。
黄豆儿：小黄鹂。
夜老鼠：蝙蝠。
岸鹅：大雁。
丫雀：喜鹊。
豪猪：刺猬。

（五）事物类

嘎嘎：肉。
灰面：面粉。
窖水：豆花。
褡褡：外褂。
帘帽：斗笠。
专专：外背心。
汗褟：衬衣。
摇裤：内短裤。
转转：发髻。
旺子：凝聚之动物血。
圪蔸：木本植物遗根。
山花：房两端外壁。

（六）自然类

麻窝：山窝土。
包包：小丘。
梁子：山脊。
冲子：峡谷。
箐：林木密集之地。
白雨：冰雹。
凌：冰。
罩子：雾。
火闪：闪电。

（七）时间类

二天（二年）：以后。
扯常：经常。
紧倒：长时间。
抵倒：赶快。
一下（音“哈”阳平）：一会儿。
刷黑：傍晚。

二、谚语

（一）气象类

干冬烂正月。
春打五九末，山中树木无脑壳。
春打五九尽，还有二十四个黑头（桐油）凌。
腊月大天晴，谨防要反春。
雪下三尽深，来年好收成。
春雷响得恶，雨水流成河。
立春天气晴，庄稼有收成。
正月雷打雪，二月雨水烈。
惊蛰头，冻死牛。
惊蛰冻得热，烤火过六月；惊蛰冻得冷，凉水盆中打得滚。
惊蛰天不冻，来年虫灾重。
清明要明，谷雨要淋；清明不明，谷雨不淋。
交了七月节，夜寒白天热。
重阳无雨望十三，十三无雨一冬干。
一伏漏，伏伏漏；头九晴，九九晴。
久旱西风更不雨；久雨西风更不晴。
雪三天，凌九天，鹅毛大雪转晴天。
月亮打伞，干断田坎；太阳打伞，冲断田坎。
春雾雨，冬雾雪。
春雾狂风夏雾热，秋雾阴雨冬雾雪。
雾罩爬山雨绵绵。
小雾雨连连，大雾见青天。
早起东无云，日出见光明；暮看西边晴，来日见光明。
黄昏起云半夜开，半夜起云雨就来。
早看东南黑，雨势午前急。
黑云成团雷咕噜，白雨（冰雹）打得光秃秃。
西北明，来日晴。
四六开天不久长，半日阴雨半日凉。
秋前北风雨，秋后北风晴。
冬寒云回散，春寒雨如泉。
南风猛过头，坑沟无水流。
早怕南云涨，晚怕北云堆。
火烟不出门，天气不会晴。
蚂蚁搬家雨，蜘蛛结网晴。
黄鳝抬露头，遍地雨水流。
蠓虫围灯转，老天要变脸。
雀鸟闹洋洋，必定出太阳；雀鸟闷沉沉，必定雨淋淋。
河边虫蛋高，大水要来到；河边虫蛋低，大水涨不起。

虫蛋下树根，雪凌三尺深；虫蛋下树皮，雪凌跑层皮。
早雨不过午，晚雨打散工。
立夏不下，犁耙高挂。
清明断雪，谷雨断霜。
云跑东，雨落空；云跑西，披蓑衣；云跑南，雨成团；云跑北，晒荞麦。

（二）人情事理类

一人有福，拖带一屋。
远方龙神，不如地方土地。
石匠无好墙，木匠无好房。
住惯的山坡不嫌陡，用惯的家什不嫌丑。
别人的金窝银窝，不如自家的土窝草窝。
远田远地不富家，白得田地水推沙。
救了落水狗，回头咬一口。
咒的风吹过，打的实在货。
烟锅巴劲大，苦人命大。
狗怕夹尾，人怕输理。
有理不在声音大，无理哪怕弟兄多。
有力能降老犟牛，有理能拉官磕头。
麻秆撑不起大梁。
一行服一行，娃娃服老娘，豆腐服酸汤。
盐多菜苦，儿多母苦。
猪多无好糠，人多无好汤。
坛子口大好封，人的嘴小难封。
不上高山，认不得平地；不吃荞麦，不晓得粗细。
有心下烂田，哪怕泥巴脏。
热肉好吃，冷账难还。
三天不赶场，说话不巴行。
不是乌骨鸡，墨也染不黑；要是乌骨鸡，水也洗不白。
木怕一墨线，人怕三对面。
扯倒鸡毛鸡骨疼，拔着头发牵痛心。
货比三家不上当。
冷水要人挑，热水要人烧。
千年文书做得药。
宁送饥人一口，不送饱人一斗。
差人的脸，二八月的天。
人像节节草，三穷三富不到老。
赶马种菜园，搞得手不闲。
吆猪三年会看地，赶马三年会做贼。
桃子红一时节，杏子红一时节，酸梅子不红也要打个苦李色。
各房点灯各房亮。

十个说客，不抵一个夺客。
冷菜冷饭能吃，冷言冷语难受。
卖豆腐靠卖水，卖膏药靠卖嘴。
小时不掰，大来难扭弯。
磨炼出能人，煅打出好钉。
苗怕虫咬，儿怕娘娇。
将就将就，难得出头。
只顾讨儿好，乾坤要颠倒。
放儿任性跑，孽马收不了。
只要心宽，不怕屋窄。
脚正不怕鞋歪，心正不怕雷打。
没有那个肚，不吃那瓶醋。
不是那头牛，免误那个春。
茄子树上吊不死人，阴沟里头淹不死人。
三天无生意，伙计吃伙计。
一颗米煮不成饭，一扇磨磨不成面。
一家失火，四邻遭逢；一人遭瘟，满寨倒床。
一人无二计，三人出个好主意。
带头马不好，跟帮马乱跑。
龙头怎样摆，龙尾怎样甩。
大姐做鞋，二姐学样。
有钱男子汉，无钱汉子难。
人是铁，饭是钢，一顿不吃饿得慌，三天不吃硬冰梆。
三天不吃酸，走路打窜窜。
沟边放牛，两边吃草。
麻皮不粘豆秆。
软藤缠死硬树，细水浸垮高墙。
下雪不得打霜冷，欠账不得过年紧。
姨妈开亲，抓瞎眼睛。
只要心中爱，哪怕吃酸菜。
婆娘管汉子，金银满罐子；汉子管婆娘，顿顿喝米汤。
拜年是个礼，倒贴三碗米。
憨包憨包得一包，尖撮尖撮得一撮。
出门看天色，进门看脸色。
哪家牛儿不抵娘。
前三十年，看父敬子，后三十年，看子敬父。
肉烂烂在锅头，盐烂烂在碗头。
出头椽角先遭烂。
一笼鸡不叫一笼鸡叫。
多一棵秧苗，多一颗露水。

捡得便宜柴，烧破夹底锅。
扯房上草，还得看屋下人。
抹胡子的饭吃不饱。
砍一棵，动一林。
媳妇不会做鞋，婆婆有帮样。
各坡荞子各坡割，各场谷子各场打。
会事的女人解得金腰带。
草鞋不磨脚，脚倒磨草鞋。
是龙也要从蛇肚皮中过。
满堂儿女，不及半路夫妻。
浑水不落外人田。
咬不了青冈咬泡木。
哪个山头不烂柴。
儿多也不愿马踏死。
獐子还在岩山跑，不要在岩脚喊卖麝。
各方雀儿各方叫。
外面打得黄豆儿，家中打失抱母鸡。
打酒只问提壶人。
山有多高，水有多高。
眼睛珠都靠不住，还能靠眼睛皮？
孝顺还生孝顺子，忤孽还生忤孽儿。
变天老虎吃天猪。
不要一个吹箫，一个捏眼。
石靠一分，木靠一寸。
三分匠人，七分摆布。
成龙上天，成蛇钻草。
自家的园子里不好犁牛。
生活处事类：
玩刀刀上死，弄枪枪上亡，好打官司坐班房。
头回上了当，二回点个亮。
绳栓三道紧，账算三遍准。
人要长交，账要短结。
天狂有雨，人狂有祸。
家中有火，何必隔壁点灯。
要吃狗，各打一条；要吃水，各担一挑。
家里不和外人欺，邻里不和扯绽皮。
让人三分，不短一尺。
蚊子遭扇打，只因嘴伤人。
要像猪拱朝前，莫像鸡扒后退。
早晚洗个热水脚，强如吃副大补药。

吃药不投方，哪怕背箩装。
要打当面锣，不敲背后鼓。
闲时找起急时用，急时找来不中用。
靠山不可枉烧柴，近河不可枉使水。
砌墙先打基，吃蛋先喂鸡。
会吃千顿香，不会吃一顿光。
笑脏笑破不笑补，笑懒笑馋不笑苦。
人勤地出宝，人懒地出草。
不闻粪土臭，哪得菜饭香。
一针不补，十针难缝。
不贪锅巴饭，不在锅边转。
勤谨勤谨，衣饭把稳。
吃不穷，穿不穷，不会当家一世穷。
起早三日当一工。
一天省一口，一年省一斗。
宁在囤中少一斗，不在锅边添一口。
天不刮风不为冷，人不欠账不为穷。
猫儿吃得少，顿顿要点舀。
头回着了卖糖手，二回不信嘴甜人。
家有千贯，补连一半。
大吃如小赌。
吃饭千口，主事一人。
早睡早起，存钱积米。
白天游街吃茶，晚上点灯切麻。
门风难挡，门户难搪。
多个人，也就多双筷子。
冷处一把火，热处一把火。
不要为了人家的豆子，炒破自己的砂锅。
自己的稀饭都吹不冷，还为别人吹点心？
哪支桌子脚矮垫哪支脚。
农事类：
饱水田，是靠山，干巴土，只靠天。
抢种如赶考，抢收如抢宝。
千锄头，万薅刀，不抵老牛伸个腰。
苞谷薅得嫩，强如放道粪。
套种轮作，强如多种一坡。
庄稼好好管，仓里粮食满。
边头角落种一窝，家可养个闲婆婆。
野草除个光，收成粮满仓。
泥巴垛得深，庄稼如箐林。

牛吃如放粪，马吃如刀割。
懒一懒，少一碗。
误了一年春，十年理不伸。
你哄地皮，地皮哄你肚皮。
水是庄稼命根，血是人命根。
栽烟不打芽，收个光夹夹。
种果不整枝，恰如是个痴。
起虫不除害，恰如放牛去吃菜。
天晴不开沟，雨来到处流；种地不修沟，恰如强盗偷。
庄稼懵懂，谷雨下种。
清明前后荞，谷雨前后秧。
十月犁田一碗油，冬月犁田光骨头。
六月秋，减半收；七月秋，全部收。
七月不出，碓中无谷。
七月半，出一半；八月半，熟一半。
白露不低头，割来喂老牛。
白露不出，寒露不熟。
夜晚下雨白天晴，一人种来养十人。

三、歇后语

一年穿十二双鞋——月月换新
牛角上擦油——又尖又滑
乌龟壳上找毛——白搭
叫花子烤火——朝各自面前扒
茅草尖锥牛——不疼不痒
青冈树雕菩萨——硬神（承）
破口袋装洋芋——到处漏
老牛咬太阳——白张嘴
猴子掰苞谷——丢多得少
咬不动青冈咬泡木——欺软怕硬
弯起腰杆淋大雨——背湿（时）
棺材里放枪——吓死人
木匠看墨线——睁只眼闭只眼
割鞋子补毡帽——顾头不顾脚
野鸡钻林林——顾头不顾尾
胸口上挂钥匙——开心
一丈二尺长烟杆——摸不着斗斗
背菩萨下河——淘神
鹅卵石滚刺巴林——无挂无碍
癞格宝打哈欠——口气好大
癞格宝背马刀——侃天磕地

隔山吹唢呐——啦哩啦（哪里隔哪里）
光脚板进刺巴林——试倒试倒来
瞎母鸡啄豆子——碰巧
斑鸠吃小豆——心头有数
啄木倌修房子——全靠嘴
曲蟮翻筋斗——撑不起腰
口水放盐——咸（闲）话
火柴圪蔸修磨子——走一方黑一方
驮马不钉掌——干赚钱
猫儿抓糍粑——脱不了爪爪
花椒开口——黑心
豆渣倒水饭——哄鬼
狗吃牛屎——图多
刷子无毛——板眼多
挖煤二哥踢飞腿——黑（吓）人一跳
磨子做枕头——想转了（想通了）
三尺长的梯子——搭不上檐（言）
胡子上生疮——毛病
半天云中挂口袋——装风（装糊涂）
茅厕里长笋子——冲出屎来
杀猪匠拉筒筒（二胡）——油手好弦（游手好闲）
叫花子烧纸钱——钱少话多
瞎子戴眼镜——多余的圈圈
刺巴林中的斑鸠——不知春秋
蒿枝做菜——自讨苦吃
脑壳上擦桐油——讨光（咣）
麻布洗脸——粗（初）会面
耗子钻风箱——两头受气

第二十篇　人　物

第一章　人物传

雷礼禄

（1774—1831）

祖籍湖南，生于郎岱落别官寨，少时跟随其母郑氏移居水城厅城东场坝菜园。清嘉庆时期（1796—1820），承道署领办福集厂、川岩洞、万福厂锌铅矿。承办期间，福集厂年产锌达180万斤，调运省内外供铸钱币，毕节宝黔局一家得锌40万斤。嘉庆己卯年（1819）春，雷在福集厂建上帝庙，自此香火十里连绵，福集大兴。嘉庆初，在水城城南二十里处接管巴都厂并扩建新厂，更名为万福厂，生产达到空前规模。是时，"炉火熊熊，烟雾缭绕，直冲霄汉，飞鸟不得过""矿区日有千匹驮马往返其间"。在厂区附近建起街市（生活区），"街景繁华，厂官房四合院、戏楼、客栈、酒家、百货店比比皆是"，万福厂达到鼎盛时期。接管川岩洞锌铅厂后，着力进行整改，大规模开采，产量倍增，兴旺空前。雷一生数十年从事锌铅矿开采冶炼，成效显著，"富甲一方，享誉黔省五属"。热心公益事业，乐善好施，道光六年（1826），为水城厅通判张步虚在水城坝子上的大山脚、土桥等地购置十九石五斗童生卷田（学田），为当地教育事业做出一定贡献。《水城厅采访册》记载：凡修建庙宇、桥梁、道路，积极捐资，多于其他人数倍。道光十一年（1831）十月初二日，卒于水城场坝上街本宅，其墓葬于崇文山南麓（今水城铁路东站后山）。

雷礼禄堪称水城清朝时期创办企业的典范，其事迹在《水城厅采访册》《水城县志稿》《水城县志》中均有记载。1988年水城特区人民政府将雷礼禄墓列为县级文物保护单位，2010年六盘水市人民政府又将其列为市级文物保护单位。

桂天相

（生卒时间不详）

字云农。祖籍成都，生于水城老城西街，家境清贫。自小酷爱书法，得川籍先贤陈琮指点，广泛阅读书法论著，数年悉心揣摩法贴，王颜欧柳无不默会其神。善草书，其擘窠大字尤其端庄流利。

清道光十年（1830）应大定府科举，考官评其试卷："文章平平，字盖五属"。由是录为岁贡。从此找他求字的人越来越多。

时桂天相与工诗学的李天柱、尤善花卉人物的单辅国被并誉为字、诗、画之"水城三美"。后人评他在贵阳的匾额"大道观"可与严寅亮书写的匾额"颐和园"相媲美。民国时期（1912—1949），水城各庙匾对，世家屏联，尚存其真迹者，无不视如拱璧。他为水城武庙、万寿宫写下的"一部春秋""功收一柱"等匾，"文化大革命"时被毁。今桂字真迹已不多见。《水城县志》成书时，载其书法有条幅四联与"武庙"二字。

桂天相兼明医术。

逝后葬水城西门外凤凰山东麓董家地。民国20年（1931）仲冬水城人廖禄勋、赵慧远等念其书法工妙，名震一时，坟墓却无人照料，遂为其募捐，封墓竖碑，篆刻墓志。

1981年版《贵州古代史》将桂天相列为嘉道年间（1796—1850）贵州文学艺术代表人物之一。1988年年初，水城特区人民政府将桂天相墓列为县级文物保护单位。

殷登朝

（1792—1851）

字觐光，号荣斋。祖籍江西南昌。祖上做官到滇南，复由滇南迁官至黔地，卜居威宁州。生于威宁州城。其父殷士富，有弟兄四人，俱以行伍成名。在先辈的影响下，殷登朝自幼研习诗书经史，酷爱操练家传武术。年二十，即随营奔驰。清嘉庆二十三年（1818），任水城营亥仲汛把总。临安农民起义，携营兵出征，以军功获重赏。道光十八年（1838），与同营把总龙应春奉调营兵百名，跟从提督余步云镇压仁怀温水农民起义军，杀害义军首领穆继贤，获赏六品顶戴，经保奏，拔补千总。二十八年（1848），奉调征永昌义军，奏凯而还，贵州巡抚罗饶典保奏拔补万总，赏顶戴。咸丰元年（1851）领兵百名，赴广西参加镇压太平天国革命运动。是年四月二十七日在象州洛秀寺阵亡。遗体葬水城凤凰山麓殷家寨。清政府赐金千两为其营造墓地，祀昭忠祠，追赠其父武信骑尉，准其后嗣世袭云骑尉。

萧必明

（？—1861）

贵州修文人。清道光十九年（1839），到赫章承办兴发铅锌冶炼厂。咸丰年间（1851—1861），从道署领款接办水城福集厂，专烧铅锌。当时毕节设局在厂收锌，每年额数奉拨运京，毕节宝黔局铸币用锌，也从该厂拨运。

萧必明接办福集厂后，从农村招募工人，为解决员工生活问题，他引进蔬菜良种，辟地建菜园，办员工食堂，还援引优质板栗、黄小米、高粱等农作物种子，在民间推广种植。当时交通闭塞，萧必明筹资拓宽水城境从大丫口经石板河到福集厂的道路。为解决水城的铅运、盐运及其商旅住宿，他在水城场坝开设集客栈、马栈为一体的“大兴栈”，是清代水城最大的旅店。又在厂区修建“挹爽书屋”，为员工提供读书场所。还在小河边开办“万全”号商店（因商店门对上下联各有“万全”二字而名），供应日常用品。萧必明因此被称萧万全。

同治元年（1862），福集厂被水城苗族农民起义军捣毁，萧必明率团练堵御义军时阵亡。民国时期为纪念他对发展水城经济做出的贡献，将水城小河边命名为“万全乡”。

福集厂的建厂年代，据1987年10月19日发现的火神庙碑记载，为乾隆十年（1745）。萧必明主持厂务时，福集厂发展到又一个鼎盛期。当时厂区占地1.2平方千米，包括今钟山区老鹰山镇所属福集、街上、水营三个自然村寨及火烧坡等地。该遗址对研究水城冶炼史、市境清代社会经济状况均有意义。1988年，福集厂铅锌冶炼厂遗址被列为县级文物保护单位。

范定邦

（1808—1866）

谱名和邦，字位三，号燮堂。水城厅属地（今水城县米箩屯上范家寨）人。曾祖范起祯，诰封武显将军。祖范兴国，厅属武生。父范如榛，嘉庆庚午科（1810）武举。叔父范如萱，厅属武庠生。

自幼受家庭环境熏陶，习文练武，寒暑不辍。年十七，即精通家传刀枪剑棍与散打。道光乙酉年（1825）取为武庠生。道光己丑年（1829）到省城应武科乡试，登榜武举。随即赴京，请兵部验票入提标效力。道光辛卯年（1831）补新添营把总，迁清江营千总、松桃营守备。

咸丰三年（1853），升直隶正定镇龙固营都司。时值贵州少数民族起义，又署长坝营游击，带兵参加镇压杨隆喜起义。咸丰五年（1855），署安义镇中军游击。咸丰七年（1857），获水城营游击印。不久，威宁回、苗等少数民族起义，奉命率营兵团练赴威宁，与其他援军一同会剿。后义军首领接受招安，范定邦与水城厅武生安如山，前往义军驻地招抚。在水城任职期间，协助通判鲁经芳维护地方治安，讼狱稀少。咸丰十一年（1861），调任荔波营游击，以功擢升副将。同治五年（1866），荔波苗民起义，四下围定县城。清臣卢希恒拥兵坐视。值岁大饥，人相食，义军攻打甚急。三月丁亥日，城中官兵困卧不起，义军夜里攻入西城。范定邦与其第三子范凤山（水城武生，署荔波营千总）、守备刘学武率兵保护知县彭培恒、训导赵旭等突围，俱备战卒。知县、训导自刎亡。事后，清政府为表彰范定邦的忠义，诰封其父范如榛、叔父范如萱武功将军。范定邦荫袭云骑尉。

按：《大定县志·选举》载“定邦道光五年乙酉科（1825）武举”，本文取《水城厅采访册卷之八·人物门》“范定邦道光己丑科（1829）武”之说。范定邦“署荔波营游击”的时间，从《荔波县志》记载。

陈昌言

（生卒时间不详）

号禹门。四川綦江附生。同治十二年（1873）二月，以同知借补。十三年（1874）七月，任大定府分驻水城厅（今水城县与钟山区）通判。

上任伊始，见厅境民情犷悍，以为非振文气终无以柔其气而易其习。是年秋，巡视凤池书院，见其坍塌渗漏，几不足蔽风雨，便从四川招来各工，约定日期补葺涂垩，更置桌案几榻及一应器具若干。还聘请四川孝廉危乐三到书院来主讲。此后，书院风声远播，远近学子争相来求学。书院按规定内容和分量授课，对生童严加考核，给学业优秀者颁发奖银。陈昌言经常到书院督查教学情况，有时还亲自讲课。针对兴革之事，他主持制定章则十七条，勒碑立于书院，严厉执行。规定：年拨七百石租谷给书院，“凡有余积，核账时，登簿注明存积，以济公用”“如各祠宇礼器及书院有损坏，及时修理”，等等。

道光二十三年（1843），通判党思齐议修文庙于水城厅东城桂芳街，凡六年，始建成。光绪元年（1875），陈昌言见文庙规模狭窄，正房西边的小屋子已经倾斜，即将倒塌，便率领诸生审视风水，计迁文庙于城东崇文山麓。诸生“翕然称善，且愿捐输之”。随即便遣人平基址，采栋梁，甄砖瓦，不期月而功成。并为文庙新制祭器如用。文庙原址，则用作创修考棚。

水城厅于雍正十一年（1733）建治，拨学时，学额附属大定府学，岁科取进生员，俱归府学训课管束。陈昌言认为，“府厅遥隔，山峻溪险，相距二三百里或五六百里不等”“寒峻之士，跋涉艰难”，加以水城一属，设学百有余年，尚未添取拔贡，便呈文详情巡抚疏奏，要求“拨驻教职，添取拔贡，以励人才”。光绪二年（1876）奏准，拨平远训导移驻水城，添取拔贡一名。

陈昌言还助办义学，让贫寒人家子弟也有读书机会。对义学各馆，年拨谷二十石，发现不实心训课者，即更换。

任期倡行勤政兴文。主张事在人为，不畏艰难则得，实心实力，任之而已。鼓励耕织。从优抚恤孤贫老人。厅属原定抚恤额十名，他上任后新增十名，月拨米盐岁赠衣裤。岁稔里高家渡是水城通往盘县的要道，向为民间私渡，他拨公产改其为公渡，客商往来称便。土豪刘贤炳等，也于光绪元年（1875）被剿办。

光绪二年（1876）陈昌言离任。他主持创修的《水城采访册》（十卷），是年脱稿。该志稿是考证水城历史、地理、民族、政治、经济、文化的宝贵资料之一。

吴祖悌

（生卒时间不详）

字舜之，浙江省人，荫生出生，于宣统二年（1910）任水城县知事。是时孙中山领导的革命运动在全国波澜壮阔，吴祖悌在这种背景下千里迢迢到水城当县官，自知处境危殆，完全采取维持应付态度。

1911年10月武昌起义后，贵州响应通电光复，成立军政府。是年冬，贵州军政府派刘作缉、陆联捷到水城与吴交涉接管水城县政权问题，吴自知无力回天，同意交权。刘作缉之父、水城实力派绅士刘英得知此事后，责备其子的忤逆行为，并及时拜见吴祖悌，表示道歉。

在刘英的斡旋下，吴祖悌与赵昱、肖怀圃、尚竹秋、顾成龙、王显荣等士绅达成共识，邀集工农商届代表联名保举吴祖悌任县知事。贵州军政府准如所请。因此吴祖悌被正式任命为民国水城第一任县知事。

1912年的一个赶场天，吴祖悌身着官服，胸佩五等嘉禾勋章，腰挂短刀，率领武装队伍和衙吏头目来到场坝赶场人最密集的地方登台演讲，宣布水城县脱离清政府，隶属民国政府领导，刘英、赵昱也先后演说，抚慰百姓。至此，辛亥革命推翻帝制，建立民国，水城知县易帜，平安过渡。

在水城士绅及各界代表的感召下，吴祖悌洗心革面，振奋精神，在任职期间以“治匪盗、护耕作，兴教育、通商旅”为要务，尤以兴教育为首。上任后，将老城原官立两等小学堂改为县立高等小学，将场坝区立两等小学堂改为县立第二国民学校，在老城建立城区区立两等小学，并将私立集义小学纳入合并管理。民国元年（1912），建成西区第一国民学校，民国2年建成水城国民女校，民国4年建成北区区立第一国民学校，促成建立私立务本小学。在学校增开算术、自然科学和体操等课程，为解决教师缺乏，兴办师范传习所，培养出一批教师。兴办讲习所宣讲新学新课。王显荣、赵昱等地方一批有学识有声望的人才均安排在各校重要位置，得到重用。使民国初年水城掀起入学读书，求知上进的新风。

实行护林利农。民国2年（1913）春，吴祖悌派人到下钟山整林护林，移挖树苗栽插道路两旁。传锣城、场住户，不准进山砍伐森林。清明节前后，又传锣四乡农民进山拎拾枯枝败叶烧火肥田。当年风调雨顺，遍山树林郁郁葱葱，庄稼长势喜人，获得丰收。翌年，吴在校场兴办农桑试验场，植荆桑树苗数万株分发各乡，当时教场桑区的桑树成活千余株。在川心寨划数十亩地种桑养蚕，称为蚕桑坝。吴祖悌“护耕作”身体力行，经常下田间地头和林区视察，和农民交谈农事。地方群众无不称颂。

吴祖悌对各种诉讼案件公正、负责，深得民众好评。在任期勤政廉政，事必躬亲，水城出现了短暂的复兴与太平。

吴祖悌于民国5年（1916）春离任，地方父老为表示追思之情，在上帝庙真武祖师神像右侧为他供奉一块木刻金字的“吴大老爷舜之长生禄位”牌，用五块木板加上一面玻璃制成一尺高、二尺长的箱笼，装上他的一双靴子，放置于东门城楼上，供游人观览，玻璃上题有其名和“舆情永载”四个字。

陈宝书

（1882—1918）

字诗伯，水城老城大街上人。其祖父陈念亭为清庠生，时逢世乱不得乡举，父陈佐亦为廪膳生，光绪二十一年（1895）录为岁贡，候选训导。陈宝书自小受家庭熏陶，勤学好问，思维敏捷，少年即读通经史，光绪二十七年（1901），19岁考取秀才。之后入贵州大学堂课读毕业，其学丰富，贯通经史，兼览诸子百家。宣统元年（1909）录为拔贡，签分云南直隶州州判就职。

辛亥革命推翻清帝制，民国元年（1912）陈宝书返籍到贵阳，是时贵州大学堂已停办，贵州大汉军政府委以参加筹划重建贵州大学堂事宜，终因时局动荡、人心涣散，未果。由是到贵州法政专门学校暨南明中学当教员，并担任《铎报》总编。《铎报》是民国初期省城贵阳知识界新办的学术性报纸，该报反对八股文，抵制旧学弊端，倡导自然科学，同时鼓吹民主、共和新思想，在知识界和政界影响很大，陈宝书作为总编，亦因此名声远播。

袁世凯窃国，1916年年初，贵州巡按使，护国军滇黔联军右翼军司令戴戡出兵进四川讨伐袁系军阀，素慕陈宝书才能，委以秘书长重任。因其长期从教，办报不能脱身，未就其职。袁氏既平，贵州省省长刘显世以"《铎报》能表张大义，鼓励军民之气，归功主笔者"之评价，委任陈宝书为安顺县知事，宝书以"兹值国基未固，民不安居，但获培植人才，以备将来改造社会，促进民治幸福，亦是自慰也"，婉言谢绝刘的委任。

陈宝书终生以教书育人和办报为业，致力培育人才，唤起国人精神。终因操劳过度，卒年36岁，其英年早逝为时人嗟叹不已。他一生著述颇多，但几散失殆尽，《水城县行政区域志》载，惟《南明学校十年纪念百韵》尚存，时人争诵，是时国内名报每多转载，黔省名士和者甚多，可见其诗咏文章之精粹。

王应槐

（1863—1920）

字树三。水城老城大街上人。幼家贫，常辍学，时受庭训于胞兄王应禧，学业渐进，力于辞章，出类拔萃，赴厅试居案首。年轻时一度染上鸦片烟瘾，戒断后健体习医。清光绪年间（1875—1908）入水城厅署为吏员。光绪三十四年（1908）在厅城武庙内自费创设初等小学暨秉彝女学，旋改为集义两等小学堂，自任校长而不受薪。民国成立，任水城县团防局长。民国2年（1913）当选省议员，多次就县辖区域应请更正划拨插花地等地方发展事宜向省会提案，所提议案必专函致县政府行政官以谋改革。民国3年（1914）参与创办师范传习所以储教材。积极鼓励帮助本地生员到省城等地学习深造，倡开水城学子外地学习之风。

精研医道。病人无论贫富贵贱，诊治一视同仁。所用处方笺由自己设计分色印制。遇家贫无助者，皆另用同色处方笺开药，免费诊治。有"儒医"之誉。在水城开有药铺。于省城贵阳开设"利群医馆"并设药房，收入经费常用于资助学生到省城学习，家庭贫困的生员受扶持者常达数十人。

民国9年（1920）病逝于贵阳北门桥寓所。学界乡人近百人邀扶灵柩，归葬于陡箐蜂子岩。

赵　昱

（1853—1933）

字晶庭，水城场坝赵家寨人。清光绪禀生，十七年（1891）入岁贡。少时性敏好学，常在灶前火光下读书，青少年时已熟通经史，录禀生后，即在家开办塾馆置身教育，对学生循循善诱，寓严于宽，勤奋好学而家庭贫寒的学童，多免费就读，邻里四乡争为孩童入学。是时水城厅只有学额5名，赵昱所教学生"每院试后，掇芹者半出其门"，教学质量可见一斑。

光绪十七年（1891）赵昱录取岁贡，旋即签分播州（遵义县）任训导。二十一年水城厅创建官立两等小学堂，赵念家乡封闭落后，文化不昌，毅然辞官返乡办教育，并亲自讲学。光绪二十八年（1902）知县萧湘奉委赵主持改修水城文庙旧基址，创办县立高等小学校，赵带领禀生、增生、附生17人建校，经过一年多的努力，学校建成开学，成为水城第一所新学。光绪三十年（1904），赵昱还与刘英、张开甲等共同筹款在场坝忠烈宫创办区立高等小学校，并将场坝刘公庙国民学校一堂合并纳入统一管理，赵自任校长兼教员。是时废科举、兴新学，赵昱力改空诞刻板的八股文风，提倡教学讲实效，不做官样文章，成为本土新学教育的典范。

翌年，水城设劝学所督办学校，经理学务，赵昱首任总董，民国成立，改总董为所长，赵昱继任，在城场及四乡积极督饬创办新学，不遗余力，“一身教授六十三载，甫以衰老辞职就养”，为水城的教育事业做出了重要贡献，时人称其为水城学界泰斗。

赵昱一生品端行正，其性孝友，刚直不阿，“非公事不入公门，然有冤抑则代为昭雪无所忌”，常为百姓排解纠纷，邻里、社会无不敬重。光绪二十六年（1900），水城庚子大荒，通判缪继彤昏庸无能，勒派“富户”平粜粮米，造成市场空虚，无粮出售，百姓食尽草根树皮，继以观音土充饥，饿死者不计其数。时得省府拨银3000两赈济，城绅集议共推赵昱平粜，赵昱亲当采买，用好每一个铜钱，高籴低粜，平抑市场，不少饥民赖以得活，此举得到广大民众的赞誉。

由于品学兼优，通判曹昌琦常称颂其“质品光照、潜修笃实”，县知事吴祖悌则赠以“品端学粹”之匾额。

王显荣

（1864—1939）

号次贞。祖籍安徽凤阳。生于水城厅玉舍（今水城县属地）。先辈以经商、办矿为业。光绪庚辰年（1880）父兄相继去世，家境顿衰，随母移居厅城六街。曾在凤池书院就读。丁酉年（1897）中拔贡，例赠其父“文林郎”，赐其母“清旌节孝”。乙巳年（1905）赴日本东京宏文学院留学，并加入同盟会。归国后签分云南直隶州判。后返乡归里，任水城厅劝学所总董。

民国建立后，任水城县劝学所所长。当时教育部颁布新学制，提出改学堂为学校，改革教学内容等。王显荣积极响应。他针对县境时敝，拟定教改方案，团结一批有识之士，为推动新学教育、提高教学水平而不懈努力。还创办国民女子学校。亲赴城乡各地收学租，集资办学。动员适龄儿童入学。水城厅官立两等小学改为县立高等小学校附设第一国民学校时，兼任校长。任期勤于整饬校务。曾在该校附设宣讲所，派人往返四乡，宣传新学。

五四运动期间，倡导成立学生联合会，组织老城及场坝的学生集会，游行示威三天，声援北平学生。在集会上，请教员王伯坚教大家唱自行谱写的《五四运动爱国歌》。

民国16年（1927）劝学所改为教育局，为首任局长。是年，奉县知事赵汝全指示，委托城区区立两级小学校附设师范传习所，培训四乡小学教师。经县政府批准，由水城县经费局划拨变卖青杠林公庄价洋500元，在他兼任校长的县立小学内创办了水城县图书馆。同年萧缉轩接任其职务，王显荣随后离职。

民国28年（1939）逝世，墓葬水城县马鞍山下。一生培育学生数百人，有的考取省内外著名学校，有的成为水城县各界骨干力量。他撰写的一些诗文，饱含爱国之情及对帝国主义的仇恨，曾在学生中流传。

1988年，水城特区人民政府将王显荣墓列为县级文物保护单位。2009年11月，六盘水市人民政府将其墓列为市级文物保护单位。

尹自勇

（1914—1939）

原名尹贞金，字界基，化名杨连长，江西省永新县龙门乡灌冲村人，1914年12月18日出生在一个贫苦的农民家庭。

尹自勇少年时代就担任了灌冲村儿童团团长，在革命根据地站岗放哨，打土豪分田地。1929年1月，参加农民赤卫队，投身革命武装斗争。1930年1月，被分配到新编的红六军第三纵队通讯连当通讯员。7月，第三纵队改编为红三军第九师，他在师部给师长徐彦刚当勤务员、传令兵。不久，加入中国新民主主义青年团，并被送到第九师教导队学习，结业后到红三军给军长黄公略当传令兵。后经黄公略、徐彦刚介绍，加入中国共产党。同年底，又被送到红军学校学习。毕业后仍回红三军军部，任军部警卫连连长。

1931年9月，在方石岭战斗中，尹自勇率领全连冒着敌人的炮火，冲杀到国民党五二师指挥部，捣毁了指挥系统，取得了战斗的胜利，受到了红三军政治部和指挥部的通令嘉奖。1931年12月，尹自勇调到红五军团警卫营任营长，1932年6月，晋升为教导团团长，兼政治委员。

1933年春，中央苏区“第四次反围剿”时，尹自勇率领教导团，在江西宜黄配合兄弟部队主动出击敌人。草台岗一战，歼灭了国民党军一个师。在战斗中尹自勇总是身先士卒，勇猛杀敌，深受干部战士好评。

1934年3月，尹自勇调红九军团，先后任红九军团青年科长、部长、军团党委委员。10月，从江西会昌出发，踏上万里征途。

1935年3月下旬，由于部队缩编减员，尹自勇下基层任红九军团侦察连政治指导员。

1935年4月16日，红九军团到达贵州大定（今大方）猫场宿营，次日凌晨，突遭黔军刘鹤鸣部和地方反动武装的袭击。军团首长即派教导大队占据有利地形，堵住敌人的进攻，尹自勇与连长龙云贵率领侦察连到街口阻击，将敌人击退。为掩护部队安全通过梯子岩，侦察连攀上岩顶，用轻、重机枪的密集火力射击，使敌人不敢靠近。红九军团顺利通过了梯子岩。

侦察连在战斗中伤亡惨重，连长龙云贵壮烈牺牲。完成任务后，尹自勇率领战士向纳雍县方向追赶部队，在纳雍县治昆境内，遭到受土司所胁迫的彝、苗族群众300多人的围攻。为了避免不必要的牺牲和不伤害少数民族群众，他们决定把枪留下，暂时隐蔽，以求革命转机。

恰在这时，“齐心会”（“齐心会”是水城董地一带的一个以苗族为主体的群众性的抗暴组织，创建于1924年）首领王炳安听说红军是穷人的队伍，打仗勇敢，便派人去邀请尹自勇和他的战友们，尹毅然接受邀请，带了20余名红军战士，前往“齐心会”的聚集地——水城董地。王炳安对尹自勇视如亲人，两人还结拜为弟兄。从此，尹自勇化名杨连长，依靠“齐心会”开展革命活动。“齐心会”毕竟是一个民众组织，组织不严密，纪律松懈，加上统治阶级的屡次镇压，领导人牺牲，活动处于低潮时期。根据这些情况，尹自勇当机立断，从中协调，力挽危局。1935年8月，召开负责人会议，推选祝兴宏为会长，王炳安为武装大队长，武装大队长下设3个中队，会员很快发展到千余人。尹自勇和红军战士在“齐心会”的活动中，起到骨干核心作用。

1936年11月，水城县米箩乡联保主任卢云清（布依族，是王炳安结拜的兄弟）邀请尹自勇到米箩任自卫队长。尹自勇从王炳安处知道卢云清为人正直、开明，在地方上颇有影响，便答应了卢云清的要求。卢与尹自勇结拜为弟兄，成了刎颈之交。尹自勇将自卫队编为3个班，红军战士单独编为一个班。自卫队在尹自勇的领导下，坚持军事训练，增强战斗能力。

尹自勇在米箩卢云清处，经常与董地王炳安联系，协助王指挥“齐心会”的抗暴除恶斗争。“齐心会”在“团结穷苦人，打倒大土司”的口号下，先后杀了横行乡里的董地、中坝的大土司，为“齐心会”的发展扫清了障碍。将南开一个土司（南开区长）家的粮食财产分给贫苦农民。1938年2月，“齐心会”又将横行乡里，无恶不作的水城民团团副处决。3月，攻打水城县东关区公所、保华、万全（今属钟山区老鹰山镇）、连山乡公所，缴获了7支枪和部分弹药。还消灭了当时横行在万全、董地一带的一个连的国民党军队，敌连长被打死，缴获了这个连的枪支弹药。是年，又在南开马鬃岭消灭了国民党军队一个连，将其押送的壮丁全部释放。“齐心会”还在赫章县境内攻打以那、兴发乡公所，消灭了保警队，缴获20多支枪。水赫一带国民党当局惊恐不安，叫喊着：“王匪（指王炳安）犷悍奸狡甚于诸匪”，承认“不特地方团队不敢撄其锋，即大军屡次进剿亦未损其毫发”。

尹自勇以自卫队长的公开身份，接近群众，广交朋友，发展“齐心会”组织。他的足迹遍及米箩、杨梅、蟠龙以及郎岱县（今六枝特区）部分地区，声威震慑着水、郎一带的反动势力。以自卫队的名义为民除害，深受贫苦人民拥护。

尹自勇的活动，引起国民党水城县政府的注意，想方设法加害尹自勇。1939年4月，国民党水城县长带保警队来到米箩，借开会为名，将尹自勇杀害，并把他的头颅割下，悬挂在县城城门上“示众”。遇害时年仅25岁。

卢云清将遗体安葬在米箩寨右侧小山坡上，当地人民将此墓地所在山坡称为“杨连长包包”。

1959年，水城县人民政府将尹自勇遗骨迁入新建的穿心寨烈士陵园重葬立碑。1968年3月，因修建贵昆铁路紧挨陵园区，水城县将其他烈士迁土桥另建陵园，将尹自勇单独迁钟山区明湖村安葬。1971年水城军分区建立后，又将其陵墓修葺。2007年六盘水师院扩建，墓地被征用，尹自勇墓迁入钟山区烈士陵园。2011年4月迁入仙水坡烈士陵园安葬。

欧阳崇庭

（1911—1941）

欧阳崇庭，又名崇信、崇迪、崇臣。1911年10月12日出生，江西省兴国县鼎龙乡杨村人。其父务农，兼做粉条生意，除维持一家生计，还供崇庭读书。

1929年1月，欧阳崇庭参加革命，同年加入中国新民主主义青年团，先后担任兴国县二区三乡少共书记、劳动部长。1932年2月加入中国共产党，同月调兴国县苏维埃政府内务部工作。1933年任兴国县苏维埃政府国民经济部部长。1934年任粤赣省苏维埃政府国民经济部合作总社社长。同年10月参加长征。

1935年1月，欧阳崇庭随红一方面军长征到达贵州遵义，遵中央决定，留贵州工作。

1936年1月，红二、六军团从湘西进入贵州，欧阳崇庭随之到达毕节。2月14日，红二、六军团总部领导人贺龙、任弼时、王震、萧克在毕节改编席大明、周质夫、阮俊臣等领导的三支反蒋进步武装，成立贵州抗日救国军，下辖三个支队，红六军团派欧阳崇庭到阮俊臣任支队长的第三支队任党代表，开赴川滇黔边区黄塘梁子等地发展地方游击队，与国民党贵州剿共总指挥顾祝同的部队周旋，掩护红二、六军团转移。

4月17日，部队在毕节孙家铺伏击了一敌运输队，缴获物资二百余担，枪支十余支。顾祝同极为震惊，命亲信柳际明率中央军暂编第五旅“歼灭”三支队。欧阳崇庭获悉柳际明与下属官兵不和，策动其师部中尉连副陶树清起义成功，吸收并改编其部为支队第五营，转战赫章、威信一带。6月8日，欧阳崇庭、阮略率部与川滇黔游击纵队会师，合编为中国工农红军川滇黔边区抗日先遣队，领三个支队，欧阳崇庭任第一支队政委，阮俊臣任支队长。

1936年7月8日，第一支队从小兔场（纳雍维新区），分兵两路进攻大兔场（纳雍城关），没收地主官商财物分给百姓。大兔场国民党区长郑建修纠集当地土匪、区保丁数百人，妄图埋伏乱坟山，消灭欧阳一支队。欧阳崇庭得知情报，抢在敌先埋伏于乱坟山，给郑建修以迎头痛击，并乘胜追击，一举攻占了王家寨。部队接着打了几次胜仗，缴获的战利品，部分分给百姓，部分充实军需，部队壮大到两千多人。

8月1日，第一支队攻打织金县城，时逢大雨滂沱，河水猛涨，给攻城带来极大困难，守城敌军顽固抵抗，部队多次猛攻不下，伤亡惨重，加之敌人贵阳援军源源不断，部队被迫撤到纳雍、镇雄、威信一带休整，复遭敌人三省重兵围攻，欧阳崇庭、阮俊臣率部顽强抵抗。至1939年春，中国工农红军川滇黔抗日先遣队第一支队终因众寡悬殊，被敌击散，仅剩欧阳崇庭一人一枪，与党组织失去联系。为继续开展工作，他经过反复考虑，接受了曾联合攻打过织金的郎岱绿林首领宋显珍的邀请，到宋显珍部任参谋长。

宋显珍部拥有千余人，八百多支枪，活动在郎岱、水城、大定一带，自称“红军”。欧阳崇庭帮宋显珍进行政治军事训练，使宋显珍部面貌焕然一新。欧阳崇庭还在宋显珍附近的“绿林”军中进行联络，向他们宣传抗日救国政策，按《三大纪律八项注意》要求，帮助他们制定军纪，把斗争矛头指向恶霸地主和国民党政权，开展抗日救国斗争，以求革命转机。

同年，欧阳崇庭娶水城县南开以角营盘（现属纳雍县）农家女刘淑先为妻。

1938年1月，国民党织金县长曹毅，深知欧阳崇庭之能，为稳定自己辖区政局，便以老乡的关系，委以织金三塘区区长之职。为便于从事革命活动，从长计议，欧阳崇庭答应了曹毅的邀请，自此，欧阳崇庭以区长的合法身份为掩护，广泛开展党的地下工作，四处探访原支队失散人员，寻找党组织。

1939年9月，国民党第三行政督察专员刘时范到郎岱巡视，风闻欧阳崇庭实情，密报国民党贵州省政府：“有欧阳崇庭者，随朱毛入黔，朱毛退却后，流落宋老跛处，负训练之责，为宋出力不少，此人能力甚强……”引起国民党当局注意。欧阳借故前往贵阳寻找党组织，被敌察觉，遭到围捕。幸亏事先闻讯得以脱险，后潜往水城，找到和他早有联系的当地“齐心会”首领王炳安，王慕其名已久，遂将其吸收为“齐心会”核心领导。

欧阳崇庭与红九军教导团团长尹自勇密切配合，直接投身于“齐心会”的组织。在他们的教育和帮助下，“齐心会”逐步提高壮大为一支有一定革命理想和认识，明确提出“打富济贫”“反三征”（征粮、征税、征丁）等进步口号的群众游击武装。公开与当地土司、地主、国民党政权为敌，活动由原来的消极自卫转入积极进攻，矛头直指反动统治阶级，先后惩办了一些横行乡里、作恶多端的土司、乡长、保长。水城县索桥田坝大土目乡长杨焕南，平时作威作福，欺压百姓。三个儿子鱼肉乡邻，无恶不作，均被“齐心会”剪除，将其家产分给贫苦农民。“齐心会”还在董地、龙滩口及今纳雍的一些地方，重点打击了许多地主、土司，革命声威日益壮大，所到之处，深受百姓欢迎。

在欧阳崇庭等人的领导下，“齐心会”迅速发展壮大，有力地打击了当地反动统治阶级的嚣张气焰，引起了地主阶级及其反动政权内部的恐慌和仇视。当地地主、民团势力四处告状，国民党省、县政府多次行文、电令“会剿”“齐心会”，调集军队多次围剿。皆因“齐心会”深得人心，群众基础扎实，每次围剿均以失败而告终。

1940年8月，欧阳崇庭趁工作之隙，到以角营盘探望其妻，不料被地主告密，国民党水城县长阮略派保警队20余人偷偷摸到营盘，欧阳崇庭不幸被捕，关进水城监狱。在狱中遭受酷刑，受尽折磨，仍威武不屈，坚贞不移。1941年1月26日，欧阳崇庭被阮略以押解到毕节行署为名，秘密杀害于水城城郊三块田（属今钟山区荷城街道所辖）大转弯处，时年30岁。刘淑先将其遗体就地埋葬。

1985年8月，中共毕节地委“欧阳崇庭烈士调查工作组”到水城寻找欧阳崇庭墓，后在毕节市烈士陵园重新建了欧阳崇庭烈士墓。

李培善

（1879—1942）

又名杰，字择三。水城钟箐人。农家出身。清宣统己酉（1909）科秀才。曾在水城德坞陆家做塾师，此期结识威宁籍同盟会员蔡济武。

民国3年（1914）应蔡济武信邀，到昆明参与“倒袁（世凯）”活动。事败，被通缉，潜返水城，蛰居吴家寨（今钟山区汪家寨属地）。至袁世凯死，到水城老城萧氏宅院设塾馆施教。在此期间被选为省议会议员。

民国6年（1917）邑绅钱大昌等筹款改文昌宫为校舍，创办城区区立两等小学。李培善撤塾馆，与钱大昌共建公学。

民国12年（1923），应国民党二十五军师长陈亮卿之请，出任其师部编修。是年随军赴川。翌年任四川秀山县长。年余辞官返里，随钱大昌协力于区立两级小学校（原城区区立两等小学校）教务。

民国16年（1927）钱大昌年老多病告退，李培善继任校长。任期扩大教师队伍，增设校舍，将学生发展到120人，附设师范传习所（一年制）两期，培训四乡小学教师。

民国18年（1929），县长赵汝全倡修县志，从毕节延聘清末举人易佑余任主编，调李培善助修，成县志稿多册。

李培善为民泄愤，不畏强暴。民国19年（1930），水城驻军营长罗建威以“纪念周西成逝世周年”为名，大肆敲诈百姓。李培善在纪念会上登台嘲讽，险遇不测。平素对四乡恶人常加斥责。

民国28年（1939）春，到省城参加请愿，登报倡议筹组“三余（余年、余力、余粟）救国团”。时国民党贵州省党部组织的“战地工作团”即将启程抗日前线，请求同往，以年老被谢绝。该团请与合影纪念。感慨之余，在照片上题词勉励爱国志士。

民国31年（1942）逝世。水城县中学校长萧缉轩率众师生前往祭悼。挽联云：“降环列恶豪，不假兵戈齐俯首；诲满城桃李，但凭振铎尽成才”。

萧　森

（1882—1945）

字孟南。生于大定茨沟（今纳雍县属地）。辛亥革命前夕，到大定城（今大方县城）办学。时遇大定籍中国同盟会员简书到大定创办测绘学社，从事共和活动，萧森入社，旋入同盟会。宣统三年九月十八日（1911年11月8日），测绘学社起义，成立大定军政分政府，简书任行政长官。是年十月廿一日（12月11日），军政分政府召开大会，帝制复辟势力袭击其重要成员，军政分政府参谋长谭冠英等当场遭枪杀，简书被砍伤。萧森将简书救至白纳场养伤，又以贩猪为掩护，送其离黔。后萧森被通缉，携眷于民国元年避难到水城。

在水城，萧森热心地方公益事业，不惮辛苦于教育。民国6年（1917）邑绅钱大昌首倡在城关区建区立两等小学校一所，一班绅士畏难迟疑，而萧森极表赞同，鼎力相助，四处筹募经费。民国15年（1926），简书入黔为官，购水城下堂衙门改建之民宅及沙氏绝产，赠予萧森安顿家计，以谢救命之恩，并邀萧森出任贵州省政府咨议及定番（今贵州惠水）县长。未几，简书遭派系力量排斥，弃职到上海，萧森旋即卸任回水城，到区立两级小学（原区立两等小学）协助时任校长李培善主持校务。后省教育厅倡办国民教育，萧森促助区立两级小学兼办师范传习所两期，缓解师资紧缺的矛盾，各区国民学校顺利建立。李培善离职后，萧森接任校长，教绩益彰。民国28年（1939），县长阮略倡办初级中学，萧森与李培善、钱闻达、安吾庆等捐资创办水城初中于书院街。校舍半年即建成，萧森教历史。民国32年（1943），水城重灾，萧森赴省城，不顾省参议会会场持枪卫兵的阻拦，怀抱荒苗闯入会场，声泪俱下陈述灾民疾苦。其后灾区得赈。民国34年（1945）下半年，到农场区主持清理公产，辛劳暴病，卒。

萧森生前重视教导子女，教育他们“要读书明礼，走进步为民之路”。二女贞富，民国后期积极支持中共革命活动。二子德富（李茂才，中共地下党员），民国37年（1948）至次年在水城大河边组织反蒋武装，在赫章、威宁、水城一带发展中共地下游击队。三子其富（李晓天，中共地下党员）曾任贵阳进步报社《力报》社社长，又曾先后担任中共滇桂黔边纵六、七、八支队领导人。

张连科

（1896—1945）

字重山。水城场坝人。曾在水城厅官立两等小学堂念书。民国1—7年（1912—1918），在贵阳南明中学就读。后到水城、威宁、贵阳等地施教。民国11年（1922），考取公费留学，赴日本大阪高等工业学校学习。后升东京都帝国大学，攻读采矿冶金专业。民国17年（1928）回国，相继任黄埔军校理化教官、江西矿厂工程师、军政部兵工署研究委员等职。民国22年（1933），公派到欧美各国，考察重工业发展经验及科学管理技术，回国后，仍在兵工署就职。民国25年（1936），任军政部兵工署上海炼钢厂少将厂长。

次年秋，日本侵略军大举进攻上海，炼钢厂与上海兵工厂合并，迁至湖北汉阳。在汉阳，又纳入汉阳兵工厂、大冶铁厂、萍乡煤厂，更名兵工署第三工厂。张连科任厂长。迁、并厂期间，事繁时紧，张连科仍奋力组织生产500磅型炸弹及其他军火。不久，军政部将位于汉口郊区的六合沟铁厂也划入兵工署第三工厂，同时筹组第三工厂迁建委员会，任命张连科为副主任，代行主任委员事。张连科受命即赴重庆考察，选厂址于大渡口，仅用6个月时间，就完成了设备内迁。未及半年，便生产出大量军火供应前线。军政部嘉奖其功绩，升张连科任中将厂长。

在重庆任职期间，经常亲赴车间督察产品质量。每日案头公文堆积盈尺，从不延搁，加班加点也要做到案无遗牍。全厂不仅按时完成军政部下达的生产任务，还利用次等钢材加工民用产品支援后方建设。

他生活简朴，住所离厂数里，上下班拒绝小车接送。制度内配给的什物，每每不受。由于长期素食淡饮，加之工作辛苦，身体日渐虚弱，但他仍然坚持上班，从不懈怠工作。

民国34年（1945）夏，因心脏病突发，去世。职工捐款两万余元为其办后事。家乡父老亦捐款数千元汇至重庆，聊补丧葬费用。去世后，水城县政府将“木科乡”改称“连科乡”。

生前著有《国防与石油》《我国军用金属材料的自给与发展计划大纲》《中国矿产志》《水城钢铁之冶炼》《我国西南钢铁工业之蠡测》等。

解放后，重庆钢铁公司在厂史中将其列为首位建厂人物，并立“衣冠冢”铭其功绩。

李思齐

（1918—1949）

原籍水城钟箐乡，生于水城老城内。贵阳解放前夕颇具名声的政治新闻人物之一。

民国20年（1931）在贵阳师范学校就读期间加入国民党及青年阵地社。后到国民党安顺县党部供职。民国26年（1937）入云南大学政治经济系。民国31年（1942）毕业后到毕节，与毕节专员廖兴序（中统分子），毕节籍资本家刘熙乙、刘裕远成为金石友。民国32年（1943）担任贵州第四督察专员公署（即毕节专署）教育科长，同年创办《西黔日报》，任报社社长。民国34年（1945）夏，廖兴序解职，李思齐弃职赴重庆，投靠在重庆做生意的刘裕远。入秋，刘熙乙在贵阳买下湖南

《力报》发行权，李思齐应邀出任《力报》发行社社长。民国35年（1946）春，在李思齐等人的努力下，民办贵阳《力报》创刊。贵阳《力报》问世后，曾发表《美国佬，滚回去》《派性滚出学校》《派系在贵阳》等进步文章。民国36年（1947）3月，李思齐回水城竞选国大代表，与老同学萧奇富相遇。对萧说："我办的《力报》是'向左转'的"，约他到贵阳一同办《力报》，表示愿意担保其安全。6月，中共贵阳党组织贯彻中共中央关于要设法利用公开发行报刊在蒋管区宣传党的言论和消息的指示，派萧奇富出面说服李思齐改组《力报》编辑部。7月，《力报》编辑部改组，李思齐任发行人，萧奇富任社长，顾希均（贵州凯里凯塘人，1938年加入中国共产党）任总编辑，还更换了全部编辑人员。

新《力报》以"打击时政，增强不满，宣传胜利消息"为宗旨，开辟"战局综合评述"专栏，先后登载了《刘伯承部抵大别山》《大别山将有拉锯战》《刘邓大军渡河南下》《国军退出泰安》等反映真实情况的战讯，还发表《米价涨，人心危》《快救人民于水火之中》《论政治稳定与经济稳定》等社论。8月21日，以《战场七月如流火》为题，综合评述7月份解放战争实况，披露国民党重点进攻的失败，在贵阳山城引起震动。国民党贵州省党部主任黄国祯为此召见李思齐，提出三条要求：（1）立即转变立场，不准为"匪"（引号为编者所加，下同）张目；（2）遵照戡乱法令，在文章中称共产党为"匪党"，称解放军为"匪军"；（3）改组编辑部，撤销顾希均的总编辑职务。李思齐回答："我们是民间报纸，凭事实说话，不能欺骗民众。顾希均是报社聘请职员，是否撤销他的职务，是报社内部事务，政府不该干预"，还表示："宁愿关门、杀头，也不改变办报方针"。同月29日，《力报》又转载香港《华侨日报》文章——《中国人民的痛苦甚于抗战时期》。9月初，萧奇富等与李思齐一道商量拟定《从京沪各报看刘伯承将军南下姿态》的文稿，通过《力报》向贵阳人民传送刘邓大军挺进中原的消息。9月9日，贵州省民政厅长袁世斌召见李思齐，重申黄国祯的要求。袁世斌软硬兼施，未动摇李思齐。李思齐走出民政厅时被捕。同日被捕的还有顾希均和编辑洪之贵。是日，报馆被封。

在狱中，李思奇被带上脚镣手铐。敌人把他视为共产党人，严刑拷打。李思奇绝食7天，以示抗议。后刘熙乙兄弟通过种种关系多方活动，李思奇于次年2月得准取保出狱，规定不得离开贵阳。

出狱后，在刘熙乙所赠贵阳猪市巷地基上营建私宅，暗地则与马怀麟、萧奇富等合谋筹划在修文举行反蒋武装暴动。1949年2月中旬，又参与策划组织息烽武装暴动。根据分工，李思奇回水城活动，欲变卖家产换取组织暴动的活动经费。在水城逗留期间，被谷正伦（半年前取代杨森入主贵州）下令逮捕。先押至毕节，后转押贵阳。同年7月31日，李思齐与顾希均一同被敌人杀害于贵阳城南马家坡。

关于李思齐遇害的性质，解放后一度有争议。

1950年，贵阳军分区证明李思齐"系思想进步分子，与修文'二一六'暴动有联系，准备在水城起义"。后经查实，民政部于1985年1月23日行文，确认李思齐"在革命工作中壮烈牺牲"，追认其为革命烈士，以表彰他在人生道路上从低谷走向光明的选择和促进贵州解放所做的贡献。

王杰南

（1872—1950）

字炅，号叔文，生于老城书院街。水城知名城绅，家境富有，其为人慷慨，乐善好施。光绪二十六年（1900）"庚子奇荒"，贫苦百姓断炊者甚多，王杰南断然打开自己家的粮仓赈济灾民，在关圣殿设点施粥救济，食粥者每天约600余人，计施放谷米6万余斤，直至仓空粮尽，此善举拯救了不少人的性命，百姓口碑载道，在当地多年传为佳话。抚孤恤寡，对贫困死亡者家属有求必应，送以棺木和墓地抚慰安葬。急公好施，民国元年（1912）为办新学积极捐资献粮，并建议将庙宇改为校舍办学，得到有关人士的采纳。1939年筹办水城中学，王杰南被推选为董事，除出钱捐粮外，还主动捐出自家后园子给中学做操场用，得到县政府和一般市民的普遍赞誉。

20世纪20年代初，王杰南任水城县团防局局长，面对匪盗横行，他恪尽职守。民国10年（1921）刘毛二（刘正坤）为首的宣威扛匪千余人攻打县城，县长曾慢清闻匪色变，擅离职守，换装潜逃。王杰南以团防局长的身份挺身而出，召集马鞍山、花渔井、小田坝等地佃农壮汉数百人和城内青壮年配合民团枕戈待旦，坚守县城。农历十月二十五日，刘毛二率众环城围攻索要现银15万元，否则屠城。为免遭涂炭，王杰南与城绅郭焕章等人计议，前后3次与匪商淡，允减款4万元。他将家存积蓄献出，同时动员富户捐钱凑足，已议定西门交款。而小匪首罗飞天拒绝调和，猛攻东门，枪炮声大作。在危急关头，王杰南镇定自若，率军民猛烈开枪还击，当场击毙罗飞天，众匪愕然大乱，守城军民乘胜出击，擒获小匪首和匪徒数十人，战斗才停下来。后来匪首投书入城，索马数匹，钱款减半后离城而去，水城方得解围。

王杰南晚年继续坚持慈善和公益性活动，得到群众的敬重，1950年王杰南在书院街本宅病逝。

阮　略

（1900—1951）

幼名定邦，入学后改名开弟，又名铁生，号晓军。贵州省福泉县牛场堡子人。先后在堡子私塾、牛场两等小学读书。民国9年（1920）毕业于贵州农业学校。毕业后，至民国12年（1923），在贵州省瓮安县任蚕桑劝业所所长。民国14年（1925）应募入黔军张廷光部，次年任贵州省东路清乡独立团团附，后转至江苏入顾祝同部任书记官。民国17年（1928）考入南京中央军官学校六期炮兵大队第二中队学习。民国18年（1929）5月毕业后，先后任江苏省淮阴中学、上海交通大学军事教官。民国20年（1931）东渡日本，留学日本陆军士官学校，获法学硕士学位。留学期间，任留日学生国民党特别党部书记和《留东新闻》主笔。民国24年（1935）回国后，著成《军事教育》一书，经当局审核后交由商务印书馆出版。后到国民政府军事委员会训练总部供职。民国27年（1938）调任水城县县长，在水城执政3年。任期创办水城初级中学，调整城乡小学布局，号召各乡建立国民学校。提倡学校招生男女兼收。积极兴修公路、桥梁。以整顿地方治安为名，武装镇压包谷山、窝子箐一带的回民。杀害红军干部尹自勇、欧阳崇庭。以禁烟为名，组织缉私队，四处活动，获取大量银洋、烟土，中饱私囊。后因刁难水城旅省学生回乡公演宣传抗日话剧，学生将其种种劣迹呈教育厅转省政府，省政府派人调查后，将其调离水城，先后任剑河县县长、松桃县县长、盘县县长、国民党八十九军高参、少将处长。1949年11月24日率部分官兵在织金县梭米寨起义，1950年1月4日，织金县人民政府为阮略开具返回贵阳报道并去重庆西南军会学习的介绍信。阮略回乡后，1951年受起义的国民党八十九军所属一〇二八团反叛事件牵连，被处决。1986年，改判平反。

邓璧清

（1903—1952）

原名笔清，女，水城城内人。

清宣统元年（1909），与其大姐邓玉珍到本家塾馆念书，为水城最早到塾馆念书的女学生之一。时见城内有人不再缠足，闹着要“放足”，得允，乃水城首批放足女性。

民国2年（1913），水城县开办女子小学，邓璧清在第一批女学生之列。她聪敏好学，各科成绩名列前茅。念五年级时，能流利地对谱视唱，喜奏口琴与洞箫，也拉胡琴和风琴，有“才女”之誉。民国10年（1921）毕业，破格留校任教，为水城县第一位小学女教师。

民国12年（1923），与陈模结婚。丈夫先后出任县田粮局、财政局局长，家庭生活比较宽裕，不少人劝其辞教专事家务，但她一直坚持从教。民国20年（1931），还劝其丈夫退出政界，也从事小学教学工作。

民国32年（1943）3月，兼任水城县妇女会主席。任期为伸张女权做了不少贡献。

民国35年（1946），任盘县第三小学校长。任期全面提高教学质量，反对“现蒸热卖和照本宣科”的教学方式。挽留、资助辍学学生。常到教师家走访恳谈，帮助解决家庭困难。

民国37年（1948），邓璧清从教28年，在水城县连续教龄最长，国民政府教育部授予她特别嘉奖证书。是年，有人反映邓璧清在校偏向共产党宣传，县长曹儒修免其第三小学校长一职。此后，到私立惠民小学执教。

在多年的教学生涯中，主要教音乐，也曾教授国语、算术、常识、自然等课程。她备课认真，作有大量教学笔记。上音乐课，注重培养学生的识谱与音乐欣赏能力，把教授音乐作为陶冶学生道德情操和进行爱国救亡教育的重要手段，诱导学生不唱当时风行的《特别快车》《桃花江》等歌，主要教唱《义勇军进行曲》《松花江上》《古怪歌》等进步歌曲。

1949年春，她开始感到身体不适，只好半休半工地工作。1950年元月，应邀参加水城县解放庆祝大会。6月，水城县第二次解放，中共水城县委派人看望她，请她继续到第三小学执教。由于体弱多病，邓璧清谢绝出任教师，承诺义务组织街道群众学习，为群众读报，讲解时事。这项义务工作一直坚持到1951年夏。1952年6月，因患胃癌，医治无效，去世。

马如骧

（1894—1960）

字伯超，回族，祖籍甘肃，生于水城厅老城。其家世代经商，马如骧少时勤奋好学，对商界耳濡目染，父亲将其送到安顺，一边学文化，一边学经商管理，小小年纪即成为家庭的好帮手。十七岁时父病故，马如骧在家居长，接管其父家业经商，并负责抚养三个小弟读书成才，其中二弟马冠群考入贵州讲武堂，曾任国民党湖南湘西陈渠珍部少将旅长，抗日战争时期任国防部点编司司长，在昆明点编远征军。三弟马仁瞻考入贵阳南明中学，回水城后从教，曾任水城县一小校长，国民党县政府教育局局长等职。在马如骧的苦心经营下，商场生意也越做越红火，以至后来成为水城商界的实力派代表。

1921年水城县商会成立，马如骧被公推为首届会长，以后民国时期的商会换届，均连选连任。水城解放后，1950年在水城县人民政府县长马友庆的主持下，马如骧再度选为水城县商会会长，直至1956年私营工商业进行社会主义改造为止。其间，任水城商会会长达35年。

马如骧年轻时经商，无论是下毕节、安顺、盘县或上云南，都团结一批批商人结伴同行，有利于避匪盗，也让大家共同得利，此举在水城商界传为佳话。担任商会会长后，大部分精力投入公益活动中，调解商业纠纷、外来人员接待，他都亲手操持。1933年水城饥荒严重，马如骧首先带领商会成员募捐，然后向全社会展开募捐，有的富房捐粮达5石（每石350公斤）。账济工作完成后，及时张榜公布账目，深得广大群众赞誉。1934年中央军进入水城，使用中央券，造成一般商贩吃亏不小，马如骧及时主持商会召开紧急会议，决定推行水城纸币流通券，经县政府批准后实施，使市场恢复正常秩序，保护了全县商人的合法利益。1937年抗战爆发后，水城成立抗日后援会，由商会负责开展抗日救亡募捐活动，在此期间，马如骧四处奔走宣传抗日，鼓励全县商民捐献钱物，为抗战做出贡献。1945年，在马如骧的努力下，促成水城商会组建下属盐业、布业、百货业、染织业、山货业、屠宰业、旅店业、油糖业等8个行业理事会，进一步规范了各行各业的商业行为。

1960年，马如骧病逝于水城家中，卒年67岁。

陈国斌

（1916—1964）

水城县大河区艺奇乡沙坝场人。父亲早逝，母子二人靠帮工度日。

民国25年（1936），东家赵成久办丧事，丢失孝布，诬其偷盗。陈国斌被捆绑吊打，之后逃离赵家，在水城发耳、杨梅一带流浪。先后在几个乡做乡丁，后回老家以挖煤为生，也常到赌场混日子。

民国35年（1946）某日，到吴银安家索赌债。吴银安是艺奇乡吴家寨保长，仗势欺人，不仅不给钱，还痛打陈国斌。后陈国斌邀约人，将其毙于三岔河。水城县政府发出通缉令，烧了几家参与杀人者的房屋。陈国斌携妻刘氏逃到威宁狗店小鸡河落脚，集结一些穷苦百姓，开始专与官府作对的生涯。他们活动频繁，对水城县城时有惊扰。

民国36年（1947）7月，贵州省保安司令部电令水城县缉捕“匪首”陈国斌。同年，水城县政府悬赏万元取其首级。陈国斌从来不打劫贫苦百姓，尽管官府明令缉拿他，却总有藏身之处，且队伍逐渐壮大，活动范围日广。是年10月，率队袭击水城场坝中山街乡长谢明臣和富商彭兴义家。后又捕杀县政府社会科科长严其祥。12月，又在双龙乡击峡沟围攻清田均赋工作团，在土桥乡击毙乡长何国治，在梅花山抢劫盐商队，将盐分发给穷人。

民国37年（1948）2月，在德坞沙子坡伏击保安队，毙1人，缴获步枪3条。是年，中共地下党员萧德富（李茂才）与弟萧奇富（李晓天）在水城开展工作，了解陈国斌的情况后，通过他表兄任碧昌介绍，结交了陈国斌。其后中共云南省罗盘地区委员会派党员刘安民到关岭、郎岱、水城一带活动，萧德富将陈国斌的武装性质汇报给刘安民，刘安民指示，要争取他投入党的怀抱。是年七八月间，通过萧德富做思想工作，陈国斌表示乐意接受共产党的领导。年底，二塘游击队正式成立。

1949年年初，水城县长曹儒修的侄子、保安大队长曹某带队进剿落飞戛，在落飞戛街上，被陈国斌的人击毙，是役二塘游击队大败保安队。随后保安四团一个排再剿落飞戛，陈国斌率队伏击，在汪家寨河沟全歼敌人，缴获轻机枪1挺，长短枪24支。是年上半年，中共地下党领导的郎岱“三三”暴动失利后，喻忠诚化名“白诚”，带领部分武装合并到二塘游击队，二塘游击队更名赫威水游击队。后游击队又接纳二塘人王正春的绿林武装，队伍逐渐扩大。入夏，他们活捉赫章县平山堡作恶多端的乡长朱益斋。8月，又攻打二塘区公所，区长谢传方被赶走，保镖李兴障毙命。9月中旬，经中共入黔人民解放委员会批准，二塘游击队改编为滇桂黔边区游击纵队速安支队，白诚任支队长（司令），陈国斌任副支队长。下设两个大队，王正春为一大队队长，二大队队长由陈国斌兼任。10月1日，速安支队300余人攻打威宁县政府，战斗一直持续到天明，敌方援军将至，游击队始撤。

贵州省赫章县解放后，白诚带王正春到赫章，与解放军办理速安支队一大队的交接关系。随后回水城，与陈国斌率二大队下朗贷，攻打朗贷县城，营救被关押的战友。队伍行至堕脚家坝，闻乡长杨仕奎、保长杨仕其作恶累累，当夜铲除二人，将其财物分给老百姓。

1950年元月初，朗岱营盘牟超群等人组织“反共救国军”，二大队攻克营盘，活捉牟超群，公审后枪决。6月，水城县第二次解放，陈国斌积极参加剿匪。随解放军一四一团在德坞剿匪时，有人检举他是“大匪首”。解放军不了解情况，将其抓捕，准备就地处决。县长周化明出具证明，陈国斌幸免于难。

不几天，陈国斌被安排在水城县公安局工作。年余调县供销社，稍后又调县商业局。此后，他一直努力工作，但因解放初期办理游击队移交手续时，有关方面未将速安支队的一些情况向水城县党政军组织交代清楚，以致陈国斌在历次政治运动中，总被“历史问题”纠缠。1963年“四清”时离职。1964年病逝。

速安支队的历史遗留问题，从1983年起，有关部门开始调查核实。1989年3月16日，中共贵州省委组织部审批认定：速安支队是中国共产党领导下的革命武装；凡因参加速安支队在解放后历次政治运动中被错误结论和错误处理的人员，应予纠正，恢复名誉。

陶惕成

（1920—1967）

安徽合肥官庭镇人。民国27年（1938）加入新四军。翌年（1939）5月加入中国共产党。历任战士、指导员、淮南日报社副社长、安东实业厅特派员、辽阳财办处副主任、鞍山钢铁公司计划处处长、鞍山钢铁公司副经理等职。1966年3月调水城钢铁厂任工地党委书记、工地指挥长。

陶惕成是新中国第一代企业家。参加三线建设到水城后，实地勘察选定水城钢铁厂厂址，着重抓好厂区总体布置、初期基础设施建设、协调厂矿地方关系、充分利用旧设备、开展工艺创新等工作。他依靠群众，尊重科学，争取各级政府和领导的支持，在短期内建起高炉、焦炉，促使铁路和隧道、输电线路、机修、仓库等建设工程相继开工，并妥善解决了施工队伍3万多人的吃、住、行及施工中的物资设备调度、技术攻关、安全保卫等问题。为对职工进行生动活泼的思想教育，他利用各种场合宣讲三线建设的重大意义，表扬先进，大张旗鼓地宣传好人好事。为搞好工农关系，他组织职工参观苗寨，成立专门协调工厂周围农民群众工作的群众工作部，教育职工要爱护农民的一草一木，尊重当地群众的风俗习惯。当时水城钢铁厂动力厂至焦化厂间有一当地群众祖祖辈辈祭奉的“石大人”，因妨碍建厂必须炸掉，群众不同意，陶惕成亲自到群众中去召开座谈会，做通群众的思想工作，使他们高高兴兴地自己动手炸掉了“石大人”。在设施建设过程中，他尊重知识和人才，发动工程技术人员动脑筋、想办法，利用旧设备改装成功当时全国第一个采用皮带上料的冷却烧结机，提高了生产效率。整个“水钢会战”期间，他和大家一起住在潮湿的帐篷里，在大食堂吃饭，“守山餐、伴山眠、风梳头、汗洗脸”，常和工人们一起劳动、谈心，时常通宵达旦地工作。

1966年年底，“文化大革命”波及水城钢铁厂建设工地，陶惕成置个人安危于不顾，只身到批斗和纠缠他的群众组织中去，劝说他们执行党中央的指示，抓紧搞好三线。被批斗后，又立即回到岗位继续指挥全厂工作。陶惕成为水城钢铁厂的建设操碎了心，1967年2月24日夜，突患急性胰腺出血而逝世。

韩世芳

（1920—1968）

山东省章丘县人。初小文化。1949年4月参加工作，先后在章丘石岭子煤矿、淄博矿务局江山煤矿、山东新汶建井处任掘进工、工段长、工区副主任等职。1956年，以队长姓名命名的“韩世芳快速掘进队”被煤炭部评为全国煤炭系统先进集体，他本人被评为全国先进生产者。1965年，该队随工程处调水城矿区参加三线建设，负责汪家寨平硐井主平硐施工任务，曾多次创造优异成绩，受到煤炭部、贵州省委表扬。根据煤炭部要求，该队向西南5个重点矿区提出快速掘进倡议书。1966年9月，该队（根据煤炭部要求，改称7001突击队）在汪家寨主平硐施工中，创全岩大断面独头月进405.56米的全国最好成绩。1968年，韩世芳在“文化大革命”中被迫害致死。1970年为其平反。

浦恩绍

（1925—1972）

原名浦恩三，生于云南省宣威县榕成镇浦家山，8岁丧母，因家庭贫困，从小靠帮工度日，历经磨难，造就了刚毅无畏的性格。1945年，其二哥被国民党抓壮丁，浦恩绍主动要求顶替。因与当官的顶撞，被送进县城娘娘庙关押，常遭看守毒打，受尽折磨，致奄奄一息，被拖弃在阴沟里，通知家人领尸，后被家人发现尚未断气，接回家中抢救，浦恩绍终于得活。身体康复后，又充入滇军，随十九师开赴越南接受日军投降。尔后，随滇军到东北参加内战。1948年秋在辽沈战役中，他所在滇军被人民解放军瓦解，其本人自愿参加中国人民解放军，被编入第四野战军十五兵团四十三军三十八团二营六连。

参加辽西会战，是浦恩绍作为解放军第一次为人民作战，他与另一位战友配合，勇敢插入敌阵，击溃敌人一个营，俘敌300余人，首立战功。

1948年12月，浦恩绍随军入关参加“平津战役”，此后，南下参加汉浔间渡口战役、湘赣战役、赣西南战役，在解放江西的战斗中，他又荣立战功。1949年10月，他先后参加广东战役、广西战役。在最后一次战斗中，桂系第七军疯狂抵抗，为迅速消灭敌人，浦恩绍巧妙利用地形避开敌人火力，奋不顾身冲上山头，用一梭冲锋枪子弹制服了敌人一个连，生俘敌兵30余人，给部队追歼敌人创造有利条件，自己也荣立大功。

1950年年初，随四野十五兵团参加解放海南岛任务。是时，解放军未组建海军，渡海作战全用大小木船，部队在战前进行了两个月的海上练兵，浦恩绍被选为水手，他勤学苦练，学会了使篷、掌舵、摇橹、划桨、撑篙、投锚等全套使船技术，被人们称为最出色的“船老大”。3月11日，渡海作战打响，解放军两个营潜渡登陆成功。3月31日夜，解放军两个团一个营第二批潜渡，其中，381团6连5号船就是浦恩绍及其战友的渡船。战前，浦将所有积蓄交给党组织作为永久党费，可见其不怕牺牲、视死如归的高贵品质。5号船配备一门60炮，一挺机枪，担负掩护主力船的任务。船刚起锚不久，便遇上逆风，风帆失去作用，浦第一个操起橹把，一边使劲划，一边鼓励大家，小船飞快前进。入夜11点，突然传来激烈的枪声，前方护行船与敌舰交了火。在指导员、船长何少甫的指挥下，浦掌舵将船划向敌人冲击，60炮、机关枪、步枪一齐向敌舰开火，迫使敌舰所有火力对准5号船。在敌舰强大火力的封锁下，5号船桅杆被摧毁，船体被打烂，接着船底打出一个个漏洞。在这种情况下，浦一边拼命堵漏，一边指挥炮手开炮。此时敌舰离5号船仅有六七十米，我方船上战士伤亡严重，浦奋不顾身托起冲锋枪向敌人打了一梭子，又抬起机枪猛烈扫射。此时5号船又连中3炮，中舱被炸，60炮被炸坏。见此情景，浦双手抓住已断的炮腿，双膝稳住炮座，不顾强烈震动，叫炮手继续发炮，使敌舰连中三炮，敌人被打得哇哇乱叫。由于小船受损严重，失去控制，顺流漂去，敌舰紧跟不舍，尾追射击两个多小时。就这样，小木船与敌舰纠缠达5个小时，使主力船队乘势顺利渡海到达南岸登陆，为后续大部队登陆创造了良好条件。而浦恩绍的5号船通过一整夜战斗已成残片，他扶着破片随波逐流，又被逆风吹送回北岸，直到第二天黄昏，才被渔民救上岸来。

为表彰5号船“木船打军舰”的功绩，5号船被部队命名为“英雄船”，浦恩绍被授予“海上英雄”称号。

浦恩绍在解放战争中先后荣立6次战功，获奖章、纪念章18枚，成为全国闻名的战斗英雄。1950年秋，浦恩绍光荣出席全国群英会，被中央军委授予“全国战斗英雄”称号，受到毛泽东等中央领导的接见，还被毛泽东请到中南海家中做客。为宣传其英雄事迹，石冠军曾撰写出版《海上英雄浦恩绍——这是一个英雄的故事，是我们海上英雄所创造的奇迹》一书，《中国大百科全书·军事》

卷对其事迹也作了记载。

中华人民共和国成立后，浦恩绍转业到水城县，先后任公安局侦查股股长，派出所副所长，商业局采购经理部经理。因长期积劳成疾，1972年在水城病逝，终年47岁。

萧缉轩

（1901—1973）

又名锦熙。水城老城人。

民国8年（1919）毕业于贵阳省立师范学校。民国16年（1927）任水城县立两级小学校长，同年任县教育局局长。民国21年（1932）辞职，考入南京铁路学校，毕业后在杭州铁路局工作。民国25年（1936），应上海炼钢厂厂长张连科邀请，任其秘书。民国31年（1942）回乡探亲期间，接办水城中学。民国35年（1946）当选水城县参议会议长。1949年12月，水城和平解放，被公举为水城县解放委员会委员。1950年，任县支前委员会副主任委员、县各界人民代表会议副主任委员。1951年当选为县民族民主联合政府委员，后任县政府建设科副科长。1957年起，任县政协一至四届副主席。1960年当选为省政协委员。

早年受“五四”反帝反封建思想影响，致力于教育育才救国。任县立两级小学校长期间，严厉整顿校风，教绩显著。任教育局长后，督促各校振兴校务，将学田公租改为投标，杜绝私人渔利，大大增加教育经费。接办水城中学3年，办教一丝不苟，注重道德教育，严禁师生赌博，树立好学上进的校风，为地方培养出一批优秀人才。

民国26年（1937）抗战爆发，上海炼钢厂内迁，协助张连科将厂辗转迁至重庆，参与艰苦的新厂建设及管理工作，为炼钢厂在较短期内恢复生产、支援抗战前线做出了贡献。

崇尚科学，思想进步，主持公道正义，坚决与地方邪恶势力做斗争。当选议长后，作萧缉轩对联曰：“极目强暴横行，看社鼠熏天城孤匝地；入耳呻吟四起，听哀鸿遍野怨鬼盈郊”。针对一些议员屈从土豪劣绅，为其歌功颂德的行径，主张“监财毋苟得，临难毋苟免”。每每接到民众被敲诈勒索的申诉，便义愤填膺，向政府提出质询，要求查办。县长邓彩澄曾向上密报萧缉轩为“共产党”。继任县长程国勋也曾接到省政府“对萧查实，就地正法”的指令，因贵阳力报社社长李思齐极力向程国勋说明他主持公道之实，程国勋才回报“查无实据”，萧缉轩因此免遭杀身之祸。民国36年（1947），水城中学学生编学报揭露讽刺民政科长周洪彝借剿匪在乡下掠夺百姓牛羊，周洪彝以学生邓仁和等与其斗殴为借口，通过关系通令缉拿有关学生，并调警察包围演戏人员。萧缉轩挺身而出，保护学生，就乱发缉拿令一事，将国民党县党部书记长质问得理屈词穷。向宝揩继任县长后，对议员质询置若罔闻，萧缉轩愤而辞去议长之职。

萧缉轩痛恨时局的动乱与腐败，赞同共产党的主张，暗中支持中共地下工作，曾为其输送人员，传送进步书籍和传单等。水城和平解放后，被推举担任多种职务。他代表各界人士在万人庆祝水城解放大会上讲话，带头宣传共产党的方针政策，积极协助人民政府做了大量建立新政权和安定社会秩序的工作。1950年4月，驻水城解放军暂时撤离，萧缉轩留下主持治安委员会工作。他安排居民轮流守城，通过各种渠道力阻国民党县长吴瑞龙重组的“政府”进城，使居民免受土匪骚扰，直到解放军再度收复水城。之后，他参加毕节专区首届中学教师学习班学习革命理论。水城中学复课后，任教员，在历史课中积极传授唯物史观，用革命观点教育学生。在县政府建设科工作期间，经常深入基层，到公路修建工地和工人们一起劳动。

“文化大革命”中，一度遭受迫害。1971年落实政策，恢复工作。1973年病逝。

陈顺邦

（1927—1973）

水城县德坞乡马嘎村人，彝族，家境贫寒。10岁左右起在马嘎村小学念两年，后转德坞中心小学读到五年级，此后辍学务农。

水城县解放初期，陈顺邦任当地农民协会文书，被选为民族代表和农民代表，当年出席县及毕节专区各族各界人民代表会议。1950年冬至1951年春，投身清匪、反霸、减租、退押等运动，常常配合当地治安联防队，带领群众顶风冒雪、翻山越岭捉拿土匪、恶霸。1951年6月，出席贵州省各族各界人民代表会议，8月，任水城县联合政府委员，10月任毕节专区联合政府委员。1952年，由乡群众选举，任水城县人民法庭德坞分庭审判员。同年加入中国共产党。当年随贵州各族各界代表赴北京参观学习。后任德坞区区长。从1956年12月起，相继在县二、三、四、五届人代会上被选为副县长。1959—1961年，任副县长兼大河区委书记。其间各区乡粮食普遍减产，群众缺粮，以“瓜菜代”充饥。陈顺邦翻山越岭，走村串寨，到群众家里问寒问暖。他鼓励大家开展生产自救。1962年，大河区夏粮获得好收成，群众生活困难问题开始缓解。

陈顺邦生活简朴。因长时间工作操劳及严重的营养不良，身体极度衰弱。1963年患病。1973年2月在水城县医院逝世。遗体葬于水城烈士陵园。“文化大革命”后，中共水城特区（今水城县）委员会、特区人民政府为他召开追悼会。

陈警民

（1893—1975）

水城老城人。民国7年（1918）贵阳南明中学毕业后，先后在贵阳、水城任小学教员、校长，初中教员、校长。一度任水城县府督学。对学生循循善诱，从不责骂体罚。任中学校长期间，有老师嗜赌成瘾，授课敷衍塞责，引起学生愤懑，陈警民果断将其辞退。

水城县解放后，任县人民解放委员会委员。后一度在水城县初中任教，并任水城县首届各族各界代表会议常务委员。从1954年起，连续出任一至六届县人民委员会委员。从1957年3月起，连续担任一至四届县政府副主席。

为支持县政府工作，他曾主动让出自家的住宅和地基，用于扩建电影院和球场。“文化大革命”期间，县政府受到冲击、干扰，陈警民始终坚持上下班，继续召集城内部分政协委员及社会人士参加政治学习。1975年病逝。

龚燧荣

（1892—1979）

四川省铜梁县土桥场人。早年在家乡读私塾，饱览诗书经文，博闻强记，颇有长进。清光绪三十三年（1907）到铜梁县“全安堂”中药店拜老中医李培生为师，随李离家行医。拜师学艺期间，通读《伤寒论》《金匮要略》《内经》《本草纲目》等医著。民国5年（1916），辗转到水城，先后在同和昌、同庆丰药房任店员。后自设诊所，内、儿、妇科患者经其诊治，每收奇效。求诊者络绎不绝，名声四扬。解放后，开设联合诊所，广收学徒。1956年，带领几个学徒到县医院中医科执医。1958年，将其妇科、儿科秘方献给政府。退休后，在家行医，卧病在床仍为患者诊脉开方，排除病痛。

其一生以救死扶伤为本。患者无钱，记账缓收；孤老贫寒，免费就医；出诊不计报酬。医德为街坊邻里所敬重，人称“善菩萨”。民国34年（1945），四川货郎易乔龙染恶性疟疾，数月未愈，贫病交加，在水城县玉舍区被房东赶出租房。龚燧荣请人将其抬到家中医治。病愈后，易乔龙生活无着落，龚燧荣一直把他留在家中帮忙，直至1957年参加工作。水城县德坞一赵姓平民病势垂危，无钱医治，他听说后，步行20余里，前往救治。德坞另一陆姓病人，生蛆见骨，龚燧荣也免费将其治愈。

龚燧荣一生乐善好施，留给后代的只有破房一间。

马致雨

（1924—1984）

河北省顺平县人。农家出生。家境贫困无钱上学，从小就跟随父母干农活。十四五岁即开始分担家庭生活的重担。民国29年（1940）4月参加八路军，系延安中央警卫团战士。他刻苦训练，努力学习文化知识，无论站岗放哨还是接受临时任务，都认真负责，先后被提升为班长、排长、政治指导员，并于民国34年（1945）加入中国共产党。

民国36年（1947），国民党向延安发起疯狂进攻，中央警卫团担负着保卫党中央撤离延安的重任。翌年，党中央安全转移到河北省平山县西柏坡。在历时数月的保卫战中，马致雨与中央警卫团的战友们浴血奋战，克服种种困难，圆满完成上级布置的各项任务。

从民国37年（1948）下半年起，马致雨到周恩来身边当警卫员，负责首长的安全保卫与服务工作。在4年多的时间里，他日以继夜地守候在周恩来身边，满腔热忱地工作。1953年调国务院警卫处任副科长。1958年响应“干部下地方”的号召，到贵州参与组建贵阳供电局，任局党委书记。

1975年7月，为充实六盘水供电局领导班子，上级调马致雨到六盘水供电局任党委副书记、革委会副主任。不久，他即将全家迁到六盘水供电局柏杨坡脚下定居。在六盘水供电局工作期间，先后又出任副局长、局长等职。在指挥110千伏六水线、35千伏两刘线的大修改造和35千伏沙刘线新建工程期间，经常下到生产第一线与工人同吃同住。他尊重知识，尊重人才，在工程技术问题上每作决策，都要充分听取专业技术人员的意见。

马致雨从首都北京来到偏僻的贵州，继而又从省城贵阳来到六盘水，到哪里工作，就在哪里扎根，从无怨言。他生活作风简朴，清正廉洁，严于律己，在干部和群众中能起到表率作用，深得大家爱戴。

1984年11月，因患肺癌医治无效在贵阳去世。

何尊贤

（1917—1986）

水城老城人，1917年10月26日生于水城县老城内书院街。少时在城内一小读完小学后，到贵阳继续完成初中和高中学业，1941年考取贵阳师范学院数学系，1945年7月毕业，为第一届贵阳师范学院毕业生。1945年9月至1948年7月，先后在清镇县、福泉县和水城县的中学任教，1947年9月受聘为水城中学（初级）校长，1948年7月离校。在水城任校长期间，尽心竭力维护学校教学秩序，在教师缺乏的情况下，坚持兼任数学课老师。是时局势动荡，何尊贤暗中支持水城中学学生的爱国民主活动。由于目睹国民党的腐败和对教育的忽视，他愤而辞职，到贵阳继续从事教育工作。

解放后，何尊贤先后在贵阳一中当教员，在贵州大学当讲师。1952年9月，调贵州师范学院（现贵州师范大学）工作，任数学系讲师、副教授。历任师范学院数学系代数教研室副主任，数学分析教研室及中学数学教研室主任，数学系工会主席、贵州省数学学会副理事长、全国中学数学教育研究会理事、贵州省数学教育研究会理事长。解放初期，他婉拒了贵州教育学院的行政领导职务，潜心于数学教学，对贵州中学数学的教学研究贡献尤为突出，获得多项荣誉。

1986年11月26日，何尊贤因病在贵阳去世，时年68岁。

他是贵州省第六届人民代表大会代表，九三学社贵州师大支社副主委。

田君亮

（1894—1987）

原名景奇。水城老城人。3岁时随父母移居大塘（今平塘县）。12岁随父举家迁居贵阳。宣统三年（1911）入贵阳模范中学，毕业后留学日本。在日本，参加孙中山领导的中华革命党。民国8年（1919）毕业于日本早稻田大学政治经济系。回国后，曾任贵州公立法政专门学校教务长、贵州军事善后督办参议。第一次国内革命战争时期，先后担任贵州省大塘县县长、贵州左路清乡司令部秘书长、国民革命军川东后备军总司令部秘书长。其间曾到广西参加驱逐军阀陆荣廷的战斗。第二次国内革命战争时期，相继出任四川省石柱县及贵州省务川县县长。后弃官从教，先后担任贵州省立师范学校、省立高级中学、省立女子中学、贵阳中学教员，大夏大学讲师，贵州大学教授。

抗日战争时期，拥护中国共产党的抗日主张，支持和参加学生抗日爱国运动，掩护中共地下党开展工作。在教学中传播革命理论，揭露国民党的黑暗统治，启发和引导一些学生走上革命道路。

民国33年（1944年）冬，日寇侵入黔南独山，贵阳紧急疏散，田君亮与水城籍在省读书学生多人一道回水城避难半年余。当时应地方邀请，在县立中学授课，多次为师生及社会青年作专题讲学，鼓励青年人上进，有所作为。

解放后，积极投入社会主义革命和社会主义建设事业，历任贵州大学教授兼校务委员会常务委员，贵州省人民政府委员，贵州省文教厅副厅长，贵州省教育厅厅长兼贵阳师范学院院务管理委员会主任委员，贵州大学校长，贵州省文史馆馆长，贵州省副省长，贵州省人大常务委员会副主任，贵州省第一、二、三、四届政协副主席等职。系一、二、三、五届贵州省人大代表，第一、二、三届全国人大代表。晚年加入中国共产党。

1987年2月15日在贵阳逝世。组织上在悼词中肯定他的一生是“追求进步、探索真理、坚持革命、为人民服务一生，为贵州的革命和建设做出了突出贡献”。

朱广臣

（1921—1991）

山东省寿张县张秋镇人。民国27年（1938）参加革命，民国29年（1940）8月加入中国共产党。在抗日地方部队和八路军中，曾任连长、武工队长、保卫队长等职。多次参加冀鲁豫军区湖西地区反扫荡、反围剿、反击还乡团战斗。1949年随军南下贵州，留任毕节县公安局副局长。后参与接管水城，组建县公安局。曾任中共水城县委委员、社会部长兼公安局长。1954年，到中央公安学院学习，回黔后先后任毕节专署公安处科长、处长、政法委党组副书记、地委委员、社会部长。1979年调任兴义专署公安处长、党组书记。后任行署副专员，地委委员、常委。1982年，任中共六盘水市委常委、政法委书记。后任六盘水市人大常委会副主任。

接管水城期间，认真做好各族各界上层人士的团结工作，粉碎顽固分子拒缴枪支和隐藏档案的阴谋，追缴长短枪570支、档案382卷。1950年4月，匪患致水城县人民政府奉命撤离。6月收复水城后，率公安人员及时破获国民党第八兵团情报网，抓获情报大队长陈先支。在“清匪反霸”和“镇压反革命”运动中，水城县曾多处出现错误扭送“放蛊药婆”到公安局要求处理的情况，朱广臣耐心做好政策疏导工作。在此期间全县60余名逃亡匪首、恶霸、特务、反革命分子先后被追捕归案。

原国民党乡长、恶霸赵音绎唆使一伙人，诬告解放后孝义乡新任乡长严明常，致严明常被水城县二区以“豢养特务罪”判处死刑。朱文臣了解实情后，即向县委汇报，并急电请示地委、专署，要求停止批复。1952年“禁烟禁毒”期间，率公安人员在水城县收缴并焚烧鸦片万余两。调毕节专署公安处后，水城县坪寨与发耳地区发生骚乱事件，他亲临水城指导平息工作。此后，在水城县又指挥破获两起反革命预谋暴动案。

1957年，被定为“右倾”分子，“文化大革命”期间，备受摧残与迫害。

他在担任领导职务期间，不搞特殊化，干警们称赞他是“嘴不馋、手不长、心无私、人正直”的好领导。

1985年离休后，积极参加关心下一代协会组织的活动，带病撰写《水城县解放初期公安工作回忆录》。1991年病逝。

李荣光

（1917—1995）

江西赣县王母渡人。九三学社社员、高级畜牧兽医师、全国畜牧兽医学会会员。多次被评为先进工作者。

民国30年（1941）毕业于江南高级兽医专科学校。先后在江西第四行政区家畜防治处、江西高级农校及江西高级兽医专科学校任技术员、助教、牧场主任。民国37年（1948）到贵州任贵阳西南兽疫防治处技士。1949年11月任贵州省农业厅兽疫防治大队长。

历史上贵州长期被牛瘟所困扰，不少乡村有的年份荡然无存，这种状况严重地制约着畜牧业与农业的发展。解放不久，李荣光就担任贵州省消灭牛瘟工作队大队长。他每到一地，都深入农家牛棚诊治牛瘟，不怕肮脏，不顾劳累，农民感激地称他为“人民政府派来的耕牛救星”。

解放初期，急需畜牧兽医科技人才。1951年，他自编教材兼授课，主持开办了三期全省农牧干部训练班，培训兽疫防治人员200多人，并编著《兽疫防治人员学习手册》，为1952年全省各地建立兽疫防治大队与畜牧医部提供教材。

1955年，他放弃在省农业厅兽疫防治大队较优越的工作、学习和生活条件，主动要求下基层第一线效力，先后到威宁县种羊场、威宁县奶牛场、威宁县畜牧兽医站工作。在此期间根治了百分之八十的绵羊疥癣病；控制住羊体内寄生虫病流传，创造了用菜油代替石蜡油、配合四氯化碳驱除绵羊肝片吸虫方法，疗效显著；采取“三步并取”措施，防治牛胎衣滞留。

1966年调毕节农校执教。1984年应聘到水城县种畜场奶牛场供职。在此期间精心编制奶牛饲养管理规程及有关议案；研制饲料配方，扩大料源，改进饲料加工办法；为奶牛编号、立卡、建档，所列项目科学、详尽、实用。他不分白天黑夜地留心观察牛情，对奶牛发情、怀孕、胎情、产期等均详细记录，对牛的产奶量分别进行登记。李荣光兽医技艺高，经验丰富，但他还虚心学习民间兽医的治疗方法。奶牛场的牛患病，他精心照料。为了帮附近农民治疗畜病，不论昼夜，他都随请随到，不收取报酬。1986年，澳大利亚、新西兰畜牧专家到水城种畜场考察，详细询问奶牛饲养管理及其他情况，他对答如流，深得外国专家赞许。

李荣光在贵州工作近50年，贵阳、威宁、毕节、水城等地的草山、牧场、村寨，到处留下他的足迹，倾注他的心血。他生活简朴，居室陈设简陋，满屋除了放得井然有序的藏书、一本本手稿和科研资料、一盒盒寄生虫玻璃制片、一瓶瓶寄生虫标本之外，仅有一张木床，一件木制沙发，一个旧写字台而已。他一生发表了不少论文，著有《家畜传染病及微生物学》《家畜寄生虫病学》等专著。

汪鸣皋

（1938—1995）

安徽省歙县人。知识分子家庭出身。在歙县和上海两地完成中小学学业。1957年考入南京工学院动力系工业热能专业。1962年毕业后到鞍山钢铁公司设计院任技术员。1968年8月支援“三线建设”，到水城钢铁厂（今水城钢铁集团公司）设计院工作。先后任动力副主任工程师、主任工程师、动力科长、院副总工程师、动力总设计师等职。1981年获工程师职称。1986年1月加入九三学社。1988年晋升高级工程师职称。1991—1995年，先后任政协六盘水市钟山区第二届委员会副主席、钟山区第二届人民代表大会代表、政协贵州省第七届委员会委员。是享受省政府特殊津贴的专家。

在水城钢铁厂工作期间，先后主持和参加了炼铁、炼钢、发电等重大工程的动力系统设计。以他为主设计的较大工程项目有2号高炉热力设计，余热发电热力设计，75吨/小时锅炉房设计，水钢第一铁厂6000千瓦火力发电热力设计，1号焦炉上升管汽化冷却设计及2、3、4号火力发电机组热力设计等。又参加或配合设计水城钢铁厂一些下属厂矿的热力及其他工程项目。有不少成果获奖。他经常强调，设计应为生产着想。经常亲临现场指导，虚心听取工人反映在操作中发现的问题，认真研究改进。

汪鸣皋一心扑在工作上，画图纸常忘记吃饭、换衣、修面和理发。指导试车，有时半夜不回家。2号高炉在热力方面的设计多由他承担，为翻译资料及研究技术问题，他往往工作到深夜，困倦时，就用茶叶贴眼提神。一次指导试车，因极度疲劳，晕倒在回家途中的水沟里。由于身体较弱，工作负担重，健康状况不佳，多年带病坚持工作。他常说：“我这人闲不得，一闲病就来”。

除完成本职岗位工作外，水城钢铁厂下属一些厂矿如有设计方面的疑难，汪鸣皋也义不容辞地帮助解决，从不计较报酬。他关心年轻人的成长，口传手授，主动为他们提供学习资料，耐心辅导阅读，甚至还帮助学徒描图，从事具体的技术工作。

1994年，汪鸣皋肾间出现肿块，被确认为癌症。绝症在身，他仍操心着水钢第一铁厂小型发电厂的热力设计。病危时，有两篇论文即将发表，他在病床上还向有关人员交代发表时应该注意的表述方式。1995年临终时，他叮嘱家属：“有困难，自己克服，别哭哭啼啼找组织，增加组织负担”。

汪鸣皋十分注意保持廉洁。有的包工队重金聘他承担设计项目，均被其拒绝。有的单位聘他做技术顾问，他怕分散精力，影响本职工作，婉言谢绝。子女一度待业，他从不拉关系为子女安排工作。下现场指导或考察，他也从不要求派车。他生活简朴，不追求享受，朋友对他的看法是“不得好的吃，不得好的穿，只得一生累”，说他是“典型的传统知识分子性格”。

赵德军

（1951—1997）

荷城街道马鞍村人，初中文化、中共党员。1969年应征入伍，在中国人民解放军昆明军区后勤部22分队服役，历任战士、排长等职。1970年3月27日下午6时，赵德军所在的部队驻地发生山火，着火点就在部队油库附近，直接威胁油库安全。在紧要关头，赵奋不顾身地跑在前面救火，在扑灭山火过程中，身负重伤，全身烧伤面积达95%，其中三、四度烧伤面积达90%，部队对赵德军的病情竭尽全力进行救治，保住了他的性命。事后，昆明军区党委为赵德军荣记一等功，并评为特等伤残军人，于1978年退伍回地方休养，1997年2月15日，赵德军因病治疗无效逝世，时年46岁。

为弘扬人民子弟兵舍身取义的大无畏精神，20世纪70年代，教育部将赵德军的英雄事迹编入小学语文课本，以教育下一代。

陈 进

（1959—2000）

钟山区信访办主任。生于1959年。2000年11月14日，在执行紧急公务从贵阳返回钟山区途中，不幸因车祸以身殉职。

2000年11月12日，钟山区荷城办事处马鞍村村民数十人，因修建荷城花园的征地、拆迁、安置等问题，集体越级到省委、省政府上访，并扬言如无满意答复将赴北京上访。12日，陈进与荷城办事处党委书记陈贵平、主任孙承敏等人接到上级指令，赶到贵阳去接回上访群众。当时，患重感冒的陈进正在输液，一接到指令，她立刻拔下针头与荷城办事处负责人一起赶赴贵阳。当天，经省市领导耐心解释、劝说和陈进等人苦口婆心宣传信访条例，村民们同意第二天回到村里协商解决有关问题。14日，陈进与孙承敏同乘荷城办事处的桑塔纳轿车从贵阳往水城赶。一路上，尽管阴雨绵绵，道路湿滑，他们仍全速行进。根据上级指示，他们必须下午3点以前赶到荷城办事处马鞍村与村民座谈，协商解决相关问题。车行至贵烟线六枝、镇宁交界处，突然翻下20余米高的深沟，孙承敏当场牺牲，陈进被送到落别乡卫生院，因抢救无效，以身殉职。

陈进的青春时代在上山下乡中度过。在农村，她是一名优秀的团支部书记，并在18岁时加入中国共产党。几年的知青生活为她以后从事信访工作、体察民情打下了良好基础。结束上山下乡后，她先后在水城特区煤焦公司和原水城特区党办等单位工作，1988年调到钟山区信访办。

陈进对待信访工作一贯认真负责。在她担任钟山区信访办副主任、主任的6年时间里，钟山区信访工作一年迈上一个新台阶，受到中央、省、市信访部门的好评。从1994年至1999年年底，钟山区信访办共接待群众来信来访3459件（次），完成中央、省、市、区交办的案件101件。对中央、省、市交办查处的信访事项，全部查结上报，结审率达100%。每年均按时保质保量完成市信访办要求报送的24条信访信息，采用率达60%。6年间，区信访办年年被评为全市信访工作先进集体。1993年陈进被评为全省和全市信访先进工作者。1997—2000年各年度均被评为全市信访系统先进工作者。

陈进牺牲后，钟山区委追认她为优秀共产党员，区委、区政府号召全体干部党员学习她爱岗敬业的精神。

张明宣

（1934—2001）

生于水城县万全乡福集厂（今钟山区老鹰山镇境内），少时先后在水城、毕节读初、高中，后考入贵阳师范学院（贵州师范大学）数学系，于1958年毕业，先后在织金县阿弓中学、水城特区尖山中学和水城特区师范学校任教。1986年至1992年4月在钟山区第五中学任副校长（主持工作），1992年调任钟山区政协副主席。

张明宣一生从事中学教育34年，呕心沥血，平凡敬业，遍栽桃李，默默奉献，博得师友和学生的敬重。到区政协工作后，积极参政议政，建言献策。为整理和发掘水城（钟山）的文史资料，张明宣积极主持和参与编纂《钟山文史》第一辑至第三辑，其中他亲手撰写的有《福集场初探（一、二、三、四）》《私塾教育概述》《水城浅识》《五十年前的小煤窑》《勤劳智慧写春秋》《水城染织业简史》等。他和同事们共同完成的数十万字的文稿，为后来者研究水城的政治、经济、教育、文化提供了宝贵的史料。

张明宣勤于耕耘，一生作有诗歌500余篇，集成《明宣诗草汇编》。他的诗率真、朴实、自然、题材广泛，“人物花鸟鱼木皆入诗、山水体育电视剧均上笔”，反映了他热爱人生，热爱生活，热爱祖国的拳拳之心。2001年7月，张明宣因病不幸去世，享年67岁。

萧奇富

（1919—2002）

化名李晓天，生于水城县老城沙田街，中共地下党员。其父萧森受维新思想的影响，推崇科学民主。萧奇富自幼受家庭影响，学习刻苦，先后在水城念私塾，入贵阳读小学，考入黄齐生先生创办的达德中学，随后考入贵阳师范学院数学系，1945年毕业后在水城初级中学从事教学工作。黄齐生先生第二次从云南返回贵州，路过水城，专门拜访了萧奇富家，赠雄鸡图一幅，上画雄鸡一只，题词：“鸡有五德，头戴冠，文也；足搏距，武也；见敌敢斗，勇也；报时不误，信也；见食相告，仁也”，足见萧奇富与黄先生之间的师生情谊。1946年，萧奇富任水城中学校长，以其父萧孟南的名义捐赠了一批珍贵的家藏图书给学校。他继承沿袭前任校长萧缉轩制定的校纪校规，不断整顿校务，牢固树立“淳朴从教好学”的优良校风。他从贵阳诚聘陶廷贵、黄锦明、刘石麟、周一靖等一批思想进步、学识功底扎实、教学勤谨的教师到校任教。这些教师在认真传授学科知识的同时，有意识地向学生灌输进步思想，宣扬民主爱国、反对专制。学校师生参加“反饥饿，反迫害”活动，上街游行。这为国民党反动当局所不容，1947年年初，省府密电下令水城县长逮捕萧奇富，幸得上层友人暗通消息，萧不得已逃离水城，到异地避难。

萧出走后，化名李晓天，到贵阳出任改组后的《力报》社长，确定了《力报》的新方针是：“打击时政，增强不满，宣传胜利消息”。1948年7月1日，《力报》恢复出报。报纸连续发表《米涨价、人心危》《快救人民于水火之中》等社论。8月21日，《力报》以《战场七月如流水》为题，揭露国民党重点进攻之失败定局。9月6日，《力报》以表《从京津沪各级消息看最近时局》一文，透露刘邓大军南下后国民党政局不妙处境。《力报》发行人李思奇被国民党当局逮捕，报纸被封停。萧奇富于是投笔从戎参加革命。1949年10月加入中国共产党，先后在水城、纳雍、赫章、织金、郎岱等地发动农民群众，作推翻反动政权的武装斗争，进行中共地下活动，完成了中共交给保护盘江铁索桥、接应解放大军进军贵州并解放贵州的工作。

解放后，1950年2月，任中共安顺地委宣传部宣传干事；1953年调贵州省建工局任综合计划股股长。1955年被错误审查，1956年撤销审查，调贵州省建筑学校工作；1957年被错划“右派分子”送农场劳教五年，1962年回家无业；1970年“文化大革命”中被遣送农村劳动，1973年落实政策予以平反恢复工作，安排在贵州省建工局搞信访接待工作。1984年3月离休。1993年，经贵州省委组织部批准享受副厅级待遇。

萧奇富一生经历坎坷曲折，但他对共产主义信仰忠贞不渝。在担任水城县立初级中学校长期间，竭力宣传民主进步思想，不但对学校师生，而且对水城社会各界都产生很大影响。无论是后来在贵阳办《力报》，还是回水城老家参加地下党打游击，都处处表现了一个共产党员坚贞不屈的优秀品质。

郭应福

（1947—2005）

郭应福家居六盘水市钟山区黄土坡街道办事处川心村八组。原在六盘水市建材厂工作。1998年企业不景气下岗。2004年11月，被黄土坡街道办事处聘为临时护林员。

2005年2月7日下午，天气晴朗，刮大风。郭应福巡逻到郑家岩林区，发现林区燃起大火，火借风势，肆无忌惮地吞噬着植被。他不顾个人安危，奔向着火地带，奋力扑打山火。在一处丛林茂密的低洼处，熊熊的烈火将他团团围住，衣服和裤子都着火了，他仍不罢手。钟山区林业局森林防火大队得知火讯，迅即组织人员赶赴现场。灭火队员奋不顾身地冲入火海，两台风力灭火机及时将郭应福身上及周边的火热压住……这时他已遍体鳞伤，衣服、裤子与皮肉粘连在一起。郭应福被及时送往医院抢救。2月8日下午6时，抢救无效，牺牲于医院。

2月10日上午9时，追悼会在市殡仪馆举行。六盘水市副市长罗贤能及市林业局，钟山区党委、政府，钟山区林业局，黄土坡街道办事处等单位、部门的负责人参加追悼会。

董仁义

（1947—2005）

1947年10月生于贵州盘县，1965年参加工作，1986年加入中国共产党。历任中共六盘水市委宣传部宣传科副科长，钟山区政府办公室副主任、外事办主任，政协钟山区委员会秘书长、副主席。

董仁义在钟山区政府办公室工作期间，认真履行职责，加强与各部门的联系和沟通，深入基层，调查研究，收集信息和资料，积极为领导实施决策出谋划策，较好地完成了领导交办的各项工作任务，凭着过硬的文字功底、严密的逻辑思维能力和甘于吃苦、无私奉献的精神，出色地完成了政府工作报告、领导讲话等大型材料的起草。曾参与《贵州县情》《贵州年鉴》等书刊编写工作，通过相关历史资料的认真收集整理和文字上的反复斟酌、推敲，高质量地完成了相关篇目的撰写任务。

董仁义在担任区政协副主席期间，分管社会发展委员会和文史委员会。对待工作，他有句口头禅：“不干就不干，要干就干好！”他是这样说，也是这样做的。董仁义对待工作一贯兢兢业业，对分管的各项工作总是统筹安排、周密部署，亲自制定可行的措施加以落实。因为工作关系，他十分注重了解全区经济社会发展状况，围绕区委、区政府中心工作，积极建言献策，经常深入一线调查研究、指导工作，并撰写大量调研文章在各级刊物上发表。

1999年5月，按照省、市组织部门要求，钟山区委决定组织力量编写《中国共产党贵州省六盘水市钟山区组织史资料（贵州省六盘水市钟山区政军统群系统组织史资料）》。钟山区作为新建的县级行政区，无党史办、地方志办等专门机构，资料匮乏，基础工作薄弱，加之编纂人员都是从各单位临时抽调，不能全身心投入，面对重重困难，董仁义担负起主编的职责，历时1年多时间，他查阅有关历史资料上千卷，征求和集录资料数十万字，调查走访有关人员200余人次，倾注了大量心血，成功完成了此书编纂工作。就这样，董仁义一次又一次完成了各种繁杂的工作。

董仁义作为钟山区关心下一代工作委员会的主任，每逢“六一”国际儿童节、“五四”青年节，他都要带给青少年儿童无微不至的关怀，他的足迹遍布钟山区的大小校园。

董仁义的多才多艺在钟山区是远近闻名的，他是中国楹联学会会员、贵州省写作学会会员、贵州省老年书画研究会会员、六盘水市楹联学会会员、书法家协会会员，是钟山区出了名的“笔杆子”。2004年，钟山区行政办公区搬迁时，他受区委、区政府委托，撰写了堪称经典的《钟山铭》，将钟山区的创建和发展史用短短百余精炼文字高度浓缩概括，如今，《钟山铭》被雕刻在凤凰新区广场石碑上，和董仁义的风骨一样，永远不朽。

2005年2月28日上午，董仁义还在为政协委员上党课，讲述中国共产党光荣而伟大的历史，赞美共产党员具有的高尚道德和情操。中午1时，在饭桌上进餐的他突发大面积心肌梗死，于当日下午2时30分因医治无效，永远地离开了他的亲人，离开了他多年共同奋斗的同事，离开了他为之奋斗了一生的伟大事业。

李应华

（1928—2009）

生于贵州省大方县响水，1949年12月参加工作，1950年5月起先后任响水区青年干事、区工委宣传委员。1952年8月加入中国共产党。从1953年10月起，先后任大方县响水区副区长（主持工作）、毕节专署财经委员会经济组长兼机要秘书、中共毕节地委办公室秘书、秘书科副科长。1957年10月调贵州省水城县初级中学任校长兼党支部书记。1970年10月参加湘黔铁路会战，任水城民兵团政治处副主任。自1973年3月起，先后担任水城特区二中校长兼党支部书记、水城县水电局局长，六盘水市师专副校长（主持工作），1983年2月至8月在西南师范大学高校干部培训部学习。1986年8月，因创办六盘水市经济管理职业学校，按政策规定提前退休办职校，历时13年。

1958年，学校实行"勤工俭学"，上午上课，下午劳动，由班主任带领、学生自带工具到校外指定地点挖鱼塘、平土地、背矿砂、种庄稼等。搬入马鞍山新校区，学校处于雏形，仅有一幢教学楼，楼前是一大片高低不平的坡坎地。由于缺乏资金，李应华利用课余时间带领全校师生开展大规模的建校劳动，坡坎地整建成学生休闲活动场所和运动场，还在校园内栽种了大量的果树，初步形成了校园三阶梯格局。"大跃进"开始不久，李应华亲自带领全校师生参加大炼钢铁，停课一个多月，背着行李到离校二十多里外的炼铁现场安营扎寨，筑高炉、找矿石、背石灰石、为高炉送料、拉风箱，一天24小时昼夜不停。

1958年秋季学校开始招高中生。自此，水城有了高中，学校成了完全中学，更名为水城中学，李应华为水城中学校长。1959年后，时值国家三年困难时期，粮食供应实行低标准。学生吃不饱、吃不好，在这种情况下，李应华动员并带领全校师生把校园内尽可能利用的空地开垦成耕地，栽种莲花白、牛皮菜、马铃薯及高产早熟的金皇后玉米，还养猪喂兔，到附近柏杨坡垦荒种地，以此来补充师生的营养，维系学校的正常秩序。1961和1962两届高中毕业生有6人考取大学本科，取得了较好成绩。

1963年，学校认真贯彻实施教育部颁发的"中学五十条"，李应华在学校广泛深入开展学习雷锋、王杰、焦裕禄等英雄模范的活动，学校师生争做好人好事，教学责任感不断增强，教学质量不断提高。1964年年底，学校教学班达15个，学生人数达658人。1965年应届高中毕业生参加高考，有90%的学生被录取大学本科和大专。

正当学校步入正常发展轨道时，"文化大革命"开始。1966年7月接上级主管机关通知"停课闹革命"。师生走出校园进行"大串联"。1967年春天开始，批"走资派"，批"十七年封资修教育黑线"，李应华成了学校被批斗的第一号人物，遭受肉体上、精神上的无尽痛苦，接之而来的是十多年艰难曲折的历程。

1985年，李应华受聘兴办六盘水市经济管理职业学校，任常务副校长。办校之初，仅有5000元经费，他不怕困难，带领几个教师到大街小巷张贴标语文告，亲自摸底，动员学生入学，按"民办公助"的路子，一步步走过来。两年后建起新校舍，完善各种规章制度，建立了正常的教学秩序，1988—1989两届就有200多名学生进入国有企业和其他工作岗位，得到省、市两级政府的高度评价。贵州省顾委苏钢、徐挹江、白晶伍等老同志先后视察学校，召开座谈会，认为李应华和一批同人老骥伏枥，壮心不已，办职业学校为社会培养了不少人才，成为贵州第一家职业学校，实在难能可贵。

李应华一生从教38年，办校经验丰富，20世纪五六十年代把水城中学办得名噪一时，七八十年代又重新开启职业教育，独树一帜，成效显著，堪称水城屈指可数的教育家。

李应华在水城中学任职期间，从1958年起，他先后被选为水城县第二届、第三届人大代表，县人大常委会委员，多次被评为水城县教育先进个人。

第二章　人物简介

一、解放初期剿匪中牺牲的烈士

尚荣宇　又名尚留锁，男，中共党员、河南省内黄县李后村人。1926年生，1944年入伍，中国人民解放军十六军四十七师一四一团特务连政治指导员、党支部书记。1950年2月牺牲于原水城特区城关镇。遗体安葬在水城革命烈士陵园。2011年4月迁葬德坞仙水坡烈士陵园。

王应明　男，山东省人，中国人民解放军十六军四十七师一四一团副连长。1950年2月牺牲于原水城特区场坝（今属钟山区），遗体原葬半边街背后树脚，后迁葬水城革命烈士陵园。2011年4月迁葬德坞仙水坡烈士陵园。

冯玉德　男，河南省焦作市人，中国人民解放军十五军四十五师一三四团政治指导员，1950年2月牺牲在原水城特区城关区马安（今属钟山区），遗体原葬马安下土桥独木寨，后迁葬水城革命烈士陵园。2011年4月迁葬德坞仙水坡烈士陵园。

张梦清　男，河南省漯河县人。中国人民解放军十五军四十五师一三四团战士。1950年在水城县玉舍区玉舍乡滥坝剿匪战斗中光荣牺牲。遗体原葬玉舍滥坝街口，后迁葬水城革命烈士陵园。2011年4月迁葬德坞仙水坡烈士陵园。

杨志保　男，云南省大理县五里桥区下鸡邑村人。中国人民解放军0277部队75分队班长。遗体安葬在水城革命烈士陵园。2011年4月迁葬德坞仙水坡烈士陵园。

周成林　男，籍贯不明。中国人民解放军十六军四十七师一四一团战士。1950年牺牲在原水城县城关镇，遗体原葬马安下土桥独木寨，后迁葬水城革命烈士陵园。2011年4月迁葬德坞仙水坡烈士陵园。

黄支书　男，中国人民解放军十六军四十七师某部营长。1950年牺牲在水城县比德区比德乡大寨村，遗体原葬于大寨垭口上，后迁葬水城革命烈士陵园。2011年4月迁葬德坞仙水坡烈士陵园。

向俊新　男，籍贯不明。中国人民解放军十五军四十五师一三四团战士。1950年牺牲在水城县玉舍区滥坝，遗体原葬滥坝街口，后迁葬水城革命烈士陵园。2011年4月迁葬德坞仙水坡烈士陵园。

邓六和　男，籍贯不明。中国人民解放军十五军四十五师一三四团战士。1950年牺牲在水城县玉舍区滥坝，遗体原葬滥坝街口，后迁葬水城革命烈士陵园。2011年4月迁葬德坞仙水坡烈士陵园。

孙文达　男，中国人民解放军十五军四十五师一三四团战士。1950年牺牲在水城县玉舍区滥坝，遗体原葬滥坝街口，后迁葬水城革命烈士陵园。2011年4月迁葬德坞仙水坡烈士陵园。

吴振桃　男，籍贯不明。中国人民解放军十五军四十五师一三四团战士。1950年牺牲在水城县玉舍区滥坝，遗体原葬玉舍滥坝街口，后迁葬水城革命烈士陵园。

张梦清　男，籍贯不明。中国人民解放军十五军四十五师一三四团战士。1950年牺牲在水城县玉舍滥坝，遗体原葬玉舍滥坝街口，后迁葬水城革命烈士陵园。2011年4月迁葬德坞仙水坡烈士陵园。

张安明　男，籍贯不明。中国人民解放军十五军四十五师一三四团班长。1950年牺牲在水城县玉舍区坪寨乡，遗体原葬坪寨，后迁葬水城革命烈士陵园。2011年4月迁葬德坞仙水坡烈士陵园。

孙忠培　男，籍贯不明。中国人民解放军十五军四十五师一三四团三营连长。1950年牺牲在水城县比德区华乐乡并井，遗体原葬化乐乡并井河对门，后迁葬水城革命烈士陵园。2011年4月迁葬德坞仙水坡烈士陵园。

罗小发 男，籍贯不明。中国人民解放军十六军四十七师一四一团一营机炮连战士，1950年牺牲在水城县龙场区顺场乡，遗体原葬顺场，后迁葬水城革命烈士陵园。2011年4月迁葬德坞仙水坡烈士陵园。

黄中央 男，籍贯不明。中国人民解放军十六军四十七师一四一团一营机炮连战士。1950年牺牲在水城县龙场区者卡乡，遗体原葬者卡乡政府旁，后迁葬水城革命烈士陵园。2011年4月迁葬德坞仙水坡烈士陵园。

余定水 男，籍贯不明。中国人民解放军十六军四十七师一四一团战士。1950年牺牲在水城县比德区化乐乡并井，遗体原葬化乐乡并井村，后迁葬水城革命烈士陵园。2011年4月迁葬德坞仙水坡烈士陵园。

陆兴龙 男，籍贯不明。中国人民解放军十六军四十七师一四一团班长。1950年牺牲在水城县比德区化乐区并井，遗体原葬化乐乡并井，后迁葬水城革命烈士陵园。2011年4月迁葬德坞仙水坡烈士陵园。

张福新 威宁县二塘乡安乐村（今钟山区大湾镇）人，男，白族。生于1913年。1950年加入二塘乡武装民兵。是年在贵州省威宁县境剿匪，站岗执勤时遭土匪偷袭牺牲。

郑树清 威宁县三合乡（今钟山区大湾镇）人，男，生于1913年。1950年加入三合乡武装民兵。是年在贵州省威宁县境剿匪，站岗执勤时遭土匪偷袭牺牲。

张石头 威宁县二塘乡（今钟山区大湾镇）人，男，白族，生于1918年，1950年参加二塘乡武装民兵。同年在贵州省威宁县安乐乡剿匪，站岗执勤时遭土匪偷袭牺牲。

邓厚明 威宁县二塘乡（今钟山区大湾镇）人，男，生于1914年，1948年入伍。中国人民解放军一二〇师三二八团战士。1951年2月12日在剿匪战斗中牺牲。

李凤刚 水城（今钟山区荷城街道解放路）人，男，生于1923年，1947年被国民党抓丁入伍。中华人民共和国成立后，部队改编，加入中国人民解放军第六军一七〇师五十一团任班长。1951年12月28日在新疆剿匪战斗中牺牲。

李绍周 水城县纳福乡中营村（今钟山区大河镇）人，男，生于1926年，1949年入伍。中国人民解放军十一军三十三师某团一营六连战士。1951年1月在水城比德区剿匪战斗中牺牲。

李少明 水城（今钟山区荷城街道）人，男，生于1928年，1950年入伍。中国人民解放军十六军四十七师一四〇团战士。1951年在云南省镇雄县剿匪战斗中牺牲。遗体葬镇雄县。

陈启贤 水城县凤凰乡（今钟山区凤凰街道）人，男，生于1932年，1951年入伍。中国人民解放军东北军区五十六师补训一〇团战士。1952年2月11日在东北剿匪战斗中牺牲。

任绍贵 水城县纳福乡中营村（今钟山区大河镇）人，男，生于1931年，1949年12月入伍。中国人民解放军十二军三十五师一〇四团战士。1953年7月在四川省射洪县太和乡剿匪战斗中牺牲。遗体葬射洪县太和乡。

赵音会 水城县教场乡四组（今属钟山区荷城街道）人，男，生于1936年，1956年1月入伍，中国人民解放军3505部队战士。1958年5月29日，在贵州省威宁县十区剿匪战斗中牺牲。遗体安葬在贵州省威宁县北门。

另有佚名烈士16名，原迁葬水城革命烈士陵园。2011年4月迁葬德坞仙水坡烈士陵园。

二、抗美援朝牺牲的烈士

徐汉清 威宁县二塘乡塘坝村四组（今钟山区大湾镇）人，男，生于1928年，1950年1月入伍。

中国人民志愿军六十八军一九〇师五六八团战士。1951年6月在朝鲜双古山战斗中牺牲。

李从光 水城县以德乡（今钟山区大河镇）人，男，生于1928年，1949年入伍。中国人民志愿军六十四军一九〇师五六九团战士。1951年11月24日在朝鲜高旺山战斗中牺牲。

徐志祥 威宁县二塘乡（今钟山区大湾镇）人。男，生于1928年，1950年入伍。中国人民志愿军二十六军二三四团战士。1951年在朝鲜马踏里七峰山战斗中牺牲。

徐洪兴 威宁县二塘乡（今钟山区大湾镇）人，男，生于1928年，1950年入伍。中国人民志愿军某部一四〇团战士。1951年在抗美援朝战争中执行任务时牺牲。

吕顺荣 威宁县二塘乡（今钟山区大湾镇）人，男，生于1933年，1950年入伍。中国人民志愿军某部一四〇团战士。1952年在抗美援朝战争中执行任务时牺牲。

叶绍昌 水城（今钟山区凤凰街道）人，男，生于1924年，1950年4月入伍。中国人民志愿军七十三师二一八团五连战士。1953年6月30日在朝鲜江源道铁原郡战斗中牺牲。

金华民 水城（今钟山区德坞街道）人，男，生于1926年，1951年7月入伍。中国人民志愿军炮兵四十四团一营四连运输员。1953年2月20日，在朝鲜执行战地运输任务时牺牲。

赵德进 水城（今钟山区凤凰办事处明湖村第三村民组）人，男，生于1926年，1950年4月入伍。中国人民志愿军二十三军七十三师二一九团一机连战士。1953年6月1日在朝鲜战场上牺牲。

耿许梅 水城县以德乡小场村（今钟山区大河镇）人，男，生于1926年，1950年5月入伍。中国人民志愿军六十二军二八七师五五九团一营二连战士。数次立功受奖。1954年6月4日在朝鲜江源道铁原郡战斗中牺牲。

郭少荣 水城县城关镇三村民组（今钟山区荷城街道）人，男，中共党员，生于1931年，1950年7月入伍，中国人民志愿军四十五师一三五团三营九连战士，数次立功受奖。1952年9月10日，在朝鲜五圣山猝谷区马踏里西山阻击战中英勇牺牲。

王继先 男，汉族，共青团员，初中文化，贵州省原水城县城关镇（今钟山区荷城街道）人。1931年生，1950年4月12日入伍，中国人民志愿军十五军四十五师一三五团通讯连电话员。在战斗中勇于执勤，荣立三等功一次。1952年10月25日，在朝鲜上甘岭五圣山战斗中牺牲。

傅祝枝 又名傅明荣，水城县城关镇沙田街（今钟山区荷城街道）人，男，生于1916年，1949年8月入伍，中国人民志愿军炮兵一三三师三九七团三连战士。1952年12月23日，在朝鲜三八线三岔河北家庄战斗中光荣牺牲。

王有才 水城县城关镇（今钟山区荷城街道）人，男，生年不详，1951年8月入伍，中国人民志愿军炮兵四十四团一营炮手。1953年6月4日，在朝鲜黄海道长丰郡战斗中牺牲。遗体安葬在朝鲜黄海道长丰郡。

王有芳 水城县城关镇人（今钟山区荷城街道），男，生于1928年，1951年8月入伍，中国人民志愿军炮兵四十四团一营炮手。1953年6月4日，在朝鲜黄海道长丰郡战斗中牺牲。遗体安葬在朝鲜黄海道长丰郡。

三、解放和建设西藏牺牲的烈士

简忠辉 水城县以德乡（今钟山区大河镇）双寨人，男，生于1933年，1952年入伍。中国人民解放军0069部队机枪连副班长。共青团员。1957年在西藏昌都地区执行公务时牺牲。

杨卫国 水城县城关镇（今属钟山区荷城街道）人，男，生于1968年，1986年12月入伍，中国人民解放军西藏军区炮兵独立三〇八团汽车连战士。1989年6月1在西藏米拉山执行边防运输任务中，因机械事故翻车牺牲。

四、保边卫国牺牲的烈士

李兴明 名李胡友，汉族，水城县城关镇（今钟山区荷城街道）人，男，生于1937年，1956年3月入伍，中国人民解放军3505部队战士。1956年9月17日，在云南省牺牲。

五、对越自卫还击战牺牲的烈士

刘显武 原籍贵州省纳雍县阳长区营盘乡，随家迁居水城特区城关镇（今钟山区黄土坡街道）居住，男，生于1960年1月，1979年入伍，中国人民解放军35216部队60分队战士。1979年2月21日在对越自卫还击战中牺牲。追记二等功，并追认为中共党员。遗体安葬在云南省河口县小南溪烈士陵园。

郑宏林 水城特区城关镇（今钟山区黄土坡街道）人，男，高中文化，生于1959年8月，1979年1月入伍，中国人民解放军35216部队40分队特务连战士。1979年2月17日在对越自卫还击战中牺牲。追记二等功。遗体安葬在云南省河口县小南溪烈士陵园。

翟培云 水城特区以德乡大地村五组（今钟山区大河镇）人。男，生于1958年，1976年3月入伍，中国人民解放军35547部队52分队战士。1979年3月11日在黄树坪对越自卫还击战中牺牲。追记三等功，追认为中共党员。遗体葬云南省麻栗坡县烈士陵园。

宋成镇 水城特区大河区（水城矿务局大河矿职工子弟，今钟山区大河镇）人，男，生于1958年，1979年1月入伍。中国人民解放军35216部队61分队副班长。1979年2月21日在对越自卫还击战中牺牲。追记三等功。遗体葬云南省河口县小南溪革命烈士陵园。

许永生 广东省汕头市人（家住贵州省水城铁路地区工委，今钟山区黄土坡街道），男，生于1960年，1979年1月入伍。中国人民解放军35216部队61分队战士。1979年2月22日在对越自卫还击战中牺牲。追记三等功。遗体葬云南省河口县小南溪烈士陵园。

常开学 水城特区大河区（今钟山区大河镇鱼塘村）人，男，生于1955年，1974年1月入伍。任中国人民解放军35205部队67分队排长。中共党员，1984年12月在对越自卫还击战中牺牲。追记二等功。

罗富平 水城特区城关镇（今钟山区荷城街道）人，男，生于1955年，中共党员，1980年1月入伍，中国人民解放军云南省军区独立师战士。1981年7月4日在对越自卫还击战中牺牲。

赵　勇 水城特区城关镇（今钟山区荷城街道）人，男，生于1966年8月，1983年1月入伍，中国人民解放军35110部队73分队战士，1984年11月22日在对越自卫还击战中牺牲。追记二等功。遗体安葬在云南省麻栗坡县革命烈士陵园。

六、其他原因牺牲的烈士

王天琳 水城县城关镇人（今钟山区荷城街道），男，生年不详，1950年12月入伍，中国人民解放军贵州省织金县公安队文化教员。1952年7月23日，出差途中，在贵州省黔西县鸭池河翻船落水牺牲。

邓连保 威宁县二塘乡（今钟山区大湾镇）人。男，生于1929年，1951年7月入伍。中国人民解放军0074部队某部战士。1954年在西藏昌都地区公路建设施工中牺牲。

龙绍贤 水城县纳福乡翟家村（今钟山区大河镇）人，男，生于1935年，1956年3月入伍。中国人民解放军0069部队一支队一分队机枪连战士。共青团员。1956年7月13日在四川省黑水县龙坝乡平叛战斗中牺牲。遗体葬黑水县烈士陵园。

张少达 水城特区城关镇（今属钟山区荷城街道）人，男，生于1932年，1951年参加工作，水城县发耳区公所工作人员。1958年11月26日，发耳区发生反革命暴乱，在与反革命分子斗争中牺牲。

刘仕才 水城（今钟山区黄土坡街道红岩村）人，男，生于1934年，1956年1月入伍。中国人民解放军某部一四五团一营战士。共青团员。1958年4月在四川省黑水县平叛战斗中牺牲。遗体葬黑水县烈士陵园。

王景连 水城特区城关镇六街（今钟山区荷城街道）人，男，生于1929年，1951年参加工作，水城县发耳区公所秘书。1958年11月26日，发耳区发生反革命暴乱，在同反革命暴乱分子斗争中牺牲。

傅灿珍 水城县以德乡（今钟山区大河镇）人，男，生于1945年，1963年3月入伍。中国人民解放军某部战士。1966年在四川省因公牺牲。

冷兴海 水城县以德乡（今钟山区大河镇）人，男，生于1946年，1964年3月入伍。中国人民解放军7590部队战士。1966年8月25日在云南省耿马县执行公务时牺牲。

王应礼 水城（今钟山区凤凰街道）人，男，生于1940年，1957年9月入伍。中国人民解放军7694部队炮兵排排长。中共党员。1967年8月19日在援越抗美战争中牺牲于云南省河口县。追记二等功。

彭泽明 水城县小河铁厂（今钟山区老鹰山镇）人，男，生于1940年，1973年1月入伍。中国人民解放军基建工程兵542部队战士。1975年4月加入中国共产党。1977年1月17日执行任务途中，在青海省格尔木县煤气中毒牺牲。遗体葬格尔木县烈士陵园。

范成德 水城县城关镇（今钟山区荷城街道）人，男，生于1958年，1978年4月入伍，中国人民解放军00100部队38分队战士。1979年5月9日，在北京市延庆县国防建设施工中光荣牺牲。

王　猛 水城（今钟山区凤凰办事处）人，男，生于1963年，1981年10月入伍。1983年9月加入中国共产党。中国人民武装警察部队贵州省六盘水支队连长。1989年5月21日出差途中，在水城县玉舍区甘塘乡石关因车祸牺牲。

杨卫国 水城（今钟山区黄土坡街道）人，男，生于1968年，1986年12月入伍。中国人民解放军西藏军区炮兵独立三〇八团汽车连战士。共青团员。1989年6月1日在西藏米拉山执行边防运输任务途中，因机械事故翻车牺牲。

刘前德 贵州省正安县格林区保龙人，男，生于1940年12月19日，1957年10月参加工作，水城钢铁厂治安科副科级干事。1985年9月7日，在水钢技校维护厂区治安秩序与歹徒斗争中身负重伤，因抢救无效牺牲。

冯常来 男，汉族，1947年11月出生，山东潍坊人，中共党员，水城水泥厂党委副书记、纪委书记、厂工会主席。冯常来同志严于律己，廉洁奉公，团结同志，为加强水城水泥厂党的建设、促进企业的改革发展做出了重要贡献。由于冯常来同志秉公办事，坚持原则，而成为“七八案件”中歹徒的主要杀害对象。1996年7月8日，在水城水泥厂阻止持枪歹徒行凶时，冯常来同志临危不惧，勇敢面对歹徒，有效地保护了在场的另两位同志，被歹徒凶残地杀害，冯常来壮烈牺牲。由于冯常来同志所表现的大无畏的英雄气概，为保卫国家和人民生命财产安全做出的重大贡献，1997年3月27日被贵州省人民政府批准为革命烈士。

袁一平 男，汉族，1951年1月出生，中共党员，贵州安顺人，水城水泥厂党委宣传部部长。袁一平同志对工作兢兢业业，团结同志，坚持原则，在发挥宣传工作对党的建设的推动作用、对全厂职工的凝聚作用和对生产经营的促进作用方面做出了积极的贡献。1996年7月8日，在水城水泥厂阻止持枪歹徒行凶时，看到歹徒向冯常来同志开枪，被歹徒击伤后，不顾个人安危，挺身而出，勇敢冲向歹徒，保护冯常来和其他在场的同志，连中数枪，英勇牺牲。1997年3月27日被贵州省人民政府批准为革命烈士。

郑伦仁 男，汉族，1949年12月出生，中共党员，贵州毕节人，水城水泥厂劳动服务公司副经理。郑伦仁同志干一行爱一行，工作积极、任劳任怨，具有高度的事业心和强烈的工作责任感，关心职工疾苦，为深化企业改革做了大量工作，得到职工群众的普遍好评。1996年7月8日，在水城水泥厂阻止持枪歹徒行凶时，看到歹徒持枪疯狂扫射，郑伦仁同志勇敢地冲上去抓住歹徒的冲锋枪管，试图夺枪制服罪犯，避免事态恶化、让其他同志脱险，在与歹徒英勇搏斗过程中，被歹徒开枪杀害，壮烈牺牲。1997年3月27日被贵州省人民政府批准为革命烈士。

赵鹏远 钟山区大湾镇人，男，生于1965年6月，大湾镇党委组织委员、党政办主任，1999年8月30日，在大湾镇发生计划生育工作纠纷时，为保卫人民生命安全被犯罪分子杀害牺牲。2003年5月16日，被贵州省人民政府批准为革命烈士。

陈　春 水城县比德区人，男，生于1984年1月，钟山区大湾中学学生，1999年8月30日，在大湾镇发生计划生育工作纠纷时，为保卫人民生命安全被犯罪分子杀害牺牲。2003年5月16日，被贵州省人民政府批准为革命烈士。

韩明贵 织金县绮陌乡河坝村人，男，生于1952年11月，大湾财政所副所长（主持工作），1999年8月30日，在大湾镇发生计划生育工作纠纷时，为保卫人民生命安全被犯罪分子杀害牺牲。2003年5月16日，被贵州省人民政府批准为革命烈士。

刘国富 威宁县人，男，生于1952年12月，大湾派出所副指导员，1999年8月30日，在大湾镇发生计划生育工作纠纷时，为保卫人民生命安全被犯罪分子杀害牺牲。2003年5月16日，被贵州省人民政府批准为革命烈士。

谭太俊 钟山区大湾镇人，男，生于1962年6月，大湾派出所副所长，1999年8月30日，在大湾镇发生计划生育工作纠纷时，为保卫人民的生命安全被犯罪分子杀害牺牲。2003年5月6日，被贵州省人民政府批准为革命烈士。

张双全 钟山区荷城办事处人，男，生于1968年3月16日，钟山区荷城办事处治安联防队员。2002年11月18日在警务区值班路上，两名劫匪抢劫钟山酱菜厂女职工张开菊，张双全毫不犹豫地朝歹徒逃跑方向追去，在与歹徒英勇搏斗中被犯罪分子杀害牺牲。2004年5月21日，被贵州省人民政府批准为革命烈士。

附　录

文件选录

国务院关于贵州省撤销水城特区设置六盘水市钟山区和水城县的批复

国函〔1987〕199号

贵州省人民政府：

你省报来《关于撤销水城特区设置六盘水市钟山区、水城县的请示》收悉。同意撤销水城特区，设立六盘水市钟山区和水城县；以原水城特区的水城、大河、汪家寨、大湾、老鹰山、观音山六个镇和城关、教场、麒麟、德坞、凤凰、白腻、月照、煤厂、以德、艺奇、纳福、三合、二塘十三个乡为钟山区的行政区域；其余九十八个乡为水城县的行政区域，县人民政府驻钟山区。

中华人民共和国国务院

一九八七年十二月十五日

中共六盘水市钟山区委 六盘水市钟山区人民政府 关于进一步加快小康建设的决定

区发〔1996〕19号

本世纪末实现小康，是实施我国现代化建设第二步发展战略的重大步骤，是建设社会主义新农村的宏伟目标，也是广大人民群众的共同愿望。目前我区还有近2.6万贫困人口，市委、市政府要求钟山区1998年达到小康区，这就决定了我区小康建设必须从实际出发，分类指导，采取有力措施，加快发展步伐。全区各级党委、政府必须按照党中央的统一部署，在市委、市政府的领导下，切实加强对小康村建设的领导，增加紧迫感、责任感和使命感，打好致富奔小康的总体战。为此，特作如下决定：

一、指导思想

改革开放以来，我区广大干部群众在各级党委、政府的领导下，艰苦创业，奋力拼搏，有力地推动了农村经济的发展，人民生活得到了改善，小康村建设取得了一定的成绩。但“九五”期间小康村建设任务仍然十分艰巨，1995年我区农民人均收入为824元，距小康标准还差1676元，在控制物价增长的前提下，今后三年要求每年人均纯收入需增长近560元；全区67个行政村还有11个未通公路、11个未通电；相当一部分农民居住条件仍然很差，与省小康考核指标还有较大差距。

我区农村小康建设的指导思想是，坚持以邓小平同志建设有中国特色社会主义理论为指导，进一步发扬艰苦奋斗精神，用奔小康动员、号召、凝聚广大人民群众，按照“发达地区超小康、中等地区达小康，贫困地区奔小康”的要求，实行分类指导，加快农村经济发展，增加农民收入，实现共同富裕，推动物质文明和精神文明的全面进步。

各级党政领导一定要以高度的历史责任感和使命感，坚持实事求是，真抓实干，艰苦奋斗，开拓进取，转变作风，深入基层，注重实效，多办实事。坚决杜绝形式主义，严防浮夸拔高和压低瞒报两种倾向，对镇、乡、办事处、村的小康建设，要经过认真监测、严格考核后，才能验收认定。

二、目标任务

1. 达小康目标要求：

到1998年年底，农民年人均纯收入2500元；人均占有粮食250公斤；人均每年肉、蛋、鱼、奶消费30公斤；食品支出占生活消费支出的比重在50%以下。80%的农户有一幢改建或新建的砖木结构住房；解决人畜饮水困难，90%以上的农户用上清洁卫生饮用水；村通公路，80%以上农户用上电，农户电视机普及率在50%以上；10个镇、乡、办事处通程控电话。巩固普及初等教育的成果，普及九年制义务教育。医疗卫生条件明显改善，基本实现人人享有初级卫生保障。无计划外生育情况，人口自然增长率控制在12‰以内。

2. 扶贫攻坚计划：应脱贫人口数，1997年16840人，1998年9160人。

全区67个行政村拟分为温饱型、宽裕型和小康型三种类型。1998年年底全区80%的镇、乡、办事处、80%的村基本达到小康目标。

3. 扶贫攻坚的基本原则

坚持开发式扶贫的方针。把国家扶持与自身努力结合起来，开发资源，改善生产生活条件，增加自我积累、自我发展能力；把山里山外开发结合起来，在更大范围内寻找脱贫的途径。

以解决群众温饱为重点。在贫困地区，最大的政治莫过于首先保证老百姓吃饱穿暖，各项工作都要服从于解决贫困人口温饱问题这个中心，不准干扰这个最大的政治任务。

全党动员，全社会扶贫济困。消除贫困，既是各级党委和政府的任务，也是全社会义不容辞的职责。社会各界都要各尽所能，为贫困地区献爱心、送温暖，真扶贫、扶真贫，扶贫到村、到组、到户。

依靠科技，提高人口素质。把科技扶贫、提高贫困地区人口素质放在首位。依靠人力资本的积累，去推动经济的长期持续发展和社会文明与进步。

自力更生，艰苦奋斗。与其苦熬，不如苦干，贫困地区干部群众必须坚持不懈地苦干实干，一步一个脚印抓落实，自强不息，艰苦创业，在国家扶持下，依靠自身的拼搏摆脱贫困。

三、实现小康建设的途径

1. 摸清底数，明确对象，做好规划工作。

1991年以来，根据省、市的安排部署，我区开展了有组织、有计划的大规模的扶贫工作，各级党委、政府采取了减轻农民负担、增加投入、科技扶贫、部门承包、配套服务等措施，全区上下艰苦努力，社会各界积极支持，年均有万余贫困人口解决了温饱，贫困村生产、生活条件有了明显改善。各镇、乡、办事处及区有关部门要进一步做好贫困人口普查工作，完善建档立卡工作。在摸清底数，明确对象的基础上，要逐村逐户制订扶贫攻坚计划。必须坚持统一规划，综合治理，“条条”服从“块块”的原则。搞好规划设计，不仅是实施扶贫攻坚计划的需要，而且也是争取更多投资的关键。各级各部门必须抓紧抓好，做细做实，争取主动。

2．找准路子，重点突破，因地制宜发展各具特色的区域经济。实现小康的核心是要千方百计增加农民的收入，各镇、乡、办事处要结合实际，重点突破。区内资源分配不平衡，气候条件差异较大，要各有侧重地进行指导和扶持，才能取得良好的效果。一是交通方便、地下资源丰富的公路沿线着重发展乡镇企业；二是土地较肥沃的低矮坝区，着重发展粮食、蔬菜、水果等；三是深山区，则主攻经济林木、草食动物。就全区看来，重点还是在于做“山”字文章，走农林牧副渔全面发展、山水林田路综合治理、种养加相结合的脱贫致富之路。脱贫致富奔小康的路子是广阔的，我们一定要用市场经济的观点去观察环境、思考问题，找准突破口。不怨天尤人，不“等、靠、要”，从实际出发，看准自身的优势，扬长避短，开拓进取。

3．把粮食生产放在第一位，尽快解决群众的吃饭问题，到1998年年底，实现农村粮食自给。发展粮食生产，一是稳定播种面积，提高复种指数，挖掘旱地潜力，开发冬季农业，努力提高夏粮的比重；二是狠抓科教兴农措施的落实，实施发良种为龙头、分带轮作为基础、绿肥种植为保证的丰收工程，提高单产、增加总量；三是加快发展农用工业；四是建立基本农田保护区，加强对农业生产的保护。

4．抓好农业基础设施建设，增强农业发展的综合能力。充分利用以工代赈政策，建设稳产高产基本农田；继续搞好农田水利建设，增加抗旱防洪能力；认真抓好保护和发展以林业为重点的生态建设；加快农村水、电、路和电话、邮政“四通”建设，改善农村生产条件和生活环境；不断完善双层经营体制和社会保障体制。

5．大力发展乡镇企业和第三产业。积极发展乡镇企业是繁荣农村经济、增加农民收入、促进农业现代化和富民强区的必由之路。根据我区资源优势，积极发展煤化工、有色金属业和建材等企业，在发展种养业的基础上，对基地产品进行深加工，努力实现双层增值。利用我区境内中央、省属大中型企业的优势对口扶贫，帮助贫困乡村办好乡镇企业。充分利用市中心区的优势，加速第三产业的发展，完善社会化服务体系，为农村剩余劳动力拓宽就业门路。

6．加大资金投入。要增加对农业的投入，加大扶持力度；要加强涉农资金的统一管理，严格把好项目的论证、审批、资金的使用和监督关。财政用于农业的资金，必须保证及时足额到位，不得以任何借口挤占挪用。省、市、区政策明确用于扶持农业发展的专项资金要尽快落实。要增加信贷资金对小康建设的投入，对小康建设重点工程，区和各乡、镇、办事处都要配套投入，并保证投入及时到位，确保预期目标的实现。对因工作不负责任造成扶贫项目失败的，要追究项目负责人的责任，并给予经济处罚；对扶贫项目实施得好的单位和个人要给予重奖。

7．实施科教兴农战略。扶贫先扶志，治穷先治愚。以邓小平同志“科学技术是第一生产力”的理论为指导，结合实际搞好农业科学技术的推广应用，把扶贫开发转移到依靠科技进步，提高农民素质的轨道上来。一是选择一些成熟可靠、容易掌握、增产增收效果显著的适用技术，采取经济手段、行政手段推广应用到生产中去。二是成立各种类型的科教扶贫组织，健全区、乡、村以科技和农口部门为主的科技服务实体并形成网络。三是坚持科教扶贫，开展适用技术培训，使贫困地区的劳动者都能掌握1～2项实用技术。四是加强科技扶植工作，改善农业科技人员的工作和生活条件，稳定农业科技队伍。

8．坚持不懈地抓好计划生育。人口失控，是一些地方贫困和返贫的重要原因。对计划生育工作，要始终做好决心不动摇、温度不下降、政策不改变、工作不放松，继续坚持“三为主”、推广“三结合”，对优生优育，自觉实行计划生育的贫困户，实行重点扶持，使其率先脱贫。

9．扶贫攻坚工程要下大力抓好下面五个方面建设，即：贫困户人均有半亩以上的稳产高产田；

户均有一亩找钱地或人均有20～30株经济林木；一户有一个种植或养殖业的多种经营项目；通过实用技术培训，为每户培养一个“明白人”；户均有一个劳动力从事多种经营、务工或从事第三产业。

10. 要大力抓好社会治安综合治理，抓好普法教育，教育农民做遵纪守法、遵守乡规民约文明户。实现统防统治，严厉打击各种犯罪活动，反对非法宗教活动，为农村经济的发展营造一个良好的社会环境。

四、组织实施

1. 继续完善领导包乡（镇）、包村制度。副县级以上干部、乡、镇、办事处正副职和各单位、各部门的一把手要有自己的示范点，要深入开展调查研究，安排布置、组织协调、督促检查扶贫工作，通过办样板、树典型，以点带面。要完善扶贫目标责任制，扶贫任务逐级分解、层层落实，责任到部门、到人头，落实到村、到户，限期完成。要抓好四个小康示范村的建设，并在全区推广。

2. 加强乡、镇、办事处村两级班子建设。建设一支高素质的干部队伍，使各级班子形成强大的合力，是扶贫攻坚和小康村建设的关键。对贫困地区给钱给物不如给一个好班子，要按照中央“五个好”的要求，下功夫建设好村级组织，优化村级组织的年龄结构、文化结构，尤其建好村党支部，选配好村支书和村委主任，把党支部建成带领人民群众扶贫攻坚奔小康的战斗堡垒。乡、镇、办事处、村缺乏责任心、事业心，缺乏苦干实干精神的干部要坚决调整；对积极带领群众完成扶贫攻坚任务的，要给予奖励、支持，有的要提拔任用。

3. 动员全社会力量参与与扶贫和小康村建设，搞好“三带”。机关带定点，单位责任到村，副科级以上干部责任到组，要形成制度，长期坚持，从资金、项目、技术等方面扶到实处，点上不脱贫，扶持单位不脱钩；城镇带农村，城镇企业吸收贫困农民务工，帮助他们搞劳务输出和劳力转移；先富带未富，让少数先富起来的人对贫困户实行传、帮、带。

全区扶贫工作已进入攻坚阶段，时间紧迫，任务艰巨。小康建设是一项系统工程，涉及面宽，政策性强，工作难度大，必须统筹规划，狠抓落实。各级党委、政府要把小康建设作为农村工作的中心任务抓紧抓好。党政主要负责同志是第一责任人，要亲自挂帅，在抓好试点示范和调查研究的基础上，对涉及小康建设的重大问题，要及时研究解决。各级小康建设办公室要负责向上一级小康办报送有关建设进程和监测资料。各级各部门要围绕农村小康建设，加强合作，多办实事，为胜利完成扶贫攻坚和小康村建设的历史任务做出贡献。

六盘水市钟山区人民政府
关于加快发展非公有制经济的意见

（1994年9月28日）

根据省发〔1994〕12号文件精神，结合我区实际，为了抓住机遇，深化改革，促进全区经济建设持续、高效、健康地向前发展，现就加快发展非公有制经济的若干问题提出如下意见。

一、进一步解放思想，深化认识，把加快发展非公有制经济列上重要的议事日程

1. 非公有制经济是社会主义市场经济不可分割的组成部分。鼓励和扶持非公有制经济健康的、超常规的发展，对于促进我区经济增长，实现稳定脱贫，增加财政收入，提高商品经济发育程度，繁荣城乡市场，方便群众生活，扩大就业门路具有举足轻重的作用。

2. 要把非公有制经济的发展作为我区的基本区情加以认识，明确非公有制经济在我区国民经济发中的重要地位和特殊作用。各级党委、政府和工作部门必须坚持“三个有利于”的标准和“发展才是硬道理”的精神，进一步解放思想，更新观念，消除顾虑，切实把促进非公有制经济的健康发展作为一项长期的重要任务抓紧抓好。

3．各乡、镇、办事处和有关工作部门要把发展非公有制经济列上重要的议事日程，纳入发展经济的总体规划，认真组织，分步实施，要抓规模、重效益、上水平，在巩固提高上下大功夫。区委、区政府决定将发展非公有制经济作为一项硬指标，纳入每年责任状，对各乡、镇、办事处有关工作部门及其主要负责人进行考核。

4．要充分运用各种宣传舆论工具，积极宣传党和政府关于发展非公有制经济的方针、政策，理直气壮地宣传非公有制经济在社会主义市场经济中的重要地位和特殊作用。扩大影响，正确引导社会舆论，为非公有制经济的健康快速发展创造良好的舆论环境。

二、制定和用足用好扶持政策，放心放胆放手，为非公有制经济的发展创造宽松环境

5．放宽资格审批条件，简化登记手续。凡基本具备生产经营条件的区内外居民、农民退（离）休人员、留职停薪人员、待岗职工、经批准的公职人员均可从事个体经营和开办私营企业，除特定行（产）业应具备专项生产经营许可证外，只需持本人身份证和申请书即可登记注册。生产经营场所，设施和资金检验从宽。贫困边远地区可以先运行，后完善，待条件成熟后再予登记注册。

6．放开经营范围和经营方式。除国家明令禁止的行业和商品以外，其余行业和商品都允许经营。个体工商户、私营企业、股份企业可以一业为主，综合兼营；可以跨行业，跨地区经营；可以开展自产自销、批发零售、来料加工、代购代销、代储代运、租赁典当等业务；允许从事委托代理、中介经纪活动。放开价格管理，除国家特别规定外，允许按照市场机制自主决定价格，参与市场竞争。

7．鼓励和支持个体工商户、私营企业参与各种形式的横向经济联合。允许承包、租赁、兼并、购买包括国有和集体企业在内的其他企业；鼓励支持个体工商户和私营企业组建及参与跨地区、跨行业、跨所有制的企业集团或股份合作制、股份制企业。国有、集体所有制企业应加强同非公有制企业的联合与协作，发展一厂多制，积极支持和带动非公有制企业的发展。

8．鼓励和支持个体工商户、私营企业从事科技产品开发，外向型经济开发，利用废料再生开发，荒山荒水荒滩资源开发以及商业性道路开发。支持具备条件的企业申报进出口经营权，其外汇留存比例参照国务院规定给予放宽。

9．个体工商户和私营企业的产品需要鉴定的，行业管理部门在接到申报后应按规定标准及时给予评审，并在规定时间内履行办理注册、颁发证书以及生产许可证等手续。对获得省级以上优质产品称号、驰名商标、取得商品进出口权的给予奖励和重点扶持。

10．对经批准进入封闭市场及贫困边远地区的个体工商户和私营企业，自登记注册之日起，实行第一年免收登记注册费、市场管理费、合同鉴证费、商标广告费、个体私营管理费。第二年减收上列各费的50%，第三年减收20%的优惠办法，经确定实属亏损的可以酌情减免。

11．尽快建立大型、稳定、功能齐全的各类批发市场，为个体工商户、私营企业提供良好的交易场所。

12．根据现行税收政策法规和县级税收管辖权限，实行“公平税负，区别对待，适当照顾，放水养鱼”的办法，个体工商户和私营企业所从事行业，经营的项目或商品，经税务部门审批，可以减、缓、免的，一律照办，不留尾巴。边远贫困地区的个体工商户和私营企业在开办初期纳税确有困难或发生亏损及微利影响生产经营的，经税务机关批准，在一定时期可对有关税种给予减、缓、免照顾。

13．在认真执行国家税收政策法规和确保财政增收的前提下，对个体工商户和私营企业的税收征管，可从实际动作水平出发，扩大定期定额征收范围。

14．金融部门对于依法经营、照章纳税、具有一定资信的个体工商户和私营企业在贷款上应与国有企业和集体企业同等对待。政府准备建立县级非公有制经济发展专项基金，并在每年争取的贷款指标中安排一定份额，重点用于扶持和引导个体工商户、私营企业扩大生产经营规模，推进技术改革，开发新产品，提高经济效益。

15．凡外来人员在我区登记注册、依法经纳税的，可向公安机关申办常住居民户口，进入小城镇投资建房的，申办户口给予优惠。

16．个体工商户、私营企业生产经营用地，有关部门从快办理审批手续，并给予减免土地出让费的优惠。即：社会公益设施用地免收土地出让费；科技产品开发、外向型经济开发、废料再生开发、荒山荒山荒滩资源开发、商业性道路开发用地，按地价款的5%收取土地出让费；旅游业、服务业、商业用地按地价款的10%收取土地出让费；房地产开发和商品房用地按地价款的15%收取土地出让费；引进外资办企业用地按地价款20%收取土地出让费。在取得土地使用权后，经批准可以更改用途和出租、抵押、转让。

17．非公有制经济中的从业人员在参军、升学、职称认定、评选劳模、参与国家政治生活等方面，享有与国有、集体企业职工同等待遇。

18．非公有制经济的合法权益受国家法律保护。在对个体工商户、私营企业依法进行监督、检查等工作中发现的一般问题，应避免不教而诛、禁止乱收乱罚，除工商行政管理部门外，任何单位和个人无权收缴、吊销营业执照，违者要受到行政处分并赔偿由此造成的损失。公安、司法部门要积极为非公有制经济的发展保驾护航，创造良好的生产、经营环境。

三、加强组织领导，做好管理、指导、服务工作，把非公有制经济纳入持续、快速、健康发展的轨道

19．成立区发展非公有制经济领导小组，由区委、区人大、区政府和各有关部门的负责人组成，负责督促检查有关政策和工作的落实，制定地方性政策法规和总体发展规划，组织重大项目的论证及审批，组织调研活动，为党委决策提供依据，协调各方面的关系，解决发展非公有制经济工作中的重大问题。领导小组在区工商联设立办公室，为综合管理部门，并主持日常工作。各乡、镇、办事处应成立工商联分会，并要根据实际成立相应机构，明确专管的负责人。

20．各相关业务部门要各司其职，互相配合，搞好管理、引导、协调和服务工作，处理问题要及时主动，口径尺度要统一。对发展非公有制经济领导小组作出的决定，必须令行禁止，坚决照办。

21．执法、监督管理部门要对个体工商户、私营企业收费的项目和标准认真进行一次全面的清理，凡不属于国务院和省政府规定的收费项目一律取消。经财政、物价部门审查属于合理的收费项目及标准应向社会发布公告，明确一个部门采取“收费卡”的方式，按项目标准统一收取各种应收费用，先上缴财政再向有关部门分别划拨。

22．提高职业道德水准，各有关部门，特别是执法、监督管理部门及其工作人员要秉公办理，严禁利用职权向个体工商户和私营企业敲诈勒索、吃拿卡要。违者，坚决依照国法政纪严肃处罚。个体工商户和私营企业有权拒绝乱收费、乱罚款和乱摊派，有权向有关方面检举工作人员违法违纪行为，凡对检举者进行打击报复的，要依照法纪加重查处。

23．要做好非公有制经济从业人员的经常性思想政治工作，要按照“团结、帮助、引导、教育”方针，对他们进行政策法制教育、爱国主义、社会主义、集体主义教育和职业道德教育，多形式组织业务学习培训，发扬“爱国、敬业、守法”精神，逐步提高其经营管理水平和职业道德水平。要帮助具备条件的私营企业建立党、团、工会组织。

24．对制造销售假冒伪劣产品、走私贩私、欺行霸市、坑蒙拐骗、偷税漏税等非法行为必须严加查处，以维护正当的市场竞争和守法户的利益。

25．要加强工商联的工作，充分发挥商会、个体劳动者协会、私营企业协会的桥梁纽带作用。工商联要认真做好非公有制经济代表人士思想政治工作、咨询服务工作、典型示范工作、联谊交往工作，不断增强自身的凝聚力，为促进非公有制经济持续、快速、健康发展发挥更大的作用。

2009—2012年限外辑要

公开推荐乡镇党委书记

2009年5月31日至7月9日，钟山区公开推荐大河镇党委书记。推荐程序是：由全区副科级以上领导干部和“两委员一代表”（区委委员、政协委员、人大代表）参加第一轮公开推荐提名，对符合推荐条件且获推荐提名票的前30名人员名单进行张榜公布。召开领导干部会，在第一轮推荐名单基础上进行第二轮推荐提名，张榜公布获推荐提名票前10名人员名单。召开区委全委会议，进行第三轮提名推荐，从前10名中推荐出3名提名人选。3名提名人选围绕推进大河镇基层党组织建设，促进当地经济社会平稳较快发展，进一步做好保增长、保民生、保稳定等方面的工作在大河镇开展调研。3名提名人选在大河镇进行竞职演说，参会人员对演说者进行现场测评，公推竞职领导小组通过现场测评结果，研究确定2名重点提名推荐对象后，深入基层和提名推荐对象原工作单位进行考察。正式确定唐宏伟为大河镇党委书记拟任人选，并报送区委常委会研究。区委常委会议正式任命唐宏伟为大河镇党委书记。

“百企帮村”行动

2009年8月18日，钟山区按照“党委政府倡导、企业自愿参与、坚持互惠互利、给予政策扶持、结对三年不变”的原则，引导民营企业结对帮扶55个村（农村社区），用3年时间，使被帮扶村的产业结构、基础设施、生产条件和群众的生活水平得到较大提高。

水矿原煤产量突破千万吨

2009年12月31日，水城矿业（集团）有限责任公司2009年原煤产量达到1016万吨，首次突破千万吨大关，迈入国家特大型煤炭企业行列。

区人民政府机构改革

2010年3月16日，区人民政府机构开始进行改革。区政府设置工作部门24个、政府直属事业单位1个和其他机构1个。主要内容是：

保留区政府办公室、区发展和改革局、区教育局、区水利局、区民族宗教事务局、区司法局、区监察局（与区纪委合署办公，不占政府机构个数）、区民政局、区审计局、区统计局、区环境保护局、区财政局、区人口和计划生育局。

组建农业局，挂扶贫开发局、科学技术和知识产权局牌子。将原农业局、科学技术局、农业办公室（扶贫开发办公室）、农业机械服务中心职责和乡镇企业局（非公有制经济发展局）农产品加工行政管理职责，整合划入农业局。不再保留原农业局、科学技术局、农业办公室（扶贫开发办公室）、农业机械服务中心。将农业综合开发行政职责划入财政局。

组建文体广电旅游局，挂新闻出版局、版权局牌子。将文体广播电视局（新闻出版局、版权局）、旅游事业局职责整合划入文体广电旅游局。不再保留文体广播电视局、旅游事业局。

组建卫生和食品药品监督管理局。将卫生局职责和省以下垂直管理的食品药品监督管理局职责，整合划入卫生和食品药品监督管理局。不再保留卫生局、省以下垂直管理的食品药品监督管理局。

组建林业和园林绿化局。将林业局职责和城市管理局城市园林绿化职责，整合划入林业和园林绿化局。不再保留林业局。

组建商务和粮食局。将粮食局职责、经济贸易局流通管理职责、发展和改革局（招商引资局）对外经济协作职责，整合划入商务和粮食局。不再保留粮食局。

组建经济和信息化局，挂非公有制经济发展局牌子。将经济贸易局除流通以外的职责、发展和改革局（招商引资局）信息化管理职责、乡镇企业局（非公有制经济发展局）除农产品加工和安全生产以外的职责，整合划入经济和信息化局。不再保留经济贸易局。

安全生产监督管理局由政府直属事业单位调整为政府工作部门。将乡镇企业局（非公有制经济发展局）安全生产职责划入安全生产监督管理局。不再保留乡镇企业局。将物价局职责划入发展和改革局。不再保留物价局，发展和改革局不再挂招商引资局牌子。

将人事劳动和社会保障局更名为人力资源和社会保障局。将煤炭管理局更名为煤炭局。将建设局更名为住房和城乡建设局。将交通局更名为交通运输局。城市管理局挂城市综合执法局牌子。

保留区档案局，挂档案馆牌子，为区政府直属正科级事业单位。

供销合作社联合社在此次政府机构改革方案中列入“其他机构”类别单独设置。

亚洲沙滩排球巡回赛在钟山区举行

2010年8月16日至18日，2010年亚洲沙滩排球巡回赛中国站比赛在区境凤凰新区举行。本次比赛除中国外，还吸引来自泰国、印度、新加坡、澳大利亚等12个国家和地区的33支男女代表队参加。是首次在海拔1800米以上的高原山区举行洲际沙滩排球大赛。

六盘水月照机场获准修建

2010年12月8日，经国家发改委正式批复（发改基础【2010】2893号），六盘水月照机场工程进入正式建设阶段，建设工期为三年左右。建设规模为：飞行区等级指标为4c，新建一条长2800米、宽45米的跑道，一条长136.5米、宽18米的垂直联络道，站坪机位3个，航站楼面积3500平方米，停车场3500平方米，货运仓库和业务用房300平方米，辅助生产及生活用房3750平方米（含航管楼），项目总投资129888万元。

仙水坡烈士陵园开放

2011年6月30日，六盘水仙水坡烈士陵园建成开放。六盘水市及钟山区党政军领导来到仙水坡烈士陵园，同近千余名各族各界代表一起，向革命烈士纪念碑敬献花篮，缅怀革命英烈，弘扬革命精神。仙水坡烈士陵园位于风景秀丽、环境优美的凉都森林公园，占地面积26亩，项目由钟山区负责建设，于2010年9月28日正式动工修建，2011年4月建设完成。烈士陵园中安葬烈士81人，其中红军烈士1人，在水城解放和剿匪中牺牲的烈士20人，开发建设水城中牺牲的烈士19人，其他原因牺牲的烈士3人，佚名烈士38人。

区文代会召开

2012年5月15日，钟山区文学艺术界联合会第一次代表大会召开。参加会议的代表66人，特邀代表17人。会议选举产生钟山区文学艺术界联合会领导班子。

凤凰山城市综合体开工建设

2012年6月28日，凤凰山城市综合体开工建设。中共贵州省省委常委、省纪委书记宋璇涛，副省长黄康生出席开工仪式。凤凰山城市综合体规划面积8.13平方千米、总投资80亿元。其功能主要包含综合写字楼、博物馆、城市规划展览馆、图书馆、档案馆、地方志馆、会议中心、凉都大剧院、商业开发等部分。

陈涛牺牲

陈涛是六盘水市公安局钟山公安分局特巡警大队便衣中队协警。2012年7月1日，六盘水市人民广场凉都宫星空影城有人持刀行凶，陈涛与另6名警务人员立即赶赴现场处置。犯罪嫌疑人手持匕首从星空影城3楼乘手扶电梯下楼，在警务人员亮明身份后，他一边挥舞匕首一边向人民广场方向逃窜。当天正逢钟山区举行建党91周年纪念活动，人民广场上聚集了大量群众。为避免犯罪嫌疑人冲入人群对群众造成伤害，陈涛等6名警务人员立即向犯罪嫌疑人逃窜的方向追捕。陈涛率先追上犯罪嫌疑人，并对其实施控制，但受到犯罪嫌疑人的激烈反抗。陈涛被犯罪嫌疑人用刀刺中胸口血流如注，仍牢牢抓住犯罪嫌疑人不放，直至后面赶到的队员将犯罪嫌疑人制服。陈涛被及时送往医院抢救，但由于伤势过重，经医院抢救无效牺牲，卒年23岁。

陈涛牺牲后，六盘水市、钟山区机关企事业单位干部职工、学校师生、政法干警、部队官兵以及社会各界人士纷纷以不同的方式表达敬意，并自发开展各种悼念、吊唁活动。7月5日，陈涛的追悼会在六盘水市殡仪馆隆重举行。共青团六盘水市委追认陈涛为优秀共青团员。

修志始末

2008年9月，根据区委、区政府安排部署，钟山区开始编纂《六盘水市钟山区志》。为切实搞好区志编纂工作，区委、区政府加强领导，科学组织，强化保障，切实做到修志工作“一纳入、五到位”，即把修志工作纳入钟山区经济社会发展和政府工作的主要任务，成立钟山区委史志办公室负责具体工作，明确一名区委常委具体分管，调整充实修志工作人员，拨付资金24万元配置交通工具、购置办公设施、启动修志工作开展。区委、区政府还把修志工作列入全区各部门、各单位年度工作目标考核内容，定期开展督促检查。区委史志办组织全区修志人员进行培训，并在全区广泛宣传修志工作，积极营造修志氛围，有力保证修志工作健康有序开展。

全区各部门、各单位成立修志工作机构，明确编纂人员，并从区内外聘请23名离退休干部参与编纂工作的督促指导。分纂过程中，还聘请4名有一定修志工作经验的老同志参与长编资料修改。历经5年多的艰苦努力，终于在2012年12月基本完成长编资料编写，形成200余万字的初稿。

全体编纂人员又分头对各篇初稿资料进行修改、打磨和补充完善，初稿共23篇，115章，547节，字数减至150余万字。

2013年9月10日，区地方志编纂委员会召开评审会对初稿进行初步评审。参加会议的有区委常委、宣传部长张群芳，老同志王文楷、卢崇键、陈天光、田锦奎，区委史志办主任马永超、副主任石前周，总纂王守品、雷兴胜，区相关部门负责人徐永安、邓小敏、施昱等人。参加评审人员肯定志书编纂所取得的成绩，指出了志书初稿中存在的问题，要求对志稿进行修改和补充完善。编纂人员再次对志书初稿进行认真修改打磨，志稿被调整为24篇，101章，381节，字数150余万字。随后志稿送到六盘水市地方志办公室复审。

2013年10月14日，六盘水市地方志办公室组织有关专家及领导对《六盘水市钟山区志》进行复审评议。专家组成员由余朝林、周声浩（特邀）、夏厚军、赵福江、斯信强、汪龙舞、余祖海、朱祖雄、宋兵组成。评审会上，参加评审的人员提出许多修改意见、建议，为志稿的修改进一步指明方向。通过复审评议，市地方志办公室原则通过《六盘水市钟山区志》志稿的复审验收，并要求钟山区史志办按照复审会的评审意见将志稿修改后报市地方志办公室审读。

复审会后，区志主编马永超和副主编石前周同志又对志稿进一步打磨和修改，并调整篇章结构，压缩志稿字数，使志稿字数压缩至86万字，图照压缩至200余张。经过市地方志办公室审读后，市地方志办公室认为志稿观点正确，体例严谨，内容全面，特色鲜明，记述准确，资料翔实，表达通顺，文风端正，符合志书质量总体要求。

2014年8月，志稿送贵州省档案局（地方志办公室）终审。终审稿共设24篇，102章，382节，下设若干目，字数计86万字。2014年8月20日，贵州省档案局（地方志办公室）在贵阳召开《六盘水市钟山区志》终审验收会，贵州省档案局（地方志办公室）副局长（副主任）曾健、归然、梁贵钢，老领导彭刚、周声浩，业务四处处长伍启林、副处长陆震，业务四处主任科员车秀平等领导和专家出席会议，贵州省档案局（地方志办公室）局长（主任）王传福向会议提交了对《六盘水市钟山区志》的书面审读意见。省专家组对终审稿进行了认真审查后，同意该志稿原则通过省级终审。并要求钟山区认真处理综评意见。之后，区委史志办主任马永超又根据省专家组的意见再次对志稿进行修改和补充完善。

2014年10月，志书全部修改完毕。全志记述时限为1988年至2008年，部分文字资料适当上溯下延，部分图片资料适当下延。

《六盘水市钟山区志》全面记述了钟山区1988年至2008年共20年的历史和现状，是钟山区一本难得的地情百科全书，同时，也是钟山区第一本地方志书。志书的出版，填补了我区历史上没有地方志书的空白，将发挥存史、资政、育人的功能，为我区经济、社会、文化发展做出重要贡献。

编纂、出版《六盘水市钟山区志》，是钟山区一项庞大的文化工程。志书的编修成功，是钟山区文化建设史上的一件大事、喜事。编写志书的过程中，编纂工作始终得到区委、区政府的高度重视和支持。中共六盘水市委原常委、区委原书记牟海松，区委原副书记、区政府原区长高玉林，区委副书记、区长梁建，分管联系史志工作的区领导蔡永忠、张群芳、宋淑珍等领导同志以及老同志卢崇键经常关心和过问编纂工作。六盘水市地方志办公室主任余朝林，副主任夏厚军、赵福江，六盘水市地方志办公室原主任斯信强、副主任汪龙舞，省档案局（地方志办）业务四处处长伍启林等领导同志亲临指导工作，为我区修志工作提供组织上的有力保证。全区区直单位、各镇乡街道以及驻区的省、市属单位和驻区国有企业从各方面给予了大力支持，使我区修志工作顺利开展。尤其是全体编纂人员克服重重困难，辛勤劳动，默默工作，不断探索创新，精益求精，是区志得以修成的重要保证。

编纂过程中，由于钟山区地域情况复杂，部分单位资料散失，加之编纂人员经验不足、水平有限，志书不足之处在所难免，恳请社会各界批评指正。

《六盘水市钟山区志》编纂委员会

2016年9月28日

出版说明

根据国务院办公厅颁发的《全国地方志事业发展规划纲要（2015—2020年）》规定，到2020年必须全面完成第二轮地方志书规划任务。为确保这一目标顺利实现，针对当前部分民族地区与贫困地区志书出版经费困难的情况，在中国地方志指导小组组长王伟光、常务副组长李培林的亲自倡议和领导下，自2015年8月起中国地方志指导小组办公室启动民族地区与贫困地区志书出版资助工程，对经国务院扶贫开发领导小组办公室认定的国家级贫困县（区、旗、县级市），中西部地区、少数民族边疆地区、经济欠发达地区存在出版经费困难的省市县三级综合志书进行出版资助。

民族地区与贫困地区志书出版资助工程既是地方志系统的政治工程，又是全国地方志事业协调发展的促进工程，对于推进第二轮地方志书规划任务按期完成，实现地方志事业区域发展平衡，促进民族地区与贫困地区基础文化建设，具有重要的政治意义和文化意义。2016年4月，该工程入选国家新闻出版广电总局实施的“十三五”国家重点图书、音像、电子出版物出版规划项目。

本书经民族地区与贫困地区志书出版资助工程领导小组批准，入选民族地区与贫困地区志书出版资助工程。

民族地区与贫困地区志书出版
资助工程领导小组办公室
2015年9月